W0257246

Informatik – Fachberichte

Band 1: Programmiersprachen. GI-Fachtagung 1976. Herausgegeben von H.-J. Schneider und M. Nagl. (vergriffen)

Band 2: Betrieb von Rechenzentren. Workshop der Gesellschaft für Informatik 1975. Herausgegeben von A. Schreiner. (vergriffen)

Band 3: Rechnernetze und Datenfernverarbeitung. Fachtagung der GI und NTG 1976. Herausgegeben von D. Haupt und H. Petersen. VI, 309 Seiten. 1976.

Band 4: Computer Architecture. Workshop of the Gesellschaft für Informatik 1975. Edited by W. Händler. VIII, 382 pages. 1976.

Band 5: GI – 6. Jahrestagung. Proceedings 1976. Herausgegeben von E. J. Neuhold. (vergriffen)

Band 6: B. Schmidt, GPSS-FORTRAN, Version II. Einführung in die Simulation diskreter Systeme mit Hilfe eines FORTRAN-Programmpaketes, 2. Auflage. XIII, 535 Seiten. 1978.

Band 7: GMR – GI – GfK. Fachtagung Prozessrechner 1977. Herausgegeben von G. Schmidt. (vergriffen)

Band 8: Digitale Bildverarbeitung/Digital Image Processing. GI/NTG Fachtagung, München, März 1977. Herausgegeben von H.-H. Nagel. (vergriffen)

Band 9: Modelle für Rechensysteme. Workshop 1977. Herausgegeben von P. P. Spies. VI, 297 Seiten. 1977.

Band 10: GI – 7. Jahrestagung. Proceedings 1977. Herausgegeben von H. J. Schneider. IX, 214 Seiten. 1977.

Band 11: Methoden der Informatik für Rechnerunterstütztes Entwerfen und Konstruieren, GI-Fachtagung, München, 1977. Herausgegeben von R. Gnatz und K. Samelson. VIII, 327 Seiten. 1977.

Band 12: Programmiersprachen. 5. Fachtagung der GI, Braunschweig, 1978. Herausgegeben von K. Alber. VI, 179 Seiten. 1978.

Band 13: W. Steinmüller, L. Ermer, W. Schimmel: Datenschutz bei riskanten Systemen. Eine Konzeption entwickelt am Beispiel eines medizinischen Informationssystems. X, 244 Seiten. 1978.

Band 14: Datenbanken in Rechnernetzen mit Kleinrechnern. Fachtagung der GI, Karlsruhe, 1978. Herausgegeben von W. Stucky und E. Holler. (vergriffen)

Band 15: Organisation von Rechenzentren. Workshop der Gesellschaft für Informatik, Göttingen, 1977. Herausgegeben von D. Wall. X, 310 Seiten. 1978.

Band 16: GI – 8. Jahrestagung, Proceedings 1978. Herausgegeben von S. Schindler und W. K. Giloi. VI, 394 Seiten. 1978.

Band 17: Bildverarbeitung und Mustererkennung. DAGM Symposium, Oberpfaffenhofen, 1978. Herausgegeben von E. Triendl. XIII, 385 Seiten. 1978.

Band 18: Virtuelle Maschinen. Nachbildung und Vervielfachung maschinenorientierter Schnittstellen. GI-Arbeitsseminar. München 1979. Herausgegeben von H. J. Siegert. X, 230 Seiten. 1979.

Band 19: GI – 9. Jahrestagung. Herausgegeben von K. H. Böhling und P. P. Spies. (vergriffen)

Band 20: Angewandte Szenenanalyse. DAGM Symposium, Karlsruhe 1979. Herausgegeben von J. P. Foith. XIII, 362 Seiten. 1979.

Band 21: Formale Modelle für Informationssysteme. Fachtagung der GI, Tutzing 1979. Herausgegeben von H. C. Mayr und B. E. Meyer. VI, 265 Seiten. 1979.

Band 22: Kommunikation in verteilten Systemen. Workshop der Gesellschaft für Informatik e.V.. Herausgegeben von S. Schindler und J. C. W. Schröder. VIII, 338 Seiten. 1979.

Band 23: K.-H. Hauer, Portable Methodenmonitoren. Dialogsysteme zur Steuerung von Methodenbanken: Softwaretechnischer Aufbau und Effizienzanalyse. XI, 209 Seiten. 1980.

Band 24: N. Ryska, S. Herda, Kryptographische Verfahren in der Datenverarbeitung. V, 401 Seiten. 1980.

Band 25: Programmiersprachen und Programmentwicklung. 6. Fachtagung, Darmstadt, 1980. Herausgegeben von H.-J. Hoffmann. VI. 236 Seiten. 1980

Band 26: F. Gaffal, Datenverarbeitung im Hochschulbereich der USA. Stand und Entwicklungstendenzen. IX, 199 Seiten. 1980.

Band 27: GI-NTG Fachtagung, Struktur und Betrieb von Rechensystemen. Kiel, März 1980. Herausgegeben von G. Zimmermann. IX, 286 Seiten. 1980.

Band 28: Online-Systeme im Finanz- und Rechnungswesen. Anwendergespräch, Berlin, April 1980. Herausgegeben von P. Stahlknecht. X, 547 Seiten, 1980. .

Band 29: Erzeugung und Analyse von Bildern und Strukturen. DGaO – DAGM Tagung, Essen, Mai 1980. Herausgegeben von S. J. Pöppl und H. Platzer. VII, 215 Seiten. 1980.

Band 30: Textverarbeitung und Informatik. Fachtagung der GI, Bayreuth, Mai 1980. Herausgegeben von P. R. Wossidlo. VIII, 362 Seiten. 1980.

Band 31: Firmware Engineering. Seminar veranstaltet von der gemeinsamen Fachgruppe „Mikroprogrammierung" des GI Fachausschusses 3/4 und des NTG-Fachausschusses 6 vom 12. – 14. März 1980 in Berlin. Herausgegeben von W. K. Giloi. VII, 289 Seiten. 1980.

Band 32: M. Kühn, CAD Arbeitssituation. Untersuchungen zu den Auswirkungen von CAD sowie zur menschengerechten Gestaltung von CAD-Systemen. VII, 215 Seiten. 1980.

Band 33: GI – 10. Jahrestagung. Herausgegeben von R. Wilhelm. XV, 563 Seiten. 1980.

Band 34: CAD-Fachgespräch. GI - 10. Jahrestagung. Herausgegeben von R. Wilhelm. VI, 184 Seiten. 1980.

Band 35: B. Buchberger, F. Lichtenberger: Mathematik für Informatiker I. Die Methode der Mathematik. XI, 315 Seiten. 1980.

Band 36: The Use of Formal Specification of Software. Berlin, Juni 1979. Edited by H. K. Berg and W. K. Giloi. V, 388 pages. 1980.

Band 37: Entwicklungstendenzen wissenschaftlicher Rechenzentren. Kolloquium, Göttingen, Juni 1980. Herausgegeben von D. Wall. VII, 163 Seiten. 1980.

Band 38: Datenverarbeitung im Marketing. Herausgegeben von R. Thome. VIII, 377 pages. 1981.

Band 39: Fachtagung Prozeßrechner 1981. München, März 1981. Herausgegeben von R. Baumann. XVI, 476 Seiten. 1981.

Band 40: Kommunikation in verteilten Systemen. Herausgegeben von S. Schindler und J.C.W. Schröder. IX, 459 Seiten. 1981.

Band 41: Messung, Modellierung und Bewertung von Rechensystemen. GI-NTG Fachtagung. Jülich, Februar 1981. Herausgegeben von B. Mertens. VIII, 368 Seiten. 1981.

Band 42: W. Kilian, Personalinformationssysteme in deutschen Großunternehmen. XV, 352 Seiten. 1981.

Band 43: G. Goos, Werkzeuge der Programmiertechnik. GI-Arbeitstagung. Proceedings, Karlsruhe, März 1981. VI, 262 Seiten. 1981.

Informatik-Fachberichte

Herausgegeben von W. Brauer
im Auftrag der Gesellschaft für Informatik (GI)

85

Simulationstechnik

2. Symposium Simulationstechnik
Wien, 25.-27. September 1984
Proceedings

Herausgegeben von
F. Breitenecker und W. Kleinert

Springer-Verlag
Berlin Heidelberg New York Tokyo 1984

Herausgeber

Felix Breitenecker
Institut für Technische Mathematik, Technische Universität Wien
Wiedner Hauptstraße 8-10, A-1040 Wien

Wolfgang Kleinert
Hybridrechenzentrum, Technische Universität Wien
Gußhausstraße 27-29, A-1040 Wien

CR Subject Classifications (1984): 8.1

ISBN-13: 978-3-540-13393-3   e-ISBN-13: 978-3-642-69706-7
DOI: 10.1007/978-3-642-69706-7

CIP-Kurztitelaufnahme der Deutschen Bibliothek. Simulationstechnik: proceedings / . . . Symposium
Simulationstechnik. – Berlin; Heidelberg; New York; Tokyo: Springer. 1 mit d. Erscheinungsorten
Berlin, Heidelberg, New York
NE: Symposium Simulationstechnik
2. Wien, 25.-27. September 1984. – 1984
(Informatik-Fachberichte; 85)

NE:

2145/3140 – 5 4 3 2 1 0

VORWORT

Das "2. Symposium Simulationstechnik" fand vom 25. - 27. September 1984 an
der Technischen Universität Wien statt. Die Veranstaltung setzte die Reihe
einer von ASIM/GI, der deutschsprachigen Simulationsvereinigung (Fachausschuß
4.5 der Gesellschaft für Informatik) ins Leben gerufenen Tagungen fort, die
1982 mit dem "1. Symposium Simulationstechnik" in Erlangen startete und 1983
mit dem "First European Simulation.Congress" in Aachen fortgesetzt wurde. Die
Wiener Tagung zeigte auch das Wachsen und die Bedeutung von ASIM auf: 120
Autoren präsentierten ihre Beiträge ca. 220 Teilnehmern. Die Beiträge wurden
von einem internationalen Programmkomitee (W. Ameling, RWTH Aachen; I.
Bausch-Gall; F. Breitenecker, TU Wien; F.E. Cellier, University of Arizona;
W. Kleinert, TU Wien; D. Möller, Universität Mainz; B. Schmid, Universität
Erlangen; R. Trappl, Universität Wien, A. Weinmann, TU Wien) sorgfältig
ausgewählt und spiegeln den State-of-the-Art der Simulation in Theorie und
Praxis wieder.

Um der großen Bedeutung der Simulation in der Anwendung gerecht zu werden,
wurde nicht die übliche Einteilung der Beiträge in Methodologie,
Software-Hardware und Anwendung verwendet, sondern nach Anwendungsgruppen
eingeteilt, nämlich

      Simulation von Rechensystemen,
      Schaltkreissimulation,
      Simulation in energieerzeugenden und energieverteilenden Systemen,
      Simulation in Verfahrenstechnik,
      Simulation in betriebswirtschaftlichen Anwendungen,
      Simulationshardware,
      Modellbildungs- und Softwaremethodik, Ausbildung,
      Simulation in Biologie und Medizin,
      Demonstration von Simulationssoft- und Hardware,
      Simulationssprachen und Simulationssoftware für kontinuierliche und
      diskrete Systeme,
      Fahrzeug- und Flugsimulation,
      Simulation in ökologie,
      Simulation in technischen Anwendungen.

Fünf Hauptvorträge mit den Themenkreisen Modellvalidierung, "analytische"
Simulationssoftware, Robotics, Rad-Schiene-Dynamik und Computer der fünften
Generation arbeiteten auch die Zukunft der Simulation heraus.

Ein Nachmittag der Tagung war der On-line-Präsentation von
Simulationshardware und Simulationssoftware gewidmet: kurze Vorträge führten
in spezielle Simulationssoftware (ACSL, GPSS-FORTRAN, HYBSYS, SIMSCRIPT,
SLAM, ...) und Simulationshardware (CDC-CYBERPLUS, EAI SIMSTAR,
SYMBOLICS-Rechner, ...) ein, anschließend wurden on-line Beispiele
demonstriert.

Das wissenschaftliche Programm wurde mit Round-Table-Diskussionen und einer
Podiumsdiskussion über Modellvalidierung abgeschlossen.

Als "Vorprogramm" zur Tagung fand Montag, den 24.9. nachmittags das "Tutorium
Hybridrechnen" statt, bei dem die hybride Hard- und Software des
Hybridrechenzentrums der Technischen Universität Wien vorgestellt und
demonstriert wurde; ferner wurde über künftigen Ausbau (EAI SIMSTAR)
berichtet und allgemein Stand und Zukunft hybrider Simulation diskutiert.

Als gesellschaftliches Programm sorgten der Empfangscocktail, der Heurigenabend und Wien selbst für ausreichende Abwechslung.

Wir möchten allen jenen danken, die zum Gelingen dieser Tagung beitrugen:

- den Autoren und Vortragenden für ihre Beiträge und Zusammenarbeit in Hinblick auf die Proceedings;
- den Teilnehmern, die die Tagung zu einem Forum mit hohem Niveau werden ließen;
- den Sponsoren, den Firmen Control Data GmbH, Electronic Associates GmbH und SYMBOLICS GmbH;
- den Mitarbeitern des Hybridrechenzentrums der Technischen Universität Wien, insbesondere Frau Irmgard Husinsky, die trotz der unerwartet großen Anzahl von Teilnehmern nie die Übersicht verlor;
- und last but not least dem Springer-Verlag für die freundliche Unterstützung bei der Erstellung des Tagungsbandes, insbesondere Prof. W. Brauer, der den Band in seiner Reihe "Informatik Fachberichte" aufnahm und Frau Ingeborg Mayer, die bei der Endredaktion nie über unsere Fragen verzweifelte.

Wien, im Sommer 1984   Felix Breitenecker
                                                        Wolfgang Kleinert

INHALTSVERZEICHNIS

SIMULATION IN VERFAHRENSTECHNIK

SIMULATION IN BIOLOGIE UND MEDIZIN

SIMULATION IN TECHNISCHEN ANWENDUNGEN

SEMIANALYTISCHE METHODEN IN DER SIMULATIOSTECHNIK

H.J. Halin
ETH-Zürich
Institut fur Reaktortechnik
Clausiusstr. 33
CH-8092 Zürich, Schweiz

EINLEITUNG

Bei der digitalen Simulation kontinuierlicher Systeme kommt sowohl den Simulationssprachen als auch den numerischen Methoden eine besondere Bedeutung zu. Die Wahl einer Simulationssprache stellt eine Entscheidung dar, die massgeblich darüber bestimmt, mit welchem Aufwand ein mathematisches Modell implementiert und das zugehörige Programm verifiziert werden kann, wie lesbar das Programm ist, wie leicht Aenderungen des Modells und des Experiments möglich sind und weiteres mehr. Moderne Simulationssprachen, wie ACSL [1], CSSL-IV [2], DARE-P [3] usw., bieten eine Vielzahl von benützerfreundlichen Attributen, was unter anderem zu wesentlich kürzeren Programmen führt als bei Verwendung höherer Programmiersprachen wie FORTRAN, ALGOL oder PASCAL. Die Unterschiede zwischen den in der Praxis am häufigsten verwendeten Simulatiosssprachen und den höheren Programmiersprachen, so gravierend sie auch sein mögen, sind jedoch vorwiegend formaler Art, da sie sich im wesentlichen auf die Eleganz der Programmierung und die daraus resultierenden Annehmlichkeiten beziehen. Diese formalen Aspekte sollten nicht darüber hinwegtäuschen, dass die eigentlichen Probleme bei der Ausführung einer Simulationsstudie zumeist numerischer Natur sind. Es hängt letztlich von den verwendeten mathematischen Methoden ab, ob sich eine Aufgabe in zuverlässiger Weise mit einem der verlangten Rechengenauigkeit angemessenen zeitlichen Aufwand lösen lässt oder nicht. In diesem Zusammenhang wird oftmals die Feststellung gemacht, dass sich die Lösung als unbefriedigend erweist, obwohl das gewählte Integrationsverfahren der verlangten Genauigkeit, dem zu erwartenden Lösungsverhalten und dem Bereich der Eigenwerte in genügendem Masse Rechnung trägt. Die Ursachen solcher Diskrepanzen liegen oftmals nicht beim eigentlichen Integrationsprozess selbst sondern in der Art und Weise, wie gewisse Funktionen und Operationen ausgeführt werden, die durch die mathemtische Beschreibung des zu simulierenden Systems gegeben sind. Beispiele sind etwa: a) Die Integration über Unstetigkeitsstellen, sofern es ausschliesslich dem Integrationsalgorithmus überlassen bleibt, die Schrittweite im erforderlichen Umfange zu reduzieren. b) Die Behandlung von Totzeitelementen, wobei zwischen gespeicherten früheren Werten der zu verzögernden Variablen interpoliert wird. Hierbei treten Fehler auf, deren Einfluss nur dann genügend klein ist, wenn die Integrationsschrittweite künstlich beschränkt wird, so dass die Stützpunkte genügend nahe benachbart sind. c) Das Lösen zeitabhängiger algebraischer Gleichungen. Dies geschieht bei allen Simulationspaketen mittels eines modifizierten Newton-Raphson-Verfahrens, wobei nur wenige Iterationen ausgeführt werden um Rechenzeit zu sparen. d) Die Approximation von Differentialquotienten durch Differenzenquotienten, etwa zur Modellierung des differentiellen Anteils eines PID-Reglers. Da hierbei zurückgenommene Differenzen gebildet werden müssen, ist ebenfalls eine Beschränkung der Integrationsschrittweite erforderlich, um derarige Fehler in Grenzen zu halten.

Es muss nachdrücklich darauf hingewiesen werden, dass jede Approximation die Genauigkeit der Lösung in nicht durchschaubarer Weise beeinflusst, zumal dann, wenn die Approximationsmethode eine geringere Fehlerordnung aufweist als das verwendete Integrationsverfahren. Einige der erwähnten Schwierigkeiten lassen sich dadurch umgehen, dass das mathematische Modell auf eine andere, analytisch äquivalente Form gebracht wird. Beispielsweise lässt sich ein impliziter Zusammenhang stets durch Einführung einer zusätzlichen Differentialgleichung eliminieren, die die ursprünglich implizite Variable als Lösung hat. Auch Regelsysteme mit differentiellen Anteilen können stets so transformiert werden, dass während der Integration Ableitungsoperationen entfallen. Leider werden derartige algebraische Manipulationen von den gebräuchlichen Simulationspaketen nicht unterstützt. Der Benützer ist besonders bei komplizierten Modellen selten bereit, den Mehraufwand einer Modellmodifizierung von Hand vorzunehmen, zumal dies zu längeren Codes führt und die transformierten Modelle weniger anschaulich sind. Andere Schwierigkeiten, wie beispielsweise das aufwendige Lokalisieren von

Unstetigkeitsstellen oder Probleme im Zusammenhang mit Totzeitelementen, lassen sich nicht ohne weiteres beheben. Sie werden prinzipiell dadurch verursacht, dass vollnumerische Integrationsverfahren die Lösung nur in Form numerischer Werte an diskreten Stellen der unabhängigen Variablen liefern.

Im folgenden wird gezeigt, wie "schwierige" Funktionen oder Operationen effizient und genau behandelt werden können, wenn anstelle vollnumerischer Verfahren sogenannte semianalytische Methoden angewendet werden. Letztere haben die Eigenschaft, für die Lösung stückweise eine analytische Approximation von im Prinzip beliebig hoher Ordnung zu liefern. Es wird ausserdem auf Implementierungskonzepte aufmerksam gemacht, die es erlauben, gewisse Manipulationen des Simulationsmodells zu automatisieren. Abschliessend wird kurz auf eine neue semianalytische Simulationssprache PSCSP (Power Series Continuous-System Simulation Program) verwiesen, in der alle zur Diskussion gelangenden Aspekte berücksichtigt wurden.

SEMIANALYTISCHE METHODEN

Als typisches semianalytisches Verfahren zur Lösung gewöhnlicher Differential-gleichungen soll die automatisierbare rekursive Methode der Taylorreihenentwicklung umrissen werden. Umfassende Darstellungen bisheriger Aktivitäten auf diesem Gebiete sowie über die mit dieser Methode gemachten Erfahrungen sind in [4] und [5] zu finden.

Um die wichtigsten Prinzipien der Methode zu verdeutlichen, wird folgendes Beispiel betrachtet:

$$y' = y \cdot \exp(a \cdot y) + \sin(y); \quad y(x_0)=y_0; \quad (x_0 \leq x \leq x_{fin}) \tag{1}$$

a sei eine Konstante.

In einer gewissen Nachbarschaft x von x_0 lässt sich y(x) in einer Taylor-Reihe darstellen:

$$y(x) = \sum_{\nu=0}^{\infty} y(x_0)^{(\nu)} \cdot h^\nu / \nu! \tag{2}$$

wobei $h = x-x_0$.

Um die höheren Ableitungen zu berechnen, muss die rechte Seite von (1) so zerlegt werden, dass nur noch einfache arithmetische Ausdrücke mit zwei Operanden und Funktionen mit jeweils einem Operanden vorliegen. Mit neuen Hilfsvariablen p, q, r, v und w gilt dann: $p(x)=a \cdot y(x)$, $q(x)=\exp(p(x))$, $r(x)=q(x) \cdot y(x)$, $v(x)=\sin(y(x))$, $w(x)=\cos(y(x))$, $y'=r(x)+v(x)$. Diese Relationen werden nun auf beiden Seiten sukzessive analytisch nach x abgeleitet, wobei die numerischen Werte der Ableitungen im Punkte (x_0,y_0) auszuwerten sind: $p'(x)=a \cdot y'(x)$, $q'(x)=p'(x) \cdot \exp(p(x))=p'(x) \cdot q(x)$, $r'(x)=q'(x) \cdot y(x)+q(x) \cdot y'(x)$, $v'(x)=y'(x) \cdot \cos(y(x))=y'(x) \cdot w(x)$, $w'(x)=-y'(x) \cdot \sin(y(x))=-y'(x) \cdot v(x)$, $y''(x)=r'(x)+v'(x)$, $p''(x)=a \cdot y''(x)$, $q''(x)=p''(x) \cdot q(x)+p'(x) \cdot q'(x)$, $r''(x)=q''(x) \cdot y'(x)+2 \cdot q'(x) \cdot y'(x)+q(x) \cdot y''(x)$, ..., $y'''(x)=....$ Es ist offensichtlich, dass für jede arithmetische Operation und für jede Funktion einfache Regeln angegeben werden können, um die ν-te Ableitung des jeweiligen Resultats durch die Ableitungen der Operanden bis zur Ordnung ν auszudrücken. So gilt beispielweise:

$$p^{(\nu)}=a \cdot y^{(\nu)}, \quad (\nu \geq 0) \tag{3}$$

oder

$$q^{(0)}=\exp(p)^{(0)}, \quad (\nu=0) \quad \text{und} \quad q^{(\nu)} = \sum_{j=0}^{\nu-1} \binom{\nu-1}{j} \cdot p^{(\nu-j)} \cdot q^{(j)}, \quad (\nu > 0) \tag{4}$$

Bei Anwendung des Simulationsprogrammes PSCSP wird beim ersten Integrationsschritt mit der Schrittweite $h=h_1$ die Reihenentwicklung (2) nach Berechnung der Terme bis zur Ordnung ν_1 abgebrochen, sobald folgendes Kriterium erfüllt ist:

$$\left|y_{\nu_1}\right| + \left|y_{\nu_1-1}\right| < \varepsilon \cdot \left|\sum_{\nu=0}^{\nu_1} y_\nu\right| \tag{5}$$

wobei

$$y_\nu = y(x_0)^{(\nu)} \cdot h_1^\nu / \nu! .$$

ε bezeichnet den maximal zulässigen relativen Integrationsfehler. Der nächste Integrationsschritt, der eine Entwicklung um die Stelle $x=x_1=x_0+h_1$ erfordert, wird mit

$$y(x_1) = \sum_{\nu=0}^{\nu_1} y(x_0)^{(\nu)} \cdot h_1^\nu / \nu! \tag{6}$$

als Anfangswert ausgeführt.

Auf diese Weise lässt sich der gesamte Integrationsbereich mittels analytischer Fortsetzungen abdecken.

Wird das Beispiel (1) in der neuen Sprache PSCSP programmiert, so schreibt der Benützer lediglich:

```
C       *** PSCSP PROGRAM ***
$CONTROL
        MEMORY 300
        INDEPENDENT X
        A=12., X0=0., XFIN=10., EPS=1.E-06, Y0=1.
        RUN
     10 EXECU
        OUT X,Y
        IF (X .LT. XFIN) GO TO 10
        END
$DYNAMIC
        YDOT=Y*EXP(A*Y) + SIN(Y)
        Y=INTGRL(YDOT,Y0)
        END
```

Hierbei werden das Modell in einem "dynamischen" und das Experiment in einem "CONTROL"-Teil beschrieben. Ein in FORTRAN geschriebener Precompiler erzeugt aus den beiden Programmteilen die Subroutinen CONTRO und DYNAMI. Dieser Precompiler, der auch die Aufspaltung der Differentialgleichung bzw. des Systems von Differentialgleichungen bewerkstelligt, erzeugt aufgrund der MEMORY-Anweisung einen in einem COMMON-Block stehenden Vektor ZZZZZZ mit der Dimension 300. In diesem Vektor werden später die Ableitungen von y und diejenigen der bei der Zerlegung eingeführten Zwischenvariablen gespeichert. Es folgen dann die Deklaration von x als der unabhängigen Variablen sowie die Einführung einiger Konstanten. Die RUN-Anweisung wird in den Aufruf einer Routine umgewandelt, in der gewisse Initialisierungen ausgeführt werden. Der als nächster generierte Aufruf einer Subroutine EXECU führt zur Ausführung eines Integrationsschrittes unter Verwendung der Subroutine DYNAMI. Nach jedem Schritt geht die Kontrolle an die Subroutine CONTRO zurück, wo nachfolgend, aufgrund der OUT-Anweisung, der Output von x und y an gewissen Stellen innerhalb des Schrittes organisiert wird. Sofern die Integration noch nicht abgeschlossen ist, wird zum Label 10 zurückgesprungen, um den nächsten Schritt auszuführen. Die vom Precompiler erzeugte Subroutien DYNAMI, die Aufrufe gewisser mit mnemotechnischen Namen versehener Subroutinen aufweist, lautet wie folgt:

```
        SUBROUTINE DYNAMI
        COMMON /A/ A,Y0
        COMMON /B/ X,Y,YDOT,P,Q,R,V,W
        INTEGER    X,Y,YDOT,P,Q,R,V,W
```

```
C
      CALL MPYVC0 (P,Y,A)            (Produkt Variable * Konstante)
      CALL EXPV00 (Q,P)             (Exponentiation einer Variablen)
      CALL MPYVV0 (R,Q,Y)           (Produkt Variable * Variable)
      CALL SINV00 (V,Y,W)           (Sinus einer Variablen)
      CALL COSV00 (W,Y,V)           (Cosinus einer Variablen)
      CALL ADDV00 (YDOT,R,V)        (Summe Variable + Variable)
      CALL INTGRL (Y,YDOT,Y0)       (Integration einer Variablen)
      RETURN
      END
```

Wie aus dieser Routine ersichtlich ist, sind X, Y, YDOT, P, Q, R, V und W als Integer deklariert. Diese Grössen dienen als Zeiger auf Komponenten des Vektors ZZZZZZ. So werden beispielweise in jedem Integrationsschritt die ν-ten Ableitungen von $y(x)$ bzw. $q(x)$ als ZZZZZZ(Y+NI), bzw. ZZZZZZ(Q+NI) abgespeichert. Vor Ausführung des ersten Integrationsschrittes erhalten diese Zeiger in den Subroutinen MPYVC0, EXPV00, SINV00, COSV00, ADDV00 und INTGRL geeignete Werte, do dass die Ableitungen der Zustandsvariablen y bis zu einer maximalen Ordnung ν_{max} und diejenigen der übrigen Variablen bis zur Ordnung $\nu_{max}-1$ lückenlos gespeichert werden können. Im Prinzip könnte die Berechnung der Ableitungen und deren Abspeicherung in den Subroutinen MPYVC0, ..., ADDVV0 und INTGRL erfolgen. Hierzu wäre es nur notwendig, dass von der Subroutine EXECU wiederholt mit jeweils erhöhter Ordnung ν die Subroutine DYNAMI aufgerufen wird. In den mit mnemotechnischen Namen versehenen Subroutinen MPYVC0 - INTGRL wird dann, etwa gemäss (3) oder (4), die Berechnung der Ableitungen ausgeführt. Notwendige Hilfsgrössen, wie z. B. die Ordnung ν, erhalten in der Subroutine EXECU ihre aktuellen Werte und werden von dort mittels COMMON-Blöcken in andere Subroutinen übertragen. Die Prüfung des Abbruchkriteriums (5), das im Falle eines Systems von Differentialgleichungen für die Entwicklung jeder einzelnen Zustandsvariablen erfüllt sein muss, erfolgt in der Subroutine EXECU, wo auch die Schrittweitensteuerung vorgenommen wird.Dieses Implementierungskonzept weist erhebliche Vorteile gegenüber anderen Vorschlägen auf [4], [6], da es eine dynamische Speicherverwaltung erlaubt.

Bei der Implementierung der Simulationssprache PSCSP wurde jedoch ein anderer Weg beschritten. Dabei wird der Code zur Berechnung von Ableitungen nicht mehr in Subroutinen wie MPYVC0 - INTGRL selbst implementiert, sondern in anderen, die hier der Einfachheit halber, als XMPYVC0, XEXPV00, ..., XINTGRL bezeichnet werden sollen. Gleichzeitig mit den Zuweisungen von Werten an die Zeiger Y, P, Q, R, V, W und YDOT erfolgen in den Subroutinen MPYVC0 - INTGRL Einträge in Tabellen, die in einem Teil des Vektors ZZZZZZ gespeichert werden. In jeder der Routinen wird folgende Information in den Tabellen abgelegt: Die Adressen der Operanden, die Adresse des Resultats (damit sind indirekt auch die Werte der Zeiger abgespeichert) und die Anfangsadresse derjenigen Routine, die schlussendlich zur Berechnung der Ableitungen der jeweiligen arithmetischen Operation bzw. Funktion benötigt wird, d.h. Adressen von Routinen wie XMPYVC0 - XINTGRL. Unter Verwendung dieser Tabellen wird schliesslich ein Assemblercode generiert, der später statt der Subroutine DYNAMI, von der Subroutine EXECU aus aufgerufen wird und der die Aufrufe der Subroutinen wie XMPYV0 oder XINTGRL enthält. Diese indirekte Art der Codeerzeugung zur Ausführungszeit unter Verwendung von Tabellen hat gewichtige Vorteile, indem sie nicht nur eine Optimierung des endgültigen Codes gestattet sondern auch verschiedene algebraische Manipulationen des Simulationsmodells ermöglicht, was noch näher erläutert wird.

VOR- UND NACHTEILE SEMIANALYTISCHER METHODEN

Zu den Vorteilen, die das angegebene semianalytische Integrationsverfahren gegenüber vollnumerischen Methoden aufweist, gehören:

a) **Stückweise analytische Approximation der Lösung**
Sofern an einer Stelle x_{k-1}, $(k=1,2,...)$, die Ableitungen der Lösung eines Differentialgleichungssystems existieren, kann jede Zustandsvariable in einer Umgebung $x=x_{k-1}+h$, gemäss (6), durch ein Polynom approximiert werden. Von Rundungsfehlern abgesehen, besteht die einzige Approximation darin, dass die Entwicklung abgebrochen wird, sobald die Bedingung (5) für jede Komponente des Lösungsvektors erfüllt

ist. Wenn für einen Schritt der Länge h_k hierbei Terme bis zur Ordnung ν_k erforderlich sind, so konvergieren die Reihen bei gleicher Ordnung auch für jedes $h \leq h_k$. Auf diese Weise sind beliebige Interpolationen möglich. Dazu ist in (6) lediglich h_1 durch h und x_1 durch $x_{k-1}+h$ sowie x_0 durch x_{k-1}, (k=1,2,...), zu ersetzen. Dies führt auf

$$y(x_{k-1}+h) = \sum_{\nu=0}^{\nu_k} y(x_{k-1})^{(\nu)} \cdot h^\nu / \nu!, \qquad (0 \leq h \leq h_k)$$

Um $y'(x_{k-1}+h)$ zu erhalten, muss dieser Ausdruck nach h differenziert werden:

$$y'(x_{k-1}+h) = \sum_{\nu=1}^{\nu_k} y^{(\nu)}(x_{k-1}) \cdot h^{\nu-1} / (\nu-1)!$$

In analoger Weise lassen sich an der Stelle $x_{k-1}+h$ auch höhere Ableitungen von y bestimmen, wozu lediglich die Kenntnis der Ableitungen an der Stelle x_{k-1} erforderlich ist. Aehnliche Möglichkeiten bestehen selbstverständlich auch für die übrigen Variablen eines Problems. Somit sind nach jedem Schritt für die Entwicklungen aller Variabler Kurvendiskussionen möglich, um etwa Maxima und Minima zu ermitteln oder um Nullstellen zu lokalisieren.

b) <u>Hohe Genauikeit, hohe Zuverlässigkeit</u>
Ein besonderer Vorzug semianalytischer Methoden ist ihre beeindruckende Zuverlässsigkeit [7], [8]. Die Anwendung konservativer Abbruchkriterien Gesamtfehler, der kleiner ist als der vorgegebene maximal zulässige lokale relative Fehler ε. Die Verfahren führen somit weder zu grossen Fortpflanzungsfehlern noch weisen sie Tendenzen zur Instabilität auf. Günstig wirkt sich hierbei auch die im allgemeinen hohe Ordnung der Entwicklungen aus, die häufig Integrationsschritte ermöglicht, die um ein bis zwei Grössenordnungen grösser sind, als bei Anwendung von Runge-Kutta-Methoden der Ordnung 4.

c) <u>Günstige Rechenzeiten</u>
Bedingt durch die grossen Schrittweiten, die auch bei Problemen mit "schwierigen" Funktionen oder Operationen beibehalten werden können, lassen sich mit semianalytischen Verfahren oftmals weitaus günstigere Rechenzeiten erzielen, als mit vollnumerischen Verfahren [7], [9].

d) <u>Variable Ordnung und variable Schrittweite</u>
Für die Reihenentwicklungen ist es zweckmässig, eine minimale und eine maximale Ordnung, ν_{min} und ν_{max}, vorzuschreiben. Typische Werte hierfür sind: $4 \leq \nu_{min} \leq 20$ und $10 \leq \nu_{max} \leq 30$, wobei $\nu_{min} < \nu_{max}$. Kann im k-ten Integrationsschritt das Abbruchkriterium (5) nicht mit der minimalen Zahl von Termen erfüllt werden ($\nu_k = \nu_{min}$), so wird wiederholt $\nu_k = \nu_k + 1$ gesetzt, die nächst höhere Ableitung der Zustandsvariablen berechnet und (5) erneut abgefragt. Ein Abbruch der Entwicklung erfolgt somit bei einer Ordnung für die gilt: $\nu_{min} \leq \nu_k \leq \nu_{max}$.
Lässt sich das Abbruchkriterium selbst mit der Ordnung $\nu_k = \nu_{max}$ noch nicht erfüllen, so muss lediglich $h_k = h_k / 2$ gesetzt und erneut getestet werden. Es ist zu betonen, dass hierzu keine Neuberechnung der Ableitungen $y^{(\nu)}(x_{k-1})$ erforderlich ist. Kann das Kriterium (5) beim allerersten Integrationsschritt, der mit einer frei wählbaren Anfangsschrittweite h_1 erfolgt, bereits mit der Ordnung $\nu_1 = \nu_{min}$ erfüllt werden, so ist dies ein Zeichen dafür, dass h_1 zu klein gewählt wurde.
Statt wie üblich, die Schrittweite in nachfolgenden Schritten sukzessive zu vergrössern, erlaubt der semianalytische Charakter der Lösung ein interessantes und wesentlich effizienteres Vorgehen. Hierbei wird, ebenfalls ohne Neuberechnung der

Ableitungen, wiederholt $h_1=2\cdot h_1$ gesetzt und jeweils (5) abgefragt, um sich der grösstmögliche Schrittweite anzunähern, die mit der Ordnung v_{min} möglich ist. Diese Strategie wird auch beim ersten Schritt nach jeder Unstetigkeitsstelle angewendet, wodurch beim Start oder Neustart der Integration automatisch jeweils bereits im ersten Schritt die dem Problem und der verlangten Genauigkeit angemessene Schrittweite gefunden wird.

Zur automatischen Schrittweitensteuerung wurde in [5] eine Methode vorgeschlagen, bei der sich die neue Schrittweite h_{k+1} aus der Schrittweite h_k sowie der Ordnung v_k des k-ten Schrittes und den beiden Schranken v_{min} und v_{max} wie folgt berechnen lässt:

$$h_{k+1} = h_k \cdot s^{(2\cdot v_k-(v_{min}+v_{max}))/(v_{min}-v_{max})},$$

wobei s einen Faktor bezeichnet (s>1), z.B. s=2.

Aufgrund dieser Formel variiert die neue Schrittweite h_{k+1} zwischen $h_{k+1}=s\cdot h_k$, falls $v_k=v_{min}$ und $h_{k+1}=h_k/s$, falls $v_k=v_{max}$. Die Schrittweite wird nicht geändert, d.h. $h_{k+1}=h_k$, falls $v_k=(v_{min}+v_{max})/2$ ist. Da diese Steuerung darauf hinausläuft, dass die Schrittweite stets so korrigiert wird, dass im nächsten Schritt eine Erhöhung der Ordnung zu erwarten ist, falls diese im aktuellen Schritt niedriger war als das arithmetische Mittel von v_{min} und v_{max} und umgekehrt, ist es nicht überraschend, wenn die durchschnittliche Ordnung vieler Schritte kaum von diesem arithmetischen Mittel abweicht.

Wie ebenfalls in [5] gezeigt wurde, besteht für jedes Problem die Möglichkeit, automatisch die lokal kostenoptimale Ordnung pro Einheitsschritt zu ermitteln. Um dennoch die Vorzüge einer Integration mit variabler Ordnung beizubehalten, empfiehlt es sich v_{min} und v_{max} innerhalb gewisser Grenzen so vom Programm wählen zu lassen, dass das arithmetische Mittel der kostenoptimalen Ordnung entspricht.

e) <u>Integration über Unstetigkeitsstellen</u>

Probleme, die sonst bei der Integration über Unstetigketsstellen auftreten, lassen sich mit semianalytischen Methoden elegant und effizient lösen. Die Grundidee ist folgende: Gegeben sei ein System von n Differentialgleichungen $Y' = F(x,Y)$, von denen, zumindest für die j-te Gleichung, zwei oder mehrere Formen des Integranden existieren, wobei jedoch jeweils stückweise nur eine Definition gültig ist:

$$y'_j(x) = f_{j,1}(x,y_1,\ldots,y_j,\ldots,y_n), \quad \text{falls } u_j(x,Y)>0$$

und

$$y'_j(x) = f_{j,2}(x,y_1,\ldots,y_j,\ldots,y_n), \quad \text{falls } u_j(x,Y)<0.$$

Ist zu Beginn des k-ten Integrationsschrittes, bei dem eine Entwicklung um die Stelle x_{k-1} stattfindet, der Wert der gegebenen "Schaltfunktion" $u_j(x,Y)>0$, so werden die Ableitungen von y_j durch Differenzieren von $f_{j,1}$ bestimmt. Die Entwicklung aller Zustandsvariablen führt bei einer Schrittweite h_k und einer Ordnung v_k zur Erfüllung des Abbruchskriteriums (5), das nunmehr auch gleichzeitig für die Entwicklung von u_j erfüllt sein muss. Eine Unstetigkeitsstelle liegt immer dann vor, wenn es im Intervall $0\leq h\leq h_u$ eine Schrittweite $h=\bar{h}$ gibt, so dass $u_j(x_{k-1}+\bar{h})=0$ ist. Eine derartige "Schaltstelle" kann leicht, z.B. mittels der Newton-Raphson-Methode, lokalisiert werden. Liegt eine Schalt- bzw. eine Unstetigkeitsstelle vor, so ist $h_k = \bar{h}$ zu setzen. Für die Entwicklung um die nächste Stelle $x_k=x_{k-1}+\bar{h}$ wird dann die andere Definition von y_j', d.h. $y_j'=f_{j,2}$, verwendet.

Die Effizienz und die Genauigkeit dieser Methode, bei der keinerlei Ableitungen neu berechnet werden müssen, wird in [10] demonstriert.

f) <u>Elemente mit fester und variabler Totzeit</u>
Auch bei Behandlung dieser schwierigen Probleme kann der analytische Charakter der
Methode voll ausgenützt werden. Hierzu sind nach jedem erfolgten Integrationsschritt jeweils alle berechneten Ableitungen der zu verzögernden Variablen abzu-
speichern. Eine Interpolation in diesem Bereich kann dann später mit derselben
Fehlerordnung ausgeführt werden, wie sie bei diesem früheren Schritt verwendet
wurde. Da jedoch die Ordnung der Entwicklungen von Schritt zu Schritt variieren
kann, ist es zweckmässig, die gesamte Integration mit einer festen Ordnung auszuführen. Wie aus [11] hervorgeht, können die Integrationsschritte wesentlich grösser sein als die grösste Totzeit.

g) <u>Partielle Ableitungen, Gradienten, Jacobi-Matrizen</u>
Es lässt sich zeigen, dass das Konzept, höhere Ableitungen bezüglich der unabhängigen Variablen mit Hilfe analytischer Rekursionsformeln zu ermitteln, auch auf
partielle Ableitungen erweitert werden kann [4], [6]. Soll im gegebenen Beispiel
(1) die partielle Ableitung der Zustandsvariablen y nach einem Parameter s bestimmt werden, wobei dann $s=a$, bzw. $s=y_0$ sein kann, dann gilt bei Verwendung der

früheren Bezeichnungen: $\bar{y}(x)=\partial y(x)/\partial s$, $\bar{y}(0)=\partial y_0/\partial s$, $\bar{p}(x)=\partial a/\partial s+a\cdot\bar{y}(x)$,

$\bar{q}(x)=\bar{p}(x)\cdot q(x)$, $\bar{r}(x)=\bar{q}(x)\cdot y(x)+q(x)\cdot\bar{y}(x)$, $\bar{v}(x)=\bar{y}(x)\cdot w(x)$, $\bar{w}(x)=-\bar{y}(x)\cdot v(x)$,

$\bar{y}'(x)=\bar{r}(x)+\bar{v}(x)$, $\bar{p}'(x)=\partial a/\partial s\cdot\bar{y}(x)+a\cdot\bar{y}'(x)$, ... Nach Ausführung eines Integrationsschrittes, für den eine gewisse Anzahl von Ableitungen der Variablen y, p, q, r,
v, w und y' berechnet und gespeichert wurden, lassen sich die partiellen Ableitun-
gen dieser Variablen ($\bar{y}$, $\bar{p}$, $\bar{q}$, $\bar{r}$, $\bar{v}$, $\bar{w}$, $\bar{y}'$), die sich durch Anwendung des Operators $\partial/\partial s$ ergeben, ebenfalls in Taylor-Reihen entwickeln und unter Zuhilfenahme
neuer Rekursionsformeln berechnen. Es ist zu beachten, dass die Ausdrücke für $\bar{p}$,
$\bar{q}$, $\bar{r}$, $\bar{v}$, $\bar{w}$ und $\bar{y}'$ formal unabhängig davon sind, ob $s=a$, bzw. $s=y_0$ ist.

Die Fähigkeit, partielle Ableitungen analytisch berechnen zu können, stellt
eine erhebliche Erweiterung der Möglichkeiten der gezeigten semianalytischen Methode gegenüber denjenigen vollnumerischer Verfahren dar. So lassen sich unter anderem in eleganter Weise Gradienten und Jacobi-Matrizen berechnen.

h) <u>Zustandsabhängige algebraische Gleichungen und implizite Differentialgleichungen</u>
Gegeben sei ein Differentialgleichungssystem $Y'=F(x,Y,P)$, $Y(0)=Y_0$, wobei Y, Y_0, Y'
und F n-dimensionale Vektoren sein mögen. Dieses System trete zusammen mit einem
algebraischen Gleichungssystem $U(x,Y,P)=0$ auf, in dem U, P und 0 n-dimensionale
Vektoren bezeichnen. Jede Auswertung des Ableitungsvektors Y' erfordert zuvor eine
Lösung des algebraischen Gleichungssystems. Hierzu lässt sich im semianalytischen
Falle der Vektor P mit Hilfe des Newton-Raphson-Verfahrens berechnen

$$P_{i+1} = P_i - H^{-1}\cdot U\big|_{P_i},$$

wobei i einen Iterationsindex und $H=\partial U/\partial P$ eine Jacobi-Matrix bezeichnen, die sich
automatisch nach oben stehendem Konzept berechnen lässt. Zur Auswertung der höheren Ableitungen des Zustandsvektors Y sind auch die höheren Ableitungen von P erforderlich. Wie in [12] gezeigt wird, lassen sich diese ohne Iterationen aus

$$P^{(\nu)} = -H^{-1}\cdot U^{(\nu)}\big|_{P^{(\nu)}=0}, \qquad (\nu>0)$$

ermitteln. Die Vorteile, die sich daraus ergeben, sind beachtlich. Einerseits muss
nur zur Berechnung der nullten Ableitung von P iteriert werden. Andererseits führt
die hohe Integrationsordnung zu beträchtlich grösseren Integrationsschritten, als
bei Verwendung typischer vollnumericher Verfahren, so dass im semianalytischen
Falle die Zahl der Iterationen pro Einheitsschritt sehr klein ist. Zudem führt die
Entwicklung von P in einem Schritt zu ausgezeichneten Startwerten, wenn zu Beginn
des nächsten Schrittes erneut iteriert werden muss.

i) <u>Codeoptimierung</u>
Die erwähnte Verwendung von Tabellen zur Implementierung der Methode hat verschiedene Vorteile, die sich positiv auf die Rechenzeit auswirken. So lässt sich der zu erstellende Code in verschiedener Hinsicht optimieren: a) vor jedem Tabelleneintrag wird geprüft, ob bereits ein identischer Eintrag existiert, um unnötige mehrfache Berechnung zu vermeiden. b) Ausdrücke oder Teilausdrücke, in denen nur Konstante vorkommen, werden direkt berechnet ohne Tabelleneintrag. c) Multiplikationen mit der Konstanten 2.0 werden als Additionen eingetragen. d) Multiplikationen mit der Konstanten 1.0 führen lediglich zu Wertzuweisungen. Multiplikationen mit der Konstanten 0.0 führen zu keinem Eintrag, um das Generieren von "dead code" zu vermeiden.

j) <u>Algebraische Manipulationen</u>
Dank des Tabellenkonzepts können, wie dies bei der Sprache PSCSP der Fall ist, eine Reihe von algebraischen Manipulationen des Simulationsmodells zur Ausführrungszeit vorgenommen werden [5]. Hierbei wird die in den Tabellen abgelegte Information formelmässig manipuliert, was zu neuen Tabelleneinträgen führt. So können beispelsweise bei gewissen "optimum control problems" die Hamilton-Funktion und die adjungierten Gleichungen automatisch hergeleitet werden. Beim Vorliegen eines PID-Reglers in einem Simulationsmodell wird kein Tabelleneintrag für den Differentialoperator ausgeführt. Stattdessen erfolgt ein "back-tracking" des zu differenzierenden Signals bis hin zu Integratoren oder Time-Delays, bzw. zu externen Signalen, die dann automatisch analytisch differenziert werden.

k) <u>Paralleles Rechnen</u>
Die besondere Eignung rekursiver Taylorreihenentwicklungen für das parallele Rechnen wurde im Rahmen des ETH-Multiprozessor-Projektes [13], [14] nachgewiesen. In dem aus einer PDP 11/34 und sechzehn LSI 11/03 bestehenden, dynamisch rekonfigurablen und asynchron arbeitenden Multiprozessor-System EMPRESS wurde eine Version der Simulationssprache PSCSP implementiert. Bei der Ausführung von Programmen wird davon Gebrauch gemacht, dass bei Zerlegung der rechten Seiten eines Differentialgleichungssystems eine Vielzahl von Teilaufgaben anfallen, die gleichzeitig ausgeführt werden können. Zu dieser externen Parallelität des Problems kommt eine interne Parallelität der Methode hinzu, indem gewisse Rekursionsformeln eine skalarproduktartige Struktur aufweisen, so dass bei ihrer Abarbeitung gleichzeitig mehrere Prozessoren mitwirken können.

Den erwähnten Vorzügen semianalytischer Verfahren stehen folgende Nachteile gegenüber:

a) <u>Speicherplatzbedarf</u>
Ein prinzipieller Nachteil ist der grosse Bedarf an Speicherplatz. Im Gegensatz zu anderen Verfahren erfordern nicht nur die Zustandsvariablen einen von der maximalen Ordnung der Entwicklungen abhängenden Speicherbereich, sodern auch alle Zwischenvariablen. Aus diesem Grunde ist eine automatische Codeoptimierung über das beschriebene Mass hinaus empfehlenswert. Für die meisten praktischen Probleme dürfte es auf Gross- bzw. Midirechnern kaum Beschränkungen geben und bei Maschinen mit virtuellem Memory entfallen Beschränkungen dieser Art gänzlich.

b) <u>Verfügbarkeit geeigneter Software</u>
Die Verfügbarkeit geeigneter Software für semianalytische Methoden ist zwar kein prinzipieller Nachteil, doch hat sie zur Folge, dass diesen Methoden bisher noch nicht genügend Aufmerksamkeit zuteil wurde. Es ist hervorzuheben, dass das Erstellen entsprechender Software eine wesentlich umfangreichere Arbeit erfordert als für vollnumerische Methoden.

DIE SIMULATIONSSPRACHE PSCSP

Die Simulationssprache PSCSP (<u>P</u>ower <u>S</u>eries <u>C</u>ontinuous-System <u>S</u>imulation <u>P</u>rogram) wurde mit der Zielsetzung entwickelt, erstmals ein ausschliesslich auf semianalytischen Methoden basierendes Programmpaket für wissenschaftliche und ingenieurmässige Simulationsaufgaben zur Verfügung zu stellen. Wegen seiner grösseren Allgemeinheit wurde der Begriff <u>Potenzreihen</u> anstelle von <u>Taylor-Reihen</u> gewählt. Es ist beabsichtigt, in das Programmpaket, das bisher ausschliesslich von Taylor-Reihen Gebrauch macht, auch andere semianalytische Verfahren zu implementieren, die höhere Ableitungen verwenden. Solche Verfahren sind etwa "multistep-multiderivative methods" [15], die Zwei-Punkte Hermite-Methode [16], Methoden zur Lösung steifer Probleme und zur Behandlung von Systemen mit hochfrequenten Lösungsanteilen [17]. Ueber bisherige numerische Ergebnisse bei der Anwendung von PSCSP und über Vergleiche mit anderen Verfahren wird in [5] und [8] berichtet. Stichwortartig lassen sich die Eigenschaften von PSCSP, sofern sie nicht schon an vorangegangenen Stellen erwähnt wurden, wie folgt zusammenfassen:

- Syntax und Semantik sind FORTRAN-ähnlich
  Die zulässigen Datentypen umfassen: REAL, INTEGER, LOGICAL. Skalare wie auch ein- bis dreifach indizierte Grössen sind gestattet

- PSCSP unterstützt das automatische Sortieren von Anweisungen

- PSCSP weist nur wenige maschinenabhängige Assemblerroutinen auf

- PSCSP ist interaktiv

- Der Sprachumfang kann leicht erweitert werden

- PSCSP bietet zahlreiche Fehlermeldungen und Debugging-Hilfen

- PSCSP weist viele Input/Output Optionen auf

- PSCSP erlaubt algebraische Manipulationen des Simulationsmodells während der Programmausführung

- PSCSP behandelt partielle Ableitungen beliebiger Komplexität analytisch

- PSCSP behandelt Totzeitelemente mit konstanter oder variabler Totzeit analytisch

- PSCSP weist zahlreiche spezielle Operatoren und Funktionsblöcke auf

- PSCSP lokalisiert automatisch Unstetigkeitsstellen

- PSCSP erlaubt das Lösen zeitabhängiger algebraischer Gleichungen und gestattet das automatische Ermitteln von stationären Zuständen

<u>SCHLUSSFOLGERUNGEN</u>

Semianalytische Verfahren weisen Vorteile auf, die bei Anwendung vollnumerischer Methoden gänzlich entfallen. Werden solche Verfahren in Programmen in einer Weise implementiert, dass noch zusätzlich algebraische Manipulationen des Simulationsmodells automatisch durchgeführt werden können, so ergeben sich daraus für den Benützer Vorteile hinsichtlich der Genauigkeit, der Rechenzeit und der Lesbarkeit und Kürze seiner Simulationsprogramme.

<u>REFERENZEN</u>

1 <u>Advanced Continuous Simulation Language (ACSL)</u>
  User Guide and Reference Manual
  Mitchell and Gauthier, Assoc.
  Concord, Mass., 1975
2 <u>Continuous System Simulation Language (CSSL-IV)</u>
  User Guide and Reference Manual
  Nilsen, Assoc.
  Chatsworth, California, 1976
3 Korn, G.A., Wait, J.V.
  <u>Digital Continuous-System Simulation</u>

Prentice-Hall, Englewood Cliffs, 1978

4 Rall, L.B.
Automatic Differentiation: Techniques and Applications
Lecture Notes in Computer Science No. 120
Springer Verlag, Berlin, Heidelberg, New York, 1981

5 Halin, H.J.
"The Applicability of Taylor Series Methods in Simulation"
Proceedings of the 1983 Summer Computer Simulation Conference,
Vol. 2 (Supplement on State of the Art Issues in Simulation),
North Holland Publishing Company, pp. 1032-1076, 1983

6 Knapp, H., Wanner, G.
"LIESE: A Program for Ordinary Differential Equations Using Lie-Series"
MRC Tech. Summary Rept. No. 881
University of Wisconsin – Madison, 1968

7 Barton, D., Willers, I.M., Zahar, R.V.M.
"Taylor Series Methods for Ordinary Differential Equations - An Evaluation"
in Mathematical Software, J. Rice, Editor
Academic Press, New York, pp. 369-390, 1971

8 Halin, H.J., Hepner, S.A.R.
"Solving Benchmark Problems with PSCSP and Other Simulation Languages"
Proceedings of the 1984 Summer Computer Simulation Conference
Boston, Mass., 1984

9 Mennig, J., Auerbach, T., Brunner, J., Hälg, W., Halin, H.J.
"Integration of Differential Equations by Means of Lie-Series and
Various Numerical Methods: Comparison of Speed and Reliability"
Proceedings of the IAEA Seminar on Numerical Reactor Calculations
IAEA, Vienna, Austria, pp. 157-182, 1972

10 Halin, H.J.
"Integration across Discontinuities in Ordinary Differential
Equations Using Power Series"
SIMULATION, pp. 46-53, 1976

11 Halin, H.J., Kriz, J.
"On the Accurate Treatment of Fixed and Variable Time Delays"
Proceedings of the 1979 Summer Computer Simulation Conference
Seattle, Wash., pp. 130-134, 1979

12 Halin, H.J.
"A Fast and Accurate Method for the Integration of Implicit
Differential Equations and the Treatment of Algebraic Loops"
accepted for publication in
MATHEMATICS AND COMPUTERS IN SIMULATION

13 Halin, H.J., Bührer, R., Hälg, W., Benz, H.,
Bron, B., Brundiers, H., Isacson, A., Tadian, M.
"The ETH-Multiprocessor Project: Parallel Simulation of Continuous Systems"
SIMULATION, pp. 109-123, 1980

14 Bührer, R.E., Brundiers, H., Benz, H., Bron, B.,
Friess, H., Hälg, W., Halin, H.J., Isacson, A., Tadian, M.
"The ETH-Multiprocessor EMPRESS: A Dynamically
Configurable MIMD System"
IEEE Transactions on Computers, Vol. C-31, No. 11,
pp. 1035-1044, 1982

15 Enright, W.H.
"Studies in the Numerical Solution of Stiff Ordinary Differential Equations"
Tech. Rept. 46, Dept. of Computer Science, Univ. of Toronto
Toronto, 1972

16 Mennig, J., Auerbach, T., Hälg, W.
"Two Point Hermite Approximations for the Solution of
Linear Initial Value and Boundary Value Problems"
Computer Methods in Applied Mechanics and Engineering,
No. 39, pp. 199-224, 1983

17 Fatunla, S.O.
"Numerical Integrators for Stiff and Highly Oscillatory
Differential Equations"
Mathematics of Computation, Vol. 34, No. 150,
pp. 373-390, 1980

MODELLPRÜFUNG - STATISTISCHE METHODEN

P.Bauer

Institut für medizinische Statistik und Dokumentation

A-1090 Wien, Schwarzspanierstraße 17

1.EINLEITUNG

Das Studium von Prozessen in der realen Welt erfolgt anhand von Modellen, d.h. qualitativen oder quantitativen Repräsentationen des Prozesses, die die relevanten Einflußfaktoren erfassen sollen. Dabei werden die wesentlichen Eigenschaften des Prozesses und ihre Wechselwirkungen durch mathematische Symbole und Gesetze repräsentiert.

Die Palette der Modelle reicht von rein deskriptiven Modellen, die sich
nur eine rein formale Beschreibung von Datensätzen zum Ziel setzen, bis
zu mechanistischen Modellen, in denen die physikalisch-chemischen Grund-
gesetze für den Prozeß erfaßt werden sollen.

Dies hat z.B. in der Biologie zu einer Art Zweiteilung geführt, bei der
vom "Biostatistiker" eher die Befassung mit formalen Modellen, vom "Biomathematiker" der Aufbau und die Analyse von mechanistischen Modellen
erwartet wird. Bei den deskriptiven Modellen bestehen naturgemäß und
daher auch im allgemeinen bei den Biostatistikern große Vorbehalte gegenüber der Extrapolation von Ergebnissen über den Beobachtungsbereich
hinaus. Für den Biomathematiker bietet es sich andererseits durch die
Erfassung der zugrundeliegenden "Naturgesetze" geradezu an, die Modelle
auch unter Bedingung und in Bereichen zu verwenden, für die unmittelbar
keine "Erfahrungen" aus der realen Welt vorliegen.

Unter Umgehung der schwierigen Frage der Bedeutung und der Grenzen von
Simulationen in dem einen oder anderen Anwendungsbereich sei hier nur
darauf hingewiesen, daß im allgemeinen Einigkeit darüber besteht, daß
die verwendeten Modelle eine überprüfbare Relation zu den modellierten
Vorgängen in der realen Welt haben sollen.

Im folgenden soll bewußt auf den Begriff der "Modellvalidierung" verzichtet werden, da die Schlüsse des Statistikers im allgemeinen nach
der Methode der Hypothesen-(Modell-)Prüfung (Falsifizierung) erfolgen.
Dabei kann nur die Verwerfung eines Modells schlüssig interpretiert
werden. Ohne Betrachtung konkreter Alternativmodelle kann aus der Tat-

sache, daß ein einzelnes Modell eine relativ gute Anpassung an die Beobachtungen erlaubt (und daher aufgrund der Messungen nicht verworfen werden kann) nicht der voreilige Schluß der "Gültigkeit" des Modells gezogen werden. Die Verifizierung eines Modells sieht dabei der Statistiker als eine nach vielfältigen Gesichtspunkten über einen längeren Zeitraum durchgeführte, jedoch mißlungene Falsifizierung.

Ein einfaches Beispiel zeigt die folgende Abbildung: Wenn in den drei Punkten x_1, x_2 und x_3 Messungen vorliegen, so wird keines der Modelle M_1 und M_2 aufgrund der Daten verworfen werden können; es wird darüberhinaus auch keinem der beiden Modelle aufgrund der Messungen der Vorzug gegeben werden können.

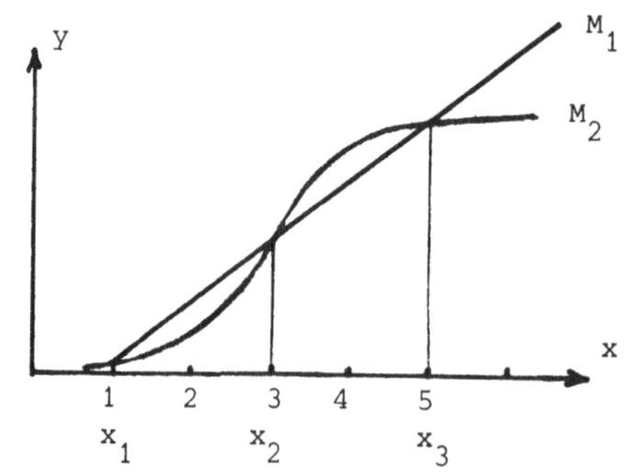

Dieses Beispiel hat durchaus einen realistischen Hintergrund, etwa bei Dosis-Wirkungsbeziehungen von Pharmaka. Im gezeigten Fall würde das Geradenmodell ein völlig verzerrtes Bild von der Wirkungscharakteristik geben. Ein wichtiger Punkt läßt sich ebenfalls aus dem Beispiel ableiten: Die Möglichkeit, ein verwendetes Modell als "inadäquat" zu erkennen, hängt in wesentlicher Weise vom "Versuchsplan" ab. Würde man die Punkte x_2 und x_3 beide um eine Einheit nach links verschieben, so erhielte man eine geometrische Progression der "Dosiswerte" x_1, x_2 und x_3, und das Geradenmodell würde eine sehr schlechte Anpassung ergeben.

Die Geschichte der Wissenschaft hat gezeigt, daß es zum Teil sehr lange dauert, bis von einer bestimmten Modellvorstellung abgegangen wird, d.h. bis genügend Evidenz aus der realen Welt vorliegt, die eine Aufrechterhaltung des verwendeten Modells nicht mehr erlaubt. Die ungebührlich lange Beibehaltung einer der Prüfung an der realen Welt nicht standgehaltenen Hypothese kann etwa in der Medizin starke Auswirkung

haben. Aus der Besonderheit des statistischen Schließens ergibt sich
die prinzipielle Möglichkeit, daß auch Modelle aus dem Korb der ver-
worfenen Hypothesen wieder zurückgeholt werden müssen; dies passiert
besonders dann, wenn bei der Verwerfung von Modellen nicht mit der
entsprechenden Sorgfalt oder mit "ideologischen" Argumenten vorgegangen wird. Da auch die "voreilige" Verwerfung von Modellen folgenschwer
sein kann, kommt den Methoden der Modellprüfung eine wesentliche Bedeutung zu.

2. METHODEN DER MODELLPRÜFUNG

Bei Simulationsmodellen wird üblicherweise eine endliche Zahl von
Größen zur Beschreibung des Zustandes des Prozesses betrachtet. Diese
Größen, zum Zustandsvektor zusammengefaßt, hängen von Einflußvariablen
(Regressorvariablen) ab. Da im allgemeinen nicht alle Einflußfaktoren
erfaßt werden können, oder wenn der Zufall, wie in der Quantenphysik,
ein wesensmäßiges Element des Prozesses darstellt, sind nicht nur de-
terministische Abhängigkeiten sondern auch stochastische Komponenten
von Bedeutung. Die Grundüberlegung in der Biologie ist dabei, daß die
Summe der nicht berücksichtigten Einflußfaktoren, die man entweder
nicht kennt, oder aber für vernachlässigbar hält, einen zufälligen un-
systematischen Beitrag zum Modell liefern.

Die statistische Modellprüfung kann sich nur damit befassen, zu überprüfen, ob die über den stochastischen Charakter des Modells getroffenen Annahmen zu der Wirklichkeit der Messungen im Widerspruch stehen.

Dabei ist zu bedenken, daß durch den Vorgang der Messung eine weitere
Zufallskomponente in diese Fragestellung eingebracht wird.

Bei biologischen Anwendungen ergibt sich eine weitere Problematik darin, daß die Individuen, an denen Messungen durchgeführt werden, einer
hohen Variabilität unterliegen. Besteht etwa ein Modell für einen zeitlich im einzelnen Individuum ablaufenden Prozeß, so variieren im allgemeinen die Parameter des Modells von Individuum zu Individuum. Eine
weitere Variabilität entsteht, wenn man fordert, das Modell solle
nicht nur für das "gesunde", sondern auch für das pathologisch veränderte Individuum Gültigkeit haben. Eine Modellprüfung in solchen Situationen erfordert die Anpassung des Modells an die Messungen jeweils
getrennt für jedes Individuum. Die Prüfung der Güte der Anpassung für

jedes einzelne Individuum ist wesensmäßig ein statistisches Problem,
da man zu prüfen hat, ob die Abweichungen zwischen Messungen und Modell mit dem vorausgesetzten Zufallsmuster vereinbar sind. Die Kombination von mehreren solchen Prüfungen (an verschiedenen Individuen)
ist dann eine Aufgabe der simultanen oder multiplen Hypothesenprüfung.

Es muß eingestanden werden, daß eine geschlossene Lösung für das statistische Problem der Modellprüfung nur unter sehr spezifischen Annahmen vorliegt: für das sogenannte "Lineare Modell" der Statistik. Dabei
wird angenommen, daß die zu einem n-dimensionalen Zufallsvektor zusammengefaßten Messungen $\mathbf{Y}$ linear von einer Menge p fester, unbekannter
Parameter abhängen:

$$\mathbf{Y} = \mathbf{X}\boldsymbol{\theta} + \boldsymbol{\varepsilon}, \qquad \boldsymbol{\theta} \in \Theta \subset R^p \tag{1}$$

$\mathbf{X}$ bezeichnet eine feste nxp Matrix, sie gibt die (endlichen) Werte der
Regressionsvariablen an den Meßpunkten an; der nx1 Vektor $\boldsymbol{\varepsilon}$ ist der
additive stochastische Fehler, dessen Komponenten als voneinander unab-
hängig und gleich normalverteilt mit $E(\boldsymbol{\varepsilon}) = \mathbf{0}$, $Cor(\boldsymbol{\varepsilon}) = \sigma^2 \mathbf{I}_n$, vorausgesetzt werden. Dieses Modell ist die Basis der klassischen parametri-
schen Verfahren auf der Grundlage der Normalverteilung. Die Schätzbar-
keit von Parametern, optimale Parameterschätzungen $\hat{\boldsymbol{\theta}}$ (kleinste Quadra-
te, Maximum Likelihood), deren Verteilungen, die Verteilung der Resi-
duen $(\mathbf{Y} - \hat{\mathbf{Y}}) = \mathbf{Y} - \mathbf{X}\hat{\boldsymbol{\theta}}$ sind bekannt (vergl. SEARLE, 1971; KRAAFT, 1978).

Treffen diese sehr restriktiven Annahmen des Linearen Modells nicht zu,
so muß man etwa für die Maximum Likelihood oder LS-Schätzer auf Ergebnisse für große n zurückgreifen (vergl. GROSSMANN, 1982). Liegen keine
Annahmen über die statistische Verteilung des Fehlers vor, außer daß
das Modell z.B. den Median der jeweiligen Messungen beschreiben soll,
so verlieren die Methoden der Modellprüfung im allgemeinen an Mächtigkeit. Man kann dann etwa nur die Vorzeichen der Abweichungen zwischen
Modell und Messungen untersuchen. Die folgenden Überlegungen zur Modellprüfung basieren auf dem Linearen Modell. Leider kann man nicht
behaupten, daß entsprechende Verallgemeinerungen einfach sind, und dem
Leser überlassen werden können.

Abschließend muß jedoch noch darauf hingewiesen werden, <u>daß im Fehler-
vektor von (1) jetzt zwei Anteile stecken; einer durch die "Unvollstän-
digkeit" des Modells, der andere durch den Meßfehler verursacht. Ab</u>-
weichungen zwischen Modell und Messungen können daher auch durch eine

verfälschte Messung verursacht sein.

2.1. Überparametrisierung

Eine Methode der Modellprüfung besteht darin, das zu prüfende Modell
in ein allgemeineres einzubetten, das durch das Auftreten zusätzlicher
Parameter charakterisiert ist:

$$\mathbf{Y}=\mathbf{X}\boldsymbol{\theta}+\mathbf{X}_1\boldsymbol{\theta}_1+\boldsymbol{\varepsilon}, \quad \boldsymbol{\theta}_1 \in \boldsymbol{\Theta}_1 c R^{p_1} \tag{2}$$

Es wird dabei untersucht, ob die zusätzlichen p_1 Parameter $\boldsymbol{\theta}_1$ einen
signifikanten Beitrag zur Erklärung der Beobachtungen leisten. Dabei
wird angenommen, daß der von $\mathbf{X}$ gebildete Raum keine Komponenten von $\mathbf{X}_1$
enthält.

Statistisch wird die folgende Hypothese geprüft: H_o: $\boldsymbol{\theta}_1=\mathbf{0}$. Muß diese
Hypothese aufgrund der Beobachtungen verworfen werden, so kann das Mo-
dell (1) nicht als ausreichend zur Erklärung der Daten angesehen werden.

Es gibt eine Reihe von Möglichkeiten, diese Nullhypothese statistisch
zu prüfen. Man kann z.B. simultan die Einzelhypothesen H_{oi}: $\theta_{1i}=0$
prüfen, etwa mit simultanen t-Tests:

$$t_i = \hat{\theta}_{1i}/\hat{\sigma}_i, \hat{\sigma}_i=a^{ii}\hat{\sigma}=a^{ii}(\mathbf{Y}-\hat{\mathbf{Y}}_1)(\mathbf{Y}-\hat{\mathbf{Y}}_1)/(n-p-p_1), \tag{3}$$

Die $\mathbf{Y}$ sind die zufälligen, beobachteten Werte und a^{ii} das entsprechende
Element der Inversen von $(\mathbf{X}\mathbf{X}_1)^T(\mathbf{X}\mathbf{X}_1)$, wobei angenommen wird, daß eine
solche existiert; $\hat{\mathbf{Y}}_1$ ist die kleinste Quadrat-Schätzung von $\mathbf{Y}$ aufgrund
von Modell (2). Kritische Schranken für diese Individualtests können
durch ein sequentiell verwerfendes Verfahren verschärft werden (HOLM,
1979; BAUER und HACKL, 1984).

Ein globaler Test für die Hypothese H_o kann durch den F-Test

$$F_{p_1,n-p-p_1} = \frac{n-p-p_1}{p_1} \frac{(\mathbf{Y}-\hat{\mathbf{Y}})^T(\mathbf{Y}-\hat{\mathbf{Y}})-(\mathbf{Y}-\hat{\mathbf{Y}}_1)^T(\mathbf{Y}-\hat{\mathbf{Y}}_1)}{(\mathbf{Y}-\hat{\mathbf{Y}}_1)^T(\mathbf{Y}-\hat{\mathbf{Y}}_1)} \tag{4}$$

geprüft werden.

Der Vorteil der Prüfung der Einzelhypothesen ergibt sich in der Interpretierbarkeit der Ergebnisse bezüglich einzelner Parameter, während der F-Test nur ein globales Maß für die Verbesserung der Gesamtanpassung darstellt.

2.2. Analyse der Residuen

Die Untersuchung der Realisierungen der Residuen $(Y-\hat{Y})$ ist eine oft angewandte Technik zur Modellprüfung. Die Verteilung der Residuen $(Y-\hat{Y})$ aus Modell (1) ist bekannt, sie folgen einer singulären multivariaten Normalverteilung mit Erwartungswerten O und Kovarianzmatrix $I-X$ $(X^TX)^{-1}X^T$, wobei wieder voller Spaltenrang von X vorausgesetzt wird. Wesentlich ist dabei, daß die Kleinste-Quadrat-Residua korrelierte Zufallsgrößen sind.

Liegen Mehrfachbestimmungen an verschiedenen Punkten vor, so kann zunächst nach dem F-Test geprüft werden, ob die Variabilität "zwischen" Modell und Messungen systematisch größer ist als die Variabilität "innerhalb" der Messungen:

$$F_{N,\Sigma n_i-N} = \frac{\Sigma n_i-N}{N} \cdot \frac{\sum_{i=1}^{N} n_i(\bar{Y}_i-\hat{Y}_i)^2}{\sum_{i=1}^{N} \sum_{j=1}^{n_i} (Y_{i(j)}-\bar{Y}_i)^2} \qquad (5)$$

Dabei bezeichnet N die Zahl der Meßpunkte in denen jeweils $n_i, i=1,\ldots,$ N wiederholte zufällige Messungen $Y_{i(j)}, j=1,\ldots,n_i$ (mit Mittelwert $\bar{Y}_i$) durchgeführt wurden. Dieser F-Test ist wieder ein globales Maß für die Güte der Anpassung gemessen an der Variabilität der Mehrfachbestimmungen.

Die Analyse der einzelnen Residua ist durch die vorhandenen Abhängigkeiten erschwert. Wenn die Zahl der Messungen groß ist gegenüber der Zahl der Parameter p, so wird diese Abhängigkeit häufig vernachlässigt, und asymptotisch die Prüfung auf unabhängige, gleich normalverteilte Residua durchgeführt, die auf die verschiedensten Arten ausgeführt werden kann.

Um auch die streng mathematische Unabhängigkeit zu gewährleisten, wurden lineare Transformationen der $\mathbf{Y}$

$$\hat{\mathbf{w}} = \mathbf{WY} \tag{6}$$

vorgeschlagen (BROWN, DURBIN & EVANS, 1975), wobei

$$E(\hat{\mathbf{w}})=0, \quad Cor(\hat{\mathbf{w}})=\sigma^2 I; \tag{7}$$

hat $\mathbf{X}$ vollen Spaltenrang, so besteht $\mathbf{W}$ aus n-p Komponenten. Diese Bedingungen legen die Transformation (6) noch nicht eindeutig fest. Eine sehr nützliche Transformation erzeugt die sogenannten "rekursiven" Residuen. Nehmen wir an, daß z.B. in einem Regressionsmodell die "Zustandsvariable" von der Regressionsvariablen Zeit abhängt, wobei nach aufsteigender Zeit nach dem Index t geordnet gilt:

$$Y_t = \mathbf{x}_t^T \boldsymbol{\theta} + \varepsilon_t \tag{8}$$

Dabei ist $\mathbf{x}_t$ ein p-dimensionaler fester Vektor; die ε_t sollen die üblichen Voraussetzungen des Linearen Modells erfüllen. Es sei $\mathbf{Y}_{t-1}^T=$ $=(Y_1,Y_2,\ldots,Y_{t-1})$ und $\mathbf{X}_{t-1}^T=(\mathbf{x}_1,\mathbf{x}_2,\ldots,\mathbf{x}_{t-1})$; dann erfüllen die rekursiven Residuen zusätzlich zu (7)

$$\hat{w}_t = \frac{Y_t - \mathbf{x}_t^T (\mathbf{X}_{t-1}^T \mathbf{X}_{t-1})^{-1} \mathbf{X}_{t-1}^T \mathbf{Y}_{t-1}}{\sqrt{1 + \mathbf{x}_t^T (\mathbf{X}_{t-1}^T \mathbf{X}_{t-1})^{-1} \mathbf{x}_t}} \quad ; \quad t=p+1,\ldots,n \tag{9}$$

Die $\hat{w}_t$ sind also die einstufigen, standardisierten Vorhersagefehler, d.h. die standardisierten Abweichungen zwischen den zufälligen Messungen Y_t und den aus den Messungen bis zum Zeitpunkt t-1 vorhergesagten Wert $\tilde{Y}_t$.

Durch die Eigenschaften (7) können diese Residua $\hat{w}_t$ einer Prüfung unterzogen werden, ob sie unabhängig und gleich mit Erwartungswert 0 normalverteilt sind. Zugleich läßt sich ein etwaiger Trend der Güte der Anpassung über die Zeit (oder eine andere Regressorvariable) untersuchen (vergl. BROWN, BURBIN & EVANS, 1975; BAUER & HACKL, 1978, 1980; HACKL, 1980). In der betrachteten Situation (8) läßt sich die Anpassung des Modells auch durch den Vergleich von aus verschiedenen Zeitabschnitten gewonnenen Parameterschätzungen prüfen (PLOBERGER, 1984).

3. MODELLDISKRIMINIERUNG

Häufig stehen für einen Prozeß zwei oder mehrere rivalisierende Modelle zur Verfügung. Eine wesentliche Aufgabe besteht darin, aufgrund von Messungen zwischen diesen Modellen zu diskriminieren. Oft werden Experimente nur dazu durchgeführt, um bestimmte Modelle als "gut", andere als "schlecht" anpaßbar zu diskriminieren.

Zunächst erscheint es sinnvoll, aufgrund geeigneter Kriterien sich für eines der zur Verfügung stehenden Modelle zu entscheiden: etwa durch die Betrachtung der a posteriori Wahrscheinlichkeiten der Modelle im Sinne der Bayes'schen Betrachtungsweise (BOX & HILL, 1967), der Güte der Anpassung über das Likelihoodverhältnis (FEDOROV, 1975), durch Kriterien, die auch die Zahl der Parameter beinhaltet, wie C_p (siehe MALLOWS, 1973), MSEP (siehe BUNKE & DROGE, 1984), AIC (siehe AKAIKE, 1974) oder die Einfachheit (BUNKE & GRABOWSKY, 1978); das Problem der Einfachheit ist z.B. bei deskriptiven Modellen, die aus Polynomen steigenden Grades bestehen, nicht kontroversiell und die Festlegung des Grades kann über statistische Tests (ANDERSON, 1971) oder "sequentiell" verwerfende Tests (BAUER & HACKL, 1984) erfolgen. Bei mechanistischen Modellen ist die Einschätzung der "Einfachheit" häufig durch Tradition und bestehende mathematische Lösungen für spezielle Modelle beeinflußt und problematisch.

Eine Überlegung führt jedoch wieder auf die Wichtigkeit der Modellprüfung, wie sie im letzten Kapitel besprochen wurde. <u>Es könnte das verwendete Entscheidungsverfahren eines der Modelle nur deswegen favorisieren, da es nicht so schlecht ist, wie die anderen, die gemessenen Daten aber selbst nur sehr mangelhaft beschreiben kann.</u> Man hat also auch beim ausgewählten Modell immer wieder eine Überprüfung der tatsächlichen Anpassung der Messungen durch das Modell anzuschließen. COX (1962) machte für den Fall von zwei rivalisierenden Modellen aus verschiedenen Hypothesenfamilien den Vorschlag, den Test über den Unterschied zwischen den beobachteten und unter der Nullhypothese erwarteten Differenzen der Log-Likelihoods zwischen den beiden Modellen zweimal anzuwenden, abwechselnd mit einem der beiden Modelle als Nullhypothese. Bei diesem Vorgehen könnten zwei "inadäquate" Modelle aufgedeckt werden, wenn beide Tests zur Verwerfung der jeweiligen Nullhypothese führen.

4. "OPTIMALE" VERSUCHSPLANUNG

Wie in der Einleitung bereits deutlich betont wurde, hängt die Möglichkeit, ein "inadäquates" Modell anhand eines Experiments als solches zu erkennen, wesentlich vom Versuchsplan ab. Der Anwender ist ja daran interessiert, daß das mechanistische Modell nicht nur in den Versuchspunkten, sondern über den gesamten Experimentierbereich (und vielleicht auch darüber hinaus) ein unverfälschtes Bild des Prozesses gewährleistet.

Das Problem der optimalen Versuchsplanung hat eine Reihe von mathematischen Lösungen, wenn man das verwendete Modell nicht in Frage stellt: So existieren etwa Kriterien zur Versuchsplanung, um eine möglichst effiziente Parameterschätzung zu gewährleisten. Diese Kriterien führen jedoch zumeist auf Versuchspläne, aus denen man die Adäquatheit des Modells nicht überprüfen kann, weil sie eben nur die "beste" Schätzung genau dieses Modells erlauben.

Die Auswahl geeigneter Versuchspläne zur Modellprüfung stößt auf die Grenzen der Möglichkeiten des statistischen Schließens. Um eine optimale Modellprüfung zu gewährleisten, sollte der Versuchsplan für den Adäquatheitstest größte Mächtigkeit gegenüber dem "wahren" Modell gewährleisten. Dann würde die Wahrscheinlichkeit maximal sein, das falsche Modell als solches zu erkennen. Das "wahre" Modell, eine Fiktion, ist selbstverständlich nicht bekannt, man würde dann theoretisch keines Experiments mehr bedürfen.

Ein Ausweg aus dieser Problematik sind bedingte Erwägungen. Man berechnet optimale Versuchspläne unter der Bedingung, daß ein bestimmtes Modell das "wahre" Modell darstellt, oder eines der verwendeten das wahre Modell ist. Zumeist ist auch die Klasse der Versuchspläne beschränkt, aus denen ein "optimaler" auszuwählen ist; die Anzahl der möglichen Messungen ist dabei in der einen oder anderen Weise eingeschränkt, wobei etwa in biologischen Anwendungen auch nicht in allen Punkten des Regressorraums $\mathfrak{X}$, beim linearen Modell $\mathbf{X} \in \mathfrak{X}$, Messungen praktisch möglich sind. Überlegungen zur geeigneten Versuchsplanung sind in vielen Bereichen anwendbar, von der Biologie bis zur Hochenergiephysik, wobei aus dem Umfeld des letzten Bereichs der letzte starke statistisch-methodische Anstoß gekommen ist (FEDOROV, 1972).

4.1. Nichtsequentielle Versuchsplanung

Wir nehmen im folgenden für das prüfende Modell ohne Einschränkung der Allgemeinheit an, im Punkt $\mathbf{x} \in \mathfrak{X}$ sei die skalare Zustandsvariable gegeben durch

$$M_1: \quad Y = f_1(\mathbf{x}, \boldsymbol{\theta}_1) + \varepsilon, \qquad \boldsymbol{\theta}_1 \in \Theta_1 \subset R^{p_1}, \tag{10}$$

wobei mit den entsprechenden Annahmen über ε das Lineare Modell einen Spezialfall von (10) darstellt. Man nimmt an,

$$M_2: \quad Y = f_2(\mathbf{x}, \boldsymbol{\theta}_2) + \varepsilon, \qquad \boldsymbol{\theta}_2 \in \Theta_2 \subset R^{p_2} \tag{11}$$

sei das entsprechende "wahre" Modell.

Die meisten Kriterien (CHERNOFF, 1959; HUNTER & REINER, 1965; BOX & HILL, 1967; ATKINSON & FEDOROV, 1975; BAUER, 1975) führen in der einen oder anderen Weise auf verallgemeinerten Distanzen der Art

$$d_{21}^2(\boldsymbol{\theta}_2, \mathbf{X}) = \inf_{\boldsymbol{\theta}_1 \in \Theta_1} \sum_{i=1}^{n} \left(f_1(\mathbf{x}_i, \boldsymbol{\theta}_1) - f_2(\mathbf{x}_i, \boldsymbol{\theta}_2) \right)^2, \tag{12}$$

wobei $\mathbf{X}^T = (\mathbf{x}_1, \ldots, \mathbf{x}_n)$ den Versuchsplan bezeichnet. Beim Linearen Modell hat diese Distanz eine direkte Bezeichnung zum Problem der Modellprüfung, sie bezeichnet den Nichtzentralitätsparameter der nichtzentralen F-Verteilung (5), wenn das Modell M_1 geprüft wird und tatsächlich M_2 zutrifft (BAUER, 1975). Versuchspläne $\mathbf{X}$, die eine möglichst große Distanz (12) gewährleisten, würden eine hohe Mächtigkeit des F-Tests für M_1 garantieren, wenn M_2 zutrifft.

Ein Vorschlag besteht wieder darin, bei zwei rivalisierenden Modellen abwechselnd eines als "wahr" festzuhalten und eine Kombination der beiden sich ergebenden Distanzen d_{21}^2 und d_{12}^2 zur Auswahl eines Versuchsplans zu wählen (ATKINSON & COX, 1974). Bei Linearen Modellen wird in den "equal interest" D-optimalen Versuchsplänen das Produkt von Potenzen der Determinanten der Matrizen in den sich ergebenden quadratischen Formen für die Parameter, die nicht in beiden Modellen auftauchen, maximiert (ATKINSON & COX, 1974). Ein anderer Weg, sich von der Abhängigkeit von den unbekannten Parametern $\boldsymbol{\theta}_1$ und $\boldsymbol{\theta}_2$ zu befreien, ist die Voraussetzung von a-priori-Verteilung der Parameter und Risiken für die

Fehlentscheidung, um Versuchspläne mit minimalem erwarteten Risiko zu konstruieren (ATKINSON & FEDOROV, 1975a).

Distanzen der Art (12) lassen sich jedoch auch sehr informativ bei konkreten Anwendungen einsetzen (BAUER, 1975). Man kann für einen konkreten Versuchsplan in Abhängigkeit von θ_2 untersuchen, ob bei Gültigkeit von M_2 mit dem Modell M_1 der Verlauf von M_2 "gut" angepaßt werden kann, was durch kleine Werte von d_{21}^2 ausgedrückt wird. Sind diese Distanzen klein gegenüber der zu erwartenden Variabilität der Messungen, so wird man mit diesem Versuchsplan nicht erwarten können, daß M_2 als "gut" anpassend und M_1 als schlecht anpassend statistisch ausweisen zu können; ist dabei M_2 ein kompliziertes Modell, daß M_1 als Spezialfall enthält, so dürfte auch mit Problemen bei der Schätzung der Parameter des allgemeineren Modells zu rechnen sein. Die Berechnungen für Distanzen der Art (12) sind deterministischer Art, Zufallseffekte brauchen nicht simuliert zu werden.

4.2. Sequentielle Versuchsplanung

Ein interessanter Vorschlag bei gegebenen Modellen für die Wahl eines geeigneten Versuchsplans sich aus der Abhängigkeit von den unbekannten Parametern zu befreien, besteht im sequentiellen Experimentieren. Diese Idee des sequentiellen Experiments hat lange Tradition (WALD, 1947) und wurde auch zur Modelldiskriminierung vorgeschlagen (CHERNOFF, 1959; HUNTER & REINER, 1965; BOX & HILL, 1967). Unter Verwendung der Distanz (12) wird dabei zunächst ein Anfangsexperiment durchgeführt, aus dem die Parameter der zwei zur Auswahl stehenden Modelle M_1 und M_2 mit $\hat{\theta}_1$ und $\hat{\theta}_2$ geschätzt werden können. Dann wird das nächste Experiment im Punkt $x_o \in \mathcal{X}$ ausgeführt, für den gilt:

$$x_o = \arg \inf_{x \in \mathcal{X}} (d^2(x)) = \arg \inf_{x \in \mathcal{X}} (f_1(x,\hat{\theta}_1) - f_2(x,\hat{\theta}_2))^2. \qquad (13)$$

Man mißt also dort, wo sich die geschätzten Modelle am stärksten unterscheiden, eine einleuchtende Vorgangsweise.

Nach Vorliegen der Ergebnisse des Experiments werden wieder die beiden Parametersätze geschätzt und mit den veränderten Parameterschätzungen ein weiteres Experiment nach dem sequentiellen Kriterium (13) ausgewählt usw.

FEDOROV (1975) gibt ein erstaunliches Resultat: Unter der Voraussetzung, daß eines der beiden rivalisierenden Modelle das "wahre" Modell ist, konvergiert der auf diese sequentielle Weise gewonnene Versuchsplan unter bestimmten Annahmen über die Modelle gegen den optimalen, der den maximalen Nichtzentralitätsparameter gewährleistet. Dieses äußerst eindrucksvolle Ergebnis hat allerdings einen Schönheitsfehler: Der Beweis setzt voraus, daß der Versuchsplan gegen einen Versuchsplan konvergiert, der eine konsistente Schätzung beider Parametersätze erlaubt. ATKINSON & FEDOROV (1975b) geben auch eine Verallgemeinerung des Verfahrens auf mehr als zwei rivalisierende Modelle an, das sich im wesentlichen immer auf die zwei am besten "anpassenden" Modelle beschränkt.

5. ABSCHLIESSENDE BEMERKUNGEN

Die Probleme der Modellprüfung aus statistischer Sicht führen an die Grenzen der Möglichkeiten statistischen Schließens. Ein wesentlicher Punkt dabei ist, daß die Verfahren sehr wesentlich von der Wahl des Experiments abhängen, an dem die Modellvorstellungen überprüft werden sollen. Es sollte aus diesem Referat vor allem folgen, daß ausführliche Überlegungen schon bei der Planung derartiger Experimente im Rahmen von Simulationsstudien angestellt werden sollten. Dieses Vorgehen erhöht im allgemeinen ganz wesentlich die Chancen auf schlüssige Ergebnisse, und empfiehlt sich bei allen Experimenten mit anschließender statistischer Auswertung.

LITERATUR

AKAIKE, H.(1974). A new look at the statistical model identification. I.E.E.E.Trans.Auto.Control AC-19, 716-723.

ATKINSON, A.C., COX,D.R.(1974). Planning experiments for discriminating between models. J.R.Statist.Soc.B 36, 321-348.

ATKINSON, A.C., FEDOROV, V.V.(1975a). The design of experiments for discriminating between two rival models. Biometrika 62, 57-70.

ATKINSON, A.C., FEDOROV, V.V.(1975b). Optimal design: Experiments for discriminating between several models. Biometrika 62, 289-303.

ANDERSON, T.W.(1971). The Statistical Analysis of Time Series. John Wiley & Sons, New York London Sidney Toronto.

BAUER, P.(1975). Zur Adäquatheitsprüfung von Modellen (II). Biom.Z.17, 345-362.

BAUER, P., HACKL, P.(1978). The use of MOSUMs for quality control. Technometrics 20, 431-436.

BAUER, P., HACKL, P.(1980). An extension of the MOSUM technique for quality control. Technometrics 22, 1-7.

BAUER, P. HACKL, P.(1984). The application of HUNTER's inequality in simultaneous testing. Biom.J. im Druck

BAUER, P., HACKL, P.(1984). A sequentially rejective test for the degree of a polynomial. Preprint University of Economics, Vienna.

BOX, G.E.P., HILL, W.J.(1976). Discriminating among mechanistic models. Technometrics 9, 57-71.

BROWN, R.L., DURBIN, J., EVANS. J.M.(1975). Techniques for testing the constancy of regression relationships over time. J.Roy.Statist.Soc. B, 37, 194-192.

BUNKE, O., DROGE, B.(1984). Estimators of the mean squared error of prediction in linear regression. Technometrics 26, 145-155.

BUNKE, O., GRABOWSKY, B.(1978). A procedure for model choice or variable selection with controlled model specification error. M.O.S.9, 483-497.

CHERNOFF, H.(1959). Sequential design of experiments. Ann.Math.Statist. 30, 755-770.

COX, D.R.(1962). Further results on tests of separate families of hypotheses. J.Roy.Statist.Soc.B 24, 406-424.

FEDOROV, V.V.(1972). Theory of Optimal Experiments. Academic Press, New York and London.

FEDOROV, V.V.(1975). Optimal experimental design for discriminating two rival regression models. In: A Survey of Statistical Design and Linear Models. Ed.J.N.Srivastava, North-Holland Publishing Company.

GROSSMANN, W.(1982). Statistical estimation of nonlinear regression functions. Math.Operationsforsch.Statist.,Ser.Statistics 13, 455-471.

HACKL, P.(1980). Testing the Constancy of Regression Models over Time. Vandenhoeck & Ruprecht Göttingen.

HOLM, S.(1979). A simple sequentially rejective multiple test procedure. Scand.J.Statist.6, 65-70.

HUNTER, W.G., REINER, A.M.(1965). Design for discriminating between two rival models. Technometrics 7, 307-323.

KRAAFT, O.(1978). Lineare statistische Modelle und optimale Versuchspläne. Vandenhoeck & Ruprecht Göttingen und Zürich.

PLOBERGER, W.(1984). Testing the constancy of parameters in linear models. Research Report 22, Department of Economics, TU Wien.

MALLOWS, C.L.(1973). Some comments on C_p. Technometrics 15, 661-675.

SEARLE, S.R.(1971). Linear models. John Wiley & Sons, New York London Sidney Toronto.

WALD, A.(1947). Sequential analysis. John Wiley & Sons, Chapman & Hall, London.

SIMULATION ALS HILFSMITTEL BEI DER PROJEKTIERUNG UND BEIM EINSATZ VON
HANDHABUNGSSYSTEMEN

o. Prof. Dr.-Ing. Walter Ameling

Rheinisch-Westfälische Technische Hochschule Aachen
Fakultät für Elektrotechnik
Schinkelstr. 2; D-5100 Aachen; Bundesrepublik Deutschland

<u>Zusammenfassung</u>: Im Bereich der Handhabungsautomaten wurden in den letzten 10 Jahren
sehr große Fortschritte gemacht, die es erlauben, Handhabungsautomaten als flexible
Werkzeuge innerhalb eines Produktionssystems einzusetzen. Der erfolgreiche Einsatz
wird weitere neue Bereiche erschließen. In dem vorliegenden Beitrag soll an einigen
Teilaufgaben gezeigt werden, daß die Modellbildung und Simulation bei der Projektierung und Beurteilung ganzer Handhabungssysteme oder einiger Teilgebiete ein wertvolles und notwendiges Hilfsmittel sein kann. Auch die Datenverarbeitungsanlage zur
Achsensteuerung und Verarbeitung der Sensorsignale muß entsprechend dem Anforderungsprofil untersucht und optimiert werden. Hierbei stellt die Rechenintensität und
die Genauigkeit der Koordinatentransformationen auch an die Wahl des mathematischen
Modells und damit an die Rechnerstruktur besondere Anforderungen.

1. Einleitung

Die Entwicklung in der Technik, Konstruktion und Produktion hoch automatisierter
Systeme erfordert einen stets größer werdenden Kapitalbetrag. Aus diesem Grunde sind
immer umfangreichere und frühzeitigere Planungsentscheidungen zu treffen, die zu
einem späteren Zeitpunkt praktisch nur noch in kleinerem Umfang korrigiert werden
können. Von besonderer Bedeutung und als ein fast nicht mehr wegzudenkendes Hilfsmittel sowohl bei der Projektierung als auch für unterschiedliche Einsatzfälle und
Teilaufgaben stellt sich hier die Simulation dar. Wie bei vielen anderen technischen
Systemen ist auch der Entwurf und Einsatz von Handhabungssystemen unter verschiedenen Gesichtspunkten zu sehen. Weder die Kinematik und die optimalen Bewegungsabläufe, noch die Sensorik und die zweckmäßige Struktur des Handhabungsautomaten und
seine Einbindung in den Fertigungsprozeß, sind für die unterschiedlichsten Aufgaben-
bereiche gelöst und allgemein beschreibbar. Selbst die rechnermäßige Ausrüstung
eines einzelnen Roboters oder einer Roboterstraße, die Datentransferraten und Reaktionszeiten sind weitgehend noch Forschungsprojekte. Sie erfordern gerade im Zusammenhang mit der mehrfachen Koordinatentransformation, der Signalverarbeitung von den
verschiedenen Sensoren, der Prozeßregelung und der dynamischen Bildverarbeitung
neue, schnelle Algorithmen und neue Rechnerstrukturen.

Ziel dieser Darstellung soll es sein, wichtige Teilprobleme und die kinematischen
Verfahren zu betrachten und die Bedeutung der Rechnerstruktur für das gesamte Zeitverhalten soweit zu beschreiben, daß die Simulation auch von Teilprojekten für die
Gesamtleistungssteigerung nützlich eingesetzt werden kann. Auch hier sind, wie bei
jeder Simulation, die erforderlichen Aufwendungen mit den möglichen oder erzielbaren
Vorteilen und Einsparungen zu vergleichen. Eine Simulation wird man selbstverständlich nur für solche Problemstellungen einsetzen, die es notwendig und wirtschaftlich
vertretbar erscheinen lassen; hierbei wird man je nach Anwendungsfall auf ähnliche
Probleme und deren Lösungen zurückgreifen. Im Zuge der Automatisierung ganzer industrieller Anlagen sind jedoch die Ansprüche an die Auslegung und Dimensionierung der
Teilanlagen und an die Erfüllung der aufgestellten Forderungen so gestiegen, daß
mehr und mehr ganze Systeme, zumindest aber die wichtigen und kritischen Teilbereiche, rechnerorientierten Simulationsverfahren unterzogen werden.

Wegbereiter war die Raumfahrt-Industrie, wo nicht nur vorhersehbare Gefährdungen für den Menschen und das Gerät für vollständige Missionen im Detail untersucht werden, sondern wo das Entwicklungsrisiko auch aus Kostengründen insgesamt in vertretbaren Grenzen gehalten werden muß. Es ist unverkennbar, daß auch andere technische Großsysteme eine ähnliche Problematik hinsichtlich Umweltbedingungen, Entwicklungszeit und Entwicklungskosten aufweisen. Ein Thema des in Aachen eingerichteten Sonderforschungsbereiches "Grundlagen und Komponenten flexibler Handhabungsgeräte im Maschinenbau" ist die "optimale" Rechnerarchitektur.

Neue Anwendungen und Anforderungen beim Einsatz von Handhabungsautomaten eröffnen und fordern geradezu neue Entwurfsstrategien, bei deren Abschätzung die Simulation ein wertvolles Hilfsmittel ist. Die Simulation ganzer Systeme oder von Teilanlagen wird in Zukunft umso notwendiger, je komplizierter die Wirkungsmechanismen der Anlagen werden und die bisherigen Entwurfsverfahren immer weniger ausreichen. Des weiteren erlaubt die Simulation die Abschätzung alternativer Lösungsvorschläge und von Entwürfen, und damit einen Vergleich der verschiedenen Systeme bei Zugrundelegung entsprechender Parameterbereiche. Hierbei hat es sich als besonders vorteilhaft erwiesen, daß die Empfindlichkeit des Entwurfs gegenüber bestimmten Änderungen und die Engpässe des Systems klar herausgearbeitet werden und Lösungsvorschläge zur Beseitigung gemacht werden können.

2. Hilfsmittel der Simulation

Die Simulation eines Systems mit Handhabungsautomaten fordert die Lösung eines im allgemeinen nichtlinearen Regelsystems, bei dem unterschiedlichste Sensoren- und Eingabedaten vom Prozeß in Echtzeit nach vorgegebenen Gesetzmäßigkeiten behandelt werden. Die Einfügung von Robotern in ein rechnergesteuertes Steuerungssystem erweitert auf Grund der Flexibilität des Roboters auch die Anwendungsmöglichkeiten des Roboters erheblich. Das restliche Verhalten der einzelnen Komponenten wird sich auf Grund der dynamischen Vorgänge des Prozesses teils auf der analogen und teils auf der digitalen Seite abspielen. Je nachdem ob das Gesamtsystem oder nur Teilsysteme untersucht werden sollen, kommt man mit analogen und digitalen Modellen aus. Nehmen wir zur Lösung der mathematischen Modelle die entsprechenden Rechner, so bieten sich als Grundelemente Komponenten des Analogrechners und des Digitalrechners oder ein Hybridrechner an. Verzichtet man auf die Analog-Komponenten und setzt entsprechende A-D- und D-A-Wandler ein, so kann die gesamte Simulation auf einem Digitalrechner durchgeführt werden, wenn die Zeitbedingungen dies erlauben. Werden keine echten Komponenten des Produktionssystems mit einbezogen, so ist man in der Simulationszeit von Echtzeitbedingungen befreit und der Simulationslauf darf auch ein Vielfaches der betrachteten Prozeßzeit sein.

Das mathematische Modell, welches das Verhalten des physikalischen Systems oder Teilsystems (Bild 1) beschreibt, ist durch die Übertragungsfunktion $G(s) = \mathcal{L}\{y\}/\mathcal{L}\{w\}$ als Kennfunktion beschreibbar und kann als ein Analog-Modell auf einfache Weise mit den Komponenten des Analogrechners (Summierer, Integrierer, Multiplizierer, Funktionsgenerator usw.) aufgebaut werden. Hierbei können durchaus mehrfach gestufte Regelkreise Teilsysteme darstellen, die durch eine Ersatz-Übertragungsfunktion $G_r(s)$ dargestellt werden.

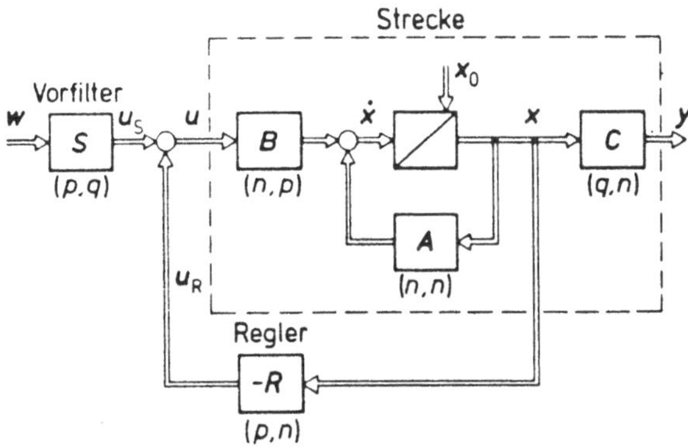

<u>Bild 1</u>: Allgemeine Struktur eines Teilsystems

Bei einer fertigungstechnischen Produktionsanlage (Bild 2) ergibt sich dann eine Kaskadenschaltung und die Gesamtübertragungsfunktion G(s) unter der Annahme rückwirkungsfreier Teilsysteme als Produkt der Einzelübertragungsfunktionen:

$$G(s) = G_1(s) \cdot G_2(s) \cdot \ldots \cdot G_n(s)$$

Der Analog-Rechner ist auch heute noch bei linearen und nichtlinearen Systemen ein sehr wertvolles Werkzeug zur Simulation aufgrund der Tatsache seiner hohen Geschwindigkeit durch die Parallelität der Bearbeitung und außerdem dadurch, daß beim elektronischen Analogrechner die Spannungen an bestimmten Punkten des Rechner-Modells mit physikalischen Größen des Systems korrespondieren. Ein weiterer Vorteil besteht darin, daß sich gewünschte Zeittransformationen leicht durchführen lassen.

Für die Simulation von Systemen oder Teilsystemen auf einem Allzweck-Digital-Rechner ist heute eine Vielzahl von Programmierungs-Werkzeugen und Simulationssprachen verfügbar, die sowohl für die Simulation kontinuierlicher Systeme als auch diskreter Prozesse in Frage kommen. Die erforderliche A-D- und D-A-Wandlung stellt keine technische Beschränkung dar, wohl aber die Rechenzeit bei Einprozessor-Systemen. Die Übertragung der Gleichungssysteme (lineare oder nichtlineare Dgl.-Systeme) bei blockorientierten Sprachen ist leicht durchführbar und stellt dem Entwickler immer wieder sehr klar die Struktur des Systems vor Augen.

Bei der Simulation auf einer Hybrid-Rechenanlage werden die Vorteile des Analogrechners mit den Vorteilen des Digitalrechners kombiniert, wodurch ausreichende Genauigkeit und große Geschwindigkeit erreicht werden. Sonderformen, z.B. "digital arbeitende Analogrechner", sogenannte DDA's (Digital Differential Analyzer) haben in Sondergebieten höchster Geschwindigkeit und Genauigkeit ihren Platz gefunden und könnten in Zukunft bei den zu erwartenden noch höheren Integrationsdichten allgemein von Bedeutung sein.

Neben den allgemeinen blockorientierten Simulationssprachen sind gerade für Prozeßlinien solche Programmierungswerkzeuge von Bedeutung, die bei diskretwertigen Prozessen Warteschlangen usw. bearbeiten. Im Bild 2 sind der Material- und Informationsfluß einer rechnergestützten fertigungstechnischen Produktionsanlage dargestellt.

Bei einer solchen rechnergestützten fertigungstechnischen Produktionsanlage können innerhalb der Fertiggungsstraße eine Vielzahl von Handhabungsautomaten (z.B. Roboterstraße im Automobilbau) eingesetzt werden. Eine dem zukünftigen Wettbewerb ge-

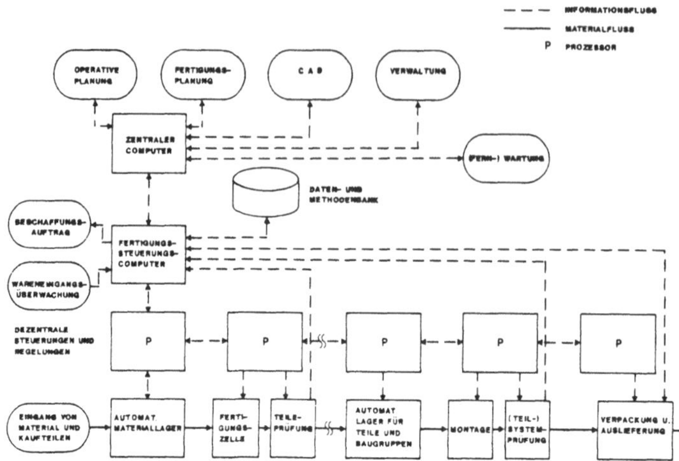

<u>Bild 2</u>: Material- und Informationsfluß einer rechnergestutzten Produktionsanlage

recht werdende Produktion verlangt rechnergestutzt die Zusammenfassung bisher getrennt organisierter Funktionen. Hierzu gehoren neben der rechnergestutzten Entwicklung und Konstruktion (CAD) auch die vollautomatische Qualitatskontrolle und teil-
oder vollautomatische Produkterzeugung. Da solche Fertigungsstraßen oft eine große
raumliche Ausdehnung haben, mussen nach einer Datenverdichtung die Daten aus den
verschiedenen Produktionsebenen (in der Regel hierarchisch aufgeteilt) bei unterschiedlichen Nutzungsarten zur DV-Anlage ubertragen, und umgekehrt mussen von der
DV-Anlage bei sich aktuell andernden Aufgabensituationen in großem Umfang Funktionseinheiten angesteuert werden konnen. Solche Anforderungen konnen stets wirtschaftlich eingesetzt werden, wenn

- Programm-Methoden und Programm-Werkzeuge mit modularer Ander- und Erweiterbarkeit zur Verfugung stehen
- der Datenaustausch zwischen den Teilsystemen selbsttatig erfolgt
- die Auswertung der Signale in Echtzeit moglich ist.

Die Einbeziehung von Robotern in Fertigungsstraßen erleichtert die flexible Fer-
tigungsgestaltung, verlangt aber auch eine ganz erhebliche mathematische Durchdrin-
gung dieses Problemkreises. Werden die Roboter eingesetzt als Montagemaschine, Werk-
zeugmaschine oder gar als bewegliche Roboter, so sind stets die Fragen der Mechanik,
Antriebstechnik mit Antriebsrechner (z.B. Achsprozessoren), Spezialrechner (fur Sensoren, Bildverarbeitung und Koordinatentransformation) und der Zusammenarbeit der
Einzelrechner ausfuhrlich zu diskutieren, da hierin bei fehlenden Kenntnissen und
Aussagen wesentliche Einschrankungen und Engpasse des Gesamtsystems liegen konnen.

3. Simulation bei der Projektierung von Handhabungssystemen

Da die Simulation mit Hilfe eines Rechners den Prozeß des Entwurfs und der Konstruktion eines mathematisch-logischen Modells beinhaltet, ist das Modell stets eine
Abstraktion oder Beschreibung des realen Systems. Die Vorteile des Modells in Bezug

auf Flexibilität und Kostengünstigkeit brauchen nicht weiter erwähnt werden. Für Roboter-Systeme ist die wichtigste Simulationsart die diskrete Ereignis-Simulation, bei der eine Vielzahl zeitabhängiger Einzelereignisse identifiziert und mathematisch behandelt werden müssen. Die schrittweise Behandlung dieser Ereignisse wird dann zur Simulation der Systemoperationen gebraucht.

In Verbindung mit Robotern wird vielfach die System-Interaktion in Flußdiagrammen dargestellt, bei der genügend Pufferraum vor und nach der Roboter-Aktion eingeplant werden muß, um eine Grobsynchronisation zu erreichen. Hierdurch können zufällige Ankunftsprozesse entsprechend berücksichtigt werden. Nach der logischen Analyse der Einzelschritte der Roboterstation kann das System (Bild 2) simuliert werden, wobei Durchsatzforderungen und Zeitverhalten dem übrigen System angepaßt werden. Die kürzest mögliche Verweildauer auf Grund des Systemtaktes muß den ungünstigsten Zeitablaufplan in der Roboterstation berücksichtigen. Ein detaillierter Simulationslauf der Roboterstation kann dann Aufschluß geben über folgende Größen: Erforderliche Puffer, Einfluß unterschiedlicher Produkt-Mixe, Einfluß und Abschätzung der Geschwindigkeit des Roboters, Kostenvergleich zwischen einem schnellen oder 2 oder mehreren langsameren Robotern, Fehlerrate und Effekte in Bezug auf die Systemzuverlässigkeit bzw. Fehlertiefe bei Einzelausfällen oder Wartungserfordernissen.

Bei der Simulation können Entwurfsänderungen und Systemempfindlichkeit schnell und kostengünstig bei der Veränderung einzelner Parameter ermittelt werden. Ziel der Simulation muß es stets sein, für das zu untersuchende Teilsystem oder auch Gesamtsystem eine Vorhersage über die Interaktion zwischen automatischer Fertigungszelle und den übrigen Teilsystemen unter verschiedenen System-Entwürfen zu treffen.

Zur Abschätzung der Leistungsfähigkeit einer einzelnen automatisierten Fertigungszelle müssen folgende Fragen sorgfältig untersucht und beantwortet werden:

1. Welche Hauptbewegungsarten werden vom Roboter erwartet ?
2. Wieviel Zeit wird für den betrachteten Roboter zur Ausführung der Bewegung im ungünstigsten Fall benötigt ?
3. Wieviel Einzelanweisungen sind zur Positionierung erforderlich ?
4. Wie wirken sich verschiedene Parameter, wie z.B. Geschwindigkeit (kontinuierliche oder stufige Änderungen), Genauigkeit und Anzahl der Einzelaktionen aus?

Die Einzelbewegungen des Roboters werden für unterschiedliche Anwendungen vermessen, so daß sich sowohl Mittelwerte, Maximal- und Minimalwerte als Funktion des zurückgelegten Weges und der geforderten Genauigkeit ergeben. Solche Klassifizierungen einzelner Roboter können zur ersten Grobabschätzung der Bewegungszeiten für einen Roboterzyklus herangezogen werden.

Sind erst die Roboter-Bewegungen und der Zeitbedarf ermittelt, wird die Kontroll-Strategie und damit die sinnvolle Reihenfolge der unterschiedlichen Aktivitäten einschließlich Werkzeugwechsel entwickelt. Dies ist bereits für sich ein Optimierungsverfahren bei unterschiedlichen Betriebsmitteln und Verweildauern. Aufgrund der Kenntnis dieser Zeiten und bei Berücksichtigung der Dynamik des Roboters können die Auslastung des Roboters, die Fertigungszahlen je gewählter Zeiteinheit, die zulässigen Ausfall- und Reparaturzeiten bei entsprechenden Lagerpuffern und die Ausfallempfindlichkeit bei redundanten Systemen als Kenngrößen der Roboter-Station angegeben werden. Die so ermittelte Zykluszeit bei wiederholten Vorgängen ist in Verbindung mit der zulässigen Verweilzeit ein Maß für den Grad der geforderten Parallelität der Station. Einführung von redundanten Systemen ergibt eine Steigerung der Gesamtzuverlässigkeit des Systems.

Zusammenfassend läßt sich festhalten, daß in einer Fertigungsstraße jede Roboterstation z.B. durch die Verweildauer des Produktes in der Station charakterisiert werden kann, wobei die Grenzen der minimalen und maximalen Verweildauer nebst dem Aufgabenprofil als zusätzliche Kenngrößen dem Anwender verfügbar gemacht werden müssen. Bei nicht festgelegter Reihenfolge von Einzelaufgaben kann die Simulation entsprechend der Häufigkeit einzelner Aktionen und vorgegebener Verbundwahrscheinlichkeiten als Optimierungsverfahren angesehen werden. Insgesamt liefert die Simulation einer Roboterstation qualitative Aussagen zur Systemauswahl, Informationen über die endgültige ökonomische Analyse, Nachweis der Machbarkeit der Teilsystemanforderungen, Vorhersage des dynamischen Verhaltens von Teil- und Gesamtsystem.

4. Vorstellung des Gesamtsystems "Industrieroboter"

Obwohl in den letzten Jahren der Industrieroboter immer größere Anwendung als flexibles Produktionsmittel gefunden hat, zeigt sich keine Typisierung auf wenige dominierende Geräte. Die Unterschiede gelten sowohl für die Mechanik, die Antriebstechnik als auch für die Steuerung und die Sensorik. Für all diese wichtigen Einzelgebiete kann die Simulation und die rein mathematische Behandlung ein wichtiges Werkzeug zur Detail-Optimierung und zur Systemoptimierung sein.

4.1 Steuerungsarten

Ein wichtiges Merkmal der Steuerung von Handhabungsgeräten ist die Art, wie der Bewegungsablauf der zu steuernden Bewegungsachsen durchgeführt wird. Hierbei unterscheiden wir zwischen Punktsteuerungen und Bahnsteuerungen.

Bei den Punktsteuerungen erfolgt ein gleichzeitiges Verfahren aller Bewegungsachsen, wobei zwischen den Achsbewegungen ein funktioneller Zusammenhang erforderlich ist. Bei der Bahnsteuerung bewegen sich die Verfahrachsen nach einem vorgegebenen funktionalen Zusammenhang. Bei sogenannten Vielpunkt- oder Quasibahnsteuerungen wird die gewünschte Bahn durch eine Vielzahl von Stützpunkten beschrieben, wobei diese Stützpunkte durch Punktsteuerungen aus dieser Interpolation angefahren werden.

Neben diesen Koordinatenangaben sind jedoch auch das Geschwindigkeitsverhalten und die zulässigen Abweichungen von der Bahn zu betrachten. Sollen die Werkstücke und deren jeweilige Lage erfaßt und zur Korrektur der Steuerung herangezogen werden, so sind mit der unterschiedlich aufwendigen Sensorik der Einsatz leistungfähiger Rechnersysteme und Regelalgorithmen erforderlich.

Im Bild 3 ist im Blockschaltbild die Verkopplung zwischen dem schon im Bild 2 dargestellten übergeordneten Rechnersystem, den Achs-Steuerungsrechnern und dem Sensorsystem vorgestellt, wobei noch keine Aussagen über die Art der Sensoren und des Rechnersystems gemacht werden.

Letztlich ist die richtige Steuerung des Greifers oder eines Werkzeuges am Ende der Gelenkkette das Ziel aller Betrachtungen. Da sich einerseits die nichtkartesischen Grundstrukturen für viele Anwendungen effizienter als kartesische Grundstrukturen erwiesen haben, andererseits aber die kartesischen Koordinatensysteme zur Beschreibung von Bahnkurven sehr sinnvoll sind, muß über geeignete Koordinatentransformationen häufig die kartesische Steuerung realisiert werden. Dort kommt dem Rechenaufwand der mehrfachen Koordinatentransformation für die Dynamik der Steuerung und auch für die Leistungsfähigkeit des Rechnersystems eine fast zentrale Bedeutung zu.

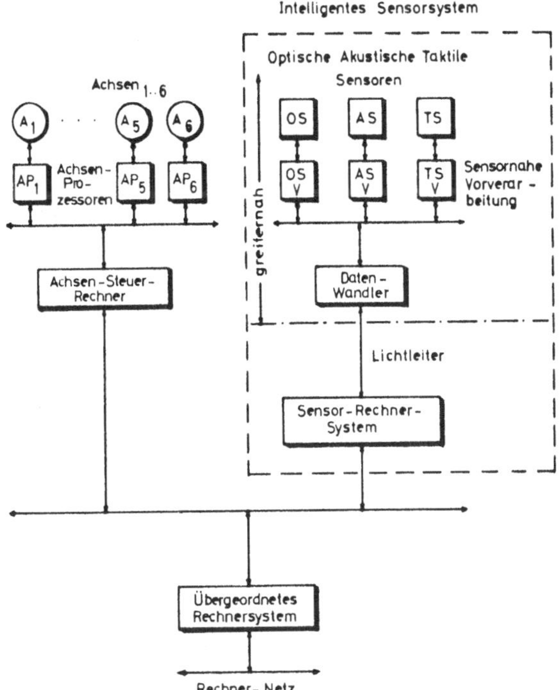

<u>Bild 3</u>: Verkopplung von Achsen-Steuerrechner, Sensorsystem und übergeordnetem Rechnersystem.

4.2 Kinematik von Handhabungsautomaten

Die Kinematik von Handhabungsautomaten ist so vielgestaltig, daß sie auch nicht annähernd hier dargestellt werden kann. Im folgenden soll nur ein Weg aufgezeigt werden, wie an meinem Institut am Teilprojekt Rechnerarchitektur von Handhabungsgeräten durch Analyse und Simulation der zu erbringenden Verarbeitungsleistungen sowie möglicher Rechnerstrukturen Optimalitätskriterien gewonnen werden sollen. Diese Fragen werden u.a. im Rahmen des von der Deutschen Forschungsgesellschaft genehmigten Sonderforschungsbereichs "Grundlagen und Komponenten flexibler Handhabungsgeräte im Maschinenbau" untersucht. Unser Ziel ist es, nach diesen Optimalitätskriterien geeignete Rechnerstrukturen auswählen zu können. Dazu ist es zunächst erforderlich, die von Handhabungsgeräten angeforderten Verarbeitungsleistungen qualitativ und quantitativ abzuschätzen.

Je genauer ein Roboter positionieren soll, desto mehr Bahnpunkte müssen interpoliert werden. Je schneller ein Roboter seine Bahnen verfahren soll, desto höher müssen die Abtastraten der Lage- und Geschwindigkeitsregelung sein. Komplexere, genauere, schnellere Roboter erfordern also immer höhere Rechenleistungen, die von konventionellen Rechnerstrukturen oft nicht erbracht werden können. Heutige Roboter werden zumeist von einem zentralen Steuerrechner kontrolliert; ein dezentralisiertes, modulares Mehrrechnersystem kann möglicherweise die der Steuerung inharenten Parallelismen besser ausnutzen. Wie weit dieser Vorteil gegenüber dem Nachteil des erhöhten Verwaltungsaufwandes überwiegt, muß jedoch noch näher untersucht werden.

Weiter wird heute versucht (wie im Bild 3 dargestellt), Rechenleistung "vor Ort" in die Sensoren zu integrieren und auch spezielle Hardwarebausteine (Arithmetik- und Signalprozessoren) einzusetzen.

Alle Punkte einer Bahn, die ein Roboter verfahren soll, müssen letztlich von kartesischen Koordinaten in Gelenkstellungen umgerechnet werden. Der mathematische Formalismus dieser Umrechnung ist die Grundlage aller weiteren Bahnberechnungen und Robotersteuerungen. Das Studium der durch diesen Formalismus ausgedrückten kinematischen Beziehungen ist daher Voraussetzung für die Auslegung einer Rechnerarchitektur, die den rechnerischen Anforderungen an eine Robotersteuerung gerecht werden soll.

4.2.1 Kinematische Grundformen

Jeder starre, frei bewegliche Körper besitzt sechs Freiheitsgrade, die seine Lage und Orientierung im Raum kennzeichnen. Die Lage wird durch drei translatorische, die Orientierung durch drei rotatorische Freiheitsgrade festgelegt. Handhabungsgeräte sind in der Regel aus einer Reihe von Gliedern mit jeweils einem Freiheitsgrad zusammengesetzt. Diese Glieder sind durch Schub- und Drehgelenke miteinander verbunden. Durch Überlagerung der Gelenkbewegungen lassen sich translatorische und rotatorische Bewegungen erzielen.

Betrachten wir zunächst nur die drei Freiheitsgrade der Lage, so lassen sich bei den heute eingesetzten Handhabungsgeräten vier grundlegende Bauformen erkennen (Bild 4):

   a) Roboter mit drei Schubgelenken und kartesischem Arbeitsraum ("kartesischer Roboter")

   b) Roboter mit zwei Schubgelenken, einem Drehgelenk und hohlzylindrischem Arbeitsraum

   c) Roboter mit einem Vorschubgelenk, zwei Drehgelenken und hohlkugelförmigem Arbeitsraum

   d) Roboter mit drei Drehgelenken und kugelförmigem Arbeitsraum ("Faltarm", "Knickarm")

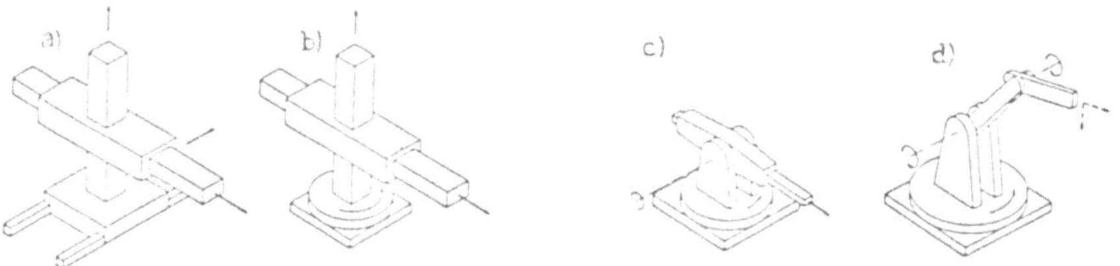

Bild 4: Kinematische Grundformen

Der Faltarm wird auch als "anthropomorph" bezeichnet, um dessen kinematische Verwandtschaft zum menschlichen Arm anzudeuten. Die Kinematik des menschlichen Arms ist jedoch weitaus komplizierter: zum einen ist der Oberarm kugelförmig gelagert und besitzt daher drei Freiheitsgrade, zum anderen ist die menschliche Hand mit 22 Freiheitsgraden kinematisch überbestimmt. Die meisten Handhabungsgeräte weisen sechs oder weniger, selten jedoch mehr als sechs Freiheitsgrade auf. Kinematisch überbestimmt nennt man solche Roboter, die mit ihrem Greifer einen gegebenen Raumpunkt durch zwei oder mehr voneinander unterschiedliche Gelenkstellungen erreichen können. Der Faltarm beispielsweise kann einen Raumpunkt in der Regel auf zwei verschiedene Arten erreichen.

4.2.2 Analytische Verfahren zur Berechnung der Roboterkoordinaten

Kennt man die Stellung aller Dreh- und Schubgelenke eines Roboters, so lassen sich Lage und Orientierung des Greifers eindeutig bestimmen ("Vorwärtslösung"). Die Umkehrung gilt leider nicht. Gerade diese Umkehrung hat aber große praktische Bedeutung, denn im allgemeinen sind die anzufahrenden Raumpunkte gegeben und müssen in Roboterkoordinaten (Drehwinkel und Translationswege) umgerechnet werden ("Rückwartslösung"). Diese Umrechnung entspricht einer Koordinatentransformation von (meist kartesischen) absoluten oder "Weltkoordinaten" in Roboterkoordinaten.

Mit den Mitteln der räumlichen Trigonometrie lassen sich geometrische Beziehungen zwischen Greiferstellung und Dreh- bzw. Schubgelenkstellungen herleiten. Bei vielen Robotern liegen z.B. die Armelemente in einer Ebene; in diesen Fällen beschränkt sich der mathematische Aufwand auf die ebene Trigonometrie. Da die anzufahrenden Greiferpositionen fast immer in kartesischen Koordinaten gegeben sind, erfordert der "kartesische" Roboter den geringsten Rechenaufwand. Die Rückwärtslösung für den Faltarm hingegen erfordert mehrere Quadratwurzelfunktionen und trigonometrische Umkehrfunktionen. Die Wurzel läßt das Vorzeichen unbestimmt und die Umkehrfunktionen liefern nur den Hauptwert des Arguments. Dies führt zu mehreren mathematischen Lösungen, von denen zwei den beiden möglichen Gelenkstellungen je Raumpunkt entsprechen. Das trigonometrische Verfahren hat den Vorteil, in geschlossener Form lösbar zu sein. Zudem ist es auf den jeweiligen Roboter speziell zugeschnitten und somit optimal. Aus der allgemeinen mathematischen Darstellung läßt sich bei günstiger geometrischer Konfiguration (z.B. gleiche Länge von Oberarm und Unterarm) der Rechenaufwand noch einmal wesentlich reduzieren. Der Vorteil der Spezialisierung ist jedoch zugleich auch ein Nachteil: für jeden Robotertyp muß die Rückwartslösung neu geschrieben werden. Außerdem liegt die Versuchung nahe, eine kinematische Bauform anzustreben, die zwar "rechnergerecht", jedoch der Handhabungsaufgabe nicht unbedingt angemessen ist.

4.2.3 Das Hartenberg-Denavit-Verfahren

Das Hartenberg-Denavit-Verfahren ist ein universelles Verfahren zur Beschreibung sogenannter "offener kinematischer Ketten". Solche Ketten entstehen durch die Verbin-

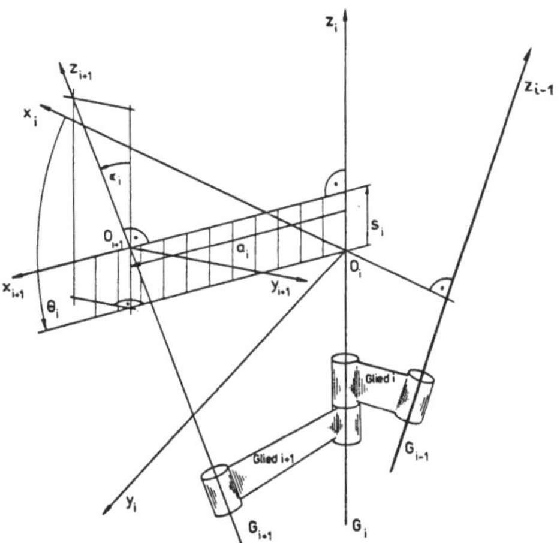

Bild 5: Darstellung der Hartenberg-Denavit-Notation

dung starrer Glieder durch Gelenke mit einem Freiheitsgrad, wobei das letzte Glied mit dem ersten nicht verbunden sein darf; diese Bedingung ist bei Handhabungsgeräten erfüllt. Beim Hartenberg-Denavit Verfahren wird in jedes Gelenk ein kartesisches Koordinatensystem so gelegt, daß die folgenden Bedingungen erfüllt sind (Bild 5):

- Die z_i-Achse liegt entlang der Bewegungsachse des Gliedes i+1.
- Die x_i-Achse zeigt in Richtung der Normalen von der z_{i-1}-Achse zur z_i-Achse.

Sind die z_i-Achse und die z_{i-1}-Achse parallel, so kann die Richtung der x_i-Achse willkürlich gewählt werden. Schneiden sich die z_i-Achse und die z_{i-1}-Achse, so ist die Richtung der x_i-Achse parallel oder antiparallel zum Kreuzprodukt der z_{i-1}-Achse mit der z_i-Achse. Die y_i-Achse ergibt sich implizit aus der Wahl der z_i- und x_i-Achsen. Zwei auf diese Weise festgelegte Koordinatensysteme K_i und K_{i+1} können durch zwei Translationen und zwei Rotationen ineinander überführt werden; dies geschieht über

- eine Rotation Θ_i um die z_i-Achse, um x_i parallel zu x_{i+1} zu machen,
- eine Translation s_i entlang z_i zu dem Punkt, wo sich z_i und x_{i+1} schneiden,
- eine Translation a_i entlang x_{i+1}, um die Koordinatenursprünge zur Deckung zu bringen und
- eine Rotation α_i um die x_{i+1}-Achse, um die z-Achsen zur Deckung zu bringen.

Diese vier Operationen können als vier homogene Transformationen aufgefaßt werden, welche das Koordinatensystem K_{i+1} in das Koordinatensystem K_i überführen. Die Transformationsmatrix $\underline{A}_i$ ergibt sich als Matrizenprodukt dieser vier Transformationen:

$$\underline{A}_i = \begin{pmatrix} \cos\Theta_i & -\cos\alpha_i \sin\Theta_i & \sin\alpha_i \sin\Theta_i & a_i \cos\Theta_i \\ \sin\Theta_i & \cos\alpha_i \cos\Theta_i & -\sin\alpha_i \cos\Theta_i & a_i \sin\Theta_i \\ 0 & \sin\alpha_i & \cos\alpha_i & s_i \\ 0 & 0 & 0 & 1 \end{pmatrix}$$

Diese Transformationsmatrix überführt einen Punkt in homogenen Koordinaten von dem i+1-ten Koordinatensystem des Roboters in das i-te Koordinatensystem gemäß

$$\underline{p}_i = \underline{A}_i \, \underline{p}_{i+1} \qquad \underline{p}_i = (x_i, y_i, z_i, 1)$$

Die Einführung homogener Koordinaten ist aus Symmetriegrunden zweckmäßig, insbesondere wegen der Anwendung des Matrizenkalkuls.

Beim Hartenberg-Denavit-Verfahren entspricht die Koordinatentransformation also einer 4x4-Matrizenmultiplikation. Schaltet man mehrere Transformationen hintereinander, so erhält man durch fortgesetzte Matrizenmultiplikation eine Abbildung $\underline{T}$, die Lage und Orientierung des Greifers bezüglich des Basiskoordinatensystems ergibt. Bei einem Roboter mit sechs Freiheitsgraden erhält man

$$\underline{T}_6 = \underline{A}_0 \, \underline{A}_1 \, \underline{A}_2 \, \underline{A}_3 \, \underline{A}_4 \, \underline{A}_5$$

In dieser Gleichung kommen die für die Ruckwartslosung gesuchten Drehwinkel und Translationswege als Argumente von Winkelfunktionen vor. Dies führt zur Aufstellung eines nichtlinearen Gleichungssystems mit sechs Unbekannten, das im allgemeinen nicht in geschlossener Form losbar ist. Analytische Losungen sind nur für Sonderfälle möglich. Im Falle des in Stanford entwickelten "Scheinman-Arms" (Bild 6) schneiden sich die Achsen der Unterarmdrehung, Unterarmbiegung und Handgelenkdrehung in einem Punkt, und deshalb sind diese Bewegungsachsen als Ganzes einer kugelförmigen

Lagerung mit drei Freiheitsgraden kinematisch gleichwertig. Diese kugelförmige Lagerung erlaubt die Aufspaltung des Gleichungssystems mit sechs Unbekannten, welche analytisch lösbar sind.

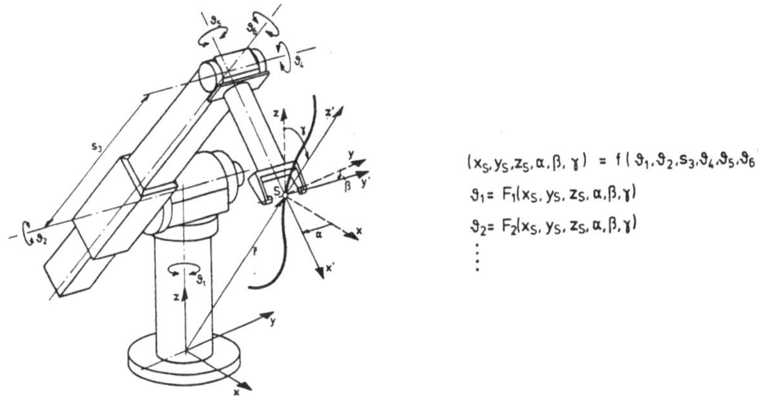

Bild 6: Scheinman-Arm

Läßt sich das Gleichungssystem nicht in voneinander entkoppelte Teilsysteme aufspalten, muß die Lösung mit einem numerischen Verfahren gesucht werden. Hierfür wird meist das Newton-Raphson-Verfahren verwendet.

Aus dieser sehr gedrangten Darstellung läßt sich ermessen, wie wichtig einerseits die Auswahl einer kinematischen Grundform sein kann und wie andererseits bei gegebener Grundform die Abschatzungen der Transformationszeiten in Verbindung mit gegebenem oder auswahlbarem Rechner oder Rechnersystem sein kann. Das Hartenberg-Denavit-Verfahren ist weitaus rechenintensiver als das analytische Verfahren. Dafur ist jedoch das Hartenberg-Denavit-Verfahren universell anwendbar. Hier erkennt man sehr gut, wie Simulation und auszubildendes System eng zusammenhangen. Die Wahl des mathematischen Modells wird also im Anwendungsfall vor allem von der verfugbaren Rechenleistung und dem zulassigen Zeitverhalten innerhalb der Systemkette abhangen.

5. Simulation und optimale Dimensionierung von Antrieben

Die Behandlung der verschiedenen Antriebsarten: Hydraulisch, pneumatisch, elektrischer Servo-Antrieb usw. geht konzeptmäßig von der Behandlung der den gewahlten Antrieb beschreibenden Differentialgleichung aus. Die Kopplung der Antriebe mit den "Arm-Komponenten" kann nun im Detail fur unterschiedliche Parameter mit Hilfe von Analog-, Hybrid- oder Digitalrechner zur Losung gebracht werden. Wichtig ist vor allem das Übergangsverhalten h(t), d.h. die Antwortfunktion bezogen auf eine sprunghafte Eingangsgroßenanderung. Zeitverhalten und daraus abgeleitet die Dampfungsgroßen mussen spater fur das Gesamtverhalten im Arbeitsbereich berucksichtigt werden. Stabilitatsfragen und maximale Anderungsgroßen konnen in das Gesamtkonzept eingearbeitet werden. Fur die Auswahl der Antriebe ist aber auch die Moglichkeit der Anwendung verschiedener Interpolationsverfahren von Wichtigkeit, d.h. das Verhalten der Antriebe bei Vorgabe von bereits transformierten Stutzpunkten.

Die besonderen Probleme bei der Anpassung von Interpolationsergebnissen an einen Schrittmotor machen die Verwendung von Mikroprozessoren zur intelligenten Achssteuerung notwendig. Es wird deutlich, daß die nach außen als einfach erscheinende Be-

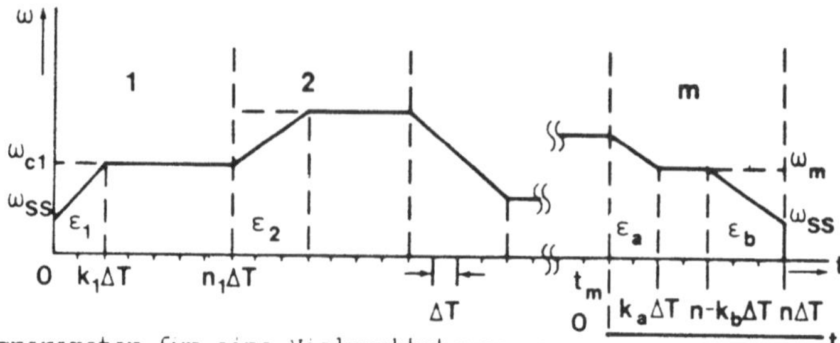

<u>Bild 7</u>: Antriebsparameter für eine Vielpunktsteuerung

schleunigung eines Schrittmotorantriebs bereits die Grenzen gängiger 8-Bit-Prozesso-
ren aufzeigt. Hieran erkennt man bereits, wie die im Bild 3 dargestellten Achsprozessoren bei Verwendung von üblichen Mikroprozessoren sofort zu einem Mehrrechnersystem führen, wobei über die Struktur noch keine Aussage gemacht worden ist.

6. Simulation unterschiedlicher Rechnerstrukturen

Für die Anforderungen an ein Rechnersystem wurde bisher nicht näher auf das bereits
im Bild 3 dargestellte Sensorsystem eingegangen. Ein Grund dafür liegt darin, daß
z.Z. die meisten aller im Einsatz befindlichen Roboter praktisch ohne Sensoren oder
nur mit signalmäßig sehr einfachen Sensoren ausgerüstet sind. Kommt es jedoch in
Zukunft mehr und mehr zur visuellen Dateneingabe z.B. über Fernsehkameres, um z.B.
den Arbeitsraum zu überwachen oder um die Erkennung von statischen oder beweglichen
Teilen dem Roboter zu ermöglichen, so kommen hier mit der Bildverarbeitung zu verar-
beitende Datenraten in Frage, die den bisherigen Rechnerrahmen vollständig sprengen
würden. Neben Sonderrechnern für die Sensorvorverarbeitung zur Merkmalsfindung usw.
werden hier spezielle, hochleistungsfähige Mehrrechnerstrukturen als Sonderrechner
(Pipeline, Array usw.) zum Einsatz kommen, die nur über verdichtete Daten mit dem
übrigen Rechnersystem in Kommunikation treten werden.

Innerhalb der Sensorsignalverarbeitung wird wiederum der Schwerpunkt auf der dreidimensionalen Objekterkennung und Lageermittlung relativ zu einem Bezugskoordinatensy-
stem (z.B. Greifer) liegen. Dabei muß u.a. untersucht werden, ob zusätzliche Sensor-
informationen, z.B. Entfernungsmessung zum Objekt, mit Hilfe von Ultraschallgebern
und Ultraschallempfängern, die Bildverarbeitung reduzieren kann.

Die Kameras und die Ultraschallsensoren sollten zur Objektbeobachtung in unmittelbarer Nähe des Greifers am Roboter installiert werden, so daß Objekt und Greifer und
ihre relative Lage zueinander stets beobachtet werden können. Auch taktile Sensoren
müssen mit berücksichtigt werden, die z.B. in Form von Kraft-Momentensensoren zwischen Unterarm und Greifer angeordnet sein können und damit bei einem Greiferwechsel
nicht hindern.

Die Sensordaten werden in Sensornähe umgeformt, z.B. Analog → Digital, Parallel →
Serie, Spannung → Licht und über Lichtleiter zum Sensorrechnersystem übertragen.
Hier formt eine Anpassungsschaltung die Daten wieder um, d.h. Licht → Spannung, Se-
rie → Parallel.

Das Sensorrechnersystem wird über eine modulartige Anpassungsschaltung an die
Schnittstelle eines übergeordneten Rechners gekoppelt. Damit ist der Sensorrechner
wiederum an unterschiedliche Rechner anschließbar und nicht ausschließlich an das
genannte Multimikrocomputersystem gebunden. Auch könnten vorhandene Robotersteuerun-

gen zusätzlich mit dem gesamten intelligenten Sensorrechnersystem ausgestattet werden. Insgesamt bilden intelligentes Sensorrechnersystem, übergeordneter Rechner und Achsensteuerrechner einen Regelkreis zur Erfüllung der gestellten Aufgabe.

Fortschrittliche Konzepte der Rechnerarchitektur versuchen, beliebige Probleme so zu parallelisieren, daß die Möglichkeiten von Mehrrechnersystemen voll ausgenutzt werden können. Das angestrebte Ziel ist, beim Einsatz von n Verarbeitungseinheiten auch n-fache Rechenleistung zu erreichen. Nur bei wenigen Spezialproblemen ist man diesem Ziel nahe gekommen (z.B. bei "vektorisierbaren" Problemen). Es hat sich gezeigt, daß eine allgemeine, symmetrische Rechnerstruktur den inhärenten Parallelismus vieler Problemstellungen nur um den Preis eines hohen und teuren Verwaltungsaufwandes voll ausschöpfen kann. Demgegenüber bieten maßgeschneiderte Spezialarchitekturen meist schnellere, preiswertere und weniger komplexe Lösungen.

Folgerichtig gibt es seit einigen Jahren Versuche, Methoden zu finden, die für ein gegebenes Problem eine möglichst optimale Spezialarchitektur entwerfen. Ein solcher Versuch ist unter dem Namen "hierarchische Aufgabenverteilung" bekannt geworden. Diese Entwurfsmethode modelliert das gegebene Problem als eine Hierarchie von Datentypen, deren Aufgaben dann über eine Hierarchie von Rechnern verteilt werden. Hierbei bezeichnet der Begriff "Datentyp" eine Klasse von Datenobjekten mitsamt den auf diese Klasse anwendbaren Operationen. Ein solcher Ansatz führt zwangsläufig zu einer Mehrrechnerstruktur, aber nicht notwendig in dem "klassischen" Sinn einer Vielzahl von Prozessoren, die alle gleichartige Aufgaben erledigen. Klassische Mehrrechnerstrukturen können allerdings durchaus Bestandteil einer höher organisisierten Rechnerhierarchie sein. Für eine hierarchische Verteilung von Aufgaben gibt es verschiedenste Gründe /14/, so z.B. eine "natürliche" Modularität der Software (dadurch Verminderung der Komplexität) oder eine Erhöhung des Schutzmechanismus bzw. eine optimale Anpassung der Rechnerstruktur an die Problemstellung.

Das Problem der Rechnersimulation wurde an dem in meinem Institut entworfenen Mehrprozessorsystem M^5PS ausgiebig studiert. Hierbei handelt es sich entsprechend Bild 8 um ein hierarchisches Mehrrechnersystem, bei dem mehrere Teilsysteme über Kopplungsmodule verbunden werden können. Alle Prozessoren verfügen über einen privaten Speicher, auf den der zugehörige Prozessor ohne Behinderung zugreifen kann.

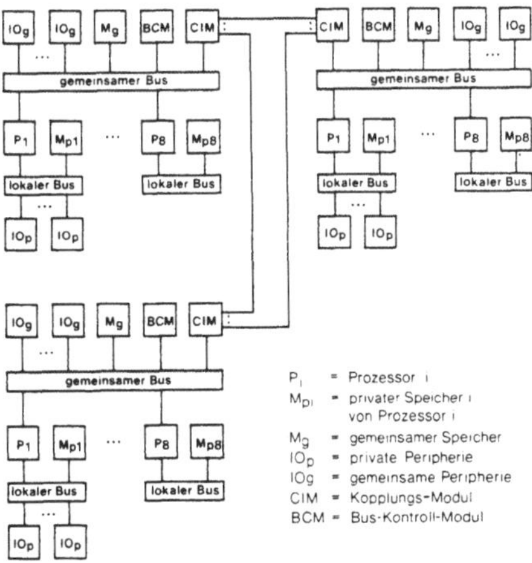

<u>Bild 8</u>: Mehrrechnersystem M^5PS Hardware-Architektur

Bis zu acht dieser Prozessoren bilden ein Teilsystem und sind über einen asynchronen
Bus und einen gemeinsamen Bus verbunden. Mehrere solcher Teilsysteme wurden gebaut
und die Leistungsfähigkeit (Busvergabestrategie usw.) wurden in einem detaillierten
Simulationsmodell untersucht. Auf diesem Kongress berichtet ein Mitarbeiter über die
"Untersuchung von gekoppelten M^5PS-Teilsystemen mittels Simulation". Ein weiterer
Mitarbeiter berichtet über die "Berechnung der Ausführungszeiten von Prozeßgraphen
in einem Multiprozessorsystem mittels Simulation". Das Bild 9 zeigt ein Beispiel für
einen Prozeßgraphen und das zugehörige unbehinderte Busanforderungsprofil AP_u. Die
Simulation bietet hier die Möglichkeit, durch eine sich dynamisch anpassende Busvergabestrategie den Bus möglichst gut auszulasten.

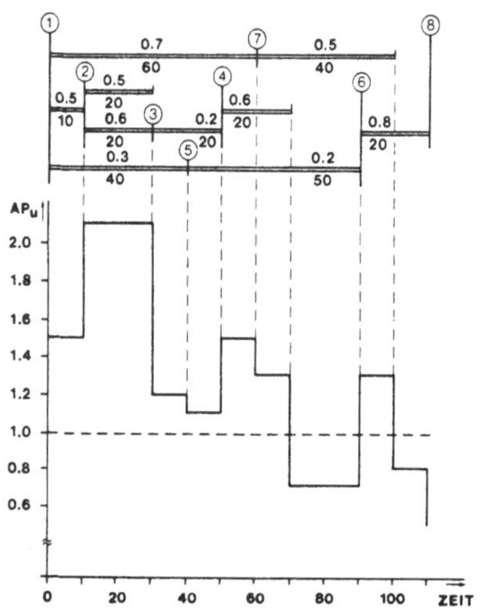

Bild 9: Prozeßgraph und unbehindertes Anforderungsprofil AP_u

Eine Überprüfung und Validierung der Simulationsergebnisse kann so bereits frühzeitig beim Entwurf, hier z.B. der Kopplungsmodule, berücksichtigt werden. Verbesserungen von Prioritätenverteilungen sind eleganter durch Simulation als durch Messungen
am und im Objekt möglich. Wendet man das Prinzip der hierarchischen Aufgabenverteilung auf die Robotersteuerung an, so läßt sich z.B. das bereits früher vorgestellte
inverse kinematische Problem als großes Teilproblem innerhalb der Robotersteuerung
isolieren. Bei Vorgabe der kinematischen Parameter, welche die Bauform des jeweiligen Roboters beschreiben, muß jeweils für einen Eingangsvektor in kartesischen Koordinaten ein Ausgangsvektor in Gelenkkoordinaten berechnet werden (Bild 10). Die Be-

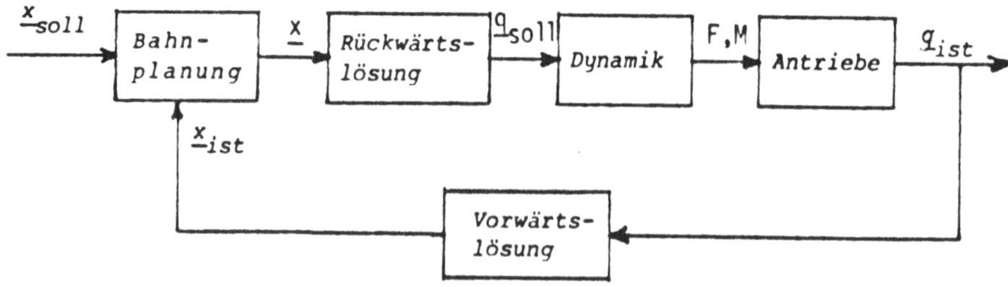

Bild 10: Dynamik-Modul

rechnung des n-ten Ausgangsvektors könnte daher z. B. parallel zur Berechnung der (n-1)-ten Stellkräfte und -momente in einem getrennten "Dynamikmodul" ablaufen. Diese Teilaufgabe allein führt auf eine Art "Makro-Pipelining".

7. Zusammenfassung

In dem vorliegenden Beitrag sollte gezeigt werden, wie in einem sehr komplexen Gebiet des Einsatzes von Handhabungssystemen, z.B. in einer fertigungstechnischen Produktionsanlage für eine wirtschaftliche Ausnutzung nicht nur die Gesamtsystem-Simulation von Bedeutung ist, sondern wie eine Optimierung einer Vielzahl von Teilaufgaben durch Simulation zur Gesamtoptimierung beitragen kann. Hierbei könnten in Zukunft rekonfigurierbare Systeme von besonderer Wichtigkeit sein und hierarchisch gegliederte Mehrrechnerstrukturen die Vielfalt der Prozeßsteuerung übernehmen.

8. Literaturverzeichnis

/1/   Blume C. und Dillmann, R.
       Frei programmierbare Manipulatoren
       Reihe CHIP-Wissen, Vogel Verlag Würzburg 1981

/2/   Bell, R., Lowth, A. C. u.a.
       The Application of Stepping Motors to Machine Tools
       University of Manchester, Dept. of Mechanical Engineering, The Machinery
       Publishers Co. Ltd. 1970

/3/   Cassinis, R. u.a.
       An Economical and Powerful Microcomputer Based Stepping Motor Driver
       10th International Symposium on Industrial Robots, Udine, Italy 1980

/4/   Föhr, R.
       Entwicklung der Führung eines mehrachsigen Handhabungsautomaten für
       kartesische Koordinaten
       Diplomarbeit, Sept. 1983, Rogowski-Institut für Elektrotechnik, RWTH Aachen

/5/   Colson, J. C.; Perreira, N. D.
       Kinematic Arrangements Used in Industrial Robots
       Proc. of the 13th ISIR, April 1983, pp. 20/1-20/18

/6/   D'Souza, C.
       Steuerung mehrachsiger Industrieroboter
       Dissertation, RWTH Aachen, 1980

/7/   Paul, R. P.
       Robot Manipulators: Mathematics, Programming, and Control
       MIT Press, 1981

/8/   Schütze, P.
       Die Anwendung der Hartenberg-Denavit-Notation zur Beschreibung der Kinematik
       von Handhabungsgeräten
       RWTH Aachen, Institut für Getriebetechnik und Maschinendynamik, 1982

/9/   Milde, J.; Ameling, W.
       Vergleich und Bewertung von Sortierverfahren auf dem Multiprozessorsystem M^5PS
       Int. Konferenz "Parallel Computing 1983", September 1983, Berlin

/10/   Pluckebaum, T.
        Untersuchung der Verwaltungsprobleme in gekoppelten Teilsystemen des
        Multiprozessorsystems M^5PS
        Diplomarbeit, 1982, Rogowski-Institut fur Elektrotechnik, RWTH Aachen

/11/   Regen, F.; Krings, L.; Ameling, W.
        Simulation of Job Execution in the M^5PS Multiprocessor System
        Proc. First European Simulation Congress ESC83 Aachen, Sept. 1983, Informatik
        Fachberichte, Bd. 71, Springer Berlin, pp. 329-336,

/12/   Ameling, W. et al.
        Interconnection Structures for Parallel Processor Systems
        Parallel Computers-Parallel Mathematics, IMACS Symposium, pp. 297-300, 1977

/13/   Ameling, W. et al.
        Parallel Processor Solutions for a Certain Class of Optimization Strategies
        Parallel Computers-Parallel Mathematics, IMACS Symposium, pp. 243-246, 1977

/14/   Giloi, W. K.; Behr, P.
        Hierarchical Function Distribution - a Design Principle for Advanced
        Multicomputer Architectures
        ACM 1983, pp. 318-325

/15/   Denavit, J.; Hartenberg, R. S.
        A Kinematic Notation for Lower-Pair Mechanisms Based on Matrices
        Journal of Applied Mechanics, Juni 1956, pp. 215-221

/16/   Krings, L.; Milde, J.; Ameling, W.
        An Approach to Performance Measuring in Multiprocessor Systems with Time-
        Shared Buses
        Proc. Euromicro, 1981, pp. 442-419

/17/   Milde, J.;Krings, L.;Ameling, W.
        Architektur des Multiprozessorsystems M^5PS und Auswertung einiger Anwendungen
        NTG-GI-Fachtagung, Ulm, 1982

/18/   Krings, L.; Milde, J.; Ameling, W.:
        The Influence of Bus Allocation Algorithm on the Execution Time of Process
        Graphs in Multiprocessor Systems with Time-Shared Buses
        Proc. 10th IMACS World Congress, Montreal, 1982

COMPUTERSYSTEME DER 5.GENERATION

Prof. Dr.Werner Trattnig
Computer Systems Laboratory
Stanford University
Stanford, CA 94305, USA
(eingeladener Beitrag)

1. DIE JAPANISCHE HERAUSFORDERUNG

Im Oktober 1981 kuendigte die Japanische Regierung ein zehnjaehriges Forschungsprogramm an, dessen Ziel die Entwicklung der naechsten Computergeneration ist. Bis zum Ende dieser Dekade soll die Computertechnologie soweit entwickelt werden, dasz der Mensch in nahezu allen Bereichen des taeglichen Lebens durch "intelligente" und extrem leistungsfaehige Computersysteme unterstuetzt werden kann. Dieses Programm ist eine wesentliche Komponente des japanischen Wirtschaftsplans, dessen Ziel die Befriedigung der voraussichtlichen Beduerfnisse der japanischen Gesellschaft in den 90-iger Jahre ist. Japan, ein Land mit unbedeutenden Rohstoffvorkommen, hat erkannt, dasz Information und Wissen die bedeutendsten Ressourcen fuer seinen Weg ins post-industrielle Zeitalter sind. Man ist ueberzeugt, dasz die auf dem Gebiet der Informations- und Wissensverarbeitung fuehrende Nation auch wirschaftlich in der naechsten Dekade dominieren wird.

Die Technologien, die zur Realisierung dieses Plans benoetigt werden, werden zur Zeit von Japan's "Institute for New Generation Computer Technology (ICOT)" im Rahmen des Projektes "Computersysteme der 5. Generation" (Fifth-Generation Computer Systems Project") entwickelt. Dieses Projekt, das insgesamt mit etwa 800 Millionen US$ gefoerdert wird, soll bis 1992 abgeschlossen sein. Mittels dieser Technologien sollen Computersysteme intelligente Funktionen wie logisches schlieszen, assoziieren und lernen ausfuehren koennen sowie Sprache und Bild erkennen koennen. Geplante Anwendungsbereiche dieser intelligenten Computersysteme sind

- o Industrielle Automation
- o Bueroautomation
- o Ausbildung und Gesundheitswesen
- o Raumfahrt und Militaer
- o Wissenschaft und Forschung
- o Handel und Dienstleistungsgewerbe
- o Computerhardware und -software
- o Kunst, Kultur, und Freizeit

Herausgefordert durch die japanische Initiative haben auch die westlichen Industrienationen aehnliche Forschungsprogramme angekuendigt. Speziell die Vereinigten Staaten unternehmen enorme Anstrengungen, um ihren Vorsprung auf dem Gebiet der Computertechnologie zu halten und weiter auszubauen. Neben DARPA (Department of Defence Advanced Research Projects Agency), das mit einem Forschungsbudget von 1.000 Millionen US$ fuer die naechsten sieben Jahre die Initiative uebernommen hat, haben sich mehrere konkurrierende Forschungskooperationen mit einem Forschungsbudget von etwa 150 Millionen US$ fuer die naechsten zwei Jahre konstituiert. Selbstverstaendlich unternehmen auch die fuehrenden Computerhersteller bedeutende Anstrengungen auf diesem Gebiet. (Man beachte, dasz alleine das jaehrliche Forschungsbudget von IBM auf 2.000 Millionen US$ geschaetzt wird).

Auch in Europa hat man die grosze wirtschaftliche Bedeutung der 5. Computergeneration erkannt. Sowohl die Europaeischen Gemeinschaften (EG) als auch einzelne Nationen und Firmen foerdern Projekte auf diesem Gebiet. So verabschiedete im Juli 1983 die Kommission der EG das Forschungsprogramm ESPRIT (European Strategic Programme on Research in Information Technology), dessen Ziel die Wiederherstellung der internationalen Wettbewerbsfaehigkeit auf dem Computersektor ist. Dieses Programm, fuer das 1.500 Millionen US$ fuer die naechsten fuenf Jahre bereitgestellt worden sind, foerdert etwa 38 Forschungsprojekte an Universitaeten und Forschungszentren in neun der zehn Mitgliedsstaaten. Frankreich, Grossbritannien, und die Deutsche Bundesrepublik unterstuezten darueber hinaus zusaetzliche Forschungsprojekte in den Schluesseltechnologien Kuenstliche Intelligenz (KI), Mikroelektronik und Computersysteme. Auch in Oesterreich wurden etwa 10 Millionen US$ fuer den Technologieschwerpunkt Mikroelektronik bis 1987 bereitgestellt.

Im naechsten Abschnitt wird der japanische Entwurf eines Computersystems der 5.Generation vorgestellt und die Schluesseltechnologien identifiziert. Im dritten Abschnitt wird dann der "status quo" dieser Schluesseltechnologien ermittelt und untersucht, welche Fortschritte oder Durchbrueche notwendig sind, um das im zweiten Abschnitt praesentierte Computersystem innerhalb der naechsten Dekade realisieren zu koennen. Im letzten Abschnitt werden die Erkenntnisse der vorangegangenen Abschnitte in einem Ausblick zusammengefaszt und kurz die (moeglichen) Auswirkungen dieses Projektes diskutiert.

2. COMPUTERSYSTEME DER 5.GENERATION

Das im Rahmen des japanischen Projektes entworfene
Computersystem der 5. Generation [1] ist funktional wie in
Abb.1 dargestellt aufgebaut:

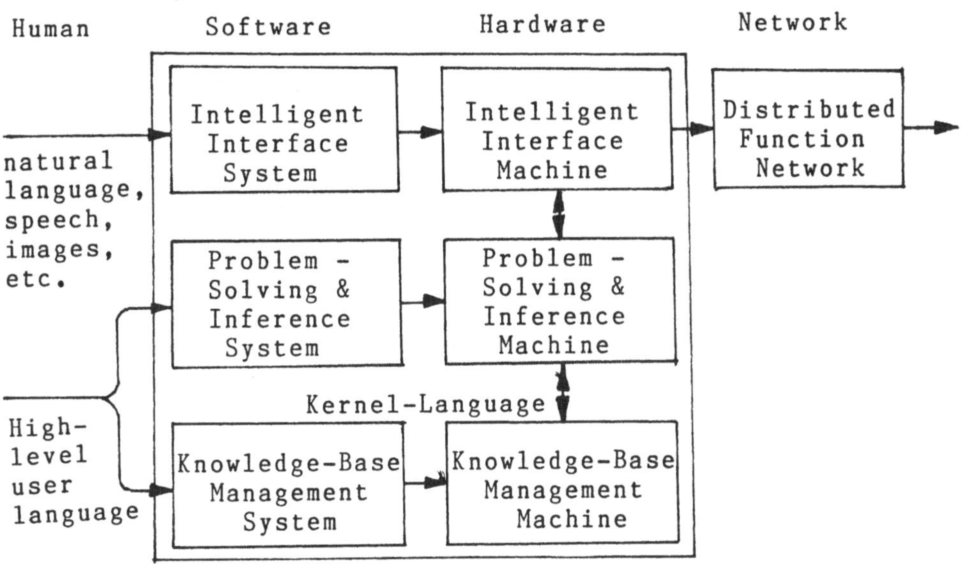

Abb.1: Aufbau eines Computersystems der 5.Generation
/Torr83/

Dieses System, das im japanischen Entwurf "Computersystem
der 5.Generation" genannt wird, besteht aus folgenden vier
Komponenten:

o   einer intelligenten Benutzerschnittstelle

o   einem Problem-Solving-and-Inference System

o   einem Knowledge Base Management System

o   einen Netzwerkanschlusz, ueber den weitere
    Funktionen verfuegbar sind.

---

1) Unter Computersystemen der 5.Generation versteht man
Hochleistungscomputersysteme fuer die symbolsiche
Datenverarbeitung, die fuer KI typisch ist. Unter
Supercomputersystemen versteht man hingegen
Hochleistungscomputersysteme fuer die numerische Datenver-
arbeitung wie z.B. die Cray-1 mit einer Spitzenleistung von
etwa 200 MIPS (Million instructions per second).

Die intelligente Benutzerschnittstelle soll allen Menschen den Zugang zu Computersystemen der 5.Generation ermoeglichen. Die intelligente Benutzerschnittstelle unterstuetzt (1) den Dialog mit dem Benutzer auf intelligente Art und Weise, (2) paszt sich an die individuellen Systemkenntnisse der Benutzer an, (3) ermoeglicht die Ein- und Ausgabe mittels natuerlicher Sprache oder Bild, und (4) vereinfacht wesentlich die Programmierung. Die intelligente Benutzerschnittstelle kann Probleme direkt, d.h. ohne Intervention des Benutzers, in effiziente Programme ueberfuehren. Der Benutzer preaesentiert somit einem Computersystem der 5.Generation ein Problem und nicht mehr einen Algorithmus, der im Detail spezifiziert, wie das Problem geloest werden soll.

Ein vom Benutzer formuliertes Problem wird an das Problem-Solving-and-Inference System weitergegeben, dessen Aufgabe es ist, dieses Problem mit Hilfe der im Knowledge Base Management System repraesentierten Fakten und Regeln zu loesen. Das Knowledge Base Management System, das eine umfangreiche Wissensbasis verwaltet, ist eine Symbiose aus einem Knowledge Base System und einem Datenbankverwaltungssystem (Data Base Management System). Das Datenbankverwaltungssubsystem ist ein relationales Datenbankverwaltungsprogramm, das die Beziehungen zwischen Daten definiert und eine effiziente Abfrage ermoeglicht. Da die intelligente Benutzerschnittstelle dem Benutzer bei der praezisen Formulierung seiner Abfrage unterstuetzt, koennen Anfragen in natuerlicher Sprache an das Datenbankverwaltungssystem gerichtet werden. Das Knowledge Base Subsystem verwaltet eine umfangreiche Wissensbasis, in der Fakten und Heuristiken kodiert sind, und stellt dieses Wissen dem Problem-Solving-and-Inference System zur Verfuegung. Im Gegensatz zu einem konventionellen Datenbankverwaltungssystem kann somit mit Hilfe des Knowledge Base Subsystems auch nach Informationen gefragt werden, die nicht _explizit_ in der Datenbank abgespeichert sind. .

Das Problem-Solving-and-Inference System wird auf einer Problem-Solving-and-Inference Maschine und das Knowledge Base Management System auf einer Knowledge Base Management Maschine implementiert, die den Kern des Hardwaresystems bilden. Die Leistungsfaehigkeit der Problem-Solving-and-Inference Maschine soll in der Groeszenordnung von 100 - 1000 MLIPS (Mega Logical Inferences Per Second) liegen, und die Speicherkapazitaet der Knowledge Base Management Maschine soll in der Groeszenordnung von 10 - 100 Giga-Bytes liegen. (Anmerkung: eine Inferenz oder logische Ableitung erfordert auf einem konventionellen Computersytem zwischen 100 und 1000 Instructionen. Einem LIPS entsprechen daher in etwa 0.1 - 1 MIPS (Mega Instructions Per Second)).

Das 5.Generation-Projekt ist in drei Phasen untergliedert. In der ersten Phase von 1982 bis 1985 werden erfolgversprechende Forschungsansaetze auf dem Gebiet der Wissensverarbeitung (Knowledge Processing) weiter- entwickelt. Gleichzeitig werden die Basistechnologien, die fuer den Bau eines experimentellen Prototyps notwendig sind, entwickelt. In der zweiten Phase von 1986 bis 1989 werden die einzelnen Soft- und Hardwaresubsysteme sowie die Basiscomputerarchitektur entwickelt. In der letzten Phase von 1989 bis etwa 1992 sollen die verschiedenen Subsysteme integriert und die Anwendungssoftware entwickelt werden. Die ersten Prototypen von Computersystemen der 5.Generation sollen um 1992 verfuegbar sein.

Sind diese visionaeren Ziele innerhalb der naechsten Dekade ueberhaupt realisierbar? Im naechsten Abschnitt werden wir daher den "status quo" der einzelnen Schluesseltechnologien ermitteln und diskutieren, welche Fortschritte oder Durch- brueche in diesen Bereichen notwendig sind, um die hochgesteckten Anforderungen auch wirklich erfuellen zu koennen.

3. TECHNOLOGISCHE ENTWICKLUNGEN

Trotz der unterschiedlichenen Forschungsansaetze der einzelnen nationalen Projekte sind entscheidende Fort- schritte oder Durchbrueche in den Bereichen

    o   Kuenstliche Intelligenz
    o   Mikroelektronik
    o   Computersysteme

notwendig, um diese ehrgeizigen Ziele auch erreichen zu koennen. Die Entwicklungen in diesen Schluesselbereichen mueszen auf das globale Ziel "Computersystem der 5.Generation" ausgerichtet werden und konvergieren.

3.1. Kuenstliche Intelligenz

Nahezu alle nationalen Projekte raeumen der Kuenstlichen Intelligenz (KI) eine Schluesselstellung ein. Als wichtigste Disziplinen der Kuenstlichen Intelligenz werden dabei Expertensysteme sowie Sprach- und Bildverarbeitungssysteme angesehen.

Die Einsatzbereiche von Expertensystemen reichen von der Rolle eines Konsulenten in der Medizin, der Geologie, der Biologie, der Genetik und der Chemie bis hin zu automatischen Entwurfssystemen. So wird zum Beispiel zur Zeit an der Stanford Universitaet ein Entwurfssystem fuer VLSI Schaltkreise entwickelt. Die Wissensbasis dieses Systems, das Palladio /Pal183/ genannt wird, enthaelt wird, enthaelt saemtliche VLSI Design Entwurfsregeln und eine Vielzahl von Fakten ueber VLSI Technologie. Ein logisches Programmsystem erlaubt die effiziente Simulation von Entwuerfen ohne dasz die explizite Erstellung eines Simulationsmodells noptwendig ist. Dieses System kann ausgehend von der funktionalen Spezifikation eines Schaltkreises diesen automatisch entwerfen. So konnte ein experimenteller Schaltkreis mit etwa 100 Transistoren in acht CPU-Stunden auf einem VAX/780 Computersystem automatisch entworfen werden. "Echte" VLSI Schaltkreise sind hingegen aus bis zu 450.000 Transistoren aufgebaut. Um einen derart komplexen Schaltkreis automatisch entwerfen zu koennen, benoetigt man mindestens eine Leistung von 4500 VAX/780 Computersystemen, was einer Leistung von etwa 3000 MIPS entspricht (wobei optimistischerweise eine lineare Zuwachsrate angenommen wurde).

Natuerliche Sprachverarbeitung und -erkennung sind zwei besonders schwierige Probleme. Natuerliche Sprachverarbeitung erschlieszt der breiten Masse - naemlich all denen, die keine formalen Sprachen erlernen wollen oder koennen - die schier unbegrenzten Moeglischkeiten von Computersystemen der 5.Generation. Natuerliche Spracherkennung beschaeftigt sich mit dem Problem des maschinellen Verstehens der Umgangssprache in einem allgemeinen Kontext. In diesem Bereich ist ein entscheidender Durchbruch notwendig. Spracherkennungssysteme, die fluessig gesprochene Umgangssprache sprecherunabhaengig und unter Echtzeitbedingungen erkennen koennen, werden fuer Steuersysteme und fuer automatische Uebersetzungen benoetigt. Spracherkennungssysteme erfordern ein Vokabular von mindestens 20.000 Woertern und eine Verarbeitungsgeschwindigkeit von etwa 100.000 MIPS.

Wir Menschen sind in der Lage, auch komplexe Szenen auf einen Blick erfassen zu koennen. Im Vergleich dazu besitzen heutige Bilderkennungs- und Bildverarbeitungssysteme nur primitive Faehigkeiten: sie koennen nur unter extrem guenstigen Bedingungen Silhouetten einfacher Objekte erkennen. Die Probleme resultieren aus unvollkommenen Aufnahmegeraeten und in der gigantischen Datenmenge, die verarbeitet werden musz. Selbst einfachste Prozeduren benoetigen fuer die Verarbeitung eines aus 1000 x 1000 Pixeln zusammengesetzten Bildes etwa 100 Millionen Instruktionen. Bei einer Bildfrequenz von 50 Hertz ist daher bereits eine Leistung von 5.000 MIPS erforderlich. Im Vergleich dazu ist das menschliche Auge in der Lage, etwa 10.000 Millionen Operationen pro Sekunde auszufuehren.

3.2. Mikroelektronik

Obwohl Forschungsprogramme auf dem Gebiet der KI den Schwerpunkt im Rahmen des 5. Computergeneration-Projektes bilden, sind weitere Entwicklungen auf dem VLSI (Very-Large-Scale-Integrated Circuits·) Sektor die Voraussetzung fuer die Implementierung von Computersystemen der 5.Generation. Heutige VLSI Schaltkreise erbringen noch bei weitem nicht die Leistung, die von den Komponenten eines Computersystems der fuenften Generation benoetigt wird.

Hewlett-Packard hat 1983 einen Prototyp eines 32-Bit Mikroprozessors entwickelt, der aus 450.000 Transistoren aufgebaut ist und dessen Kanallaenge[2) 1.5 Mikrometer betraegt. Ebenfalls 1983 wurde das erste 256 Kb DRAM (Dynamic Random Access Memory) mit einer 1.3 Mikrometer-Technologie erzeugt. Die Kanallaengen haben sich innerhalb der letzten 10 Jahre jeweils alle 3 Jahre halbiert. Das bedeutet umgekehrt, dasz sich die Packungsdichte, d.h. die Anzahl der Transistoren pro Flacheneinheit, alle 1.5 Jahre verdoppelt hat. Leider laeszt sich dieser Trend nicht beliebig fortsetzen, da die Grenzen der optischen Lithographie bei etwa 0.5 Mikrometer liegen. Roentgenstrahl-Litographie, die zur Zeit als moegliche Alternative entwickelt wird, wird vermutlich nicht mehr in dieser Dekade verfuegbar sein. Mit diese Technologie werden VLSI Schaltkreise mit Kanallaengen von nur 0.02 Mikrometer moeglich sein. Die 0.5 Mikrometer-Technologie, die ab 1985 oder 1986 verfuegbar sein wird, wird somit VLSI-Prozessoren mit einer Million Transistoren und VLSI-Speicher mit einer Kapazitaet von 2 MB ermoeglichen. Waehrend die Entwicklung von 2 MB DRAMs weniger von der Qualitaet der verfuegbaren VLSI-Design Technologien beeinfluszt wird, muessen die heutigen Produktionstechnologien noch wesentlich verbessert werden, um Halbleiter mit einer derartig hohen Verpackungsdichte auch wirtschaftlich, d.h. mit geringem Ausschusz, herstellen koennen. Die Entwicklung von Mikroprozessoren mit 1 Million Transistoren ist hingegen ein wesentlich komplexeres Problem, da deren Struktur keineswegs so regulaer wie die Struktur von DRAMs ist. Heute schaetzt man die Produktivitaet eines durchschnittlichen VLSI-Designers auf etwa 10 Transistoren/Tag/Mann. Umgelegt auf einen 1 Million- Transitor-Mikroprozessor bedeutet das eine Entwicklungszeit von 500 Mann-Jahren. Das wiederum bedeutet, dasz sehr hohe Stueckzahlen notwendig sind, um den enormen Entwicklungsaufwand wirtschaftlich vertreten zu koennen. Diese hohen Kosten haben leider einen prohibitiven Einflusz auf die Entwicklung von experimentellen Computersystemen der 5.Generation. Von der Silicontechnologie her gesehen werden in zunehmendem Masz

---

2) Die Kanallaenge oder "channel length" eines MOS Transistors ist ein repraesentatives Masz fuer den Grad der Integration eines Integrierten Schaltkreises (IC's).

die wegen ihrer geringen Leistungsaufnahme guenstige CMOS
(Komplementaere-MOS) Technologie und die wegen ihrer
Geschwindigkeit guenstige GaAs (Gallium-Arsenid) Technologie
verwendet werden.

Auch auf dem Gebiet der Kommunikationstechnologie sind
bahnbrechende Fortschritte zu erwarten: in Laboratorien in
den USA wird mit Prototypen von Glasfaserkabeln
experimentiert, die eine Bandbreite von 1 Giga-Bit/Sekunde
ueber eine Entfernung bis zu 300 km ermoeglichen.

3.3. Computersysteme

3.3.1. Computer Architekturen

Selbst VLSI Prozessoren mit 1 Million Transistoren, welche
die CPU eines Computersystems auf einem Chip
implementieren, koennen bei weitem nicht die von Computersystemen der 5.Generation geforderte Leistung, die in der
Groeszenordnung von etwa 100 MLIPS oder 100.000 MIPS liegt,
erbringen. Prototypen von VLSI Mikroprozessoren mit einer
Leistung von bis zu 10 MIPS - wie zum Beispiel der 32-Bit
Mikroprozessor NS32CR32 von National Semiconductor mit
einer angekuendigten Leistung von etwa 7 MIPS - werden bis
1986 verfuegbar sein, doch ist auch deren Leistung noch
immer um den Faktor 10.000 zu gering, um das Ziel des
japanischen Projektes zu erreichen.

Die geforderte Leistung kann nur durch massiv parallele
Verarbeitung erreicht werden. Der Faktor 10.000 bedeutet,
dasz im Durchschnitt 10.000 Prozessoren gleichzeitig und
kooperativ an der Loesung eines Problems zusammenarbeiten
muessen, um die geforderte Leistung zu erzielen. Parallele
Verarbeitung verursacht jedoch einen nicht unbetraechtlichen
Organisationsaufwand, der sich in einem zusaetzlichen
"Overhead-Faktor" von 10 bis 100 niederschlaegt /Supe84/.
Das bedeutet, dasz unter Umstaenden von 100 Instruktionen
nur eine einzige produktiv ist, d.h. zur Loesung des
Problems beitragt. Um eine Leistung von 100.000 MIPS zu
erreichen, muessen Computersysteme der 5.Generation daher
aus 100.000 - 1.000.000 Prozessoren mit einer Leistung von
jeweils 10 MIPS aufgebaut werden.

Das wirft natuerlich die Frage auf, ob KI Probleme
ueberhaupt einen Grad von 100.000 bis 1.000.000 an
inherenter Parallelitaet enthalten? Gibt es Mechanismen, die
aus einem Problem diese Vielzahl von parallelen Prozessen
automatisch generieren koennen, und die diese Prozesse
dynamisch und optimal den Prozessoren zuzuordnen koennen?

Die Faktoren, welche die Gesamtleistung eines
Multiprozessorsystems wesentlich beinflussen, sind der
verwendete <u>Steuermechanismus</u> (zentrale vs. dezentrale

Verarbeitung), die <u>Granularitaet</u> der Prozesse (das ist die Anzahl der produktiven Instruktionen/Prozesz), die <u>Topologie</u> des Multiprozessorsystems (Baum, Ring, Wuerfel, Omega-Netzwerk, Bayanisches Netzwerk, Crossbar-Schalter, Boolscher n-Wuerfel etc.), und der <u>Prozeszallokationsmechanismus</u>.

Es hat sich gezeigt, das bei n-Prozessorarchitekturen (wobei n die Anzahl der Prozessoren ist) mit zentralem Steuermechanismus bei groszem n der durch die zentrale Steuerung verursachte zusaetzliche Kommunikationsaufwand so ueberproportional ansteigt, dasz bereits bei n=16 Prozessoren die Leistung mit jedem zusaetzlich hinzugefuegten Prozessor wieder abnimmt (Saettigungseffekt!). Asynchrone, dezentrale Verarbeitung, bei der Prozesse durch den Austausch von Nachrichten kommunizieren, ist ein besser geeigneter Steuermechanismus fuer Multiprozessorsysteme. Zwei Konzepte, die in letzter Zeit besonders starkes Interesse gefunden haben, sind die datengesteuerte (Data Driven) und die nachfragegesteuerte (Demand Driven) Verarbeitung. Bei der datengesteuerten Verarbeitung werden Prozesse immer sofort dann abgearbeitet, wenn alle benoetigten Daten verfuegbar sind. Bei der nachfragegesteuerten Verarbeitung wird umgekehrt ein Prozesz nur dann ausgefuehrt, wenn sein Ergebnis benoetigt wird. Neuere Experimente zeigen, dasz eine Kombination dieser beiden Mechanismen die besten Ergebnisse liefert.

Feine Granularitaet bedeutet allgemein hoeheren Kommunikationsaufwand und bessere Auslastung der Prozessoren im Gegensatz zu grober Granularitaet. Nach dem Gesetz der grossen Zahlen sind bei feiner Granularitaet simple Allokationsmechanismen moeglich, die eine relativ gute Prozesz:Prozessor Zuordnung gewaehrleisten.

Umfangreiche Kommunikation stellt hohe Anforderungen an die Topologie von Multiprozessorsystemen. Ullman hat mit Hilfe von Komplexitaetstheoretischen Ueberlegungen gezeigt, dasz bestimmte Topologien fuer bestimmte Anwendungsprobleme voellig ungeeignet sind. Ullman vermutet, dasz es fuer groszes n <u>keine</u> Allzweck-Topologie gibt /Ullm84/.

Wegen der Komplexitaet der Untergliederung eines Problems in parallele Ablaeufe ist die Codeerzeugung fuer Computersysteme der 5.Generation nur mehr dann wirtschaftlich, wenn der Code automatisch generiert werden kann. Es zeigt sich, dasz prozedurale Programmiersprachen wegen der potentiellen Ueberspezifikation von Ablauffolgen ungeeignet sind. Gangbare Alternativen sind funktionale Programmiersprachen (z.B. "saubere" Versionen von LISP) und objektorientierte Sprachen (z.B. Smalltalk-80), waehrend man in Japan auf eine parallele Variante von Prolog, einer logischen Programmiersprache, setzt.

Auf dem Gebiet der Computerarchitektur gibt es in den USA
und in Europa eine Vielzahl konkurrierender Forschungs-
projekte, waehrend man sich in Japan auf
Datenfluszarchitekturen und eine parallele Version von
Prolog konzentriert. Nachfolgende Tabelle (Tab.1) gibt einen
Ueberblick ueber einige ausgewaehlte Forschungsprojekte.

Entwickler	Projekt	Ort	Leistung (in MIPS)
ICOT	Parallel Inference M. +)	Japan	< 100.000
Keller	Rediflow +)	Utah	100..1000
Seitz	Boolean n-cube *)	CIT	10..100
Mago	Reduktionsmaschine *)	North-Carolina	10..100
Arvind	ID-Prototyp *)	MIT	10..100
Watson	Datenfluszmaschine #)	Manchaster	1..10
Dennis	VIMVAL-Interpreter *)	MIT	?
Shaw	Non-Von-1 *)	Columbia	?

+) geplant   *) in Bau   #) Prototyp

3.3.2. Software Technologie

Waehrend das Preis/Leistungsverhaeltnis im Harwarebereich
durch enorme Steigerungsraten gekennzeichnet ist, kann im
Softwarebereich von diesem Trend keine Rede sein. Ganz im
Gegenteil: die Softwareproduktivitaet und -qualitaet ist
allgemein zu gering, und das Preis/Leistungsverhaeltnis im
Softwarebereich hat sich in den letzten 20 Jahren nur
verdoppelt. Als Hauptursache dafuer werden unzulaengliche
Anforderungsanalysemethoden und Softwareentwurfsmethoden
sowie Probleme bei der Wiederverwendbarkeit von Software
angesehen. Als Loesung fuer diese Probleme werden
neuerdings Sprachen, Methoden und Werkzeuge, die eine rasche
Erzeugung von Prototypen von Softwaresystemen erlauben,
angesehen. Persoenlich glaube ich, dasz wesentliche
Fortschritte erst durch die Integration der neuen
Sprachfamilien (z.B. Prolog, LISP, und Smalltalk-80) in
intelligente Programmierumgebungen (Exploratory Programming
Environments) (z.B. Interlisp und LOOPS) sowie durch die
Verwendung von Knowledge Based Systems fuer die
Softwareentwicklung erzielt werden koennen.

4. AUSBLICKE UND AUSWIRKUNGEN

Analysiert man einerseits die Anforderungen an
Computersysteme der 5.Generation, die sich aus den geplanten
KI Anwendungen ableiten lassen, und andererseits die
projizierten Fortschritte in den Schluesseltechnologien, so
musz man zu der Ueberzeugung kommen, dasz Japan bis zum
Jahr 1992 keine Computersysteme der 5.Generation mit der

gewuenschten Leistung entwickeln koennen wird. Aber selbst wenn Japan, die USA, oder Europa dieses ehrgeizige Ziel erst um das Jahr 2000 erreichen, wird ein Erfolg gewaltige wirtschaftliche und gesellschaftliche Auswirkungen nach sich ziehen. Denn eines ist klar: alle Nationen, die diese neuen Technologien beherrschen _und_ in innovative, absetzbare Produkte umsetzen koennen, werden den Sprung in das post-industrielle Zeitalter schaffen. Jene Nationen aber, an denen diese Entwicklung voruebergehen wird, werden diese intelligenten Produkte, die zunehmend fuer die wirtschaftliche Produktion _aller_ Gueter notwendig sein werden, mit teuren Dienstleistungen und immer knapper werdenden Rohstoffen bezahlen muessen. Es ist klar, dasz diese Nationen wohl kaum den Reichtum und den Wohlstand der technologisch fuehrenden Nationen erreichen werden koennen.

5. LITERATURVERZEICHNIS

/Foys83/   Foyster, G., "Behavioral Specification and Verification within a VLSI Design System", Heuristic Programming Project, Department of Computer Science, Stanford University, Report No. HPP-83-16, April 1983.

/Supe84/   Stanford University Supercomputer Group, Private Diskussionen, 1984.

/Torr83/   Torrero, E.A. (Ed.), "Tomorrow's Computers", IEEE spectrum, Nov. 1983, pp. 34-120.

/Ullm84/   Ullman, J., "Some Thoughts About Supercomputer Organization", Proc. of the '84 COMPCON Spring Conference, IEEE, San Francisco, Feb.27-March 1, 1984.

Neben den im Text angegebenen Literaturhinweisen koennen noch folgende Aufsaetze und Buecher ueber Computsersysteme der 5. Generation empfohlen werden:

/FeMc83/   Feigenbaum, E., und McCorduck, P., "The Fifth Generation", Addison-Wesley, Reading, Mass., 1983.

/Spri84/   "New Generation Computing", eine neue wissen-schaftliche Zeitschrift erhaeltlich beim Springer-Verlag N.Y.

/COMP84/   Proceedings of the '84 COMPCON Spring Conference, IEEE, San Francisco, Feb.27-March 1, 1984.

Simulationsmodelle für die Dynamik schneller Bahnsysteme -
Stand und Ergebnisse

W. Kortüm
DFVLR-Institut für Dynamik der Flugsysteme
D-8031 Wessling

Zusammenfassung: Nach einem kurzen Überblick über den Stand der Entwicklung schneller Bahnsysteme werden die Anforderungen an die Simulationstechnik für die Dynamik dieser Systeme besprochen. Der Aufbau von Simulationsmodellen für solche komplexe, mechanische Mehrkörpersysteme erfordert den Einsatz moderner Verfahren der Mechanik und der Rechentechnik. Anwendungsbeispiele aus der Praxis zeigen die Nutzanwendung allgemeiner Simulationsprogramme in der Rad/Schiene und der Magnetschwebetechnik auf.

1. Einführung - Stand der technischen Entwicklung

Unter dem Begriff "schnelle Bahnsysteme" wollen wir schienen- bzw. trassengebundene Transportsysteme verstehen, die in Geschwindigkeitsbereiche über 250 km/h vorstoßen. Hierzu gehören im wesentlichen weiterentwickelte *Rad/Schiene*- und neuartige *Magnetbahn-Systeme*; zeitweise in. den USA und in Frankreich konzipierte *Luftkissenkonzepte* werden - soweit bekannt - derzeit nicht weiterverfolgt.

Zur Eisenbahntechnik

Die Weiterentwicklung der konventionellen Eisenbahn zu einem modernen schnellen Personentransportsystem ist unverkennbar: Seit Jahren fährt der Shinkansen-Express der Japaner mit 210 km/h (geplant sind 260 km/h und mehr); der Train à Grande Vitesse (TGV) der Franzosen schaffte schon 380 km/h (Betriebsgeschwindigkeit ist 260 km/h); der Advanced Passenger Train (APT) der Engländer soll zwar "nur" 250 km/h fahren, er nimmt jedoch technologisch eine interessante Position ein, da bei ihm u. a. eine gleisbogenabhängige Wagenkastensteuerung realisiert ist, die durch Verdrehung der Kabine in der Kurve die Seitenbeschleunigungen auf den Passagier reduziert und so die zulässige Geschwindigkeit in Kurven um 50 % gesteigert werden kann. In Deutschland will man bis Ende 1985 zur 150-Jahr-Feier der deutschen Eisenbahn den ICE (Intercity Experimental), s. Abb. 1, fertiggestellt haben, der eine Auslegungsgeschwindigkeit von 350 km/h haben soll. Man geht nämlich davon aus, daß für Betriebsgeschwindigkeiten von 250 - 300 km/h der Geschwindigkeitsbereich bis 350 km/h sicher beherrscht werden muß.

<u>Zur Magnetschwebetechnik</u>
In Japan und Deutschland wird parallel zur Eisenbahntechnik die neue
Technologie der Magnetschwebetechnik vorangetrieben. Während in Japan
beide Prinzipien des magnetischen Tragens und Führens, nämlich EDS
(= <u>e</u>lektro<u>d</u>ynamisches <u>S</u>chweben) und EMS (= <u>e</u>lektro<u>m</u>agnetisches <u>S</u>chweben)
verfolgt werden, hat man sich in Deutschland für die EMS Technik ent-
schieden. Hier ist man in der Reihe der Transrapid-Versuchsfahrzeuge
bis zum TR 06, s. Abb. 1, vorgedrungen, der derzeit auf der TVE
(= <u>T</u>ransrapid <u>V</u>ersuchsanlage <u>E</u>msland) getestet wird.

Wesentliche Vorteile der Magnetschwebetechnik verspricht man sich von
der Berührungsfreiheit des Trag- und Führsystems und der damit verbundenen Verschleißarmut, sowie der Tatsache, daß die Fahrwegbelastung
flächenartig wirkt und somit eine geringere Beanspruchung der Fahrweg-
konstruktionen (Brücken, Brückenreihen, aufgeständerte Fahrwege) bewirkt.

Ob diese offensichtlichen Vorteile der Magnetbahn mit ihren noch zum
Teil ungelösten technologischen und Zuverlässigkeitsproblemen gegenüber einer Eisenbahntechnik, die alle noch in ihr steckenden Entwick-
lungsreserven ausschöpft, sich durchsetzen wird, ist noch unentschie-
den. Jedenfalls hat der Konkurrenzdruck der Magnetbahn in Deutschland
und Japan dafür gesorgt, daß auch Bewegung in die Rad/Schiene Entwicklung gekommen ist. Bei beiden Systemen spielt das dynamische Verhalten,
d. h. Fragen der Stabilität, des Bogenlaufs, des Fahrkomforts und der
dynamischen Wechselwirkungen Fahrzeug-Fahrweg eine so entscheidende
Rolle, daß kürzlich ein VDI-Symposium, [1], ganz dem Thema *"Dynamik
schneller Bahnsysteme"* gewidmet wurde.

2. Anforderungen an die Simulationstechnik

Die Komplexität und die hohen Anforderungen an Schnellbahnen erfordern
es, kostspielige, zeitraubende und risikobehaftete Tests am "fertigen"
Gesamtsystem auf ein Minimum zu reduzieren. An die Stelle des zum Teil
nicht ungefährlichen "Ausprobierens" und kostspieligen Lernens an einer
Vielzahl von gebauten Prototypen, tritt weitestgehend der systematische,
stark rechnergestützte Systementwurf und der "Prüfstand" Simulation,
während Hardware-Test soweit wie möglich in der Vorentwicklung auf Kom-

ponentenebene verlagert werden.

Für die rechnergestützte Auslegung und die Beurteilung des Schwingungs-
und Fahrverhaltens von Schnellbahnen ist deshalb das Vorhandensein geeigneter Simulationssoftware eminent wichtig. Begünstigt wurden die
rechnergestützten Analyse- und Auslegungsstrategien natürlich durch die
stürmische Entwicklung der Rechner-Hardware, so daß Methoden zur Analyse und zum Entwurf dynamischer Systeme zur Anwendung kommen konnten,
deren Realisierung früher wegen ihres Rechenaufwands aussichtslos war.

Die Anforderungen an die Simulationstechnik können etwa drei Teilgebie-
ten zugeordnet werden: *Modellierungsanforderungen, Rechenverfahren und
Darstellung*; hiervon soll schwerpunktsmäßig das erste besprochen werden.

Die *Modellierungsanforderungen* für Bahnsysteme stellen eine hohe Heraus-
forderung an die Systemdynamik dar:

1. Der dominierende Anteil für die Systemdynamik eines Fahrzeugs ist
   natürlich das mechanische Ersatzsystem. Hier hat man es mit häufig
   wechselnden Systemkonfigurationen zu tun (Radsätze, Drehgestelle,
   Wagenkasten, Schwebegestelle etc.). Die Einzelkörper eines Fahrzeugs
   oder mehrgliedrigen Triebzuges sind untereinander verbunden durch
   Gelenke, Koppelstangen und Feder-Dämpfer-Systeme verschiedener Bauart, Abb. 2.
   Man spricht hier insgesamt von sogenannten *mechanischen Mehrkörpersystemen*; es hat sich als äußerst hilfreich erwiesen, daß die Mechanik - angestoßen übrigens durch Fragestellungen in der Raumfahrt -
   Formalismen entwickelt hat, die, umgesetzt in entsprechende Rechenprogramme, dem Anwender die mühselige, zeitraubende und fehleran-
   fällige formale Arbeit der *Aufstellung der Bewegungsgleichungen* ab-
   nehmen können, [2, 3].

2. Der Wunsch zur Gewichtsreduktion, zur Einsparung von Antriebsenergie
   und Material - letzteres insbesondere bei der Fahrwegkonstruktion -
   führte auch in der Fahrzeugtechnik zu *Leichtbauweisen*, die damit ihrerseits die Berücksichtigung der elastischen Verformungen erforderlich werden ließen.
   Hier haben fortschrittliche Berechnungsverfahren der *Strukturmecha-
   nik*, insbesondere Finite Elemente Methoden und zugehörige Programmsysteme wie NASTRAN, ASKA u. ä. sowie die experimentell/rechnerischen
   Verfahren der Schwingungsanalyse (Standschwingtechnik) auch Eingang
   in die Fahrzeugtechnik gefunden, [4]. Insbesondere für elastische
   Fahrzeuge (Brücken und aufgeständerte Konstruktionen), die als Stab-

züge modellierbar sind, wurden Spezialverfahren, aufbauend auf Arbeiten von Koulousek und Sotiropoulos, [5], die es gestatten, die für eine *Modalanalyse* erforderlichen Parameter, wie entwickelt, Eigenfrequenzen und Eigenformen auch ohne FE-Programme effektiv zu berechnen.

3. Ein besonderes Modellierungsproblem stellen in der Fahrzeugtechnik die *Aufhängungssysteme* dar. Hier sind zunächst die primären Trag- und Führsysteme, die das Tragen der Fahrzeuge bzw. die Führung entlang dem Fahrweg übernehmen, also beispielsweise Räder bzw. Elektromagnete, Abb. 3. Die dabei auftretenden Kräfte und Momente, z. B. Radaufstandskräfte, abhängig von den jeweiligen Berührverhältnissen Rad/Schiene, Abb. 4 oder die vom Luftspalt zwischen Magnet und Leitschiene abhängigen Magnetkräfte, sind bestimmend für den Fahrzeuglauf und seine Stabilität.

Eine besondere Situation ist bei der Magnetschwebetechnik (EMS) gegeben, da die Magnetkräfte so gerichtet sind, daß kleinste Störungen instabiles Verhalten bewirken. Um den Luftspalt konstant zu halten, muß eine *aktive Regelung* (z. B. Luftspaltmessung und Magnetkraftänderung über Spannungsansteuerung) vorgesehen werden.

Aber auch bei der konventionellen Rad/Schiene Technik treten Stabilitäts- und Schwingungsprobleme, insbesondere bei höheren Geschwindigkeiten auf, die immer häufiger durch aktive Stellglieder, wie z.B. Wagenkastensteuerung, aktive Drehhemmung bzw. Sekundärfederung und schlupfgeregelte Radsätze abgemindert werden sollen. Generell werden auf der Sekundärebene Feder- und Dämpfersysteme eingesetzt bzw. entwickelt, deren Wirkung von rein passiven, über sogenannte semi-aktive bis hin zu rein aktiven Konzepten reichen, [6]. Die dabei zum Einsatz kommenden physikalischen Grundprinzipien reichen von rein mechanischen, hydraulischen, pneumatischen, elektrischen und magnetischen sowie allen möglichen Mischformen der Realisierung.

Bei der Modellierung aktiver und passiver Aufhängungssysteme, Abb. 5, sind in der Regel *Nichtlinearitäten* für eine realistische Betrachtung zu berücksichtigen. Insbesondere für die Mischformen der Sekundärfederung bietet sich als eine mögliche Modelldarstellung die Methode der Bond-Graphen, [7] an, zumal es auch hier neuerdings Rechenprogramme gibt, die ein Bond-Graph Modell automatisch in ein Simulationsmodell umsetzen.

Zusammenfassend kann festgehalten werden, daß komplexe Fahrzeugsysteme, wie sie schnelle Bahnsysteme darstellen, als *Mehrkörpersysteme einschließlich elastischer Bauteile mit nichtlinearen und aktiven Koppelelementen* und Spezialmodellen für die Trag- und Führsysteme darzustellen

sind, s. auch [8]. Beschränkt man sich auf trassengebundene Fahrzeuge,
d. h. Bahnsysteme, so kann man vorteilhaft davon Gebrauch machen, daß
die Bewegung um den nominalen Trassenverlauf *linearisiert* werden kann,
Abb. 6. Abschließend seien noch die *Störmodelle* erwähnt, die man als
Anregung (Weg- oder Kraftanregung) benötigt, um den Fahrzeuglauf rea-
listisch berechnen zu können. In der Regel werden diese Störungen, z.B.
die Fahrbahnwelligkeit oder Böenmodelle, als *stochastische Störsignale*
modelliert, was natürlich dann auch eine stochastische Systemanalyse
erfordert. Ohne auf die erforderlichen *Rechenverfahren* im Detail einzu-
gehen, kann festgehalten werden, daß für Simulationsprogramme der Fahrzeugdynamik erforderlich sind:

- Verfahren zur *linearen Systemanalyse* im Zeit- und Frequenzbereich,
- Verfahren zur *numerischen Integration* von gewöhnlichen Differen-
tialgleichungen (hoher Ordnung, mit Unstetigkeiten),
- Verfahren zur *stochastischen Systemanalyse*.

3. Simulationsprogramme: Übersicht, Stand

Die nachfolgende Übersicht über den Stand der Simulationswerkzeuge für
Bahnsysteme wird folgendermaßen eingeschränkt:
Bei dem heutigen Stand der Rechnerentwicklung hat sich der *Digitalrechner* als das bevorzugte Werkzeug zur Simulation komplexer Fahrzeugsysteme erwiesen. Hierfür sprechen neben der Rechengenauigkeit und der Möglichkeit, auch Systeme mit vielen Freiheitsgraden behandeln zu können,
insbesondere die hohe *Flexibilität bei Systemänderungen*, wie sie in der
Vorentwicklung laufend vorkommen.
Für *Routinerechnungen* (Parametervariationen, Optimierung) bei fester
Systemstruktur haben sich auch *Hybridsimulationen* bewährt. Als beispielhaft sei in diesem Zusammenhang eine von MAN durchgeführte Hybridsimu-
lation zitiert, [10], bei der unter Verwendung einer *Multiplex-Technik*
der Geradeauslauf eines vierachsigen Reisezugwagens unter Berücksichtigung von Schienenstörungen analysiert und optimiert wird, Abb. 7.
Im weiteren wollen wir uns auf die Besprechung von digitalen Simulationsprogrammen beschränken. Hier gibt es natürlich zunächst mal eine Fülle
von *Spezialprogrammen*, die zur Beantwortung einer eingeschränkten Fragestellung für Fahrzeuge mit mehr oder weniger fester Systemstruktur
an den verschiedensten Stellen entwickelt worden sind.
Gesamtübersichten über Rechenprogramme für die Fahrzeugdynamik mit
Schwerpunkt im Rad/Schiene Bereich sind in USA, [11], und in Deutschland, [12], angefertigt worden; diese Zusammenstellungen erfassen auch
- soweit den Verfassern bekannt - die Programme mit breiterem Anwen-

dungsspektrum (general purpose programs). Die Tendenz geht hier stark in Richtung der allgemeineren Programme; die Gründe sind vorwiegend die hohen Kosten und Zeitaufwand für Neuentwicklungen von Spezialprogrammen, verbunden mit den meist ungünstigen Beurteilungen dieser Programme bezüglich der Zuverlässigkeit der benutzten *Rechenverfahren*, ihres *Software-Engineering* und ihrer *Dokumentation*.

Im weiteren werden deshalb nur *Programme mit breitem Anwendungsfeld* besprochen; hierbei wollen wir zunächst die wichtigsten *Bausteine* dieser Software ansprechen.

Bausteine

1. Bei der Erarbeitung eines flexiblen Simulationsprogramms mit beabsichtigtem breiten Einsatzspektrum spielt eine große Rolle, daß der dominierende Bestandteil von Fahrzeugen das *mechanische Mehrkörpersystem* (MKS) darstellt. Aus diesem Grund werden Programme für mechanische Systeme und insbesondere auch für Fahrzeuge immer häufiger auf Mehrkörperformalismen, [9] aufgebaut.

   Bei den Mehrkörperprogrammen unterscheidet man solche, die die Bewegungsgleichungen in analytischer (symbolischer) oder in numerischer Form erstellen. Zu den symbolisch arbeitenden Programmrealisierungen gehören NEWEUL, MESA VERDE und SD-EXACT, während die Programme ADAMS, DADS, DISCOS, MEDUSA und MULTIBODY numerisch arbeiten, [3]. Die Frage, ob symbolisch oder numerisch arbeitende Programme zweckmäßiger sind, ist noch nicht entschieden. Die analytische Form hat zwar bei Systemen mit wenigen Freiheitsgraden gewisse Vorteile (Abschätzung von Einflußgrößen); hier kann man aber die Differentialgleichungen auch noch von Hand aufstellen. Bei realistischen Modellen entscheidet vielmehr der Rechenaufwand (Speicherplatz, Rechenzeit), wobei für umfangreiche Parametervariationen Mischformen (symbolisch/numerisch) wahrscheinlich zweckmäßig sind. Wesentlich für die Handhabung von MKS-Programmen ist, wie der Anwender neben den körperbezogenen Daten wie Massengeometrie und Zwangsbedingungen insbesondere die Fahrzeugaufhängungen (Koppelelemente) einbringen kann.

   Während das wesentliche Ziel der Programme NEWEUL, MULTIBODY, MESA VERDE und SD-EXACT alleine die Aufstellung der Bewegungsgleichungen des MKS ist, sind die Programme ADAMS, DADS, DISCOS und MEDUSA als *Simulationsprogramme* konzipiert, die zusätzlich Rechenverfahren zur Lösung, Auswertungen und Graphik umfassen. Dabei sind die Programme ADAMS und DADS auf Mechanismen und Kraftfahrzeuge, DISCOS auf Raumfahrzeuge (d. h. Satelliten) und MEDUSA auf Schienenfahrzeuge spezialisiert.

2. *Elastische Strukturberechnungen* werden heute vorwiegend mit Hilfe
   Finiter Elemente Methoden (FEM) vorgenommen, für die entsprechende
   Rechenprogramme [13] verfügbar sind. Sofern Hardware (ganze Fahrzeu-
   ge oder Bauteile) schon existiert, kann alternativ auch mit Hilfe von
   Schwingversuchen (Standschwingtechnik) eine elastische Analyse und
   Kennwertbestimmung (Eigenfrequenzen und Eigenformen) vorgenommen
   werden. Für erste überschlägige Analysen eignen sich natürlich auch
   einfache Kontinuumsmodelle (wie Bernoulli-Euler-Balken).
   In jedem Fall ist das Ziel, eine *modale Repräsentation* der elastischen Struktur zu finden, wobei die elastische Deformation als eine
   Produktsumme von ortsabhängigen Eigenformen und zeitabhängigen Amplitudenfunktionen gebildet wird. Während die Eigenformen vorab zu bestimmen sind, werden für die Amplitudenfunktionen Differentialgleichungen im Zeitbereich aufgestellt, die mit den Starrkörperglei-
   chungen gekoppelt und simultan gelöst werden müssen. Obwohl für die
   Vorabrechnung häufig FE-Programme eingesetzt werden, ist es nicht
   sinnvoll, auch die Starrkörpermodelle, Aufhängungen und die Fahr-
   zeug-Fahrweg-Wechselwirkung in ein FE-Programm zu integrieren. Hier
   hat sich vielmehr die Strategie der *Pre- und Postprozessoren* bewährt,
   mit denen Brücken von und zu FE-Programmen gebildet werden, Abb. 8.
   In diesen Programmteilen werden die notwendigen Zusatzrechnungen
   durchgeführt, um z. B. aus FE-Ergebnissen MKS-Eingabedaten (Massen-
   integrale) zu berechnen.
   Die Programme DISCOS und MEDUSA, sowie sein Vorgängerprogramm FADYNA,
   [14, 15] sind derzeit die einzigen MKS-Programme, die auch elastische Freiheitsgrade in der beschriebenen Form berücksichtigen können.

3. Für Fahrzeuge ist es eminent wichtig, die Feder- und Dämpfersysteme
   (Aufhängungen) in effektiver Weise in die Simulationsmodelle einzu-
   bringen. Bei den meisten MKS-Programmen wird die erforderliche Zu-
   satzarbeit ganz dem Benutzer überlassen. Die fahrzeug-orientierten
   Programme wie ADAMS, DADS und MEDUSA sind hier wesentlich benutzerfreundlicher.
   So gibt es beispielsweise bei MEDUSA, [15] eine Palette von einfachen *Koppelelementen*, wo der Anwender nur Anbringungsort und Parameter (z. B. Feder- oder Dämpfungskonstanten) angeben muß.
   Für ein allgemeines nichtlineares, aktives Koppelelement muß der Benutzer in MEDUSA das Kraftgesetz in Form von FORTRAN Routinen angeben. Zusätzlich müssen wieder die Kraftangriffspunkte an den Körpern
   lokalisiert werden. Den Rest, d. h. die Berechnung der Koppelterme
   in den Differentialgleichungen, besorgt das Programm.
   Für die Aufstellung der Kraftgesetze selbst ist im keinem der o. a.

Programme etwas vorgesehen. Hier könnte die *Bond-Graph-Methode*, [7]
eine Rolle spielen, da sie für Aufhängungssysteme der verschiedensten physikalischen Realisierungen besonders geeignet erscheint und
es mittlerweile Programme (z. B. CAMP) gibt, die aus einem Bond-
Graphen direkt ein Simulationsmodell für eine Simulationssprache (wie
ACSL oder CSMP) herstellen, dieses kann dann bspw. als nichtlineares
Kraftgesetz - wie beschrieben - verwendet werden.

In diesem Zusammenhang ist zu erwähnen, daß auch die Ausgänge von
MKS-Programmen so geschrieben bzw. mit einem Post-Prozessor so angepaßt werden können, daß sie direkt als Eingänge von Simulationssprachen verwendet werden können. Diese Möglichkeit erleichtert natürlich das Zusammenspiel mit Programmen wie CAMP oder direkt mit ACSL
oder CSMP.

Insgesamt fallen diese Verfahren in den Bereich der *Substrukturtech-
nik*. Hierunter versteht man die Möglichkeit, Teilmodelle, die nach
verschiedenen Verfahren aufgebaut werden, zu **Gesamtmodellen** zusammen-
zukoppeln. Die Substrukturen können z. B. selbst wieder mechanische
Modelle sein, die nicht per MKS, sondern auf andere Weise aufgestellt
worden sind. In MEDUSA wird so mit Radsätzen verfahren, und zwar
aufgrund von Möglichkeiten der (näherungsweisen) Modellvereinfachung
am Teilmodell Radsatz zur Erzielung geringer Rechenzeiten, [16].

<u>Simulationsprogramme</u>

Aus den o. a. Bausteinen kann nun entweder ein *integriertes Programm*,
Abb. 10, aufgebaut werden oder es kann mit einer gemeinsamen Datenbasis
Kommunikation zwischen den einzelnen Programmen betrieben werden. Letztere Vorgehensweise setzt ein hohes Maß an *Interoperabilität*, d. h.
z. B. eine klare Datenstruktur, voraus.

Reine Simulationsprogramme, [17] sind für Bahnsysteme noch unzureichend,
da der Benutzer hier erst alle Systemgleichungen von Hand aufstellen
muß. Als Vorschaltprogramme zur Erstellung der Systemgleichungen kann
man sich Bond-Graph-Programme (CAMP) vorstellen. Jedoch ist für rein
mechanische Systeme die Aufstellung eines Bond-Graphs ein Umweg.
Alle für die Bahntechnik entwickelten Programme wie LINDA, LINSYS,
FADYNA und MEDUSA bauen deshalb auf MKS-Formalismen auf, [18]. Von den
genannten Programmsystemen wird nur MEDUSA, [19] besprochen, da sich
die Entwickler von LINDA, LINSYS und FADYNA zu einer Arbeitsgemeinschaft
zusammengeschlossen haben, um MEDUSA zu erstellen. MEDUSA ist ein vorwiegend im Dialog arbeitendes integriertes Programm, Abb. 9, welches
bezüglich der elastischen Struktur-Vorberechnung mit dem FE-Programm
ASKA in Kommunikation tritt.
Die Rechenverfahren, wie numerische Integration im Zeitbereich, lineare

Systemanalyse, sowie stochastische Auswertungen im Zeit- und Frequenzbereich sind voll in das Programm integriert.

Gearbeitet wird an nichtlinearen Näherungsverfahren, Auswerte- und Dar-
stellungsroutinen, sowie an einem Anschluß an Simulations-Sprachen;
dies ist für Anwender, die solche schon länger eingeführt haben, von
Interesse. Weitere Aspekte bei der Weiterentwicklung von MEDUSA sind
Verfahren zur automatischen *Parametervariation* und zur *Optimierung*,
sowie zur anwenderorientierten *graphischen Darstellung* der Ergebnisse.

4. Anwendungen, Ergebnisse

Im Rahmen dieses Vortrags können nur einige wenige Anwendungen und Ergebnisse von Simulationsstudien präsentiert werden.

1. Rad/Schiene Beispiel

Im Rahmen der Auslegung des ICE wurden bei der DFVLR, z. T. gemeinsam
mit den Entwicklerfirmen MAN und MBB, Simulationen zur Beurteilung der
Stabilität des Geradeauslaufs und des Bogenlaufverhaltens durchgeführt,
[16, 20]. Abb. 11 zeigt eine Seitenansicht des Mittelwagens des ICE (A)
und darunter (B) das mechanische Ersatzmodell. Getestet wurden in der
Simulation insbesondere die Auswirkung z. T. neuartiger Konstruktions-
varianten wie Schlupfradsatz, Drehgestelle mit Koppelrahmen (Radial-
drehgestelle) und Drehgestelle mit Drehhemmung.

In Abb. 12 ist das Ergebnis solcher Rechnungen dargestellt. Bild 12 a
zeigt die Seitenbewegung eines Radsatzes *(Grenzzyklusamplitude)* in Abhängigkeit von der Fahrgeschwindigkeit für verschiedene Parameterwerte
der Torsionssteifigkeit des MAN-Koppelrahmens.

Abb. 13 zeigt die gleiche Darstellung für einen Schlupfradsatz (MBB
Konzept) im Vergleich mit einem konventionellen Radsatz.

Im Abb. 12 c ist das Bogenlaufverhalten des Koppelrahmen-Drehgestells
für die beiden Fälle a und b (sh. Abb. 12 a) veranschaulicht.

2. Magnetbahn - Beispiel

Abb. 14 zeigt eine Konstruktionsvariante für ein EMS-Fahrzeug mit kombiniertem Trag- und Führsystem. Für dieses Konzept wurde bei der DFVLR
eine einfache Auslegung des Reglers vorgenommen und diese in einer Ge-
samtsimulation getestet, [21]. Die Ergebnisse werden in einem kleinen
Film vorgeführt.

Literatur

[1] VDI Symposium "Dynamik schneller Bahnsysteme". VDI Berichte Nr. 510, Berlin, März 1984.

[2] IUTAM Symposium on "Dynamics of Multibody Systems". München 1977, Springer Verlag, 1978 (Hrsg. K. Magnus).

[3] "Software for Dynamic Analysis and Design of Mechanical Systems", Carl-Cranz-Gesellschaft, Lehrgang V1.08, Oberpfaffenhofen, April 1984.

[4] "Dynamik elastischer Fahrzeugsysteme". Carl-Cranz-Gesellschaft, Lehrgang V1.02, Oberpfaffenhofen, Januar 1982.

[5] Popp, K.; Bremer, H.: Modalanalyse von unverzweigten Balkentragwerken. ZAMM 63, 1983, S. 86 - 88.

[6] Godall, R.M.; Kortüm, W.: Active Controls in Ground Transportation - a Review of the State-of-the-Art and Future Potential. State-of-the-Art articles of the 8th IAVSD-IUTAM Symposium, Journal of Vehicle System Dynamics, Vol. 12, No. 4 - 5, August 1983, S. 225 - 257.

[7] Karnopp D.; Margolis, D. L.: Active and Semi-Active Suspension Design Using Bond Graphs. Carl-Cranz-Gesellschaft, Lehrgang V2.02, Oberpfaffenhofen, Juni 1984.

[8] Kortüm, W.: Modelling and Simulation of Actively Controlled Mechanical Systems. Modelling and Simulation in Engineering, W.F. Ames et.al. (eds.), IMACS/North-Holland Publ. 1983, S. 91 - 101.

[9] Kortüm, W. Wallrapp O.: General Purpose Software for Vehicle System Dynamics Using Multibody Formalisms. Proceedings First European Cars/Trucks Simulation Symposium, CDC, Schliersee, Mai 1984.

[10] Schmidt, A.; Mauer, L.: Hybrid Simulation of the Nonlinear Dynamics of High-speed Railway Vehicles. Proceedings First European Simulation Congress ESC83, W. Ameling, ed., Aachen, Sept. 12 - 16, 1983, Springer Verlag, S. 351 - 356.

[11] Pilkey W. O. et al.: Review and Summary of Computer Programs for Railway Vehicle Dynamics. University of Virginia, Charlottesville, US Govern. Rep., 1981, S. 1 - 127.

[12] Schwertassek, R.: Synopse über Rechenprogramme zur Simulation der Fahrzeug-Fahrweg-Dynamik. Beitrag zum Statusseminar IV Rad/Schiene Technik, 1977.

[13] Brebbia, C. A. (ed.): Finite Element Systems, a Handbook. 2nd edition, Springer Verlag, 1982.

[14] Duffek, W.; Kortüm, W.; Wallrapp, O.: A General Purpose Program for the Simulation of Vehicle-Guideway Interaction Dynamics. Proceedings 5th IAVSD-IUTAM Symposium, Wien, 1977, Swets & Zeitlinger, S. 104 ff.

[15] Wallrapp, O.; Kortüm, W.: MEDUSA - ein Mehrkörperprogramm zur Analyse und Auslegung von spurgeführten Fahrzeugen. VDI-Berichte, Nr. 510, 1984, S. 267 - 274.

[16] Duffek, W.; Jaschinski, A.: Simulation des dynamischen Bogenlaufs von Rad/Schiene Fahrzeugen mit dem Mehrkörperprogramm MEDUSA. VDI-Berichte Nr. 510, 1984, S. 285 - 292.

[17] Cellier, F. E.: Simulation Software: Today and Tomorrow. Proceedings First European Simulation Congress ESC 83, W. Ameling, ed., Aachen Sept. 12 - 16, 1983, Informatik Fachberichte, Springer Verlag, S. 426 - 442.

[18] Kortüm, W. (ed.): FFD-Simulationsmodell für das Rad/Schiene System; Resumé der Konzeptionsphase, Zusammengefaßte Empfehlungen. Augsburg, Mai 1979.

[19] Wallrapp, O.: MEDUSA - ein interaktives Analyse- und Auslegungsprogramm für mechanische Mehrkörpersysteme mit kleinen Relativbewegungen. ASIM 84, 2. Symposium Simulationstechnik, Wien, 25.09. - 27.09.84.

[20] Jaschinski, A.; Duffek W.: Studien zum Grenzzyklusverhalten und zum dynamischen Bogenlauf des MAN-Radiallaufwerks, DFVLR IB-515/84-1

[21] Kortüm, W.; Utzt, A.: "Control Law Design and Dynamic Evaluations for a MAGLEV Vehicle with a Combined Lift and Guidance Suspension System, Proc. ACC 1983, San Francisco, 22 Juni 1983, S. 276 - 282.

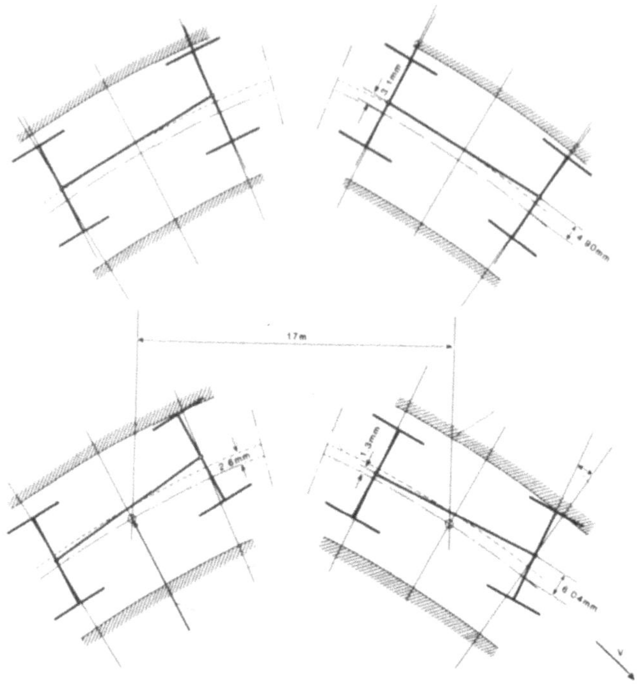

Abb. 13: Verhalten des Drehgestells mit Koppelrahmen im Bogenlauf

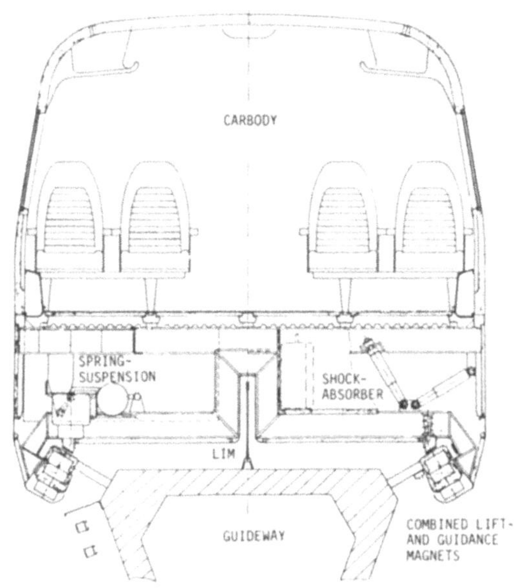

Abb. 14: Querschnitt eines EMS-Magnetschwebefahrzeuges mit kombiniertem Trag- und Führsystem (Konzept Krauss-Maffei)

Abb. 1: Der Intercity Experimental (ICE) im Modell und der Transrapid
(TR06), Quellen: (Arge Transrapid, Deutsche Bundesbahn)

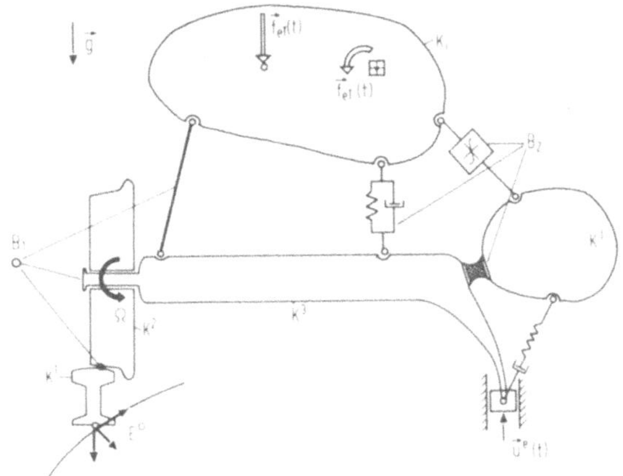

Abb. 2: Komponenten eines mechanischen Mehrkörpersystems

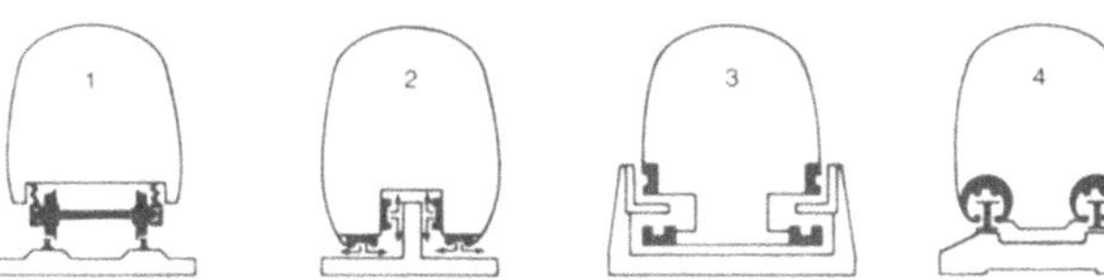

Abb. 3: Primäre Trag- und Führsysteme für Schnellbahnen
1: Rad/Schiene Fahrzeug, 2: Luftkissen-Fahrzeug,
13: Magnetbahn (EMS), 3: Magnetbahn (EDS)

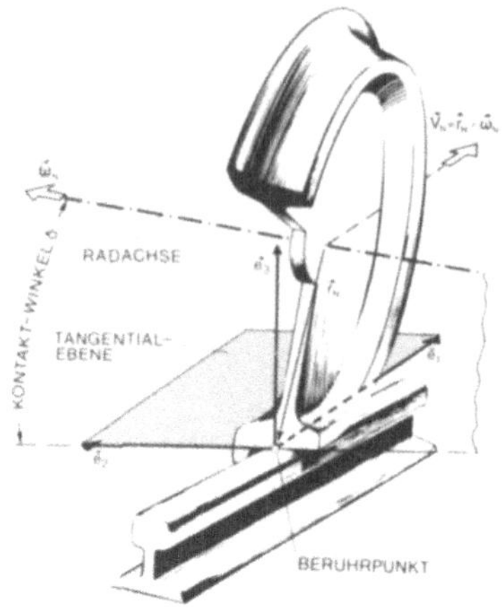

Abb. 4: Berührverhältnisse Rad/Schiene

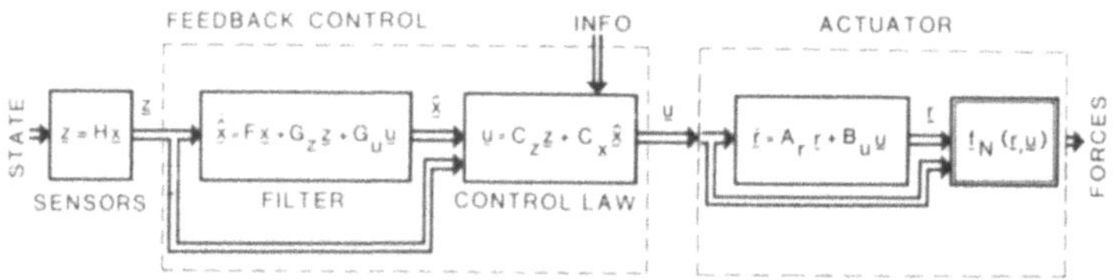

Abb. 5: Modell-Darstellung allgemeiner nichtlinearer, aktiver Aufhängungen

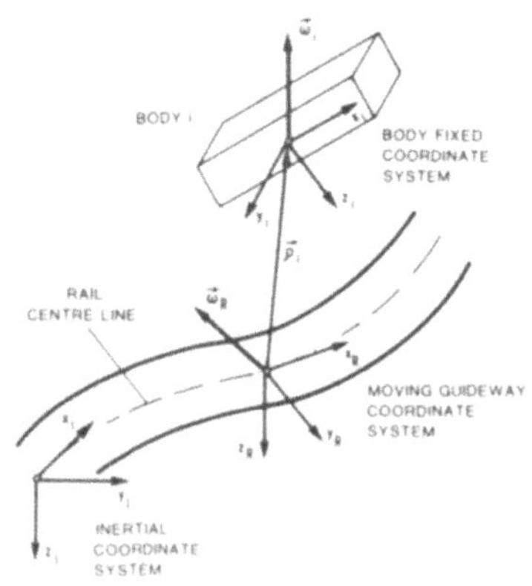

Abb. 6: Koordinatensysteme für die Dynamik von Schienenfahrzeugen

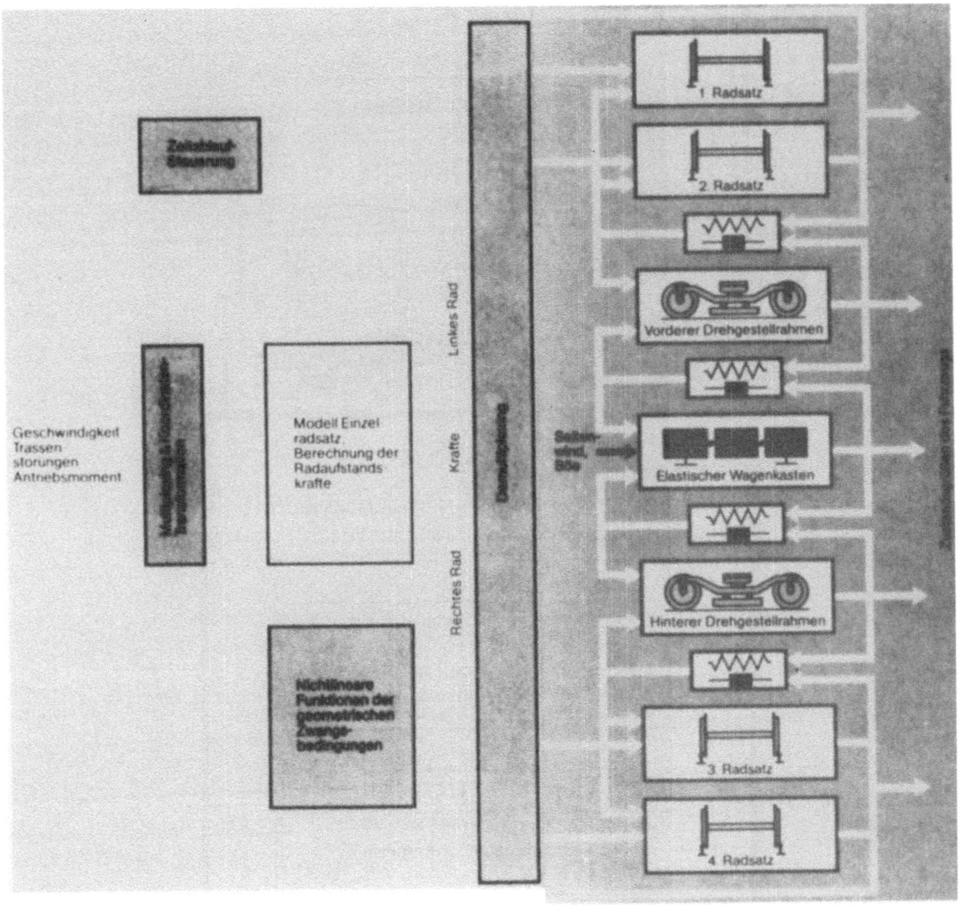

Abb. 7: Struktur einer hybriden Simulation eines Rad/Schiene Fahrzeugs
(Quelle: MAN)

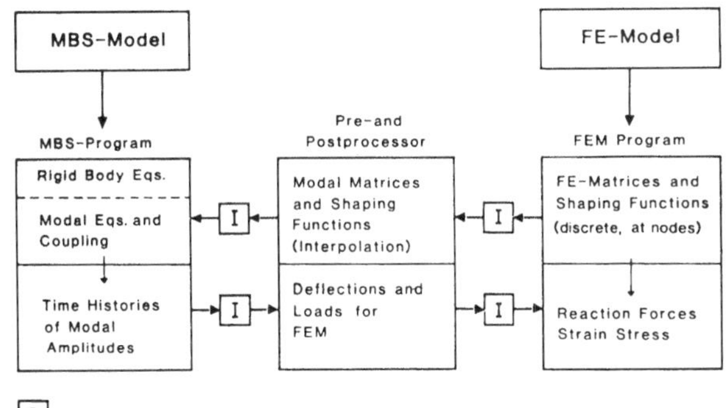

Abb. 8: Pre- und Postprozessoren zwischen MKS und FEM-Programmen

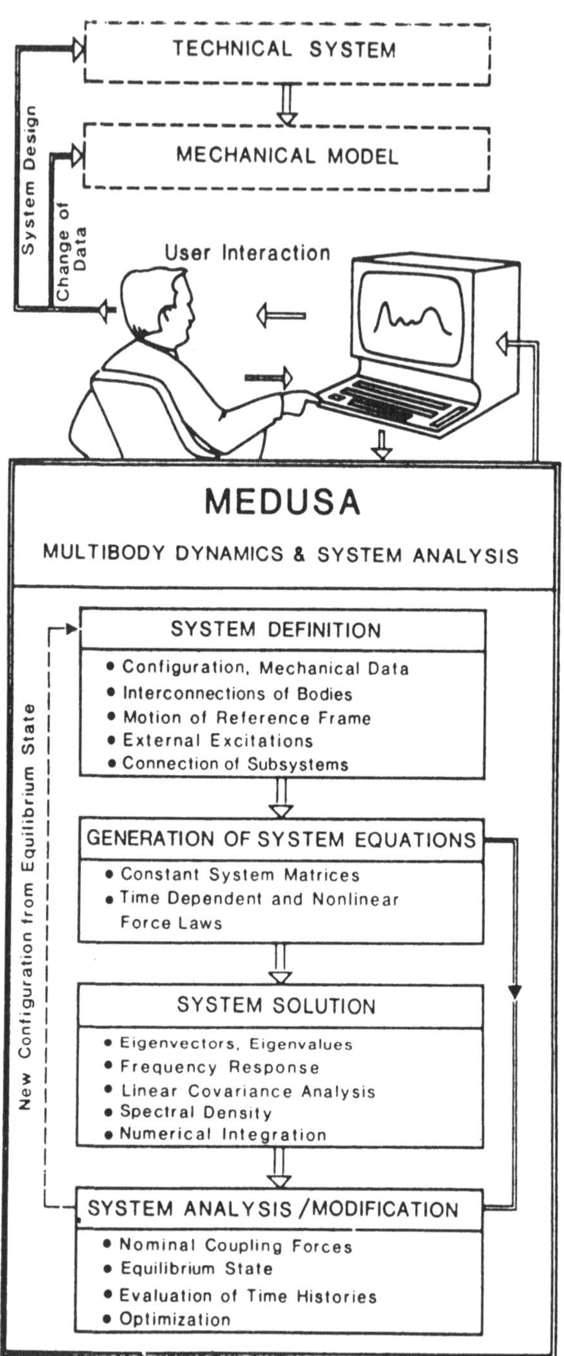

Abb. 9: Grundstruktur des Programms MEDUSA

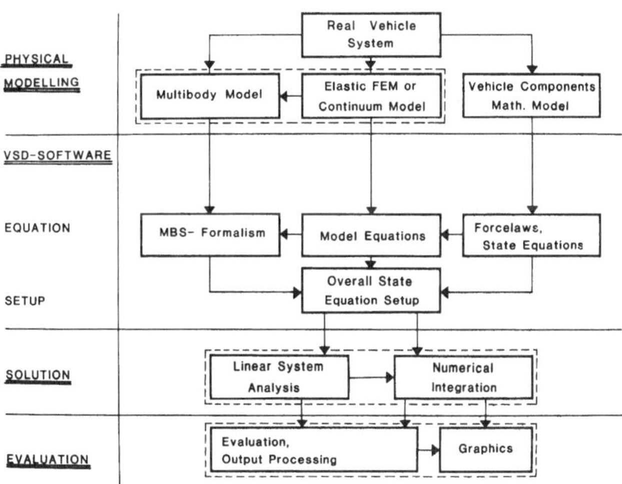

Abb. 10: Programmbausteine für ein integriertes Simulationsprogramm für die Fahrzeug-Systemdynamik

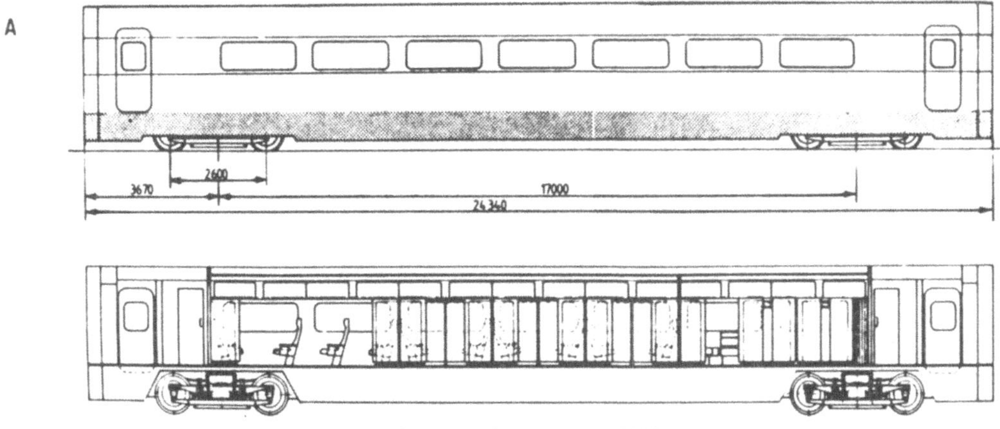

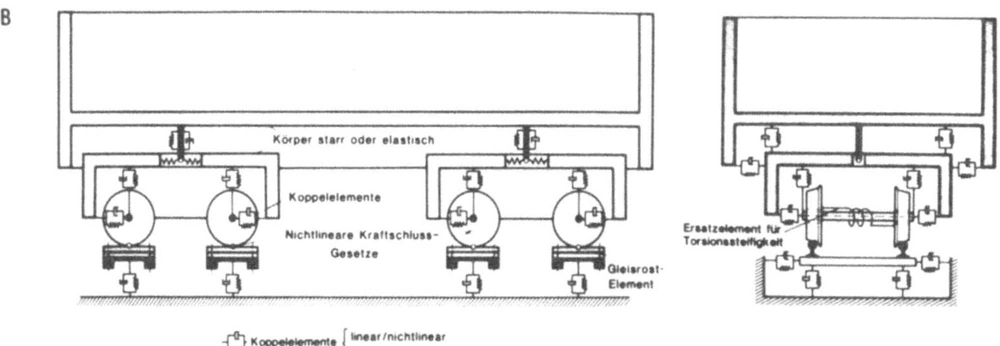

Abb. 11: Seitenansicht (Quelle: MBB) und mechanisches Ersatzmodell des ICE Mittelwagens

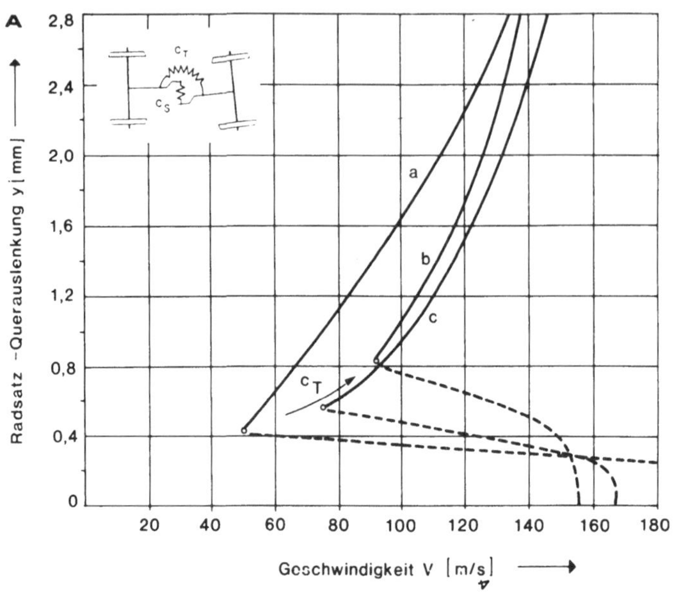

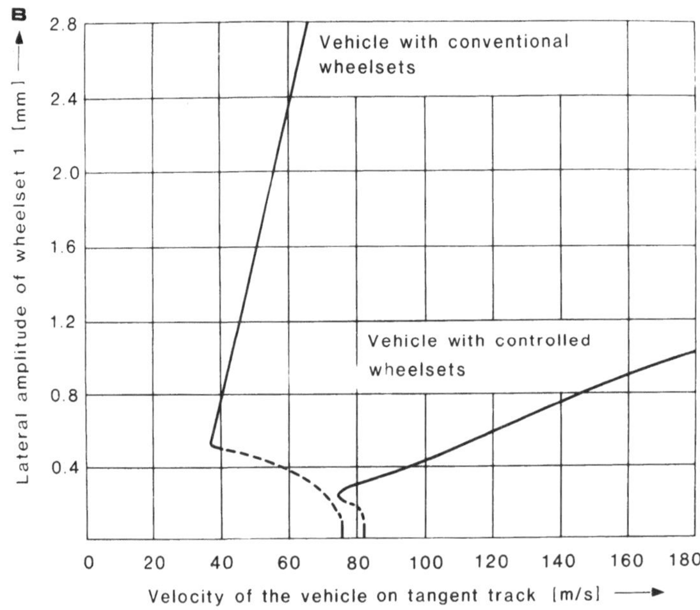

Abb. 12: Ergebnisse von Simulationsrechnungen für den ICE
a) Grenzzyklusamplituden für Drehgestell mit Koppelrahmen

b) Grenzzyklusamplituden für Schlupfradsätze

<u>HYBRID-SIMULATION EINES MULTIPROZESSORSYSTEMS</u>

<u>MIT PROZEßSYNCHRONISATION</u>

I. F. Akyildiz, A. Blümle und T. Ruf
Institut für Mathematische Maschinen und
Datenverarbeitung IV
Lehrstuhl für Betriebssysteme
Universität Erlangen-Nürnberg
Martensstraße 3
D-8520 Erlangen

In der vorliegenden Arbeit wird ein Multiprozessorsystem untersucht, in dem Prozesse über Puffer Nachrichten austauschen und aufgrund der Synchronisation Blockierungen vorkommen.

Das Multiprozessorsystem hat folgende Eigenschaften:

a) Es gibt bis zu 49 identische Prozessoren.

b) Die Prozessoren verfügen über eine einzige gemeinsame Warteschlange.

c) Die Bearbeitung der Prozesse findet ohne Verdrängung statt und sie werden in der Reihenfolge ihres Eintretens in die Warteschlange abgearbeitet (Warteschlangendisziplin FCFS).

d) Die Anzahl der Prozesse ist konstant (bis zu 49 Prozesse).

e) Die Prozesse tauschen Nachrichten aus, wenn sie aktiv sind, d.h. auf Prozessoren laufen, wobei jeder Prozeß einen eigenen Puffer für Nachrichtenaustausch besitzt und die Puffer endliche Kapazitäten haben.

f) Jeder Prozeß kann mit jedem kommunizieren, d.h., er kann an alle anderen Prozesse Nachrichten senden und von allen anderen Prozessen Nachrichten empfangen. Die Verarbeitung der Nachrichten erfolgt nach Strategie FCFS.

g) Ein Prozeß wird in seiner Ausführung bei Nichtausführbarkeit einer anstehenden kritischen Aktion (dies sind das Senden und Empfangen von Nachrichten, im Folgenden mit SIGNAL und WAIT bezeichnet) so lange verzögert, bis die Ausführungsbedingung dieser kritischen Aktion erfüllt ist.

h) Eine kritische Aktion auszuführen bedeutet dann, daß der entsprechende Prozeß die Prozessoren verläßt und entweder einen Eintrag aus dem ihm zugeteilten Nachrichtenpuffer entfernt (WAIT) oder aber seinerseits einen Eintrag in einem fremden Nachrichtenpuffer vornimmt (SIGNAL). Wird der Prozeß dabei nicht blockiert, so kehrt er anschließend zu den Prozessoren zurück; anderenfalls wird der blockiert.

i) Die Prozesse können blockiert werden:

   aufgrund einer SIGNAL-Operation:

Ein Prozeß P_i sendet eine Nachricht an Prozeß P_j
und der Puffer von P_j ist voll
aufgrund einer WAIT.Operation:
Ein Prozeß P_i möchte eine Nachricht aus seinem eigenen Puffer
bearbeiten, dieser ist aber leer.

Mit diesen Vorgaben läßt sich die Prozeßsynchronisation im System folgendermaßen modellieren:

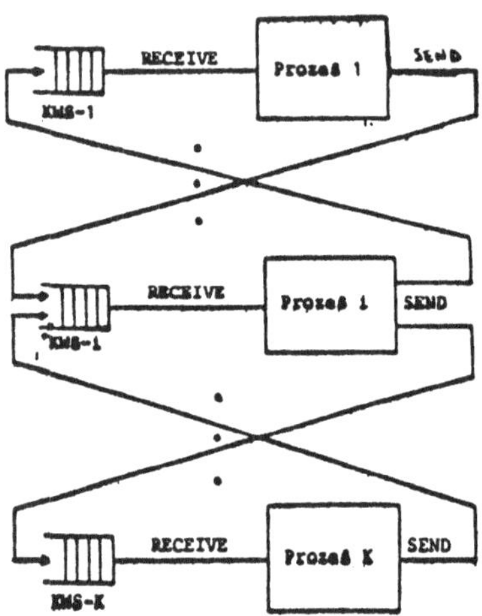

Aus einem solchermaßen entwickelten Kommunikationsnetz, das die Software im System repräsentiert, lassen sich die Blockierzeiten und Blok-
kierwahrscheinlichkeiten der beteiligten Prozesse ermitteln. Da dieses
Netz Warteschlangen mit endlichen Kapazitäten beinhaltet, läßt es sich
mit den gegenwärtig bekannten Algorithmen jedoch auf analytischem Wege
nicht lösen. Deshalb werden die interessierenden Größen durch Simulation gewonnen. Sie dienen als Eingabeparameter eines Gesamtmodells,
welches nur noch aus Typ-1-Knoten (M/M/m-FCFS) und Typ-3-Knoten
(M/M/m-IS) besteht, wie in Fig. 2. (Siehe nächste Seite!).

Gesamtmodell

Dabei werden die Blockierzeiten aus dem Softwaremodell als Bedienzeiten
und die Blockierwahrscheinlichkeiten als Übergangswahrscheinlichkeiten
zu den Verzögerungsstationen verwendet. Sodann wurde dieses Modell mit
bekannten analytischen Methoden (z.B. MVA, LBANC /BOAK 82/) untersucht
und alle Leistungsgrößen (z.B. Auslastung, Durchsatz, die mittlere Verweilzeit, die mittlere Anzahl von Prozessen) bestimmt.

Zur Validierung dieser hybrid-simulativ gewonnenen Werte wurde das Gesamtsystem auch simuliert. Der Vergleich der so erhaltenen Leistungsgrößen wird im Anhang gezeigt. Man kann leicht feststellen, daß die Abweichungen sehr gering sind.

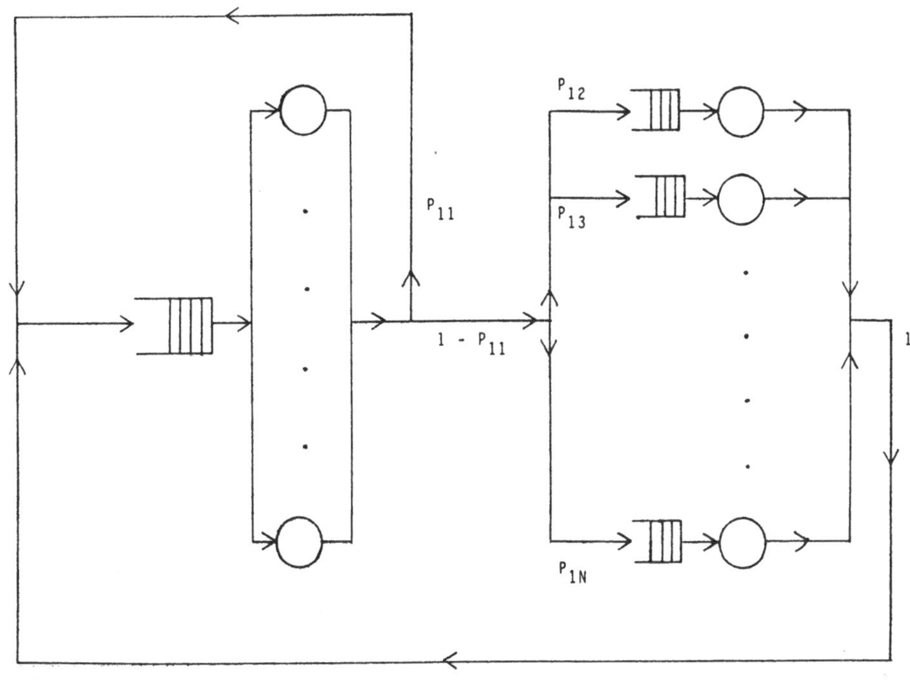

Bemerkung

Inzwischen ist dieses System rein analytisch untersucht worden /AKYL 84/. Es wurde auch festgestellt, daß die Ergebnisse sehr gut mit den simulativen Werten übereinstimmen. Wir möchten auch darauf hinweisen, daß in /AKYL 84/ das Prozeßkommunikationsmodell, d.h. Warteschlangennetz mit endlichen Kapazitäten analytisch untersucht worden ist.

Literaturverzeichnis

/AKYL 84/   Akyildiz, I. F.:
             Leistungsanalyse von Multiprozessorsystemen mit Prozeß-
             kommunikation
             Diss. am IMMD IV der Univ. Erlangen-Nürnberg, 1984

/BLRF 84/   Blümle, A.; Ruf, T.:
             Kopplung von Software- und Hardwaremodellen zur Leistungs-
             analyse von Multiprozessorsystemen mit Prozeßsynchronisa-
             tion
             Studienarbeit am IMMD IV der Univ. Erlangen-Nürnberg, 1984

/BOAK 82/   Bolch, G.; Akyildiz, I. F.:
             Analyse von Rechensystemen
             Teubner Verlag, 1982

/SCHM 84/   Schmidt, B.:
             GPSS-FORTRAN Version 3
             RRZE-Dokumentation, Bd. 119, Erlangen

Anhang

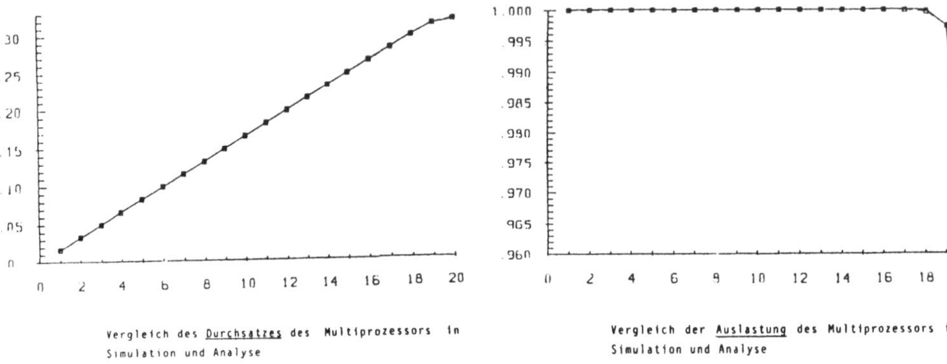

Vergleich des <u>Durchsatzes</u> des Multiprozessors in Simulation und Analyse

Vergleich der <u>Auslastung</u> des Multiprozessors in Simulation und Analyse

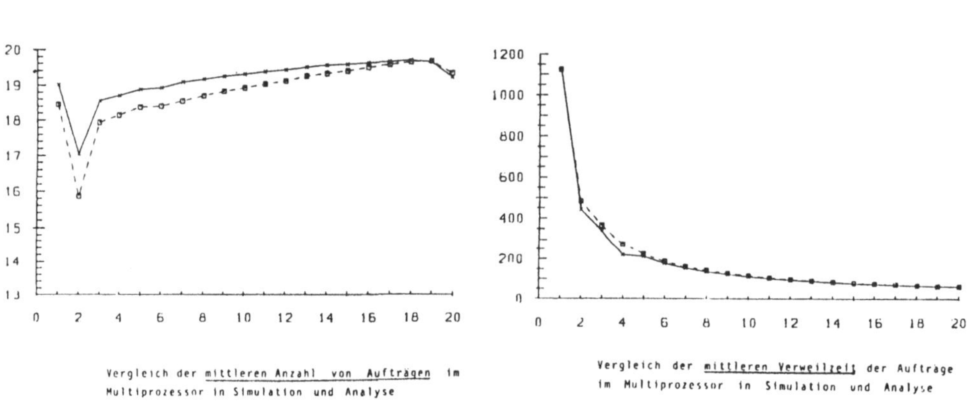

Vergleich der <u>mittleren Anzahl von Aufträgen</u> im Multiprozessor in Simulation und Analyse

Vergleich der <u>mittleren Verweilzeit</u> der Aufträge im Multiprozessor in Simulation und Analyse

Berechnung der Ausführungszeiten von Prozeßgraphen in einem
Multiprozessorsystem mittels Simulation

F. Regen; L. Krings; W. Ameling
Rheinisch-Westfalische Technische Hochschule Aachen
D-5100 Aachen

Zusammenfassung: Gegenseitige Behinderungen der Prozessoren beim Zugriff auf den gemeinsam genutzten Bus eines Multiprozessorsystems haben wesentlichen Einfluß bei der Ausführung von parallelen Programmen. Die Ausführungszeiten einzelner Programmteile hängen vom Buszugriffsverhalten aller bzw. einer Teilmenge aller gerade rechnenden Prozessoren und der Busvergabestrategie ab. Daher ist die Vorhersage der Gesamtausführungszeit und der zeitlichen Lage bestimmter Programmstellen sehr aufwendig und komplex. In diesem Beitrag wird ein Simulationsmodell vorgestellt, daß die Ausführungszeit von vorgegebenen Prozeßgraphen und die zeitabhängige Busauslastung bestimmt. Es wurde eine Reihe von Prozeßgraphen untersucht. Die Erfahrungen mit der Handhabung des benutzten Simulationspaketes FORCASD, Zeit- und Speicheraufwand werden vorgestellt.

1 Einleitung

In diesem Beitrag wird ein symmetrisches Multiprozessorsystem zugrunde gelegt. Ein asynchroner Bus mit begrenzter Transferkapazität bildet das Verbindungsnetzwerk zwischen Prozessoren und gemeinsamem Speicher.

Als Maß für die Leistungsfähigkeit des Systems wird die Ausführungszeit für die Lösung einer Aufgabe verwendet, die aus teilweise oder vollständig parallel ausführbaren Prozessen besteht. Die kürzeste Ausführungszeit wird in diesem Fall dann erzielt, wenn das den Engpaß des Systems darstellende Betriebsmittel, der Bus, über die gesamte Ausführungszeit möglichst hoch ausgelastet ist. Die Reihenfolge der Prozesse und ihre Eigenschaften bezüglich des Buszugriffsverhaltens werden durch einen Prozeßgraphen beschrieben (zyklenfreier Digraph mit positiver Bewertung). Aus ihm resultiert ein zeitabhängiges kumulatives Buszugriffsverhalten aller gerade aktiven Prozesse (Busanforderungsprofil).

Ausgehend vom Prozeßgraphen soll daher der Einfluß der Busvergabestrategie, der partiellen Ordnung der Prozesse, der Prozeßlängen und des Buszugriffsverhaltens der Prozesse auf die Ausführungszeit untersucht werden /KRIN84/. Dieser Beitrag stellt ein Verfahren vor, das durch Modellierung der Ausführung von Prozeßgraphen und der Zugriffskonflikte bei der Ausführung das zeitabhängige Busanforderungsprofil, die Ausführungszeiten einzelner Prozesse sowie die Gesamtausführungszeit bestimmt. Als Modellbeschreibungsverfahren werden Auswertungsnetze /NOE 73/ und Warteschlangennetzwerke /BASK75/ benutzt. Die Untersuchung erfolgt mit Hilfe des Simulationssystems FORCASD, das im Philips Forschungslaboratorium Hamburg entwickelt wurde und sich als sehr geeignet für die Simulation sehr vieler Arten von Rechnersystemen erwiesen hat /REGE83, DAHM83/.

2 Systembeschreibung

Da in einem symmetrischen Multiprozessorsystem alle Prozessoren gleiche Eigenschaften haben, kann jeder Prozessor sowohl alle Betriebssystemfunktionen als auch alle Benutzerprozesse ausführen. Der Zeitaufwand für die Ausführung der Betriebssystem-

funktionen (Starten, Synchronisieren und Beenden von Prozessen) wird hier vernachlässigt. Daher muß nur das Verwalten der gemeinsamen Betriebsmittel Prozessor-Queue
und Prozeß-Queue, die die freien Prozessoren bzw. die zur Ausführung bereiten Prozesse enthalten, modelliert werden. Die Organisation der Prozessor-Queue ist wegen
der Symmetrie beliebig (gewählt: FIFO). Die Prozeß-Queue ist FIFO-organisiert, kann
jedoch leicht auf Prioritäten, LIFO und RANDOM umgestellt werden. Ein freier Prozessor startet die Bearbeitung eines bereiten Prozesses, solange die Prozeß-Queue
nicht leer ist (task attraction).

Die Kooperation und die zeitliche Abfolge der einzelnen Teile des Benutzerprogramms
werden durch einen Prozeßgraphen G =(P,>), bestehend aus einer Menge P von Prozessen
und einer Vorrangrelation > zwischen den Prozessen, beschrieben. Der von der Vorrangrelation erzwungene Anfangspunkt eines Prozesses bzw. der gemeinsame Anfangspunkt mehrerer Prozesse wird als Synchronisationspunkt bezeichnet. Erst wenn die
Ausführung aller an einem Synchronisationspunkt endenden Prozesse abgeschlossen ist,
wird der Synchronisationspunkt als 'bereit' bezeichnet und die Bearbeitung der (des)
folgenden Prozesse(s) kann beginnen. Die Ausführung wird durch das sogenannte Bear-
beitungssystem B = (τ,p,r) charakterisiert. Darin geben τ die Betriebsmittelanforde-
rungen (Rechenzeitanforderung an Prozessor, Busanforderungsintensität), p die Anzahl
der zur Verfügung stehenden Prozessoren und r die gemeinsam benutzten Betriebsmittel
an. Im hier betrachteten System ist der Bus das einzige gemeinsame Betriebsmittel
(r=1). Das hier beschriebene Simulationsprogramm berechnet die Ausführungszeit T eines Prozeßgraphen G. Wiederholte Simulationen unter Verwendung verschiedener Busver-
gabestrategien und Prozeß-Prioritäten dienen zur Lösung des Optimierungsproblems
(G,B,min T).

Bild 2.1 zeigt ein Beispiel für einen Prozeßgraphen und das zugehörige unbehinderte
Busanforderungsprofil AP_u. Die Kanten des Graphen stellen Prozesse dar, die Knoten
in Form senkrechter Striche die Synchronisationspunkte. Die Bewertung der Kanten
gibt die unbehinderte Buszugriffswahrscheinlichkeit und die unbehinderte Prozeßdauer
an. Die maximal mögliche Busauslastung ist 100%. Da das unbehinderte Anforderungsprofil diesen Wert an mehreren Stellen überschreitet, ist die Ausführung des Graphen
mit der in Bild 2.1 angegebenen Lage der Synchronisationspunkte nicht möglich.
Einige Synchronisationszeitpunkte müssen zeitlich nach rechts verschoben werden.

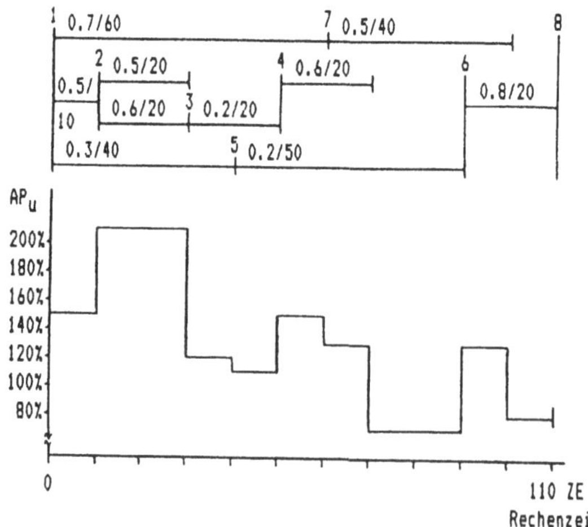

<u>Bild 2.1</u>: Prozeßgraph und zugehöriges unbehindertes Anforderungsprofil AP_u

3 Modellierung der Ausführung von Prozeßgraphen auf einem Multiprozessorsystem

Das zeitabhängige Busanforderungsprofil ergibt sich erst bei der Ausführung aufgrund des stückweise als konstant angenommenen unbehinderten Zugriffsverhaltens der beteiligten Prozessoren und aufgrund der gegenseitigen Behinderungen, die die unbehinderten Prozeßausführungszeiten zeitlich dehnen. Die Simulation bietet sich in solchen Fällen als Hilfsmittel zur Berechnung an, da die Termine, an denen sich das Buszugriffsverhalten der Prozessoren ändert, erst während der Berechnung erkannt werden können. Um den Rechenaufwand bei der Simulation zu reduzieren, werden zur Berechnung der behinderten Ausführungszeiten Warteschlangenmodelle (Mittelwertanalyse sowie direkte Berechnung von Markov-Ketten) herangezogen. Diese Algorithmen können angewendet werden, da das zeitabhängige Anforderungsprofil in Intervalle unterteilt werden kann, in denen sich das Buszugriffsverhalten der Prozessoren nicht ändert.

Bild 3.1 zeigt das zur Berechnung mit stückweise konstanten Intervallen verwendete Simulationsmodell. Die verwendeten Symbole (Transitionen und Stellen) sowie die Funktion der Token sind in /DAHM82/ detailliert erläutert. Hier soll nur so weit wie für die Darstellung erforderlich darauf eingegangen werden:

- Transitionen (senkrechte Striche) können Zeit verbrauchen, Attribute (Eigenschaften) der Token verändern und leiten Token von Eingängen zu Ausgängen (feuern).

- Stellen (gerichtete Fünfecke) können genau einen Token aufnehmen und bilden die Verbindungsknoten zwischen den Transitionen.

- Token stellen die dynamischen Modellobjekte dar und dienen zur Weitergabe ihrer speziellen Eigenschaften (Attribute).

Das Modell besteht aus einem Teil, der Prozesse startet, wenn Synchronisationspunkte bereit werden (Steuer-Teil), und einem zweiten Teil, in dem die behinderten Ausführungszeiten bestimmt und 'verbraucht' werden (Hardware-Teil).

Zu Beginn werden einige Stellen mit Token vorbesetzt:

- B110,1 bis B110,p stellen die Prozessor-Queue dar und enthalten p Token, die insgesamt p Prozessoren repräsentieren.

- Ein Token auf B103 repräsentiert zu Beginn die Bereitschaft des Start-Synchronisationspunktes S_1 des Prozeßgraphen.

Der Token in B103 des Steuer-Teils startet die Simulation und gelangt über die Transition A104 zur Stelle B104. An A105 wird daraufhin ein Token über B106 in die Prozeß-Queue A109 übertragen. Falls in B110,p ein Prozessortoken vorhanden ist, so wird ein Prozeßtoken über B109 und A111 aus der Prozeßqueue entnommen und mit dem Token aus B110,p zu einem neuen Token vereinigt und über B7 als Prozeß im Hardware-Teil des Modells 'ausgeführt'. Gehen vom gerade bereiten Synchronisationspunkt mehrere Prozesse aus, so gelangt gleichzeitig solange ein Token über B105, A107, B108 und A104 zu B104 und von da, wie soeben geschildert, als Prozeß zur Ausführung, bis alle notwendigen Prozesse gestartet sind. Während dieser Zeit ist die Transition A103 gesperrt, d.h. andere bereite Synchronisationspunkte können nicht bearbeitet werden. Erst wenn alle von einem Synchronisationspunkt ausgehenden Prozesse gestartet sind, macht ein Token in B107 A103 wieder feuerbereit. Ausgeführte 'Prozeßtoken' kehren über B3 in den Steuer-Teil zurück. Sie spalten sich dabei jeweils in einen 'freien' Prozessortoken, der über B110,1 in die Prozessor-Queue wandert, und in einen zweiten Token auf. Dieser wird, außer wenn er der letzte von mehreren zu einem Synchronisationspunkt gehörenden Token ist, in A102 absorbiert. Der letzte gelangt über B102 und A103, falls diese schon wieder feuerbereit ist, zu B103. Von dort wiederholt sich die Prozedur für den nächsten Synchronisationspunkt. Da alle Transitionszeiten 0 sind, geschieht das Erzeugen mehrerer Prozesse und evtl. das Behandeln mehrerer gleichzeitig bereiter Synchronisationspunkte nur auf logischer Ebene nacheinander.

Zeit wird nur im Hardware-Teil des Modells verbraucht. Über B7, A300, A301 und A302 gelangen gestartete Prozesse zu einer der Transitionen A303,1 bis A303,p. Diese Transitionen haben als einzige Übergangszeiten ungleich 0, die mittels eines Warte-

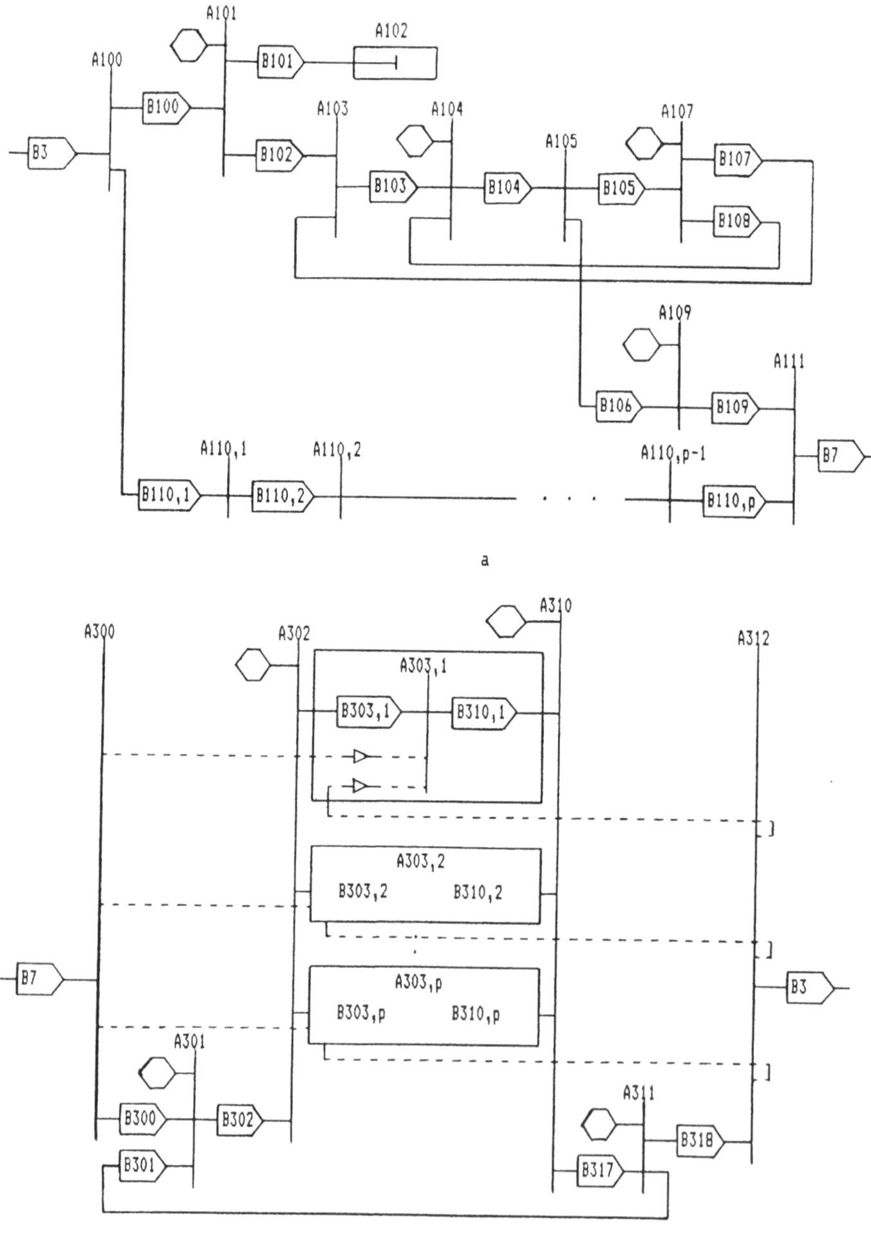

<u>Bild 3.1</u>: Simulationsmodell (a: Steuer-Teil; b: Hardware-Teil)

schlangenmodells aus den Attributen der gerade im Hardware-Teil präsenten Token in
A301 berechnet werden. Ändert sich das Anforderungsprofil durch Ankunft eines neuen
Tokens an A300 oder durch Verlassen eines bearbeiteten Tokens über A312 zurück zum
Steuer-Teil des Modells, so werden alle noch aktiven Transitionen A303,1 bis A303,p
unterbrochen (gestrichelte Verbindungen mit Dreieck). In A311 werden Restrechenzei-
ten berechnet und entweder vollständig bearbeitete Token zum Ausgang B3 geleitet
oder die anderen erneut nach Berechnung des Warteschlangenmodells in A301 über A302
zu den Transitionen A303,1 bis A303,p gebracht.

Dieses Modell berucksichtigt keinerlei zeitlichen Verwaltungsaufwand. Es ist also
nur dann zu verwenden, wenn dieser vernachlässigbar ist. Ist dies nicht erfüllt, so
müssen detailliertere Eigenschaften des Betriebssystems bekannt sein oder zumindest
angenommen werden. In /REGE83/ wurde dies für eine spezielle Problematik der Bildverarbeitung auf dem M5PS Multiprozessorsystem durchgeführt, indem eine strikte
Trennung der Ebenen Benutzer, Betriebssystem und Hardware (identisch mit dem hier
verwendeten Hardwareteil) eingehalten wurde. Dabei wurden erstaunlich gute Ergebnisse erhalten, wie Messungen am realisierten M5PS Multiprozessorsystem zeigen.

4 Ergebnisse

Tabelle 4.1 gibt einen Überblick über die berechneten Ausführungszeiten des
Prozeßgraphen aus Bild 2.1 sowie über den benötigten Zeit- und Speicheraufwand der
Simulationsläufe. Der optimale Wert von 143 Zeiteinheiten ZE wurde durch eine in
/KRIN84/ entwickelte sich dynamisch anpassende Busvergabestrategie erreicht, die be-
stimmte Prozeßdaten (Busanforderung, Rechenzeit und nächster Synchronisationspunkt)
auswertet, um den Bus möglichst gut auszulasten.

Bei der Verwendung von festen Prioritäten als Busvergabestrategie ergibt sich das
Problem, die in der Regel sehr große Anzahl von Prioritätenkombinationen auf die
Prozesse zu verteilen. Hier wurden einige Prioritätenverteilungen gewählt, die von
vorneherein als geeignet erschienen. Verbesserungen der Prioritätenverteilungen wurden dann anhand der sich ergebenden zeitlichen Busauslastungen vorgenommen.

<u>Tabelle 4.1</u>: Ergebnisse der Untersuchung des Prozeßgraphen aus Bild 2.1

Busvergabe- strategie	Ausführungszeit T in ZE	Bemerkung	Simulationszeit und Speicheraufwand (Telefunken TR 440)	
unbehindert	110	1)		
fair	158		5,1 s	74 K Worte
feste Prioritäten	152 - 190	2)	5,8 - 6,2 s	71 K Worte
optimal	143	3)		

1) nicht durchführbar, wenn $AP_u \approx 1.0$ oder $AP_u > 1.0$
2) hängt von Zuordnung Priorität zu Prozeß ab
3) vgl. /KRIN84/

In Bild 4.1 ist der Verlauf der Busauslastung und der Ausführungsgraph des
Prozeßgraphen aus Bild 2.1 dargestellt, einmal unter Verwendung der fairen Busvergabestrategie und einmal mit Prioritätensteuerung und der besten gefundenen Prioritä-
tenverteilung. Diesem Bild kann man entnehmen, daß die Verbesserung in der Ausführungszeit (151,5 ZE gegenüber 157,6 ZE) durch eine bessere Auslastung des Busses
über die gesamte Ausführungszeit erreicht wird.

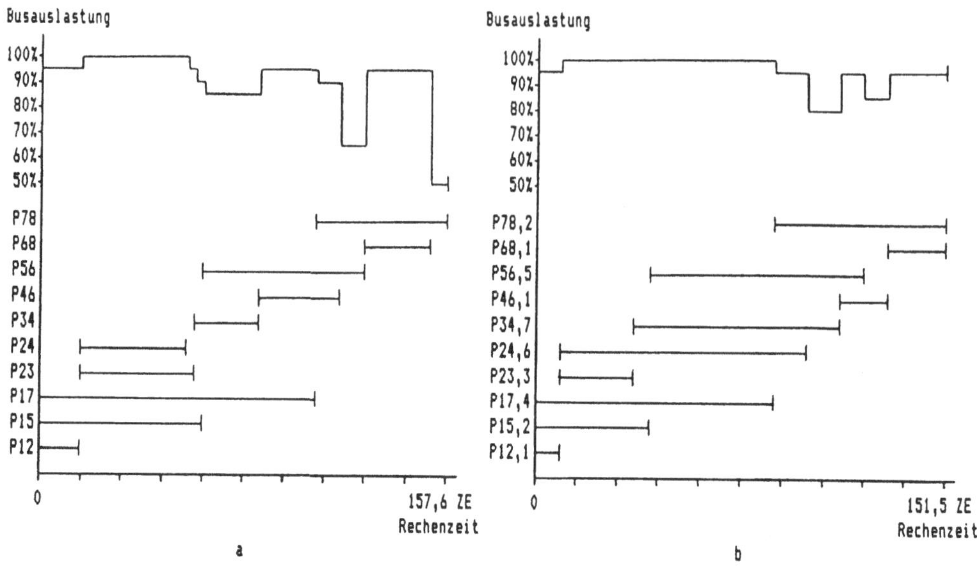

Pij,p : Prozeß mit i Anfangs-Synchronisationspunkt
        j End-Synchronisationspunkt
        p Priorität

<u>Bild 4.1</u>: Ausführungsgraph und Busauslastung bei fairer (a) und prioritätengesteuer-
ter (b) Busvergabestrategie

<u>Literatur</u>:

/BASK75/   Baskett, F.; Chandy, K.M.; Muntz, R.R.; Palacios, F.G.
           *Open, Closed and Mixed Networks of Queues with Different Classes of
           Customers*
           JACM, Vol. 22, No. 2, pp. 248-260, 1975

/DAHM82/   Dahmen,N.
           Modeling and Simulation with FORCASD
           Laborbericht Nr. 528/82, Philips Forschungslaboratorium Hamburg, 1982

/DAHM83/   Dahmen, N.; Killat, U.; Stecher, R.
           *Mixed Traffic Performance Data of CSMA/CD- and DSMA-Access Protocols
           Derived from FORCASD Simulation Runs*
           Informatik Fachbericht 60, pp. 535-553, 1983

/KRIN84/   Krings, L.
           *Minimierung der Ausführungszeit für eine Klasse von Prozeßgraphen in einem
           Multiprozessorsystem mit Zugriffskonflikten am gemeinsamen Bus*
           Dissertation, RWTH Aachen, 1984 (in Vorbereitung)

/NOE 73/   Noe, J.D.; Nutt, G.J.
           Macro-E-Nets for Representation of Parallel Systems
           IEEE Trans. on Comp., C-22, pp. 718-726, 1973

/REGE83/   Regen, F.; Krings, L.; Ameling,W.
           Simulation of Job Execution in the M5PS Multiprocessor
           Informatik Fachbericht 71, pp. 329-336, 1983

Untersuchung von gekoppelten M5PS Teilsystemen mittels Simulation

M. Behrens; F. Regen; W. Ameling
Rheinisch-Westfälische Technische Hochschule Aachen
D-5100 Aachen

Zusammenfassung: Die Leistungsfähigkeit von Mehrrechnersystemen hängt wesentlich von
der Art und der Struktur der Kommunikationswege zwischen den einzelnen Rechnern ab.
Das M5PS Multiprozessorsystem ist als ein hierarchisches Mehrrechnersystem geplant,
das aus mehreren gekoppelten Teilsystemen besteht. Jedes Teilsystem ist bereits ein
Multiprozessorsystem mit bis zu acht Prozessoren an einem gemeinsamen Bus. Zur Bewertung verschiedener Verbindungsstrukturen zwischen den Teilsystemen wurde ein Simulationskonzept entworfen, das auf Auswertungsnetzen /NOE73/ und dem Simulationssystem FORCASD /DAHM82/ aufbaut. Bisher realisiert und hier vorgestellt werden ein
detailliertes Simulationsmodell für die Kopplung zweier M5PS Teilsysteme sowie die
dabei gewonnenen Ergebnisse und Erfahrungen.

1 Systembeschreibung

Das M5PS Multiprozessorsystem ist als ein hierarchisches Mehrrechnersystem konzipiert. Alle Prozessoren verfügen über jeweils einen privaten Speicher, auf den sie
ohne Behinderung zugreifen können. Bis zu acht solcher Prozessormodule sind über einen asynchronen und im Zeitmultiplex betriebenen Bus mit einem gemeinsamen Speicher
verbunden. Nachdem in den letzten Jahren mehrere solcher M5PS Teilsysteme realisiert
und deren Leistungsfähigkeit bestimmt wurden /MILD82,REGE83/, wird nun die Verbindung mehrerer Teilsysteme über Kopplungseinheiten und ein Netzwerk untersucht.

Wichtig für die Leistungsfähigkeit eines solchen Mehrrechnersystems ist, wie schnell
Befehle und Daten herangeschafft werden können, d.h. wie lange ein Prozessor auf einen Speicherzugriff warten muß. Der Zugriff auf den privaten Speicher ist unproblematisch, da nur der entsprechende Prozessor darauf zugreifen kann. Alle sonstigen
Speicherzugriffe erfolgen über die Teilsystembusse, die somit den entscheidenden
Faktor für die Leistungsfähigkeit des Systems darstellen. Die Zuteilung einer Buszeitscheibe an einen der um den Zugriff konkurrierenden Prozessoren geschieht aufgrund einer wählbaren Busvergabestrategie. Zugriffe auf den gemeinsamen Speicher des
eigenen Teilsystems (interne Zugriffe) benötigen eine Zeitscheibe. Zugriffe auf den
Speicher eines fremden Teilsystems (externe Zugriffe) werden über den Bus an die
Kopplungseinheit abgegeben. Die Kopplungseinheit verfügt dazu über einen Teilsystemausgangspuffer, der zum Synchronisieren zwischen dem Teilsystem und dem dazu asynchronen Netzwerk dient. Handelt es sich um einen externen Schreibzugriff, so wird
jeder weitere Buszugriff des jeweiligen Prozessors bis zum Erhalt einer Meldung, daß
der Schreibzugriff ausgeführt worden ist (Schreibantwort), unterbunden. Beim externen Lesezugriff wird der betreffende Prozessor solange angehalten, bis die Kopplungseinheit über das gewünschte Datum (Leseantwort) verfügt. Der Prozessor wiederholt sodann seinen Lesezugriff und erhält das Datum von der Kopplungseinheit. Die
externen Lese- oder Schreibzugriffe fremder Teilsysteme (Fremdaufträge) werden im
Teilsystemeingangspuffer angenommen. Die Kopplungseinheit greift auf den eigenen
Teilsystemspeicher wie ein Prozessor zu, sobald sie eine Buszeitscheibe erhält und
der Teilsystemausgangspuffer frei ist. Noch in der gleichen Zeitscheibe wird die
Lese- oder Schreibantwort gebildet und im Teilsystemausgangspuffer abgelegt. Das Ab-

senden eines externen Zugriffs als Fremdauftrag zum Zielteilsystem oder einer Antwort zum Quellteilsystem aus dem Teilsystemausgangspuffer erfolgt, sobald der Teilsystemeingangspuffer des Ziel- bzw. Quellteilsystems frei ist und ein Kommunikationspfad im Netz zur Verfügung steht.

In der vorgestellten Ausbaustufe sollen die Teilsystemausgangspuffer zweier Teilsysteme mit dem Teilsystemeingangspuffer des jeweils anderen Teilsystems über einem im Zeitmultiplex betriebenen Kanal verbunden werden.

2 Simulationsmodell

Um verschiedene Verbindungstrukturen miteinander vergleichen zu können, wurde ein Simulationskonzept entwickelt, in dem die Ergebnisse detaillierter kleinerer Teilmodelle verwendet werden, um in groberen Gesamtmodellen Rechenzeit einzusparen. In den Gesamtmodellen wird jeweils ein Verbindungsnetz detailliert nachgebildet, wogegen die Teilsysteme nur stark vereinfacht modelliert werden. Im wesentlichen werden ihre relevanten Parameter über Mittelwerte und Varianzen vorgegeben, die durch detaillierte kleinere Modelle auf Zeitscheibenebene gewonnen werden. Solche Parameter sind z.B. die Beanspruchung des Netzes durch ein Teilsystem oder wie schnell Anfragen aus dem Netz beantwortet werden, wobei die Last innerhalb der Teilsysteme vorgegeben wird. Bisher realisiert und in diesem Beitrag vorgestellt wird das detaillierte Simulationsmodell für eine Kopplung zweier Teilsysteme.

Die Simulationsuntersuchung erfolgt mit dem auf Auswertungsnetzen /NOE 73/ aufbauenden Simulationssystem FORCASD /DAHM82/. Die Bilder 2.1-2.3 zeigen das Simulationsmodell für die Kopplung zweier Teilsysteme. Die verwendeten Symbole bedeuten /DAHM82/:

- Transitionen (senkrechte Striche) können Zeit verbrauchen, Attribute (Eigenschaften) der Token verändern und leiten Token von Eingängen zu Ausgangen (feuern).

- Stellen (gerichtete Fünfecke) können genau einen Token aufnehmen und bilden die Verbindungsknoten zwischen den Transitionen.

- Token repräsentieren die dynamischen Modellobjekte, wie z.B. Zugriffswunsche usw..

FORCASD verlangt ein zweischichtiges Modell. Zuerst werden Komponenten definiert (Bild 2.2 und 2.3), die dann miteinander verbunden werden (Bild 2.1), hier zwei Komponenten TEILSY über eine Komponente KANAL. Die externen Zugriffswunsche eines Teilsystems werden über den Kanal zum anderen Teilsystem geschickt und von dort nach Bearbeitung wieder zurückgeleitet. Die Trennung in Teilsystem und Kanal erlaubt zum einen die Änderung einer Komponente ohne die Beeinflussung der anderen, und andererseits braucht die Komponente TEILSY nur einmal modelliert zu werden.

Die Komponente KANAL (Bild 2.2) besteht nur aus zwei Zeittransitionen, die die Übertragung in beide Richtungen nachbilden. Wesentlich komplexer ist das Auswertungsnetz für ein Teilsystem (Komponente TEILSY). Zu Beginn werden die Stellen /PiEIN/ (i=1, Prozessoranzahl p) mit einem Token initialisiert, der den Prozessor repräsentiert. Die Übergangszeiten an den Zeittransitionen /Pi/ entsprechen den internen Rechenzeiten eines Prozessors inklusive der Zeiten, in denen nur auf den privaten Speicher zugegriffen wird. Abschätzungen haben ergeben, daß sich diese Zeiten durch eine Erlang-Verteilung gut annähern lassen /KRIN84/. Nach Ablauf einer Übergangszeit an /Pi/ wird der entsprechende Prozessortoken zu der Stelle /PiAUS/ weiterbewegt, d.h. nun stellt der Prozessor eine Busanforderung. Beim Übergang erhalt der Token bestimmte charakterisierende Attribute, z.B. ob es sich um einen internen Zugriff,

einen externen Schreib- oder Lesezugriff handelt usw.. Diese Attribute werden teilweise nach vorgegebenen Wahrscheinlichkeiten bestimmt. Die Makro-Auswahl-Transition
/BUS-EIN/ repräsentiert den Bus. Neben den Busanforderungen der Teilsystemprozesso-
ren (Stellen /PiAUS/ belegt) kann noch eine Busanforderung des anderen Teilsystems
(Fremdauftrag, Stelle /TSE/ belegt) anstehen. Die Stelle /TAKT/ garantiert, daß ein
fester Zeitscheibenrhythmus eingehalten wird. Die Übergangszeit von /BUS-EIN/ entspricht der Dauer einer Buszeitscheibe. Welcher der konkurrierenden Token weiterge-
schaltet wird, bestimmt die Entscheidungsprozedur der Transition /BUS-EIN/. Diese
Entscheidungsprozedur enthält die Busstrategie sowie alle notwendigen Zugriffsaus-
schlüsse und bevorzugte Behandlungen (siehe Kap. 1 und 3). Wenn ein Prozessor (Token
aus /PiAUS/) den Bus erhalten hat, wird er nach Ablauf der Übergangszeit von /BUS-
EIN/ über /AUF-BUS/ und /BUS-AUS/ entweder zu einer Stelle /PiEIN/ zurückgeleitet
(interner Zugriff) oder er wird über die Stelle Teilsystemausgang /TSA/ an ein anderes Teilsystem geschickt (externer Schreib- oder Lesezugriff). Wenn ein Token aus
der Stelle /TSE/ den Bus zugeteilt bekommt, dann wird unterschieden, ob es sich um
eine Antwort auf einen externen Zugriff oder um einen Fremdauftrag handelt. Fremdaufträge werden in die Stelle /TSA/ als bearbeitet übertragen, wogegen eine Antwort
zu der Stelle /PiEIN/ zurückgeleitet wird, von der sie ursprünglich als externer
Zugriff abgeschickt wurde. Jede freie Buszeitscheibe wird durch den Token aus /TAKT/
belegt, der zu Beginn der Simulation dort abgelegt wird und der nach jedem Buszugriff wieder dorthin zurückkehrt.

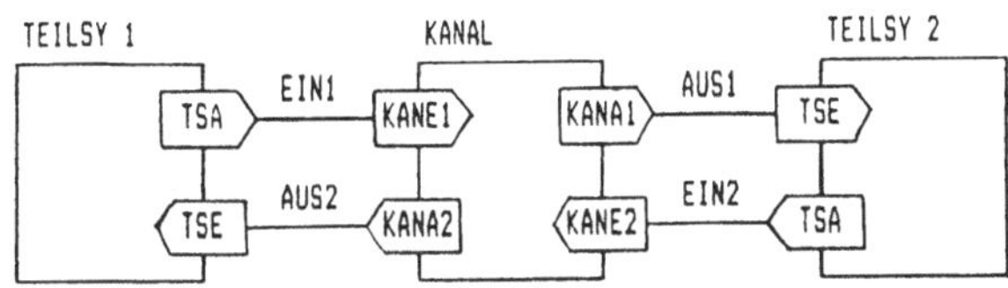

Bild 2.1: Modell zweier gekoppelter Teilsysteme

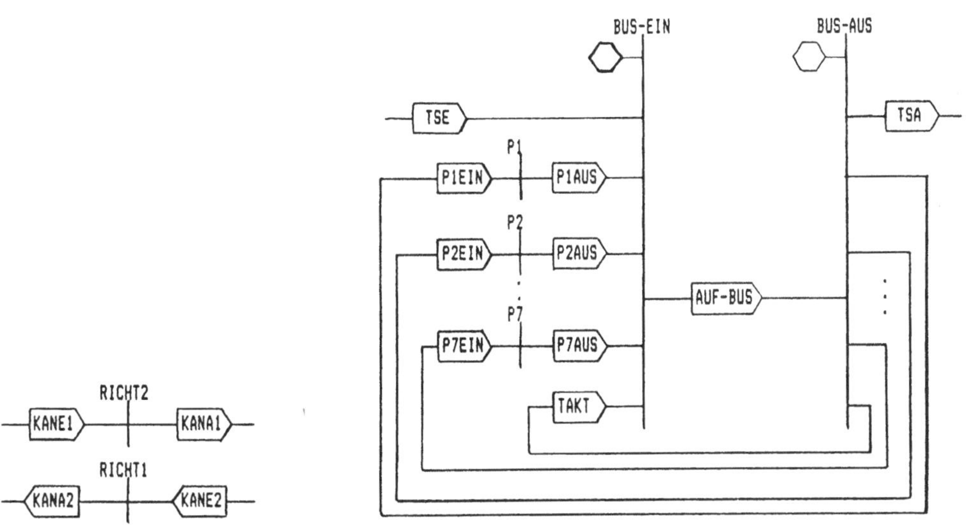

Bild 2.2: Komponente Kanal   Bild 2.3: Komponente Teilsystem

3 Ergebnisse

Wichtige Maße zur Bestimmung der Leistungsfähigkeit der gekoppelten Teilsysteme sind die Laufzeiten der externen und internen Zugriffe sowie die Auslastungen der Teilsystembusse (vgl. /KRIN84/). Zur Feststellung dieser Größen wird das Verhalten der Teilsysteme unter charakteristischen synthetischen Lastverhältnissen simuliert. Es werden die folgenden verschiedenen Parameterkombinationen verwendet:

- ein Teilsystem besteht aus 1, 4 oder 7 Prozessoren,

- nur ein Teilsystem bzw. beide machen externe Zugriffe,

- nur ein Teil der Prozessoren eines Teilsystems oder alle greifen extern zu,

- der Anteil der externen Zugriffe an den Teilsystemzugriffen beträgt 1%, 5%, 10% oder 25%,

- der Anteil der schreibenden Zugriffe an den externen Zugriffen beträgt 0%, 50% oder 100%,

- die einzelnen Prozessoren verursachen verschiedene Busbelastungen abhängig davon, ob Programm bzw. Daten im privaten oder gemeinsamen Speicher liegen.

Zunächst wird eine faire Zuteilungsstrategie auf dem Teilsystembus betrachtet (Round Robin) - die Strategie behandelt die Kopplungseinheit wie einen zusätzlichen Prozessor. In dieser Form ist das gekoppelte System jedoch nicht verklemmungsfrei. Dies wird durch eine veränderte Buszuteilungsstrategie erreicht, bei der alle Prozessoren mit externen Zugriffswünschen bei der Busvergabe nicht berücksichtigt werden, wenn im Teilsystemeingangspuffer der Kopplungseinheit ein Fremdauftrag auf die Bearbeitung wartet. Die bei Anwendung der derart modifizierten Strategie gewonnenen Ergebnisse können nun mit denen einer weiteren Strategie verglichen werden, bei der die Kopplungseinheit die nächste Zeitscheibe zugeteilt bekommt, sobald ein Fremdauftrag vorliegt und der Teilsystemausgangspuffer frei ist. Das für die konkurrierenden Prozessoren angewandte Round Robin Verfahren wird dabei für die Dauer einer Zeitscheibe unterbrochen. Neben der besseren Nutzung des Kanals und des Teilsystembusses wird dabei eine Verkürzung der Laufzeiten externer Aufträge zwischen 15% und 70% bei einer vernachlässigbaren Zunahme der internen Zugriffszeiten im Vergleich zu der zuvor beschriebenen Strategie erzielt. Auf eine entsprechende Steigerung der Gesamtsystemleistung läßt sich aus der höheren Auslastung der Teilsystembusse schließen.

Zur Verdeutlichung des Laufzeitunterschiedes zwischen den beiden Strategien sind die Laufzeiten von drei verschiedenen Aufteilungen der jeweils 7 Prozessoren zweier Teilsysteme in Bild 3.1 dargestellt. Um in etwa eine Vorstellung von der Dauer externer Zugriffe zu geben: Die Zugriffsdauer bei einem im Inselbetrieb arbeitenden Teilsystem mit vergleichbarer Busauslastung beträgt ca. 3,8 Zeitscheiben (ZS).

Durch weitere Simulationsläufe unter ausschließlicher Verwendung der Komponente KANAL konnte nachgewiesen werden, daß die Periodendauer des Kanaltaktes höchstens die Hälfte der Dauer einer Teilsystemzeitscheibe sein darf, da es sonst zu ungleichen, von den Startverhältnissen abhängigen Verzögerungen der Teilsysteme beim Zugriff auf den Kanal kommt. Eine Kanalzeitscheibe wurde daraufhin zu 0,25 ZS festgelegt.

Diese Ergebnisse sind beim Entwurf der gerade fertiggestellten Kopplungseinheiten benutzt worden, so daß eine Validierung der Simulationsergebnisse durch Messung an zwei gekoppelten M5PS Teilsystemen bald erfolgen kann.

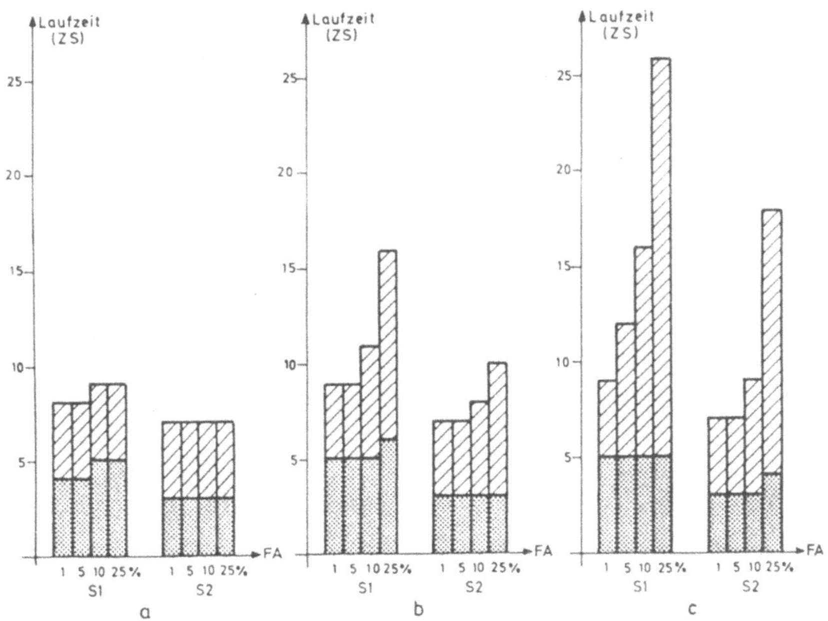

S1 : Busvergabestrategie; fair
S2 : Busvergabestrategie; fair / bevorzugte Behandlung von Fremdaufträgen

		Teilsystem 1			Teilsystem 2		
Anzahl der Prozessoren	:	7			7		
Anteil externer Zugriffe	:	1, 5, 10, 25%			1, 5, 10, 25%		
Anteil schreibender Zugriffe	:	50%			50%		
Durch jeden Prozessor verursachte Busbelastung:		22,6%			22,6%		
		(a)	(b)	(c)	(a)	(b)	(c)
Anzahl extern zugreifender Prozessoren	:	1	4	7	1	4	7

<u>Bild 3.1</u>: Vergleich der Laufzeiten externer Zugriffe

Literatur:

/DAHM82/   Dahmen, N.
           Modeling and Simulation with FORCASD
           Laborbericht Nr. 528/82, Philips Forschungslaboratorium Hamburg, 1982

/KRIN84/   Krings, L.
           Minimierung der Ausführungszeit für eine Klasse von Prozeßgraphen in einem
           Multiprozessorsystem mit Zugriffskonflikten am gemeinsamen Bus
           Dissertation, RWTH Aachen, 1984 (in Vorbereitung)

/MILD82/   Milde, J.; Krings, L.; Ameling, W.
           Architektur des Multiprozessor Systems M5PS und Auswer-
           tung einiger Anwendungen
           NTG/GI-Fachtagung, Ulm, 1982

/NOE 73/   Noe, J.D.; Nutt, G.J.
           Macro-E-Nets for Representation of Parallel Systems
           IEEE Trans. on Comp., C-22, pp. 718-726, 1973

/REGE83/   Regen, F.; Krings, L.; Ameling,W.
           Simulation of Job Execution in the M5PS Multiprocessor
           Informatik Fachbericht 71, pp. 329-336, 1983

MODELLIERUNG UND SIMULATION EINES GATEWAY-RECHNERS

W. Johannsen, J. Schulze, B. Wolfinger
Fachbereich Informatik der Universität Hamburg
Rothenbaumchaussee 67/69
D-2000 Hamburg 13

1. Einleitung und Problemstellung

Im Juli 1983 begann die einjährige Konzeptionsphase eines vom Bundesminister für Forschung und Technologie (BMFT) geförderten Projektes Deutsches Forschungsnetz (DFN)
[ULL 83]. Das DFN soll dem Zweck dienen, Kommunikation zwischen Rechnern unterschiedlicher Hersteller im deutschen Forschungsbereich unter Benutzung des postalischen Da-
tenpaketvermittlungsnetzes DATEX-P [RUT 81, TIR 82] zu ermöglichen. Ein an der Universität Hamburg durchgeführtes Teilprojekt hat das Ziel, Entwurfsvarianten für den Anschluß eines auf DECnet10 basierenden lokalen Rechnernetzes zu bewerten. Für die
Kopplung des lokalen DECnet10-Rechnernetzes an DATEX-P wird ein dedizierter Gateway-
Rechner (VAX11/730) verwendet, dem die Transformation der in beiden Rechnernetzen unterschiedlich realisierten Rechnernetzdienste obliegt. Die geplante Konfiguration wird
entwurfsbegleitend unter Benutzung simulativer Modelle untersucht. Die Resultate der
Simulation sollen Prognosen bzgl. des voraussichtlichen Leistungsverhaltens des Gateway-Rechners ermöglichen und insbesondere die Konzeption der zu erstellenden Kommunikationssoftware und die Auswahl der anzuschaffenden Hardware unterstützen.

2. Die zu simulierende Konfiguration

Das lokale Rechnernetz auf der Basis von DECnet10 [SER 83, WEC 80] (kurz: DECnet10-LAN)
besteht in seinem Kern aus vier voll vermaschten Rechnern des Typs PDP11 (Abb. 1). Diese haben im wesentlichen Vermittlungsfunktionen zu erfüllen, um den angeschlossenen
Host-Rechnern ausreichende Kommunikationsmöglichkeiten zu bieten. Als Host-Rechner
fungieren drei Rechner vom Typ DEC10.

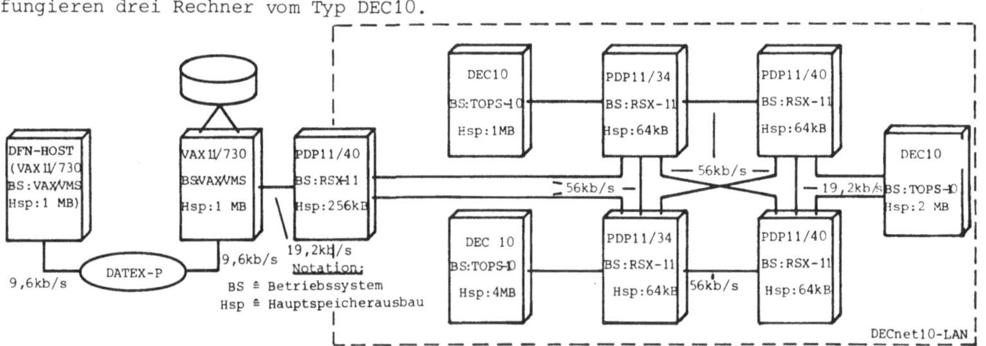

Abb. 1: Die zu entwerfende Rechnernetzkonfiguration

Zur Integration des vorliegenden DECnet10-LAN in das DFN ist ein sogenannter
Gateway(-Rechner) erforderlich (Abb. 1). Dieser hat die, in beiden Rechnernetzen un-

terschiedlichen, Regeln für die Kommunikation ((Kommunikations-)Protokolle vgl. [POZ 78]), zu transformieren, so daß eine netzübergreifende Kommunikation möglich wird. Als Anwendungen sind Dateitransfer und Dialogbetrieb vorgesehen. Die hier gewählte Realisierungsvariante speichert zu transferierende Dateien vollständig auf einer Magnetplatte zwischen, bevor sie dem empfangenden Netz zugehen können. Kurze Dialogaufträge werden hingegen sofort weitergeleitet. Die Zahl der in Übertragung befindlichen Dateien wird begrenzt.

3. Untersuchungsziele

Im Mittelpunkt der Untersuchungen steht das Leistungsverhalten des Gateway-Rechners. Dabei wird folgenden Fragestellungen nachgegangen:

- Wie ist die Anschlußleitung zwischen Gateway und DATEX-P zu dimensionieren?
- Wie ist die Größe der Puffer im Gateway-Rechner zu wählen?
- Wie wirkt sich der Zugang zu einem weiteren Netz auf das Verhalten des Gateway-Rechners aus?
- Ergibt sich die Notwendigkeit zur Codeoptimierung bei der Implementierung der Kommunikationsprotokolle?

4. Eingesetzte Modellierungswerkzeuge

Die Modellierung für die o. a. Konfiguration (Abb. 1) erfolgt mit zwei unterschiedlichen Programmsystemen. Diese werden im folgenden in ihren wesentlichen Eigenschaften vorgestellt:

MAOS: MAOS (Model Analysis and Optimisation System) ist ein Programmsystem zur Beschreibung und Auswertung allgemeiner Warteschlangennetze [JOB 84, JOB 82]. Bei der durchgeführten Untersuchung werden die simulativen MAOS-Komponenten eingesetzt. Warteschlangennetze werden in der Modellbeschreibungssprache ILMAOS (Input Language for MAOS) erstellt. Ein ILMAOS Programm besteht im wesentlichen aus einer Modellbeschreibung und einer Lastbeschreibung. Als Modellkomponenten werden u. a. elementare Bedienstationen mit zugeordneter Warteschlange (Station) und Kontrolleinheiten (Markenpool) zur Verfügung gestellt. Die Modellbeschreibung besteht aus der Definition der Modellkomponenten und legt die zulässige Abfolge und den Umfang von Betriebsmittelansprüchen an die Stationen fest. Betriebsmittelansprüche werden von Aufträgen gestellt, die nach in der Lastbeschreibung zusammengefaßten Generierungsmustern erzeugt werden. Mit Hilfe von MAOS können u. a. für jede Modellkomponente Auslastung, Durchsatz und mittlere Verweilzeit von Aufträgen berechnet werden.

MOSAIC: Das Modellierungssystem MOSAIC (MOdeling system to Simulate Arbitrary Information flows in Computer networks) wurde zur Leistungsanalyse und Leistungsprognose von Rechnernetzen entwickelt [WOL 81]. Ein MOSAIC-Rechnernetzmodell wird mit Hilfe von vorgefertigten Modellbausteinen zusammengestellt. Die Bausteine basieren auf Warteschlangenmodellen und sequentiellen Automaten. Als Bausteine werden u. a. angeboten:

- Systemprozesse zur Nachbildung der Protokollhierarchie
- Benutzerprozesse, die die Benutzer eines Rechnernetzes repräsentieren
- Verbindungen zwischen Rechnernetzknoten (Übertragungskanäle)
- Komponenten zur Modellierung von Betriebssystemfunktionen.

Die Modellbeschreibung umfaßt neben anderem:

- Aufbau der Protokollhierarchie, d. h. die Festlegung der Kommunikations-
  software (Schichtung und interne Abläufe)
- Kennzeichnung der Rechnernetztopologie (Vermaschung der Rechner)
- Festlegung von Speicher-und CPU-Anforderungen einzelner Modellkomponenten
- Kennzeichnung der Modellbelastung (Benutzerprozesse, beanspruchte Rechner-
  netzdienste)
- Parameter der Übertragungskanäle.

Die Auswertung der Simulation erfolgt mit MOSAIC-internen Messeinrichtungen, die u.a. folgende Messwerte umfassen: die Auslastung sämtlicher Rechnernetzkomponenten, die Verzögerung in ihnen, den Durchsatz von Daten und Benutzerprozessen. Die Ergebnisse eines früheren Einsatzes von MOSAIC zur Analyse der Architektur eines lokalen Rechnernetzes können [DIW 82] entnommen werden.

5. Die Modellierung

Die Modellierung des Gateway-Rechners soll hauptsächlich die Kommunikationssoft- und -hardware in ihren wesentlichen Funktionen nachbilden. Für die beiden verwendeten Modellierungssysteme MAOS und MOSAIC wurden jeweils unterschiedlich detaillierte Modelle erstellt. Einfache Modelle werden als Test- und Kalibrierungshilfen herangezogen. Ihre Resultate lassen sich teilweise als Eingabeparameter detaillierterer Modelle verwenden.

Als einfachstes Modell der vorgestellten Konfiguration (Abb. 1) kann sicherlich die Kombination aus einer Bedienstation mit zugehöriger Warteschlange gelten. Da aber in einem derartigen "Black Box"-Modell eine Modellierung einzelner Komponenten fehlt, lassen sich über diese keine Aussagen treffen.

Als erste Verfeinerung soll nun ein MAOS-Modell betrachtet werden, in dem ein Gateway mit zwei Verbindungskanälen zu zwei Netzen modelliert wird.

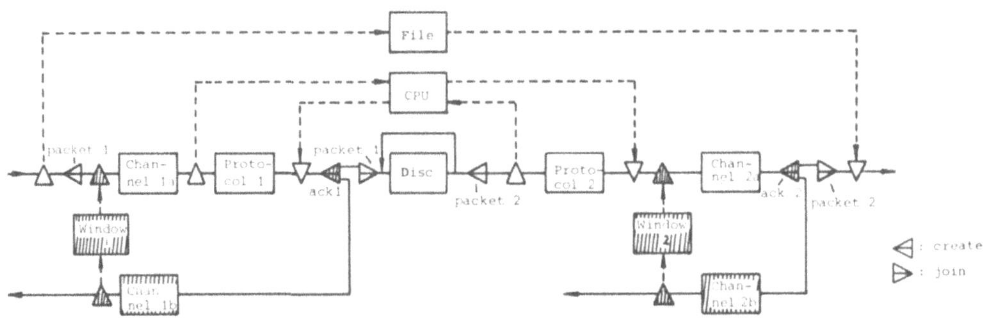

Abb. 2: MAOS-Modelle W1 und W2 (schraffierte Komponenten sind nur im Modell W2 enthalten)

Das Warteschlangenmodell W1 (Abb. 2) dient der Nachbildung folgender Systemkomponenten und Funktionen:

- <u>Übertragung einer Datei</u> durch Fragmentierung (Create) und Zusammenführung (Join) als Strom einzelner Datenpakete.
- <u>Zwischenspeichern auf der Magnetplatte des Gateway-Rechners</u> durch eine Bedienstation "Disc" unter Berücksichtigung der Verzögerung infolge der Plattenzugriffe.
- <u>Übertragungskanäle</u> durch zwei Bedienstationen "Channel 1a" und "Channel 1b" bei festgelegter Übertragungsgeschwindigkeit.
- <u>CPU-Zuteilung</u> durch eine Kontrolleinheit "CPU", die sicherstellt, daß von den CPU anfordernden Bedienstationen (Protocol 1, Protocol 2) zu jedem Zeitpunkt nur höchstens eine aktiv sein kann.
- <u>Flußkontrolle</u> durch eine Kontrolleinheit "File", die die Zahl der im Gesamtsystem befindlichen Dateien begrenzt.

Anhand dieses Modells lassen sich erste Aussagen zur Gateway- und Kanalauslastung sowie zum Datendurchsatz gewinnen. In Modell W2 (Abb. 2) wird eine zusätzliche Flußkontrolle für Übertragungsblöcke durch den Austausch von Quittungen modelliert. Eine weitere Modellverfeinerung (nicht abgebildet) könnte außerdem das Ein- und Auslagern einzelner Übertragungsblöcke auf die Magnetplatte nachbilden. Obwohl die Realisierung weiterer verfeinerter Modelle auch mit MAOS denkbar wäre, erscheint der Übergang zum MOSAIC-System an dieser Stelle aus zwei Gründen sinnvoll:

- MOSAIC modelliert nicht nur die einzelnen Schichten einer Protokollhierarchie, sondern bildet auch das Verhalten der eingesetzten Protokolle entsprechend ihrer Spezifikation nach.
- Die detaillierte Modellierung typischer Rechnernetzkomponenten wird durch die angebotenen Modellbausteine vereinfacht.

Neben der genaueren Erfassung eines größeren Bereiches aus der Gesamtkonfiguration ermöglicht MOSAIC außerdem die Unterscheidung zwischen Dialogaufträgen und Dateitransfer. Wie schon bei den MAOS-Modellen werden auch für die Untersuchungen mit MOSAIC Modelle unterschiedlichen Detaillierungsgrades verwendet. Die wichtigsten sind im folgenden in ihren prägnantesten Eigenschaften vorgestellt.

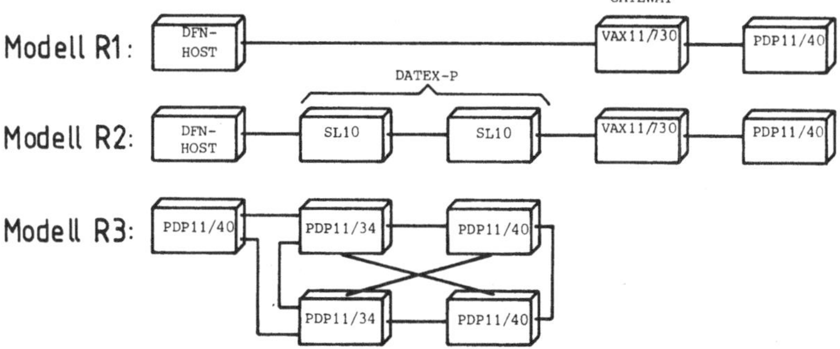

Abb. 3: Rechnernetztopologien MOSAIC-Modelle R1,R2,R3

Das Modell R1 (Abb. 3) besteht aus den drei Rechnern DFN-Host, Gateway, PDP11/40 sowie den zugehörigen Übertragungskanälen. Explizit werden Transport- und Sitzungsschicht [ISO 80] nachgebildet. DATEX-P ist nur grob durch die Berücksichtigung einer approximativen Verzögerungszeit modelliert.

Im Modell R2 werden zusätzlich Netzwerk- und Leitungsschicht [ISO 80] modelliert. DATEX-P wird hier durch zwei Vermittlungsrechner (SL 10) dargestellt.

Ein weiterer Schritt der Modellverfeinerung wurde durch die Eingliederung der DECnet10-Rechner des Typs PDP11 (Abb. 1) vollzogen. In einem separaten Modell R3 wird diese Konfiguration besonders im Hinblick auf die Belastung des mit dem Gateway verbundenen Rechners PDP11/40 untersucht. Sie wird in Modell R2 als zusätzliche Belastung des Rechners PDP11/40 herangezogen.

6. Experimente und Resultate

Die beschriebenen Experimente wurden unter folgenden Randbedingungen durchgeführt:

- Erforderliche Parameter der Systemmodelle waren entweder für die zu untersuchende Konfiguration a priori bekannt (wie z. B. Übertragungsgeschwindigkeiten der Kanäle) oder wurden anhand von Messungen (CPU-Laufzeiten für Kommunikationssoftware) an existierenden Anlagen gewonnen.
- Die Modellbelastung besteht aus zu transferierenden Dateien einer mittleren Länge von 28kb (kb = kbit) bei gleichzeitig maximal zwei in Übertragung befindlichen Dateien.

Der in Abb. 4a dargestellte Datendurchsatz wurde auf Benutzerebene ermittelt; die Gateway-Auslastung in Abb. 4b resultiert aus der ablaufenden Kommunikationssoftware.

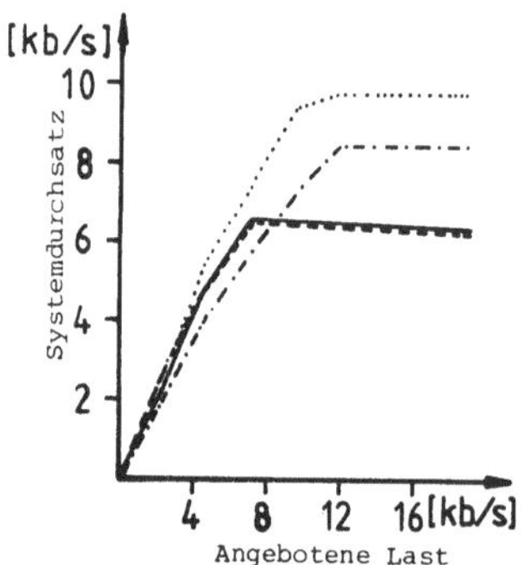

Abb.4a: Systemdurchsatz

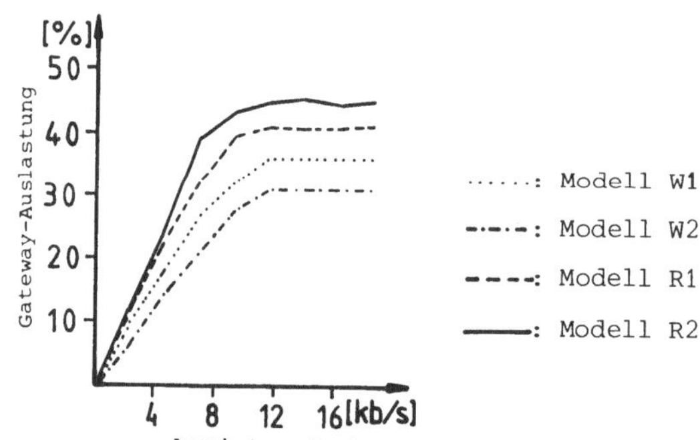

Abb. 4b: Gateway-Auslastung

Die Abflachung der Durchsatz- und Auslastungskurven in Abb. 4a,b zeigt den begrenzenden Einfluß der Flußkontrolle für Dateien. Die Untersuchungen mit MAOS ergaben im Niederlastbereich ähnliche Ergebnisse wie MOSAIC-Untersuchungen, wohingegen der Hochlastbereich optimistischer beurteilt wird, da der Kommunikationsablauf vereinfacht beschrieben ist und der Austausch von Kontrollinformation nicht berücksichtigt wird. Da in den MAOS-Modellen die mittlere Bedienzeit je Auftrag niedriger liegt als in den MOSAIC-Modellen, wird trotz höherem Durchsatz eine niedrigere Rechnerauslastung prognostiziert.

Das leichte Absinken des Durchsatzes in den MOSAIC-Modellen R1,R2 bei hoher Last ist auf die im Modell berücksichtigten "erfolglosen" Versuche eines Dateitransfers zurückzuführen, die infolge ihres Bedarfs an zusätzlicher Übertragungskapazität (für Kontrollinformation) die Belastung erhöhen.

Die gute Näherung der Resultate des Modells R1 an die des Modells R2 (Abb. 4a,b) zeigt, daß Durchsatz- und Auslastungsabschätzungen für Rechner und Kanäle schon mit wenig verfeinerten MOSAIC-Modellen durchführbar sind.

Eine Reihe weiterer Experimentserien diente der Analyse von Dialogverkehr und seiner Beeinträchtigung durch konkurrenten Dateitransfer. Liegt ausschließlich Dialogbelastung vor, so werden bis zu einer Belastung von ca. 8kb/s mit Dialognachrichten nahezu konstante Reaktionszeiten von ca. 1,3s gemessen, die dann jedoch etwa proportional zur Last ansteigen. Zusätzlicher Dateitransfer (konstant 2,5kb/s) erhöht bereits im Niederlastbereich die Reaktionszeiten um ca. 1,2s und bewirkt überdies ihren früheren lastproportionalen Anstieg (bei ca. 6kb/s).

Weitere Untersuchungsergebnisse zeigen, daß sowohl der Kanal zwischen Gateway und DATEX-P als auch der Puffer im Gateway-Rechner ausreichend dimensioniert sind. Eine Codeoptimierung der zu implementierenden Protokolle wird die Leistungsfähigkeit des Gateways nur unwesentlich beeinflussen, da der Kommunikationsablauf durch geringere CPU-Laufzeiten für die Kommunikationssoftware kaum beschleunigt würde. (Die Auswirkungen eines weiteren Netzzuganges wurden bisher nicht untersucht).

7. Resümee

Der vorgestellte Einsatz zweier Modellierungs- und Simulationswerkzeuge zeigt, daß sowohl der unabhängige Gebrauch dieser Werkzeuge als auch deren Kombination hilfreiche Resultate zur Planungsunterstützung und Leistungsprognose von Rechnernetzen liefert.

Die schrittweise Verfeinerung der Modelle ist insbesondere während der Planungsphase sinnvoll. Anfangs lassen sich aufgrund weniger Daten erste, allgemeine Bewertungen gewinnen. Mit fortschreitender Planung können dann mit verfeinerten (MOSAIC-)Modellen (für die erheblich mehr Eingabedaten bereitstehen müssen) die bisherigen Bewertungen präzisiert und neue Fragestellungen aufgegriffen werden.

Die Resultate (deren Validierung erst mit der Realisierung des projektierten Gateways möglich wird) sind geeignet, den Planern Hinweise auf das zu erwartende Leistungsverhalten und auf Schwachstellen des Systems zu geben.

Es ist vorgesehen, die nunmehr realisierten Modelle auch in anderen Gateway-Projekten des DFN zum Einsatz zu bringen.

8. Literatur

[DIW 82]   Didic, M.; Wolfinger, B.:
            Simulation of a Local Computer Network Architecture Applying a Unified
            Modeling System.
            Computer Networks, Vol. 6, No. 2 (1982) S. 75-91

[ISO 80]   International Organization for Standardization, ISO/TC97/SC16. Reference
            model of open systems interconnection.
            Dokumente Nr. ISO/TC97/SC16 N227, N309; N537 (1979/1980)

[JOB 82]   Jobmann, M.:
ILMAOS - Eine Sprache zur Formulierung von Rechensystemmodellen.
FB Informatik, Univ. Hamburg, Bericht Nr. 91 (Hamburg, 1982)

[JOB 84]   MAOS - Ein Programmsystem zur Modellbeschreibung, -analyse, -optimierung
und -simulation.
ASIM '84, TU Wien, 25.-27.9.1984

[POZ 78]   L. Pouzin, H. Zimmermann
A Tutorial on Protocols.
Proc. IEEE, Vol. 66, No. 11, Seite 1346-1370, 1978

[RUT 81]   Runkel, D.; Tietz, W.:
Die Technik des paketvermittelten Datennetzes DATEX-P.
Der Fernmelde-Ingenieur. Vol. 35, No. 8 (1981), S. 1-42

[SER 83]   J. D. Service:
Packet switching and the DECsystem10, V.3.0
University of York, Mai 1983

[TIR 82]   Tietz, W.; Runkel, D.:
Der paketvermittelte Datexdienst DATEX-P.
Der Fernmelde-Ingenieur. Vol. 36, No. 6 (1982), S. 1-42

[ULL 83]   Ullmann, K. (Hrsg.):
Deutsches Forschungsnetz (DFN) - Gesamtprojektplan.
DFN-Planungsgruppe/Hahn-Meitner-Institut (Berlin, 1983)

[WEC 80]   Wecker, S.:
DNA - The Digital Network Architecture.
IEEE Trans. on Communic., Vol. COM-28, No. 4 (1980) S. 510-526

[WOL 81]   Wolfinger, B.:
Das Modellierungssystem MOSAIC zur Analyse und Optimierung hierarchisch
organisierter Kommunikationsprotokolle in Rechnernetzen.
Elektronische Rechenanlagen, Vol. 23, No. 5 (1981) S. 199-211

Modellierung und Simulation von
Speicherhierarchien

Böckle, G.; Schmid, F.J.; Schmitt, H.; Trosch, S.
Siemens AG

Zusammenfassung: Speicher sind umso teuerer, je schneller sie sind. Aus diesem Grund organisiert man den Speicherbereich einer Rechenanlage in mehreren Hierarchiestufen aus verschieden schnellen Speichern. Die Probleme, die bei der Realisierung der Speicherhierarchie entstehen, können vielfach mit Hilfe von Simulation gelöst werden. Es ist dabei eine wesentliche Aufgabe, die Abstraktionsebene der Speichermodelle sowohl dem Entwicklungsstand als auch den Speicherebenen und den jeweiligen Problemen anzupassen.

1. Die Bedeutung der Speicherorganisation

Die Arbeitsweise der v. Neumann Rechner wurde von Backus treffend so charakterisiert: one instruction at a time. Da Operatoren und Operanden von Befehlen aus Speichern zur Verarbeitungseinheit transportiert werden müssen, hängt die Performance der v. Neumann Maschine entscheidend von der Geschwindigkeit des Auffindens von Daten und Befehlen in Speichern und ihres Transports zur Verarbeitungseinheit ab. Der Entwurf von Hardwarestruktur und Kontrollmechanismen der Speicher und ihrer Verbindungswege ist deshalb eine der wichtigsten Aufgaben beim Entwurf von Rechnersystemen und bedarf wirkungsvoller Unterstützung durch Verfahren und Werkzeuge.

2. Die Ebenen der Speicherhierarchie

Speicher sind umso teuerer, je schneller sie sind. Aus diesem Grund organisiert man den Speicherbereich einer Rechenanlage in mehreren Hierarchiestufen aus verschieden schnellen Speichern. Die vier wichtigsten Ebenen von Speicherhierarchien in Rechenanlagen sind Register, Cache, Hauptspeicher und Peripherie. Die Speicher sind so zu realisieren, daß ein optimales Preis/Leistungsverhältnis entsteht.

3. Probleme, die beim Entwurf von Speicherhierarchien zu lösen sind

Beim Entwurf von Speicherhierarchien treten sowohl innerhalb jeder Stufe als auch durch das Zusammenwirken der einzelnen Stufen Fragen auf, die man mit Hilfe der Simulation beantworten kann. Lösungen sind hinsichtlich ihrer Funktionalität und Leistung zu untersuchen.

3.1 Probleme, die durch das Zusammenwirken der Hierarchiestufen entstehen

Es ist eine ausgewogene Dimensionierung der verschiedenen Ebenen hinsichtlich Größe und Zugriffszeit zu finden, damit das System eine vorgegebene Leistung erbringen kann.

Dimension (Übertragungskapazität, Anzahl) und Struktur (Koppelung der Busse) der Datenwege zwischen den Speicherhierarchien sind festzulegen.

Durch Mehrfachbenutzung der Datenwege kann es zu Konflikten kommen. Zwischen Datenkopien verschiedener Speicherstufen können Konsistenzprobleme auftreten.

Strategien und Steuerungsmechanismen sind zu vergleichen. Dabei ist der Algorithmus zu untersuchen und dann die vorteilhafteste Lösungsvariante auszuwählen: Realisierung in der Hardware, der Firmware oder der Software. Die Fragestellung kann z. B. lauten:
- Realisierung spezieller Befehle wie "lade Objekt in Registerbereich".
- Auswahl und Kalibrierung (z. B. Fenstergröße) von Busprotokollen.
- Zugriffs-, Ersetzungs- und Auslagerungsstrategien für den Cache.
- Auswahl spezieller Strategien des Betriebssystems (Paging, I/O).

3.2 Probleme, die für die einzelnen Ebenen der Speicherhierarchien zu lösen sind

- Register-Ebene: Auswahl der für das System optimalen Registersätze im Zusammenhang mit dem Entwurf der Befehle.

- Cache-Ebene: Es stellen sich Fragen nach der Struktur des Caches, der Kapazität, der Lage (auf dem Prozessorchip oder außerhalb) oder der Verwendung (für Befehle, für Daten).

- Hauptspeicher-Ebene: Wie soll man den Hauptspeicherbereich in Module zerlegen und wie die Daten auf diese Module verteilen, um durch parallele Zugriffe die Leistung zu erhöhen?

- Periphere Speicher-Ebene: Fragen nach der Konfiguration und Dimensionierung der Peripherie (Controller oder Laufwerk mit single oder dual port, wie viele Laufwerke soll ein Plattencontroller steuern, optimale Anzahl von Controllern, Laufwerken und Bandgeräten für vorgegebenen Einsatzzweck des Systems). Fragen nach Strategien: Wie soll man Plattenzugriffe ordnen, damit sich die Suchzeiten durch geringere Armbewegungen reduzieren? Welche Pufferungsstrategien sind sinnvoll? Welches der verfügbaren Geräte erfüllt die Anforderungen am besten?

4. Modellierungsebenen

Modellierung besteht in der Beschreibung des Systems auf einer Abstraktionsebene, die entsprechend der Problemstellung auszuwählen ist. "Modellierungsebenen" für Speicherhierarchien lassen sich, ausgehend von den zu speichernden und zu verarbeitenden Informationen, wie folgt charakterisieren:

- "Logik-Ebene": Die Informationen sind Bitstrings, die elementaren Einheiten von Speichern sind Bits.
- "Daten-Ebene": Die Informationen sind als Daten (Integerzahlen, character ...) dargestellt, Speicher sind Variable.
- "Metainformations-Ebene": Die Informationen als solche sind im Modell nicht mehr enthalten, sondern sind zu Informationstypen abstrahiert und durch Attribute beschrieben. Speicher sind durch Speicherbereiche (z.B. Adressbereiche) und Attribute (z.B. gesperrt) repräsentiert.
- "Petrinetz-Ebene": Es wird nur noch unterschieden zwischen Information und Nicht-Information, der Speicher ist eine Transition in einem Petrinetz.

Der Grad der Entsprechung zwischen Modell und System nimmt von der Logik-Ebene zur Petrinetz-Ebene hin ab, desgleichen (adäquate Be-

schreibungsmittel für jede Ebene vorausgesetzt) der Modellierungs-
und Simulationsaufwand. Auf der Logik-Ebene wird man modellieren,
wenn man Untersuchungen mit realer Software (Objektcode) vornehmen
will, auf der Daten-Ebene vor allem, wenn es um Entwicklung und
Funktionstest von Steuerungsalgorithmen geht. Die Metainformations-
ebene empfiehlt sich für Leistungsprognosen in der Spezifikations-
und Designphase. Die Petrinetz-Ebene wird für spezielle Funktions-
analysen (z.B. Deadlock-Untersuchungen) eingesetzt.

5. Modellierungs- und Simulationsstrategien

Die genauesten Ergebnisse für alle Simulationsziele (Leistungs-
und Funktionsuntersuchungen) würde ein Gesamtsystemmodell auf der
untersten Abstraktionsebene liefern. Das ist aus Aufwandsgründen
in der Regel nicht möglich. Es bieten sich folgende Vorgehensweisen
an:

Eine erste Möglichkeit ist die getrennte Simulation von Submodellen
im jeweils zur Zielstellung passenden Abstraktionsgrad (z.B. cache
auf der Logik- bzw. Daten-Ebene, Arbeitsspeicher auf der Metainformations-Ebene).
Die Ergebnisse der Simulation einer Ebene werden als Input für die
nächste Ebene verwendet, z.B. in Form von traces oder statistischen
Verteilungen. Beispielsweise kann innerhalb eines Mehrprozessor-
systems das I/O-Subsystem (periphere Speicher-Ebene) getrennt simuliert werden und als Ergebnis das I/O-Verhalten im Gesamtsystem
durch eine Verteilung (z.B. der Zugriffszeiten) wiedergegeben werden.
Ein weiteres Beispiel ist eine cache-Simulation auf der Daten-Ebene.
Als Ergebnis kann man eine Zugriffsverteilung auf Speicherbereiche
im Arbeitsspeicher erhalten, die in ein Modell auf der Metainformations-Ebene integriert werden kann.
Die Simulationsergebnisse einer Ebene können auch durch analytische
Funktionen approximiert werden, z.B. kann die Zugriffszeit zum Hauptspeicher als Funktion des übertragenen Adreßbereichs dargestellt
werden.
Diese erste Möglichkeit läßt sich dann gut anwenden, wenn eine Dekomposition des Modells möglich ist. Dazu müssen Teilmodelle mit vom
restlichen Modell unabhängigen Parametern existieren. Dieses Verfahren ist auch bei sehr unterschiedlichen Zeitskalen der Ereignisse
in verschiedenen Teilen innerhalb eines Modells vorteilhaft. Wün-

schenswert ist, daß zwischen Submodell und dem restlichen Modell nur eine Ein- bzw. Ausgabeschnittstelle existiert.
Das Verfahren läßt sich nicht anwenden, wenn die Zustände von Submodell und restlichem Modell voneinander abhängen. Wenn eine starke Wechselwirkung zwischen den Modellteilen besteht, d.h. die Zahl der Ereignisse im Submodell zwischen Ereignissen im restlichen Modell klein ist, kann die Dekomposition zu ungenauen Ergebnissen führen.

Eine zweite Möglichkeit ist die Simulation innerhalb eines Gesamtmodells, wobei jedes Modellteil im gewünschten Abstraktionsgrad modelliert wird (Mehrebenensimulation). Dabei wird sich der Abstraktionsgrad daran orientieren, welche Speicherebene und welches Problem im Vordergrund stehen.
Als Problem tritt dabei die Schnittstellenanpassung zwischen Modellkomponenten auf unterschiedlichen Modellierungsebenen auf. Ein weiteres Problem ist die Konsistenzüberprüfung von Modellkomponenten verschiedener Abstraktionsstufen.

Als dritte Möglichkeit sei noch erwähnt, daß es in vielen Fällen sinnvoll ist, Leistungsuntersuchungen und Funktionsverifikation in unterschiedlichen Modellen vorzunehmenen.

6. Anforderungen an Modellierungssysteme

Aus dem vorhergehenden ergibt sich, daß Systeme zur Modellierung und Simulation von Speicherhierarchien, neben den geläufigen Eigenschaften solcher Systeme, insbesondere folgende Merkmale aufweisen sollten:

- Speicherspezifische Beschreibungsmittel (Sprachelemente, parametrisierte Standardmodule)

- Modularer Modellaufbau zwecks einfacher Erweiterbarkeit, Konfigurierbarkeit und Verfeinerbarkeit (Wechsel der Detaillierung oder Abstraktion) von Moduln.

- Beschreibungsmittel für alle Abstraktionsebenen

- Möglichkeit mehrerer Abstraktionsebenen in einem Modell und Unterstützung der Schnittstellenadaption zwischen Sub-Modellen unterschiedlicher Abstraktionshöhe

- Unterstützung bei der Konsistenzüberprüfung von Sub-Modellen verschiedener Abstraktionshöhe und Beschreibungsart.

Es sei nicht verschwiegen, daß diese Anforderungen zur Zeit von keinem System erfüllt werden. Die von den Autoren eingesetzten Systeme BORIS /1/ und SIGMUS /2/ decken sie jedoch gemeinsam weitgehend ab.

Literatur:

/1/   H. Schmitt, J. Maierhofer: Principles of Modelling with BORIS - a Block-oriented Interactive Simulation System, International Conference of Modelling Techniques and Tools for Performance Analysis, Paris May 1984.
/2/   K. Schmidt, H. Schmitt: The Universal Simulator SIGMUS, Summer Computer Simulation Conference, Washington D.C July 1981.
/3/   M. H. McDougall (editor), System Level Simulation, Digital Systems Design Automation, Computer Science Press, Inc., Woodland Hills 1975.
/4/   Meisner, Stahl: Prozessororientierter Cache, Siemens Labor-Bericht, Erlangen 1981.
/5/   Moeller: Architektur und Leistung busorientierter Multiprozessorsysteme mit Cache, Siemens Labor-Bericht, München 1981.

HOMOGENE RECHNENDE STRUKTUREN UND IHRE SIMULATION

V.S. Cherniavsky, P. Ruckmann
Institut für Informatik, TU Braunschweig
D-3300 Braunschweig

ÜBERBLICK

Es wird eine Methode zur Simulation von Rechnerarchitekturen vorgestellt und anhand
der Simulation des Rechnenden Gedächtnisses, einer Homogenen Rechnenden Struktur,
erläutert. Ihre wesentlichen Elemente sind das Beruhigungsverfahren, eine
spezifische Induktion und die Komprimierungsstrategie. Vorab wird die Konzeption
des Rechnenden Gedächtnisses skizziert.

DAS RECHNENDE GEDÄCHTNIS

Als Alternative zur von Neumannschen Rechnerarchitektur wurde im Rahmen eines von
der Deutschen Forschungsgemeinschaft geförderten Projektes an der TU Braunschweig
das Konzept einer Homogenen Rechnenden Struktur, Rechnendes Gedächtnis (RG) genannt,
entwickelt (/3/, /4/).

Das RG ist im wesentlichen ein homogener Direktzugriffsspeicher; Kontroll- und
Rechenwerke gibt es dagegen nicht. Von einem gewöhnlichen Speicher unterscheidet es
sich dadurch, daß die einzelnen Zellen eine komplexere Schaltlogik besitzen, daß sie
an mehrere Kommunikationskanäle angeschlossen sind und daß benachbarte Zellen sich
unmittelbar in ihrem Verhalten beeinflussen können. Das RG wird von einem zentralen
Taktgeber getaktet, der das Schema belebt, d.h. die Zellen zu einem hochgradig
parallelen Zusammenwirken veranlaßt. Eine wesentliche Eigenschaft des RG ist die
Fähigkeit zur Mehraktivität. Bestimmte Bitmuster, die an beliebigen Stellen im RG
plaziert werden können, verhalten sich wie universelle Rechner. Sie werden
Aktivitätszonen genannt. Sie können miteinander kommunizieren, dynamisch andere
Aktivitätszonen erzeugen und sich im RG wie in einem Raum bewegen. Aktivitätszonen,
die ihre Aufgabe erfüllt haben, können sich auflösen.

Das Rechnende Gedächtnis bzw. die Aktivitätszonen sind mikroprogrammierbar. In den
Instruktionen der Mikrosprache manifestieren sich die unmittelbar hardwaremäßig
unterstützten Operationen des RG. Jede Aktivitätszone ist mit einem Mikroprogramm
ausgestattet, das Programme einer Makrosprache genannten Programmiersprache
interpretiert. Auf diese Weise können offensichtlich verschiedene Makrosprachen
implementiert werden, z.B. auch die Maschinensprache eines konventionellen Rechners.

Das RG ist analog dem von Neumannschen Rechner mehr eine Konzeption als eine spezifische Architektur. So wurden im Laufe der RG-Entwicklung eine Vielzahl von Versionen entwickelt (/2/, /3/, /4/, /7/, /9/). Eine eigens entwickelte Version, <u>Version R (VR)</u> genannt, diente dazu, die Anwendung der anschließend erläuterten Simulationsmethode zu erproben.

VR (/9/) ist bis auf Schaltelementebene ausgearbeitet worden. Eine Zelle von VR besteht aus 34 Speicherelementen und 300 Elementen, die elementare Schaltfunktionen realisieren. In den Speicherelementen einer Zelle werden ihr <u>Label</u> (10 bit), ihr <u>Wert</u> (16 bit) sowie bestimmte <u>Kontrollinformationen</u> (6 bit) gespeichert. Das Label dient zur (teilassoziativen) Adressierung der Zelle. Bei der Bewertung des Schaltelementaufwands ist zu berücksichtigen, daß bei der Entwicklung von VR keinerlei Optimierungsversuche unternommen wurden; Wert gelegt wurde dagegen auf konzeptionelle Klarheit und Einfachheit.

Die Mikrosprache von VR umfaßt 21 Operationen. Dabei handelt es sich um Adressierungen, Übertragungen von Informationen zwischen adressierten Zellen und Manipulation von Kontrollinformationen in adressierten Zellen. Für VR wurde eine einfache aber algorithmisch universale Makrosprache konzipiert. Sie enthält neben Zuweisungsoperationen, Sprungoperationen u.ä auch Operationen für die Ausnutzung der Mehraktivität, wie z.B. Erzeugen und Auflösen von Aktivitätszonen.

ÜBERBLICK ÜBER DIE SIMULATION

Anhand von VR haben wir eine Methodik zum Testen von RG-Konstruktionen mittels Simulation entwickelt. Ihre wesentlichen Bestandteile sind

    1) Verfahren zur Simulation
        a) der Hardware auf Schaltelementebene
        b) der Hardware auf höheren logischen Ebenen

    2) Methoden zur Bewältigung
        a) des Induktionsproblems
        b) der Komplexität

Im folgenden wird zunächst die Simulation der RG-Hardware auf Schaltelementebene durch das <u>Beruhigungsverfahren</u> erläutert. Die Diskussion des <u>Induktionsproblems</u> und seine Lösung bei der RG-Simulation folgt. Schließlich wird die <u>Komprimierungsstrategie</u> als Mittel zur Komplexitätsbewältigung beschrieben. Sie führt zu Verfahren, die die RG-Hardware auf höheren logischen Ebenen simulieren.

DAS BERUHIGUNGSVERFAHREN

Das Hauptproblem der Hardware-Simulation besteht darin, die auf Schaltelementebene ablaufenden parallelen Vorgänge angemessen nachzuvollziehen. Da eine rein logische und technologieunabhängige Betrachtunsebene gewährleistet werden soll, sind die häufig verwendeten Verfahren der "zeitkorrekten" Simulation (/1/, /8/) nicht geeignet. Verfahren, in denen das zu simulierende Hardware-Objekt als endlicher Automat aufgefaßt wird (/8/), eignen sich ebenfalls nicht für die Simulation von RG-Schaltungen, denn diese können nicht geschlossen als Zustandsübergangsfunktion eines endlichen Automaten beschrieben werden.

Die Grundlage für das von uns verwendete <u>Beruhigungsverfahren</u> bildet die folgende Betrachtungsweise der Abläufe in einer getakteten Schaltung: Ein Schaltungstakt wird aufgefaßt als Aufeinanderfolge (1) eines Einschwingvorgangs, Beruhigung genannt, in dem sich bei allen Schaltelementen nach und nach die richtige Beziehung zwischen Eingangs- und Ausgangsbelegung auf den Verbindungsleitungen einstellt, und (2) eines Zustandsübergangs der Speicherelemente entsprechend der "beruhigten" Werte auf ihren Eingangsleitungen; dabei wird davon ausgegangen, daß die Zeitspanne für den vollständigen Ablauf der Beruhigung hinreichend lang ist. Bei dem Aufbau von RG-Versionen beschränken wir uns auf eine Klasse von Schaltungen, bei denen die Beruhigung stets zu einer durch die aktuellen Speicherelementzustände eindeutig bestimmten Endbelegung der Leitungen führt. Fixiert man die Speicherelementzustände einer Schaltung und identifiziert man die Leitungen einer Schaltung mit Variablen und die Schaltelemente mit Gleichungen, die die funktionale Abhängigkeit zwischen Eingangs- und Ausgangsleitungen ausdrücken, so stellt sich die Schaltung als Gleichungssystem dar. Die beruhigte Leitungsbelegung ist dann Lösung des Gleichungssystems.

Für die von uns betrachtete Schaltungsklasse läßt sich zeigen, daß sich die eindeutig bestimmte Lösung des Gleichungssystem iterativ, und zwar mit beliebigen Iterationen, ermitteln läßt (/5/). Das Beruhigungsverfahren ist eine spezielle Iteration; es geht wiederholt alle Schaltelemente einer Gedächnisschaltung durch, berechnet ihre Schaltfunktionen und aktualisiert mit den jeweils berechneten Werten die Leitungsbelegung der Schaltung. Da eine RG-Hardware lediglich die mehrfache Aneinanderreihung derselben Zellschaltung ist, kann das einmalige Durchgehen aller Schaltelemente des Gedächtnisses auf das mehrmalige Durchgehen der Elemente einer als Prototyp dienenden Zellschaltung zurückgeführt werden. Die Iteration endet, wenn ein Durchgehen der Gedächtnisschaltung keine Veränderung der Leitungsbelegung mehr bewirkt. Aus der so ermittelten beruhigten Leitungsbelegung können unmittelbar die Zustandsübergänge der Speicherelemente im Gedächtnis abgeleitet werden.

DAS INDUKTIONSPROBLEM

Allgemein versteht man unter dem Induktionsproblem das Problem des Übergangs von Einzelfällen $A(x_1),\ldots,A(x_n)$ zu der Verallgemeinerung $\forall x\,A(x)$, wobei x einen unendlichen Wertebereich hat. Es stellt sich stets, wenn mit Hilfe von endlich vielen (z.B. experimentell gewonnenen) Daten generelle Aussagen über einen unendlichen Bereich nachgewiesen werden sollen. Eine Lösung des Induktionsproblems nennt man Induktion (/6/).

Anhand eines Beispiels soll gezeigt werden, in welcher Form sich das Induktionsproblem bei der Simulation von RGs stellt und wie es gelöst wird. Ein Ziel der Simulation von VR ist der Nachweis, daß die VR-Hardware alle Programme der Mikrosprache richtig ausführt. Dieses ausschließlich mit Hilfe von experimentell gewonnenen Daten zu zeigen, scheitert, denn es läßt sich immer eine Hardware vorstellen, die sich in allen Experimenten korrekt, in anderen, nicht getesteten Einzelfällen aber inkorrekt, verhält. Deshalb ist es notwendig, zumindest partiell die Kenntnis der simulierten Hardware in die Induktion miteinzubeziehen. In unserem Fall haben wir uns dabei auf solche Hardware-Eigenschaften beschränkt, die unmittelbar und leicht aus der Schaltungsstruktur von VR ersichtlich sind.

Bei der Simulation von VR wurde nicht nur die korrekte Ausführung der Mikroprogramme durch die Hardware gezeigt, sondern in analoger Weise auch die korrekte Realisierung der Mehraktivitätskonzeption und die korrekte Implementierung des mikroprogrammierten Interpretierers für die Makrosprache von VR.

DIE KOMPRIMIERUNGSSTRATEGIE

Die Komplexität der Simulation aller Aspekte eines RG erfordert eine Vorgehensweise, die den Simulationsaufwand beschränkt. Aus diesem Grund wird bei der RG-Simulation nach einer Strategie der Komprimierung vorgegangen. Diese Strategie besteht darin, die Simulation des RG in mehreren Stufen durchzuführen. Auf höheren Stufen wird dabei auch ein höheres Simulationsniveau benutzt, dessen Verwendung durch die bei der Simulation niederer Stufen gewonnenen Ergebnisse abgesichert ist. Das höhere Simulationsniveau ergibt sich also aus einer Komprimierung der Ergebnisse der Simulation niederer Nieveaus.

Bei der Simulation von VR wird die Komprimierungsstrategie in der folgenden Weise angewendet. Zunächst wird durch Simulation auf Schaltelementebene gezeigt, daß die VR-Schaltung Mikroprogramme korrekt ausführt. Für die weitere Simulation wird dann ein Programm benutzt, daß VR lediglich hinsichtlich der Mikroprogrammausführung simuliert. Dieses Programm ist also im wesentlichen ein Sprachinterpretierer. Mit ihm wird gezeigt, daß die Mikroprogramme von VR korrekt funktionieren.

ZUSAMMENFASSUNG

Am Beispiel der Simulation von VR, einer Mehraktivitätsversion des Rechnenden Gedächtnisses, wurde eine Methode der Simulation von Rechnerstrukturen vorgestellt. Die wesentlichen Elemente dieser Methode sind das Beruhigungsverfahren, eine spezifische Induktion und die Komprimierungsstrategie. Das Beruhigungsverfahren erlaubt die Hardware-Simulation auf Schaltelementebene, wobei lediglich das logische Verhalten der Schaltelemente definiert sein muß. Die Induktion mit Einbeziehung bestimmter Annahmen über das simulierte Objekt bewährt sich als Mittel zum Nachweis allgemeiner Aussagen. Schließlich erweist sich die Komprimierungsstrategie als geeignet, die Komplexität und den Aufwand der Simulation zu reduzieren.

Die ausführliche Beschreibung der Methode und ihrer Anwendung bei der Simulation von VR findet sich in /5/.

LITERATUR

/1/ Breuer, M.A., Friedman, A.D., Diagnosis and Reliable Design of Digital Systems. Pitman Publishing Limited London 1976

/2/ Broer, H., Informationstransformationen in Homogenen Rechnenden Strukturen. Informatik-Bericht Nr. 83 02, Technische Universität Braunschweig 1983

/3/ Cherniavsky V.S., The Computing Memory, Part I: The One-dimensional One-Activity Version. Informatik-Bericht Nr. 80 06, Technische Universität Braunschweig 1980

/4/ Cherniavsky, V.S., The Computing Memory, Part II: The Multy-Activity System. Informatik-Bericht Nr. 81 02, Technische Universität Braunschweig 1981

/5/ Cherniavsky, V.S., Ruckmann, P., Simulation Homogener Rechnender Strukturen. Informatik-Bericht Nr. 84 04, Technische Universität Braunschweig 1984

/6/ Essler, W.K., Induktion. in: Speck J. (Hrsg), Handbuch wissenschafts-theoretischer Begriffe. S. 297 ff, Vandenhoeck Göttingen

/7/ Hafermann, U., Eine vollassoziative Einaktivitätsversion des Rechnenden Ge-dächtnisses. Informatik-Bericht Nr. 84 03, Technische Universität Braunschweig 1984

/8/ Risak, V., Simulation von Digitalrechnern. Carl Hanser Verlag München 1971

/9/ Ruckmann, P., Eine Mehraktivtätsversion des Rechnenden Gedächtnisses - Version R. Informatik Bericht Nr. 83 03, Technische Universität Braunschweig 1983

Stochastische Simulation an Hardware-Fehlerbäumen zur Untersuchung
der Zuverlässigkeit von Systemen

S. Fenyi. R. Beedgen, K. Nagel
Kernforschungszentrum Karlsruhe GmbH
Institut für Datenverarbeitung in der Technik
Postfach 3640, D-7500 Karlsruhe 1
Bundesrepublik Deutschland

1. Einführung

Die stochastische Rechentechnik ist ein eigenständiges Verfahren für die Simulation
diskreter stochastischer Prozesse. Solche Maschinen sind als Monte-Carlo-Prozesso-
ren bekannt. Mit Monte-Carlo bezeichnen wir ein Verfahren, das sich mit Simulationsexperimenten basierend auf Zufallszahlen beschäftigt. Diese Spezialmaschinen mei-
stern Aufgaben mit exponentieller Komplexität dort, wo Universalrechner versagen.
Die preiswerten Hochgeschwindigkeitskomponenten der Elektronik und Komponenten der
Mikroprozessorentechnik ermöglichen erst die Hardware-Realisierung dieser Rechentechnik. Der Signalfluß ist in der stochastischen Rechentechnik hochgradig parallel.
Der stochastische Rechenautomat ist ein Hardware-Modell des digitalen stochastischen
Prozesses.Es wurde konkret das Ausfallverhalten komplexer technischer Systeme am
Beispiel kerntechnischer Anlagen probabilistisch mit Hardware-Fehlerbäumen in Mikroprozessoren-Umgebung simuliert. Diese Art des Problems gehört in die Klasse der kombinatorischen stochastischen Automaten ohne Speicherelemente. Es wurden Vorschläge
für Hardware Realisierung von Markoff-Ketten für Diffusionsmodelle wie Ehrenfest-
Diffusion, Random-Walk-Modelle und Modelle für radiologische Beschädigung von Makro-
molekülen gemacht. Diese stochastische Hardware-Rechenautomaten enthalten nebst
kombinatorischen Netzen auch Speicherelemente. Sie können auch als Hardware-Markoff-
Maschinen betrachtet werden. Die Vorschläge sind alle Automaten mit Kettenstruktur.

2. Der Fehlerbaum und seine Hardware-Realisierung

Wir beschreiben die strukturellen Beziehungen zwischen einem technischen System und
seinen Komponenten mit Hilfe eines Fehlerbaumes. In Abb. 1 ist das Beispiel eines
Fehlerbaumes gezeigt /1/, der in diese Studie die Basis für die Betrachtungen bildet.
Er hat 16 Basisereignisse, die zum Ausfall des Systems (Top-Ereignis) führen können.
Der Baum in Abb. 1 ist ein kohärenter Baum ohne internen Fan-out. Die Kohärenz (der
Baum enthält keine Negationen) gewährt die Monotonieeigenschaft bezüglich der Top-
Ereigniswahrscheinlichkeit abhängend von den Wahrscheinlichkeiten der Basis-Ereig-
nisse. Die Kohärenz erlaubt die Reduktion des Booleschen Polynoms auf eine Minimal-
form. Dies sind die Minimalschnitte - für diesen Baum 20 Produktterme. Die Umsetzung
des Baumes in Hardware erfolgte mit nur einem Schaltungselement, einem MOSFET-Schal-

ter (3N171 Intersil). Mit einem Top-down Algorithmus wird das System der Tore in ein System von parallel und in Serie geschalteten Schaltern umgewandelt. Das Ergebnis dieser Umwandlung ist auf der Abb. 2 zu sehen. Es kann bewiesen werden, daß die Minimalschnitte der Tordarstellung den minimal leitenden Pfaden der Schalterdarstellung entsprechen. Der Hardware-Baum wurde deterministisch mit seiner Wahrheitstabelle und softwaremäßig mit der Umformung der Systemstrukturfunktion in Linearform mit der Sprache REDUCE geprüft. Es wird im weiteren die Initialisierbarkeit jeglicher Fehlerbaumstruktur angestrebt.

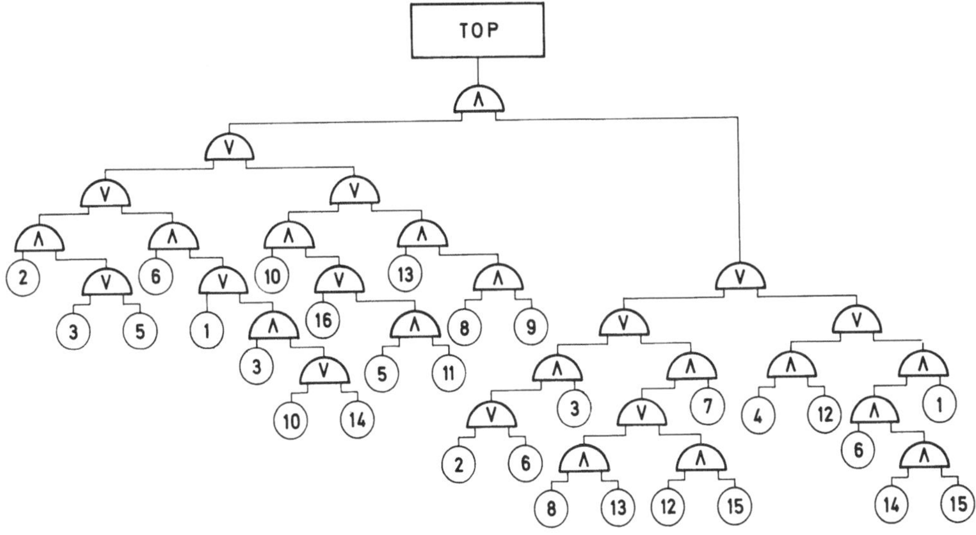

Abb. 1

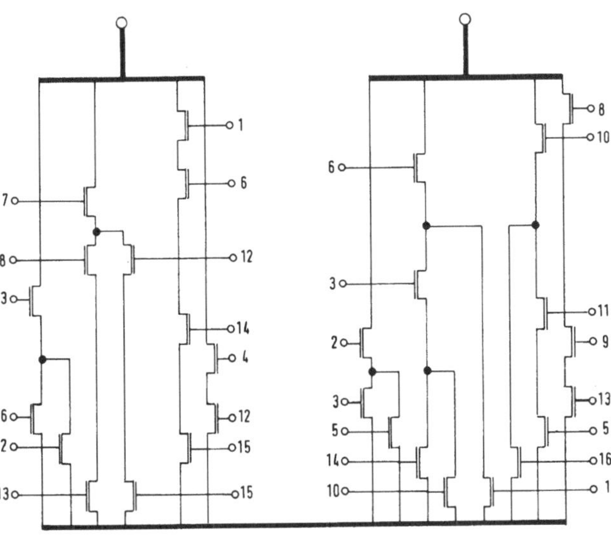

Abb. 2

3. Grundkonzept der Hardware MC Simulation.

Der Fehlerbaum bestehend aus einem kombinatorischem Netz, gibt logisch an, ob eine
konkrete Kombination von Komponentenausfällen zu einem Systemausfall führt oder
nicht. Gewöhnlicherweise wird die Wahrscheinlichkeit des Top-Ereignisses abhängend
von der Wahrscheinlichkeit der Primärereignisse durch die Strukturfunktion (Boole-
sches-Polynom) ausgewertet. Die MC-Simulation geht probabilistisch vor: Es wird eine
Stichprobe der Komponentenausfälle erzeugt, sie wird auf den Hardware-Baum gegeben
und das Top-Ereignis als Ergebnis dieser Stichprobe ebenso hardwaremäßig registriert.
Die Wahrscheinlichkeit des Top-Ereignisses wird also mit Stichproben geschätzt.
Hier liegt ein Vorteil des MC-Verfahrens. Es werden nicht sämtliche mögliche Kombinationen der Komponentenausfälle - dies ist sehr anschaulich, wenn wir als Spezialfall annehmen, daß sämtliche Primärereignisse mit Wahrscheinlichkeit 0.5 auftreten -
sondern eine wesentlich geringere Anzahl von Stichproben erzeugt, die den Genauigkeitsanforderungen der Schätzung entsprechen müssen. Die Hardware-Fehlerbaumanaly-
se beinhaltet die Lösung folgender Probleme:
- Erzeugung der Zufallsereignisse (Komponentenausfälle) mittels Zufallszahlen;
- Anfertigung des Hardware-Fehlerbaumes, der als Spezialrechner gilt;
- statistische Auswertung der Stichproben.

Bei der Erzeugung der Zufallsereignisse wurden zwei Methoden angewendet:
- es wurde die parallele Erzeugung von Bernoulli-noise mit einem algebraischen
  Zufallszahlengenerator, mit je einem Mikroprozessor für die Komponentenausfälle,
  verwirklicht;
- es wurde die Speichertechnik der Mikroprozessoren-Umgebung angewendet, um die
  Zufallszahlen zum schnellen Abruf vom Magnetplattenlaufwerk bereitzustellen.

4. Simulationsergebnisse

In der zweiten Version wurden die erzeugten Zufallszahlen auf Magnetplatte gespeichert. Die Erzeugung erfolgte mit dem linearen Kongruenzgenerator /2/
$X_{i+1} = aX_i + 1 \bmod m = 2^{48}$, a = 44485709377909. Dieser Generator hat eine Periode von
2^{48}. Mit diesem Generator konnten wir befriedigende Simulationsergebnisse erzielen.
Die mit den Simulationsläufen erzeugten Stichproben dienten zur Schätzung der
Bernoulli-verteilten Top-Ereignis-Wahrscheinlichkeiten, wobei Punkt- und Intervall-
schätzungen herangezogen wurden. Das arithmetische Mittel $\bar{X}$ wurde für die Punktschätzung verwendet, da es erwartungstreu, konsistent und effizient ist. Für die verwendeten Stichprobenumfänge wurde zur Berechnung eines Konfidenzintervalles zum
Niveau α die Gleichung $P\{-Z_{\alpha/2} \leq (\bar{X}-p)/\sqrt{p(1-p)/n} \leq Z_{\alpha/2}\} = 1-\alpha$ verwendet, wobei
$Z_{\alpha/2}$ das $\alpha/2$ - Quantil der Standardnormalverteilung, p die Top-Ereignis-Wahrschein-
lichkeit und n der Stichprobenumfang ist. Haben alle Primärereignisse die Ausfall-
wahrscheinlichkeit $p_i = 0.5$, dann ist die theoretische Wahrscheinlichkeit des Top-

Ereignisses $34991/2^{16} \sim 53.4\%$. Die Punktschätzung basierend auf Simulationsstichproben vom Umfang 40000 ergab 53.3%. Bei vorgegebenen p_i's, die nicht alle identisch waren, betrug der theoretische Wert des Top-Ereignisses 13.33%, und die Punktschätzung basierend auf Simulationsstichproben vom Umfang 10000 zeigte 13.22%. Die theoretischen Werte I_1 für die Birnbaumsche Importanz /3/ der Komponente i waren $I = 10.3\%$ und $I_{11} = 1.1\%$. Das Simulationsexperiment ergab mit Stichproben vom Umfang 5000 $I_1 = 10.4\%$ und $I_{11} = 1.2\%$. Es wurden Simulationsergebnisse mit instantan erzeugten Zufallszahlen mit 16 Mikrorechnern erzielt. Als Zufallszahlengenerator diente eine rückgekoppelte Schieberegistersequenz. Der theoretische Wert des Top-Ereignisses betrug genau 50%. Es wurden geschichtete Stichproben vom Umfang n = 1024 erzeugt. Die Bereichschätzung wurde mit der exakten Bernoulli-Verteilung unternommen. Nach Johnsn-Kotz /4/ gilt:

$$I_T(u,v) := \beta_T(u,v)/\beta(u,v) \text{ mit } \beta_T(u,v) = \int_0^T t^{u-1}(-t)^{v-1}dt,$$

$$I_p(x,n-x+1) = \sum_{t=x}^{n} \binom{n}{t} p^t(1-p)^{n-t} = 1-B(x-1,n,p),$$

wo $B(.,n,p)$ die Bernoulli-Verteilung ist. Die Bereichsgrenzen werden mit der Lösung von $I_{n_1}(x,n-x+1) = \alpha/2$ und $I_{n_2}(x+1,n-x) = 1-\alpha/2$ berechnet ($1-\alpha/2 = 0.95$). Die Bereichgrenzen für das Minimum x = 467 der Stichproben waren, (0.42522; 0.48724), für das Maximum x = 522, (0.50797;056994) für die exakte Mitte x = 512, (0.46893;053107); die Näherung mit der Normalverteilung ergibt das Intervall (0.468947; 0.531053).

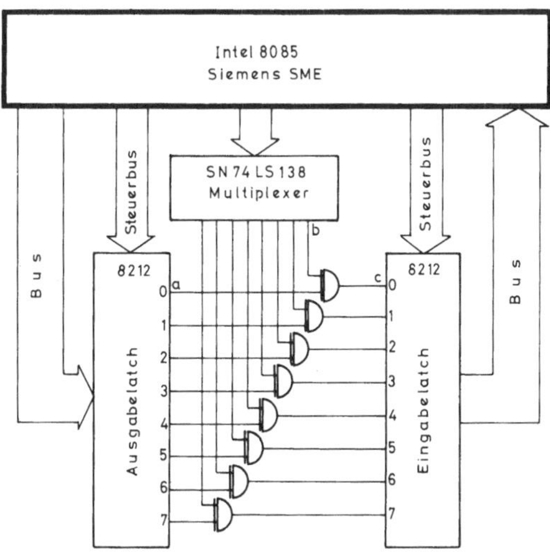

Abb. 3

5. Stochastische Hardware-Automaten für Markoff-Ketten

Schließen wir mit einem Vorschlag für die Hardware Realisierung einer Markoff-Kette.
In Abb.3 ist diese Maschine für die Ehrenfest-Diffusion dargestellt /5/.
Die Maschine enthält ein-Bit Speicherelelmente (Flip-Flops), die den aktuellen Zustand der Kette speichern, und X-or Tore, die für den Übergang sorgen. Die Maschine wird mit der Bernoulli-noise getaktet. Weitere Einzelheiten siehe /6/.

/1/ K. NAKASHIMA, Y. HATTORI: An efficient bottom-up algorithm. IEEE Trans. Rel.,
     Vol. R-28, p. 353-357, 1979
/2/ S.J.YAKOWITZ: Computational Probalbility and Simulation. Addison Wesley, Reading
     (Massachusetts) 1977
/3/ H.E. LAMBERT: Fault Trees for Decision Making in System Analysis. UCRL-51829.
     University of California, Livermore 1975
/4/ N.L. JOHNSON, S.KOTZ: Discrete Distributions. Houghton Mifflin Company, Boston
     1969
/5/ S. KARLIN: A First Course in Stochastic Prozesses. Academic Press, New York
     1969
/6/ S. FENYI, R. BEEDGEN, K. NAGEL: Stochastische Simulation an Hardware-Fehler-
     bäumen zur Untersuchung der Zuverlässigkeit von Systemen. KfK Bericht im Druck

SIMULATION ASYNCHRONER KOPPLUNGSVORGÄNGE zwischen
in sich SYNCHRONEN TEILSTRUKTUREN DIGITALER RECHENSYSTEME
in der RECHNERENTWURFSSPRACHE ERES

S. Gulden
R. Klar

Universität Erlangen-Nürnberg,
Institut für Mathematische Maschinen und Datenverarbeitung (VII)
Martensstrasse 3, D8520 ERLANGEN, West-Germany.

0. Einleitung

Vor dem Hintergrund der vielfach erhobenen Forderung nach der
systematischen Entwicklung von Rechnern als eine ingenieurwissen-
schaftliche Disziplin, stellt die Simulation der mit Hilfe geeigneter
Hardware-Beschreibungssprachen formal erfaßten funktionellen sowie
strukturellen Eigenschaften digitaler Schaltwerke einen wichtigen
Beitrag für die rechnergestützte Verifikation bzw. Falsifikation von
System- Konzeptionen dar.
Die Register-Transfer-Sprache ERES (_Erlanger _Rechner_entwurfs_sprache)
[4], [1] gestattet neben der bloßen Nachbildung des logischen Verhaltens von Entwurfsobjekten durch Einführung von Signal-Verzöge-
rungszeiten in Verbindung mit dem Zustand "undefiniert" auch die
detaillierte Analyse des zugrundeliegenden zeitlichen Ablaufgeschehens
und damit eine quantitative Leistungsbewertung.
Im Rahmen einer 1983 durchgeführten Arbeit [2] wurde eine ERES-
Erweiterung vorgeschlagen, die neben einer modularen Konstruktion von
Entwurfsobjekten auch die Möglichkeit eröffnet, asynchrone Kopplungsvorgänge zwischen in sich synchronen Teilstrukturen digitaler
Rechensysteme zu beschreiben.
Gegenstand des vorliegenden Beitrags ist die Diskussion gewisser,
grundsätzlich nicht auszuschließender stochastischer Unwägbarkeiten im
zeitlichen Ablaufgeschehen asynchron gekoppelter Systeme sowie die
Vorstellung des in dieser Hinsicht für ERES entwickelten Simula-
tionskonzepts.

1. Das ERES-Konzept zur Modellierung asynchroner Kopplungsvorgänge zwischen in sich synchronen Schaltwerken

Ausgehend von der Tatsache, daß die Darstellung der in asynchron gekoppelten Systemen erforderlichen Synchronisations-Prozesse mit Hilfe der ursprünglichen Register-Transfer-Primitive nur in sehr umständlicher und damit fehleranfälliger Form möglich ist, wurden in [3] für diesen Zweck zwei Synchronisations-Operatoren vorgeschlagen:
- 'SYN' (SYNCHRONIZE)
- 'SYNP' (SYNCHRONIZE PULSE)

Die Einbettung einer verallgemeinerten Version besagter Operatoren in ERES versetzt den Entwerfer einerseits in die Lage, asynchron gekoppelte Systeme zu beschreiben, entbindet ihn aber andererseits davon, die dahinter stehenden Synchronisations-Prozesse an sich im Detail auszuführen.

2. Semantische Einbettung von Synchronisations-Operatoren in ERES

Die Verifikation eines asynchron gekoppelten Systems durch Simulation seiner mit Hilfe einer Entwurfssprache formal erfaßten Funktionsbeschreibung bringt gegenüber der Verifikation eines rein synchronen Schaltwerks folgende zusätzliche Schwierigkeiten mit sich:
- In einem asynchron gekoppelten System existieren mindestens zwei voneinander unabhängige Uhren.
  Dem grundsätzlich nicht auszuschließenden "Auseinander-Driften" realer Uhren und dem daraus resultierenden Pseudo- Determinismus im Ablaufgeschehen ist bei der Simulation in irgendeiner Weise Rechung zu tragen.
- Bei der Modellierung von Synchronisations-Prozessen sind gewisse stochastische Unwägbarkeiten im zeitlichen Verhalten der Synchronisations-Hardware zu berücksichtigen.

Die Behandlung des erstgenannten Problemkreises geschieht nicht durch ein semantisches Konzept innerhalb der Sprache ERES selbst, sondern erfolgt mit Hilfe einer geeigneten Simulations-Umgebung und ist nicht Gegenstand des vorliegenden Beitrags.
Die Modellierung eines in gewissen Grenzen stochastischen zeitlichen Verhaltens von Synchronisations-Hardware dagegen ist Bestandteil der Sprachdefinition und findet unmittelbaren Ausdruck in einer entsprechenden semantischen Einbettung der genannten Synchronisations-Operatoren in ERES.

2.1 Stochastische Unwägbarkeiten im zeitlichen Verhalten von Synchronisations-Hardware

Der Versuch eines Lesezugriffs auf einen Informationsträger, der sich zum Referenzierungs-Zeitpunkt in einem undefinierten Zustand befindet, ist im Kontext eines in sich synchronen Schaltwerks grundsätzlich als Ausdruck eines fehlerhaften Entwurfs zu betrachten.

Im Gegensatz zu dem durch synchrone Zustands-Fortschaltung erzeugten Datenstrom sind die einen asynchronen Kopplungsvorgang zwischen zwei oder mehreren, durch voneinander unabhängige Uhren gesteuerte Teil-systeme koordinierenden Steuersignale hinsichtlich ihres zeitlichen Verlaufs in kein dem betreffenden Empfänger bekanntes Taktraster eingebettet.

Aus der Sicht des Empfängers ändern derartige Signale ihre Werte "irgendwann", d.h. zu Zeitpunkten, die vom Entwerfer dieses Moduls in keinster Weise vorhersehbar sind.

Es kann demnach prinzipiell nicht ausgeschlossen werden, daß der nach Maßgabe der Uhr des Empfängers angestoßene und von dessen Synchronisa-tions-Hardware durchgeführte Vorgang der Referenzierung eines asynchronen Signals zu einem Zeitpunkt stattfindet, zu dem sich dieses in einer durch den Zustand "undefiniert" charakterisierten Übergangs-Phase befindet.

Insbesondere kann eine solche Situation nicht als Ausdruck eines Entwurfsfehlers gewertet werden.

Falls sich zu einem Referenzierungs-Zeitpunkt die den Zustand des Signals repräsentierende physikalische Größe (z.B. Spannungspegel) zwischen den von der Synchronisations-Hardware zuverlässig als "0" bzw. "1" interpretierbaren Bereichen befindet, so ist die Entscheidung auf "logisch aktiv" bzw. "logisch inaktiv" zwar stochastischer Natur, dennoch muß sie grundsätzlich auch in diesem Fall erfolgen (Abb. 1).

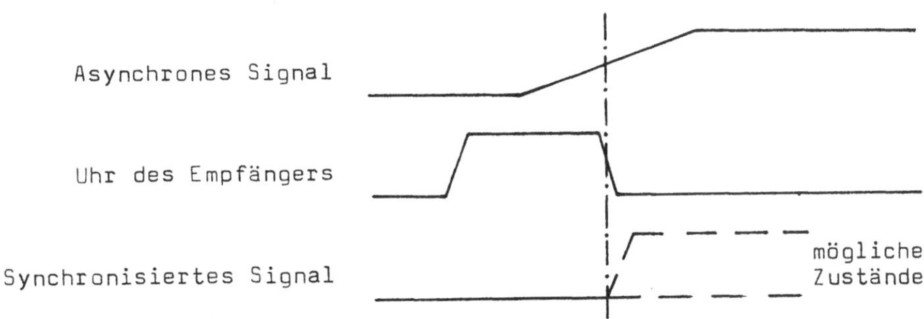

Abb. 1: Stochastische Unwägbarkeiten im zeitlichen Ablauf von Synchronisations-Prozessen

Es sei in diesem Zusammenhang ausdrücklich darauf hingewiesen, daß obige Betrachtungen Anwendung finden ausschließlich auf die einen asynchronen Kopplungsvorgang koordinierenden <u>Steuersignale</u>.

Dagegen besteht der Zweck der Einführung von Synchronisations-Prozessen gerade darin, die geschilderten Unwägbarkeiten im Hinblick auf die zu übertragenden Daten auszuschließen.

Der sich daraus ableitenden Forderung nach einer syntaktischen Unterscheidbarkeit zwischen den im Hinblick auf asynchrone Kopplungsvorgänge aus der Sicht des jeweiligen Empfängers qualitativ verschiedenartigen Informationsträger-Klassen "Daten" bzw. "Steuersignale" Rechnung tragend, erfolgt deren Deklaration in der Schnittstellen-Beschreibung des betreffenden Moduls unter verschiedenen Typ-Bezeichnungen:

        "Daten"   <---> Typ INPUT bzw. BIDIRECTIONAL
"Steuersignale" <---> Typ SIGNAL.

2.2 Handhabung des Parameter-Typs SIGNAL durch den ERES-Simulator

Ein der diskutierten Problematik der Verifikation asynchron gekoppelter Systeme durch "worst case"-Simulation gerecht werdender Algorithmus zur Bestimmung des aktuellen Zustands der mit Hilfe von Informationsträgern des Typs SIGNAL modellierten Steuersignale weist etwa folgende Struktur auf:

Literaturverzeichnis

[1]   Brendel, W.; Fan, Z.G.; Klar, R.; Schmielau, W.: ERES 82 Arbeitsberichte des IMMD, Erlangen, Vol. 15, No. 12 (Sept.1982)

[2]   Gulden, Stefan: Erweiterungen von ERES für hierarchische Modellierungen. Diplomarbeit, Univ. Erlangen, Informatik VII, Nov. 1983

[3]   R. Gardill, H.F. Jordan, R. Klar: "A CHDL Description of Semisynchronous Networks", Univ. Erlangen (1977).

[4]   R. Gardill, W. Händler, H. Hessling, R. Klar, P. Spies: "ERES - Eine nichtprozedurale Rechnerentwurfssprache mit präziser Zeitbeschreibung", vol. 10, no. 15, Univ. Erlangen IMMD (1977).

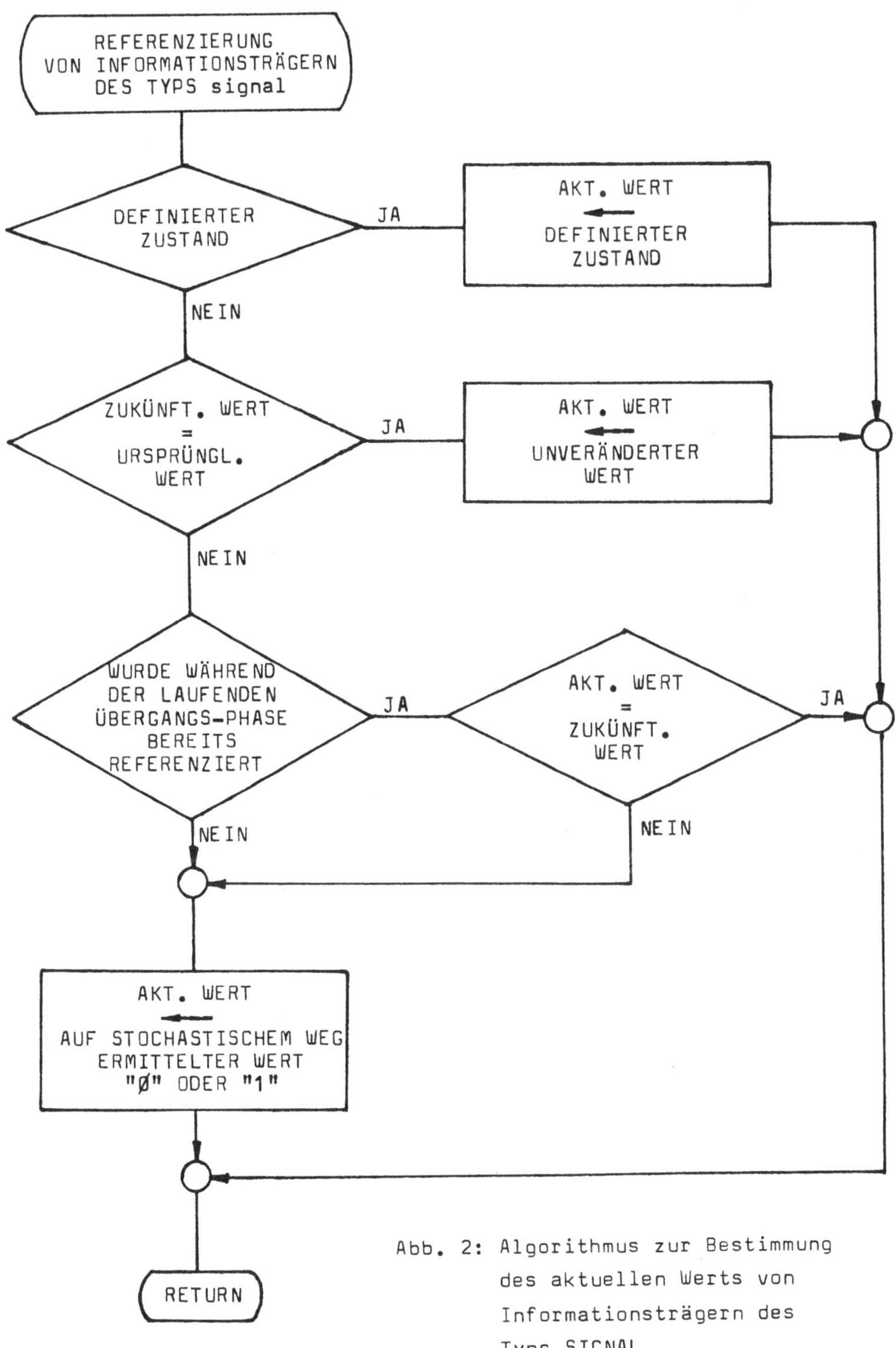

Abb. 2: Algorithmus zur Bestimmung des aktuellen Werts von Informationsträgern des Typs SIGNAL

SIMULATION, STEUERUNG UND ZUTEILUNG DER BETRIEBSMITTEL MIT SPIRO

Robert K. Bell   Pervez-Walter Ernest
Marloffsteinerstr. 14c   Schleifweg 14
8525 Uttenreuth   8520 Erlangen
Bundesrepublik Deutschland   Bundesrepublik Deutschland

                    Ejob Tecle-ab
                    Hartmannstraße 97
                    8520 Erlangen
                    Bundesrepublik Deutschland

1. Einleitung

Bei SPIRO (Simulation Programs Including Real-time Operation) handelt
es sich um eine Sammlung von Programmen für kontinuierliche, diskrete
und warteschlangenorientierte Systeme. Hier beschreiben wir die Erweiterung für SPIRO zu einer Sprache zur Prozeßsteuerung und Betriebsmit-
telzuweisung, genannt SARA (Supervisor, Administrator and Resource
Allocator).
SPIRO, einschließlich seiner Erweiterung SARA, ist gedacht für Planer
und Benutzer von Fertigungsstraßen, chemischen Anlagen, elektrischen
Maschinen, Großrechnern und ähnlichen komplexen Systemen. Diese verwenden Simulationssoftware zunächst für die Konfiguration und Planung
solcher Anlagen, um deren Verhalten zu untersuchen und zu verbessern.
Dazu wird ein Modell der Anlage als Programm erstellt. Es wäre nun sehr
nützlich, wenn möglichst viele Teile dieses Programms auch für die
Steuerung des Systems selbst verwendet werden könnten. Mit Hilfe von
SARA kann dies geschehen.

2. Simulationszeit und Echtzeit

Für die off-line Verwendung von SPIRO gibt es eine Variable TIME, die
den Wert der Simulationsuhr darstellt. Wenn in der jetzigen Simulationszeit nichts mehr im Modell stattfinden kann, wird der Wert der Simulationsuhr gleich der Zeit für das nächste geplante Ereignis gesetzt.

In der on-line Steuerung gibt es keine Simulationsuhr, da der Ablauf
in Echtzeit geschieht. SPIRO wird in diesem Fall vom Betriebssystem
aktiviert, wenn ein Ereignis im Prozeß stattgefunden hat oder wenn
der Zeitpunkt eines geplanten Ereignisses erreicht wird. Besitzt das
verwendete Betriebssystem eine eigene Liste der geplanten Ereignisse,
so kann die Liste der geplanten Ereignisse in SPIRO weggelassen werden.

Sonst teilt SPIRO dem Betriebssystem den Zeitpunkt mit, zu dem es wieder geweckt werden soll. Dies geschieht zum Zeitpunkt des am frühesten geplanten Ereignisses.

3. Ereignisse und Botschaften

In der off-line Simulation werden Zustandsänderungen durch Ereignisse verursacht. Wenn zum Beispiel ein Kunde die Registrierkasse erreicht, wird ein Ereignis generiert, das veranlaßt, daß der Kunde die Kasse zu einem späteren Zeitpunkt verläßt. Eventuell wird ein Zufallsgenerator verwendet.

In der on-line Steuerung wird zum Beispiel eine Maschine durch Umschaltung eines bestimmten digitalen Ausgangs von 0 auf 1 gestartet. Die Beendigung der Tätigkeit meldet die Maschine zum Beispiel mit einer Unterbrechung auf einem bestimmten Kanal.

Nehmen wir an, daß diese Maschine nur einen Auftrag auf einmal bearbeiten kann und daß kein Verdrängen vorkommt, dann sind Registrierkasse und Maschine im obigen Beispiel in SPIRO als Einzelbedienstationen mit Warteschlangen und ohne Verdrängen (single servers with queues and without displacement) darzustellen. Bei der off-line Simulation muß der Benutzer die Bedienzeit bestimmen, bei der on-line Steuerung muß angegeben werden, daß die Bedienung durch Botschaften gestartet und beendet wird. Zum Beispiel:

```
Kasse : server(distribution = uniform,
                minimum = 5,
                maximum = 50,
                queue = Kunden)
Maschine: server(queue = Aufträge,
                 start by message,
                 finish by message)
```

In der on-line Steuerung sendet SPIRO zu Beginn der Bedienzeit eine Botschaft an ein rechnerabhängiges Programm, das die in der Botschaft enthaltene Weisung ausführt, in unserem Beispiel durch Setzen eines bestimmten digitalen Ausgangs. Die Beendigung der Bedienzeit wird SPIRO durch eine Botschaft mitgeteilt.

4. Unteilbare Operationen

Bei der Verwaltung von Betriebsmitteln ergeben sich Probleme, die von

einer Sprache zur Betriebsmittelverwaltung besonders beachtet werden
müssen. Nehmen wir an, daß ein Kunde im Supermarkt nur zum Käsestand
geht, wenn gerade kein anderer Kunde dort wartet, sonst geht er in die
Fleischabteilung. Die Bedienungszeit an beiden Ständen ist konstant.
In SPIRO wird dieser Vorgang bisher so dargestellt:

```
    if
            sqwcoc [Käsestand] = 0
    then
            sqwceq(Käsestand)
    else
            sqwceq(Fleischabteilung)
```

Ein vergleichbarer Fall wäre gegeben, wenn ein Programm in einem Rechner
mit Multiprogrammierung den ersten Drucker belegt, wenn dieser frei ist,
sonst reiht es sich in die Schlange für den zweiten Drucker ein. Das
Verfahren, das bei dem Supermarkt angewandt wurde, kann bei diesem Beispiel aus der Multiprogrammierung nicht verwandt werden. In der Zeit
zwischen Testen und Belegen des ersten Druckers könnte ein anderes Programm den Drucker inzwischen belegt haben. Um das zu vermeiden, muß
eine unteilbare Operation "teste und belege" verwandt werden. SPIRO
wurde entsprechend erweitert. Relevant für unser Beispiel ist die
Boolische Funktion sqwcen. Mit dieser Funktion versucht man eine Einzel-
bedienstation mit Warteschlange ohne Verdrängen und mit konstanter Bedienzeit zu belegen. Falls der Versuch erfolgreich ist, nimmt die Funktion den Wert wahr ansonsten den Wert falsch an.
Die obigen Beispiele wären:

```
    if
            (not sqwcen(Käsestand))
    then
            sqwceq(Fleischabteilung)
    if
            (not sqwcen(Drucker1))
    then
            sqwceq(Drucker2)
```

Die Art der Implementierung dieser unteilbaren Operationen in SARA ist
rechnerabhängig. In der Regel wird der Vorgang entweder durch eine
Semaphore Variable geschützt oder er ist ein Teil des Betriebssystems
und nicht unterbrechbar.

5. Konfiguration

Der Benutzer soll möglichst einfach zwischen Simulation und Steuerung
wechseln können. Außerdem soll ein Wechsel zwischen verschiedenen Hard-
warekonfigurationen leicht möglich sein, z.B. wenn eine bestimmte Zu-
standsänderung im Prozeß durch eine Unterbrechung statt durch Umschalten
eines digitalen Eingangs signalisiert wird. Zu diesem Zweck können den
Elementen wie Stationen und kontinuierlichen Variablen verschiedene
Konfigurationen (environments) zugewiesen werden.
Wenn ein ablauffähiges Simulations- oder Steuerprogramm mit PIGSIM
(Program for the Interactive Generation of Software for Investigating
Models) generiert wird, muß der Benutzer eine Konfiguration auswählen.
Diese Auswahl kann entweder global für ein Modell oder Teilmodell
(siehe Abschnitt 6 unten) oder lokal für ein einzelnes Element erfolgen.
Zum Beispiel:

```
    robot1 : server (environment = simulation
                     (distribution = uniform,
                      minimum = 5,
                      maximum = 50)
                 or
                 environment = online
                   (start by message from digital input
                    (board = 2, port = #3E),
                    finish by message to digital output
                    (board = 2, port = #2A)));
```

6. Prozeßsteuerung

Man betrachtet das System als zwei Teilsysteme, Prozeß und Steueranlage.
Der Prozeß liefert Meßwerte an das Steuerwerk, und das Steuerwerk liefert Steuerwerte an den Prozeß. Unser Ziel ist es, den Übergang zwischen
dem simulierten Modell des Prozesses und dem direkt angeschlossenen
Prozeß zu erleichtern.
SPIRO sieht die Möglichkeit vor, Teilmodelle zu beschreiben. Diese
Teilmodelle haben lokale Zustandsvariablen, die nur innerhalb des Teil-
modelles ansprechbar sind, und globale Variable, die von anderen Teil-
modellen angesprochen werden können. Diese globalen Variablen ermögli-
chen die Kommunikation zwischen Teilmodellen.
Prozeß und Steueranlage bilden zwei Teilmodelle. Durch Angabe zweier
Konfigurationen für diejenigen Elemente, die das Interface zwischen
Prozeß und Steueranlage darstellen, kann die Auswahl zwischen dem echten

und dem simulierten Prozeß auf einfache Weise getroffen werden.

7. Zusammenfassung

SPIRO soll den Übergang zwischen Simulation und der Steuerung komplexer
Systeme erleichtern. Dazu kann es als höhere und möglichst rechnerunab-
hängige Sprache für Simulation und Prozeßsteuerung verwandt werden.

Andere Aspekte von SPIRO sind in den folgenden Veröffentlichungen
beschrieben:

1) SPIRO - A New Simulation Package, Robert K. Bell and
   Pervez-Walter Ernest, Proceedings of the Summer
   Computer Simulation Conference 1982, Denver, USA,
   veröffentlicht durch Society for Computer Simulation,
   P.O.Box 2228, La Jolla, California 92038, USA.

2) SPIRO - ein neues Simulationspaket, Robert K. Bell
   und Pervez-Walter Ernest, ASIM 1982, Erlangen,
   veröffentlicht in: Informatik Fachberichte 56,
   Simulationstechnik, Springer-Verlag Berlin, Heidelberg,
   New York 1982.

3) Station Types in GPSS, GPSS-F, SLAM, and SPIRO,
   Robert K. Bell und Pervez-Walter Ernest,
   First European Simulation Conference, Aachen, 1983,
   veröffentlicht in: Informatik-Fachberichte 71, Springer-Verlag
   Berlin, Heidelberg, New York, Tokyo, 1983.

4) The Four Levels of Flow Control in SPIRO,
   Robert K. Bell und Pervez-Walter Ernest,
   First European Simulation Conference, Aachen, 1983,
   veröffentlicht in Informatik Fachberichte 71, Springer-Verlag
   Berlin, Heidelberg, New York, Tokyo, 1983

5) The User-Interface in SPIRO
   Robert K. Bell, Pervez-Walter Ernest, Ejob Tecle-ab,
   UKSC Conference on Computer Simulation, Bath, England
   1984, wird veröffentlicht von Butterworth, London

MODELLIERUNG UND ERGEBNISSE EINES SIMULATIONSPROGRAMMS FüR BUSSE MIT CSMA/CD - PROTOKOLLEN

K.-H. John
INFOSOFT G.m.b.H.
8520 Erlangen/Bubenreuth
Deutschland

Abstract

Der Artikel stellt ein Modell für die Simulation eines beliebig parametrisierbaren CSMA/CD Busses vor und diskutiert Ergebnisse, die Aussagen über das lokale Netz ETHERNET /ETHER80/ erlauben.

1. Modellierung eines CSMA/CD Bus Systems

Die Spezifikation eines CSMA/CD gesteuerten Netzwerkes ist u.a. /ETHER-80/ zu entnehmen. Um Aussagen über das Verhalten eines Netzes mit modifizierten Übertragungsparametern /ARST82/ oder unter unterschiedlichen Lasten machen zu können, wurde eine modifizierte ereignisgesteuerte Simulation verwendet, die eine detailliertere und leichter zu modifizierende Untersuchung erlaubt als es analytische Modelle bieten.

Das Programm baut auf einem über eine Ereignisliste gesteuerten Simulator /ROSE82/ auf, der die Ereignisse

- Ankunft eines Paketes an Station i
- Belegen des Busses durch ein Paket (Bedienzeit)
- Auflösung einer evtl. aufgetretenen Kollision
- Verlassen des Systems (Bus)

kennt.

Da sich die Kollisionsauflösung entscheidend auf das Verhalten des Gesamtsystems auswirkt, wurde im Modell die Zeitspanne zwischen der Busbelegung und dem spätest möglichen Kollisionszeitpunkt weiter verfeinert, was in vertretbarer Zeit detaillierte und exakte Auskunft über das Busverhalten erlaubt. Eine Modellvalidierung wurde anhand eines speziellen analytischen Busmodells /BUX 80/ durchgeführt.

Das vollständige Modell und erhaltene Ergebnisse sind in /JOHN84/ zu finden.

Nach der Belegung eines "ruhenden" Busses (siehe auch Abb.1) durch ein Paket (Erstpaket) wird im Simulationsprogramm der zeitliche Verlauf dieses Signals auf der Leitung betrachtet und für jede angeschlossene Station (Fremdsignalpunkt) festgehalten. In die Ereignisliste wird der Zeitpunkt der spätesten Kollisionsmöglichkeit eingetragen und der Bus als "labil" gekennzeichnet. Kommen bis zu diesem "Reaktivierungszeitpunkt" weitere Pakete an, werden sie, je nachdem ob ihr Eintreffzeitpunkt zeitlich vor oder nach dem Fremdsignalpunkt der sendewilligen Station liegt, in die Kollisionsliste oder Belegtliste eingehängt. Im Kollisionsfall wird auch dieser Signalverlauf weiterverfolgt und Fremdsignalpunkte, wenn sie größer als der neu errechnete sind, auf den neuen Wert reduziert.

Bei der Reaktivierung des Erstpaketes wird nun für jede kollidierte Station auf den Fremdsignalpunkt die erforderliche Störmusterzeit aufaddiert und der Verlauf jedes dieser Störmuster betrachtet. Das Maximum der letzten Berührung mit einem Störmuster (dicke Linie in Abb. 1) ist der früheste Restartpunkt für alle Pakete in der Belegtliste, für alle von dem Verzögerungsalgorithmus sofort wieder freigegebenen Pakete oder alle neu ankommende Pakete.

Trat keine Kollision auf, wird bei der Reaktivierung des Erstpaketes der Bus als "stabil" gekennzeichnet und alle Pakete, die während der restlichen Übertragungszeit ankommen, in die Belegtliste gehängt. Die Modellierung am Ende einer erfolgreichen Übertragung erfolgt entsprechend.

Das modellierte System läßt sich durch folgende Angaben parametrisieren:

- Paket - Ankunftsvtlg für die jeweilige Station
- Vtlg der Paketgrössen
- Anzahl der angeschlossenen Stationen (Interfaces)
- Anzahl der Pufferplätze vor jeder Station
- Anzahl der erlaubten Wiederholungen, bis das Paket als Verlustpaket behandelt wird
- Signallaufzeit, d.h. die Zeit, die ein Signal von einem Ende des Busses zum anderen benötigt
- Sendezeit des Störmusters, d.h. wieviel Zeichen werden nach dem Erkennen einer Kollision noch gesendet
- Takt-Zeit; Multiplikator für die Zufallsvariable zur Verzögerung nach einer erfolgten Kollision
- Zwischenpaketzeit; Ruhezeit zwischen zwei erfolgreichen Übertragungen.

Für den Betreiber oder Entwickler eines solchen Netzes läßt sich damit das Verhalten folgender Parameter verfolgen:

- mittlere Übertragungszeit für Pakete
- mittlere Anzahl der sofort übertragenen Pakete
- mittlere Verlustrate durch Rückweisung oder Warteplatz-Überlauf
- mittlere Wiederholzahl
- mittlere Verweilzeit, Wartezeit der nicht übertragenen Pakete
- Warteplatz Verhalten
- Vtlg der Wartezeiten in der Warteschlange
- Vtlg der Zeit zwischen zwei erfolgreichen Übertragungen
- Vtlg der Kollisionszeiten auf dem Bus .

2. Simulations- Ergebnisse

Für folgendes Beispiel wurden die Spezifikationen für das ETHERNET zugrunde gelegt. Darüber hinaus liegen folgende Annahmen vor:

- Puffergrösse. Es wurde davon ausgegangen, daß genügend Speicherplatz
  für wartende Pakete zur Verfügung steht.
- Anzahl der Stationen: 50
- Es wurde unterstellt, daß die Interfaces am Netz die volle ETHERNET-
  Spezifikation erfüllen.
- Bedienrate: Für die Last wurde eine reale Messung von /SHOC80/
  zugrunde gelegt (lange Datenpakete, kurze Antwortpakete).
- Das Beispiel simuliert ein Netz, welches über einen relativ langen
  Zeitraum stark belastet (9 - 18 Sek) und mit einer fest definierten
  Last beschickt wird, um Aussagen über länger dauernde Spitzenbela-
  stungen machen zu können.

Die Auslastung wurde wie folgt definiert:

Eine Last von 100% entspricht einer Auslastung des Netzes, bei der genau
eine Station ununterbrochen, unter Einhaltung der vorgegebenen Regeln,
Pakete auf das Netz setzt, wobei über die mittlere Weglänge der 50
angeschlossenen Stationen gesendet wird.

Wie in Abb. 2 zu sehen ist, nehmen die Kollisionen nicht allzuviel Übertragungskapazität weg. Erst bei Höchstlast belasten Störmuster oder Stationen, die aufgrund des ´Backoffalgorithmus´ nicht sendefähig sind, die
Übertragung auf dem Bus. Nicht vergessen werden darf hier allerdings die
eingestellte Last. Da zu 80% große Pakete über den Bus geschickt werden,
kann ein Paket, welches erfolgreich die labile Phase überstanden hat,
lange Zeit den Bus belegen.

Zeigt das Verhalten des Busses lange Zeit ein stabiles Verhalten, so
ändert sich dies schlagartig ab einer Belastung von ca. 2/3. Schlagartig
setzen die Rückweisungen ein, die Verweilzeit steigt plötzlich an.

Es wurde, wie oben angesprochen, nur ein begrenzter Zeitraum betrachtet.
Hält diese Höchstbelastung längere Zeit an, so können die Zwischenpuffer, die für wartende Pakete reserviert sind, die neuankommenden Pakete
nicht mehr aufnehmen und die Verlustrate steigt weiter. Wird der Bus z.B
aus einer relativ schwachen Belastung für ca. 13 Sek. mit 85 % Last
konfrontiert, so sind nach Ablauf dieser Zeit im Mittel vor jeder
Station 1 1/2 Pakete. Für kurze Zeiten können aber bis zu 40 Pakete an
einer Station warten.

Das schnelle Ansteigen der Verweilzeit ist in Abb.3 zu sehen.

Steigt die Busbelastung an, steigt auch die Zahl der Pakete an, die in
mindestens eine Kollision verwickelt worden sind.

In Abb.4 ist die prozentuale Paketanzahl aufgeführt, die ohne einen
Wiederholversuch, aber evtl. nach einer kurzen Wartephase bis zum Ende
einer stabilen Übertragung, den Bus belegen. Interessant ist, daß hier
keine so plötzliche Verschlechterung wie bei der Verweilzeit festzustellen ist.

Die Wartezeit vom Eintreffen bis zum erfolgreichen Übertragen ist bei
einer Busbelastung von 75 % der Abb.5 zu entnehmen. Auch Abb.6 bezieht
sich auf diese Last.

Ca. 30% der Pakete konnten sofort übermittelt werden; über 13 % der
Pakete warteten länger als 14 msek.

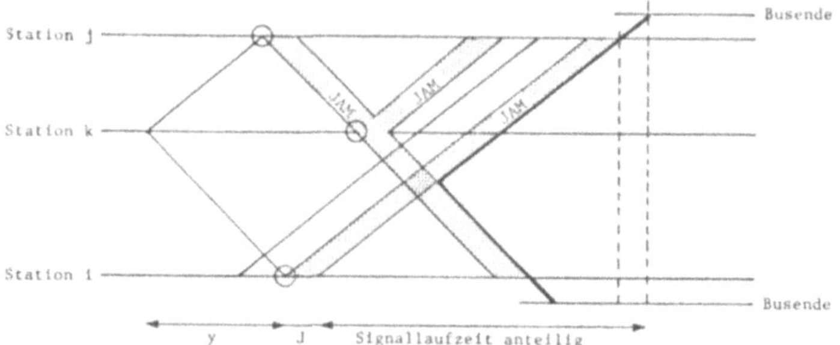

Abb.1: Variabler Restartpunkt beliebiger sendewilliger Stationen

O : Station bemerkt eine Kollision (Fremdsignal)
J : Störmuster Zeit

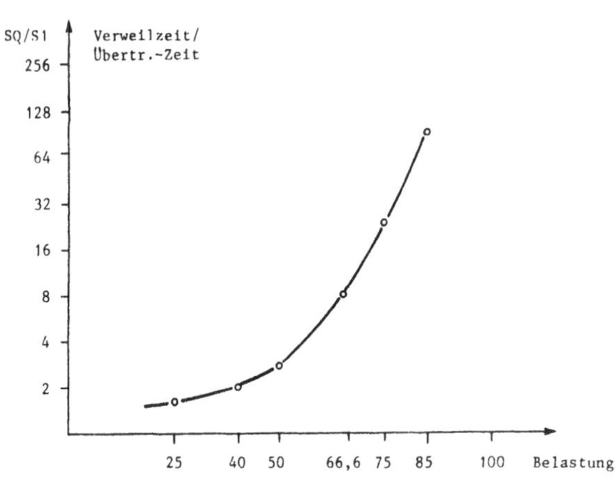

Abb.3: Normierte Verweilzeit

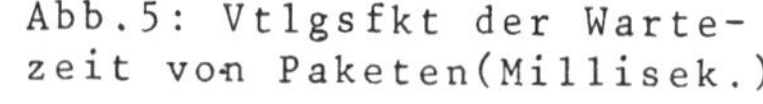

Abb.5: Vtlgsfkt der Wartezeit von Paketen(Millisek.)

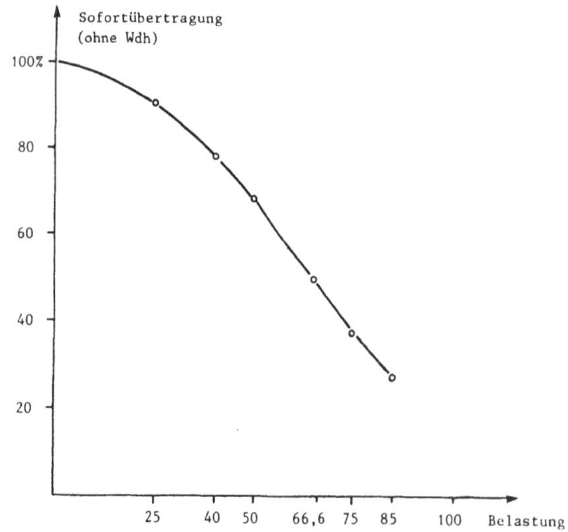

Abb.4: Direkt übertragene Pakete

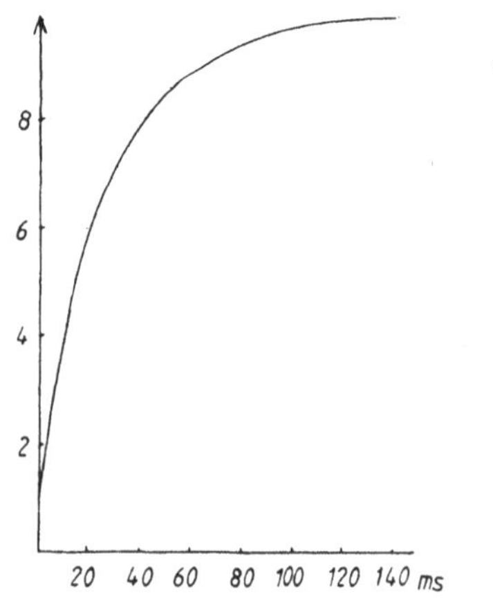

Abb.6: Vtlgsfkt der Zeit
zwischen 2 erfolgreichen
Übertragungen(Millisek.)

Abb.6 zeigt die Verteilung der Zeit zwischen zwei erfolgreichen Paketen.
Wie man sieht, ist die Zeit relativ gleichmässig verteilt. Der Abstand
von 2 Paketen war in 15 % der Fälle kleiner als 0.7 msek. 1 % der Pakete
hatten einen Abstand, der länger als 140 msek. zum Vorgängerpaket
derselben sendenden Station war.

/ARST82/ Arst P.L., Yeh D.T., Gopen C., Galin R. "2-Chip controller set
drives down ETHERNET hookup costs" Data Comunications, October 1982
/BUX 80/ Bux W.: "Local-area subnetworks: a performance comparison"
IFIP WG 6.4 International Workshop on Local-Area Networks, Zürich,
Aug.27-29, 1980
/ETHE80/ ETHERNET: "A local area network; Data Link Layer and Physical
Layer Specifications" DIGITAL, INTEL, XEROX, Version 1.0; 30.September
1980
/JOHN84/ John K.-H.: "SIMLAN - Ein Simulationsprogramm für die Lei-
stungsbewertung von CSMA/CD Protokollen" Bericht 2/84, IMMD 7, Universi-
tät Erlangen, März 1984
/ROSE82/ Rosenbohm W.: "Simulations Programm ROSE34" Simulationspro-
gramm mit ereignisgesteuerter Kontrolle, AEG-TELEFUNKEN, Ulm
/SHOC80/ Shoch J.F., Hupp J.A.: "Measured Performance of an ETHERNET
local network" Communications of the ACM, Dec.1980, Vol.23, Nr. 12

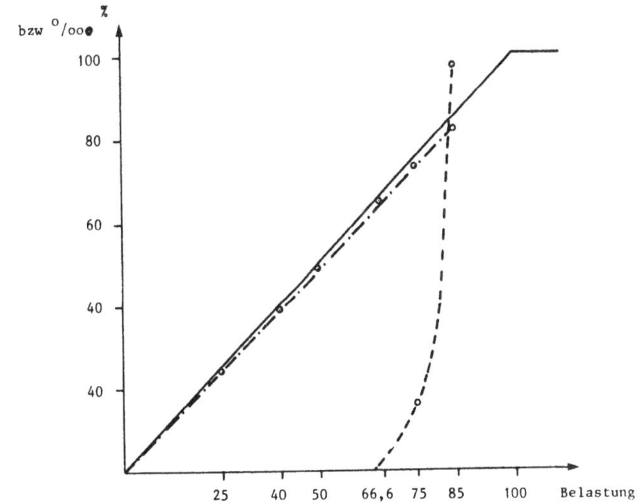

Abb.2: Leistungs Verhalten eines ETHERNET's
-.-.-. : Prozentuale Busauslastung durch erfolgreich übermittelte
        Pakete, die rein für die Übertragung benötigt wurde
        (ohne Kollision)
- - - : Rückweisungsrate (nach der 16. Wiederholung), multipliziert mit
        10000
━━━━: max.mögliche Busauslastung (prozentual)

PAKETIERTE SPRACHüBERTRAGUNG MIT CSMA/CD-PROTOKOLLEN

W. Rosenbohm
AEG-TELEFUNKEN, Forschungsinstitut Ulm.

Zusammenfassung

An einem vereinfachten Modell wurden zwei unterschiedliche CSMA/CD-Zugriffsprotokolle auf ihre Leistungsfähigkeit für paketierte Sprachübertragung untersucht. Es
kann festgestellt werden, daß ein speziell für Sprachübertragungen zugeschnittenes
p-persistent Zugriffsprotokoll günstige Leistungswerte liefert, wenn die Paketübertragungszeit im Vergleich zu elementaren Organisationszeiten groß ist . Für größere
Benutzerzahlen sind jedoch kleine Paketgrößen notwendig. Hierbei zeigt das einfachere Ethernet-Protokoll (1-persistent) kleinere Paketverluste. Auf einem 10 Mbit/s-
Übertragungskanal können maximal 60 gleichzeitige Fernsprechverbindungen übertragen
werden, wenn eine PCM-Codierung mit 64 kbit/s vorliegt. Bis zu 410 Verbindungen sind
möglich mit Vocoderdatenraten von 3,68 kbit/s.

1. Einleitung

Fernsprechen mittels digitaler Übertragung stellt heute kein Problem dar. In der
Regel wird mit PCM (Puls Code Modulation) übertragen. Für jede Gesprächsrichtung
sind dabei 64kbit/s Übertragungsrate notwendig. Ein Kanalpaar bleibt während der
Gesprächsdauer den Teilnehmern zugeordnet (Kanaldurchschaltung). Parallel dazu entwickeln sich seit einigen Jahren Datenpaketnetze, die für eine flexible und zuverlässige Datenübertragung ausgelegt sind. Wünschenswert ist ein einziges Übertragungsnetz, das sowohl Sprach- als auch Datenübertragungen erlaubt. In diesem Beitrag wird die Leistungsfähigkeit von lokalen, breitbandigen Datenpaketnetzen für
reinen Fernsprechverkehr untersucht. Hierfür wurde eine diskrete digitale Simulation in der Programmiersprache FORTRAN durchgeführt.

Fernsprechen in Datenpaketnetzen stellt eine spezielle Realzeitanwendung dar, bei
der folgende Eigenschaften zu berücksichtigen sind:

* Streuungen der Verzögerungszeiten sind möglichst gering zu halten.
* Die gesamte Verzögerungszeit soll weniger als 200ms betragen.
* Verluste von Paketen sind unterhalb gewisser Grenzen zulässig.

In Paketnetzen mit garantierbaren Übertragungszeiten bereitet diese Anwendung keine
Schwierigkeit. Dagegen sind in Netzen mit CSMA/CD-Protokollen (carrier sense multiple access with collision detection) keine Zeitgarantien möglich. Ein gemeinsamer
breitbandiger Übertragungskanal wird quasi parallel von mehreren unabhängigen Teilnehmern benutzt. Welche Verkehrsangebote der Übertragungskanal unter vorgegebenen
Randbedingungen noch bewältigen kann, wird anhand von zwei unterschiedlichen
CSMA/CD-Protokollen aufgezeigt.

Auf eine ausführliche Darstellung der nachgebildeten Zugriffsalgorithmen wird
hier verzichtet. Das Ethernet-Protokoll ist in /DEC80/ nachzulesen. Zum Vergleich
betrachten wir ein speziell für Sprachübertragungen angepaßtes CSMA/CD-Protokoll,
welches in /John79/ ausführlich dargestellt ist. Im nachfolgenden Abschnitt wird
das verwendete Simulationsmodell vorgestellt. Abschnitt 3 gibt in Kurzform die
Eigenschaften beider Zugriffsprotokolle an. Danach werden in Abschnitt 4 Simulationsergebnisse vorgestellt.

2. Simulationsmodell

Das Simulationsmodell hat als Grundlage einen breitbandigen Übertragungskanal, an
dem eine vorgebbare Anzahl unabhängiger Stationen angeschlossen ist. Der Übertragungskanal überträgt in beide Richtungen. In jede Station wird ein Paketstrom eingespeist, der stellvertretend für eine Sprachübertragung steht. Als Senke dient eine

andere nicht näher bezeichnete Station. Störungen durch den Übertragungskanal werden
vernachlässigt. Die Auslastung des Übertragungskanals wird einmal durch die Anzahl
der Stationen und zum anderen durch Zugangsraten pro Station festgelegt. Der Zeitabstand zwischen Paketübertragungsversuchen wird als Einflußparameter berücksichtigt. Jede Sendestation enthält einen Pufferplatz. Bei Pufferüberlauf entstehen
Paketverluste.

Bei einer genauen Nachbildung des Kanals müßten Entfernungen zwischen den Stationen
berücksichtigt werden. Um nicht das Eintreffen eines Signals bei allen anderen Stationen nachzubilden, wird eine konstante Laufzeit TO zwischen beliebigen Stationen
angenommen. Zur Laufzeitbestimmung werden die entferntesten Stationen gewählt. Diese
vereinfachte Annahme ergibt Leistungsabschätzungen, die auf der sicheren Seite liegen, weil reale Laufzeiten kürzer sind.

Mit dem vereinfachten Modell kann der Übertragungskanal durch 3 Zustände gekennzeichnet werden.

a) Leerlauf.
   Ein eintreffendes Paket belegt sofort den Kanal. Sobald die Übertragung
   beginnt,geht der Kanal in die labile Phase über.
b) Labile Phase.
   Eine Übertragung wurde gerade begonnen, aber die entfernteste Station ist darüber
   noch nicht informiert. Alle anderen Stationen sehen einen freien Kanal.
c) Ungestörte Übertragung.
   Nach der labilen Phase können alle Stationen eine bestehende Übertragung
   erkennen. Ab diesem Zeitpunkt kann eine ungestörte Übertragung bis zum
   Paketende erfolgen.

Kam es in der labilen Phase zu einer weiteren Kanalbelegung (Kollision), so sendet
jede beteiligte Station nach der doppelten Signallaufzeit (2*TO) ein Störpaket aus,
um eine sichere Kollisionserkennung bei den anderen Stationen hervorzurufen. Im
Modell wird dieser Zustand wie bei ungestörter Übertragung behandelt, jedoch mit
kürzerer Paketlänge.

3. Eigenschaften der Zugriffsprotokolle

Bei Ethernet wird sofort mit einer Übertragung begonnen, wenn ein freier Kanal festgestellt wird. Kollisionen werden erwartet. Zur Auflösung der Kollisionen steht der
'binary exponential backoff'-Algorithmus zur Verfügung. Für erneute Übertragungs-
versuche wird eine Verzögerungszeit zwischen Null und einem oberen Grenzwert gewür-
felt, wobei der obere Grenzwert mit der Anzahl der Wiederholungsversuche exponen-
tiell ansteigt. Es existiert sowohl eine obere Schranke bei der Verzögerungszeit,
als auch bei der Anzahl der Wiederholungsversuche.

Der Kollisions-Auflösungs-Algorithmus hat jedoch den Nachteil, daß bei größeren
Kanalauslastungen einzelne Stationen sehr große Verzögerungszeiten erfahren. Trifft
ein mehrmals verzögertes Paket bei einem erneuten Übertragungsversuch auf ein Paket
mit geringeren Kollisionen, so ergibt sich durch den exponentiellen Anstieg der
Verzögerungszeiten eine stärkere Rückwirkung auf das bereits benachteiligte Paket.
Je nach zeitlichem Zusammentreffen von Übertragungswünschen entsteht bei Ethernet
eine stark unterschiedliche Bedienqualität in einzelnen Stationen.

Das in /John79/ vorgeschlagene Protokoll ist ein adaptives p-persistent (ap) Protokoll /Klei75/. Es wird laufend eine Schätzung über die Anzahl der aktiven Teilnehmer
vorgenommen und abhängig davon die Zugriffswahrscheinlichkeit p berechnet. Verzögerungen sind konstant und werden über eine elementare Zeiteinheit Tmin vorgenommen.
Mit dem p-persistent Protokoll werden gleichzeitig anstehende Übertragungswünsche in
eine Zugriffsreihenfolge aufgelöst, die nur noch wenige Kollisionen enthält. Ver-
kehrsspitzen werden damit auf einen längeren Zugriffszeitraum verteilt. Auf Last-
änderungen wird durch Verändern von p reagiert.

Das ap-Protokoll kann wegen seiner Gedächtnisfunktion sehr gut auf pulkartigen
Verkehr reagieren. Da alle Stationen unabhängig sind und nur über die Beobachtung
des Übertragungskanals Informationen zustande kommen, wird auf Zustandsänderungen
nur sehr langsam reagiert. Lange Einschwingzeiten sind die Folge. Als Vorteil ist
anzusehen, daß alle Stationen eine gleiche Bedienungsqualität erfahren. Bei Ethernet
muß jede pulkartige Paketankunft über erhöhte Kollisionen aufgelöst werden. Eine
geringere Nutzauslastung des Kanals ist die Folge. Umgekehrt paßt sich Ethernet
wechselnden Verkehrsangeboten sofort an, was bei gedächtnisbehafteten Algorithmen
nicht möglich ist.

4. Meßergebnisse

4.1 Beurteilungskriterien

Trotz der Realzeitanwendung ist die Übertragungsverzögerung kein kritischer Parameter. In lokalen, breitbandigen Übertragungsmedien entstehen Verzögerungen, die
weit unter der zulässigen Grenze liegen. Als kritischer Parameter bleibt der Ver-
lust von Paketen übrig. Bei fehlenden Paketen wird keine Sprachausgabe vorgenommen.
Aufgrund von Hörproben können zulässige Paketverlustwahrscheinlichkeiten ermittelt
werden. Eine verständliche Sprachübertragung ist bei Fehlerraten von 20% und mehr
möglich. Die Redundanz der digitalen Information ist unerheblich, weil Sprachlücken
nur durch fehlende Pakete entstehen.

Damit für Übertragungskanäle unterschiedlicher Leistung nicht getrennte Messungen
notwendig sind, werden Normierungen eingeführt. Eine wesentliche Zeiteinheit ist die
doppelte Laufzeit zwischen den entferntesten Stationen (Tmin=2*TO). Zeiteinteilungen
am Übertragungskanal werden als Vielfaches dieser Zeiteinheit ausgedrückt.

Das grundlegende Problem für die Benutzung eines gemeinschaftlichen Übertragungskanals ist, möglichst viele Übertragungsabschnitte (Pakete) sequentiell zu übertragen. Betrachten wir die Belegungsdauer x im Verhältnis zu Tmin, so erhält man eine
normierte mittlere Paketübertragungszeit G, in der sowohl die Bandbreite als auch
die Ausdehnung eines Netzes enthalten ist.

$$G = E(x)/Tmin$$

Weil zur Erzeugung einer Paketgröße unterschiedliche Bitraten möglich sind, wird als
zusätzlicher Parameter die Paketgenerierungszeit TA angegeben.

4.2 Einfluß der Paketgröße

Bei Ethernet ist Tmin als Übertragungszeit des kleinsten Paketes festgelegt. Berücksichtigt man noch den Zeitabstand zwischen den Paketen, so ergibt sich eine untere
Grenze von G=1,2. Ebenso erhält man als obere Grenze G=24. Bei den Angaben in
/John79/ wurde Tmin bedeutend kleiner als bei Ethernet gewählt. Um einen Vergleich
zwischen beiden Protokollen zu ermöglichen, wird auch bei Ethernet eine gleichgroße
Zeiteinheit von Tmin=10µs zugelassen. Hiermit wird eine normierte mittlere Übertragungszeit von G=36 eingestellt.

Bild 1 zeigt Paketverluste in Abhängigkeit vom Angebot und der Paketgröße. Unterhalb von A=0,4 sind praktisch keine Verluste vorhanden. Oberhalb von A=1,0 gehen
alle zusätzlichen Pakete verloren. Bei kleinem Tmin (G=36) zeigt das ap-Protokoll
kaum Verluste, wenn das Angebot unterhalb von A=0,95 liegt. Darüber hinaus nehmen
die Verluste im gleichen Maß zu, wie das Angebot erhöht wird. Bei Ethernet beginn-
nen die Paketverluste bereits ab A=0,8. Die Leistungsfähigkeit ist ab diesem Angebot erschöpft.

Geht man zu kleinsten Paketgrößen über, so zeigt das ap-Protokoll größere Leistungseinbußen. Ethernet nutzt hierbei die Kanalleistung besser aus. Bei zunehmender Paketgröße gewinnt das ap-Protokoll schnell an Leistungsfähigkeit. Besonders bei den Sys-

temverhältnissen in /John79/ ist das speziell angepaßte Protokoll überlegen. Es
sollte jedoch berücksichtigt werden, daß bei zukünftigen Breitbandkanälen mit größeren Bandbreiten zu rechnen ist. Damit sinken die Übertragungszeiten und es stellen
sich kleinere G-Werte ein. In diesem Bereich ist aber das einfachere Ethernet-Protokoll überlegen.

4.3 Einfluß von Paketzwischenankunftszeiten

Für die Übertragung von gleichgroßen Paketen über einen Breitbandkanal ergeben sich
ideale Verhältnisse, wenn zwischen den Paketankünften konstante Zeitabstände bestehen. Dabei herrschen ähnliche Verhältnisse wie bei Zeitmultiplex. Ethernet kann
hierbei den Kanal bis zur vollen Auslastung ohne Verluste betreiben (rechte Kurve
in Bild 2). Beim ap-Protokoll beginnt der Verlustanstieg bei A=0,97 (gestrichelte
Kurve).

Die normalen Zwischenankunftszeiten werden nicht so gleichmäßig sein. Unterstellt
man eine Gleichverteilung für Gesprächsbeginn, so entstehen für das gleiche Lastmodell Paketverluste, wie sie durch die rechten beiden Kurven in Bild 1 dargestellt
werden. Hierbei schneidet Ethernet etwas schlechter ab als das ap-Protokoll. Besonders ungünstige Verhältnisse entstehen, wenn Paketübertragungswünsche aus allen
Sendestationen zur gleichen Zeit eintreffen. Die linken beiden Kurven in Bild 2
geben hierfür den Paketverlust an. Besonders empfindlich reagiert Ethernet auf
diesen pulkartigen Verkehrszugang. Nutzauslastungen sind nur bis zur halben Kanalleistung möglich. Das ap-Protokoll erleidet nur Leistungseinbußen von 5%.

4.4 Verhalten einzelner Stationen

Bei den bisherigen Paketverlusten handelt es sich um Mittelwerte, bezogen auf den
Übertragungskanal. Zur Erzeugung einer Überlast von A=1,2 sind 67 Sendestationen
beteiligt. Betrachtet man den Paketverlust in einzelnen Stationen, so ergeben sich
hierfür stark abweichende Mittelwerte. Bild 3a stellt Ankunftszeiten von Paketen in
den Sendestationen dar, gleichverteilt auf eine Paketgenerierungszeit. Darunter sind
Paketverluste für diese Stationen aufgetragen. Es wurden nur die Vertrauensintervalle um den erwarteten Mittelwert eingetragen. Bild 3b enthält Paketverluste für
Ethernet. Bild 3c enthält Meßergebnisse für das ap-Protokoll.

Bei Ethernet sind die Vertrauensintervalle geringer als beim ap-Protokoll. Dagegen
ergeben sich starke Unterschiede bei den Mittelwerten. Ungünstige Verhältnisse entstehen in Stationen, deren Paketankunftszeiten dicht beieinander liegen (siehe Bild
3a). Umgekehrt fallen in anderen Stationen kaum Paketverluste an. Das ap-Protokoll
versucht für alle Stationen eine gleichartige Behandlung zu erreichen. In Bild 3c
kann man diese Tendenz ablesen. Deutlich fällt auch die erhebliche Zunahme der Vertrauensintervalle auf.

Literatur

/DEC80/ Digital Equipment Corporation, Intel Corporation, Xerox Corporation
        The Ethernet. A Local Area Network. Data Link Layer and
        Physical Layer Specifications. Version 1.0, 30.09.1980.
/John79/ D. H. Johnson, G. C. O'Leary
        A local acces network for packetized digital voice communication,
        NTC 1979, Washington, pp. 13.4.1-13.4.5.
/Klei75/ L. Kleinrock, F.A. Tobagi
        Packet Switching in Radio Channels: Part I - Carrier Sense
        Multiple-Access Modes and Their Throughput-Delay Characteristics.
        IEEE Transactions on Communications, VOL. COM-23, No. 12, December 1975.

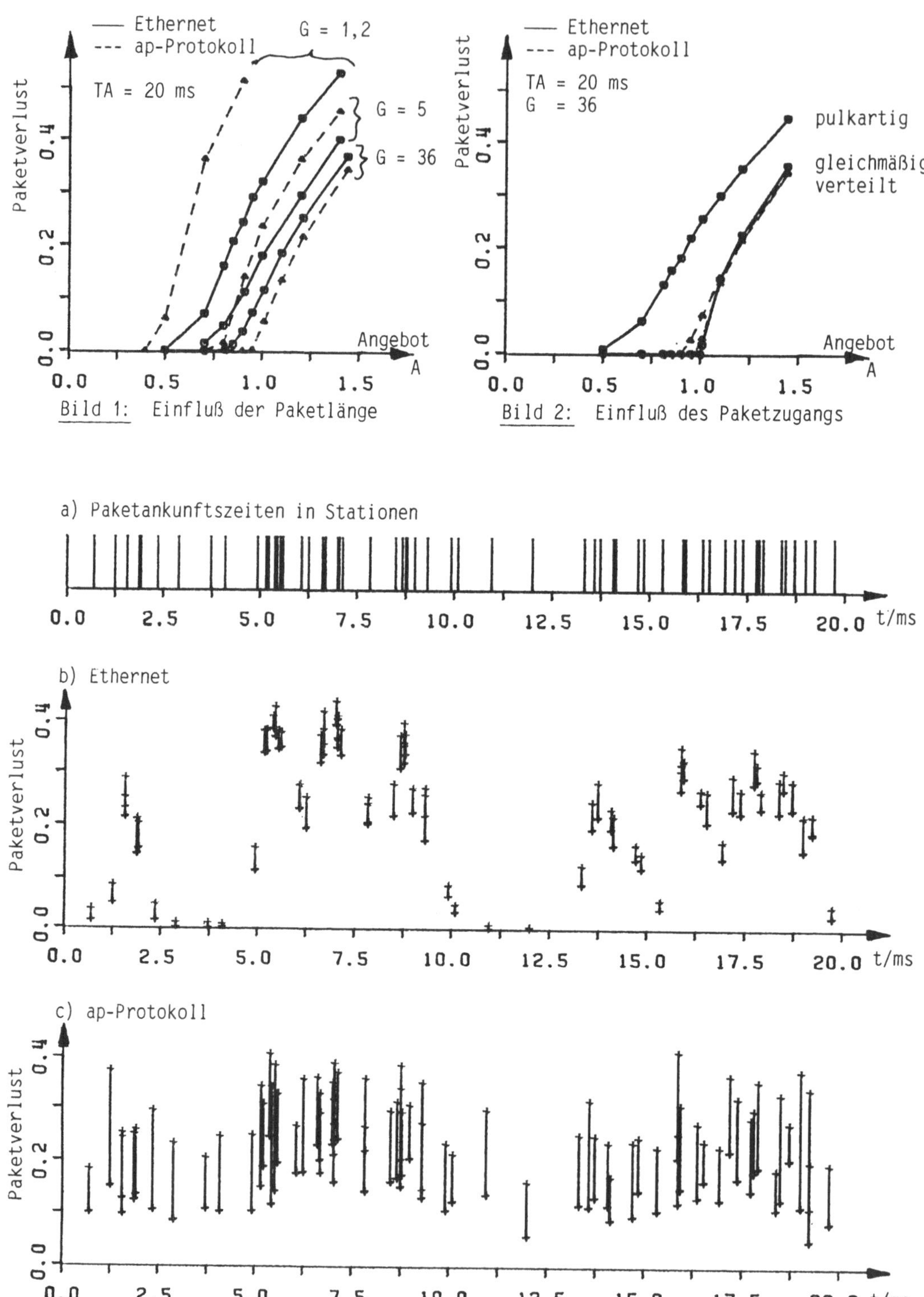

Bild 3: Paketverluste in einzelnen Stationen;
10 Stichproben mit je 10 000 Paketübertragungen.

<u>MAOS - Ein Programmsystem zur Modellbeschreibung, -analyse,</u>
<u>-optimierung und -simulation</u>

M. R. Jobmann
Fachbereich Informatik der Universität Hamburg
Rothenbaumchaussee 67/69
D-2000 Hamburg 13

1. Überblick

Das Modellanalyse- und Optimierungssystem (MAOS) wird zum Zwecke der Leistungsbewertung
von Rechensystemen zur Zeit an der Universität Hamburg, Fachbereich Informatik, erstellt. Eine eigens für MAOS entwickelte Modellentwurfssprache (Input Language for the
Model Analysis and Optimisation System: ILMAOS) soll der komfortablen und aufwandsmin-
dernden Beschreibung und Analyse von Systemen dienen, für die (erweiterte) Wartenetze
adäquate Modelle hinsichtlich des angestrebten Analysezieles sind. ILMAOS stellt zu
diesem Zwecke besonders geeignete Sprach- und Strukturierungsmittel zur Verfügung, um
z. B.

- eine Zerlegung eines (Rechen-)Systemmodells in Systemmodell und Lastmodell und ihre
  separate Übersetzung zu ermöglichen,
- hierarchische und modulare Modellierung durch parametrisierbare und eventuell separat
  ausführbare Submodelle zu unterstützen,
- Prozessbeschreibungen unterschiedlich zu detaillieren und
- synchrone und asynchrone Wechselwirkungen zwischen Prozessen nachbilden zu können.

Die Auswertung bezüglich (eventuell in Reportdeklarationen zu spezifizierender) System-
leistungsgrößen leistet bei allgemeinen Modellen ein Simulationsverfahren, bei entsprechend (schon durch die Syntax) restringierten Modellen wahlweise Simulation oder
exakte und approximierende analytische Berechnungsverfahren. Die Konsistenz der Modellbeschreibung bezüglich des Auswerteverfahrens wird durch den ILMAOS-Übersetzer
überprüft.

Zur Auswertung werden das Systemmodell, ein Lastmodell (eventuell aus mehreren vorde-
finierten) und optional eine Reportspezifikation für beide Auswerteverfahren einheit-
lich zu einem "Analysemodell" montiert und bei Wahl des analytischen Auswerteverfahrens auf Lösbarkeit überprüft. Bei der Wahl des simulativen Verfahrens wird die Modell-
simulation durch aktuelle Spezifikationen u. a. der Zufallszahlengeneratoren, der Ein-
schwingdauer und des Abbruchkriteriums gesteuert.

Mit Hilfe von in MAOS integrierten Optimierungsverfahren lassen sich Modellparameter
hinsichtlich einer spezifizierten Systemleistungsgröße und innerhalb vorgegebener Restriktionen optimieren.

2. Entwurfsziele

Mit dem Begriff 'Modell' sind allgemeine Wartenetzmodelle gemeint. Modelle dieser Art
werden weitestgehend in der Leistungsbewertung von Rechensystemen benutzt. Dies trifft
besonders für eingeschränkte Wartenetze zu, die Markov-Prozesse definieren und durch
numerische Methoden berechnet werden können. Komplexere Wartenetze, die Beschreibungen
weiterer Einzelheiten des Betriebsverhaltens von Rechensystemen wie Speicherbegrenzung
Unterbrechung, Blockierung usw. umfassen, müssen simulativ ausgewertet werden. Während
es eine Reihe von Algorithmen zur Lösung von Wartenetzen der BCMP-Klasse [1] gibt,
fehlt es an allgemein verfügbaren, leicht einsetzbaren, verifizierten und effizienten
Simulatoren für Wartenetze. Des weiteren mangelt es den Lösungsverfahren an problemorientierten Benutzerschnittstellen zur Unterstützung der Modellbeschreibung, der Auswertung und der transparenten Darstellung der Ergebnisdaten. Seit einiger Zeit werden
durch die Entwicklung von Programmsystemen für Leistungsmodellierung von Rechensystemen
(vergl. BEST/1 [2], QUAL [3], QNET4 [4], QUASCI [5], RESQ [6], [7], CADS [8], QNAP2 [9]
diese Mängel behoben. Doch haften diesen Systemen Einschränkungen an bezüglich

1) Allgemeinheit der zugelassenen lösbaren Wartenetze (z. B. BEST/1, QNET4)

2) Integration unterschiedlicher Lösungsverfahren, insbesondere numerische Berechnung
   und Simulation (z. B. BEST/1, Qnet4, Quasci, CADS)

3) Spezieller Modellierungstechniken wie hierarchische Modellierung, Trennung des
   Systemmodells vom Lastmodell und separate Spezifikation des Auswerterahmens.

Durch MAOS wurde versucht, diesen Forderungen nachzukommen durch die Realisierung
folgender wesentlicher Entwurfsziele:

1) Bereitstellung einer problemorientierten Modellierungssprache zur Spezifikation von
   System- und Lastmodell und Auswerterahmen.

2) Integration der beiden Auswerteverfahren der numerischen Berechnung (exakte und
   approximierende) sowie der Simulation.

3) Unterstützung des hierarchischen und modularen Modellentwurfs durch eine Modell-
   und Methodenbank.

3. Die Modellbeschreibungssprache ILMAOS

Die Modellbeschreibungssprache ILMAOS (Input Language for MAOS) dient als Programmiersprache für die integrative Beschreibung von Wartenetzmodellen bestehend aus:

1) dem Systemmodell

2) einem oder mehreren Lastmodellen

3) eventuell einem oder mehreren Reportgeneratoren

4) einem oder mehreren Auswerterahmen.

ILMAOS unterliegt die Sichtweise eines Rechensystems auf Betriebssystemebene, bestehend
aus realen und virtuellen Betriebsmitteln, um die Prozesse zur Verarbeitung von Daten
konkurrieren. Dieser (Rechensystem-) Modellsicht entsprechend besteht ein ILMAOS-Pro-
gramm, d. h. ein in ILMAOS formuliertes Wartenetz, aus elementaren Betriebsmitteln wie

aktive Bedieneinheiten (SERVER), Warteeinheiten (POOL) und sog. passiven Betriebsmitteln (CONTROL) (ähnlich den 'passive resources' in [6] und [7]). Die Festlegung der Abfolge und des Umfanges von Betriebsmittelansprüchen von Lasteinheiten (Aufträge, JOB's, Transaktionen) erfolgt in Prozeßbeschreibungen (TYPE CATEGORY). Diese primäre Last wird gemäß Generierungsmuster erzeugt, die in einer Lastbeschreibung (LOAD_declaration) zusammengefaßt werden (die Bezeichnungen in Klammern entsprechen den ILMAOS-Bezeichnern). Zusätzlich können Variable (von SIMULA-kompatiblen Datentypen) deklariert werden, um Systemzustände und/oder Kommunikation zwischen Prozessen zu repräsentieren. Ein Systemmodell kann hierarchisch aus Submodellen konstruiert werden, um zum einen einen strukturierten Entwurf (evtl. top-down) mit Verfeinerungsmöglichkeiten und zum anderen modulares Programmieren (durch einen oder mehrere Programmierer) zu ermöglichen. Für eine ausführliche Beschreibung der Syntax sowie der Semantik von ILMAOS-Konstrukten sei auf [10] verwiesen. Das im folgenden Bild 1 dargestellte Beispiel eines in ILMAOS formulierten Modelles möge demonstrieren, ob ILMAOS wie intendiert eine problemorientierte, solbst dokumentierende und leicht erlernbare Modellierungssprache ist. Es handelt sich um das Modell eines sog. 'Gateway-Rechners'. Dieser soll der Integration eines lokalen DECnet10-Rechnernetzes in das Deutsche Forschungsnetz dienen; insbesondere soll er die erforderliche Transformation der unterschiedlichen Protokolle leisten, die im DECnet10-Rechnernetz einerseits und im Deutschen Forschungsnetz andererseits verwendet werden. Unterschiedlich detaillierende (ILMAOS-)Modelle sollen dem Modellierungssystem MOSAIC [11], zur Parametrisierung und Kalibrierung verfeinerter Modelle dienen. Für eine detailliertere Ausführung über Einsatz und Auswertung des Modells und die Ergebnisse sei auf den Beitrag [12] in diesem Band verwiesen.

Bild 1: Modell eines Gateway-Rechners in ILMAOS

```
MODEL vax11a = "vax11a";
  METHOD Simulation;
  READ
    INTEGER max_datei,              !maximale Anzahl von Dateien im Gateway;
            disc_block_length,      !Blocklänge (Bit);
            packet_length,          !Übertragungspaketlänge (Bit);
            min_datei_length,
            max_datei_length;
    REAL    trans1,                 !Übertragungszeit Gateway → DECnet10;
            trans2,                 !        "        Gateway → DATEX-P;
            disc_service,           !Plattenübertragungszeit;
            prot1_service,          !Bedienzeit für Protokoll 1;
            prot2_service;          !Bedienzeit für Protokoll 2;

  UNIT SERVER chdecvax, chvaxdec, chvaxdat, chdatvax, disc
            = Station (Service := FCFS);
       SERVER protocol1, protocol2
            = Station (Service := PS);
       CONTROL datei = Bin (Lower := 0, Upper := max_datei,
                       Initial := 0, Seizure := FIFO);
       CONTROL cpu   = Bin (Lower := 0, Upper := 1,
                       Initial := 0, Seizure := FIFO);
```

```
TYPE CATEGORY transit (SERVER channel1a, channel2a,
                              protocol1, protocol2;
                       REAL    transt1, transt2, prott1, prott2);

    VAR DIST plength := Randints (min_datei_length,
                                  max_datei_length);
    JOB VAR INTEGER file_length, disc_action;

    ACTIONS

        file_length := plength. Sample;

        TAKE 1 FROM datei;

        CREATE file_length // packet_length OF
          packet1   DO     NULL;
                    ELSE   NULL;
        END CREATE;

        REQUEST Constants (transt1) IN channel1a;

        TAKE 1 FROM cpu;
        REQUEST Constants (prott1) IN protocol1;
        GIVE 1 TO cpu;

        JOIN packet1;

        disc_action := file_length // disc_block_length + 1;
        WHILE disc_action > 0 DO
          disc_action := disc_action - 1;
          REQUEST Constants (disc_service) IN disc;
        END WHILE;

        CREATE file_length // packet_length OF
          packet2   DO     NULL;
                    ELSE   NULL;
        END CREATE;

        TAKE 1 FROM cpu;
        REQUEST Constants (prott2) IN protocol2;
        GIVE 1 TO cpu;

        REQUEST Constants (transt2) IN channel2a;

        JOIN packet2;

        GIVE 1 TO datei;

        QUIT;
    END CATEGORY transit;

    CATEGORY
        ttrans1 := transit (chdecvax, chvaxdat, protocol1,
                            protocol2, transt1, transt2,
                            prot1_service, prot2_service);
        ttrans2 := transit (chdatvax, chvaxdec, protocol2,
                            protocol1, transt2, transt1,
                            prot2_service, prot1_service);
END MODEL vax11a;
```

4. Modellauswertung

Zusätzlich zu einer Modellbeschreibung (beispielhaft in Bild 1 dargestellt) muß ein
Lastmodell und ein eventuell über Standardreports hinausgehender Ergebnisreport deklariert werden, um eine Auswertung des Modells vornehmen zu können. Modellbeschreibung,
zugehörige(s) Lastmodell(e) und Reportdeklarationen können getrennt voneinander über-

setzt und als separate SIMULA-Moduln in eine Modellbank eingebracht werden. Zur Auswertung des Modells muß ein 'Auswerterahmen' deklariert werden, der im wesentlichen Spezifikation und Aufruf des System- und Lastmodells und der Auswertungsmethode (METHOD) umfaßt. Ist eine Auswertung durch eine der vorhandenen numerischen Lösungsmethoden beabsichtigt, so genügt die Anweisung 'METHOD Computation'; das der Netztopologie und der Parametrisierung des Modells adäquateste Lösungsverfahren wird vom System autonom ausgewählt. Gleichzeitig wird das Modell auf Konsistenz und Berechenbarkeit durch das Lösungsverfa**hren (und zwar unterhal**b der Ebene der Konsistenzprüfung durch den Übersetzer) bezüglich Netztopologie (z. B. absorbierender Knoten) und Parametrisierung (z. B. Überlast) geprüft. Gewisse Inkonsistenzen können noch durch interaktive Reparametrisierung von z. B. Bedienstrategien und Bedienzeitverteilungen behoben werden. Aus der Modellbeschreibung wird dann eine Wartenetzbeschreibung extrahiert, die dem jeweils ausgewählten Lösungsverfahren als Eingabe dient. Alle implementierten numerischen Lösungsverfahren basieren auf Methoden der sog. Mean-Value-Analysis [13], [14] und enthalten u. a. aufwandsmindernde exakte (Tree MVA [15]) und approximierende Algorithmen. Die Anweisung 'METHOD Simulation' im Auswerterahmen impliziert eine simulative Auswertung des Modells. Zusätzliche Spezifikationen sind für die Überwachung des Simulationslaufes nötig (z. B. zeitliche oder statistische Abbruchkriterien, Methode zur Schätzung von Konfidenzintervallen) bzw. möglich (z. B. Dauer der Einschwingphase, Reportintervalle, Statusreports usw.). Die Auswertung schließt ab mit der Erstellung eines Standardreports und/oder eines Reports gemäß einer im Auswerterahmen aufgerufenen Reportdeklaration. Standardreports enthalten im wesentlichen die in einer numerischen Auswertung berechneten Mittelwerte der Verkehrsgrößen Auslastung, Durchsatz, Antwortzeit und Füllung der einzelnen Bedieneinheiten nach Auftragsklassen diskriminiert sowie auch über Auftragsklassen aggregiert. Bei der simulativen Auswertung müssen darüber hinausgehende Statistiken der Verkehrswerte wie z. B. Häufigkeitsfunktionen, Quantile, Korrelationsfunktionen explizit in einer Reportdeklaration, die im Auswerterahmen aufgerufen wird, spezifiziert werden.

Literatur

[1]   F. Baskett, K. M. Chandy, R. R. Muntz, and F. Palacios-Gomez,
      "Open, Closed and Mixed Networks of Queues with Different Classes of Customers",
      JACM 22, 2, April 1975

[2]   BGS Systems
      "BEST/1 Product description", BE77-010-2
      Lincoln, Massachusetts, January 1977

[3]   D. V. Foster, P. F. McGehearty, C. H. Sauer, C. N. Waggoner,
      "A Language for Analysis of Queueing Models",
      Proceedings Fifths Annual Pittsburgh Modeling and Simulation Conference, 1974

[4]   M. Reiser
      "QNET4 User's Guide", RA 71 (#23879) Computer Science
      IBM Thomas J. Watson Research Center,
      Yorktown Heights, New York, 6/24/1975

[5.] C. H. Sauer
"Simulation Analysis of Generalized Queueing Networks"
Proceedings Summer Computer Simulation Conference,
1975

[6] C. H. Sauer, E. A. McNair, "Queuing Network
Software for Systems Modeling", IBM
Research Report RC 7143, Yorktown
Heights, N. Y., 24.5.1978

[7] C. H. Sauer, E. A. McNair, S. Salza,
"A Language for Extended Queueing Network Models", IBM Research Report RC 7996,
Yorktown Heights, N. Y., 7.12.1979

[8] Information Research Associates,
"User's Manual for CADS", Release 4.0,
Austin, Texas, March 1981

[9] M. Badel et. al.
QNAP2 Reference Manual
CII Honeywell Bull and INRIA
Paris, 1982

[10] M. R. Jobman
"ILMAOS - Eine Sprache zur Formulierung von Rechensystemmodellen",
Bericht Nr. 91, FB Informatik, Universität Hamburg,
IFI-HH-B-90/82

[11] B. Wolfinger,
Das Modellierungssystem MOSAIC zur Analyse und Optimierung hierarchisch or-
ganisierter Kommunikationsprotokolle in Rechnernetzen
Elektronische Rechenanlagen, 23. Jahrgang 1981, Heft 5

[12] W. Johannsen et. al.
Modellierung und Simulation eines Gateway-Rechners,
ASIM84, TU Wien, 25.-27.9.1984

[13] M. Reiser und S. S. Lavenberg,
"Mean Value Analysis of Closed Multichain Queueing Networks",
IBM Research Report RC - 5827, Jan. 1976

[14] M. Reiser,
Mean Value Analysis and Convolution Method for Queue-Dependent Servers in
Closed Queueing Networks,
Performance Evaluation, Vol. 1, No. 1, Jan. 1981

[15] S. Tucci, C. H. Sauer
The Tree MVA Algorithm,
IBM Research Report RC 9338, Apr. 1982

DAS MONITOR-KONZEPT DER SPRACHE CDLM:

EIN WERKZEUG ZUR OPTIMIERUNG DER ENTWURFSVERIFIKATION DURCH
VERGLEICHENDE SIMULATION

F. Mündemann, W. Hahn, K. Fischer

Fachbereich Informatik
Hochschule der Bundeswehr München
Werner-Heisenberg-Weg 39, D-8014 Neubiberg

Der Einsatz höherer Programmiersprachen als eine von mehreren Beschreibungsebenen in Hardware-Entwurfssystemen eröffnet bei der Entwurfsverifikation
durch vergleichende Simulation die Möglichkeit, Kontroll- und Vergleichs-
funktionen in Form von Monitor-Prozeduren in die eigentlichen Hardware-Be-
schreibungen einzufügen, die als konkurrente Prozesse zu deren Simulation
ausgeführt werden. Diese Technik wird anhand der Schritte Modulzerlegung und
Modulverfeinerung innerhalb des Entwurfsprozesses eines einfachen Rechners
demonstriert.

Einleitung

Der Entwurf der in zunehmendem Maße verwendeten VLSI-Bausteine fordert wegen deren
Komplexität eine Top-Down-Vorgehensweise, für die auf der Gatter- und Layout-Ebene
bereits weitgehend Rechnerunterstützung verfügbar ist [1, 2], während Entwurfswerk-
zeuge für die darüberliegenden Ebenen, Spezifikation und algorithmische bzw. funktionelle Beschreibung, bislang noch kaum in ein alle Ebenen überdeckendes Entwurfssystem
integriert sind.

Als ein derartiges Werkzeug ist Computer Design Language – Version Munich [3, 4, 5]
(CDLM), eine umfassende Mehr-Ebenen-Entwurfssprache zur Mixed-Level Simulation modularer Entwürfe, entwickelt worden.

1. Entwurfsbeschreibung

In CDLM sind in ihrem jeweiligen Einsatzgebiet erfolgreiche Sprachen zu einem Entwurfssystem zusammengefaßt:

- PL/I als höhere Programmiersprache für die Spezifikation in Hardware zu implemen-
  tierender Algorithmen,

- ISPS-ähnliche Konstrukte als prozedurale (Teil-)Sprache für die funktionelle Beschreibung von Architektureigenschaften und

- CDL (Erweiterungen u.a. Zeitverhalten, hierarchische Entwurfsgliederung) als nichtprozedurale Sprache für die Beschreibung struktureller und funktioneller Eigenschaften.

Grundlage eines jeden CDLM-Entwurfs ist das Strukturierungselement Modul, dessen
Interface-, Vereinbarungs- und Definitionsteil für Submoduln gemäß Fig. 1 einen einheitlichen Rahmen für den Anweisungsteil bildet, unabhängig von der für diesen gewählten Sprache.

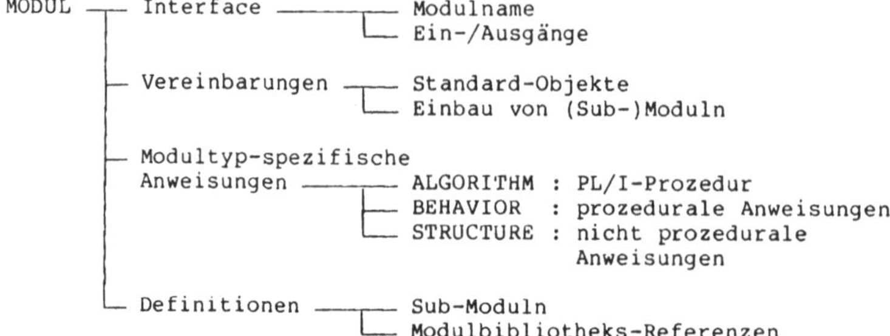

<u>Fig. 1</u> : Hierarchische Struktur eines CDLM-Entwurfs auf der Basis von MODULn

Die Verwendung der 3 angegebenen Teilsprachen innerhalb eines Entwurfsbeschreibungssystems wie CDLM eröffnet dem Entwerfer digitaler Systeme eine Reihe neuer Arbeitstechniken:

- mittels ALGORITHM-Moduln kann er ausführbare Spezifikationen auf hohem Abstraktionsniveau erstellen, diese in

- BEHAVIOR und/oder STRUCTURE-Beschreibungen niedrigeren Abstraktionsniveaus überführen,

- sowie ihre funktionale und zeitbewertete Korrektheit einzeln durch Simulation ihres Verhaltens bei Eingabe bestimmter Testdaten überprüfen, wobei

- der Entwurf modulspezifisch auf jeweils unterschiedlichem Beschreibungsniveau ausführbar ist (Mixed Mode Simulation).

Darüber hinaus bedeutet die Verfügbarkeit von PL/I in CDLM auch, daß eine Entwurfsbeschreibung das Dateisystem des Wirtsrechners und damit dessen periphere Geräte unmittelbar als Teil des Entwurfes ansprechen kann und somit entwerfergesteuerte, interaktive Simulationen zuläßt, die dem realen Verhalten auch komplexer Entwürfe (Bsp. Entwurf eines ganzen Rechners anstelle der bisher gebräuchlichen Zusammensetzung durch Einzelkomponenten-Entwurf) bereits im Spezifikationsstadium funktionell nahe kommt.

Digitale Systeme können mit dieser Arbeitsweise als Ganzes spezifiziert werden, müssen aber nur in den Komponenten detailliert werden, die aktueller Arbeitsgegenstand sind.

Beim Entwurf digitaler Systeme und der Arbeitsweise der modulbezogenen, schrittweisen Zerlegung und Verfeinerung vom Spezifikations- zum Implementierungsniveau ist der Nachweis zu erbringen, daß aufeinanderfolgende Entwurfsschritte funktional und zeitbehaftet Entwürfe mit aufeinander abbildbarem Verhalten liefern.

Trotz erster Fortschritte auf dem Gebiet formaler Verifikation [6, 7] wird dazu vergleichende Simulation als Verifikationshilfsmittel eingesetzt und in jüngster Zeit auch durch den Einsatz von speziellen Hochleistungs-Simulationsrechnern [8, 9, 10] unterstützt.

Simulation im Kontext dieses Artikels bedeutet dabei, daß die formale Entwurfsbeschreibung in Bezug auf eine diskrete Zeitachse, mit diskreten logischen Werten und Zeitattributen bewertet, von einem Entwurfszustand, ausgedrückt durch die aktuellen Werte der speichernden Entwurfselemente, zu einem Folgezustand durch Auswerten der im Entwurf vorhandenen Schaltnetze als Zustandsübergangsfunktion gemäß den sie darstellenden Rechenvorschriften überführt wird.

Die Folge der so entstehenden Zustandsvektoren stellt das über die Zeit betrachtete Entwurfsverhalten dar (diskrete Simulation).

2. <u>Kontroll- und Vergleichsfunktionen</u>

Während jedoch bei sonstigen Entwurfssprachen die Durchführung des Vergleichens der i.a. umfangreichen Simulationsdaten aus der vergleichenden Simulation zweier Entwurfsbeschreibungen in das Tätigkeitsfeld des Entwerfers fällt, erlaubt CDLM die Algorith-

misierung auch dieser Simulationsauswertung durch Monitor-Prozeduren gemäß Fig. 2.
Sie prüfen als konkurrent zur Entwurfssimulation aktive Kontrollprozesse das Verhalten
der aktuell bearbeiteten Moduln.

PL/I wird hier als Beschreibungsmittel von Entwurfsbestandteilen benutzt, für die in
der Regel keine Hardware-Entsprechung intendiert ist. Diese Verwendung einer höheren
Programmiersprache ist in Rechnerbeschreibungssystemen bisher unbekannt.

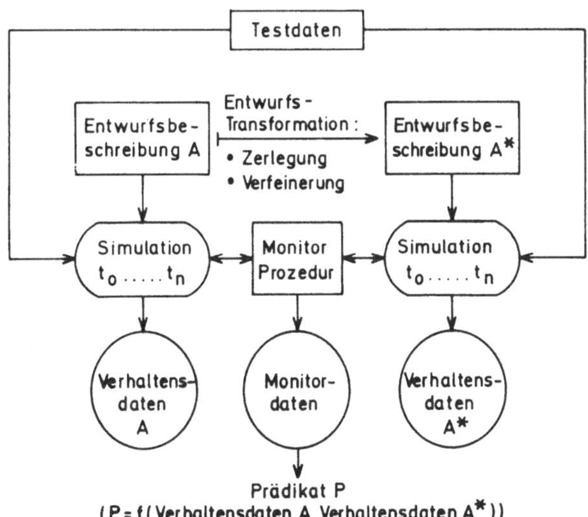

Fig. 2 :
Einsatz von Monitor-Prozeduren
bei vergleichender Simulation
von Entwurfsbeschreibungen

Teilentwürfe, die Ergebnis einer Entwurfstransformation sind, können zusammen mit
ihrer ursprünglichen Version in einen derartigen Monitor-Modul eingebettet werden, der
gegenüber dem Rest des Entwurfes die jeweilige Teilentwurfsschnittstelle funktional
einhält. Kern eines Monitor-Moduls ist die Beschreibung eines Algorithmus zum Erfassen
und Bewerten von Simulationstest- und referenzdaten, der das Verhalten zweier Versionen eines Moduls mit u.U. komplizierten Verhaltensabhängigkeiten vergleicht.

In diesem Kontext ist somit eine Monitor-Prozedur ein Programm, das das Verhalten
eines Modul-Komplexes auf die Einhaltung vorgegebener Normen prüfend beobachtet und
ggfs. in den Datenverkehr eingreift.

Dabei kann eine Monitor-Prozedur darüber hinaus

- auf den speziellen Entwurf zugeschnittene Sichtgeräte-E/A-Routinen für das interaktive Beobachten bzw. Beeinflussen des Simulationsablaufes sowie

- entwurfsspezifische Protokollierungsroutinen zum z.B. mnemotechnischen Aufbereiten
  der Datenausgabe

enthalten.

In CDLM führt das Zusammenfügen mehrerer Moduln eines Systems zu einem typlosen Modul,
der nur Modulverbindungen wiedergibt. Ein solcher Modul kann problemlos um eine PL/I-
Prozedur MONITOR als Anweisungsteil ergänzt werden, die entweder passiv zwischen
Moduln ausgetauschte Daten überwacht oder aktiv in die Kommunikation eingreift. Jede
Verbindungsleitung, auf der für eine Entwurfsverifikation relevante Information
ausgetauscht wird, wird dazu durch MONITOR geführt. Darüber hinaus kann einer
derartigen Monitor-Prozedur über zusätzliche Modulausgänge der Zugriff auf
modulinterne Daten ermöglicht werden.

Mit dem Einsatz von Monitor-Prozeduren kann, aufwandsmäßig beschränkt auf den aktuell
zu bearbeitenden Teil des Entwurfs, und auf der Basis realer Stimuli aus dem übrigen
Teil des Entwurfs, automatisiert vergleichende Simulation als Entwurfsverifikations-
methode eingesetzt werden.

3. Verifikation von Zerlegungsschritten

Allgemein anerkannte Entwurfsstrategie ist heutzutage die Top-Down-Vorgehensweise, deren zentrale Idee es ist, ein zu entwerfendes, komplexes System iterativ in jeweils einfachere Teilsysteme mit definiertem Verhalten und definierter Schnittstelle aufzubrechen.

Dem entspricht in CDLM, daß z.B. eine ungeteilte Spezifikation eines einfachen Rechners [11] gemäß Fig. 3 in einem ersten Zerlegungsschritt in eine gegliederte Spezifikation transformiert wird, bei der gemäß Fig. 4 alle Speicheroperationen in einem separaten Modul zusammengezogen sind. Als Entwurfsentscheidung ist hierbei eine Kommunikationsstruktur zwischen den Submoduln festzulegen.

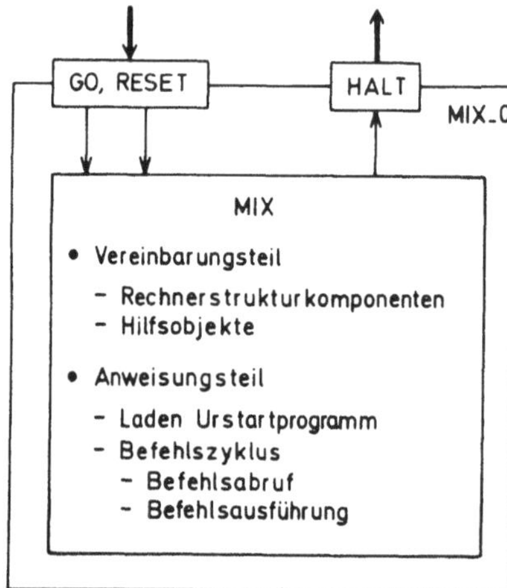

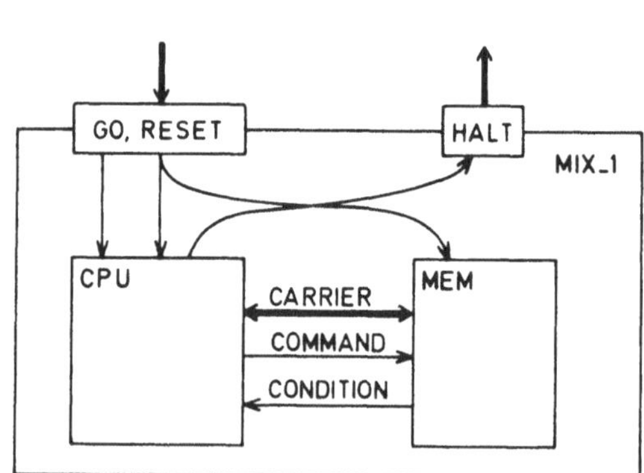

Fig. 3 : Möglicher Aufbau einer ungeteilten Spezifikation eines einfachen Rechners

Fig. 4 : Beispiel für eine gegliederte Spezifikation eines einfachen Rechners

Der Entwurf besteht nun aus zwei Moduln vom Typ ALGORITHM, die mittels der Datenwege

- Command : unidirektional von CPU nach MEM,
- Condition: unidirektional von MEM nach CPU,
- Carrier : bidirektional zwischen CPU und MEM (Daten, Adressen)

miteinander gemäß einem definierten Kommunikationsprotokoll Nachrichten austauschen. Zur Abwicklung des Protokolls sind Wartezustände in den Beschreibungen von CPU und MEM erforderlich, die mit Hilfe vom Simulator verwalteter Modul-Zustandsparameter in der Prozedur-Schnittstelle modellierbar sind. Neben diesen Modul-Zustandsvariablen, deren Inhalt synchron zur Zeitfortschaltung des Simulators verändert wird, können prozedurlokale Zustandsvariable, deren Inhalt asynchron zur Zeitachse des Simulators veränderbar ist (STATIC-Variable), in den Monitor-Prozeduren zur simulatorunabhängigen Kalenderverwaltung eingesetzt werden.

Jetzt liegt neben der ursprünglichen Spezifikation eine aus dieser durch einen Zerlegungsschritt hervorgegangene Version vor, deren funktionelle Gleichheit mit der Ausgangsversion vom Entwerfer zu verifizieren ist.

Diese Aufgabe wird üblicherweise in zwei Teilaufgaben zerlegt:

- Es wird zunächst allein auf der Basis der transformierten Version getestet, ob das Zusammenspiel der beiden Moduln CPU und MEM untereinander und ggfs. gegenüber der Entwurfsumgebung vorgegebenen Randbedingungen, hier z.B. den Regeln des Protokolls, entspricht.

- Es wird danach die semantische Korrektheit der zwischen den Moduln ausgetauschten Nachrichten überprüft, wobei die Ausgangsversion dem Entwerfer als Referenzobjekt dient.

In beiden Fällen hat der Entwerfer u.U. umfangreiche Simulationsprotokolle Zeile für Zeile auszuwerten, wobei er bei der ersten Teilaufgabe das Durchlaufen des Protokolls nachvollzieht, während er bei der zweiten Teilaufgabe im Simulationsprotokoll der Ausgangsversion z.B. den jeweils äquivalenten Simulationsschritt aufsucht und die Simulationsergebnisse vergleicht. Beide Aktionen des Entwerfers sind klar definiert und können in CDLM einer Monitor-Prozedur übertragen werden, denn zum einen können auch komplizientere Algorithmen, denen ein Datenaustausch zwischen Moduln zu folgen hat, in PL/I programmiert werden, und zum anderen ist es möglich, da per PL/I auf Dateien des Wirtsrechners zugegriffen werden kann, Such- und Vergleichsoperationen bezüglich bereits vorliegender Simulationsergebnisse zu programmieren.

Die allgemeine Lösung ist es allerdings, entsprechend Fig. 5 die aus einem Zerlegungsschritt resultierende Entwurfsversion simultan mit der Ausgangsversion zu simulieren. Damit erhält die Monitor-Prozedur für beliebige, u.U. überraschend auftretende Testsituationen Referenzdaten aus dem ursprünglichen Entwurf. Dabei kann es notwendig sein, die Zustandsfortschaltung durch ein Synchronisationssignal, wie z.B. WEITER in Fig. 5, zu steuern.

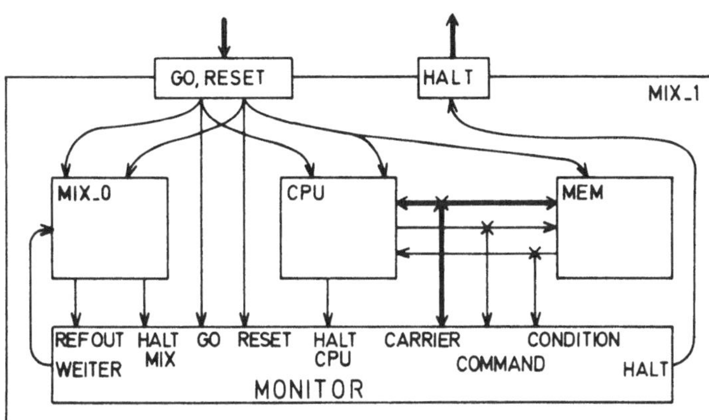

Fig. 5 :
Simultane Simulation der zu verifizierenden modularen Entwurfsversion und einer Referenzversion

Dieses Konzept bedeutet für den ersten Schritt eine Verdoppelung des Simulationsaufwandes, während bei weiteren, lokalen Zerlegungsschritten der zusätzliche Simulationsaufwand klein gegenüber dem Gesamtaufwand wird. Der damit gewonnene Vorteil ist jedoch, daß die Verifikation des Zerlegungsschrittes auf der Basis aktueller Stimuli aus der Umgebung des zerlegten Moduls erfolgt und soweit das korrekte Zusammenwirken einer zerlegten Entwurfsversion mit dem Gesamtentwurf ohne weitere Testläufe garantiert ist.

4. Verifikation von Verfeinerungsschritten

Eine weitere, zentrale Idee der Top-Down-Entwurfsmethodik ist die autonome, schrittweise Verfeinerung jedes einzelnen Moduls. Als Beispiel für diesen Entwurfsschritt sei im folgenden die Verfeinerung des Moduls MEM von der algorithmischen zur funktionellen Beschreibungsebene betrachtet. Im einzelnen bedeutet dies zunächst, daß operative Entwurfskomponenten nun hardware-näher beschrieben werden. Für die Verifikation wirft dies keine zusätzlichen Probleme auf, da dies u.U. nur eine Änderung der Informationsdarstellung, z.B. binär statt dezimal, bedeutet.

Wesentlicher ist, daß zwischen Wartezustände eingebettete PL/I-Programmabschnitte, die aus der Sicht des Simulators innerhalb eines Simulationsschrittes ablaufen, in eine Folge von Operationen, die jeweils einzeln innerhalb eines Simulationsschrittes ablaufen, zu transformieren sind. Analog gilt beim Übergang von der funktionellen zur strukturellen Entwurfsebene, daß komplexere Operationen in ein Schaltnetz aus einfacheren, operativen Komponenten bzw. in ein Schaltwerk, das eine Folge einfacher Operationen ausführt, transformiert werden.

Somit sind nun Entwurfsversionen zu vergleichen, deren Zeitverhalten in definierter Weise voneinander abweicht. In CDLM wird, um beim Beispiel zu bleiben, ein Modul MEM

gemäß Fig. 6 gebildet, der nach außen die bisherige MEM-Schnittstelle funktionell einhält.

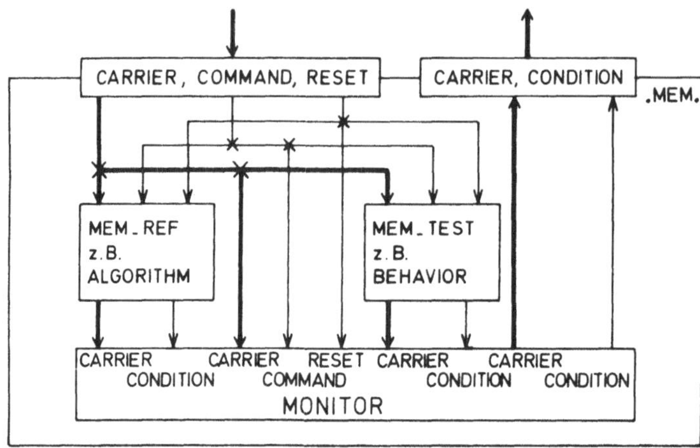

Fig. 6 :
Monitoreinsatz bei
der Verifikation
von Verfeinerungs-
schritten

Intern besteht dieser Modul aus der verfeinerten, zu testenden Modulversion MEM_TEST,
der Ausgangsversion MEM_REF und der Monitor-Prozedur, über die alle Datenwege geführt
sind. Sie ist so programmiert, daß Referenzreaktionen des Moduls MEM_REF entsprechend
dem abweichenden Zeitverhalten des Moduls MEM_TEST verzögert werden, so daß einerseits
die Modulreaktionen auf z.B. die gleiche Folge von Datenmuster überprüft werden können
und andererseits das Zeitverhalten des Moduls MEM-TEST das Zeitverhalten des gesamten
Moduls MEM prägen kann.

Während bislang bei der Verifikation von Zerlegungsschritten die Monitor-Prozedur
passiv den Nachrichtenaustausch auf den ihr zugänglichen Leitungen vergleichend und
protokollierend eingesetzt wurde, kann darüber hinaus für die Verifikation eines Ver-
feinerungsschrittes der Monitor auch aktiv während der Simulation im Falle einer
Nichtübereinstimmung der Testdaten mit den Referenzdaten die Modul-Ausgabeleitungen
CARRIER und CONDITION mit den vom Referenzmodul statt vom Testmodul gelieferten Daten
beschalten, um so den lokalen Fehler nicht auf das Restsystem durchschlagen zu lassen;
dieser wird jedoch vom Monitor geeignet protokolliert.

Literatur

1   Nagel, L.W.: SPICE 2: A Computer Program to Simulate Semiconductor Circuits,
     Electronics Research Laboratory, Univ. of Calif. Berkeley, California, Memorandum
     No. ERL-M 510, Mai 1975
2   Kao, W.H. et.al.: ISIS: An Integrated Simulation System for Process-Device-
     Circuit Design, Proc. IEEE Intern. Conf. on Computer-Aided Design, Sept. 1983,
     S. 147-150
3   Hahn, W.: Computer Design Language - Version Munich (CDLM): A Modern Multi-Level
     Language, Proc. 20th Design Automation Conference, Juni 1983, S. 4-11
4   Hahn, W.: Computer Design Language - Version Munich (CDLM): A Multi-Level Simula-
     tion Tool, Proc. European Simulation Congress ESC83, Sept. 1983, S. 207-212
5   Hahn, W.: Computer Design Language - Version Munich (CDLM): Eine moderne Rechner-
     entwurfssprache, Bericht 8002/2 FB Informatik, Hochschule der Bundeswehr München,
     1983
6   Wojcik, A.S.: Formal Design Verification of Digital Systems, Proc. 20th Design
     Automation Conference, Juni 1983, S. 228-234
7   Shostak, R.E.: Formal Verification of Circuit Designs, Proc. IFIP 6th Interna-
     tional Symposium on Computer Hardware Description Languages and their Applica-
     tions, Mai 1983, S. 13-30
8   Abramovici, M. et al.: A Logic Simulation Machine, Proc. 19th Design Automation
     Conference, Juni 1982, S. 65-73
9   Barto, R., Szygenda, S.A.: A Computer Architecture for digital Logic Simulation,
     Electronic Engineering, Sept. 1980, S. 35-66
10   Denneau, M.M.: The Yorktown Simulation Engine: Architecture and Hardware Descrip-
     tion, Proc. 19th Design Automation Conference, Juni 1982, S. 55-59
11   Knuth, D.E.: The Art of Computer Programming, Vol. 1, Addision-Wesley Inc., 1969

MEHREBENENMODELLIERUNG UND -SIMULATION MIT SIGMUS

H. Kramer, H. Vollbrecht, J. Gorissen

Siemens AG, Zentrale Aufgaben Informationstechnik, München

ZUSAMMENFASSUNG: Das Simulationswerkzeug SIGMUS, ein Simulatorgenerator für Multiprozessorsysteme, wurde entwickelt zur Beschreibung und Simulation von parallelen
Prozessen, insbesondere von Multiprozessorsystemen. SIGMUS unterstützt die Mehrebenenmodellierung und -simulation von den höchsten Abstraktionsebenen bis hinunter
zur oberen Registertransferebene. Das Einsatzspektrum reicht vom Verifizieren des
Systementwurfs in den frühesten Entwurfsphasen bis zum Testen der realen Software
in der Implementierungsphase. SIGMUS und seine Modellbeschreibungssprache werden vorgestellt und die Einsatzmöglichkeiten bei der Mehrebenenmodellierung und -simulation
an einem Beispiel erläutert.

1. EINFÜHRUNG

Die erste Version des Simulationswerkzeugs SIGMUS /1/ wurde unter anderem bei der
Entwicklung von Mehrrechnersystemen /2/ und lokalen Netzen eingesetzt. Die wichtigsten
Kenndaten für die Simulation auf abstrakter, hardware-naher und einer Zwischenebene
sind in Tabelle 1 enthalten. Die Erfahrungen zeigten, daß

- der Modellierungs- und Simulationsaufwand bei fortschreitender Detaillierung wegen
  des hierarchischen Vorgehens stark zunahm,

- bedingt durch die hardware-nahe Beschreibungssprache abstrakte Modelle nicht
  adäquat beschreibbar waren.

	abstraktes Modell	realisierungsspezi-fisches Modell	
Anwendung	lokales Netz mit 300 Teilnehmern	Mehrrechnersystem (3 Prozessoren mit Koprozessor, lokalem Speicher und I/0 Ports; globaler Speicher)	
Simulatordaten: LOC (SMDL) typ. Laufzeit (4-MOP-Host)	1.200 8 CPU-Sek.	3.600 50 CPU-Sek.	4.600 6000 CPU-Sek.
Modellierungs-aufwand/Test	3 Mannmonate	8 Mann-monate	12 Mann-monate
Last	Verteilungsfunktion	abstr. Lastpro-gramm	Anwenderpro-gramme
Simulations-aufgabe	Verkehrsanalyse - Performance	Systemanalyse - Performance - Funktionen	Messungen Programmtest

Tabelle 1 : Kenndaten beim Einsatz von Simulation mit SIGMUS

Aus diesen Gründen wurde SIGMUS durch Hinzunahme einer abstrakten Beschreibungsebene in Richtung Mehrebenenmodellierung und -simulation so erweitert, daß
- sowohl das gesamte System hierarchisch, als auch nur die für die jeweilige Problemstellung relevanten Komponenten des Systems detaillierter beschrieben werden können,
- über viele Stufen hinweg ein einheitliches Simulationswerkzeug zur Verfügung steht.

Die für eine Mehrebenensimulation typischen Probleme der Datentypen- und Verhaltenskonsistenz /3/ werden in SIGMUS durch generierte Translatoren zur Schnittstellenanpassung und durch ein für alle Beschreibungsebenen einheitliches Kommunikationskonzept der Systemkomponenten gemindert.

2. ALLGEMEINER AUFBAU VON SIGMUS

Das Simulationswerkzeug SIGMUS besteht aus der Modellbeschreibungssprache SMDL (SIGMUS Model Description Language), einem Generator, der aus dem in SMDL beschriebenen Modell einen Simulator erzeugt, und einem Dialograhmen zur interaktiven Steuerung des Ablaufs der Simulation.

Eine Modellbeschreibung folgt dem Entwurfskonzept, ein System in funktionale Blöcke zu zerlegen und diese schrittweise zu verfeinern. Sie besteht aus den Beschreibungen separater Module als Funktionseinheiten und einer Konfigurationsbeschreibung zur Beschreibung ihrer Verknüpfung zu einem System.

Module können auf zwei verschiedenen Abstraktionsebenen beschrieben werden: Als abstrakte Module, um ihr globales Verhalten, und als Hardware-Module, um ihr Verhalten auf der oberen Registertransferebene zu modellieren.

Die Modulbeschreibung besteht aus der Beschreibung der lokalen Speicherbereiche und der Kommunikationsschnittstellen (Ports) des Moduls, sowie der Beschreibung seiner Funktionen in einem Programmteil. Die lokalen Speicherbereiche und Ports werden auf der abstrakten Ebene durch FORTRAN-Variablen und auf der Hardware-Ebene durch spezielle Datentypen Bit und Byte dargestellt. Der Programmteil entspricht einem FORTRAN-Programm (abstrakt) oder einer Folge von Mikroprogrammen (hardware-nah) Die Mikroprogramme werden mit dem SMDL-Mikrobefehlssatz beschrieben, der den vorläufigen IEEE-Standard Nr. 694 für Mikroprozessorbefehlssätze umfaßt.

Gemeinsam in abstrakten Modulen und Hardware-Modulen werden Steuerbefehle (CASE, IF..THEN..ELSE, WHILE, etc.) und folgende Befehle zur Kommunikation verwendet:
- TIME   beschreibt den Zeitbedarf eines Befehls in Taktzyklen,
- PUT,GET   schreibt Daten in bzw. liest Daten aus einem Port,
- LOCK   reserviert den Zugriff auf einen anderen Modul, bis zur Freigabe durch
             RELEASE,
- WAIT   wartet auf ein Ereignis (TIMEOUT, REQUEST, ACKNOWLEDGE),
- HALT   unterbricht die Aktivitäten eines Moduls.

In der <u>Konfigurationsbeschreibung</u> (vgl. Beispiel in Bild 1) werden die Module
durch Verbindung der einzelnen Ports zu einem System verknüpft.

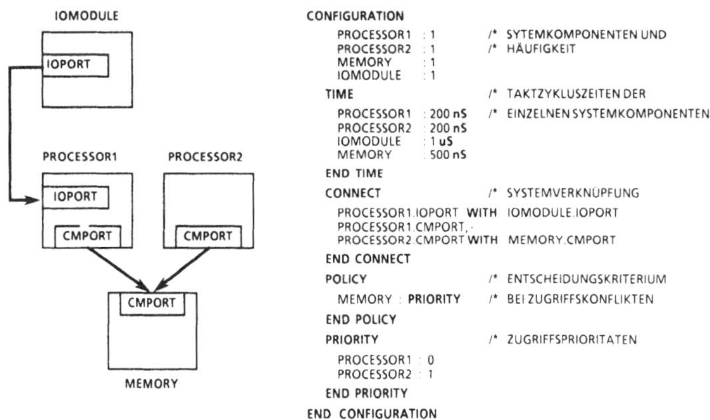

Bild 1 : Beispiel einer Konfigurationsbeschreibung in SIGMUS

3. LEISTUNGSMERKMALE VON SIGMUS

Das Simulationswerkzeug SIGMUS erlaubt die einfache und schnelle Erstellung eines
Simulators durch die Methode der Generierung, da vom Benutzer lediglich Verhalten
und Struktur des zu simulierenden Systems mit der problemspezifischen Modellbe-
schreibungssprache SMDL zu beschreiben sind. Die simulationsspezifischen Komponenten
(u.a. das Laufzeitsystem und die Schnittstellenanpassung) werden dagegen generiert.
Die generierten Simulatoren enthalten eine Reihe von Standardfunktionen:
- Scheduling,
- Interpretatives Abarbeiten von Anwenderprogrammen,
- Erkennen von Zugriffskonflikten (u.a. Deadlocks),
- Interaktives Testen des Modells und der Anwenderprogramme,
- Sammeln von Meßwerten (u.a. Zugriffshäufigkeiten, Busauslastungen und Wartezeiten).

4. BEISPIEL

Das zu simulierende System besteht aus zwei Prozessoren, einem globalen Speicher
und Peripherie. Prozessor 1 liest Eingabedaten ein, die von der Peripherie zu asynchronen Zeitpunkten bereitgestellt werden, verarbeitet die Daten und legt die Ver-
arbeitungsergebnisse in den globalen Speicher ab. Prozessor 2 greift in konstanten
Zeitintervallen auf die Ergebnisdaten im globalen Speicher zu, bereitet sie für die

Ausgabe auf und gibt sie an die Peripherie aus.

Die zugehörige Modellbeschreibung (vgl. Anhang A) gibt einen möglichen Zustand im Verlauf des Systementwurfsprozesses wieder. Die Ziele der Simulation sind in dieser Phase sowohl Untersuchungen des Verkehrsverhalten des Systems, wie mittlere und maximale Wartezeiten, Busauslastungen, Zugriffshäufigkeiten, als auch detailliertere Untersuchungen des Systems, wie die Verifizierung des Anwenderprogramms und die Bestimmung der Laufzeiten von Programmkomponenten. Lediglich der Befehlssatz des HardwareModuls processor1 ist vollständig funktional beschrieben; er soll bereits ein Anwenderprogramm ausführen. Das Verhalten des Restsystems wird abstrahiert. Die Module processor2 und memory sind hardware-nah beschrieben. Processor2 enthält nur einen Befehl, der den Zeitbedarf für den Zugriff auf den globalen Speicher, für die Ausführung eines Programms und für die Ausgabe berücksichtigt. Im abstrakten Modul iomodule ist das Verhalten der Peripherie modelliert, wobei nur die zufallsgesteuerte Erzeugung von Eingabedaten für processor1 relevant ist. Die Systemverknüpfung entspricht der Konfigurationsbeschreibung in Bild 1.

5. SCHLUSS

Das Programmsystem SIGMUS und dessen Modellbeschreibungssprache unterstützen die Mehrebenenmodellierung und -Simulation von den höchsten Abstraktionsebenen bis hinunter auf die obere Registertransferebene. Die Methode der Generierung erlaubt die schnelle und kostengünstige Erzeugung eines Simulators bei jeder Modifikation des simulierten Systems.

Die zukünftige Entwicklung befaßt sich mit zusätzlichen Möglichkeiten der Warteschlangenbehandlung, der Erweiterung des Befehlssatzes mit Floating Point-Befehlen und der Einbettung des Programmsystems in eine Systementwurfsumgebung.

LITERATUR

/1/ Kuhn, G., Lützeler, T., Schmidt, K.,: "The SIGMUS Model Description Language for the Generation of Mono- and Multiprocessor System Simulators", Proceedings of the 1982 Summer Computer Simulation Conference, Denver, CO, pp.191-196, 1982.

/2/ Gorissen, J., Suda, P.,: "The Application of a Simulator Generating System to Verify Complex Multiprocessor Systems", Proceedings of the Intern. Conference on Simulators, Brighton, UK, IEE Publication Number 226, pp.322-327, 1983.

/3/ McDougall, M.H. (Editor),: "System Level Simulation", Digital Design Automation, Computer Science Press, Inc., Woodland Hills, pp.35-62, 1975.

```
MODULE PROCESSOR1
  HARDWARE                       /* BESCHREIBUNG DER SPEICHERBEREICHE
    PORTS                        /* BESCHREIBUNG DER PORTS
      BIT*33 CMPORT              /* COMMON MEMORY PORT
      BYTE*2 IOPORT             /* INPUT / OUTPUT PORT
    END PORTS
    BIT*33  CMREG               /* LOKALES REGISTER
      EQUIV CMREG               /* REDEFINITION VON CMREG
        BIT STATUS
        BYTE*2 ADRREG, DATAREG
      END EQUIV
    BYTE*2 IOREG                /* LOKALES REGISTER
    BYTE*2 ADR, DATA

  END HARDWARE
  INSTRUCTIONS                   /* BESCHREIBUNG DES BEFEHLSSATZES
    FETCH                        /* BEFEHLSHOLPHASE
      IF REQ (IOPORT)            /* SENDEANFORDERUNG DES MIT IOPORT VERKNUPFTEN MODULS
      THEN GET(6) IOREG, IOPORT  /* EMPFANGE EINGABEDATENWORT UND SPEICHERE ES LOKAL
      END IF                     /* (DAUER : 6 TAKTE)

    END FETCH
    MICRO    CMWRITE            /* MIKROBEFEHL: SCHREIBEN AUF COMMON MEMORY
    OPCODE 1FH                  /* OPERATIONSCODE DES MIKROBEFEHLS
      MOVE STATUS, 1            /* SETZE STATUS IN CMREG (STATUS = 1 : SCHREIBEN)
      MOVE  ADRREG, ADR         /* SETZE ADRESSE IN CMREG
      MOVE  DATAREG, DATA       /* SETZE DATENWORT IN CMREG
      PUT(4) CMPORT, CMREG      /* SENDE STATUS, ADRESSE, DATENWORT (DAUER: 4 TAKTE)
    END MICRO

  END INSTRUCTIONS
END MODULE


MODULE PROCESSOR2
  HARDWARE                       /* BESCHREIBUNG DER SPEICHERBEREICHE
    PORTS                        /* BESCHREIBUNG DER PORTS
      BIT*33 CMPORT             /* COMMON MEMORY PORT
    END PORTS
    BYTE*2  EXECTIME            /* LOKALES REGISTER
                               /* (EXECTIME GIBT DEN ZEITBEDARF FUR PROGRAMMAUSFUHRUNG
                               /* UND AUSGABE AN UND WIRD PER DIALOG GESETZT)

  END HARDWARE
  INSTRUCTIONS                   /* BESCHREIBUNG DES BEFEHLSSATZES
    MICRO                        /* EINZIGER MIKROBEFEHL: LESEN VON COMMON MEMORY
      LOCK   CMPORT             /* RESERVIERE ZUGRIFF AUF COMMON MEMORY
      TIME = 8                  /* ZEITBEDARF FUR ZUGRIFF AUF COMMON MEMORY
      RELEASE CMPORT            /* GIB COMMON MEMORY FREI
      TIME = EXECTIME           /* ZEITBEDARF FUR PROGRAMMAUSFUHRUNG UND AUSGABE
    END MICRO
  END INSTRUCTIONS
END MODULE


MODULE MEMORY
  HARDWARE                       /* BESCHREIBUNG DER SPEICHERBEREICHE
    PORTS                        /* BESCHREIBUNG DER PORTS
      BIT*33 CMPORT             /* COMMON MEMORY PORT
    END PORTS
    BIT*33 CMREG                /* LOKALES REGISTER
      EQUIV CMREG               /* REDEFINITION VON CMREG
        BIT STATUS
        BYTE*2 ADRREG, DATAREG
      END EQUIV
    BYTE*2 RAM(64K)             /* SPEICHER FUR 64 K DATENWORTE
  END HARDWARE
  INSTRUCTIONS                   /* BESCHREIBUNG DES BEFEHLSSATZES
    MICRO                        /* EINZIGER MIKROBEFEHL:
                               /* BEARBEITEN EINER LESE- ODER SCHREIBANFORDERUNG
      GET(4) CMREG, CMPORT      /* EMPFANGE STATUS, ADRESSE UND GGF. DATENWORT;
                               /* SPEICHERE SIE LOKAL (DAUER : 4 TAKTE)
      IF STATUS EQ 0
      THEN                       /* LESEANFORDERUNG
        MOVE DATAREG, RAM(ADRREG)     /* HOLE DATENWORT A'IS DEM SPEICHER
        PUT(4) CMPORT, CMREG    /* SENDE DATENWORT (DAUER : 4 TAKTE)
      ELSE                       /* SCHREIBANFORDERUNG
        MOVE RAM(ADRREG), DATAREG     /* SCHREIBE DATENWORT IN DEN SPEICHER
      END IF
      HALT
    END MICRO
  END INSTRUCTIONS
END MODULE


MODULE IOMODULE
  VARIABLES                      /* BESCHREIBUNG DER SPEICHERBEREICHE
    PORTS                        /* BESCHREIBUNG DER PORTS
      INTEGER IOPORT            /* INPUT / OUTPUT PORT
    END PORTS
    INTEGER IOVALUE, INTERRUPT  /* LOKALE VARIABLEN
  END VARIABLES
  STATEMENTS                     /* BESCHREIBUNG DER FUNKTIONEN
    CYCLE
      /*
      /* WAHLE ZUFALLSGESTEUERT EIN EINGABEWORT AUS DEM VORDEFINIERTEN
      /* DATENFELD AUS UND WEISE DEN INHALT DER VARIABLEN IOVALUE ZU
      /*
      WAIT ACK(IOPORT)          /* WARTE, BIS EIN EVTL. FRUHER GESENDETES
                               /* DATENWORT EMPFANGEN WURDE
      PUT(6) IOPORT, IOVALUE    /* SENDE EINGABEDATENWORT (DAUER: 6 TAKTE)
      CALL RANDOM (INTERRUPT)   /* BERECHNE DEN NACHSTEN SENDEZEITPUNKT
                               /* UNTER VERWENDUNG DES VORDEFINIERTEN
                               /* UNTERPROGRAMMS RANDOM
      TIME = INTERRUPT
    END CYCLE
  END STATEMENTS
END MODULE
```

ANHANG A: BEISPIEL EINER MODELLBESCHREIBUNG

<u>DIE SCHALTWERKSIMULATION</u>

G. Schade
Siemens AG, Zentrale Informationstechnik, München-Perlach, BRD

1) <u>Einordnung und Abgrenzung des Themas</u>

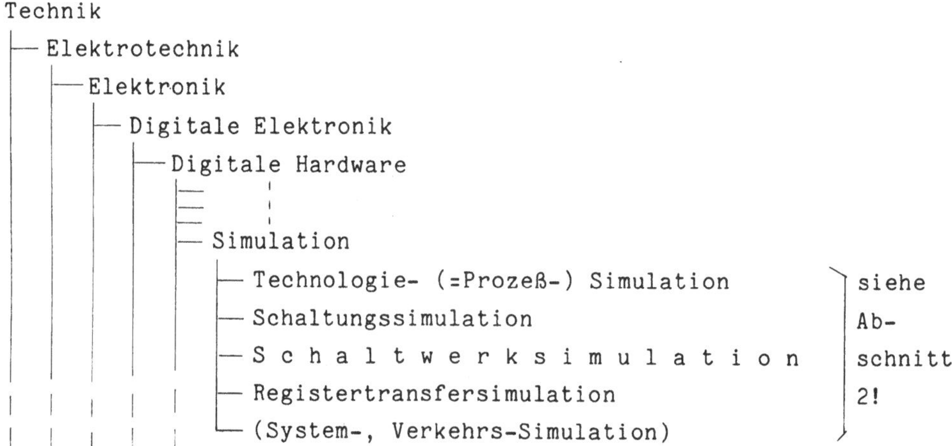

Als "Schaltwerk" wird ein Stück digitaler Hardware (z. B. Baustein, Baugruppe, größerer Komplex) bezeichnet.

2) <u>Die verschiedenen Stufen der Simulation digitaler Hardware</u>

<u>Prozeßsimulation:</u>
Zur Absicherung oder Optimierung eines Fertigungsprozesses von integrierten Bausteinen.

<u>Schaltungssimulation</u> (circuit oder timing simulation):
Zur Ermittlung und Optimierung der Kennwerte (d.h. Schaltzeiten, Spannungen, Ströme, Leistungsverbrauch) eines in Entwicklung befindlichen Bausteintyps oder Zellentyps.

<u>Schaltwerksimulation</u> (logic simulation):
- Zur möglichst weitgehenden Überprüfung des Entwurfs eines v o l l-
  s t ä n d i g und f e r t i g u n g s g e r e c h t beschriebenen Schaltwerks.
- In der Prüftechnik:
  - zur Sollwerterrechnung (= "Richtigsimulation"),
  - zur Kontrolle des Fehlererkennungsgrades (= "Fehlersimulation")
    von Prüfbitmusterfolgen zur Prüfung von Schaltwerken.

<u>Registertransfersimulation</u>:
In der Regel zur Überprüfung des Entwurfs eines u n v o l l s t ä n -
d i g bzw. grob beschriebenen Schaltwerks in der Frühphase seiner
Entwicklung. Evtl. zur Beschreibung der U m g e b u n g bei der
Schaltwerksimulation ("Mehrebenensimulation").

<u>Systemsimulation</u>:
- Zur Ermittlung und Optimierung von System-Kennwerten (z. B. des
  Durchsatzes),
- zur Engpaßerkennung.

3) <u>Komponenten der Schaltwerksimulation</u>

- Das Simulationsprogramm;
- die strukturelle Beschreibung des zu simulierenden Schaltwerkes (sie
  wird im allgemeinen durch einen entsprechenden Teil des Simulationsprogramms vollautomatisch aus einer bereits gefüllten Schaltwerk-
  Datenbank hergeleitet);
- funktionelle oder gemischte (strukturell/funktionell) Schaltelemen-
  tetypenbeschreibungen (= Beschreibung der Knotenfunktionen);
- Stimuli (Bitmusterfolgen, u. U. auch Befehlsfolgen), evtl. auch bereits Sollwerte für automatischen Vergleich.

Zum besseren Verständnis kann die folgende grobe Analogie dienen (man
beachte aber, daß Autos nicht, wie Bits, in den Knoten verschwinden
und entstehen!):

Schaltwerk:	Straßenverkehrssystem:
Verbindungen	Straßen
Knotenfunktionen	Kreuzungen, Verkehrsampeln, Vorfahrtregelungen, Fahrverbote, Einbahnstraßenregelungen, Geschwindigkeitsbegrenzungen, Anzahl der Fahrspuren u. a. m.
Bitmusterfolgen	Autos (genauer: Vorgabe von Zahl, Abfahrtsort und -zeit von Verkehrsteilnehmern)
Schaltwerksimulation	A l l e Straßen eines Gebiets werden in die Betrachtung einbezogen.
Registertransfersimulation	Nur die H a u p t straßen werden betrachtet.

4).Methoden der Schaltwerksimulation

- Zyklensimulation (vor allem für die Prüftechnik):
  Die Modellzeitrechnung beginnt bei jedem Taktschritt neu.

  - Ereignisgesteuert; (d. h. an jedem Knoten erfolgt eine Berechnung
    nur bei Änderung von Knoteneingangswerten); i. a. mit Berücksich-
    tigung von Signallaufzeiten;
    Fehlersimulation
    - parallel, oder
    - deduktiv, oder
    - concurrent.

  - Mit fester Abarbeitungsreihenfolge aller Knoten, i. a. ohne Be-
    rücksichtigung von Signallaufzeiten;
    - parallele Fehlersimulation und
    - parallele Richtigsimulation
    sind möglich.

- Echtzeitsimulation (vor allem zur Entwurfsüberprüfung):
  Durchgängige Modellzeitrechnung über alle Taktschritte hinweg; i.a.
  mit Berücksichtigung genauer Signallaufzeiten; nur ereignisgesteuert
  möglich.

Einfaches Abarbeitungsbeispiel mit kombinatorischen Schaltelementen:

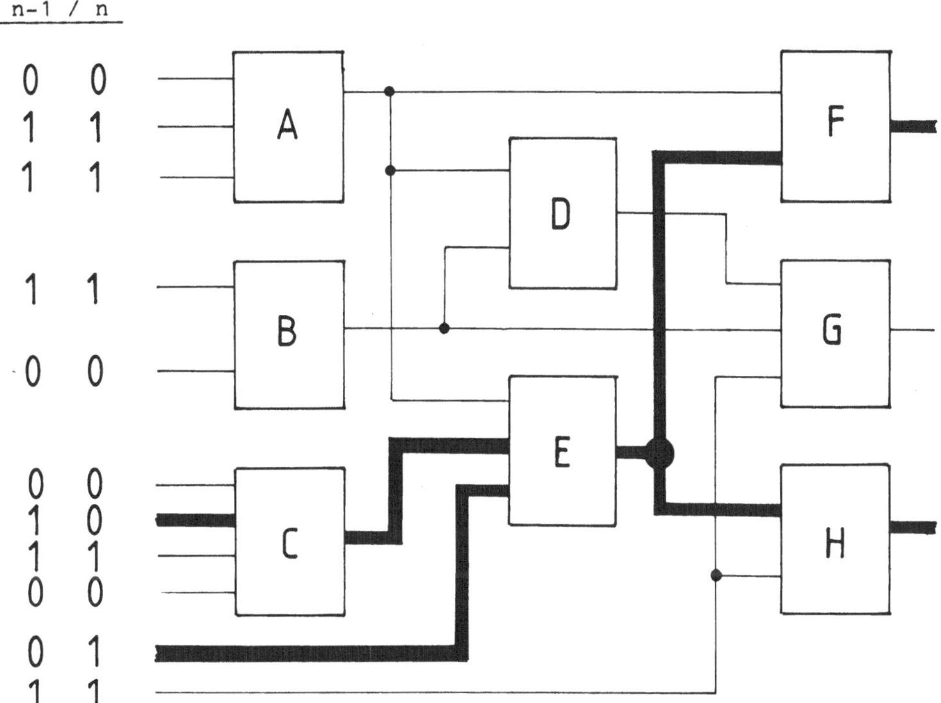

Die Bearbeitungsreihenfolge der Schaltelemente im Prüfschritt n ist:
- Ereignisgesteuert:
    - falls die beiden unteren Eingänge des Knotens E ihren Zustand
      gleichzeitig ändern: C, E, F, H;
    - andernfalls z. B.: E, F, H, C, E, F, H.
- Bei fester Abarbeitungsreihenfolge: A, B, C, D, E, F, G, H.

5) <u>Simulationsähnliche Schaltwerkanalysemethoden</u>

Beim Entwurf eines Schaltwerks möchte man an Software-Modellen vor allem die folgenden Eigenschaften überprüfen:

a) Korrektheit der logischen Verknüpfungen,
b) Zulässigkeit der zu erwartenden Signallaufzeiten,
c) evtl. Einhaltung prüftechnischer Strukturrichtlinien,
d) evtl. Kennwerte der prüftechnischen Zugänglichkeit.

Mittels Schaltwerksimulation im engeren Sinne können nur a) und, etwas unscharf, b) überprüft werden. Mit Hilfe von ganz oder weitgehend bitmusterfreien Analyseprogrammen, die im weiteren Sinne auch als Simulationsprogramme bezeichnet werden können, sind die Aufgaben b), c) und d) exakt lösbar.

Als Beispiel diene die Problemstellung bei der Überprüfung von Signallaufzeiten:

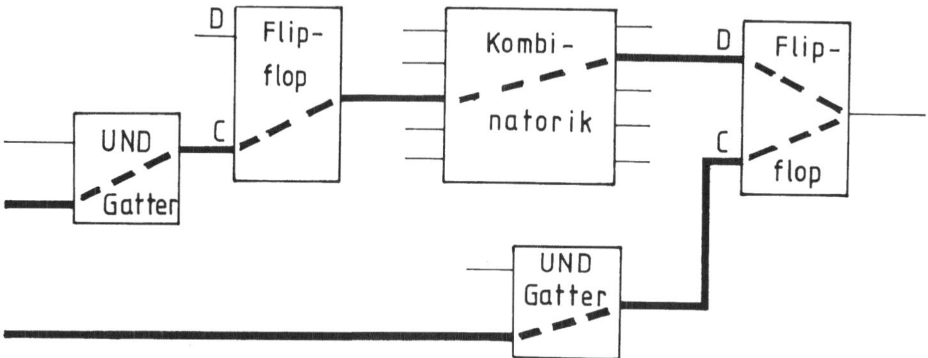

Die Grundaufgabe eines Signallaufzeit-Analyseprogramms besteht darin, zu überprüfen, ob ein Signal am Eingang D des hinteren Flipflops auch dann noch früh genug vor dem Eintreffen des Taktsignals am Eingang C dieses Flipflops seinen richtigen Signalwert annimmt, wenn in einem bestimmten Exemplar des betreffenden Schaltwerks

- die obere dick gezeichnete Strecke besonders langsam,
- die untere dick gezeichnete Strecke besonders schnell

von Signalen durchlaufen wird ("worst case").

JANAP - EIN PROGRAMM ZUR SIMULATION DES ZEITVERHALTENS VON NICHTLINEAREN ELEKTRISCHEN SCHALTUNGEN

J.Demel und S.Selberherr
Abteilung für Physikalische Elektronik
Institut für Allgemeine Elektrotechnik und Elektronik
TU Wien / Österreich

1. Einleitung

Die derzeit hauptsächlich in Verwendung stehenden Netzwerkanalyseprogramme wie SPICE /1/, ASTAP /2/ und NAP2 /3/, sind alle Anfang der 70iger Jahre entwickelt worden. Danach sind im wesentlichen nur mehr Programme entstanden, die sich auf spezielle Aspekte wie die Logik- oder Timing-Simulation digitaler Schaltungen /4/ oder Switched Capacitor Schaltungen /5/ konzentrieren und dadurch für diese Anwendungen eine sehr hohe Wirkung erzielen, jedoch für allgemeine Anwendungen der Netzwerksimulation nicht einsetzbar sind.
Die Nachteile der derzeit verfügbaren Netzwerkanalyseprogramme können wie folgt zusammengefaßt werden:

- Durch die verwendeten Simulationsmethoden werden zum Teil sehr große Einschränkungen bei den darstellbaren Bauelementen, insbesondere bei der Modellierung von nichtlinearen Bauelementen, gemacht.
- Die Modelle für die Halbleiterbauelemente sind meistens fix in das Programm und die verwendeten Algorithmen eingebaut und sind daher nur sehr schwer änderbar, wenn neue Modelle auszuprobieren sind.
- Die verwendeten numerischen Algorithmen entsprechen infolge des Alters der Programme häufig nicht dem Stand der Technik.

Das Ziel von JANAP ist die Entwicklung eines allgemeinen Programms zur Simulation von nichtlinearen elektrischen Netzwerken mit den Schwerpunkten:

- Keine unnötigen Einschränkungen bei der Beschreibung der Bauelemente, insbesondere auf dem Gebiet der Nichtlinearitäten.
- Eine sehr flexible Modellierung von Halbleiterbauelementen bis zu Macromodellen.
- Verwendung des aktuellen Standes auf dem Gebiet der mathematischen Methoden.

2. JANAP aus der Sicht des Anwenders

Der folgenden Tabelle sind die in JANAP direkt realisierten Bauelemente
und deren Elementgleichungen zu entnehmen:

	Bezeichnung	i	v	q	φ	r	s
I	Stromquelle	I		0	0	0	
V	Spannungsquelle		V	0	0		0
R	Widerstand		$R \cdot i$	0	0		
G	Leitwert	$G \cdot v$		0	0		
C	Kondensator	$\frac{dq}{dt}$		$C \cdot v$	0	0	
L	Induktivität		$\frac{d\varphi}{dt}$	0	$L \cdot i$		0
S	Schalter offen	0		0	0	0	
	Schalter zu		0	0	0		0
M	Kopplung				$+k_{ij} \cdot \varphi_i$		
U	Universalelement	f	f	f	f	f	f

Bei der Angabe des Wertes eines Bauelements kann neben der bei allen
Netzwerkanalyseprogrammen unterstützten Konstanten auch ein praktisch
beliebiger Ausdruck angegeben werden, der auch Funktionen, Tabellen und
Werte von anderen Bauelementen enthalten kann. Neben einer Reihe von
Standardfunktionen kann der Benutzer eigene Funktionen und externe
Funktionen verwenden.
Zusätzlich steht das "Universalelement" zur Verfügung, mit dem die
Darstellung praktisch beliebiger Bauelemente möglich ist.
Schaltungsteile können zu Subcircuits zusammengefaßt werden, die wieder
zu Subcircuit-Bibliotheken zusammengefaßt werden können. Bei der
Verwendung eines Subcircuits werden neben der aktuellen Knotenliste dem
Subcircuit auch noch Parameter-Werte, Funktions- und Tabellennamen
übergeben, die bei der Beschreibung der Bauelemente verwendet werden
können.
JANAP hat keine eingebauten Modelle für Halbleiterbauelemente wie z.B.
SPICE, sondern die Modelle sind durch Subcircuits, die in Standard-
bibliotheken zur Verfügung stehen, beschrieben.
Als Simulationsmethoden stehen dem Anwender neben der DC-Analyse die
Simulation des Transienten und des Steady-State Verhaltens zur Ver-
fügung. Während aller Simulationen können die Sensitivität bestimmt,

die Parameter variiert oder die Werte der Bauelemente nach einer statistischen Verteilungsfunktion modifiziert werden.

3. Methode

Das interne Konzept von JANAP ist darauf ausgelegt, möglichst ohne Einschränkungen bei der Beschreibung eines elektrischen Netzwerkes auszukommen. Daraus resultiert, daß bei der Aufstellung des beschreibenden Gleichungssystems keine Vereinfachungen vorgenommen werden, die Bauelement-spezifisch sind. Jedes Bauelement wird auf das "Universalelement" zurückgeführt, welches durch 6 Größen bestimmt wird:

  i   Strom durch das Bauelement
  v   Spannung am Bauelement
  q   im Bauelement gespeicherte Ladung
  φ vom Bauelement aufgebauter Fluß
  r,s   Hilfsgrößen in Zusammenhang mit dem Schalter

Die Hinzunahme von Ladung und Fluß vereinfacht die Darstellung einiger Bauelemente und bietet Vorteile während der transienten Simulation von Unstetigkeiten. Die Größen r und s sind Hilfsgrößen, die die Topologie-Änderungen in Zusammenhang mit dem Öffnen und Schließen eines Schalters formalisieren.

Als Formulierung der Netzwerkgleichungen wird eine Erweiterung des "Sparse Tableau Approaches" /6/ verwendet, im folgenden "Complete Tableau Approach" (CTA) genannt. Die prinzipielle Struktur des resultierenden Gleichungssystems ist der folgenden Abbildung zu entnehmen.

Das Gleichungssystem sieht auf den ersten Blick sehr groß aus; es enthält immerhin für jeden Zweig 6 Unbekannte. Es läßt sich jedoch unmittelbar durch einfache symbolische Reduktionen vereinfachen:
Wie der Tabelle in Kapitel 2 zu entnehmen ist, haben die Größen q, φ, r und s bei den meisten Bauelementen den Wert 0. In diesen Fällen ist es daher gar nicht notwendig, die Größen als Unbekannte in das Gleichungssystem aufzunehmen, da sie a priori ausgerechnet werden können. Eine ähnliche Situation ergibt sich bei Strom- und Spannungsquellen. Durch diese symbolische Vereinfachung des Gleichungssystems gelangt man zu einer mit den traditionellen Simulationsmethoden Nodal und Sparse Tableau Formulierung vergleichbaren Größe, hat jedoch nicht die Einschränkungen bei der Beschreibung des Netzwerkes durch den Anwender und erhält bessere numerische Eigenschaften des Gleichungssystems.

$$
\begin{pmatrix}
-1 & G & \dfrac{d}{dt} & & & \\[4pt]
R & -1 & & \dfrac{d}{dt} & & \\[4pt]
& C & -1 & & & \\[4pt]
L+M & & & -1 & & \\[4pt]
& & & & -1 & \\[4pt]
& & & & & -1 \\[4pt]
A & & & & & \\[4pt]
& B & & & & \\[4pt]
& & A & & A & \\[4pt]
& & & B & & B
\end{pmatrix}
\times
\begin{pmatrix} i \\ u \\ q \\ \varphi \\ r \\ s \end{pmatrix}
=
\begin{pmatrix} -I \\ -U \\ -Q \\ -\phi \\ 0 \\ 0 \\ 0 \\ 0 \end{pmatrix}
$$

Das in symbolischer Form vorliegende reduzierte Gleichungssystem wird nun zur Bestimmung der Jacobi-Matrix symbolisch differenziert. Nach diesem Schritt ist jedes Element der Jacobi-Matrix in eine der folgenden vier Klassen einzuordnen:

0

Konstante

durch Formel berechenbar

numerische Differenzierung notwendig

Erwartungsgemäß ist der Anteil der Elemente, deren Wert nur durch symbolische Differenzierung ermittelt werden kann, sehr gering. An Hand obiger Klassifizerung kann das Besetzungsmuster der Jacobi-Matrix bestimmt und die Faktorisierung vorbereitet werden.
Das Gleichungssystem wird mit einem auf den BDF-Formeln /7/ basierenden Integrator und einem eingebetteten gedämpften Newton-Verfahren /8/ gelöst.

4. Zusammenfassung

Es wurde das Konzept von JANAP dargestellt. Trotz einer für den Anwender sehr flexiblen Beschreibungsmöglichkeit von elektrischen Netzwerken konnte gezeigt werden, daß ein beherrschbares Gleichungssystem entsteht.

Literatur

/1/ L.Nagel,
    "SPICE 2: A Computer Program to Simulate Semiconductor Circuits", University of California, 1975
/2/ W.Weeks, et al.,
    "Algorithms for ASTAP - A Network-Analysis Program", IEEE CT-20, 1973
/3/ T.Rübner-Petersen,
    "NAP2, a Nonlinear Analysis Program for Electronic Circuits, Version 2", Technical University of Denmark, 1973
/4/ R.Newton, D.Peterson,
    "A Simulation Program with Large Integrated Circuit Emphasis (SPLICE)", Proc. ISCAS 1978
/5/ T.Rübner-Petersen,
    "SCNET - A Program for Analysis of Switched Capacitor Networks by Means of Poles and Zeros", Proc. ISCAS 1980
/6/ G.Hachtel, R.Brayton, F.Gustavson,
    "The Sparse Tableau Approach to Network Analysis and Design", IEEE CT-18, 1971
/7/ C.Gear,
    "The Automatic Integration of Stiff Differential Equations", Information Processing, 1969
/8/ P.Deuflhard,
    "A Modified Newton Method for the Solution of Ill-conditioned Systems of Nonlinear Equations with Application to Multiple Shooting", Numerische Mathematik 22, 1974

<u>NUMERISCHE SIMULATION VON HALBLEITERBAUELEMENTEN</u>

S.Selberherr und H.Pötzl
Abteilung für Physikalische Elektronik
Institut für Allgemeine Elektrotechnik und Elektronik
TU Wien / Österreich

1. Einleitung

Seit der Erfindung des integrierten Schaltkreises in den siebziger
Jahren gewinnt die Modellierung von Halbleiterbauelementen stetig an
Bedeutung. Speziell die Mikrominiaturisierung von Bauelementen, die
für die sogenannte "Very Large Scale Integration (VLSI)" eine Voraus-
setzung darstellt, erfordert eine rigorose Analyse des elektrischen
Verhaltens der verwendeten Bauelemente, um den Anwendern von
integrierten Schaltungen das gewünschte und geforderte Maß an
Komplexität (mehr als 400.000 Transistoren pro integrierten
Schaltkreis) und Zuverlässigkeit garantieren zu können.
Die charakteristische Strategie der klassischen Modellierung von Halbleiterbauelementen ist die Aufteilung des Bauelementes in mehrere,
verschiedenartige Teilbereiche, in welchen das elektrische Verhalten
mit relativ einfachen Formeln analytisch approximiert werden kann.
Diese unabhängig behandelten Teilbereiche werden dann einfach
verbunden und die Lösungen an den Rändern angepaßt, um eine Gesamt-
beschreibung des Bauelementes zu erhalten. Wenn eine kompakte
analytische Modellierung gesucht wird, ist keine andere Vorgangsweise
zielführend.
Bei mikrominiaturisierten Bauelementen ist die soeben beschriebene
Vorgangsweise nur sehr begrenzt durchführbar, da eine Auftrennung in
unabhängig behandelbare Teilgebiete praktisch nicht möglich ist.
Weiters können vollkommen neue physikalische Effekte beobachtet
werden, die manchmal sogar das elektrische Verhalten eines
Bauelementes auf dominante Weise bestimmen. Eine Konsequenz dieses
Sachverhaltes ist eine nahezu unvorstellbare Anzahl publizierter
Vorschläge, wie diverse Effekte in klassische Modelle einbezogen
werden können. In den letzten zehn Jahren wurden über 50.000 Artikel
mit dieser Thematik veröffentlicht.
Eine andere, rigorosere Strategie zur Erfassung des elektrischen
Verhaltens von Bauelementen ist die numerische, "ab initio"
Simulation, die auf fundamentalen physikalischen Prinzipien beruht.

Diese Vorgangsweise gestattet einen direkten Einblick in das Verhalten der relevanten physikalischen Größen im Inneren eines Bauelementes, wodurch eine neue Dimension an Verständnis gewonnen wird, das breitbasig für den verbesserten Entwurf von Bauelementen eingesetzt werden kann. Eine kompakte, analytische Beschreibung kann jedoch auf diese Weise nicht gewonnen werden.

2. Die fundamentalen Halbleitergrundgleichungen

Auch für eine numerische, "ab initio" Simulation eines Halbleiterbauelementes werden Modellannahmen in Form von Gleichungen benötigt. Diese Gleichungen sind jedoch nicht maßgeschneidert für ein bestimmtes Bauelement, sondern beschreiben den grundsätzlichen Stromtransport in Halbleitern. (Ein Bauelement ist durch eine bestimmte Geometrie und eine gezielte technologische Behandlung des Halbleiters konfiguriert.) Das bekannteste Modell für den Stromtransport in Halbleitern wurde von Van Roosbroeck /5/ vorgeschlagen. Es besteht aus der Poisson Gleichung (1), den Stromkontinuitätsgleichungen für Elektronen (2) und Löcher (3) und den Stromrelationen für Elektronen (4) und Löcher (5).

$$\text{div grad } \Psi = \frac{q}{\varepsilon} \cdot (n - p - C) \tag{1}$$

$$\text{div } \bar{J}_n - q \cdot \frac{\partial n}{\partial t} = q \cdot R \tag{2}$$

$$\text{div } \bar{J}_p + q \cdot \frac{\partial p}{\partial t} = -q \cdot R \tag{3}$$

$$\bar{J}_n = -q \cdot (\mu_n \cdot n \cdot \text{grad } \Psi - D_n \cdot \text{grad } n) \tag{4}$$

$$\bar{J}_p = -q \cdot (\mu_p \cdot p \cdot \text{grad } \Psi + D_p \cdot \text{grad } p) \tag{5}$$

Diese Gleichungen konstituieren ein System von gekoppelten partiellen Differentialgleichungen in drei Ortsdimensionen, welches zusammen mit den für ein Bauelement charakteristischen Randbedingungen im Bauelementvolumen gelöst werden muß. Häufig können Symmetrieeigenschaften und "a priori" Kenntnisse eines Bauelementes benutzt werden, um bei einer akzeptablen Einbuße an Genauigkeit die Anzahl der Ortsdimensionen auf zwei oder eins zu reduzieren, wodurch eine erhebliche Ersparnis an numerischem Aufwand zu erzielen ist.
Die abhängigen Veränderlichen in den Gleichungen (1)-(5) sind das elektrostatische Potential Ψ, die Elektronenkonzentration n und die Löcherkonzentration p. Die Gleichungen beinhalten weiters mehrere

physikalische Parameter: die Dielektrizitätskonstante ε, die Netto-konzentration der geladenen Störstellen C in (1), die Netto-rekombinationsrate R in (2) und (3), die Beweglichkeiten und Diffusionskoeffizienten der Elektronen μ_n, D_n und Löcher μ_p, D_p in (4) und (5). Die Konstante q repräsentiert die Elementarladung. Die Nettorekombinationsrate sowie die Beweglichkeiten und Diffusions-koeffizienten müssen im allgemeinen als stark nichtlineare Funktionen der abhängigen Veränderlichen behandelt werden /4/, wodurch die Lösung des Systems (1)-(5) signifikant erschwert wird. Die anderen Parameter (ε und C) sind reine Materialeigenschaften.

In Hinblick auf die fortschreitende Mikrominiaturisierung muß natürlich auch die Frage gestellt werden, bis zu welcher Bauelement-kleinheit die Gleichungen (1)-(5) tatsächlich den Stromtransport hinreichend genau beschreiben. Diese Frage kann mit dem heutigen Wissen nicht zuverlässig beantwortet werden; als Spekulation gilt, daß Bauelemente mit charakteristischen Abmessungen kleiner als 1μm nur mehr qualitativ in ihrem Verhalten erfaßt werden können. Dieses Problem wird in nächster Zukunft intensiv behandelt werden müssen.

Zur numerischen Lösung des Gleichungssystems (1)-(5) wird das Bauelementvolumen inklusive der Ränder nach den klassischen, mathematischen Methoden (finite Differenzen, finite Elemente) diskretisiert, die Differentialgleichungen mit ihren Parametern durch approximierende algebraische Gleichungen ersetzt und das dadurch erhaltene nichtlineare algebraische Gleichungssystem unter erheblichem Aufwand an Computerresourcen mit Newtonartigen Verfahren gelöst. Eben dieser beachtliche Aufwand an Computerresourcen hat dazu geführt, daß zur Lösung der Gleichungen hochspezialisierte Algorithmen entwickelt wurden. Ein Beispiel dazu stellt die Diskretisierung in "Finite Boxen" dar /1/, welche als rigorose Erweiterung der Methode der finiten Differenzen für Probleme mit örtlich stark heterogenem Lösungsverhalten interpretiert werden kann. Eine genaue Behandlung der diversen physikalischen und mathematischen Details kann in /4/ nachgelesen werden.

3. Ein Beispiel

Mit den folgenden Bildern soll vermittelt werden, welche Aussagekraft die Ergebnisse der numerischen Simulation von Halbleiterbauelementen beinhalten. Die Berechnungen wurden mit dem Programm MINIMOS /2/, /3/ durchgeführt.

Bild 1 zeigt die Dotierungsprofile (C in(l)) zweier miniaturisierter MOS-Transistoren mit einer Kanallänge von 1.2µm, was dem heutigen internationalen Forschungsstandard entspricht. Man erkennt deutlich die hoch dotierten Wannen des Source- und Draingebietes sowie die Kanalimplantation dazwischen. Das rechte Profil unterscheidet sich vom linken durch eine zweite Kanalimplantation in der Tiefe der pn-Übergänge.

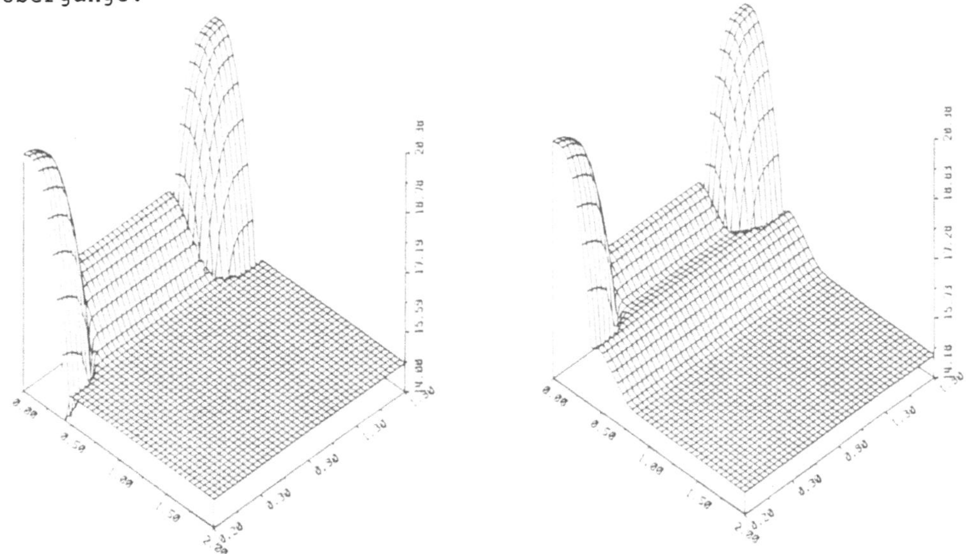

Bild 1: Dotierungsprofil, log., cm^{-3}

In Bild 2 sind die Isolinien des elektrostatischen Potentials für den Arbeitspunkt 0V an Source, Gate, sowie Substrat und 7V an Drain dargestellt. Für diesen Arbeitspunkt ist im Falle einer n-MOS Logik erwünscht, daß der Transistor sperrt. Man sieht deutlich im linken Transistor einen Sattel im Potential, welcher als typisches Anzeichen des "punch-through" Effektes zu werten ist. Dies bedeutet, daß das Gate nicht in der Lage ist, die für das Sperren notwendige Potential-barriere zwischen Source und Drain hinreichend in die Bauelementetiefe zu manifestieren (Man beachte die Potentialinsel oberhalb des Sattels, welche den Einflußbereich des Gates skizziert). Im rechten Teilbild erkennt man klar, daß die zuzügliche tiefere Kanalimplantation den "punch-through" Effekt unterdrückt. Der eben erklärte Sachverhalt läßt sich noch anschaulicher aus den Stromdichteverteilungen entnehmen, die in Bild 3 gezeigt sind. Man erkennt deutlich einen vergrabenen Kanal im linken Teilbild, der durch das Gate nicht beeinflußt werden kann. Im rechten Teilbild ist ein minimaler Rest von Stromdichte (man beachte den Achsenmaßstab) unmittelbar an der Grenzschicht zum Gateoxid zu finden, was für einen sperrenden MOS-Transistor typisch ist.

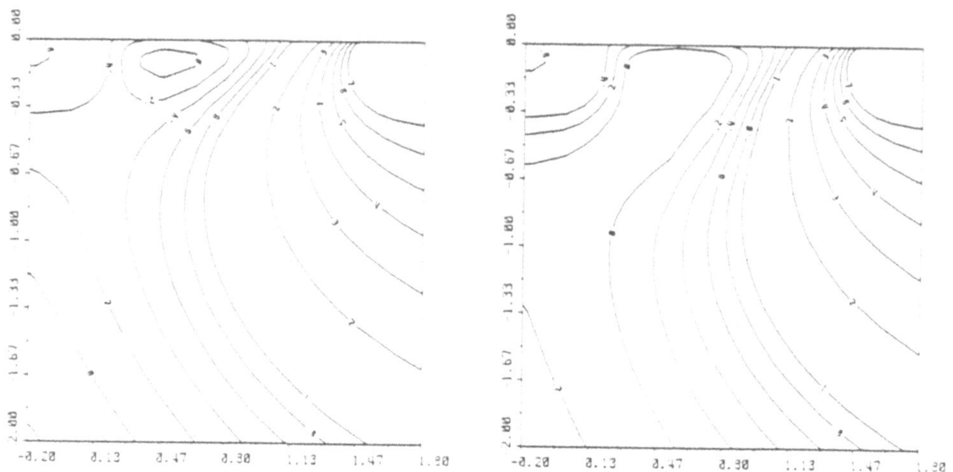

Bild 2: Elektrostatisches Potential, lin., V

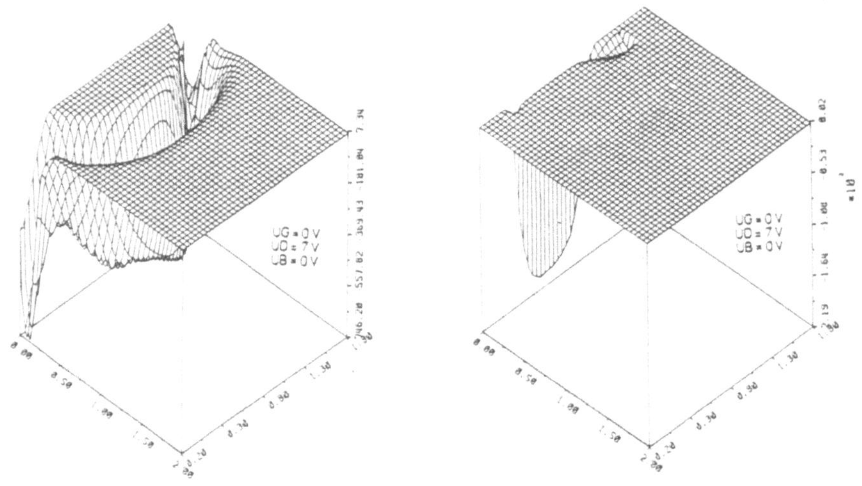

Bild 3: Elektronenstromdichte, lin., Acm^{-2}

Literatur

/1/ Franz A.F., Franz G.A., Selberherr S., Ringhofer C., Markowich P.,
    **"Finite Boxes - A Generalization of the Finite Difference Method
    Suitable for Semiconductor Device Simulation"**, IEEE Trans.Electron
    Devices, Vol.ED-30, No.9, pp.1070-1082, (1983).

/2/ Schütz A., Selberherr S., Pötzl H.W., **"Analysis of Breakdown
    Phenomena in MOSFET's"**, IEEE Trans.Computer-Aided-Design of
    Integrated Circuits, Vol.CAD-1, pp.77-85, (1982).

/3/ Selberherr S., Schütz A., Pötzl H.W., **"MINIMOS - a Two-Dimensional
    MOS Transistor Analyzer"**, IEEE Trans.Electron Devices, Vol.ED-27,
    pp.1540-1550, (1980).

/4/ Selberherr S., **"Analysis and Simulation of Semiconductor Devices"**,
    Springer, Wien New-York, (1984).

/5/ VanRoosbroeck W.V., **"Theory of Flow of Electrons and Holes in
    Germanium and Other Semiconductors"**, Bell Syst.Techn.J., Vol.29,
    pp.560-607, (1950).

SIMULATION INTEGRIERTER SCHALTUNGEN
DURCH UNIVERSELLE RECHNERPROGRAMME

von **Hans Spiro**

IBM Deutschland GmbH, Böblingen

Programme zur Simulation integrierter Schaltungen sind in zunehmendem Maße zu Standardwerkzeugen des Schaltungsentwicklers geworden. Die ständig steigenden Anforderungen führten inzwischen zur Entwicklung von Programmen in zwei grundsätzlich unterschiedlichen Klassen:

A) Programme zur technologie**unabhängigen universellen** Simulation, mit denen beliebige Schaltungen mit (fast) beliebigen Nichtlinearitäten mit großer Genauigkeit simuliert werden können.

B) Programme zur technologie**abhängigen speziellen** Simulation, mit denen Schaltungen einer bestimmten Technologie (z.B. MOSFET Schaltungen) simuliert werden können.

Der Vortrag konzentriert sich auf Programme der Klasse A, deren bekannteste Vertreter SPICE2 [1] und ASTAP [2] sind.   SPICE2 ist das verbreitetste und schnellste,   ASTAP das universellste Programm dieser Klasse.   ASTAP erlaubt u.a. die

- Modellierung beliebiger nichtlinearer Schaltelemente, einschließlich der Berücksichtigung ihrer Toleranzen und der Verteilungsfunktionen innerhalb der Toleranzfelder.

- Durchführung statistischer Analysen einschließlich Tracking (Toleranzkopplung).

- Zusammenfassung beliebiger, meist mehrfach verwendeter Teile der Schaltung in Modellen.

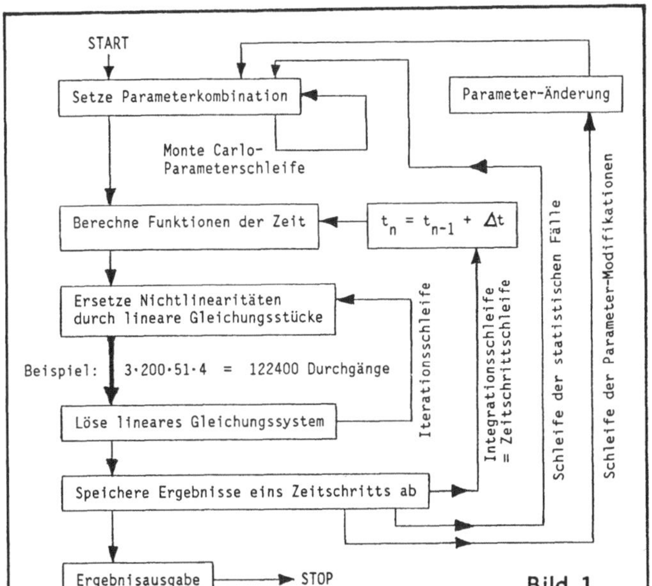

Bild 1

- Eingabe der Gesamtschaltung in Form einer genesteten Modellstruktur mit beliebig vielen Ebenen.

Der Eingabeprozessor löst die Modelle auf und erstellt ein die Gesamtschaltung beschreibendes aus algebraischen Gleichungen und Differentialgleichungen bestehendes

System. Die Lösung dieses Systems ist für die Transient-Analyse in schematischer Form in **Bild 1** dargestellt: Rechnet man mit etwa 3 Iterationsschritten pro Zeitschritt und teilt im Beispiel den Zeitbereich in 200 Integrationsschritte auf, will man außerdem den Nominalfall plus 50 statistische Fälle durchrechnen, und das mit jeweils 4 verschiedenen numerischen Parametermodifikationen, dann muß die innerste Schleife 122400 mal durchlaufen werden.   Ist die Schaltung sehr groß, kann das System aus einigen tausend Gleichungen bestehen. Wenn man aber ein Gleichungssystem mit mehreren tausend Unbekannten mehr als 100000 mal lösen will, dann muß man sich dazu selbst bei Einsatz der modernsten Großcomputer der schnellsten und effektivsten Algorithmen bedienen. Es ergeben sich damit 4 grundsätzliche Fragenkomplexe (vergl. u.a. [3], [4]):

1. Wie müssen die Systemgleichungen formuliert werden ?
2. Welche numerischen Integrationsverfahren sind am geeignetsten ?
3. Welchem Iterationsalgorithmus sind die Nichtlinearitäten zu unterwerfen ?
4. Welche Techniken sind nötig, um sehr große Gleichungssysteme speichern und lösen zu können ?

<u>**Zu 1:**</u>   Von allen möglichen Formulierungen haben sich nur zwei als sinnvoll erwiesen und im praktischen Einsatz bewährt:

* Die modifizierte Knotenformulierung **MNA**
  (Modified Nodal Approach) [5] mit dem Gleichungssystem $\quad H \cdot \begin{pmatrix} V_{kn} \\ I_E \\ S_a \end{pmatrix} = S_u \quad$ (1)

* Die Tableau Formulierung **TAB** [6] mit dem Gleichungssystem $\quad H \cdot \begin{pmatrix} V_z \\ I_z \end{pmatrix} = S_u \quad$ (2)

In (1) und (2) ist **H** eine Hybridmatrix, die aus Widerständen, Leitwerten und dimensionslosen Elementen besteht. S_u ist der Vektor der unabhängigen Quellen (**Sources**). Der Lösungsvektor besteht bei **MNA** aus allen Knotenpotentialen V_{kn}, den Strömen I_E durch Spannungsquellen und allen von Elementen des Lösungsvektors abhängigen Quellen S_a. Bei TAB besteht der Lösungsvektor aus allen Zweigspannungen V_z und allen Zweigströmen I_z.

<u>**Zu 2:**</u>   Aus Gründen der numerischen Stabilität, der Kompensation der Integrationsschrittfehler und des Überschwingens kommen für die **universelle** Schaltungssimulation nur **implizite** Integrationsverfahren in Frage, und zwar im wesentlichen

* die implizite Euler Methode (als Verfahren der 1. Ordnung).
* die Trapezintegration (eventuell zwischen der 1. und 2. Ordnung gleitend).
* das Verfahren von Gear (von der 1. und 2. bis höchstens zur 3. Ordnung).

Mit diesen Verfahren werden die für Kapazitäten und Induktivitäten geltenden Differentialgleichungen auf schrittweise zu lösende algebraische Gleichungen zurückgeführt, was einem Austausch der Kapazitäten und Induktivitäten gegen E-R- oder J-G-Ersatzschaltungen entspricht. **Bild 2** zeigt als Beispiel eine mögliche E-R-Kondensator-Ersatzschaltung, die für den von t_{n-1} nach t_n gehenden Zeitschritt der impliziten Euler Integration gilt.

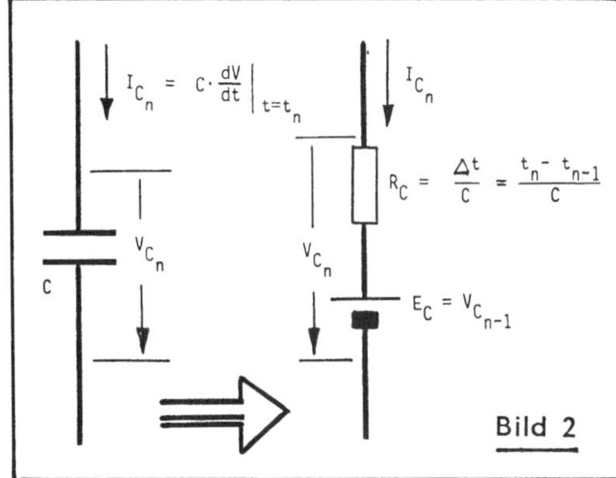

Zu 3: Als Verfahren zur iterativen Lösung nichtlinearer Gleichungen hat sich allgemein die Newton-Raphson Iteration durchgesetzt. Sie konvergiert meist sehr schnell, allerdings nicht mit Sicherheit. Die Konvergenz kann aber erzwungen werden, wenn man Nichtlinearitäten grundsätzlich von Spannungen über Kapazitäten (V_C) und/oder von Strömen durch Induktivitäten abhängig macht. **Bild 3** zeigt eine Nichtlinearität NLIN mit S-förmiger Charakteristik, die Teil einer ansonsten linearen

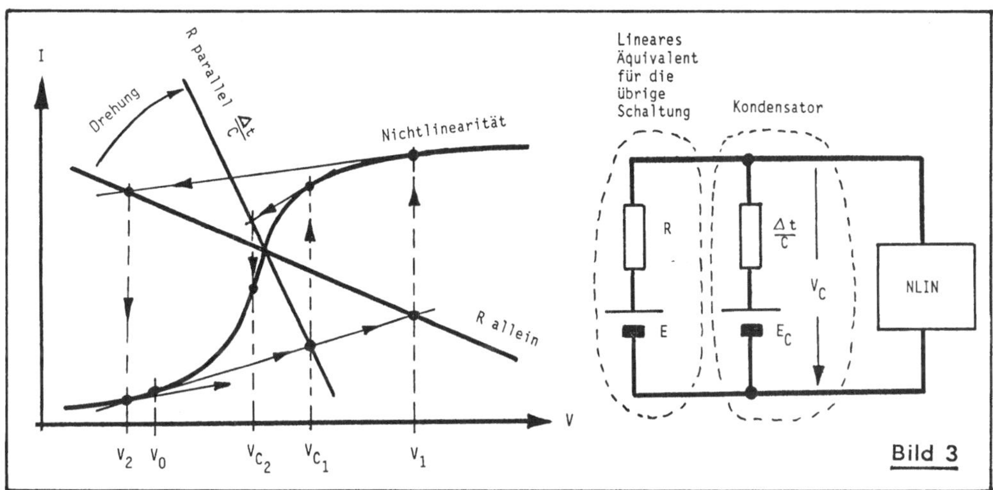

Schaltung ist. Die graphische Darstellung macht deutlich, daß die mit dem Anfangswert V_0 startende Iteration divergiert. Legt man jedoch zu NLIN einen Kondensator parallel, dann kommt dies einer Parallelschaltung von R und dem Kondensator-Ersatzwiderstand $\Delta t/C$ gleich, was einer Drehung der Geraden in der graphischen Darstellung entspricht. Wählt man die Integrationsschrittbreite Δt klein genug, dann wird die Gerade so stark gedreht, daß die Iteration mit Sicherheit konvergiert, wie Bild 3 eindeutig zeigt.

Zu 4: Systeme linearer Gleichungen löst man mit Hilfe des Gaußschen Algorithmus oder verketteter Algorithmen (z.B. nach Crout), die sich auf den Gaußschen Algorithmus zurückführen lassen. Hat das zu lösende System n Gleichungen, so benötigt man n_p Plätze zur Speicherung des Systems und eine Rechenzeit von t_G Zeiteinheiten zu seiner Lösung [7]. Je nachdem, wie spärlich die Systemmatrix außerhalb ihrer Hauptdiagonalen mit von Null verschiedenen Werten besetzt ist, ergibt sich

$$\left. \begin{array}{ccccc} 2 \cdot n & \leq & n_p & \leq & n^2 + n \\ 3 \cdot n & \leq & t_G & \leq & n^3 + 3 \cdot n^2 - n \end{array} \right\} \quad (3)$$

wenn man mit Hilfe sogenannter "Sparse Matrix Techniken" nur die von Null verschiedenen Werte speichert und bei Errechnung der Lösung berücksichtigt.

Sehr große Systeme benötigen selbst bei Anwendung ausgereifter Sparse Matrix Techniken zuviel Speicherplatz und zu lange Rechenzeiten zu ihrer Lösung. Abhilfe versprechen **Macro**-Konzepte: Zerlegt man die Gesamtschaltung in 2 Macros (Teilschaltungen) P und Q entsprechend **Bild 4**, dann läßt sich die Schaltung entweder durch das Gesamtsystem

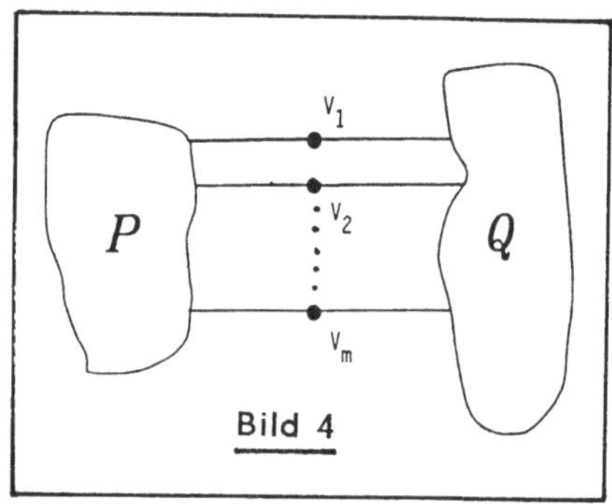

Bild 4

$$\begin{pmatrix} A_{11} & A_{12} & \vdots & \\ A_{21} & A_{PQ} & A_{23} \\ & A_{32} & A_{33} \end{pmatrix} \cdot \begin{pmatrix} x_1 \\ V \\ x_3 \end{pmatrix} = \begin{pmatrix} b_1 \\ b_2 \\ b_3 \end{pmatrix} \quad (4)$$

oder durch die 2 Teilsysteme

$$\left. \begin{array}{l} \begin{pmatrix} A_{11} & A_{12} \\ A_{21} & A_P \end{pmatrix} \cdot \begin{pmatrix} x_1 \\ V \end{pmatrix} = \begin{pmatrix} b_1 \\ b_P + J_P \end{pmatrix} \\[2em] \begin{pmatrix} A_{33} & A_{32} \\ A_{23} & A_Q \end{pmatrix} \cdot \begin{pmatrix} x_3 \\ V \end{pmatrix} = \begin{pmatrix} b_3 \\ b_Q + J_Q \end{pmatrix} \end{array} \right\} \quad (5)$$

modellieren. Nach Triangularisation der Einzelsysteme (5) erhält man schließlich durch Lösung des Verkettungssystems

$$(A_P + A_Q) \cdot V = (b_P + b_Q) \quad (6)$$

den Lösungsvektor V. Durch dieses Macro-Konzept wird zunächst der Speicherbedarf reduziert, da die Macros P und Q auf denselben Plätzen gespeichert werden können. Die Platzersparnis fällt noch erheblich stärker aus, wenn man ein "Multilevel-Macro-Konzept" laut **Bild 5** anwendet, bei dem die Gesamtschaltung in mehrere Macros zerlegt wird, die ihrerseits wieder in Submacros zerlegt werden, usw. Wenn einige Macros untereinander gleich sind, kann auch Rechenzeit eingespart werden. Unterzieht man jedes Macro individuellen Zeitschritten laut Bild 1, dann ist die Rechenzeitersparnis sogar erheblich, da nur für diejenigen Macros viele Newton-Raphson Iterationsschritte

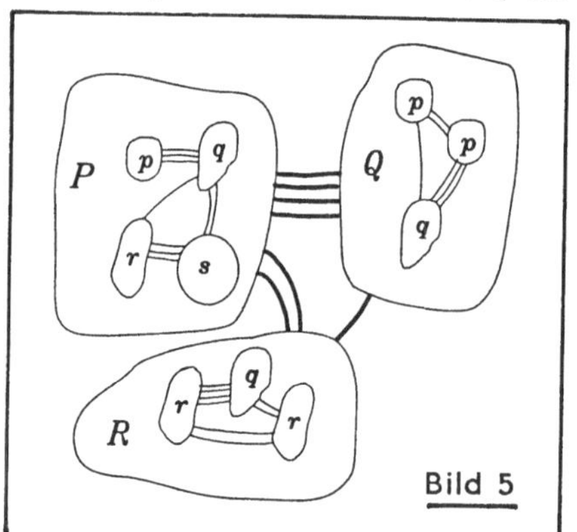

Bild 5

(innerhalb vieler kleiner Integrationsschritte) durchzuführen sind, die in dem gerade zu berechnenden Zeitabschnitt stark nichtlineare Abhängigkeiten und/oder stark gekrümmte Lösungskurven aufweisen. Für alle anderen Macros sind nur wenige Schritte nötig, was die Gesamtrechenzeit stark herabsetzt. Man koppelt dieses Verfahren zweckmäßig mit dem "Latency Konzept" [8], das davon ausgeht, die Berechnung in einigen Schritten ganz zu unterlassen, wenn sich der Lösungsvektor weniger als eine vorgegebene Fehlerschwelle ändert.

Ein anderes Macro-Konzept ist die Kurven-Relaxationsmethode [9], deren Ziel aber ebenfalls die Speicherplatz- und Rechenzeitersparnis ist.

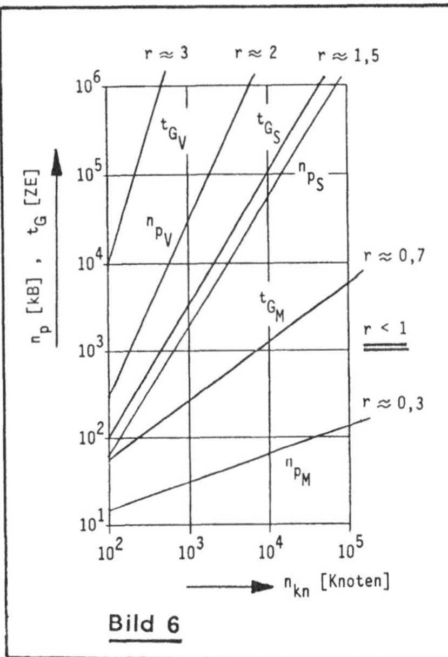

Bild 6

Schätzt man den Speicherplatzbedarf n_p in [kB] und die Rechenzeit t_G in Zeiteinheiten [ZE] als Funktion der Zahl der Knoten n_{kn} einer durchschnittlich üblichen Schaltung ab, dann ergibt sich allgemein, (wenn man t_G normiert) :

$$(n_p, t_G) \approx a \, n_{kn}^r \qquad (7)$$

In **Bild 6** ist (7) für die Anwendung des vollen Gaußschen Algorithmus (**V**), für Sparse Matrix Techniken (**S**) nach heutigem Stande und für Multilevel-Macro-Konzepte (**M**) aufgetragen. Die geschätzte unterproportionale Abhängigkeit von $r < 1$ zu erreichen, ist gegenwärtig das Ziel der Bemühungen in Entwicklung und Forschung.

Literatur

[1] Nagel,L.W.: SPICE2 - a Computer Program to Simulate Semiconductor Circuits. University of California, Berkeley, ERL-M520, May 1975.

[2] IBM Advanced Statistcal Analysis Program. General Information Manual, GH20-1271-X

[3] Calahan.D.A.: Rechnergestützter Schaltungsentwurf. R.Oldenbourg Verlag, München 1973.

[4] Chua,L.O.; Lin,P-H.: Computer Aided Analysis of Electronic Circuits. Prentice-Hall Inc., Englewood Cliffs, N.J., 1975.

[5] Ho,C.W.; Ruehli,A.E.; Brennan,P.A.: The Modified Nodal Approach to Network Analysis. IBM T.J.Watson Research Center Report 4587, Yorktown Heights, N.Y., 1973 and IEEE Proc. ISCAS, 1974.

[6] Hachtel,G.D.; Brayton,R.K.; Gustavson,F.G.: The Sparse Tableau Approach to Network Analysis and Design. IEEE Trans. CT-18, Jan. 1971.

[7] Spiro,H.: Überlegungen zu Rechenzeit und Speicherplatz für spärlich besetzte Matrizen und Systemzerlegungen in Macros. Elektron. Rechenanlagen, Hefte 3 und 4, R.Oldenbourg Verlag, München, Juni und Aug. 1983.

[8] Rabbat,N.B.; Hsieh,H.Y.: Concepts of Latency in the Time-Domain Solution of Nonlinear Differential Equations. Proc. IEEE Int. Symp. on Circ. and Syst., pp 813 - 825, 1978.

[9] Lelarasmee,E.; Ruehli,A.E.; Sangiovanni-Vincentelli,A.L.: The Waveform Relaxation Method for the Time-Domain Analysis of Large Scale Nonlinear Integrated Circuits. IEEE Trans. CAD-1, pp 131 - 144, July 1982.

Rechnereinsatz bei Entwurf und Simulation
von elektronischen Schaltungen

Hans Gall, München

Zusammenfassung: Der Beitrag versucht, den Stand der Technik beim rechnergestützten Schaltungsentwurf kurz darzustellen sowie Ziele, Schwerpunkte und Besonderheiten des Rechnereinsatzes aufzuzeigen. Einige Beispiele demonstrieren die Anwendung von Programmen, die speziell für die Entwurfsphase konzipiert wurden. Schwierigkeiten bei der Rechneranwendung werden angesprochen.

Summary: This paper briefly describes the state-of-the-art of computer-aided circuit design. Goals and main usage areas are discussed. A number of examples illustrate programs which were written especially for the design phase. Finally some existing problems are pointed out.

1. Einleitung

Bei der Entwicklung elektronischer Schaltungen hat die Rechneranwendung in den letzten Jahren merklich an Bedeutung gewonnen. Die zunehmende Verfügbarkeit leistungsfähiger Simulationssoftware war die entscheidende Voraussetzung, daß sich der Kreis der Ingenieure, die Digitalrechner zum Schaltungsentwurf einsetzen, wesentlich vergrößert hat.
Viele Entwurfsaufgaben sind ohne Rechnereinsatz überhaupt nicht lösbar und es wird überall großer Aufwand in die Programmentwicklung investiert. In der täglichen Laborpraxis bleiben jedoch noch viele Wünsche offen. Zweck dieses Beitrags soll es sein, den Stand der Technik beim rechnergestützten Schaltungsentwurf etwas zu beleuchten, auf bestehende Schwierigkeiten hinzuweisen und einen Ausblick auf mögliche Weiterentwicklungen zu geben.

2. Ziele des Rechnereinsatzes

Vom Rechnereinsatz beim Schaltungsentwurf verspricht man sich primär einen deutlichen Zeitgewinn. Die Verkürzung der Entwicklungszeiten kann z.B. durch Verlagerung von Routineaufgaben auf den Rechner erreicht werden. Am praktischen Beispiel einer Filterschaltung stellt man fest, daß der Entwurf eines Standardfilters mit Hilfe eines der gängigen Filterkataloge etwa 30 Minuten dauert, während dieselbe Aufgabe mit Hilfe eines interaktiven Filtersyntheseprogramms in höchstens 3 Minuten erledigt werden kann.
Wenn man berücksichtigt, daß ein solcher Entwurfsschritt bis zum brauchbaren Prototyp vielleicht zehnmal durchlaufen wird, zeigt sich, welche Reserven an Entwicklungspotential dadurch freigesetzt werden können.

Ein zweiter Aspekt ist die erreichbare Steigerung der Entwurfsqualität. Wenn man durch Simulation auf die Herstellung einer Brettschaltung verzichten kann, ist es wesentlich einfacher, eine größere Anzahl von Lösungsmöglichkeiten zu untersuchen und ungeeignete Lösungsansätze frühzeitig auszuscheiden.

Völlig neue Möglichkeiten ergeben sich in Bezug auf die Optimierung von Schaltungen d.h. das Auffinden von Parameterkombinationen für optimale Schaltungseigenschaften. Experimentelle Optimierungsverfahren scheitern schon ab etwa vier oder fünf einstellbaren Parametern während heute mit Standardprogrammen bei linearen Schaltungen durchaus 20 Parameter gezielt optimiert werden können.

Die Vorhersage von Toleranzeffekten, also die Simulation der Schaltungseigenschaften bei statistischer Verteilung der zur Produktion verwendeten Bauteile-
werte ist nur bei Rechneranwendung mit vertretbarem Aufwand möglich.
Sowohl bei integrierten Digitalschaltungen als auch bei HF- und Mikrowellen-
schaltungen treten zahlreiche Parasitäreffekte auf, die man nur durch Rechner-
simulation selektiv untersuchen kann.

3. Einsatzschwerpunkte

Rechnerprogramme wurden zuerst dort eingesetzt, wo ihre Verwendung unbedingt
notwendig war. In der Anfangszeit der integrierten Schaltungstechnik stellte
man fest, daß eine auf einem Chip realisierte Schaltung nur sehr ungenau durch
eine Brettschaltung "simuliert" werden kann. Durch den Herstellungsprozeß
fallen z.B. alle Transistoren eines Chip hinsichtlich ihrer Stromverstärkung
ähnlich aus, was im diskreten Versuchsaufbau kaum nachgebildet werden kann.

Bei Digitalschaltungen simuliert man die Elementarzellen hinsichtlich ihres
dynamischen Zeit- und Temperaturverhaltens sehr genau, um beim Aufbau komplexer
Schaltungen zu definierten Verhältnissen zu gelangen. Damit ist es erst möglich, auf höheren Komplexitätsstufen (z.B. Schieberegister) das Verfahren der
sog. Logiksimulation anwenden zu können. Dabei berechnet man nicht mehr das
reale physikalische Verhalten, sondern begnügt sich mit der ereignisgesteuerten
logischen Untersuchung von Zeitabläufen. Die Simulation ganzer Mikroprozessoren
wäre anders bei vertretbarem Rechenaufwand gar nicht möglich.
Das Gebiet der Mikrowellentechnik hat durch die Satellitenkommunikation und die
Glasfasertechnik entscheidende Impulse erhalten. Aus wirtschaftlichen Gründen
müssen hier Realisierungsverfahren verwendet werden, die eine experimentelle
Veränderung der Schaltung kaum zulassen. Die Streifenleitungstechnik erfordert
z.B. jeweils die Herstellung einer neuen geätzten Platine, was entsprechende
Durchlaufzeiten verursacht. Man ist deshalb gezwungen, den Entwurf schon weit-
gehend zu perfektionieren, bevor das erste Labormuster aufgebaut wird.

Mit der Zunahme der digitalen Signalverarbeitung verlagert sich die analoge
Schaltungstechnik nach höheren Frequenzen hin. Bei der optischen Nachrichten-
technik werden z.B. billige, extrem breitbandige Baugruppen benötigt, die nur
durch Rechneroptimierung entworfen werden können.

4. Analyse, Synthese, Optimierung

Der größte Teil der verfügbaren Software gehört zur Gruppe der Netzwerkanalyseprogramme (z.B. SPICE2, SCEPTRE, SYSCAP, NAP2 uva.). Sie berechnen recht genau
Ströme und Spannungen in Schaltungen, die in ihrer Topologie und ihren Elemente-
werten vollständig bekannt sind. Solche Programme kann man zur Überprüfung
einer entworfenen Schaltung einsetzen und ihre Anwendung ist vergleichbar mit
der meßtechnischen Untersuchung eines Labormusters.
Natürlich stellt die Möglichkeit, eine erdachte Schaltung ohne Lötarbeit überprüfen zu können einen großen Fortschritt dar; der Schaltungsentwickler sieht
sich jedoch normalerweise vor die umgekehrte Aufgabe gestellt: nämlich eine
neue Schaltung zu entwerfen, die vorher festgelegten Forderungen genügt.
Dieser Vorgang wird als Synthese bezeichnet. Bisher wurden nur für wenige
Klassen von elektrischen Netzwerken vollständige Theorien entwickelt, die eine
automatische Synthese erlauben, indem sie einen systematischen Entwurfsablauf
definieren. Dies liegt einmal an der Schwierigkeit, Forderungen mathematisch
exakt zu erfassen und weiter an der Unmöglichkeit, kreative Denkprozesse zu
schematisieren.

Für stark eingeschränkte Aufgabenstellungen gibt es jedoch brauchbare Theorien.
Die Synthese elektrischer Filter, also linearer, zeitinvarianter Netzwerke mit
vorgegebenen Betriebseigenschaften, die durch lineare gewöhnliche Differentialgleichungen mit konstanten Koeffizienten vollständig beschrieben werden, ist
eine praktisch häufig auftretende Aufgabe.

Die Optimierung stellt bei Entwurfsaufgaben, für die kein Syntheseverfahren
bekannt ist oder nur mit großem Aufwand herzuleiten wäre, den einzig gangbaren
Lösungsweg dar. Man versucht, die zu optimierende Schaltung der Topologie nach
so genau wie nötig zu modellieren und durch iterative Veränderung der
Netzwerkparameter eine Annäherung an die geforderten Schaltungseigenschaften zu
erreichen. Der Rechenaufwand bei der Optimierung ist hoch, da für den
Soll-Ist-Vergleich die Schaltung sehr oft analysiert werden muß.

5. Beispiele

Das Programm FILSYN /1/ wurde speziell für die Synthese elektrischer Filter entwickelt und hat große Verbreitung gefunden. Ausgehend von interaktiv eingegebe-
nen Forderungen wird zuerst durch Approximation eine rationale Übertragungsfunktion ermittelt, die im anschließenden Schritt als passives, aktives oder digitales Filter realisiert d.h. dimensioniert werden kann.
Bild 1 verdeutlicht dies am Beispiel eines aktiven Bandpaßfilters. Auch hier
ist eine Analyse zur Überprüfung des Entwurfs erforderlich und deshalb enthält
FILSYN Unterprogramme zur Berechnung des Frequenzgangs für die vorgesehenen
Realisierungsarten.

Bild 2 zeigt die Schaltungsdatei für die Optimierung eines gegengekoppelten,
linearen Breitbandverstärkers für den Frequenzbereich von 1 MHz bis 50 MHz. Es
wurde das Programm SUPER-COMPACT /2/ verwendet. Elementewerte, die von Frage-
zeichen umgeben sind, wurden optimiert. Die Transistoreigenschaften werden
durch gemessene s-Parameter beschrieben, die das Programm aus einer Datenbank
übernimmt.

In Bild 3 ist die Synthese einer Anpaßschaltung dargestellt, die mit dem Syn-
theseunterprogramm von SUPER-COMPACT erfolgte.

Bild 4 zeigt die automatisch erzeugte Schaltungsdatei für ein Mikrostripfilter,
das durch das Programm MSBP /3/ synthetisiert wurde.

6. Kontinuierliche Simulation

Standardprogramme haben den entscheidenden Nachteil, daß sie der Anwender in
der Regel nicht modifizieren kann. Die Vielfalt der auftretenden Entwurfsaufgaben erzwingt es daher oft, kleinere Spezialprogramme selbst zu entwickeln.
Bei der Programmierarbeit stellt sich dann heraus, daß ein Großteil der Zeit
für die Aufbereitung der Ein- und Ausgabe, Erzeugung graphischer Darstellungen
o.ä. verbraucht wird.

Moderne, ausgereifte Simulationssprachen wie z.B. ACSL /4/, können hier einen
entscheidenden Zeitgewinn bringen. Zudem können die Eigenschaften nichtlinearer
Netzwerke nur direkt im Zeitbereich durch Lösung nichtlinearerer Differentialgleichungssysteme berechnet werden, also genau eine der Aufgabenstellungen, für
die man Simulationssprachen ursprünglich konzipiert hat.

Gerade nichtlineare Probleme des Schaltungsentwurfs können häufig durch einen relativ kleinen Gleichungssatz beschrieben werden, den man mit begrenztem Aufwand herleiten kann. Neben dem Vorteil der Flexibilität ergibt sich auch die Möglichkeit, Optimierungen im Zeitbereich durchzuführen, /5/.

7. Probleme des rechnergestützten Entwurfs

Der Rechnereinsatz wird zur Zeit noch durch zahlreiche Umstände behindert.
Zunächst stellt sich das Grundproblem der Modellierung, d.h. jedes Element des Netzwerkes muß erst durch ein ausreichend genaues physikalisches Modell charakterisiert werden, bevor es Bestandteil einer simulierten Schaltung werden kann. Forderungen nach Simulationsgenauigkeit und geringem Rechenaufwand widersprechen sich oft.
Auf der Anwenderseite ist der Erfolg des Rechnereinsatzes sicher vom Abstraktionsvermögen und den theoretischen Kenntnissen der Entwicklungsingenieure abhängig. Die in vielen Labors vorherrschende empirische Arbeitsweise steht einem systematischen Entwurfsstil häufig im Wege.
Auch die Hersteller entsprechender Software sehen sich zahlreichen Problemen gegenüber. Softwareentwickler, die Ingenieure, Netzwerktheoretiker und geübte Programmierer in einer Person sind, gibt es kaum. Der Gesamtaufwand bis zur Marktreife eines Programms ist hoch. Für das theoretische Programmgerüst und die erste Implementation sind etwa 20%, für die Benutzerfreundlichkeit, Dokumentation und Portabilität dagegen bis zu 80% des Gesamtaufwandes anzusetzen.
Die Universitäten tragen zwar zur Grundlagenforschung bei, die entstehenden Programme können jedoch nur selten sofort industriell eingesetzt werden.
Die Rechnerhersteller wiederum sehen sich einer Flut von Programmen gegenüber, die sie nicht einordnen können und ihr Personal ist bei Anfragen von Rechnerkunden fachlich total überfordert.
Die Publizierung immer neuer Programmiersprachen trägt mehr zur Verwirrung als zur Lösung des geschilderten Softwarengpasses bei.
Auch wirtschaftliche Gesichtspunkte hemmen den Fortschritt beim rechnergestützten Entwurf. Die Finanzierung des Entwicklungsrisikos sowie die Regelung der Eigentumsrechte und Probleme bei der Vermarktung stellen ernsthafte Schwierigkeiten dar.

8. Weiterentwicklung

Allmählich zeichnet sich ab, wie eine zweckmäßige Ausstattung eines Entwicklungslabors hinsichtlich der Rechnerunterstützung auszusehen hat. Eine Anzahl von großen, leistungsfähigen Programmen sollte für tägliche Routineaufgaben verfügbar sein. Hierzu gehören z.B. die Optimierung linearer Schaltungen im Frequenzbereich von Niederfrequenz bis zu Mikrowellen, der Entwurf von signalverarbeitenden Baugruppen d.h. Filtern aller Art, sowie die Analyse von Schaltungen im Zeitbereich (Impulstechnik). Programme für diese Zwecke sind lieferbar und eine Eigenentwicklung ist keinesfalls wirtschaftlich zu vertreten.
Für die Bearbeitung spezieller Aufgaben erscheint es sinnvoll, auf Simulationssprachen und Programmbibliotheken zurückzugreifen, sowie einen leistungsfähigen Universalrechner benützen zu können.
Zahlreiche Programme befinden sich derzeit in Entwicklung (/6/, /7/, /8/, /9/, /10/, Bild 5), die auf den Erfahrungen mit existierender Software aufbauen.

```
GET,SFILSYN/UN=NETZTD
/SFILSYN
          ***** S/FILSYN *****
    RELEASE 1.0   VERSION 04    04/15/83

 PLACER: P, FILSYN: F, LADDER: L, DIGITAL: D, ACTIVE: A OR END: E
? F
 ENTER TITLE
? AKTIVER BANDPASS 885-1300HZ
 FILTER KIND - LUMPED: 0, DIGITAL: 1 OR MICROWAVE: 2
? 0
 FILTER TYPE - LOWPASS: 1, HIGHPASS: 2, LIN.-PHASE LOWPASS: 3, BANDPASS: 4
? 4
 LOWER EDGE OF THE PASSBAND IN HZ
? 885
 UPPER EDGE OF THE PASSBAND IN HZ
? 1300
 PASSBAND - MAX.-FLAT: 0, EQUAL-RIPPLE: 1, FUNCTIONAL INPUT: 2
? 1
 WHAT IS THE BAND EDGE LOSS IN DB
? 1
 BANDPASS - CONVENTIONAL: 1, PARAMETRIC: 2 OR MATCHING: 3
? 1
 STOPBAND - MONOTONIC: 0, EQUAL-MINIMA: 1 OR SPECIFIED: 2
? 2
 ENTER MULTIPLICITY OF TRANSMISSION ZERO AT ZERO
? 4
 ENTER MULTIPLICITY OF TRANSMISSION ZERO AT INFINITY
? 4
 ENTER NUMBER OF FINITE TRANSMISSION ZEROS
? 0
 ENTER INPUT TERMINATION IN OHMS
? 1
 ENTER OUTPUT TERMINATION (0. INDICATES OPEN OR SHORT)
? 0
 ENTER VALUE OF AVERAGE Q. IF NO PREDISTORTION, ENTER 0.
? 0
```

<u>Bild 1 a</u>   Eingabe der Forderungen

```
GENERAL FILTER SYNTHESIS PROGRAM

AKTIVER BANDPASS 885-1300HZ
    BAND-PASS FILTER
       EQUAL RIPPLE PASS BAND
          BANDEDGE LOSS                         =  1.0000 DB.
          LOWER PASSBAND EDGE FREQUENCY         =  8.8500000E+02 HZ.
          UPPER PASSBAND EDGE FREQUENCY         =  1.3000000E+03 HZ.
       SPECIFIED STOP BAND
          MULTIPLICITY OF ZERO AT ZERO          =  4
          MULTIPLICITY OF ZERO AT INFINITY      =  4
          OVERALL FILTER DEGREE                 =  8
          INPUT TERMINATION                     =  1.0000000E+00 OHMS
          OUTPUT TERMINATION                    =  0.            OHMS
          REQUESTED TERMINATION RATIO           =  0.

 WISH TO SEE TRANSFER FUNCTION: Y/N
? Y


   INTERMEDIATE RESULTS

   AKTIVER BANDPASS 885-1300HZ

   ****** TRANSFER FUNCTION POLYNOMIALS ******

      NUMERATOR ROOTS IN RAD/SEC

      REAL PART             IMAGINARY PART

      0.                    0.
      0.                    0.
      0.                    0.
      0.                    0.


      DENOMINATOR ROOTS IN RAD/SEC

      REAL PART             IMAGINARY PART

      -1.4791150072505E+02   5.5758776534274E+03
      -4.0462363318729E+02   6.2150684952619E+03
      -4.7377147155726E+02   7.2771877500899E+03
      -2.1593166478222E+02   8.1400603632905E+03


   GAIN FACTOR NEEDED FOR UNITY IN-BAND GAIN  = 2.6110469E+02 DB.
 FREQ:
? 100 800 100
 FREQ:
? 825 850 875
 FREQ:
? 900 1300 25
 FREQ:
? 1300 2000 100
 FREQ:
? END
 TABULATE: Y/N
? Y
```

<u>Bild 1 b</u>   Übertragungsfunktion

(Transfer Function)

```
AKTIVER BANDPASS 885-1300HZ

       ****** COMPUTED PERFORMANCE ******

   FREQUENCY       LOSS         PHASE          DELAY
    IN HZ          IN DB      IN DEGREES      IN SECONDS

  1.00000E+02   127.305816     1.987451      5.62305E-05
  2.00000E+02   102.260161     4.088782      6.11341E-05
  3.00000E+02    86.500518     6.442138      7.04992E-05
  4.00000E+02    74.006686     9.246681      8.67856E-05
  5.00000E+02    62.720141    12.837526      1.15552E-04
  6.00000E+02    51.434022    17.878455      1.71166E-04
  7.00000E+02    38.915196    26.018633      3.02724E-04
  8.00000E+02    22.719984    43.720174      8.34330E-04
  8.25000E+02    17.326933    53.082383      1.30732E-03
  8.50000E+02    10.843905    69.310027      2.50731E-03
  8.75000E+02     3.327385   105.402141      6.06236E-03
  9.00000E+02      .016975   169.487001      6.31642E-03
  9.25000E+02      .886371   210.623300      3.39332E-03
  9.50000E+02      .848674   238.107054      2.94030E-03
  9.75000E+02      .247350   265.551083      3.17893E-03
  1.00000E+03      .008357   294.433818      3.14637E-03
  1.02500E+03      .366663   320.778531      2.67214E-03
  1.05000E+03      .833762   342.673657      2.23057E-03
  1.07500E+03      .998115     1.773755      2.06325E-03
  1.10000E+03      .771363    20.651318      2.17369E-03
  1.12500E+03      .319668    41.486981      2.47440E-03
  1.15000E+03      .010323    65.074140      2.73233E-03
  1.17500E+03      .163492    89.676008      2.67521E-03
  1.20000E+03      .650381   112.544709      2.40027E-03
  1.22500E+03      .990595   133.356131      2.28125E-03
  1.25000E+03      .766100   155.217889      2.70731E-03
  1.27500E+03      .069398   185.334251      4.18380E-03
  1.30000E+03     1.000000   229.693437      5.14854E-03
  1.40000E+03    18.072266   308.380656      7.17883E-04
  1.50000E+03    28.769662   324.256740      2.78527E-04
  1.60000E+03    36.235225   331.751286      1.56903E-04
  1.70000E+03    42.022113   336.322825      1.03141E-04
  1.80000E+03    46.763937   339.462639      7.38952E-05
  1.90000E+03    50.787943   341.776588      5.59794E-05
  2.00000E+03    54.287251   343.564757      4.41130E-05
PLOT - NO: N, LOSS: L, PHASE: P, DELAY: D
? N
 FREQ:
? END

 REALIZATION - ACTIVE: A, PASSIVE: P, DIGITAL: D
? A
 ENTER SUBTITLE. IF NO MORE SYNTHESIS, ENTER: END
?
 CASCADE: C, FOLLOW-THE-LEADER: F OR LEAPFROG: L
? C
 WISH ALL BANDPASS BLOCKS: Y/N
? Y
```

<u>Bild 1 c</u>   Analyse

```
SECTION NO.  1

   .      .
   .      R              4.42788E+03
   .      .      .
   ....R........         7.52451E+01
   .      .      .
   .      C      .       1.00000E-06
   .      .  C           1.00000E-06
   .      .      .
   .      ..R..          4.34418E+02
   .      .      .
   ..R..  .      .       3.18742E+03
   .  ..  .      .
   .  .-----.    .
   .  .\-+/      .
   .  . \ /      .
   .  R  V       .       1.00000E+04
   .  .   .      .
   .  .........  .
   .      .

SECTION PROVIDES 180 DEGREES ADDITIONAL PHASE

COMMAND:
? DES 2 1E-6

SECTION NO.  2

   .      .
   .      R              8.12722E+02
   .      .      .
   ....R........         7.33876E+01
   .      .      .
   .      C      .       1.00000E-06
   .      .  C           1.00000E-06
   .      .      .
   .      ..R..          3.82996E+02
   .      .      .
   ..R..  .      .       2.97020E+03
   .  ..  .      .
   .  .-----.    .
   .  .\-+/      .
   .  . \ /      .
   .  R  V       .       1.00000E+04
   .  .   .      .
   .  .........  .
   .      .

SECTION PROVIDES 180 DEGREES ADDITIONAL PHASE
```

<u>Bild 1 d</u>   Dimensionierung

```
L1L2: ?28.442UH?
BLK
 SLC 1 2 L=?82.912NH? C=0.1UF
 RES 2 0 R=1100
 SRL 2 6 R=?550.08? L=?1319.7NH?
 PRC 6 7 R=3300 C=22NF
 TWO 2 5 3 Q1
 PRC 3 4 R=?6.2582? C=1.5PF
 PRC 4 0 R=100 C=44NF
 CAP 7 8 C=0.1UF Q=300 F=25MHZ
 MUI 7 5 0 7 L1=L1L2 L2=L1L2 K=0.99
 RES 7 5 R=800
 RES 7 0 R=800
 AMP: 2POR 1 8
END
FREQ
 1MHZ 2MHZ STEP 5MHZ 20MHZ 2.5MHZ STEP 25MHZ 50MHZ 5MHZ
END
OUT
 PRI AMP S
END
OPT
 AMP MS11=0.1 LT W=25 MS21=19DB W=1 MS11=0.1 LT W=25
END
DATA
 Q1: 2N5109 FILE=HGDATBNK
END
CMD > ANA


CIRCUIT: AMP
S-MATRIX, ZS =   50.0+J   0.0   ZL =   50.0+J   0.0
```

FREQ	S11		S21		S12		S22		S21	STAB SGN
MHZ	MAG	ANG	MAG	ANG	MAG	ANG	MAG	ANG	db	K B1
1.00000	0.198	-62	7.660	-165	0.067	-7	0.173	-129	17.68	1.13 +
2.00000	0.089	-80	8.422	-173	0.068	-5	0.117	-135	18.51	1.13 +
5.00000	0.024	-134	8.822	-180	0.070	-4	0.073	-136	18.91	1.11 +
7.50000	0.019	166	8.904	178	0.071	-4	0.063	-131	18.99	1.11 +
10.00000	0.025	130	8.957	175	0.071	-5	0.057	-125	19.04	1.10 +
12.50000	0.030	114	8.994	173	0.071	-7	0.055	-119	19.08	1.10 +
15.00000	0.033	104	9.034	171	0.071	-8	0.053	-112	19.12	1.10 +
17.50000	0.034	96	9.068	169	0.070	-9	0.052	-105	19.15	1.10 +
20.00000	0.033	91	9.109	166	0.070	-10	0.050	-98	19.19	1.10 +
25.00000	0.024	88	9.200	160	0.069	-13	0.048	-82	19.28	1.11 +
30.00000	0.013	147	9.237	154	0.067	-16	0.048	-66	19.31	1.11 +
35.00000	0.041	-164	9.191	147	0.066	-19	0.050	-49	19.27	1.12 +
40.00000	0.084	-165	9.078	140	0.064	-22	0.056	-32	19.16	1.14 +
45.00000	0.148	-173	8.795	132	0.062	-25	0.067	-19	18.89	1.16 +
50.00000	0.208	177	8.425	124	0.061	-28	0.081	-8	18.51	1.18 +

Bild 2

Optimierung eines linearen
Breitbandverstärkers

```
SUPER COMPACT  Version 1.5+35  5/25/82

                    ##### SUPER COMPACT SYNTHESIS #####
LUMPED SYNTHESIS OPTIONS ARE:
     1)  LC TRANSFORMER
     2)  BANDPASS
     3)  LOWPASS
     4)  HIGHPASS
THE ZEROS ARE:
     ( 1)     0.92159E-03     +/- J(0.84669E+00)
     ( 2)     0.10579E-02     +/- J(0.97192E+00)
     YOU HAVE  2 HPE,   2 LPE

 ELEMENTS AVAILABLE FOR EXTRACTION ARE:
  1)  CP, C=    4.66122 PF
  3)  LP, L=    7.16543 NH

 ELEMENTS AVAILABLE FOR EXTRACTION ARE:
  3)  LP, L=    7.16543 NH
  4)  LS, L=    4.37615 NH

 ELEMENTS AVAILABLE FOR EXTRACTION ARE:
  2)  CS, C=    2.97098 PF
  4)  LS, L=   11.24196 NH

 ELEMENTS AVAILABLE FOR EXTRACTION ARE:
  2)  CS, C=    2.97098 PF
  TERMINATION =   48.50460 OHMS

              TRANSFORMER       FROM           TO
                NUMBER

     TYPE-L         1          48.5046        7.3499
     TYPE-C         2          48.5046        7.3499
PI-C  VALUES:          3.6865       3.9457       1.2945
TEE-C VALUES:         18.8687       6.1905       6.6258
                      #HPE =   2 , #LFE =   2

          DOUBLE TERMINATED, RS =   50.00000 OHMS
          FREQUENCY:  0.79000 TO  0.96000 GHZ
 0.001 DB RIPPLE,      0.000 DB MINIMUM INSERTION LOSS

 ELEMENT                ELEMENT
 NUMBER                  TYPE                   VALUE
   1          LP ....................     7.16543 NH
   2          CS ....................    18.86866 PF
   3          CP ....................     6.19048 PF
   4          CS ....................     6.62577 PF
   5          LS ....................     6.37370 NH
   6          TERMINATION RESISTANCE    27.50000 OHMS
```

Bild 3   Synthese einer
         Anpaßschaltung

```
/LIST.F=MSBPSC1
 #
 # Datei MSBPSC1    Datum: 84/06/22. Zeit: 16.54.42.
 # Bandpassdaten:  f1= 1146.65MHZ   f2= 1267.35MHZ   f0= 1207.00MHZ
 #  (verlustlos)   Ad=   .010dB   Rho= 4.8%  RL=26.38dB   VSWRmax= 1.10
 #                 As= 28.83dB bei fs= 1314.00MHZ  Grad n= 6 ( 7 Resona)
 #                 Z0= 50.00 Ohm
FO:  1207.00MHZ
 #
BLK
 CPL  1  2  3  4  ZE= 82.47  Z0= 37.63  E=90  F=FO
 CPL  3  5  6  7  ZE= 58.78  Z0= 43.54  E=90  F=FO
 CPL  6  8  9 10  ZE= 55.72  Z0= 45.36  E=90  F=FO
 CPL  9 11 12 13  ZE= 55.35  Z0= 45.60  E=90  F=FO
 CPL 12 14 15 16  ZE= 55.72  Z0= 45.36  E=90  F=FO
 CPL 15 17 18 19  ZE= 58.78  Z0= 43.54  E=90  F=FO
 CPL 18 20 21 22  ZE= 82.47  Z0= 37.63  E=90  F=FO
 MSBP: 2POR 1 21
END
FREQ
 STEP ...
END
OUT
 PRI MSBP  R1= 50.0  R2= 50.0  S
END
```

Bild 4   Automatisch erzeugte
         Schaltungsdatei

```
EEMOD Version 1.0+001   12-DEC-83     84/07/01. 10.36.45.

CMD > HELP

 Folgende Befehle sind zur Zeit verfuegbar:

     BJT . . . . . . . . Modellierung bipolarer Transistoren
     DAT . . . . . . . . Aufbereitung von Bauelementedaten
     DIM . . . . . . . . Dimensionierung von Grundschaltungen
     DIODE . . . . . . . Modellierung von Halbleiterdioden
     ENDE  . . . . . . . EEMOD beenden (STOP)
     HELP  . . . . . . . Erklaerung der EEMOD-Befehle
     JFET  . . . . . . . Modellierung von Sperrschicht-FETs
     MOSFET  . . . . . . Modellierung von Metalloxid-FETs
     NEWS  . . . . . . . Neuigkeiten  zu EEMOD
     OPAMP . . . . . . . Modellierung von Operationsverstaerkern
     PASSIV  . . . . . . Modellierung passiver Bauelemente
     VIERPOL . . . . . . Bearbeitung von Vierpolparametern

 Erklaerung mit "HILFE <Befehl>"

CMD >
```

Bild 5   EEMOD-Hauptmenue

9. Literatur

/1/ G. Szentirmai: FILSYN - A General Purpose Filter Synthesis Program.
Proc. IEEE Vol. 65 Oct. 1977 pp.1443-1458

/2/ SUPER-COMPACT Version 1.7 User Manual
COMPACT Software, Inc., Palo Alto,. Calif.

/3/ Kurzbeschreibung Programm MSBP, Ing.-Büro H. Gall, München

/4/ ACSL User Guide/Reference Manual
Mitchell & Gauthier Assoc., Concord, Mass.

/5/ I. Bausch: Parameteroptimierung bei technischen Modellen mittels einer
kontinuierlichen Simulationssprache.
1. Symposium Simulationstechnik, Erlangen 26.-28. April 1982,
Proceedings, Springer Verlag, Berlin Heidelberg

/6/ R. Nickel, P. Kohlhepp: Rechnergestützte Schaltungsoptimierung mit dem
Programmsystem CACAO.
AEÜ Band 34 1984 Heft 2 S.136-146

/7/ AKTFIL, Synthese aktiver Filter, Ing.-Büro H. Pecher, München

/8/ TOUCHSTONE, EESof, Westlake Village, Calif.
Microwave Journal, May 1984

/9/ R. H. Jansen: A Combined Micro-Computer Based Modeling and Design Concept
for Linear Microwave Integrated Circuits (MICs).
mikrowellen magazin, Vol.8 No.4 1982

Meß- und Auswerte-System (MAUS) und dessen Einsatz zur Bestimmung von
Modellparametern zur Simulation mit dem Netzwerkanalyseprogramm SPICE

A. Stürmer

AEG-TELEFUNKEN Entwicklungszentrum Integrierte Schaltungen
Sedanstraße 10, 7900 Ulm/Donau

1. Einleitung

Die Entwicklung integrierter Schaltungen ist bei der zunehmenden Komplexität
ohne eine Simulation von Teilschaltungen und Schaltungsgruppen nicht mehr
denkbar. Simulationsprogramme für unterschiedliche Zielsetzungen, ausgerüstet mit verschiedenen Modellen zur Beschreibung von Schaltungskomponenten,
insbesondere der Transistoren, sind allgemein verfügbar. Diese Modelle weisen
zum Teil stark prozeßspezifische Parameter auf, die meist mit Literaturwerten
vorbesetzt sind. Für eine möglichst realistische Aussage der Simulationsrechnung müssen jedoch zutreffendere Größen eingesetzt werden. Insbesondere
bei analytischen, näherungsweisen Modellen, wie sie z. B. im Netzwerkanalyseprogramm SPICE vorliegen, und welche auch Effekte höherer Ordnung berücksichtigen, sind die entsprechenden Parameter nur sehr unzulänglich bekannt und
sehr von der Prozeßführung abhängig. Daraus ergibt sich für den Anwender eines
derartigen Programmes die Notwendigkeit, die aktuellen Parameter aus entsprechenden Messungen selbst zu erarbeiten. Zu diesem Zweck wurde im
ENTWICKLUNGSZENTRUM INTEGRIERTE SCHALTUNGEN in Ulm das Meß- und Auswertesystem
MAUS entwickelt, welches darüber hinaus auch zur Wareneingangskontrolle für
prozessierte Wafer, zur Prozeßkontrolle und zur Fehleranalyse an integrierten
Schaltungen eingesetzt werden kann.

2. Das Meß- und Auswertesystem MAUS

Das System gliedert sich in einen Hardwareteil und einen Softwareteil. Den
Hardwareteil zeigt Bild 1. Er besteht aus einem Meßteil, welcher durch einen
Controller über eine V24-Schnittstelle an einen Rechner VAX 11/780 mit

Graphikterminal, VERSATEC-Plotter und einen 600-Zeilen-Printer als Peripheriegerät angeschlossen ist. Der Controller steuert über einen IEC-Bus einen Semiconductorparameteranalyzer 4145A von HP für die DC-Messungen, ein LCR-Meter 4275A von HP für die Kapazitätsmessungen und einen Rechneroszillographen 7854 von Tektronix für die AC-(Impuls)-Messungen. An diese Meßgeräte angeschlossen ist ein Waferprober mit entsprechenden Meßspitzen für die verschiedenen Meßaufgaben unmittelbar auf dem Wafer, Spezialaufbauten in 50 Ω Technik für die Impulsmessungen mit dem Rechneroszillographen sowie eine Testfixture für die Messung aufgebauter Elemente mit dem 4145A.

Das Softwarepaket des Sytems MAUS ist in FORTRAN geschrieben. Es enthält zur Zeit ca. 20.000 Statements. Die Software ist modular aufgebaut, d. h. die einzelnen Module wie z. B.für das Messen einer Kennlinie, deren Auswertung, oder das Ermitteln eines Histogrammes sind bis auf wenige Standardroutinen (Organisation) nicht miteinander verflochten. Dadurch ist die Erweiterung um neue Module einfach. Das System besitzt eine formatfreie Eingabesprache, welche aus den Namen der Routinen und den Namen der darin aufrufbaren Meßgrößen und Parametern besteht. Die Eingabe kann vom Sichtgerät oder von einem File aus erfolgen. Es lassen sich verschiedene Messungen in einem File zu einer Meßvorschrift zusammensetzen, die dann insgesamt abgearbeitet wird. Dadurch können auch angelernte Hilfskräfte eingesetzt werden.

Die gesamte Software ist wie folgt gegliedert:
  A) Organisationsteil - enthält gesamte Ablaufsteuerung
  B) Meßteil - enthält Routinen für DC-Messungen der Kennlinien von Bipolar-
     und MOS-Transistoren, zur Messung von Technologieparametern, (z. B.
     Sperrspannungen und Widerständen) und für I^2L-Messungen
  C) Auswerteteil - enthält die Routinen für die Anpassung gemessener
     Kennlinien zur Ermittlung der Parameter
  D) Statistikteil - enthält Routinen zur Mittelwerts- und Streuungsberech-
     nung, für Korrelationsuntersuchungen und zur Histogrammdarstellung

3. Auswertung von Kennlinienmessungen zur Ermittlung von Parametern

Die Auswertung erfolgt völlig getrennt von den Messungen und beginnt mit dem Einlesen eines Ergebnisfiles aus einer Messung. An die gemessenen Kennlinien werden nach der Methode der kleinsten Fehlerquadrate Modellparameter angepaßt.

Diese Anpassung ist schrittweise aufgebaut. Die dabei auftretenden Gleichungen werden nach dem Monte-Carlo-Verfahren oder nach der Newton-Methode iterativ gelöst. Meist werden beide Verfahren kombiniert, d. h. zunächst wird mit dem Monte-Carlo-Verfahren gearbeitet, da dieses immer konvergiert und dessen Ergebnisse dienen als Ausgangswerte für ein anschließendes Newton-Verfahren. Konvergenzprobleme des Newtonschen Verfahrens können so oft umgangen werden. Für beide Verfahren ist es notwendig, daß jeder der anzupassenden Parameter signifikant ist und daß nicht zwei oder mehr Parameter äquivalente Auswirkungen haben. Sind diese Bedingungen nicht erfüllt, und bei Parametern höherer Ordnung ist dies im SPICE3 MOS-Modell der Fall, so werden die entsprechenden Parameter bei der Iteration aus dem für sie physikalisch sinnvollen Bereich herausgeschoben und führen beim Newtonschen Verfahren in der Regel zur Divergenz. Aus diesem Grund können für die Parameter Grenzen eingegeben werden, welche nicht überschritten werden dürfen.

Die aufgenommenen Meßwerte können allein oder mit den Anpassungskurven auf dem VERSATEC-Plotter und auf dem Graphik-Terminal dargestellt werden. Darüber hinaus besteht die Möglichkeit, mit einzugebenden Modellparametern Kurven zu errechnen und diese mit den Meßpunkten darzustellen. Auf diese Weise kann der Einfluß von Parametern studiert werden.

4. SPICE-Parameter und Simulation

Das im ENTWICKLUNGSZENTRUM INTEGRIERTE SCHALTUNGEN in Ulm am meisten verwendete Netzwerkanalyseprogramm ist SPICE in der Version 2G.5. Von den Modellen dieses Programms wurde das modifizierte Gummel-Poon-Modell für Bipolartransistoren und das Shichman-Hodges-Modell sowie das SPICE3-MOS-Modell für die MOS-Transistoren in die Anpassung aufgenommen.

Ein Beispiel für die Messung und die Anpassung bei einem Bipolartransistor zeigt Bild 2. Mit dieser Messung des Kollektorstromes IC und des Basisstromes IB in Abhängigkeit von der Basis-Emitterspannung UBE, welche auf dem Wafer mit speziellen Meßspitzen durchgeführt wird, lassen sich die Parameter des intrinsischen Transistors bestimmen. Notwendig hierfür ist die Temperatur zur Bestimmung der Temperaturspannung sowie der Basis- oder der Emitterbahnwiderstand zur Berücksichtigung des Spannungsabfalls. Durch die schrittweise Anpassung ergeben sich der Sättigungsstrom IS, die maximale ideale Stromverstärkung BF, der nichtideale Basisstromkoeffizient C2 bzw. dessen Produkt mit dem Sättigungsstrom als Basis-Emitter-Sättigungsleckstrom ISE, der nichtideale Emissionskoeffizient NE, sowie der Kniestrom IKF. Durch eine zusätzliche Messung des Ausgangskennlinienfeldes wird die Earlyspannung ermittelt. Die Messung und Auswertung des Transistors im inversen Betrieb liefert die entsprechenden Parameter.

Bei den MOS-Transistoren werden die Modellparameter aus einer Messung der Kennlinien im Triodenbereich $ID = f(UGS)_{UDS,UBS}$ und einer Messung des gesamten Kennlinienfeldes $ID = f(UDS)_{UGS,UBS}$ bestimmt. Aus den Triodenkennlinien erfolgt eine erste Bestimmung der 4 Hauptparameter (Schwellspannung VTO, Verstärkungskonstante KP, Body-Effektkonstante GAMMA und THETA zur Beschreibung der Beweglichkeitsmodulation). Diese dienen dann als Ausgangswerte für die Anpassung der Gesamtkennlinien unter Einbeziehung der Parameter für die Effekte höherer Ordnung VMAX, ETA, DELTA, und KAPPA. Ein Beispiel für die Messung des gesamten Kennlinienfeldes mit der Anpassung und den ermittelten Parametern zeigt Bild 3.

Für vergleichende Untersuchungen von Simulation und Messung bietet sich in der MOS-Technik der Inverter an. Bild 4 zeigt die statische Transferkennlinie eines MOS-Inverters mit Depletionlasttransistor gemessen (▢) und als DC-Analyse mit SPICE berechnet. Gerechnet wurde mit einem aktuellen Parameter-Satz, gewonnen durch Anpassung von Transistormessungen auf dem gleichen Chip (durchgezogen) und mit den Defaultwerten des SPICE3-MOS-Modells, ausgenommen VTO und KP, welche von dem aktuellen Parametersatz übernommen wurden (gestrichelt). Erst die Besetzung der Parameter höherer Ordnung mit aktuellen Werten bringt eine Simulation, die mit der Messung vergleichbar ist.

Zum Test der Transientenanalyse können Inverterketten bzw. Ringsoszillatoren aus Invertern herangezogen werden. Dabei zeigt sich, daß insbesondere die Überlappungskapazitäten in SPICE mit aktuellen Werten besetzt werden müssen, um eine annehmbare Übereinstimmung zwischen Messung und Simulation zu erreichen.

Als Beispiel für eine Transientenanalyse mit SPICE zeigt Bild 5 die Übertragungskennlinie eines Schmitt-Triggers gemessen (▢) und gerechnet mit aktuellen Parametern (durchgezogen). Hierbei zeigt sich allerdings, daß die Parameter das Ergebnis dieser Simulation weniger beeinflussen als die Kapazität am Ausgang, welche sehr genau an den vorgegebenen Meßaufbau anzupassen ist.

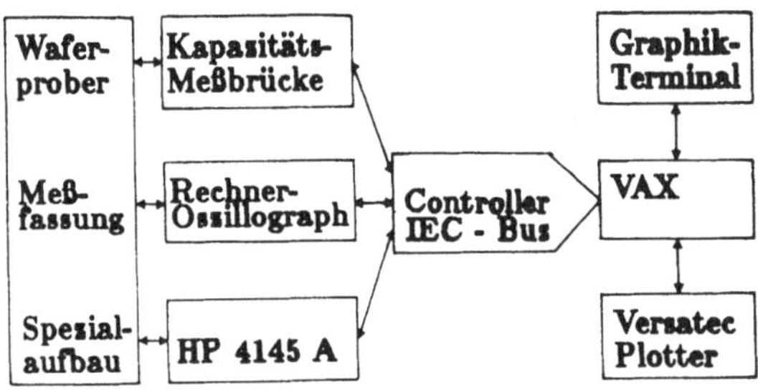

Bild 1: Hardwarekonfiguration des Meß- und Auswertesystems MAUS

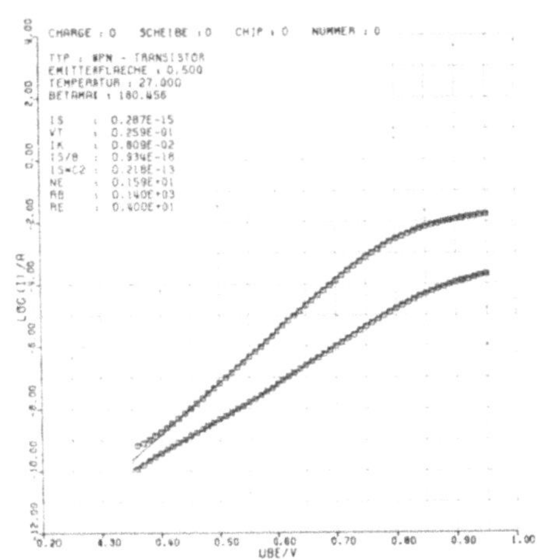

Bild 2: Messung und Anpassung
Bipolartransistor (npn)

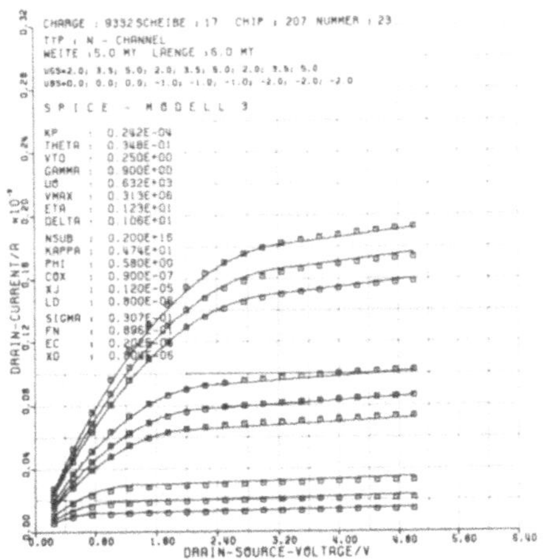

Bild 3: Messung und Anpassung
MOS-Transistor (n-Kanal)

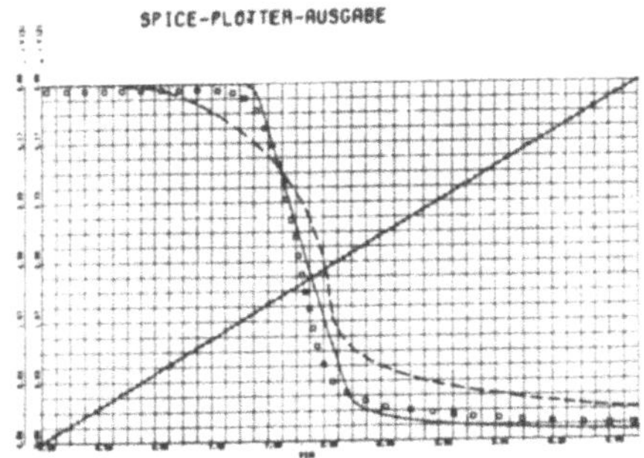

Bild 4: Inverter Transferkennlinie
Messung und SPICE-DC-Analyse

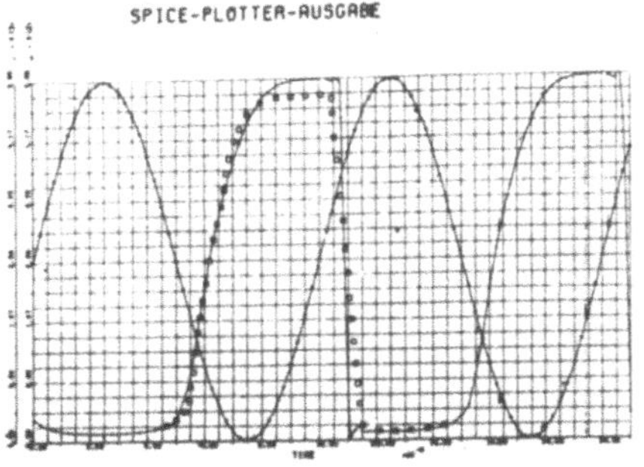

Bild 5: Schmitt-Trigger
Messung und
SPICE-Transienten-Analyse

Die Modellierproblematik beim Einsatz von vielseitigen
Computerprogrammen in der Reaktortechnologie
Franz Woloch
Österreichisches Forschungszentrum Seibersdorf GmbH
Institut für Reaktorsicherheitsforschung
A-2444 Seibersdorf, Niederösterreich

In diesem Vortrag soll ein Bild der Modellierproblematik vom Standpunkt des Programmbenützers entworfen werden. Dabei muß vom Modellkonzept des Autors des Computerprogrammes ausgegangen werden, das sich in seiner Dimensionalität, seinen Grenzen und zugelassenen Optionen und in den Iterations- und Lösungsverfahren für das meist lineare Gleichungssystem ausdrückt. Als Benutzer zahlreicher Programme während vieler Jahre beim OECD-DRAGON Projekt in England zur Entwicklung des Hochtemperaturreaktorkonzepts möchte ich zu dem Teil der Modellarbeit Stellung beziehen, den man mit der Verbindung von Programmketten, der Vorbereitung ihrer Eingabe und der Auswahl ihrer Optionen aufgegeben bekommt. In der Praxis ist man gezwungen, einen Kompromiß zwischen einem exakten und einem approximativen aber einfachen Modell zu schließen. Dabei ist es überraschend, wie gut die Resultate einfacher Modelle sein können, oft auch dort, wo man es nicht erwarten würde. Natürlich ist ein verständliches, einfaches Modell auch überzeugender als ein kompliziertes, bei dessen Einsatz die Gefahr besteht, an den Grenzen der Rechnerressourcen oder an der wegen der Größe des Problems zu langsamen Konvergenz des Rechnerverfahrens zu scheitern. Um das gleiche Geld könnte man vielleicht zu einem richtigen Ergebnis in einer zweiten Rechnung mit einem alternativen Modell bereits eine Bestätigung bekommen oder etwaige Schwächen im ersten Modell aufdecken.

Zunächst soll ein kurzer Streifzug durch die Reaktorphysik gemacht werden, um anhand der Modellvorstellungen die vereinfachenden Annahmen des Programmautors aufzusuchen, die vom Benutzer problemorientiert ergänzt werden und für den Erfolg der einfachen Modelle verantwortlich sind. Diese Ausführungen sollen dann mit Bemerkungen über Parallelen und Unterschiede dazu im Gebiet der Temperaturberechnungen und der Modellprobleme für Materialverhalten ergänzt werden.

Das Ziel eines Großteils der Computeranwendungen in der Reaktorphysik kann folgendermaßen charakterisiert werden:

Die Bestimmung der Reaktivität durch Lösung des Eigenwertproblems, das
nach Beschreibung des Reaktors gestellt ist. Dazu muß der Reaktorkern
in Brennelementzellen unterteilt werden. In der Zellrechnung wird das
Neutronenspektrum mit Hilfe der in Raum und Energie diskretisierten
Transportgleichung für Brennstoff- und Moderatorzonen ermittelt. Das
Neutronenspektrum liefert eine geeignete Gewichtsfunktion zur räumlichen Homogenisierung und energetischen Kondensation auf wenige Energiegruppen. Auf diese Weise entstehen gemittelte Wirkungsquerschnitte
für die zu betrachtenden Reaktionsraten, den Ereignissen der Spaltung,
Bremsung und Absorption im Reaktor. Der Reaktorkern ist damit homogenisiert und muß noch durch die Wirkungsquerschnitte für die Reflekto-
ren ergänzt werden. Obwohl der Reflektor nicht in Zellen mit Brennstoff unterteilbar ist, wird oft so vorgegangen, daß eine geringe Menge Uran-235 zur Definition einer Reflektorzelle verwendet wird. Das
physikalisch zutreffendere Quellproblem bringt die Schwierigkeit mit
sich, die aus dem Reaktorkern in die Reflektorzonen eindringenden Neutronen vorher als Quellverteilung bestimmen zu müssen. Dafür würde
aber eine Rechnung gebraucht werden, die den Reaktorkern und den Reflektor in vielen Energiegruppen darstellt und somit das Ziel des Benützers verfehlt, in zwei Zellrechnungen die Kondensation der Wirkungsquerschnitte in Kern und Reflektor zu bewerkstelligen.

Diese Vorgangsweise des Benützers vermeidet auch Situationen, die
durch die iterative Inversion von großen Matrizen auftreten können.
Das Modell ist durch die Trennung in Kern und Reflektor einfach und
überschaubar geworden. Schließlich wird in einem Diffusionsprogramm,
das den Reaktorkern und den Reflektor enthält, das Eigenwertproblem in
wenigen Energiegruppen aber mit vielen Raummaschen gelöst. Beim Übergang von der Transportgleichung für das Zellmodell auf die Diffusionsgleichung im Reaktormodell wurde eine weitere Vereinfachung verwendet. Während die in der Transporttheorie gesuchte Lösung auch von einer Winkelvariablen abhängt, ist in der Diffusionsgleichung nur noch
ein isotroper Neutronenfluß zu bestimmen. Diese Diffusionsgleichung
ist durch eine Entwicklung nach Kugelfunktionen in der Winkelvariablen
ableitbar, wenn nach dem zweiten Glied abgebrochen wird.

Dem Benützer obliegt es natürlich, in der Zellrechnung und im Reaktormodell geeignete Stützpunkte in Raum und Energie zu wählen, die auf
die materiellen Erfordernisse der Zonen und auf den Verlauf der Wirkungsquerschnitte vorhandener Isotope Rücksicht nehmen müssen. An die-

ser Stelle muß ich auf die spezielle Behandlung der Resonanzabsorption
hinweisen, die auf solche Resonanzen eingeht, wie sie bei brütbarem
Material wie U238 und Th232 auftreten. Zur Bestimmung der sogenannten
effektiven Resonanzintegrale muß von weiteren Computerprogrammen ausgegangen werden, die die Neutronenbremsung in der Nähe der Resonanzen
verfolgen. Hier wird dann gleich die Absorptionsrate und nicht mehr
der Fluß bestimmt. In Form von Tabellen werden diese Resonanzintegrale
als Funktion der Mischverhältnisse Brennstoffatome durch Moderator-
atome und der Brennstofftemperatur als Teil der nuklearen Datenbiblio-
theken zur Verfügung gestellt. Dadurch wird vermieden, den Zellrechnungen scharf variierende Wirkungsquerschnitte aufzubürden.

Die Tabellierung des effektiven Resonanzintegrals hat aber noch einen
Vorteil:
Die Verwendung des Äquivalenzprinzipes der Resonanzabsorption. Sie
stellt einen einfachen Mechanismus dar, durch den homogene in heterogene Zellgeometrien einerseits und verschiedene Moderatoren andererseits in ihrem Einfluß auf die Tabellenwerte ineinander übergeführt
werden können. Zur Herleitung der Äquivalenzprinzipe geht man am besten auf die Kollisionsratenbilanz zwischen Brennstoff und Moderator
zurück. Begründet wird die Existenz dieser Äquivalenzen durch zwei
Tatsachen:

1. Die Bremsgleichung der Neutronen in Anwesenheit eines Resonanzab-
   sorbes ist für Wasserstoff streng lösbar.

2. Die Annahme einer bestimmten Funktion für die Stoßwahrscheinlichkeit für den Brennstoffkörper macht die homogenen und heterogenen
   Zellgeometrien äquivalent.

Um aus der 2. Tatsache ein brauchbares Äquivalenzprinzip zu erhalten,
müssen Korrekturkonstanten als Eingaben verwendet werden, mit denen
der Benützer sicherstellt, daß die Stoßwahrscheinlichkeit genauer dargestellt wird als bei kritikloser Annahme der einfachen Funktion
(Wignerapproximation mit Bellfaktor).

Die Anzahl der Zellrechnungen für einen Versuchsreaktor steigt natürlich mit der Anzahl der verschiedenen Bestrahlungselemente und der
verschiedenen Resonanzabsorber. Weiters stellt ein kleiner Reaktorkern
eine besondere Erschwernis dar, bei dem auf der Ebene der Zellrechnung

die Leckageeffekte eingegeben werden müssen. Diese werden durch eine
Funktion der Neutronenenergie dargestellt, die eigentlich erst nach
der Diffusionsrechnung in Reaktorgeometrie ausgewertet werden kann,
sobald die Flußkrümmung im Reaktorkern berechnet wurde. Diese Vorgangsweise stellt somit eine Iteration zwischen Zellrechnung und Reaktorrechnung dar, in der die Umgebung der Zelle, also die Endlichkeit
des Reaktors repräsentiert wird (Bucklingiteration).

Als weitere Beispiele, wie durch geeignete Gewichtsfunktionen Mittelwerte definiert werden können, die zu einfachen Modellen führen, sollen die Punktkinetik und die Störungstheorie genannt werden. Die geeignete Gewichtsfunktion dafür ist der adjungierte Neutronenfluß, wie
er aus der adjungierten Transport- oder Diffusionsgleichung bestimmt
werden kann. In der Punktkinetik gelingt es damit tatsächlich, den
Reaktor für viele Transienten durch einen Punkt zu ersetzen. Dafür muß
der Benützer einige weitere Mittelwerte zur Eingabe bereit haben wie
den effektiven verzögerten Neutronenanteil, die mittlere Neutronenle-
bensdauer und vor allem die Reaktivitätskoeffizienten für Brennstoff-
und Moderatortemperatur.

Damit sind die Temperaturberechnungen angesprochen, die eine wichtige
Rolle in der Physik des Hochtemperaturreaktors spielen. Hier hat man
zwar die Wärmeleitungsgleichung und im stationären Zustand die Balan-
zen zwischen Wärmeproduktion und Wärmeabfuhr zur Verfügung, doch tritt
in der Bestimmung der Wärmeübergangszahlen zum Kühlmittel die Situation auf, daß für verschiedene Kühlkanäle verschiedene Korrelationen
verwendet werden müssen. Diese Korrelationen beinhalten zahlreiche experimentell bestimmte Konstanten.

Diese Korrelationen gewährleisten daher von sich aus nur eine bestimmte Genauigkeit. Nun sind im Hochtemperaturreaktor auch die Geometrie und die Materialeigenschaften des Strukturgraphits der Brenn-
elemente selbst von der zu bestimmenden Temperatur und der empfangenen
Strahlendosis abhängig. Für diese Illustration der Modelle möge es genügen, noch hinzuzufügen, daß außer den Strahlungstermen noch die
Druckabfallbestimmungen des Kühlmittels, die Hand in Hand mit der Tem-
peraturberechnung gehen wird, im Bogen der iterativen Lösung im Gesamtmodell ihren Platz einnehmen muß.

An dieser Stelle sollen die Vorgangsweisen aufgezählt werden, die den

Erfolg der einfachen Modelle, wie sie durch den Autor des Programmes zum Teil vorgegeben und durch den Benützer in geeigneter Weise nach Maßgabe des gestellten Problems ergänzt werden, ausmachen. Dabei wurden verwendet: 1. Mittelwerte mit geeigneten Gewichtsfunktionen, 2. Diskretisierung von Raum und Energie unter Berücksichtigung der Materialdaten, 3. Funktionen mit geringerem Wertebereich (Darstellung der Resonanzabsorption durch Resonanzintegrale), 4. Abbruch einer Reihenentwicklung (Übergang von Transporttheorie zu Diffusionstheorie), 5. Parametisierung von einfachen oder exakten Lösungen (Äquivalenzprinzip), 6. Iteration zwischen Zellrechnung und Reaktorrechnung.

Abschließend soll noch die Materialforschung charakterisiert werden, die als Unterstützung bei der Bestimmung der Grenzwerte für Materialversagen herangezogen wird. Zwar können Programme zur Spannungsberechnung z. B. in Brennstoffteilchen erstellt werden, es fehlen aber die Zustandsgleichungen, und die zur genaueren Formulierung nötige Identifikation der Versagensmechanismen ist unvollständig. Es ist aber auch nicht verwunderlich, daß unter den extremen Bedingungen eines Abbrandes von bis zu 80 GWd/t bestenfalls gute experimentelle Werte für das Materialverhalten vorliegen können. Hier müssen noch neue Modelle und Computerprogramme entstehen. Hier stellt noch der Forscher mit Hilfe des Experiments konkrete Fragen, wie weit eine Modellvorstellung in seinem Gehirn mit den Beobachtungen an verschiedenen Bestrahlungsexperimenten in Widerspruch gerät oder nicht.

SIMULATION DES VERHALTENS VON BRENNSTÄBEN IN KERNKRAFTWERKEN

G. Sdouz
Österreichisches
Forschungszentrum Seibersdorf
Ges.m.b.H.
Institut für Reaktorsicherheit
Lenaugasse 1o,   A-1o82 Wien

1. EINLEITUNG

In der Kerntechnik ist man wie in keiner anderen Disziplin auf die Aussagekraft und Zuverlässigkeit analytischer Simulationsmodelle angewie-
sen. Von der Richtigkeit der Vorhersagen über das Verhalten von Systemen
zur Gewährleistung der Sicherheit von Kernreaktoren hängt deren Funktionsfähigkeit ab. Die Simulationsmodelle werden in Form von Rechenprogrammen eingesetzt. Zur Absicherung ihrer sinnvollen Anwendung bedient
man sich der Durchführung von sogenannten Standardproblemen, bei denen
sowohl ein Experiment mit den Ergebnissen eines Rechenprogrammes verglichen, als auch die Bandbreiten der Ergebnisse und die fachlichen Qualifikationen der Programmbenutzer kontrolliert werden.

2. DAS RECHENPROGRAMM BALON2-A

Beispielhaft für eine Sicherheitsanalyse in Kernkraftwerken ist die Simulation des Verhaltens von Brennstäben. Ein Kernkraftwerk enthält mehrere Barrieren, um die Abgabe von Radioaktivität an die Umgebung zu verhindern. Diese Aktivität wird in Brennstäben erzeugt, die aus UO_2-Tab-
letten und einer sie umgebenden Zircaloyhülle bestehen. Um Aussagen über
das Verhalten des Hüllrohrs während des Normalbetriebes und während
eines Störfalls machen zu können, werden die physikalischen und chemischen Vorgänge modelliert und zu einem Rechenprogramm zusammengefaßt.
Durch Angabe des zeitlichen Verlaufs von Randbedingungen können dann
verschiedene Betriebs- und Störfallsituationen simuliert werden. Um Deh-
nungen des Hüllrohrs und die Zeit und den Ort des Berstens zu bestimmen,
entwickelte D.L. Hagrman (EG&G, Idaho, USA) das Rechenprogramm BALON-2
/1/. In diesem Modell wird das Hüllrohr aus kleinen Membranen bestehend
angenommen, auf die die Druckdifferenz zwischen Innen- und Außenseite
der Hülle wirkt. Die Gleichungen werden aus den Gleichgewichtsbedingungen und der Geometrie des Stabes abgeleitet. Aus zahlreichen Versuchen,

bei denen die Dimensionen des Hüllrohrs, die Temperatur und der Druck
beim Bersten, die Wandstärke und die axialen und azimutalen Halbmesser
der Berstregion gemessen wurden, konnte ein Berstkriterium abgeleitet
werden. Dabei wird die tangentiale Komponente der wahren Spannung mit
der Versagensspannung verglichen.

Dieses Programm wurde in manchen Punkten erweitert, so daß eine vollständige Brennstabanalyse möglich ist. Unter anderem wurde ein Strahlungs-
modell und ein Modell zur Bestimmung des Gasdrucks im Raum zwischen Ta-
blette und Hüllrohr eingebaut (siehe Abb. 1). Dazu wurde der Stab in
4 Volumina eingeteilt. In jedem Volumen wurde sowohl der Volumsverlauf
als auch der Temperaturverlauf des Gases als Funktion der Zeit bestimmt.
Daraus wurde dann ein Mittelwert für das ganze Gas gebildet. Mit Hilfe
der idealen Gasgleichung kann dann die Änderung des Druckes im nächsten
Zeitschritt bestimmt werden. Die 4 Volumina sind einerseits das obere
und das untere Plenum, in denen das Gasvolumen konstant bleibt, und andererseits das in 2 Abschnitte geteilte ringförmige Gasvolumen zwischen
Brennstoff und Hüllrohr. Der eine Abschnitt erstreckt sich über den zentralen Brennstab, in dem das Aufblähen erfolgt, der zweite Abschnitt umfaßt das Volumen zwischen zentraler Zone und den Plenumzonen. Durch die
Einteilung in 16 Knoten wird das Volumen der zentralen Zone ziemlich genau bestimmt, für die Berechnung des anschließenden Volumens wird die
halbe Dehnung der Randstücke der zentralen Zone zugrundegelegt. Die Temperatur des unteren Plenums bleibt konstant auf der Anfangstemperatur,
für die Temperatur des oberen Plenums wird ein 10% Temperaturverlauf der
zentralen Temperatur angenommen. Für die Temperatur des Gases im restlichen Spalt wurde mit Hilfe des Heizleiterprofils die mittlere Leistung
bestimmt. Das Ergebnis ist ein 77% Temperaturverlauf der Zentraltempera-
tur. Dieses Programm BALON2-A wurde für das Internationale Standardpro-
blem 14 (ISP-14) verwendet.

3. DAS INTERNATIONALE STANDARDPROBLEM-14 (ISP-14)

Um die Güte verschiedener in Verwendung befindlicher Brennstabcodes zu
untersuchen, wurde das Bündelexperiment REBEKA-6 am Kernforschungszentrum Karlsruhe ausgewählt /2/. Der Versuch hatte das Ziel, die Zircaloy-
Hüllrohrverformung und Kühlkanalversperrung während eines Kühlmittelver-
luststörfalles zu untersuchen. Die elektrisch beheizten Stäbe des 7x7-
Bündels hatten eine komplexe Geometrie, um die realen Verhältnisse optimal nachzubilden. Bis zum Erreichen einer vorgegebenen Temperatur wurden die Stäbe mit einer Leistungsrampe aufgeheizt. Dann wurde die

D R U C K M O D E L L

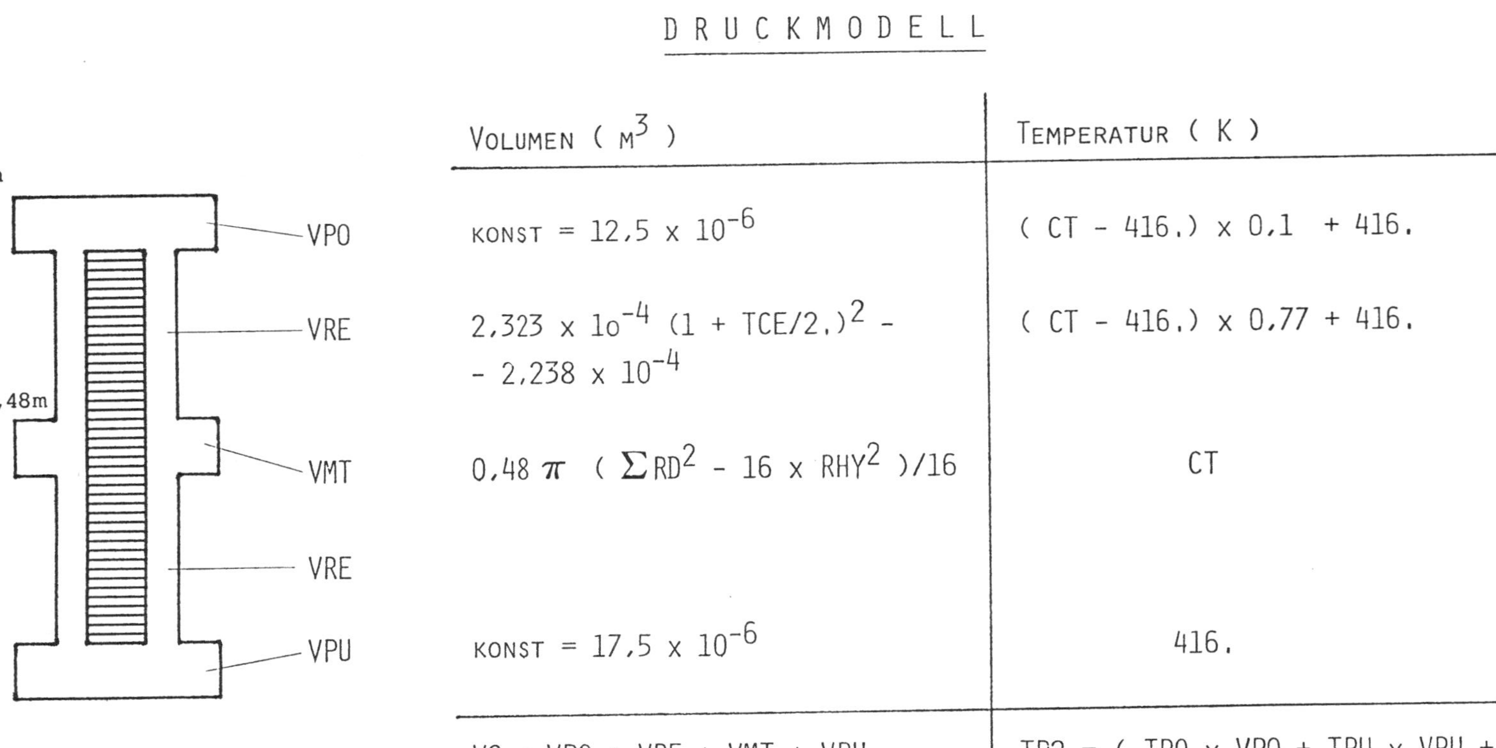

VOLUMEN (m^3)	TEMPERATUR (K)
KONST = $12,5 \times 10^{-6}$	$(CT - 416.) \times 0,1 + 416.$
$2,323 \times 10^{-4} (1 + TCE/2,)^2 - 2,238 \times 10^{-4}$	$(CT - 416.) \times 0,77 + 416.$
$0,48 \pi \; (\sum RD^2 - 16 \times RHY^2)/16$	CT
KONST = $17,5 \times 10^{-6}$	416.
V2 = VPO + VRE + VMT + VPU	TP2 = (TPO x VPO + TPU x VPU + + TRE x VRE + CT x VMT)/V2

Abb. 1

Leistung reduziert und das Bündel geflutet. Gemessen wurden Hüllrohrtemperaturen an verschiedenen axialen Höhen, der Druckverlauf, der Zeitpunkt und die Größe des Berstens.

4. ERGEBNISSE

Für die Rechnung wurde ein typischer Stab ausgewählt und die Temperatur
des Hüllrohrs wurde an 4 verschiedenen Höhen bestimmt. Die Eingabewerte
für das Modell wurden zum Teil direkt aus den Spezifikationen /3/ des
Standardproblems entnommen, einige jedoch waren nur über Zwischenrechnun-
gen zu erhalten. Unter anderem ist die Aufheizrate ein Eingabewert, der
nicht direkt bestimmbar ist. Erst aus der Knotenleistung und der Energiebilanz ist ein Ausdruck für die Aufheizrate ableitbar. Durch die komplexe Geometrie bedingt, müssen dann für jeden Knoten die Materialwerte
homogenisiert werden. Nach Bestimmung des Wärmeübergangskoeffizienten
zwischen Brennstoff und Hüllrohr kann dann der Ausdruck für die Aufheizrate solange iteriert werden, bis ein stabiler Wert erreicht wird.

Berechnet wurde der Druckverlauf und die Hüllrohrtemperaturen des Stabes
49 bei 2900 mm, 1900 mm, 1000 mm und 500 mm axialer Höhe. Die Verzögerung
im Anstieg der Temperatur konnte nicht modelliert werden. Zusätzlich ist
die axiale Wärmeleitung im Stab nicht berücksichtigt. Daher wird das Auf-
blähverhalten bei Gebieten außerhalb der Heißstelle nicht von dieser beeinflußt und die Hüllrohrtemperaturen können bis zur Höhe der Zentral-
temperatur ansteigen. Aus rechentechnischen Gründen wurde nur bis zum
Zeitpunkt des Versagens gerechnet. Bis dahin konnte das Rechenmodell die
axialen Hüllrohrtemperaturen sehr gut simulieren. Auch das neu entwickelte Druckmodell liefert ausgezeichnete Ergebnisse. Die Stelle des Versagens lag bei 1950 mm, das entspricht etwa der Heißstelle des Stabes.
Der Zeitpunkt des Versagens lag bei 115,3s nach Beginn der Wiederauf-
füllphase. Diese Werte liegen innerhalb des Fehlerbandes der experimentellen Größen.

Die für die Sicherheit relevante Größe, die Umfangsdehnung des Hüllrohrs,
ist in Abb. 2 dargestellt. Sie beträgt zum Zeitpunkt des Berstens 51,8%,
wieder in guter Übereinstimmung mit dem Experiment.

Zusammenfassend läßt sich sagen, daß durch die Erweiterung des Rechen-
codes BALON-2 ein Werkzeug entwickelt wurde, welches das Verhalten von
Brennstäben in Kernkraftwerken gut simulieren kann. Die Güte der Simulation wurde anhand des Standardproblems-14 nachgewiesen. Hervorzuheben
ist die Einfachheit der Modelle und ihre kurzen Rechenzeiten, verglichen

mit jenen der großen Programmpakete, die bisher bei Brennstabanalysen
von Kühlmittelverluststörfällen verwendet wurden.

REFERENZEN

/1/ D.L. Hagrman:
    Zircaloy Cladding Shape at Failure (BALON 2)
    EGG-CDAP-5379 (July 1981)

/2/ G. Bork, A. Fiege, W. Gulden, J.P. Hosemann, R. Rininsland:
    Stand der Reaktorsicherheitsforschung im Projekt Nukleare Sicherheit
    lo. Jahreskolloquium des Projektes Nukleare Sicherheit, Karlsruhe,
    21-22 Nov. 1983

/3/ K. Wiehr:
    Auswertung von REBEKA-6 für Deutsches Standardproblem Nr. 7
    Karlsruhe

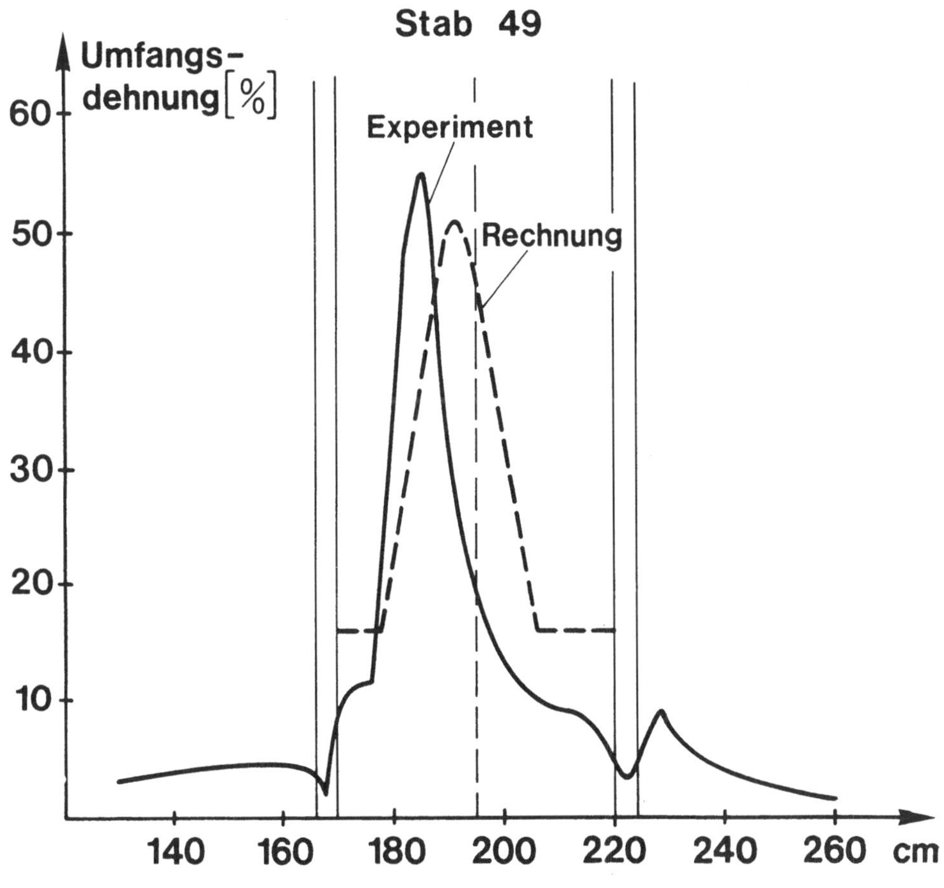

Abb. 2

EIN SIMULATIONSPROGRAMMPAKET ZUR RECHNERGESTÜTZTEN AUSLEGUNG STATISCHER KOMPENSATIONSANLAGEN

B. Cuno
AEG-Telefunken
Frankfurt

K.F. Kraus*
Brown, Boveri & Cie
Mannheim

1. Einleitung

Kompensationsanlagen werden in Drehstromnetzen zur Kompensation von Blindleistung, zur Reduktion von Oberschwingungen sowie zur Symmetrierung unsymmetrischer Netzbelastungen eingesetzt. Mit der Entlastung des Drehstromnetzes von den oben angeführten "Netzrückwirkungen" wird eine Verringerung der Übertragungsverluste, eine bessere Ausnutzung der vorhandenen Betriebsmittel sowie ein sicherer Netzbetrieb bei erhöhter Qualität der Stromversorgung gewährleistet /1/. Gegenüber den konventionellen Verfahren wird in letzter Zeit den Verfahren der statischen Kompensation mit Hilfe von Thyristorschaltern aus Gründen der Schnelligkeit, Zuverlässigkeit, Wirtschaftlichkeit und Wartungsarmut immer mehr der Vorzug gegeben.

Zur Auslegung statischer Kompensationsanlagen sind geeignete Hilfsmittel zur Verfügung zu stellen. Bei der Dimensionierung der Starkstromkomponenten sowie beim Entwurf der Steuer- und Regeleinrichtungen hat sich die Parity-Simulation bewährt /2, 3/. Zur Absicherung der Ergebnisse der Parity-Simulation sowie zur Dimensionierung der Schutzeinrichtungen, in deren Rahmen hohe Anforderungen an die Nachbildungsgenauigkeit gestellt werden, bietet sich allerdings die Digitalrechnersimulation an. Sie erlaubt die detaillierte Untersuchung der anhand der Parity-Simulation erkannten kritischen Belastungsfälle ("zeitliche Lupe"). Geeignete, bedienerfreundliche Simulationsprogramme sind bisher nicht verfügbar (siehe auch /4/).

Da das Programmieren der Gleichungen des mathematischen Modells in einer der problemorientierten Programmiersprachen zeitaufwendig und fehleranfällig ist, wurde die Programmierung auf einer möglichst hohen Formulierungsebene angestrebt. Kostengünstige Lösungen bieten Spezial-Simulationsprogrammsysteme, die eine aufbauorientierte beschreibende Art der Programmierung erlauben, d.h. es werden nicht die mathematischen Modelle der Teilsysteme eines Gesamtproblems, sondern lediglich Topologie sowie Art und Parameter der Verbindungselemente (z. B. Betriebsmittel eines Netzes) angegeben /5/. Aus diesem Aufbaumodell erzeugt dann das Simulationsprogrammsystem das mathematische Systemmodell, das Rechenmodell sowie das lauffähige Simulationsprogramm.

---

* Herr Dipl.-Ing. K.F. Kraus befaßte sich mit dem hier behandelten Thema im Rahmen seiner Diplomarbeit am Institut für Stromrichtertechnik und Antriebsregelung (Prof. Dr.-Ing. R. Jötten) der Technischen Hochschule Darmstadt.

Das im folgenden eingesetzte Simulationsprogrammsystem NETASIM wurde speziell zur Untersuchung des dynamischen Verhaltens von Netzwerken der Leistungselektronik und daran gekoppelter nichtelektrischer Systeme sowie deren Regel- und Steuereinrichtungen entwickelt /6/. Die vorliegende Arbeit beschreibt Erweiterung und Einsatz von NETASIM im Rahmen der Simulation statischer Kompensationsanlagen.

2. Aufgabenstellung

Bild 1 zeigt in einphasiger Darstellung die prinzipielle Schaltung einer Kompensationsanlage mit Festkapazität und thyristorgeschalteten Drosselspulen. Die Kondensatorbatterie ist für den jeweiligen maximalen Blindleistungsbedarf ausgelegt. Zur stetigen Variation der Grundschwingungsblindleistung ist der Steuerwinkel des aus einem antiparallelen Thyristorpaar bestehenden Wechselstromstellers zwischen $\alpha = 90°$ und $\alpha = 180°$ einstellbar, d.h. die jeweils überschüssige Blindleistung wird in die Drosseln geleitet. Zur Vermeidung von Spannungsverzerrungen durch die in das Drehstromnetz abgegebenen Oberschwingungsströme wird die Kondensatorbatterie durch parallele Saugkreise ergänzt bzw. durch Zuschalten von Drosseln zu Saugkreisen erweitert. Die oben beschriebene Anlage sollte auf ihr dynamisches Verhalten bei Netzfehlern sowie bei stationsinternen Fehlern untersucht werden. Insbesondere ist zur Auslegung der Ventilschutzeinrichtung die in Fehlerfällen auftretende thermische Ventilbelastung von Interesse.

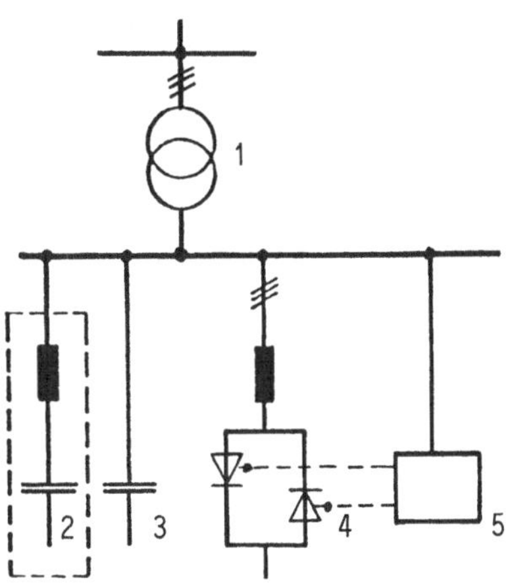

Bild 1: prinzipielle Schaltung einer Kompensationsanlage mit Festkapazitäten und thyristorgeschalteten Drosseln.
1: Transformator, 2: Filterkreise,
3: Kondensatorbatterie,
4: Thyristorsteller mit Kompensationsdrosseln, 5: Steuer- und Regeleinrichtungen

3. Nachbildung von elektrischen Betriebsmitteln und Fehlerfällen

Grundsätzlich lassen sich die Betriebsmittel eines elektrischen Netzes aus dem in Form einzelner Netzelemente verfügbaren Bausteinvorrat von NETASIM zusammensetzen. Nach den üblichen Netzwerkelementen wie ohmscher Widerstand, Kapazität, Induktivität, usw. sind verschiedene Ventilarten der Leistungselektronik (Diode, Thyristor, usw.) verfügbar. Als weitere Hilfsmittel dienen sinusförmige sowie verschiedene nichtperiodische Strom- und Spannungsquellen. Außerdem wurden im Netz häufig vorkommende Betriebsmittel wie Stromrichter (Gegenparallelschaltung von Thyristoren, Zweipulsbrückenschaltung, Drehstrombrückenschaltung) und Transformator in den Bausteinvorrat aufgenommen. Zur Vereinfachung der vorliegenden speziellen Simulationsaufgabe wurde der Bausteinvorrat erweitert um die Elemente Thyristorsteller mit Steuersatz und Ventilschutzeinrichtung, Drehstromtransformator mit Berücksichtigung der Sättigungseigenschaften, Leistungsschalter, Drehstromleitungen sowie Drehstromlasten (ruhende ohmsch-induktive Verbraucher in Stern- und Dreieckschaltung). Die Möglichkeiten zur Nachbildung von Netz- sowie Anlagenfehlern (dreipoliger Leitungskurzschluß, Ventil-, Drossel- und Teildrosselkurzschluß runden das Bausteinprogramm ab.

Zur Ableitung der mathematischen Modelle der Netz- und Fehlerbausteine, deren Verknüpfung (Festlegen der Zustandsvariablen, Aufstellen des Dgl-Systems) und Wahl der Integrationsverfahren sei auf /6/ sowie die dort aufgeführte Literatur verwiesen.

4. Berechnung der thermischen Thyristorbelastung

Innerhalb des Thyristors bewirken elektrische Vorgänge thermische Verluste. Da die Leistungsfähigkeit des Thyristors durch extreme Temperaturen begrenzt wird, bildet die Kenntnis der thermischen Vorgänge im Thyristor eine wichtige Voraussetzung für die Dimensionierung von Stromrichteranlagen. Zur Ermittlung der thermischen Thyristorbelastung wurde das anhand physikalischer Betrachtungen abgeleitete Kettenleiter-Ersatzschaltbild des Thyristors herangezogen /8/. Die Kapazitäten C_{Ki} entsprechen dabei den Wärmekapazitäten der Halbleiterschichten und die Widerstände R_{Ki} deren Wärmeübergangswiderständen (siehe Bild 4a).
Unter Vernachlässigung der unter dem Begriff "Zusatzverluste" zusammengefaßten vergleichsweise geringen Sperr-, Blockierungs-, Steuer- und Schaltverluste wird die Verlustleistung gleich der Durchlaßverluste gesetzt, d.h. es folgt mit der Schleusenspannung U_D, dem Durchlaßstrom i_D und dem differentiellen Durchlaßwiderstand r_D

$$P_{th}(t) = \left[U_D + r_D\, i_D(t) \right] i_D(t)$$

Die während der Simulation aus den elektrischen Größen berechnete jeweilige Verlustleistung wird der Ersatzschaltung als Eingangsgröße vorgegeben. Die sich dann an den Eingangsklemmen des Kettenleiters einstellende Spannung entspricht der Abweichung der interessierenden Sperrschichttemperatur von einer Umgebungs- bzw. Kühlmitteltemperatur. Wegen des komplizierten geometrischen Aufbaus eines Thyristors können die zu einem Thyristortyp gehörenden Parameter der Kettenschaltung nur sehr schwer abgeleitet werden. Wesentlich einfacher ist dagegen die experiementelle Bestimmung

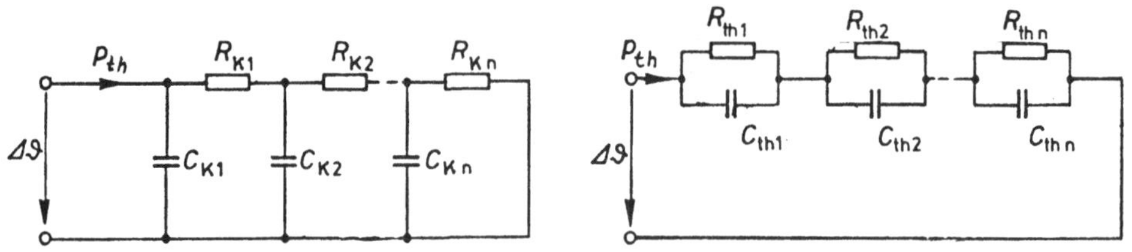

Bild 2: Thermische Ersatzschaltbilder für einen Thyristor

      a) Kettenleiter - b) Reihenparallelschaltung

des "transienten Wärmewiderstands" aus dem Temperaturverlauf nach einer sprung-
förmigen Veränderung der Verlustleistung und dessen Entwicklung in eine Summe von
Exponentialfunktionen durch Kurvenapproximation

$$Z_{th}(t) = \Delta\vartheta(t) / P_V = \sum_{i=1}^{n} (1 - e^{-t/R_{thi} \cdot C_{thi}}) R_{thi}$$

Aus der daraus leicht ableitbaren Reihenparallelschaltung nach Bild 2 b können dann
wiederum die Parameter einer übertragungsgleichen Kettenleiterschaltung bestimmt
werden. Die Anzahl der so entstehenden Teilglieder steht nun allerdings in keinem
Zusammenhang mehr zu der Anzahl der einzelnen Thyristorschichten, sondern ist lediglich durch die Genauigkeit der Approximation vorgegeben.

5. Anwendungsbeispiele

Als charakteristische Simulationsbei-
spiele sollen hier das dynamische Verhalten der Kompensationsanlage nach
einem stationsinternen sowie einem
Netzfehler gezeigt werden. Die zugrundeliegende Netzkonfiguration ist
in Bild 3 angegeben.

Bild 4 zeigt den Verlauf der Sperrschichttemperatur der am stärksten
belasteten Ventile bei einem Teildrosselkurzschluß. Die Simulations-

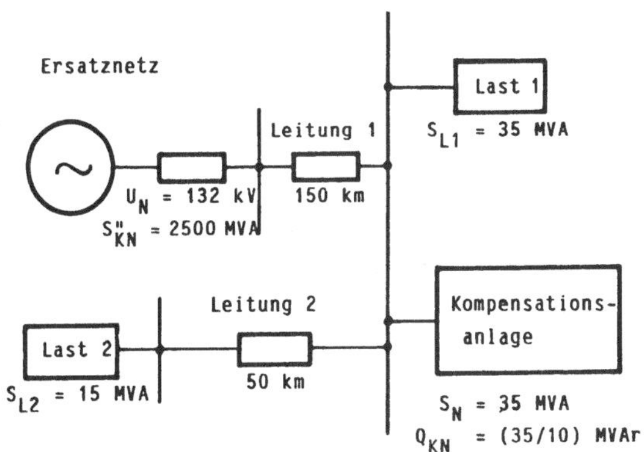

Bild 3: Untersuchte Netzkonfiguration

ergebnisse gestatten die Beurteilung der thermischen Belastung durch den Fehler
und die daraus resultierenden Anforderungen an die Ventilkühl- sowie -schutzein-
richtung.

In Bild 5 sind Netzspannung, Drosselströme sowie die Verlustleistung eines Ventils
nach einem dreipoligen Kurzschluß auf Leitung 2 aufgezeigt. Der fehlerbetroffene
Leitungsabzweig wird 120 ms nach Fehlereintritt weggeschaltet.

Obwohl im Drosselstrom auftretende
Gleichstromglieder wegen aus-
bleibender Stromnulldurchgänge
die Löschung der Thyristoren
verhindern, kühlt sich der betrachtete Thyristortyp während
des Fehlerfalls gegenüber dem
Normalbetrieb mit α = 90° sogar
ab.

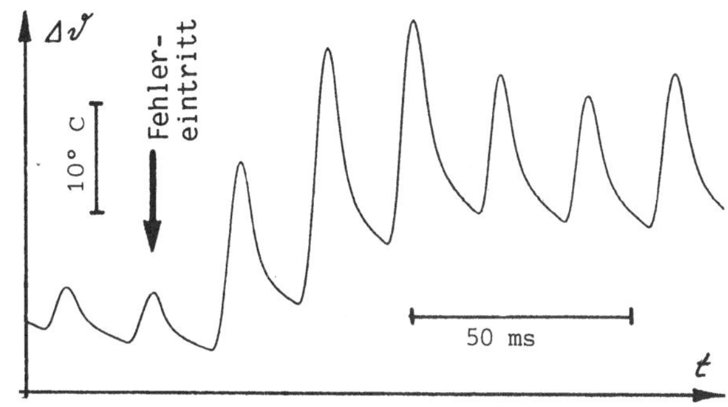

Bild 4: Temperaturverlauf im Ventil

6. Literatur

/1/ Becker, W.: Verbesserte Betriebsführung der Energieverteilungsnetze mit Hilfe
moderner Kompensationsanlagen. AEG-Telefunken, Druckschrift Blindleistungs-
kompensation mit Stromrichtern, Berlin 1982

/2/ Pesch, H. und Ranade, J.G.: Simulatorstudien als Hilfe für die Projektierung
von statischen Kompensationsanlagen. AEG-Telefunken, Druckschrift Blindleistungs-
kompensation mit Stromrichtern, Berlin 1982

/3/ Jötten, R.: Simulationsmethoden für Gleichstrom-(HGÜ) Drehstrom-Verbundnetze,
etz 102 (1981), S. 1343 - 1346

/4/ Lasseter, R.H. und Lee, S.Y.: Digital Simulation of Static Var System Transients,
IEEE Trans. on Power Apparatus and Systems, PAS-101 (1982), S. 4171 - 4177

/5/ Schmidt, H.: Simulationstechnik, R. Oldenbourg Verlag, München/Wien 1980

/6/ Mehring, P. und Jud, W.: NETASIM - Ein interaktives CSSL-System mit on-line
Graphik und Frontend für die Leistungselektronik, ASIM 84, TU Wien, 25.-27.09.84

/7/ Cuno, B.: Untersuchungen zum Zuschalten statischer Kompensationsanlagen an das
Netz. AEG-Telefunken, Technischer Bericht E4 E31/03/80, Frankfurt 1980

/8/ Kraus, K.F.: Untersuchungen zur thermischen Thyristorbelastung statischer Kompensationsanlagen. Diplomarbeit Nr. 884 am Institut für Stromrichtertechnik und
Antriebsregelung, TH Darmstadt 1982

/9/ Müller, R.: Untersuchung von Problemen der Hochspannungs-Gleichstrom-Übertragung
durch digitale Simulation. Dissertation, TH Darmstadt 1977

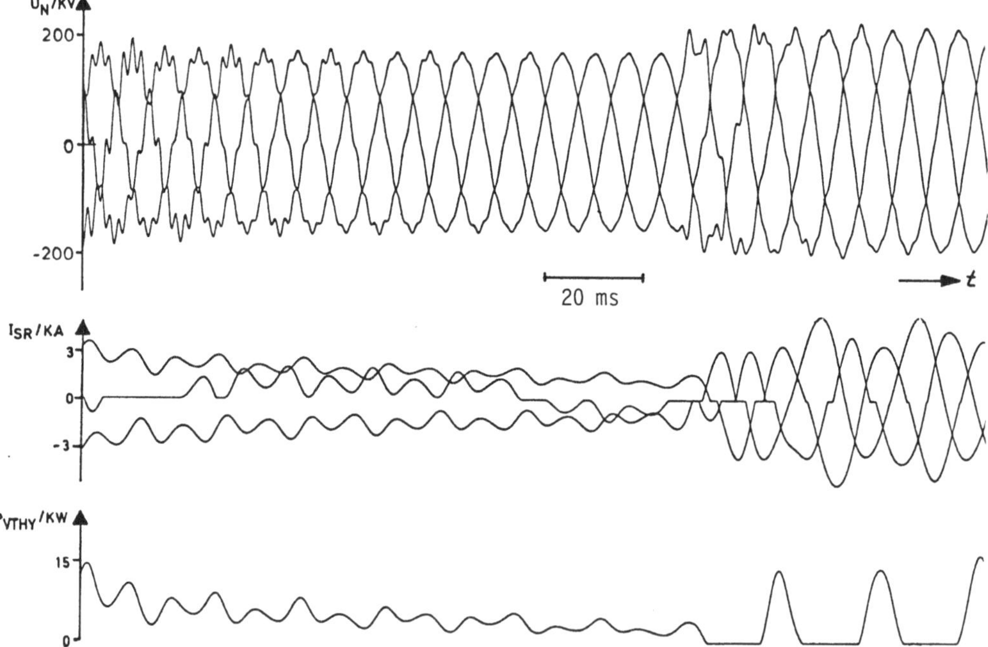

Bild 5: Netzspannungen U_N, Drosselströme I_{SR} und Verlustleistung eines Thyristors
nach einem dreipoligen Sammelschienenkurzschluß mit Wegschalten des fehler-
betroffenen Leitungsabzweiges

VERSCHIEDENE MÖGLICHKEITEN ZUR SIMULATION VON
DRUCKSTOSS-VORGÄNGEN IN WASSERKRAFTANLAGEN

K.H.Fasol
Ruhr-Universität Bochum,B.R.Deutschland
H.Sattler
VOEST-ALPINE, Linz, Österreich

1 EINLEITUNG

Für die Dimensionierung der Druckrohrleitungen von Hochdruck-Wasserkraft-
anlagen ist die Berechnung bzw. die Simulation der bei Übergangsvorgän-
gen auftretenden Druckstöße von Bedeutung. Diese Simulation erfolgt
üblicherweise numerisch mit der Charakteristiken-Methode. Diese kann
heute als Standardverfahren bezeichnet werden und es existieren ausgereifte Programmpakete auch für recht komplexe hydraulische Systeme. Mit
diesem Verfahren werden in der Regel Übergangsvorgänge in hydraulischen
Systemen simuliert indem z.B. die durch den Turbinen-Leitapparat gebildete Randbedingung entsprechend variiert wird.

Man geht heute öfter dazu über, bei der Planung auch von Wasserkraftanlagen den gesamten Regelkreis, also das hydraulische System samt Maschi-
nensätzen, das versorgte Netz und die Regeleinrichtungen zu simulieren.
Dabei kann einerseits die Analogsimulation von Vorteil sein, wenn unter
Parametervariationen zahlreiche Simulationsläufe in Echtzeit erforderlich sind und dabei viele Meßwerte simultan registriert werden sollen.
Andererseits besteht eine weitere Möglichkeit in der digitalen Simulation mittels einer blockorientierten Simulationssprache. Bei diesen
Simulationen sind dann die in interessierenden Querschnitten der Rohr-
leitung erhaltenen Druckverläufe nur einzelne Teile der vielfältigen
Untersuchungsergebnisse. Es ist anzunehmen, daß von den beiden genannten Alternativen zum Charakteristiken-Verfahren bisher nur selten Gebrauch gemacht wurde. Deshalb sollen diese Möglichkeiten kurz besprochen werden.

2 GRUNDLAGEN

Unter Annahme einer eindimensionalen Fadenströmung führt die Bilanz
über den in einen diskreten infinitesimal kleinen Abschnitt der Rohrlei-
tung eintretenden, in diesem gespeicherten und aus diesem austretenden
Massenstrom zur Kontinuitätsgleichung

$$L_1 = \frac{\partial H}{\partial t} + v \frac{\partial H}{\partial x} + \frac{a^2}{g} \frac{\partial v}{\partial x} = 0 \; . \tag{1}$$

Ebenso führt die Bilanz der Druck- und Trägheitskräfte unter den gleichen Annahmen zur Bewegungsgleichung (Impulsgleichung)

$$L_2 = \frac{\partial v}{\partial t} + v\,\frac{\partial v}{\partial x} + g\,\frac{\partial H}{\partial x} + \frac{\lambda}{2D}\,/v/v - g\,\sin\alpha = 0 \ . \tag{2}$$

Es bedeuten H = p/ρg Die Druckhöhe, v = Q/A die Strömungsgeschwindigkeit mit dem Durchfluß Q und dem Rohrquerschnitt A, D den Rohrdurchmesser, a die Druckwellen-Fortpflanzungsgeschwindigkeit, λ den Reibungswert und α die Neigung des Rohres.

Auf diesen beiden partiellen Differentialgleichungen (auch Druckstoß-gleichungen genannt) beruhen im wesentlichen alle Methoden zur Simulation der instationären Rohrströmung. Zur Analogrechner-Simulation und auch zur Simulation mit einer blockorientierten Sprache werden in Gln. (1), (2) die konvektiven Terme vernachlässigt und die Gleichungen werden örtlich diskretisiert:

$$\frac{dH_i}{dt} + \frac{a^2}{gA_i}\,\frac{\Delta Q_i}{\Delta x_i} = \frac{dH_i}{dt} + K_{1,i}\,\Delta Q_i = 0 \ , \tag{3}$$

$$\frac{dQ_i}{dt} + g\,A_i\,\frac{\Delta H_i}{\Delta x_i} + \frac{\lambda}{2D_i A_i}\,/Q_i/Q_i - gA_i\,\sin\alpha_i =$$

$$= \frac{dQ_i}{dt} + K_{2,i}\,\Delta H_i + K_{3,i}\,/Q_i/Q_i - \Delta H_{goed.i} = 0 \ . \tag{4}$$

Auch die Charakteristiken-Methode beruht darauf, die Druckstoßgleichungen in gewöhnliche Differentialgleichungen umzuformen.

3 CHARAKTERISTIKEN-VERFAHREN

Es soll hier lediglich der Grundgedanke des ansonsten als bekannt vorausgesetzten Verfahrens /4,7/ wiederholt werden. Um dies so kurz wie möglich zu machen, werden (nur hier) in Gl.(2) der Reibungsterm und der Neigungsterm weggelassen. Bildet man aus Gln.(1),(2) deren Linearkombination

$$\zeta\,L_1 + L_2 = 0 \ , \tag{5}$$

woraus folgt:

$$\frac{\partial v}{\partial t} + (v + \zeta\,\frac{a^2}{g})\,\frac{\partial v}{\partial x} + \zeta\,(\frac{\partial H}{\partial t} + (v + \frac{g}{\zeta})\,\frac{\partial H}{\partial x}) = 0 \ , \tag{6}$$

dann kann man darin die totalen Differentiale für v und H erkennen, wenn man

$$(v + \zeta\,\frac{a^2}{g}) = (v + \frac{g}{\zeta}) = \frac{dx}{dt} \tag{7}$$

setzt. Aus Gl.(7) ergibt sich dann $\zeta = \pm\, g/a$ und unter der Annahme, daß v gegenüber a vernachlässigt werden kann, erhält man ebenfalls aus Gl. (7):

$$\frac{dx}{dt} = \pm\, a \quad . \tag{8}$$

Setzt man Gl.(7) in Gl.(6) ein, dann ergibt sich

$$\frac{dv}{dt} \pm \frac{g}{a}\,\frac{dH}{dt} = 0 \quad . \tag{9}$$

Für konstante Schallgeschwindigkeit a sind durch Gl.(8) in einer Δx, Δt-Ebene für die Ableitungen von v und H die beiden charakteristischen Richtungen (vorwärts und rückwärts) festgelegt. Mittels einer Differenzenapproximation können Gln.(8), (9) numerisch gelöst werden und liefern bei gegebenem stationären Anfangszustand zur Zeit $t = t_o$ unter Berücksichtigung der Randbedingungen für jeden Punkt P der Rohrachse die Zustände v(P) bzw. Q(P) und H(P) in den jeweiligen Rechenzeitschritten $t_n = t_o + n\Delta t$. Für die Konvergenz des Verfahrens muß $\Delta x \geq a\Delta t$ sein. Man erhält somit aus Gl.(9):

$$\text{für } \Delta x = +a \cdot \Delta t: \qquad v(P) = C_1 - C_2\,H(P) \; ,$$
$$\text{für } \Delta x = -a \cdot \Delta t: \qquad v(P) = C_3 + C_4\,H(P) \; . \tag{10}$$

Die Konstanten C_1 bis C_4 folgen aus Gln.(8), (9) und sind neben a und g nur von den Zuständen v(P) und H(P) im vorhergehenden Rechenschritt abhängig.

Zur Berechnung eines Rohrleitungsnetzes wird zum Programmaufbau ein gerichteter Graph als Modell angenommen. Wesentlich ist ein modularer Aufbau eines Programmes, wobei zur Berücksichtigung der möglichen Randbedingungen eine Vielzahl von Knotenbedingungen zur Verfügung stehen sollen wie z.B. Speicher, Querschnittsänderungen, Wasserschloß, Windkessel, Verzweigung, Vereinigung, Turbine (Kennfeld, Stellgesetz), usw., usw. /4/.

4 ANALOGE SIMULATION

Die zur analogen Simulation ortlich diskretisierten Gln.(3),(4) können für zwei aufeinander folgende Rohrabschnitte durch ein Blockschaltbild (Bild 1) dargestellt werden.

Es hat sich seit vielen Jahren gut bewährt, diese Schaltung in größerer Stückzahl als festverdrahteten Rohrmodul-Einschub zur Verfügung zu haben /1,2,3/. Dadurch ist eine beträchtliche Erhöhung der Analogrechner-Kapazität gegeben und es wird eine übersichtliche Simulation von Rohrleitungssystemen ermöglicht.

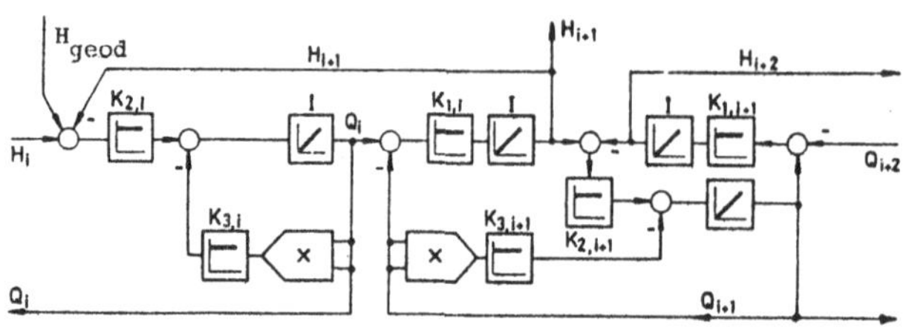

Bild 1: Rohrmodul

Ebenso wie beim Charakteristiken-Verfahren ist auch für die Analogsimulation die Vervollständigung des Simulationsmodells durch die Randbedingungen erforderlich. Kennlinien und Kennfelder werden dabei durch Funktionsgeber gebildet, Stellgesetze durch entsprechende Analogrechnerschaltungen als Generatorsystem realisiert. Mehr muß über die Analogsimulation nicht gesagt werden.

5 DIGITALE SIMULATION

Zur Simulation dynamischer Systeme ist die sog. analogrechner-orientierte Digitalsimulation mittels blockorientierter Simulationssprachen am besten geeignet /5/. Diese Sprachen erlauben es, das Simulationsproblem direkt aus dem Blockschaltbild des Systems zu formulieren. Dadurch ergeben sich unmittelbar die Struktur- und Operationsanweisungen, neben denen noch Parameteranweisungen und Bearbeitungsbefehle notwendig sind. Die Programme werden stets (ebenso wie die Charakteristiken-Programme) durch eine Plotter-Software ergänzt.

Zur Simulation des hier besprochenen Anwendungsfalles wurde die Sprache SIMUL 2 /6/ verwendet, die rund 35 verschiedene sog. Funktionsoperatoren (Funktionsblöcke) zur Verfügung stellt, die nicht nur den üblichen Analogrechner-Komponenten entsprechen, sondern darüber hinaus auch viele zusätzliche Funktionen darstellen.

Beim Aufbau einer blockorientierten Sprache kann man, wenn man es häufig mit einer speziellen Klasse von Problemen zu tun hat, auch problemspezifische umfangreichere Gleichungssysteme als Funktionsoperator in das Programmpaket einarbeiten. So kann z.B. der in Bild 1 dargestellte Rohrmodul als aufruffähiger Block verfügbar sein.

6 SIMULIERTE ANLAGE

Aus gegebenem Anlaß wurde kürzlich eine größere Wasserkraftanlage sehr eingehend untersucht, wobei verschiedene Vorgänge sowohl analog als auch digital simuliert wurden. Für Druckstoßvorgänge wurden zur gegenseitigen Verifizierung der einzelnen Ergebnisse alle drei hier angedeuteten Verfahren verwendet.

Die Anlage hat bei zwei Speicherseen ein rund 20 km langes Stollensystem mit durchschnittlich 5 m Durchmesser, einige Bachbeileitungen, ein Differential-Wasserschloß mit Rückströmdrossel und zwei parallele Hang-Druckrohrleitungen von rund 3 km Länge mit je ca. 2,5 m Durchmesser. Jede Leitung speist zwei Turbinen mit jeweils 180 MW.

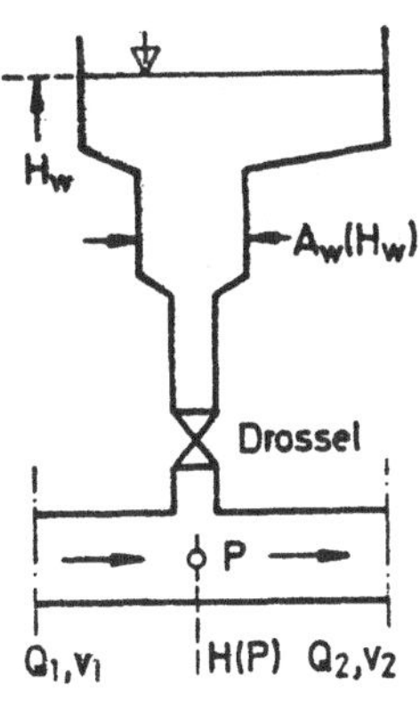

Bild 2: Schema des Wasserschlosses

Als Beispiel für die Simulation soll die Formulierung der durch das Differential-Wasserschloß gegebenen Randbedingung besprochen werden. Dieses Wasserschloß ist in <u>Bild 2</u> schematisch dargestellt.

Charakteristiken-Verfahren: Neben den beiden am Knotenpunkt P geltenden Gln.(10) für v_1 und v_2 muß für das Wasserschloß die Kontinuitätsgleichung

$$A_w(H_w) \frac{dH_w}{dt} = v_1 A_1 - v_2 A_2 = Q_1 - Q_2 \qquad (11)$$

erfüllt sein. Für die Rückströmdrossel gilt

$$H_w = H(P) + \beta \, /Q_1-Q_2/ \, (Q_1-Q_2) \quad , \qquad (12)$$

$$(Q_1-Q_2) > O: \; \beta = \beta_1 \qquad \text{(Einströmen)} ,$$

$$(Q_1-Q_2) < O: \; \beta = \beta_2 \gg \beta_1 \qquad \text{(Ausströmen)} .$$

Diese Gleichungen können z.B. mittels Prediktor-Korrektor-Verfahren bzw. mittels einer Newton-Iteration gelöst werden. Für die erwähnte Anlage wurde das Charakteristiken-Programm auf einer IBM 30-83B implementiert.

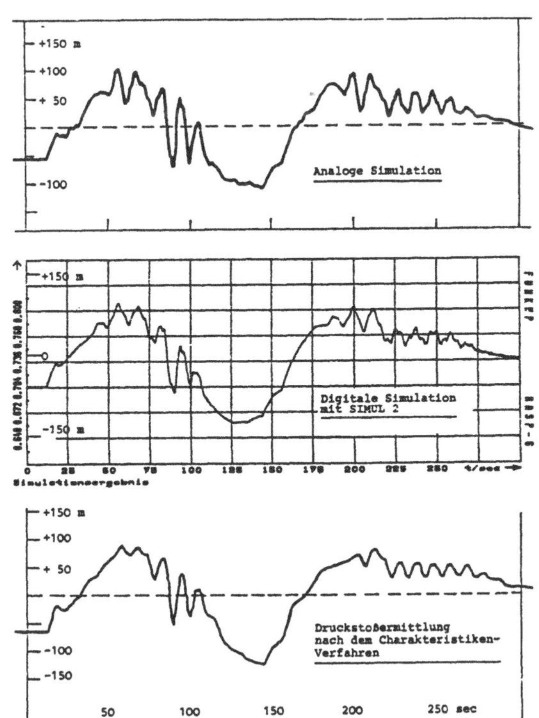

Die Berechnung eines Übergangsvorganges (siehe Bild 3) mit 140 Knotenpunkten benötigte bei einer Schrittweite von $\Delta t = 0,1585$ sec eine CPU-Zeit von 107 sec für einen Echtzeitvorgang von 500 sec.

Analog-Simulation: Für die Analogrechner-Simulation gelten unverändert die Gln.(11), (12), wobei Q_2 als Ausganggröße des vor dem Wasserschloß liegenden Rohrmoduls und Q_3 als Ausgang des nachfolgenden Rohrmoduls zur Verfügung stehen. Die Funktion $A_w(H_w)$ wird

Bild 3: Mit verschiedenen Methoden erhaltene Ergebnisse der Simulation eines Druckstoßverlaufs

entsprechend den Anlagedaten durch einen Funktionsgeber gebildet.

Die Simulation der erwähnten Anlage erfolgte auf 2 Rechnern EAI 2000 samt Sonderkomponenten, gekoppelt mit einer PDP 11/23 (LSI). Es wurden rund 70 einzelne Rechenkomponenten der Analogrechner sowie 7 Rohrmoduln (lt.Bild 1) mit jeweils 18 Einzelkomponenten benötigt.

Digitale Simulation: Die digitale Simulation mit SIMUL 2 geht im wesentlichen vom Blockschaltbild der Analogsimulation aus. Es soll daher hier nurmehr erwähnt werden, daß die Simulation auf einer PDP 11/40 erfolgte und daß für einen Echtzeitvorgang von 500 sec die Rechenzeit etwa das Doppelte, nämlich 17 min betrug.

Abschließend sind in <u>Bild 3</u> drei Druckstoßverläufe auf gleiche Maßstäbe transformiert dargestellt, wie sie mit den unterschiedlichen Simulationsverfahren für eine bestimmte Stelle der Druckrohrleitung für ein und denselben Störvorgang erhalten wurden.

Literaturangaben

/1/ Fasol,K.H.: Untersuchung des Inselbetriebs eines Wasserkraftwerks mittels Simulation und Messungen in der Anlage. ÖZE 34(1981), H.11, S.365-372.

/2/ Fasol,K.H., Jörgl,H.P.: Zur Modellbildung und Simulation instationärer Rohrströmungen. Regelungstechnik 27(1979), H.12, S.387-393.

/3/ Hoppe,M.: Die Regelung von Systemen mit Allpaß-Eigenschaften; dargestellt durch theoretische und experimentelle Untersuchung einer Wasserkraftanlage. Diss. Schriftenreihe Lehrstuhl für Meß- und Regelungstechnik,H.16, Ruhr-Universität Bochum, 1981.

/4/ Sattler,H., Strohmer,F.: Computer solutions to water-hammer problems using the method of characteristics. Water Power, 1974, Sept., S.322-327.

/5/ Schmidt,G.: Simulationstechnik. München, Wien: R.Oldenbourg, 1980.

/6/ SIMUL 2 Handbuch. Lehrstuhl für Meß- und Regelungstechnik, Ruhr-Universität Bochum, 1979 (intern; nicht veröffentlicht).

/7/ Wylie,E.B., Streeker,V.L.: Fluid Transients. New York: McGraw-Hill, 1978.

SIMULATION VON LANDWIRTSCHAFTLICHEN
WASSERVERTEIL- UND VERMISCHUNGSNETZEN
- DISTRILUTIONNETZE -

K.H. Fasol, M. Reike
Ruhr-Universität Bochum, B. R. Deutschland

1 EINLEITUNG

Die Befriedigung des steigenden Nahrungsbedarfs für eine immer
stärker wachsende Weltbevölkerung erfordert verbesserte und effizientere
Bewässerungstechniken für die Landwirtschaft in den ariden und semiari-
den Regionen. Ein wesentlicher Schritt dazu liegt in der Verwendung von
minderwertigem Wasser, wie Salz-, Brack- oder Abwasser. Diese Wasser
sollen jedoch nicht mit aufwendigen Mitteln aufbereitet werden, sondern
durch Verteilung geeignet gemischten Wassers (Distribution + Dilution =
Distrilution) den unterschiedlichen Anforderungen der zu bewässernden
Areale angepaßt werden. Durch die kombinierte Aufgabe von Verteilung und
Vermischung des Wassers ergibt sich eine Vielzahl von regelungstechnischen Problemen, zu deren Lösung geeignete Methoden, insbesondere unter
Zurhilfenahme von Simulationsverfahren, entwickelt werden müssen.

2 STATISCHE OPTIMIERUNG

Anhand eines Beispiels wird auf die Regelung eines Distrilution-netzes
näher eingegangen. Bild 1 zeigt einen Ausschnitt eines Netzes in einem
Israelischen Kibbutz.

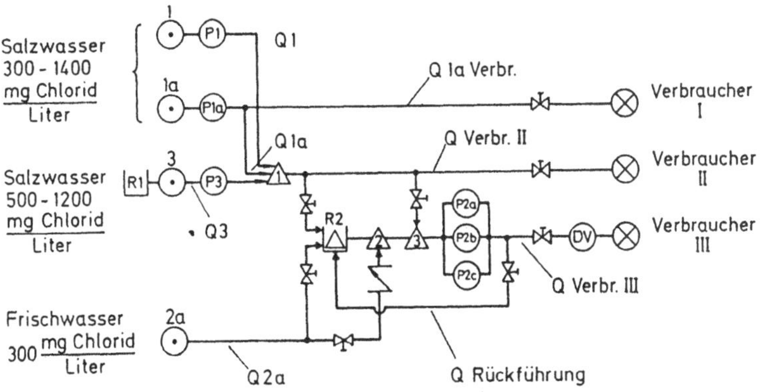

*Bild 1: Landwirtschaftliches Distrilutionnetz
in einem Israelischen Kibbutz*

Das Netz wird von drei unterschiedlichen Quellen gespeist und zwar 1. dem insbesondere im Sommer sehr salzhaltigen Wasser des Jordan, 2. von Jordanwasser, das im Winter gespeichert wird, und 3. von sehr teurem Stauseewasser der Israelischen Wasserwerke. Die landwirtschaftlichen Verbraucher des Netzes ändern ihre Anforderungen sowohl zeitlich als auch qualitativ je nach zu bewässernder Kultur, Jahreszeit und Wetterlage. Der hier betrachtete Teil des Netzes umfaßt vier Mischstellen, von denen drei druckbehaftet arbeiten, wogegen eine Mischung drucklos in einem Becken erfolgt.

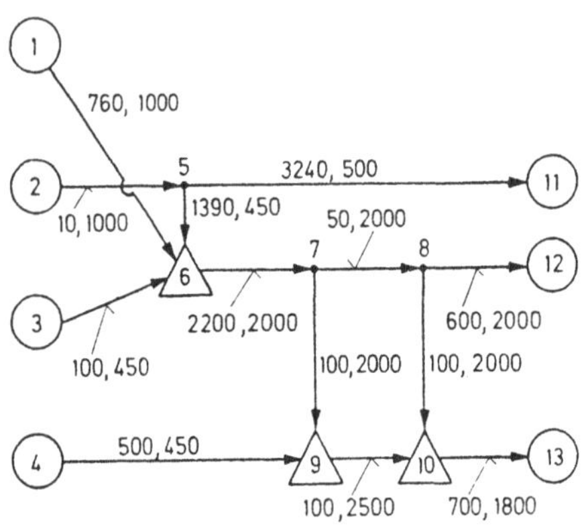

Bild 2: Graph des Netzes

Zur Regelung des Netzes dienen acht Ventile und vier Pumpen. Zunächst werden alle Volumenströme im Netz derart bestimmt, daß zum einen die Sollwerte an den Verbrauchern möglichst gut erreicht und zum anderen die variablen Kosten zum Betrieb des Netzes (Pump- und Wasserkosten) minimiert werden. Zur Bestimmung dieser optimalen stationären Volumenströme wird das Netz durch ein statisches Modell in Form eines Graphen (Bild 2) dargestellt. Für dieses Modell werden mittels spezieller graphentheoretischer Algorithmen alle möglichen Verbindungen von den Quellen zu den Verbrauchern ermittelt. Durch Minimierung eines Kostenfunktionals lassen sich dann die auf diesen Wegen fließenden Volumenströme optimieren. Ein wesentliches Problem bei dieser Optimierung ergibt sich durch den eingeschränkten Arbeitsbereich sowohl der einzelnen Mischstellen als auch des gesamten Netzes. Der Arbeitsbereich bezeichnet dabei den zulässigen Bereich für die Sollwertvorgabe. Im einfachsten Fall einer Mischstelle mit zwei Quellen und einem Verbraucher kann man beispielsweise nur Sollwerte fordern, die in dem von den Quellen zur Verfügung gestellten Bereich liegen /4/. Komplizierter wird der Fall, wenn in einem Netz mehrere Mischstellen verschaltet sind, da dann jeder Mischvorgang den Arbeitsbereich für die in Strömungsrichtung folgenden Teile des Netzes einschränkt und damit meist mehrere Verbraucher tangiert. Bei einfachen landwirtschaftlichen Netzen läßt sich dieses Problem manchmal dadurch umgehen, daß man die einzelnen Verbraucher nacheinander bedient. In großen Systemen ist diese Vorgehensweise wegen des dominierenden Einflusses von Totzeiten und der Notwendigkeit einer kontinuierlichen Versorgung jedoch meist nicht anwendbar; es gilt dann, mittels geeigneter Optimierungsverfahren Kompromisse zu finden.

Die Vielzahl unterschiedlicher Randbedingungen, wie maximale Kanten-
ströme, Kapazitäten von Pumpen und Quellen, Mindestabnahmen der Verbraucher etc. erfordert eine sorgfältige Auswahl der Optimierungsmethode.
Als besonders zweckmäßig hat sich ein Gradientenverfahren erwiesen, bei
dem der Gradient auf die Restriktionen projiziert wird /5/. Sowohl bzgl.
der Rechenzeit als auch bzgl. der Genauigkeit liefert diese Methode
zufriedenstellende Resultate.

Durch die Optimierung erhält man die Volumenströme von jeder Quelle zu
jedem Verbraucher. Aus diesen Flüssen ergibt sich durch geeignete Superposition in allen Kanten des Netzes die Flußverteilung, und daraus kann
man als Ziel der statischen Optimierung die Sollwerte für die Ventile
und Pumpen bestimmen.

3 BESTIMMUNG DER SOLLWERTE

Für die Umwandlung der optimierten Flüsse in die 12 Sollwerte (vier
Pumpen, acht Ventile) hat sich im vorliegenden Beispiel (Bild 1) folgende Vorgehensweise als zweckmäßig erwiesen. Zunächst gibt man die vier
einfließenden Volumenströme vor (Sollwerte für drei Pumpen und ein bzw.
zwei Ventile). Dann genügt es, zwei der drei Verbraucher festzulegen, da
der dritte im stationären Fall zwangsläufig den Rest des zugeführten
Wassers abnimmt. Die übrigen Stellorgane, die zum Erreichen eines geforderten stationären Zustandes zunächst nicht erforderlich sind, lassen
sich zur Verbesserung des Übergangsverhaltens nutzen. Insbesondere
bringt eine kontrollierte Speisung des Mischbeckens über die Rückführung
hinter der Pumpe 2 ein verbessertes Regelverhalten des dritten Verbrauchers, da sich die Salzkonzentration im Becken schneller angleicht.

Man braucht hier also nur Volumenströme direkt zu regeln, obwohl gerade
die Salzkonzentrationen an den Verbrauchern entscheidende Größen sind.
Da die Volumenströme jedoch so ausgelegt sind, daß sowohl die Qualitäts-
als auch die Quantitätsanforderungen der Verbraucher möglichst gut erfüllt werden, ist diese Vorgehensweise zweckmäßig. Sie eliminiert nämlich den Einfluß der Totzeit auf die Regelung und vereinfacht damit die
Reglerauswahl und die Parameterabstimmung. Trotzdem ist es manchmal
zweckmäßiger, anstelle von Volumenstromregelungen auch Salzkonzentrationsregelkreise aufzubauen, wenn z.B. die Qualität der Quellen dynamisch veränderlich ist oder bei den Salzkonzentrationen anderweits
Störungen auftreten können. Ein Vorteil der Salzkonzentrationsregelkreise ist die Verfügbarkeit relativ preiswerter Sensoren zur Leitfähig-
keitsmessung. Wegen der auf die Salzkonzentrationsregelung wirkenden
Totzeiten verschlechtert sich jedoch meist das dynamische Verhalten
einer solchen Regelung.

4 DYNAMISCHE SIMULATION

Sowohl am Technion in Haifa als auch am Lehrstuhl für Meß- und Regelungstechnik der Ruhr-Universität Bochum wurde die Entwicklung geeigneter Simulationsmodelle für Mischstellen ausführlich abgehandelt /1,2,3,4/. Für die übrigen Elemente des Netzes (Rohrleitungen, Pumpen, Ventile etc.) gelten die allgemein bekannten Zusammenhänge zwischen Drücken und Durchflüssen. Zur Simulation großer zeitvarianter Totzeiten mußten verschiedene Modelle entwickelt werden /4/, die teilweise zur digitalen, teilweise zur analogen Simulation gedacht sind. Das Hauptproblem dabei war, die sich widersprechenden Forderungen nach einer guten Auflösung der Totzeit und einer möglichst genauen Totzeitsimulation, d.h. einer großen Speicherlänge, in Einklang zu bringen.

Die Simulationen zur Optimierung der Reglerdynamik erfolgte digital mit Hilfe der Simulationssprache SIMUL 2. Es handelt sich dabei um eine blockorientierte Sprache, die die Simulation von Strukturen mit bis zu 1000 Blöcken gestattet. Die zu erstellenden Schaltpläne ähneln denen, wie sie für die Analogrechnersimulation gebräuchlich sind. Das Simulationsmodell des vorliegenden Beispiels umfaßt rund 650 Blöcke. Bild 3 kann daher nur eine Übersicht des Modells zeigen. Die Simulationsblöcke der Gleichungen für die einzelnen Hauptelemente des Netzes (Pumpen, Mischstellen etc.) sind jeweils in einem Block zusammengefaßt und durch die zugehörigen Ein- und Ausgangsgrößen miteinander verknüpft.

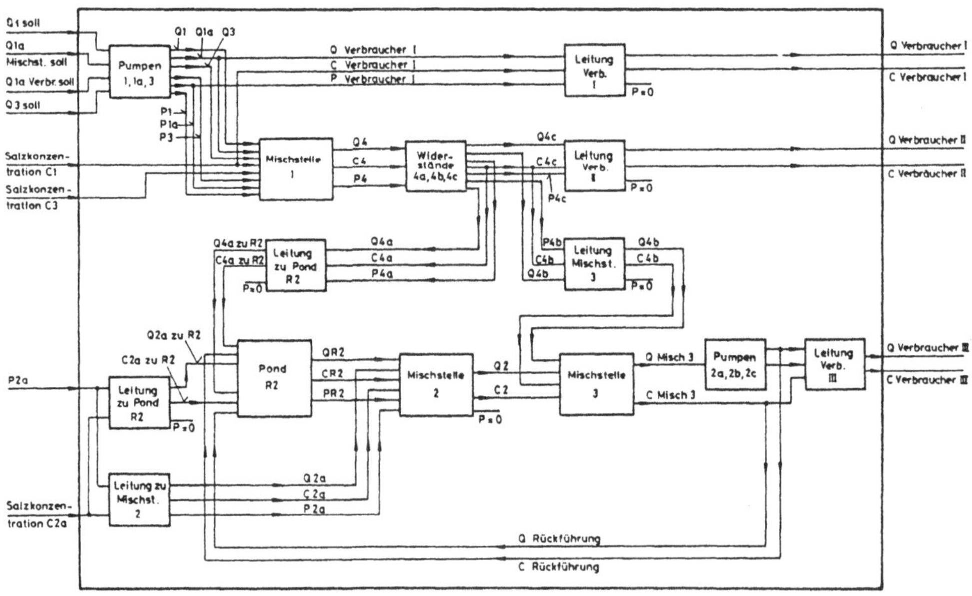

Bild 3: Simulationsschaltplan für das Netz aus Bild 1

Das Hauptziel der Simulation ist die Verbesserung des Führungsverhaltens; das Störverhalten ist dagegen von untergeordneter Bedeutung. Zur
Regelung dienen hauptsächlich PI-Regler, die teilweise mit einer Stell-
größenrückführung versehen wurden. Dies soll für den Fall von Begrenzungen der Stellorgane einen Überlauf des I-Anteils verhindern. Zur Demonstration des Simulationsmodells wurden zwei Betriebspunkte mit dem o.a.
Optimierungsprogramm festgelegt. Die Bilder 4 und 5 zeigen den zeitlichen Verlauf der interessierenden Größen an den Verbrauchern bei einer
Sollwertänderung. Wegen des Verzichts auf Salzkonzentrationsregelkreise
treten bei der Reglereinstellung kaum Probleme auf. Es empfiehlt sich,
die Regler der Quellenströme möglichst schnell zu machen, damit die
erforderlichen Salzkonzentrationen im Netz schnell erreicht werden.

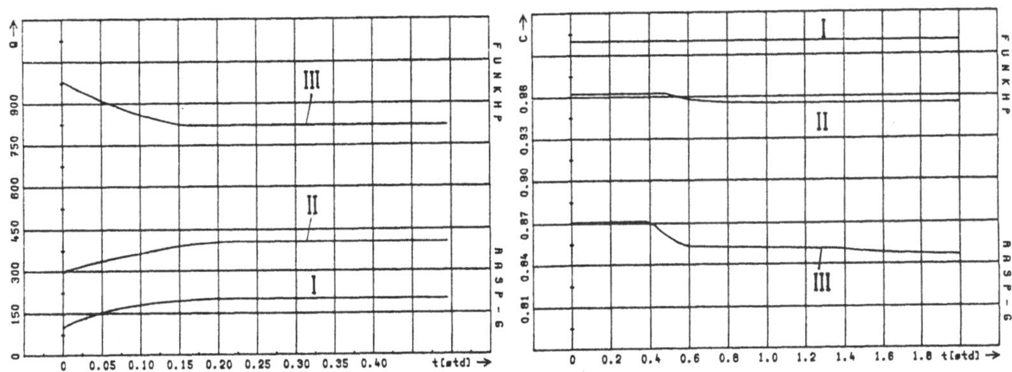

Bild·4 und 5: *Übertragungsverhalten der Volumenströme und Salzkonzen-*
trationen an den Verbrauchern bei einer Sollwertänderung

Das Übergangsverhalten des dritten Verbrauchers läßt sich durch Einfügung einer zusätzlichen Salzkonzentrationsregelung verbessern. Dabei
wird über das Ventil im Bypass von der Quelle 2a zur Mischstelle 2 die
Salzkonzentration vom Verbraucher III direkt geregelt. Man umgeht so die
relativ großen Verzögerungen in Becken R2.

/1/ Pessen,D.:Survey of Control Configurations for Distrilution Junc-
        tions, Res. Rep. TME-419, Dept. of Mech. Eng., Technion Haifa,
        Israel 1982

/2/ Pessen,D.:Computer simulation of steady-state flows in mixing junc-
        tions, Res. Rep. TME-419, Dept. of Mech. Eng., Tech. Haifa, 82

/3/ Pessen,D.; Reike,M.; Sinai,G.: Design and Simulation of Water Mixing
        Junctions in Irrigation Systems, ACI Kopenhagen 1983

/4/ Fasol,K.H.; Reike,M.:   Regelung der Wasserqualität in Bewässerungs-
        netzen mit Abwasser,Salz- und Brackwasserer, Arbeitsbericht DFG
        Fa 123/2-1 Bochum, 1983

/5/ Rosen,J.B.:The Gradient Projection Method for Nonlinear Programming
        I: Linear Constraints, J. Soc. Ind. Appl. Math. Vol 8, 3/1960

SIMULATIONSMODELL DES HYDRAULISCHEN ZULEITUNGSSYSTEMS

EINER HOCHDRUCKANLAGE

Tešnjak Seid
Marušić Ante
Institut für Hochspannung und Energetik
Elektrotechnische Fakultät Zagreb / Jugoslawien

1. ZUSAMMENFASSUNG

Die Leistungsfähigkeit und Zuverlässigkeit von Wasserkraftanlagen, insbesondere von Hochdruckanlagen, ist in hohem Maße von dem Verhalten des hydraulischen Zuleitungs- und Ableitungs-systems abhängig. Dieser Artikel beschäftigt sich mit der Bildung eines nichtlinearen mathematischen Modells des hydraulischen Zuleitungssystems einer Hochdruckanlage. Aufgrund des mathematischen Modells wurde mittels eines HP 9845B Rechners das entsprechende Simulationsmodell entwickelt. In struktureller Hinsicht setzt das Simulationsmodell den Einsatz des erwähnten Rechners zum Simulationstraining voraus. Ferner kann der Rechner als sehr geeignetes Mittel bei dem Entwurf ähnlicher hydraulischer Systeme eingesetzt werden. Die Genauigkeit des Modells wurde durch praktische Messungen im Wasserkraftwerkbetrieb geprüft.

2. DAS MATHEMATISCHE MODELL

Das mathematische Modell zur Untersuchung der erwähnten Systemdynamik beinhaltet die in Abb. 1 dargestellten Elemente. Unter der Voraussetzung, daß (1) die Strömung inkompressibel und eindimensional ist, (2) der Druckstollen als ein Element mit konzentrierten Parametern betrachtet wird, (3) die Wassergeschwindigkeit erheblich kleiner ist als die Ausbreitung des Druchschwalles, (4) der Durchfluß und Reibung quadratisch voneinander abhängen kann die Bewegungsgleichung folgendermaßen dargestellt werden [1].

$$L_1 \cdot \frac{dQ_1}{dt} = A_1 g \left(H_{10} - H_w - k_{v1} |Q_1| \cdot Q_1 \right) \tag{2.1}$$

Die Druckhöhe H_w ist durch die Druckhöhe Z im Wasserschloß und durch den Druckhöheverlust infolge von Drosselung im Wasserschloß (falls solche Wirkung vorhanden ist) bestimmt.

$$H_w = Z + \xi \frac{1}{2g A_D^2} |Q_1 - Q_2| (Q_1 - Q_2) \tag{2.2}$$

Der Druckhöheverlust-Koeffizient und der Drosselungsquerschnitt im Wasserschloß werden mit ξ und A_D (m^2) bezeichnet.

Der Parameter k_{v1} in Gleichung (2.1) setzt das Vorhandensein einer quadratischen Abhängigkeit zwischen Durchfluß und Reibung vom Speicher zum Wasserschloß voraus und wird mit dem Ausdruck (2.3) definiert.

$$k_{v1} = \left.\frac{\Delta H_{v1}}{Q_1^2}\right|_{nenn} \qquad (2.3)$$

wo der Druckhöheverlust bei Nenndurchfluß mit ΔH_{v1} bezeichnet ist.

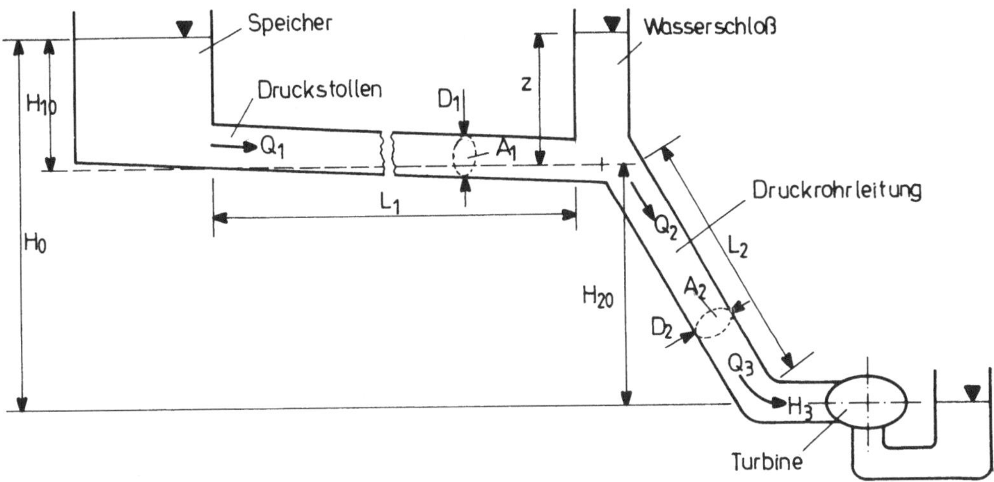

Abb. 1   Schematische Darstellung des hydraulischen Zuleitungssystems

Aufgrund eines Volumenausgleiches im Wasserschloß kann sein dynamisches Verhalten mit folgender Differenzialgleichung beschrieben werden:

$$A_W(Z) \cdot \frac{dZ}{dt} = (Q_1 - Q_2) \qquad (2.4)$$

In der Regel ändert sich der Wasserschloß-Querschnitt $A_W(Z)$ nicht mit der Änderung des Wassespiegels Z, so daß die Querschnittparameter in diesem Fall als analytische Ausdrücke eingetragen werden.

Die dymanischen Verhältnisse in der Druckrohrleitung können unter Berücksichtigung der Wasserkompressibilität folgendermaßen beschrieben werden:

$$\frac{dH_3}{dt} = \left(\frac{\pi}{2}\right)^2 \frac{a^2}{A_2 \, g \, L_2} (Q_2 - Q_3) \qquad (2.5)$$

$$\frac{dQ_2}{dt} = \frac{A_2 g}{L_2} (H_W + H_{20} - H_3 - K_{v2}|Q_2| Q_2) \qquad (2.6)$$

Mit dem Korrekturfaktor $\left(\frac{\pi}{2}\right)^2$ in (2.5) wurde dem Wirklichkeitsanspruch bei der Simulation und Analyse der Druckrohrleitungs-Eigenfrequenz Rechnung getragen, während mit a die Ausbreitungsgeschwindigkeit des Druckwalles bezeichnet wurde. Ähnlich wie k_{v1}, bestimmt der Parameter k_{v2} in (2.6) den Druckhöheverlust bei Nenndurchfluß zwischen dem Wasserschloß und den Turbinen und kann mit dem Ausdruck (2.7) beschrieben werden.

$$k_{v2} = \frac{\Delta H_{v2}}{Q_2^2} \bigg|_{nenn} \tag{2.7}$$

3. BESCHREIBUNG DES SIMULATIONSMODELLS

Das Simulationsmodell des dynamischen Verhaltens des untersuchten Zuleitungssystems wurde an Hand des mathematischen Modells entwickelt, das grundsätzlich auf 4 nichtlinearen Differenzialgleichungen beruht. Die Lösung dieser Gleichungssysteme erfolgt numerisch unter Anwendung der Runge-Kutta - Methode vierter Ordnung.

Das DINVK9 Modell bzw. Programm wurde mit Hilfe eines HP 9845 B Digitalrechners in der BASIC Programmierungssprache entwickelt. Es beinhaltet 167 Konstanten und Variablen, 3 Arten von Aggregateneingriff und 13 Grundverfahren zur Simulation von Turbineninbetriebsetzung bzw. -stillsetzung. Das Programm besteht aus einem Hauptprogramm, aus den Unterprogrammen Kutta, F1, F2 und F3, ferner aus 4 Unterprogrammen zur Bearbeitung von verschiedenen Wasserschloßformen sowie aus 30 Unterprogrammen zur Turbinensteuerung.

Die Steuerung von Aggregaten in dem Simulationsmodell erfolgt automatisch nach vorgegebenem Kraftwerkeinsatz oder manuell mittels Funktionstasten aufgrund von Rechnerinformationen. Hinsichtlich der Wasserschloßform kann folgendes berücksichtigt werden: Schacht mit und ohne Drosselung, Schacht mit (ohne) Drosselung und horizontalen Kammern in gleicher Höhe, Schacht mit (ohne) horizontalen Kammern in unterschiedlicher Höhe.

Das Simulationsmodell ermöglicht die Anwendung folgender Verfahren zur Inbetriebsetzung bzw. Stillsetzung von Turbinen: Verfahren nach dem Gesetz der sprunghaften Änderung, Verfahren nach dem linearen Gesetz und Verfahren nach dem exponentiellen Gesetz.

Durch Kombination unterschiedlicher Wasserschloßformen und -dimensionene, sowie durch Anwendung von Verfahren verschiedener Art und Dauer kann der geeigneteste Algorithmus für Inbetriebsetzung von Turbinen in Abhängigkeit von der Wasserschloßdynamik ermittelt werden.

Kenntnis der Umstände, die zu einem Ausfall führen können, ermöglicht die erfolgreiche Durchführung von sogenannten Unfallschadenanalysen.

4. MODELLPRÜFUNG

Die Zuverlässigkeit des mathematischen bzw. des Simulationsmodells
wurde auf dem Beispiel eines Wasserkraftwerks getestet, dessen Längs-
schnitt in Abb. 2 dargestellt ist. Das komplexe Simulations- und Meß-
verfahren kann der Abbildung 3 entnommen werden (Änderung von Q_3).

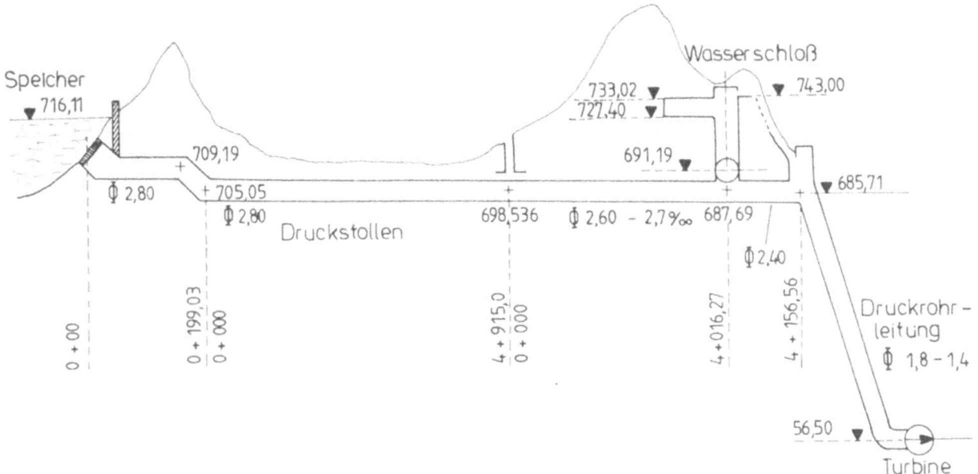

Abb. 2 Skizze des Triebwassersystems in dem untersuchten Wasserkraftwerk

Die Ergebnisse des Simulationsverfahrens sind in Abb. 3 dargestellt,
die Meßergebnisse dagegen in Abb. 4. Ein Vergleich der für den Wasserschloß ermittelten Wasserspiegelwerte (siehe Abb. 3 und 4) läßt den
Schluß zu, daß das Simulationsmodell dem reellen Tatbestand gut entspricht und als solches für zuverlässig gehalten werden kann.

5. SCHLUßFOLGERUNG

Der Einsatz eines Kleinrechners zur Analyse des dynamischen Verhaltens
des hydraulischen Zuleitungssystems einer Hochdruckanlage wurde besprochen.
Aufgrund ihrer Leistungsfähigkeit und bewiesener Zuverlässigkeit können
die dargestellten Modelle zur Gruppe der zuverlässigsten Modelle solcher
Art gerechnet werden.

Es ist zu erwarten, daß die beschriebenen Modelle eine Erweiterung
auf Ableitungssysteme und reversible Anlagen eines Wasserkraftwerks
zulassen werden.

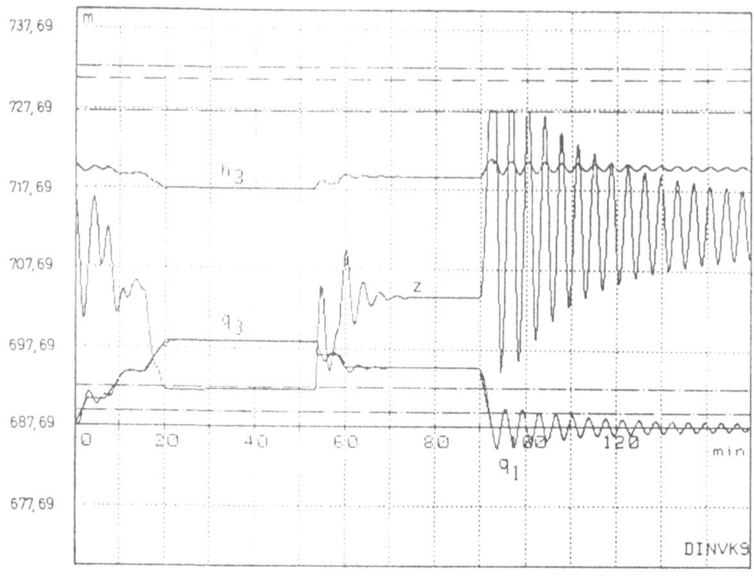

Abb. 3 Simulation des hydraulischen Zuleitungssystems nach Abb. 2

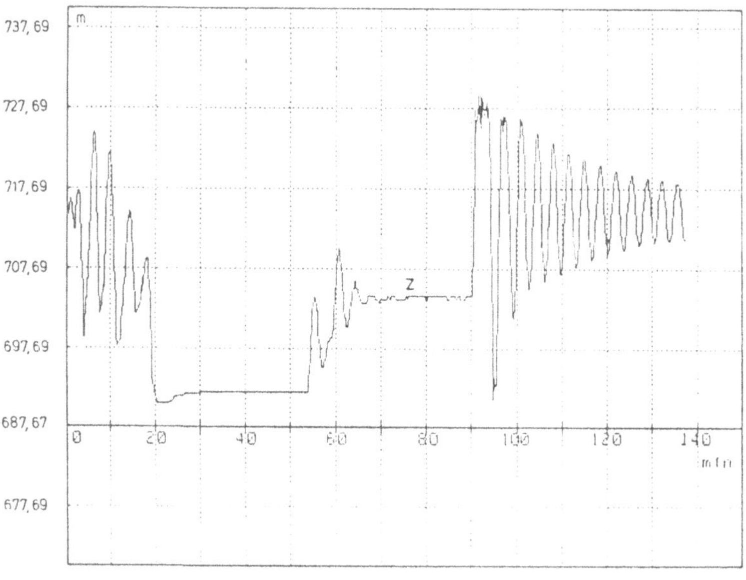

Abb. 4 Messung des Wasserschlags im Wasserschloß nach Abb. 2

LITERATUR

1. M.Hoppe,S.Tešnjak: Modellbildung und Simulation des dynamischen
   Verhaltens von Wasserkraftanlagen, Schrifttenreihe 20. Lehrstuhl
   für Mess-und Regelungstechnik, Ruhr-Universität Bochum, 1983.
2. xxx : Numerical Analysis Library, Vol. 1, Hewlett-Packard Desktop
   Computer Division, 1979.

<u>ANALOGE SIMULATION VON STROMRICHTER-NETZRÜCKWIRKUNGEN</u>

<u>IN ENERGIEVERSORGUNGSNETZEN</u>

M. Grötzbach   R. Merkel

Institut für Elektrische Energieversorgung

HSBw München, D-8014 Neubiberg

1. <u>Einführung und Zusammenfassung</u>

Stromrichter erlauben eine verlustarme und dynamisch hochwertige Steuerung des elektrischen Energieflusses zwischen einem Versorgungsnetz und einem Verbraucher. Infolge der periodischen Schalterfunktion der Halbleiterelemente entstehen neben dem gewünschten Nutzsignal auch Oberschwingungen; im betrachteten Anwendungsfall von leistungsstarken Drehstrom-Brückenschaltungen noch zusätzlich Blindleistungsbedarf und Spannungseinbrüche. Diese als Netzrückwirkungen bezeichnete Problematik verschlechtert in der Regel die Qualität der Energieversorgung und darf deshalb bestimmte Grenzwerte nicht überschreiten. Hier sollen insbesondere dynamische Ausgleichsvorgänge untersucht werden, was auf umfangreiche Parameterstudien an Systemen höherer Ordnung führt. Grundlage der vorgeschlagenen Simulation ist die minimale Zustandsraumbeschreibung, d.h. eine Realisierung mit minimalen Aufwand an Integratoren. Der Übergang von einem Abschnitt der Zustandsbahn auf den folgenden wird durch systemabhängige Umschaltbedingungen festgelegt. Vergleichende Auswertungen mit einem Digitalrechenprogramm bestätigen die ausreichende Genauigkeit der Analogsimulation.

2. <u>Analogmodell der Drehstrom-Brückenschaltung</u>

Für die gegebenen Voraussetzungen eines regulären Stromrichterbetriebes und einfacher Kommutierung eignet sich als Stromrichtermodell die <u>Strukturumschaltung</u> [1]. Dabei lassen sich unter Ausnutzung der zyklischen Symmetrie Rechenkomponenten einsparen. Die bekannten Verfahren setzen eine vollkommene Glättung des Gleichstromes I_d voraus [2], was einer Entkopplung von Drehstrom- und Gleichstromseite entspricht. Im praktisch wichtigen Anwendungsfall von leistungsstarken Gleichstromantrieben ist diese Voraussetzung nicht mehr gegeben, da aus technischen und finanziellen Gründen auf eine zusätzliche Gleichstromdrossel verzichtet wird.

Das <u>Prinzip</u> des vorgeschlagenen Analogmodells sei anhand der gesteuerten Drehstrom-Brückenschaltung nach <u>Bild 1</u> erläutert, wobei das durch $I_d(t) = - I_S(t)$ definierte Teilintervall der Breite T_o betrachtet wird. Während des ersten Zeitabschnittes, d.h.

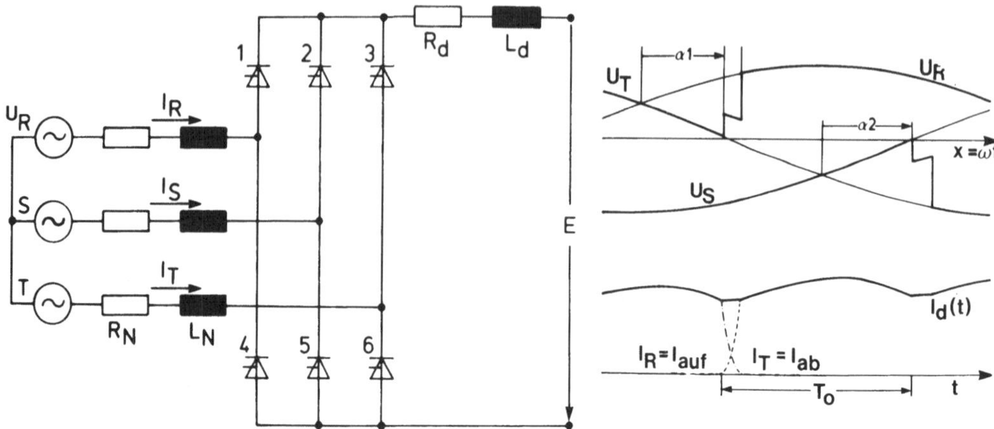

Bild 1: Stromrichter in Drehstrom-Brückenschaltung (Prinzipanordnung und Zeitverlauf ausgewählter Spannungen und Ströme)

der Kommutierung von Ventil 5 auf Ventil 1, lassen sich mit dem aufkommutierenden Strom $I_{auf} = I_R$ die folgenden Differentialgleichungen (DGln) angeben

$$U_{RS} - E = L_N dI_{auf}/dt + R_N I_{auf} + (L_N + L_d)dI_d/dt + (R_N + R_d)I_d \; ; \tag{1}$$

$$(U_{RS} + U_{TS})/2 - E = (2L_N/3 + L_d)dI_d/dt + (2R_N/3 + R_d)I_d \; ; \tag{2}$$

das Kommutierungsende ist durch $I_{auf} = I_d$ bestimmt. Im folgenden Zeitabschnitt sind die Ventile 1 und 6 leitend; es gilt $I_T = 0$ sowie $I_d = I_R = - I_S$ und die zugehörige DGl lautet

$$U_{RS} - E = (2L_N + L_d)dI_d/dt + (2R_N + R_d)I_d \; . \tag{3}$$

Diese Beziehung beschreibt auch das Verhalten des Gleichstroms während der Stromführungsdauer im Lückbetrieb, der durch $I_T(0) = 0$ gekennzeichnet ist.

Das Prinzip der analogen Simulation der strukturvarianten DGln skizziert Bild 2a). Während der Kommutierungszeit befinden sich die Schalter in der gezeichneten Stellung, entsprechend den DGln (1) und (2). Am Ende der Kommutierung wird in die strichliert angedeuteten Schalterpositionen umgeschaltet und damit die DGl (3) gelöst. Über die beiden Steuereingänge HD1 bzw. HD2 werden die zugehörigen Integratoren auf dem Wert Null gehalten, wie z.B. der Gleichstrom im Lückbetrieb außerhalb der Stromflußdauer. Den Beginn der Kommutierung legt der momentane Steuerwinkel fest, im betrachteten Teilintervall nach Bild 1 ist dies α_1. Unter Ausnutzung der zyklischen Periodizität der Schaltung lassen sich die drei Netzströme der Brückenschaltung abschnittweise aus den Zeitverläufen $\pm I_d(t)$ und $\pm I_{auf}(t)$ eines Teilintervalls zusammensetzen; Bild 2b) skizziert dies am Beispiel des Netzstroms I_R.

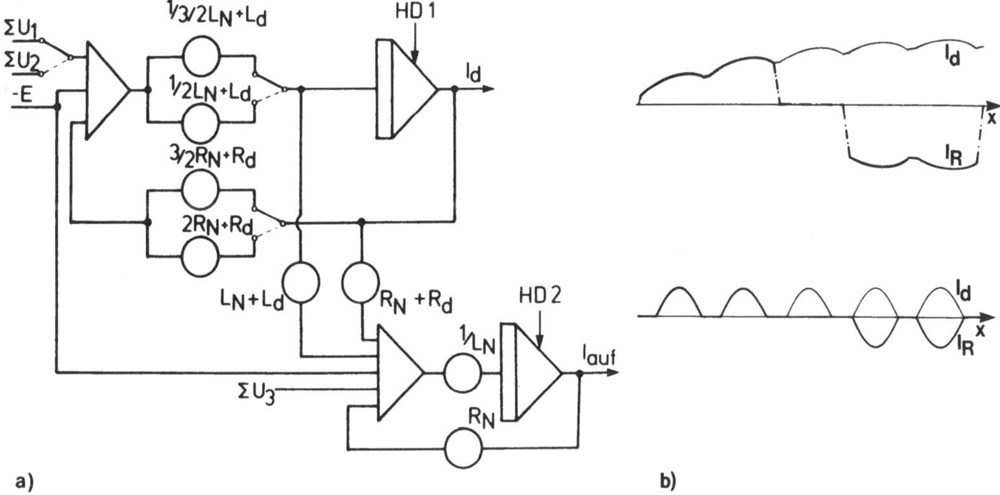

a)   b)

Bild 2: Simulation der Stromverläufe der Drehstrom-Brückenschaltung
        a) Gleichstrom I_d und aufkommutierender Strom I_{auf} nach Gl.(1), (2) und (3)
        b) Netzstrom I_R, abschnittweise aus $\pm I_d$ und $\pm I_{auf}$ eines Teilintervalls zu-
           sammengesetzt (oben: nichtlückender Betrieb, unten: Lückbetrieb)

3. Simulation des Gesamtsystems

Zur Untersuchung der Netzrückwirkungen im stationären und dynamischen Betrieb wird

das Gesamtsystem nach Bild 3a) aus mehreren Teilsystemen aufgebaut. Für den prak-

tisch wichtigen Anwendungsfall von geregelten Gleichstromantrieben GSA erhält die ge-

steuerte Drehstrom-Brückenschaltung ihre Steuerwinkelvorgaben über Drehzahl- und

Stromregelung durch einen pulsbreitenmodulierten Steuersatz. Die Nachbildung der

Drehstromseite enthält Filterkreise FK zur Oberschwingungs- und Blindleistungskompen-

sation sowie parallele Lasten PL; das Verhalten des speisenden Netzes N wird durch

einen komplexen Innenwiderstand $\underline{Z}_N$ dargestellt. Die Zusammenschaltung der Teilsyste-

me entspricht somit den physikalischen Einflußgrößen auf die Netzrückwirkungen des

Stromrichters [2, 3].

Der Laboraufbau nach Bild 3b) enthält als Kernstück die über eine Koppeleinheit KE

verbundenen Analogrechner AR1 und AR2, erweitert um die in Eigenarbeit erstellten ex-

ternen Rechenkomponenten RK. Die Bedienung der hybriden Rechenanlage erfolgt über

das Master-Terminal MT; die entwickelte µP-gesteuerte E/A-Einheit erlaubt das Ausle-

sen, Speichern und die Wiedereingabe der über das MT gesetzten Parameterwerte. Zur

Protokollierung des zeitlichen Verhaltens dienen zwei Flüssigkeitsoszillographen OSZ,

die Erfassung der Meßdaten erfolgt durch drei A/D-Wandler. Der FFT-Analysator wertet

die Ergebnisse im Frequenzbereich aus, wobei ein Tischrechner TR den Datentransfer

steuert und zusätzliche Auswertungen durchführt.

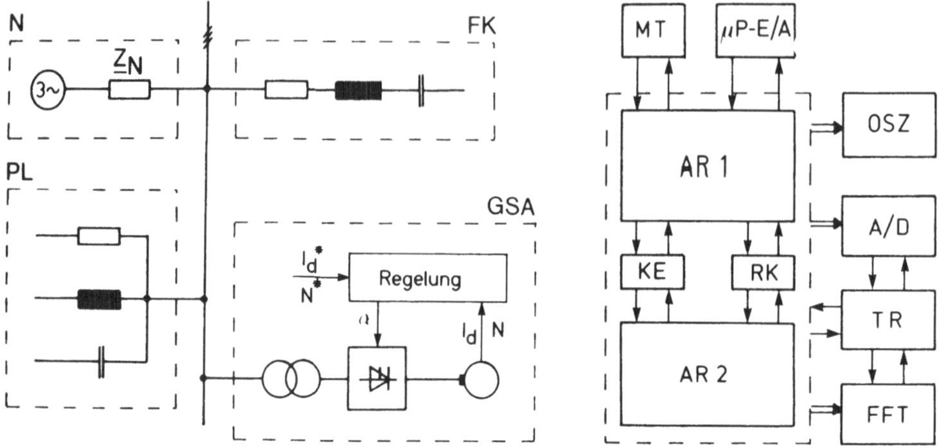

Bild 3: Simulation von Netzrückwirkungen im Gesamtsystem
a) Aufbau aus vier Teilsystemen   b) Laboraufbau (Erläuterung im Text)

4. Diskussion und Wertung

Die Untersuchung von Stromrichter-Netzrückwirkungen wird heute überwiegend mit Hilfe von Digitalrechnern vorgenommen, wobei sich umfangreiche Systeme mit hoher Genauigkeit und großen Wertebereichen simulieren lassen. Die Auswertung des stationären Betriebs der Grundschaltung der Drehstrombrücke für welligen Gleichstrom führt jedoch schon auf so viele Parameterabhängigkeiten, daß allgemeingültige Ergebnisse nur noch in Tabellenform angegeben werden können [4]. Diese Abhängigkeiten vergrößern sich entsprechend, wenn erweiterte Anordnungen insbesondere im dynamischen Betrieb untersucht werden sollen. Für die dann notwendigen umfangreichen Parameterstudien eignen sich Echtzeitsimulationen, die neben der höheren Lösungsgeschwindigkeit noch den Vorteil des uneingeschränkten interaktiven Betriebs aufweisen. Insbesondere erlauben sie den Einsatz von originalen Regel- und Steuereinrichtungen sowie von speziellen Auswertungseinrichtungen wie z.B. eines FFT-Analysators zur Analyse des Oberschwingungsverhaltens, was den Praxisbezug der Untersuchungen wesentlich verstärkt.

Die für den Elektroingenieur anschaulichste Echtzeitsimulation ist ein Laboraufbau, mit dem der Leistungsteil der zu untersuchenden Anlage auf geringerem Leistungsniveau nachgebildet wird. Als Nachteile erweisen sich neben der geringen Flexibilität insbesondere die Abbildungsfehler bei Bauelementen hoher Güte infolge des unterschiedlichen Leistungspegels, wie z.B. das L/R-Verhältnis einer Drossel. Das sog. Paritätsmodell ist ein synthetischer Laboraufbau auf sehr niedrigem Leistungspegel und bildet ausgehend vom Analogrechnermodell mit Hilfe von Spannungs/Strom-Umwandlern das Klemmenverhalten der Schaltung nach [5, 6]. Gegenüber dem Analogrechner ergibt sich eine wesentlich vereinfachte Handhabung, da das Kopplungsproblem nicht mathema-

tisch sondern rein elektrisch durch das Herstellen der Verbindungen gelöst wird. Als
Nachteile sind der sehr hohe Erstaufwand zur Modellerstellung sowie die begrenzte
Genauigkeit und Bandbreite zu nennen. Bei modernen Analogrechnern sind diese Nachteile nicht so ausgeprägt; neben den mit dem Echtzeitbetrieb verbundenen Vorteilen
kann wahlweise auch mit Zeitdehnung gearbeitet werden.

Das auf der Zustandsraumbeschreibung basierende Analogmodell wurde entwickelt, um
leistungsstarke Drehstrom-Brückenschaltungen im Gesamtsystem Netz-Stromrichter-Ver-
braucher mit minimalem Aufwand an Analogbausteinen untersuchen zu können. Gegenüber
den aus der Literatur bekannten Zustandssimulationen kann dabei der Gleichstrom beliebige Welligkeit aufweisen, d.h. die für leistungsstarke Stromrichter charakteristische Kopplung von Drehstrom- und Gleichstromseite wird in der Nachbildung vollständig berücksichtigt. Die Voraussetzung eines regulären Stromrichterbetriebes
stellt für die Untersuchung von Netzrückwirkungen im dynamischen Betrieb, d.h. bei
Steuer- bzw. Regelvorgängen, keine Einschränkung dar.

Das vorgeschlagene Modell erlaubt den relativ einfachen Aufbau von weiteren Stromrichtern als externe Zusatzbausteine mit dem Ziel, die vorhandene Genauigkeit der
Analogelemente voll auszunützen. Die notwendigen Logikoperationen lassen sich ohne
größeren Aufwand in externen Schaltungen realisieren, wobei die Genauigkeit der Nachbildung nicht verschlechtert wird. Erste vergleichende Simulationen mit dem Digitalrechenprogramm nach [7] bestätigen die ausreichende Genauigkeit des analogen Modells: im interessierenden Frequenzbereich bis zur 25. Netzstrom-Oberschwingung liegen charakteristische Maximalabweichungen bei 0,2 bis 0,5 % p.u.

5. Literatur

[1] Fay, K.: Hybridrechnersimulation zur Untersuchung von Regelkreisen der HGÜ und
     in der Stromrichtertechnik; Dissertation TH Darmstadt (1977).

[2] Büchner, P.: Stromrichter-Netzrückwirkungen und ihre Beherrschung;
     VEB Verlag, Leipzig (1982).

[3] Kloss, A.: Stromrichter-Netzrückwirkungen in Theorie und Praxis;
     AT-Verlag, Stuttgart.(1981).

[4] Arremann, H.; Möltgen, G.: Oberschwingungen im netzseitigen Strom sechspulsiger
     netzgeführter Stromrichter; Siemens F.- u. E.-Ber. Bd. 7 (1978), S. 71 - 76.

[5] Kassakian, J.G.: Simulating Power Electronic Systems - a New Approach;
     Proc. IEEE, Vol. 67, No. 10 (1979), S. 1428 - 1439.

[6] Jötten, R.: Simulationsmethoden für Gleichstrom (HGÜ)-Drehstrom-Verbundnetz;
     etz Bd. 102 (1981), S. 1343 - 1346.

[7] Becker, G.; Grötzbach, M.: Computation of Controlled Rectifiers in Power Sy-
     stems; 7th Pow. Syst. Comp. Conf., Lausanne (1981), Proc. S. 905 - 909.

<u>DIE SIMULATION VON SPEICHER- UND PUMPSPEICHERKRAFTWERKEN</u>
<u>IN OPTIMIERENDEN AUSBAU- UND EINSATZPLANUNGSMODELLEN</u>
<u>FÜR DIE ELEKTRIZITÄTSVERSORGUNG</u>

G. Rabensteiner, Dipl.-Ing. Dr.techn.
Institut für Elektrische Anlagen
Technische Universität Graz
Inffeldgasse 18, A-8010 Graz

ABSTRACT

The simulation and modelling of storage and pumped storage power sta-
tions for computer aided expansion planning, long-, mid- and short-term
operation planning of hydrothermal electric power systems are the main
tasks within this paper. Some essential restraints are explained for
demonstrating the Mixed-Integer-Modelling. The model application to
practical pumped storage plants can be seen from some diagrams.

1. EINLEITUNG

Im Rahmen dieses Beitrages wird auf die Modellbildung bzw. Simulation
von Speicher- und Pumpspeicherkraftwerken für die Lösung von Ausbau-,
Jahreseinsatz- und Tageseinsatzplanungsfragen hydrothermischer Elektri-
zitätserzeugungssysteme eingegangen. Die Modellbildung erfolgt auf Basis der Gemischt-Ganzzahligen Programmierung.

2. SIMULATION VON PUMPSPEICHERKRAFTWERKEN IN DER AUSBAUPLANUNG

2.1 Allgemeines

Für die rechnergestützte Behandlung von langfristigen Ausbauplanungs-
fragen, bei denen der Planungszeitraum aus Gründen der Kraftwerksbauzeit
und zur Festlegung langfristiger Strategien wie beispielsweise Stufen-
plänen über 10 Jahre hinausgehen wird, wurden zwei in /1,2/ beschriebene Modelle entwickelt. Das KAP(<u>K</u>raftwerks-<u>A</u>usbau<u>p</u>lanungs)-Modell ist
für beliebig zusammengesetzte hydrothermische Kraftwerkssysteme in
Block-, Einzel- oder Gruppendarstellung geeignet, wobei das Übertragungsnetz bzw. die Lasten in einen Ersatznetzknoten verworfen werden.
Mit dem erweiterten KNAP-Modell ist man in der Lage, das Übertragungs-

netz topologisch zu erfassen und in die Optimierung einzubeziehen. Auf
die Simulation von Pumpspeicherkraftwerken in diesen Modellen soll nunmehr eingegangen werden.

2.2 Modellbildung

Das kraftwerksbezogene Restriktionssystem im KNAP-Modell umfaßt Nebenbedingungen, die einerseits den Kraftwerksausbau beschreiben und andererseits den Langzeiteinsatz unter Einbeziehung der Wasserwirtschaft. Damit ist es möglich, auch die betrieblichen Langzeitauswirkungen neuer
Kraftwerke auf den bestehenden Kraftwerkspark zu erfassen. Beispielsweise erfolgt die Verknüpfung zwischen der Entscheidung für die Errich-
tung eines Kraftwerkes und der Einsatzleistung im jeweiligen Höchstlastfall der betrachteten Zeitintervalle des Optimierungszeitraumes nach
der Beziehung (2-1).

$$P_{K,k\bar{t}\bar{d}} - (1 - r_{k\bar{t}\bar{d}})\, e_{PV,k\bar{t}\bar{d}} \cdot \sum_{\substack{t \in \mathbb{T} \\ t \leq \bar{t}}} (p_{EG,k} \cdot I_{K,kt} + P_{KV,kt}) \leqq 0 \; ; \qquad \forall (k \in \mathbb{K}', \bar{t}, \bar{d}) \qquad (2\text{-}1)$$

$P_{K,k\bar{t}\bar{d}}$ — Nettoeinsatzleistung des Kraftwerkes oder Blockes k im Höchstlastfall des Zeitsubintervalles $\bar{d}$ (Sommer- bzw. Winterhalbjahr) des Jahres $\bar{t}$ im Optimierungszeitraum; (MW)

$r_{k\bar{t}\bar{d}}$ — Anteil der Momentanreserve an der verfügbaren Leistung des Kraftwerkes oder Blockes k im Höchstlastfall des Zeitsubintervalles $\bar{d}$ des Jahres $\bar{t}$; (-)

$e_{PV,k\bar{t}\bar{d}}$ — Erwartungswert für die Leistungsverfügbarkeit des Kraftwerkes oder Blockes k; (-)

$p_{EG,k}$ — Nettoengpaß- bzw. -nennleistung des Kraftwerkes oder Blockes k für den Grundausbau; (MW)

$P_{KV,kt}$ — Nettozusatzleistung zur Grundausbaustufe des Kraftwerkes k; (MW)

$I_{K,kt}$ — {0,1}-Entscheidungsvariable für die kommerzielle Inbetriebsetzung des Kraftwerkes oder Blockes k zum Zeitpunkt t; (-)

$\mathbb{K}'$ — Menge der im Optimierungszeitraum realisierbaren Kraftwerksprojekte

$\mathbb{T}$ — Menge aller sich durch Unterteilung in Hauptzeitintervalle (Jahre) er-gebenden Zeitpunkte im Optimierungszeitraum

Für ein bestehendes Kraftwerk wird (2-1) durch Angabe einer entsprechend
dieser Modellgleichung zu ermittelnden Variablenobergrenze ersetzt.

Das hydraulische Schema und die dazugehörigen technischen und energie-
wirtschaftlichen Parameter von projektierten, in Fertigstellung befindlichen und bestehenden Speicher- bzw. Pumpspeicherkraftwerken stellen
jeweils den Ausgangspunkt für die modellmäßige Erfassung von Langzeit-
einsatzfragen bei diesen Kraftwerkstypen dar. Als Beispiel für die verschiedenen Kraftwerksbauformen, vom einfachen Speicherkraftwerk über

ein- und mehrstufige Pumpspeicherkraftwerke bis zu kombinierten Lang-
und Kurzzeit-Mehrbeckenanlagen, die im KAP(KNAP)-Modell Berücksichtigung finden, wird in diesem Bericht die Modellbildung für ein Pumpspeicherkraftwerk mit kombinierter Lang- und Kurzzeitspeicherung erklärt.
Abb. 1 zeigt das hydraulische Schema mit den wichtigsten Nenndaten. Aus
Abb. 2 geht die dazugehörige vereinfachte Modelldarstellung hervor. Auf
die Möglichkeit der Berücksichtigung signifikanter Fallhöhenabhängig-
keiten wurde in /2/ eingegangen.

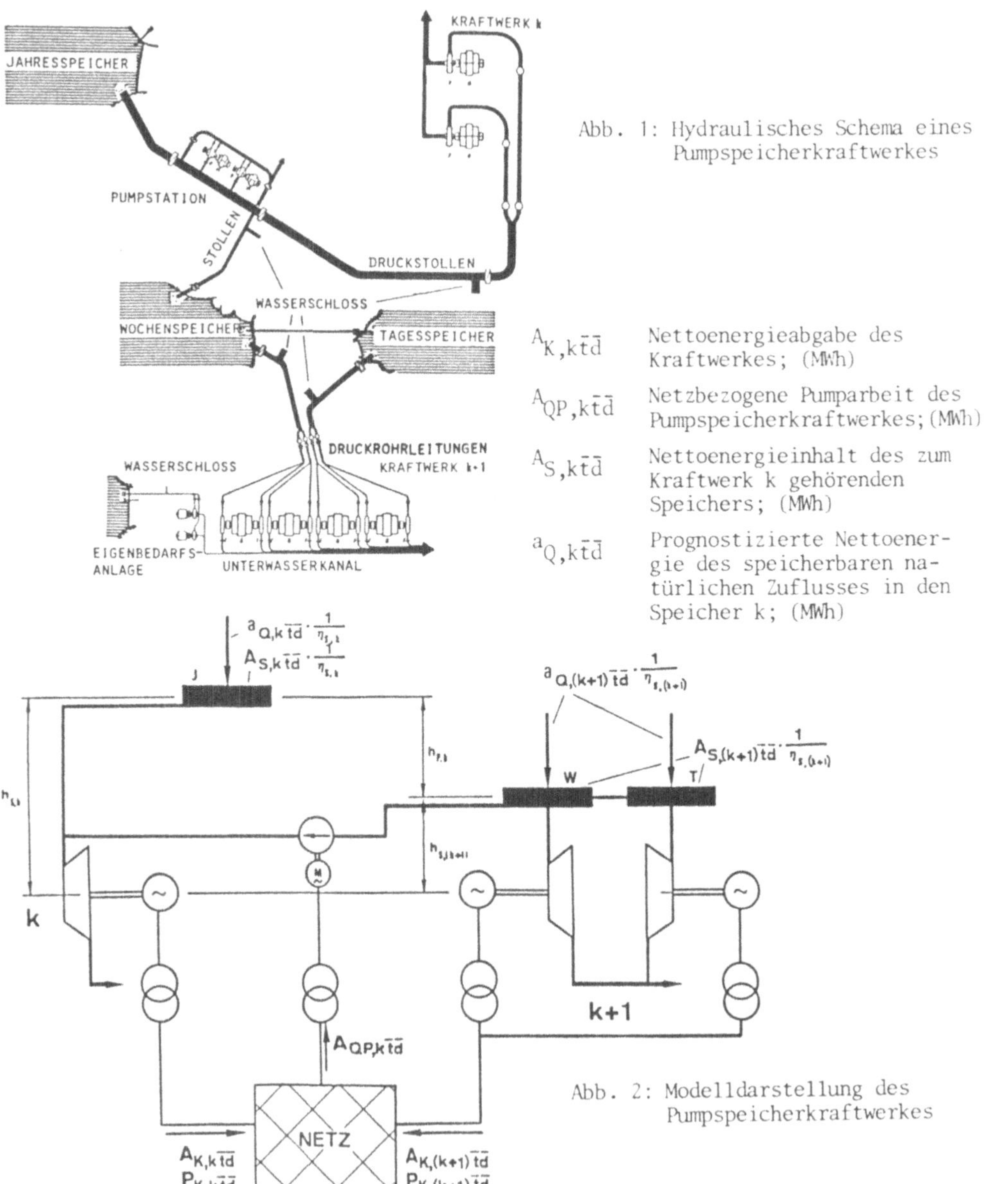

Abb. 1: Hydraulisches Schema eines
Pumpspeicherkraftwerkes

$A_{K,k\bar{t}\bar{d}}$ Nettoenergieabgabe des
Kraftwerkes; (MWh)

$A_{QP,k\bar{t}\bar{d}}$ Netzbezogene Pumparbeit des
Pumpspeicherkraftwerkes; (MWh)

$A_{S,k\bar{t}\bar{d}}$ Nettoenergieinhalt des zum
Kraftwerk k gehörenden
Speichers; (MWh)

$a_{Q,k\bar{t}\bar{d}}$ Prognostizierte Nettoener-
gie des speicherbaren na-
türlichen Zuflusses in den
Speicher k; (MWh)

Abb. 2: Modelldarstellung des
Pumpspeicherkraftwerkes

Zur Beschreibung dieses Kraftwerkes sind eine Reihe von Modellbeziehungen erforderlich /2...4/, von denen hier die Kontinuitätsbedingung für den Jahresspeicher k entsprechend Gl. (2-2) und die Pumpwasserbedingung für die Kurzzeitspeicher nach Gl. (2-3) angeführt werden.

$$A_{S,k\bar{t}\bar{d}} - A_{S,k\bar{t}(\bar{d}-1)} - \sum_{\substack{t\in\mathbf{T} \\ t\leq\bar{t}}} I_{K,kt} \cdot a_{Q,\bar{k}\bar{t}} - \eta_{PS,k}\frac{h_{S,k}}{h_{P,k}} A_{QP,k\bar{t}\bar{d}} + A_{K,k\bar{t}\bar{d}} = 0; \quad \forall(\bar{t},\bar{d}) \tag{2-2}$$

$$A_{K,(k+1)\bar{t}\bar{d}} - \sum_{t\in\mathbf{T}} I_{K,(k+1)t} \cdot a_{Q,(k+1)\bar{t}\bar{d}} + \eta_{S,(k+1)} \cdot \eta_{P,k}\frac{h_{S,(k+1)}}{h_{P,k}} A_{QP,k\bar{t}\bar{d}} = 0;$$

$$\forall(\bar{t},\bar{d}) \tag{2-3}$$

<u>2.3 Modellanwendung</u>

Einige Ergebnisse der Simulation des in Abschnitt 2.2 beschriebenen Kraftwerkes sind aus den nachfolgenden Diagrammen ersichtlich. Sie sind Teil einer langfristigen Ausbauplanungsuntersuchung für einen hydrothermischen Kraftwerkspark mit einem 220 kV-Übertragungsnetz über einen Planungszeitraum von 15 Jahren mit einer Vorlaufzeit von 6 Jahren und einem Optimierungszeitraum von 9 Jahren bei 18 Zeitsubintervallen (Sommer- und Winterhalbjahre).

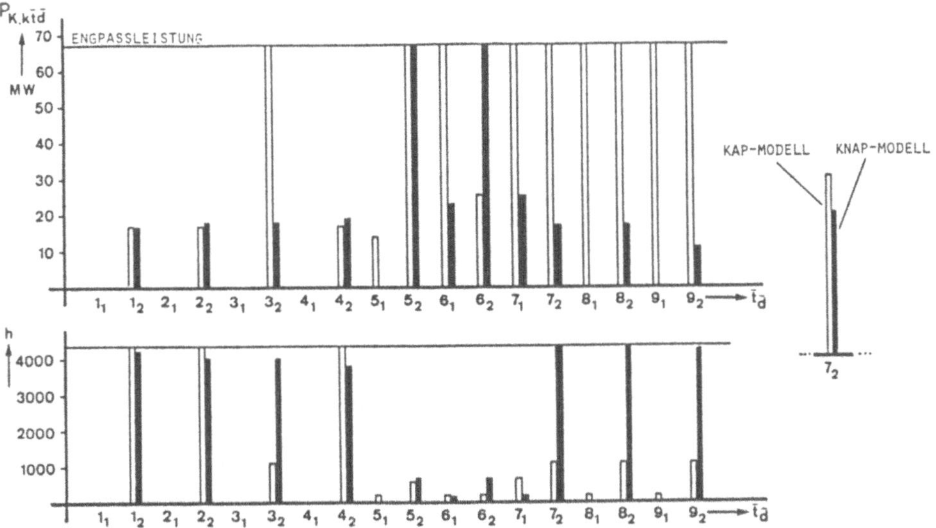

Abb. 3: Kraftwerkseinsatz im Höchstlastfall und Höchstlastbenutzungsdauer für das Pumpspeicherkraftwerk k

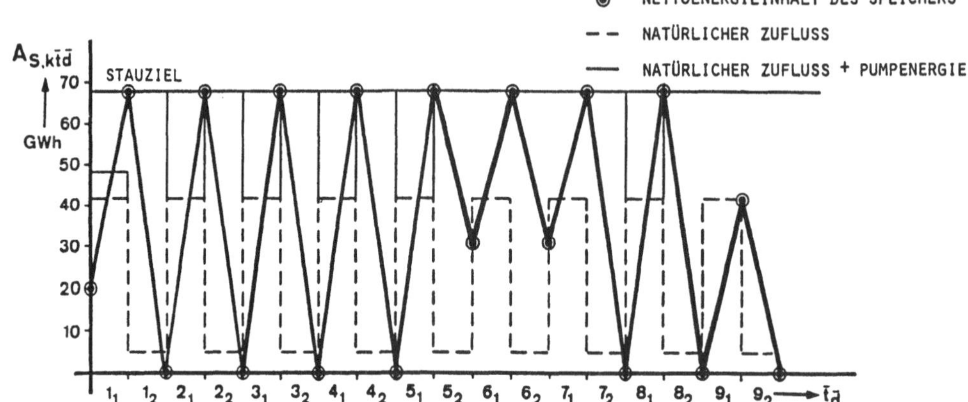

Abb. 4: Speicherbewirtschaftung (Energieinhalt) des Jahresspeichers k

3. SIMULATION VON PUMPSPEICHERKRAFTWERKEN IN DER JAHRESEINSATZPLANUNG

Inhalt dieses Abschnittes ist die Erstellung von Jahreseinsatzplänen
für das in Kap. 2 beschriebene Pumpspeicherkraftwerk mit Hilfe des
KEP/J- bzw. KNEP/J-Modelles /5/.

4. SIMULATION VON PUMPSPEICHERKRAFTWERKEN IN DER TAGESEINSATZPLANUNG

Zur Erstellung von Tagesfahrplänen und zur Kontrolle der lang- und mit-
telfristigen Ergebnisse, wie sie beispielsweise aus den Abschnitten 2
und 3 vorliegen, wurde das KEP/T-Modell /4/ entwickelt. Dieses Kapitel
beschäftigt sich mit der Modellbildung und einigen Ergebnissen für
Pumpspeicherkraftwerke.

LITERATURVERZEICHNIS

/1/   RABENSTEINER, G.: Ein Modell zur kombinierten Kraftwerks- und Netzausbauplanung
       elektroenergetischer Systeme unter Anwendung der Gemischt-Ganzzahligen Program-
       mierung. Zeitschrift für Operations Research, ZOR/B, Band 27, 1983, H. 4

/2/   RABENSTEINER, G.: Gemischt-Ganzzahlige lineare Optimierungsmodelle zur Ausbau-
       planung von Elektrizitätsversorgungssystemen mit hydrothermischem Kraftwerks-
       park. Dbv-Verlag für die Technische Universität Graz, 1984

/3/   RABENSTEINER, G.: Combined Generation and Transmission Expansion Planning for
       Hydrothermal Power Systems. Paper IX/23. Sixth European Congress on Operations
       Research, Wien, 1983

/4/   RABENSTEINER, G.: Gemischt-Ganzzahlige lineare Planungsmodelle für Ausbau und
       Betrieb von hydrothermischen Elektrizitätsversorgungssystemen. Paper to the
       International Workshop on Applied Optimization Techniques in Energy Problems.
       Linz, 1984

/5/   RABENSTEINER, G.: Jahreseinsatzplanung hydrothermischer Kraftwerkssysteme un-
       ter Anwendung der Gemischt-Ganzzahligen Optimierung. Proceedings of the Third
       International Symposium on Modelling, Identification and Control of the IASTED,
       Innsbruck, 1984

OPTIMIERUNG GROSSER MIP MODELLE
ZUR WIRTSCHAFTLICHEN BETRIEBSPLANUNG ENERGETISCHER SYSTEME

P. G. Harhammer   A. Schadler
IBM Österreich   STEWEAG
Obere Donaustraße 95   Leonhardgürtel 10
A-1020 Wien   A-8011 Graz

1. Einleitung

Die STEWEAG und IBM Österreich entwickelten gemeinsam das Programmpaket "Energie Management System" /1/. Die derzeitige Version dieses Programmsystems ist auf einzelne und/oder kombinierte Energiesysteme (elektrizitätswirtschaftliche Systeme, Fernwärmesysteme und deren Kombinationen) anwendbar, um deren Betrieb für eine Woche und/oder einen Tag im voraus wirtschaftlich zu planen.

Zwei Hauptziele waren bei dieser Gemeinschaftsentwicklung zu beachten:

- Richtiges Modellieren des hoch nichtlinearen Energiesystems
  bezüglich praxisakzeptabler Ergebnisse
- Rechenzeitbeschleunigende Optimierungsmethoden

Dieser Bericht stellt einen Beitrag zur zeitminimierenden Optimierung großer MIP (Mixed Integer Programing - Gemischt Ganzzahlige Planungsrechnung) Modelle dar, welche den beiden oben definierten Zielsetzungen genügen. Zur Optimierung wird das Programmsystem MPSX/370 mit MIP/370 Erweiterung eingesetzt /2/. Das Leistungsverhalten des Optimierungsverfahrens wird durch eine Anzahl rechenzeitsenkender Maßnahmen beträchtlich verbessert, welche in diesem Beitrag beschrieben werden.

2. Definition der Aufgabenstellung

Das Programmpaket "Energiewirtschaftliches Management System" wurde auf der Basis des elektrizitätswirtschaftlichen Systems der STEWEAG entwickelt, welches aus fünf Speicherkraftwerken, vier Schwellwerken (Enns) einschließlich dreier Wehrkraftwerke, sechs thermischen Einheiten, einem Bezugsvertrag und aus Laufenergie (Mur) besteht /3/. Das Resultat der Optimierung liefert kostenoptimale Fahrpläne aller Komponenten des gegebenen Energiesystems für die Planung einer Woche (6, 12, 24 oder 48 Zeitschritten pro Tag) einschließlich eines unterlagerten Tages. Die Komponenten sind durch ihre konstruktiven und betrieblichen Kennwerte definiert, welche durch die Ganglinien der Summenlast der Energiesysteme (elektrizitätswirtschaftliches System, Fernwärmesystem) und die für die Planungsperiode verfügbaren Ressourcen (Mengen an Primär- und Sekundärenergie) ergänzt werden.

3. Programmpaket "Energie Management System"

Das Programmpaket /4/ besteht aus vier Basismodulen: Problemdateneingabe, Matrixgenerator (MIP-Modell), Optimierung (MPSX/370 mit MIP/370 Erweiterung), farbgrafische und/oder numerische Ausgabe der Resultate. Diese Gemeinschaftsentwicklung wird durch die zwei nachstehenden Punkte wie folgt charakterisiert:

  - Praxisgerechte Lösung der gegebenen hoch nichtlinearen Auf-
    gabenstellung
  - Anwenderbezogenheit durch menügetriebene Dateneingabe und -aus-
    gabe der Fahrpläne

Der in FORTRAN geschriebene Matrixgenerator ist bezüglich der verschiedenen Elemente der Energiesysteme (z.B. Wasserspeicher, hydraulische Einheiten, thermische Einheiten, Verträge, Leistungs-
bilanz) programmtechnisch modular strukturiert. Alle Systemelemente
werden durch ihre Modellgleichungen definiert und bereiten den Ein-
gabedatenbestand für das Optimierungsprogramm aus den System- und
Betriebsdaten auf.

4. Modellsystem

Das Projekt wurde bisher in zwei Phasen abgewickelt:

  - Tagesoptimierung (Phase 1)
  - Wochenoptimierung (Phase 2)

Dieses Betriebsplanungswerkzeug basiert auf einem hierarchisch
zweistufigen Modellsystem. Die wöchentliche Optimierung mit
42 Zeitschritten (6 Zeitschritte/Tag) teilt die für die Planungsperiode verfügbaren Ressourcen (Speicherwasser, Kohle, Öl, Gas)
auf, während die automatisch unterlagerte Tagesoptimierung die
Fahrpläne aller in Betrieb befindlichen Elemente des Energiesystem
nach kostenminimierenden Kriterien ermittelt.

5. Optimierung

Die hoch nichtlinearen Modelle werden mit Hilfe des bereits erwähnten Programmsystems optimiert. Letzteres ist durch eine Reihe lauf-
zeitsenkender Maßnahmen und Routinen ergänzt, um die zum Ziel gesetzten, nachstehend angegebenen Durchführungszeiten (IBM System 4341-2) zu erreichen.

  - Tagesoptimierung: 30 Minuten
  - Wochenoptimierung einschließlich der unterlagerten Tagesop-
    timierung: 60 Minuten

Die beschleunigenden Maßnahmen werden im Zusammenhang mit der Tagesoptimierung beschrieben; sie finden jedoch in verschiedenen Kombinationen zur Optimierung des gesamten hierarchisch zweistufigen
Modellsystems (Woche - Tag) Anwendung.

5.1 Modellanalyse

Eine große Anzahl von Testläufen mit Modellen unterschiedlicher
Energiesysteme bewies die praktische Zeitschrittbreitenunabhängig-
keit der Lösung des Einheiteneinsatzproblems und jenem der Ressour-
cenzuordnung. Basierend auf dieser Erkenntnis wurde eine spezielle
Modellanalysetechnik entwickelt. Diese Methode entfernt aus dem
jeweiligen Modell alle zur korrekten Systemnachbildung nicht erforderlichen Variablen - speziell die laufzeitintensiven ganzzahligen.
Dadurch verkleinert sich der Modellumfang. Deshalb wird zuerst die
Aufgabenstellung der Tagesoptimierung mit 6 Zeitschritten gelöst,
was eine Rechenzeit von 1 bis 2 Minuten erfordert. Das Resultat
wird danach per Programm einer Analyse unterzogen, um jene thermischen Einheiten aus dem Modell zu entfernen, die während der

Planungsperiode nicht oder konstant eingesetzt sind. Die Ausgabe
des Analyseprogrammes besteht in einem sogenannten REVISE-Datenbe-
stand, welcher durch das MPSX-Steuerprogramm bei Start des Optimie-
rungslaufes zur Verkleinerung des Umfanges des Modells mit 48 Zeitschritten aufgerufen wird. Die Matrix des das gegebene Energiesystem der STEWEAG repräsentierende Tagesmodells wird durch Anwendung
des beschriebenen Analyseverfahrens von etwa 3.000 Zeilen und
7.800 Variablen (einschließlich 1.000 ganzzahliger) auf 1.900 Zeilen und 5.300 Variablen (einschließlich 490 ganzzahliger) verkleinert, womit in diesem Fall nur 40 % (Bereich 30 - 70 %) Rechenzeit
bezogen auf die Optimierung eines Modells ohne Analyse (100 %) erforderlich ist.

5.2 Startlösung

Das Programmsystem MPSX/370 mit der MIP/370 Erweiterung besteht aus
einer Anzahl von Modulen und Zusätzen, die mit einer speziellen
Steuersprache elastisch an das jeweilige Modell angepaßt werden.
Letztere steuert auch den Ablauf des Optimierungsverfahrens. Die
Vorgabe einer kontinuierlichen Startlösung ist in beiden Steuer-
sprachen des Optimierungsprogrammes möglich.

Die Resultate vorhergehender oder vergleichbarer Planungsperioden
(Woche, Tag) werden deshalb als kontinuierliche Startlösungen für
neue Optimierungsläufe verwendet und ersparen bis zu 70 % an Rechenzeit bis zur kontinuierlichen Lösung, den ersten Schritt zur
Lösung einer MIP-Aufgabe.

5.3 Voroptimierung

Die Technik der Voroptimierung ist eine Beschleunigungsmaßnahme, um
das laufzeitmäßige Verhalten des Ganzzahligkeitsteils (Branch and
Bound Algorithmus) - zweiter Schritt zur Lösung einer MIP-Optimie-
rungsaufgabe - zu verbessern. Zwei Methoden sind im voroptimieren-
den Programmsystem (PROPTIM) zur Generierung qualifizierter ganzzahliger Startlösungen enthalten.

- Einfügen ganzzahliger Startlösungen /5/
- Heuristische Startlösungen /6/

Das Einfügen ganzzahliger Startlösungen für den Branch and Bound
Prozeß ist im Programmsystem MPSX/370 mit MIP/370 Erweiterung zu-
nächst nicht enthalten. Deshalb wurde ein neuer Algorithmus auf der
Basis der Steuersprache dieses Optimierungsprogrammes entwickelt.

Heuristische Startlösungen werden durch Anwendung einer Rundungs-
technik auf die kontinuierliche Lösung durch Fixierung gewisser
ganzzahliger Variabler - nach der kontinuierlichen Lösung nicht
ganzzahlig - auf 1 gefunden; dies abhängig von ihrem Wert oder den
reduzierten Kosten. Derzeit ist ein zweistufiges Verfahren implementiert. Zuerst wird versucht, ausgewählte Variable mit Werten
größer als 0,5 zu behandeln; führt diese Maßnahme auf eine unzuläs-
sige Lösung, werden in einer zweiten Stufe nur jene größer als 0,8
berücksichtigt. Mit der so ermittelten ganzzahligen Startlösung
versucht der PROPTIM-Algorithmus zunächst, eine zulässige Lösung zu
finden. Ist die Suche erfolgreich, werden die aus der ganzzahligen
Startlösung stammenden, vorher fixierten ganzzahligen Variablen
wieder freigesetzt und das Basislösungsverfahren (OPTIMIX) des

Optimierungsprogrammes aufgerufen, um eine ganzzahlige Lösung zu suchen.

Das voroptimierende Programm PROPTIM bietet eine Anzahl von Parametern an, um es elastisch an die Struktur und die Erfordernisse der gegebenen Optimierungsaufgabe anpassen zu können. Weitere 10 - 30 % an der gesamten Rechenzeit lassen sich mit diesem Verfahren im Ganzzahligkeitsteil einsparen.

5.4 Beendigungskriterien

Eine Anzahl von Beendigungskriterien (z.B. erwünschte Anzahl ganzzahliger Lösungen, maximale Iterationszahl, maximal zulässige Rechenzeit) können definiert werden, um den Optimierungsvorgang zu beenden. Zwei Beendigungskriterien ließen sich durch die Analyse einer großen Anzahl von Testfällen mit verschiedenen Modellen finden.

  - Maximale Abweichung der ganzzahligen Lösung von der linearen
  - Gradientenkriterium

Ein Hauptvorteil aller auf der linearen Planungsberechnung basierenden Verfahren zur Lösung von Optimierungsproblemen besteht in der Möglichkeit der quantifizierbaren Angabe über die Güte ganzzahliger Lösungen; dies durch Vergleich des Zielfunktionswertes der kontinuierlichen Lösung mit jenem der ganzzahligen oder dem Funktionswert des besten Warteknotens der Branch and Bound Suche. Deshalb wird der Optimierungsvorgang zweckmäßigerweise beendet, wenn die Abweichung der ganzzahligen Lösung von der linearen kleiner als ein vorher definierter Wert (z.B. 1 %) ist.

Der Quotient aus der Differenz der Zielfunktionswerte zweier aufeinanderfolgender ganzzahliger Lösungen und der Differenz der zugehörigen Rechenzeiten läßt sich auch als Beendigungskriterium heranziehen, wenn der so definierte Gradient kleiner als ein vorgegebener Wert ist.

Die Implementierung aller beschriebenen rechenzeitbeschleunigenden Maßnahmen erbrachte im konkreten Fall einer Tagesplanung 77 % Einsparung an Rechenzeit für die Optimierungsprozedur (32 auf 7,24 Minuten, IBM System 3033). Für Optimierungsmodelle ergibt sich die Rechenzeit eines IBM Systems 4341-2 durch Multiplikation mit 3,2 jener auf einem IBM System 3033. 23,17 Minuten wäre daher die Durchführungszeit auf einem IBM System 4341-2, was noch immer unter der definierten Vorgabe von 30 Minuten für die Tagesoptimierung liegt. Die Wochenoptimierung einschließlich eines unterlagerten Tages erbringt - wie gefordert - Rechenzeiten in der Größenordnung einer Stunde als Mittelwert über vier Wochen (Sommer-, Übergangs- und zwei Winterwochen) mit je 7 unterlagerten Tagen. Die zugehörige Vorgabe von ungefähr 60 Minuten wird daher auch hier erreicht. Es ist jedoch zu betonen, daß das Resultat der untersuchten Wochen hinsichtlich der Rechenzeit stark schwankt (Sommerwoche ohne thermische Einheiten 20 Minuten, Übergangswoche 89 Minuten, Winterwochen 87 Minuten).

7. Zusammenfassung

Dieser Beitrag beschreibt die Optimierung großer MIP-Modelle zur wirtschaftlichen Betriebsplanung energetischer Systeme und die zur Laufzeitbeschleunigung implementierten Maßnahmen.

Das vorliegende Programmpaket "Energie Management System" ist auf einzelne und kombinierte Energiesysteme (elektrizitätswirtschaftliche Systeme, Fernwärmesysteme und deren Kombinationen) einsetzbar, um eine Woche und/oder einen Tag im voraus zu planen. 1 - 2 % Ersparnisse an Betriebskosten (Brennstoff- und Anfahrkosten thermischer Einheiten sowie Kosten für vertragsmäßige bezogene Energie) können aufgrund der bisherigen Erfahrung erwartet werden. Das anwenderbezogen ausgelegte Programmsystem läuft unter Steuerung des Betriebssystems VM/CMS mit menügetriebener Eingabe der System- und Betriebsdaten sowie farbgrafischer und/oder numerischer Ausgabe der Optimierungsergebnisse (Fahrpläne, Kosten, Wasserwirtschaft) über Datenendgeräte (Farbschirme, Farbdrucker).

8. Schrifttum

/1/ Steinbauer E. et al
    Kraftwerkseinsatzoptimierung
    ÖZE, Erscheinungsdatum unbekannt
/2/ N.N
    IBM Mathematical Programming System Extended/370
    Program Reference Manual, 1975
/3/ Steinbauer E.
    Kraftwerke an der Steirischen Enns - Betriebsführung
    der Kraftwerkskette
    ÖZE, 1973, No.5, Seite 185-191
/4/ Steinbauer E. et al
    Menue Driven Program Package
    "Operation Planning of Energy Systems"
    MSCC VIII Report, Helsinki, August 1984
/5/ Nimführ W.
    Ganzzahlige Startlösungen für das Programmsystem
    MPSX/370 mit MIP/370 Zusatz
    Diplomarbeit, TU-Wien, unveröffentlicht, 1984
/6/ Suhl U.
    Solving Large Scale Mixed-Integer Programs with Fixed
    Charge Variables
    Research Report, IBM Thomas J. Watson Research Center,
    RC 10266 (No. 45712), 11/83

RATIONELLER ENERGIE-EINSATZ DURCH GEBÄUDE-ENERGIE-SIMULATION

Dipl. Math. Hans-Jörg Ziegler
Büro für angewandte Mathematik, Stuttgart

Warum Simulation ?

Die sich allgemein zuspitzende Energieverteuerung führt vor allem in den europäischen Industrieländern zu verstärkten Anstrengungen der Energie-Einsparung. Rund 40% des westdeutschen Energiebedarfes werden für Heizung und Klimatisierung von Gebäuden aufgewandt und bieten damit ein lohnendes Untersuchungsziel.

Der Energiefluß in einem Gebäude ist ein komplexer dynamischer Prozeß mit vielen Faktoren. Im Prinzip können Wärmefluß und Energiebedarf in bestehenden Gebäuden durch Messungen ermittelt werden. Um die Auswirkung unterschiedlicher baulicher Maßnahmen zu ermitteln, muß aber eine langwierige und kostspielige Versuchsreihe mit vielen Umbauten durchgeführt werden. Für praktische Untersuchungen kompletter Gebäude sind solche Versuchsreihen zu teuer. Da sich die klimatischen Randbedingungen eines Versuches nicht wiederholen lassen, sind die Ergebnisse nur begrenzt vergleichsfähig.

Berechnung des Energie-Haushaltes

Bei praktischen Untersuchungen ist also der Einsatz eines Berechnungsverfahrens unerläßlich. Die herkömmlichen Verfahren, wie z.B. DIN-Norm oder VDI-Richtlinien berücksichtigen entweder nur wenige Faktoren oder nur die zeitlichen Mittelwerte von Temperatur und Wärmefluß und vernachlässigen dabei das dynamische Verhalten.

So wird z.B. häufig die Wärmespeicherfähigkeit von Wänden nicht berücksichtigt, obwohl sie einen großen Einfluß auf den Temperaturverlauf in einem Gebäude hat. In günstig konstruierten Gebäuden nehmen die Wände bei Tag überschüssige Wärme auf, welche sie bei Nacht wieder abgeben. Auf diese Weise gleichen sie Temperaturschwankungen aus und wirken als "natürliche" Klimaanlage.

Die Computersimulation macht es möglich, ein Gebäude als Ganzes zu betrachten und alle Wechselwirkungen mit einfachen Formeln zu berechnen. Die graphische Darstellung von Temperaturverläufen und Wärmefluß ermöglicht eine einfache Beurteilung des dynamischen Verhaltens und einen raschen Vergleich unterschiedlicher baulicher oder anlagentechnischer Varianten.

Das Simulationsprogramm GESIM

Das Programm GESIM wurde vom Stuttgarter Büro für angewandte Mathematik (BAM) im Rahmen eines vom BMFT geförderten Forschungsprojektes entwickelt. GESIM eignet sich für die Untersuchung bestehender und geplanter Gebäude. GESIM wurde für den Einsatz im Ingenieurbüro entworfen. Einfache Bedienung und der Einsatz auf Kleinrechnern waren die wichtigsten Vorgaben bei der Entwicklung. Dazu war eine Beschränkung auf die wichtigsten Einflußgrößen notwendig. Auf die Abbildung des dynamischen Verhaltens im Modell wurde aber nicht verzichtet.

Durch die Programmierung in FORTRAN IV ist das Programm portabel. GESIM besteht aus ca. 3000 Statements. Eine Mikrocomputer-Version ist in Vorbereitung.

Die periodenorientierte Simulationsrechnung ermittelt den zeitlichen Verlauf von folgenden Größen: Außentemperatur und Sonneneinstrahlung, Temperaturen und Wärmefluß in den einzelnen Räumen, Wärmebilanz von Heizung und Klimaanlage, Temperaturverteilungen und Wärmefluß in den Wänden, Decken und Böden, Wärmefluß durch Fenster und Türen, Energiebilanz und Energieverbrauchskosten für jeden Temperaturbereich und für das gesamte Gebäude.

Elemente der Modellbildung

Im Simulationsmodell wird das untersuchte Gebäude manuell in einzelne Temperaturbereiche aufgeteilt. Ein Temperaturbereich besteht aus einem oder mehreren gleichartigen Räumen. Wie weit hierbei vereinfacht wird, hängt von der geforderten Genauigkeit der jeweiligen Untersuchung ab. Im Extremfall kann das ganze Gebäude zu einem einzigen Temperaturbereich zusammengefaßt werden. Gleichartige Wände, Decken und Böden, sowie Fenster und Türen werden analog zusammengefaßt.

Klimadaten

Für jeden Tag des Untersuchungszeitraumes werden Maximum und Minimum der Außentemperatur sowie die maximale Intensität der Sonneneinstrahlung eingegeben. Die Außentemperatur wird sinusförmig durch die angegebenen Werte interpoliert. Die Sonneneinstrahlung auf eine Außenwand wird abhängig von Gebäudestandort, Orientierung der Wand, Jahres- und Tageszeit berechnet.

Wände, Decken und Böden

Der Wärmefluß durch Wände, Decken und Böden wird mit dem Differenzenverfahren von SCHMIDT berechnet. Dieses berücksichtigt die Zusamensetzung von Wandelementen aus unterschiedlichen Baustoffschichten, die Beschaffenheit der Oberflächen, die Verzögerung des Wärmeflusses und die Wärmespeicherfähigkeit der Wände. GESIM berechnet für jede Wand den dynamischen Verlauf der Temperaturen in allen Baustoffschichten und den Wärmefluß durch die Oberflächen. Dadurch läßt sich der Einfluß unterschiedlicher Baukonstruktionen untersuchen.

Fenster und Türen

Der Wärmefluß dieser Elemente wird durch das Oberflächenmaterial und den Rahmen bestimmt. Bei der Oberfläche ist die Wärmeleitung und die Strahlungsdurchläßigkeit maßgebend, beim Rahmen die Luftdurchläßigkeit. Außerdem spielt die Beschattung durch Bäume, Gebäudeteile oder Jalousien eine Rolle.

Heizung und Klimatisierung

GESIM enthält Berechnungsverfahren für Heizungen mit und ohne Regelsystem und für verschiedene Klimaanlagen. Installierte Leistungen und vorgegebene Solltemperaturen werden für jeden Temperaturbereich getrennt erfaßt. Die Solltemperaturen können stundenweise variiert werden. Dadurch kann das Abschalten und Absenken von Heizungen und Klimaanlagen außerhalb der Gebäude-Betriebszeiten simuliert werden. Außerdem können reine Lüftungsanlagen ohne Heiz- oder Kühlaggregat simuliert werden.

Gebäudenutzung und -einrichtung

Für jeden Temperaturbereich wird die Wärmezufuhr durch Personen, Maschinen und Beleuchtung simuliert. Diese Faktoren können den Wärmehaushalt eines Gebäudes erheblich beeinflussen. So beträgt die durchschnittliche Wärmeabgabe eines Menschen ca. 65 Watt.

In Schulen mit guter Wärmedämmung kann z.B. fast völlig auf eine Heizung verzichtet werden, weil die Schüler in den Klassenräumen soviel Wärme abgeben, daß auch ohne Heizung angenehme Temperaturen erreicht werden. Ähnliche Verhältnisse herrschen in Temperaturbereichen mit hoher Lichtleistung oder Maschinenabwärme. Bei Lichtquellen geht nicht nur die direkte Abwärme, sondern auch die Strahlungsenergie in den Wärmehaushalt ein, da die emittierte Lichtstrahlung nach der Absorption durch eine Oberfläche in Wärmeenergie transformiert wird.

Die Leistung von Heizungs- und Klimaanlagen wurde i.A. in der Vergangenheit so groß dimensioniert, daß die Anlage auch im ungenutzten Gebäude behagliche Temperaturen erreicht. Die Abwärme der Gebäudenutzung wirkt sich in diesem Fall störend aus und muß durch Lüften oder Klimatisierung mit hohem Energieaufwand beseitigt werden, obwohl sie eigentlich zur Beheizung des Gebäudes verwendet werden könnte.

Kosten

Aus dem Energieverbrauch der Heizungs- und Klimaanlage werden die stündlichen Energieverbrauchskosten für Heizung und Kühlung errechnet. Oft zeigt es sich, daß auch an kalten Wintertagen ein beträchtlicher Kühlaufwand notwendig ist, um aus den für teueres Geld beheizten Räumen die Wärme, welche von der Sonne und als Abwärme der Gebäudenutzung kostenlos zur Verfügung gestellt wird, abzuführen.

Anwendungsfall: die Klimatisierung eines Büroraumes

Für eine geplantes Verwaltungsgebäude wurde mit GESIM untersucht, wie sich die Ausstattung von Büroräumen auf die Klimatisierung im Sommer auswirkt. Es war geplant, die Büroräume mit Teppichboden und einer abgehängten Zwischendecke aus Holz einzurichten.

Ein typischer Büroraum wurde mit und ohne dieser Einrichtung simuliert. Abbildung 1 zeigt die Wärmebilanz des Büroraumes ohne Zwischendecke und Teppichboden. In dieser Abbildung wird der simulierte Verlauf des Wärmeflusses während eines Tages durch die Klimaanlage (H-Kurve), Fenster (F-Kurve) und durch Wände, Decke und Boden (W-Kurve) dargestellt. Die senkrechte Achse zeigt die Zeit in Stunden, die waagrechte Achse den Wärmefluß in Kilowatt. Positive Werte bedeuten dabei eine Wärmezufuhr in das Innere des Büroraumes.

Die F-Kurve zeigt eine beträchtliche Wärmezufuhr durch die Sonneneinstrahlung. Ohne Klimatisierung würde die Raumtemperatur über 30°C steigen. Die Klimaanlage ist so eingestellt, daß die Raumtemperatur unter 25°C bleibt. Wände, Decke und Boden (W-Kurve) absorbieren während des Tages einen beträchtlichen Teil der überschüssigen Wärme. Die H-Kurve zeigt eine Wärmeabfuhr durch die Klimaanlage von insgesamt 6 kWh pro Tag.

Zwischendecke und Teppichboden reduzieren den Wärmefluß in die Decke und den Boden. Der Beitrag dieser Flächen zur "natürlichen Klimatisierung" des Raumes wird dadurch erheblich geringer. Die Klimaanlage absorbiert jetzt täglich 12 kWh Wärme. Die Kosten für die Klimatisierung verdoppeln sich in diesem Fall. Ähnliche Ergebnisse ergaben sich bei winterlichen Temperaturen. Dieses Beispiel zeigt, wie die Ausstattung eines Gebäudes die Energiekosten steigern kann.

Abbildung 1: Wärmebilanz des Büroraumes ohne Zwischendecke und Teppichboden

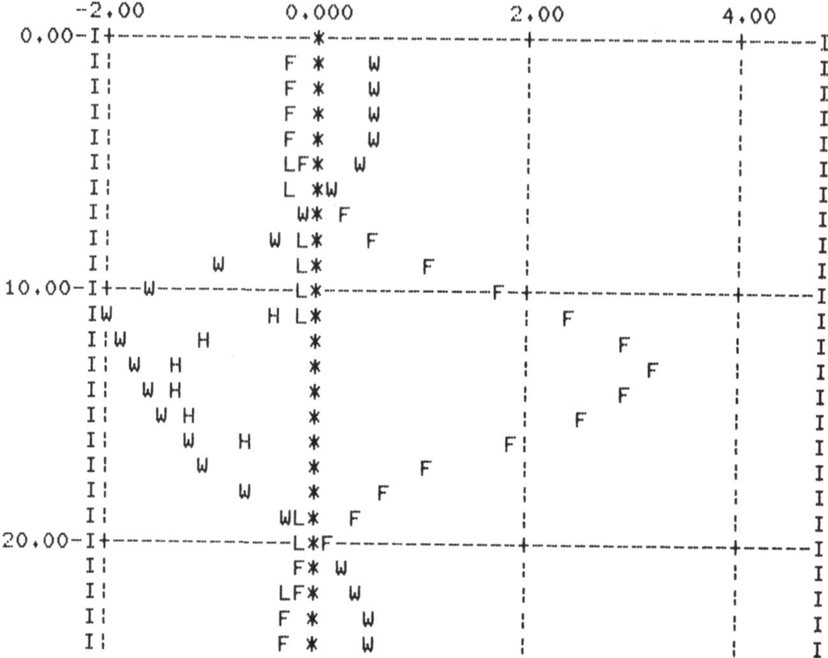

Einsparungspotential

Bei anderen Untersuchungen größerer Bürogebäude konnten mit Hilfe der Energie-Simulation Kombinationen von Maßnahmen, welche das Energiereservoir eines Gebäudes optimal ausnutzen, ermittelt werden. Allein durch regeltechnische Maßnahmen ohne Veränderung der Bausubstanz konnten Einsparungsmöglichkeiten von 30% - 50% der jährlichen Energiekosten aufgezeigt werden.

Literatur

Bayer W., Preißing W., Ziegler H.J.: Anwenderhandbuch zum Programmsystem GESIM, BAM, Stuttgart 1980

Fauteck R., Ziegler H.J.: Maßnahmen zur Energieeinsparung für das Verwaltungsgebäude 4/04 der Daimler-Benz AG. BAM, Stuttgart 1984

Schmidt E.: Thermodynamik. Springer, Berlin 1962

Preißing W.: Gebäude-Energie-Simulation. Deutsche Bauzeitschrift 8/81

Ziegler H.J.: Simulation des Energiehaushaltes von Gebäuden. In: Preißing W. (Hrsg.): Logistik und Simulation im Bauwesen. Expert, Grafenau (in Vorbereitung)

SIMULATION - ZENTRALER PUNKT IN DER PLANUNG VON MATERIALFLUSS-SYSTEMEN

J. Gintzel

Fraunhofer-Institut für

Transporttechnik und Waren-

distribution

Dortmund, Germany

1.0 Motivation

Das Fraunhofer-Institut für Transporttechnik und Warendistribution (ITW) in Dortmund
nutzt die Simulation für die Planung und Analyse von Materialflußsystemen. Die Anwendungsgebiete erstrecken sich von der Simulation einzelner Subsysteme wie z.B.
der Planung eines Hochregallagers bis hin zur Nachbildung eines gesamten Fertigungs-
betriebes mit allen seinen relevanten Eigenschaften (GRO).
Wurden Simulationen bis vor wenigen Jahren nur als Beigabe zur Validierung von Pla-
nungsergebnissen durchgeführt, so verlangen Betriebe, Planungsfirmen, Transportmit-
tel- und Lagerhersteller heutzutage Standardsimulationssysteme, die sie im eigenen
Hause nutzbringend einsetzen können. Dieser Trend stellt hohe Anforderungen an die
Benutzerfreundlichkeit und die Flexibilität der Programmsysteme. Komfortable Einga-
beschnittstellen gehören dabei ebenso zum Programmumfang wie die Darstellung der
Simulationsergebnisse auf graphischen Bildschirmen und Plottern (GIN).

2.0 Ein integriertes Planungs- und Simulationssystem IPS

Im ITW befindet sich zur Zeit ein Programmpaket in der Entwicklung, das den klassischen Planungszyklus vollständig rechnerunterstützt begleitet. Die Planungsphasen
mit der entsprechenden Rechnernutzung werden im folgenden in vereinfachter Form auf-
gelistet.
- Eingabe der geplanten Topologie vom Layout über ein Digitalisierbrett; die Daten
  werden im Rechner abgelegt, das System wird parallel auf einem graphischen Bildschirm dargestellt
- Projizierung von Fahrkursen für die Transportsysteme in die im ersten Schritt
  festgelegte Umgebung
- Kennzeichnung von bausteinspezifischen Grenzpunkten wie Förderstrecken, Weichen
  u.ä.
- Definition der einzelnen Bausteine unter Angabe des Typs und entsprechender Leistungsparameter
- rechnerische Grenzleistungsuntersuchungen für ausgewählte Bausteine

- Definition von Umgebungsdaten, Störungen und Bearbeitungszeiten mit Hilfe von
  Wahrscheinlichkeitsverteilungen; Beschreibung der zu bewegenden Objekte
- Definition von Steuerungsstrategien an Knotenpunkten (z.B. Weichen)
- Simulation des oben beschriebenen Modells
- Ergebnisdarstellung auf graphischem Bildschirm, Detailergebnisse in Listenform
- Analyse der Ergebnisse, daraufhin sukzessive Optimierung durch Modifizierung der
  Eingabeparameter.

Das Programmsystem begleitet den Planungsvorgang von einer groben Idee, die üblicherweise auf einem Layoutplan festgehalten wird, bis hin zur Feinoptimierung und der
Auftragsvergabe für die erarbeitete Realisierungsgrundlage (Bild 1).

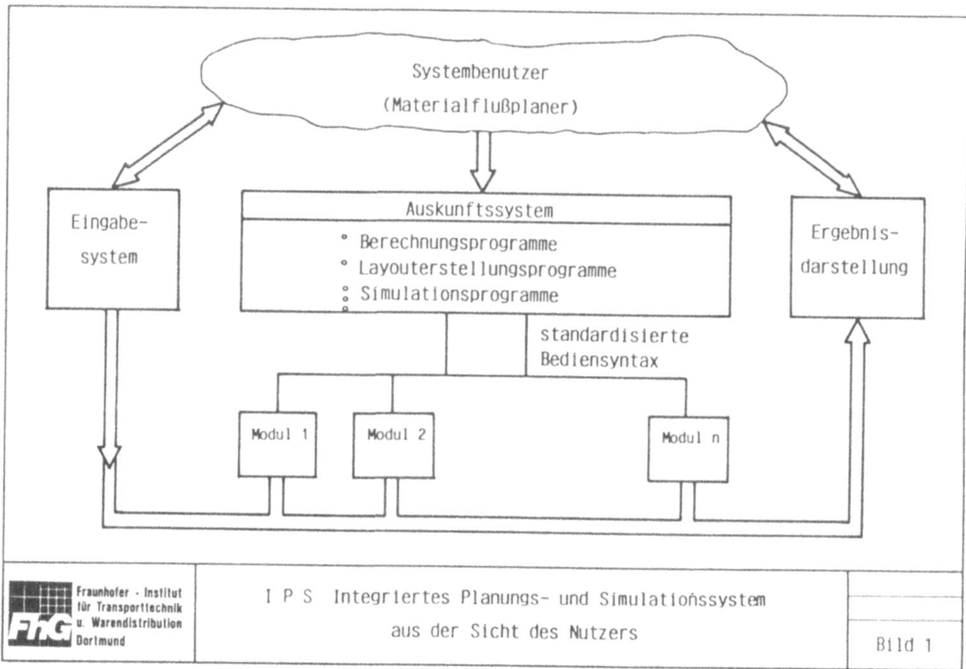

Aufgrund der vielfältigen Problemstellungen, auf die hier nicht im einzelnen eingegangen werden kann, muß dem Systemnutzer eine große Zahl von Systembausteinen zur
Verfügung gestellt werden. Dazu gehören Bausteine für manuell bediente Stapler bis
zu vollautomatischen Hochregallagern. Zudem werden diese je nach Planungsphase mit
unterschiedlichem Detaillierungsgrad benötigt, um den Modellierungsaufwand nicht
überproportional zum Stand der Planung wachsen zu lassen.

2.1 Erweiterungsmodule

Die Einsatzmöglichkeiten der Simulation sind jedoch nicht mit dem Abschluß der Planung ausgeschöpft.

Das Programmsystem soll darüber hinaus über Module verfügen

- zur Generierung von Steuerungssoftware aus der Beschreibung der Steuerungsregeln für das Simulationsmodell
- zum simulationsgestützten Test von Steuerungssoftware, indem die realen Systembausteine durch das Simulationsmodell ersetzt werden; der Prozeßrechner mit der realen Steuerungssoftware wird an den Simulationsrechner angeschlossen
- zur Schulung des späteren Betriebspersonals
- zur Unterstützung des Leitstandpersonals; dazu wird der Prozeßrechner im realen Betrieb an den Simulationsrechner "Online" gekoppelt, so daß zum einen das Prozeßgeschehen mit den vorhandenen Graphik-Features des IPS sichtbar gemacht wird, zum anderen reale Störungen z.B. der Ausfall einer Maschine auf seine Auswirkungen in mehreren Stunden untersucht werden kann.

Die letztgenannten Komponenten sind als Erweiterung vorgesehen.

2.2 Ein Blick in die Zukunft

Um ein derartig komplexes Programmsystem bedienen und effizient nutzen zu können, müssen neue Wege beschritten werden, die Benutzerschnittstelle transparenter und der Qualifikation der Anwender entsprechend zu gestalten.

Die klassische Menütechnik zum Programmaufruf verlangt vom Nutzer die genaue Kenntnis der Leistungsfähigkeit und Anwendungsbereiche der System-Module. Ihm obliegt die Aufgabe, für eine gegebene Teilaufgabe das "passende" Modul bzw. den adäquaten Baustein anzuwählen und anzuwenden. Der Planer ohne weitreichende Kenntnisse der Simulationstechnik ist dabei meist überfordert, da er den Konflikt zwischen Abbildungs- und Aussagegenauigkeit nicht abschätzen kann.

Entscheidungshilfen bei der Modul- und Bausteinauswahl und Erklärungskomponenten lassen sich wirkungsvoll mit Hilfe von Methoden der Künstlichen Intelligenz KI verwirklichen. Insbesondere Expertensysteme, die Wissen und menschliche Intuition zur Problemlösung beinhalten, werden zukünftig neue Wege in der Softwaretechnologie aufzeichnen.In den USA sind bereits eine Reihe von Expertensystemen im praktischen Einsatz, die hauptsächlich auf Diagnoseprobleme aus der Medizin,der Chemie und der Geologie

ausgerichtet sind (HAY). Das ITW hat sich zur Aufgabe gestellt, die Anwendungsgebiete der KI im Bereich der Materialflußtechnik zu untersuchen und das integrierte Pla-
nungs- und Simulationssystem um ein Expertensystem zur "automatischen" Optimierung
von Simulationsmodellen zu erweitern.

Im Bereich des Mensch-Maschine-Dialogs ist ein natürlichsprachliches Interface besonders geeignet, die Akzeptanz des Rechners bei den Nutzern zu erhöhen. Ein viel-
versprechender Ansatz existiert bereits unter dem Namen HAM-ANS auf dem deutschen
Markt (HÖP).

Die Anbindung eines natürlich-sprachlichen Interfaces an das IPS wird die effiziente
Nutzung des Programmpaketes erheblich steigern.

3.0 Abschließende Bemerkungen

Die Simulation dringt zunehmend in Gebiete vor, die nicht hauptsächlich von Infor-
matikern geprägt werden.

Von den potentiellen Nutzern - im Bereich der Materialflußtechnik Systemplaner, Hersteller und Anlagenbetreiber - werden "Standard-Allzweck-Simulationssysteme" gefordert, die leicht bedienbar sind und ein hohes Maß an Abbildungsgenauigkeit erlauben.

Das Integrierte Planungs- und Simulationssystem - wie oben beschrieben - wird dieser
Forderung weitestgehend gerecht. Der Implementierungsaufwand ist enorm, insbesondere
bei Einbettung von KI-Methoden, doch erhält die Simulation auf diese Weise einen
hohen Nutzungsgrad im praktischen Einsatz.

(GIN)   Gintzel, J., Ludwigs, H.: Simulation: Stand der Technik und neue Möglich-
         keiten, 4. Int. Logistik-Kongreß, 7.-9.12.1983, Dortmund
(GRO)   Großeschallau, W., Kuhn, A., Jünemann, R.:
         Simulation von Materialflußsystemen. Zeitschrift Fördern und Heben 30
         (1980)2.
(HAY)   Hayes-Roth, F., Waterman, D., Lenat, D.:
         Building Expert Systems. McGraw Hill, 1982.
(HÖP)   Höppner, W., Morik, K.:
         Das Dialogsystem HAM-ANS: Worauf basiert es, wie funktioniert es und
         wem antwortet es? Report ANS-20 in Linguistische Berichte 88, Dez. 1983.

Vorstellung eines Montage-Modell-Simulators (MOMOS)

Fritz Letters, Stuttgart

Das Modell und Programmsystem wird am Fraunhoferinstitut für Arbeitswirtschaft und Organisation (IAO), Professor Bullinger, entwickelt.

Zusammenfassung
Der Montage-Modell-Simulator (MOMOS) bildet Montage- und Arbeitssysteme in ein Modellsystem ab. Bevorzugt werden Anlagen, in denen großvolumige Güter befördert und produziert werden. MOMOS unterstützt die Planung und das Betreiben der Anlagen, indem die Abläufe simuliert werden. An einem Beispiel werden 3 einfache Simulationsergebnisse gezeigt.

Summary
The Assembly-Model-Simulator (MOMOS) models assembly systems. MOMOS favours systems that transport and assemble spacy products. The simulator supports planning and operating of these systems. An example shows 3 simple interpretations of a simulation.

1   Aufgaben und Einsatzgebiete

Der Montage-Modell-Simulator (MOMOS) unterstützt die Planung und das Betreiben von Montagesystemen, in denen bevorzugt großvolumige Güter produziert werden, Bild 1. Besondere Berücksichtigung finden hybride Anlagen, bei denen der Mensch im Mittelpunkt steht und in einem automatisierten Umfeld arbeitet, z.B. FTS (Fahrerloses Transportsystem) und Handhabungsgeräte in der Entmontage /Bullinger, Warnecke, Euler, Fehse/.

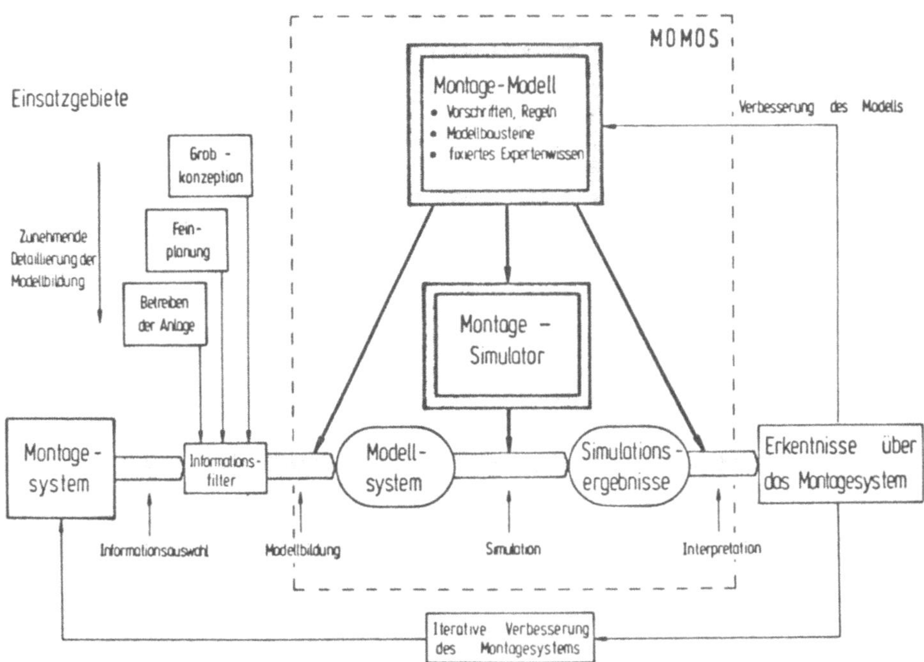

Bild 1:   Gesamtkonzept des Montage-Modell-Simulators (MOMOS)

2   Montage-Modell

Das Modell beschreibt den logischen Aufbau realer Montage- und Arbeitssysteme sowie die Abläufe in diesen Systemen. Kein Wert wird auf eine
maßstabsgetreue Nachbildung der Anlagen gelegt! Durch eine modulare
Abbildung lassen sich stark voneinander abweichende Systeme, z.B. Parallele Arbeitssysteme mit FTS (Fahrerloses Transportsystem) oder starr
über ein Plattenband verkettete Montagelinien, in ein Modellsystem überführen. Bei der Modellbildung werden 3 Betrachtungsebenen unterschieden:

1   Transportsystem mit Strecken, Weichen, Puffern, Transportern und
    Aufträgen.
2   Montage- und Arbeitssystem mit Arbeitsstationen, Werkstückpuffern
    (Vor, zwischen und nach den Bearbeitungen), Produktionsprogramm,
    Werkstücken und Werkstückanforderungen, Werkern und Werkereinsätzen.
3   Disposition mit Disponenten für Transporter und Transportaufträge,
    für Werkstücke und Werkstückanforderungen, für Werker und Werker-
    einsätze, sowie geeignete Dispositionsstrategien.

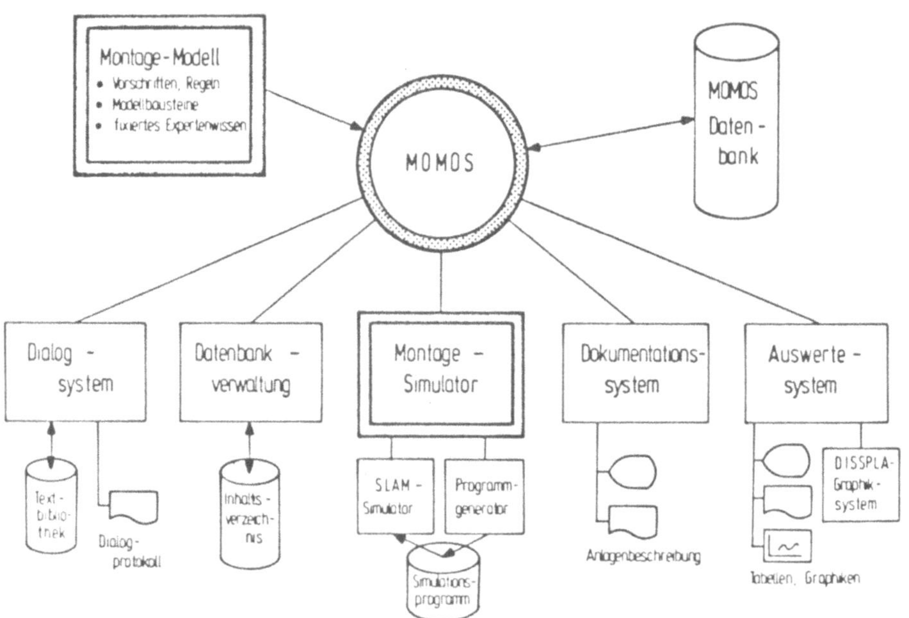

Bild   2:   Gesamtkonzept des Simulationssystems

3   Simulation

Die Simulation "spielt" in einem abstrakten Experiment das Transportge-
schehen, den Produktionsprozeß und unterschiedliche Dispositionsstrate-
gien durch. Sie liefert als Ergebnis Kenngrößen und Statistiken über das
Verhalten der nachgebildeten Anlage. Während der Simulation werden Werkstücke entsprechend dem Produktionsprogramm produziert. Hierzu werden
von den Disponenten organisierte Transporte und Bearbeitungen durchgeführt. Im Simulator werden anstelle der Transporter und Werkstücke
lediglich "Datensätze" bewegt.

4   Simulationssystem

Die übertragung der Modellsysteme auf den Rechner, die Simulation und
deren Auswertung erfolgen interaktiv vom Anwender gesteuert. Der Anwender beschreibt das Modellsystem durch Parameter. Anschließend erzeugt
MOMOS automatisch ein Simulationsprogramm in SLAM (Simulation Language
for Alternative Modeling, Pritsker, Pegden, West Lafayette, Indiana).
Mit diesem wird die interaktive Simulation durchgeführt. Das Simulationssystem verwaltet außerdem die Daten der nachgebildeten Systeme
sowie die umfangreichen Simulationsergebnisse, Bild 2.

Das Programmsystem wird in Standard FORTRAN 77 erstellt und auf einem
Minirechner der Firma Digital Equipment, einer VAX 11/780, installiert.
Es beinhaltet das Simulationsprogramm SLAM. Graphische Auswertungen werden mit Hilfe von DISSPLA ausgeführt (Display Integrated Software System
and Plotting Language, ISSCO, Sorrento Valley, San Diego, California).

5   Anwendungsbeispiel

In groben Zügen wird die Modellbildung, die Simulation und deren Auswertung an einem einfachen Montagesystem, Bild 3, gezeigt:

o   Die Anlage ist in 2 Abschnitte mit je 20 Arbeitsstationen geglie-
     dert. Sie ist ein Subsystem eines Montagesystems mit 120 Stationen,
     /Koether/. Alle Werkstücke erfahren jeweils eine Bearbeitung im 1.
     und im 2. Abschnitt.
o   Zwischen den beiden Abschnitten ist ein Werkstückpuffer angeordnet.
     Er ist wahlfrei organisiert und besitzt 30 Stellplätze.
o   Jede Arbeitsstation besteht aus 2 Stellplätzen, von denen abwech-
     selnd einer als Arbeits- und einer als Pufferplatz genutzt wird.
o   Die Arbeitszeit pro Werkstück und Station schwankt zwischen 5 und
     70 Minuten.
o   Der Werkstücktransport erfolgt durch ein Fahrerloses Transportsystem
     (FTS) mit 14 Carriern (Transportern).

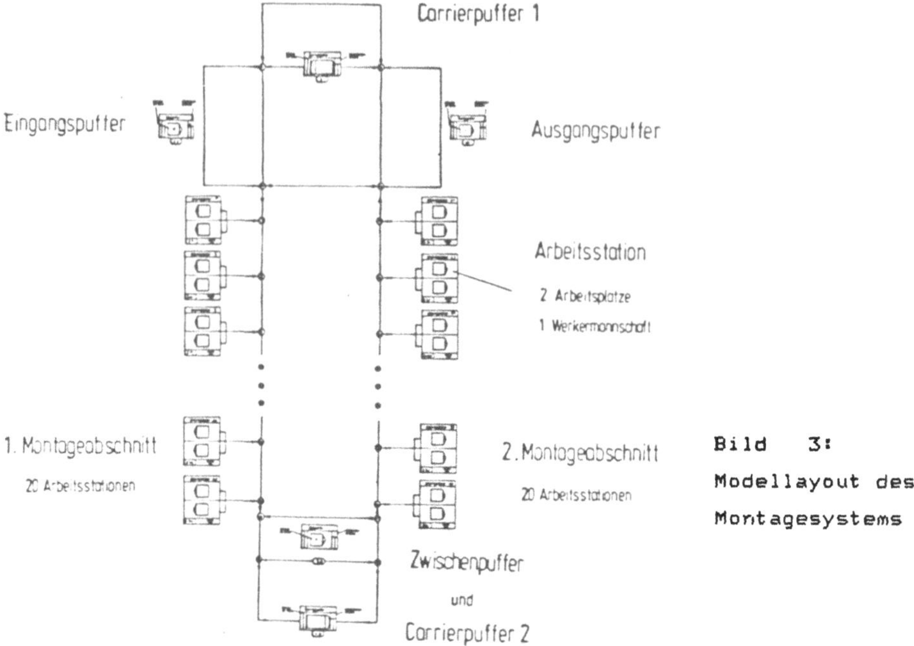

Bild 3:
Modellayout des
Montagesystems

Für die Simulation werden folgende Randbedingungen festgelegt:

o   Im Eingangspuffer stehen immer genügend Werkstücke zur Verfügung.

o   Zu Beginn der Simulation warten in jeder Arbeitsstation 2 und im Zwischenpuffer 12 Werkstücke.

o   Die Transporter stehen bei Simulationsbeginn in den Carrierpuffern.

o   Die Simulation geht über 2 Arbeitsschichten je 8 Stunden.

3 gezielte Auswertungen repräsentieren hier die Simulationsergebnisse:

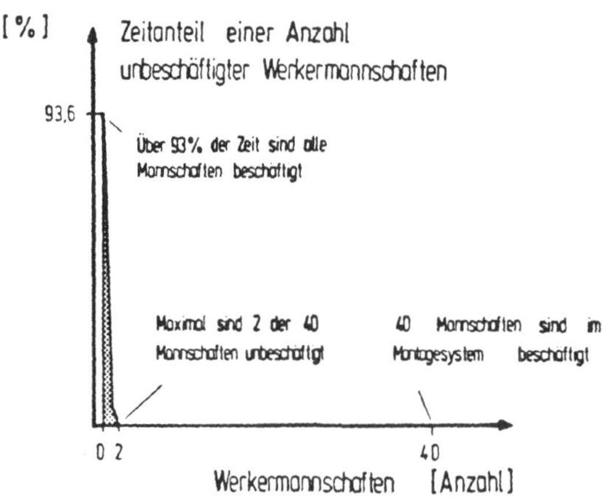

o   Die Werker können in der Simulation nahezu vollständig ausgelastet werden. Verluste durch Modell-Mix oder Taktausgleich treten nicht auf. Maximal warten 2 der 40 Werkermannschaften auf Arbeit. Circa 93 % der Zeit sind alle Mannschaften aktiv, Bild 4.

Bild 4:   Auslastung der Werkermannschaften

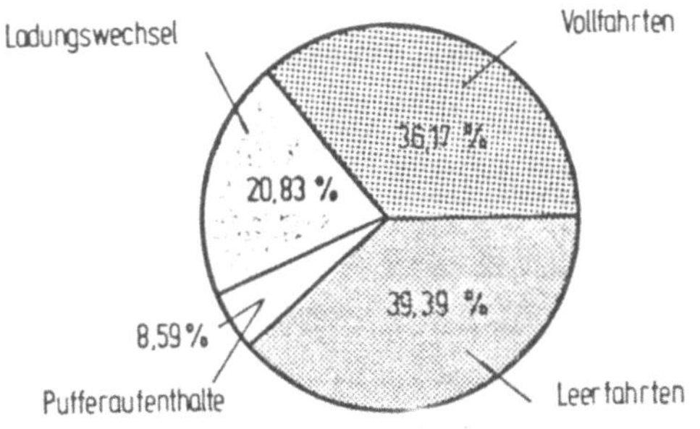

Die 14 Carrier im System sind mehr als 91% der Zeit aktiv. Sie warten also weniger als 9 % in einem der Carrierpuffer, Bild 5. Allerdings fahren sie circa 39 % der Zeit unbeladen durch die Modellanlage.

Bild 5:   **Aktionsprofil der 14 Carrier**

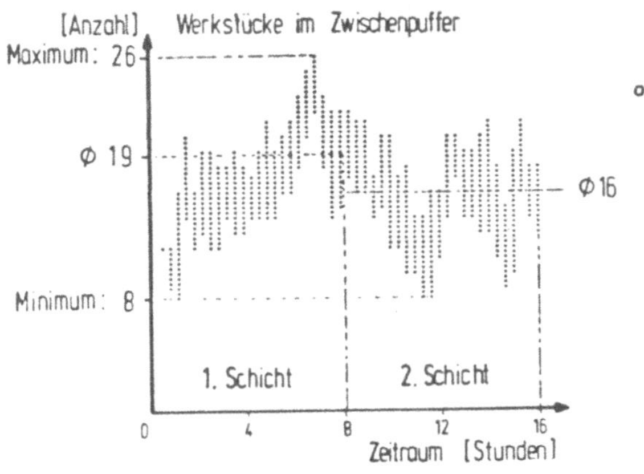

o Während der 2. Schicht warten im Werkstückpuffer zwischen den beiden Montageabschnitten im Durchschnitt 16 Werkstücke. Die Zahl schwankt zwischen 8 und 22 Werkstücken, Bild 6.

Bild 6:   **Füllstand des Zwischenpuffers**

6   Ausblick

Angestrebt wird die Einbindung des Programmsystems in eine CAE-Umgebung (Computer Aided Engineering), eine Erweiterung der Modellbeschreibung auf Fabriksysteme und eine Erhöhung der Programmintelligenz in Richtung Expertensystem.

Literatur:

/Bullinger H.-J./
Vorgehensweise zur Planung und Realisierung von Fertigungssystemen, IAO Arbeitstagung "Wettbewerbsfähige Arbeitssysteme", Nov. 1983, Böblingen.
/Euler H. P., Fehse H./
Der Mitarbeiter ist mehr als nur ein Produktionsfaktor – Was ist bei der Einführung neuer Arbeitsformen zu beachten?, IAO-Arbeitstagung "Wettbewerbsfähige Arbeitssysteme", November 1983, Böblingen.
/Koether, R./
FTS, eine Chance für produktivere Montagesysteme. 16. IPA Arbeitstagung, Juni 1983, Stuttgart.
/Warnecke, H. J./
Die Produktionstechnik in der Bundesrepublik Deutschland – Forschung und Anwendung im internationalen Vergleich – Jahreshauptversammlung der Vereinigung von Freunden der Universität Stuttgart, Oktober 1983.

Entwurf von Materialflußsystemen und Experimentsteuerung
mittels graphisch-interaktiver Simulation

Prof.Dipl.-Ing. Adolf Reinhardt
Fachgebiet Produktionssysteme
Fachbereich Maschinenbau
Universität - Gesamthochschule Kassel
Mönchebergstr. 7   D-3500 Kassel

1 Einleitung

Materialflußsysteme in hochautomatisierten Anlagen, insbesondere im Bereich der Fertigung, Lagerhaltung und Montage, sind gekennzeichnet durch eine Vielzahl parallel ablaufender Vorgänge.

Das Leistungsverhalten einer Anlage ist abhängig von der räumlichen Anordnung der Anlagensubsysteme, der technischen Leistung einzelner Einrichtungen des Materialflußsystems, der Steuermöglichkeit im Stückgutaustausch zwischen einzelnen Anlagenbausteinen und der Steuerlogik der Anlage als integriertes System.

Für die Planung und Analyse komplexer Anlagen mit Stückgutprozessen wurde das Konzept des interaktiven graphischen Simulators SIMFLEX/2 entwickelt.

Das Konzept wurde in den siebziger Jahren entworfen und in SIMULA implementiert /1/. Anfang der achtziger Jahre wurde das Konzept überarbeitet, in SIMPAS, einem Simulationssystem in PASCAL, umgesetzt /2/ und in einem ersten Pilotprojekt erprobt /3/.

Das Konzept enthält im wesentlichen einen Satz von Bausteintypen, die Geräte und Einrichtungen in Materialflußsystemen abbilden, und softwaretechnische Werkzeuge, die den Entwurf von Modellen und die Steuerung von Modellexperimenten unterstützen.

2 Typen von Modellbausteinen

SIMFLEX/2 enthält einen erweiterbaren Satz von Modellbausteinen, die typische Elemente von Materialflußsystemen nachbilden. Der Materialfluß ist beschränkt auf palettierte Güter.

Basistypen
Die Bausteintypen enthalten im wesentlichen folgende Komponenten:

- identifizierende Merkmale
- Gestalt in Form der graphisch dargestellten Grundrisse
- numerisch und graphisch dargestellte Zustandsgrößen
- technische Leistungsparameter
- steuerungstechnische Parameter
- Schnittstellen für den Materialfluß und
  die Kommunikation in der Bausteinebene
- Schnittstellen zu übergeordneten Steuerungssystemen
- Algorithmen zur Beschreibung des typspezifischen
  dynamischen Verhaltens.

Abhängig vom Detaillierungsgrad der Abbildung des Materialflusses wird unterschieden zwischen konkreten und abstrakten Bausteintypen.

In konkreten Typen werden einzelne Paletten als individuelle Objekte behandelt und in all den Einzelbewegungen dargestellt, die zur Übernahme von einem Nachbarbaustein zur Übergabe an einen weiteren notwendig sind.

In abstrakten Typen werden Paletten mengenmäßig durch Zähler dargestellt. Abstrakte Typen bilden die Systemgrenzen der betrachteten Materialflußsysteme nach.

Varianttypen und Bausteinbibliothek
Abhängig von der graphischen Gestalt und dem voreingestellten Wertebereich der Bausteinparameter werden Grundtypen in Varianttypen unterteilt. Der Algorithmus des Basistyps erzeugt die Dynamik des Varianttyps als Folge ereignis- und parametergesteuerter Zustandsübergänge und stellt diese in der varianttypeigenen Form dar.

Variantentypen werden in einer Bausteinbibliothek verwaltet. Sie werden für die Layoutentwicklung abgerufen. Die Bibliothek kann für beliebige Anwendungsfälle und Anforderungen der graphischen Gestaltung des Anlagenlayouts erweitert werden.

3 Softwaretechnische Werkzeuge

Das Werkzeugsystem im Konzept SIMFLEX/2 besteht aus fünf Softwaremodulen, die alle einzeln eingesetzt oder gekoppelt betrieben werden können.

GBS - Graphisches Bausteinentwurfssystem

Beschreibungen von Bausteintypen werden erstellt oder verändert in ihrer graphischen Gestalt, mit identifizierenden Merkmalen, technischen und steuertechnischen Parametern und in einer zentralen Bausteinbibliothek verwaltet.

GTS - Graphisches Transportnetzentwurfssystem

Vorhandene Layouts werden eingelesen und verändert, oder neue Layouts für zu untersuchende Materialflußsysteme werden erzeugt. Dabei wird auf die zentrale Bausteinbibliothek zugegriffen. Die Beschreibung eines abgeschlossenen Layouts wird nach graphischen und logischen Eigenschaften getrennt in Experimentdateien abgelegt.

LMS - Logisches Modellsystem

Das LMS ist das Kernsystem des Simulators SIMFLEX/2. Es ist aufgebaut wie ein konventionelles numerisches Modellsystem. Es enthält die Algorithmen der Bausteinbasistypen. Es wird initialisiert über die logischen Experimentdateien, die die Beschreibung enthalten über die logischen Strukturen eines Layouts (TLS), die technischen Parameter der individuellen Bausteine (TTP), die Fahrkurse für palettierte Güter (TFK), die Parameter für die Meßwerterfassung am Baustein (TMW), die Lastmodelle an die Systemgrenzen (TLM), die Standardaufträge für übergeordnete Steuerungen (TAS) und die Zeitparameter für die Steuerung des Experimentes (TZT). Das logische Modellsystem erzeugt Ausgabedateien. Sie enthalten Protokolle über den Zustand eines Modells zu bestimmten Zeitpunkten (TPR), Zeitreihen über gemessene Größen und Ereignisfolgen über vorgegebene Zeiträume (TPE). Das LMS kann für Langzeituntersuchungen im Batch oder mit Dialogmodulen zum interaktiven Experiment eingesetzt werden.

<u>GDS - Graphisches Dialogsystem</u>
Das GDS stellt das Layout eines durch die Experimentdateien spezifizierten Materialflußsystems auf einem vollgraphischen Sichtgerät dar. Es zeigt Zustandsänderungen im Modellprozeß auf durch die Bewegung von Paletten und Fahrzeugen oder durch Veränderung numerisch oder symbolisch dargestellter Größen. Es wird initialisiert durch die Beschreibung der graphischen Struktur eines Layouts (TGS) und die zugeordneten Bausteintypen (TGB).

Das GDS kann in zwei Betriebsarten eingesetzt werden.

Im Offline-Betrieb wird ein in einer Ereignisdatei (TPE) abgelegter Prozeßabschnitt nachgezeichnet. Die Dialogmöglichkeiten sind dann beschränkt auf die Steuerung der Ablaufgeschwindigkeit des graphischen Prozesses, d. h. auf die Zeitraffung.

Im Online-Betrieb ist der Baustein mit dem LMS gekoppelt. Alle Vorgänge im Modellprozeß werden direkt auf dem Bildschirm dargestellt. Der Benutzer kann dann den Modellprozeß fahren, so als würde er direkt die reale Anlage betreiben.

<u>SDS - Statistisches Dialogsystem</u>
Das SDS stellt aggregierte Größen eines durch Experimentdateien spezifizierten Systemmodells auf alphanumerischen oder halbgraphischen Sichtgeräten dar. Die Veränderungen von Mengenwerten oder statistischen Parametern von Meßreihen werden in der Form von mitlaufenden Zählern oder dynamischen Balkendiagrammen aufgezeigt.

Es sind zwei Betriebsarten möglich.

Im Offline-Betrieb werden Prozeßabläufe, die in einer Datei mit Zeitreihen (TZR) abgelegt sind, nachgezeichnet.

Im Online-Betrieb ist das SDS direkt an das LMS gekoppelt. Es werden die Größen des Modellprozesses direkt angezeigt. Die Dialogmöglichkeiten entsprechen dann denen des GDS.

Die Module GDS und SDS können entweder einzeln oder beide parallel an den Modellprozeß im LMS angekoppelt werden.

4 Schlußbetrachtungen und Ausblick

Das Konzept des Simulators SIMFLEX/2 soll dem Benutzer ein Werkzeug in die Hand geben, das ihm die Erkenntnisgewinnung an einem modellierten System in einer Weise erlaubt, wie ihm das sonst nur im Umgang mit einem realisierten Materialflußsystem möglich wäre.

Die vorliegende Version von SIMFLEX/2 ist weitestgehend unabhängig vom Rechnertyp. Sie ist stark abhängig von den eingesetzten Graphikgeräten. Die Entwicklung einer GKS-Schnittstelle ist ein angestrebtes Ziel.

Die Entwicklung eines Konzeptes für die Übertragung der Simulatorsoftware in ein Realzeitsystem für die direkte Steuerung von Materialflußsystemen ist ein nächster Schritt der Forschungsarbeiten. Erste Experimente in der Laborumgebung sind angelaufen.

Literatur

/1/ Reinhardt, A.: Konzepte von Simulationssystemen.
In: (Hrsg. H. Simon) Simulation und Modellbildung
mit dem Computer im Unterricht,
Lexika-Verlag, Grafenau 1978, S. 285 - 295

/2/ Reinhardt, A., K. Kühne: SIMFLEX/2 - Handbuch,
Universität-GhK, FG Produktionssysteme,
Kassel 1982, Forschungsbericht

/3/ Hartwig, P., W. Jakob, E. Rosenberger:
SIMFLEX/2: Ein Simulationssystem wird praxisreif,
Produktion (38), 22.9.1983, S. 13 - 16

PREPROZESSOR FÜR SLAM-SIMULATIONSMODELLE VON
FLEXIBLEN FERTIGUNGS- UND MONTAGESYSTEMEN

Manfred Scheifele

(Fraunhofer-Institut für Arbeitswirtschaft und Organisation, Stuttgart)

1   Einführung

Die gegenwärtig verfügbare Simulationssoftware bietet nur geringe Unterstützung für die Erstellung von und das interaktive Experimentieren mit Modellen /5/. Zudem genügen die höheren ereignisdiskreten Simulationssprachen kaum den Anforderungen unterschiedlicher potentieller Nutzergruppen nach einfachem Zugang, übersichtlicher Arbeitsweise und Datenausgabe. Zeigler /5/ führt zwar für verschiedene Arbeitsschritte in der Modellbildung und Simulation prototypische Sprachen und Werkzeuge auf. Für Untersuchungen bestimmter Klassen von Realsystemen liegt es jedoch näher, ein Preprozessorenkonzept zu verfolgen, das aus den Moduln Modellerstellung, Generierung eines Programms in einer verbreiteten herkömmlichen Simulationssprache ausreichender Mächtigkeit und Modelländerung besteht. PRESIS (der Preprozessor für Simulationsmodelle in SLAM) wurde zur Planung und Gestaltung flexibler Montagesysteme /4/ entwickelt. Er kann bis jetzt die in Bild 1 dargestellten typischen Strukturen bewältigen.

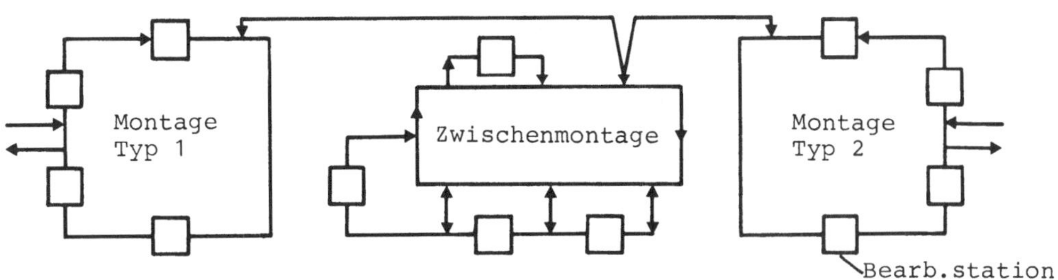

Bild 1: Typische Strukturen in flexiblen Montagesystemen

Die Bearbeitungsstationen können Handarbeitsplätze oder Montageautomaten darstellen. Sie sind durch Transporteinrichtungen mit beschränktem Fassungsvermögen miteinander so verbunden, daß die Strecke zwischen den Stationen als Puffer wirken kann. Bei der Linearen Struktur (L) muß jedes Werkstück eines Produkttyps auf allen Stationen einer Linie bearbeitet werden. Jede Station kann aus mehreren parallelen Bearbeitungsplät-

zen bestehen. In geschlossener Anordnung (in Bild 1 für die Montage)
werden zusätzlich die leeren Werkstückträger nach vollendeter Bearbeitung, aber auch falsch bearbeitete Werkstücke zurückgeführt (Kreisstruktur K). Größere Flexibilität wird durch die Nebenschlußstruktur (N) erreicht (in Bild 1 für die Zwischenmontage), bei der die Werkstücke mehrerer Typen, die auf verschiedenen Stationen in einer bestimmten Reihenfolge bearbeitet werden müssen, auf einem umlaufenden Band befördert
werden. Sie werden typabhängig über einen jeweils nur von einem Werkstück belegbaren Fördermechanismus (Überschieber) zur Weiterbearbeitung
aus- und danach wieder zurückgeschleust, wobei stets noch der Bearbei-
tungszustand richtig oder falsch auftreten kann. Überschieber, die
Werkstücke nur in eine Richtung befördern können, werden als einfache
bezeichnet, die beidseitig nutzbaren als reversible.

Der Preprozessor, der menügesteuert und graphikunterstützt abläuft, ermöglicht es, ohne Programmierkenntnisse interaktiv fehlerfreie Simulationsprogramme in der hier verwendeten Sprache SLAM II (Simulation
Language for Alternative Modelling /1/) zu erzeugen und auszuführen.
Ein so erstelltes Programm kann ferner als Gerüst verwendet werden, das
sich durch Eigenprogrammierung für noch kompliziertere Systemstrukturen
ausbauen läßt. PRESIS ist in FORTRAN 77 unter Verwendung des Maskenge-
nerators FMS und der SLAM-Bibliothek auf einer VAX 11/780 programmiert
/2/.

2   <u>Modellerstellung</u>

Dieser Modul erstellt im Bildschirmdialog das Simulationsmodell in Form
einer direkt adressierbaren Datei, die in Datenklassen gegliedert ist.
Die erste Klasse enthält die Stationskenngrößen Bearbeitungszeit, mittlere Stördauer und mittlerer Störabstand (unter der Annahme eines ex-
ponentialverteilten Störverhaltens). In Klasse 2, der Statuszeile, sind
der Strukturtypus (L,K,N) und die Adresse der vorkommenden Stationen aufgeführt. Nur für die Nebenschlußstruktur sind in der 3. Klasse die Überschieber mit Position, Art und Dauer verzeichnet und in der 4. für jede
Station der zu bearbeitende Typ mit der Arbeitsgangnummer. In Klasse 5
stehen die Input- und die Output-Position.

2.1   <u>Linear- und Kreisstruktur</u>

Bild 2 zeigt die Bildschirmmasken der Struktur- und Parametereingabe
für die Linear- und Kreisstruktur, die sich lediglich in der abschlie-

ßenden Stationsnummer unterscheiden: durch Angabe der Nummer der ersten
Station wird eine Kreisstruktur aufgebaut, durch 0 wird das Ende der
Linearstruktur markiert. Eine Station kann aus parallel angeordneten
Maschinen mit unterschiedlichem Störverhalten bestehen. Die Puffer vor
den Bearbeitungsstationen werden als Stationspuffer bezeichnet.

```
PRESIS II              LINEAR - UND KREISSTRUKTUR              STATIONSEINGABE
 ____________________________________________________________________________
|                                                                            |
|                                                                            |
|                              STATION  1                                    |
|                                                                            |
|     Groesse des Stationspuffer       ==>   12    (0 = Ende Eingabe)         |
|                                                                            |
|     Anzahl paralleler Maschinen      ==>   3                               |
|                                                                            |
|     Bearbeitungszeit                 ==>    60.00  ZE                      |
|                                                                            |
|     Stoerverhalten aller  3 Maschinen identisch ?  (<J>,N) ==>  J          |
|                                                                            |
|     Stoerdauer                       ==>    90.00  ZE                      |
|                                                                            |
|     Stoerabstand                     ==>   4800.00  ZE                     |
|                                                                            |
|                                                                            |
|                              Alle Angaben korrekt (<J>,N) ==>  J           |
| ABBRUCH MIT CTRL/Y                                                         |
|____________________________________________________________________________|
| DATENSATZ FUER STATION WIRD EINGETRAGEN !                                   |
|                                                                            |
```

Bild 2: Stationseingabe für L und K

2.2   Nebenschlußstruktur

In diesem Fall muß zuerst die Struktur durch die Lage der Überschieber
festgelegt werden. Es hat sich gezeigt, daß nur durch Graphikunterstüt-
zung (Bild 3) eine übersichtliche Benutzerführung erreicht wird. Die
Struktur wird für die vorzugebende Stationenanzahl dynamisch in der Um-
laufrichtung erweitert. Zunächst wird angegeben, ob vor bzw. nach einer
Station ein Überschieber gewünscht wird, dessen Funktionsweise und Schie-
bedauer dann einzutragen ist. Das Programm stellt sicher, daß keine Station isoliert bleibt. Die genaue Position des Überschiebers wird schließlich durch den Abstand zum vorigen und der Länge des Bandabschnitts nach
der Station festgelegt.

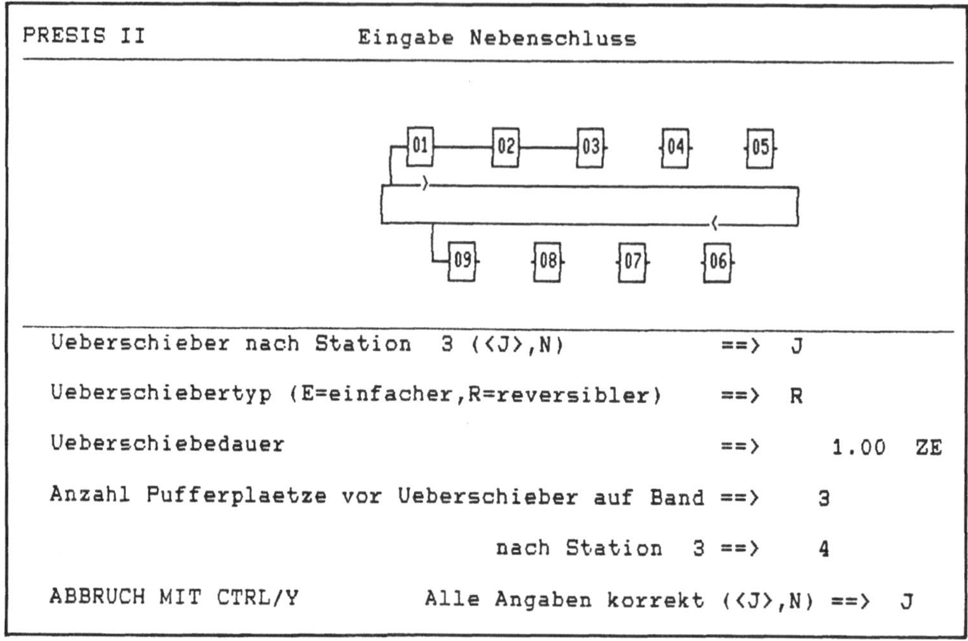

Bild 3: Eingabe für die Nebenschlußstruktur

Nun ist jeder Station der zu bearbeitende Produkttyp mit der Arbeitsgangnummer zuzuordnen, was auf Konsistenz mit der Anzahl und Art der Überschieber überprüft wird. Als letzte Struktureingabe ist die Input- und Output-Position festzulegen. Die zugehörigen Parameter werden entsprechend Bild 2 eingegeben.

3   Programmgenerierung

Erst in diesen Modul gehen die Eigenschaften der zugrundegelegten Simulationssprache ein. SLAM II hat sich für flexible Fertigungs- und Montagesysteme als geeignet erwiesen /3/. Deshalb hat der Generator die Datei mit den Netzwerkbefehlen und ein kurzes FORTRAN-Unterprogramm zu erstellen. Dem kommt entgegen, daß SLAM einen modularen Aufbau der Netzwerkdatei ermöglicht. Die Störungen können jeweils durch einen Block dargestellt werden. Die Bearbeitungsstationen und die Überschieber sind ebenfalls durch Funktionsblöcke realisierbar. Die Strukturen können im wesentlichen mit ineinander verschachtelten Ressourcen, die den richtigen Materialfluß gewährleisten, in Verbindung mit AWAIT- und FREE-Knoten, bedingten Aktivitäten und ALTER-Knoten zur Veränderung der Kapazitäten aufgebaut werden. In den Entscheidungspunkten - den Überschiebern in der Nebenschlußstruktur - wird die Ressourcenbelegung über ALLOC-Unterprogramme gesteuert, um Deadlocksituationen im Programm zu vermeiden. Das Netzwerk wird durch die Anzahl der auszuführenden Simulationsläufe und der zu erzeugenden Werkstückträger, die Simulationszeit, den Zeitpunkt, ab dem Statistiken gesammelt werden sollen, u.ä. im Dialog vervollständigt.

4   Modelländerung

Für die 3 Strukturtypen sind Erweiterungen, Änderungen der Parameter, der Bearbeitungsreihenfolge und der Überschieberspezifikationen möglich. Dazu wird die Modelldatei, in der sämtliche strukturelle Angaben parametrisiert sind, gelesen und verändert zurückgeschrieben. Somit kann das neue Programm erzeugt werden.

5   Geplante Ausbaustufen

Ein wesentlicher Ausbau besteht in Modelländerungen "2. Stufe", die die Verbindung von Simulationsmodellen einzelner Teilsysteme nach Bild 1 herstellen sollen. Neben der Erstellung eines Modells auf gleicher Detaillierungsebene ist hierbei auch an Modellvereinfachungsprozeduren /5/ zu denken: durch Ermittlung des Input-/Output-Verhaltens der Teilsysteme oder deren Aggregation könnten insbesondere die Verbindungsstücke in kürzerer Zeit untersucht werden. Davon unabhängig wird eine "Simulationsumgebung" angestrebt, für die der Preprozessor um die Online-Simulation mit Änderungsmöglichkeiten während der Laufzeit und um einen Postprozessor zur Analyse der Ergebnisse erweitert wird. Als weitere Perspektive steht die Entwicklung von Hilfsmitteln zur Programmverifikation und Validierung an.

6   Literatur

/1/   PRITSKER, A.A.B.; PEGDEN, C.D.:   Introduction to Simulation and
         SLAM. New York: J. Wiley 1979

/2/   RETTICH, U.:   Ausbau eines Preprozessors für Simulationsmodelle
         in SLAM. Studienarbeit am Institut für Informatik Stuttgart 1984

/3/   SCHEIFELE, M.; WARSCHAT, J.:   Simulation eines flexiblen Montagesystems. wt - Z. ind. Fertig. 74 (1984) Nr. 6

/4/   VÄHNING, H.:   Flexibilität von personalintensiven Montagesystemen -
         Anforderungen und deren Erfüllung. In: Bullinger, H.-J.; Warnecke,
         H.-J. (Hg.): Wettbewerbsfähige Arbeitssysteme. Vorträge der 2.
         IAO-Arbeitstagung Stuttgart 1983

/5/   ZEIGLER, B.P.: Multifacetted Modelling and Discrete Event Simulation. London: Academic Press 1984.

Vergleich verschiedener Methoden der Modellbildung

H.-D. Engelmann, H.H. Erdmann
Universität Dortmund, Abteilung Chemietechnik
Postfach 500 500, 4600 Dortmund 50

Chemische Prozesse werden durch vielfache Kopplungen, damit verbundene
Wechselwirkungen und ihr komplexes Zeitverhalten dynamisch immer empfindlicher. Deswegen benötigen sie effektive Leitsysteme, die eine optimale
Ausnutzung der durch Verfahren und Anlagen gegebenen Freiheitsgrade erlaubt, ohne dabei die sicherheitstechnischen Grenzen zu überschreiten.
Grundlage für ihren Einsatz ist ein Prozeßmodell. Es ist die Frage zu
beantworten, welches Modell hierzu das geeignetste ist. Nach ihrem Aufbau kommen hierzu folgende Modelle in Frage: ein

1. Physikalisches Modell
2. Mathematisches Modell, basierend auf
    - statistischen Grundlagen oder
    - chemisch/physikalischen Gesetzmäßigkeiten.

Wird der Prozeß durch ein physikalisches Modell wiedergegeben, stellt
eine Pilotanlage das Prozeßmodell dar. Modellerstellung heißt in diesem
Fall, den Prozeß auf eine solche zu übertragen und darauf zu achten, daß
die Zustandsgrößen des Prozesses meßtechnisch erfaß-, verstell- und ver-
arbeitbar sind. Zur automatischen Verarbeitung der Zustandsgrößen des
Prozesses ist ein umfangreiches Prozeßleitsystem erforderlich. Es muß
neben der Bestimmung der Ein- und Ausgangsgrößen des Prozesses auch die
Bestimmung des Prozeßverhaltens ermöglichen.
Beim Modell, basierend auf chemisch/physikalischen Gesetzmäßigkeiten werden über diese die Prozeßvariablen mit den Ausgangsgrößen verknüpft.
Letztere werden dann aus ersteren berechnet. Das Modell setzt sich aus
Bilanzen und Stoffdaten zusammen, kurz, alles, was die chemisch/physi-
kalischen Zusammenhänge beschreibt, gehört zu diesem Modell; damit wird
auch schon eine Schwäche des Modells deutlich: schon ein fehlender oder
nicht zugänglicher Wert kann das Ganze in Frage stellen.
Beim mathematischen Modell, basierend auf statistischen Grundlagen, werden die Eingangs- und Führungsgrößen über statistische Zusammenhänge
miteinander verknüpft. Das Innenleben des Prozesses interessiert hierbei
nicht. Ohne großen Aufwand aufstellbare Bilanzen können zur Kontrolle
bzw. zur Ergänzung des Modells eingesetzt werden.
Nach der Auswahl eines dieser Modelle bleibt noch zu klären, ob der Pro-

zeß als Ganzes behandelt werden muß, oder ob er in Teilprogramm zerlegt werden kann. Je komplexer der Prozeß ist, um so wichtiger ist diese Frage. Bei der extraktiven Aufarbeitung wässriger Essigsäure [1], bestehend aus einer 4-stufigen Extraktion, einer Extrakt-Destillation und einer Raffinat-Destillation ist das möglich. Exemplarisch soll für den Teilprozeß Extraktion ein auf statistischer Grundlage basierendes Modell dargestellt werden. Von den hierfür in Abb.1 aufgeführten möglichen Wegen wird der, von der faktoriellen Versuchsplanung ausgehende Weg beschritten.

Die Auswertung des Versuchsplanes liefert uns neben den signifikanten Wirkungen und Wechselwirkungen unter bestimmten Bedingungen auch das mathematische Modell, das die Eingangs-, Führungs- und Ausgangsgrößen Abb.2 miteinander verknüpft. Wird die Zulaufmenge F konstant gehalten und das Mengenverhältnis L/F vorgegeben, ist die Lösungsmittelmenge L eine abhängige Variable. Die frei wählbaren Prozeßvariablen lauten dann: $x_{(0,1)}$, $y_{(5,1)}$ und L/F. Aus diesen Überlegungen ergibt sich ein 2^3-Versuchsplan, d.h., die drei Faktoren wurden auf je 2 Niveaus eingestellt.

Gemessen werden die Raffinatmenge R_4 der 4. Stufe und die Raffinatkonzentration $x_{(4,1)}$. Die restlichen Ausgangsgrößen werden aus den Bilanzen bestimmt:

$$E_1 = F [1 + (L/F)] - R_4$$

und

$$y_{(1,1)} = [F \cdot (x_{(0,1)} + \frac{L}{F} \cdot y_{(5,1)}) - R_4 \cdot x_{(4,1)}]/E_1$$

Nach Erweiterung des Versuchsplanes werden über den folgenden Ansatz die Essigsäurekonzentrationen im Raffinat der 4. Stufe:

$$x_{(4,1)} = A_0 + A_1 \cdot x_{(0,1)} + A_2 \cdot y_{(5,1)} + A_3 \cdot (L/F) + A_4 \cdot x_{(0,1)}^2 +$$

$$+ A_5 \cdot y_{(5,1)}^2 + A_6 \cdot (L/F)^2 + A_7 \cdot x_{(0,1)} \cdot y_{(5,1)} + A_8 \cdot x_{(0,1)} \cdot$$

$$\cdot (L/F) + A_9 \cdot y_{(5,1)} \cdot (L/F)$$

und entsprechend die zugehörige Raffinatmenge

$$R_4 = f(x_{(0,1)}, y_{(5,1)}, L/F)$$

berechnet.

Ergänzt wird das Modell durch die Gleichgewichtsbezeichnungen zur Berechnung der Wasser- und Butylacetatkonzentrationen:

$$y_{(1,2)} = 1,5 + 0,3221 \cdot y_{(1,1)} \qquad [Gew.\%]$$

$$x_{(4,3)} = 0,5 + 0,04167 \cdot x_{(4,1)} \qquad [Gew.\%]$$

und Berechnung der restlichen Konzentrationen aus den Bilanzen

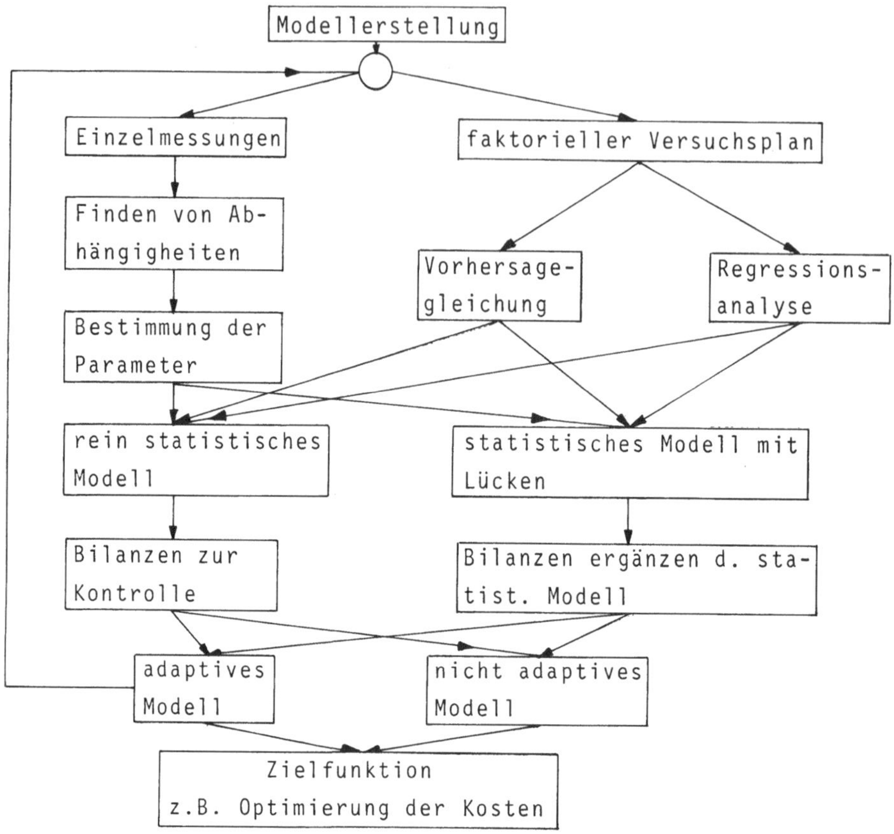

Abb.1: Wege zum mathem. Modell, basierend auf statistischen Grundlagen

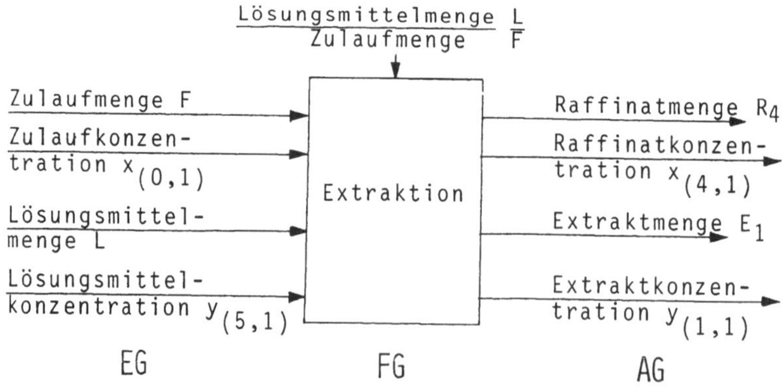

Abb.2: Prozeßbeschreibende Größen der Extraktion (AG=Ausgangsgr.; EG=Eingangsgr.; FG=Führungsgr.; 1.Index: Stufe; 2.Index: betrachtete Komponente des Gemisches (1=Essigsäure, 2=Wasser, 3=Butylacetat))

$$y_{(1,3)} = 100 - y_{(1,1)} - y_{(1,2)}; \quad x_{(4,2)} = 100 - x_{(4,1)} - x_{(4,3)}$$

Die an der Anlage gemessenen Werte bestätigen den Modellansatz (Abb.3)

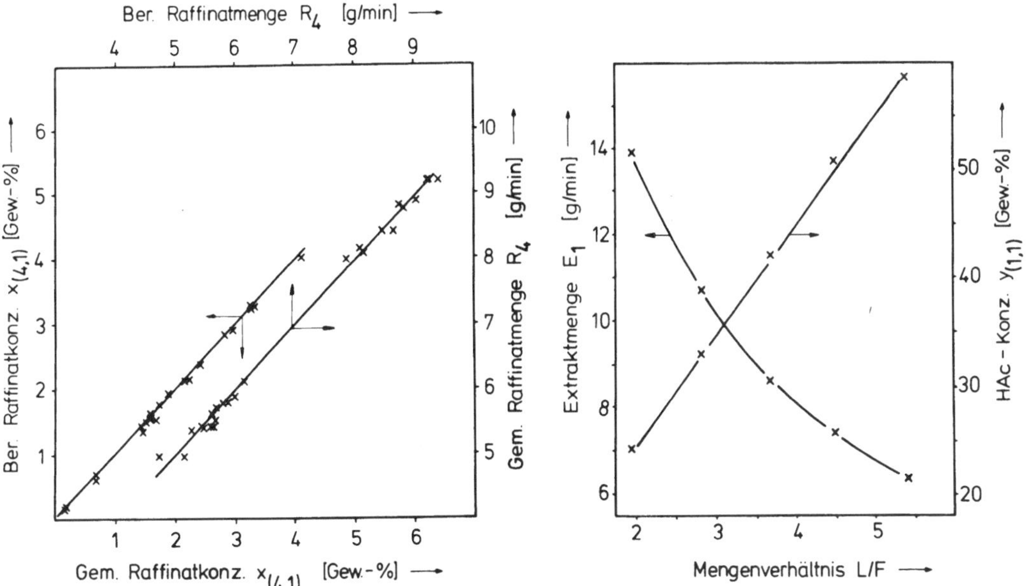

Abb.3:Vergleich der gemessenen(x) mit den berechneten Ausgangsgrößen

Für einen adaptiven Einsatz des Modelles wird die Anlage an einen Prozeß-
rechner angeschlossen. Über die so erfaßten prozeßbeschreibenden Größen
werden die Modellparameter fortlaufend dem aktuellen Betriebszustand der
Anlage angepaßt. Dadurch "läuft" das Modell dem Prozeß mit einer geringen
Zeitverzögerung hinterher. Aus dem statischen wird ein quasi dynamisches
Modell.

Die mit der Zielfunktion ermittelten Betriebskosten zeigen hohe Kosten
für die Extraktdestillation, mittlere für die Raffinatdestillation (Abb.4)
und geringe für die Extraktion.

Die im Rahmen der früher durchgeführten Prozeßsynthese getroffene Entscheidungen:

1. für eine nur 4-stufige Extraktionsanlage muß überprüft werden. Zumindest bei hohen Zulaufkonzentrationen bietet sich eine Erweiterung der
   Extraktion um 2 oder 3 Stufen an, so daß entweder bei gleichbleibender
   Lösungsmittelmenge die Summe der Raffinataufarbeitungskosten sinken
   oder bei gleichbleibender Extraktkonzentration die Lösungsmittelmenge
   reduziert wird und damit die Kosten für die Extraktaufarbeitung sinken.

2. für den Einsatz einer Kolonne zur Aufarbeitung des Raffinates ist zu
   überprüfen, da eine direkte Neutralisation nur 3-4% höhere Betriebs-

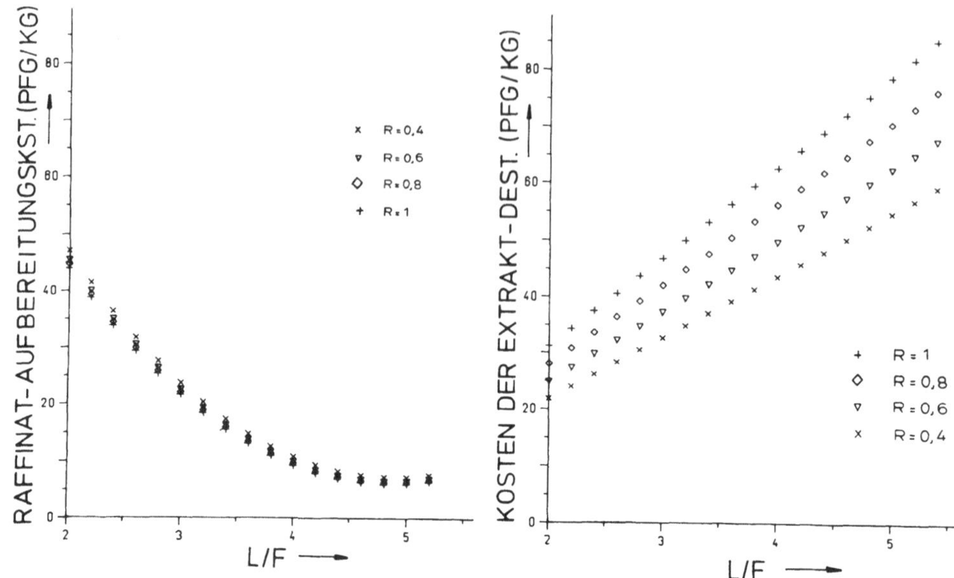

Abb.4: Ergebnisse der Optimierung für die Zulaufkonzentration
$x_{(0,1)}$= 10 Gew.%; R=Rücklaufverh. der Extrakt-Destillation;
L/F = Lösungsmittel/Zulaufmengenverhältnis der Extraktion

kosten verursacht. Eine Entscheidung hierüber kann unter Hinzuziehung
der Anlagenkosten getroffen werden.

Beide Fälle sind im Rahmen der Prozeßsynthese wegen der vorwiegend verwendeten Schätzmethoden kaum unterscheidbar, sollten jetzt jedoch Ausgangspunkt für eine erneute Synthese sein.

<u>Zusammenfassend</u> kann festgestellt werden:
Das physikalische Modell gibt immer das aktuelle Prozeßgeschehen wieder,
da die technische Prozeßausführung selbst das Modell darstellt. Es eignet
sich gut für den laufenden Betrieb, wenn die Zahl der Prozeßvariablen
- abhängig vom dynamischen Verhalten der Anlage - nicht groß ist. Bei
Verwendung eines rechnergestützten Prozeßleitsystems ist der meß-, steuer-
und regelungstechnische Aufwand erheblich. Schon eine nicht direkt meßbare Zustandsgröße des Prozesses stellt das gesamte System in Frage. Ein
Ausweg kann in der rechnerischen Abschätzung dieser Prozeßinformationen
bestehen.

Das Arbeiten mit dem physikalischen Modell sollte immer zu einem "Kennen-
lernen" und darüber hinaus zu einem auf statistischen Grundlagen basierenden Modell führen. Arbeitet dieses adaptiv, werden die Modellparameter
ständig angepaßt, so daß das Modell immer das aktuelle Prozeßgeschehen
wiedergibt. Das Modell kann modular aufgebaut werden. Es wird dadurch
leicht handhabbar und sehr flexibel, was besonders wichtig wegen der vielfältigen Rückkopplungen chemischer Prozesse ist. Es benötigt nur geringe

Rechenzeiten, was den Echtzeitbetrieb mit den dynamisch immer empfindlicher werdenden Prozessen ermöglicht. Ein wesentliches Problem beim Einsatz des statistischen Modells besteht im Finden einfacher Modellstrukturen, d.h. den Prozeß beschreibender statistischer Abhängigheiten zwischen den Prozeßeingangs- und -ausgangsgrößen. Ein wichtiges Hilfsmittel hierzu liefert die Statistik selbst in Form der Versuchsplanung.

Bei dem auf chemisch/physikalischen Gesetzmäßigkeiten basierenden Modell müssen diese, den Prozeß beschreibenden Zusammenhänge, lückenlos bekannt und mathematisch formulierbar sein, was einen großen Aufwand bei der Modellerstellung und der Parameteranpassung zur Folge hat. Letzteres ist vor allem dann problematisch, wenn diese durch das sich ändernde Prozeßgeschehen häufig nötig werden. Es ist leicht möglich, daß die Änderungen im Betrieb schneller erfolgen, als die Parameter angepaßt werden können. Wegen der den Prozeß beschreibenden Differentialgleichungen sind hohe Rechenzeiten zu erwarten, die die Echtzeitverarbeitung in Frage stellen.

Bei der Auslegung von Anlagen ist das Modell ein wertvolles Hilfsmittel vor allem dann, wenn einige vereinfachende den Prozeß beschreibende Annahmen gemacht werden können und zur Reduzierung der Rechenzeiten ein Hybridrechner eingesetzt wird. Von den verglichenen Modellen ist das auf statistischen Grundlagen basierende, adaptiv arbeitende Modell das geeigneteste. Es zeichnet sich durch Flexibilität, leichte Handhabbarkeit, schnelle Reaktion bei Änderung der Prozeßvariablen und durch Wiedergabe des aktuellen Prozeßgeschehens aus.

Es bietet sich an, für die verschiedensten chemisch/technischen Teilprozesse derartige Modellstrukturen zu erstellen, die dem Anwender die Verknüpfung beliebiger Teilmodelle ermöglichen und ihm vorgeben, welche signifikanten, den prozeßbeschreibenden Größen gezielt zu messen sind, um die Anpassung der Modellparameter vornehmen zu können.

Literatur:

[1] ENGELMANN, H.-D.: Simulation einer Gegenstrom-Extraktionsanlage, Analyt. Chem. (1983)316:205-209

SIMULATION MIT ANGEPASSTER MODELLBILDUNG ZUR OPTIMIERTEN,
MANUELLEN REGELUNG VON PROZESSEN

K. Diekmann
Ruhr-Universität Bochum, FRG

1. Einleitung

Trotz der Entwicklung moderner Regelungskonzepte wird bei realen Produktionsprozessen meist dem Menschen die Verantwortung der übergeordneten Regelung übertragen. Dabei vertraut man besonders in Extremsituationen auf die Erfahrung und das menschliche Beurteilungsvermögen. Zur Unterstützung der menschlichen Entscheidung und zur Abschätzung der zu erwartenden Prozeßreaktionen ist die Simulationstechnik ein wichtiges Bindeglied zwischen dem Menschen und der Prozeßrechentechnik geworden. Dieser Beitrag soll zeigen, wie durch laufende Prozeßbeobachtung immer ein dem Prozeß angepaßtes Modell ermittelt werden kann, welches dann anhand verschiedener Simulationsmöglichkeiten eine wichtige Entscheidungshilfe für die manuelle Regelung realer Prozesse ist. Die Modellbestimmung erfolgt mit einem bekannten Identifikationsverfahren.

2. Problemstellung

Bei einem konventionellen Reglerentwurf geht man fast ausschließlich von einer linearen, zeitinvarianten Prozeßbeschreibung aus. Ist das vollständige Prozeßverhalten näherungsweise durch ein solches Modell beschreibbar, ist der Reglerentwurf in der Regel optimal auslegbar. Leider weisen viele reale Prozesse die Eigenschaften der Linearität und der Zeitinvarianz nicht aus, oder diese Eigenschaften werden durch starke Störungen nicht mehr erkennbar. Man kann dann einen gegen diese Veränderungen robusten Regler oder ein sich dem veränderten Prozeßverhalten angepaßten, adaptierten Regler einsetzen. Sicherlich haben solche Regler ihre Leistungsfähigkeit in der Vergangenheit bei mehreren Einsätzen an realen Anlagen bewiesen. Dennoch besteht bei den meisten Betreibern von sogenannten "schwierigen" Prozessen das größere Vertrauen in der manuellen Regelung durch erfahrenes Betriebspersonal, was sicherlich berechtigt ist.

Das hier vorgestellte Vorgehen stellt keine grundlegenden Neuentwicklungen dar, sondern verdeutlicht in explizit dargestellten Schritten den Übergang von der manuellen zur automatischen (adaptierten) Regelung. Dadurch wird es den Betreibern aber erst möglich, den Grad der Automatisierung selbst auszuwählen und je nach erlangtem Vertrauen in die Regelung zur vollständigen Automatisierung überzugehen.

Grundlage dieses Vorgehens ist eine angepaßte Modellbildung und eine anschließende Simulation zukünftiger Prozeßereignisse, die eine vollständige Handlungsfreiheit für das Bedienungspersonal gewährleisten.

3. Die angepaßte Modellbildung
3.1. Die Wahl der Modellform

Bei der Wahl der Modellform muß die Forderung erfüllt werden, daß auch nichtlineares
Prozeßverhalten erfaßt werden muß. Die in der Literatur gegebenen Beschreibungsfunktio-
nen für nichtlineare Systeme, wie z. B. die Volterra-Reihen, sind bei den hier betrachteten Prozessen bezüglich der Identifikation, also auch der Simulation, zu aufwendig
und nicht realitätsnah. Für einen großen Teil der nichtlinearen Prozesse ist jedoch
die Annahme gerechtfertigt, daß sie für eine begrenzte Anzahl von Arbeitspunkten bzw.
für eine begrenzte Anzahl von Prozeßzuständen stückweise linearisierbar sind. Dann
kann jedem Arbeitspunkt X_i bzw. jedem Prozeßzustand X_i ein Modell mit einem eigenen
Satz von Parametern zugeordnet werden. Dies sei kurz an einem Beispiel erläutert:
Beispiel: Der Prozeß besitzt für positive (X_1) und negative (X_2) Stellgrößenänderun-
gen unterschiedliches Prozeßverhalten. Man verwendet dann einen Parametersatz $\underline{p}_1$ für
den Zustand X_1 und einen Parametersatz $\underline{p}_2$ für den Zustand X_2.

Kann allgemein der Prozeß in ℓ definierbare Prozeßzustände aufgeteilt werden, so erhält man als vollständige Prozeßbeschreibung das Modell

$$
M = \left\{ \begin{array}{l} M(\underline{p}_1) \text{ für den Prozeßzustand } X_1 \\ \vdots \\ M(\underline{p}_\ell) \text{ für den Prozeßzustand } X_\ell \end{array} \right\} . \tag{1}
$$

Verschiedene Prozeßzustände können auch durch externe Eingriffe (z. B. 2. Eingangsgröße oder definierbare Störungsquellen) hervorgerufen werden. Eine ausführliche Darstellung der dadurch erfaßbaren Klasse von nichtlinearen Systemen findet sich in [1],
wo auch die parallele Identifikation der verschiedenen Parametersätze beschrieben
wird.

Aufgrund dieser Linearisierung für definierte Prozeßzustände ist die Verwendung eines
einfachen, linearen Modellansatzes möglich. Bei Berücksichtigung des Auftretens von
farbigen Rauschsignalen in den erfaßten Meßgrößen ist das 2. Erweiterte Modell von
Åström eine geeignete Modellform. Das Modellausgangssignal $\hat{y}$ zum Zeitpunkt k wird
damit rekursiv berechnet nach

$$
\hat{y}(k) = \underline{p}_i^T(k-1) \, \underline{m}(k) \tag{2}
$$

mit dem Parametervektor

$$
\underline{p}_i(k) = [a_{i1} \dots a_{in} \mid b_{i1} \dots b_{in} \mid c_{i1} \dots c_{in}]^T \tag{3}
$$

und dem Meßwertvektor

$$
\underline{m}(k) = [-y(k-1) \dots -y(k-n) \mid u(k-1) \dots u(k-n) \mid e(k-1) \dots e(k-n)]^T . \tag{4}
$$

Während die Ausgangssignale y und die Eingangssignale u meßbar sind, muß der Gleichungsfehler e geschätzt werden.

Zur rekursiven Berechnung der Modellausgangsgröße y nach Gl.(3) müssen die Parameter
a_{ij}, b_{ij} und c_{ij} bestimmt werden.

3.2. Bestimmung der Modellparameter

Die Schätzung der Modellparameter soll mit dem rekursiven Identifikationsverfahren
nach Åström und Mayne [2] erfolgen. Dieses Verfahren ist relativ einfach zu implementieren und hat insbesondere bei stark gestörten Systemen erhebliche Vorteile gegenüber den einfachen Least-Squares-Verfahren. Das Verfahren besteht aus drei Stufen:

1. Stufe: Schätzung des Störsignals, welches das dem Ausgangssignal überlagerte
   Rauschen verursacht.
2. Stufe: Schätzung der Parameter c_{ij} des Störfilters unter Verwendung der geschätzten
   Störsignale aus der ersten Stufe.
3. Stufe: Schätzung der Parameter a_{ij}, b_{ij} und c_{ij} mit gefilterten Signalen.

Die Identifikation liefert für jeden Zeitpunkt k eine rekursiv verbesserte Schätzung
der Parameter. Bezüglich einer detaillierten Beschreibung des Algorithmus sei auf die
Arbeit [2] verwiesen.

3.3. Die Identifikation nichtlinearer Systeme

Um die Identifikation einer gewissen Klasse von nichtlinearen Systemen zu ermöglichen,
wurde ein Modell mit mehreren Parametersätzen eingeführt. Die verschiedenen Parametersätze können parallel innerhalb einer Meßreihe bestimmt werden. Der Schätzalgorithmus
leitet aus einer Informationsgröße ab, welcher Parametersatz jeweils bestimmt werden
soll. Dabei vergrößert sich der rechentechnische Aufwand nur geringfügig. Die Infor-
mationsgrößen können aus dem Eingangssignal, meßbaren Prozeßzustandsgrößen oder durch
externe Mitteilung durch das Bedienungspersonal bestimmt werden. Die Parallelidentifi-
kation wird ausführlich in [1] behandelt.

3.4. Die Identifikation des zeitvarianten Verhaltens

Zeitlich langsame Veränderungen der Parameter sind für die Identifikation bei Einsatz
von Konvergenzverbesserungsmaßnahmen völlig unproblematisch. Die Parameter passen sich
dieser Veränderung hinreichend genau an.

Schwieriger ist die Parameteranpassung bei zeitlich schnell veränderlichen Systemen,
zumal wenn sie erst nach einer langen Zeit der Zeitvarianz auftreten. Parameteradapti-
ve Verfahren versuchen daher, die Empfindlichkeit der Schätzgleichungen zu erhalten.
Dies hat jedoch den Nachteil, daß auch Störungen eine Veränderung der Parameter bewirken können, ohne daß dies erwünscht ist.

Besser ist ein Kriterium, welches trotz beliebiger Störungen eindeutig und selbständig erkennt, wann eine Parametervariation eintritt und auch abschätzt, wie groß die
Variation ist. Als sinnvolle Beurteilungsgröße hat sich der Gleichungsfehler $\hat{e}_2$ der
2. Stufe des Åström-Mayne-Verfahrens

$$\hat{e}_2 = \underset{\substack{\text{gemessene} \\ \text{Ausgangsgröße}}}{y} - \underset{\text{geschätzte}}{\hat{y}} - \underset{\substack{\text{Rauschterm der} \\ \text{1. Stufe}}}{\hat{e}_1}$$

erwiesen. Der quadratische Mittelwert dieses Fehlers über die jeweils letzten 50 Meßwerte kann als aussagekräftiges Beurteilungskriterium über aufgetretene Variationen
angesehen werden. Eine detaillierte Beschreibung wird hierzu in [3] gegeben.

Mit Hilfe des hier beschriebenen Modells, des Schätzverfahrens und der Variationser-
kennung ist eine dem aktuellen Prozeßzustand angepaßte Modellbildung für nichtlineare
zeitvariante Prozesse zu jedem Abtastzeitpunkt möglich.

4. Die Simulation

4.1. Die Simulationsverfahren

Nach Gl.(3) kann zum Zeitpunkt k das aktuelle Modellausgangssignal $\hat{y}(k)$ mit Hilfe des
Parametervektors $\underline{p}(k-1)$ und des Meßwertvektors $\underline{m}(k)$ berechnet werden. Beide Vektoren
enthalten nur Meß- oder Schätzwerte, die bereits zum Zeitpunkt k-1 bekannt sind. So-
mit läßt sich also rekursiv das Modellausgangssignal für jeweils einen Schritt vorhersagen (one-step-ahead prediction). Verwendet man dabei in Gl.(4) die vorher geschätzten Modellausgangssignale $\hat{y}(k-\ell)$ für $\ell = 1, \ldots, n$, so wird eine Nachbildung des unge-
störten Prozeßausgangssignals erzielt. Werden die gemessenen, störungsbehafteten Ausgangssignale eingesetzt, so wird eine Schätzung des realen Prozeßausgangs erfolgen.
Der Benutzer kann jeweils nach gewünschter Simulationsgröße die Elemente des Vektors
in Gl.(4) belegen.

Mit Hilfe dieser Einschrittvorhersage kann dem Bedienungspersonal zu jedem Zeitpunkt
mitgeteilt werden, welche Prozeßreaktion es im nächsten Abtastschritt zu erwarten hat.
Es kann somit bereits vor dem Eintreten eines Ereignisses darauf reagieren.

4.2. Die Vorhersage des zukünftigen Prozeßverhaltens

Geht man von der Annahme aus, daß sich der Parametervektor $\underline{p}$ in den nächsten v Schritten nicht wesentlich ändert, so kann bei Vorgabe einer Eingangsgröße nach Gl.(3) das
zukünftige Ausgangsverhalten für v Schritte rekursiv berechnet werden. Diese Voraus-
berechnung ermöglicht dem Bedienungspersonal, Prozeßaktionen für verschiedene Eingangssignale abzuschätzen. Die Vorgabe der Eingangsgröße kann entweder durch das Bedienungspersonal oder automatisch durch einen begleitend arbeitenden Regler erfolgen. Je nach
Abtastrate sind zwischen zwei Abtastungen mehrere Simulationsläufe möglich, die einen
Vergleich zur Auswahl der optimalen, manuellen Stellgröße ermöglichen. Erweist sich
die vom Regler berechnete Stellgröße über einen bestimmten Zeitraum als optimal, so
kann diese Größe dann auch direkt auf das Regelsystem gegeben werden, wodurch der
letzte Schritt zur Automatisierung erfüllt wäre.

Die Vorhersage des zukünftigen Prozeßverhaltens kann dann begleitend zur Überwachung
des geschlossenen Regelkreises durch den Menschen erfolgen.

Tritt während der Vorhersage ein Arbeits- oder Prozeßzustandwechsel ein, so sind die
Parametersätze $\underline{p}$ jeweils dem aktuellen Parametersatz anzupassen.

4.3. Genauigkeit und Stabilität der Simulation

Sowohl die Genauigkeit als auch die Stabilität der Signalvorhersage des Prozeßausgangssignals sind im wesentlichen nur ein Problem der Modellbildung. In der Regel wird es ausreichen, wenn die Vorhersage sich über 20-30 Abtastschritte erstreckt, so daß keine numerischen Schwierigkeiten während der Simulation zu erwarten sind. Hinzu kommt, daß die Vorhersage zu jedem Abtastschritt auf den aktuellen Modellparametern und den aktuellen Meßwerten basiert und somit ein Folgefehler nicht aufgebaut werden kann.

Problematisch bleibt die Modellbildung und die ständige Anpassung der Modellparameter. Neben den allgemeinen Schwierigkeiten der Identifikation, wie z. B. Wahl der Abtastzeit, Ordnung, Signalerregung etc., treten bei dem hier durchgeführten, fortlaufenden Verfahren zusätzliche Probleme aufgrund der möglichst schnellen Parameteranpassung nach einer Parametervariation auf. Die notwendige Empfindlichkeit zur Parameteranpassung kann u. U. bei einer starken, unerkannten Störung zur Instabilität der Schätzung führen. Dies läßt sich jedoch sehr schnell anhand des Fehlers aus Gl.(5) erkennen. Die Parameterschätzung sollte dann unterbrochen und mit neuen Startwerten fortgesetzt werden, wobei die Startwerte aus den Parametern vor Einsetzen der Störung ermittelt werden können.

Die Genauigkeit der Ausgangssignalvorhersage ist i. a. bereits nach 30-50 Schritten erreicht, obwohl die Abweichung der geschätzten von den wahren Parametern je nach Ordnung und Störungsart erst nach 300-500 Schritten innerhalb einer gewissen Fehlerschranke liegt. Insofern können die Parameter zwar nicht zu einem Reglerentwurf verwendet werden, jedoch reichen sie für Simulationszwecke vollständig aus.

5. Zusammenfassung

Die in dieser Arbeit vorgestellte Modellbildung und Simulation in explizit aufeinanderfolgenden Schritten ermöglicht eine stufenweise Optimierung des Prozeßbetriebes. Dem Bedienungspersonal wird verdeutlicht, welche Prozeßreaktionen auf welche Steuersignale zu erwarten sind, so daß es bereits rechtzeitig vor Eintreten eines Ereignisses darauf reagieren kann.

Literatur

[1] Diekmann, K., Modelldesign and simulation of a certain class of nonlinear processes. 1. European Simulation Congress, Aachen, 1983.

[2] Åström, K.J., Mayne, D.Q., A new algorithm for recursive estimation of controlled ARMA processes. 6th IFAC Symp. on Identification and System Parameter Estimation, Washington, 1982.

[3] Kortmann, M., Die Identifikation technischer Anlagen mit Hilfe eines Mikrorechners. Ruhr-Universität Bochum, Diplomarbeit ESR-8401, 1984.

Diese Arbeit wurde unterstützt durch die Deutsche Forschungsgemeinschaft unter Un 25/23.

DIE COMPUTERSIMULATION EINER GROSSEN MIT SOLARENERGIE BETRIEBENEN
TABAKTROCKNUNGSANLAGE IN NORDARGENTINIEN

K. Bolst

D - Ruhr-Universität Bochum

Es wird das Leistungs- und Betriebsverhalten eines großen Luftkollek-
tor-Speichersystems zur solarunterstützten Virgin-Heißlufttrocknung
mit 10-t-Bulk-Trocknern untersucht. Die Anlage wurde in Salta (Nordargentinien) errichtet (s. Abb. 1).

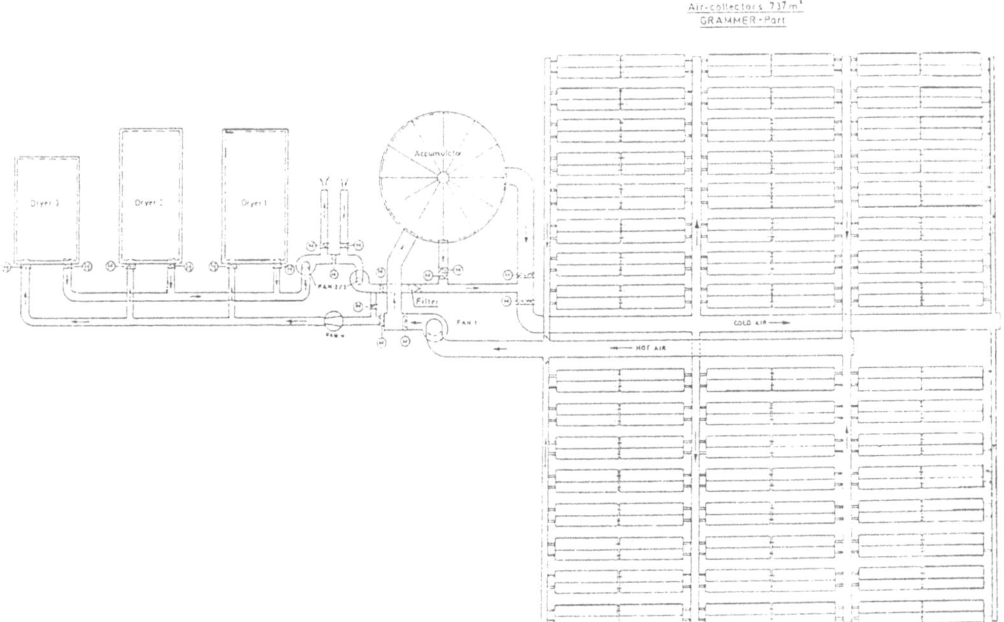

<u>Abb. 1:</u> Anlagenschema einer solarbetriebenen 30-t-Tabaktrocknungsanlage

Da es sich um die größte solarbetriebene Virgin-Trocknungsanlage der
Welt handelt, diese außerdem gewerblich genutzt wird (eine Trockner-
füllung hat den Wert von ca. 4500 DM), sind Experimente mit der Anlage
sowie Modifikationen an ihr nur in begrenztem Maße und Untersuchungen
über das Betriebsverhalten nur während der Trocknungssaison von Dezember bis Februar möglich.

Um dennoch Betriebs- und Leistungscharakteristik unter verschiedenen
Rahmenbedingungen überprüfen zu können, wird als Weg die C o m p u -
t e r s i m u l a t i o n   gewählt.

<u>Methodik</u>

Die Vorgehensweise bei der Computersimulation läßt sich zweckmäßigerweise in drei grundlegende Elemente, wie sie in Abb. 2 dargestellt sind,
aufteilen. Dies entspricht den Forderungen des Technischen Komitees der
Gesellschaft für Computersimulation (SCS). /1/ Die inneren Pfeile beschreiben Prozesse, die die Elemente miteinander verbinden, die äußeren Pfeile beziehen sich auf Prozeduren, die die Glaubwürdigkeit dieser Prozesse belegen sollen.

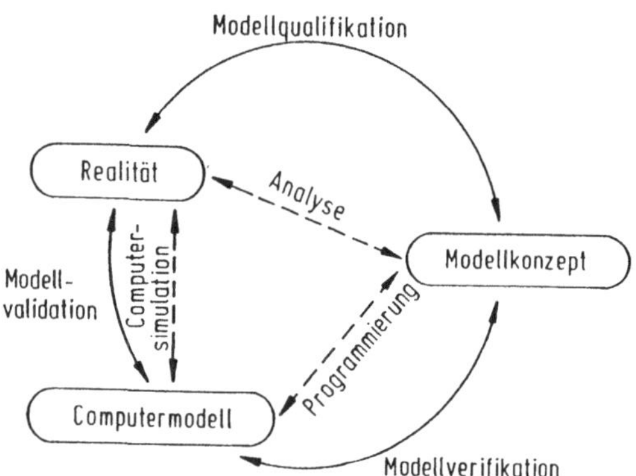

<u>Abb. 2:</u> Elemente der Computersimulation und ihre Verknüpfung
        untereinander

Die drei wichtigsten Schritte zur Beurteilung eines Computermodells
sind hiernach
        - die Modellqualifikation,
        - die Modellverifikation und
        - die Modellvalidation,
die nun im einzelnen kurz erläutert werden.

Bei der <u>Modellqualifikation</u> wird untersucht, inwieweit das Modellkonzept zur Lösung der Aufgabe geeignet und in der Lage ist, die vorgegebene Realität zu beschreiben. Diese Untersuchung muß bei sämtlichen
Komponenten eines Modells durchgeführt werden. Da aber häufig nicht

für alle Komponenten gleich gute Konzepte vorhanden sind, wirkt sich
dies negativ auf das Gesamtmodell aus.

Die <u>Verifikation</u> weist nach, daß das Modellkonzept richtig auf dem Computer implementiert wurde, d.h. es wird die Korrektheit der Komponenten-
verknüpfungen untersucht, und es werden Modell-Outputs auf ihre Plausibilität hin überprüft.

Die <u>Validation</u> besteht aus einem ausführlichen Output-Vergleich, der
nach folgendem <u>Grundmuster</u> erfolgt:

$$\left. \begin{array}{l} I_S + S \longrightarrow O_S \\ I_M + M \longrightarrow O_M \end{array} \right\} \quad O_M \approx O_S \ ?$$

Hierbei bedeuten:
I_S System-Input, S Struktur des realen Systems, O_S System-Output,
I_M Modell-Input, M Modell, $\qquad\qquad O_M$ Modell-Output.

Die Inputs des realen Systems (I_S) werden dem Modell aufgegeben und die
System- und Modell-Outputs (O_S und O_M) miteinander verglichen. Es ist
darauf zu achten, das Parameterwerte nicht dem Modell-Input, sondern
der Modellstruktur zuzurechnen sind. Wenn das Modell trotz gleicher
Inputs völlig abweichende Outputs erzeugt, so ist das ein Zeichen dafür, daß es sich hierbei um eine nicht zutreffende Abbildung des realen
Systems handelt. Die Validität des Verhaltensmodells ist direkt proportional der Übereinstimmung der Outputs.

Wegen seines modularen Aufbaus wurde für diese Untersuchung der TRNSYS-
Simulator, der in Standard-FORTRAN geschrieben ist, eingesetzt. Durch
den Einsatz aufwendiger Overlay-Techniken wurde er in eine Minicomputer-
version modifiziert und auf einem 16-Bit-Rechner implementiert. Zusätzlich wurde TRNSYS durch Extrakomponenten erweitert, die die Trockner,
spezielle Regelungsstrategien und das Verhalten von Gewächshäusern
simulieren.

Ergebnisse

Die Modellqualifikation ergab, daß alle Komponenten zufriedenstellend
nachgebildet werden konnten. Das Computermodell wurde mit Meßdaten aus
Argentinien validiert. Die Validation belegte, daß das Gesamtmodell das
thermische sowie das Regelverhalten der Anlage innerhalb des beabsich-

tigten Anwendungsbereichs zufriedenstellend wiedergab.
Die Simulationsläufe wurden für das Gesamtsystem mit Komponentenmodifikationen sowie unterschiedlichen Betriebsweisen durchgeführt. Abb. 3 zeigt die Ergebnisse für den Energieverbrauch und den solaren Deckungsanteil.

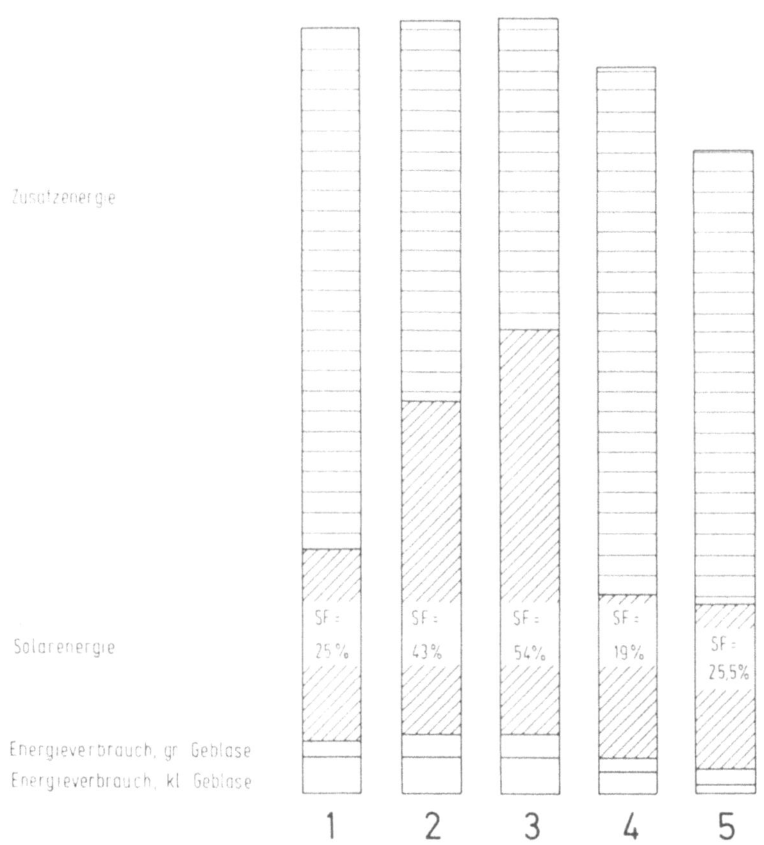

<u>Abb. 3</u>: Ergebnisse der Simulationsläufe, Energieverbrauch und solarer Deckungsanteil (SF)

<u>Erläuterung</u>:

1 Anlage mit allen Leckagen (= reale Anlage), eingesetzt für den gesamten Trockenzyklus
2 das gleiche System, jedoch ohne Leckagen
3 das gleiche System mit verbesserten Kollektoren
4 reale Anlage mit Leckagen nur für die Phase einer zweitägigen Blatttrocknung; (der gesamte Trocknungszyklus beträgt normalerweise fünf Tage bei Temperaturen zwischen 25 und 75° C)
5 entsprechende <u>Meßwerte</u> der Blatttrocknung zum Vergleich

Um die Verwendbarkeit des Solarsystems für andere Zwecke und außerhalb
der kurzen Trocknungszeit zu überprüfen, wurde es mit einer Gewächs-
hauskomponente gekoppelt. Bei einem einfachverglasten Gewächshaus mit
1194 m^2 Hüllfläche liegt der solare Deckungsanteil im Jahresmittel bei
etwa 80 %, beim doppelverglasten bei 90 %.

Schlußfolgerungen

Die Ergebnisse belegen, daß die Anlagenauslegung gut gewählt ist. Es
ist jedoch notwendig, Leckagen im System zu vermeiden, weil dadurch
der solare Deckungsanteil erheblich beeinflußt wird.
Eine Verbesserung der optischen Eigenschaften des Kollektorfeldes,
d.h. Erhöhung der Transmission, brächte noch einmal eine Steigerung
des Deckungsanteils um etwa 10 %.

Bei der Betriebsweise, das Kollektorfeld für den Gesamtzyklus einzusetzen, ist die Anlage in der ersten Trocknungsphase nicht ausgelastet
und in der dritten überlastet. Für eine optimale Anlagennutzung ist
nur der Einsatz für die energieintensive Blatttrocknung sinnvoll.

Eine Nutzung der Anlage ausschließlich während der dreimonatigen
Trocknungsperiode ist unrentabel, eine Ganzjahresnutzung anzustreben.
Unter den Bedingungen in Salta bietet es sich an, außerhalb der Trock-
nungssaison ein Gewächshaus zu beheizen.

Abschließend sei festgestellt, daß es im Rahmen einer rationellen
Energieverwendung notwendig erscheint zu untersuchen, inwieweit die
konventionelle Prozeßführung bei der Heißlufttrocknung modifiziert
werden kann, so daß sie sich für den Betrieb mit Solarenergie besser
eignet.

Literatur

/1/ SCS Technical Committee on Model Credibility:
    Terminology for Model Credibility. Simulation, Vol. 32,
    (1979), S. 103 f.

NaOH AUFLÖSUNGSIMULATION

D. Matko, R. Karba, B. Zupančič, P.Omersel[+]
Elektrofakultät Ljubljana, Tržaška 25, 61000 Ljubljana
[+]Razvojni center Celje, Ul.XIV div.14, 63000 Celje

Jugoslawien

KURZFASSUNG: Die NaOH Auflösung ist ein typisches Endpunktproblem. In diesem Paper wird zuerst das mathematische Modell der Exothermen Reaktion in dem Chargenreaktor mit einigen Nichtlinearitäten und das mathematische Modell des Kühlsystems gegeben. Mit diesem Modell werden die optimalen Zeitverläufe der Temperatur und Konzentration ermittelt, wobei ein Optimierungspaket und die Annäherung des Eingangsignals mit einem Tschebyschewpolynom verwendet wurden.Die optimalen Verläufe werden als entsprechende Sollwertgrössen verwendet und ein PID Regler wurde mit der Stützung desselben Pakets entworfen.

1. EINLEITUNG

Die Simulation kann man erfolgreich für den Technologie-, Geräte- und Regelungsverfahrenentwurf verwenden. In diesem Paper werden die Probleme der Regelung und Optimierung des NaOH Auflösungprozesses beschrieben. Zuerst werden das mathematische Modell der exothermen Reaktion im Chargenreaktor mit einigen Nichtlinearitäten und das mathematische Modell des Kühlsystems gegeben. Es folgt die Beschreibung des Minimierungskriteriums und des Minimierungsverfahrens. Als Ergebniss dieses Verfahrens werden die OptimalenZeitverläufe der Temperatur und Konzentration bekommen,die, wegen der Verschiedenheit der wirklichen Parameter von dennen, die bei der Simulation verwendet wurden, nur als Sollwertgrösse für eine PID Regelung verwendet werden.

2. DAS MATHEMATISCHE MODELL

Die Natriumhydroxidauflösung NaOH, die bei der Produktion des Eisenoxidepigments verwendet wird, muss in genau bestimmten Konzentrationen vorbereitet werden. Für die Simulation des Auflösungprozesses muss ein entsprechendes Modell zur verfügung stehen. Ein praktischer Weg zum entsprechendem Modell wurde in /1/ beschrieben. und ist auf dem Bild 1 zu sehen. Die Gl.6, 7, 8 und 10 beschreiben den Reaktor,Gl. 1, 2 und 5 das Kühlsystem und die Gl. 9 die Energieverluste in die Umgebung.

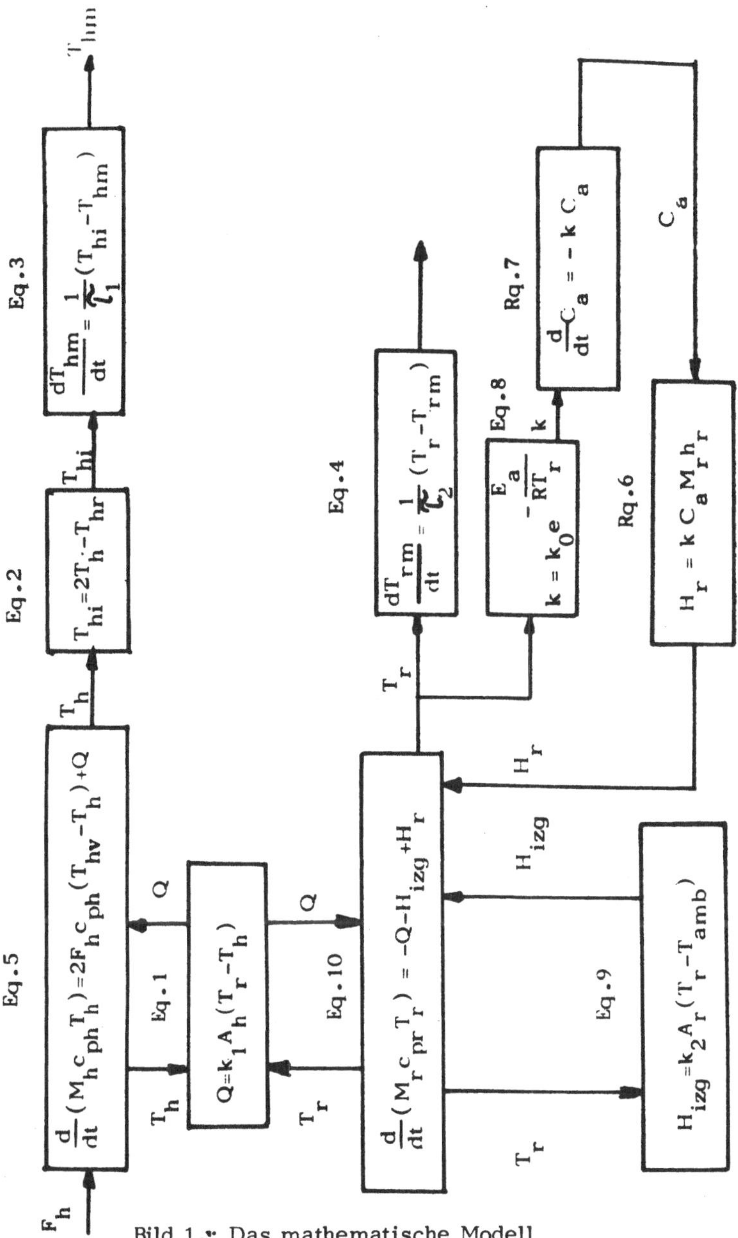

Bild 1.: Das mathematische Modell

3. OPTIMIERUNG

Die NaOH Auflösung ist ein typisches Endwertproblem. Der Ziel der Regelung ist die Temperatur nach 40 Stunden so nah wie möglich am $25\,^{\circ}C$ zu halten und die Menge des nichtaufgelösten NaOH zu minimieren. Beide Forderungen sind konträr, weil hohe Temperatur die Auflösung beschleunigt. Da auf der anderen Seite die Kapazität des Kühlsystems begrenzt ist (maximaler Durchfluss 0,67 l/s und maximale erlaubte

Temperatur des gemischten Wassers, das in den Kühler zurückfliest $12^{o}C$), muss die Kühlung einen bestimmten Vorgang haben. Alle Anforderungen werden im Opimierung-kriterium

$$I = \int_{40\,h}^{50\,h} ((T_r - 25)^2 + C_a^2) \, dt$$

ausgedrückt, wobei T_r die Reaktortemperatur und C_a die Menge des nichtaufgelösten NaOH sind. Bei der Optimierung wurde auch die Beschränkung

$$T_{hii} < 12^{o}C$$

berücksichtigt,wobei T_{hii} die Temperatur des gemischten Rückwassers ist.

Die Optimierung wurde mit einem interaktiven Paket für den rechnergestützten Entwurf von Regelsystemen durchgeführt. Als Eingang diente ein Tschebyschewpolynom dritter Ordnung, da höhere Ordnungen nur wenig am Ergebniss geändert haben. Die optimalen Verläufe (im offenen Kreis) werden im Bild 2 gezeigt, wobei T_r^{*} die Mitteltempera-tur des Reaktors, F_h die Stellung des Dreiwegventils und T_{hii} die temperatur des Rück-wassers sind. Diese Ergebnisse stellen natürlich eine suboptimale Lösung vor und wir haben uns entschlossen den optimalen Verlauf der Reaktortemperatur T_r^{*} so zu ändern,

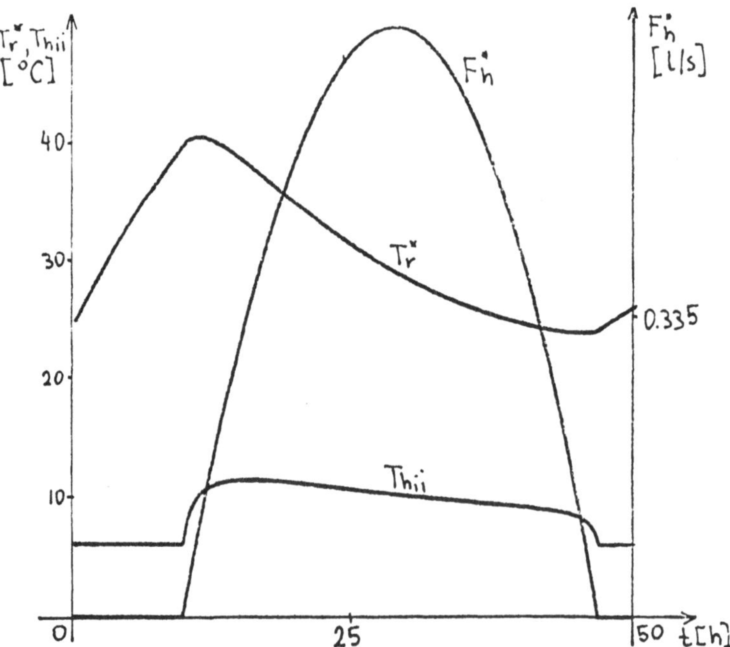

Bild 2.: Optimale Verläufe der Temperatur und Ventilstellung im offenen Kreise

er nach 40 Stunden konstant ($25^{\circ}C$) bleibt. Wegen der Ungenauigkeit des Modells und der verwendeten Parameter wurde eine PID Regelung, die im Bild 4 zu sehen ist, implementiert. Bild 5 zeigt den Verlauf der Reaktortemperatur bei +10% Änderung der thermischen Kunduktivität im Kühlsystem im offenen Kreise (T_r^{-}) , im geschlossenen Kreise (mit PID) (T_r^{+}) und die Stellung des Dreiwegventils. Es ist offensichtlich, dass sich der Verlauf der Reaktortemperatur mit dem PID Regler nur sehr wenig von

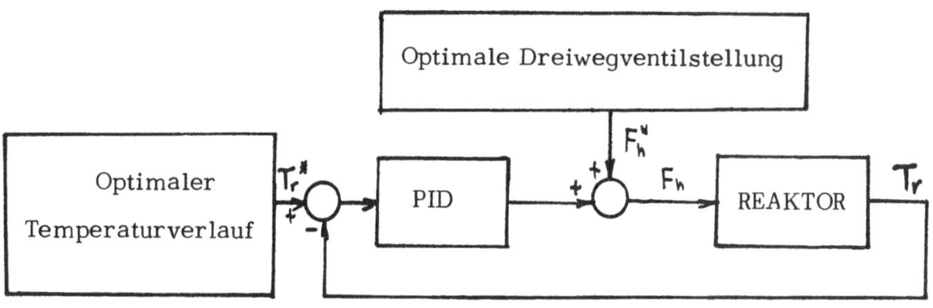

Bild 3.: Implementierung des PID Reglers

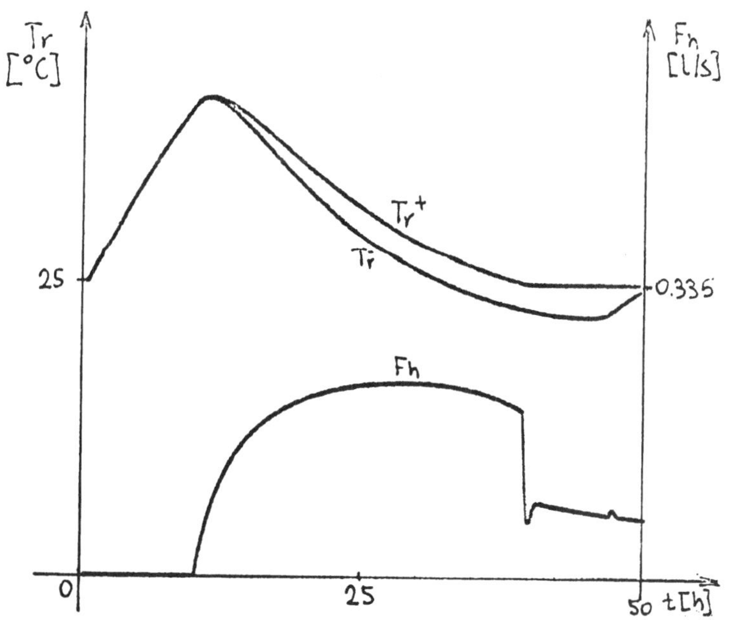

Bild 4.: Verläufe bei +10% Änderung der thermischen Konduktivität

dem optimalen Verlauf unterscheidet. Im Bild 5 sind die gleichen Verläufe bei -10%
Änderung der thermischen Konduktivität zu sehen.

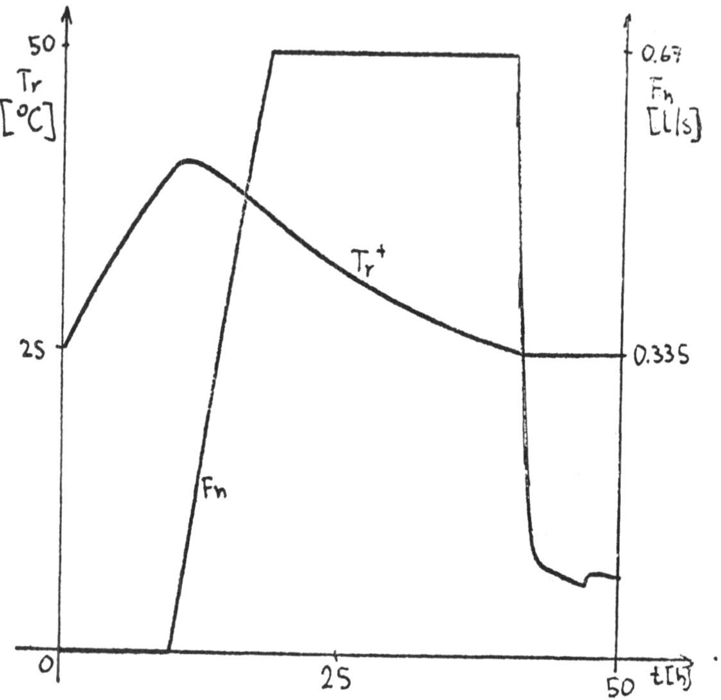

Bild 5.: Verläufe bei -10% Änderung der thermischen Konduktivität

4. SCHLUSSWORT

Mit einem Paket für den rechnergestützten Entwurf von Regelsystemen haben wir die
optimale Regelung der NaOH Auflösung bestimmt. Die Simulation des Vorganges hat
ausgezeichnete Ergebnisse gegeben und wir hoffen, dass die Praxis sie bestätigen wird.

5. LITERATUR

/1/ D. Matko u. an.: A practical approach to the simulation of small industrial prob-
    lems, First European Simulation Congress, Aachen 1983

/2/ ANA - interactive CAD package - manual, Faculty of electrical engineering,
    Ljubljana

/3/ R.G.E. Franks: Modelling and simulation in chemical engineering, Wiley Inter-
    science, New York 1972

SPEZIFIKATION UND MODELLBILDUNG ZUR SIMULATION VON ENERGIEFLÜSSEN IN VERFAHRENSTECHNISCHEN (BRAU-)PROZESSEN

Karl-Heinz Sturm

VDP Versuchsanstalt für Datenverarbeitung und Prozeßtechnik, Berlin

Jürgen Perl

Universität Osnabrück

Zusammenfassung: Einleitend wird auf die Problemstellung, Brauprozesse simulativ an ein vorgegebenes Energieangebot durch Sonnenkollektoren optimal anzupassen, eingegangen.
Ausgehend von verfahrenstechnischen Prozessen wird im ersten Teil eine Prozeß-Modul-Spezifikation entwickelt, die aus einer hierarchischen Zerlegung des Verfahrens abgeleitet und in eine konforme Datenbasis überführt wird.
Im zweiten Teil wird für die Testphase des Simulationsmodells auf die Datenhaltung und den Benutzerdialog eingegangen, in denen die Analyseobjekte für den Scheduler in Form von Sudplänen kombiniert werden.

0. Einleitung

Im Kontext von Energieeinsparungen wird in interdisziplinärer Zusammenarbeit mit der Industrie und universitären Fachgebieten der TU-Berlin und der Universität Osnabrück von der VDP an einem Forschungsprojekt* zur Nutzung alternativer Energie gearbeitet.

Ziel des Projektes ist es in einer 1. Phase (1983 –1985) für die Nutzung solarer Prozeßwärme in verfahrenstechnischen (Brau-)Prozessen die planungsmäßigen Voraussetzungen zu schaffen, um in einer 2. Phase (1986 – 1988) in südlichen Breiten eine Pilot-Solar-Brauerei zu erstellen, die mittel- bzw. langfristig zu ähnlichen ökonomischen und wirtschaftlichen Anwendungen führt (1).

Ein wesentlicher Schwerpunkt dieser Planungsarbeit ist die Entwicklung eines Softwaresystems zur simulativen Bilanzierung und Optimierung des Energieflusses, das sowohl die vielfältigen technologischen und anlagentechnischen Variationen des Bierherstellungsprozesses als auch dessen spezielle chargenmäßige Nebenläufigkeit von Teilprozessen berücksichtigt, so daß der Energiebedarf optimal an die tägliche Leistungskurve eines Kollektorfeldes angepaßt werden kann.

*) Projekt 03E 8035 A: gefördert durch das BMFT über den Projektträger für das Energieforschungsprogramm (KFA) in Jülich, der VDP und den Firmen Kraftanlagen AG, Heidelberg und Nea-Lindberg GmbH, Lübeck.

Bezugnehmend auf diese Thematik wird nachfolgend auf die Prozeßspezifikation und Implementierung eingegangen sowie ausgehend von der Datenhaltung ein Dialogkonzept für die Testphase der Simulation vorgestellt.

1. Prozeß

Im Life-Cycle der Entwicklung großer Softwaresysteme und dies gilt insbesondere auch für Simulationssysteme, wird der Erfolg und die Qualität des Produktes wesentlich bestimmt durch die Problem- und Spezifikationsphase.

Dabei kann ausgehend von der Prozeßdefinition nach DIN 66201

"ein Prozeß ist die Umformung und/oder Transport von Materie, Energie und/oder Informationen",

bereits die charakteristische Relation – die Dynamik – des Prozesses auf Objekte, Materie, Energie und/oder Information abstrahiert werden (2).

Für den Brauprozeß ist dieser Zusammenhang durch das Input/Output-Modell in Abb. 1 instruktiv dargestellt.

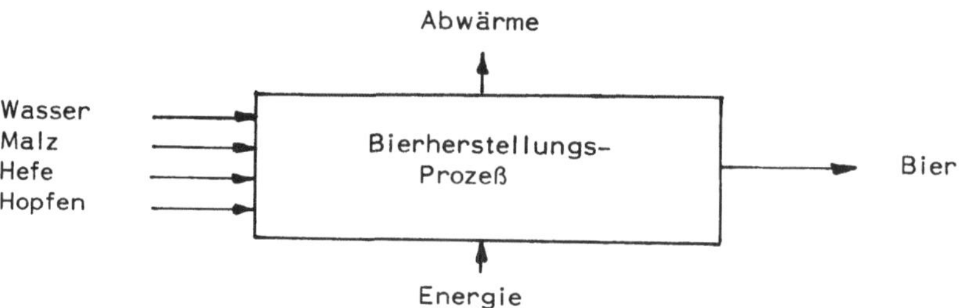

Abb. 1   I/O-Modell des Brauprozesses

Für die nachfolgende Prozeß-Modul-Spezifikation wird diese Vorstellung auf einer mehr formalen Ebene sukzessiv erweitert.

1.1 Prozeß-Modul-Spezifikation

Aufbauend auf graphischen Methoden zur Spezifikation verfahrenstechnischer Prozesse (3) bei der das Verfahren in Richtung des Hauptproduktstromes sequentiell in Prozeßstufen zerlegt wird und die zugeordneten Ein- und Ausgangsstoffe durch ihre Betriebsdaten (Druck, Menge, Temperatur, Aggregatzustand usw.) beschrieben werden können, wurde eine modulare Spezifikationsmethode entwickelt, die durch folgende Dokumente gegeben ist:

- Strukturbeschreibung
- externe Modulbeschreibung
- interne Modulbeschreibung.

1.1.1 Strukturbeschreibung

Grundlage für die verfahrenstechnische Spezifikation bildete ein Modulmechanismus in der alle abstrahierten Prozeßstufen durch zugeordnete Module in einer verketteten Struktur repräsentiert werden können.

Hierzu wurden zwei Modultypen (FM, TM) und syntaktische Regeln vereinbart, die es ermöglichen, formale Module (FM) rekursiv unter Berücksichtigung des Hauptproduktstromes zu verfeinern.

Modultypen:

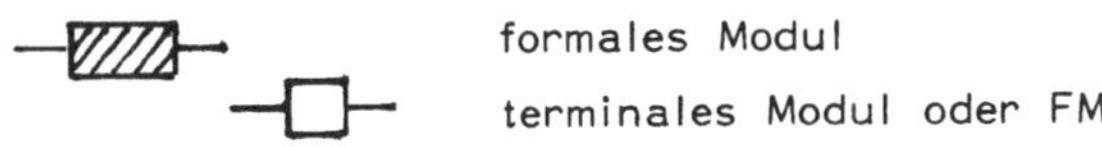

Regel 1 (sequentielle Modulfolge):

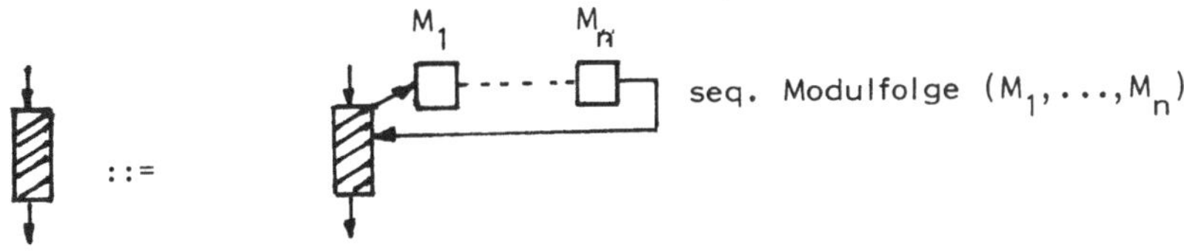

Regel 2 (variante Modulfolgen):

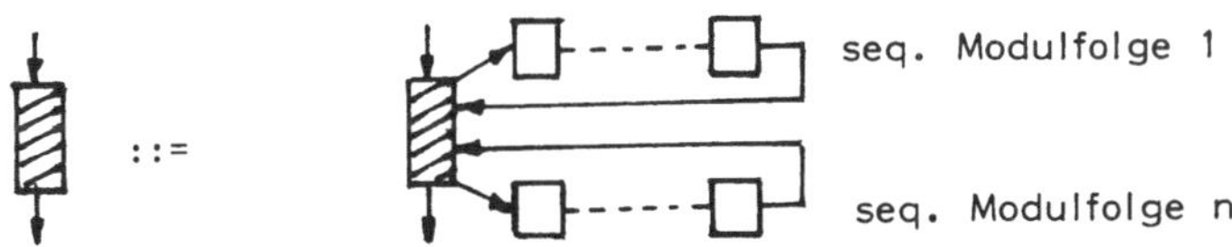

1.1.2 Externe Beschreibung

In Anlehnung an die Modultechnik für Programme (5) sind mit Hilfe von Schnittstellenbeschreibungen folgende Eigenschaften gegeben:

- Ein Programmodul kann ohne Kenntnis seines inneren Aufbaus in eine Umgebung eingebettet werden.
- Ein Modul kann ohne Kenntnis der Umgebung, in die es eingebettet wird, entworfen und getestet werden.

Entsprechend diesem Beschreibungsverfahren wurden die Prozeß-Module durch ihre verfahrentechnischen Schnittstellen, durch die ein- und ausfließenden Stoffströme mit den zugeordneten Betriebsparametern, durch Fließbilder (DIN 28004) spezifiziert.

1.1.3 Interne Beschreibung

Für die Systemsimulation sind zum einen die innerhalb der Prozeßstufen ablaufenden Vorgänge (Speicherung, physikalische und chemische Verfahren) von ausschlaggebender Bedeutung für die Energiebilanzierung (4) und zum anderen die Prozeßereignisse (z. B. Behälter voll, Temperatur erreicht, Teilprozeß beendet usw.), die zur Aktivierung und Inaktivierung eines Moduls - im Sinne nichtsequentieller Prozesse - führen.

Die interne Beschreibung enthält daher neben der funktionalen Spezifikation des Energieflusses (a) auch umgebungsabhängige Prozeßbedingungen (b), so daß für jedes Modul folgende Angaben gegeben sind:

a): - parameterisierte Energieformel E=f(t)

    - Einsatz von Prozeßenergie (Energie-Recycling)

b): - Konsistenzangaben zur Gültigkeit des Moduls

    - Aktivierungs und Inaktivierungsbedingungen

Ergänzend hierzu sei vermerkt, daß z. Z. noch an einer übergreifenden Beschreibungsmethode gearbeitet wird, die die strukturell kausalen Beziehungen auch auf der Ebene der Schnittstelle beschreibt.

1.2 Implementierung

Die Implementierung der Prozeß-Modul-Spezifikation (PMS) als Basis zur energiemäßigen Modellierung realer Prozesse sei gegeben durch:

- Transformationsrichtlinien
- Datenbasis.

1.2.1 Transformationsrichtlinien

Neben der Forderung, daß die aus der PMS erstellte Datenbasis benutzerfreundlich editierbar ist, bestand für die Implementierung die globale Richtlinie:

"Die PMS ist konform in eine Datenbasis zu überführen."

Im einzelnen waren hierzu folgende Vorgaben einzuhalten:

1.) Die Baumstruktur war konform in eine entsprechende Datenstruktur syntaktisch abzubilden.

2.) Struktur- und Objektinterpretationen waren in eine konforme Semantik zu übertragen (z. B. Verkettungen durch Referenzen, Spezifikationen durch entsprechende Datentypen usw.).

3.) Konform transformierte Objekte tragen in der Datenbasis den gleichen Namen.

1.2.2 Datenbasis

Die Implementierung der Datenbasis sei in der hier aufgezeigten Übersicht durch die folgende Algol-68-Notation gegeben:

```
mode modul  = struct  (string Modultyp, Modulname,
                       ref intern Beschreibung,
                       ref extern Schnittstelle,
                       ref modul Vorgänger, Nachfolger,
                       [] ref modul Verfeinerungen);


mode intern  = struct  (ref proc Energieformel,
                        ref string Energierecycling_Kommentar,
                        ref [] bool Gültigkeit, Aktivierbarkeit);


mode extern  = struct  ([] stoff Input_Daten,
                        [] stoff Output_Daten);
```

Ausgehend von dieser Datenbasis können dann über spezifische Benutzerschnittstellen (z. B. Anlage, Verfahren, Test, usw.) Produktionsanlagen in ihrem Energieverbrauch als Softwaremodelle interaktiv generiert werden.

2. Simulation

Die Simulation dient im wesentlichen, wie bereits einleitend angeführt, der Anlagenplanung und der Optimierung von prototypischen oder aktuellen Sudplänen. Hierfür sind Testreihen notwendig, deren Durchführung, Organisation und Dokumentation ein geeignetes Datenhaltungskonzept und ein benutzerorientiertes Dialogkonzept erforderlich machen.

2.1 Datenhaltung

Für die Datenhaltung werden Dateien für Organisation und Dokumentation von Testdaten benötigt; die aktuelle Erstellung bzw. Modifizierung der Testdaten sowie die Durchführung von Tests erfolgen auf einem sog. Arbeitstableau. Dateien und Arbeitstableau benutzen eine gemeinsame Datenstruktur, die aus der Datensbasis als softwaremäßiges Abbild der Prozeß-Modul-Spezifikation z. B. für den Bierproduktionsbereich -Sudhaus- generiert werden.

2.1.1 Datenstruktur

Der einzelne Test (optimierende Sudplanberechnung) wird auf einem Objekt vom Typ SCHEDULE aufgeführt. Dieser Typ ist hierarchisch wie folgt aufgebaut:

SCHEDULE besteht aus

- EINGABE besteht aus

    - LEISTUNGSVORGABE: Verteilung der verfügbaren Leistung über einen vorgegebenen Planungszeitraum
    - Rahmendaten, z. B. bzgl. des Planungszeitraums
  - SUDPLAN besteht aus einer Menge von nebenläufigen
    - PROZESS(en) besteht aus einer Menge von
      - TEILPROZESS(en) (sog. Moduln) besteht aus
        - spezifizierenden Daten, z. B. bzgl. Dauer, Leistungsaufnahme, Einplanung.

Nach erfolgreicher Sudplanberechnung (Schedule-Analyse) enthält jedes TEIL-PROZESS-Objekt insbesondere die Einplanungsdaten und charakterisiert damit ein optimales SUDPLAN-Objekt zum vorgegebenen EINGABE-Objekt.

2.1.2 Dateien/Arbeitstableau

Zu jedem der oben angegebenen Typen SCHEDULE, ..., TEILPROZESS existiert eine Datei zur Verwaltung entsprechender Objekte. Im Arbeitstableau, das über entsprechende Komponenten verfügt, können diese Objekte aus den Dateien gelesen, manuell erstellt bzw. verändert, zusammengestellt (gem. der Hierarchie aus 2.1.1) und wieder in die Dateien geschrieben werden; insbesondere kann das im Arbeitstableau auf eine dieser Weisen erzeugte SCHEDULE-Objekt berechnet werden (Schedule-Analyse).

2.2 Dialog

Die in 2.1.2 skizzierten Operationen werden vom Operator am Bildschirm mit Hilfe von Menüs im Dialog aktiviert. Dazu gibt der Operator entsprechend der vom Menü angebotenen Auswahl das KOMMANDO (z. B. für Lesen, Erstellen, Zusammensetzen, (vgl. 2.1.2)) sowie abhängig vom KOMMANDO die Typen der betroffenen Datei und/oder Arbeitstableau-Komponenten als OPERAND(en) ein. Fallweise ist eine zusätzliche Angabe von Parametern erforderlich, wie etwa der Satzindex beim Lesen aus oder Schreiben in Dateien.

Beispiele: KOPIERE TEILPROZESS SCHEDULE (1,3)

    bewirkt im Arbeitstableau das Kopieren der TEILPROZESS-Komponente in die SCHEDULE-Komponente, und zwar in das 1-te PROZESS-Objekt als 3-tes TEILPROZESS-Objekt.

    BERECHNE_SCHEDULE

    bewirkt die Anwendung des Schedule-Analyse-Algorithmus auf die SCHEDULE-Komponente des Arbeitstableaus.

    SCHREIBE SCHEDULE (2)

    bewirkt das Ablegen der SCHEDULE-Komponente aus dem Arbeitstableau als Objekt in die SCHEDULE-Datei als 2-ten Satz.

2.3 Schedule-Analyse-Algorithmus

Der Schedule-Analyse-Algorithmus optimiert, angewendet auf ein SCHEDULE-Objekt, die zeitliche Anordnung der Teilprozesse (Moduln) derart, daß

- entweder, falls das möglich ist, das Leistungsaufnahmeprofil des Sudplans "unter" die Leistungsvorgabekurve "passt"
- oder, falls es dafür keine Lösung gibt, die Verwendung zusätzlich notwendiger Leistung aus konventioneller Energie minimiert wird.

Dieser Algorithmus wird in zwei Versionen verwendet – zum einen für die statische Analyse und zum anderen für die dynamische Analyse (die sich durch geeignete Modifikation der EINGABE-Daten auf die statische Analyse zurückführen läßt):

Mit der statischen Analyse werden, insbesondere für die Anlagenplanung, Sudplan-Prototypen simuliert und z. B. hinsichtlich der dafür notwendigen Dimensionierung des Kollektorfeldes oder ihrer Verwendbarkeit im störungsfreien "Normalfall" untersucht.

Mit der dynamischen Analyse werden, im aktuellen Prozeßablauf, Änderung der Prozeßbedingungen, wie z. B. Änderungen des Leistungsangebotes, simuliert und die dadurch erforderlichen Planungsänderungen optimiert. Dies kann als Reaktion auf einen plötzlich auftretenden Störfall unmittelbar (on-line) erfolgen oder vorausschauend (look-ahead), um Reaktionen auf mögliche spätere Störfälle möglichst frühzeitig vorzubereiten.

Ziel ist es, auf diese Weise mit Hilfe einer an den Dateienbereich angekoppelten "lernenden" Datenbank den Prozeßablauf (weitgehend) ohne manuellen Eingriff simulativ zu steuern.

Literatur

(1) Perl, J.; Runkel, U.D.; Sturm, K.H. "Nutzung solarer Prozeßwärme in Brauereien", Forum der Brauerei, Nr. 36. S. 305-308, Okt. 1983

(2) Sturm, K.H. "Prozeßkonzepte für verfahrenstechnische (Brau-)Prozesse", in PDV-Bericht 216, Kernforschungszentrum Karlsruhe, KfK-PDV 216, Dez. 1981, S 3-45.

(3) Bernecker, G. "Planung und Bau verfahrenstechnischer Anlagen", VDI-Verlag, 3. Aufl. 1984

(4) Schulze, J.; Hassan, A. "Methoden der Material- und Energiebilanzierung bei der Projektierung von Chemieanlagen", Verlag Chemie 1981

(5) Goos, G. "Programmkonstruktionen", Universität Karlsruhe, Fakultät Informatik, Sept. 1976

Die Analyse alternativer Organisationsformen und
Einsatzstrategien von Pflegepersonal im stationären
Krankenhausbereich mit Hilfe eines Simulationsmodells

R. Ackermann, Northwestern University
B. Page, Universität Hamburg

1. Problemstellung

Ein Krankenhaus kann als komplexes System angesehen werden, das zur Betreuung von
Patienten bestimmte Ressourcen wie Ärzte, Pflegepersonal, Betten und medizinisches
Gerät zur Verfügung hat. Entscheidungen im Krankenhauswesen betreffen den Einsatz
dieser Ressourcen. Wichtigster Kostenfaktor ist der Personalbereich. Der Anstieg der
Personalkosten auf ca. 75 % der laufenden Gesamtkosten der Krankenhäuser verdeut-
licht, wie schwerwiegend sich ein unwirtschaftlicher Personaleinsatz auswirken muß.

Das Augenmerk dieser Forschungsarbeit richtet sich auf Personalbedarfsanalysen in
einem Teilbereich des Krankenhauses - dem Pflegebereich. Dieser ist besonders ar-
beits- bzw. personalintensiv und wirft hinsichtlich der Effizienz des Personalein-
satzes die größten Probleme auf. Da die im Pflegebereich anfallenden Arbeitserforder-
nisse größtenteils ohne große zeitliche Verzögerung erbracht werden müssen, ist
ständig eine Dienstleistungskapazität bereitzuhalten, die sich an Spitzenbelastungen
orientiert. Durch Variationen der auftretenden Arbeitsbelastung entsteht eine un-
gleichmäßige Kapazitätsauslastung, die sich negativ auf die Effizienz des Personal-
einsatzes auswirkt. Es ist jedoch eine Frage der Organisation von Pflegebereichen,
in welchem Maße ein "ineffizienter" Personaleinsatz betrieben wird.

Hauptanliegen dieser Studie ist es, mit einem Simulationsmodell verschiedene Organisationsformen und Einsatzstrategien in Krankenhauspflegebereichen hinsichtlich ihrer
Variationen der Personalauslastung bzw. des Personalkapazitätsbedarfs im Vergleich
zu bewerten. Zur Durchführung derartiger vergleichender Untersuchungen sind quantitative Bewertungskriterien zu definieren. Als solches wird hier derjenige Pflegekapazitätsbedarf bestimmt, der bereitgestellt werden muß, um ein vorgegebenes Pflegequa-
litätsniveau einzuhalten.

2. Simulationsmodell

Die Modellstruktur des zeitdiskreten, periodenorientierten, stochastischen Simulationsmodells ist durch die permanenten Systemkomponenten "Pflegebereich" und "Pflegeeinheiten" sowie durch die temporären Komponenten "Patienten" und "Poolpersonal"
gekennzeichnet. Der Pflegebereich bildet als permanente Einrichtung den Teilbereich
des darzustellenden Systems, dem alle aufgenommenen Patienten zugewiesen sind. Im

Modell werden dem Pflegebereich eine Anzahl von Pflegeeinheiten und bei entsprechender Modelldefinition die zur Verfügung stehenden Mitglieder des Pflegepersonalpools zugeordnet. Der Pflegebereich wird durch die Attribute "Gesamtzahl der belegten Betten" und "Gesamtpflegeindex" als Schätzung für den dort anfallenden zeitlichen Pflegebedarf beschrieben. Die Pflegeeinheiten stellen eine organisatorische Untergliederung des Pflegebereichs dar und werden durch die Attribute "Patientenzahl", "geschätzter zeitlicher Pflegebedarf" und "tatsächlicher zeitlicher Pflegebedarf" der in der Pflegeeinheit befindlichen Patienten gekennzeichnet. Die temporäre Modellkomponente "Patient" ist mit den Attributen "Dringlichkeit", "Aufnahme- und Entlassungsdatum", "momentane Pflegekategoriezugehörigkeit", z. B. zu einer von 3 Pflegekategorien (unabhängig, teilweise abhängig, vollständig abhängig, vgl. /2/), sowie "individueller Pflegebedarf" versehen. Eine Pflegeperson schließlich, die dem Personalpool angehört, hat eine bestimmte "Pflegekapazität" aufzuweisen (Halbtags- oder Volltagskraft), die ausschließlich einer Pflegeeinheit für die betrachtete Periode zur Verfügung steht.

Im Modellablauf wird der Patientenfluß in einem beliebig definierten Krankenhauspflegebereich unter besonderer Beachtung des in den einzelnen Pflegebereichen aggregierten, zeitlichen Pflegebedarfs der zugeordneten Patienten abgebildet. Zentrale Aufgabe ist die Ermittlung der Größe "zeitlicher Pflegebedarf" für die einzelnen Pflegeeinheiten bei alternativen Organisationsformen des Pflegebereichs. Zur Schätzung der Verteilungen der interessierenden Zufallsvariablen werden in dem Modell jeweils nach einem Tagesablauf - dieser markiert einen diskreten Zeitpunkt, an dem Änderungen des Systemzustandes eintreten können (deshalb periodenorientiertes Simulationsmodell) - die Werte der entsprechenden Zufallsvariablen festgehalten. In Abb. 1 ist dargestellt, wie der modellspezifische "Tagesablauf" in dem Simulationsprogramm realisiert ist.

Die Implementierung des Modells erfolgte in der Simulationssprache SIMSCRIPT II.5. Das Simulationsprogramm ist modular aufgebaut und verfügt über 27 Routinen mit ca. 2300 Programmzeilen. Die statistische Analyse der Simulationsergebnisse ist im Programmsystem integriert.

3. Simulationsergebnisse

Als Datenbasis für die Modellexperimente wurden Schätzwerte verwendet, die aus Erhebungen am Johns Hopkins Hospital (/2/, /6/) stammen.
Die ersten Simulationsexperimente dienten der Modellvalidierung. Als Validierungsverfahren (vgl. /5/) wurde ein Vergleich von Simulationsergebnissen eines vereinfachten Modells, für das analytische Lösungen existieren, mit den analytischen Berechnungen gewählt. Dabei ergab sich eine enge Übereinstimmung mit den analytischen Modellergebnissen, die von OFFENSEND (/3/) bereitgestellt wurden.

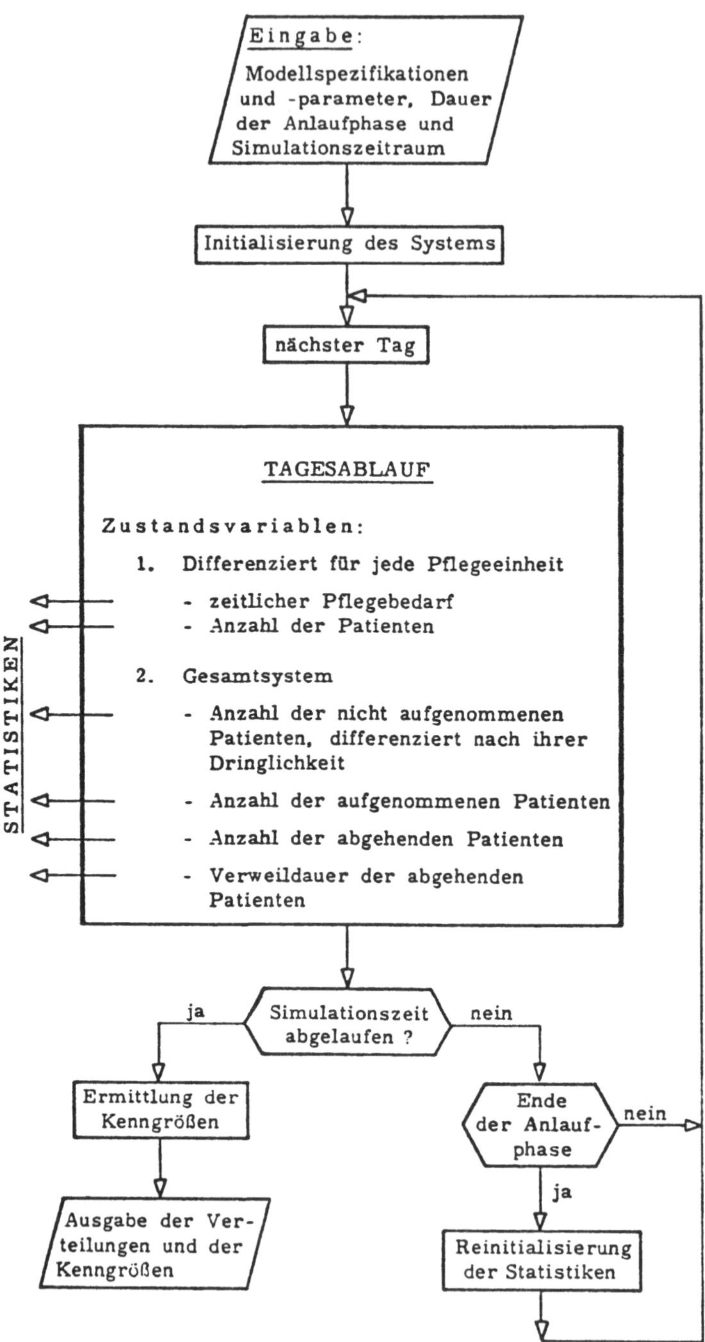

Abb. 1: Prinzip des Modellablaufs

Eine weitere Serie von <u>Modellexperimenten</u> diente dem Vergleich alternativer Patien-
tenaufnahmestrategien. Während die erste - allgemein gängige - Strategie als Ent-
scheidungsgröße die Bettenbelegungszahl im Pflegebereich verwendet, basiert die
zweite zu betrachtende Aufnahmestrategie auf der zeitlichen Pflegebelastung als Ent-
scheidungsgröße. Die Simulationsergebnisse in Abb. 2 zeigen die Differenzen im Pflegekapazitätsbedarf zwischen den beiden Strategien in Abhängigkeit verschiedener
Pflegequalitätsstufen. Der geringere Personalbedarf für Strategie II ist auf die
niedrigen Schwankungen des Pflegebedarfs (ca. 20 % geringere Standardabweichung)
zurückzuführen.

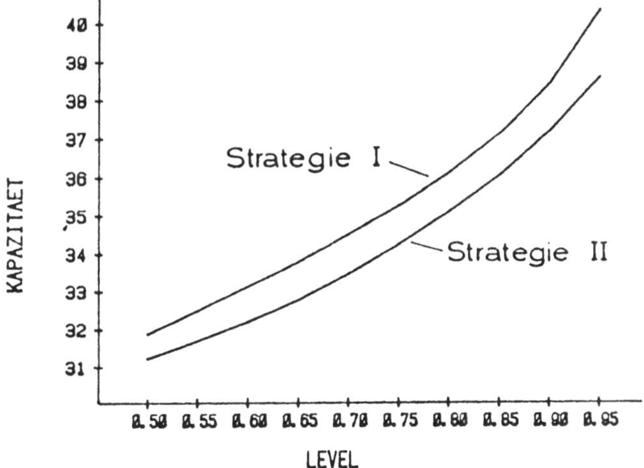

Abb. 2: Simulationsergebnisse des
Vergleichs zweier Aufnahmestrategien

Als Alternative zur Glättung des Arbeitsanfalls in den Pflegeeinheiten durch entsprechende Patientenzuweisungen bietet sich ein variabler Personaleinsatz in Form von
Poolpersonal als Ausgleich zwischen Pflegekapazität und -bedarf an. Bei entsprechenden Simulationsexperimenten zeigte sich, daß eine Verminderung des Pflegekapazitätsbedarfs durch einen flexiblen Einsatz von Poolmitgliedern erreicht werden kann, jedoch sehr stark von der Aktualität des "Pflege-Indexes" (Aufwandsschätzung vom Vor-
tag oder vom gleichen Tag) abhängt, der als Entscheidungsgrundlage für die Zuteilung
des Poolpersonals dient. Einen ebenso großen Einfluß auf den Pflegekapazitätsbedarf
hat die Aufteilung der Poolkapazität. Steht diese lediglich in relativ großen Einheiten zur Verfügung (z. B. nur Volltagskräfte und nur einer bestimmten Pflegeeinheit
zugeordnet), so kann sich unter bestimmten Voraussetzungen sogar eine Erhöhung des
Pflegekapazitätsbedarfs einstellen.

4. Schlußfolgerungen

Spezielles Anliegen dieser Studie war es, Ansätze zur Untersuchung verschiedener Pflegesysteme und Organisationsstrategien hinsichtlich ihrer quantitativen Auswirkungen auf den Pflegezeitkapazitätsbedarf und damit auf den Personalbedarf im Krankenhaus mit Methoden der systemanalytischen Modellbildung aufzuzeigen. Im Rahmen der Studie wurden eine Vielzahl von Modellexperimenten durchgeführt (vgl. /1/), von denen in diesem Beitrag nur eine kleine Auswahl angerissen werden konnte.

Die Forschungsarbeit soll einen Beitrag zur Gesundheitssystemforschung leisten. Im Sinne dieser Arbeit sollte das Simulationsmodell als qualitative Entscheidungshilfe eingesetzt werden. Das Modell hat die Fähigkeit, organisatorische Änderungen zu bewerten und das Verständnis der komplexen Beziehungen zwischen alternativen Entscheidungs- und Aktionsmöglichkeiten zu erhöhen. In diesem Zusammenhang erweist sich der Einsatz der Simulationsmethodik für die Analyse variierender Determinanten im Krankenhaussystem als hilfreiches Instrument.

Literatur

/1/   R. Ackermann, Ein Simulationsmodell zur Untersuchung alternativer Organisationsformen und -stratgien im stationären Krankenhausbereich. Diss. am Fachbereich Informatik der Technischen Universität Berlin, Berlin 1982.

/2/· R. J. Connor, A Hospital Inpatient Classification System. Diss. an der Johns Hopkins University, Baltimore 1960.

/3/   F. L. Offensend, A Hospital Administration System Based on Nursing Work Load. Manangement Science 19 (1972), S. 132-138.

/4/   B. Page, Methoden der Modellbildung in der Gesundheitssystemforschung. Med. Informatik und Statistik, Bd. 37, Berlin - Heidelberg - New York 1982.

/5/   B. Page, Die Validierung von komplexen Simulationsmodellen. Angewandte Informatik 4 (1983), S. 149-157.

/6/   S. Singer, A Stochastic Model of Variation of Categories of Patients within a Hospital. Diss. an der Johns Hopkins University, Baltimore 1961.

SIMULATIONSMODELLIERUNG DER STEUERUNG
IM POSTZENTRUM

V. Čerić

SRCE - Universitätsrechenzentrum

Zagreb, Jugoslawien

1. Einleitung

Das Postzentrum, als Teil des Postverkehrsnetzes, ist ein System
zur Verteilung von Sendungen von einkommenden nach ausgehenden Richtungen. Es ist dies ein typisches Massenwartungssystem in welchem
grosse Bedienungsanforderungen von begrentzten Bedienungskapazitäten
gefordert werden. Dabei ist die Leistungsnachfrage zufällig und fluk-
tuiert in den Zeit und im Raume. Um die Bearbeitung der Sendungen
möglichst schnell und vollkommen zu befriedigen ist ein Steuerungssystem im Postzentrum notwendig.

Eine Ubersicht der Veröffentlichungen zeigt dass zur Modellierung
von Postzentren die Methode der diskreten Simulation angewendet wird.
So haben TUAN und NEE[4] ein Simulationsmodell zur Auswertung verschiedener Alternativen der Bearbeitung, Handhabung und Beförderung von
Postsendungen innerhalb und zwischen Postzentren entwickelt. BUCK-
THOUGHT et al[1] haben ein Simulationsmodell zur Zeitplanung der Arbeitskräfte im mechanisierten Postzentrum zur Verarbeitung von Briefsendun-
gen beschrieben, welches mit diskreten Zeitintervallen von einer halben Stunde arbeitet. KRAJEWSKI et al[2] haben ein Simulationsmodell für
ein Postzentrum entwickelt mit dem die Einflüsse verschiedener Alternativen der Beschäftigung der Arbeitskräfte auf die Zeitdauer und die
Kosten der Bearbeitung der Postsendungen im Zentrum gemessen werden
können.

In dieser Arbeit wird ein Simulationsmodell für die Steuerung der
Arbeit von Postzentren zur Paketverteilung beschrieben dessen Zweck es
ist die Arbeit des Zentrums im Zusammenhang mit äusseren Bedingungen
und inneren Arbeitsparametern, insbesondere der Art der Steuerung zu
beurteilen. Das Simulationsmodell ist in der GPSS-Sprache am UNIVAC
1100 Rechner entwickelt.

2. Beschreibung der Arbeit eines Postzentrums

2.1. Ankunft und Abgang aus dem System

Der spezifische Karakter der Ausgangsforderungen zur Bedienung des
Systems macht das Postzentrum besonders interessant. Bei den üblichen
Massenbedienungssystemen treten die Forderungen zur Bedienung aus dem

System aus erst wenn sie alle Bedienungen vollzogen haben. Im Postzentrum sind die Ausgangszeiten der Forderungen (Sendungen) durch den Fahrplan des Postnetzes im Voraus festgelegt. Die Befriedingung dieser Einschränkung in Bezug auf die Ausgangszeiten der Sendungen aus dem System ist eine der Hauptaufgaben der Steuerung der Arbeit des Postzentrums.

In jeder Ankunfts- und Ausgangsrichtung wird eine gewisse Menge von Sendungen eingeliefert bezw. entsendet. Je nach dem Bereich der Ankunft bzw. des Abgangs können die Richtungen in einige Gruppen eingegliedert werden. Gruppen von Ankunfts und Abgangsrichtungen unterscheiden sich untereinander nach der Entfernung vom Postzentrum, was unterschiedliche Zeiten von Ankunft und Abgang nach diesen Richtungen verursacht. Demzufolge muss die Verteilung der Sendungen nach Abgangsrichtungen in mehreren Phasen in voneinander getrennten Zeitintervallen die den Ankunfts- bzw. Abgangszeiten der einzelnen Richtungsgruppen angepasst sind erfolgen.

2.2. Struktur und Arbeitsweise des Systems

Die Bearbeitung von Paketen im Postzentrum dass wir modelliert haben vollzieht sich in folgender Weise. Das System hat zwei Ankünfte: Ankunft der Packwägen an die Rampe und Ankunft am Schalter. Pakete in Ankunft werden durch Transportbänder in die Lagertransporter geliefert und gelagert um den sehr ungeleichmässigen Ankunftstrom auszugleichen. Bei der Verteilung nach Abgangsrichtungen werden die Pakete, durch Verstellung der Lagertransporter, zur Stelle der Verteilung nach Abgangsrichtungen gebracht wobei die Speicherung im Kreislauf die Intensität des von den Lagertransportern ankommenden Paketstromes der Kapazität der Bedienung der Verteilerstelle anpasst. Nach Feststellung der Abgangsrichtung werden die Pakete zur Rutsche geleitet wo sie dann gelagert werden. Die Pakete werden von der Rutsche auf Karren geladen und zu den Packwägen gebracht.

2.3. Steuerung der Arbeit des Systems

Die Steuerung der Arbeit eines Postzentrums wird durch die Steuerung der Paketverteilung nach Abgangsrichtungen und durch die Steuerung der Paketablieferung verwirklicht.

Die Steuerung der Paketverteilung nach Abgangsrichtungen hat die folgenden Aufgaben: Einleitung des Anfangs und des Endes der Verteilung von den Lagertransportern, Verarbeitung aller Pakete aus allen Ankunftsrichtungen die der Verteilung gehören, und den Verlauf der Aufteilung auf Zeitperioden einzuteilen die eine rationelle Ausnützung der Hilfs-

mittel des Systems gewährleisten. Die Steuerung der Paketverteilung
ist ein Muster der Steuerung in geschlossener Schleife (closed loop
control) da Entscheidungen über den Ablauf der Verteilung vom laufenden
Stand des Systems (ankunft der Pakete, Besetzung der Lagertransporter
und des Kreislaufs) getroffen werden. Die Steuerung ist nach Rangfolge
aufgebaut: im Rang I befindet sich die Verteilung nach Richtungsgruppen, im Rang II die Wahl der Arbeitsperioden der Verteilung, im Rang
III die Arbeit der Lagentransporter in der Verteilung.

Die Steuerung der Paketablieferung muss erwirken dass die Pakete
rechtzeitig von den Rutschen zu den abgehenden Packwagen angeliefert
werden damit die Anzahl der Pakete, die im 24-stündigen Arbeitszyklus
nicht an die Abgangsrichtungen verteilt werden konnten, auf ein Mindest-
mass beschränkt wird. Es ist dies eine Steuerung im geschlossener
Schleife (closed loop control) in welcher der Steuergang am Anfang der
Steuerungarbeit festgestellt wird.

2.4. Charakteristische Systemgrössen

Eine ganze Anzahl von Systemgrössen haben Zufallsmerkmale die im
Simulationsmodell wiedergegeben werden müssen. Die grosse Schwankung
der Menge der eingehenden Pakete soll besonders hervorgehoben werden;
es hat sich gezeigt dass die Eingangsmenge mittels der Erlang Verteil-
lung der Dichtefunktion beschrieben werden kann. Dies führt auch zu
einer sehr grossen Schwankung der Ausgangsveränderlichen des Systems:
Besetzung des Systems, Gesammtzeit der Paketbearbeitung, der Zahl
unverteilter Pakete usw.

Am Beispiel des mechanisierten Postzentrum zur Paketbearbeitung in
Maribor hat VRGOČ[5] die Arbeit des Systems untersucht und die charakteristischen Grössen gemessen. Vrgoč hat in der Entwicklung der Grundlagen des Modells des Postzentrum mitgearbeitet.

3. Beschreibung des Simulationsmodells

Das Simulationsmodell wurde in der GPSS Sprache entwickelt. Die
Arbeitslogik des Modells wurde in der Technik der Simulationsgraphe
bearbeitet[3] welche die Gestaltung und Darstellung des Modells unabhängig von der Simulationssprache in der das Modell verwirklicht wird,
ermöglicht. Es sollen nachfolgend nur die Hauptelemente der Steuerung
des Simulationsmodells beschrieben werden.

Die Modellierung der Steuerung wurde durch Einführung einiger Typen
von Kontrolltransaktionen bewirkt die zwischen den entsprechenden
Untermodellen komunizieren. Die Kontrolltransaktionen Type 1 initiieren
den Beginn der Entleerung der Lagertransporter, während die Kontrolltran-

saktion Type 2 das Entnehmen von Paketen aus dem Kreislauf und deren
Verteilung nach Abgangsrichtungen initieren. Kontrolltransaktionen der
Type 3 sollen, nach Kontrolle des Zustands der Verteilung, feststellen
ob die Verteilung beendet werden soll. Kontrolltransaktionen der Type
4 initieren das Ende der laufenden Verteilung. Falls nach Ende der
laufenden eine neue Verteilung initiert werden soll werden Kontrol-
transaktionen der Type 5 eingeführt.

Im Untermodel Entname werden die Pakete durch die Kontrolltran-
saktion Type 2 aus dem Kreislauf entnommen und im Untermodell Verteilung in die Verteilung geleitet. Danach werden die Pakete in die entsprechenden Rutschen geleitet, oder in die Schlange vor den Lagertransportern falls sie für die folgende Verteilung nach Abgangsrichtungen vorgesehen sind.

Die Entleerung der Pakete aus den Rutschen in die Karren wird durch
des Untermodell Paketablieferung initiert wonach sie in die abgehenden
Packwägen umgeladen werden. Kontrolltransaktionen Type 6 regeln die
Zeiten des Anfangs und des Endes der Ablieferung.

4. Einige Ergebnisse von Experimenten mit dem Modell

Zur Validierung und Verifikation des Modells, sowie zur Prüfung der
Möglichkeiten des Simulationsmodells wurde eine Reihe von Simulationsexperimenten durchgeführt.

Zur Validierung des Modells wurde das Verhalten des Modells und
das Verhalten des Systems unter gleichen Bedingungen durch Vergleich
des Anteils der Pakete nach Abgangsrichtungen und nach der Anzahl unverteilter Pakete untersucht. Statistische Teste haben eine befriedigende Übereinstimmung dieser Grössen im System und im Modell erwiesen.
Eine Sensitivitätsanalyse einiger massgebenden Abgangsvariablen auf
die Änderung von massgebenden Ankunftsvariablen und der statistischen
Voraussetzungen des Modells wurde durchgeführt. Es wurde festgestellt
dass die massgebenden Abgangsvariablen nicht sehr empfindlich auf
kleine Änderungen der untersuchten Variablen sind und dass die Richtung
dieser Änderungen mit der Erwarteten übereinstimmt. So verursacht z.B.
eine Vergrösserung der Paket-anzahl um 10% eine Verlängerung der Zeit
der Paketentnahme und Verteilung um cca 1,6%, und einen Zuwachs der
maximalen Belastung der Lagertransporter um cca 6,8%.

Im Rahmen der Verifikation des Modells wurden die statischen und
dynamischen Eigenschaften des Modells untersucht sowie die Erzeugung
der Erlang Verteilung (Kolmogorov - Smirnov Kompabilitätstest mit der
theoretischen Verteilung und Abschätzung der Parameter der theoretischen
Verteilung) - alle diese Teste haben positive Ergebnisse geliefert.

Vorläufige Experimente mit der Vergrösserung der Anzahl der Pakete im System haben gezeigt dass eine Änderung der Strategie der Steuerung die Performansen des System verbessern kann. Die Gesammtheit der Ergebnisse soll nachträglich veröffentlicht werden.

5. Schlussfolgerungen

Das Simulationsmodell eines Postzentrums für die Verarbeitung von Paketen das auch die Steuerung der Arbeit des Postzentrums einschliesst wurde ausgearbeitet. Das Modell beschreibt die Struktur, die Operationen, die Ankunft der Pakete in das System sowie eine Anzahl der Arbeitscharakteristiken des Postzentrums.

Das Modell kann zur Gestaltung neuer Postzentren sowie zur Untersuchung der Reaktion bestehender Postzentren auf die Änderung äusserer Bedingungen oder der Parameter des Systems dienen.

Literatur

1. Buckthought,K., M. Naqi,V.M.T. Wong: A Simulation Model for Scheduling Mechanized Postal Plants, Proc. of the 11th Annual Simulation Symposium, Tampa (Florida), 1978, 61-64.

2. Krajewski,L.J., L.P. Ritzman,S.T. Hardy: Manpower Decisions in a Single Post Office - a Simulation of Mail Flows, Proc. of the 4th Annual Simulation Symposium, Tampa (Florida), 1971, 43-62.

3. Törn, A.A.: Simulation Graphs - A General Tool for Modelling and Simulation Designs, Simulation, Vol. 37, No. 6 (1981), 187-194.

4. Tuan,P.L., D.S. Nee: MASS - a Mail Service Simulation, Proc. of the 3rd Conference of Applied Simulation, Los Angeles, 1969, 382-395.

5. Vrgoč,M. : Organization und Gestaltung von Transport und Verteilungssystem für Pakete im Postzentrum (in Kroatisch), Magisterarbeit, Universität Zagreb, 1980.

SIMULATIONSMODELL DES BETRIEBSSYSTEMS VON LOKOMOTIVEN

Adam Kadziński

Technische Hochschule, Poznań

Ul. Palacza 18B m. 111, 60-241 Poznań, Polen

Zusammenfassung. Die Charakteristiken des Betriebssystems von Lokomotiven sind abhängig u.a. von: der Zahl der im Rahmen des Systems
eingesetzten Lokomotiven, der Zahl der Prüf- und Reparaturstände im
Lokbetriebswerk sowie von ihrer Ausnutzung, Zuverlässigkeitscharakteristiken von Lokomotiven. Es ist interessant, den Einfluß der genannten Parameter des Systems auf seine Charakteristiken kennenzulernen. Die Eigenart des Schienentransportes macht das Experimentieren am Betriebssystem von Lokomotiven in seiner realen Umgebung unmöglich. Es bleibt, die Methoden der Modellbildung und Simulation
anzuwenden.

1. Betriebssystem von Lokomotiven

Der Lokomotivbetrieb kann auf verschiedene Bedienungsstrategien
gründen. Eine der Strategien, die noch in vielen Bahnverwaltungen
verwendet wird, ist ein System von planmäßig - profilaktischen Bedienungen. Die Annahme solcher Betriebsstrategie bedeutet für den
Fahrzeugbesitzer die Pflicht periodische Regulier- , Wartungs- und
Reparaturmaßnahmen zu treffen. Die Maßnahmen hängen von festgelegten
Nachprüfung- und Reparaturzyklen ab; alle Tätigkeiten werden in Lo-
komotivbetriebswerken und ausgewählten Reparaturbetrieben realisiert.
Die Einteilung der auszuführenden Tätigkeiten bleibt genau festgesetzt. In Lokbetriebswerken werden saisonbedingte und periodische
Nachprüfungen von Lokomotiven sowie ihre laufende Reparaturen durchgeführt. In abgesonderten Reparaturbetrieben werden periodische und
laufende Reparaturen von Lokomotiven (bestimmt aufgrund eines Repa-
raturzyklus) verrichtet, die die technischen Möglichkeiten eines
Lokbetriebswerkes übersteigen. Die Lokbetriebswerke sollen über eine
an den Förderungsbedarf angemessene Anzahl von Lokomotiven verfügen;
z.B. die Zahl der zur Bedienung des Personenverkehrs bestimmten Lokomotiven soll zur Zahl der durch den Lokbetriebswerk am ganzen Tag
bedienten Züge, gut angepaßt sein. Eventueller Überschuß an betriebsfähigen Lokomotiven soll in Bereitschaft gehallten werden (Re-
serve - Kurzfristiger Vorrat) oder wird in den langfristigen Vorrat eingeschlossen.

2. Ausgewählte Untersuchungszwecke und die Auswahl
der Untersuchungsmethode

Das Verhalten des Betriebssystems von Lokomotiven (d.h. seine

Charakteristiken) ist u.a. abhängig von:
- der Zahl der im Rahmen des Systems eingesetzten Lokomotiven,
- der Zahl der Prüf- und Reparaturstände im Lokbetriebswerk sowie
  von ihrer Ausnutzung,
- der vorausgesetzten Kontroll- und Reparaturzyklen,
- Bereich der Nachprüfungen und ihrer Zeitdauer,
- Zuverlässigkeitscharakteristiken von Lokomotiven,
- der Leistungsfähigkeit der Reparaturbetriebe.

Es ist interessant, den Einfluß der genannten Parameter des Systems auf seine Charakteristiken kennenzulernen. Die Eigenart des Schienentransportes macht das Experimentieren am Betriebssystem von Lokomotiven in seiner realen Umgebung unmöglich. Es bleibt also nur, die Methoden der Modellbildung anzuwenden.

3. Das Modell und das Simulationsprogramm

Als ein Modell des Betriebssystems von Lokomotiven wurde ein Warteschlangenmodell geschlossener Art (dargestellt auf der Abb. 1) angenommen. In dem Modell hat man unterschieden:
- Bedieneinheiten der Beförderungsarbeit von Lokomotiven (S_1),
- Bedieneinheiten des langfristiger Vorrats (S_2),
- Bedieneinheiten periodischer Prüfung (S_3),
- Bedieneinheiten laufender Reparaturen in Lokbetriebswerk (S_4),
- Bedieneinheiten der im Betriebswerk wartenden Lokomotiven auf eine
  Reparatur in Reparaturwerken (S_6),
- Bedieneinheiten in Reparaturbetriebswerken (S_7),
- Warteschlange beim Warten auf die Förderungsarbeit (S_8),
- Warteschlange vor den Bedieneinheiten periodischer Prüfung (S_9),
- Warteschlange vor den Bedieneinheiten laufender Reparaturen (S_{10}).

Das Experimentieren an Warteschlangenmodellen kann u.a. mit einer analytischen und einer Simulationsmethode durchgeführt werden. Die Modellbildungsmöglichkeiten und -grenzen mit analytischen Methoden beinhaltet der Beitrag [1]. Eine Parameteranalyse des Betriebssystems von Lokomotiven weist auf beschränkte Möglichkeiten hin, um daran mit analytischen Methoden experimentieren zu können. Deswegen hat man die Methode der Simulationsuntersuchungen angewendet. Das Simulationsprogramm wurde in der FORTRAN 1900 -Sprache aufgrund der Modellbeschreibungsmethode aufgesetzt, wo man sich des numerischen Petri - Netzes bedient hat [2].

4. Beispiel für die Anwendung des Modells

Eine der Charakteristiken des dargestellten Betriebssystems ist die Verteilung der Lokzahl bestimmter Bauart, die beförderungs- und

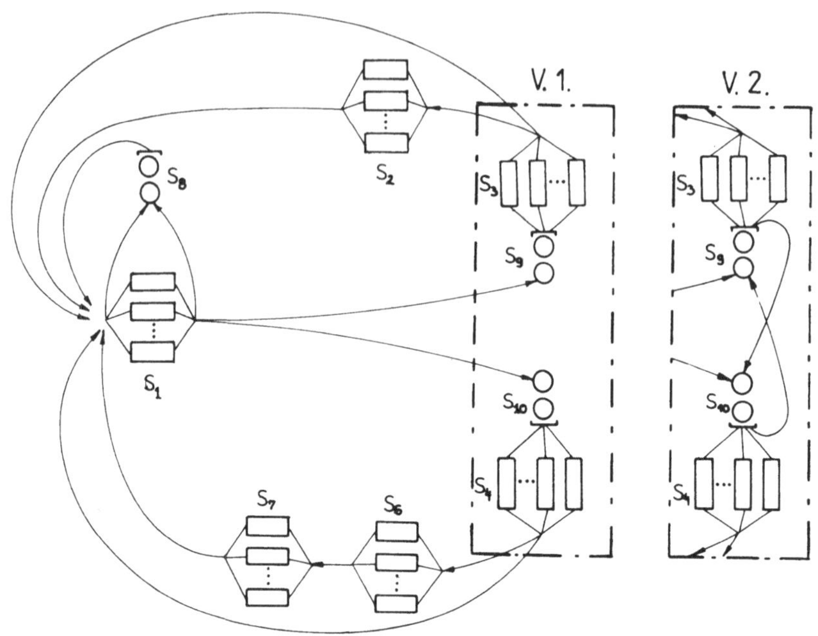

Abb. 1. Warteschlangenmodell des Betriebssystems von
Lokomotiven (Erklärungen dem Text zu entnehmen)

betriebsfähig sind (im Modell - besetzte Bedieneinheiten S_1). Um den
Förderungsbedarf zu decken, soll die Zahl der dazu erforderlichen
Loks bestimmter Baureihe als ein Prozentsatz gesamter Lokzahl dieser
Baureihe, die im Bestandsverzeichnis einers Lokbetriebswerkes steht,
festgelegt werden. Nimmt man in Betracht die für den Personenverkehr
bestimmten Loks, kann die Lokzahl als konstant angenommen werden.
Beispielsweise stehen im Bestandsverzeichnis 25 Loks und zur Deckung
des Personenverkehrbedarfs erfordert man jeden Tag 14 Loks (56%).
Wenn man eine Zeit lang über angemessen Lokzahl bestimmter Bauart
nicht verfügt, werden Lokomotiven anderer Typen zur Bedienung des
Personenverkehrs gebraucht. Bei der Anwendung der Bedienungsstrate-
gie von Lokomotiven, die auf ein Systems von planmäßig - profilaktischen Bedienungen gründet, hat die Zahl der periodischen Prüf- (S_3)
und der laufenden Reparaturstände (S_4) auf die Zahl der förderungs-
fähigen Loks zweifellos einen wesentlichen Einfluß. Man hat derartige Simulationsuntersuchungen durchgeführt: es wurden die Häufigkeitsverteilungen der beförderungsfähigen Lokzahl für 2 Varianten
der Ausnutzung S_3 u. S_4 festgelegt, wobei andere Parameter gleich
waren. Man hat je 2 Einheiten für S_3 u. S_4 zugeteilt. Erste Variante
von Berechnungen hat den Gebrauch der Stände S_3 u. S_4 zum Durchführen periodischer Kontrolle und laufender Reparaturen im Lokbetriebs-

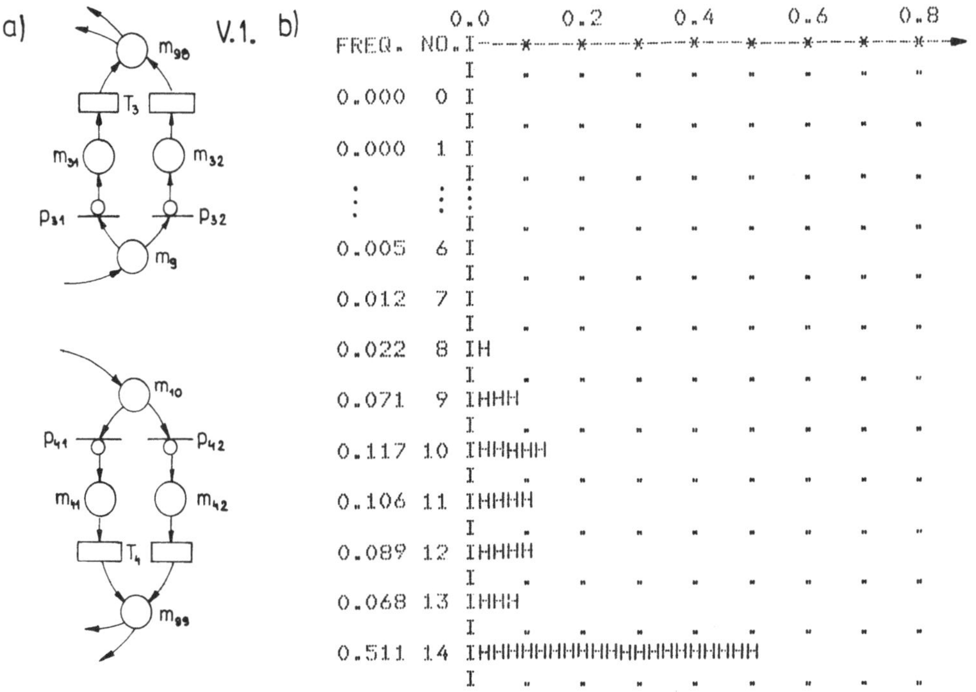

Abb. 2. Modellfragment in Form numerischen Petri - Netzes (a)
und Ergebnisse von einem Simulationsexperiment   (b)
für 1. Berechnungsvariante

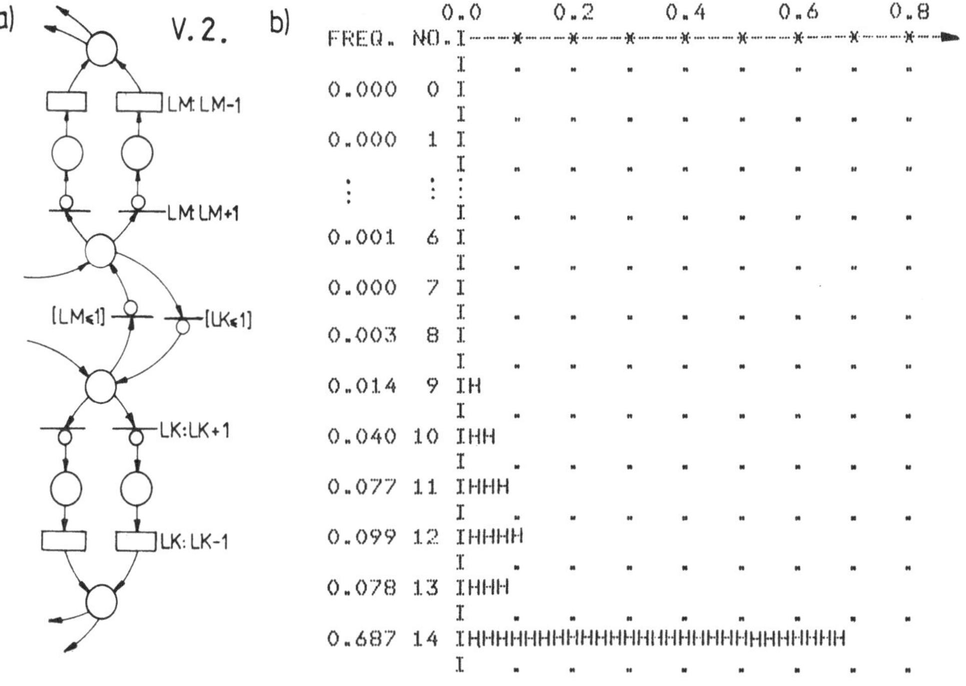

Abb. 3. Modellfragment in Form numerischen Petri - Netzes (a)
und Ergebnisse von einem Simulationsexperiment (b)
für 2. Berechnungsvariante

werk vorausgesetzt. Zweite Variante nahm den Gebrauch der momentan freien Stände S_3 u. S_4 zur Bedienung oder sich in den Warteschlangen S_{10} u. S_9 entsprechend versammelten Lokomotiven an; z.B. der im Moment freie Stand S_3 wurde zur laufenden Reparaturen der in der Warteschlange S_{10} stehenden Loks ausgenutzt. In einem Warteschlangenmodell wurde beide Varianten von Berechnungen entsprechend berücksichtigt (Abb.1a u. 1b). Der Verlauf der im abgesonderten Modellfragment (Abb. 1) vorkommenden Prozesse wurde in Form numerischen Petri - Netzes auf der Abb. 2a (1. Variante) und der Abb. 3a (2. Variante) dargestellt. Die Ergebnisse von Untersuchungen wurden in Form empirischer Wahrscheinlichkeitsverteilungen der zur Förderung betriebsfähigen Lokzahl (d.h. Wahrscheinlichkeitsverteilungen der Zahl von besetzten Bedieneinheiten S_1) auf der Abb. 2b (1. Variante) und der Abb. 3b (2. Variante) gezeigt.

Von einer Analyse beider Wahrscheinlichkeitsverteilungen gibt es sich u.a. heraus, daß in der 2. Gebrauchsvariante der Einheiten S_3 u. S_4 die Wahrscheinlichkeit, den Förderungsbedarf (14 Loks) durch die Loks der untersuchten Baureihe völlig decken zu können, um 17,6% größer als die in der 1. Variante ist.

5. Schlußbemerkungen

Das dargestellte Modell des Betriebssystems von Lokomotiven behandelt im allgemeinen die Lokreparaturen in ausgewählten Reparaturbetrieben (Einheiten S_7). Jedoch kann das Modell in seiner jetzigen Form zur Untersuchung vieler interessanter Aspekte des Lokbetriebes angewendet werden. Weitere Entwicklung des Modells soll zur genaueren Darstellung und Berücksichtigung aller im Rahmen der Einheiten S_7 vorkommenden Vorgängs führen.

6. Literaturverzeichnis

[1] Akyildiz I.G., Botch G.: Möglichkeiten und Grenzen der analytischen Modellbildung von Warteschlangensystemen. 1. Symposium Simulationstechnik, Erlangen, April 1982, Springer-Verlag Berlin Heidelberg New York 1982, S. 66 + 77.

[2] Symons F.J.W.: The Description and Definition of Queueing Systems by Numerical Petri Nets. Australian Telecomunication Review, vol. 13, No 2, 1980, S. 20 + 31.

<u>MÖGLICHKEITEN UND GRENZEN DES METHODENVERGLEICHS DURCH META-SIMULATION</u>

G. Knolmayer
Lehrstuhl für Produktionswirtschaft
Institut für Betriebswirtschaftslehre
Christian-Albrechts-Universität zu Kiel
Olshausenstr. 40
D 2300 Kiel

1. Das Problem

Für viele betriebswirtschaftliche Problemstellungen wurde eine kaum
noch überschaubare Zahl konkurrierender Planungsmethoden entwickelt.
Auf die Praktiker kommt eine Flut alternativer Lösungsvorschläge zu,
die im einzelnen kaum noch wahrgenommen und nicht mehr sorgfältig
evaluiert werden können.

Aus diesem Grund ist zu überlegen, ob und gegebenenfalls wie die
Wissenschaft diesen Evaluierungsprozeß und damit die Implementierung
"optimaler" oder doch zumindest "zweckmäßiger" Methoden unterstützen
kann. Bei der Entwicklung von Methodenempfehlungen sind aus Sicht der
Entscheidungstheorie folgende Fragen zu klären:

- Welche Methoden (Aktionen) sind verfügbar?
- Für welche Rahmenbedingungen (Umweltzustände) soll die Anwendung
  dieser Methoden untersucht werden?
- Welche Ziele sind für die Auswahl geeigneter Methoden zu beachten?
- Wie wirken sich die einzelnen Methoden bei unterschiedlichen
  Umweltzuständen auf die Zielgrößen aus?
- Sollen die Ergebnisse in eine Empfehlung umgesetzt werden?

Eine Evaluation verschiedener Methoden kommt nicht ohne subjektive
Elemente aus. So wird oft nur eine beschränkte Zahl ausgewählter
Methoden verglichen. Die untersuchten Umweltzustände können nur subjektiv gewählt werden. Auch die Auswahl der Zielgrößen, für die Auswirkungen unterschiedlicher Methoden bestimmt werden, und ihre Amalga-
mation ist subjektiv beeinflußt.

Ein besonderes Problem des Methodenvergleichs ist die Beschaffung von
Informationen, welche Auswirkungen bestimmte Methoden auf bestimmte
Zielgrößen bei bestimmten Umweltzuständen besitzen /2/. Analytische
Vergleiche scheitern in der Regel an der Komplexität der Fragestellung,
die Feldforschung inventarisiert Vorgangsweisen ohne exakte Vergleichs-
möglichkeit. Reale Experimente können wegen ihrer vielschichtigen
Auswirkungen auf Kunden, Lieferanten und Mitarbeiter kaum durchgeführt

werden. Daher hat die Simulation, die hier als Experiment im Rechner
mit innerhalb bestimmter Vorgaben zufällig generierten Datenkonstel-
lationen verstanden werden soll, als Instrument der Informationsbeschaffung für Methodenvergleiche große Bedeutung gewonnen. Derartige
Untersuchungen werden als Meta-Simulationen bezeichnet /2; 6/, weil
die betrachteten Handlungsmöglichkeiten den Objekt-Bereich nur mittel-
bar über die später eingesetzten Planungsverfahren betreffen.

Im folgenden werden die bei der Vornahme von Meta-Simulationen auftretenden Probleme anhand eines Vergleichs von 32 Lagerhaltungsheuristiken diskutiert /4/; dabei stehen nicht die einzelnen Ergebnisse,
sondern methodische Gesichtspunkte im Vordergrund.

2. Die Auswahl der analysierten Methoden

Ergebnisse früherer Untersuchungen, beschränkte Ressourcen und Kosten-
Nutzen-Überlegungen können dazu führen, nicht alle dem Tester bekannten
Lösungsvorschläge in den Vergleich einzubeziehen. Auf derartige "Ver-
kürzungen" im Bereich der untersuchten Handlungsalternativen sollte
aufmerksam gemacht und die Auswahl näher begründet werden. Die analy-
sierten Methoden sollten eindeutig beschrieben oder durch Verweis auf
eindeutige Beschreibungen präzisiert sein. Beispielsweise wird beim
Vergleich von Lagerhaltungsheuristiken oft auf die Präzisierung einer
u.a. als Kostenausgleichsmethode bezeichneten Heuristik verzichtet.
Diese Autoren übersehen, daß die Basis-Heuristik in mehreren Varianten
existiert und eine fehlende Präzisierung der betrachteten Variante dem
Vergleich die Aussagefähigkeit nimmt. Andere Autoren nehmen nur einen
geringen Teil der entwickelten Heuristiken zur Kenntnis, was den
Aussagewert ihrer Schlußfolgerungen ebenfalls beeinträchtigt /3/.

3. Die Auswahl der betrachteten Rahmenbedingungen

Ein zentrales Problem von Meta-Simulationen ist die Auswahl der zu
untersuchenden Rahmenbedingungen, weil diese für den Anwender informativ sein sollten und die Ergebnisse des Vergleichs von den zugrunde
liegenden Rahmenbedingungen beeinflußt werden können. Bei der Auswahl
der Rahmenbedingungen besteht das Problem, "typische" Situationen zu
definieren, die durch bestimmte Strukturen und Verteilungsannahmen für
einzelne Datenelemente charakterisiert sind. Der Methodenvergleich
sollte auf einer Stichprobe beruhen, die durch zufällige Problemgenerierung zu einer (gegebenenfalls durch eine praktische Fragestellung
geprägten) Rahmenbedingung erhalten wird.

Im Hinblick auf die Adressaten der Vergleichsergebnisse sollte angestrebt werden, realitätsnahe Problemsituationen zu betrachten. Oft wird
bei der stochastischen Problemgenerierung zu großzügig vorgegangen, so
daß die untersuchten Probleme die Strukturen praktischer Probleme nicht
mehr sinnvoll wiedergeben. Aufwendige Problemgeneratoren lassen sich in
Publikationen oft nicht hinreichend exakt beschreiben; darunter leidet
die als Kriterium wissenschaftlicher Arbeit anzusehende intersubjektive
Nachprüfbarkeit der Ergebnisse.

Viele Autoren vergleichen Lagerhaltungsheuristiken an 25 willkürlich
gewählten Beispielen mit untypischen Daten. Einige Verfahren, die in
diesem "Test-Set" sehr gut abschneiden, lieferten in der Meta-Simulation sehr schlechte Ergebnisse /4/. Beispielrechnungen mögen in der
Lage sein, Algorithmen zu veranschaulichen; eine aussagefähige Evaluation ermöglichen sie nicht.

Eine Analyse der sich bei Realisierung der Bedarfsmittelwerte ergebenden Bestellpolitiken zeigt, daß manche Mittelwerte Unterschiede zwischen bestimmten Methoden deutlich machen, andere Mittelwerte sie aber
verwischen. Aus diesem Grund wurden in der Meta-Simulation mehrere
gleichmäßig über den interessierenden Bereich verteilte Mittelwerte
verwendet, um allfällige Verzerrungen aus der Wahl der Parameterkon-
stellationen zu verringern /4/.

4. <u>Die Auswahl der Zielgrößen</u>
Eine weitere Vorentscheidung wird in Meta-Simulationen durch die in die
Analyse aufgenommenen Zielgrößen getroffen. Der potentielle Anwender
sollte seine von ihm als relevant erachteten Zielgrößen in dem Vergleich wiederfinden. Die zugrundegelegten Zielgrößen können vorgegeben
oder durch empirische Erhebungen belegt werden. Beim Vergleich von
Heuristiken werden in Anlehnung an Kosten-Nutzen-Analysen oft die
Zielerreichungsgrade und die zum Auffinden der jeweiligen Lösungen
erforderlichen Kosten gegenübergestellt; letztere werden wegen Bewer-
tungsproblemen häufig durch "Mengenangaben" (z.B. CPU-Zeiten) ersetzt.
Manche Zielgrößen wie z.B. Benutzerfreundlichkeit lassen sich trotz
intensiver Bemühungen nur sehr schwer operationalisieren. Im Vergleich
der Lagerhaltungsheuristiken wurde wegen recht unbedeutender Rechen-
zeitunterschiede auf diesen Aspekt verzichtet und ausschließlich die
Summe aus auftragsfixen Kosten und Lagerkosten als Zielgröße betrachtet.

5. Die Informationsbeschaffung

Bei der Informationsbeschaffung ist zu unterscheiden, ob die Ergebnisse
unter der Annahme ermittelt werden, daß die für den Vergleich zugrundegelegte Planungssituation tatsächlich eintritt oder ob zugelassen wird,
daß sich Ist-Werte von den Plan-Werten unterscheiden. Der letzere Fall
ist realitätsnäher, erfordert aber Annahmen, zu welchem Zeitpunkt Abweichungen entdeckt werden und in welcher Weise die Entscheidungsträger
darauf reagieren. Ferner ist zu entscheiden, ob der Vergleich unter den
für bestimmte Methoden vorgesehenen Prämissen erfolgen soll oder ob
Verletzungen dieser Prämissen zugelassen werden.

Die betrachtete Klasse von Lagerhaltungsheuristiken unterstellt die
Kenntnis der Nachfragewerte in den einzelnen Perioden und sie vernachlässigt die Interdependenzen zwischen verschiedenen Produktionsstufen
und zur Reihenfolgeplanung. Realitätsnahe Vergleiche sollten Verletzungen aller genannten Prämissen zulassen. Aber auch Untersuchungen unter
gegebenen Prämissen besitzen einen Informationswert, weil damit eine
Vorauswahl aus der großen Zahl vorgeschlagener Heuristiken erfolgen
kann: Warum eine unter gegebenen Prämissen signifikant schlechtere
Heuristik bei Verletzung der Modellprämissen bessere Ergebnisse liefern
sollte, müßte erst im Einzelfall begründet werden.

6. Die Auswertung von Meta-Simulationen

Ein besonders wertvolles, aber nur selten auftretendes Ergebnis einer
Meta-Simulation könnte sein, daß eine Methode M_1 eine andere Methode M_2
im Hinblick auf alle untersuchten Zielgrößen dominiert. Allerdings erlauben selbst derart weitreichende Ergebnisse keine eindeutige Auswahl,
wenn der potentielle Anwender ein in der Meta-Simulation nicht betrach-
tetes Ziel verfolgt. In der Regel wird keine Methode alle anderen dominieren. In diesem Fall stellt sich das Problem, ob in der Interpretation der Ergebnisse der Meta-Simulation Zielgrößen gewichtet werden
sollen und ob diese Gewichtung (gegebenenfalls nach einer empirischen
Untersuchung) präskriptiv oder bloß beispielhaft vorgenommen wird.

Obwohl die statistische Auswertung von Meta-Simulationen ein immer
wiederkehrendes Problem ist, stellen nur wenige Arbeiten (z.B. /1/) die
möglichen Vorgangsweisen kritisch gegenüber. Die Annahmen des Vor-
liegens einer Normalverteilung, der Unabhängigkeit der Beobachtungen
sowie der Varianzhomogenität treffen beim Methodenvergleich meist nicht
zu. So führt die Meta-Simulation von Heuristiken in der Regel auf
rechtssteil verteilte Zielerreichungsgrade. Daher eignen sich für die

Auswertung von Meta-Simulationen insbesondere nichtparametrische Testverfahren. Das der Auswertung zugrundegelegte Signifikanzniveau kann sich auf das gesamte Experiment oder nur auf den paarweisen Vergleich zweier Methoden beziehen. Im Hinblick auf die Gesamtheit aller getroffenen Aussagen tritt in letzterem Fall eine Fehlerkumulation auf. Bei Verwendung eines experimentweisen Signifikanzniveaus kann die Auswahl der untersuchten Methoden Auswirkungen auf die Signifikanz der Unterschiede zwischen bestimmten Methoden besitzen. Darüber hinaus kann die Signifikanz der Unterschiede zwischen gegebenen Methoden von verschiedenen statistischen Testverfahren kontrovers beurteilt werden. Manche statistisch signifikanten Unterschiede können ferner so klein sein, daß sie Praktiker im Hinblick auf die Unschärfen, die beim Schluß von Modellbetrachtungen auf reale Entscheidungssituationen auftreten, als vernachlässigbar einschätzen. Dies mag auch für die im Vergleich von Lagerhaltungsheuristiken gewonnenen Ergebnisse zutreffen: Der verwendete Multiple-Comparison-Vorzeichen-Test /5/ zeigt statistisch signifikante Unterschiede auch zwischen Methoden, deren Zielerreichungsgrade sich nur wenig unterscheiden.

7. Zusammenfassung

Der Methodenvergleich durch Meta-Simulation besitzt eine Reihe von Problemen, die die Aussagefähgikeit seiner Ergebnisse beschränken. Trotz dieser Grenzen scheint es keine bessere Möglichkeit zu geben, um Informationen zur Entscheidung über den Einsatz konkurrierender Methoden bereitzustellen.

8. Literatur

/1/ Kleijnen, J.P.C., Statistical Techniques in Simulation (In Two Parts), New York 1974, 1975.

/2/ Knolmayer, G., Die Simulation als Instrument zur Gestaltung computergestützter Planungssysteme - Literaturübersicht und Schlußfolgerungen, in: Ang.Inf. 25 (1983), S. 25-33.

/3/ Knolmayer, G., Zur Bedeutung des Kostenausgleichsprinzips für die Bedarfsplanung mit PPS-Systemen, Manuskript Nr. 145 aus dem Institut für Betriebswirtschaftslehre der Universität Kiel, Kiel 1984.

/4/ Knolmayer, G., Ein Vergleich von 32 "praxisnahen" Lagerhaltungsheuristiken, Vortrag auf der 13. DGOR-Tagung in St. Gallen, September 1984.

/5/ Miller, Jr., R.G., Simultaneous Statistical Inference, 2nd ed., Berlin Heidelberg New York 1981.

/6/ Zentes, J., Die Optimalkomplexion von Entscheidungsmodellen, Köln et al. 1976.

SIMULATION - EIN INSTRUMENT ZUR ÖKONOMISCHEN ANALYSE DES FRACHTENTRANSPORTES DURCH SCHIFFE

M. Ferstl

Institut für Schiffsbau

Technische Universität Wien

A-1060 Wien

Abstract

A strong connection between technical and economic aspects is characteristic for present-day shipping. In this paper Simulation is identified as a powerfull tool for preparing decisions within the field of shipping because by its means the user is able of experimenting with such complex models necessary for representing technical and economic conditions of ship operation. There is a need for quantifying the economic influence of the amount of borrowed capital and its costs for building a ship on the one hand and of the extent of the ship's utilization and obtainable freight rates during ship operation on the other hand. Technical conditions influence the transportation costs because these are essentially determined by resistance, propulsion and fuel consumption. An example shows the use of a discrete and deterministic simulation model for estimating the revenues of a combined container-bulk vessel.

1. Einleitung

Ökonomische Analysen im Bereich der Reedereiwirtschaft lassen sich mit Hilfe der Simulation durchführen. Der Betrieb eines Frachtschiffes wird unter Berücksichtigung aller dabei auftretenden Prozeßabläufe wie Laden, Löschen, Bunkern und Fahrt durch verschiedene Seegebiete simuliert. Die Auswirkungen dieser Prozesse auf die Kosten und Erlöse des Schiffsbetriebs werden mittels Beurteilungskriterien der dynamischen Investitionsrechnung quantifiziert. In dieser Arbeit wird das Simulationsprogramm "FAHRTSIM" (1) zur Beurteilung der Wirtschaftlichkeit eines kombinierten Container-Bulk Frachters herangezogen. Die Simulation soll dabei den Zusammenhang zwischen Fremdkapitalanteil und -kosten, Auslastung der Transportkapazität und Frachtratenniveau unter Berücksichtigung der technischen Randbedingungen Widerstand, Propulsion und Treibstoffverbrauch aufzeigen.

2. Simulationsmodell

Dem Simulationsprogramm "FAHRTSIM" liegt ein funktionales, determiniertes, diskretes Strukturmodell zugrunde. Der Fahrtablauf führt das Schiff nur in bekannte Häfen. Der simulierte Fahrtbereich kann dabei eine Rundreise oder eine Einzelfahrt sein. In den

Häfen erfolgt das Bunkern, so nötig, vor dem Beladen, damit die zulässige Tragfähigkeit nicht überschritten wird. Die Teilstrecken zwischen den Häfen können durch verschiedene Fahrtgeschwindigkeiten und durch einen Wetterzuschlag auf den Schiffswider-
stand unterschieden werden. Lange Strecken können unterteilt werden, um unterschiedliche Fahrtbedingungen zu simulieren. In jedem Hafen werden Ladungspartien angeboten.
Das Schiff nimmt dabei entweder so viele Partien mit, bis das Ladungsangebot erschöpft
oder die Tragfähigkeit erreicht ist, oder es kann durch den Anwender des Programms
eine Steuerung erfolgen, wenn Transportkontrakte zu erfüllen sind. Auch eine Kombination von beiden Möglichkeiten und die Optimierung der mitgenommenen Ladungsmenge
hinsichtlich maximal erreichbarer Frachtraten ist möglich.

Die Buchführung stellt fest, welche Laderäume noch wieviel Platz für einen bestimmten
Ladungstyp haben, welche Partien in welchen Häfen gelöscht und welche Einnahmen dadurch erzielt werden. Dazu wird vom Programm eine Liste mit allen notwendigen Daten
geführt. Die in den Tanks vorhandenen Treib- und Hilfsstoffmengen werden laufend aktualisiert. Die Buchführung erhöht auch den Simulationszeitwert, sowie jene Zeitwerte, die
mit Fahren, Warten, Laden, Löschen und Bunkern zugebracht werden. Diese gesonderte
Zeitwerterhöhung wird von den Eigenschaften der jeweiligen Teilprozesse, wie Widerstand
bei Fahrt, Wartezeit und Umschlagsleistung in den Häfen, sowie die Entscheidung, ob in
einem Hafen der Treibstoffpreis so günstig ist, daß gebunkert wird, bestimmt. Ist der
Treibstoffpreis ungünstig, wird nur soviel nachgebunkert, wie nötig ist, um den nächsten
Hafen zu erreichen. Die Entscheidung, ob in einem Hafen günstigen Treibstoffpreises
viel gebunkert wird oder nicht, wird auf der Grundlage verlorener Tragfähigkeit für
zahlende Ladung gefällt. Es werden also die Opportunitätskosten des Treibstofftransports
berücksichtigt. Nicht die Treibstoffpreise alleine, sondern diese gemeinsam mit ihren
Transportkosten werden verglichen, wobei die Transportkosten den Erlösen aus einem möglichen Frachtentransport in den nächsten Hafen entsprechen. Die Buchführung ist auch
für die Abrechnung der Frachtraten notwendig. Aber auch die Kosten verurschenden Vorgänge des Schiffsbetriebs sind abzurechnen. In der Schiffsbetriebsbuchhaltung werden
also Geldbeträge für fixe Kosten je Zeit, variable Kosten je Zeit und Fahrtzustand
(Treibstoff- und Hafenkosten) sowie Mengenbeträge für die Ladung und Betriebsstoffe
geführt. Erlöse sind eingegangene Geldbeträge.

In Abbildung 1 wird das Ablaufschema einer solchen Simulationsrechnung gezeigt. Das
Zusammenwirken technischer und ökonomischer Randbedingungen und deren Auswirkungen
auf das wirtschaftliche Ergebnis können erkannt werden.

3. Simulation eines Container-Bulkschiffes im Nordatlantikverkehr

Simulationsobjekt ist ein kombinierter Container-Bulkfrachter (Conbulker), der zusätzlich zu den Erlösen aus der Bulkladung noch Erlöse aus containerisierter und Stück-

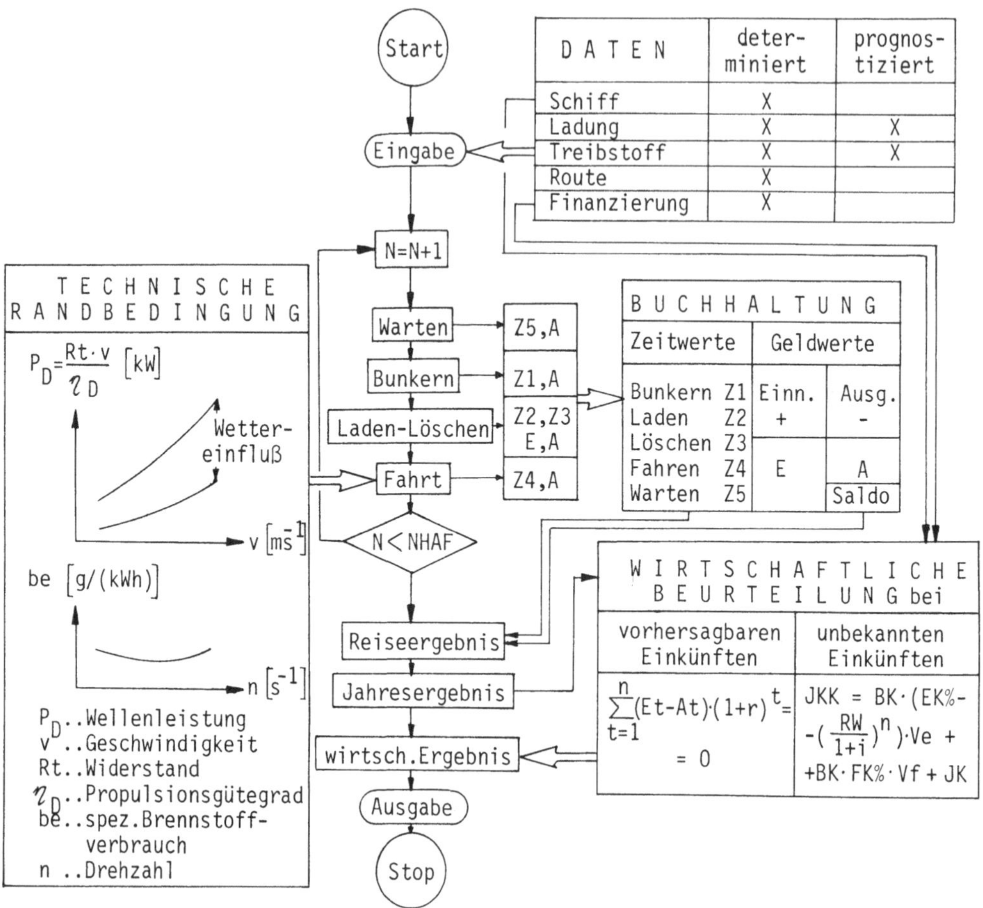

$$P_D = \frac{Rt \cdot v}{\eta_D} \; [kW]$$

$$\sum_{t=1}^{n} (Et - At) \cdot (1+r)^{-t} = 0$$

$$JKK = BK \cdot (EK\% - (\frac{RW}{1+i})^n) \cdot Ve + BK \cdot FK\% \cdot Vf + JK$$

ABB.1: Ablaufschema

Et..Einzahlungen, At..Auszahlungen, r..interner Zinsfuß, JKK..durchschnittliche
Jahreskosten, BK..Baukosten, RW..Restwert, Ve..Eigenkapitalrückgewinnungsfaktor,
Vf..Fremdkapitalrückgewinnungsfaktor, i..kalk. Zinssatz für Eigenkapital, JK..fixe
und variable Jahresbetriebskosten, EK%..Eigenkapitalanteil, FK%..Fremdkapitalanteil

ladung einfahren kann. Das untersuchte Schiff operiert in der Nordatlantikfahrt, wobei
es auf der ostwärts gerichteten Route (von Kanada nach Europa) Getreide in Bulkform und
Container in getrennten Laderäumen transportiert. Auf der westwärts gerichteten Route
werden in den Getreideladeräumen nicht containerisierbare Stückgüter und in den Con-
tainerladeräumen Container transportiert. Ziel der Simulation ist es, unter Berücksichtigung aller Vorgänge des Schiffsbetriebs Aussagen über die Wirtschaftlichkeit des
Schiffs bei verschiedenen Auslastungsgraden, Frachtraten und Finanzierungsformen zu
treffen.

Die Marktsituation war zum Zeitpunkt der Simulationsrechnungen (Mitte 1982) durch höhere Frachtraten für kleine Partien Getreide als für große gekennzeichnet (2). Prognosen ließen hinsichtlich der Getreideraten für die Zukunft keine Änderung erwarten (3).

Somit konnte für die Bulkladung von determinierten Mengen und Raten ausgegangen werden. Für die Container und Stückgüter wurde von einer einem Reedereiunternehmen bekannten statistischen Verteilung des Ladungsaufkommens ausgegangen. Mengen und erzielbare Raten wurden als Simulationsparameter definiert (Transportparameter), da mit Hilfe der Simulation auch die Auswirkungen der Rabattpolitik des Reeders auf das wirtschaftliche Ergebnis des Schiffsbetriebs quantifiziert werden sollte. Als Obergrenze der erzielbaren Raten dienten die Konferenzraten (4), die von den für das betrachtete Fahrtgebiet zuständigen Linienkonferenzen (5,6) festgesetzt sind. Weitere Simulationsparameter waren Fremdkapitalanteil und -zinssatz (Kapitalparameter), die der Untersuchung von Auswirkungen verschiedener Finanzierungsarten dienten.

In einer Reihe von Simulationsexperimenten, die jeweils durch eine bestimmte Kombination von Transport- und Kapitalparametern gekennzeichnet waren, wurde das simulierte Betriebsergebnis errechnet und die diesem entsprechende Rentabilität vor Steuern der Investition in dieses Schiff ermittelt. Abbildung 2 zeigt für eine solche Kombination die Rentabilitätsfläche über der Ebene der Transportparameter. Die Darstellung wurde an der Rentabilitätsgrenze abgebrochen, also verlustbringende Kombinationen von Transportparametern nicht dargestellt. Abbildung 3 zeigt die Rentabilitätsquerkurven, die sich als Schnittkurven von vertikalen Ebenen parallel zur Auslastungsachse und der Rentabilitätsfläche in Abbildung 2 für alle untersuchten Parameterkombinationen ergeben.

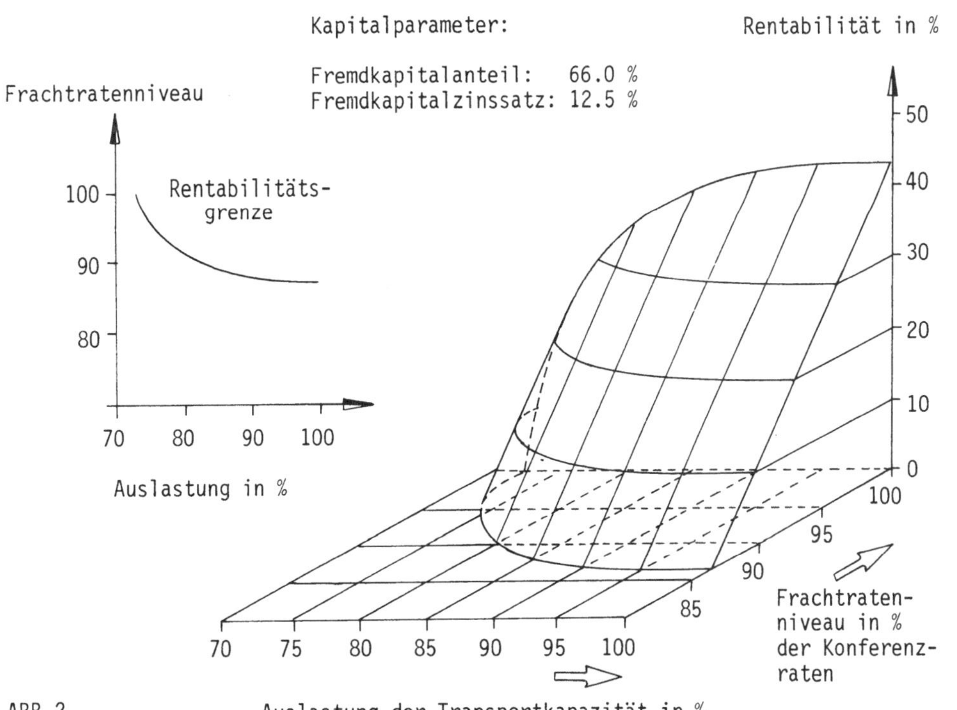

ABB.2

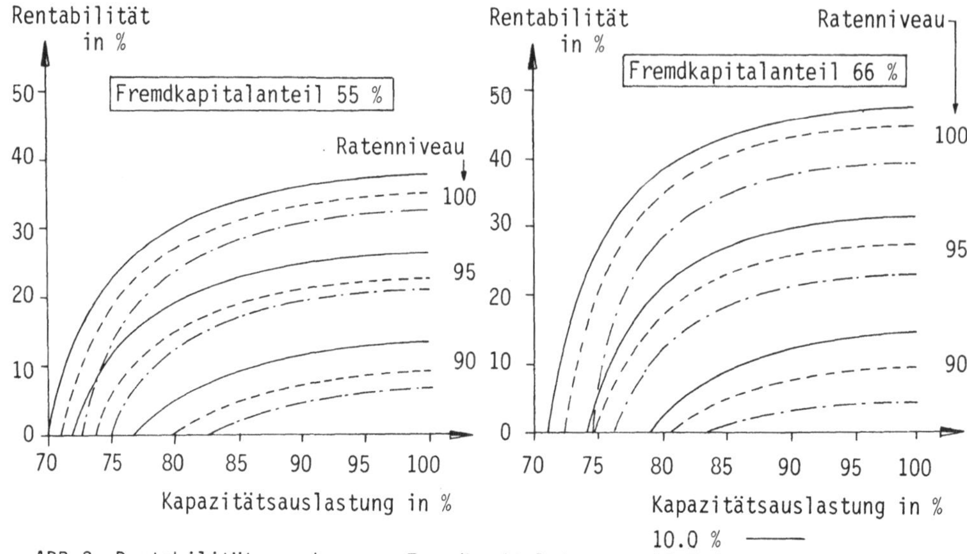

ABB.3: Rentabilitätsquerkurven, Fremdkapitalzinssatz

4. Zusammenfassung

In Kapitel 3 konnten die Simulationsergebnisse nur teilweise zusammengestellt werden. Die Analyse aller Ergebnisse liefert die Grenzen der Kapazitätsauslastungs- und Frachtratenniveaus, innerhalb derer der Reeder Transportleistungen anbieten kann, ohne dabei unter Berücksichtigung aller durch den Betrieb und den Kapitaldienst bedingten Auszahlungen ein negatives Betriebsergebnis zu erwirtschaften. Mit Hilfe der Simulation können der Zusammenhang verschiedener Finanzierungsarten von Schiffen, deren Kapazitätsauslastung im Betrieb und der Einfluß verschiedener Frachtraten hinsichtlich ihrer Auswirkungen auf die Wirtschaftlichkeit von Schiffen quantifiziert werden. Dem Anwender, der die Simulation in der hier vorgestellten Form einsetzt, steht damit ein Instrument zur taktischen Entscheidungsvorbereitung in den Bereichen der Investition und Destination von Schiffen sowie in der Frachtratengestaltung zur Verfügung.

Literatur

(1) Söding, H.: Short Descriptions of Computer Programs Developed at the Department of Computer Aided Ship Design, Techn. Universität Hannover, ESS-Bericht Nr.14, 1976

(2) N.N.: Marktberichte, Frachtenmarkt, in: Hansa, 119.Jg.1982, Heft 3 bis 12

(3) N.N.: OECD - Seeverkehrsbericht 1981, Paris 1981

(4) Branch, A.E.: Elements of Shipping, 5.Aufl., London 1981

(5) N.N.: Continental Canadian Westbound Freight Conference, Montreal 1982

(6) N.N.: North Atlantic Continental Freight Conference, New York 1982

Prognosemodelle von Personenbeständen bei mehreren Ausscheideursachen

von

W.Ettl und F.Pagler
Technische Universität Wien
Abteilung für Versicherungsmathematik

Prognosen über Bestände von Personen spielen eine fundamentale Rolle in
den Sozial- als auch Wirtschaftswissenschaften.Einfache Beispiele sind
Bestände von Lebensversicherungen oder Krankenversicherung eines Ver=
sicherungsunternehmens.Der Bestand einer Gruppe von Steuerzahlern oder
Sozialversicherungspflichtigen kann jedoch genauso Grundlage einer
Untersucherung sein.Charakteristisch ist ferner, daß von den Mit=
gliedern dieser Gruppen, die selbst wieder in einzelne Untergruppen
zerfallen, Beiträge erhoben werden, um Leistungen finanzieren zu können.
Sowohl der Leistungsumfang als auch der Beitragsumfang ist in zweifacher
Hinsicht eine stochastische Größe: die Höhe der einzelnen Zahlungen und
die Dauer dieser Geldflüsse. Einzige Forderung,die an die betrachteten
Zeiträume gestellt wird, ist,daß diese paarweise disjunkt sind,wir
nennen sie Prognosezeiträume (siehe K.Pilzweger (9)).
Die Daten der betrachteten Personengruppe sind bestenfalls zu Beginn der
Prognosezeiträume eindeutig anzugeben, meist müssen sie auch dann stat=
istisch geschätzt werden.Ein Beispiel einer Rentenversicherung für 50
Personen soll exemplarisch die Komplexität der zugrundeleigenden Markov=
kette erläutern (siehe auch Neuburger (8)):

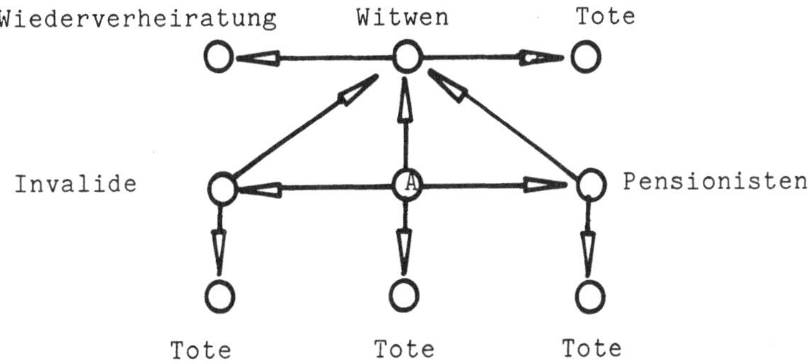

A : Gruppe der aktiven Versicherten (im Zentrum des Diagramms)

Analytische Modelle müssen notwendigerweise einfacher sein, als das durch die obige Markovkette definierte Modell.Die Verfälschungen sind derart gravierend,daß man sie nicht außer acht lassen kann, weil sie die Zufälligkeiten des Prozesses vernachlässigen.Damit wird aber ein Ziel solcher Prognoserechnungen, nämlich Unterlagen für unternehmerische Entscheidungen zu bieten, ad absurdum geführt, indem gerade diese interessanten Schwankungen eliminiert werden und ein rein deterministisches "klassisches" Prognosemodell verwendet wird. Gerade die Verteilung der diversen Größen in den einzelnen Prognoseabschnitten kann damit überhaupt nicht berechnet werden.Aussagen über Größen von Schwankungen und deren Verteilung und damit er "Gefährlichkeit" oder "Gutmütigkeit" einer Größe können nur mittels Simulationen erreicht werden.

Simulation von Personenbeständen und daraus abgeleiteten stochastischen Größen

Um nach dem zentralen Grenzwertsatz vereinfachend annehmen zu können,daß die gefragten Ergebnisgrößen normalverteilt sind, hat man selten genug Personen in allen Untergruppen.Es wäre aber andererseits nicht zielführend, bei nur wenigen Personen alle denkmöglichen Kombinationen von Ereignissen und Geldflüssen durchzurechnen, weil dies zu einem nicht zu bewältigendem Rechenaufwand führt.Daher ist einzig die stochastische Simulation die Antwort auf diese Fragen.
Es wird jede einzelne Person mittels Zufallszahlen berechnet, welches der den Übergangswahrscheinlichkeiten zugrundeliegenden Ereignisse in diesem Prognosezeitraum eintritt.In der neuen Untergruppe wird wiederum mittels Zufallszahlen die Höhe der Zahlung in diesem Prognosezeitraum entschieden.Durch die wiederholte Anwendung dieser Verfahren ist auch die Dauer der Zahlungen zufallsbedingt.
Durch die Komplexität der Übergangswahrscheinlichkeiten im obigen Beispiel mit dieser Markovkette, entsteht ein äußerst komplexes Gesamtsystem, das sich durch Neuzugänge, deren Altersverteilung als auch personen mäßiger Umfang in bestimmten Bereichen schwanken können, völlig unterschiedlich verhalten kann.

Beispiel Beispiel einer Rentenversicherung mit Invaliditäts und Witwenversorgung

Um die Auswirkungen des Neuzuganges zu dokumentieren, wird einmal ohne Neuzugang gerechnet und beim zweitenmal werden alle Abgänge bei den aktiven Versicherten durch Neuzugänge im Alter zwischen 20 und 30 ersetzt.Vereinfachend wurde angenommen, daß nur Männer versichert sind.

Berechnungen ohne Neuzugang:
Größe des Bestandes zu Beginn :50 Personen
Nach circa 25 Jahren sinken die notwendigen Reserven des Versicherungs=
unternehmen kontinuierlich.Im ersten Jahrzehnt sind die Schwankungen
bestandsbedingt kaum.Die Differenzen der Höhe der Reserven betragen im
Extremfall fast 10 Millionen Rechnungseinheiten.Betrachtet man die Ver=
änderungen der Resven von Jahr zu Jahr, so können Schwankungen bis zu
20% der Vorjahrsreserve betragen.
Bei größeren Beständen werden jedoch auch die Versicherungssummen
stärker schwanken, sodaß ein Ausgleich im Bestand erst langsam eintritt.

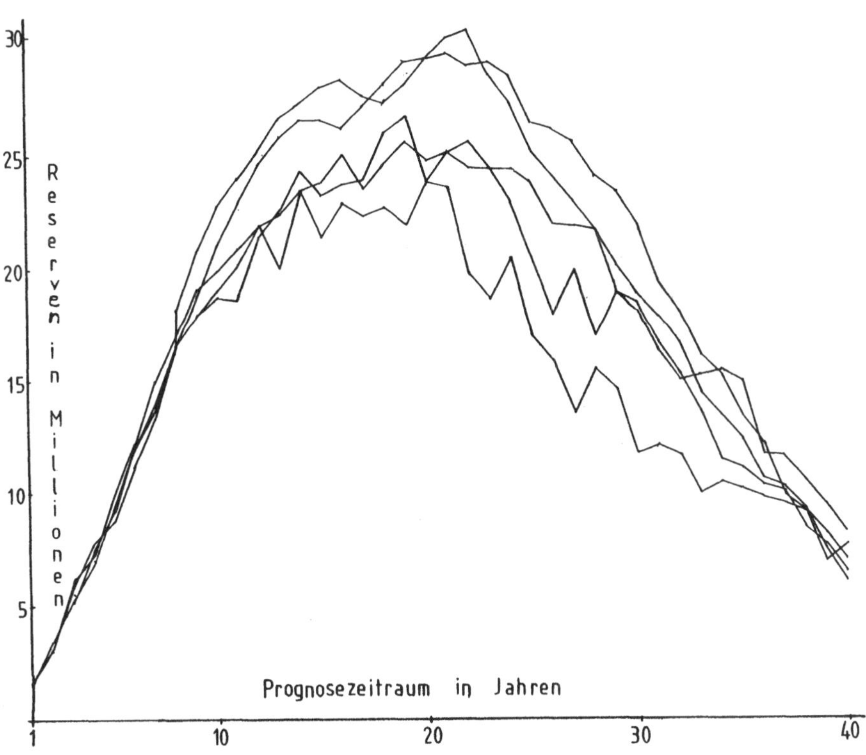

Berechnungen mit Neuzugang

Größe des Bestandes zu Beginn :50 Personen

Wie beim Beispiel zuvor sinken auch hier bestandsbedingt die Reserven
nach circa 25 Jahren bleiben jedoch nach 30 Jahren ab Beginn der Prog=
nose weitgehend konstant - der sogenannte Beharrungszustand ist erreicht
worden - die möglichen Schwankungen sind sowohl absolut wie auch relativ
größer als bei der vorigen Variante.Dies ist eine direkte Ursache des
angenommennen Neuzuganges.Schwankt auch dieser - wie das in der Realität
ja der Fall sein wird, so ist bezüglich der Prognose große Vorsicht an
den Tag zu legen.Wie aus untenstehender Abbildung einiger Simulationen
zu ersehen ist,wäre es außerordentlich gefährlich, aus dem Verhalten im
Bereich der Prognosejahre 1-10 auf die Bereiche 15-25 oder 25-40 durch
einfache Interpolation zu schließen.Es handelt sich eben um vielfach
interdependente Größen, für die solche einfache konventionelle Methode
völlig unbrauchbar ist.

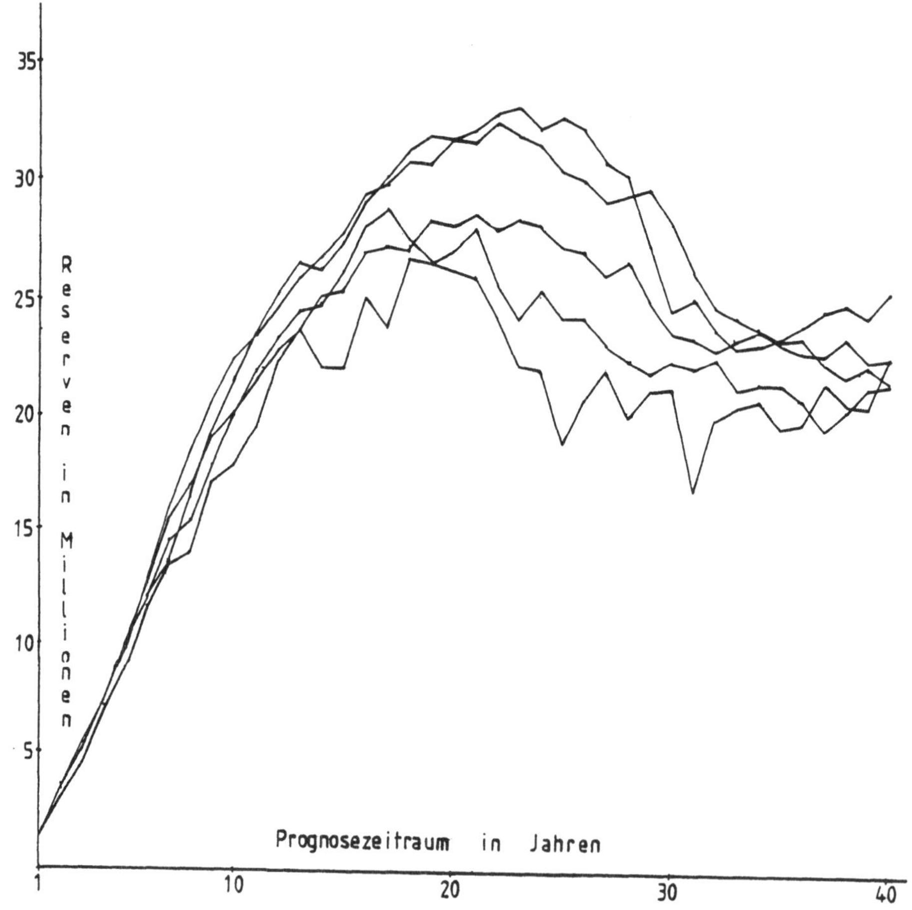

Direkte Berechnung der Verteilungen in den einzelnen
Prognoseabschniten

Falls die Übergangswahrscheinlichkeiten sehr einfach sind, wie zum
Beispiel im üblichen Lebensversicherungsgeschäft, können die Verteil=
ungen direkt mittels der schnellen Fouriertransformierten (s.Gerber H.U.
(5), Bertram (1)) berechnet werden.Eine weitere Methode sind Verfahren
mittels Rekursionsformeln (s.Bühlmann (2),Ettl (3), Ettl (4),Held (6),
Jewell u.Sundt (7)) , die auf der Berechnung von Faltungen aufbauen.
Obiges Beispiel ist jedoch derart komplex, daß im besten Fall die FFT
(Fast Fourier Transform) verwendet werden kann. Dies wird in einer
späteren Arbeit der Autoren, die in Arbeit ist, veröffentlicht.

Literatur:

1 Bertram J.: Numerische Berechnungen von Gesamtschadenverteilungen,
        BlDGVM XV,Bd.2,pp.175-194,1981

2 Bühlmann H.:Numerische Methoden zur Berechnung der Gesamtschadenver=
        eilung.Mannheimer Vorträge zur Versicherungswissenschaft,Band
        20,1981

3 Ettl W.:Effects of Self-insurance as risk management analyzed by
        actuarial methods. International Conference on Structural
        Failure,Product Liability, and Technical Insurance,ed. by H.P.
        Rossmanith,North-Holland 1983

4 Ettl W.: Recursive formulas for compound distributions by Laplace
        transformation methods.17th ASTIN Colloquium,Lindau (West
        Germany),2-6 Oct 1983

5 Gerber H.U.:On the numerical evaluation of the distribution of
        aggregate claims and its stop-loss premiums,Insurance,Mathem.
        and Economics,1,pp.13-18,1982

6 Held R.P.: Zur rekursiven Berechnung von   Stop Loss-Prämien für
        Pensionskassen,MVSVM 1982,pp.67-90

7 Jewell W.S. und Sundt B.:Further results on recursive evaluation
        of compound distributions, ASTIN Bulletin,12,pp 27-39,1981

8 Neuburger E.:Prognoseverfahren der Personenversicherungsmathematik
        am Beispiel der betrieblichen Altersversorgung,BlDGVM XVI,
        pp.245-266,1983

9 Pilzweger K.:Über Prognoseprobleme bei Beständen der Personenver=
        sicherungsmathematik,BlDGVM XVI,pp.221-244,1983

<u>DER ARBEITSPLATZRECHNER SIMPLEX</u>

K. U. Hellmold
Lehrstuhl für Betriebssysteme
IMMD IV
Universität Erlangen

Häufig wird der Simulation der hohe Aufwand angelastet, der für die
Modellerstellung an Programmier- sowie für die Auswertung an Rechenleistung zu erbringen ist. Dies verhinderte bisher, daß die Möglichkeiten dieser Technik über den Expertenkreis hinaus ausgeschöpft wurden.
Die enormen Fortschritte der letzten Jahre auf dem Gebiet der Rechner-
technologie fordern dazu auf, die verfügbaren Kapazitäten unmittelbar
für die Simulation zu erschließen.

Die Arbeiten am IMMD IV dienen daher dem Ziel, einen leicht handhab-
baren Simulationsrechner vorzuschlagen, der die Leistung und den Komfort heutiger Arbeitsplatzrechner bietet. Darüberhinaus werden die speziellen Anforderungen der Simulation durch die Hardware unterstützt und
dem Benutzer eine simulationsgerechte Bedieneroberfläche angeboten.

Im Vordergrund steht die Realisierung des SIMPLEX Projektes (SIMulation
komPLEXer Systeme) auf der Basis einer erweiterbaren Multiprozessor-
konfiguration, die vorteilhaft an die parallele Struktur der Simula-
tionsmoduln angepaßt ist. Das Konzept ist durch die Anforderungen zeitdiskreter Warteschlangensysteme geprägt, die einen hohen Parallelitäts-
grad aufweisen.

Das SIMPLEX Konzept basiert im wesentlichen auf der Tatsache, daß komplexe Systeme durch das Zusammenspiel von mobilen und stationären Komponenten - den Transaktionen und den Stationen - ihre Dynamik entwickeln.
Die Arbeitsweise transaktionsorientierter Systeme wird auf eine Daten-
flußarchitektur übertragen, die das Systemverhalten in unmittelbarer
Weise nachvollzieht. Entscheidend ist, wie sich die Tansaktionen durch
das System bewegen und welche Aktivitäten sie beim Aufenthalt in einer
Station veranlassen.

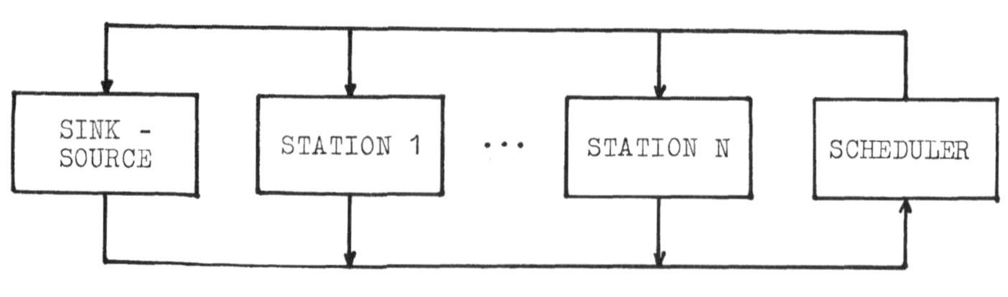

Bild 1   SIMPLEX - Konfiguration

Dieser Sachverhalt spiegelt sich in dem gewählten Hardwareaufbau von SIMPLEX wider. Die Steuerung der Transaktionen erfolgt duch den Modul SCHEDULER, der anhand einer Wegebeschreibung die Transaktionen von STATION zu STATION in korrekter zeitlicher Reihenfolge weiterleitet. Die Schnittstelle zur Außenwelt wird durch den Modul SOURCE / SINK repräsentiert, der für die Generierung und Vernichtung der Transaktionen gemäß der Lastbeschreibung verantwortlich zeichnet. Die Aktivitätenfolge zur Bearbeitung einer Transaktion in einer Station ist im allgemeinen durch den Stationstyp definiert, kann jedoch z.B. bei mehrphasigen Bearbeitungsschritten vorgegeben werden.

Jede erfolgreiche Modellierung basiert auf einer ausgewogenen Analyse des zu untersuchenden Systems. Formal kann ein abgeschlossenes System durch die Menge seiner Objekte und den Beziehungen zwischen diesen Objekten beschrieben werden. Diese Objekte lassen sich durch ihre variablen und konstanten Eigenschaften genauer charakterisieren. Der Zustand des Systems zum Zeitpunkt T ist folglich durch die aktuellen Werte aller Objekteigenschaften gegeben. Durch die Aktivitäten wird der Zustand des Systems verändert, wenn mindestens einer Komponente ein neuer Wert zugewiesen wird.

In der Realität werden stets offene Systeme zu betrachten sein, deren Abhängigkeit von ihrer Umwelt durch eine klare Schnittstelle abzugrenzen ist. Für eine adäquate Systembeschreibung sind folgende Fragen mit hinreichender Genauigkeit zu beantworten:

- welche Objekte beinhaltet das System?
- welche Eigenschaften kennzeichnen diese Objekte?
- welche Werte können diese Eigenschaften annehmen?
- welche Relationen bestehen zwischen den Objekten?
- welche Kommunikation besteht mit der Umwelt?

Da bei der Simulation das dynamische Verhalten der Modelle anhand von diversen Experimenten untersucht werden soll, steht die Beantwortung der Frage: 'wie reagiert das System auf unterschiedliche Belastungen?' im Mittelpunkt. Dazu sind Angaben erforderlich, die das Verhalten der Umwelt bezüglich der Systemschnittstelle approximieren, aber auch genügend Spielraum für das Experimentieren lassen.

Um dem Benutzer bei der anspruchsvollen Modellerstellung und -auswertung entgegenzukommen, wurde eine Modellbeschreibungssprache entworfen, die zur Charakterisierung der Modellkomponenten und der zwischen ihnen bestehenden Relationen auf hohem Abstraktionsniveau geeignet ist. Insbesondere wird dem Benutzer der Gebrauch von frei wählbaren Symbolen gestattet, die ihm während des gesamten Simulationszyklus den Zugriff auf seine Objekte unter Verwendung der von ihm gewohnten Terminologie erleichtern. Ein Interpreter unterstützt den Benutzer bei der Eingabe seines Modells und bildet diese Angaben auf die Datenstrukturen des Simulators ab.

Basisobjekte transorientierter Systeme sind die Stationen und Transaktionen, deren Zustand durch je einen Eigenschaftsvektor gespeichert wird. Diesem ist eine Struktur überlagert, die die individuellen Komponenten beschreibt. Eine Station ist als abstrakter Datentyp mit den zentralen Operationen 'Transaktion aufnehmen', 'Transaktion abholen' und 'Transferzeit melden' realisiert, der durch einen eigenen Prozessor verwaltet wird. Im Gegensatz dazu sind die Transaktionen durch je einen Datensatz repräsentiert, der von Station zu Station zur Bearbeitung weitergereicht wird. Der Interpreter verlangt Angaben über die Generierungszeitpunkte der Transaktionen, der Stationenfolge, die sie zu durchlaufen haben, sowie ihrer privaten Eigenschaften wie Priorität, Klassenzugehörigkeit, Typ und Größe. Die Generierungsangaben werden vom Modul Source ausgewertet, der entsprechned der Ankunftsraten die Datenbereiche vorbesetzt und dem Scheduler zur Weiterleitung anbietet. Der Scheduler wertet die Beschreibung der Stationenfolge aus und transferiert die Transaktion zur errechneten Zielstation. Der garantiert den korrekten Zeitablauf, in dem er bei jedem Transfer das Tupel System- zeit, Transaktion als Message zur Station sendet und dann erfragt, wann die nächste Transaktion diese Station verlassen muß. Die Beschreibung der Stationenfolge erfolgt durch Anweisungen, die den Kontroll- statements höherer Programmiersprachen entsprechen und damit einen zustandsabhängigen Transaktionsfluß ermöglichen.

Eine einfache Station kann beispielsweise durch nachstehende Deklaration beschrieben werden:

```
DECLARE STATION hospital;
    TYPE = FACILITY,
    POLICY = FIFO,
    WORKTIME = GAUSS(MEAN=5, SIGMA=2),
    PREEMPTION = FALSE;
```

Eine Klasse von Transaktionen, die exponentialverteilte Ankünfte besitzen, würden aufgrund folgender Anweisung generiert werden:

```
DECLARE TRANSACTION patient;
    BEGIN = 1,
    LIMIT = 50,
    ARRIVAL = ERLANG(K=1,MEAN=10),
    SEQUENCE = screening;
```

Die Sequenz 'screening' könnte in einem Krankenhaus zu folgender Stationenfolge gehören:

```
DECLARE SEQUENCE screening;
      parking,
      BRANCH DO  60% sonography,
                 40% radiography END,
      labour,
      parking;
```

Für die Auswertung der Simulationsläufe muß klargestellt sein, in welcher Qualität die entscheidenden Systemdaten gemessen, protokolliert und ausgewertet werden sollen. Um die Fülle der möglichen Protokoll- und Meßergebnisse in übersichtlicher Form darstellen zu können, wurde weitestgehend eine komprimierte graphische Ausgabeform gewählt, die dem Benutzer die Beobachtung des dynamischen Modellablaufes auf einem Farbrasterdisplay gestattet. Die Daten lassen sich in Zahlen-, Balken-, Kurven- oder Tabellenform darstellen oder erwirken vordefinierte Farbänderungen. Von interessierenden Kurvenverläufen oder Tabellen lassen sich jederzeit Hardcopyausdrucke anfertigen.

In umfassender Weise wurde dem Wunsch Rechnung getragen, interaktiv in den Simulationslauf eingreifen zu können, um die Experimente mit dem Modell möglichst variabel durchführen zu können oder durch externe Entscheidungen das Systemverhalten zu beeinflussen. Dies wird durch einen Kommandointerpreter ermöglicht, der jederzeit den Zugriff zur Simulationsdatenbasis in gezielter Weise unterstützt. Insbesondere kann der Simulationslauf in Zeitlupe oder Zeitraffer ablaufen und der Umfang der graphischen oder alphanumerischen Ausgabe dem Informationsbedarf angepaßt werden. Als wesentliche Testhilfe stehen dem Benutzer Möglichkeiten zum Setzen von Breakpoints und zum Abrufen von Backtraces zur Verfügung.

Die verwendete Hardwarekonfiguration setzt sich aus Intel-Komponenten der 8086-Prozessorfamilie zusammen, die über den Multibus miteinander kommunizieren. In der bisherigen Realisierung sind die folgenden Funktionsgruppen enthalten. (Siehe Bild 2).

Nur der Scheduler hat ständigen Zugriff zum Multibus und kontrolliert den Datenfluß zu den anderen Moduln. Die Ein/Ausgabe wird durch einen Graphikprozessorboard (GDP) und ein Peripheriekontrollerboard (IOP) abgewickelt. Für das Betriebssystem RMX86 sind eine 512 KByte umfassende Speicherplatine (RAM) notwendig.

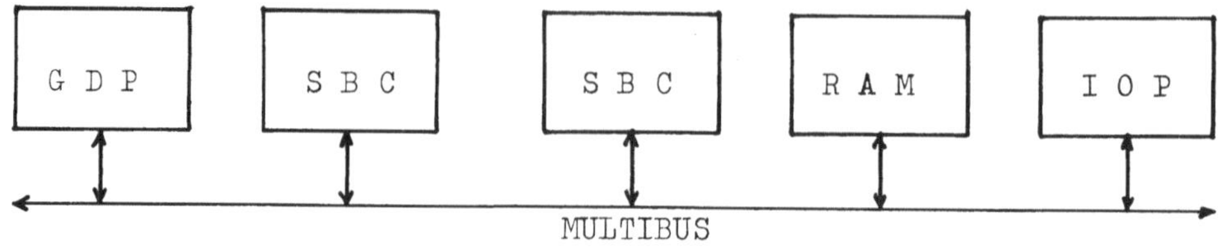

Bild 2   SIMPLEX - Hardwarebaugruppen

Dem Scheduler und den Stationen sind jeweils ein iSBC86-12 Board zugeordnet, die neben der 8086 CPU über 32KByte RAM, 16 KByte ROM und periphere Anschlußmöglichkeiten verfügen.

Die Simulationssoftware ist ausschließlich in PLM86 geschrieben und bis
auf die E/A Funktionen unabhängig vom Betriebssystem. Die Modularität
der Softwarestruktur würde es gestatten, weitere Module auf eigenständige Prozessoren zu übertragen, andererseits aber auch mehrere Stationen
auf einem Board zu konzentrieren.

Abschließend kann festgestellt werden, daß mit dem SIMPLEX Rechner ein
flexibles Werkzeug zur Verfügung steht, in dem die Leistung der verfügbaren Mikrocomputerhardware und der Betriebssystemfunktionen auf die
Anforderungen der Simulation zeitdiskreter Systeme ausgelegt sind. Die
Leistungsfähigkeit der 16 Bit Mikroprozessoren reicht noch nicht aus,
um umfangreiche Simulationsläufe in vertretbarer Zeit abwickeln zu können. Auf der anderen Seite weist die Dialogfähigkeit derartiger Arbeitsplatzrechner entscheidende Vorteile gegenüber großen Timesharinganlagen
auf, sodaß bei einer steten Verbesserung der Leistungsmerkmale die Simulation einem erweiterten Anwenderkreis preiswert erschlossen werden
kann.

<u>Literaturangaben</u>

1   M. Barel, TU Aachen
     A flexible High-Performance Multiprocessor for Data Network Simula-
     tion, Erlangen, IMMD Kollogquium, 16.5.1983

2   Peacock, Wong, Manning, Univ. of Waterloo
     A distributed approach to queueing network Simulation,
     Winter Simulation Conference 1979, Sand Diego

3   Toda, Imai, Inamori, Hiyama, Hatada, Japan
     A parallel processing simulator for a network system using multi-
     microprocessors, microprocessors and microsystems, Vol. 6 No. 1/82

4   Chandy, Misra, Univ. of Texas
     Asynchronous distributed Simulation via a sequence of parallel com-
     putations,
     Communications of the ACM, April 81, Vol. 24 No. II

5   G. A. Kom, Univ. of Arizona
     Interactive Simulation with direct-executing Language Systems
     Simulation, July 1981

DAS ETH-MULTIPROZESSOR-SYSTEM "EMPRESS"

H.J. Halin
ETH-Zürich
Clausiusstr. 33
CH-8092 Zürich, Schweiz

Im Jahre 1976 wurde an der ETH unter der Leitung von W. Hälg und H.J. Halin ein Forschungsprojekt in Angriff genommen, das die Entwicklung eines Multiprozessors zum Ziel hatte.

Obwohl bisher nur wenige brauchbare Multiprozessor-Systeme realisiert wurden, ist weltweit dennoch eine aktive Forschungstätigkeit auf diesem Gebiete zu registrieren. Die Gründe für dieses Interesse sind verschiedenen Usprungs. Unbestritten ist auf jeden Fall, dass alle Aktivitäten wesentlich durch die rasante Entwicklung von Mikroprozessoren mit bisher stets günstiger werdendem Preis-/Leistungsverhältnis beeinflusst wurden, wodurch Projekte in Angriff genommen werden konnten, die noch vor einem Jahrzehnt rein kostenmässig zum Scheitern verurteilt waren.

Die Forschung auf dem Gebiet des parallelen Rechnens ist durch zwei Schwerpunkte gekennzeichnet:

a) Die Entwicklung geeigneter Algorithmen für das parallele Rechnen (ein Algorithmus, der sich für herkömmliche sequentielle Rechner eignet, ist nicht notwendigerweise für parallel arbeitende Systeme geeignet und umgekehrt) sowie die Entwicklung von Sprachen, Betriebssystemen, etc.

b) Die Erstellung verschiedener Konzepte des hardwaremässigen Aufbaus parallel arbeitender Systeme (Computerarchitektur).

Es muss hervorgehoben werden, dass beim parallelen Rechnen eine überaus enge Verknüpfung zwischen beiden Problemkreisen besteht, wohingegen beim herkömmlichen sequentiellen Rechnen, abgesehen von numerischen Fragen (Speicherbedarf, Wortlänge), praktisch keine Kopplung vorhanden ist.

Um beide Aspekte an Hand des zu beschreibenden Multiprozessors und der dazugehörigen Software zu verdeutlichen, sei zunächst das Applikationsgebiet erwähnt, für das bisher im Rahmen des Multiprozessorprojektes Software entwickelt wurde. Dieser Problemkreis sieht die Simulation kontinuierlicher Systeme, d.h. die Integration von Differentialgleichungen vor, wie sie in technischen und naturwissenschaftlichen Applikationen auftreten. In Vektorschreibweise lässt sich ein System von n Differentialgleichungen erster Ordnung bekanntlich folgendermassen angeben:

$$Y' = dY/dx = F(x,Y) + \text{Anfangsbedingungen}, \tag{1}$$

wobei Y, Y' und F n-dimensionale Vektoren darstellen und wobei vorausgesetzt wird, dass die Komponenten des Vektors F gegebene analytische Funktionen sind, wie etwa die rechten Seiten des aus zwei Differentialgleichungen bestehenden Systems:

$$\begin{aligned} y_1' &= \sin(y_1) + \exp(y_2) + x \\ y_2' &= y_1 \end{aligned} \tag{2}$$

Je nach Gestalt der Komponenten des Vektors F sind folgende Architekturkonzepte [1] anwendbar:

Die einzelnen Komponenten des Vektors F sind formal gleich wie etwa bei der Diskretisierung partieller Differentialgleichungen. Für diese wichtige Klasse von Anwendungen eignen sich Feldrechner, wie z.B. ILLIAC IV, mit einer Vielzahl synchron arbeitender Prozessoren, die zur gleichen Zeit mit unterschiedlichen Daten einunddieselbe Instruktion ausführen. Ein anderes Prinzip, das ebenfalls Vektoroperationen voraussetzt, ist das "Pipelining" wie es beispielsweise in Computern wie TI-ASC, CDC-STAR, CRAY I, Floating Point AP-120B etc. zur Anwendung gelangt.

Ein weiteres Konzept, das die Lösung allgemeiner Differentialgleichungssysteme, wie etwa (2) erlaubt, sieht mehrere asynchron arbeitenden Prozessoren vor, von denen

jeder sequentiell die Berechnung einer anderen Komponente des Vektors F ausführen
könnte. Wie das durch (2) gegebene System erkennen lässt, bei dem demzufolge zwei
Prozessoren aktiv sein können, würden sich diese in der Auslastung erheblich unterscheiden, so dass in diesem Falle der Rechenzeitgewinn minim wäre. Natürlich ist die
Situation nicht immer so ungünstig wie für das angegebene Beispiel, zumal auch parallel Integrationsalgorithmen entwickelt wurden, die gleichzeitig Auswertungen des Vektors F an verschiedenen Stellen x erlauben. Es ist ein wesentliches Merkmal dieses
letztgenannten Konzeptes, dass während der Ausführung einer gewissen Teilaufgabe, wie
etwa im Beispiel die Berechnung des Ableitungsvektors, kein Datenverkehr zwischen den
Prozessoren erforderlich ist. Mit den berechneten Werten y_1' und y_2' ergeben sich neue
Werte für y_1 und y_2, die nachfolgend in sequentieller Weise über einen Datenbus ausgetauscht werden müssen. Bekanntlich ist die Leistungsfähigkeit eines derartigen Systems wesentlich davon abhängig, wie häufig und unter wie vielen Prozessoren Daten
auszutauschen sind.

In einem solchen Multiprozessorsystem kann eine Leistungssteigerung durch eine
Verbesserung des Parallelisierungsgrades erreicht werden, wozu aber eine andere Art
der Aufgabensegmentierung erforderlich ist. Für das angegebene Beispiel lassen sich
gleichzeitig bis zu vier Prozessoren einsetzen, nachdem die rechte Seite der ersten
Differentialgleichung durch Zerlegung etwa in einfache arithmetische Ausdrücke und
elementare Funktionen aufgespalten wurde. Im einzelnen ergeben sich zunächst folgende
Teilaufgaben:

1. Prozessor: $\qquad a = \sin(y_1)$

2. Prozessor: $\qquad b = \exp(y_2)$

3. Prozessor: $\qquad c = y_1 + x$

4. Prozessor: $\qquad y_2' = y_1$

Nach Abschluss der ersten drei Teilaufgaben ist nun bereits ein Datenaustausch
erforderlich, um aus den neu eingeführten Zwischenvariablen a, b und c schliesslich
y_1' zu bilden.

Im Rahmen von Vorstudien hat sich gezeigt, dass für die parallele Integration
gewöhnlicher Differentialgleichungen Potenzreihenentwicklungen im Hinblick auf die
Rechenzeit oft besonders vorteilhaft sind. Aus diesem Grunde wurde im ETH-Multipro-
zessor EMPRESS eine reduzierte Version der neuen Simulationssprache PSCSP implementiert [2]. Die automatische Anwendung dieser Methode erfordert eine Zerlegung in der
oben angegebenen Weise. Mit Hilfe von Rekursionsformeln, die in Form von Bibliotheks-
routinen vefügbar gemacht werden, lassen sich die Ableitungen aller Variablen und
Zwischenvariablen für sukzessiv steigende Ordnungen auswerten. Hierbei zeigt sich,
dass viele der Rekursionsformeln eine Struktur aufweisen, die eine zusätzliche Parallelisierung zulässt. So haben beispielsweise die k-ten Ableitungen von a und b,
(k>0), die Form von Skalarprodukten, was eine Abarbeitung unter Verwendung von k Prozessoren gestattet.

Der Wunsch, diesen günstigen Algorithmus in einem Multiprozessor zu implementieren, führte zu Beginn des ETH-Projektes zu folgenden Fragen:

a) Wie muss die Arbeitszuteilung organisiert werden, um eine möglichst grosse Anzahl
   von Prozessoren möglichst gleichzeitig auszulasten?

b) Wie kann der zu erwartende grosse Datenverkehr bewältigt werden, ohne dass wegen
   Busbelegungen grössere Wartezeiten in Kauf genommen werden müssen?

c) Wie lassen sich die verfügbaren Betriebsmittel am günstigsten einsetzen und ohne
   zu grossen Overhead verwalten?

Die mit diesen Fragen verbundenen Probleme beeinflussten die Architektur der
EMPRESS grundlegend, indem angestrebt wurde, alle aus dem Softwarekonzept resultierenden Anforderungen hardwaremässig möglichst optimal zu lösen.

Die wichtigsten Komponenten des in [3] und [4] im Detail beschriebenen Multiprozessors EMPRESS sind:

<u>Supervisor Computer</u>

Als "Supervisor Computer" fungiert eine PDP 11/34 mit 48k lokalem Memory. Neben der Input/Output-Organisation ist der Supervisor Computer auch für die Programmvorbereitung verantwortlich. Hierzu wird das in der Simulationssprache PSCSP geschriebene Programm des Benützers in geeigneter Weise in kleinere Teilprobleme zerlegt, die ihrem Umfange nach Standardaufgaben entsprechen, für welche Rekursionsformeln vorhanden sind. Diese Rekursionsformeln werden von einer Disc in das allen Prozessoren und dem Supervisor gemeinsame "Intercommunication Memory" (ICM) und von dort in die lokalen Memories der einzelnen "Execute Prozessors" geladen. Für jede auszuführende Teilaufgabe wird ausserdem im ICM eine dort verbleibende "Job Description" (JD) abgelegt. Diese umfasst die Adresse der entsprechenden Assemblerroutine, sowie die Adressen der benötigten Argumente und der Resultate. Bei diesen Vorbereitungen wird auch eine in der PDP verbleibende Tabelle erstellt, die einer Aufgabenliste entspricht und auch Informationen darüber enthält, welche Teilaufgaben in Angriff genommen werden können, falls eine oder mehrere vorher zu behandelnde Teilaufgaben abgeschlossen sind ("dependency graph"). Für alle Teilaufgaben, für die diese Voraussetzungen erfüllt sind, wird das erste Wort der zugehörigen JD in eines von 4 prioritätsmässig unterschiedlichen "Supervisor Request Fifos" geschrieben, welche von der "Job Control Unit" (JCU) ständig abgefragt werden.

Execute Prozessors (EPs)

Das System besteht aus 16 "Execute Prozessors" (EPs), für die, aus Gründen der Softwarekompatibilität mit der PDP 11/34 und wegen der bei Projektbeginn nur bei wenigen Mikroprozessoren verfügbaren "Floating Point Arithmetic Units", LSI 11 gewählt wurden. Jeder LSI kann von der JCU via "Control and Status Bus" (CSB) gestartet werden. Hierbei wird ihm das erste Wort der JD, d.h. die Entry Adress des in seinem lokalen Memory gespeicherten Codes für die auszuführende Teilaufgabe mitgeteilt. Mehrere Prozessoren können gleichzeitig mit unterschiedlichen Teilaufgaben betraut sein und diese ohne irgendwelche Interkommunikation sequentiell abarbeiten. Falls ein Teil einer Teilaufgabe selbst noch parallelisierbar ist, so kann ein Prozessor via CSB einen "Master Request" an die JCU richten, der in ein weiteres Fifo, das höhere Priorität als die übrigen 4 hat, eingetragen wird. Sofern genügend freie Prozessoren vorhanden sind, werden diese gestartet und dem "Master" als "Slaves" unterstellt. Diese Sklaven erhalten die Information, mit welchen anderen Sklaven sie zusammenarbeiten und wer der Master ist. Ausserdem wird jedem Sklaven seine Position innerhalb des Verbandes mitgeteilt, so dass für ihn erkennbar ist, welches Teilproblem er zu übernehmen hat. Da sich Prozessoren bei der JCU frei melden, sobald sie ihre Aufgabe abgeschlossen haben und dann möglicherweise sofort wieder als selbständig arbeitende Prozessoren oder als Master bzw. Sklaven zur Lösung der nächsten Teilaufgaben eingesetzt werden können, weist das System Aktivitäten und Abhängigkeiten auf, die sich dynamisch ändern und nicht von vornherein determiniert sind.

Job Control Unit (JCU)

Um den Overhead minimal zu halten, werden nahezu alle Aufgaben des Betriebssystems, die unabhängig von der jeweiligen Applikation sind, von einer Komponente hardwaremässig gelöst, die als Job Control Unit bezeichnet wird. Zu den Aufgaben der JCU gehört insbesondere die Buchhaltung über den Status jedes einzelnen Pozessors (idle, busy, down), das Delegieren auszuführender Teilprobleme an Prozessoren, deren Start, die Zusammenstellung von Gruppen von zusammenarbeitenden Prozessoren (Master and Slaves) und die Bereitstellung der hierzu benötigten Information an die beteiligten Sklaven und ihren Master. Weiterhin gehört zu den Aufgaben der JCU das Erkennen und Lösen von "Deadlocks", die beispielweise dadurch zustande kommen können, dass mehrere Master gleichzeitig zusammen mehr Sklaven verlangen als insgesamt vorhanden sind. In diesem Zusammenhang kann zur Behebung der Deadlock-Situation softwaremässig gewählt werden, ob andere Prozessoren unterbrochen werden sollen (interrupt), oder ob, statt der verlangten Anzahl von Sklaven, nur so viele Prozessoren zu Sklaven degradiert werden, wie momentan frei verfügbar sind.

Intercommunication Memory

Eine der wichtigsten Komponenten des Systems ist das Intercommunication Memory (Intercom). Dieses matrixartig aufgebaute Gebilde besteht aus insgesamt 17*17 Moryblöcken. Bezüglich Lesen erscheinen dem j-ten Prozessor (j=1,2, ..., 17) alle 17 Blöcke der j-ten Matrixkolonne als eine Erweiterung seines lokalen Memorys. Der j-te Prozessor darf hingegen nur in den Diagonalblock mit Indizes j,j schreiben. Alles, was der Supervisor (j=1) in den für ihn reservierten Schreibblock (Grösse 12k) einschreibt, erscheint gleichzeitig auch an den entsprechenden Stellen der ebenfalls 12k grossen 16 Blöcke dieser Matrixzeile, die von den Execute Prozessors gelesen werden können. In dieser Matrixzeile sind Information verfügbar, die alle Prozessoren benötigen, wie etwa sämtliche Job Descriptions. In ähnlicher Weise können alle Execute Prozessors durch Einschreiben in die ihnen zugeordneten Blöcke (Grösse 1/4k) zu übertragende Daten wahlweise allen anderen 15 Prozessoren und dem Supervisor oder nur den Porzessoren einer bestimmten Gruppe zugänglich machen. Auf diese Weise können, abgesehen von zeilenweisen read/write-Koinzidenzen, Daten aller Prozessoren simultan ausgetauscht werden. Diese Organisation des Intercoms erlaubt es auch, Daten, die beispielweise ein Sklave seinem Master zur Verfügung stellen will, die von diesem aber erst zu einem Zeitpunkt benötigt werden, zu dem Sklave bereits an einer ganz anderen Aufgabe arbeitet, vor Ueberschreiben zu schützen und im Block mit dem Zeilenindex des ehemaligen Sklaven und dem Kolonnenindex des Masters gespeichert zu halten.

Da die Anzahl der zwischen den Execute Prozessors auszutauschenden Daten zu einem bestimmten Zeitpunkt nur sehr klein ist – die Datenrate kann hingegen sehr gross sein – reicht es, wenn sämtliche Blöcke dieser 16 Zeilen nur wenige Worte gross sind.

Virtual Address Decoder (VAD)

Um eine einfache Programmierung zu gestatten, die nicht auf die zufälligen physikalischen Nummern zusammenarbeitender Prozessoren Rücksicht nehmen muss, wurde ein besonderer Address Decoder entwickelt. Benötigt ein Prozessor ein Resultat, das von einem Prozessor, der in der gleichen Gruppe eine gewisse Anzahl logischer Positionen weiter rechts bzw. links eingereiht ist, erzeugt wird, so wandelt der VAD diese Angaben mittels der von der JCU gelieferten Information so um, dass an der richtigen physikalischen Adresse gelesen wird.

In [5] wird über verschiedene Parallelisierungskonzepte, Lastverteilungen und gemessene "Speed-Up"-Faktoren berichtet, die bei den untersuchten Beispielen bis zu 6 betrugen. Es wird dort weiterhin gezeigt, dass weitere Leistungssteigerungen möglich sind, wenn die Aufgaben des Supervisors reduziert werden und eine "distributed process control" zur Anwendung gelangt.

REFERENZEN

1 Hwang, K., Briggs, F.A.
<u>Computer Architecture and Parallel Processing</u>
McGraw-Hill, 1984
2 Halin, H.J.
"The Applicability of Taylor Series Methods in Simulation"
<u>Proceedings of the 1983 Summer Computer Simulation Conference,
Vol. 2 (Supplement on State of the Art Issues in Simulation)</u>
North Holland Publishing Company, pp. 1032-1076, 1983
3 Halin, H.J., Bührer, r., Hälg, W., Benz, H.,
Bron, B., Brundiers, H., Isacson, A., Tadian, M.
"The ETH Multiprocessor Project: Parallel Simulation of Continuous Systems"
SIMULATION, October 1980, pp. 109-123
4 Bührer, R.E., Brundiers, H., Benz, H., Bron, B.
Friess, H., Hälg, W., Halin, H.J., Isacson, A., Tadian, M.
"The ETH-Multiprocessor EMPRESS: A Dynamically
Configurable MIMD System"
<u>IEEE Transaction on Computers</u>, Vol. C-31, No. 11, pp. 1035-1044, 1982
5 Benz, H., Bron, B., Brundiers, H., Bührer, E., Friess, H.,
Hälg, W., Halin, H.J., Isacson, A., Tadian, M.
"The Multiprocessor EMPRESS: A Test Installation
For Parallel Computing"
<u>Proceedings of the 1983 DECUS Europe Symposium</u>, Zürich, 1983

CYBERPLUS, *)

one in a family of MULTIPARALLEL-PROCESSORS

for high-speed-simulation

Wayne A. Ray
Parallel Processing Program
Control Data Corporation
Minneapolis, MN 55440, USA

Moshe R. Heller
Simulation Technology
Control Data GmbH
8000 München 80, Germany

INTRODUCTION

The CYBERPLUS multiparallel processor is the first in a series of multiparallel processors from Control Data Corporation. The CYBERPLUS processor provides a high-speed scalar capability for scientific and business applications. Expanded System performance may be achieved by adding up to 240 CYBERPLUS processors.

At a time when applications' problems are growing at an alarming rate, the solutions required to keep pace with technology in a number of industries are beyond the reach of current systems hardware designs. The CYBERPLUS parallel processing system provides a bridge into the next generation of applications required to address these growing needs. Utilizing a ring architecture, the CYBERPLUS system provides a multiparallel capability designed to provide a solution for those applications that we have not yet dared to develop; a total solution to the applications problems of this century and the next.

The material presented here covers the basic concepts of the CYBERPLUS processor and the capabilities inherent in the features of this multiparallel processing system. This system will be used to address the high-performance-requirements of simulation systems.

KEYWORDS

CYBERPLUS, PARALLEL-PROCESSOR, HIGH-SPEED-SIMULATION, FLOATING-POINT UNIT, RING.

CYBERPLUS PROCESSOR

The CYBERPLUS processor has 15 independent functional units that execute in parallel in a 20 nanosecond cycle time. Each unit so output from a functional unit can be input to several other functional units at the same time. A major element of the CYBERPLUS system is that each and every functional unit can be initiated by the functional control unit every CYBERPLUS machine cycle.

The center of the CYBERPLUS system is the program instruction control functional unit. As in conventional machines, this unit reads instructions from program memory and decodes the instructions into executable statements within the processor.

To improve the performance of the processor, each instruction word can initiate every CYBERPLUS machine cycle into 1 to 17 functional units, all in a parallel mode of operation.

CYBERPLUS MEMORY

The CYBERPLUS processor contains three distinct memory structures. First is the program instruction memory, with 4 K of 240-bit high performance bipolar memory. The program instruction memory provides one 240-bit CYBERPLUS instruction word every machine cycle. The second memory is the 4 K 16-bit data memory. Each of the four 16-bit memories can provide data every machine cycle. The third memory is a 64-bit, high performance bipolar memory.

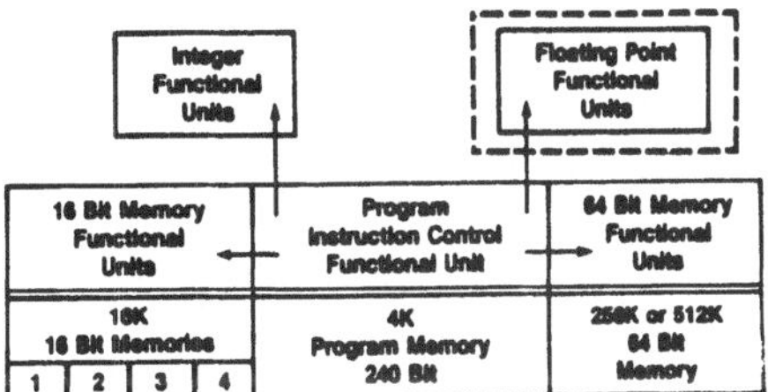

A CYBERPLUS processor contains 256 K of 64-bit memory, which can be expanded to 512 K. The CYBERPLUS 64-bit memory multiplexor supports three simultaneous memory requests and four or eight memory banks, depending upon the actual memory size.

CYBERPLUS FUNCTIONAL UNITS

Four of the functional units read or write the 16-bit memory, and two of the functional units read or write the 64-bit memory. There are two functional units that read and write the CYBER ring port.

*) FIRST PUBLISHED IN THE 1984 SCSC

The CYBERPLUS processor has two add/subtract units, one multiply and two shift/Boolean functional units. Each of these functional units provides either 8, 16, or 32-bit mode of execution. This allows the application to have the degree of precision needed by the algorithms.

The floating point functional units provide both 32- and 64-bit floating point data formats. The floating point functional units are add/subtract, multiply, and the divide/square root. For 32-bit execution, the add/subtract and the multiply functional units can initiate an execution every machine cycle. For 64-bit execution, the add/subtract functional unit can initiate an execution every machine cycle and the multiply functional unit every four machine cycles.

CYBERPLUS HOST CONNECTION

The CYBERPLUS multiparallel processor system is used with the Control Data CYBER 170-800 Series computer systems. There are two interconnects between a CYBERPLUS multiparallel processor and the CYBER 170-800 host.

First is the CYBER channel interface. It provides a connection between the CYBERPLUS processor and the CYBER 170 host, using one high-speed CYBER 170 I/O channel. The second is a Direct Memory access that enables the CYBERPLUS to read and write CYBER host memory. The channel interface provides a 24-Mbit transfer rate, and the DMA interface an 800-Mbit transfer rate.

CYBERPLUS RING ARCHITECTURE

Interconnection by a dual ring structure provides a high performance interchange of data and control information between CYBERPLUS processors. The CYBERPLUS ring interconnect architecture contains two independent rings. Each provides for transfer of a ring packet around the circular ring every machine cycle. A ring packet contains 16 bits of data and 13 bits of control information. For expandability, the dual CYBERPLUS rings support up to 16 CYBERPLUS processors.

The CYBERPLUS ring provides the application three interconnect functions. The direct address provides for the direct transfer of data and control into any other CYBERPLUS processor on the ring. This technique eliminates several of the normal handshaking conventions required in a typical multiparallel processing system. An indirect address provides a queue-driven system where a CYBERPLUS processor puts information into a queue for another CYBERPLUS processor on the ring. The broadcast capability is probably the most intriguing aspect of CYBERPLUS. A CYBERPLUS processor can communicate the same information to any number of CYBERPLUS processors on the ring using the broadcast structure. If the application needs to send the same information to all 15 CYBERPLUS processors on the ring, the application merely adds to the ring packet the address or the processor number for all the processors that are to receive the data.

CYBER 170/800-CYBERPLUS INTERCONNECTS

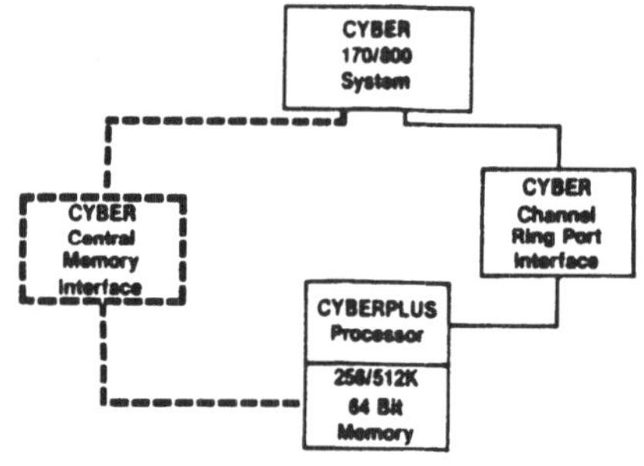

CYBERPLUS CYBER CHANNEL CONNECTION

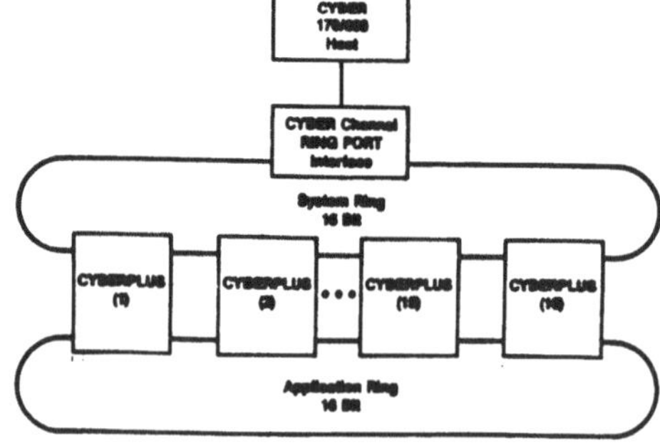

Using the ring connection, each
CYBERPLUS processor can read and write ring
packets every machine cycle. Data moves
around the ring in a circular fashion so it
takes one machine cycle to transfer a ring
packet to an adjacent CYBERPLUS processor.
Interprocessor delays can be reduced by
making one ring clockwise and one counter-
clockwise. Since each processor is
connected to the dual rings, the CYBERPLUS
application task can put two separate ring
packets onto the dual rings every machine
cycle. Each ring can accept a different
packet of information from each of the
16 CYBERPLUS processors every machine cycle.

CYBERPLUS MEMORY RINGS

The first memory ring is the processor
memory ring. A CYBERPLUS processor using
the 64-bit, 20 nanosecond memory ring reads
and writes data between CYBERPLUS
processors. Thus a CYBERPLUS processor can
transfer 64 bits of data every machine
cycle to another CYBERPLUS processor.

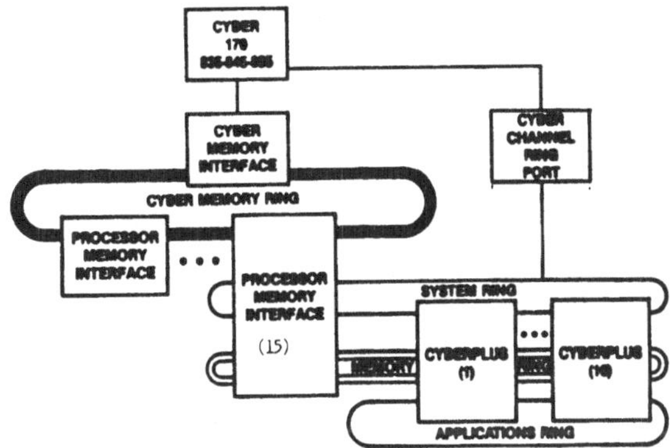

The second memory ring is the CYBER
central memory ring. This 64-bit, 80 nanosecond ring transfer 64 bits of data
between a CYBERPLUS processor and a
CYBER 170/800 host every four CYBERPLUS
machine cycles. The CMI (CYBER Memory
Interface) supports up to four CYBERPLUS
memory rings. A CYBER host can be configured
to support up to 240 CYBERPLUS processors.
Each of the 240 CYBERPLUS processors can
transfer data from a CYBERPLUS to
CYBERPLUS memory and from CYBERPLUS to
CYBER 170/800 host.

CYBERPLUS COMPUTATIONAL EXPANDABILITY

Computational power can be increased
by adding CYBERPLUS processors within the
ring architecture. A single CYBERPLUS
processor can execute at a rate of 650 mips
and, by adding the floating point option,
62.5 megaflops in 64-bit mode of operation
or 103 megaflops using the 32-bit option.
Additional CYBERPLUS processors can increase
the overall performance capability. A
64 CYBERPLUS processor system would provide
over 44,000 mips and four gigaflops in
64-bit mode of operation. The 32-bit option
provides over 6.4 gigaflops. The 240 pro-
sessor system is capable of   168,000 mips
and fifteen gigaflops in the 64-bit mode
of operation.

For ultra high-speed the ring
architecture capability could be extended
to include the high-speed data ring port.
This would allow the simulation to process
16 bit's of data every 20 ns. Using the
ring packet protocol the data would be
transferred into the CYBERPLUS memory and
not require the overhead of a real-time
operating system or even an interrupt.

SYSTEM SOFTWARE

The CYBERPLUS system software supports
the channel and direct memory connection to
the CYBER 170/800 host system. A CYBERPLUS
interface call allows you to obtain a
CYBERPLUS processor, multiple CYBERPLUS
processors, or up to 240 CYBERPLUS
processors. A CYBERPLUS interface call also
allows you to load a CYBERPLUS processor
or multiple CYBERPLUS processors. The
CYBERPLUS code to be loaded resides as a
CYBER 170/800 file or in a CYBER 170/800
host system user library.

A CYBERPLUS interface call allows you
to transfer data that is used by the code
to the CYBERPLUS that has been loaded. A
CYBERPLUS interface call initiates
execution of the CYBERPLUS processor or
processors. There are two modes of operation
for the execution call. The default call is
a serial call. The CYBER 170/800 host
execution is suspended and waits for com-
pletion of the CYBERPLUS task.

The second mode allows the user to run
in both a parallel and a multiparallel mode.
An application task can execute simultaneously on a CYBERPLUS processor and the
CYBER host. It is possible, then, to have
multiple CYBERPLUS processors executing
different tasks, all simultaneously.
Extending this concept to the ring
capability, CYBERPLUS allows the user to
have an applications code running in 16
CYBERPLUS processors on a ring, all
providing a piece or part of the application
requirement. Thus, an simulation task can
command the power of all of the 240
CYBERPLUS processors.

SIMULATION CAPABILITY

The CYBERPLUS system allows the
simulation designer 2 interconnect hardware
capabilities. The first is using the CYBER
host system for the simulator input and
output. The simulation task can be taken
into "N" simulation events.

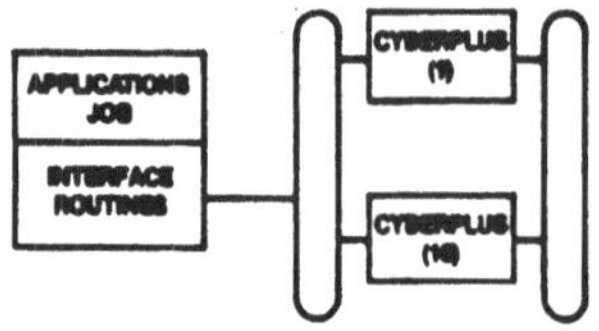

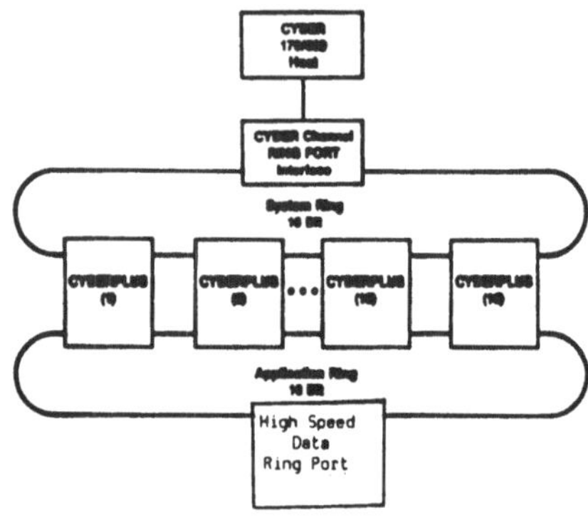

SUMMARY

The CYBERPLUS systems provide the
computation and expandability to now
address the total simulation and not require
the designer to scale down the task to fit
the computer system. The expansion
capability allows the system to achieve the
constant demand for additional performance
and capability.

THE TECHNOLOGY BEHIND SIMSTAR™, AN ALL-NEW SIMULATION MULTIPROCESSOR

Ronald W. Embley
Electronic Associates, Inc.
West Long Branch, New Jersey 07764/USA

ABSTRACT

The design of the world's fastest and most advanced simulation computer, SIMSTAR, presented many engineering challenges. This paper describes the new technology employed in EAI's SIMSTAR, an all-new simulation multiprocessor. The latest innovations in implementation of both linear and digital integrated circuits, together with new techniques in subsystem circuit design, packaging, and system design make SIMSTAR possible and practical today.

SIMSTAR is a new-generation, parallel simulation multiprocessor designed specifically for analysis of dynamic systems. Consisting of the most advanced linear and discrete circuit technologies, SIMSTAR is a high-performance, automatic computational unit. Capability is provided to accurately model the complex engineering processes, including all their non-linear, discontinuous and stochastic characteristics.

The key innovations, some of which are presented in detail, are:

- An efficient, three-level Connection Matrix (CMOS implementation) and a smart matrix connection search algorithm.

- An efficient Parallel Logic Processing Unit for high-speed sequential and combinational logic generation.

- A 32-bit system-integrated Digital Arithmetic Processor with removable cartridge disc mass storage unit.

- A 16-bit system-integrated Local Control Processor (68000μP-based) as an intelligent setup and control interface.

- A memory-mapped (shared-memory) interprocessor digital interface.

- The mathematical computing block concept providing multi-functional capabilities for parallel computing components.

- System-integrated Automated Test Equipment (ATE) with Automated Diagnostics for mathematical computing blocks, connection matrix, and parallel logic processing unit, both static and dynamic.

- An Autobalance System for time and temperature drift correction, ensuring high accuracy in a consistent manner.

- A 3000 Point Solid-State Readout (diagnostic and problem solution) system with an Autoranging ADC and automatic offset correction.

- An Active Ultra-High Quality Ground Preservation System.

- Extended Range (pseudo-floating point) digitally set coefficient units and multipliers.

- Automatic Noise/Oscillation Detection System.

- System-integrated analog signal line translator amplifiers for fidelity connection with external equipment.

- Deglitcher circuits, greatly reducing transients from on-line electronic switching.

- Wide bandwidth, active fixed function generators.

- Digitally set arbitrary function generators with high-speed on-line function data update.

- Compound Operational Amplifiers yielding 60MHz bandwidth PLUS excellent dc. offset and drift characteristics.

AN EFFICIENT THREE-LEVEL CONNECTION MATRIX (CMOS IMPLEMENTATION) AND A SMART MATRIX CONNECTION SEARCH ALGORITHM

A totally automatic interconnection means was required for SIMSTAR to connect over 300 high-performance linear computing devices and related interface channels, all of which could be operating simultaneously. Crosstalk, noise and phase shift errors were all to be minimized in order to provide interconnections electrically transparent to the system.

The resultant approach takes the form of a crossbar switch with high reliability designed in by utilizing ICs employed in telephone switching networks where outstanding MTBF is mandatory.

The Analog Math Block Connection Matrix is a solid-state buffered output switch array which allows any Mathematical Computing Block (MCB) output to be connected to any MCB input or inputs. The matrix also provides switchable analog input and output signal lines for connection to other SIMSTAR consoles and external peripherals and/or equipment. The analog connection matrix is implemented using a three-stage Clos [1] network which greatly reduces the number of switches required in a single-level matrix (Figure 1).

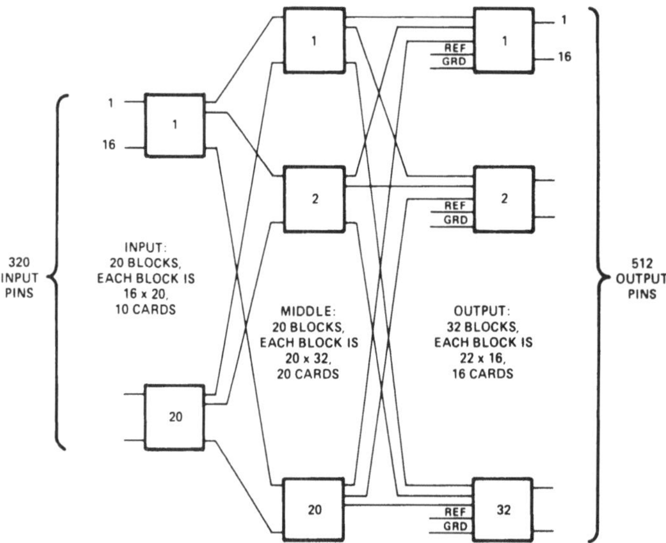

Figure 1   The SIMSTAR 3-Stage Connection Matrix

This is a 320 x 512 matrix which, if implemented as a single-level crossbar switch, would require 163,840 switches. Using the three-level Clos network reduces the number of switches to 29,440. Use of this implementation results in a practical 320 x 512 analog connection matrix packaged on 46 printed circuit boards fitting into two SIMSTAR card files. These cards include an 832 point readout system and 320 pole double-throw diagnostic switch (Figure 2) for automated diagnosis of switch failures.

It is interesting to note that if the straightforward one-level crossbar switch had been implemented, three additional racks would be required by the SIMSTAR Multiprocessor system to house it!

High-density, solid-state CMOS voltage switch integrated circuits are the heart of the Math Block Connection Matrix. The RCA 22100 LSI/CMOS switch chip used combines a 4 x 4 array of crosspoints (transmission gates) with a 4 to 16 line decoder and 16 latch circuits for control memory. The CMOS FET transmission gates are of large geometry providing 75 ohm on impedance resulting in low crosstalk between switches and low phase shift through the three stages of switches, meeting all of SIMSTAR's targeted requirements.

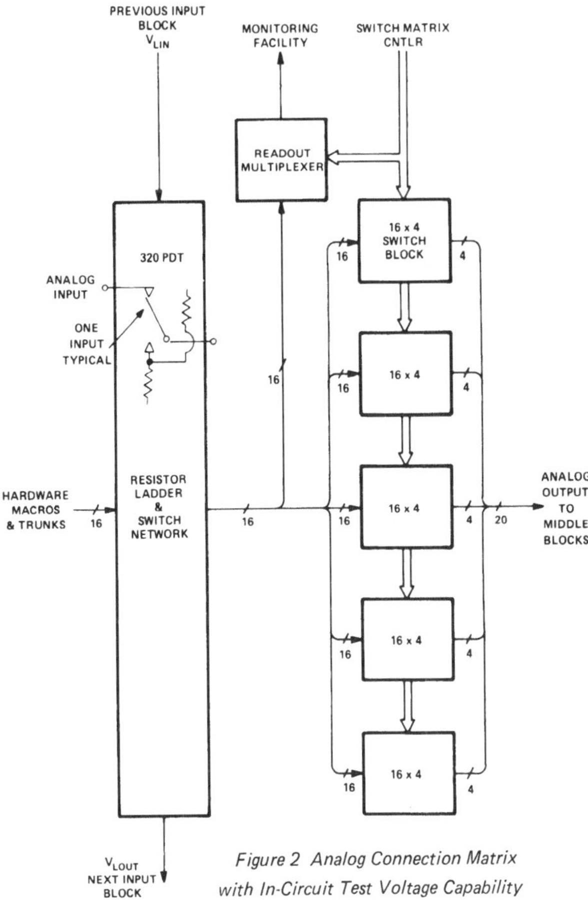

Figure 2 Analog Connection Matrix
with In-Circuit Test Voltage Capability

A smart search algorithm has been developed and simulated which enables the optimum middle blocks to be chosen to satisfy a given practical set of input and output connections without signal blocking.

This network routing problem was analyzed and solved as follows:

Given a set of connections to be established on the matrix (in telephone terms, a set of "calls to be set up"), how can one find parallel paths for all the connections without encountering blocking (short circuits)? There is a well-known solution [1] for the case of fanout-free calls, but in the presence of fanout, no efficient algorithm was known [2] [3].

The problem belongs to the class known as NP: Given a proposed set of paths, it is easy to check its validity, but the number of possible candidates rules out an exhaustive search [4]. For SIMSTAR, the number of candidates is $20^{512} \approx 1.3 \times 10^{666}$. The exponent alone shows that the problem is intractable.

The solution required a combination of mathematical and engineering techniques. First, a recursive tree-search algorithm was developed which exhaustively examined all candidates; this worked well for small matrices (e.g., 20 x 32), but required excessive computing time for larger systems.

In the "engineering" phase, heuristics were developed to eliminate large blocks of candidate solutions at a time [5]. These were evaluated on a set of randomly-generated worst case applications.

The original version of the tree-search found correct paths in only 50% of the test cases, even when allowed to run for over two hours. The final version, with sophisticated heuristics, succeeded in all cases. The median search time was three minutes. Since these were artificially selected worst cases, the time required for real applications can be expected to be substantially less.

AN EFFICIENT PARALLEL LOGIC UNIT (PLU)

A Parallel Logic Unit has been designed which replaces the manually connected parallel logic on predecessor systems. It is a processor which provides real-time monitor and control, sequential logic, combinational logic, external signal line capability, and is high-level language programmable. One hundred sixty input signals can be processed in parallel and the results routed to 320 specified outputs in 1μs.

This high-speed one-bit processor design utilizes a time-sliced approach greatly reducing the number of internal ICs required. Eighty ICs do the job of 1120 in the Boolean Function Generation (BFG). Three hundred twenty Boolean Functions of four variables are generated in each time slice. This results in an economic design, which is completely housed in one SIMSTAR Multiprocessor card file.

The Boolean Function Generator components of the PLU are shown in the block diagram, Figure 3. The memory and 2:1 MUX/registers form a loop where sections of the memory are examined during each of up to fourteen internal time states. This loop is iterated upon to perform the signal switching and Boolean Function Generation necessary for the outputs. The fourteen maximum internal states (less than 100ns each), including one state for synchronizing the inputs and one state for initial condition, comprise one complete cycle. Normally, the first four stages are used to switch the inputs to the fifth stage and the combinational logic is done in the fifth through eleventh stages, the actual number of stages depending on the complexity of the logic to be performed. The last stages are then used to switch the BFG outputs to the proper PLU output. Logic can be performed in any of the stages in case of blockage or need for an expanded function but normally all the logic functions will be created in the fifth through seventh stages, reducing the cycle time to 1.2 microseconds.

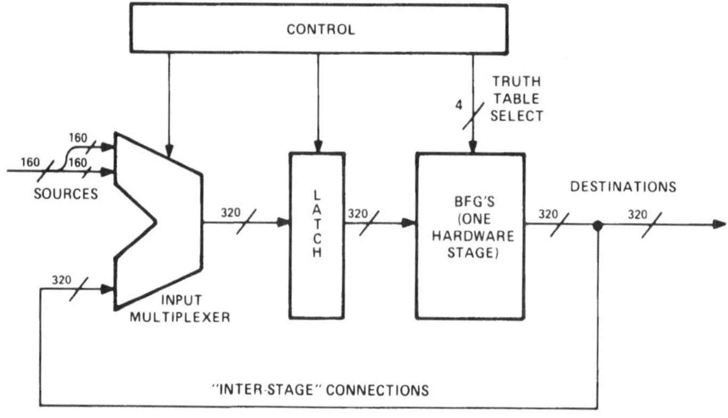

Figure 3 Multi-Stage BFG Network with Reduced Hardware

The resultant PLU subsystem provides the SIMSTAR Multiprocessor system with a seemingly inexhaustible logic processing capability. If needed in a simulation application, the equivalent of over 4000 4-input gates can be represented and updated in less than 2 microseconds.

A SYSTEM-INTEGRATED DIGITAL ARITHMETIC PROCESSOR (DAP)

A state-of-the-art DAP is built into SIMSTAR, providing high-efficiency, economical simulation of the slower processes being simulated and memory-mapped setup and control of the high-speed Parallel Simulation Processor (PSP).

The DAP design provides the following features:

- True 32-bit CPU
- Built-in single and double floating point
- Optional floating point accelerator (1.6-2.2μs FP)
- Up to two megabytes of memory

- Vectored interrupts
- Shared memory with local control processor and host processor
- Memory management for multiprogramming
- Removable cartridge 80-MByte disc mass storage.

A SYSTEM-INTEGRATED LOCAL CONTROL PROCESSOR (LCP)

The LCP is designed to setup, control and maintain the PSP. The LCP is 68000μP-based having a 16-bit data bus and a 24-bit address word. Local memory (256KB) stores all the data sent to the PSP. Complex data transfers from DAP or HOST processor to the PSP are controlled simply by the LCP.

The LCP performs the following PSP functions:

- Initialization
- Macro Inventory Keeping
- Data Format Conversion
- Maintenance - Automated Diagnostics, Autobalance, Temperature and Power Voltage Measurement, Noise and Oscillation Detection
- Problem Solution Readout - Multiplexer Address Selection and ADC Gain Ranging

SYSTEM-INTEGRATED AUTOMATED TEST EQUIPMENT (ATE)

Because of the unique multi-element parallelism of SIMSTAR, a sophisticated testing method was deemed necessary. Maximum possible operational up time along with deterministic performance were the chief design goals. An automated test system has been designed into SIMSTAR providing not only ease of maintenance, but assurance of all key hardware performance specifications in the PSP. Soft, as well as hard failures, such as excessively drifting op-amps, are identified and the faulty unit can be removed from inventory before subtle errors in computation can occur. Faulty units are logged and removed from approved-status inventory automatically. The faulty unit is then automatically and electronically replaced by another of the same type from the approved-status inventory prior to the next problem setup. Efficient diagnostic algorithms have been developed which can pinpoint a single switch failure in the block connection matrix or a single bad bit in a PLU ram. The board and chip are then identified for the maintenance technician. Fault indicator LEDs are provided on all hardware macro computing boards for maintenance convenience and fast recognition during repair.

The test equipment integrated into the SIMSTAR system is:

- Autoranging ADC (26-bit resolution)
- 3000-Point Multiplexed Readout Selector
- Precision Programmable Gain Device
- Precision Error Detection Amplifier
- Precision Sign Changing Amplifier
- Peak Error Detector Amplifier
- Programmabie Frequency and Amplitude-Stabilized Oscillator
- Block Connection Matrix used to connect the unit under test (UUT), in the specified test circuit configuration
- Programmable precision voltage sources (16 bits)
- Safe operating temperature and in-tolerance power supply measurement circuits
- Automatic System Power Shutdown Circuit
- A 320-pole, Double-Throw Switch with Precision Resistor Ladder Network

This test equipment hardware, together with comprehensive software diagnostic routines, comprises the automated test system. A block diagram of the automated test system is shown in Figure 4. In this example, a macro unit (UUT) is connected to the diagnostic test unit (DTU) via the analog block connection matrix. The DTU shown in the AC mode provides a sine wave test signal (programmable frequency) to both the UUT input and one input of the error detection amplifier (EDA). The other input of the EDA is connected through the precision sign changing amplifier and gain device to the UUT output via the Block

Connection Matrix. The output of the UUT then is compared with its input, with any sign change or gain magnitude corrected for by the DTU. An error signal is generated at the output of the EDA which is directly proportional to any error or distortion in the UUT. The peak detector in this case captures the total instantaneous dynamic error (TIDE), the vector sum of phase shift error and amplitude error. The peak detector output error signal is then digitized by the ADC, sent to the LCP where it is compared against predetermined specification limits and the result entered in the maintenance log.

With the thoroughness of the resultant hardware/software design, a new level of user confidence in SIMSTAR operation is possible.

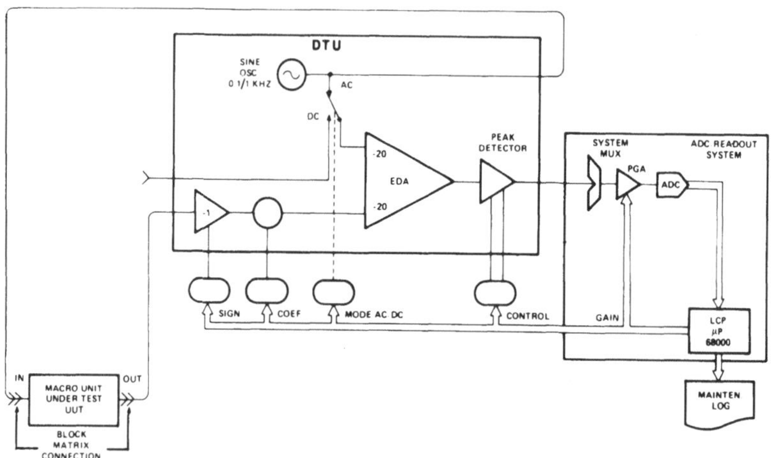

Figure 4 Block Diagram of the Automated Test System
(shown in the Macro AC Test Mode (0.1/1 KHZ Tide))

AN AUTOBALANCE SYSTEM FOR TIME AND TEMPERATURE DRIFT CORRECTION

An automatic means for electronically nulling any offset voltage present in critical op-amp circuits has been designed into the SIMSTAR system. This autobalance system completely eliminates the tedious time-consuming task of manual nulling and the simulation inaccuracies caused by drifting op-amps associated with predecessor systems. Not only are all critical amplifiers nulled (to zero ± 5 microvolts) as a function of elapsed time and temperature change, but records are kept on the amount of nulling required for a given amplifier and, if a predetermined limit is reached, that amplifier is flagged as an excessive drifter which can then be replaced before it can effect the accuracy of the simulation.

An autobalance is always performed after a problem load, after a macro configuration change or at the request of the DAP. An autobalance will be performed unless optionally inhibited by the user, after a problem restore, if a change in temperature exceeds 1°C after the last autobalance (temperature is measured via four precise solid-state sensors at ten minute intervals); and if an autobalance has not been executed within the last eight-hour period. An autobalance is never initiated during the RUN mode of SIMSTAR.

The autobalance hardware consists of over 600 8-bit correction DACs, each being connected to critical op-amp circuits as shown in Figure 5. Referring to Figure 5, the simplified autobalance algorithm can be understood:

1. Select UUT output for readout via the readout system.
2. Set all connection matrix outputs to zero.
3. Set correction DAC to zero output.
4. LCP receives and records output offset.
5. Correction DAC is loaded with the corresponding nulling value.
6. Repeat steps 4 and 5 again, output is nulled.

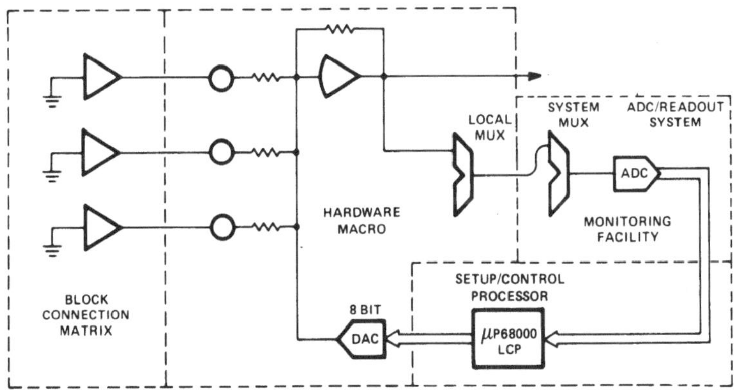

Figure 5 System Block Diagram of the Autobalance System

AN ACTIVE ULTRA-HIGH QUALITY GROUND PRESERVATION SYSTEM

A high-quality (HQ) grounding system was needed for SIMSTAR that would maintain extremely small potential differences (micro-volts) between all of the over 200 analog computing macros in respect to the system central HQ ground point. Figure 6 shows a diagram of the "star point" ground system employed in SIMSTAR which eliminates ground loops, but IR drops in the individual ground distribution wires still produce intolerable DC offsets. A unique solution to this problem has been implemented in SIMSTAR. An active system has been developed which reduces the HQ ground current flowing from each macro unit by four orders of magnitude, hence essentially eliminating the proportional IR drop in the distribution wires (see figure 7a). This definitely minimizes error contributions from ground sources.

The active ground circuit (AGC) (see Figure 7b) is comprised of a low drift op-amp connected in the voltage follower mode to produce a low impedance current source (or sink) whose output potential is maintained at zero voltage (virtual ground). The net result is that the normal tens of milliamps of current flowing to or from a computing component ground terminal is steered to the insensitive ±15V busses, while the HQ ground is uneffected.

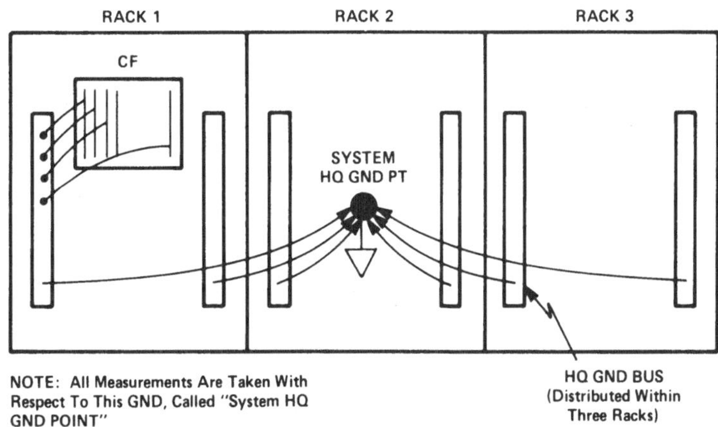

Figure 6 Star Point Ground System

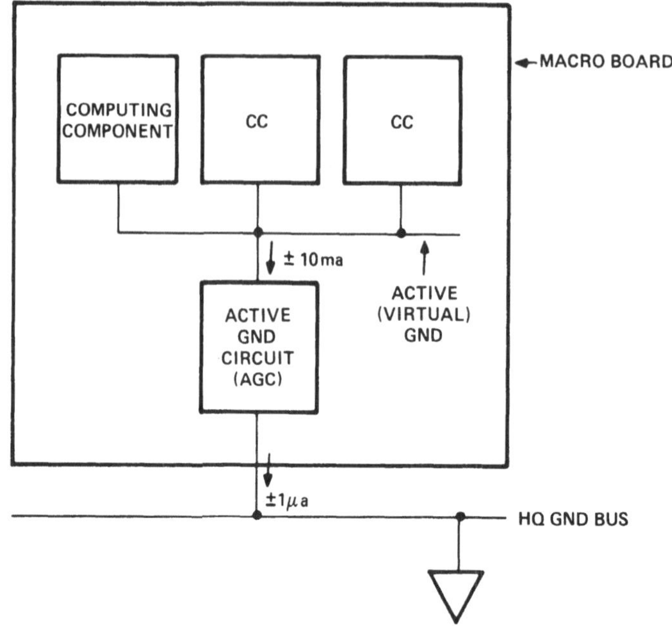

Figure 7a Functional Block Diagram

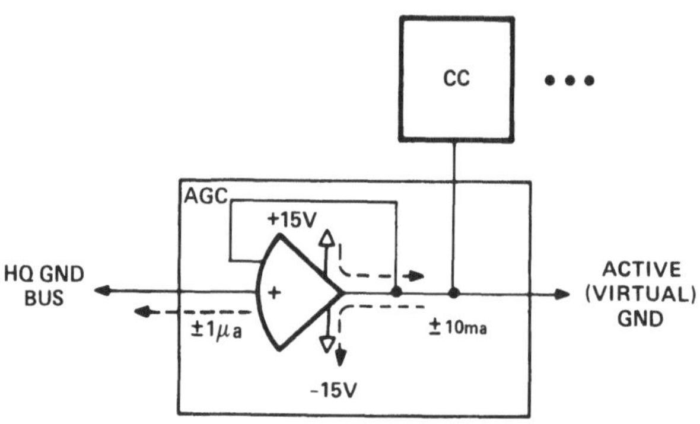

Figure 7b Simplified Schematic of the Active Ground Circuit

Figure 7 Active High Quality Ground Preservation System

EXTENDED RANGE (PSEUDO-FLOATING POINT) DIGITALLY SET COEFFICIENT UNITS AND MULTIPLICATION DEVICES

A factor of ten improvement in the useable range of SIMSTAR over predecessor systems has been realized by incorporating automatic gain changing (local rescaling) circuits within each digitally set coefficient unit (DSCU) and analog multiplication devices.

The extended range DSCU design (see Figure 8) provides both improvements in accuracy and resolution for small coefficient values (below 1/4). The DSCU functions, together with the LCP, to utilize the high order bits (most accurate portion) of the MDAC even for small coefficient settings. This autoranging or autoscaling technique results in an effective overall range of 18 bits (+ SIGN) with 16- and 18-bit resolution below settings of 1/4 and 1/16, respectively. Accuracy also improves by factors of 4 and 16, respectively, tending towards a percent of output error characteristic.

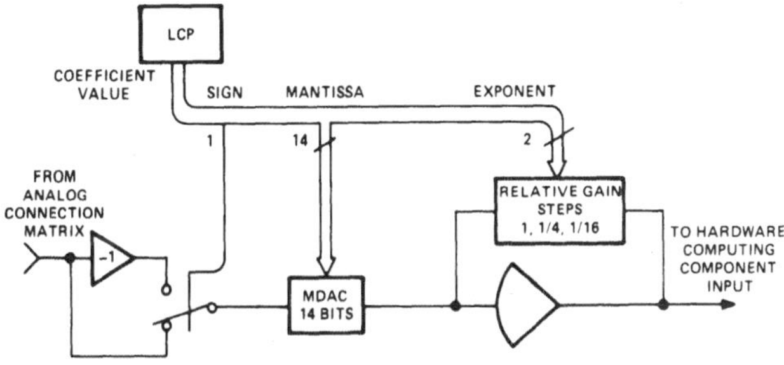

Figure 8 Simplified Block Diagram Schematic of the Extended Range DSCU (% of Output Error)

The LCP functions as follows with the DSCU to periorm the autoranging: should a particular DSCU coefficient value be less than 1/4, but greater than 1/16, the coefficient word is shifted two bits to the left and the gain (exponent) is changed to 1/4, maintaining the overall coefficient invariant, but errors are reduced by four at the output. A similar transition occurs should the coefficient value be less than 1/16.

The extended-range multiplier design, much like the DSCU, provides large improvements in accuracy for small output signal levels. Since $(1/4)^2$ multipliers have an inherent percentage of full scale error, the error as a percentage of output becomes very large for small outputs. This multiplier design reduces this inherent drawback by automatically switching or rescaling the internal multiplier signals such as to approach a percent of output error characteristic. Window comparators inside the multiplier detect when either (X or Y) or (X and Y) decrease below 1/4 of reference. When this happens, the X and Y signals are amplified back up to full scale and the multiplier output is attenuated by either 1/4 or 1/16, respectively, reducing the error by the same factor. See Figure 9a for a block diagram and Figure 9b for the operating equations of the extended range multiplier. Figure 10 shows the relative error reduction in the X, Y plane over conventional multipliers. Figure 11 shows the improved error characteristics vs. conventional multipliers and Figure 12 the improvement in the squaring mode.

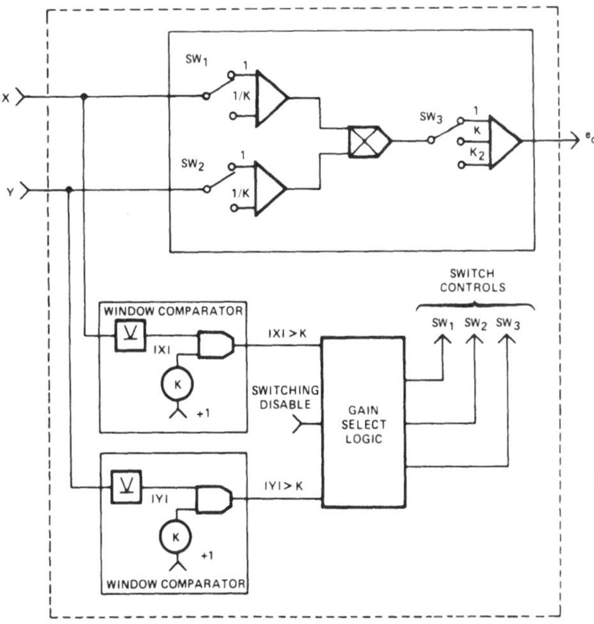

Figure 9a Block Diagram of the Extended Range Multiplier

for:

$$|X| \text{ AND } |Y| > K \qquad e_0 = XY \pm \epsilon$$

$$|X| \text{ OR } |Y| \leq K \qquad e_0 = Y \left[\frac{X}{K}\right] K \pm K\epsilon$$

$$\text{OR}$$

$$e_0 = X \left[\frac{Y}{K}\right] K \pm K\epsilon$$

$$|X| \text{ AND } |Y| \leq K \qquad e_0 = \left[\frac{X}{K}\right]\left[\frac{Y}{K}\right] K^2 \pm K^2 \epsilon$$

$0 < K \leq 1$, $K = 1/4$ in Simstar design

Figure 9b Extended Range Multiplier Operating Equations

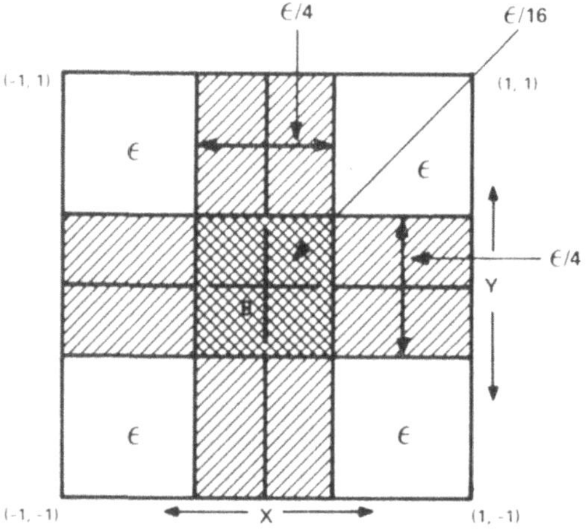

Figure 10 Extended Range Multiplier Error Reduction

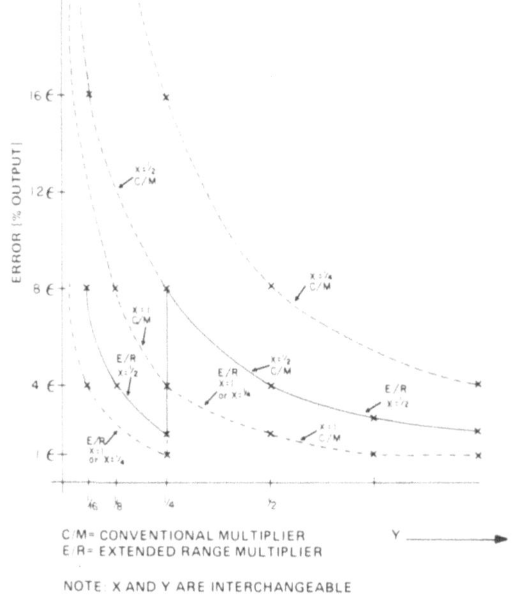

Figure 11 Extended Range Multiplier Error Characteristics

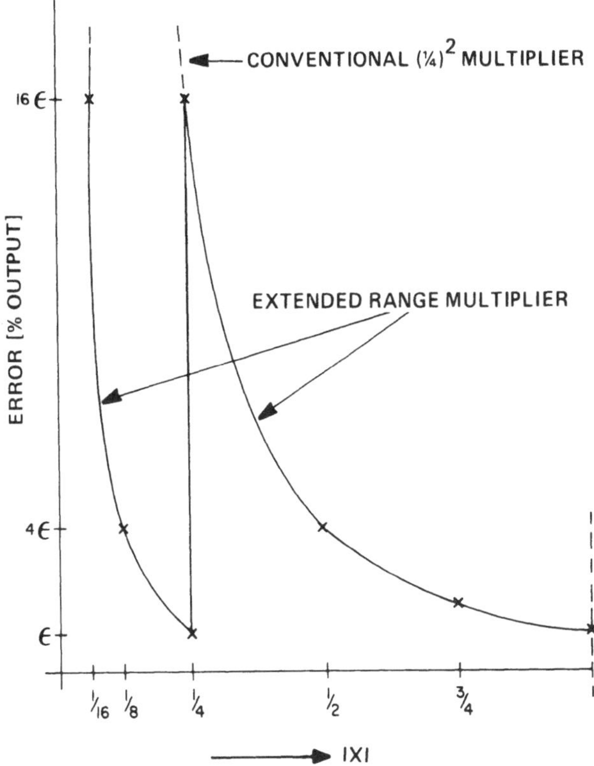

Figure 12 Extended Range Multiplier Error Characteristic (X^2 Mode)

SUMMARY

Eight of the key technological developments for EAI's new SIMSTAR Simulation Multiprocessor have been presented. Each is believed to be an engineering achievement in itself. Together, they and the other developments which were mentioned but not discussed, have laid the basis for a state-of-the-art simulation system to be used by all the major government and industrial based R&D organizations throughout the world.

REFERENCES

1. Benes, V.E., *"Mathematical Theory of Connecting Networks and Telephone Traffic"*, Academic Press, New York 1965.

2. Hannauer, G., *"Stored Program Concept for Analog Computers"*, Final Report, NASA Project #NAS8-21228 June, 1968.

3. Hannauer, G. and Asthana, A., *"Recent Advances in Automatic Patching Software"*, Proceedings of Special Symposium on Advanced Hybrid Computing, San Francisco, July, 1975.

4. Gary, M.R. and Johnson, D.S., *"Computers and Intractability"*, W.H. Freeman and Company, San Francisco 1979.

5. Wirth, N., *"Algorithms + Data Structures = Programs"*, Prentiss-Hall, Englewood Cliffs, New Jersey, 1976.

ENTWICKLUNG UND IMPLEMENTATION VON HARD- UND SOFTWARE-

INTERFACES FÜR EIN HYBRIDRECHENSYSTEM

J. Dastych
Lehrstuhl für Elektrische Steuerung und Regelung
Ruhr-Universität Bochum

1. Einleitung

Ausschlaggebend für die Neukonzipierung des Hybridrechensystems war der in Hinsicht
auf Hardware- und Softwareausstattung nicht mehr zumutbare Betrieb des zum Hybridrechensystems EAI 7900 gehörenden Digitalrechners EAI 8400. Dies war umso notwendiger,
als das Hybridrechensystem sowohl in der Forschung als auch in der Ausbildung der
Studenten im Fachgebiet Regelungstechnik eingesetzt werden sollte. Der letzte Punkt
stellte sich als ausschlaggebend für das Software-Gesamtkonzept heraus.

2. Gesamtübersicht über die Interface-Module des Hybridrechnersystems

Wesentliche Bestandteile des Hybridrechensystems aus der Sicht des Benutzers sind
die Interfaceverbindungen zwischen dem Analogrechner (AR) und dem Digitalrechner (DR)
[1]. Hierzu gehören die 8 Bit Sense-lines (SL), die eine Einzelbitübertragung als
"level"- oder als "strobe"-Signale vom AR zum DR zulassen, und die Control-lines,
die mit denselben Spezifikationen eine Datenübertragung vom DR zum AR ermöglichen.
Weitere Steuereingänge sind 8 Interruptleitungen, die eine asynchrone Unterbrechung
eines Digitalrechnerprogramms ermöglichen. Zur parallelen Datenübertragung steht ein
16 Bit-I/O-Datenbus mit den entsprechenden Steuersignalen zur Verfügung. Neben diesen
digitalen Übertragungskanälen sind insgesamt 16 analoge Verbindungen mit der A/D,
D/A-Einheit des Digitalrechners möglich. Diese, dem Benutzer über das digitale oder
analoge Steckbrett zugänglichen Verbindungen stellen die Mindestausstattung eines Hybridrechensystems dar. Effektiv läßt sich der Einsatz eines solchen Systems jedoch
nur dann nutzen, wenn alle Bedienungsfunktionen, wie z. B. Einstellung von Servo- und
Digitalpotentiometern (DCA), Adreßanwahl von Analogkomponenten, Einstellung der Ope-
rationsmodi und Fehlererkennung mit Hilfe von Bedienungssoftware vorgenommen werden
kann. Dies bedingt jedoch eine entsprechende Verbindung der hierzu vorhandenen Steuerleitungen mit dem DR. Bild 1 gibt eine Übersicht über das Gesamtsystem.

2.1. Control-Interface (CIF) und Device-Controller (DCI)

Für die Projektierung der Rechnerkopplung ist die im Bild 1 dargestellte Schnittstelle des Device-Controllers maßgebend [2]. In diesem Systemteil wird die Dekodierung
der Steuerinformation vorgenommen, und mit Hilfe des 16 Bit-Datenbusses werden Steuerbefehle zum Control-Interface [3] geleitet. Das CIF hat hierbei die Aufgabe, Signale
der ansteuernden Einheit in Steuerbefehle für die einzelnen Komponenten umzusetzen.
Insgesamt sind 18 Operationsbefehle zur Steuerung und Bedienung des AR möglich. Die

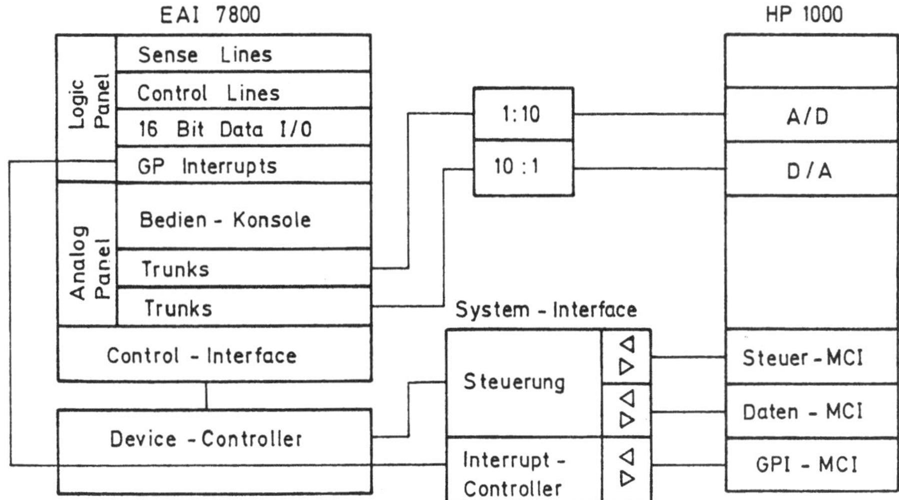

Bild 1. Übersicht über das Gesamtsystem

vorgegebene Struktur der Befehlsworte ist im Bild 2 dargestellt.

Steuerleitungen	R – Feld	16 Bit – Daten

Bild 2. Struktur der Befehlsworte

Mit Hilfe der Steuerleitungen wird festgelegt, ob ein Datentransfer vom DR zum AR ver-
anlaßt werden soll (LDOB) oder für den DR ein Datenwort zum Einlesen bereit ist (STIB).
Ebenfalls vorhanden sind Steuerleitungen, die sich auf die Einzelbitübertragung für
Sense-lines (TSL) und Control-lines (SFL) beziehen. Die Unterscheidung, ob das 16 Bit-
Datenwort auch Steuerinformationen enthält, wird durch die Kodierung im R-Feld fest-
gelegt.

Der Vorteil der Kopplung von DCI und CIF liegt darin, daß das DCI Dekodieraufgaben
übernimmt, womit sich die Anzahl der zu übertragenden Signale zwischen DR und DCI wesentlich reduziert und die Definition einheitlicher Datenformate möglich macht.

2.2. Datenübertragung zwischen Device Controller und Digitalrechner

Die Verbindung zwischen dem DCI und dem Digitalrechnerinterface wird durch das neu
geschaffene Systeminterface (SIF) hergestellt (Bild 1) [4]. Dieses hat die Aufgaben:

- zwischen allen Teilkomponenten die Übertragung von TTL-Signalen sicherzustellen und
  für die Datenübertragung (ca. 50 m) aus Sicherheitsgründen alle Kanäle mit Bus-
  Treibern zu beschalten;
- das Timing der Steuersignale und die dazu notwendige Interruptverarbeitung
- sowie die Dekodierung und Maskierung der am digitalen Steckbrett vorhandenen Gene-

ral purpose Interrupts (GPI) vorzunehmen.

Bei der Auswahl der Digitalrechner-Baugruppen stand im Vordergrund, Standard-Interface-karten des vorhandenen Rechners HP 1000 zu benutzen. Die Forderungen

- Anwendung von positiver oder negativer Logik,
- freie Wahl von Taktflanken,
- Zwischenspeicherung von Ein- und Ausgabedaten und
- Übertragung je eines Kontrollsignals in beide Richtungen

werden vom sog. "Microcircuit Interface " (MCI) [5] erfüllt. Die Datenübertragung wird mittels "Handshake"-Betrieb vorgenommen, wobei 16 Bit-Daten bidirektional und wort-seriell übertragen werden. Insgesamt sind für die Datenkommunikation drei MCI-Karten vorgesehen, wobei sich die Einzelaufgaben folgendermaßen verteilen:

- das Steuer-MCI zur Ausgabe von Steuersignalen,
- das Daten-MCI für die bidirektionale Übertragung von 16 Bit-Worten,
- das MCI für die Verarbeitung der vom AR kommenden Interrupts.

Da bereits ein analoges standardisiertes Meßsystem vorhanden war, war es zur Weiter-verarbeitung der 100 V-Pegel notwendig, eine Signalanpassung vorzunehmen.

3. Aufgaben und Struktur der Hybridsoftware

Die Elemente der Bedienungssoftware realisieren die Steuerfunktionen und die Daten-übertragung für das logische Steckbrett, die automatisierte Steuerung des Simulations-ablaufs und die Dokumentation der Simulationsergebnisse. Da diese Aufgaben unter-schiedliche Anforderungen an die Rechenzeit und den Umfang der Software stellen, wur-den neben der eigentlichen Maschinenebene drei weitere Programmebenen definiert [6].

Programm - Ebene	Parameter	Quelle	Aufrufbar durch
Bedienungs - Makros	Integer, Real ASCII	FTN	FTN, BASIC, Assembler
FTN - Subroutines	''	FTN	''
EXEC - Calls	I/O - Daten binär	FTN, Assembler	''
Treiber - Programme	''	Assembler	''

Bild 3. Übersicht über die Programmebenen

Die Programmebenen sind in Bild 3 mit den Datentypen der gewählten oder notwendigen Programmiersprache der Quelle und der Programmiersprache, die für den Anwender mög-lich ist, dargestellt. Die zum Betrieb der MCI-Karten notwendigen Treiberprogramme berücksichtigen die speziellen Eigenschaften des anzusteuernden externen Gerätes und sind nach der Generierungsphase Elemente des Betriebssystems. Für die drei verwendeten Microcircuit-Interfaces sind zwei Treiberprogramme vorhanden. Diese realisieren innerhalb des Real Time Executive-Betriebssystems [7] die Aufgaben:

a) Aktivierung der Steuerleitungen LDOB, STIB, TSL, SFL, R-Bits und der Fehlerbehandlung sowie Ein- und Ausgabe des 16 Bit-Datenbus für das DCI.

b) Übertragung von Steuersätzen und Daten zwischen einem MCI und dem Interrupt Controller.

Auf der untersten Ebene stehen Unterprogramme zur Verfügung, die die Treiberprogramme für die Interface-Einheiten des Digitalrechners mit Hilfe von EXEC-Befehlen direkt ansprechen. Auf der nächsten Programmebene besteht die Möglichkeit, die Parameter der einzelnen Unterprogramme in FORTRAN (FTN)-spezifischen Daten zu formulieren. Die dritte Unterprogrammebene behandelt Bedienungsfunktionen, die sich aus mehreren Einzelfunktionen zusammensetzen. So besteht z. B. das Setzen von Servopotentiometern aus den Sequenzen: "Select Analog Address", "Select Analog Value" und "Set Pot". Diese Grundfunktionen werden zu den sog. Bedienungs-Makros zusammengefaßt und sind in FORTRAN, BASIC und Assembler aufrufbar. Die Unterprogramme der verschiedenen Ebenen können vom Benutzer, abhängig von unterschiedlichen Aufgabenstellungen, ausgewählt werden und zu individuellen Steuerprogrammen zusammengesetzt werden. Die Auswahl der Programme aus den verschiedenen Unterprogrammebenen kann insbesondere bei zeitkritischen Anwendungen von Interesse sein, da die Ausführungszeit von unterster zu oberster Programmebene zunimmt.

Damit die Grundfunktionen für Wartungsarbeiten oder für die studentische Ausbildung ohne Programmentwicklung eingesetzt werden können, wurde ein Programm erstellt, das alle Steuerfunktionen zusammenfaßt. Hierdurch wird der Benutzer bei umfangreicher analoger Programmierung von ständig wiederkehrenden Aufgaben entlastet. Aus diesen Gründen sind in diesem Programm folgende Einzelaufgaben zusammengefaßt:

- Ausgabe der Analogrechnermodi.
- Einstellung aller Analogrechnerfunktionen von der Konsole des Digitalrechners.
- Steuerung der Funktionen des digitalen Steckbretts mit Ein- und Ausgabe von Daten über den 16 Bit-Datenbus, Control-lines und Sense-lines.
- Abspeicherung des aktuellen Analogrechnerstatus.
- Einstellen und Lesen von Potentiometerwerten für Servo- und digitale Potentiometer.
- Durchführung des statischen Tests mit Hilfe von Steuerdateien.
- Dokumentation aller Potentiometerwerte und der Ausgangsgrößen aller analogen Elemente.
- Sequentielle Abarbeitung von Dateien zur Steuerung von Analogrechnerfunktionen.

4. Zusammenfassung

Der Aufsatz beschreibt die gerätetechnischen Voraussetzungen und die Erweiterung des Systems zu einem Hybridrechner. Die dargestellte Kopplung des Analogrechners EAI 7800 mit dem Digitalrechner HP 1000 bietet die Möglichkeit, den Analogrechner effektiver einzusetzen. Mit Hilfe der vorhandenen digitalen Analogrechnerschnittstellen ist es möglich, alle Bedienungsfunktionen für den hybriden Rechenbetrieb programmgesteuert durchzuführen. Hierzu gehört eine Programmbibliothek, die es gestattet, simulations- und regelungstechnische Aufgaben effizienter zu bearbeiten. Diese Programmbibliothek ist wegen unterschiedlicher zeitkritischer Anwendungen in mehreren Programmebenen vorhanden. Interaktive Bedienungsprogramme sind ebenfalls Elemente der Software und entlasten den Benutzer von ständig wiederkehrenden Aufgaben.

Literatur

[1] Dastych, J.: Entwicklung eines Interface für ein Hybridrechensystem. Interner Bericht ESR-8310, Ruhr-Universität Bochum, 1983.

[2] Electronic Associates Inc.: 8900 Scientific Computing System/8400/8800 Device Controller Interface Panel, Publ. No. 00.800.300.3030.Dec.1966.

[3] Electronic Associates Inc.: 7800 Scientific Computing System/Control Interface Model o. Z. 1448, Publ. No. 00.800.1185-0-Febr.1970.

[4] Kamburg, J.: Entwurf und Aufbau eines digitalen Steuer- und Meßsystems für die Hybridkopplung eines Analogrechners mit einem Prozeßrechnersystem, Diplomarbeit ESR-7920, Ruhr-Universität Bochum, 1979.

[5] Hewlett-Packard Company: Operating and Service Manual, 12566B-002 Microcircuit Interface Kit. Oct. 1976.

[6] Richter, H.D.: Entwicklung von hybriden Steuerbefehlen mit Betriebssystemeigenschaften für die Kopplung eines Analogrechners und eines Prozeßrechner-Systems, Diplomarbeit ESR-7919, Ruhr-Universität Bochum, 1979.

[7] Hewlett-Packard Company: Driver Writing Manual/RTE Operation System, Manual Part No. 92200-93005, Mai 1978.

<u>ALLGEMEINE MODELLTHEORIE UND VALIDIERUNG</u>

B. Schneider
Medizinische Hochschule Hannover
Institut für Biometrie
D-3000 Hannover 61

1. Allgemeine Modelltheorie

Modelle sind Abbildungen von Gegenständen oder Vorgängen. Unter einer
"allgemeinen Modelltheorie" wird die Untersuchung der "formalen"
Strukturen von Modellen verstanden. Eine solche Untersuchung setzt
zunächst voraus, daß die Gegenstände oder Vorgänge selbst formali-
siert werden; d. h. daß ein formales Modell der allgemeinen Struktur
von Gegenständen oder Vorgängen - man könnte auch sagen von der
"Welt" - aufgestellt wird.

Ludwig WITTGENSTEIN beginnt seinen "Tractatus logico-philosophicus"
(7) mit den Worten: "Die Welt ist alles, was der Fall ist. Die Welt
ist die Gesamtheit der Tatsachen, nicht der Dinge." Er fährt etwas
später fort: "Was der Fall ist, die Tatsache, ist das Bestehen von
Sachverhalten. Der Sachverhalt ist eine Verbindung von Gegenständen
(Sachen, Dingen)."

Dieser Auffassung einer "atomistischen Ontologie" folgend soll als
charakteristische Struktur der Gegenstände oder Vorgänge ihr "Zusam-
mengesetztsein" aus elementaren Einheiten (WITTGENSTEIN spricht von
"Elementarsätzen") angesehen werden. Die Gegenstände oder Vorgänge
sind somit charakterisiert durch die <u>Eigenschaften</u> der elementaren
Einheiten und ihrer gegenseitigen Beziehungen (sowie die zu anderen
Gegenständen oder Vorgängen). Diese Eigenschaften (STACHOWIAK spricht
von "zugeteilten Beschaffenheiten" (4)) sollen generell als "Attribute" bezeichnet werden. Man kann unterscheiden zwischen den Eigenschaften der Elemente (Attribute nullter Ordnung) und den Eigenschaften der zwischen ihnen bestehenden Funktionen, Relationen usw. (Attribute höherer Ordnung). Da nur die Attribute interessieren, werden
Gegenstände oder Vorgänge mit identischen Attributen als äquivalent
betrachtet. Formal können sie daher als Äquivalenzklassen aufgefaßt
werden.

Ein Modell ist nach dieser Auffassung die Abbildung einer Attributklasse P1 (Original) auf eine andere Attributklasse P2 (Modell)
(vgl. STACHOWIAK (4)). Dabei werden im allgemeinen weder vom Original
noch vom Modell alle Attribute durch die Abbildung erfaßt. Die im
Original nicht erfaßten Attribute nennt STACHOWIAK "präterierte"
(übergangene, ausgelassene) Attribute, die im Modell nicht verwendeten "abundante" (überschüssige) Attribute (vgl. Abb. 1).

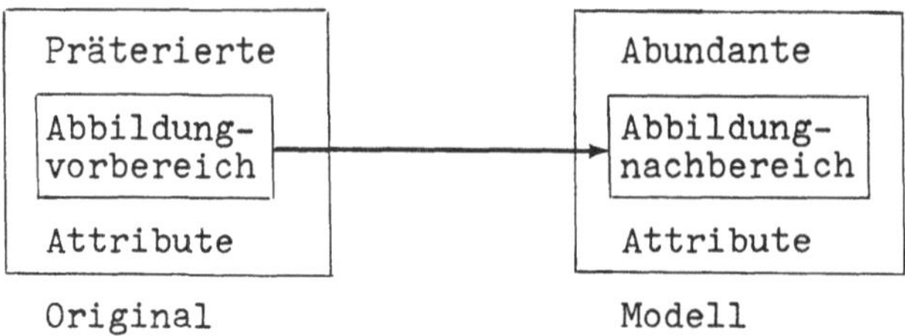

Abb. 1: Die Original-Modell-Abbildung (nach STACHOWIAK)

Umfang und Form dieser Abbildung bestimmen die Qualität und Validität
des Modells. Sie eröffnen somit auch Möglichkeiten zur formalen Beschreibung der Modellqualität und -validität. Dies soll im folgenden
kurz skizziert werden.

2. Formale Darstellung und Charakterisierung von Modellen

Die formale Darstellung von Attributklassen kann generell durch eine
formale Objektsprache T im Rahmen des Prädikatenkalküls oder der
Klassenlogik erfolgen. Die den Attributen zugeordneten Sprachzeichen
heißen "Prädikate". Den Attributklassen entsprechen somit in der Objektsprache die Prädikatklassen. Zur Kennzeichnung der Struktur dieser Klassen genügt für ein i-stelliges Prädikat a die Angabe der
Ordnung k (des entsprechenden Attributs) und des Stellenwertes i:
a(k,i). Die Elemente (0-te Ordnung) werden nur mit a bezeichnet, ihre
unmittelbaren Eigenschaften mit a(1,1), unmittelbare Relationen zwischen i Elementen mit a(1,i), Eigenschaften einer Relation (2. Ordnung) mit a(2,1), Relationen zwischen i Relationen mit a(2,i) usw.
Die Prädikatklasse eines Objekts (einer "Tatsache" nach WITTGENSTEIN)
kann somit als Vereinigung der sie beschreibenden Typen von Prädika-
ten dargestellt werden:

$$P(k,n) = Va \ v \ Va(1,i) \ v \ Va(2,i) \ v \ \ldots \ v \ Va(k,i)$$

(wobei k die höchste Ordnung und n die maximale Zahl der Relations-
stellen ist).

Mit dieser Darstellung lassen sich - wie STACHOWIAK gezeigt hat (4) -
auch die Strukturen von "Systemaggregaten", "Systemen" und "Untersystemen" definieren.

Ein Modell kann demnach formal als eine Abbildung F einer Prädikatklasse P1 auf eine Prädikatklasse P2 definiert werden, deren Argumentmenge eine Unterklasse von P1 und deren Wertebereich eine Unterklasse von P2 ist. STACHOWIAK nennt diese Abbildung einen "Ikomor-
phismus", wenn die Argumentmenge mit P1 und der Wertebereich mit P2
zusammenfällt.

Mit der Objektsprache T (und einer die Syntax beschreibenden Meta-

sprache M) können nur die formalen Strukturen von Objekten dargestellt
werden. Zur Interpretation dieser Strukturen benötigt man eine semantische Metasprache S von T. Im einfachsten Fall kann deren einzige
Grundrelation die dyadische Relation des "Bezeichnens" sein. Dadurch
wird jedem T-Prädikat a(k,i) ein S-Ausdruck s zugeordnet. Das Prädikat a(k,i) heißt "kodiert" und s das "Kodezeichen" von a(k,i). Die
Kodierung von Prädikatklassen P und von Abbildungen F läßt sich
entsprechend definieren. Im letzten Fall spricht STACHOWIAK von
"Transkodierungsklassen" (4).

Allerdings ist diese Definition noch nicht vollständig, da sie ein
Hauptmerkmal des allgemeinen Modellbegriffs - das sog. "pragmatische
Merkmal" - nicht enthält. Sie muß daher durch die Eingliederung einer
sog. Temporallogik und von Grundrelationen einer pragmatischen
Sprachstufe ergänzt werden. Für nähere Einzelheiten vgl. (4).

Durch Hinzufügen von "Spezialisierungsbedingungen" können aus dieser
allgemeinen Modelldefinition (bzw. Explikation) spezielle Modellde-
finitionen hergeleitet werden. Für das Thema dieser Tagung relevant
ist z. B. die Definition von "Simulationsmodellen", die durch spezielle Bedingungen bezüglich der Kodierung (geringe Kodeäquation zum
Original) definiert sind.

Die Definition bzw. Explikation des allgemeinen Modellbegriffs von
STACHOWIAK genügt voll den logischen Anforderungen. Für praktische
Anwendungen, die meist auf Attribute und Relationen erster Ordnung
beschränkt bleiben, ist es allerdings zweckmäßig, zur Modellbeschreibung nicht den Prädikaten- oder Klassenkalkül zu verwenden, sondern
auf anschaulichere und operable Beschreibungsverfahren zurückzugreifen. Hier haben sich vor allem die Methoden der "attributierten, relationalen Graphentheorie" (vgl. z. B. (6)) bewährt, die an einem
Beispiel demonstriert werden sollen.

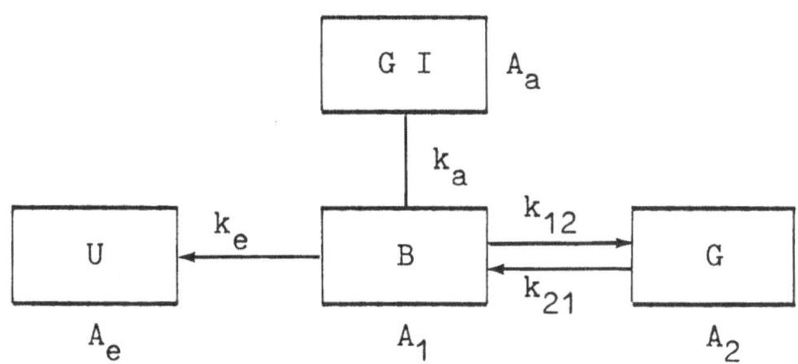

Abb. 2: Pharmakokinetisches 2-Kompartment-Modell

In Abb. 2 ist ein sog. 2-Kompartment-Modell für die Vorgänge der Aufnahme, Verteilung und Ausscheidung eines Arzneimittels im Körper skizziert. Die "Elemente" sind die Kompartments: Gastrointestinaltrakt (GI), Blut (B), Gewebe (G) und Urin (U), die den entsprechenden Organsystemen als Modellbilder zugeordnet sind. Als einziges Attribut wird diesen Elementen die Arzneistoffmenge $A(t)$ (bzw. Konzentration $C(t)$) zur Zeit t zugeordnet. Als zweistellige Relation wird der Stoffaustausch zwischen je 2 Kompartments eingeführt. Diesem Stoffaustausch wird als Attribut die relative Eliminationsgeschwindigkeit (Rate) k_{ij} zugeordnet, die als konstant angenommen wird.

Allgemein ist ein attributierter, relationaler Graph durch eine 4-Tupel $O = (N,B,a1,a2)$ definiert, wobei N eine endliche, nichtleere Menge von Knoten, B von gerichteten Kanten, a1 die den Knoten und a2 die den Kanten zugeordnete Menge von Attributen bedeuten (vgl. (1), (6)).

In der Praxis wird allerdings die Beschränkung auf Attribute erster Ordnung nicht immer möglich sein. Bereits der Übergang von einer determinierten zu einer stochastischen Attributzuordnung bedeutet die Einführung von Attributen 2. Ordnung (Wahrscheinlichkeit, Zuverlässigkeit). Dies kann dadurch geschehen, daß den möglichen Attributmengen Wahrscheinlichkeitsverteilungen zugeordnet werden, deren Parameter z. B. nach der Maximum-Likelihood-Methode geschätzt werden können (vgl. (2)). Einen alternativen Ansatz bietet die FUZZY-SET-Theorie, in der die Zuordnungen und auch die Relationen mit einer (subjektiv vorzugebenden) Zuverlässigkeitsfunktion belegt werden.

3. Das Problem der Validierung

Hauptzweck einer Modelltheorie ist - neben einer präzisen Definition der Begriffe - die Bereitstellung von quantitativen Verfahren zum Vergleich von Modell und Original. Dieses Problem wird "Validierungsproblem" genannt (engl. "matching" (1), "isomorphism" (6)). Bei der Validierung sind 2 Situationen zu unterscheiden:

a) Die Attributklassen P1 und P2 sind vollständig determiniert und bekannt. Es kann dann ein Ähnlichkeitsmaß oder Abstandsmaß D als Funktion von P1 und P2 definiert und damit die Validität des Modells charakterisiert werden. Diese Art der Validierung soll "interne" oder "deduktive" Validierung genannt werden.

b) Eine der Attributklassen (z. B. P1) ist nur unvollständig bekannt oder nicht determiniert. Dann kann auch die Ähnlichkeit der beiden Klassen nur unvollständig und unter Zuhilfenahme von externen Prinzipien oder Voraussetzungen definiert werden. Wir bezeichnen daher

diese Validierung als "externe" oder "induktive" Validierung.
Der erste Fall dürfte vor allem bei einem Vergleich zweier Modelle gegeben sein. In der Mustererkennung liegt er bei einem Vergleich eines
vollständig beschriebenen "empirischen" Musters mit einem vorgegebenen
"Idealmuster" vor. Für endliche Attributklassen hat STACHOWIAK Vali-
dierungsmaße vorgeschlagen, die auf einen Vergleich der Anzahlen von
relevanten und überflüssigen (präterierten, abundanten) Attributen beruhen. Diese Vorschläge haben für die Praxis kaum Bedeutung, da sie
die unterschiedliche Wertigkeit der Attribute und die Struktur der Zuordnung nicht berücksichtigen. Diese sind aber praktisch sehr wichtig.
Ein vor allem den Belangen der Mustererkennung angepaßtes Abstandsmaß,
das sowohl die spezielle Struktur des Modells (Graphenstruktur) als
auch die der Attribute und der Zuordnung (inexact matching) berücksichtigt, wurde von SANFELIU und FU (3) vorgeschlagen. Dieses basiert
auf einen Vergleich der Computerkosten für die "Knotenerkennung" und
"Fehlertransformation" (vgl. auch (1)). Der Vorschlag, allgemeine
Prinzipien wie z. B. Komplexitätsstrukturen oder Informationsmaße heranzuziehen, findet sich bereits bei STACHOWIAK (4).

Eine externe Validierung liegt immer dann vor, wenn ein mathematisches
oder Simulationsmodell mit der "Realität" verglichen werden soll, da
die Attributmenge der Realität nur sehr unvollständig bekannt ist und
außerdem unter Realität nicht die singuläre Beobachtung, sondern das
"Kollektiv" aller möglichen, ähnlichen Beobachtungen verstanden wird.
Ein solcher Vergleich erfordert daher externe Methoden der induktiven
Logik oder Statistik. Von den vielfältigen Möglichkeiten solcher in-
duktiver Verfahren seien nur 2 erwähnt: "Prognoseverfahren", d. h. die
Voraussage bestimmter Zielgrößen aus der Modellstruktur und Vergleich
mit beobachteten Werten, und "Strukturanalysen", d. h. die Extraktion
bestimmter Strukturmerkmale (z. B. Frequenzspektren bei Zeitreihen)
aus den Beobachtungen und Vergleich mit der Struktur des Modells. Auf
eine nähere Erläuterung dieser Verfahren muß hier leider verzichtet
werden.

Die meisten der Validitätsmaße gehen von endlichen oder höchstens ab-
zählbar unendlichen Attributmengen aus. Daß eine Übertragung auf nicht
abzählbare Strukturen im allgemeinen nicht ohne weiteres möglich ist,
zeigt die semantische Wahrheitsdefinition von TARSKI (5). Das Problem
der Wahrheitsdefinition ist dem Validitätsproblem analog, da auch dabei ein Vergleich zwischen Attributklassen durchgeführt werden muß;
und zwar zwischen den Aussagen einer Objektsprache T und einer zugeordneten Metasprache S (die man auch als Sprache der "Realität" auf-

fassen kann). Nach TARSKI ist eine Aussage t in T genau dann wahr, wenn sich eine Zuordnung zu den Aussagen s in S so konstruieren läßt, daß für jedes t eindeutig auch ein Satz s in S existiert. TARSKI hat gezeigt, daß solche Konstruktionen nur unter einschränkenden Bedingungen bezüglich der Finitheit von T und der Struktur von S möglich sind. Dies setzt auch der Konstruktion von Validitätsmaßen Grenzen.

<u>Literatur</u>

(1) BUNKE, H. and ALLERMANN, G.: Inexact graph matching for structural pattern recognition. Pattern Recognition Letters 1, 245-253 (1983).

(2) RANFT, U.: Zur Musteranalyse mikroskopischer Muskelschnittbilder. Vortrag auf 28. Jahrestagung der GMDS, Heidelberg 1983.

(3) SANFELIU, A. and FU, K.S.: A distance measure between attributed relational graphs for pattern recognition. IEEE Transact. on Systems, Man, and Cybernetics 13, 353-362 (1983).

(4) STACHOWIAK, H.: Allgemeine Modelltheorie. Wien - New York: Springer 1973.

(5) TARSKI, A.: The concept of truth in formalized languages. In: Logic, Semantics, Metamathematics. Oxford: At the Clarendon Press 1956.

(6) TSAI, W.H. and FU, K.S.: Error-correcting isomorphisms of attributed relational graphs for pattern analysis. IEEE Transact. on Systems, Man, and Cybernetics 9, 757-768 (1979).

(7) WITTGENSTEIN, L.: Tractatus logico-philosophicus. Frankfurt am Main: Suhrkamp 1969.

MODELLIEREN UNTER SYSTEMGESICHTSPUNKTEN - Der Weg zum ersten Entwurf

Dipl.Ing. Werner Schneider

Fa. SCHNEIDER MANAGEMENT SOFTWARE
D-8036 Herrsching, Lessingstr. 26

Die vorzustellende Methode betrachtet jene Situation, die den Modellierer das erste Mal mit der abzubildenden Realität konfrontiert. Das reale System gilt es dabei so wahrzunehmen, daß es in das gewünschte Modellsystem umgesetzt werden kann. Bei diesem Prozeß der System-Urmodellierung, der ganz am Anfang einer Modellentwicklung steht, ist die Problematik der Gestaltwahrnehmung nur mit Hilfe eines speziellen Problemlösungszyklus zu bewältigen. Dieser Zyklus der Systemexploration steuert uns durch die Untiefen der Psycho-Logik unseres Gehirns.

Ein Fehler in dieser Eintrittsphase kann praktisch nicht mehr ausgemerzt werden. Mit ihr findet die Ausrichtung unseres Wahrnehmungsapparates so statt, daß ein bestimmter Teil der Informationen in den Hintergrund gedrückt wird. Diese psychologischen Vorgänge im Modellierer gilt es zu beachten und unter Kontrolle zu bekommen.

1. Die Prozeßschritte der System-Urmodellierung -
   Definition der Modellerwartung

Mit einer bewußten Überlegung haben wir uns zunächst unserer Modellerwartungen klar zu werden. Wir haben den Modellierungsanlaß, den Wahrnehmungsansatz und den Erwartungshorizont bewußt zu erfassen. Alles, was wir im weiteren Vorgehen zu erkennen vermögen, dient bewußtseinsmäßig in erster Linie der Verstärkung und Bestätigung dieses Ansatzes. Die Verifikation liegt uns psychologisch näher als die Falsifikation.

2. Wahrnehmungsfeldanalyse

Bei unserer Aufgabe, ein Modell zu entwickeln, nutzen wir Wahrnehmungen, die wir selbst machen oder von denen uns berichtet wird, die also für uns indirekt sind. Berichten können uns dabei andere Menschen oder Apparate, z.B. Meßuhren. Alle Informationen, die wir bekommen, haben einen begrenzten Wahrnehmungsraum. Was wir darin erfassen konnten, ist mit bestimmten Begriffen belegt, die zunächst nur symbolisch für die Wahrnehmungen stehen dürfen. Betrachten wir die Mensch/System-Beziehung näher, so nutzen wir ein Wahrnehmungsfeld, das gekennzeichnet ist durch o den Wahrnehmungsrand der Modellierer - deren Sinne mit ihren Reichweiten,

o den Wahrnehmungsrand des Systems - seine Randelemente mit deren Gebilde sowie
  deren Wirkungen, und schließlich

o den Wahrnehmungsrand des Bewußtseins - die in Begriffe gefaßten Assoziationen.

Der Wahrnehmungsrand unseres Bewußtseins macht uns jedoch erhebliche Schwierigkeiten,
wie sie von Konrad Lorenz aufgezeigt wurden. Es handelt sich um die Problematik der
Gestaltwahrnehmung. Hierzu führt er kurz und prägnant aus:

"Einerseits steht die Gestaltwahrnehmung also an der vordersten Front der menschlichen Erkenntnis. Sie ist die Speerspitze, die der menschliche Geist ins Unbekannte
vorstößt. Gleichzeitig ist sie Hüter des schon Erkannten, ein Speicher geduldig gesammelten Tatsachenmaterials, ..."

Die Sinnesdaten, in denen die wahrzunehmenden und kennzeichnenden Gesetzmäßigkeiten
wirksam sind, müssen wiederholt geboten werden, bis unser Wahrnehmungsapparat fähig
ist, die fragliche Gesetzmäßigkeit zu erfassen. Haben wir diese erst erlernt, so erscheint sie uns selbstverständlich, eindeutig und wahr. Nach Einspeisung eines neuen,
ausreichenden Datenmaterials löst sich dann sehr schnell die Gestalt vom Hintergrund
der vorher nur chaotisch belanglosen Informationsfülle.

Bei der Zusammenarbeit von mehreren Personen gibt es natürlich in gewissen Bandbreiten unterschiedliche Assoziationen aufgrund des individuell gesammelten Tatsachenma-

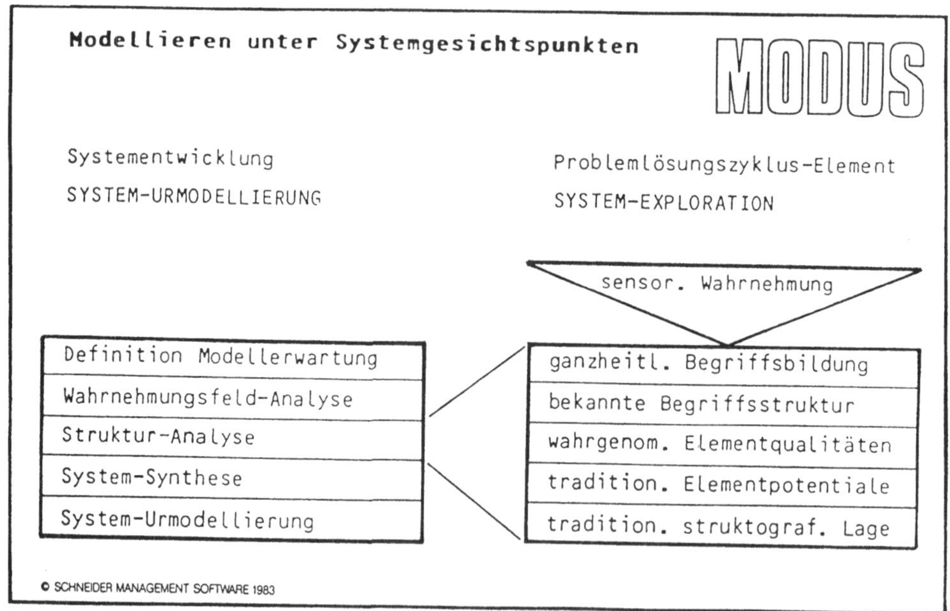

Prozeßübersicht

terials. Damit entstehen auch noch widersprüchliche Begriffsbelegungen für das gleiche wahrgenommene Tatsachenmaterial. Die Folgen daraus können schwerwiegend sein.

Wie sollen wir nun eine Vielzahl gewonnener, begrifflich gefaßter aber nicht kollisionsfreier Ganzheiten zusammenbringen, die in einer Sache wahrgenommen wurden? Konrad Lorenz zeigt die Ursache hierfür auf: "Die Gestaltwahrnehmung ist jedoch kein Wunder; ihre durchaus irdische mechanische Natur zeigt sich in ihrem Bedarf an Datenmaterial. Wenn dieses ungenügend ist oder ... verfälscht wird, trifft sie haushoch daneben."

3. Strukturanalyse

Als Invarianten stehen uns nur die jeweiligen, wahrgenommenen Tatsachenmaterialien zur Verfügung. Erkenntnisse über die darin enthaltenen Gesetzmäßigkeiten oder Qualitäten und Strukturinformationen helfen weiter. Sie müssen auch in einem sinnvollen Modell wieder enthalten sein, sonst wird dieses "unrealistisch", wie man so sagt. Mit dem - im folgenden auf vier Systemfragestellungen angewendeten - Problemlösungszyklus der Systemexploration gelingt es, sich den allgegenwärtigen Gefahren der Gestaltwahrnehmung zu entziehen. Mit seiner Hilfe erlangen wir erste Erkenntnisse über die Systemstruktur anhand einer von uns erfaßten Wahrnehmung, ohne diese unmittelbar für das wahre System selbst zu halten.

3.1 Systemexploration als Problemlösungszyklus – Ganzheitliche Begriffsbildung

Wir assoziieren also eine Wahrnehmung mit einem Begriff und erkennen, soweit erforderlich, einen geeigneten Oberbegriff, der das Ganze faßbar macht. Dabei ist unser Wissen über das so erfaßte System nicht immer genau genug. Dann ist es sinnvoll, zunächst auf einen anderen Zweig in der gefundenen Begriffsklasse überzusteigen, über den hinreichende Detailkenntnisse zur Verfügung stehen.

3.2 Bekannte Begriffsstruktur

Den gewählten Begriff zerlegen wir in seine Komponenten. Bei Systemen kann außerdem die Untersuchung der Abhängigkeiten der gefundenen Elemente vorteilhaft sein. Wir führen dann einen Schritt durch, den man gelegentlich Dependenzanalyse nennt. Komponentenanalyse und Dependenzanalyse werden vorteilhafterweise abwechselnd genutzt.

3.3 Wahrgenommene Elementqualitäten

Sind wir hinreichend fortgeschritten, so können wir unsere Wahrnehmungen eindeutig bestimmten Elementen zuordnen und diese gegen die restlichen Elemente abgrenzen. Nach dieser Wahrnehmungsklassifikation reduzieren wir die Elemente auf ihre Qualitäten. Dabei fragen wir uns, welche Besonderheiten die wahrgenommenen Elemente auszeichnen im Vergleich zu den nicht wahrgenommenen restlichen Elementen.

3.4 Traditionelle Elementpotentiale

Mit der bislang vollzogenen Systemexploration können wir nun aus unserer Erfahrung heraus Angaben machen zu den Gebilde- und Funktionspotentialen des wahrgenommenen Systemteiles. Die Angaben enthalten dabei eine Zuordnung der Qualitäten auf bislang bekannte Verwendungszwecke, sind konservativ, wenn man so will.

3.5 Traditionelle struktografische Lage

Die Zusammenschau der Qualitäten und Potentiale erlaubt uns, die struktografische Lage für die wahrgenommenen Elemente abzustecken. Damit wird ein Teilbereich des Systemes charakterisiert und lokalisiert, wenn auch meist nur unter einem Aspekt. Dies bedeutet, das wir uns in einer Teilsystem-Betrachtung befinden können.

Wenn wir diesen Weg der Systemexploration im Rahmen der Strukturanalyse beschreiten, lösen sich Konflikte sehr schnell auf, da die den Wahrnehmungen innewohnenden Invarianten herausgearbeitet werden. Mehr noch. Durch die Reduktion auf die Elementqualitäten klärt sich das Bild. Es wird schärfer.

Bei der Assoziationsanalyse sind zunächst die assoziierten Begriffe selbst zu untersuchen. Damit liefert sie uns unmittelbar zu den wahrgenommenen Elementen Strukturaussagen, d.h. Aussagen zu Gebilde- und Funktionspotentialen sowie zur vermutlichen Lage im System von erstaunlicher Qualität.

Bei der Überstrukturanalyse versuchen wir die Gesamtheit der wahrgenommenen Elemente zu hinterfragen: wozu gehören sie? Die Antwort steht dabei in engem Zusammenhang mit dem Erwartungshorizont. Weiter fragen wir nach den System-Wirkungen, die in Übersystem und Umfeld erwartet oder sichtbar werden. Umgekehrt sind die Einflüsse aus dem Umfeld auf das System zu erfassen. Schließlich haben wir die Wahrnehmungsränder des Systems und des Modellieres im Übersystem zu lokalisieren. Mit diesen Überlegungen haben wir die Überstrukturen des Systems erfaßt, wobei wir auch hier die Systemexploration heranziehen. Mit diesem Schritt erfahren wir einiges über die Aussenbedingungen, die für unser System gelten.

Für die Klassenanalyse betrachten wir den Erwartungshorizont näher. Mit ihm können wir eine Analyse der Qualitäten und Potentiale vornehmen, wie sie der Klasse des den

Wahrnehmungserwartungen zugeordneten Begriffs eigen sind. Das Vorgehen folgt wieder dem Problemlösungszyklus der Systemexploration. Daraus lassen sich die Qualitäten der Art, der das zu modellierende System angehört, und die entsprechenden Strukturaussagen ermitteln.

Für die <u>Hilfsmodellanalyse</u> gehen wir wieder von jenem, dem Erwartungshorizont zugeordneten Begriff aus und suchen uns einen möglichst naheliegenden und gut bekannten Be griff, den wir als Hilfsmodell heranziehen. Abermals gehen wir den Prozess der Systemexploration durch und können so dessen Struktur als Prototyp erfassen.

4. Systemsynthese

Betrachten wir alle erarbeiteten Gebilde- und Funktionspotentiale sowie die Erkenntnisse über die struktographische Systemlage der Elemente, wird es nun ein leichtes, diese im Rahmen einer Systemsynthese so zusammenzuführen, daß die Qualitäten der wahrgenommenen Elemente erhalten bleiben können. Wenn wir gleichzeitig unsere Erkenntnisse aus der Wahrnehmungsfeldanalyse beachten, sind wir in der Lage, in unser Puzzle Ordnung zu bringen. Das System zeichnet sich vom Hintergrund ab.

5. System-Urmodellierung

Der so entstandene "Fleckerlteppich" läßt sich durch die Einführung von Black box-Elementen mit hypothetischen Funktionen Stück um Stück zu einem Urmodell des Systems vervollständigen. Durch einen wiederholten Rückgriff auf die Systemstrukturanalyse kann das Bild des ersten Modells Zug um Zug vervollständigt werden.

6. Schlußbetrachtung

Mit diesen aufgezeigten Schritten haben wir versucht, der spontanen, in der Qualität nicht kontrollierbaren Urmodellierung ein beherrschtes Vorgehen beiseite zu stellen. Dieses Vorgehen hilft folgenschwere Pannen in der Systementwicklung wie im Umgang mit Systemen zu vermeiden, ohne das Funktionieren der Gestaltwahrnehmung als eine der wichtigsten Erkenntnisweisen des Menschen abzublocken. Vielmehr versuchen wir, diese bewußt zu nutzen.

Literatur:
DAENZER, W.F. (ed.): Systems engineering. Industr. Organisation, Zürich 1982
LORENZ, K.: Der Abbau des Menschlichen. Piper, München 1983

SIMULATION PARALLELER UND PARALLELISIERTER PROZESSE

Hans Fuss

GMD-F1, Gesellschaft für Mathematik und Datenverarbeitung Bonn

Zusammenfassung: Informationstheoretische Überlegungen führen zu neuen Ansätzen, Modelle zu bilden. Hierbei wird der räumlichen und/oder kontrollmäßigen Verteiltheit und der postulierten Informations-Erhaltung im System (und Modell) Rechnung getragen. Dies führt zu einer anderen Behandlung von parallelen Prozessen und (hoffentlich!) zu besseren Simulationsergebnissen. Es werden vergleichende Betrachtungen zwischen nebenläufigen Prozessen des täglichen Lebens und formalen Simulationsmodellen gezogen. Die Sprache der P-Ta-Netze (Puffer/Transaktor-Netze) wird als Modellierungssprache vorgetragen.

Einführung

Die Verbesserung seiner Simulations-Werkzeuge und deren Wirksamkeit ist wohl das Anliegen eines jeden Simulations-Anwenders. Bis jedoch die Werkzeuge ihre Wirkungen entfalten, ist ein langer Weg nötig vom realen, zur Untersuchung vorliegenden System **R** über die Bildung des Modellsystems **M** und seiner Durchrechnung (Simulationslauf), bis zu Entscheidungen über das Ein- bzw. Rückwirken des Menschen auf die ursprüngliche Realität R.
Es ist viel theoretischer und programmtechnischer Aufwand im Bereich der tatsächlichen Simulationsdurchführung getrieben worden, und die Erfolge sind beträchtlich: es gibt viele universelle, aber ebenso auch viele zweckgerichtete Simulationssprachen. Fernerhin steht im allgemeinen ein enormer mathematischer Apparat bereit, so z.B. die Theorie der (partiellen) Differentialgleichungen für feed-back-control-Modelle, und die lineare Algebra für Input-Output-Modelle - um nur die wichtigsten zu nennen. Zusätzlich ist eine Erhöhung der Verarbeitungsgeschwindigkeit in jüngerer Zeit durch die Parallelverarbeitung in den Rechner-Programmen erreicht worden.
Dennoch läßt die **Qualität** der Simulations-Ergebnisse gelegentlich zu wünschen übrig; als numerisches Resultat kommt manchmal heraus, was kaum besser als eine lineare Extrapolation oder ein plausibles "über-den-Daumen-Peilen" zu sein scheint. (Es sei hier nur auf die Diskrepanz zwischen makro-ökonomischen Modellen und den nationalen ökonomischen Eckwerten hingewiesen.) Da man am kaum annehmen kann, daß die Numerik in den Simulationsprogrammen unzulänglich gehandhabt wird, oder daß die in den Modellen benutzte Mathematik ungenau ist, muß man wohl nach **neuen** Wegen suchen, will man weitere, und zwar wesentliche Verbesserungen erzielen.
Eine Ansatzmöglichkeit bieten informationstheoretische Überlegungen: Sieht man 'Information' nicht als eine statistische Größe (Shannon), sondern als eine elementare physikalische(?) Größe, die bestimmten (Natur-)Gesetzen folgt, und sucht diese Gesetze zu erforschen - dann könnte man zu neuen und manchmal vielleicht besseren Konzepten für Simulationsmodelle kommen. Eines dieser elementaren Gesetze wäre ein entsprechender Erhaltungs-Satz, so wie es Erhaltungssätze in der Physik zuhauf gibt.
Unsere Arbeitshypothese ist, daß in den meisten zur Verfügung stehenden Simulationssprachen schon im Ansatz unnötig viel Information weggelassen wird.
Folgen wir der konservativen Auffassung, daß Information eine erhaltenswürdige Größe sei, und betrachten die Modell-_Bildung_ unter diesem Gesichtspunkt. Wir wählen dafür ein anschauliches Beispiel aus dem täglichen Leben.
Als ein Modell der infrage kommenden Prozesse nehmen wir die identische, d.h. die alles erhaltende Abbildung: die Realität selbst. Wir werden immer wieder Analogien ziehen zwischen den betrachteten Prozessen und einem formalen Simulationsprogramm.

Parallele Operationen. Ein Beispiel aus der Praxis

Wir betrachten einen Privathaushalt, und darin die Erstellung eines einfachen Mittagessens (Suppe-Hauptgericht-Nachtisch) durch die Hausfrau.
Eine erste Analogie ist die Sequentialisierung der Prozesse: in der Küche geht alles durch die Hände der Hausfrau, im Simulationsprogramm durch die Programmsteuerung des Computers, durch den 'instruction counter'.
Nun ist allerdings, was Zeitersparnis angeht, eine Hausfrau selbständiger und (aus Erfahrung) lernfähiger als ein Computerprogramm: sie wird einige Schritte der Paral-

lelverarbeitung von sich aus einbauen. Sie wird z.B. mit dem letzten Punkt ihrer
Speisekarte, mit dem Kochen des Puddings beginnen, weil dieser lange zum Abkühlen
braucht; diese Zeit wird sie anderweitig nutzen. Für den Abkühlvorgang stellt sie
den Pudding einfach an einen möglichst kühlen Ort und läßt ihn sich von alleine abkühlen – im Jargon der Maschinen ausgedrückt heißt das allerdings, daß sie einen
zweiten Prozessor parallel zu den Tätigkeiten ihrer Hände schaltet und ihm die Kühlung des Puddings überträgt (hier: der frei vorbeistreichenden Luft). Sie wird
weiterhin einige natürlicherweise sich anbietende Parallelisierungen wahrnehmen,
z.B. mehrere Kochplatten gleichzeitig einschalten und in mehreren Töpfen und Pfannen
nebeneinander kochen und braten, dabei die knappe Ressource ihrer Hände möglichst
geschickt verteilend, simulations-technisch ausgedrückt: verschiedene Operatoren
gleichzeitig selbständig und unabhängig voneinander arbeiten lassen.
Damit endet auch schon ihre Parallelverarbeitung. Was sie eigentlich gemacht hat,
war -in der Sprache der Informatiker- ein geschicktes **interleaving** , ein Verflech-
ten von Prozessen oder genauer: von Prozeßanfängen und -Schritten, an denen andere,
unabhängige Prozeß-Teile hingen.

Beschleunigung des Durchsatzes (throughput) durch Parallelisieren
Es gäbe vornehmlich zwei Gründe, die eine Beschleunigung des Gesamt-Prozesses
'Essenszubereitung' nötig werden ließen: a) <u>dasselbe</u> Essen soll <u>in kürzerer Zeit</u>
fertig sein, b) es ist <u>mehr</u> Essen <u>in derselben Zeit</u> anzurichten.
Denken wir im Fall b) an einen erheblich größeren Bedarf (z.B. eine Hotelküche),
dann wissen wir aus der Praxis, wie man diese Aufgabe löst: man teilt die Küche in
verschiedene Abteilungen auf und läßt jede Teil-Küche ihre Teil-Prozesse abwickeln,
die organisatorisch selbständig und zeitlich nebeneinander ablaufen und nur noch zu
koordinieren sind. Die Aufteilung der Aufgaben an verschiedene 'Prozessoren', hier
Hände, wird man so weit treiben, wie der Arbeitsanfall es erfordert.
Im Fall a), wo also ein kleines Menu erheblich schneller fertig werden soll, lehrt
uns unsere Erfahrung, wo die Möglichkeiten und Grenzen sind: Die Hausfrau wird z.T.
auf vorfabrizierte Menu-Teile zugreifen müssen (Fertigsuppe aus der Tüte, Kartoffel-
püree aus der Packung, Instantpudding etc.) und in ihr Menu kombinieren. Doch nie
wird sie darauf verfallen, zum schnelleren Puddingkochen die nötige Milch in 3 oder
20 Töpfchen zu verteilen und diese auf 3 oder 20 Herdplatten parallel zu erhitzen.
In der Informatik, insbesondere bei numerischen Methoden allgemein, aber auch bei
Simulations-Programmen, und vor allem (natürlich!) beim Rechnerbau parallelisiert
man auf diese Art, ohne sich an inhaltliche Zusammenhänge gebunden zu fühlen.
Pipelining, Mehrprozessor-, Vektor- und Feldrechner sind hier die Stichworte. Sie
parallelisieren Numerik- und Prozeßteile des Simulationslaufes; doch diese Parallel-
arbeit der Computer soll uns hier nicht so sehr interessieren als vielmehr eine ganz
andere Art von Parallelität.

Natürliche Parallel-Verarbeitung
Wir wollen hier diejenige Art von parallelen Prozessen betrachten, die schon in der
Realität (d.h. im Urbild eines Simulationsmodells) auf natürliche Weise in Blocks
von nebenläufigen Arbeits-Einheiten strukturiert sind (Beispiel Küche), dazu deren
Abbildung in parallele Simulationsprogramme.
Dabei interessiert uns besonders die Frage, ob der Simulationsmodell-Ersteller über-
haupt eine **formale Sprache** hat, in der er zeitlich oder kausal voneinander **unabhängige Prozesse** als solche auch darstellen kann; des weiteren, ob er so formulierte
Systeme auch simulieren kann (und: wo?), ohne daß die parallele Struktur außerhalb
der Kontrolle des Modellierers synchronisiert oder sequentialisiert wird. Beide Fragen wird man in den meisten Fällen leider nicht positiv beantworten können.
Um derartige Strukturen darstellen zu können, sind neue algebraische, topologische
oder graphische Mittel nötig. Das am weitesten theoretisch untersuchte Darstellungs-
mittel sind die Petri-Netze; je nach Anwendungszweck gibt es dazu inzwischen viele
Weiterentwicklungen. Auch wir werden sie in dem zugrundeliegenden Fall als Vorbild
benutzen, um die Parallelisierung darzustellen.
Zusätzlich zu den strukturellen Beschreibungsmöglichkeiten, die Petri-Netze bieten,
möchte man bei Simulationen häufig auch noch numerische Berechnungen durchführen.
Dafür sind **Puffer-Transaktor-Netze** geeignet. Daneben erlauben, ja verlangen sie eine
strenge begriffliche Trennung von Struktur, Variablen und Parametern.

Puffer-Transaktor-Netze (P/Ta-Netze)

Definition der Struktur
Ein Puffer-Transaktor-Netz (P/Ta-Netz) ist folgendermaßen definiert:
   P/Ta-Netz = { P, K, T; F; C; M; R} ,   mit
P die Menge der Puffer,   darin eine Teilmenge $K \subset P$,
C_n die Kapazität eines Puffers P_n, eine Funktion $P_n \rightarrow N_1$, $N_1 = \{1,2,3...\}$,
M die Markierungen, eine Abbildung von P in N_0, $N_0 = \{0,1,2,3,...\}$,
M_0 eine Anfangs-Markierung, $M_0 \in M$,
T die Menge der Transaktoren (ähnlich Petri's Transitionen),
F die Fluß-Relation $F_1 \subset \{ P \times K \times T \}$, $F_2 \subset \{ T \times K \times P \}$, $F = F_1 \cup F_2$, und
R eine komplexe und Marken-erhaltende Transaktions-Regel;
sie gibt an, **wie** Puffer-Inhalte (s.dort) verändert werden können.
Puffer-Inhalte sollen durch ihre (individuelle, s.o.) Kapazität beschränkt sein.

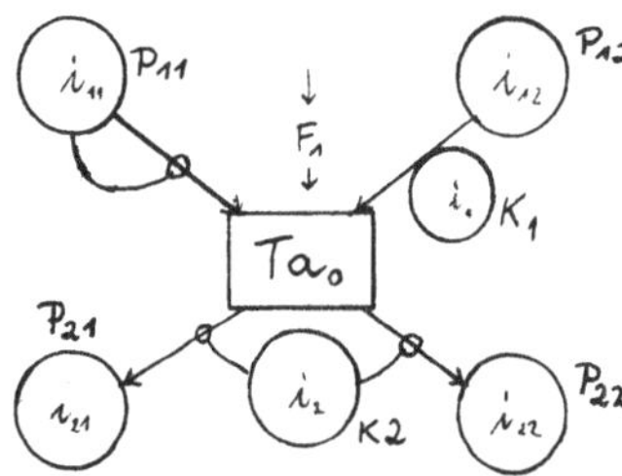

Dargestellt werden Puffer (binäre oder numerische Werte enthaltend) üblicherweise durch Kreise, Transaktoren (Aktivitäten bedeutend) durch Kästchen, die Fluß- bzw. Kausal-Relation durch Pfeile. Ein und derselbe Puffer P_0 kann verschiedenartig wirken, je nachdem, **wo** er in der Flußrelation auftritt: seine Rolle ist die eines **K-Puffers** in der mittleren Position, die eines **P-Puffers** sonst; entsprechend in der graphischen Darstellung als K-Puffer in der Pfeilmitte (evtl. mit Konnektor), als P-Puffer am Ende eines Pfeils.

Semantisch bedeutet das: Puffer als P-Puffer sind die normalen Petri'schen Stellen, als K-Puffer sind sie Anschriften, sie geben die **Fluß-Dichte** an, und zwar in Parameterform. Während bei Petri-Netzen nur Konstanten als Stömungsdichte von Marken möglich waren (denn sie wurden als strukturelle Merkmale in die Statik des Netzes eingetragen), gilt hier, daß der jeweilige Inhalt der K-Puffer die Flußdichte angibt. Da K-Puffer auch als P-Puffer auftreten und somit auch ihre Inhalte verändert werden können, und zwar im Netz durch das Netz selbst, sind die ansonsten in Petri-Netzen konstanten Strömungsdichten hier parametrisiert. Der Puffer selbst ist immer dasselbe Objekt (ob als K oder als P), nur sein pragmatischer Status ändert sich je nach Gebrauchsart.

Die Dynamik in P/Ta-Netzen
Der Markenfluß – also die Numerik des Modells – soll einerseits abhängig sein vom Inhalt der gerade an dieser Veränderung beteiligten K-Puffer zum Zeitpunkt der Transaktion, andererseits soll die Veränderung **markenerhaltend** sein. Neben den (für Petri-Netze) üblichen Bedingungen an die P-Puffer (z.B. kein Überlauf) müssen also auch die mittels der K-Puffer variabel gehaltenen Flußdichten beachtet werden.
Es sei definiert für jeden Puffer P_0 des betrachteten Netzes:
der Inhalt $i(P_0)$, eine Abbildung $i(P_0) \rightarrow N_0$ mit $0 \leq i(P_0) \leq C_0$, und komplementär
der Defekt $\Delta(P_0)$, die Differenz $\Delta(P_0) = C_0 - i(P_0)$;
wir wollen den Index '1' bei Puffern im Zusammenhang mit der Flußrelation F_1 gebrauchen, den Index '2', wenn die Relation F_2 zutrifft.
Die einzige (!) Rechenregel, nach der Pufferinhalte (Variablenwerte darstellend) im Simulationslauf durch einen Transaktor verändert werden, ist die Transaktions-Regel. Sie besagt anschaulich folgendes: wenn in den Input-Puffern P_{1n} eines Transaktors genügend Inhalt, in seinen Output-Puffern P_{2n} genügend Platz vorhanden ist, wenn fernerhin der gesamte Input-Fluß gleichgroß dem Output-Fluß angezeigt ist, dann wird bei der Transaktion soviel aus jedem Inputpuffer P genommen, wie der dazugehörige Steuerpuffer K zu diesem Zeitpunkt durch seinen Inhalt anzeigt, und soviel in jeden Outputpuffer P dazugefüllt, wie dessen Steuerpuffer K angibt. Formal ist:

Die Transaktions-Regel R:
Falls für einen Transaktor Ta_0 gilt
R.1 Σ_n $i(K_{1n}) = \Sigma_n$ $i(K_{2n})$ für alle K_{1n} und K_{2n}, die in F_1 bzw. F_2 **um** Ta_0 sind,
        d.h. für alle K_{1n} und K_{2n} mit $K_{1n} \in p_2(F_1|Ta_0)$ und $K_{2n} \in p_2(F_2|Ta_0)$; und
R.2a $0 < i(K_{1n}) \leq i(P_{1n})$ für jedes Input-Paar $(P,K) \in F_1$ und
R.2b $0 < i(K_{2n}) \leq \Delta(P_{2n})$ für jedes Output-Paar $(K,P) \in F_2$;
dann ist der Transaktor Ta_0 **aktiviert**, d.h. bereit zum Schalten,

und **falls** Ta_0 schaltet, haben wir als Resultat der Transaktion

R 3a $i(P_{1n}) - i(K_{1n}) => i(P_{1n})$ für jedes Input-Paar $(P,K) \in F_1$ und

R 3b $i(P_{2n}) + i(K_{2n}) => i(P_{2n})$ für jedes Output-Paar $(K,P) \in F_2$

Bemerkungen
1) Die auch in der Literatur auftretende Bezeichnung "selbstmodifizierende Netze" halten wir für unglücklich, da sie den Eindruck erwecken könnte, es würde intern die Struktur der Netze verändert, es handelt sich aber nur um die Flußdichten.
2) Die obige Notation "$(P,K) \in F_1$" schreibt sich formal genauer: für alle n mit $(P_{1n}, K_{1n}, Ta_0) \in F_1$, bzw. Λ_n mit $(Ta_0, K_{2n}, P_{2n}) \in F_2$.
3) "falls Ta_0 schaltet" ist tatsächlich so gemeint, es bedeutet strengste Kausalität. In der Literatur gibt es aber auch andere Ansätze, in denen das "falls" durch ein "wenn" oder durch ein bedingungsloses "dann" ersetzt ist.

Anwendung auf das Beispiel
Prognosen, Verhaltens- und Situationsprognosen, zu erstellen, ist der wohl häufigste Anwendungsfall von Simulationsmodellen. Dafür sind Netzmodelle bekanntermaßen auch geeignet. Ihre Anwendbarkeit als Planungsmodell (mit den Möglichkeiten der Vorwärts- und Rückwärts-Simulation) ist inzwischen auch erwiesen. Etwas weniger bekannt, aber nicht minder geeignet, ist ihre Einsatzmöglichkeit als Dokumentations- oder Beschreibungsmodell.
Als solches wird hier ein P/Ta-Netzmodell für das Küchen-Beispiel a) erstellt. (Es gibt Spargel mit Reis und einer hellen Sauce, dazu gekochten Schinken aus dem Kühlschrank.) Der Übersichtlichkeit halber werden allerdings solche K-Puffer fortgelassen, deren Werte offensichtlich sind (z.B. =1, "alle"); eine Umrechnung von K-Puffer-Inhalten kommt auch nicht vor. Dagegen werden Makros benutzt, d.h. je nach Detaillierungsgrad ein Kästchen bzw. Kreis für ein ganzes Teil-Netz.

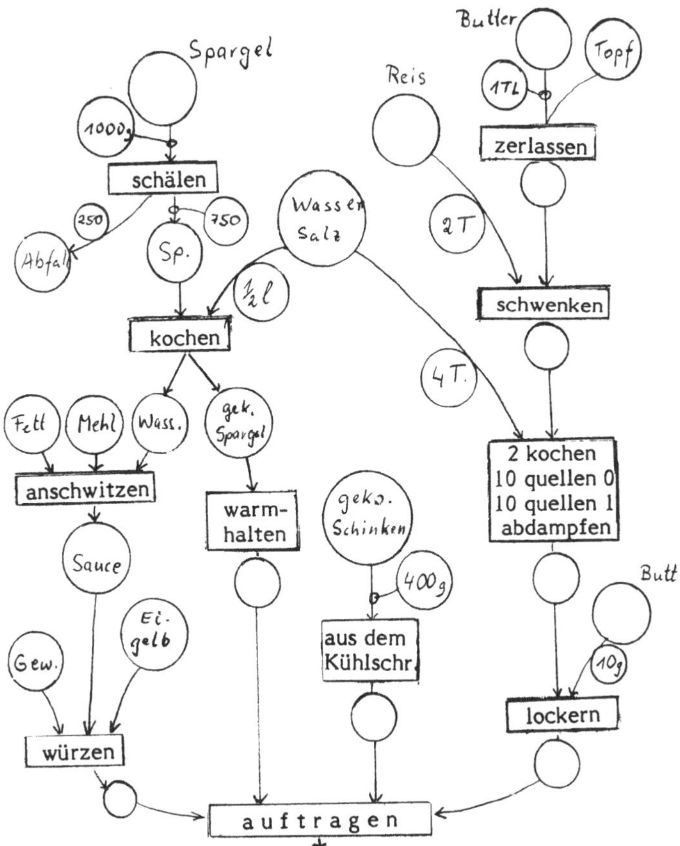

Man kann das Netz als einen Ausschnitt aus einer Arbeits-Anweisung bzw. Rezept ansehen, der anzeigt, wie man bei der Erstellung dieses so beschriebenen Mittagessens vorgehen **soll** (Netz als Planungsmodell); oder aber als eine Darstellung dessen, wie jemand dabei vorgegangen **ist**, also das Netz als Dokumentationsmodell. Beide Modelle sind gleich – bis auf den Pfad, den die Hände der Hausfrau durch die Aktionen gegangen sind. Bei der Dokumentation existiert ein solcher Pfad in jedem Einzelfall, beim Planungsmodell nicht notwendigerweise. Wenn man aber von einem zufälligen Weg als einen nicht zum System gehörigen abstrahiert und ihn deshalb wegläßt, dann sind beide Modelle faktisch und begrifflich gleich.

<u>Schlußbemerkungen</u>
Um noch einmal zu formulieren, was wir hier als Problem erachteten: in der realen
Welt gibt es Systeme, die in Sub-Systeme organisiert sind. In jedem der Teil-Systeme
laufen **Teil-Prozesse** ab, die in ihrer Gesamtheit das Gesamtverhalten des Gesamtsystems bestimmen. Jedes dieser Teilsysteme ist jedoch - und das ist natürlicherweise
so, weil systembedingt - von den anderen Teilsystemen organisatorisch (d.h. u.a.
räumlich, kausal, hierarchisch) **teilweise getrennt,** d.h. also selbständig. Insbesondere sind sie nicht über eine gemeinsame Zeitachse miteinander verbunden - denn auch
'gemeinsame Zeit' würde sich in Koordination, und das hieße Unselbständigkeit,
niederschlagen.
Derartige Systeme mit inhärenter Nebenläufigkeit können durch die gängigen
Simulationssprachen nicht in ein nebenläufiges Simulationsmodell, erst recht nicht
in ein Simulationsprogramm, **unter Erhaltung der parallelen Struktur** übersetzt werden. Bei Verletzung des Informations-Erhaltungsprinzips muß ggf. mit Qualitätseinbu-
ßen am Simulationsresultat gerechnet werden. **Netze,** daneben bestimmte Algebren
(Mazurkievicz, Winkowski) und Interaktionsmodelle (Wedde), bieten einige Lösungsmöglichkeiten. Hier wurden **P-Ta-Netze** auf einen beispielhaften Ausschnitt eines
natürlicherweise nebenläufig organisierten Arbeitsablaufs als Beschreibungsmittel
angewandt. Alle ihre Möglichkeiten, insbesondere die Netz-Numerik, konnten dabei
verständlicherweise nicht voll ausgebreitet werden. Sie sind aber schon anderweitig
dargestellt worden.

<u>Literatur</u>
[Be] E.Best: Non-deterministic Interleaving and the Non-Transitivity of Concurrency
in: NewsL.15, pp.11-15, SIG Petri Nets & Related Syst.Models, GI Bonn, 1983
[Br] W.Brauer (Ed.): Net Theory and Applications. Proc. Advanced Course on General
Net Theory of Processes and Systems. (Hamburg,1979) 537 p. LNCS 84 Springer 1980
[Fu1] H.Fuss: P-T-Netze zur Simulation von asynchronen Flüssen. in:
Goos/Hartmanis (Eds.) GI-4.J-Tagung, pp.326-335. LNCS Vol.26, Springer (1975)
[Fu2] H.Fuss: AFMG - Ein asynchroner Fluss-Modell-Generator. 127 S.
Berichte der GMD No.100. GMD (1975)
[Fu3] H.Fuss: Reversal Simulation with Place-Transactor-Nets in: H.Wedde (Ed.):
Adequate Modeling of Systems. (Proceedings) pp.222-232, Springer (1983)
[Fu4] H.Fuss: Simulation of Distrib.Systems - A Competitive 3-Body Case Study. in:
W.Ameling(Ed.): Proc. 1.Europ.Simul.Congr. Inf.Fa.Ber.71, pp.323-328; Springer 1983
[Fu5] H.Fuss: Petri Net Languages for Automation of Distrib. Systems and Processes.
in: IEEE Comp.Soc.Press(506), pp.159-162. IEEE Silver Spring, USA (1983)
[Je] K.Jensen: High Level Petri Nets. in: A.Pagnoni/G.Rozenberg (Eds.): Applica-
tion and Theory of Petri Nets. Informat.Fach-Ber.66, pp.166-180. Springer (1983)
[K/Fu] W.Krelle/D.Beckerhoff/H.Langer/H.Fuss: Ein Prognosesystem für die wirt-
schaftl. Entwicklung der BRD. 355 S. Verlag A.Hain, Meisenheim (1969)
[No] J.D.Noe: Hierarchical Modelling with Pro-Nets. in: W.H.Tranter (Ed.): Proc.
Nat.Electron.Conf., Vol.32, pp.155-160, Nat.Eng.Consort.Inc. Chicago, 1978
[P1] C.A.Petri: Modelling as a Communication Discipline. in: Beilner/Gelenbe(Eds):
Measuring, Modelling & Evaluating Computer Systems, pp.435-449. N.Holl. 1977
[P2] C.A.Petri: Kommunikationsdisziplinen. in: C.A.Petri (Ed.): Ansätze zur Organi-
sationsTheorie Rechnergestützter Inf.Syst., pp.63-75 Ber.d.GMD 111. Oldenbourg 1979
[P3] C.A.Petri: Über einige Anwendungen der Netztheorie. GI-9.Jahrestagung.
Informatik-Fach-Berichte No.19, pp.81-87 Springer (1979)
[Re] W.Reisig: Petrinetze. Eine Einführung. 158 S., 111 Abb., Springer (1982)
[R/W] B.Rosenstengel/U.Winand: Petri-Netze, eine anwendungsorientierte Einführung.
269 S. Vieweg&Sohn (1982)
[St] P.Starke: Petri Netze. 184 S. VEB Deut.Verlag d.Wissenschaften Berlin 1980
[S/M] I.Suzuki/T.Murata: A Method of Stepwise Refinement and Abstraction of Petri
Nets. J.Comput.& Syst.Sciences Vol.27(1) pp.51-76. Acad.Press 1983
[Va] R.Valk: Self-Modifying Nets, a Natural Extension of Petri Nets. in: Ausiello/
Bohm (Eds.) Automata, Languages & Progr., LNCS Vol.62, pp.464-476. Springer 1978
[Vo] K.Voss: Using Predicate/Transition-Nets to Model and Analyze Distrib. DataB.
Systems. Transact.on Softw. Engin., Vol.Se-6, pp.539-544. IEEE 1980
[Vo] K.Voss: Nets as a consistent formal tool for the stepwise design and verifica-
tion of a distributed system. in: J.Hawgood (Ed.): Evolutionary Information Systems.
pp.173-191; North Holland Publ.Co., (1982)

EREIGNIS-BEHANDLUNG MIT DEM DELFT ALGORITMUS

A. Jávor

Zentralforschungsinstitut für Physik
der Ungarischen Akademie der Wissenschaften
H-1525 Budapest, P.F. 49.
UNGARN

EINLEITUNG

Die Effektivität eines Simulationssystems wird bedeutend beeinflußt vom
Exekutivs, d.h. vom Zeitsteuerungsalgoritmus des Simulationssystems.
Die Vorteile und Nachteile der zwei Grundlösungstypen, die "next event"
und "time mapping" Methoden sind von gegensätzlicher Natur. Bei der "next
event" Methode haben die Zeitschritte den maximalen Wert, aber lange E-
reignisketten müssen untersucht werden. Die "time mapping" Verfahren dagegen vermeiden die Untersuchung von langen Ereignislistenstrukturen,
aber hier vermindern die minimalen Zeitschritte die Effektivität. Da der
Aufwand von Rechnerzeit bei Modellen von hoher Komplexität eine wichtige
Rolle spielt, wurden eine Anzahl von Forschungsarbeiten darauf gerichtet,
die Effektivität zu erhöhen [1][2][3][4][5][6][7]. Unter diesen zeigte
die Arbeit von Ulrich [1], daß die "time mapping" Struktur mit der ex-
klusiven Simulation von Aktivitäten und eine zirkulare Listenstruktur in
viele Fällen vorteilhafter ist.

Die Untersuchungen haben gezeigt, daß eine adaptive Anpassung an die
Zeitverteilung von Ereignissen des Steuerungsalgoritmuses nötig ist [2]
[3][5], um eine effektive Lösung für verschiedene Ereignisverteilungen
zu finden.

Um diese Zielsetzung zu erreichen, wurde der *Delft Algoritmus* [7] entwickelt, der seitdem auf dem Gebiet der Simulation von digitalen logischen Schaltkreisen im System LOBSTER [8] schon in der Praxis weit erprobt wurde und gute Ergebnisse lieferte. Im folgenden wird die Phylo-
sophie und Aufbaustruktur einer weiterentwickelten Form - mit erhöhter
automatischer Adaptivität an die Ereignisverteilung - des Delft Algoritmus erleutert.

DIE VERTEILUNG VON EREIGNISSEN UND IHR EINFLUSS AUF DAS ZEITSTEUERUNGS-
VERFAHREN

Die nähere Betrachtung der Verteilung von Ereignissen in vielen Systemen
verschiedener Art, d.h. Problemgebieten zeigt, daß sie gewisse Verdich-
tungen aufweisen. Die Ursache dessen liegt an der Kausalität der Ereig-
nisse(d.h. sie werden voneinander verursacht). Ausserdem gibt es in den
meisten Systemen Ereignise von herausragender Bedeutung, die eine bedeutend größere Anzahl von anderen Ereignissen verursachen. Solche sind z.B. ein
Uhrtaktsignal eines digitalen elektronischen Systems, eine Umschaltung
auf Grün einer Ampel in einem Verkehrssystem, die Ankunft eines Frachtschiffes im Hafen u.s.w. Diese bedeutungsvollen Ereignisse werden wir
Synchronereignisse nennen und die von ihnen verursachte Verteilung der
Ereignisse folgendermaßen definieren.

*Unter Quasisynchron Diskrete Ereignisverteilung verstehen wir eine Zu-
falsereignisverteilung in der Zeit, in der der zu erwartender Wert p
(Wahrscheinlichkeit, daß ein Ereignis in einem elementaren Zeitintervall
im Zeitraum $(T_i, (T_i+T_p)]$ für $i=1,2$ ... vorkommt) bedeutend höher ist als
in den übrigen Zeiträumen, wo die Zeitpunkte T_i die Synchronzeitpunkte
sind, wann die Synchronereignisse auftreten. Die Zeitinterwalle
$(T_i, (T_i + T_p)]$ bezeichnen wir als "peak intervals". [2]*
Diese a priori Information über die Verteilung der Ereignisse können
wir zur Erhöhung der Effektivität anwenden.

Während des "peak intervals",wo praktisch in fast allen elementaren Zeitintervallen Ereignisse zu finden sind, wäre eine "time mapping" Methode
am günstigsten, da so die Prüfung von langen Ereignisnotizlisten entfällt
und die Zeitschrittgröße sowieso praktisch die minimale ist. Außer des
"peak intervals" aber würde eine Uhrstruktur am besten sein die - wegen
der rar verteilten Ereignisse - mit möglichst großen Schritten das nächste Ereignis findet. Das Verfahren sollte sich auch automatisch der Verteilung adaptieren. Gemäss dieser Forderungen wurde der Delft Algoritmus
entwickelt [7], deren originale Variante die Bestimmung von fixierten geschätzten Werten für die Länge des "peak intervals" vor der Simulation
forderte. Diese wurden nach jedem - angenommenem - Synchronereigniss unbedingt als "peak intervals" behandelt. Hier beschreiben wir eine weiterentwickelte Variante, in der die Adaptivität mehr automatisch vorsich-
geht. Außerdem wurde die Ereignisnotizlistenstruktur auch für verschiedene Ereignistypen und Vorhersagen verallgemeinert.

DIE WEITERENTWICKELTE FORM DES DELFT ALGORITMUS

Die benötigte Datenstruktur (siehe Abb. 1/a) besteht aus m zirkularen

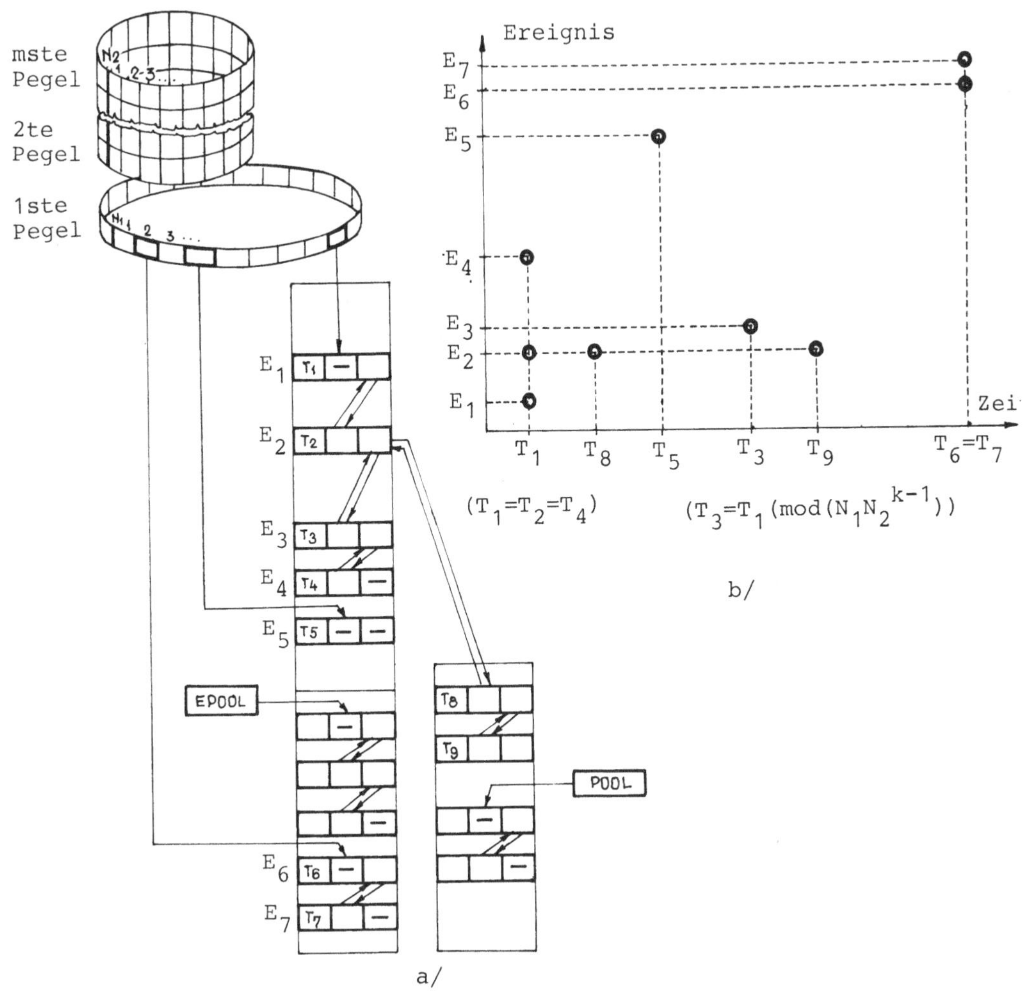

Abbildung 1.

Listen und geketteten Listen von Ereignisnotizen mit den dazugehörigen
vorhergesagten Zeitpunkten (T_i). Das Zeitdiagramm der eingetragenen Ereignisse ist in Abb. 1/b dargestellt. N_1 der "Umfang" der 1sten zirkularen
Liste (d.h. die Anzahl der Zellen) soll möglichst gleich des zu erwartenden maximalen "peak interval" sein, in elementaren Zeitinkremente ausgedrückt, da dies als "time mapping" zirkulare Liste während des "peak intervals" wirkt. Für die übrigen zirkularen Listen, die für die Beschleunigung von Zeitsteuerung - in hierarchisch wachsenden Stufen - außer der
"peak intervals" dienen, ist $N_2{=}10$ empfohlen. Damit wachsen die Stufen
gemäß dezimaler Größenordnungen. Eine Zelle in der 1sten zirkularen Liste
entschpricht einem elementaren Simulationszeitinkrement, während eine; in
eine andere zirkulare Liste dem Zeitraum der ganzen Liste unmittelbar unterhalb.

Die Anzahl der benötigten zirkularen Listen können wir bestimmen, wenn wir den Zeitraum umfassen vom einmaligen "Herumdrehen" der ganzen zirkularen Listenstruktur gleich dem Durchschnittszeitabstand zwischen Synchronereignissen (τ_s) nehmen. Daraus folgt

$$m = \max\left(2,\ \text{entier}\left(1,5 + \log_{N_2} \frac{\tau_s}{N_1}\right)\right) \tag{1}$$

Wenn die Simulationszeit vorangeschreiten ist haben sich die Zeiger um diese "Uhren" "herumgedreht", so daß sie die entsprechende Zeit in modulo N_1 bzw. N_2 zeigen. Die Zellen in den zirkularen Listen von 2 bis m enthalten die Anzahl der Ereignisse, die zu dieser Zeit vorhergesagt sind, während die erste Liste *header pointer* der entsprechenden geketteten Listen enthält. Für Vorhersage (Einsetzung in die Uhrstruktur) und Entnahme der Ereignisnotizen dienen die Routinen TO und FROM:

TO/FROM::=<vergrößere/vermindere den Inhalt von allen zirkularen Listen von 2 bis m mit 1 und setze ein/nimm heraus die Ereignisnotize (mit dem entsprechenden vorhergesagten Zeitpunkt im/von der geketteten Liste, dessen header pointer sich in entsprechenden Zellen der zirkularen Liste 1 befindet. (Die entsprechende Zellen werden vom Simulationszeit im modulo N_1 bzw. N_2 errechnet).>

Als Ergänzung dieses Verfahrens muß die TO Routine untersuchen, ob die einzusetzende Ereignisnotiz nicht schon eingesetzt ist. Wenn ja, dann muß es als Zusatzereignis (d.h. eine Änderung zu einem zweiten Zeitpunkt von denselben Variablen) in eine Zusatzliste eingesetzt werden (Siehe Abb. 1/a). Wenn eine Ereignisnotiz durch FROM entnommen ist, so muß diese Zusatzkette (wenn sie existiert) mit einer Stelle "nach vorne" treten. Die Zellen in der Zusatzliste werden immer von eine Kette der freien Zellen, dessen *header pointer* POOL ist entnommen und zurückgeführt. Für nichtpermanente Ereignisnotizen kann man die Zellen, die am EPOOL angekettet sind benutzen.

Die Steuerung der Simulationszeiten geht auf zwei verschiedenen Wegen vor sich. a) Während "peak intervals", in denen die Häufigkeit der Ereignisse sehr hoch ist, geht das Abtasten in elementaren Zeitinkrementen auf der 1sten zirkulare Liste vor sich. b) Außer den "peak intervals" versucht das System die Zeit bis zum nächsten Ereignis so schnell wie möglich vorzurücken. Zuerst: die Zeit ist vorgeschritten mit Schritten, die den Zellen der "höchsten" zirkularen Liste entsprechen bis zum Ersten, dessen Inhalt nicht gleich zero ist. Dann ist der Fortschritt auf der nächsten unterstehenden Liste fortgesetzt usw. bis der *header pointer* der vorhergesagten Ereigniskette am untersten Pegel gefunden ist.

Die Entscheidung, in welchem Regime die Uhr die nächsten Ereignisse sucht, ist durch den variablen JPEAK bestimmt. In der Originalversion war es von den Synchronereignissen – auf eine bestimmte (geschätzte) Zeit auf 1 gestellt. Die Adaptivität zur realen Verteilung der Ereignisse kann noch folgendermaßen verbessert werden. Beim Einsetzen, d.h. Vorhersage von Ereignissen wenn die Ereignisse auf einen nahen Zeitpunkt vorhergesagt sind, d.h. der Wert (NT) kleiner als "LIMES" ist, dann wird in TO Routine der Wert von JPEAK vergrößert; IF (NT.LT.LIMES) JPEAK=JPEAK+1 und beim Entnehmen (im FROM Routine), vermindert; IF (JPEAK.GT.Ø) JPEAK=JPEAK-1 und JPEAK wird auf grösser oder gleich null auf das Vorhandensein des "peak intervals" getestet. Damit ist erreichbar, daß sich sowohl Auftreten wie auch die effektive Länge von "peak intervals" an die effektive Ereignisverteilung anpaßt und der geschätzte Wert von LIMES nur als Richtwert benutzt wird. Mittels dieses Algoritmus kann man erreichen, daß während "peak intervals" ein "time mapping" Regime und außerdem – wo die Häufigkeit der Ereignisse gering ist – eine, dem "next event" annähernde methode benutzt werden kann und damit eine optimisierte Lösung erhalten wird. Durch die Einsetzung von Ereignisnotizen für Zeit T in die i-ste Zelle von der k^{sten} zirkulare Liste gemäss

$$i = T(\text{mod}(N_1 N_2^{k-1})) \tag{2}$$

entstehen eine Anzahl von Pseudoereignissen, deren Behandlung extra Zeit erfordert. Das kann man mit dem ausreichend grossen Wert von N_1 für die "peak intervals" überwinden, für den Rest der Zeit ist er sowieso klein. Demgegenüber kann man aber praktisch unbegrenzte Zeitperioden in der Zirkularlistenstruktur speichern und der Bedarf für eine "next event" Liste für weit vorhergesagte Ereignisse – mit extra Zeitbedürfnis – verfällt.

LITERATUR

[1] Ulrich, E.G.: Exclusive Simulation of Activity in Digital Networks, Comm. ACM Vol. 12. No. 2. February 1969. 102-110.
[2] Jávor, A.: On the Simulation of Time in the Case of Quasisynchronous Discrete Event Distributions, Report of the Central Research Institute for Physics of the Hungarian Academy of Sciences, Budapest KFKI-74-9 February 1974.
[3] Jávor, A., Benkő, M.Mrs.: On the Problems of Timing and Hazards in the Simulation of Digital Networks, 1974 European Conf. Circuit Theory and Design 23-26 July, London Conf. Publ. No. 116. 257-262.
[4] Vaucher, J.G., Duval, P.: A Comparison of Simulation Event List Algorithms, Comm. ACM Vol. 18. No. 4. April 1975. 223-230.
[5] Wyman, F.P.: Improved Event-Scanning Mechanisms for Discrete Event Simulation, Comm. ACM Vol. 18. No. 6. June 1975. 350-353.
[6] Franta, W.R., Maly, K.: An Event Scanning Algorithm of Nearly Constant Complexity, in Dekker, L. (ed.) Simulation of Systems, North-Holland Publishing Company, 1976. 439-444.
[7] Jávor, A.: An Adaptive Time Advancement Algorithm for Discrete Simulation, Information Processing Letters 6(3) (1977) 83-86.
[8] Jávor A., Benkő T.né: Diszkrét rendszerek szimulációja, Müszaki Könyvkiadó, Budapest 1979.

DIE BEHANDLUNG VON TOTZEITVARIABLEN

IM SIMULATIONSPAKET GPSS-FORTRAN Version 3

P. Eschenbacher
Institut für Mathematische Maschinen
und Datenverarbeitung IV
Universität Erlangen

Zusammenfassung:

Im Simulationspaket GPSS-FORTRAN Version 3 sind Totzeitvariable implementiert, um
dem Anwender zeitkontinuierlicher Simulation die Modellierung zeitverzögerter Vorgänge zu erleichtern. Dieser Aufsatz ist als eine Einführung in die Verwendung von
Totzeitvariablen gedacht. Da die Implementierung von Totzeitvariablen nicht ganz unproblematisch ist, erscheint es angebracht, dem Benutzer auch einen kurzen Einblick
in die angewandte Verfahrensweise zu geben.

1. Einführung in die Verwendung von Totzeitvariablen

1.1 Was sind Totzeitvariable?

Eine Totzeitvariable $x(t)$, in GPSS-FORTRAN Version 3 Delay-Variable genannt, ist
eine zeitkontinuierliche Systemvariable, deren Zeitverlauf nicht nur zur aktuellen
Zeit T interessiert, sondern ebenso im zurückliegenden Zeitintervall $[T-\tau_{max}, T]$
bekannt sein soll. Mit τ_{max} wird die größtmögliche Totzeit bezeichnet, zu der
$x(t-\tau)$ noch verfügbar sein soll.

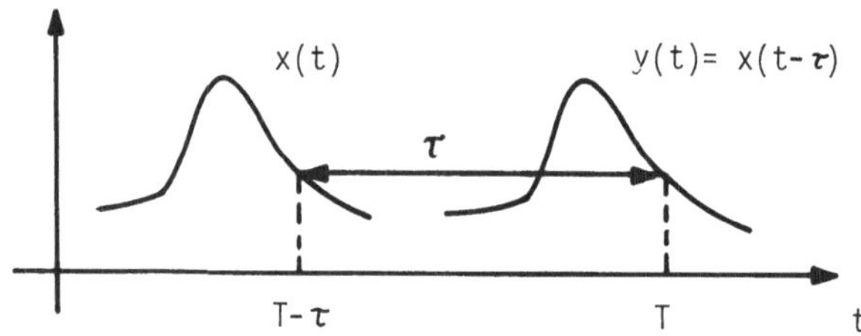

Abb. 1: Veranschaulichung einer Totzeitvariablen

1.2 Anwendungsbeispiele für Totzeitvariable

Totzeitvariable finden Verwendung bei der Beschreibung von Transportvorgängen und
zeitverzögert einsetzenden Wirkungen. Dabei kann es sich beispielsweise um den
Transport über Förderbänder oder Rohre oder um die Ausbreitung von Wellen handeln.
Aber auch um die Entwicklung der Bevölkerungsstruktur, nach Alter gegliedert, zu
modellieren, sind Totzeitvariable ein vorzügliches Hilfsmittel.

1.3 Handhabung durch den Benutzer

Die Deklaration einer Systemvariablen zu einer Delay-Variablen erfolgt über einen zusätzlichen Eingabedatensatz. Dieser hat die Form:

DELA ; < set-nr.>; < variablen-nr. > ; < τ_{max} >

Es ist also lediglich die Systemvariable zu bezeichnen und eine maximale Totzeit anzugeben.

Mit dem Unterprogrammaufruf

CALL DELAY (< set-nr.> , < variablen-nr. > , < τ >, DVALUE, *9999)

kann dann an jeder Stelle im Benutzerprogramm auf beliebige vergangene Zeitpunkte $T-\tau$ der deklarierten Totzeitvariablen zurückgegriffen werden. (Rückgabe in DVALUE). Die Totzeit T kann auch zeitlich variabel sein. Weitere Hinweise finden sich in /1/, Seite 71-79.

1.4 Einpassung in das GPSS-F III Konzept

Das Simulationspaket GPSS-FORTRAN III kennt für die zeitkontinuierliche Simulation bzw. kombinierte   Simulation neben dem Konstrukt der Totzeitvariablen

- die Behandlung zeitdiskreter Ereignisse, insbesondere Sprünge von Systemvariablen
- die unabhängige Behandlung mehrerer Differentialgleichungssysteme (Set-Konzept)
- die Erkennung von Crossings

Um eine uneingeschränkte Verwendung der Totzeitvariablen in Kombination mit diesen anderen Konstrukten zu gewährleisten, waren umfangreiche Überlegungen bei der Implementierung nötig. Der zweite Abschnitt stellt einen kurzen Abriß der auftretenden Problematik dar und geht dabei auch auf solche Fälle ein, die ein Eingreifen des Benutzers erforderlich machen.

2. Probleme der Implementierung von Totzeitvariablen

2.1 Formulierung der Aufgabenstellung

Die Simulation zeitkontinuierlicher Systemvariablen auf einem Digitalrechner bringt es mit sich, daß die Werte dieser Systemvariablen nur zu diskreten Zeitpunkten verfügbar sind. Numerische Integrationsverfahren überführen eine Systemvariable $x(t_1)$ nach $x(t_2)$, ohne daß dabei die Zeitfunktion $x(t)$ im dazwischenliegenden Intervall $]t_1, t_2[$ bekannt wäre.

Auf die Kenntnis der dazwischenliegenden Zustände kann man auch verzichten, wenn man das Ende eines Integrationsschrittes so festlegt, daß es mit dem nächsten anstehenden zeitdiskreten Ereignis zusammenfällt.

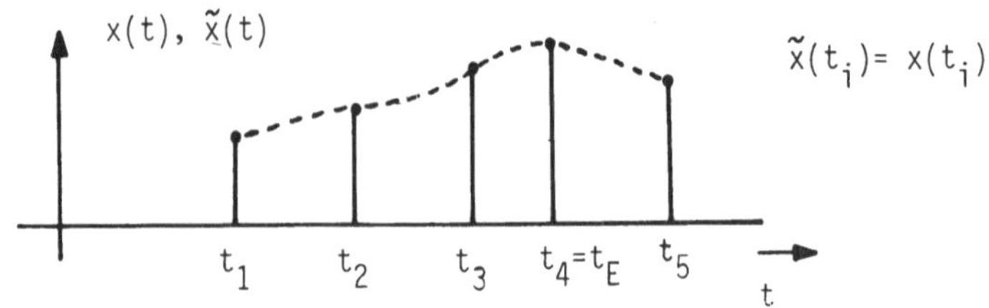

<u>Abb. 2:</u> Verlauf der kontinuierlichen und
diskreten Funktion

Die Abb. 2 zeigt beispielhaft den Verlauf der kontinuierlichen Funktion $x(t)$ und den
Verlauf der diskreten Funktion $\tilde{x}(t)$, die nur zu den Zeitpunkten t_i definiert ist.
Von der konstanten Integrationsschrittweite wurde zum Zeitpunkt t_4 abgewichen, weil
ein Ereignis zur Bearbeitung anstand, das möglicherweise auf $x(t_4)$ zugreift.

In Fällen, in denen zum Startzeitpunkt der Integration noch nicht bekannt ist, daß
ein zeitdiskretes Ereignis in das Integrationsintervall fällt (Crossing), kann durch
(mehrmalige) Wiederholung dieses Schrittes dennoch erreicht werden, daß das Integra-
tionsende mit dem Ereignis zusammenfällt.

Bei der Verwendung von Totzeitvariablen kann man prinzipiell nicht davon ausgehen,
daß zum Zeitpunkt $t_i-\tau$ ein berechneter Funktionswert $\tilde{x}(t_i-\tau)$ vorliegt. Vielmehr
wird in aller Regel der Zeitpunkt $t_i-\tau$ zwischen zwei diskreten Funktionswerten liegen.
Diesen Sachverahlt veranschaulicht das folgende Bild.

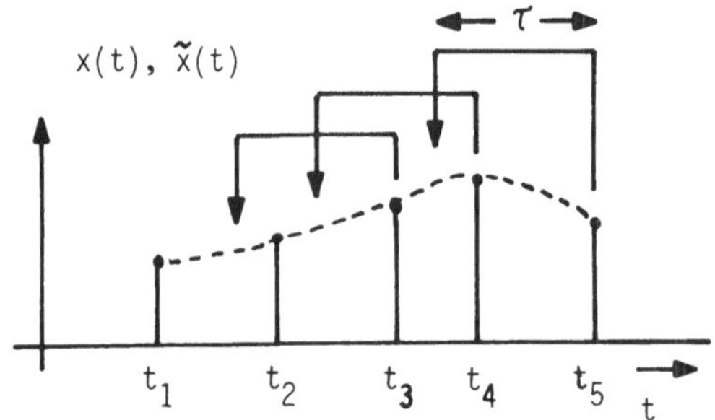

<u>Abb. 3:</u> Zeitlicher Rückgriff auf $t_i-\tau$

Der zeitliche Rückgriff macht es also erforderlich, Schätzwerte $\hat{x}(t_i-\tau)$ für die
Funktion $x(t)$ aus den bekannten Stützstellen $\tilde{x}(t_i)$ zu gewinnen.
Die Implementierung von Totzeitvariablen umfaßt demnach zwei Funktionen:

1) Mit der Kenntnis der diskreten Stützwerte $\tilde{x}(t_i)$ ist ein Datenbereich $\underline{Z}$ anzulegen,
   der die Funktion $x(t)$ in geeigneter Weise im Intervall $\left[T-\tau_{max}, T\right]$ repräsentiert.
2) Aus dem Datenbereich $\underline{Z}$ wird auf Anfrage ein Schätzwert $\hat{x}(t-\tau)$ konstruiert, der

möglichst nahe am eigentlichen Funktionswert $x(t-\tau)$ liegt.

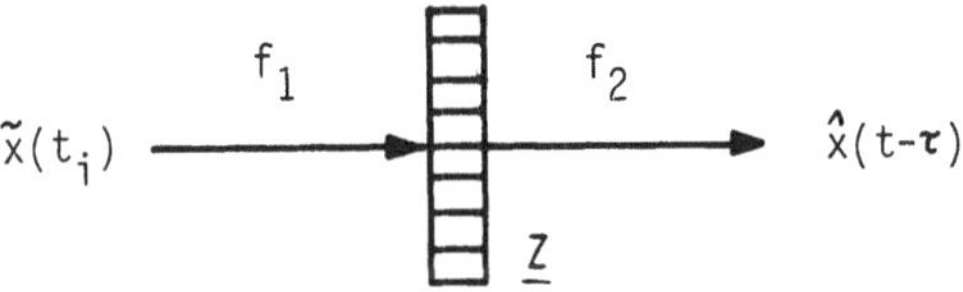

Abb. 4: Einlesen und Auslesen aus dem Datenbereich $\underline{Z}$

Im Simulator GPSS-FORTRAN Version 3 besteht der Datenbereich $\underline{Z}$ aus einer Funktionstabelle, die ausgewählte Stützwerte $\tilde{x}$ und die dazugehörige Zeit t_i enthält. Diese einfache Form der Repräsentation wurde gewählt, um auch sprunghafte Veränderungen von Systemvariablen berücksichtigen zu können.

2.2 Berücksichtigung von Sprungstellen

Die Zulassung von sprunghaften Veränderungen von Systemvariablen bedeutet, daß in der Funktionstabelle zwei Funktionswerte $\tilde{x}_1(t_i)$ und $\tilde{x}_2(t_i)$ für den gleichen Zeitpunkt repräsentiert sein müssen.

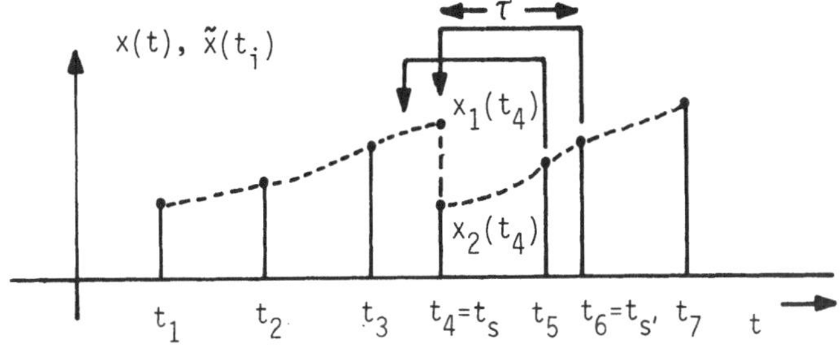

Abb. 5: Berücksichtigung von Sprungstellen

Bei der Berechnung des Schätzwertes $\hat{x}(t-\tau)$ ist zu beachten, daß für Zeiten $t-\tau < t_s$ der Funktionswert $x_1(t_E)$ heranzuziehen ist, für Zeiten $t-\tau \geq t_s$ ist der Funktionswert $x_2(t_E)$ maßgebend.

Als zweiten Punkt gibt es zu bedenken, daß eine Integration, die die Totzeitvariable $y(t)=x(t-\tau)$ verwendet, nicht über sprungförmige Veränderungen von $y(t)$ hinwegintegrieren darf, die immer dann auftreten, wenn $t-\tau = t_s$ ist. Eine sprungförmige Veränderung einer Totzeitvariablen verursacht also einen weiteren Sprung zur Zeit $t_{s'} = t_s + \tau$.
Der Benutzer, der Totzeitvariablen in GPSS-FORTRAN Version 3 einsetzt, merkt von der oben beschriebenen Schwierigkeit nichts. Der Simulator übernimmt selbständig die Steuerung der Integration bei Sprungstellen.

2.3 Überlauf der Funktionstabelle: zeitlicher Mindestabstand und Komprimierung

Um die Stützwerte $\tilde{x}(t_i)$ der Funktion $x(t)$ in einer Funktionstabelle für das Zeit-intervall $[T-\tau_{max}, T]$ abzulegen, steht nur eine begrenzte Anzahl von Speicher-plätzen zur Verfügung. Es kann daher zu einem Überlauf der Funktionstabelle kommen. Diesem wird auf zwei Arten begegnet:

1) Es werden nur solche Stützwerte $\tilde{x}(t_i)$ in die Funktionstabelle aufgenommen, de-ren zeitlicher Abstand $\Delta t = t_i - t_j$ größer ist als $\Delta t_{min} = \tau_{max}/N$. Dabei ist N die Zahl der zur Verfügung stehenden Speicherplätze und t_j die Zeit des letzten Eintrags. Der Benutzer muß selbst entscheiden, ob ihm durch den zeitlichen Mindestabstand Δt_{min} zu viele Stützwerte verloren gehen. Ist das der Fall, muß er die Zahl der Speicherplätze N neu festlegen. Besitzt die Totzeitvari-able $\tilde{x}(t_i)$ keine Sprungstellen, dann vermeidet diese Vorgehensweise in den allermeisten Fällen einen Überlauf der Funktionstabelle.

2) Sprungstellen werden in jedem Fall in die Funktionstabelle übernommen. Dadurch kann dann tatsächlich der Fall eintreten, daß kein neuer Funktionswert in der Tabelle aufgenommen werden kann. In diesem Fall wird vom Simulator GPSS-FORTRAN Version 3 selbständig eine Komprimierung der Tabelle durchgeführt. Dabei wird so vorgegangen, daß je zwei benachbarte Funktionswerte zu einem Mittelwert zu-sammengefaßt werden. Die Sprungstellen bleiben dabei erhalten, der Kurvenver-lauf zwischen den Sprungstellen wird dadurch leicht geglättet. Durch Einschal-ten einer Option werden alle Komprimierungen protokolliert.

Enthält die Funktionstabelle nur noch Sprungstellen und kann deshalb keine weitere Komprimierung durchgeführt werden, um neue Stützwerte aufzunehmen, wird der Simula-tionslauf mit einer Fehlermeldung abgebrochen. Ein solcher Fall kann beispielsweise eintreten, wenn $x(t)$ eine Rechtecksfunktion ist.

2.4 Konstruktion von Zwischenwerten durch Interpolationsverfahren

Unser Ziel ist es, aus den abgespeicherten Stützstellen $\tilde{x}(t_i)$ der Funktion $x(t)$ eine Schätzfunktion $\hat{x}(t)$ derart zu gewinnen, daß $\hat{x}(t)$ von $x(t)$ genügend wenig ab-weicht. Dabei gilt es, den Aufwand der Interpolation gegenüber den praktischen Er-fordernissen abzuwägen.

Die einfachste Art der Schätzung ist die lineare Interpolation. Ihre Anwendung be-deutet, daß die Stützstellen $\tilde{x}(t_i)$ durch Geradenstücke verbunden werden. Die Funk-tion $x(t)$ wird damit durch einen Polygonzug ersetzt.

Dieses Verfahren erwies sich jedoch als unzureichend. Eine Integration, die von t_A nach t_E geführt wird und die Totzeitvariable $x(t-\tau)$ verwendet, benötigt mehre-re Schätzwerte $\hat{x}(t-\tau)$ über dem Intervall $[t_A-\tau, t_E-\tau]$. Liegen in diesem Intervall Knickstellen der Schätzfunktion $\hat{x}(t)$, wird der lokale Fehler des Integrationsver-fahrens sehr groß, so daß nur mit stark reduzierter Schrittweite integriert werden kann.

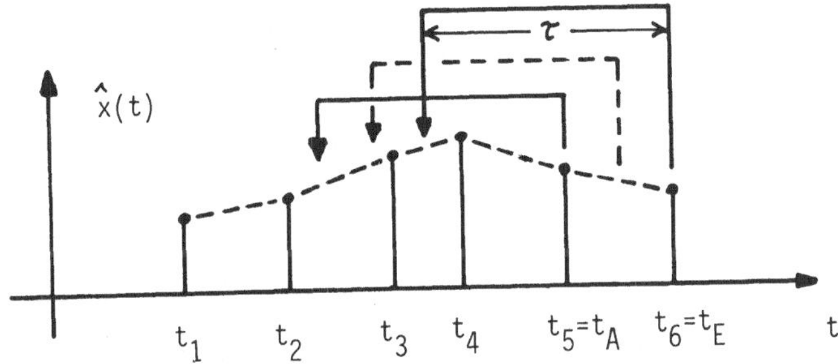

Abb. 6: Verbindung der Stützwerte durch einen Polygonzug

Einige Versuche zeigten, daß sich das Integrationsverhalten durch quadratische oder kubische Interpolation deutlich verbessern läßt. Da die kubische Interpolation keine deutlich besseren Ergebnisse erzielt, verwenden wir die quadratische Interpolation über drei Stützstellen, wobei wir die vom zu interpolierenden Intervall aus weiter in der Zukunft liegende Stützstelle als dritte Stützstelle hernehmen, in unserem Beispiel also die Zeitpunkte t_2, t_3, t_4. Ist das nicht möglich, weil t_3 und t_4 zeitlich zusammenfallen, wird der vorangegangene Zeitpunkt t_1 herangezogen. Ist auch dies nicht möglich, wird linear interpoliert.

Die quadratische Interpolation bringt das Problem mit sich, daß an Knickstellen von x(t) relativ große Fehler entstehen. GPSS-FORTRAN III vermeidet dies dadurch, indem es dafür sorgt, daß die Integration an Knickstellen ebenso aussetzt wie an Sprungstellen.

Literatur:

[1] B. Schmidt: Der Simulator GPSS-FORTRAN Version 3
     Fachberichte Simulation, Springer-Verlag, 1984

ANALOGE, DIGITALE UND HYBRIDE SIMULATION IN DER INGENIEURAUSBILDUNG IM FACHGEBIET REGELUNGSTECHNIK

H. Sliwa

HTBLVA Innsbruck, Austria

ZUSAMMENFASSUNG
Dieser Beitrag zeigt Möglichkeiten des Einsatzes der Simulationstechnik in der Ausbildung von HTL-Technikern. Die analoge Simulation verwendet OPV-Module zur Nachbildung von Strecke und Regler. Die digitale Simulation beruht auf der Codierung der Zustandsdifferentialgleichungen in einer höheren Programmiersprache. Die hybride Simulation verwendet den Mikrocomputer als Regler.

1. Einleitung

Die im folgenden dargestellten Simulationsaufgaben sind Bestandteil der Ausbildung im Fachgebiet Steuerungs- und Regelungstechnik an der Höheren Abteilung für Elektrotechnik an der HTBLVA in Innsbruck.

2. Analoge Simulation

Die analoge Simulation erfolgt durch Nachbildung eines stetigen, kontinuierlichen Systems mittels OPV-Module. In der Regelungstechnik sind Strukturglieder mit P-, I-, PI-, PID-, PD-, PT- und Totzeitverhalten nachzubilden. Dazu kommen noch die nichtlinearen Glieder Multiplizierer und Funktionsgeber. Die Realisierung linearer Glieder erfolgt mittels zweier Module, deren Übertragungsverhalten wahlweise eingestellt wird. Als Multiplizierer und als Totzeitglied werden IC's verwendet, wie sie von verschiedenen Halbleiterfirmen angeboten werden. Da die Fertigung der Module in der Elektrowerkstätte erfolgt, sind die Herstellungskosten niedrig. Das vorgegebene Strukturbild dient als Grundlage für den Aufbau der Simulationsschaltung. Da jedem Strukturglied des Strukturbildes ein Simulationsmodul entspricht, ist der Schaltungsaufwand geringer als beim Analogrechner.
Eine zweite Möglichkeit einer analogen Simulation ist die analoge Streckennachbildung. Die physikalischen Größen und die beschreibenden Zustandsgleichungen des Modells und des Orginals müssen übereinstimmen. Die analoge Simulation ist Bestandteil der Ausbildung aus "Elektrotechnischem Laboratorium" und wird auch im Rahmen der Projektarbeit geprüft. Mögliche Lernziele sind: Schaltungsaufbau, Durchführung von Messungen, Optimierung des Regelkreisverhaltens durch Variation der Reglerparameter.

3. Digitale Simulation

Die digitale Simulation erfordert die Aufstellung der Zustandsdifferentialgleichungen und deren numerische Lösung nach dem Verfahren von Runge-Kutta. Zur Lösung dieses linearen Differentialgleichungssystems
dient ein entwickeltes Programm, das grundsätzlich auf allen Personal-
computern lauffähig ist, die einen BASIC-Interpreter oder -Compiler besitzen. Der Programmtest erfolgt mit dem Mikrocomputer AIM65 von Rock-
well und dem M20 von Olivetti. Die Erstellung der Simulationsprogramme
bleibt besonders begabten Schülern vorbehalten.
Für alle anderen Schüler gelten folgende Lernziele: Implementieren der
Simulationsprogramme, Optimierung des Regelkreisverhaltens durch Variation der Reglerparameter.

4. Hybride Simulation

Die hybride Simulation basiert.auf einer analogen Streckennachbildung
mittels OPV-Module oder Modell. Als digitale Regler dienen die Mikrocomputer KIM und der AIM65. Die binäre Diskretisierung der analogen
Regelkreisgrößen, der Zustandsgrößen und der Ausgangsgrößen erfolgt
mittels A/D-Wandler, V/F-Konverter und monostabiler Kippstufe. D/A-
Wandler, Zwei- und Dreipunktregler dienen zur Stellgrößenkonvertierung.
Regleralgorithmen werden auf der Basis ihrer Differenzengleichungen in
Assembler codiert. Der Einsatz eines BASIC-Interpreters erscheint nicht
besonders sinnvoll, da die Programmausführungszeit zu groß wird. BASIC
käme nur bei Regelstrecken mit großen Zeitkonstanten oder bei Verwen-
dung eines Compilers zur Übersetzung des BASIC-Quellprogramms in den
Objektcode in Frage.
Lernziele sind: Ableitung der Differenzengleichungen für PID-Regleral-
gorithmen, Codierung in BASIC, Assembler, FORTH, Schaltungsaufbau,
Durchführung von Messungen, Optimierung des Regelkreisverhaltens durch
Variation der Reglerparameter.

5. Realisierte Projekte

Die Simulation der Drehzahlregelung eines Gleichstromnebenschlußmotors
mit unterlagerter Stromregelung (Bilder 1, 2) erfolgt nach allen drei
Simulationsprinzipien. Zur analogen Simulation wird der Gleichstrom-
nebenschlußmotor mittels OPV-Schaltungen (Bild 3) nachgebildet. Die
Motorstrukturschaltung besteht aus einem PT1- und einem I-Glied. Dazu
kommt noch jeweils ein PI-Glied als Strom- und Drehzahlregler. Die
theoretische Reglereinstellung erfolgt nach dem Betrags- und dem symmetrischen Optimum. Die experimentelle Reglereinstellung wird nach den

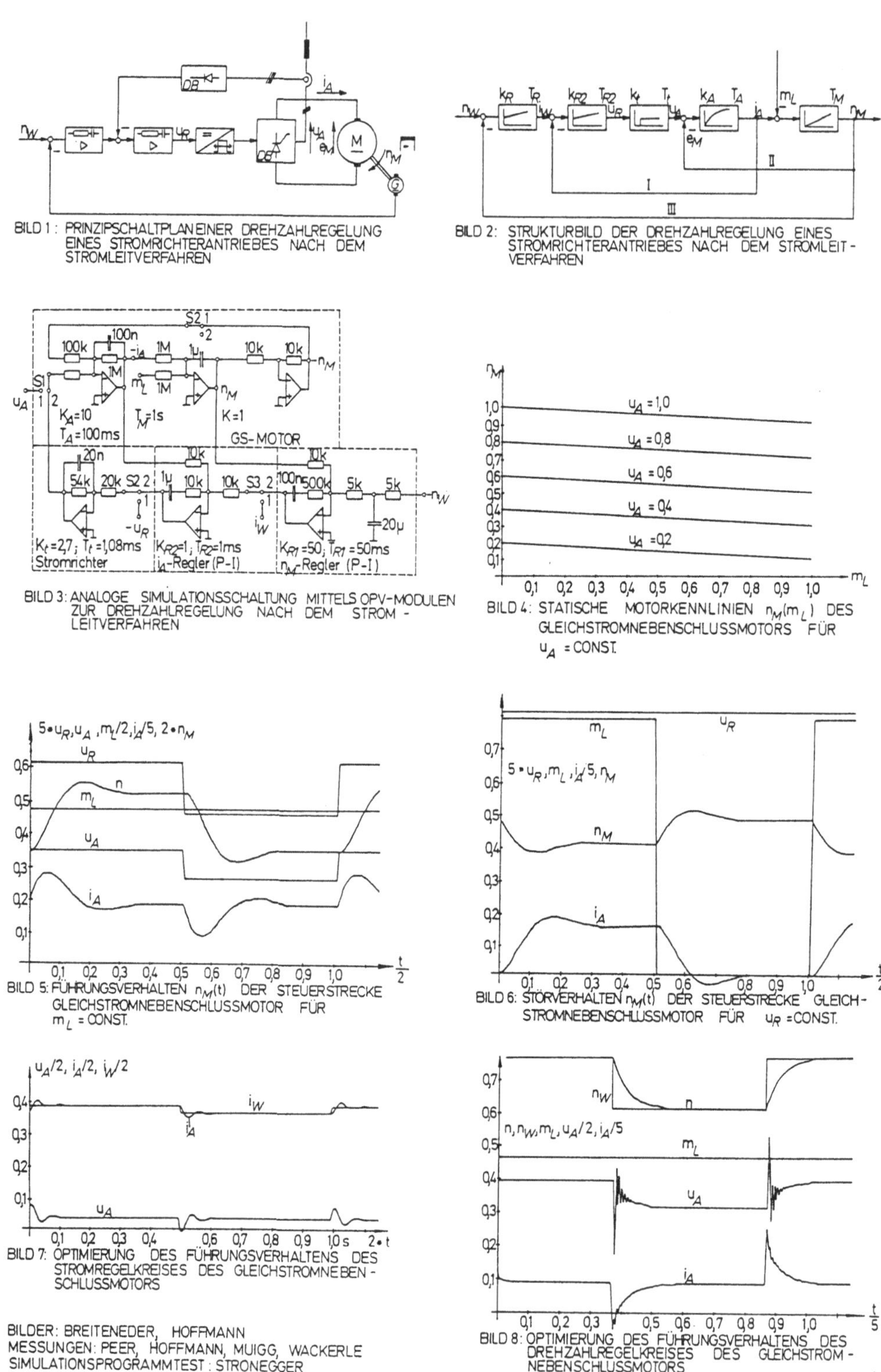
BILD 1 : PRINZIPSCHALTPLAN EINER DREHZAHLREGELUNG
EINES STROMRICHTERANTRIEBES NACH DEM
STROMLEITVERFAHREN

BILD 2: STRUKTURBILD DER DREHZAHLREGELUNG EINES
STROMRICHTERANTRIEBES NACH DEM STROMLEIT-
VERFAHREN

BILD 3: ANALOGE SIMULATIONSSCHALTUNG MITTELS OPV-MODULEN
ZUR DREHZAHLREGELUNG NACH DEM STROM -
LEITVERFAHREN

BILD 4: STATISCHE MOTORKENNLINIEN nM(mL) DES
GLEICHSTROMNEBENSCHLUSSMOTORS FÜR
uA = CONST.

BILD 5: FÜHRUNGSVERHALTEN nM(t) DER STEUERSTRECKE
GLEICHSTROMNEBENSCHLUSSMOTOR FÜR
mL = CONST.

BILD 6: STÖRVERHALTEN nM(t) DER STEUERSTRECKE GLEICH-
STROMNEBENSCHLUSSMOTOR FÜR uR = CONST.

BILD 7: OPTIMIERUNG DES FÜHRUNGSVERHALTENS DES
STROMREGELKREISES DES GLEICHSTROMNEBEN -
SCHLUSSMOTORS

BILD 8: OPTIMIERUNG DES FÜHRUNGSVERHALTENS DES
DREHZAHLREGELKREISES DES GLEICHSTROM -
NEBENSCHLUSSMOTORS

BILDER: BREITENEDER, HOFFMANN
MESSUNGEN: PEER, HOFFMANN, MUIGG, WACKERLE
SIMULATIONSPROGRAMMTEST : STRONEGGER

Einstellregeln von Ziegler vorgenommen.

Mögliche Lernziele sind: Aufnahme der
Motorkennlinien (Bild 4), Aufnahme
des Führungs- und des Störverhaltens
(Bilder 5, 6) der Steuerstrecke, Aufnahme des Führungsverhaltens (Bild 7)
der unterlagerten Stromregelung, Aufnahme des Führungs- und des Störverhaltens der Drehzahlregelung (Bilder

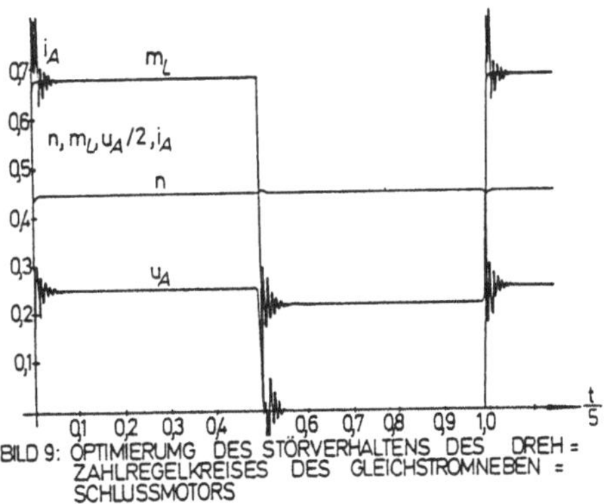

BILD 9: OPTIMIERUMG DES STÖRVERHALTENS DES DREH =
ZAHLREGELKREISES DES GLEICHSTROMNEBEN =
SCHLUSSMOTORS

8, 9), Schaltungsaufbau, Durchführung von Messungen, Entwicklung der
Systemgleichungen, Optimierung der Reglerparameter.
Die digitale Simulation verlangt zunächst eine Aufstellung der Zustandsdifferentialgleichungen des Regelkreises. Es wird darauf verzichtet,
das Gleichungssystem in eine kanonische Form überzuführen. Die Lösung
des Zustandsdifferentialgleichungssystems erfolgt nicht durch Berechnung der Transitionsmatrix sondern nach dem numerischen Algorithmus
von Runge-Kutta. Die Zustands- und die Ausgangsgrößen werden nach jeweils äquidistanten Zeitintervallen ausgedruckt. Im Rahmen einer frei-
willigen Studienarbeit wurde das Programmsystem für eine Bildschirmaus-
gabe erweitert. Somit besteht die Möglichkeit, sowohl das Strukturbild
als auch die zeitlichen Signalverläufe des Regelkreises am Bildschirm
darzustellen. Belastungsmoment und Drehzahlsollwert können zu jedem
Zeitpunkt sprungartig geändert werden. Dadurch ist es möglich, sowohl
das Stör- als auch das Führungsverhalten (Bild 10) zu simulieren. Des
weiteren können die Reglerparameter während der Simulation geändert
werden.
Lernziele sind: Implementieren des Simulationsprogrammes, Optimierung
der Reglerparameter.
Die hybride Simulation verwendet eine analoge Streckennachbildung bestehend aus Gleichstrommotor und gekoppelten Tachogenerator. Der Strom-
regler wird mittels OPV-Modul und der Drehzahlregler mittels Mikrocomputer realisiert.
Eine weitere hybride Simulation ist die <u>experimentelle Stabilitätsun-
tersuchung</u> von <u>hybriden Regelkreisen</u>. Hierbei wird die Regelstrecke
mittels OPV-Module nachgebildet. Als Regler wird der Mikrocomputer eingesetzt.
Mögliche Lernziele sind: Experimentelle Ermittlung der Stabilitätsgren-
zen und rechnerische Überprüfung. Die Stellgrößenkonvertierung erfolgt

sowohl analog als auch pulsbreitenmoduliert.

Zu den untersuchten <u>hybriden Regelkreisen</u> mit analoger Streckennachbildung gehören folgende Regelstrecken: Temperatur, Beleuchtungsstärke, Lage.

In einer ersten Untersuchung zur Simulation von <u>Zustandsregelungen</u> und <u>Beobachtern</u> wird eine Eingrößenregelung mit Zustandsregler analog simuliert. Durch Veränderung der Parameter des Zustandsreglers können die Koeffizienten der Differentialgleichung unabhängig voneinander eingestellt werden. Somit ist eine entkoppelte Einstellung aller Pole möglich, die den Verlauf der Übergangsfunktion bestimmen.

Auf den Einsatz von Simulationssprachen wird aus den verschiedensten Gründen auch in Zukunft verzichtet werden müssen.

Zusammenfassend können folgende Hauptlernziele formuliert werden:

- Aufstellen der Simulationsgleichungen
- Realisierung analoger Simulationsschaltungen
- Realisierung hybrider Simulationsschaltungen
- Implementieren digitaler Simulationsprogramme
- Optimierung von Simulationsschaltungen

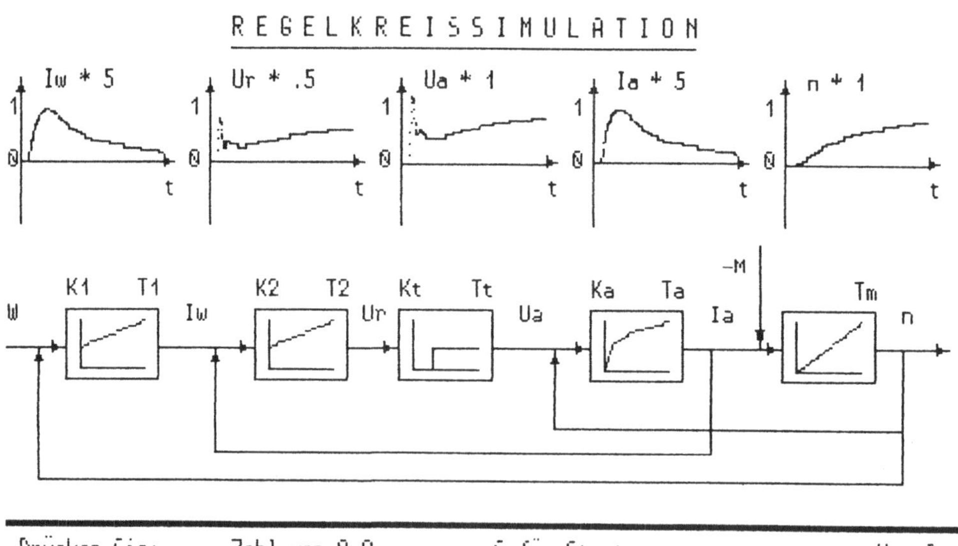

Bild 10: Digitale Simulation einer Drehzahlregelung eines Stromrichterantriebes nach dem Stromleitverfahren

Mathematical and Mechanical Circulatory Simulators Applied to Heart Replacement Systems

Dietmar P. F. Möller, Universität Mainz
Kiichi Tsuchiya, Waseda Universität, Tokyo

Zusammenfassung. Mathematische und mechanische Kreislaufsimulatoren werden zur Untersuchung der Beeinflussung der relevanten hämodynamischen Größen durch Herzersatzsysteme mit dem Ziel eingesetzt, optimale Ersatzsysteme in toto bzw. Elemente des Ersatzsystems wie z.B. Herzklappen zu entwickeln. Es werden beide Methoden dargestellt und ihr zweckmäßiger Einsatz diskutiert.

Summary. Mathematical and mechanical circulation mock-up sets have been developed to study the influence of heart replacement systems on the hemodynamic behaviours to develop optimal replacement systems in toto and elements of the replacement systems e.g. heart valves, respectively. Both methods are discussed briefly and practical aspects for application will be discussed.

1. Introduction

The cardiovascular system is a very complex closed loop fluid system, which shows very complicated hemodynamic behaviours. To study the influence on the circulatory system dynamic with regard to different test situations - e.g. natural heart versus heart replacement system; natural heart valve versus artificial heart valve -, mechanical and mathematical circulation models are proper to use. For designing circulatory models, the real complex system must be simplified. In both cases analogous system elements are used when developing mechanical or mathematical models of the circulatory system, obtained from the real system via abstraction: compliances, resistances and pumping elements representing the two venous capacitive compartments, the two resistive compartments, the two arterial elastic compartments of the systemic and pulmonary circulation, respectively, as well as the corresponding left and right heart compartments. All system elements discussed, are nonlinear, which makes the task difficult, developing circulation simulators.

2. Mechanical Simulator

A mechanical mock circulatory system is based of lumped elements: pulsatile dual chamber pumps representing the left and right heart; elastic tubes, representing

the blood vessels - aorta, venacava, pulmonary arteries and pulmonary veins, systemic
capillaries; piston- cylinders, representing the resistance of the circulation. The
pumps outflow can be controlled by changing the pulse rate and the driving pressure,
independently each other. The piston-cylinders, as resistive elements, contains with
regard to the real circulatory system, a blood pressure regulating unit in it.
As circulatory fluid, water is used instead of blood. Fluid volume totally and within
each lumped element is coincident with that of the living system, e.g. a 20 kg dog;
also the circulation time coincides with that of the living system, using materials
and dimensions of the lumped elements, as outlined in [1], [4].
For varying the system state as described above, a minicomputer with a proper
interface (A/D and D/A-conversion) is necessary. The schematically diagram of the
complete mechanical simulator is shown in figure 1, [4].

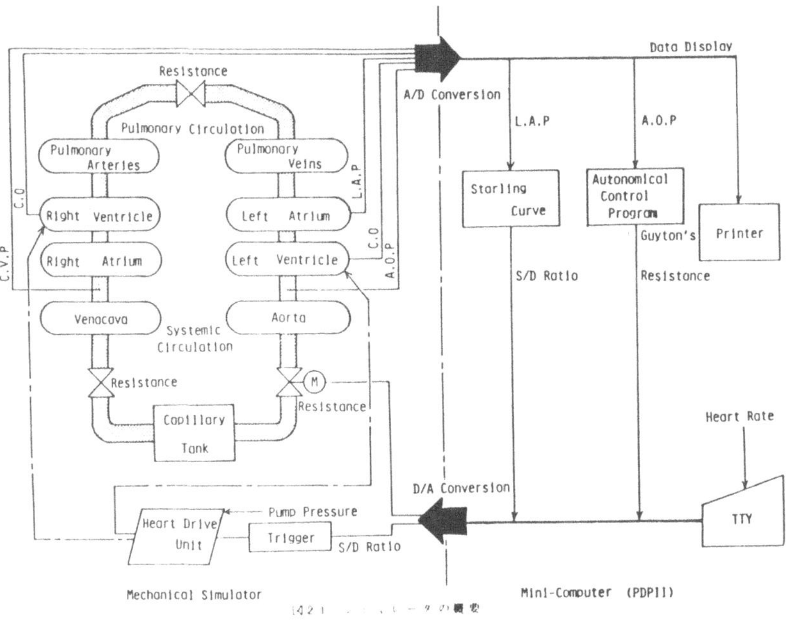

Fig. 1: Schematic diagram of a mechanical ciruclatory simulator

3. Mathematical simulator

The mathematical circulatory simulator, contains the elements, discussed in section
1. Moreover the shortterm blood pressure regulation mechanism, within the baroreceptor feedback loop, and the workload dependent oxygen consumption of the body,
has been implemented into the mathematical model, developed, shown in a schematically
form in figure 2. Thick drawn blocks with thick arrows indicate the basic
physiologically closed cardiovascular system compartments, thin lines and thin drawn
blocks the interaction with the regulation mechanism, based on the baroreceptor
reflex as a short-term blood pressure determinant. Thin drawn blocks with thick

arrows show the operation flow of oxygen requirement under ergometric workload and
its influence on the cardiovascular system. Furthermore, dashed lines indicate the
nonlinear pressure-volume relationship of the compliances. Dashed-pointed lines
show the pressure dependency of the pulmonary arterioles; pointed lines the
vasomotoric influence of the venous-tonus. For more details see [2], [3]].

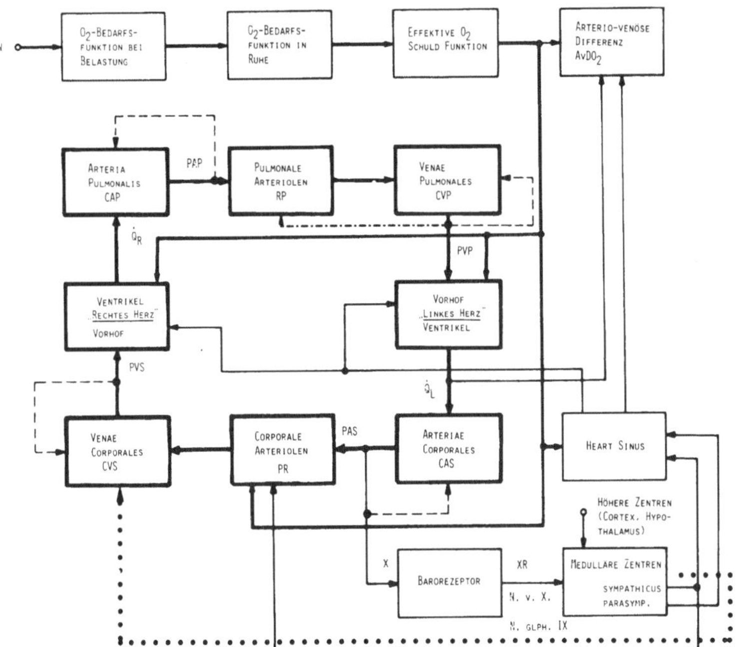

Fig. 2: Signal-flow diagram of the physiologically closed and regulated
cardiovascular system model.

4. Results and Discussion

To validate the simulators, their dynamic behaviours are compared with the hemodynamics obtained from experiments on animals e.g. with total artificial heart
replacement. Figure 3 shows the good resemblance comparing the hemodynamics of a dog
circulation with a total artificial heart simulator, whereas figure 4 shows the
good accordance between the stationary values of the relevant hemodynamic parameters
of the total artificial heart animals experiment THE 3/82 and the mathematical
simulator.

From a more general point of view, it can be stated, that both simulator types are
of importancy, getting a deeper insight into the complex mechanisms of biological
systems. Mechanical simulators are proper to use for "in vitro" tests of replacement
elements e.g. the valves of the heart, artificial vascular elements, total heart
replacement components and so on, whereas mathematical simulators are proper to use
for evaluation of hemodynamic parameters for adaptive control of artificial heart
replacement systems, by simulation of the vascular system, for designing optimal

adaptive controllers. Because of the varying conditions of the actual needs of the organism, for perfection of heart replacement systems, automatic adaptive control of the total artificial heart replacement systems or venticular assist devices are needed. For simulation the adaptation mechanisms, the mechanical simulator should be expended with a minicomputer system, incorporating the adaptation algorithms. The subject of further research work is to develop optimal adaptive controller algorithm which are applicable to heart replacement systems.

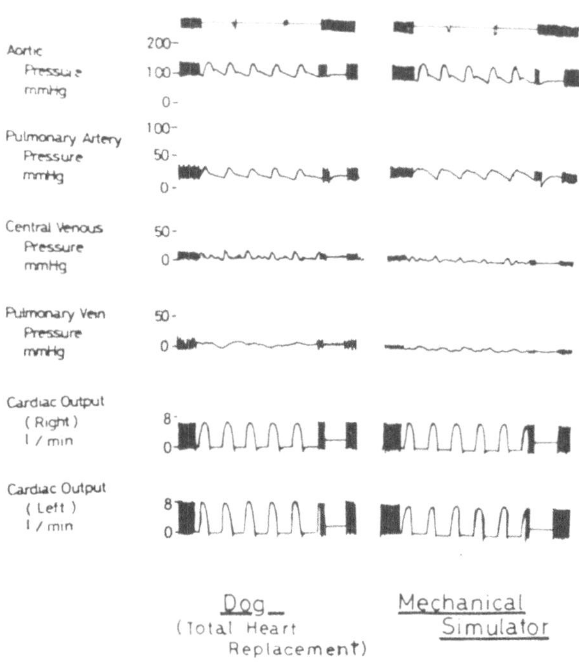

Fig. 3: Simultaneous comparison of the hemodynamic behaviour obtained from an animal experiment and from the mechanical simulator.

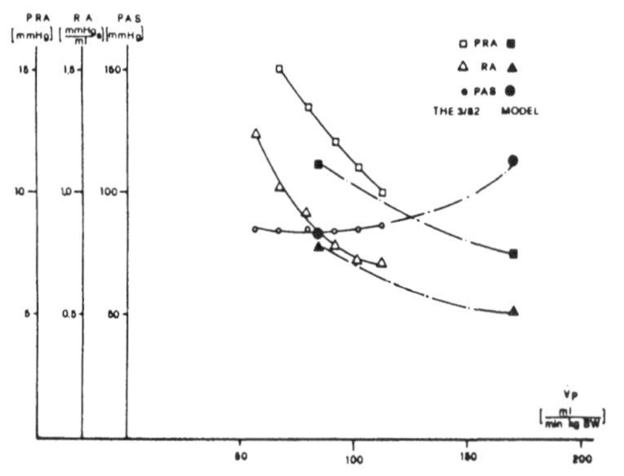

Fig. 4: Results of a stepwise increase of the body weight related perfusion rate $\dot{V}_p$ for right atrial pressure PRA=PVS, peripheral resistance RA and mean arterial blood pressure PAS obtained from the TAH animal THE 3/82 and the mathematical simulator.

References

[1] TSUCHIYA, K., M. UMEZU: Mechanical Simulator to Cardiovascular System. Memoirs
    of the School of Sience & Engineering, Waseda Univ., No. 39 (1975), 1-14
[2] MÜLLER, D., D. POPOVIĆ, G. THIELE: Modeling, Simulation and Parameter-
    Estimation of the Human Cardiovascular System. Vieweg Verlag, Braunschweig/
    Wiebaden, 1983
[3] MÜLLER, D., E. HENNIG: Modelling and Simulation, a proper tool in total
    artificial heart and heart assist system development. In: Assisted
    Circulation Vol. II, Ed. F. Unger, Springer Verlag, Berlin-Heidelberg-
    New York-Tokyo, 1984
(4) TSUCHIYA, K.: 血液循環系の機械モデルを用いた
人工心臓の制御に関する研究
(in japanese)

<u>COMPUTERSIMULATION MAKRO-HÄMODYNAMISCHER EFFEKTE DER</u>
<u>ISOVOLÄMISCHEN HÄMODILUTION UND DEFIBRINOGENIERUNG ALS</u>
<u>THERAPIEN DER PERIPHEREN ARTERIELLEN VERSCHLUSSKRANKHEIT</u>

G. Porenta
Institut für Medizinische Kybernetik
Universität Wien
Freyung 6/2, A 1010 Wien

E. Minar
1. Medizinische Universitätsklinik
Universität Wien
Lazarettg. 14, A 1090 Wien

1. Einführung

Die periphere arterielle Verschlußkrankheit (paVK) stellt eine häufige angiologische Erkrankung dar, wobei es durch Ablagerungen an den Gefäßwänden zur Stenosierung, d.h. Einengung, des Arterienlumens kommt und somit die Sauerstoffversorgung in den nachfolgenden Geweben beeinträchtigt wird. Klinisch auffällig wird die Erkrankung allerdings erst bei schweren Lumeneinengungen, da Kompensations- mechanismen sehr lange eine adäquate Sauerstoffversorgung aufrecht erhalten können.

Als konservative Behandlungsformen der paVK werden die Methoden der isovolämischen Hämodilution (IHD) und die Defibrinogenierung (DFG) mit Schlangengiftenzymen in der Klinik eingesetzt (vgl. 1-3). Beide Verfahren verbessern die Blutfluidität durch eine Verminderung der Blutviskosität.

Bei der IHD wird durch Aderlässe und durch entsprechende Volumensubstitution oder Reinfusion des Blutplasmas der Anteil der geformten Blutbestandteile (=Hämatokrit) reduziert. Diese Senkung des Hämatokrits führt zwar zu einer Verbesserung der Blutfluidität, hat aber gleichzeitig auch durch die Reduktion der Erythrozytenkonzentration eine Verminderung der Sauerstofftransportkapazität zur Folge. Therapieziel ist also den

Hämatokritwert mittels IHD so zu wählen, daß eine optimale Sauerstoffversorgung erreicht wird.

Die Defibrinogenierung mit Schlangengiftenzymen (z.B. Arwin) führt über eine Senkung des Fibrinogenspiegels im Blut zu einer Verminderung der Blutviskosität. Dabei wird die Funktion des Gerinnungssystems beeinträchtigt, die Sauerstofftransportkapazität bleibt im wesentlichen unverändert.

In dieser Simulationsstudie wird ein Computermodell der menschlichen Femoralarterie (vgl. 4) verwendet, um die Effekte verschiedener therapeutischer Maßnahmen bei unterschiedlichen Stenosegraden zu untersuchen. Nur das makro-hämodynamische Flußverhalten, d.h. Blutfluß in Arterien mit mindestens einem Millimeter Durchmesser, wird durch dieses Modell beschrieben. Mikro-hämodynamische Effekte (z.B. nicht-Newton'sche Eigenschaften von Blut, Kapillarzirkulation), die die Gewebedurchblutung sehr wesentlich mitbestimmen, werden in dieser Arbeit nicht berücksichtigt. Durch diese Beschränkung auf makro-hämodynamisches Flußverhalten versuchen wir notwendige Voraussetzungen für ein Verständnis des Zusammenspiels makro- und mikro-hämodynamischer Effekte zu erhalten.

Ziel der Simulationsstudie ist es, mit Hilfe eines Computermodells der Femoralarterie /1/ eine Strategie zur Anwendung der isovolämischen Hämodilution zu finden und /2/ klinische Daten über die Methoden der isovolämischen Hämodilution und der Defibrinogenierung bei Stenosen der Femoralarterie auszuwerten.

2. Methoden

Die physikalische Größe Blutviskosität als Maß für die innere Reibung des Blutes läßt sich nicht einfach definieren. Schon eine sonst einfache Klassifizierung in Newton'sche Flüssigkeit (d.h. Flüssigkeit mit im wesentlichen nur temperaturabhängiger Viskosität) oder nicht-Newton'sche Flüssigkeit kann nicht gegeben werden, da Blut in Abhängigkeit von vielen Faktoren sowohl Newton'sches als auch nicht-Newton'sches Verhalten zeigen kann.

Das Fließverhalten von Blut ist abhängig von Fließeigenschaften (z.B. mechanische Eigenschaften der Blutzellen, Zusammensetzung des Blutplasmas, Hämatokrit) und Fließbedingungen (z.B. Scherrate, Gefäßdurchmesser, Vasomotorik, Druckgradient). Näherungsweise gilt, daß Blut in Gefäßen mit einem Mindestdurchmesser von 1 mm und Scherraten über 100/s als Newton'sche Flüssigkeit behandelt werden kann.

In der menschlichen Femoralarterie ist die mittlere Scherrate etwa 100/s und der minimale Gefäßdurchmesser 4 mm, sodaß Blut als nicht komprimierbare, Newton'sche Flüssigkeit modelliert wird. Tabellen für Werte der Blutviskosität in Abhängigkeit von Temperatur und Scherrate können verschiedenen, meist gut übereinstimmenden Arbeiten entnommen werden (vgl. 1,5,6).

Abbildung 1 zeigt ein Schema der Geometrie des Femoralarterienmodells, das mathematisch durch nichtlineare partielle Differentialgleichungen für eindimensionalen Fluß und Druck gegeben ist (vgl. 4,7). Zusätzlich zum Normalfall werden Stenosen mit 75%, 90%, 95% und 98% Lumeneinengung, die 0.4m distal der Aufteilungsstelle der Arteria iliaca communis lokalisiert sind, simuliert. Mit Daten aus einer klinischen Untersuchung der IHD und der DFG (vgl. 1) wurden die Auswirkungen beider Therapien auf die pro Sekunde zum distal der Stenose gelegenen Gewebe transportierte Hämoglobinmenge simuliert.

3. Ergebnisse und Diskussion

Tabelle 1 zeigt für verschiedene Stenosegrade die Gewebeversorgung mit Hämoglobin in Abhängigkeit vom Hämatokrit. Es zeigt sich, daß die IHD nur bei sehr schweren Stenosegraden (> 98%) eine leichte Verbesserung des Hämoglobinflußes zu den peripheren Geweben bewirkt.

Eine Auswertung klinischer Daten (vgl. 1) am Modell führt zu Tabelle 2, die den Hämoglobintransport bei vier Stenosegraden für drei therapeutische Konzepte im Vergleich zu einer Kontrollgruppe (K) darlegt. Für die beiden Stenosegrade von 95% und 98% zeigen beide Therapien einzeln wie auch kombiniert nur eine geringgradige Verbesserung gegenüber der Kontrollgruppe. Wir folgern daher, daß die makro-hämodynamischen Fließeigenschaften und Fließbedingungen die Sauerstoffversorgung in den peripheren Geweben beeinflussen, daß aber auch andere Faktoren (z.B. Änderung des peripheren Widerstands, Kollateralkreislauf, Mikrozirkulation) eine wichtige Rolle spielen. Diese Faktoren können in diesem Modell nicht simuliert werden.

Zusammenfassend läßt sich sagen, daß für schwere Stenosegrade eine Erhöhung des Hämatokrit nicht mehr zu einer erhöhten Hämoglobinzufuhr führt, sodaß Hämatokritwerte zwischen 0.35 und 0.45 als therapeutisch günstig anzusehen sind. Die Ergebnisse unterstützen das klinisch-therapeutische Vorgehen, in dem bei höhergradigen, nur im Bereich der Arteria femoralis superficialis bzw. der Arteria poplitea lokalisierten Stenosen bei unauffälligem peripheren Gefäßsystem die Therapiemaßnahmen der isovolämischen Hämodilution und der Defibrinogenierung meist nicht durchgeführt werden.

4. Literaturverzeichnis

1. Hossman V., H. Auel, "Hämorheologische Therapie der arteriellen Verschlußkrankheit: Eine kontrollierte, prospektive Studie mit isovolämischer Hämodilution, Arwin und einer Kombination beider Methoden," in Nobbe F. und G. Rudofsky(eds): Probleme der Vor- und Nachsorge und der Narkoseführung bei invasiver angiologischer Diagnostik und Therapie, Pflaum Verlag München, pp. 325-331, 1983.
2. Ehrly A. M., "Klinische Hämorheologie bei vaskulären Erkrankungen," in Ehrly, A. M.(ed.): Klinische Hämorheologie, Verlag Zuckschwerdt, pp. 38-45, 1983.
3. Ehringer, H., R. Dudczak, K. Lechner, "A new approach in the treatment of peripheral arterial occlusions: Defibrination with Arvin," Angiology, Vol. 25, pp. 279-289, 1974.
4. Porenta, G., D. F. Young, T. R. Rogge, "A Computer Model of the Human Femoral Artery: Assessing Arterial Flow Using Pulsatility Indices," in Van Bemmel, J. H., M. J. Ball, O. Wigertz(eds): MEDINFO83, Part 2, pp. 867-870, North-Holland, 1983.
5. Rand, P. W., E. Lacombe, H. E. Hunt, W. H. Austin, "Viscosity of Normal Human Blood under Normothermic and Hypothermic Conditions," J. Appl. Physiol., Vol. 19(1), pp. 117-122. 1964.
6. Leonhardt, H., "Investigations on the Blood Flow Properties in Patients with Coronary Risk Factors," VASA, Vol. 6(4), pp. 342-346, 1977.
7. Rooz, E., D. F. Young, T. R. Rogge, "A Finite-Element Simulation of Pulsatile Flow in Flexible Tubes," ASME Journal of Biomechanical Engineering, Vol. 104, pp. 119-124, 1982.

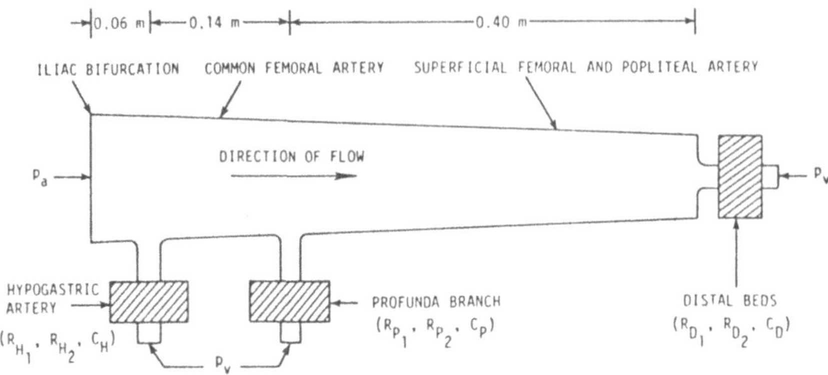

Abbildung 1. Schema des Femoralarterienmodells.

Tabelle 1. Hämoglobinfluß (mg Hb/s) durch die Arteria
poplitea in Abhängigkeit vom Hämatokrit (1/1)
für den Normalfall und vier Stenosegrade.

Hk	Stenosegrad				
	0%	75%	90%	95%	98%
0.2	160	144	96.1	38.9	5.99
0.3	235	210	131	49.6	6.75
0.4	308	272	159	55.6	7.22
0.44	336	294	167	55.3	7.00
0.5	375	328	175	55.7	6.89

Tabelle 2. Hämoglobinfluß (mg Hb/s) zum distal der Stenose
gelegenen Gewebe bei vier Stenosegraden für eine
Kontrollgruppe (K), bei Defibrinogenierung (DFG),
bei isovolämischer Hämodilution (IHD), und bei
einer Kombinationstherapie (DFG+IHD).

	Stenosegrad			
	75%	90%	95%	98%
K	298	169	56.1	7.10
DFG	285	166	58.1	7.54
IHD	244	152	57.7	7.85
DFG+IHD	240	149	56.7	7.70

EIN ANALOGMODELL DES HERZ-KREISLAUFSYSTEMS ZUR SIMULATION VON HÄMO-
DYNAMISCHEN VERÄNDERUNGEN IM HYPOVOLÄMISCH-TRAUMATISCHEN SCHOCK

P. Krösl, E. Riedelmayer

Ludwig Boltzmann Institut für experimentelle Traumatologie,
A-1200 Wien, Donaueschingenstraße 13

1. Einleitung

Im hypovolämisch-traumatischen Schock (Unfall mit starkem Blutver-
lust, Knochenbruch und Weichteilverletzungen) kommt es zu starken
Veränderungen vieler Herz-Kreislauf-Parameter (arterieller Blutdruck,
zentrales Blutvolumen, Herz-Zeit-Volumen, peripherer Gefäßwiderstand,
Herzmuskelkontraktionsfähigkeit usw.). Da sich fast alle diese Größen
mehr oder weniger stark gegenseitig beeinflussen, ist eine Unterscheidung von Ursache und Wirkung sehr schwierig. Dies wäre aber eine
Voraussetzung für eine zielgerichtete Therapie.
Um einen besseren Einblick in diese Zusammenhänge zu bekommen, wurde
parallel zu Tierversuchen ein Analogmodell auf einem EAI-185 entwickelt. Grundlage für dieses Modell ist ein elektrisches Ersatzschaltbild.

2. Struktur und Funktion des Modells:

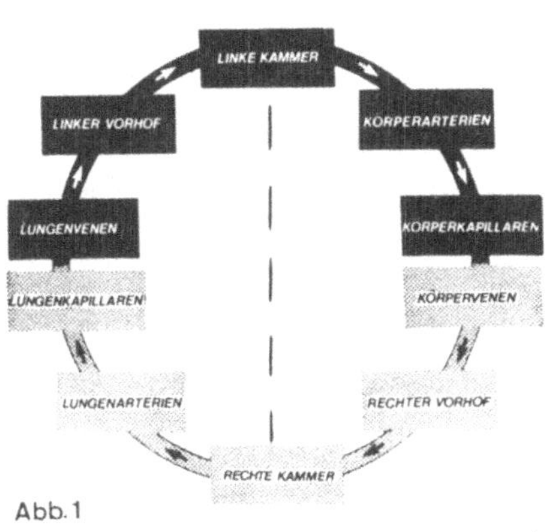

Abb. 1

Abbildung 1 zeigt schematisch
das Herz-Kreislauf-System. Da
es bei unseren Untersuchungen
in erster Linie auf die Funktion der linken Herzkammer
ankommt, werden Venen, rechter
Vorhof, rechte Herzkammer, Lun-
genkreislauf und linker Vorhof
als Einstromteil der linken

Herzkammer zusammengefaßt. Die der linken Herzkammer als "Last" nachgeschalteten Kreislaufteile sind die großen Arterien mit einer durch die Dehnbarkeit ihrer Wand hervorgerufenen "Windkesseleigenschaft" und als wesentlicher Strömungswiderstand das "periphere Gefäßbett". Der Strömungswiderstand der Arterien ist gegen diesen peripheren Widerstand vernachlässigbar klein. Ferner ist noch die Massenträgheit des Blutes im arteriellen Gefäßbereich zu berücksichtigen. Dies ist der "Ausstromteil" des Modells. Getrennt werden beide o.g. Teile von der Herzkammer durch die Herzklappen (Atrioventrikularklappe, Aortenklappe), die ähnlich einfachen Rückschlagventilen arbeiten.

Für den Einstromteil stellen sich zwei Forderungen:
1. Ein entsprechend dem im Experiment gemessenen Herz-Zeit-Volumen einstellbarer konstanter Bluteinstrom in die linke Herzkammer, der von Veränderungen in den nachgeschalteten Modellteilen (Herzkammer, Ausstromteil) nicht beeinflußt werden sollte.
2. Während der Zeit, in der die Atrioventrikularklappe geschlossen ist, soll der konstante Einstrom gespeichert werden und bei offener Klappe zusätzlich zum Einstrom in die Herzkammer einfließen.

Diese beiden Forderungen sind notwendig, um Änderungen in anderen Modellteilen (Herzfrequenz, peripherer Widerstand usw.) ohne Rückwirkung auf das eingestellte Herz-Zeit-Volumen durchführen zu können. Die linke Herzkammer wird, wie schon von WARNER 1959 als ersten durchgeführt, als Hohlorgan mit zeitlich veränderlicher Elastizität betrachtet, d.h. während der Herzaktion nimmt die Kammerelastizität zunächst ab und dann wieder zu. Zusätzlich werden noch nach SHROFF ein kammerinnendruckabhängiger R_2 $(P(t))$ und ein druckunabhängiger Widerstand R_1 gegen Verkürzung der Kammermuskulatur angenommen.

Es ergibt sich für den Kammerinnendruck $P_V(t)$ und das Kammervolumen $V(t)$ folgender Zusammenhang:

$$P_V(t) = \left[R_1 + R_2\,(P(t))\right]\dot{V}(t) + E(t)\left[V(t) - V_0\right] \quad (1)$$

$$E(t) = 1/\text{Elastizität}$$

Messungen der Spannungsentwicklung an isolierten Herzsmuskelstreifenpräparaten zeigen, daß $E(t)$ durch eine asymmetrisch $\cos^2$-Kurve grob angenähert werden kann. Für eine genaue Näherung der $E(t)$-Kurve wird ein spezieller Funktionsgenerator verwendet.

V_0 = ungedehntes Kammervolumen.

3. Elektrisches Ersatzschaltbild (Abb.2)

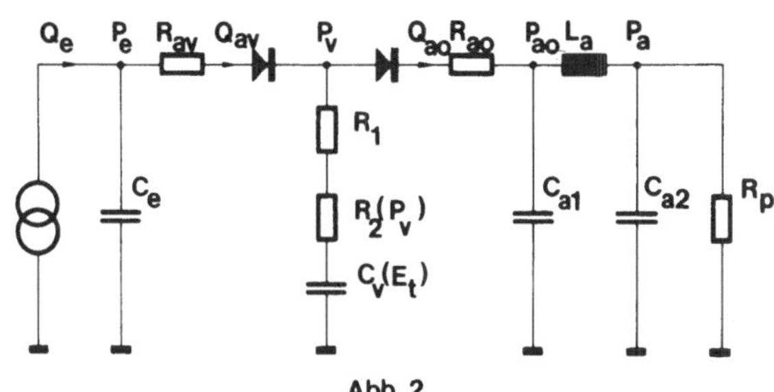

Abb. 2

Der Einstromteil wird durch eine regelbare Konstantstromquelle und eine Kapazität C_e – zur Speicherung des Einstroms während der Zeit geschlossener Atrioventrikularklappen –, die Klappen als ideale Dioden mit sehr kleinem Serienwiderstand, Massenträgheit der arteriellen Blutmenge durch eine Induktivität L_a, die "Windkesseleigenschaften" des Ausstromteiles durch Kapazitäten (C_{a1} und C_{a2}) dargestellt.

R_p = peripherer Gefäßbettwiderstand.

$E(t) = 1/C_V(t)$; $C_V(t)$ ist eine zeitvariante Kapazität.

Man kann aus diesem Schaltbild zusätzlich zu Gleichung (1) folgende Differentialgleichungen ableiten:

$$\dot{P}_e = \left[Q_e - (P_e - P_v)/R_{ao}\right]/C_e \quad (2)$$

$$\dot{P}_{ao} = (Q_{ao} - Q_a)/C_{a1} \quad (3)$$

$$\dot{Q}_a = (P_{ao} - P_a)/L_a \quad (4)$$

$$\dot{P}_a = (Q_a - P_a/R_p)/C_{a2} \quad (5)$$

P_i ..... Druck

Q_i ..... Strömung

Die sehr kleinen Klappenwiderstände R_{av} und R_{ao} dienen in erster Linie zur Steuerung des Klappenschlusses im Rechenmodell.

Diese Modellgleichungen wurden auf einem Analogrechner EAI 185 programmiert und zur Simultion von Kreislaufveränderungen im hypovolämisch-traumatischen Schock verwendet. Abbildung 3 zeigt ein Beispiel für Kammerinnendruck- und Aortendruckkurve im Tierexperiment (A) und Modell (B).

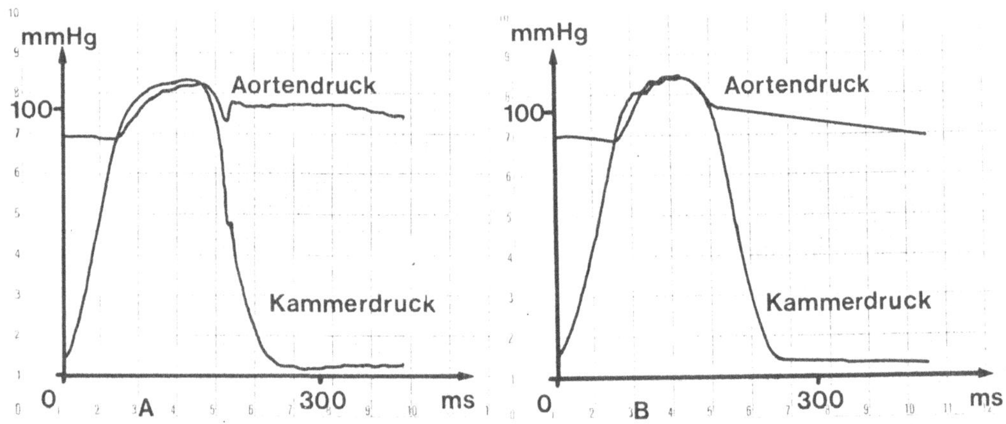

Abb. 3

Nun kann man zum Beispiel durch Veränderung von Herz-Zeit-Volumen (Einstrom), Herzfrequenz und peripheren Widerstand entsprechend im Versuch gemessener Werte die zur Aufrechterhaltung der Übereinstimmung der entsprechenden Druckkurven in Modell und Experiment notwendige Veränderungen von $E(t)$ bestimmen. Dadurch gewinnt man Rückschlüsse auf die Veränderung der Kontraktionsfähigkeit der Kammermuskulatur.

Literatur:

Warner H.R.: The use of analog computer for analysis of control mechanisms in the circulation. Proc. I.R.E, 47, 1913 (1959)
Shroff S.G., Janicki J.S., Weber K.T.: Left ventricular systolic dynamics in terms of its chamber mechanical properties. Amer. J. Physol. 245, H110, 1983

EIN MATHEMATISCHES MODELL ZUR SIMULATION DER HYPERTONIE

Dietmar P. F. Möller, Universität Mainz

Zusammenfassung. Nach A.C. Guyton ist das Kennzeichen der renalen Hypertonie ein, im Rahmen der Regulationsstörung erhöhtes Herzzeitvolumen. Diese Hypothese, am sog. Guytonschen Modell gezeigt, konnte weder an Ratten, die einen durch DOCA bzw. einen durch NaCl-reiche Diät induzierten renalen Hochdruck aufwiesen, noch an Kontrolltieren nachgewiesen werden. Daher wurde ein mathematisches Modell zur Simulation der Hypertonie entwickelt, welches als Sonderfall das Guytonsche Modell enthält. Mit diesem Modell kann das hämodynamische Verhalten bei Hypertonie eindeutig nachgebildet und die Signifikanz beteiligter Mechanismen untersucht werden.

Summary. With regard to A.C. Guyton, hypertension is caused by an elevated cardiac output. This hypothesis, shown with the so called Guyton model, could not proved until yet, comparing animal experiments at rats, with DOCA e.g. NaCl-induced hypertension and controll animals. Hence a mathematical model was developed to simulate the state of hypertension, incorporating the Guyton model as a special case. The hemodynamic behaviours under hypertension can be simulated with the model in good accordency with respect to the a-priori knowledge from animal experiments, and the attendence of discussed mechanisms involved at hypertension, could be proved.

1. Einführung

Die mathematische Abstraktion (Problemmodell) realer biologischer Prozesse (Objektsystem) muß zwei Randbedingungen genügen: Erstens darf die Vereinfachung zum Zwecke der Modellbildung nicht so weit getrieben werden, daß das Objektsystem verzerrt abgebildet wird, denn dann sind die Modellaussagen biologisch nicht mehr von Bedeutung. Zweitens ist der formale Aufwand bei der Modellbildung so zu begrenzen, daß das Modell noch handhabbar bleibt. Hierin enthalten ist die Ordnung des Problemmodells. Bei der Modellbildung wird man deshalb stets einen Kompromiß zwischen der Modellgüte, d.h. der Genauigkeit der Modellaussagen und dem Modellaufwand, d.h. den Kosten für den Modellentwurf und die Modellnachbildung suchen.
Eine wichtige Voraussetzung für eine erfolgreiche Simulation biologischer Systeme ist, daß die Kennlinien der funktionellen Systemelemente eindeutig nachgebildet werden können.

2. Simulationsmodell

Es wird ein geschlossener Ansatz für ein nichtlineares mathematisches Modell zur Simulation der Hypertonie vorgestellt. Das Modell gehört zur Klasse der parametrischen Modelle, welches die funktionell und morphologisch relevanten Größen des Objektsystems explizit, eindeutig und interpretierbar enthält.

Blutdruckwerte oberhalb des, von der Weltgesundheitsorganisation (WHO) festgelegten Bereiches

$$Ps \geqq 160 \text{ mm Hg} \qquad \vee/\wedge \qquad Pd \geqq 95 \text{ mm Hg}$$

sind als Hypertonie anzusehen. Eine Hypertonie kann sowohl durch Erhöhung des Herz-
zeitvolumens (sog. Minutenvolumenhochdruck), als auch durch Erhöhung des peripheren
Widerstandes (sog. Widerstandshochdruck), sowie durch Elastizitätsverluste der großen
Gefäße (sog. Elastizitätshochdruck) ausgelöst werden.
Nach A.C. Guyton (1) ist das Kennzeichen der renalen Hypertonie ein, im Rahmen der
Regulationsstörung erhöhtes, Herzzeitvolumen. Diese Hypothese, am sogenannten
Guytonschen Modell gezeigt, konnte tierexperimentell weder an Ratten, die einen durch
DOCA bzw. einen durch NaCl-reiche Diät induzierten renalen Hochdruck aufwiesen, noch
an Kontrolltieren nachgewiesen werden (2). Im Gegenteil, das Herzzeitvolumen ist im
sog. Normbereich oder leicht erniedrigt. Auf Grund dieser Widersprüche wurde ein
mathematisches Modell zur Simulation der Hypertonie entwickelt, welches als Sonderfall das Guytonsche Modell enthält. Das den nachfolgenden Betrachtungen zugrunde
liegende mathematische Modell des renovaskulären Systems zeigt Bild 1 im Strukturbild der Zustandsgleichungen. Eine detailierte Darstellung findet man in (4).

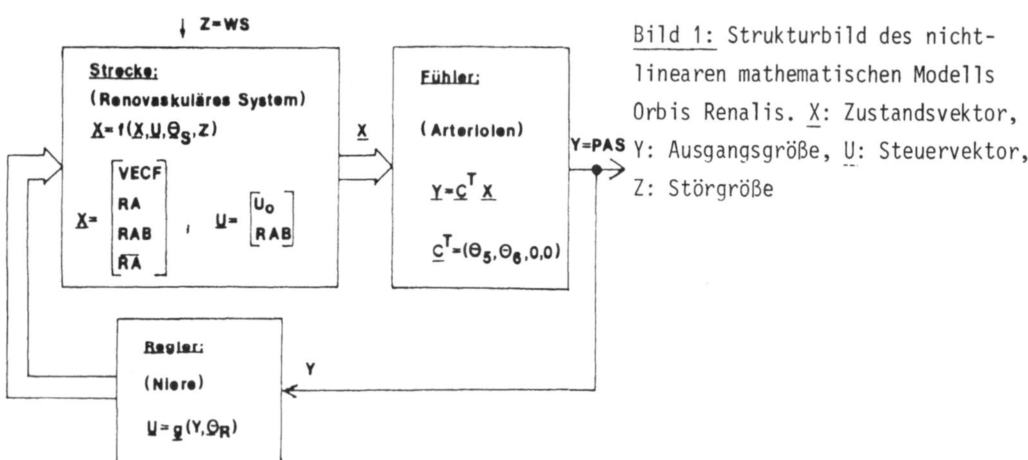

Bild 1: Strukturbild des nicht-
linearen mathematischen Modells
Orbis Renalis. X: Zustandsvektor,
Y: Ausgangsgröße, U: Steuervektor,
Z: Störgröße

Das Modell enthält den renalen Volumenregulationsmechanismus zur Stabilisierung des
Blutdrucks und basiert auf der Tatsache, daß der mittlere Blutdruck PAS die renale
urinäre Ausscheidung UO steuert und zwar wird UO durch steigenden Druck erhöht, was
zu einer Volumenabnahme im Organismus führt. Ein vermindertes Blutvolumen VB hat
einen verringerten mittleren Füllungsdruck PMS zur Folge und wegen der Abnahme der
Druckdifferenz des venösen Rückstromes PVR = PMS - PRA (PRA = rechter Vorhofdruck)
einen verringerten venösen Rückstrom V̇R, was gleichbedeutend mit einem verringerten
Herzzeitvolumen HZV ist. Die Folge ist bei konstantem peripheren Widerstand RA ein
verminderter arterieller Blutdruck PAS und eine Flüssigkeitsretention durch die

Niere. Daraus resultiert letzlich eine Kompensation des Blutverlustes durch Erhöhung des extrazellulären Volumens VECF. Durch diese renale Rückkopplung werden VB, PRA, $\dot{V}R$, HZV, PAS und UO stabilisiert.

Im Fall der Hypertonie ist dieser renale Mechanismus gestört. Während im Initialstadium der Hypertonie gilt: $PAS_H > PAS_N$; $HZV_H > HZV_N$; $RA_H \lessapprox RAN$, gilt im fixierten Stadium: $PAS_H > PAS_N$; $HZV_H \lessapprox HZV_N$; $RA_H > RA_N$. Index H kennzeichnet den Hypertoniker, Index N den Normotoniker. Eine detailierte Darstellung hierüber findet man in (3).

3. Simulation

Zur Simulation geeignet sind der Analog-, Hybrid- bzw. Digitalrechner. Der Analogrechner wird primär zur simultanen Lösung von gewöhnlichen Differentialgleichungen eingesetzt. Hybridrechner finden dann Einsatz,wenn eine große Lösungsgeschwindigkeit und höchste Genauigkeit sowie ein hoher Interaktivitätsgrad erforderlich sind. Digitalrechner werden zur numerischen Berechnung diskreter oder kontinuierlicher Systeme verwendet. Die Programmierung erfolgt auf unterschiedlichen Sprachebenen. Bei der Simulation dynamischer Prozesse werden sowohl blockorientierte als auch gleichungsorientierte Sprachen eingesetzt. Die blockorientierten Sprachen sind einfach zu handhaben. Sie stellen dem Benutzer eine Reihe von Blöcken mit fester Funktion zur Verfügung, aus denen das Simulationsmodell aufgebaut wird. Es besteht eine Analogie zum Koppelplan des Analogrechners. Blockorientierte Sprachen finden häufig bei regelungstechnischen resp. biologischen Fragestellungen Anwendung. Im vorliegenden Fall wurde das interaktive blockorientierte Simulationssystem SIDAS eingesetzt (5). SIDAS wurde auf einem Prozeßrechner PDP 11/45 unter dem RSX-11D Betriebssystem implementiert.

4. Ergebnisse und Diskussion

Das in Bild 1 dargestellte Modell wurde für die Normotonie und für den Fall der partiellen Nephrektomie mittels Simulation untersucht. Die Ergebnisse zeigt Bild 2. Es handelt sich dabei nicht um das zeitabhängige Verhalten der hämodynamischen Größen, sondern um die im stationären Zustand erreichten Werte.
Aus Bild 2 a ist ersichtlich, daß sich der periphere Widerstand RA in der fixierten Phase der Hypertonie durchproportional erhöht einstellt, bei einem normalen Herzzeitvolumen. Die leichte Blutvolumenzunahme (VB) hat einen leicht erhöhten mittleren Füllungsdruck (PMS) zur Folge. Das Modellverhalten ist in Übereinstimmung mit dem, aus der Physiologie bekannten.

Das nahezu unveränderte Herzzeitvolumen ($HZV = \dot{V}R$) bei partieller Nephrektomie in Bild 2 b befindet sich in Übereinstimmung mit tierexperimentellen Daten (6). RA ist druckproportional erhöht, PMS entsprechend der Erhöhung von VB. Das Verhalten des entwickelten mathematischen Modells entspricht damit dem renalen biologischen System, da es bekannte Befunde eindeutig wiedergibt. Für den Sonderfall des Guytonschen Modells

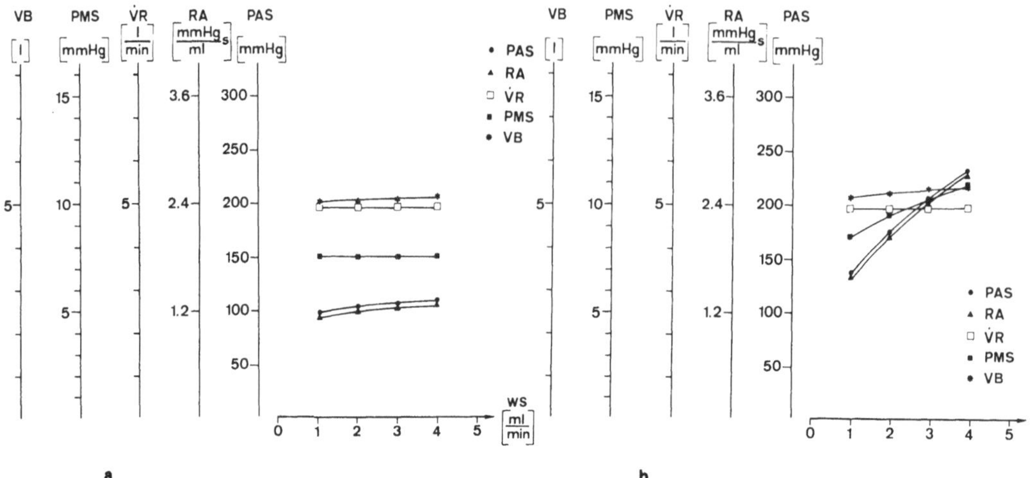

Bild 2: Stationäre Werte des mittleren arteriellen Blutdrucks (PAS), des peripheren Widerstands (RA), des venösen Rückstroms (V̇R), des mittleren Füllungsdrucks (PMS) und des Blutvolumens (VB) bei schrittweiser Erhöhung der isotonen Flüssigkeitszufuhr (WS) im Fall der Normotonie a) und der partiellen Nephrektomie b).

stellt sich das Herzzeitvolumen bei partieller Nephrektomie deutlich erhöht ein (siehe z.B. (3)), was im Widersrpuch zu den bekannten Beobachtungen steht.

Durch die erfolgreiche Validation des Modells kommt ihm prospektiv große Bedeutung zu, da es eine Reihe physiologisch relevanter Größen richtig voraussagt. Damit können für die Genese der Hypertonie als bedeutsam angesehene Zusammenhänge in das Modell implementiert und ihre Auswirkungen via Simulation untersucht werden. Dies ist Gegenstand der weiteren Arbeit.

Literatur

(1) GUYTON, A.C.: Arterial pressure and hypertension. Saunders Publishing Comp. Philadelphia, 1980

(2) FLOHR, H., H. REDEL, W. BREULL, H.W. DANDERS: Herzzeitvolumen bei renaler, genetischer und DOCA-Hypertonie der Ratte. Pflügers Arch. Supp. 335 (1972); R21

(3) MÖLLER, D.: Modellbildung und Simulation des renovaskulären Systems. Funkt. Biol. Med. 2 (1983), 59-63

(4) MÖLLER, D.: Mathematische Modellierung der renopriven Hypertonie (eingereicht bei Funkt. Biol. Med.)

(5) MÖLL, H., H. BURKHARDT: SIDAS, ein interaktives Programmsystem zur blockorientierten digitalen Simulation dynamischer Systeme. Regelungstechnik, 26 (1978), 50-55, 87-91

(6) LIARD, J.F., R. SILENZIO: Baroreceptor reflex influence on peripheral circulation in salt-loading hypertension in dogs. Hypertension 4 (1982), 597-603

$$\text{SIMULATION DER INTRAKRANIELLEN LIQUOR- UND HÄMODYNAMIK}$$
$$\text{UNTER EINBEZIEHUNG DER CEREBRALEN AUTOREGULATION}$$

Oskar Hoffmann, Gießen

Zusammenfassung: Es wird ein mathematisches Modell der intrakraniellen Liquor- und Hämodynamik beschrieben, welches unter Berücksichtigung einer variablen cerebrovaskulären Resistenz autoregulatorische Prozesse einbezieht. Das Modell kann zur theoretischen Behandlung von Fragen im Zusammenhang mit dem Versagen der Autoregulation eingesetzt werden. Anwendungen des Modelles zur Parameteridentifikation zeichnen sich ab.

Der intrakranielle Raum, begrenzt durch eine knöcherne Struktur, den Schädel, kann als Behälter von festem Volumen betrachtet werden, der von Hirngewebe, Blut und Liquor(CSF) ausgefüllt ist. Der intrakranielle Druck(ICP) ist im Gleichgewicht das Ergebnis von Sekretion und Absorption des Liquors. Die Sekretion erfolgt in den Plexus chorioidei der Ventrikel, die Sekretionsrate(RF) wird im Modell entsprechend den Untersuchungen von ZIERSKI et al.(1983) als Funktion der cerebralen Durchblutung(CBF) angesetzt. Die Absorption des Liquors erfolgt gegen einen Absorptionswiderstand RO durch die arachnoidalen Villi hauptsächlich in den Sinus sagittalis. Die Absorptionsrate ist proportional dem Unterschied zwischen ICP und dem Druck im Sinus sagittalis(SSP).

Änderungen im Volumen eines der den intrakraniellen Raum ausfüllenden Elemente müssen durch entsprechende Volumenänderungen in den übrigen beiden ausgeglichen werden. Der Liquorraum weist dabei eine exponentielle Druck-Volumen-Beziehung auf:

$$ICP = a \cdot e^{KV \cdot (VCSF - VCSF_{eq})} + PO \quad ,$$

wobei VCSF für das Liquorvolumen und $VCSF_{eq}$ für das Gleichgewichtsvolumen stehen. In Abhängigkeit vom Parameter PO ist die Kurve entlang der Druckachse verschiebbar. KV und a sind Konstanten, welche die Form der Kurve bestimmen. Für die Compliance CV des Liquorraumes ergibt sich daraus:

$$CV = \frac{1}{KV \cdot (ICP - PO)} \quad .$$

Nach dem Konzept von SULLIVAN et al.(1980) führen sowohl Änderungen im Liquorvolumen als auch Änderungen des Gleichgewichtsvolumens zu

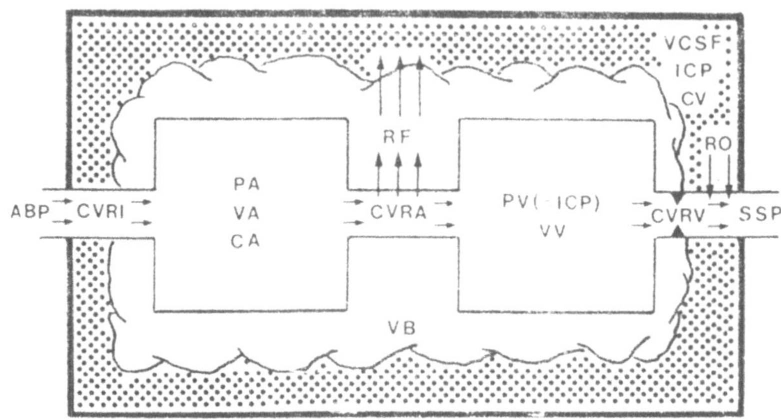

Abb. 1: Modell der intrakraniellen Liquor- und Hämodynamik. Abkürzungen sind im Text erläutert.

Reaktionen des intrakraniellen Druckes. Letzteres ist der Fall, wenn sich Hirnvolumen(VB) oder cerebrales arterielles Blutvolumen(VA) verändern. Die Volumenkompensation erfolgt auf der venösen Seite des cerebralen Gefäßbettes. Eine zusätzliche Verschiebung der Druck-Volumen-Kurve des Liquorraumes entlang der Druckachse folgt bei Änderung des zentral venösen Druckes(CVP) (LÖFGREN et al.,1973). Es ist also über einen Proportionalitätsfaktor KP zusätzlich die zeitliche Änderung des CVP zu berücksichtigen.

Volumenänderungen in dem die großen Arterien nachbildenden arteriellen Teil des Gefäßbettes(VA) sind bestimmt durch Zufluß und Abfluß von Blut. Der Zustrom ergibt sich aus dem Unterschied zwischen dem arteriellen Blutdruck(ABP) und dem Druck im arteriellen Kompartiment (PA), dividiert durch den cerebrovaskulären Eingangswiderstand CVRI. Der Abstrom ist einmal bestimmt durch das Druckgefälle zwischen arteriellem und venösen Schenkel, wobei der Druck im venösen Kompartiment(PV) dem ICP gleichgesetzt wird. Darüberhinaus ist der Abstrom bestimmt durch die cerebrovaskuläre Resistenz der kleinen Arterien und Arteriolen(CVRA), eine von der Durchblutung abhängige Größe (cerebrale Autoregulation). Innerhalb eines Bereiches von 60-130 mm Hg des cerebralen Perfusionsdruckes(CPP=ABP - ICP) wird hierdurch eine weitgehend konstante Durchblutung des Hirns gewährleistet (LANGFITT, 1972). Die bei autoregulatorischen Vorgängen zu beobachtenden zeitlichen Verzögerungen sind im Modell durch ein Verzögerungsglied 1. Ordnung mit der Zeitkonstanten TAR (=10 sec) nachgebildet.

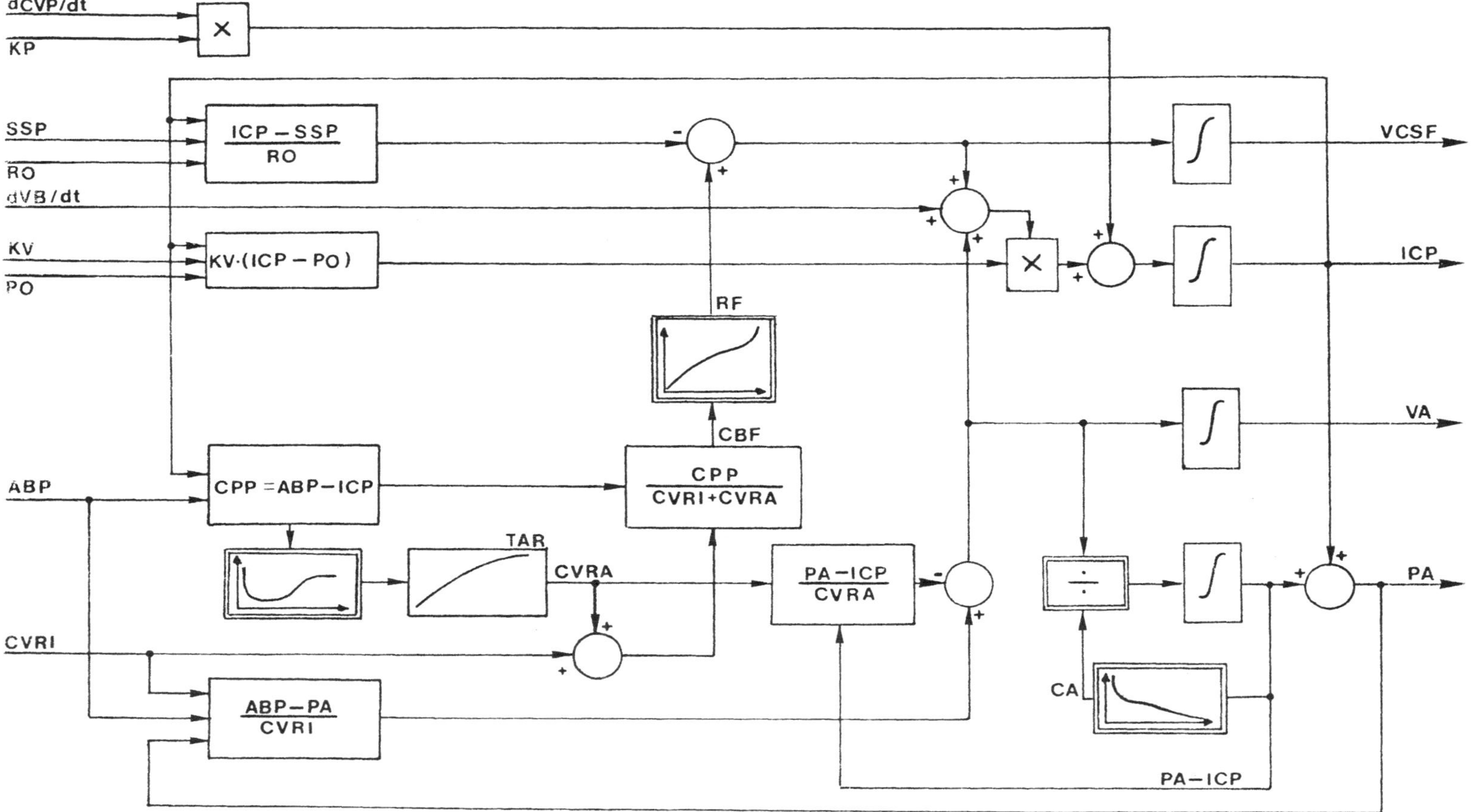

Abb. 2: Blockdiagramm des mathematischen Modelles der intrakraniellen Liquor- und Hämodynamik

Die Volumenänderungen im arteriellen Teil des cerebralen Gefäßbettes können über die Compliance CA mit Änderungen des Druckes PA in Beziehung gesetzt werden, so daß sich das folgende System von Differentialgleichungen ergibt:

$$\frac{dICP}{dt} = KP \cdot \frac{dCVP}{dt} + \frac{1}{CV} \cdot \left(\frac{dVB}{dt} + \frac{ABP - PA}{CVRA} - \frac{PA - ICP}{CVRI} + RF - \frac{ICP - SSP}{RO} \right)$$

$$\frac{dPA}{dt} = \frac{dICP}{dt} + \frac{1}{CA} \cdot \left(\frac{ABP - PA}{CVRI} - \frac{PA - ICP}{CVRA} \right)$$

$$\frac{dVA}{dt} = \frac{ABP - PA}{CVRI} - \frac{PA - ICP}{CVRA}$$

$$\frac{dVCSF}{dt} = RF - \frac{ICP - SSP}{RO}$$

$$\frac{dVV}{dt} = - \frac{dVB}{dt} - \frac{dVA}{dt} - \frac{dVCSF}{dt}$$

Das Modell wurde hinsichtlich allgemein bekannter und experimentell nachgewiesener Phänomene im Hinblick auf den intrakraniellen Druck auf seine Validität überprüft, wobei sich gute Übereinstimmungen mit der Realität ergaben. Die Einsatzmöglichkeiten liegen einmal in der Ableitung theoretischer Aussagen auf der Grundlage von Simulationen. Dadurch

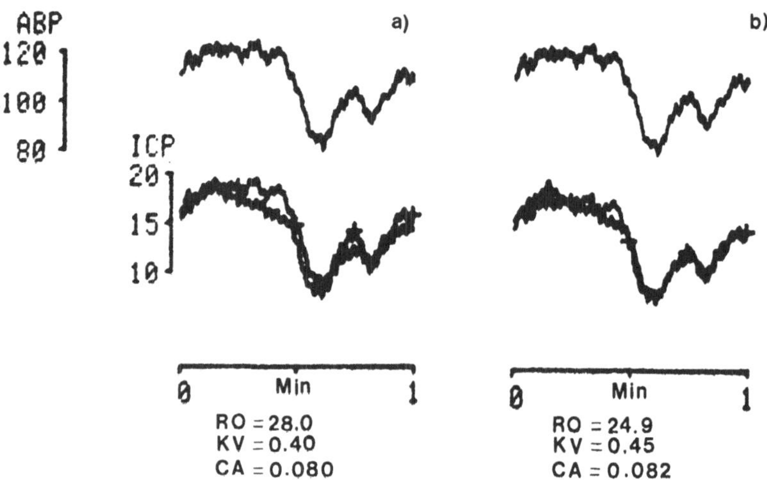

Abb. 3: Parameteridentifikation im intrakraniellen System. Unter Eingabe des gemessenen ABP wird der ICP optimal abgeglichen. a) Startsituation; b) Ergebnis nach 24 Iterationen.

konnten Beiträge zur Erklärung experimenteller Befunde unter Grenz-
bedingungen bei Versagen der Autoregulation geleistet werden. Ferner
deutet sich als weitere Anwendung die Parameteridentifikation im intrakraniellen System mit Hilfe des Modelles an (Abb. 3).

<u>Literatur</u>

Langfitt, T.W.: Pathophysiology of increased ICP
    In: Intracranial Pressure (M. Brock, H. Dietz, eds.), 361-364,
    Berlin-Heidelberg-New York, Springer 1972

Löfgren, J., von Essen, C., Zwetnow, N.N.: The pressure-volume-curve
    of the cerebrospinal fluid space in dogs
    Acta Neurol. Scand., <u>49</u>, 599-574 (1973)

Sullivan, H.G., Miller, J.D., Searle, J.R.: An interpretation of
    pressure/volume interactions in the craniospinal axis
    Neurosurgery <u>6</u>, 453-462 (1980)

Zierski, J., Kurzaj, E., Hoffmann, O., Winkler, B.: Cerebral blood flow
    in the brain stem during increased ICP
    In: Intracranial Pressure V (S. Ishii, H. Nagai, M. Brock, eds.),
    452-457, Berlin-Heidelberg-New York-Tokyo, Springer 1983

SIMULATION VERSCHIEDENER MODELLE DES ABSORPTIONSPROZESSES IM
GASTROINTESTINALTRAKT

A. Ottová, Š. Neuschl, M. Otto[+]
Elektrotechnische Fakultät der Slowakischen Technischen Hochschule,
812 19 Bratislava, Tschechoslowakei

+Institut für Tierphysiologie der Slowakischen Akademie der
Wissenschaften, 900 28 Ivanka pri Dunaji, Tschechoslowakei

1. Einführung

Zur Beschreibung der Absorption verschiedener Substanzen /Zucker,
Aminosäuren usw./ im Gastrointestinaltrakt wurden in der Literatur
verschiedene Modelle vorgestellt, die in unterschiedlicher Weise auf
die Besonderheiten der Darmresorption eingehen. Es handelt sich vorwiegend um Komartmentmodelle und deren Modifikationen und um hydrodynamische Modelle.
In der vorliegenden Arbeit werden die simulierten Absorptionsdynami-
ken der jeweiligen Modelle verglichen und auf ihre physiologische
Relevanz hin untersucht. Die numerische Lösung der Modelle erfolgt
durch numerische Integration bzw. durch z-Transformation. Ferner werden die simulierten Daten mit experimentellen Daten zur Argininabsor-
ption im Jejunum der Japanischen Wachtel /Coturnix coturnix japonica/
konfrontiert.

2. Methode und Modell

Kompartmentmodelle finden steigende Anwendung in der tierphysiolo-
gischen Forschung, insbesondere der Tierernährung [4,7]. Wie emphi-
rische und halbemphirische Auswerteverfahren /z.B. Potenzreihen und
Exponentialfunktionen zur Stickstoffbilanz oder zur Beschreibung von
Wachstumskurven/ ermöglichen sie eine komplexe Beschreibung der Ver-
suchsdaten sowie den Test von verschiedenartig gewonnenen Daten auf
ihre Konsistenz. Andrerseits bewirkt die mehr oder weniger detaillierte Beschreibung von Teilprozessen /Transport, Stoffwechsel der zu

verfolgenden Substanz/ durch Kompartmentmodelle, dass deren Parameter
in der Mehrzahl biochemisch und physiologisch interpretierbar sind.
In vielen Fällen können somit Kompartmentmodelle ein Bindeglied zwischen ernährungsphysiologischen Untersuchungen einerseits und bioche-
misch-biophysikalischen Studien andrerseits /z.B. zum Transport von
Aminosäuren durch Membranen, Proteinsynthese in vitro/ bilden.
Darüber hinaus erfassen Kompartmentmodelle die Prozesse in ihrer Dynamik und gestatten die Abschätzung von Verweilzeiten der betreffenden
Substanz im Organismus bzw. im jeweiligen Kompartmentsystem. Diese
Vorteile sowie der konzeptionelle und mathematische Entwicklungsstand
der Kompartmentanalyse [1,2,3] machen letztere zu einem wesentlichen
Hilfsmittel der Forschung in der Tierernährung. Dabei sollten aber
die Grenzen der Kompartmentanalyse nicht übersehen werden. Sie liegen
im wesentlichen in den theoretischen Annahmen, die üblicherweise in
der Kompartmentanalyse gemacht werden: 1. Konstanz der Parameter,
2. lineare Beziehungen zwischen den Kompartmenten /"fractional transfer"/ und 3. Homogenität innerhalb eines Kompartments in Verbindung
mit der Bedingung augenblicklichen Vermischens /"instand mixing"/.
Viele der Modellparameter sind nicht zeitlich konstant /z.B. Kompart-
mentvolumina während des Wachstums/ oder werden durch Systeme regu-
liert, die nicht im Kompartmentmodell erfasst sind /neurohumorale Regulation, osmotische Regulation usw./. Durch geeignete Begrenzung der
Zeitebene oder entsprechende mathematische Berücksichtigung der Abhängigkeit der Parameter von der Zeit oder regulatorischen Grössen
[3] lassen sich diese Schwierigkeiten, deren Natur wesentlich von der
Art der untersuchten Substanz /Stickstoff, einzelne Aminosäuren, Mi-
neralstoffe/ abhängt, umgehen.
Das Kompartmentmodell beschreibt mit Hilfe gemessener oder simulier-
ter Parameterwerte die experimentellen Zeitabhängigkeiten der Amino-
säurekonzentration /Arginin/ [7] in den einzelnen Kompartmenten im
Verlauf von 3 Stunden nach Verabreichung der Aminosäure.
Zwecks grösserer Anschaulichkeit und besserer rechentechnischer Simulation wurde das Modell gemäss den Beziehungen

$$\frac{dc_i}{dt} + b_i c_i = A_i \tag{1}$$

oder

$$\frac{dc_j}{dt} = A_j \qquad j \neq i \tag{2}$$

umgestellt, wobei A_i, A_j analytische Funktionen der Konzentrationen
c_i, c_j sind und die Modellparameter beinhalten.

Die zur Beschreibung des Kompartmentmodells nötigen Differentialgleichungen können durch Trennung der linearen dynamischen Teile von nichtlinearen statischen Blöcken umgeordnet werden[6].
Unter der Voraussetzung, dass die Verläufe $c_i(t)$ keinen Schwingungs-
charakter aufweisen und in genügend kleinen Schritten abgetastet werden, ist es möglich, die Konzentrationsverläufe abschnittsweise durch
konstante Funktionen zu approximieren. Dabei handelt es sich im Prinzip um die Anwendung der z-Transformation auf nichtlineare Systeme.
Der Anfang des gesamten Schemas von c_1 bis c_3 ist in Abb.1 dargestellt.

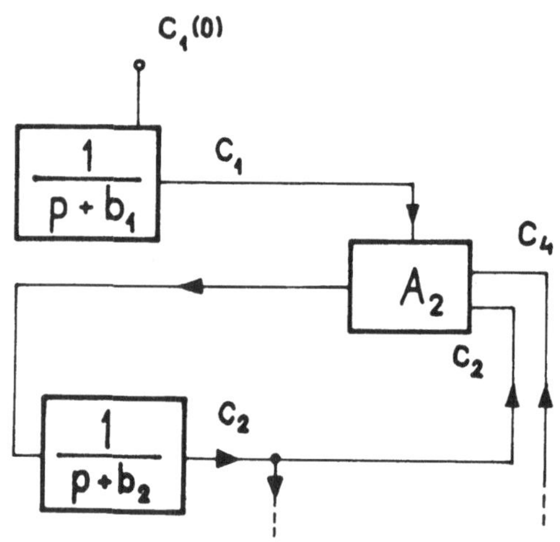

Abbildung 1

Das numerische Modell wird durch Zuordnung der dynamischen Blöcke mit
Stufenüberträgern zu den linearen Systemen erhalten, d.h.

$$S(p) \triangleq K(z,\epsilon)$$

Für $\epsilon = 0$ gilt für ein System 1. Ordnung

$$\frac{1}{p+b_i} \triangleq \frac{1}{b_i} \frac{1-D_i}{(z-D_i)} , \qquad D_i = e^{-Tb_i} \qquad (3)$$

und für den Integrator

$$\frac{1}{p} \triangleq \frac{T}{z-1} \qquad (4)$$

In allen weiteren Beziehungen wird $\epsilon = 0$ angenommen.
Dann gilt

$$K_i(z) = \frac{c_i(z)}{A_i(z)} \qquad (5)$$

Daraus kann das Bild der Ausgangsgrösse gewonnen werden

$$c_i(z) = K_i(z) \cdot A_i(z) \tag{6}$$

Für die Beziehungen (3) und (6) erhält man durch Inverstransformation die Beziehung

$$c_{i,n+1} = D_i c_{i,n} + \frac{1}{b_i}(1-D_i)\, A_{i,n} \tag{7}$$

Für (4) und (6) werden rekurrente Gleichungen erhalten

$$c_{j,n+1} = c_{j,n} + T\, A_{j,n} \tag{8}$$

die die einfachste numerische Beziehung für die Integration /Euler-
-Cauchy/ darstellen.

Die Gleichungen (7) und (8) gelten genau unter der Bedingung, dass
die Eingangsgrössen A_i und A_j Stufencharakter aufweisen, d.h. im Intervall T konstant sind. Die Berechnungen sind mit einem bestimmten
Fehler behaftet, der klein ist, wenn die Funktionen A_i und A_j schwing-
ungsfrei sind. Im umgekehrten Fall muss die mindesterforderliche Länge von T /nach dem Satz von Shanon-Kotelnik/ bestimmt werden und
eventuell die Berechnung durch implizite Approximation der Eingangsgrössen A_i und A_j genauer gestaltet werden [6] .

3. Ergebnisse

Die experimentell erhaltenen Ergebnisse wurden mit den Berechnungen
verglichen und zwar gemäss Gleichung (7) für i = 1,2,4,7,8,9,10 und
gemäss Gleichung (8) für j = 3,6.
In der ersten Stufe der Modellierung wurden Zeitverschiebungen noch
nicht berücksichtigt, die dadurch zustande kommen, dass bestimmte
Kompartments /ab 6/ erst nach einer gewissen Zeit /ca. 15 min./ zu-
geschaltet werden. Mit anderen Worten, es wurde zunächst eine Gleich-
schaltung aller Kompartments angenommen. Die Ergebnisse sind in
Abb.2 enthalten.

4. Diskussion und Schlussfolgerungen

Das auf die beschriebene Art erstellte Modell ist vom Aspekt der

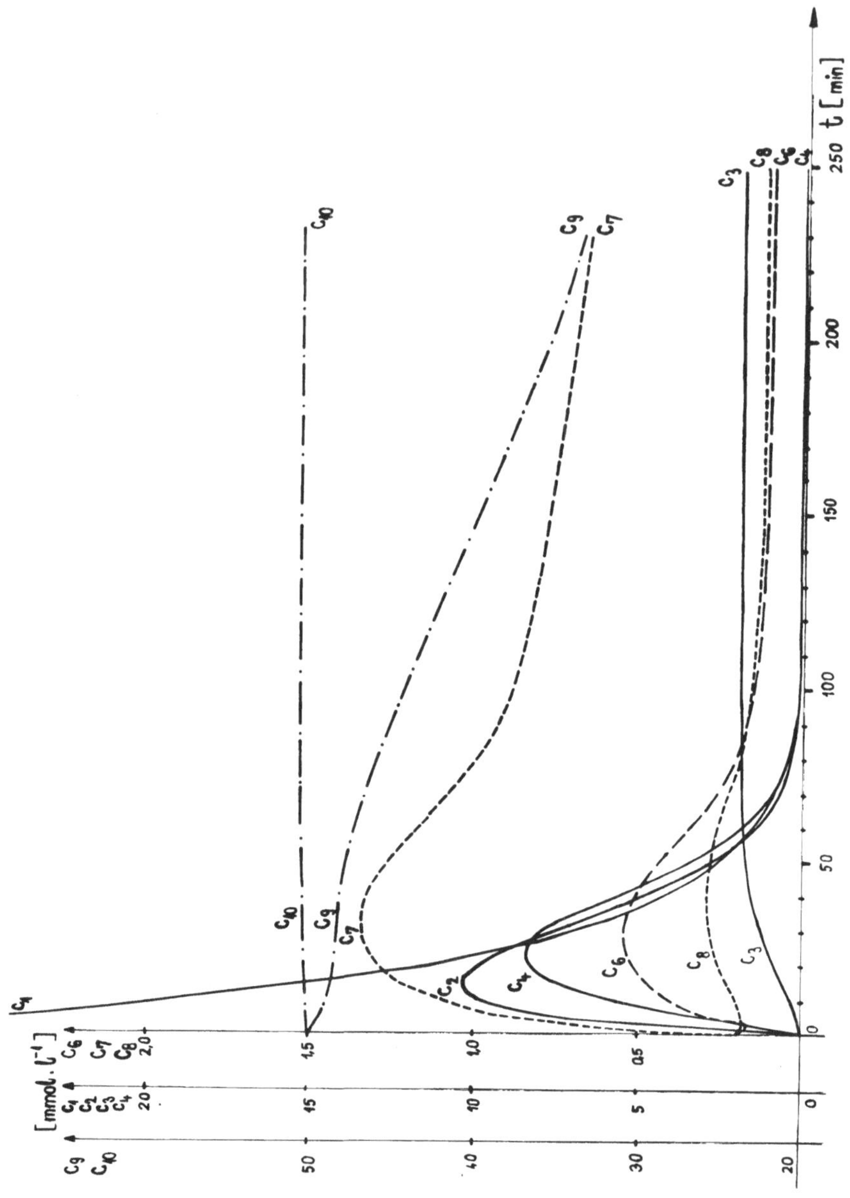

Abbildung 2 Konzentrationsprofile des Arginins als Funktion der Zeit
[Bezeichnung der Kompartmente : 1 = Kropf, 2 = Darm, 3 = Dickdarm,
4 = Darmwand, 6 = Blut, 7 = Leber, 8 = Muskel, 9 = Proteosynthese
in der Leber, 10 = Proteosynthese im Muskel, die eingereichte
Arginindosis war m_{10} = 95.10^{-3} mmol].

Struktur her anschaulich und in seinen Parametern leicht variierbar.
Rechentechnisch ist es schneller als mit konventionellen Methoden
/z.B. Runge-Kutta/ integrierbar. Die Anschaulichkeit, Genauigkeit und
Schnelligkeit der Berechnung wurde mit der in [7] beschriebenen Methodik verglichen. Aus den erhaltenen Ergebnissen folgt, dass in Übereinstimmung mit [7] die Einführung einer Zeitverschieung z.B. im Kompart-
ment 5 erforderlich ist. Durch eine einfache Korrektur lässt sich
diese Zeitverschiebung durch einen logischen Block realisieren, der
die Kompartmente 6-10 erst nach 15 Minuten freigibt, oder die Parame-
terwahl und die Struktur der Kompartmente 6-10 lässt sich so verändern, dass die Zeitverschiebung schon dort implizit eingebaut ist.
Nach bisherigen Berechnungen verbessert sich dadurch die Beschreibung der experimentellen Daten wesentlich [4].

5. Literaturverzeichnis

[1] AMIDON, G.E., HO, N.F.H., FRENCH, A.B., HIGUCHI, W.I., J. Theoret.
    Biol. **89**, (1981), 195

[2] ATKINS, G.L., Biochim.Biophys.Acta **596**, (1980), 426

[3] JACQUES, J.A., Compartmental Analysis in Biology and Medicine,
    Elsevier (1972), Amsterdam

[4] KRAWIELITZKI, K., Arch. Tierernähr. **22**, (1972), 563

[5] NEUSCHL, Š., Samočinné počítače II., Skriptum, Edičné stredisko
    SVŠT, (1972)

[6] NEUSCHL, Š., OTTOVÁ, A., ZAJAC, M., Strukturelle Stabilität bei
    der Berechnung von Eingangsgrössen numerischer Modelle kontinuier-
    licher Systeme, Elektrotechnický časopis (1984), in press

[7] OTTO, M., ŠNEJDÁRKOVÁ, M., OTTOVÁ, A., BRUNOVSKÝ, P., GAŽO, M.,
    BOĎA, K., Model of Arginine Dynamics in the Japanese Quail,
    Nutr. Rep. Internat., **28**, 4, (1983), 761

INDIVIDUELLE BEHANDLUNGSOPTIMIERUNG MIT HILFE DER SIMULATION
Selim S. Hacısalihzade

Institut für Automatik und Industrielle Elektronik, ETH-Zürich
Physikstr. 3, CH-8092 Zürich

1. Einleitung

In vielen Fällen ist der behandelnde Arzt daran interessiert, durch Medikamentenverabreichung bestimmte zeitliche Verläufe der verschiedenen Stoffkonzentrationen im Blutplasma der Patienten zu erreichen. Um dies zu bewerkstelligen, verschreibt er, ausgehend von pharmakokinetischen Daten, die Medikamente so, dass der gewünschte Verlauf gut angenähert wird. Klassisch werden die Dosierungen der Medikamente und die Zeitpunkte der Verabreichung mit Hilfe von Mehrkompartimentenmodellen für die Pharmakokinetik bestimmt [1],[2],[3]. Da dieses klassische Verfahren für nicht-konstante Sollverläufe oft ungenügende Resultate liefert, empfiehlt es sich, Methoden der Systemtheorie zu verwenden, um in gewisser Weise optimale medikamentöse Behandlungen zu berechnen. Dabei wird eine Behandlung durch die Dosierungen und die Zeitpunkte der Pilleneinnahmen eindeutig definiert.

In diesem Beitrag wird am Beispiel der symptomatischen Behandlung des Parkinsonismus gezeigt, wie das Problem mathematisch erfasst und auf lineare Programmierungsaufgaben zurückgeführt werden kann.

2. Dosisminimierung

Seitdem gezeigt worden ist, dass die Symptome des Parkinsonismus auf das Fehlen des Neurotransmitterstoffs Dopamin zurückzuführen sind, verschreibt der behandelnde Arzt Medikamente, die eine Vorstufe von Dopamin, nämlich Laevodopa, beinhalten. Da bei gesunden Menschen eine positive Korrelation zwischen dem Laevodopaspiegel im Blutplasma und den sich im Laufe des Tages ändernden motorischen Aktivitäten nachgewiesen worden ist [4], versucht er, die Dosierungen und die Zeitpunkte der Pilleneinnahmen so geschickt zu wählen, dass sich der tatsächliche Verlauf des Laevodopaspiegels an einen (an motorischen Aktivitäten und pharmakokinetischen Reaktionen der einzelnen Patienten angepassten) Sollverlauf annähert.

Dabei kann man sich die Angelegenheit wie folgt überlegen: Der Zusammenhang zwischen dem Laevodopaspiegel und den Pilleneinnahmen verhält sich, wie die klinischen Tests zeigen [5], wie ein lineares System. Dabei konstituiert die Pilleneinnahme den Eingang, der Verlauf des Laevodopaspiegels den Ausgang, und die pharmakokinetische Reaktion des Patienten die systemtheoretische Stossantwort, wie Fig. 1 verdeutlicht.

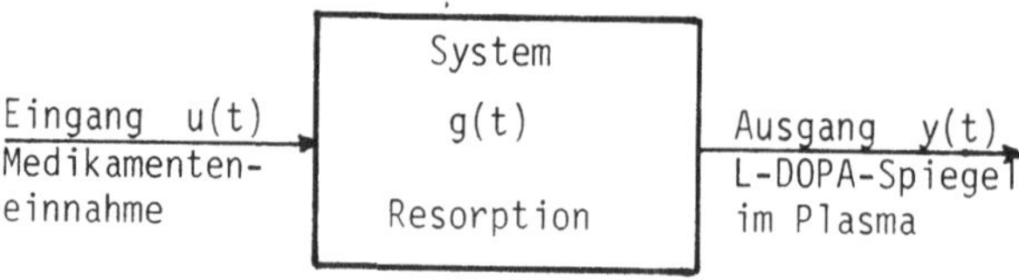

Fig. 1: Blockdiagramm des Systems

Mathematisch formuliert sieht dies ohne Beeinträchtigung der Allgemeinheit wie folgt aus :

$$y(t) = \int_0^t g(t-\tau)u(\tau)d\tau \qquad (2.1)$$

Die Stossantwort wird also mit dem Eingangssignal gefaltet, um das Ausgangssignal zu liefern. Das Eingangssignal ist eine Summe von gewichteten und zeitlich verschobenen Dirac-Stössen:

$$u(t) = \sum_i k_i \delta(t-\tau_i) \qquad (2.2)$$

Dabei stellen k_i und τ_i die Dosierung bzw. den Zeitpunkt der i-ten Pilleneinnahme dar. Wenn man nun (2.2) in (2.1) einsetzt und ein bekanntes Theorem der Distributionstheorie anwendet [6], resultiert

$$y(t) = \sum_i k_i g(t-\tau_i) \qquad (2.3)$$

Die Aufgabe kann nun wie folgt formuliert werden: Wie kann die tägliche Gesamtmenge der Medikamente minimiert werden, unter der Nebenbedingung, dass die Abweichung zwischen dem Sollverlauf und dem tatsächlichen Verlauf einen vorgegebenen zulässigen Wert e_{max} nie überschreitet? Mathematisch formuliert: Mit

$$e(t) := y(t) - y_{soll}(t) \qquad (2.4)$$

soll

$$-e_{max} \leq e(t) \leq e_{max} \qquad (2.5)$$

sein und mit (2.3) bekommt man die lineare Programmierungsaufgabe als

Gleichungen:

$$e(t) - \sum_i k_i g(t-\tau_i) = -y_{soll}(t) \qquad \forall t \in T$$

Ungleichungen:

$$-e_{max} \leq e(t) \leq e_{max} \qquad \forall t \in T$$

$$0 \leq k_i \leq 6$$

Zielfunktion:

$$\sum_i k_i \longrightarrow minimum$$

$$(2.6)$$

Bemerkungen zu (2.6): Die Berechnung der Faltungssumme in der erste Zeile kann als Simulation interpretiert werden. Da es erwünscht ist, den Patienten als Zeitpunkte für die Pilleneinnahmen runde Zahlen vorzuschreiben, wurde eine zeitliche Diskretisierung vorgenommen, so dass T aus Zeitpunkten besteht, die mit viertelstündigen Intervallen vorkommen. Da der Spiegelverlauf nur für die Wachzeiten des Patienten interessant ist, gibt es etwa n = 60 solche Zeitpunkte. Dass die Dosierungen nicht negativ sein dürfen, ist klar. Es leuchtet auch ein, dass sie nicht beliebig gross sein können (darum die 6, was 6 mal das Grundgewicht 62.5mg heisst). Als Beispiel siehe Tab. 1 und Fig. 2.

3. Minimierung der zulässigen Fehler

Wenn man die Gleichungen und Ungleichungen in (2.6) geometrisch interpretiert, erkennt man, dass man einen Schnittpunkt von vielen Hyperebenen in einem begrenzten Teilraum sucht. Es leuchtet ein, dass es, wenn man diesen Teilraum zu klein vorgibt, keinen solchen Schnittpunkt geben wird. In anderen Worten, wenn man e_{max} zu klein vorgibt, wird die Aufgabe keine Lösung haben, was ja physikalisch auch klar ist. Darum taucht die Frage auf, wie klein man e_{max} vorgeben kann.

Hierfür brauchen wir eine kleine Modifikation von (2.6), und zwar nur in der Zielfunktion. Mit der Einführung einer neuen Variablen

$$z := e_{max}$$

in die lineare Programmierungsaufgabe ändern wir die Zielfunktion zu

$$z \longrightarrow minimum \tag{3.1}$$

Resultate dieser Verfahren sind aus Tab. 2 und Fig. 3 zu entnehmen.

4. Minimierung der absoluten Fehler

Wie die Simulationsresultate in den vorhergehenden Figuren deutlich zeigen, sind Dosisfolgen, die mit den Verfahren des 2. und 3. Abschnitts ermittelt werden, kaum brauchbar. Darum modifiziert man (2.6) zu

Gleichungen :

$$e(t) - \sum_i k_i g(t-\tau_i) = -y_{soll}(t) \qquad \forall t \in T$$

Ungleichungen :

$$-e_1(t) \leq e(t) \leq e_2(t) \qquad \forall t \in T$$

$$e_1(t) \geq 0 \qquad \forall t \in T$$

$$e_2(t) \geq 0 \qquad \forall t \in T \tag{4.1}$$

$$0 \leq k_i \leq 6$$

Zielfunktion :

$$\sum_{\forall t \in T} [e_1(t) + e_2(t)] \longrightarrow minimum$$

Diese Minimierung entspricht der bekannte IAE-Optimierung

$$\sum |e(t)| \longrightarrow \text{minimum} \qquad\qquad (4.2)$$

Resultate dieser Verfahren sind in Tab. 3 und Fig. 4 dargestellt.

Es ist nun klar geworden, was schon am Anfang zu fürchten war, dass sehr viele Dosierungen resultieren, wenn man i in Gleichungen (2.6), (3.1) und (4.1) bis n laufen lässt. Auffallend ist, dass viele von diesen Dosierungen sehr klein sind. In Wirklichkeit darf man sowieso nur ganzzahlige Dosierungen verschreiben. Darum soll man die Zeitpunkte der Pilleneinnahmen (und deren Anzahl) von vornherein festlegen und für diese Zeitpunkte die Optimierung vornehmen. An dieser Stelle können wir uns mit heuristisch gewählten Zeitpunkten begnügen. In [7] findet man eine ausführlichere Lösung für dieses Problem. Die Lösung von (4.1) mit vorgegebenen Zeitpunkten entnimmt man aus Tab. 4 und Fig. 5.

5. Andere Lösungswege und weiteres Vorgehen

Andere Lösungswege des oben beschriebenen Problems sind schon durchgearbeitet und an verschiedenen Patienten mit Erfolg getestet worden. In [8] wurde ein Verfahren vorgestellt, das das Problem auf eine Parameteroptimierungsaufgabe zurückführt, welche mittels achsenparalleler Suche gelöst wird. Eine analytische Lösung des gleichen Problems entnimmt man aus [9]. Zur Zeit arbeitet der Autor daran, ein interaktives Programmpaket zu entwickeln, das auf beliebigen Rechnern laufen kann und verallgemeinerte Formen des Dosisplanungsproblems durch verschiedene Verfahren lösen kann. Dieses Paket, welches auch durch Personen ohne EDV-Kentnisse verwendet werden kann, ist bereits in der Kodierphase. Ferner wird, um pharmakodynamische Vorgänge zu modellieren, nach objektiven und quantitativen Messverfahren für die Symptome des Parkinsonismus gestrebt.

Diese Arbeit wurde in Zusammenarbeit mit dem Neurologischen Institut des Universitätsspitals Zürich durchgeführt. In diesem Zusammenhang ist der Autor den Herren C. Albani und J. Tödtli zu Dank verpflichtet.

Zeitpunkte	6.25	6.75	7.00	8.25	8.50	10.00
Dosierungen	3.27	0.57	0.50	0.02	1.60	0.06

Tab. 1: Resultat der Dosisminimierung mit e_{max}=2000.

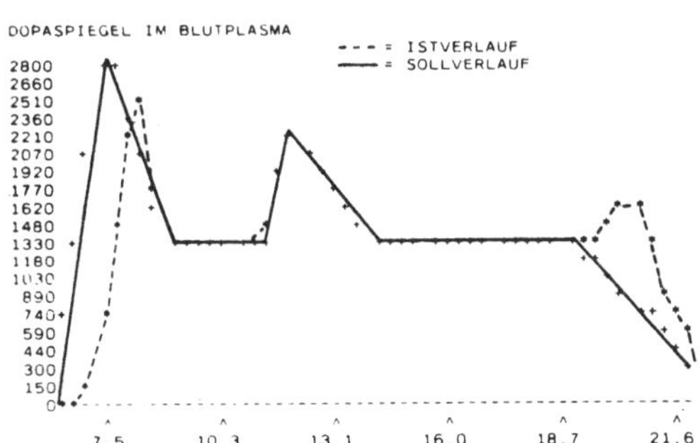

Fig. 2: Simulation der Dosisfolge aus Tab. 2.

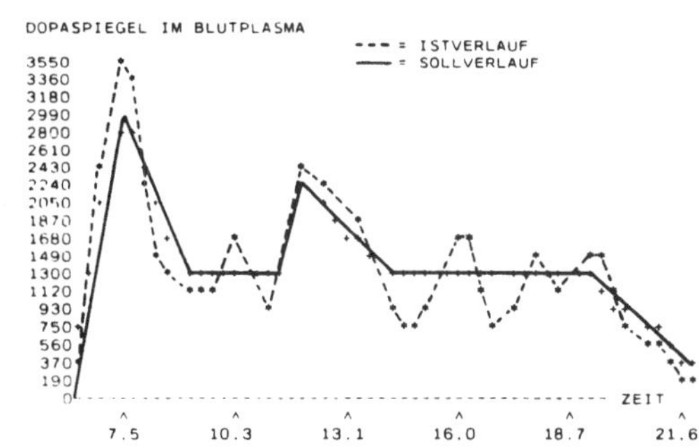

Fig. 3: Simulation der Dosisfolge aus Tab. 3.

Zeitpunkte	6.25	8.00	8.25	8.50	8.75	9.25	9.50	17.25	20.25	20.50	20.75
Dosierungen	3.98	1.29	0.29	0.59	0.52	0.25	1.77	3.08	1.20	0.06	1.09

Tab. 2: Diese Dosierungsfolge hat den kleinsten Wert für e_{max} und zwar 1910.92.

Zeitpunkte	6.25	7.25	7.50	7.75	...	19.00	19.25	19.50	19.75
Dosierungen	2.70	0.06	0.09	0.16	...	0.06	0.06	0.05	0.06

Tab. 3: Der resultierende Therapie sieht 48(!) Dosierungen pro Tag vor.

Zeitpunkte	5.50	8.50	10.25	11.50	14.00	16.00	17.50
Dosierungen	3.92	1.32	2.22	0.94	1.73	1.13	1.30

Tab. 4: Resultierende Dosisfolge mit 7 vorgegebenen Zeitpunkte.

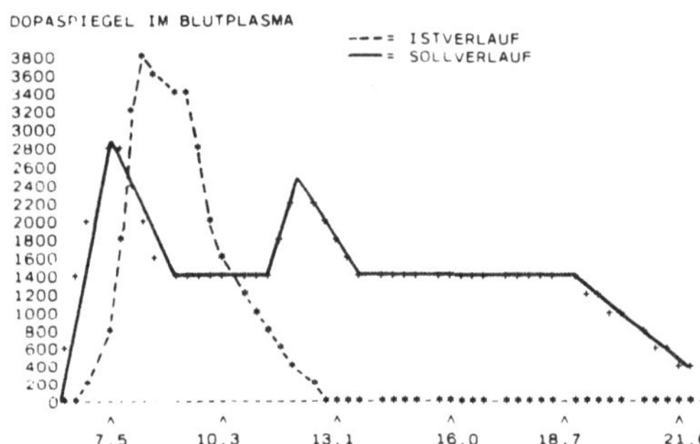

Fig. 4: Simulation der Dosisfolge
aus Tab. 3.

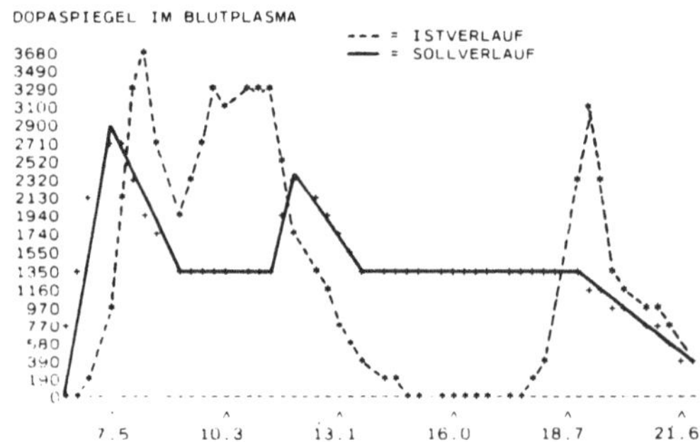

Fig. 5: Simulation der Dosisfolge
aus Tab. 4.

Referenzen

[1] M. Gibaldi, D. Perrier: Drugs and Pharmaceutical Sciences, Vol.1: Pharmakokinetics. Marcel Dekker, Inc., New York, 1982.

[2] N.H.G. Holford, L.B. Sheiner: Pharmacokinetic and Pharmacodynamic Modelling in Vivo. CRC Critical Reviews in Bioengineering, July 1981.

[3] H. Engberg-Pedersen: Equation for Pharmacokinetic Analysis of Drug Serum Levels After Oral Application. Antimicrobial Agents and Chemotherapy, Nov. 1974.

[4] M.D. Münter, G.M. Tyce: L-DOPA Therapy of Parkinson's Disease: Plasma concentration, Therapeutic Response and Side Effects. Mayo Clinic Proc. 46, 1971.

[5] C. Albani, R. Asper, S.S. Hacısalihzade, G. Baumgartner: Individuelle Laevodopa Therapie bei der Parkinsonischen Krankheit. Neurologen Tagung, Lugano, 1984.

[6] T.Kailath: Linear Systems. Prentice Hall Inc., Englewood Cliffs,1982.

[7] S.S. Hacısalihzade: Optimal Solution of the Tracking Problem with Polynomial Approximation (in Vorbereitung).

[8] S.S. Hacısalihzade: Optimierung der Medikamenten-Dosierung mit Hilfe der Simulation am Beispiel des Parkinsonismus. Systemanalyse Biologischer Prozesse. Arbeitstagung in Ebernburg, 1984.

[9] S.S. Hacısalihzade: Optimal Determination of Dosage in Parkinson's Disease. (wird in "Kybernetes" publiziert).

A SIMULATION MODEL OF MURINE ERYTHROPOIESIS

Günther Pabst

Department of Clinical Physiology and Occupational Medicine,
University of Ulm, Germany

Zusammenfassung. Ein stetiges deterministisches mathematisches Modell der Erythropoese wurde entwickelt, das alle Zelltypen der erythropoetischen Zellinie enthält
von Stammzellen bis zu Erythrozyten. Das Modell stellt sich als System von über 70
nicht linearen Differentialgleichungen dar und kann deshalb nur auf einer Rechenanlage simuliert werden. Experimentelle Daten zur Erythropoese der Maus wurden in eigenen Labors bestimmt oder der Literatur entnommen. Neben Daten des Gleichgewichts-
zustands wurden auch Meßwerte nach Blutung, Hypertransfusion, Injektion von Erythropoetin oder Hydroxyurea, Bestrahlung oder Kombinationsbehandlung herangezogen. Die
Modellparameter ließen sich derart anpassen, daß das Modell alle genannten Situationen hinreichend gut nachvollziehen konnte. Die Regulation im Modell beruht auf
Zell-zu-Zell Interaktionen und dem Hormon Erythropoetin (EPO). Trotz der gebotenen
Vorsicht bei der Interpretation von Modellergebnissen und trotz weniger widersprüch-
licher Daten, scheint es außer EPO keinen weiteren humoralen Regulationsfaktor der
Erythropoese zu geben.

Summary. A deterministic continuous mathematical model of erythropoiesis was developed which incorporates all cell types of the erythropoietic line from stem cells
to erythrocytes. The model is represented by a system of some 70 non linear differential equations and therefore can only be simulated on a computer. Experimental
data concerning the erythropoiesis of mice (CFU-S, BFU-E, CFU-E, iron incorporation)
were determined in our laboratories or extracted out of the literature. The data include steady-state values as well as measurements after bleeding, hypertransfusion,
injection of erythropoietin or hydroxyurea, irradiation, or combinations of these
treatments. The parameters of the model were adjusted such that the model could
reproduce all of these different situations reasonably well. Assuming short-range
influences (cell-to-cell interactions) and the hormone erythropoietin (EPO) as
regulators the model was used to test whether some other humoral factors besides
EPO have to be assumed. Notwithstanding difficulties in the interpretation of
modelling results and besides some contradictory experimental data this seems not to
be the case.

The Model

The model is built up as a compartmental system with compartments according to the biological stages of erythropoiesis, with cell flows and
added regulation feedback loops (see graph).

Supported by the Deutsche Forschungsgemeinschaft through Sonderfor-
schungsbereich 112

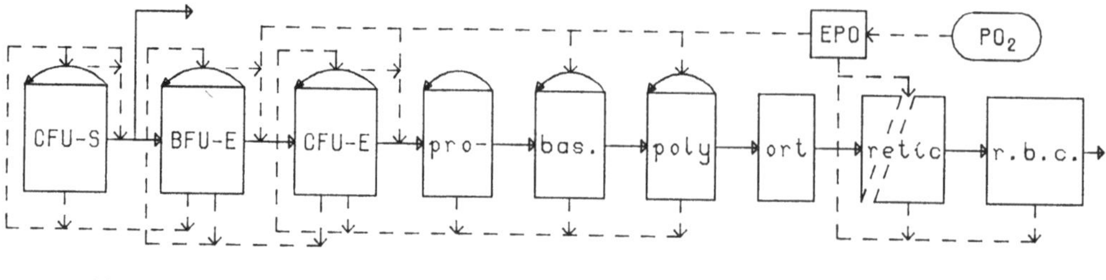

cell flow

regulation feedback

All compartments with proliferating cells are reflected mathematically
by differential equations of the type $dy/dt = \alpha y - \beta y + i$
This means: The change (dy) in the content (y) of a compartment during
some time span (dt) can be attributed to the increase due to proliferation, α being the relative proliferation rate, the loss due to differentiation, β being the relative differentiation rate, and some inflow
(i) out of other compartments, usually also of the form $i = \bar{\bar{\beta}} y$. Besides
α and β there are other **kinetic** parameters of a compartment (doubling
time, mean number of divisions, amplification factor, sojourn time,...)
but since there exist formulae interrelating them, only two parameters
per compartment can be chosen independently. In this model the proliferation rate and the amplification factor are regulated parameters
and the differentiation rate is calculated accordingly.

The regulation is most easily achieved by use of formulae like
    $\alpha = a + b*\exp(cz)$
with z some relativated variable, z=1 during steady state. The parameters a , b,c are simple functions of the minimum value, the steady
state value, and the maximum value possible for α. In most cases at
least the steady state value is known through direct biological measurements. For the others their approximate range can be guessed at and
their exact value can be estimated by iterative comparison of the kinetic behaviour of the model with known experimental data, refinement,
comparison, refinement, and so on. We used the direct search method of
Hooke and Jeeves and/or the method of Bremermann.

To reduce the variance in transit times most compartments were divided
up into subcompartments. That is why this model, even without added
compartments to reflect some of the experimental conditions, consists
of 72 interrelated non linear differential equations with 49 parameters,
42 of which are biological constants and 7 were to be adjusted within
biological limitations. The following discussion of some of the simu-

lations will show how well these parameters could be estimated.

Because of the complexity of the system there is no way to obtain exact mathematical solutions but the solutions can easily be approximated with reasonable accuracy by simulations on a computer. We used the computer language CSMP choosing the Runge-Kutta method for stepwise integration of the differential equations.

In the graphical representation of the model a backwards pointing arrow on top of a compartment box was used to denote proliferation of cells in the compartment. Note that the proliferation rate is assumed to depend only on the number of such cells and the numbers of their close progeny - proliferation of CFU-S is regulated by the numbers of CFU-S and of BFU-E, proliferation of BFU-E by the numbers of BFU-E. and of CFU-E, proliferation of CFU-E by the numbers of CFU-E and of proliferating erythroblasts. This approach was chosen to reflect microenvironmental effects.

The hormone erythropoietin (EPO) regulates the proliferation of basophilic and polychromatophilic erythroblasts but slightly, its main effect is to stimulate differentiation of BFU-E and CFU-E. The production of EPO depends on the available oxygen, input parameter PO_2, and the number of oxygen carriers in the blood, that is the number of reticulocytes from bone marrow to blood.

The relative proportion of CFU-S differentiating into the erythropoietic pathway is kept constant in this model. There are indications that this is not too restrictive an assumption but nevertheless the concept of competing differentiative demands on pluripotential stem cells will be incorporated into a future refinement of the model.

The model does not distinguish between bone marrow and spleen. The experimental data which were used to adjust some parameters of the model were calculated as weighted means (weights 0.93 and 0.07) of the relative numbers for bone marrow and spleen, since during normal steadystate only about 7 % of the total erythropoiesis takes place in the spleen. This approach, to say the least, uses only parts of the available information but more severe and unavoidable a limitation is the fact that experimental data derived from different strains of mice had to be combined in order to obtain sufficiently many data points for estimating the parameters to desired accuracy.

The main purpose of the model is to test whether some ineffective erythropoiesis has to be assumed. The model therefore does not allow any cell deaths and/or dedifferentiation of cells.

Simulations

A regulatory system is successfully studied only if it is put off steady-state. We simulated several quite different conditions.

Experiments where mice were hypertransfused or bled supplied the data to estimate those parameters of the model that were not available from direct biological determinations. The maximal cell cycle time of CFU-E, for example, was one of these parameters and was estimated to be 9.2 hours which compares very well with a normal cycle time of 8.1 hours and an only slightly reduced proliferation of CFU-E even in cases of extremely low demand. Data of similar experiments but with e.g. a different volume p.r.b.c. hypertransfused could be used to test the predictions of the model.

A similar approach was taken for other treatments with the exception that experimental data were used to estimate only those parameters that had to be added in order to describe the effects of the specific treatment.

Altogether the following experimental conditions were successfully simulated: bleeding, hypertransfusion, hypoxia, injection of erythropoietin, acute and chronic irradiation, injection of hydroxyurea, bleeding and irradiation, hypertransfusion and irradiation, hypoxia and injection of EPO.

Difficulties arose in the simulation of the effects of irradiation and of hydroxyurea, since the model cannot distinguish between the different parts of the cell cycle.

Hydroxyurea (HU) preferentially kills cells in the S-phase. This effect could be simulated by assuming the kill rate to be proportional to the proliferation rates of the different compartments, notwithstanding a dependence on the effective dose. HU furthermore synchronizes the remaining cells within the cell cycle. This fact was not incorporated into the model except by assuming a higher effect for consecutive doses of HU if properly timed.

Irradiation acts cell cycle specific insofar as radiation damaged cells are only killed when attempting a mitosis but up to that time they signal their presence for the regulation feedback as if they were quite normal. Surplus compartments were introduced containing the injured cells. The cells were removed out of these compartments in proportion to the proliferation rates in the respective compartments of normal cells.

For all of the afore-mentioned conditions the model simulations could reproduce the experimental data with quite high accuracy. Due to lack of space these simulations cannot be discussed here. An exhaustive report is in preparation.

If a model is close to reality one would be able to verify its predictions experimentally. For a hypertransfusion the model predicted an overshoot of CFU-E numbers at around day 36 after injection of 1 ml packed r.b.c. Since such an effect had not been described before, we designed an appropriate experiment. We actually found CFU-E numbers 1.3 times normal on day 36 in the bone marrow and even 8.5 times normal on day 32 in the spleen. Thus the unexpected model predictions could be experimentally verified.

Conclusions

1. Several authors found in their experimental results some indications for ineffective erythropoiesis. On the other hand, cell kinetic parameters are usually calculated without taking any ineffectiveness into account.

2. Erythropoietin is the principal regulator of erythropoiesis besides microenvironmental effects. Sometimes the existence of other humoral regulating factors, active over longer distances, was claimed.

To test whether 1. ineffective erythropoiesis is to be assumed, 2. there are other humoral regulators of erythropoiesis besides EPO a mathematical model of the murine erythropoietic system was constructed with all erythropoiesis effective and with EPO as only humoral regulator, regulating differentiation. Microenvironmental influences were incorporated as regulators of proliferation.

Since a model is more likely to reflect reality if it can reproduce more and different conditions, the model was used to simulate bleeding, hypertransfusion, hypoxia, injection of EPO or hydroxyurea, irradiation, and combinations thereof. Almost all experimental data points could be reproduced within experimental error margins and the model predicted effects that could later on be experimentally verified. It may thus be concluded that the model reflects reality quite closely.

Thus there seems to be no necessity to assume any ineffective erythropoiesis and other humoral regulators of erythropoiesis besides erythropoietin, if they exist, have negligible effects.

BIO-CHEMISCHE BOND-GRAPHEN. ANWENDUNG AUF KALZIUM-PROZESSE IN MUSKELN.

J.J. VAN DIXHOORN, T.U. TWENTE, ENSCHEDE, NIEDERLANDE

1. Physikalische System Theorie.

Die Methode der Bond Graphen ist eine Antwort auf den Wunsch nach eine
Einheitliche Modellierungsmethode für Technisch-Physikalische Systeme. In der
heutigen Lage gibt es eine vollständige Divergenz zwischen Disziplinen wie
Mechanik, Elektrische Netzwerk Theorie, Transport Phänomene, Reaktions
Kinetik oder Thermodynamik. Für Spezialisten ist dies eigentlich kein
Problem. Fur interdisziplinare Forscher aber ist es ein groszer Nachteil dasz
es in diesen Gebieten keine gemeinschaftliche Konzepten gibt und dasz keine
einheitliche Sprache verwendet wird auszerhalb der Mathematik. Auch in der
Bildung, wo die interdisziplinare system Modellierung und dynamische
Simulation immer wichtiger wird, macht sich dieses Problem ganz stark fühlbar.
In einzelnenGebieten,z.B. in der Akustik und in der Wärmeleitung haben analoge
elektrische Netzwerke eine gewisse Anwendung gefunden. Ein Netzwerk zeigt in
klarer Weise Elemente mit präzisen Eigenschaften auf, wie R, C und L, die
verknüpft sind durch eine Struktur, wofür (Kirchhoff) Gesetze gelten. Zudem
sind die elektrische netzwerk Analyse und die zugehörigen systematische
Berechnungsverfahren weit entwickelt worden. In anderen Gebieten wie die
Genannten aber ist die elektrische Netzwerk Darstellung mit seineninhärenten
elektrischen Begrenzungen niemals als einheitliche Sprache akzeptiert worden.
Die Darstellungsweise mit Bond Graphen ist eine generalisierte Netzwerk-
Notation worin z.B. mechanische und elektrische Systeme ebenbürtig und
physikalisch klar dargestellt werden können. Die Methode ist in der U.S.A. in
den Jahren '60 von Paynter, Karnopp und Rosenberg entwickelt worden für
Unterricht und Forschung von physikalischen dynamischenSystemenund wird in
Europa zumal in der Niederlande seit 1970 (T.U.Twente) und die letzten Jahren
auch an Fachhochschulen mit viel Erfolg angewand. Im Anfang der siebziger
Jahre hat Katchalsky den Stosz dazu gegeben um chemische Reaktionen und die
Thermodynamik im Bereich dieser physikalischenSystem-Theorie zu bringen. Für
die Thermodynamik, die man als die erste makrophysikalische ystem-Theorie
betrachten kann, war das ein ganz logischer Schritt. Die Hauptsätze der
Thermodynamik gehören zu den grundlegenden Einschränkungen (und Stützen!)
womit eine physikalische System-Theorie sich vom bloszen mathematischen
Modellieren unterscheidet. Das Konzept der Bond Graphen stellte sich als sehr
günstig heraus für die notwendige Darstellung von Energie-speichernden
Subsystemen mit mehrerenEingängen("mehrtor-Speicher")die Gibbs' Fundamental
Gleichung gehorchen als auch für die Darstellung von mehrtor dissipative
Subsystemen. Es ist Breedveld (Diss.Twente, 1984) neulich gelungen ein
Generalisiertes bond graphen Konzept zu formulieren womit lückenlos
Konvektive Systeme wie auch 3-dimensionale Mechanische und elektro
magnetische Feldsysteme dargestellt werden können. Dieses Konzept wird im
Folgenden in einfacher Weise verwendet. Ein kompletter Literatur Hinweis
erscheint im Journ. Franklin Inst. end 1984.

2. Bond Graphen.

Ein Physikalisches System wird modelliert mit idealen System-Elementen,die
entweder Energie versorgen, speichern, dissipieren oder verwandeln. Die
Elemente werden mit den Buchstaben S, C, RS, TF und GY angedeutet. Jedes
Element hat ein oder mehr Tore wodurch es Energie mit anderenElemente
auswechselt (fig.1). Eine Verbindung zwischen zwei Torenwird Bond (= Bindung)
genannt. Ein Bond wird auf eine charakteristische Weise gezeichnet, nämlich
mit einem halben Pfeil. Dieserzeigt in die Richtung worin der Leistungsflusz
positiv genommen wird. Zu jeden Bond gehören zwei energetisch Konjugierte
Variabelen, deren Produkt die Leistung durch den Bond ist; sie werden Effort
und Flow (e und f) genannt. Thermodynamisch kommen sie überein mit der
intensive Variabele und mit der Abgeleitete nach der Zeit der extensive
Variabele. Diese Extensität wird q (quantität) genannt, also $f = dq/dt$ (Fig.2)

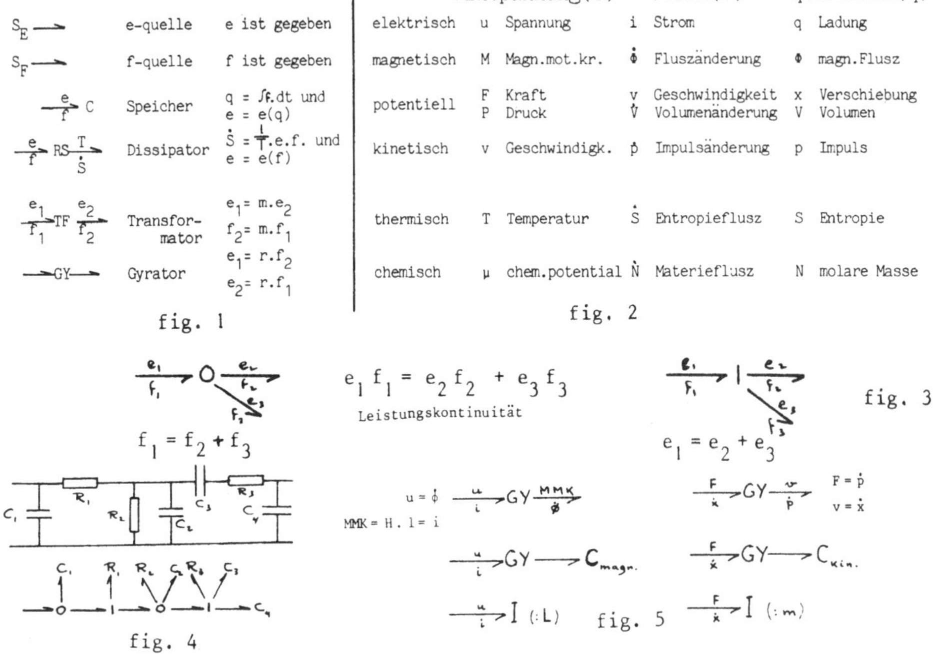

Eine Verbindung zwischen drei oder mehr Elementenist möglich mit Hilfe einer
"Junktion". Normaler Weise genügen zwei Typen: die 0-(Null)Junktion
(elektrische parallel-schaltung) für Verbindungen wo alle Bonds eine
gemeinschaftliche e-Variabele haben und die 1-(Eins)Junktion mit
gemeinschaftlicher f-Variabele (elektrische serien-schaltung).
Aus der Leistungskontinuität folgt dasz bei einer Null-Junktion sich die
f-Variabelen (ströme) den halben Pfeilen gemäsz addieren. Das selbe gilt an
einer Eins-Junktion für die e-Variabelen (generalisierte Kirchhoff Gesetze)
(fig. 3).
In fig.4 ist, wie elektrisch üblich, das thermische Bereich vernachlässigt
wodurch die zweitor RS-Elemente sich zu eintor Widerstände reduzieren. Fig. 1
und 2 zeigen daszmit Ausnahme der C-Elemente alle sonstige Elemente eine
direkte Relation festlegen zwischen den Leistungsvariabelen e und f. Für das
Speicher Element entsteht eine solche in zwei Stufen:
a. Es gibt ein allgemeines Konservierungsgesetz fur die zugehörige physikalische quantität oder extensität (q): q = q(o)+∫f.dt.
b. es gibt eine spezifische konstitutive Relation für das betrachtete Element
   womit die e-Variabele oder Intensität als Funktion der gespeicherte Extensität beschrieben wird: e = e(q) oder linear e = q/C.
Die gespeicherte Energie ist nur eine Funktion der Extensität, E(q). Der
Unterschied zwischen extensivenund intensivenVariabelen zeigt sich sehr klar
beim Gleichgewicht zwischen zwei Speichern,wobei die Ströme null sind, die
Extensitäten irgend einen Wert haben und die Intensitäten gleich sind.
In ein physikalisch-technisches System können verschiedene Kupplungen zwischen
zwei Bereichenexistieren. Zwei, zwar allgemeine, dennoch spezielle Sorten sind
die elektromagnetische und die potentiell-kinetische Kupplung. Beide
kennzeichnen sich durch eine Verwechslung der e- und f-Variabelen, wie z.B.
verursacht durch Newton's zweites Gesetz dp/dt=F, gültig fur eine <u>Konstante</u>
Masse. Die Verwechs lung wird modelliert mit einem Einheits-Gyrator, auch
Symplektischer Gyrator genannt, wegen der symplektischen Struktur der
elektromagnetischen und mechanischenSysteme.
Fig. 5 zeigt wie ein C-Element und ein GY zusammengenommen werden können so
dasz ein neues Speicher Element "zweiter Art", I-Element genannt, entsteht.
Eine solche Elimination des GY ist zwar sehr oft möglich aber nicht immer,
z.B. nicht im Fall offener Systeme mit Konvektiertem Impuls .

3. Mehrtor Energie Speicher.

Es ist manchmal nicht möglich reversibele Energiespeicherung mit nur einer extensiven Grösze zu beschreiben. Ein einfaches elektrisches Beispiel ist das Kondensatormikrophon, fig.6, wo zwei strömen, x und i zur Speicherung von den Extensitäten x und q führen. Die Energie E = E (x,q) und auch beide Intensitäten u und F sind in einem solchem Fall in Prinzip von beiden gespeicherten Extensitäten abhängig.

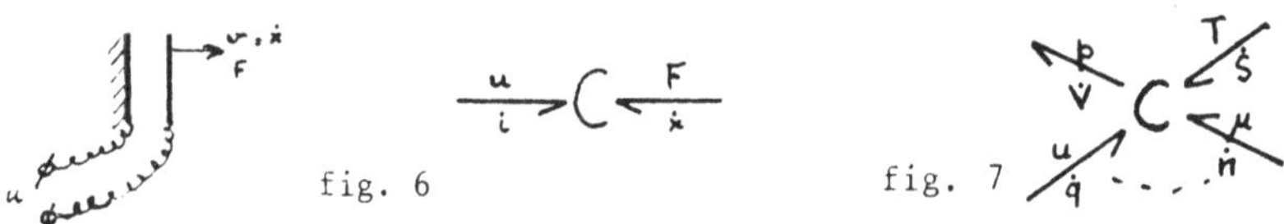

Im allgemeinen Fall(fig.7) können alle konservierte Gröszen (wie V, S, q, N ...) gespeichert sein und wird die gespeicherte Energie beschrieben mit einem Gibbs' Funktion:
$$E=E(q_i)=E(V,S,q,N_1...N_n)$$
mit der zugehörigen Gibbs' Fundamental Gleichung:
$$dE = \sum_i e_i\, dq_i = -p.dV + T.dS + u.dq + u_1\, dN_1 +...+ u_n\, dN_n$$
Hierin sind die i Gleichungen $e_i = \delta E(q_1...q_n)/\delta q_i = e_i (q_1...q_n)$

wodurch jede Intensität als Funktion aller Extensitäten beschrieben wird, die Konstitutiven Relationen der Mehrtor-Speicher. Das C-Element zeigt an seinen Tore die Energie Ausdrücke wie -p.dV (die p,V̇ wird mit einem halben Pfeil die vom C-Element weg weist), T.dṠ (die T,Ṡ wird) u.s.w.

Wenn die Mehrtor Kapazität an seinem p, V Bond mit einem Konstanten Druck verbunden wird, dann wird sich bei jeder Änderung an anderen Bonds das Volumen änder n und wird eine Energie in der Form von Arbeit dA = p.dV = d (p.V) mit der Druckquelle ausgetauscht werden. Es ist oft praktisch die Druckquelle und d zugehörigen Energie-austausch nicht explizit im System auf zu nehmen, das heiszt hier den Bond weg zu lassen und für die pV-Arbeit zu korrigieren durch die Enthalpie Funktion H = E + pV an zu wenden. In dieser Konfiguration trifft anstatt das Konservierungsgesetz für Energie ein solches für Enthalpie zu.

Für Prozessen die bei Konstante p und T statt finden kann der TS Bond auch weggelassen werden und trifft ein Konservierungsgesetz zu für die Gibbs' Freie Energie Funktion G = E + pV - TS

4. Chemische Kapazität.

Für Chemische Reaktionen bei Konstantem p und T ist G die geeignete Energie-Funktion. Wenn es k Reagenzen und Produkte gibt in einer Konzentrierten Lösung mit Volumen V dann kann das System mit k extensiven Variabelen beschrieben werden $N_1 .. N_k$ (molen pro Substanz) und gibt es k intensive Variabelen $\mu_1 ...\mu_k$ wobei $dG = \mu_1\, dN_1 + ..\mu_K\, dN_K$ und $\mu_i = \delta G/\delta N_i$

In einer konzentrierten Lösung ist ein Potential u nicht nur von seiner eigenen Konzentration $c = N/V$ abhängig sondern auch von allen anderen. Das heiszt dasz die Substanzen zusammen eine Mehrtor-Kapazität bilden. In einer verdünnten Lösung können die Kupplungen vernachlässigt werden und kann das System mit k unabhängigen Eintor-Kapazitäten repräsentiert werden, wovon jeder eine Konstitutive Relation $\mu=\mu(N)$ hat, die von der Form $\mu=\mu o+RT\log c$ sein wird, mit c = N/V. Wenn die Reaktion bei veränderlicher Temperatur statt findet können die Substanzen im Fall verdünnter Loesungen mit Zweitor C-Elementen abgebildet werden. Die konstitutive Relation am T,S-Tor: f(T,S,N)=0 impliziert dann auch ihre entropische("wärme")Kapazität!

5. Dissipation und Chemische Reaktion.

Ein Eintor R-Element (fig.8)(z.B.ein elektrischer Wiederstand) definiert eine ungerade algebraische Relation zwischen e und f. In übereinstimmung damit findet für alle Werte von f eine irreversibele Dissipation der Leistung e.f statt, d.h. eine Umformung in thermische Leistung $T.\dot{S}$. Weil T (Kelvin) positiv ist wird $\dot{S}$ immer nicht-negativ sein und wird Entropie produziert, also nicht konserviert werden. Für alle andere Systemelemente gilt ein Konservierungsgesetz für Entropie.

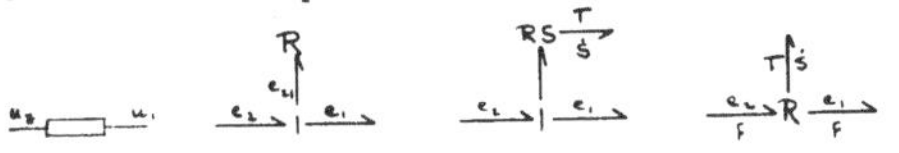

fig. 8

fig. 9

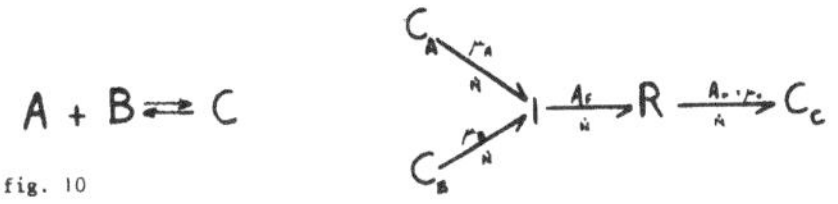

fig. 10

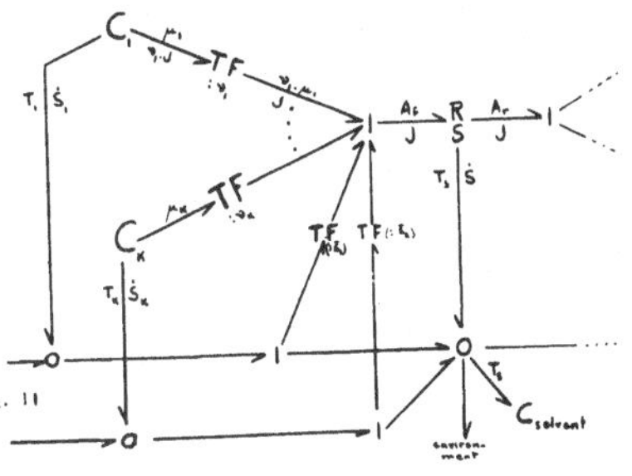

fig. 11

In der üblichenKonfiguration hängt der Strom durch ein R-Element von einer e-(potential-) Differenz ab, die an einer 1-Junktion entsteht. Das R-Element hat also nur ein Tor mit der Variabele$e_2 - e_1$. Es gibt aber Fälle worin der Strom nicht von $e_2 - e_1$ abhängt aber eine Funktion ist von zwei oder mehr individuellen Potentiale$f = f(e_2, e_1)$. Dies ist der Fall bei Strahlung und bei chemischen Reaktionen. Im Bond Graphen ist das R-Element also nicht mit einem 1-Junktion verbunden aber es braucht ein separates Tor für e_2 und e_1.
Eine einfache Reaktion (fig.9) kann nun representiert werden mit zwei C-Elementen für die chemischen Substanzen A und B und mit einem R-Element für die Reaktion. Beide C-Elemente haben eine konstitutive Relation zwischen ihr chemisches Potential und ihre molen Anzahl, z.B.$\mu_A = \mu_{A,o} + RT \log N_A /V$

Das R-Element definiert die Reaktions Kinetik, z.B.:
$$\dot{N} = f(\mu_A, \mu_B) = K_f \exp(\mu_A - \mu_{A,o})/RT - K_r \exp(\mu_B - \mu_{B,o})RT = K_f.c_A - K_r.c_B$$
Das $(\mu, \dot{N})$ variabelen Paar gibt die thermodynamisch (energetisch) korrekte Formeln aber das $(c, \dot{N})$ Paar gibt einfachere Ausdrücke. Die produzierte Entropie, die immer positiv ist, ist $\dot{S} = (\mu_A - \mu_B)\dot{N}/T$

Die chemische potential Differenz ist also immer noch eindeutig verbunden mit der Richtung worin die Reaktion geht! Bei Reaktionen mit mehr Komponenten(fig. 10) wird eine 1-Junktion verwendet um die Gleichheit der Reagenzströme $\dot{N}_A$ und $\dot{N}_B$ ab zu bilden. Folglich ist der vorwärts Potential oder vorwärts Affinität A_f die Summe der Potentiale und am R-Element wird $\dot{N} = f(A_f, A_r)$.
Man kann in diesem Fall die 1-Junktion auch als multiplizierender statt summierender Operator betrachten und aus dem Graphen ablesen $\dot{N} = K_f.c_A.c_B - K_r.c_C$

Fig. 11 zeigt ein mehr allgemeinen Fall mit Reaktions-stoichiometrie und thermischen Eigenschaften. Die stoichiometrische Koeffiziente v der Reaktanten und Produkten sind Transformatoren TF mit Übersetzungsverhältnissedie diesen Koeffizente gleich sind. Wegen der inhärente Leistungskontinuität dieser Transformatoren resultieren an die Sekundarseiten Efforts von der Grösze $v.\mu$ die an dem 1-Junktion addiert werden und A_f ergeben. Es ist interessant zu sehen dasz es in dem thermischen Gebiet zwei Typen Entropieflüsse gibt. Die dissipierte Leistung $(A_f - A_r).J$ kommt direkt von der Reaktion RS und flieszt als Entropiestrom nach der entropischen Kapazität C_s der Lösung, die eine Temperatur T_s hat. Auszerdem wird durch Konvektion aus jedem Reaktant ein Entropiestrom $\dot{N}_i.\bar{s}_i$ weggezogen ($\bar{s}$ = spezifische Entropie), die aus dem thermischen Tor des C-Elementes flieszt. Die Proportionalität zwischen Massenstrom und Entropiestrom wird jemals gewährleistet von einem konvektiven Transformator TF, der zwischen zwei 1-Junktionen geschaltet ist.

6. Bond Graphen vom Kalzium - Modell einer Rattenmuskel.

Der Kraftproduktion im Skelettmuskel einer Ratte ist experimentell und mit
einem Simulationsmodell studiert worden von Wallinga-de Jonge (diss. Twente
1980). Ein Teil Ihrer Arbeit, der sich befaszt mit der Dynamik der Abgabe und
Aufnahme von Kalzium-Ionen nach einem Aktionspotential, wird hier mit Bond
Graphen wiedergegeben. Fig.12 zeigt die physiologische Struktur in einem Muskel
Faser.

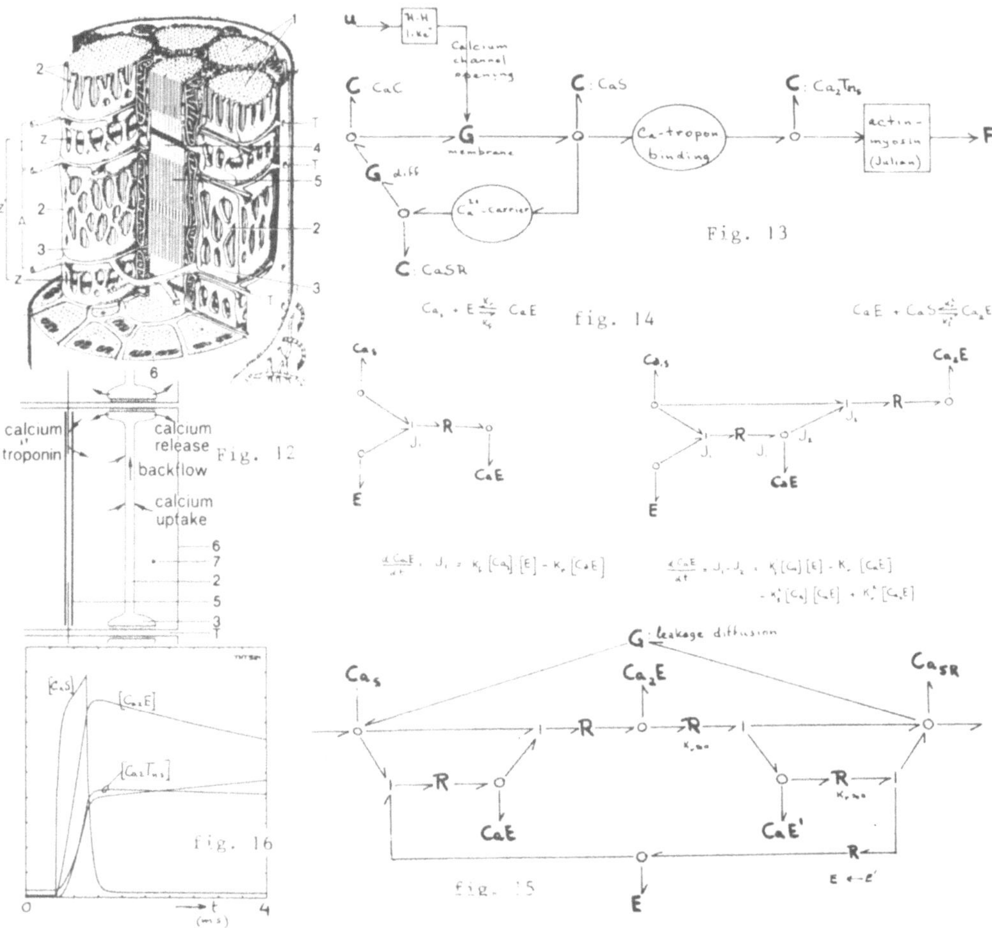

Im globalen Bond Graphen (fig.13) deuten die vier C-Elemente die dominante
Kalzium Speicher an: Cisternae, Sarcoplasma, Langes Sarcoplasmatisches
Reticulum und Ca-Troponin Komplex. Das System zwischen Kalzium in Zisternen
und das an Troponin gebundenes Kalzium wird als völlig interaktiv, also mit
Bonds, beschrieben. Die Kraftentwicklung wird mit einem rückwirkungsfreiem
Eingang-Ausgang-Modell nach Julian repräsentiert. Die fig.14-15 zeigen den
Mechanismus, der in fig.13 mit dem linken Oval angedeutet ist, in Detail. Das
Modell des Träger-Transportes (fig.15) ist aufgebaut mit Hilfe der erste enzym
Reaktion (fig.14a) die nachher erweitert wird (fig.14b). Die Zirkulation des
Trägerenzyms infolge der zwei nicht-gleichgewichts Reaktionen (K_r~o) und die
Mitführung des Kalziums bergauf ist in fig. 15 angegeben, wobei auch die
Leckströmung infolge Diffusion von höherer zur niedrigeren Konzentration
sichtbar ist. Fig.16 gibt eine Simulation met THTSIM der Kraftentwicklung nach
einem Aktionspotential. Eine Erweiterung des Modells mit dem thermischen
Bereich ist möglich.

MODELLBILDUNG UND SIMULATION DER HERZFREQUENZ UNTER BELASTUNG

F. Breitenecker, J. Kaliman, G. Reisner

Institut für Technische Mathematik, Technische Universität Wien
Gußhausstraße 27-29, A-1040 Wien

Der Beitrag stellt ein regelungsmathematisches Modell vor, das die Erhöhung der Herzfrequenz bei physischer Belastung beschreibt. Das Modell wurde mit Hilfe der (hybriden) Simulationssprache HYBSYS simuliert und identifiziert, wobei 98 ergometrische Meßreihen zur Verfügung standen. Interessante Korrelationen zwischen Modellparametern (Zeitkonstante, Verstärkungsfaktoren) und physiologischen Parametern (Alter, Gewicht, Größe, Erwartungswerte für maximale Leistung und maximalen Puls) werden aufgezeigt.

A mathematical model based on a control theory- approach describes the behaviour of heart rate during physical load. The model was simulated and identified using the (hybrid) simulation language HYBSYS, where 98 measured ergometric time series were available. Interesting correlations between model parameters (time constants, gain factors) and physiological parameters (age, weight, expectation for maximal load and maximal heart rate) are shown.

1. EINLEITUNG

Physische Belastung führt zu einer Erhöhung des Energieumsatzes, der mit einem erhöhtem Sauerstoffbedarf verbunden ist. Diesem erhöhten Bedarf muß das Blutkreislaufsystem durch schnelleren Sauerstofftransport gerecht werden. Unter den Kenngrößen des Blutkreislaufsystems ist das Herzminutenvolumen (Produkt aus Puls und Schlagvolumen) jene, die den aktuellen Energiebedarf am besten charakterisiert. Bei Belastung in liegender Körperposition bedingt größtenteils die Pulsbeschleunigung die Erhöhung des Herzminutenvolumens, Belastung in aufrechter Körperlage führt zu gleichzeitiger Erhöhung von Puls und Schlagvolumen und damit zur Erhöhung des Herzminutenvolumens (/NEIL76/).
Für Modellbildung bietet sich damit als Beschreibungsgrundlage der Zusammenhang physische Belastung - Herzfrequenz, die beide leicht meßbar sind, an. Statisch betrachtet ist dieser Zusammenhang nahezu linear (/SELI69/). Analysiert man ihn dynamisch, so sind zwei Komponenten für die Erhöhung der Herzfrequenz verantwortlich: zu Beginn der Belastung eine rasch eintretende Vagushemmung und in der Folge eine wesentlich langsamer verlaufende Symphaticusreizung (/HAJE80/).

2. DAS MATHEMATISCHE MODELL

Das System "Belastung - Puls" kann daher in zwei Teilsysteme zerlegt werden, wobei das erste Teilsystem die schnelle nervale Vaguskomponente ("feedforward"-Komponente) beschreibt und das zweite die langsame neurohumorale ("feedback"-) Komponente (Abb.1). Ist man an einem Modell für den prinzipiellen physiologischen Mechanismus interessiert, so muß vor allem das "langsame" Teilsystem, in dem unter anderem Katecholamine und biochemische Einflüsse auf den Sinusknoten wirken, weiter zerlegt werden; außerdem muß zusätzlich die Pulsdruckkurve modelliert werden. Interessiert man sich nur für den Zusammenhang Belastung - Puls, so bieten sich innerhalb der beiden Teilsysteme regelungsmathematische Methoden zur Beschreibung an; diese als "concept- fitting" bekannte Methode stellt sich auch bei der Beschreibung anderer metabolischer Prozesse als erfolgreich heraus (/BREI83/, /BREI84/, /TROC84/).

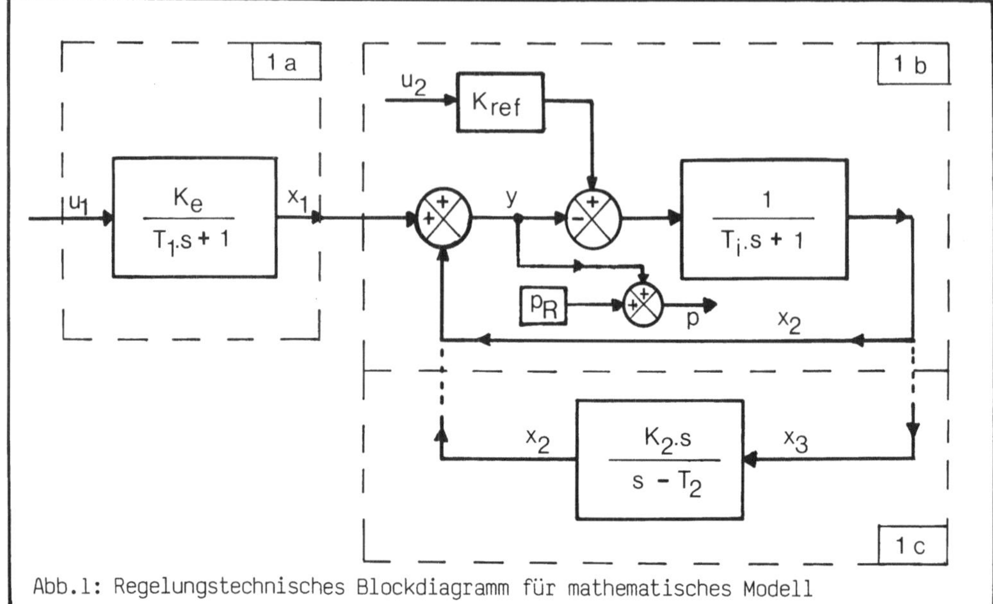

Abb.1: Regelungstechnisches Blockdiagramm für mathematisches Modell

Die schnelle feedforward- Komponente (Abb.1a, Zustandsgröße $x_1(t)$ ($[s^{-1}]$), Eingangsgröße $u_1(t)$ = "Indikator für Belastung" (dimensionslos)) wird interessanterweise allein durch das Auftreten einer Belastung (und nicht durch ihre Form und Größe) aktiviert, was durch die lineare Differentialgleichung

$$T_1 \cdot \dot{x}_1 = -x_1 + K_e \cdot u_1 \tag{1}$$

charakterisiert werden kann, indem bei Belastung $u_1=1$ gilt und $u_1=0$ sonst. Die langsame Komponente (Abb.1b, Zustandsgröße $x_2(t)$ ($[s^{-1}]$), Eingangsgröße $u_2(t)$ = quantitative Belastung ($[W]$)) reagiert auf Stärke und Form der Belastung unter Berücksichtigung eines Feedbacks der Pulserhöhung $y(t)$ ($[s^{-1}]$) :

$$T_i \cdot \dot{x}_2 = K_{ref} \cdot u_2 - y \; , \qquad y = x_1 + x_2 \; , \qquad p = y + p_R \tag{2}$$

Der Puls $p(t)$ selbst ergibt sich damit als Summe aus Ruhepuls p_R und Pulserhöhung $y(t)$. Die Parameter T_i und T_1 sind Zeitkonstante ($[s]$), der Verstärkungsfaktor K_{ref} ($[s^{-1}W^{-1}]$) charakterisiert die Erhöhung des Pulses bei Belastung von 1 W, K_e ($[s^{-1}]$) verstärkt den Effekt der Vagushemmung. Da die Parameter T_1, T_i, K_{ref}, K_e nur positive Werte annehmen, ist das dynamische System (1),(2) (vollständig) steuer- und beobachtbar (/HAJE80/).

Für die langsame Komponente kann auch das genauere Modell (Abb.1c, Zustandsgrößen $x_2(t), x_3(t)$ ($[s^{-1}]$), /HAJE80/)

$$\dot{x}_2 = T_2 \cdot x_3 + K_2 \cdot \dot{x}_3 \; , \qquad T_i \cdot \dot{x}_3 = y - x_3 + K_{ref} \cdot u_2 \tag{3}$$

verwendet werden, das allerdings für die Beschreibung des Zusammenhanges Belastung – Puls keine signifikante Verbesserung bringt.

3. SIMULATION UND IDENTIFIKATION

Die mathematischen Modelle (1),(2) und (1),(3) wurden mit Hilfe der (hybriden) Simulationssprache HYBSYS (/SOLA82/) simuliert und identifiziert. HYBSYS - entwickelt am Hybridrechenzentrum der TU Wien - erlaubt Beschreibung und Untersuchung dynamischer Systeme in einfacher, effizienter und hardware- unabhängiger Weise. HYBSYS, das von einem hybriden time-sharing - System (MACHYS) unterstützt wird (/KLEI82/), arbeitet im Falle analoger Integration mit Autopatch und automatischer Skalierung. Erweiterte Makro- Features machen es möglich, die Sprache um weitere aktive oder passive Befehle zu erweitern, die beliebige FORTRAN- Unterprogramme aufrufen; diese können u.a. wieder HYBSYS- Aktivitäten starten (rekursive Technik). Zur Untersuchung und Identifikation der Modellparameter T_1, T_i, K_e, K_{ref} wurden 98 Meßreihen verwendet, die mit Standard- Ergometrie (Fahrradergometer, /NIED82/) an der Kardiologisches Universitätsklinik der Universität Wien ermittelt wurden. Zusätzlich standen zu jeder Meßreihe noch die physiologischen (statischen) Parameter Alter, Größe, Gewicht und daraus abgeleitet der (durchschnittliche) Erwartungswert für die maximale Wattleistung (E_{maxL}) und für den maximalen Puls (E_{maxP}) zur Verfügung (/NIED82/).

Zur Berechnung der Modellparameter für eine Meßreihe wird zunächst von einem speziellen Makro eine Tabelle mit den Meßwerten von einem externen Datenfile geladen. Unter der Annahme $T_1=T_i/10$ (/HAJE80/), die verifiziert werden konnte, werden dann die unbekannten Parameter K_{ref}, K_e, T_i durch Minimierung der Fehlerquadratsumme berechnet. Dies geschieht teilweise durch hierarchische Parametervariation, teilweise durch Optimierung nach dem Verfahren von Newton-Powell, beides Standard-Features in HYBSYS . Durchschnittlich waren zur Identifizierung der Parameter für eine Meßreihe 40 Simulationsläufe nötig. Mit einem weiteren Makro werden die identifizierten Parameter für spätere statistische Auswertung abgespeichert. Abb.2 zeigt Belastungskurve, Meßkurve und angepaßte Modellkurve für eine Meßreihe.

Bei Untersuchungen mit dem komplexeren Modell (1),(3) stellt sich heraus, daß einer der zusätzlichen Parameter (K_2 oder T_2) relativ willkürlich geändert werden kann, ohne die Güte der Anpassung Meßkurve- Modellkurve signifikant zu ändern. Da damit einerseits mehr keine physiologische Interpretation der Modellparameter möglich ist und andererseits die Fehlerquadratsumme um maximal 7% verkleinert wurde, wurde auf weiter Verwendung des komplexen Modelles verzichtet.

4. ERGEBNISSE

Unter Verwendung von Modell (1),(2) wurden für alle 98 Meßreihen die Modellparameter K_{ref}, K_e, T_i ($T_1=T_i/10$) ermittelt. Es ergaben sich die Mittelwerte $K_{ref}=0.80\pm0.33$ ($[s^{-1}W^{-1}]$), $K_e=11.4\pm7.2$ ($[s^{-1}]$), $T_i=4.31\pm1.25$ ($[s]$). Die physiologischen Parameter der Meßreihen hatten die Mittelwerte Alter=42.5$\pm$ 12.8 ($[$Jahre$]$), Größe=173.9$\pm$8.3 ($[$cm$]$), Gewicht=76.4$\pm$12.8 ($[$kg$]$), E_{maxL}=177.1$\pm$35.8 ($[$W$]$, Erwartungswert für maximale Leistung), E_{maxP}=172.5$\pm$7.3 (Erwartungswert für maximalen Puls, $[s^{-1}]$).

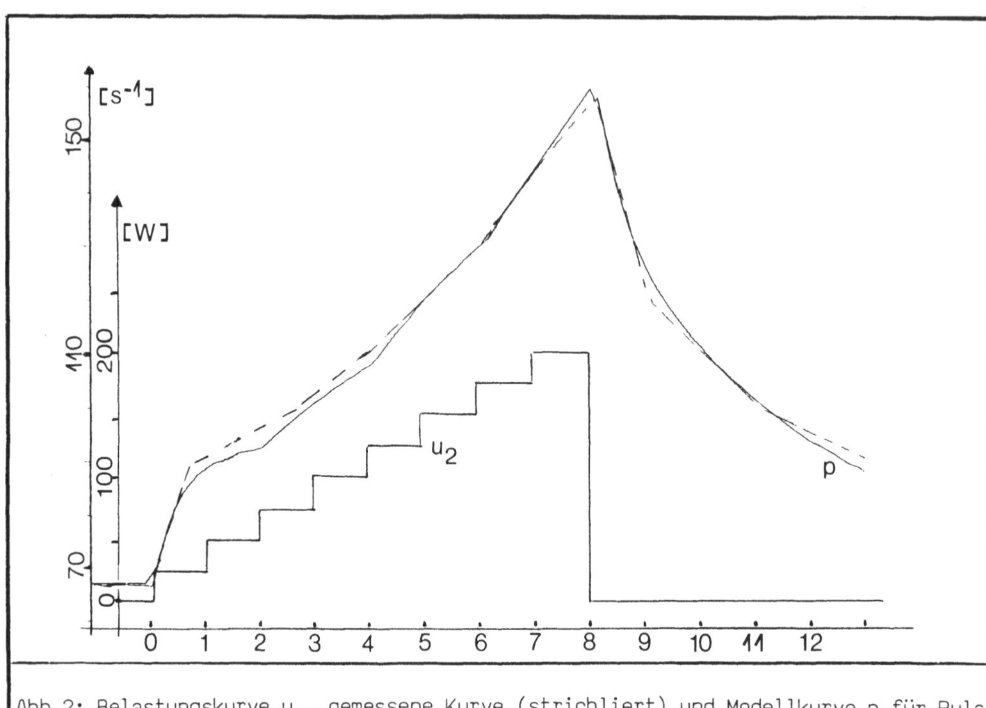

Abb.2: Belastungskurve u_2, gemessene Kurve (strichliert) und Modellkurve p für Puls

Die Korrelationen zwischen Modell- und physiologischen Parametern einerseits und innerhalb der Modellparameter andererseits können in a)große (>0.25), b)kleine (<0.25) und c)"keine" (<<0.1) Korrelationen eingeteilt werden (Abb.3):

a) K_{ref}-Gewicht (-0.47), K_{ref}-Größe (-0.49), K_{ref}-E_{maxL} (-0.44), K_{ref}-K_e (0.31)

b) K_e-Alter (-0.14), K_e-Größe (-0.16), K_e-E_{maxP} (0.11), T_i-K_e (0.22), K_{ref}-T_i (0.18)

c) T_i-E_{maxP}, T_i-E_{maxL}, T_i-Alter, T_i-Größe, K_e-E_{maxL}, K_e-Gewicht, K_{ref}-E_{maxP}, K_{ref}-Alter

Die Korrelationstabelle (Abb.3) zeigt noch eine starke Korrelation zwischen Alter und E_{maxP} und zwischen Größe, Gewicht, Alter und E_{maxL}, was auf die statistischen ergometrischen Tabellen zurückzuführen ist, die die Erwartungswerte dementsprechend berechnen.

Die starke negative Korrelation K_{ref}-E_{maxL} stellt eine interessante Beziehung zwischen der Fitness einer Person und der Reaktion der neurohumoralen Komponente her: je fitter, desto geringer der Effekt der Belastung. Die starken Korrelationen K_{ref}-Größe, K_{ref}-Alter können wegen der vorher erwähnten ergometrischen Zusammenhänge ähnlich interpretiert werden. Die positive starke Korrelation K_{ref}-K_e zeigt, daß ein stärkerer Effekt der Belastung auf die neurohumorale Komponente einen stärkeren Effekt auf die nervale Komponente induziert (und umgekehrt). Die Zeitkonstanten T_i und T_1 sind schwach positiv mit K_{ref} korreliert; Verkleinerung von K_{ref} ("mehr Training") führt zu Verkleinerung der Zeitkonstanten, was eine schnellere Reaktion beider Komponenten bedingt. Die schwache Korrelation von K_e bezüglich Alter und E_{maxP} kann mit einer Verminderung der Vagushemmung bei älteren Personen gedeutet werden. Die fehlende Korrelation zwischen Zeitkonstanten und physiologischen Parametern deutet darauf hin, daß insbesondere die Reaktionsgeschwindigkeit der neurohumoralen Komponente relativ unabhängig von Alter, Größe,.. ist. Ähnliches gilt für den Modellparameter K_e, der den Effekt einer Belastung auf die vervale Vaguskomponente verstärkt.

Zusammenfassend kann die negative Korrelation K_{ref}-E_{maxL} als signifikanteste zwischen Modell- und physiologischen Parametern gesehen werden; sie setzt die "Fitness" einer Person (Maß aus Größe, Alter, Gewicht) in Beziehung zu jenem Faktor, der den Effekt der Belastung auf die neurohumorale Komponente verstärkt. Daraus folgt z.B., daß Training den Bedarf der Muskulatur (unter Belastung) an neurohumoralen Transmittersubstanzen vermindert.

KORRELATIONSMATRIX

	Alter	Gewicht	Groesse	E_{maxL}	E_{maxP}	T_i	K_{ref}	K_e
Alter	1.000	0.168	-0.181	-0.527	-0.969	0.051	-0.031	-0.144
Gewicht		1.000	0.474	0.538	-0.153	0.144	-0.475	-0.028
Groesse			1.000	0.474	0.188	-0.046	-0.494	-0.168
E_{maxL}				1.000	0.540	0.057	-0.449	0.015
E_{maxP}					1.000	-0.076	0.012	0.099
T_i						1.000	0.187	0.229
K_{ref}							1.000	0.312
K_e								1.000

Abb.3: Korrelationsmatrix für Modell- und physiologische Parameter

LITERATUR

/BREI83/ Breitenecker F., Kaliman J.: Simulation and analysis of pathological blood pressure behaviour after treadmill test in patients with coarctation of the aorta. Informatik-Fachbericht 56, Springer, Berlin.

/BREI84/ Breitenecker F., Kaliman J., Ettl W.: Results of modeling and simulating pathological blood pressure behaviour in patients with coarctation of the aorta. Proc. Int. IMACS Conf. "European Simulation Meeting on Simulation in Research and Development", August 27-30, Eger, Hungary.

/HAJE80/ Hajek M., Potucek J., Brodan V.: Mathematical model of heart rate regulation during exercise. Automatica 3, 1980.

/KLEI82/ Kleinert W., et al.: The hybrid time-sharing system MACHYS at the Technical University Vienna. Informatik-Fachbericht 56, Springer, pp 234, 1982.

/NEIL76/ Neill W.A.: Regulation of cardiac output. Clinical Cardiovascular Physiology, ed.H.J.Levine, Grune and Stratton, New York.

/NIED82/ Niederberger M.: Prinzipien der Ergometrie. Herz 4, 1982.

/SELI69/ Seliger V., Wagner J.: Evaluation of heart rate during exercise on a bicycle ergometer. Physiol.Bohemoslov. 18, pp 41.

/SOLA82/ Solar D., Berger F., Blauensteiner A.: HYBSYS - interactive simulation software for a hybrid multiple- user system. Informatik- Fachbericht 56, Springer, pp 257.

/TROC84/ Troch I., Breitenecker F., Gampe J., et al.: Modeling by simulation of hepatic glucose production in vitro. Proc.Int. IMACS Conf. "European Simulation Meeting on Simulation in Research and Development", August 27-30, Eger, Hungary.

F. Rattay
Techn. Universität Wien

Einleitung

Durch elektrische Stimulation gelingt es, den Gehörnerv so zu reizen, daß postlingual vollständig ertaubte Patienten gesprochene Sätze mit einer Sicherheit bis zu 90% verstehen können. Von den verschiedenen entwickelten Prothesen sind die des Ehepaars Hochmair der TU Wien besonders hervorzuheben. /1/

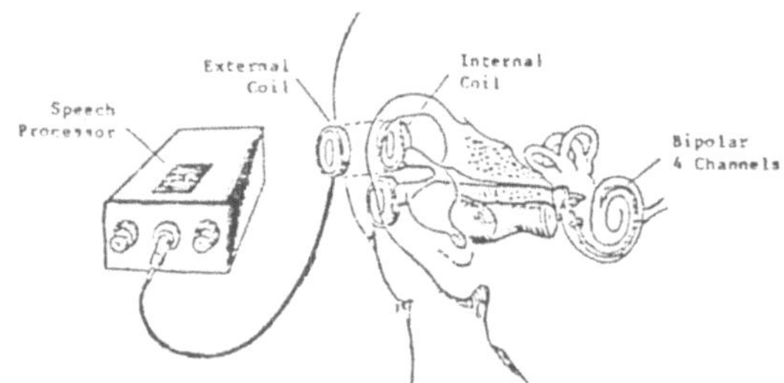

Über einen Sprachprozessor wird das ursprüngliche akustische Signal bezüglich der Amplituden komprimiert und drahtlos an eine eingepflanzte Spule übermittelt, die dann die in der Schnecke liegende Elektrode mit den entsprechenden Potentialen versorgt.

Abbildung 1

Auf die in Abb. 1 dargestellte Weise werden durch den von kugelförmigen Stellen der Elektrode ausgehenden Strom die einzelnen Fasern des nahe liegenden Gehörners angeregt und dadurch wird eine akustische Wahrnehmung vermittelt.

Im gesunden Ohr sprechen die einzelnen Nervenfasern auf akustische Informationen unterschiedlich an. So hat beispielsweise jede Nervenfaser eine charakteristische Frequenz, bei der sie am leichtesten erregt wird. Bei der Stimulation hat die Topologie des Nervenursprungs aber keine Bedeutung und nur die Lage der elektrisch angeregten Stelle bezüglich der Stromquelle scheint die Nervenfasern auszuzeichnen.

Jede Nervenfaser ist von einer dünnen Membran umgeben, durch die im Nerveninneren infolge unterschiedlicher Ionenkonzentration im Ruhezustand ein um 60-70 mV niedrigeres Potential als außerhalb anliegt. Wird dieses Potentialverhältnis kurz gering gestört, so verfällt es anschließend wieder in den Ruhezustand. Erst ein Überschreiten eines gewissen Schwellwertes bewirkt eine weitere Verstärkung der Potentialdifferenz und dieses Aktionspotential (AP) erzeugt einen, die Nervenfaser entlangeilenden, Impuls (Feuern). Nach dem Aufbau eines AP stellt sich in der Refraktärzeit wieder das Ruhepotential ein. Während der Refraktärzeit ist ein Erzwingen eines weiteren AP praktisch nicht möglich, sodaß sich für eine Nervenfaser eine maximale Feuerungsrate von etwa 700 Hz ergibt.

Eine Einzelfaser kann somit nicht die Informationsfülle eines akustischen Signals tragen, sondern dies ist erst durch das Zusammenspiel der etwa 30000 Fasern des Akustiknervs möglich.

In einer Simulation des elektrisch stimulierten Nervs genügt es,die Feuerungszeiten einer Einzelfaser festzuhalten. Nach wiederholtem Durchlauf mit demselben Eingangssignal liefert dann ein Histogramm der Feuerungszeiten die Information des Gesamtstranges, da ja, wie oben erwähnt,die Fasern untereinander bei der elektrischen Anregung kein Individualverhalten zeigen.

Die Grundlage aller Modellbildungen sind die klassischen Hodgkin-Huxley (HH)-Gleichungen, die auf Messungen am Tintenfischnerv beruhen. /2/ 4 nichtlineare gew. DG beschreiben den Zusammenhang zwischen den in eine Nervenfaser fließenden Ionenströmen und dem dabei herrschenden Potentialgefälle in zeitlicher Abhängigkeit. Aus diesem Modell läßt sich ein zweidimensionales ableiten, das bei rechentechnischen Vorteilen im wesentlichen mit HH im Spannungsverlauf und somit im Feuerungsverhalten übereinstimmt,wo aber bis auf die Potentialdifferenz,der direkte Bezug zur physikalischen Interpretation fehlt.

Nervenmodelle

Die klassischen HH-Gleichungen wurden durch Einführen des Signals S sowie durch einen Rauschanteil Km.noise erweitert:

$$I = C.\dot{V} + I_i + S; \quad I_i = g_{Na}m_1^3 m_2(V-V_{Na}) + g_K m_3^4(V-V_K) + g_L(V-V_L) \qquad (1)$$

$$\dot{m}_j = a_j(V)(1-m_j) - b_j(V).m_j + Km.noise \qquad j=1,\ 2,\ 3 \qquad (2-4)$$

dabei bedeutet:

I:	Gesamtstrom durch die Membran
C:	Kapazität der Membran
V:	Potential an der Membran bezüglich der Ruhelage
I_i:	Ionenstrom bestehend aus Natrium + Kalium + Restionen
S:	von der Elektrode kommendes, stimulierendes Signal, das die akustische Information trägt
g_{Na},g_K,g_L:	Leitfähigkeit bezüglich der drei Ionenströme
V_{Na},V_K,V_L:	zugehörige Nernst-Potentiale
m_j:	Wahrscheinlichkeiten für das Öffnen und Schließen der entsprechenden ionendurchlässigen Kanäle in der Membran
a_j,b_j:	Funktionen von V mit exponentiellen Anteilen, genauer zB.in /3/
Km:	Koeffizient für den Rauschanteil
noise:	weißes Rauschen, bezüglich Amplitude und Frequenz gleichverteilt

Da für statistische Auswertungen die Gleichungen sehr oft gerechnet werden mußten, war aus Zeitgründen nur an eine Lösung am Hybridrechner zu denken. Die vielen auftretenden Nichtlinearitäten konnten allerdings nur durch folgende Maßnahmen beherrscht werden:

o Verwenden von Funktionsgebern in den Gleichungen (2-4)

o Ausnützen des Feedback bei den Multiplizierern

o Teilweise vorzeitiges Abschneiden der Spannungsgröße V

o Einführen eines Korrekturgliedes in (1) zur Anpassung des Stationärzustandes

o Kontrolle des Verhaltens durch eine digitale Simulation

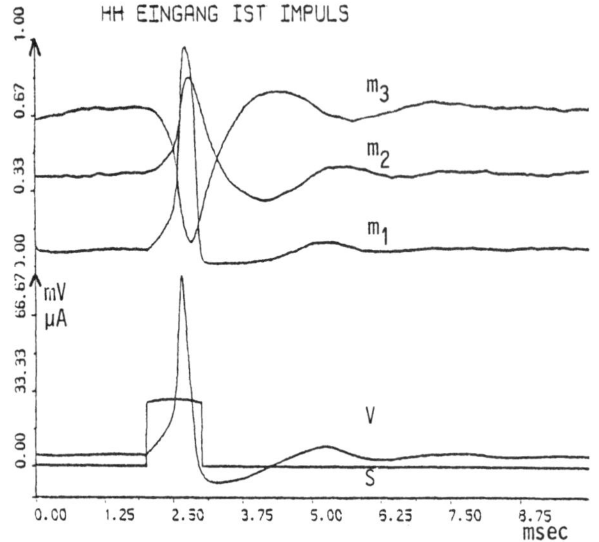

Reaktion des HH-Models auf
ein impulsförmiges Eingangssignal von der Dauer einer
msec. Ein Verdoppeln der Im-
pulsdauer würde ein weiteres
AP bewirken, während ein neg.
Anteil von S bloß ein absenken von V, aber kein AP verursacht.

Abbildung 2

Vergleicht man die vier Lösungskurven V, m_j der Gleichungen (1-4), so zeigt Abb.2 die Ähnlichkeit der Kurvenform von V und m_1, wobei allerdings zu beachten ist, daß die Wahrscheinlichkeit m_1 stets positiv bleibt, während V bei entsprechend lang anhaltendem negativem S stärker absinkt.Weiters zeigt die Abb. 2, daß m_3 etwa mit $1-m_2$ übereinstimmt, sodaß es naheliegend ist,eine Reduktion des Modells auf 2. Ordnung zu versuchen. Man gelangt dabei zu einer modifizierten Van der Pol'schen Gleichung /4/. Diese Bonhoeffer - Van der Pol - Fitzhugh Gleichung (BVF) hat die Form

$$\dot{x} = c(y + x - \frac{x^3}{3} + S) \tag{5}$$

$$\dot{y} = - (x - a + by)/c + k.noise \tag{6}$$

wobei die Parameterwerte a=0.7, b=0.8, c=3 wie in /4/ gesetzt, das Modell aber noch durch die Terme S und k.noise erweitert wurde. Nach Einführen einer Zeit- und Koordinatentransformation liefert x das Analogon zu V aus dem HH-Modell. Für Anwendungen, in denen es auf die Erregungszeitpunkte ankommt, läßt sich das vierdimensionale HH-Modell doch fast immer mit genügender Genauigkeit durch das BVF Modell ersetzen. Bei hybrider Simulation entfallen dann auch alle oben angeführten Zusatzmaßnahmen um die Nichtlinearitäten genau genug in die Rechnung einbringen zu können.

Modellanpassung

Von Tierversuchen sind folgende Reaktionen einer elektrisch stimulierten Nervenfaser bekannt /5/:

   a) AP entstehen nur während der positiven Anteile des Signals S

   b) die Feuerungszeiten streuen bei gleichem S

   c) die Feuerungszeiten fallen in etwa mit den Maxima von S zusammen (Ausnahme:
      bei niedrigen Frequenzen (unter 400 Hz) kommen Mehrfachfeuerungen vor).

   d) nicht jedes Maximum von S produziert ein AP, es kommt zu Auslassungen.

e) die AP entstehen bei Vergrößern von S häufiger

f) die maximale Feuerungsrate wird erst bei einem Verstärken von S um einen
   Faktor der Größenordnung 10 gegenüber des Schwellwertes erreicht

g) ohne Eingangssignal wird bei zerstörter Gehörsmechanik praktisch kein AP erzeugt.

Durch geeignete Wahl eines Temperaturkoeffizienten in (2-4) bzw. einer entsprechenden Zeittransformation in (5,6), sowie durch Anpassen der Rauschamplitude läßt
sich bis auf f) Übereinstimmung mit dem Tierexperiment in allen Frequenzen erreichen.
(Für Frequenzen über 400 Hz liegen allerdings nur wenige Experimentalergebnisse vor.)

Der Rauschanteil darf schon wegen g) nicht so groß sein, daß Spontanaktivitäten
für S=0 auftreten. Anderseits geht das HH-Model,wie aus Abb. 2 ersichtlich, so rasch
gegen die Ruhelage, daß praktisch wenige msec nach einem AP wieder die Ausgangssitu-
ation erreicht wird. Dadurch setzt im niederfrequenten Bereich trotz Verwenden eines
Rauschanteils gleich nach Überschreiten des Schwellwertes ein Doppelfeuern ein. Diese
Differenz zum Experiment kann nur durch eine Modellkorrektur überwunden werden.

Das HH-Modell basiert auf dem Tintenfischnerv, der deswegen ausgewählt wurde, weil
er durch seine außergewöhnliche Dicke zum Experimentieren besonders geeignet ist. Bei
den dünnen Gehörsnervenfasern wird aber vermutlich ein AP den Ionenhaushalt weit
stärker stören, sodaß durch ein AP die Ionenkonzentration abfällt und sich erst wieder
aufbauen muß. Dies läßt sich für HH durch Einführen einer Dämpfungsgröße Z realisieren:

$$\dot{Z} = d(1-Z) + eV_{AP} \tag{7}$$

mit $V_{AP} = 1$, wenn $V > 60$ mV, also während eines AP,und $V_{AP} = 0$, sonst.
In (1) wird dann gesetzt:

$$I = C.\dot{V} + \frac{I_i}{Z} + S$$

Durch (7) wird damit der Ionenstrom durch ein AP zunächst etwas verringert, sodaß
gleich anschließend nur durch ein entsprechend über dem Schwellwert liegendes S wieder
ein AP ermöglicht wird. Für d=1, e=8 wurde damit ein Verhalten erreicht, das auch für
niederfrequente Sinussignale sowohl mit dem Tierversuch als auch mit Erfahrungen von
Patienten mit Gehörprothesen im Einklang steht /6/. Eine (7) entsprechende Modifikation führt auch im BVF-Modell zu einer Vergrößerung des wirksamen Amplitudenbereichs
des Eingangssignals.

Realisierung am Hybridrechner der TU Wien

Das Signal S wurde entweder am Analogrechner (AR) generiert (harmonische Schwingung
bzw. deren Überlagerungen) oder es wurden über Trunks von einem Tonband oder Mikrophon
akustische Signale (Vokale, Silben) in den AR geschickt. Für statistische Untersuchungen solcher Sprachsignale war es notwendig,das Signal sehr oft und stets synchron
anzubieten, weshalb die letztgenannten Möglichkeiten ausschieden und nur eine digitale
Signalspeicherung in Frage kam, wobei die zur Verfügung stehenden DACF's des Hybridrechenzentrums der TU Wien 1024 äquidistante Stützwerte zur Signalbildung erlauben. Zum

418

Untersuchen der fastperiodischen Teile akustischer Signale, wie etwa der Mittelphase
eines Vokals,genügte hier auch ein Einspielen mit 20 kHz ohne Filter, während für die
Untersuchung von ganzen Silben eine Digitalisierung mit 8 kHz zum Erreichen von Tele-
fonqualität notwendig ist. Durch Verwendung von 4 Track-Store Einheiten und 4 DACF's
war es möglich,bereits mittels Standardsoftware 4000 Werte für das 0.5 sec dauernde
Sprachsignal einer Silbe am AR aufzubringen. Mittels eines Butterworthfilters 5. Ordnung, das auch am AR parallel zum HH-Model realisiert wurde, konnten Sprachsignale
mit hinreichender Qualität untersucht werden.

Die Reaktion der verschiedenen Signale wurde entweder mit dem BVF- oder dem HH-Modell simuliert, wobei für HH auch eine rein digitale Variante zu Kontrollzwecken Verwendung fand. Da während eines AP die Variablen in (1-4) steile Anstiege aufweisen,
empfiehlt sich ein Integrationsverfahren mit variabler Schrittweite. Trotzdem sind
die Rechenzeiten auch dann noch für die Histogrammgenerierung zu groß.

Wichtig für das Verständnis der Vorgänge beim Einsatz der Gehörprothese ist das
statistische Verhalten der AP aller Nervenfasern,die direkt von der Elektrode angesprochen werden. Für reinperiodische Testfunktionen wie $S=A\sin\omega t$ ist das Feuerungsverhalten in Abhängigkeit von ω und A kennzeichnend. Dazu ist vor allem das Phasenhisto-
gramm, das die Feuerungzeitpunkte erfaßt,wichtig. Zur Unterstützung des Verständnisses
wird auch noch ein Intervallhistogramm gebildet, das die Zeiten zwischen 2 AP darstellt.

Auf Ergebnisse aus den Simulationen muß wegen   des Umfangs auf /6/ verwiesen werden.

/1/ HOCHMAIR-DESOYER I. J. et al. Four Years of Experience with Cochlear Prostheses
    Med. Progr. Technol. 8, 107-119 (1981)

/2/ HODGKIN A. L., HUXLEY A. F. Quantitative Description of Membrane Current and its
    Application to Conduction and Excitation in Nerve, J. Physiol. 117, 500-544 (1952)

/3/ SCOTT A. C. Neurophysics, Interscience, Wiley & Sons, N.Y. (1977)

/4/ FITZHUGH R. Impulses and Physiological States in Theoretical Models of Nerve
    Membrane. Biophys. J. 445-466 (1961)

/5/ HARTMANN R. et al. Discharge Patterns of Cat Primary Auditory Fibers with Elec-
    trical Stimulation of Cochlea, Hearing Res. 13, 47-62 (1984)

/6/ MOTZ H., RATTAY F. A Study of the Hodgkin-Huxley Model for Electrostimulation
    of the Acoustic Nerve. In Vorbereitung.

EIN SIMULATIONSMODELL FUER DIE MAXIMALE INSULINSTIMULATION

W. Renn, H.M. Frauer, P.H.Müller, D. Overkamp, M. Eggstein

Medizinische Universitätsklinik Tübingen , Abteilung IV.

Zusammenfassung. Zur Standardisierung, Optimierung und Interpretation des maximalen Insulinstimulationstests wird ein Simulationsmodell vorgestellt. Das Modell ist als lineares Differentialgleichungssystem mit sechs Kompartimenten formuliert.Dieses wird analytisch gelöst. Eine schrittweise Schätzung und Identifizierung der Systemparameter gewährleistet eine zufriedenstellende Anpassung des Modelles an die wenigen, verfügbaren Meßwerte. Der Schwerpunkt der Arbeit liegt bei der Modell-Bildung und -Identifizierung. Anwendungen in der klinischen Diagnostik werden kurz diskutiert.

Summary. A simulation model is presented for the standardization, optimization and interpretation of the maximum insulin stimulation test. The six-compartment model used is solved analytically. A stepwise estimation and identification of the system parameters provides a reliable fit of the model to the few test results available. The main point of this work is the model formulation and identification. Applications in the clinical diagnostic are discussed.

1. Einführung

Zur Beurteilung der Insulinrestsekretion bei insulinpflichtigen Diabetikern und zur Diagnostizierung von Störungen in der Glukosehomöostase bei Patienten mit pathologischer Glukosetoleranz, wird in unserer Klinik der maximale Insulinstimulationstest (MIS-Test) durchgeführt. Dabei wird die Insulinsekretion des Pankreas durch die orale Verabreichung von Glukose und die intravenöse Infusion von Glukagon und Tolbutamid maximal stimuliert. Während der Untersuchung wird der zeitliche Verlauf von Glukose, Insulin und C-Peptid in jeweils elf Messungen bestimmt. Ein charakteristischer MIS-Test ist in Abb. 2. dargestellt. Um diesen aufwendigen Belastungstest in bezug auf die Zeitpunkte der Probennahme und die Dauer der Infusion zu optimieren und standardisieren, soll ein Simulationsmodell verwendet werden. Außerdem soll mit Hilfe der Systemanalyse die Interpretation der Testergebnisse verbessert werden. In der vorliegenden Arbeit wird die Modell - Bildung und - Identifizierung dargestellt. Dabei wird gezeigt wie man durch schrittweise Anpassung des Modelles an die Meßwerte, trotz eines ungünstigen Verhälnisses von Meßpunkten zu Systemparameter von 2:1 , zu einer vernünftigen Schätzung der Systemparameter kommt.

M O D E L L - S C H E M A

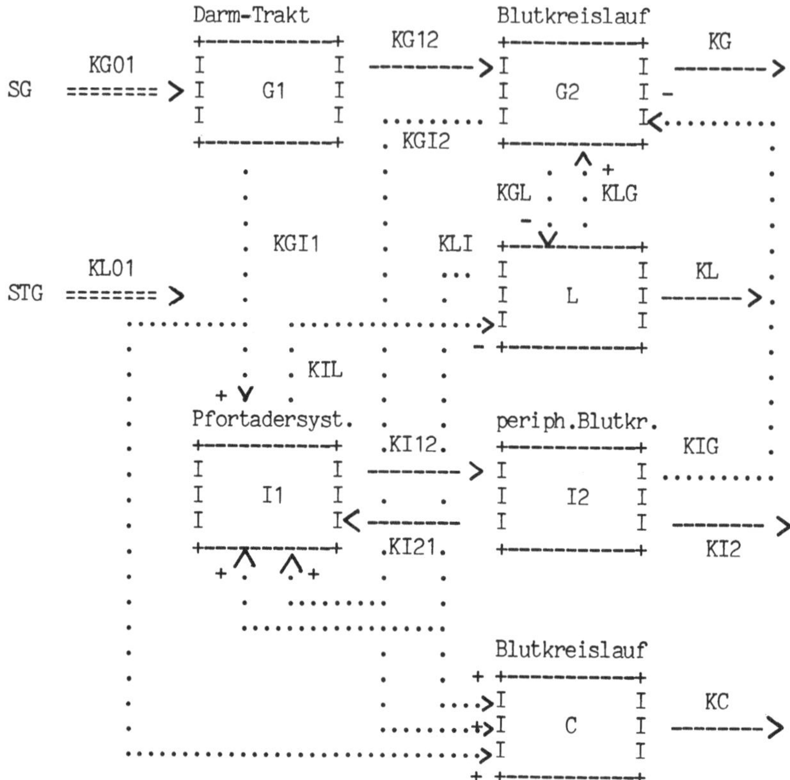

M O D E L L - G L E I C H U N G E N

$$\dot{G}1 = - KG12 * G1 + KG01 * SG$$

$$\dot{G}2 = KG12 * G1 - KG * G2 - KIG * I2 + KLG * L$$

$$\dot{I}1 = KGI1 * G1 + KGI2 * G2 - KI12 * I1 + KI21 * I2 + KLI * L$$

$$\dot{I}2 = KI12 * I1 - KI * I2$$

$$\dot{C} = KGI1 * G1 + KGI2 * G2 - KC * C + KLI * L$$

$$\dot{L} = - KGL * G2 - KIL * I1 - KL * L + KL01 * STG$$

mit KI := KI2 + KI21

<u>Abb. 1.</u> Das Modell für die maximale Insulinstimulation. `------->` stellt
Flüsse , `......>` Signale und `======>` den Stimulationsinput dar.
Die Variablen und die Reaktionskonstanten werden im Text erklärt.

2. Modell - Bildung

Die Regulation des Blutzuckers durch die Hormone Insulin und Glukagon
wurde in zahlreichen experimentellen Arbeiten untersucht. Eine
Zusammenstellung der wesentlichen physiologischen Grundlagen findet
man in /1/. Außerdem reizt dieses Regelungssystem zur Systemanalyse
und Modell-Bildung. Ein Überblick über die vielen Versuche in dieser
Richtung und die wesentlichen Modelle ist in /2/ dargestellt. Die
meisten Modelle beschränken sich jedoch auf eine intravenöse Verabreichung der Glukose, um die Modellierung der Resorption im Magen-
Darm-Trakt zu umgehen. Außerdem wird das C-Peptid in keinem der
bisher veröffentlichten Arbeiten in die Systemanalyse einbezogen.
Dieses Peptid wird äquimolar mit dem Insulin ausgeschüttet, hat
aber keine Wechselwirkung mit den beteiligten Größen. Dadurch ergeben
sich zwei Vorteile: Einerseits wird seine Messung durch eventuell
vorhandene Insulinantikörper nicht verfälscht und andererseits
kann man es als natürlichen Tracer für das Insulin betrachten.
Der letztgenannte Vorteil spielt eine wesentliche Rolle bei der
Identifizierung der Systemparameter, da man durch die Anpassung
der Verlaufskurve für das C-Peptid zusätzliche Gleichungen bekommt.
Aus den oben genannten Gründen kann man bei der Systemanalyse des
MIS-Test nicht auf publizierte Modelle zurückgreifen.

Das von uns verwendete Modell ist in Abb. 1. dargestellt. Es enthält
die wichtigsten Wechselwirkungen und soll im folgenden kurz erläutert
werden: Die Variablen sind die Glukosekonzentration im Darm-Trakt
und im peripheren Blutkreislauf G1 und G2, die Insulinkonzentration
im Pfortadersystem und im peripheren Blutkreislauf I1 und I2, die
Glukagonkonzentration im peripheren Blut L und schließlich die
C-Peptidkonzentration im peripheren Blut C. Zur Zeit $t_o=0$ wird
Glukose oral verabreicht. Dies führt zu einem Zustrom SG von Glukose
in den Darm-Trakt, der durch eine Stufenfunktion der Höhe DG (
Glukosedosis) und der Zeitdauer T simuliert wird. Dabei steigt
die Glukosekonzentration im Darm G1 proportional (KG01) zu SG
an. Durch Resorption (KG12) erhöht sich damit auch die Glukosekonzentration im Blutkreislauf G2. Außerdem stimuliert G1 durch
ein neuroendokrines Signal (KGI1) die Bauchspeicheldrüse, sodaß
diese Insulin und C-Peptid äquimolar ausschüttet. Der Anstieg von
G2 stimuliert ebenfalls den Pankreas (KGI2). Daneben suprimiert
(KGL) G2 das Glukagon L, wodurch die Glykogenolyse und die Glu-
koneogenese, d.h. die Glukoseneubildung in der Leber, reduziert
wird. Ebenso suprimiert (KIL) die durch G1 und G2 bedingte Insulin-

ausschüttung I1 das Glukagon und damit die Glukoseneubildung. Zur Zeit t_1 = 30 min wird nun Glukagon und Tolbutamid intravenös infundiert. Diese beiden Stimulantien wirken primär auf das Glukagon - Kompartiment und können deshalb nicht separiert werden. Sie werden daher durch eine einzige Stufenfunktion STG der Höhe (DG + DT) (Glukagon- und Tolbutamiddosis) und der Zeitdauer T_1 (Infusionsdauer) simuliert. Der zu STG proportional (KL01) ansteigende Glukagonspiegel L stimuliert (KLI) nun zusätzlich die Ausschüttung von Insulin und C-peptid aus dem Pankreas und man erhält damit eine maximale Insulinstimulation. Das Glukagon verstärkt (KLG) nun wieder die Glukoseneubildung, was einen Anstieg von G2 bewirkt. Durch die Leber gelangt das Insulin vom Pfortadersystem in den peripheren Blutkreislauf, und kann von dort aus wieder zurückfließen. Diese Flüsse werden durch KI12 und KI21 beschrieben. Die Eliminationskonstanten der verschiedenen Variablen im Blut sind KG, KI, KC und KL. Die Daten in Abb.2. zeigen deutlich den zweiphasigen Verlauf, der durch die zweifache Stimulation entsteht.

3. Modell - Identifikation

Die Schätzung der Systemparameter wird mit dem Optimierungsprogramm NONLIN /3/ durchgeführt. Man kann es jedoch nicht direkt auf die Systemgleichungen anwenden, da folgende Schwierigkeiten auftreten:

1. Die Rechenzeit ist zu lang, da die Integration nach Runge-Kutta mit Schrittweitensteuerung an den steilen Anstiegen bei t=30 min "hängen" bleibt.

2. An Hand der Systemgleichungen kann man nicht entscheiden, ob die Systemparameter eindeutig oder überhaupt identifizierbar sind. Dies hat zur Folge, daß Simulationen für die nicht gemessenen Variablen G1, I1 und L nicht eindeutig bzw. unmöglich sind.

3. Da das Verhältnis von 33 Meßpunkten zu 16 Parametern ungünstig ist und man keine geeignete Schätzung der Anfangswerte der Systemparameter hat, läuft das Optimierungsprogramm in ein lokales Minimum, sodaß man keine vernünftige Anpassung bekommt.

Um diese Probleme zu umgehen verwenden wir folgende Methode:
Zunächst werden die Modellgleichungen mit Hilfe der Laplace-Transformation und der Kramer'schen Regel exakt gelöst. Die exakte Lösung zeigt deutlich die verschiedenen Wechselwirkungen und Rückkopplungen, die man anhand der Kopplungskonstanten leicht identifizieren kann.

Laplace-transformierte Glukosekonzentration :

$$\widetilde{G2} = \widetilde{STG} \; KL01 \; (\; KLG \; det/BI/ \; - \; KLI \; KI12 \; KIG \;) \; / \; det/B/ \; + \tag{1.1}$$
$$+ \; \widetilde{SG} \; KG01 \; (\; KG12 \; (\; (p + KL) \; det/BI/ \; + \; KLI \; KIL \; (p + KI) \;) \; -$$
$$- \; KGI1 \; (\; KI12 \; KIG \; (p+KL) \; + \; KIL \; KLG \; (p + KI) \;) \;) \; / \; det/C/$$

Laplace-transformierte Insulinkonzentration :

$$\widetilde{I2} = \widetilde{STG} \; KL01 \; KI12 \; (\; KLI \; (p + KG) \; + \; KLG \; KGI2 \;) \; / \; det/B/ \tag{1.2}$$
$$+ \; \widetilde{SG} \; KG01 \; KI12 \; (\; KG12 \; (\; KGI2 \; (p+ KL) \; - \; KGL \; KLI \;) \; +$$
$$+ \; KGI1 \; det/BG/ \;) \; / \; det/C/$$

Laplace-transformierte C-Peptidkonzentration :

$$\widetilde{C} = \widetilde{STG} \; KL01 \; (\; KLI \; (p + KG) \; + \; KLG \; KGI2 \;) \; det/BI/ \; / \; det/D/ \tag{1.3}$$
$$+ \; \widetilde{SG} \; KG01 \; (\; KG12 \; (\; KGI2 \; (p + KL) \; - \; KGL \; KLI \;) \; det/BI/ \; +$$
$$+ \; KGI1 \; det/BG/ \; det/BI/ \;) \; / \; det/A/$$

Die dabei auftretenden Determinanten sind folgendermaßen definiert:

$$det/A/ \; = \; (p + KG12) \; det/B/ \; (p + KC) \tag{2.1}$$

$$det/B/ \; = \; KIL \; (p + KI) \; (\; KLI \; (p + KG) \; + \; KLG \; KGI2 \;) \; + \tag{2.2}$$
$$+ \; KI12 \; KIG \; (\; KGI2 \; (p + KL) \; - \; KGL \; KLI \;) \; + \; det/BG/ \; det/BI/$$

$$det/BG/ \; = \; (p + KG) \; (p + KL) \; + \; KLG \; KGL \tag{2.3}$$

$$det/BI/ \; = \; (p + KI12) \; (p + KI) \; + \; KGL \; KLG \tag{2.4}$$

$$det/C/ \; := \; (p + KG12) \; det/B/ \; , \quad det/D/ \; := \; det/B/ \; (p + KC) \tag{2.5,6}$$

Die Laplace-transformierten Inputfunktionen sind gegeben durch :

$$\widetilde{STG} = (\; DL + DT \;) \; (\; \exp(-pt_1) \; - \; \exp(-p(t_1 + T_1)) \;) \; / \; pT_1$$
$$\widetilde{SG} = DG \; (\; 1 - \exp(-pT) \;) \; / \; pT \tag{3.1,2}$$

Die eigentlichen Lösungen des Differentialgleichungssystems bekommt
man mit Hilfe des Residuensatzes der Funktionentheorie. Ausgehend
von der transformierten Lösung in der Form: $X(p) = F(p) \; / \; det/A(p)/$
berechnet man die Nullstellen a_i der charakteristischen Gleichung
$det/A(p)/ = 0$. Sei n die Zahl der Nullstellen, so kann man die gesuchte Lösung sofort angeben :

$$X(t) = \sum_{i=1}^{n} A_i \; \exp(-a_i t) \quad mit \quad A_i \; := \; (p-a_i)F(p)/det/A(p)/ \Big|_{p=a_i} \tag{4.1,2}$$

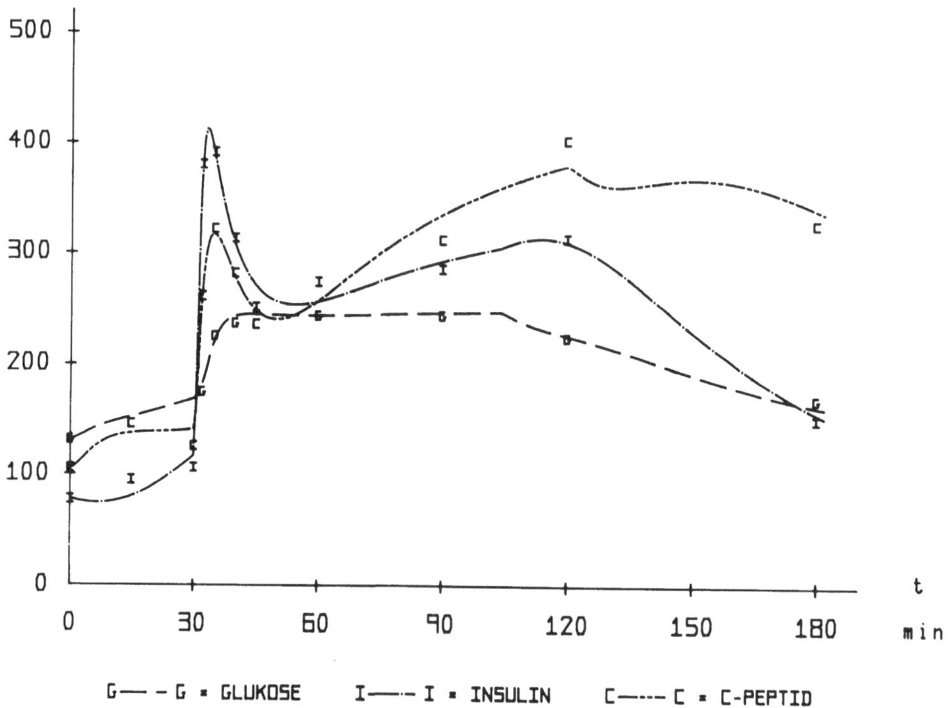

Abb. 2.   Meßwerte und Simulation für den maximalen Insulinstimulationstest. Dargestellt sind die Glukose-, Insulin- und C-Peptidkonzentrationen im peripheren Blutkreislauf. Als Einheit auf der Ordinate wurden Prozentwerte, bezogen auf die Mitte des in der Klinik verwendeten Referenzbereiches, gewählt. 100% bedeutet für die 3 Variablen: Glukose: 90 mg/100ml , Insulin: 125 pmol/l , C-Peptid: 550 pmol/l .

Durch die exakte Lösung des Problems ist die Schwierigkeit mit der Rechenzeit gelöst. Das Problem der Identifizierbarkeit läßt sich damit ebenfalls lösen, und es zeigt sich, daß man alle in unserem Modell verwendeten 16 Parameter als eindeutige Funktionen der Amplituden A_i und der Zeitkonstanten a_i darstellen kann. Die Ergebnisse dieser Rechnung sind sehr umfangreich und können aus Platzgründen hier nicht dargestellt werden. Somit ist unser Modell eindeutig identifizierbar, d.h. die Simulation einer nicht meßbaren Variablen, wie z.B. die Insulinkonzentration im Pfortadersystem ist im Rahmen der Güte der Parameterschätzung eindeutig.

Um nun die Problematik der Parameterschätzung zu bewältigen, wenden wir ein schrittweises Vorgehen an. Zunächst betrachten wir nur die wesentlichen Untersysteme des Gesamtsystems, indem wir die Wechselwirkungen KIL, KIG und KGL vernachlässigen und näherungsweise nullsetzen. Dadurch vereinfachen sich die Gleichungen (1.1-3) wesentlich. Außerdem separieren wir die Lösungen in die Anteile der Glukagon- und Tolbutamidstimulation, die die "schnelle" 1. Phase bei $t=30$ min beschreiben, und in die Beiträge der Glukosestimulation, welche die "langsame" 2. Phase von $t=0$ bis 180 min beschreiben.

Mit diesen Näherungen ergeben sich für die beiden Phasen der Glukose jeweils 2-Kompartimentkurven mit verschiedenen Zeitkonstanten. Paßt man nun die 2.Phase an die entsprechenden Daten an, so bekommt man eine Schätzung für die Parameter KG01, KG12 und KG. durch entsprechende Anpassung an die 1.Phase erhält man die Parameterkombination KG01 KLG sowie KL. Anschließend wird der gesamte Glukoseverlauf angepaßt, wodurch die Schätzung der gewonnenen Parameter verbessert wird. Für das C-Peptid ergeben sich in dieser Näherung für die beiden Phasen 3-Kompartimentkurven, die ebenfalls schrittweise angepaßt werden, wie der Glukoseverlauf. Das Insulin schließlich wird durch 4-Kompartimentkurven approximiert und man kann bei seiner Anpassung auf die in den ersten Schritten geschätzten Parameter als Anfangswerte zurückgreifen. Auf diese Weise gewinnt man, indem man ausgehend von einfachen 2-Kompartimentlösungen zu immer komplexeren Lösungen fortschreitet, schließlich alle Parameter des Modelles mit Ausnahme von KIL, KIG und KGL, die bis jetzt noch vernachlässigt wurden, sowie von KLG, KLI und KL01, die in dieser Näherung nur in den Kombinationen KL01 KLG und KL01 KLI auftreten.

Beim nächsten Schritt verwenden wir die bisher gewonnen Schätzungen für die Systemparameter zusammen mit KIL = KIG = KGL = 0 als Anfangswerte für die Optimierung mit NONLIN, wobei die exakte Lösung an die gesamten experimentellen Daten, d.h. beide Phasen aller drei Variablen, angepaßt wird. Das Ergebnis dieser Anpassung ist in Abb.2. dargestellt. Damit sind die Möglichkeiten eines linearen Modelles zur Simulation des MIS-Test ausgeschöpft. Ein weiterer Schritt müßte sich nun anschließen, in dem nichtlineare Terme vom Michaelis-Menten-Typ berücksichtigt werden, da bekannt ist /1/, daß die Hormone Insulin und Glukagon über Rezeptoren bzw. Enzyme die Glukoseregulation beeinflußen. Arbeiten in dieser Richtung sind zur Zeit im Gange. Wie man jedoch an der dargestellten Simulation sieht, kann auch ein lineares Modell die wesentlichen Charakteristika des MIS-Test gut darstellen. Die Variationskoeffizienten der Parameter liegen zwischen 5% und 50%, sodaß die praktische Identifizierbarkeit des Modelles zufriedenstellend ist.

4. Modell - Validierung und - Anwendung

Die Validierung eines Modelles begleitet den gesamten Entwicklungs-
prozeß von der Modell-Bildung und -Identifizierung bis zur Parameterschätzung und Simulation. Im Bereich der Anwendung wurde das
Modell durch Simulation verschiedener Belastungsformen validisiert,
die den in der Klinik bekannten Glukosetoleranz-, Tolbutamid- und
Glukagontest entsprechen. Außerdem wurde die nicht meßbare Insulinkonzentration im Pfortadersystem bei Stimulation mit Glukose allein
simuliert. Diese Kurve zeigt den typischen, biphasischen Verlauf,
der von Experimenten am isolierten Pankreas der Ratte bekannt ist
/1/,/2/. In unserem Modell entsteht dieser Verlauf durch einen
Feedback-Mechanismus, der durch das Glukagon vermittelt wird. Damit
wird auch der Sinn dieses Phänomens verständlich: Das System reagiert
wie ein Differentialregler. Beim Einströmen von Glukose in den
Magen-Darm-Trakt wird durch die erste Reaktion von Insulin und
Glukagon die Glukosebildung in der Leber "abgeschaltet" und beim
Absinken des Glukosespiegels wieder angeregt. Aufgrund der qualitativen Übereinstimmung der oben kurz skizzierten Simulationen mit
bekannten Experimenten ist auch die Validität und physiologische
Plausibilität unseres Modelles gewährleistet.

Das vorgestellte Modell wurde entwickelt, um die Durchführung des
MIS-Tests im Laboratorium der Medizinischen Klinik zu optimieren.
Dazu werden durch Simulation Testdaten erzeugt, indem sowohl den
"Abnahmezeiten" als auch den berechneten Werten für die Variablen
G2, I2 und C zufällige Fehler überlagert werden. Auf diese Weise
kann man verschiedene Testversionen, in bezug auf die Zahl und
Verteilung der Blutentnahmen, sowie die Dosis und Dauer der Stimula-
tion, durchspielen, um festzustellen, bei welcher Testdurchfüh-
rung die Parameter am besten geschätzt werden können. Diese Untersuchungen werden zur Zeit durchgeführt.

5. Literatur

/1/   COBELLI,C., BERGMANN,R.N.,(1981):Corbohydrat Metabolism,
      John Wiley, Chichester.

/2/   CARSON,E.R., COBELLI,C., FINKELSTEIN,L.,(1983): The mathematical
      Modelling of metabolic and endocrine Systems,
      John Wiley, New York.

/3/   METZLER,C.M.,(1969): A User's Manual for NONLIN,
      The Upjohn Company Technical Report 7292/69/7292/005,
      Kalamazoo, Michigan.

<u>EVALUATION OF INCOMPLETE ABSORPTION USING ANALOG-HYBRID SIMULATION</u>

KARBA R., *KOZJEK F., *MRHAR A. BREMŠAK F. and MATKO D.

Faculty of Electrical Engineering
*Faculty of Technology and Natural Sciences, Department
of Pharmacy
University Edvard Kardelj, Ljubljana, Yugoslavia

<u>KURZFASSUNG</u>: ANALOG-HYBRIDE SIMULATION DER NICHTLINEAREN PHARMAKOKINE-
<u>TIK VON DER UNVOLLSTÄNDIGEN APSORPTION</u> - Orale Heilmittelanwendung ist
wegen der unvollständigen Absorbierung oft problematisch, die haupt-
gründe des erwähnten Phänomens sind: unvollständige Auflösung, begrenzte
Anwesenheitszeit der Heilmittel am Absorption platz (wegen des Heilmit-
teltransports durch den Gastrointestinaltrakt), Unstabilität der Heilmittel in Verdaungsflüssigkeiten, Metabolismus oder Degradation in
Gastrointestinalwänden, Metabolismus im Leber, oder irgendeine Kombination von oben erwähnten Gründen. Bei der Pharmakokinetischen Studie,
die bei dem Entwurf der richtigen Dosierungsform und entsprechenden
Dosierungsregimen zu machen ist, muss das Phänomen der unvollständigen
Absorbierung in das pharmakokinetische Modell eingeschlossen wereden,
weswegen das entsprechende Modell nichtlinear wird. Wenn die erreichbare Genauigkeit der "in vivo" Daten und das Ziel der modelierung be-
rücksichtig werden, kann die unvollständige Absorbierung auf vier Weisen simuliert werden: Die erste Möglichkeit ist die Verringerung der
Dose durch den vorgeschriebenen Prozent der Absorption, die zweite ist
die Hinzufügung von einen zusätzlichen kumulativen gastrointestinalen
Abteil, der bei Beseitigung des unabsorbierten Teil der Dose ermöglicht.
Bei der dritten Möglichkeit wird die Absorptiongeschwindigkeitkonstante
im richtigen Moment, der durch die kumulative Heilmittelmenge im Gastrointestinaltrakt (wenn das vorgeschriebene Prozent der Absorption erreicht ist) geschätzt wird, zu null gedreht. Die letzte Alternative
ist eine Kombination der zweiten und dritten Möglichkeit, wobei der
"Fenstereffekt" der heilmittelabsorption und die Ausscheidung des
nichtabsorbierten Heilmittels in Feaces simuliert werden. Die Auswahl
der richtigen Alternative für die konkrette pharmakokinetische Modelierung hängt von der Vorauskenntnis von dem Heilmittelvorgang im Mensch-
enkörper und natürlich von der letzten Annäherung der Modellausgang-
grössen zum "in vivo" Daten ab. Diese Arbeit behandelt die Simulation
der unvolständigen Absorption des Ampicilins auf dem Analog-hybrid-
rechener EAI 580, wobei die Ergebnisse der realisierten Studie verwendet werden. Die oben genannten Möglichkeiten der Simulation werden
kurz diskutiert und die beste Alternative wird ausgesucht.

1. INTRODUCTION

The studies of mechanism, rate and extent of drugs absorption are necessary for all kinds of administration except intravenous. The aim of
any administration is namely in transporting the whole dose of drug
with appropriate rate into the central compartment. The mentioned process is very complex especially for the oral application. It can be described by the set of consecutive and parallel partial processes like:
desintegration and deaggregation, dissolution, the rate of stomach emp-
tying and motility of gastrointestinal tract, passage from gastrointe-

stinal tract to portal blood and the rate of portal blood flow. So the slowest partial process defines the rate of entire absorption. The main loss of drug occurs in gastrointestinal tract /6/. Here enzymes, pH and physiologic microflore can cause degradation of completely dissolved drug. Also incomplete absorption due to very slow dissolution can occur or the absorption is possible only from the limited area of gastroinestinal tract (absorption window /5/). In the literature incomplete absorption is treated using different approaches /5/ which are not always justified for the studied examples. The present work deals with the possibilities of analog-hybrid simulation of incomplete absorption which is caused by the mentioned phenomena in gastrointestinal tract using nonlinear modelling /3,4/ on EAI 580 computer.

2. APPROACHES TO THE INCOMPLETE ABSORPTION SIMULATION

In order to describe the phenomena in gastrointestinal tract the pharmacokinetical model in Figure 1 can be used. It has general structure so that various possible approaches to the incomplete absorption simulation can be studied.

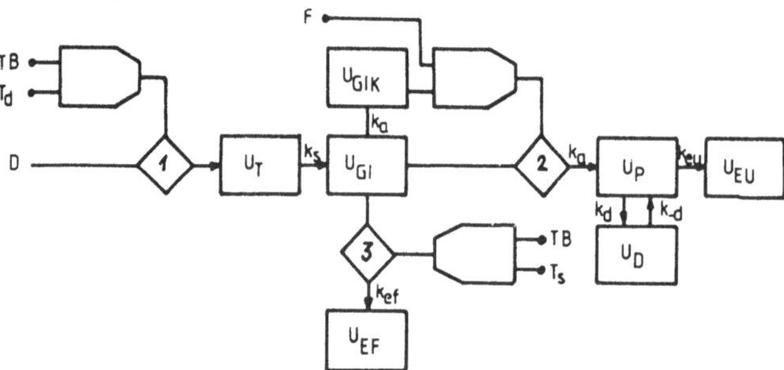

Figure 1. General pharmacokinetical model describing incomplete absorption. U_I-drug quantity in I-th compartment where subscript I means: T-dosage form, GI-gastrointestinal tract, GIK- cumulative gastrointestinal tract, EF-faeces, P-plasma, D-tissue, EU-urine, k_i-rate constant where subscript i menas: s-dissolution, a-absorption, ef-elimination in faeces, d and -d-distribution, eu-elimination in urine, D-dose, F-percentage of absorption, TB-time base, T_d-time delay due to dosage form desintegration, T_s-the time for the simulation of peristaltics influence on elimination of drug in faeces

The corresponding mathematical model is given in the form:

$$dU_T/dt = -k_s U_T; \quad dU_{GI}/dt = k_s U_T - k_a U_{GI}; \quad dU_{GIK}/dt = k_a U_{GI}; \quad dU_{EP}/dt = k_{ef} U_{GI};$$

$$dU_P/dt = k_a U_{GI} + k_{-d} U_D - k_d U_P - k_{eu} U_P; \quad dU_D/dt = k_d U_P - k_{-d} U_D; \quad dU_{EU}/dt = k_{eu} U_P$$

$$
\begin{array}{llll}
D=0, \; TB \leqslant T_d & k_a \text{ identified,} & U_{GIK} \leqslant F.D & k_{ef}=0 & TB \leqslant T_s \\
D=D, \; TB > T_d & k_a=0 & U_{GIK} > F.D & k_{ef}=k_{ef} \text{ identified,} & TB > T_s \\
& \text{absorption window} & & &
\end{array}
$$

In our study the following four approaches to the incomplete absorption simulation are proposed:

1. The simplest and most frequently used approach only correspondingly modifies the applied dose according to the percentage of absorption which must be previously determined. So the dose used in simulation is F.D. Only the direct path of the model in Figure 1 must be taken into account excluding the compartments of cumulative gastrointestinal tract and feaces (switch 2 is open and switch 3 is closed the whole time of simulation). Here the simulation of initial time delay is possible.

2. The next possibility is the introduction of eliminative compartment from gastrointestinal tract (feaces) where drug is continuously eliminated untill in faeces the value of (1-F). D is attained. In the model (Figure 1) switches 2 and 3 are open the whole time of simulation, while the initial time delay can be also simulated.

3. The third approach simulates the absorption window. When the quantity of drug in cumulative gastrointestinal tract reaches F the switch 2 in Figure 1 interrupts the absorption ($k_a=0$). So F.D is absorbed to plasma while (1-F). D remains in gastrointestinal tract (switch 3 is closed the whole time of simulation). Initial time delay can of course be taken into account.

4. More realistic situation in gastrointestinal tract for the absorption window gives the fourth approach. With the switch 3 in Figure 1 the influence of gastrointestinal peristaltics is simulated eliminating the drug in faeces. Moment of the beginning of mentioned elimination can occur after the interruption of absorption (in this case the plasma curve is not changed) or before it (this case has the influence on the shape of plasma curve). Real time courses of drug in gastrointestinal tract must be simulated especially when multiple dosing simulation is undertaken because in "in vivo" conditions no drug is at the site of absorption when new dose is applicated. As in other cases the initial time delay can be simulated as well.

3. MODELLING OF AMPICILLIN INCOMPLETE ABSORPTION

Amplicillin is widely used drug in spite of the fact that its incomplete absorption from gastrointestinal tract is significant. For the simulation the "in vivo" data in plasma and urine in /1/ were taken as the desired result. Volume of distribution and F were calculated by the aid of intravenous "in vivo" results from /2/ (V_c=9.5 1, F=0.327) and the administered oral dose D=500 mg. Diagram for analog-hybrid simulation of ampicillin incomplete absorption for single and multiple dosing is in Figure 2.

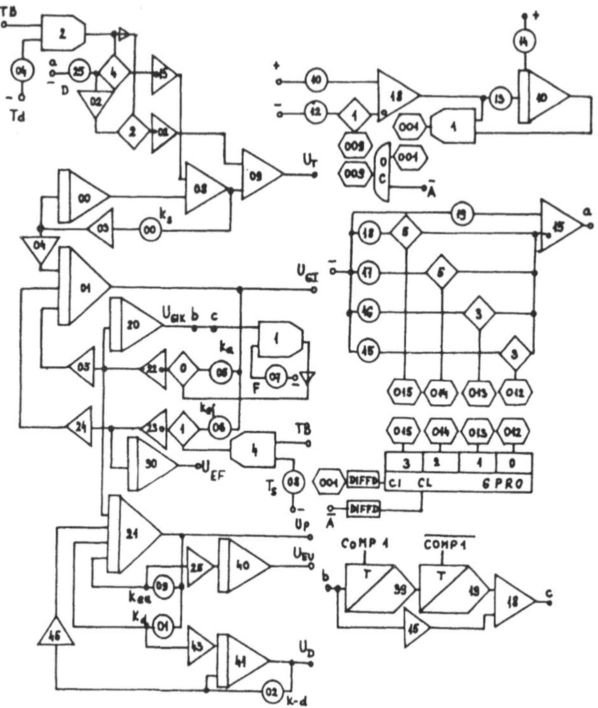

Figure 2. Analog diagram for amplicillin incomplete absorption for single
and multiple dosing

The results of first two approaches indicate that they are not appropriate for the case of ampicillin, but the third is much more suitable what
can be seen in Figure 3a. The fourth approach is illustrated by Figures
3b and 4a and situation for multiple dosing in Figures 4b and 4c.

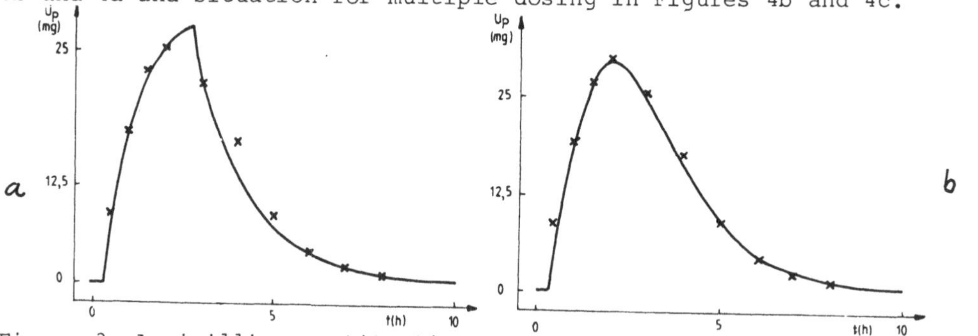

Figure 3. Ampicillin quantity time response in plasma. Curve - model response, crosses - "in vivo" data. Model parameters: $k_s=10h^{-1}$,
$k_a=0.204$ h^{-1}, $k_{eu}=1.7h^{-1}$, $k_d=10h^{-1}$, $k_{-d}=6.2h^{-1}$, $T_d=0.3h$
a) approach 3
b) approach 4 ($T_s=1.77h$, $k_{ef}=0.84h^{-1}$)

As seen from Figure 3a the absorption is interrupted 2.7h after administration. Excellent fitting in Figure 4a shows that approach 4 represents
the mechanism of ampicillin incomplete absorption. The moment of elimina-

tion beginning from gastrointestinal tract occurs before the interrupt
of absorption what can be seen from Figure 4a. Also the quantity of drug
in gastrointestinal tract is negligible 6h after administration when the
next dose is applicated (Figures 4b and 4c).

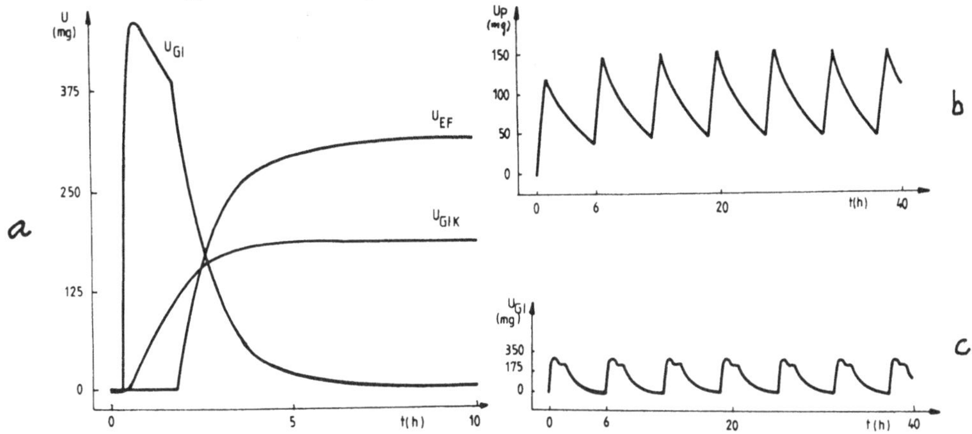

Figure 4a. Simulated ampicillin quantities time responses in gastrointestinal tract (U_{GI}), cumulative gastrointestinal tract (U_{GIK})
and faeces (U_{EF}). Ampicillin quantity time responses in gastrointestinal tract (4b) and in plasma (4c) after multiple dosing

4. CONCLUSION

In our opinion the use of the developed models enable better decisions
in the process of new dosage forms and dosage regimen design.

5. BIBLIOGRAPHY

/1/ Gordon, R.C., et al, Comparative clinical pharmacology of amoxicil-
lin and ampicillin administered orally. Antimicrob.Ag.Chemoter.,1
1977, 504-507.

/2/ Jusko, W.J.,et al, Comparison of ampicillin and hetacillin - pharmacokinetics in man, J.Pharm.Sci.,62, 1973, 69-76.

/3/ Karba, R.,et al, Nonlinear pharmacokinetical modelling and simulation,Proceedings of the First European Simulation Congress, Aachen,
1983, 513-518.

/4/ Karba, R., et al, Dihydroergosine pharmacokinetics modelling and simulation. Europ.J.Drug. Metab. Pharmacok.,8, 1983, 21-23.

/5/ Wagner, J.G., Fundamenta ls of clinical pharmacokinetics, Drug Intelligence Publication, Inc., Hamilton, 1975, pp.182-183.

/6/ Zimmer, A., et al, A novel method to study drug absorption. Proceedings of the First European Congress of Biopharmaceutics and
Pharmacokinetics, Clermont-Ferrand, 2, 1981, 211-214.

MODELLIERUNG DES TRANSPORT-MECHANISMUS DES PFLANZENHORMONS AUXIN DURCH DIE PLASMA-MEMBRAN

Björn A. Gottwald und Angelika Heyn

Fakultät für Biologie der Universität Freiburg

Zusammenfassung. Die molekulare Wirkung und der Transport des Hormons Auxin sind von besonderem Interesse im Hinblick auf Untersuchungen über den Phototropismus und Geotropismus von Pflanzen. Hertel /HERT83a/ hat sich daher in den letzten Jahren intensiv mit dieser Fragestellung beschäftigt und kürzlich über wesentliche Fortschritte berichtet: Es wird ein molekulares Modell für den Carrier-Zyklus beim Auxin-Efflux postuliert und im Hinblick auf die sich ergebenden Verlaufskurven mit Hilfe des digitalen Simulations-Systems MISS von Gottwald /GOTT83/ untersucht. Hierbei können einige auffällige Charakteristika der Kinetik des Auxin-Transports wie beispielsweise Optimumkurven und das Auftreten negativer Anfangs-Reaktionen bei geotropischer Reizung qualitativ erklärt werden.

Summary. Molecular action and transport of the plant hormone auxin are of special interest with respect to investigations on phototropism and geotropism of plants. Based on the work of Hertel /HERT83a/ a molecular model for the auxin efflux is postulated and treated with the digital simulation system MISS of Gottwald /GOTT83/. This simulation explains the most characteristic features of the auxin system: the optimum stimulus-response-curves and the initially negative geotropic reaction.

1. Einleitung

Transport und molekulare Wirkung des Pflanzenhormons Auxin sind von Interesse nicht nur für Wachstum und Differenzierung, sondern auch im Hinblick auf die Untersuchung von Bewegungen höherer Pflanzen. So spielen diese Vorgänge eine entscheidende Rolle bei den Erscheinungen des Phototropismus und des Geotropismus (vergl. /HAUP77/), sind aber auch von Bedeutung für das Phänomen der Circumnutation. Hierunter werden stetig kreisende Bewegungen von Sproß-Spitzen, Ranken und anderen Pflanzenorganen verstanden, die durch eine die Organachse zyklisch umlaufende einseitige Wachstumsförderung zustandekommen.

2. Modell für den Auxin-Transport

Transport und Wirkung von Auxinen sind daher intensiv untersucht worden; es liegt eine Fülle von Daten über die Verlagerung von Auxinen durch Gewebesegmente und über die von ihnen verursachte Stimulation der Zellstreckung vor. Die molekularen Vorgänge bei Transport und primärer Wirkung von Auxin konnten jedoch noch nicht befriedigend erklärt werden. Nachdem es für den Aspekt des spezifischen Transports gelungen war, die wesent-lichen Prozesse in Membranvesikeln ablaufen zu lassen (vergl. /HERT83b/), wurde entsprechend Abb. 1 ein Modell für den Auxin-Transport aufgestellt. Die Elemente des Transports sind Proteine, die fest in die Plasma-Membran, die die Zelle umgibt, eingelagert sind (integrale Membranproteine). Die Polarität des Transports wird dabei durch die Annahme erklärt, daß die Efflux-Carrier in jeder Zelle basal angereichert sind.

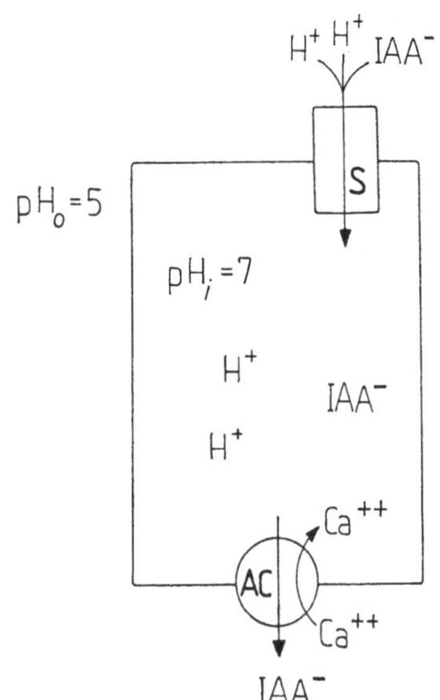

Abb. 1 Schema des Auxin-Transports an einer Zelle. S = elektrogener Symport; AC = Efflux-Carrier für das Anion des Auxins (Index o : außen; Index i : innen)

Es wird ein Modell für den Carrier-Zyklus beim Auxin-Efflux (innen ist die Auxin-Konzentration etwas 50 mal größer als außen) vorgeschlagen: An ein Membranprotein mit den Konformationen "ruhend" R und "erregt" E kann Auxin

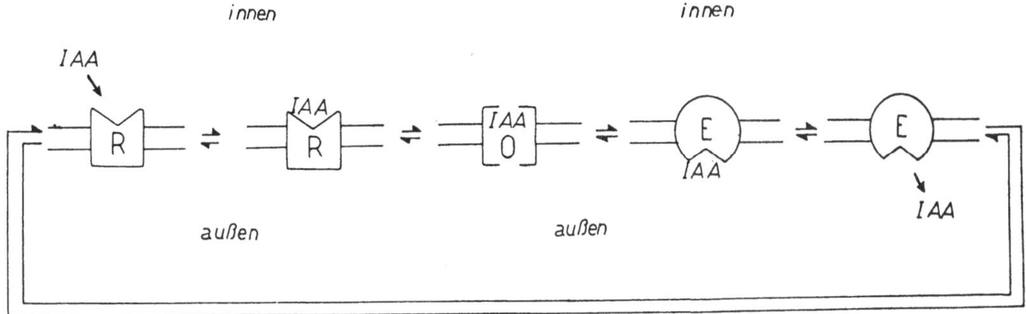

Abb. 2 Carrier-Zyklus in der Membran

von innen an R und von außen an E binden; durch den Übergang von R' (R mit innen gebundenem Auxin) nach E' (E mit außen gebundenem Auxin) wird Auxin durch die Zellmembran nach außen transportiert. Es wird außerdem eine instabile Zwischenstufe postuliert, die als Ca^{++}-Pore wirkt. In diesem Modell des Carrier-Zyklus in der Membran (vergl. Abb. 2) wird angenommen, daß der Efflux-Carrier ein Membran-Protein ist, das in den bei- den verschiedenen Konformationen R und E vorliegen kann.

In Analogie zu neueren Ergebnissen über Neurotransmitter, in denen über zwei verschiedene Bindungsstellen beispielsweise an Acetylcholin berichtet wird, sowie im Hinblick auf den experimentellen Befund, daß Auxin seinen eigenen Transport stimuliert, werden für den Efflux-Carrier zwei Bindungsstellen postuliert. Dementsprechend wird das bisher in /GOTT83/ und /HERT83a/ behandelte Modell dahingehend modifiziert, daß zwei verschiedene Bindungsstellen und stufenweise Anlagerung von Auxin angenommen werden. Es ergibt sich hiermit - zunächst ohne Berücksichtigung von Adaptation - das in Abb. 3 dargestellte Modell.

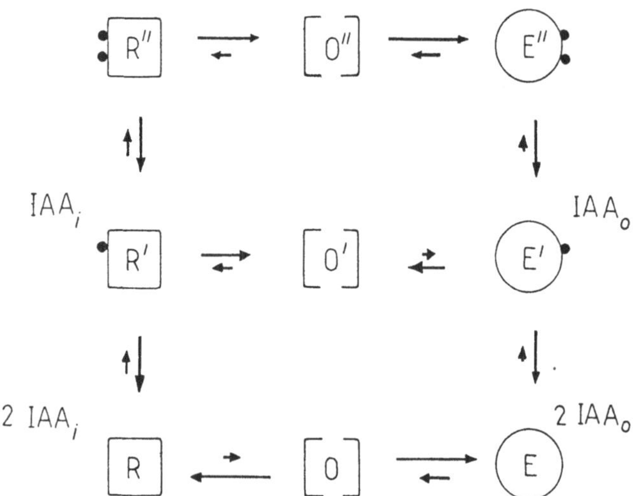

Abb. 3   Reaktionsschema für den Auxin-Efflux (Länge der Pfeile
als qualitatives Maß für die Geschwindigkeits-Konstanten;
Index o : außen; Index i : innen)

Von besonderem Interesse ist hier der Transport von Auxin aus der Zelle, der sich aus den Netto-Reaktionsraten O"-->E" und O'-->E' ergibt. Dieser ist bezogen auf die Auxin-Konzentration, als Transportrate in Abb. 4 in Abhängigkeit von der Auxin-Konzentration außen dargestellt : Bei niedrigen Konzentrationen nimmt der Transport proportional zur vorhandenen Auxin-Menge zu, steigt dann bei mittleren Konzentrationen überlinear (in Übereinstimmung mit der experimentell beobachteten Selbst-Stimulation des

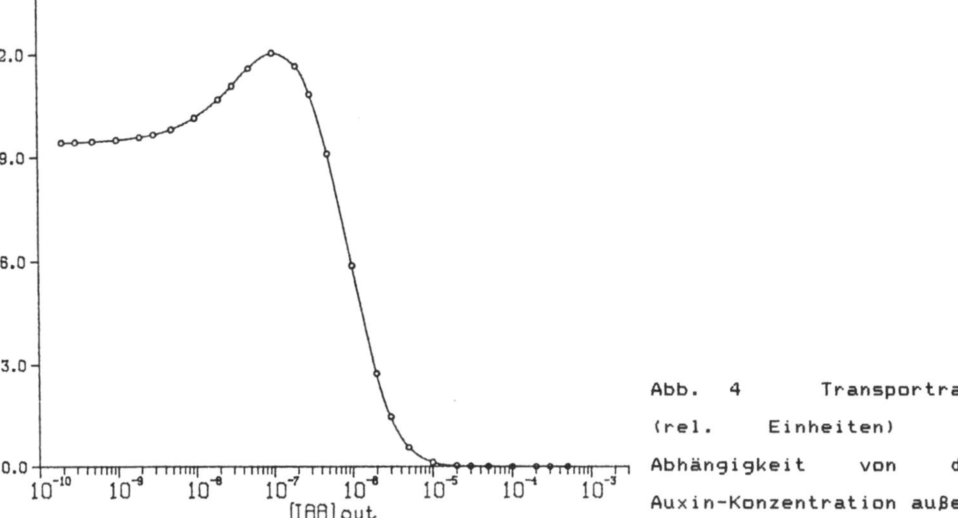

Abb. 4 Transportrate (rel. Einheiten) in Abhängigkeit von der Auxin-Konzentration außen

Transports) und nimmt bei höheren Konzentrationen stark ab. Die Reiz-Antwort-Kurven weisen also ein Maximum auf (sog. Optimum-Kurven). Ferner ist von Interesse der Ca^{++}-Fluß, der sich als Summe der Konzentrationen O, O' und O" ergibt. Dieser ist in Abb. 5 in Abhängigkeit von der Auxin-Konzentration außen dargestellt. Der Ca^{++}-Fluß erreicht ein Maximum bei mittleren Konzentrationen und nimmt anschließend wieder ab.

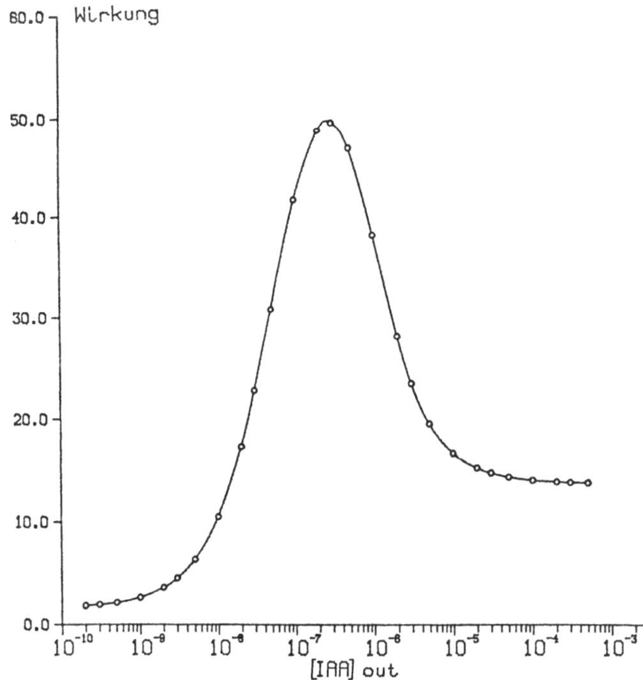

Abb. 5 Ca^{++}-Fluß (rel. Einheiten) in Abhängigkeit von der Auxin-Konzentration außen

3. Einfluß der Adaptation

Ein weiteres wesentliches Phänomen ist die Adaptation : Bei wiederholtem Einfluß eines Stimulus (hier: Erhöhung der Auxin-Konzentration) wird die Reaktion (Erhöhung des Transports) herabgesetzt. Zum Verständnis dieses experimentell für das Auxin-System beobachteten Effektes dient das Reaktionsschema der Abb. 6.

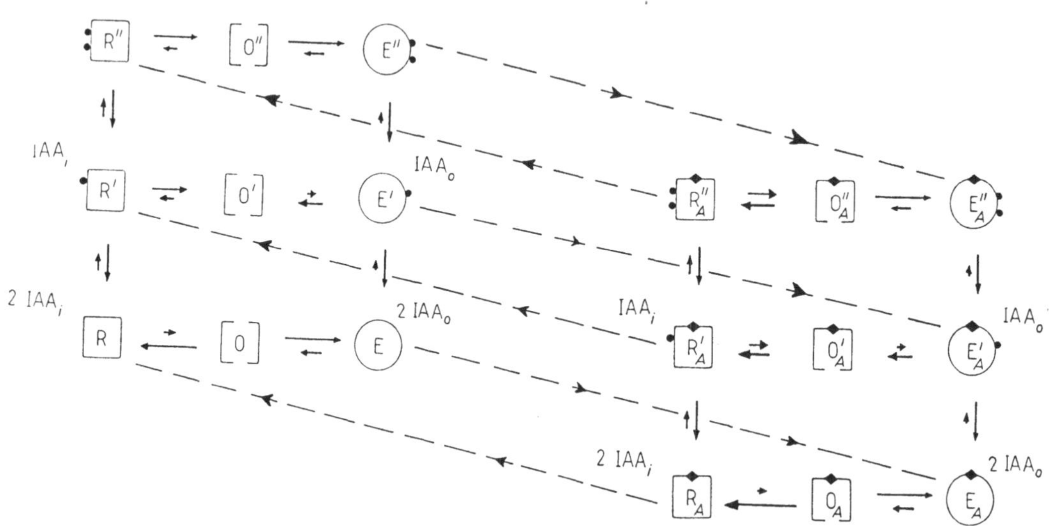

Abb. 6   Reaktionsschema mit Adaptation

Es wird eine langsamere Reaktion, möglicherweise eine kovalente Modifikation des Efflux-Carrier-Proteins, angenommen, wobei Adaptation den

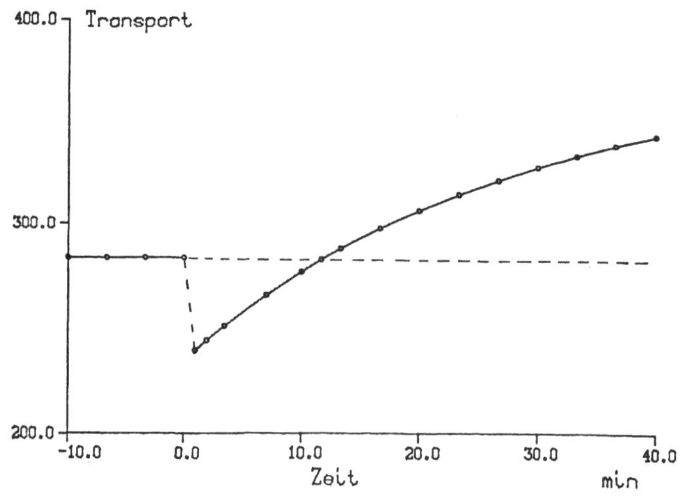

Abb. 7   Zeitverlauf der Transportrate nach Stimulus bei 0.0 min

Zyklus "unempfindlicher" macht, also die oben erwähnte Input-Output-Optimumkurve verschiebt. Adaptation und Resensitivierung greifen an verschiedenen Konformationen des Carriers an und müssen zur Berücksichtigung experimentell gefundener Halbwertszeiten wesentlich langsamer sein als der beschriebene Zyklus.

Mit diesem erweiterten Modell wird der Zeitverlauf der Transportrate nach hoher Reizstufe simuliert. Das Ergebnis (vergl. Abb. 7) stimmt **gut** überein mit experimentell untersuchten Anfangskinetiken nach Auxingabe oder geotropischer Reizung von Koleoptilen (vergl. /ULLR78/). Vor allem kann die **experimentell** beobachtete negative Anfangsreaktion durch dieses Modell erklärt werden.

4. Diskussion

Die hier wiedergegebenen Befunde sind ein typisches Beispiel für die Anwendung eines block-orientierten Simulations-System wie MISS : die quantitative Behandlung von biologischen und chemischen Systemen gestattet es, experimentell gefundene Verlaufskurven mit aus dem Modell sich ergebenden zu vergleichen. Dieser Vergleich ist jedoch leider nur bedingt möglich, da im allgemeinen nur ein Teil der Verlaufskurven experimentell zugänglich ist.

Literatur

/GOTT83/   B. A. GOTTWALD : Modelling biological processes with block-oriented simulation systems
            Proc. 1st European Simulation Congress Aachen (1983) 574
/HAUP77/   W. HAUPT : Bewegungsphysiologie der Pflanzen
            Stuttgart 1977
/HERT83a/   R. HERTEL : The mechanism of auxin transport as a model for auxin action
            Z. Pflanzenphysiologie 112 (1983) 53
/HERT83b/   R. HERTEL, T. L. LOMAX & W. R. BRIGGS : Auxin transport in membrane vesicles from Cucurbita pepo L.
            Planta 157 (1983) 193
/ULLR78/   C.-H. ULLRICH : Continuous measurement of initial curvature of maize coleoptiles induced by lateral auxin application
            Planta 140 (1978) 201

<u>SIMULATION VON BIOTECHNOLOGISCHEN FERMENTATIONSPROZESSEN MIT</u>

<u>KLEINCOMPUTERN</u>

W. Hampel

Institut für Biochemische Technologie und Mikrobiologie
Technische Universität Wien

A-1060 Wien, Getreidemarkt 9, Österreich

Biotechnologische Fermentationsprozesse nutzen die Fähigkeiten lebender
Zellen für die Herstellung eines breiten Spektrums von Substanzen,
deren chemische Synthese aufwendig ist oder aus ökonomischen Gründen
nicht durchgeführt wird. Zu diesen Stoffen zählen Nahrungs- und Genuß-
mittel (Bier, Wein, Essig), technische Chemikalien (Ethanol, Milchsäure,
Citronensäure), Feinchemikalien (Aminosäuren, Nukleotide, Polysaccharide)
und biologisch aktive Substanzen (Antibiotika, Alkaloide, Insektizide).
Im Vergleich zu chemischen Herstellungsverfahren ist ein beträchtlicher
Zeitbedarf für die Umsetzung charakteristisch für Fermentationsprozesse,
der sich aus den niedrigen spezifischen Produktbildungsraten erklären
läßt und im Bereich von Tagen und Wochen liegt.

Tabelle 1: Zeitbedarf für technische Fermentationsprozesse

Produkt	Organismus	spez.Produkt- bildungsrate 1/h	Dauer des Prozesses d
Essig	Acetobacter sp.	21.4	1
Etanol	Sacch.cerevisiae	0.47	3 – 7
Citronensäure	Aspergillus niger	0.033	8 – 10
Penicillin	Penicillium chrysogenum	$3.0*10^{-3}$	7 – 15
Riboflavin	Eremothecium ashbyii	$2.2*10^{-5}$	7

Eine Optimierung eines derartigen Prozesses ist daher auf experimenteller Ebene sowohl zeitmäßig als auch gerätemäßig sehr aufwendig; dies
selbst bei Verwendung moderner Methoden der statistischen Versuchsplanung. Hier bietet nun die Simulation dieser Vorgänge durch den Computer die Möglichkeit, sehr rasch zum gewünschten Ziel zu kommen. Voraussetzung ist jedoch eine adäquate mathematische Formulierung des biologischen Geschehens (= Modellbildung).

<u>Probleme der biotechnologischen Modellbildung</u>

Die lebende Zelle ist sehr komplex aufgebaut und die ablaufenden bio-
chemischen Umsetzungen in ihr sind vielschichtig. Darüber hinaus ist bei
einzelligen Mikroorganismen ein sehr starker Einfluß durch Umweltfaktoren
(Kulturbedingungen) und durch ihre genetische Variabilität gegeben. So
sind zu einer annähernd vollständigen Beschreibung des Zellgeschehens
mehr als hundert Parameter erforderlich, wozu noch die Größen des verfahrenstechnischen Prozesses kommen. Tabelle 2 bringt eine vereinfachte
Übersicht über diese Parameter entsprechend ihrer Wirkungsebenen.

<u>Tabelle 2 :</u> Biotechnologische Prozeßparameter entsprechend ihrer
              Wirkungsebene

physikalisch	Temperatur, Druck, Rührgeschwindigkeit, Belüftungsrate Oberflächenphänomene, Viskosität, osmotischer Druck,...
chemisch	pH, rH, Gelöstgaskonzentrationen, Nährmediumszusammensetzung (Substratkonzentrationen) und Bereitung, Zusammensetzung der Gasphase, Produktkonzentrationen,..
biochemisch	Metabolitpool, Gesamtprotein, DNA/RNA, Enzymaktivitäten, Coenzymverhältnisse, Effektoren, ...
biologisch	Respirationsquotient, Biomasse, Wachstumsrate (Verdoppelungszeit), Entwicklungszustand (Alter, Form), Inocullummenge, genetischer Zustand (Mutante), Kontaminationen, ...

Es ist daher nicht verwunderlich, daß eine vollständie modellmäßige Beschreibung eines Fermentationsprozesses bisher nicht erfolgte. Die
Optimierung eines derartigen Verfahrens wird daher auch heute noch in
empirischer Weise durchgeführt.

Einzelne Zusammenhänge zwischen verschiedenen biologischen bzw. technischen Parametern sind heute jedoch erkannt und mathematisch formuliert
z.B. zeitlicher Verlauf der Biomassebildung, Abhängigkeit der Wachstums-
rate von der Substratkonzentration, Kinetik der Produktbildung, etc.
Durch geeignete Kombination dieser Formulierungen lassen sich auch biotechnologische Prozesse in gewissen Teilbereichen modellmäßig beschreiben, wobei je nach Einbeziehung der zellulären Komplexität unterschiedliche Modelltypen existieren (cf, ROELS u. KOSSEN, 1978). Für Zwecke der
Prozeßsteuerung können derartige Modelle wertvolle Dienste leisten.
Vielfach ist jedoch der Gültigkeitsbereich der einzelnen Beziehung nur
sehr eng und beschreibt nur sehr spezielle Situationen, sodaß eine

Übertragung eines bestehenden Modells auf Fermentationen, die unter veränderten Bedingungen verlaufen oder auf Verfahren mit anderen Organismen
nicht möglich ist.

Prinzipiell ist jedoch die Möglichkeit gegeben, einen Fermentationspro-
zeß extrem vereinfacht wiederzugeben. Eine hierauf aufbauende Simulation
hat somit kaum praktische Bedeutung, ist jedoch im Rahmen der Ausbildung
von großem Nutzen. Der Sinn ist dann nicht die Wiedergabe eines bestimmten Fermentationsprozesses in allen Einzelheiten und mit möglichst großer
Naturtreue, sondern das Erwerben eines _Gefühls_ für verschiedene biotechnologische Prozeßparameter und das Ausmaß ihrer gegenseitigen Beeinflussung. Dieses Gefühl wird bei vorhandenen Grundkenntnissen weit eher
aus der subjektiven Analyse von Fermentationsergebnissen im Rahmen eines
trial-and-error Versuchsprogramms gewonnen, als aus der Analyse der verschiedenen mathematischen Zusammenhänge einzelner Prozeßparameter.

Biotechnologische Simulationsprogramme

Für genannte Zwecke sind in der Fachliteratur einige Programme beschrieben z.B. FERMT (Bungay, 1971) und JERMFERM (Mateles, 1978). Beide dienen
zur Simulation von Sekundärmetabolitfermentationen in unterschiedlicher
Komplexität und differieren im Umfang der modellmäßigen Beschreibung.
In FORTRAN erstellt und ursprünglich zur Verwendung mit Großrechnern
gedacht, wurden sie für den Einsatz an Kleinrechnern in BASIC transfer-
riert. Eine dadurch bedingte Erhöhung der Rechenzeit (ca. 20-fach) ist
besonders im Falle der Ausgabe des gesamten Fermentationsverlaufs spür-
bar (ca. 10 min.), jedoch noch zu vertreten. Programmerweiterungen mußten
durchgeführt werden, um die ursprünglich tabellarische Wiedergabe des
simmulierten Prozeßablaufes in eine entsprechende graphische Darstellung
z.B. auf TV-Bildschirm oder Matrixdrucker überzuführen. Hiebei mußte die
vorhandene periphäre Hardware softwaremäßig berücksichtigt werden. Bei
beiden genannten Simulationsprogrammen wird die Abhängigkeit der Sekun-
därmetabolitbildung (i.e. Antibiotikum, Alkaloid) von der Zusammensetzung
des Nährmediums (Kohlenhydrat, Stickstoffquelle, Wachstumsfaktoren,
Puffersubstanzen, Precursorstoffen), von der Menge des biologischen Impf-
materials und von einigen verfahrenstechnischen Größen (Belüftungsrate,
Rührerdrehzahl) wiedergegeben. Ziel ist das Erreichen eines maximalen
finanziellen Gewinns, wozu die entsprechenden Kulturparameter zu finden
sind.

Da beide Programme in einigen Bereichen Schwächen aufweisen, wurde ein
im Prinzip ähnliches Programm -- FERMSIM 83 -- zur Unterstützung der
biotechnologischen Ausbildung erstellt.

<u>Prozeßsimulation in der akademischen Ausbildung</u>

Eine adäquate Ausbildung im Bereich der Biotechnologie besteht in der
Vermittlung theoretischer Grundlagen kombiniert mit einer umfassenden
praktischen Tätigkeit. Während die Lehre an der Universität hochwertig
vertreten wird, sind jedoch in der praktischen Ausbildung vielfach Grenzen vorhanden, die vorwiegend auf Mangel an Geräten und Zeit zurückzuführen sind. Computersimulationen können hier teilweise Abhilfe schaffen,
als zeitaufwendige Prozesse rasch dargestellt werden können. Im speziellen Fall der Simulation von Fermentationsverfahren liegt die Gewichtung
dann nicht auf der Wirklichkeitsnähe der Wiedergabe eines bestimmten
Prozesses, sondern in der Möglichkeit hiermit in relativ kurzer Zeit die
Studierenden insoweit zu schulen, daß aus dem Verlauf der Prozeßparameter
vorhandene Zusammenhänge erkannt und Rückschlüsse auf die Ursache gemacht werden können.

So wird im Verlauf der akademischen biotechnologischen Fachausbildung
zunächst eine Sekundärmetabolitfermentation experimentell im Labor durchgeführt, begleitend jedoch die Computersimulation eingesetzt,um als weitere Aufgabe die Versuchsparameter für eine maximale Produktivität her-
auszufinden. Um dies in optimaler Weise bei geringstem finanziellen
Aufwand durchzuführen, erfolgen zur Zeit die Simulationen mit Hobby-
oder Home-Computer (COMMODORE C 64). Die Darstellung des Versuchsver-
laufs erfolgt als hochaufgelöste farbige Bildschirmgraphik (320 x 200),
jedoch sind hievon einfärbige Kopien mittels Matrixdrucker leicht her-
stellbar.

Die bisherigen Erfahrungen und der didaktische Erfolg bestätigen die
Bedeutung der Computersimulation in der biotechnologischen Ausbildung.
Es sollen daher in Zukunft auch andere zeitaufwendige Laborexperimente
durch eine Simulation ergänzt werden z.B. die Gewinnung kinetischer
Daten aus kontinuierlichen Züchtungen. Die Bedeutung der Simulation ist
auch von der <u>Europäischen Föderation Biotechnologie</u> anerkannt worden,
die dem durch Gründung einer 'Taskforce-BCB' (Bank für Computerprogramme
in der Biotechnologie) Rechnung getragen hat.

<u>Literatur:</u>

J.A. Roels und N.W.F. Kossen - Progress Industr.Microbiol. **14** , 95-203
    (1978); Ed.M.J.Bull; Elsevier Sci.Comp., Amsterdam
H.R. Bungay - Proc. Biochemistry <u>6</u> (2) 38-39 (1971)
R.I. Mateles - Biotechnol. Bioeng. <u>20</u> , 2011-2014 (1978)

SIMSCRIPT UND SLAM - EINE GEGENÜBERSTELLUNG

H.H. Adelsberger
H. Rockenschaub

Institut für Statistik
Wirtschaftsuniversität Wien

A-1090 Wien, Augasse 2-6

Zusammenfassung:

Es werden die beiden Simulationssprachen SLAM und SIMSCRIPT behandelt.
Nach einer kurzen Zusammenfassung der beiden Sprachen wird jeweils ein
kleines Simulationsmodell vorgestellt, in der Sprache implementiert
und das Ergebnis eines Simulationslaufes dargestellt.

1. Simulationssprachen für diskreten Ansatz

Aufbauend auf Shannon /9/ unterscheidet man vier Typen von Simulationssprachen im diskreten Bereich:

- 'transaction flow' Sprachen wie GPSS und SLAM (Netzwerkteil), wobei
sich Verkehrseinheiten (transactions) durch ein Art Flußdiagramm bewegen. Im Prinzip handelt es sich um eine spezielle Form des
Prozeßansatzes.

- Ereignisorientierte Sprachen wie GASP, SIMSCRIPT oder manche der neu
entwickelten Sprachen, die auf Pascal aufbauen.

- Prozeßorientierte Sprachen wie SIMULA, aber auch SIMSCRIPT II.5
(seit der Erweiterung um den Prozeßteil). Ein Prozeß ist eine textlich
zusammengehörige Beschreibung von Ereignissen im Zeitablauf. Der Vorteil gegenüber dem Ereignisansatz ist, daß die zusammengehörigen Ereignisse entsprechend ihrer logischen Abhängigkeiten beschrieben werden.

- 'activity scanning' Sprachen wie HOCUS, CSL und ESP, wobei die
möglichen Aktivitäten und die Bedingungen, unter denen diese ausgelöst
werden können, beschrieben werden. Aktivitäten erstrecken sich über
eine Zeitperiode und ändern den Zustand des Modells am Anfang und/oder
am Ende der Aktivität.

2. SLAM

SLAM II ist eine auf FORTRAN basierende Simulationssprache. Sie wurde
von A. Alan B. Pritsker und Claude Dennis Pegden entwickelt und 1979
publiziert (siehe /6/). SLAM ist eine Weiterentwicklung und Zusammenführung von GASP und Q-GERT mit einer CSSL-artigen Sprache für kontinuierliche Modelle.

SLAM unterstützt drei verschiedene Modellierungstechniken in einem
einheitlichen, integrierten Ansatz. Bei der diskreten Simulation ermöglicht SLAM ereignisorientierten und prozeßorientierten Ansatz.
Weiters ist es auch möglich, Modelle, die auf dem "activity scanning"
Ansatz aufbauen, zu verwirklichen.

Bei der stetigen Simulation ermöglicht SLAM die Verwendung von Differential- oder Differenzengleichungen. Diskreter und stetiger Ansatz können in einem Modell gleichzeitig verwendet werden.

2.1. Netzwerkmodelle

Der Prozeßansatz wird in SLAM in einer Netzwerkstruktur verwirklicht, der spezielle Symbole - Knoten und Kanten - verwendet. Damit werden u.a. Warteschlangen, Bedienungsstationen, Entscheidungspunkte und Wege zwischen diesen Punkten modelliert. Die Symbole werden zu einer bildhaften Darstellung des untersuchten Modells verwendet. Die Einheiten des Systems (z.B. Bauteile, Fahrzeuge usw., aber auch Information) bewegen sich durch das Netzwerk. Knoten im Netzwerk repräsentieren Stellen im Modell, wo Einheiten in einer Warteschlange verweilen, Attributwerte der Einheiten abgeändert werden oder etwa eine Resource verlangt oder frei gegeben wird. Kanten repräsentieren Wege. Verzweigungen bei Knoten können deterministisch oder probabilistisch sein. Zeitverzögerungen treten nur bei Kanten auf und repräsentieren dann die Servicezeit, Wegzeit oder Wartezeit.

Die bildhafte Darstellung des Modells wird dann in ein äquivalentes Statementmodell übersetzt, das als Input für den SLAM-Prozessor dient.

2.2. Ereignisansatz

Beim Ereignisansatz werden die Ereignisse und die daraus resultierenden potenziellen Änderungen des Systems definiert. Dies wird für einzelne Ereignisse mittels FORTRAN-Unterprogramme durchgeführt. Für die wichtigsten Aktionen (wie das Skedulen der Ereignisse, die Filemanipulationen, das Sammeln der statistischen Informationen, die Erzeugung von Zufallszahlen) sind Standardunterprogramme von SLAM vorgesehen. Die Ablaufsteuerung, d.h., das Überwachen des Zeitablaufs und die Aufrufe der entsprechenden Ereignisunterprogramme zu den richtigen Zeitpunkten, übernimmt SLAM.

2.3 Kontinuierliche Modelle

Ein kontinuierliches Modell wird in SLAM mittels Differential- oder Differenzengleichungen spezifiziert, die das dynamische Verhalten der Zustandsvariablen beschreiben. Diese Gleichungen werden in FORTRAN in CSSL-artiger Schreibweise formuliert. Für die Zustandsvariablen werden spezielle SLAM-Variable verwendet. Der Wert der i-ten Zustandsvariablen wird $SS(I)$, ihre Ableitung wird $DD(I)$ bezeichnet. Die unmittelbar vorhergehenden Werte heissen $SSL(I)$ und $DDL(I)$.

2.3 Verbindung der Ansätze

Wesentlicher Aspekt von SLAM ist die Möglichkeit, alle diese verschiedenen Ansätze miteinander zu verbinden. Insbesondere sind folgende sechs Interaktionen zwischen Netzwerk, diskretem Ereignis und kontinuierlichem Ansatz unterstützt:

./ Einheiten im Netzwerk können das Eintreffen von diskreten Ereignissen initiieren.

./ Ereignisse können den Weg von Einheiten ändern.

./ Einheiten im Netzwerk können unmittelbar Änderungen der Zustandsvariablen hervorrufen.

./ Zustandsvariable, die vorgegebene Werte erreichen, können Änderungen im Netzwerkmodell initiieren.

./ Ereignisse können unmittelbar Werte von Zustandsvariablen ändern.

./ Zustandsvariable, die vorgegebene Werte erreichen, können Ereignisse auslösen.

2.4. Ein Beispiel: Inspektion von Fernsehapparaten

Das Beispiel stammt ursprünglich von Schriber /8/:

Die Funktionstüchtigkeit von Fernsehgeräten wird vor der Verpackung überprüft. Wird ein Fehler gefunden, so wird das Gerät zu einer Reparaturstation geleitet. Nach der Reparatur wird das Gerät wieder zurück zur Inspektion dirigiert. Wird es in Ordnung befunden (sofort oder nach einer oder mehrmaliger Korrektur), so gelangt das Gerät in die Verpackungsstation. Zwei Personen arbeiten Seite an Seite bei der Inspektion, einer bei der Reparatur.

Situationsskizze:

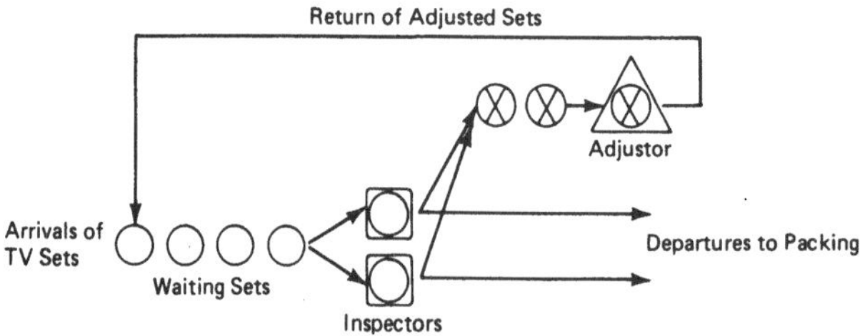

Figur 1

Das SLAM Netzwerkmodell:

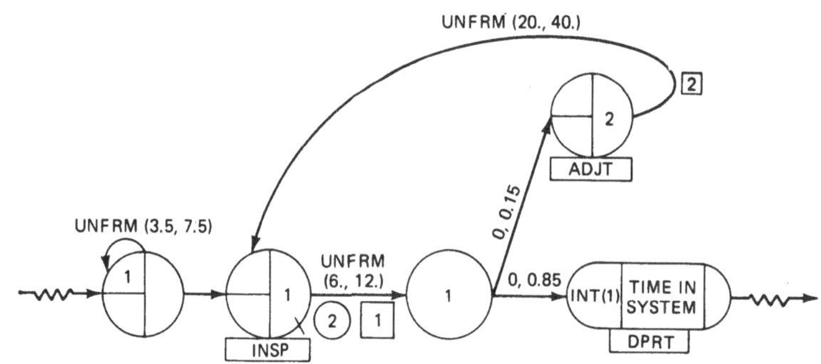

Figur 2

Das SLAM Statementmodell

```
1  GEN,C. D. PEGDEN,TV INSP. AND ADJUST.,6/25/77,1,,,,,,,72;
2  LIMITS,2,2,50;
3  NETWORK;
4        CREATE,UNFRM(3.5,7.5),,1;              CREATE TELEVISIONS
```

```
 5  INSP  QUEUE(1);                          INSPECTION QUEUE
 6        ACT(2)/1,UNFRM(5.,12.);            INSPECTION
 7        GOON;
 8        ACT,,.85,DPRT;                      85  DEPART
 9        ACT,,.15,ADJT;                      15  ARE RE-ADJUSTED
10  ADJT  QUEUE(2);                          ADJUST QUEUE
11        ACT/2,UNFRM(20.,40.),,INSP;        ADJUSTMENT
12  DPRT  COLCT,INT(1),TIME IN SYSTEM;       COLLECT STATISTICS
13        TERM;
14        END;
15  INIT,0,480;
16  MONTR,TRACE,0,60,1;
17  FIN;
```

Ergebnisse:

```
              S L A M   S U M M A R Y   R E P O R T


  SIMULATION PROJECT TV INSP. AND ADJUST.      BY C. D. PEGDEN

  DATE  6/25/1977                             RUN NUMBER    1 OF     1


  CURRENT TIME   0.4800E+03
  STATISTICAL ARRAYS CLEARED AT TIME   0.0000E+00



        **STATISTICS FOR VARIABLES BASED ON OBSERVATION**

             MEAN      STANDARD  COEFF. OF  MINIMUM    MAXIMUM  NO.OF
             VALUE     DEVIATION VARIATION   VALUE      VALUE    OBS

  TIME IN SYSTEM  0.266E+02 0.359E+02 0.135E+01 0.638E+01 0.162E+03  84



        **FILE STATISTICS**

  FILE    ASSOCIATED  AVERAGE   STANDARD   MAXIMUM   CURRENT AVERAGE
  NUMBER  NODE TYPE   LENGTH    DEVIATION  LENGTH    LENGTH  WAIT TIME

    1     QUEUE       0.852     0.776        3         0      4.047
    2     QUEUE       1.465     1.195        4         1     45.882
    3     CALENDAR    3.902     0.491        5         4      4.718



        **SERVICE ACTIVITY STATISTICS**

  ACT   START NODE  SER AVERAGE    STD  CUR AVERAGE MAX IDL  MAX BSY  ENT
  IND   LABEL/TYPE  CAP  UTIL      DEV  UTIL BLOCK  TME/SER  TME/SER  CNT
   1    INSP QUEUE   2   1.905    0.29   2   0.00    2.00     2.00    99
   2    ADJT QUEUE   1   0.871    0.34   1   0.00   48.35   245.40    13
```

3. SIMSCRIPT II.5

SIMSCRIPT ist eine allgemeine höhere Programmiersprache, welche aber
schwerpunktsmäßig für Simulation (discrete event approach) entwickelt

wurde und auch dort hauptsächlich eingesetzt wird. Die Sprache hat 5
Ebenen:

Ebene 1:

SIMSCRIPT auf dieser Ebene ist eine einfache algorithmische Sprache
(etwa vergleichbar mit BASIC). Programmeingabe erfolgt formatfrei.

Ebene 2:

SIMSCRIPT auf dieser Ebene kann etwa mit FORTRAN verglichen werden. Es
wurden jedoch einige der dort unnötigen Restriktionen überwunden. Die
Datenstruktur ist flexibler, Input-Output kann wie in FORTRAN gemacht
werden. Zusätzlich aber gibt es einen einfach zu verwendenden Report-
generator.

Ebene 3:

SIMSCRIPT auf dieser Ebene kann mit Sprachen wie PL/I oder ALGOL
verglichen werden. Unterprogramme sind voll rekursiv aufrufbar. Input
kann vor dem Lesen geprüft werden und, wenn nötig, unter verschiedenen
Formaten gelesen werden.

Ebene 4:

Auf dieser Ebene werden die simulationsspezifischen Datenkonzepte
eingeführt. Objekte in einem System werden als Entities representiert.
Eine Entity-Definition ist die generische Definition einer Klasse von
Entities. Einzelne Elemente unterscheiden sich durch verschiedene
Werte ihrer Attribute. So hat etwa das Entity "Person" die Attribute
"Alter", "Geschlecht", "Körpergröße". Einzelne Entities können sta-
tisch ein für alle mal als PERMANENT ENTITIES oder dynamisch als
TEMPORARY ENTITIES erzeugt werden.

Entities können in Warteschlangen (SET) zusammengefaßt werden. Es gibt
eine Reihe von Befehlen für das Arbeiten mit Entities und Sets wie
etwa: CREATE an Entity, FILE in Set, REMOVE from Set, search FOR EACH
OF Set.

Ebene 5:

Auf dieser Ebene werden die restlichen Simulationskonzepte eingeführt.
Es gibt die Möglichkeit, Ereignisse, Aktivitäten und Prozesse zu
definieren. Für die Organisation des zeitlichen Ablaufes gibt es
Befehle wie SCHEDULE AN event AT time, ACTIVATE A process AT time,
oder auch CANCEL und RESCHEDULE. Als Zeitangabe kann auch ein anderes
Ereignis dienen (SCHEDULE AN event BEFORE event oder SCHEDULE AN event
AFTER event).

3.1 Beispiel:

Um die Natürlichkeit, Lesbarkeit und Stärke von SIMSCRIPT II.5 zu
illustrieren, wird ein einfaches Beispiel modelliert:

Es gibt eine Werkhalle mit verschiedenen Produktionszentren. Jedes
derartige Zentrum hat Maschinen gleichen Typs. Die Anzahl der Zentren
und die Anzahl der Maschinen innerhalb eines Zentrums ändert sich
während eines Simulationslaufes nicht.

Die Reihenfolge der von außen hereinkommenden Aufträge, der Weg, den
sie nehmen und die Verweilzeit bei der jeweiligen Maschine werden

durch Inputdaten festgelegt. Jeder Auftrag beinhaltet daher eine gewisse Folge von Arbeiten, die an verschiedenen Maschinen ausgeführt werden müssen.

Wenn ein Auftrag bei einer Maschinengruppe erledigt ist, wird dieser an die nächste Maschinengruppe überwiesen. Der Auftrag wird sofort in die Verarbeitung eingewiesen, wenn dies möglich ist, sonst muß er in einer Warteschlange zu dieser Maschine warten.

Der Zweck dieser Studie ist es, die Zweckmäßigket der Produktion bei unterschiedlicher Beanspruchung einzelner Maschinen zu bewerten. Typische Experimente, die mit einem solchen Modell gemacht werden, sind folgende:

- ./ Bewertung des Effekts von Umgruppierung von Maschinen im Hinblick auf die Bearbeitung von zusätzlichen Aufträgen,
- ./ Bewertung des Effekts von Umgruppierung von Auftragsanforderungen und
- ./ Studie von verschiedenen Auftragszusammensetzungen und die Auswirkungen auf die Produktion.

Datenstruktur:

Production Centers

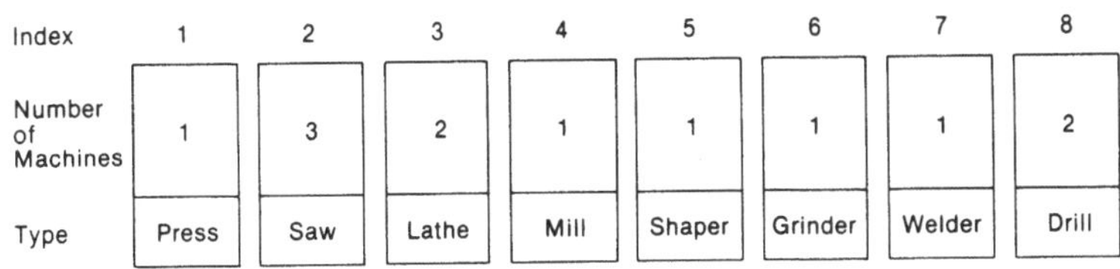

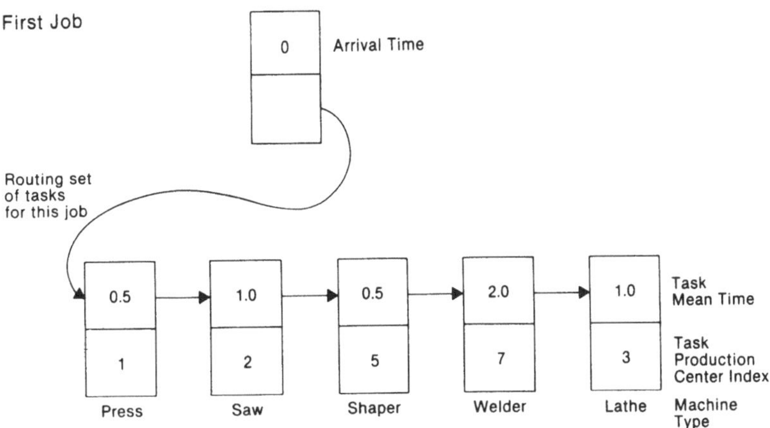

```
PREAMBLE


        NORMALLY MODE IS INTEGER

        RESOURCES
          EVERY PRODUCTION.CENTER HAS
                  A MACHINE.TYPE
          DEFINE MACHINE.TYPE AS A TEXT VARIABLE

        PROCESSES
          EVERY JOB HAS
                  AN ARRIVAL.TIME
                  AND OWNS A ROUTING.SET
          DEFINE ARRIVAL.TIME AS A DOUBLE VARIABLE


        TEMPORARY ENTITIES
          EVERY TASK HAS
                  A TASK.DOER,
                  A TASK.DURATION,
                  AND BELONGS TO A ROUTING.SET
          DEFINE TASK.DURATION AS A DOUBLE VARIABLE
          DEFINE TASK.DOER AS AN INTEGER VARIABLE

          DEFINE ROUTING.SET AS A FIFO SET

        EXTERNAL EVENTS ARE JOBINIT AND ANALYSIS
        EXTERNAL EVENT UNIT IS 1

        DEFINE CYCLE.TIME AS A DOUBLE VARIABLE

        ACCUMULATE AVG.QUEUE.LENGTH AS THE AVERAGE
                  OF N.Q.PRODUCTION.CENTER

        TALLY AVG.CYCLE.TIME AS THE AVERAGE,
          AND NO.OF.JOBS.COMPLETED AS THE NUMBER
                  OF CYCLE.TIME

        DEFINE LAST.REPORT.DATE AS A DOUBLE VARIABLE

        END  ''OF PREAMBLE
```

Die Preambel enthält die Beschreibung der Objekte, Prozesse, Resourcen, Entities, Attribute und Sets und der geforderten Statistiken.

```
MAIN
        USE 1 FOR INPUT
        READ N.PRODUCTION.CENTER          '' NO. OF PRODUCTION CENTERS

        CREATE EVERY PRODUCTION.CENTER

        FOR EACH PRODUCTION.CENTER
        DO
            READ MACHINE.TYPE(PRODUCTION.CENTER),
                  U.PRODUCTION.CENTER(PRODUCTION.CENTER)
        LOOP

        START SIMULATION

        STOP
```

```
      END  ''OF MAIN
```

Die Daten werden eingelesen; die Produktionszentren werden initialisiert, ebenso Art und Anzahl der Maschinen für jedes Zentrum. Die Simulation beginnt mit der Ankunft des ersten Auftrags.

```
EVENT JOBINIT
      DEFINE NTASKS AS AN INTEGER VARIABLE
      DEFINE MACHINE AS A TEXT VARIABLE

      CREATE A JOB
      LET ARRIVAL.TIME.. = TIME.V

      READ NTASKS

      FOR I = 1 TO NTASKS
      DO
          CREATE A TASK
          READ MACHINE, TASK.DURATION..

          FOR EACH PRODUCTION.CENTER
           WITH MACHINE.TYPE(PRODUCTION.CENTER) EQ MACHINE
          FIND THE FIRST CASE
          IF FOUND
              LET TASK.DOER(TASK) = PRODUCTION.CENTER
              FILE THE TASK IN THE ROUTING.SET
          ELSE
              WRITE MACHINE AS /, "NO FACILITIES FOR :", T *
              DESTROY THE TASK
          ALWAYS
      LOOP

      ACTIVATE THIS JOB NOW

      RETURN

      END  ''OF JOBINIT EVENT ROUTINE
```

Dieses Ereignis baut die Datenstruktur des Auftrags auf.

```
PROCESS JOB
      DEFINE TASK, REQUIRED AS INTEGER VARIABLES

      UNTIL ROUTING.SET IS EMPTY
      DO
          REMOVE THE FIRST TASK FROM THE ROUTING.SET
          REQUEST 1 UNITS OF PRODUCTION.CENTER(TASK.DOER(TASK))
          WORK TASK.DURATION.. HOURS
          RELINQUISH 1 UNITS OF PRODUCTION.CENTER(TASK.DOER(TASK))
          DESTROY THE TASK
      LOOP

      LET CYCLE.TIME = TIME.V - ARRIVAL.TIME

      RETURN

      END  ''OF JOB PROCESS
```

Dieser Prozeß modelliert den kompletten Lebenszyklus eines Auftrags.

```
EVENT ANALYSIS
        DEFINE GRAND.AVERAGE AS A DOUBLE VARIABLE

        BEGIN REPORT ON A NEW PAGE

        BEGIN HEADING
        PRINT 1 LINE
        THUS
            E X A M P L E   J O B   S H O P   S I M U L A T I O N

        SKIP 3 OUTPUT LINES

        IF PAGE IS FIRST
            PRINT 1 LINE
                WITH LAST.REPORT.DATE * HOURS.V, TIME.V * HOURS.V
            THUS
REPORTING PERIOD             ***.* HRS.  TO  ***.* HRS.

            SKIP 1 OUTPUT LINE
            PRINT 2 LINES WITH NO.OF.JOBS.COMPLETED,
                             AVG.CYCLE.TIME * HOURS.V
            THUS
JOBS COMPLETED DURING PERIOD :          ***
AVERAGE COMPLETION TIME :                  *.** HRS.

            SKIP 2 OUTPUT LINES
        ALWAYS

        PRINT 1 LINE THUS
AVERAGE NUMBER OF JOBS WAITING FOR EACH PRODUCTION CENTER :

        SKIP 1 OUTPUT LINE
        PRINT 1 LINE THUS
                MACHINE CENTER                AVERAGE QUEUE

        SKIP 1 OUTPUT LINE

        END  ''HEADING


        FOR EACH PRODUCTION.CENTER
        DO
            PRINT 1 LINE WITH MACHINE.TYPE.., AVG.QUEUE.LENGTH
            THUS
                **********************        **.**

            COMPUTE GRAND.AVERAGE AS THE AVERAGE OF AVG.QUEUE.LENGTH
        LOOP

        SKIP 1 OUTPUT LINE
        PRINT 1 LINE WITH GRAND.AVERAGE THUS
OVERALL AVERAGE QUEUE LENGTH :          **.**

        END  ''REPORT


        LET LAST.REPORT.DATE = TIME.V
        RESET TOTALS OF CYCLE.TIME
        FOR EACH PRODUCTION.CENTER
         RESET TOTALS OF N.Q.PRODUCTION.CENTER
```

```
RETURN

END  ''OF ANALYSIS EVENT ROUTINE
```

Ergebnisse:

Hier wird der Output des simulationslaufes gedruckt. Das Intervall zu
dem diese Untersuchung gerufen wird, kann mittels Inputdaten festgelegt werden.

```
             E X A M P L E  J O B  S H O P  S I M U L A T I O N


    REPORTING PERIOD           8.0 HRS.  TO   24.0 HRS.

    JOBS COMPLETED DURING PERIOD :          5
    AVERAGE COMPLETION TIME :               16.90 HRS.


    AVERAGE NUMBER OF JOBS WAITING FOR EACH PRODUCTION CENTER :

              MACHINE CENTER                AVERAGE QUEUE

                 FORGE                         0.
                 SAW                           0.
                 PRESS                         0.
                 LATHE                         0.
                 MILL                           .83
                 SHAPER                         .09
                 GRINDER                       0.
                 WELDER                        0.
                 DRILL                         0.
                 FINISH                        0.

      OVERALL AVERAGE QUEUE LENGTH :           .09
```

Literatur:

/01/ Dahl, O.J., Myhrhaug, B. and Nygaard, K., Simula 67 Common Base
     Language, Norwegian Computing Center, Oslo, 1970.
/02/ Gordon, G., System Simulation, Prentice-Hall, Englewood Cliffs,
     1978.
/03/ Kiviat, P.J., Villanueva, R., and Markowitz, H.M., The SIMSCRIPT
     II Programming Language, CACI, Los Angeles, 1975.
/04/ Pritsker, A.A.B., The GASP IV Simulation Language, John Wiley &
     Sons, 1974.
/05/ Pritsker, A.A.B., Modeling and Analysis Using Q-GERT Networks,
     John Wiley & Sons, 1977.
/06/ Pritsker, A.A.B. and Pegden C.D., Introduction to Simulation and
     SLAM, John Wiley & Sons, 1979.
/07/ Russell, E.C., Building Simulation Models with SIMSCRIPT II.5,
     CACI 1983.
/08/ Schriber, T.J., Simulation using GPSS, John Wiley & Sons, 1974.
/09/ Shannon, R.E., Systems Simulation, The Art and Science, Prentice-
     Hall, Englewood Cliffs, 1975.
/10/ Shub, Ch.M., "Discrete Event Simulation Languages", Simulation
     with discrete Models: A State-of-the Art View, Winter Simulation
     Conference 1980, University of Ottawa, 1980.
/11/ Unger, B., "Programming Languages for Computer System Simula-
     tion", Simulation, Vol. 30, No. 4, Apr. 1978.

JÜRGEN DUCHSCHERER

Die Hardware-Architektur der LISP-Maschine

Die Computersysteme der fünften Generation werden Wissens- und Informationsverarbeitungssysteme sein, die Probleme auf höchstem Niveau lösen können. Die Intelligenz dieser Systeme wird soweit entwickelt sein, daß sie sich der menschlichen Intelligenz nähert, und im Vergleich zu konventionellen Systemen wird das Mensch-Maschine-Interface mehr dem menschlichen System entsprechen.

Dieses Fazit der japanischen Planungskommission für die Entwicklung von Computer-Systemen der fünften Generation gab 1981 einen noch prognostischen Einblick in die Fähigkeit modernster EDV-Systeme.

Doch bereits heute werden auf Symbolverarbeitung beruhende Software-Programme angeboten, die über Analogien und Netze hypothetischer Verknüpfungen menschlicher Denkprozesse und Verhaltensweisen simulieren.
Während erst vor kurzem die geplante japanische Entwicklung von Computern neuester Generation für weltweites Aufsehen sorgte, beschäftigen sich amerikanische Wissenschaftler vor allem im M.I.T. in Massachusetts/USA seit Jahrzehnten mit künstlicher Intelligenz und nehmen für sich mit Recht in Anspruch, auf diesem Gebiet weltweit führend zu sein.

Die Symbolics Inc. wurde im April 1980 von ihrem jetzigen Präsidenten, Russel Noftsker und weiteren ehemaligen Wissenschaftlern des M.I.T. gegründet.

Nachdem im September 1981 die ersten LISP-Systeme (LM-2) installiert wurden, führte Symbolics im Dezember 1982 das erste System seiner 3600-Familie ein, das für die professionelle Entwicklung und Nutzung von Programmsystemen in LISP und anderen Hochsprachen zur Symbolverarbeitung konzipiert wurde.
Die Systeme der 3600-Familie sind also LISP-Systeme.

<u>Unterschiede zwischen numerischer und symbolischer Verarbeitung:</u>

Numerische EDV-Systeme benötigen für jede Hochsprache, die sie verarbeiten, einen speziellen Compiler. Sie brauchen einen Compiler für Fortran, einen für Pascal und einen LISP-Compiler. Die einzelnen Hochsprachen müssen bei der numerischen Verarbeitung jeweils in die Assembler-Sprache des Systems übersetzt werden. Zusätzlich wird ein Debugging-Werkzeug für den Assembler benötigt. Ein Microcode-Sequenzer liest dann die Assembler-Sprache.

Bei der Symbolverarbeitung wird dieser Prozeß wesentlich vereinfacht und effektiviert. Der Microcode-Sequenzer kann die LISP-Sprache direkt lesen und verstehen. So wie die numerischen Systeme Assembler verstehen, verstehen die Symbolics Systeme LISP.

Die Systeme wurden gebaut, um große Programme ausführen zu können, für die schnelles numerisches und symbolisches Rechnen benötigt wird. Effektive Symbolverarbeitung erfordert einen hochleistungsfähigen Symbolverarbeitungs-Processor, eine umfassende integrierte Entwicklungsumgebung und einen großen virtuellen Speicher. Bislang waren diese Eigenschaften nicht zusammen in einem einzelnen wirtschaftlichen System lieferbar.

<u>Parallel-Verarbeitung</u>

Da die Hardware und Software der 3600-Familie parallel strukturiert sind, ist der Befehlssatz des Systemes hervorragend für die effektive Verarbeitung von LISP geschaffen.
Bei der Parallelverarbeitung können die einzelnen Verarbeitungsschritte unabhängig und gleichzeitig ausgeführt und somit sehr große Datenvolumina in kürzester Zeit wirtschaftlich verarbeitet werden.
Bei dem System 3600 werden viele LISP-Befehle in einem oder in zwei Mikrozyklen ausgeführt. Die Zykluszeit variiert zwischen 180 und 250 Nano-Sekunden. Die 3600-Systemfamilie verfügt über Datentyp-Prüfung während der Laufzeit, Garbage-Collection-Unterstützung, Ergebnis-Anzeige, Befehls-Abruf, Decodierung und Ausführung.

Die Prozessor-Architektur der 3600-Familie

Die Prozessor-Architektur der Systemfamilie 3600 unterscheidet
sich wesentlich von der Architektur konventioneller Systeme. Sie
umfaßt einen mikroprogrammierten 36-bit-Prozessor für LISP-Verar-
beitung mit variablen Zykluszeiten von 180 bis 250 Nano-Sekunden.
Die Architektur ist Stack-orientiert und verfügt über einen großen
schnellen Stack-Buffer mit Hardware Stack-Pointers. Die schnelle
Instruction Fetch Unit (5 MIPS) ist mit einem großen Befehls-Cache
ausgerüstet. Der Prozessor ist mit Hardware-unterstützter Garbage-
Collection und Microtasking ausgestattet. Der virtuelle Speicher
kann bis zu 1,1 GB ausgebaut werden.

Die Hardware des 3670-Systems

Das Symbolics 3670-System ist als Basis-System mit einem 2MB-Haupt-
speicher ausgerüstet. Zusätzlich stehen 167,5 MB Festplatte mit
einer Zugriffszeit von 27 ms und Übertragungsrate von 1MB pro
Sekunde zur Verfügung. Die Hardware ist in einem kompakten Gehäuse
untergebracht.
Die Speicherkapazität des Hauptspeichers ist bis auf 30MB ausbau-
bar. Es können bis zu 8 Plattenlaufwerke von 474MB Festplatte und/
oder 300MB Wechselplatte angeschlossen werden. Eine Kassettenband-
einheit von 45MB zum Laden und Updaten von Software steht zur Verfügung. Der virtuelle Speicher ist bis zu 1,1 GB adressierbar.
Das System 3670 verfügt über Floating Point Accelerator (FPA) und
ein gepuffertes "Pipeline Pixel"-Speichersystem für schnelle Farb-
graphik. Ein hochauflösender Schwarz-Weiß-Bildschirm (900 × 1100
Pixels) gehört ebenso zum Standard wie das menüorientierte Arbeiten
mit der Maus.

Zusammenfassung, Nutzen und Anwendung

Mit der direkten Ausführung von LISP-Befehlen, den zahlreichen
Flavors in der Hard- und Software, wie z.B. der Fenster-Technik,
bei der eigene Fenster in variabler Größe und Position definiert
werden können, sowie der Parallelverarbeitung, sind die Symbolics-
Systeme überlegen. Während man bei der analogen Verarbeitung auf
eine Präzisionsbarriere gestoßen ist und bei der numerischen Verarbeitung vor einer Komplexitätsbarriere steht, löst die Symbolverarbeitung in LISP nun sowohl das Präzisions- als auch das Kom-
plexitätsproblem. Es bieten sich dadurch umfangreiche Anwendungsmöglichkeiten im Bereich von Expertensystemen, Roboter-Systemen,
bei der Bildverarbeitung, medizinischer Diagnose, Sprach-Übersetzung, in natürlichsprachlichen Systemen, bei der Simulation,
aber auch in den Anwendungsgebieten CAD, CAM,CAE und VLSI.

Numerische Verarbeitung

Symbol-
verarbeitung

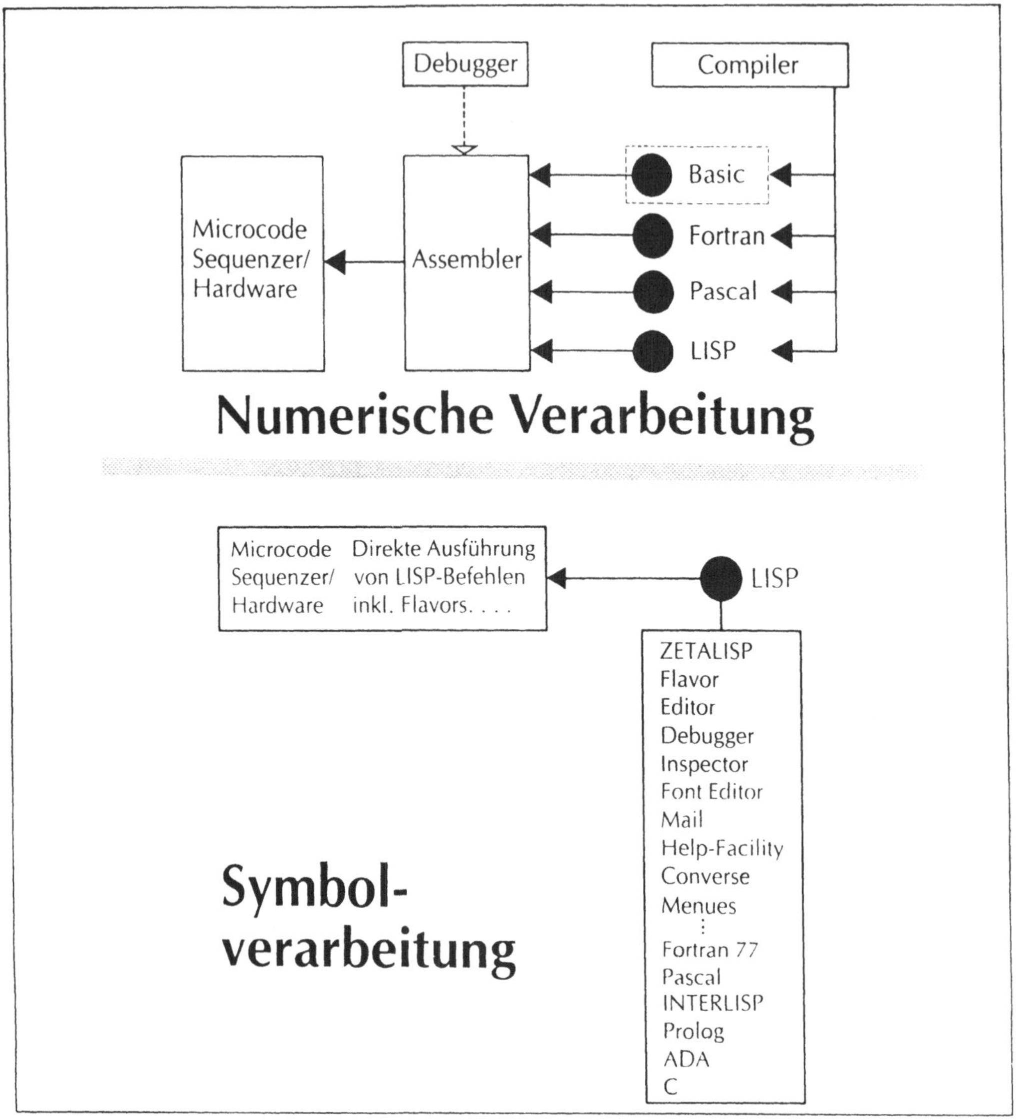

Nutzen und Anwendungen

Analoge Verarbeitung

- steuern
- regeln
- simulieren
- differenzieren

Präzisionsbarriere

Numerische Verarbeitung

- Daten sortieren
- Daten zählen
- Numerische Mathematik
- "number crunching"

Komplexitätsbarriere

Symbolische Verarbeitung

durchbricht die Präzisionsbarriere und die Komplexitätsbarriere und findet Anwendung in:

- Experten-Systemen
- Roboter-Systemen
- Bildverarbeitung
- Medizinischer Diagnose
- Sprach-Übersetzung
- Natürlichsprachliche Systeme
- Simulation
- CAD
- CAM
- CAE
- VLSI
- etc.

<u>GPSS-FORTRAN VERSION 3</u>

B. Schmidt
Institut für Mathematische Maschinen
und Datenverarbeitung IV
Universität Erlangen

<u>Zusammenfassung:</u>

GPSS-FORTRAN Version 3 ist ein Simulator, der sich zur Simulation diskreter, kontinuierlicher und kombinierter Modelle eignet. Besonders unterstützt wird die Behandlung von Warteschlangensystemen.
Es war das Entwurfsziel von GPSS-FORTRAN Version 3, hohe Leistungsfähigkeit mit bequemer Bedienung zu verbinden. Die hohe Leistungsfähigkeit äußert sich im Angebot zahlreicher, sehr mächtiger Sprachelemente, die nahezu jeden Aspekt der diskreten, kontinuierlichen und kombinierten Modellerstellung unterstützen. Bequeme Bedienung und hohe Benutzerfreundlichkeit wurden durch einen klaren und überschaubaren Aufbau des Simulators erreicht.
Eine ausführliche Beschreibung des Simulators findet man in /1/ und /2/.

1. <u>Der Aufbau des Simulators GPSS-FORTRAN Version 3.</u>

   Der Simulator GPSS-FORTRAN Version 3 wird dem Benutzer als Programmpaket angeboten. Ein Simulationspaket besteht aus einer Bibliothek von Unterprogrammen, die in einer höheren Programmiersprache geschrieben sind. Der Benutzer hat daher direkten Zugang zur Quellfassung. Das bedeutet, daß der Benutzer die in Form von Unterprogrammen vorliegenden Funktionen des Simulators überprüfen, erweitern oder verändern kann.
   Für die Implementierung der Sprachelemente des Simulators GPSS-FORTRAN Version 3 war die Überzeugung maßgebend, daß Pakete im Vergleich zu Sprachen auf jeden Fall vorzuziehen sind.
   GPSS-FORTRAN Version 3 ist ein Simulationspaket, das aus einem FORTRAN-Hauptprogramm und über 100 Funktions-Unterprogrammen besteht. Die Basissprache für den Simulator ist FORTRAN 77.

2. <u>Die Modellerstellung.</u>

   Der Simulator GPSS-FORTRAN Version 3 unterstützt die Modellbildung auf den folgenden Gebieten:

* Warteschlangensysteme

  Hierzu gehört:

  Warteschlangenbearbeitung

  Speicherverwaltung

  Auftragskoordinierung

* Ereignisorientierte Simulation

  Hierzu gehört:

  Bearbeitung von zeitabhängigen und bedingten Ereignissen

* Kontinuierliche Simulation

  Darstellbar sind:

  Dynamische Modellstruktur

  Diskontinuitäten

  Totzeit-Variable

  Lose gekoppelte Teilsysteme

  Stochastische Modellkomponenten

  Auswählbare Integrationsverfahren

Weiterhin ist die Behandlung kombinierter Modelle möglich, die Teilkomponenten aus den drei Bereichen enthalten.
GPSS-FORTRAN Version 3 bietet die Möglichkeit, kombinierte Modelle
zu simulieren. Das bedeutet, daß ein Modell aus Komponenten zusammengesetzt werden kann, die aus dem Bereich Netzwerke, ereignisorientierte Modelle und kontinuierliche Modelle stammen. Die Bedeutung
der kombinierten Modelle wird in der Zukunft sicher zunehmen. Die
strenge Trennung in der Vergangenheit zwischen zeitdiskreter und
zeitkontinuierlicher Simulation hat bisher den Blick für die neuen
Möglichkeiten verstellt.

<u>Literatur:</u>

/1/ Schmidt, B.: Systemanalyse und Modellbildung, Der Simulator
     GPSS-FORTRAN Version 3, Modellerstellung mit GPSS-FORTRAN Version 3;
     Fachberichte Simulation, Band 1-3, Springer-Verlag 1984

/2/ Schmidt, B.: GPSS-FORTRAN Version 3 - Eine Übersicht, Angew. In-
     formatik Heft 6, 1984

<u>ADVANCES WITH THE ADVANCED CONTINUOUS</u>

<u>SIMULATION LANGUAGE</u>

William A. Havranek

Rapid Data Ltd.,

Worthing, U.K.

This paper reviews progress with ACSL over the last two years with
particular reference to improvements in the language and to
European applications. During that time the use of simulation
software in Western Europe is exceeding the utilization of any other
simulation media.

IMPROVEMENTS IN ACSL

There are several areas in which ACSL (1 & 2) has been improved and
expanded during the period under review.

One aspect of interest is real-time use of the language. There are
now a number of installations which use ACSL in a time critical
environment particularly in man or hardware-in-the-loop applications.
ACSL has been used in this mode on several missile and similar
simulation projects. The method used is to first develop a digital
slower simulation. Then the DERIVATIVE section is divided. One for
the hardware itself and another for the hardwares environment. This
double DERIVATIVE section is an all digital non-real time representation
of the real time system which establishes the communication channels
and rates between the hardware and the simulation. Then the "hardware"
simulation is removed and the remaining DERIVATIVE section modified to
communicate with the actual hardware in a real time simulation (3).
Real time use requires computer hardware fast enough to allow the
integration step size to be sufficiently small to obtain dynamic
accuracy adequate for the process under investigation or the more
effective utilization of the available hardware through optimised software which customizes the firmware of the machine to support selected
segments of application code. The former can be achieved by use of
powerful systems such as CRAY - on which to date no actual operating
experience is available - or HEP - for which no translator exists,
although its parallel architecture could make it an ideal candidate
for real time simulation (4). The latter is achieved by microprogramm-
ing parts of the application code - normally too time consuming - by
means of an Automatic Microcode Generation System (5). Use of this
technique can result in 30 - 2500 % improvements on critical sections

of application programmes.

The ACSL translator, Macro file and library were brought from level 6 to 8 under the period under review and level 9 is being worked on at the moment for release during early next year.

Level 7 included improvements in the graphic area. Also, as an aid to control system design the ANALYZ run time command provided that the Jacobian or (A) matrix can be extracted by numerical pertubation of the non-linear simulation in the non-linear ACSL model definition code. This was later extended to be accessible to a linear control design set of programmes such as CLAD-P. Thus it is possible for the control system designer to design his control system with CLAD-P. Control variables (U) and observed variables (Y) can be specified so that the matrix quad (A,B,C,D) can be completed where the linearised model now looks like:

$$X = (A)X + (A)U$$
$$Y = (C)X + (D)U$$

These A,B,C and D Matrices are written in a file with suitable descriptions so that they are accessible by the design suite for frequency response, root locus and optional controller design.

Level 8 included further improvements to the graphics; an option to evaluate the derivatives at the beginning of each step with the state on the solution trajectory; modifications to allow the variable step integration algorithm to change step sizes and order faster and in particular help the recovery after a discontinuity; new options on the ANALYZ command affecting Jacobian and Eigen value finder. A very important addition to ACSL was a State Event and Time Event Finder which gives the capability of synchronizing the integration stepping method to externally defined events either occuring at a specified time or when a specified function crosses zero. This addition is a useful one for the investigation of digital controller or any other introduction of discontinuities into an otherwise continuous system. With the introduction of more discontinuities a mechanism was also introduced to restart the variable step algorithm.

With level 9 it is intended to incorporate into ACSL Bode, Nyquist, Nichols Plots and Root Locus linear design tools.

TYPICAL APPLICATIONS

Applications in Europe in traditional areas such as aerospace engineering included work by I.A.B.G., M.B.B., British Aerospace, R.A.R.D.E., S.A.A.B., etc. Typical of this type of use was an application to convert a FORTRAN model of a Radar System to ACSL at M.B.B. in Munich.

In Universities ACSL is an ideal teaching tool as substitute or an addition to analogue computers for student use to study non-linear system behaviour. In addition the multi-disciplinary use by researchers of various disciplines is aided by the trend of a Single Instruction - a single thought (SI) approach in ACSL. For example the students at the Institute for Automatic & Industrial Electronics at the ETH in Zurich use ACSL for their frequent exercises during the introductory lectures on continuous simulation and it is also used for research work by both students and staff memebrs. Here at the Technical University in Vienna an example is given by the Institute of Machine Dynamics and Instrumentation having used ACSL for research into rotor dynamics and the simulation of car accidents. They have simulated a multi-mass rotor bearing system with misaligned bearings and a bent shaft. Since the characteristics of hydrodynamic bearings are highly nonlinear, the rotor response due to synchronous and non-synchronous exitation is difficult to evaluate analytically. However, for nonsingular mass matrices of the system the equations of motion may easily be transformed into a first order system and direct numerical integration carried out through ACSL. The users reported that the language was extremely convenient to use and graphical output could also conveniently be provided on a plotter. Transient and Steady state as well as synchronous and nonsynchronous orbits of a single-mass Jeffcott rotor evaluated by ACSL could be evaluated by ACSL integration. The "ANALYZ" instruction was used to linearize the equations of motion at certain points and the appropriate Eigen values and - vectors were determined. This made it possible to estimate through the highest Eigen frequency in the system the highest permissible integration step length.

Particularly interesting to us is the increasing use of ACSL in less traditional areas for example in biological, agricultural and environmental studies which have a more recent history for the applicat- ion of computer modelling techniques. A typical such application is, for example, the study of the effect of grazing on the growth of grass which was recently carried out by the Grassland Research Institute. This included a previous crop growth model with an animal intake function which was programmed in CSMP. The model incorporated leaf area expansion and senescence. The researcher reported that the further expansion of the model and study of the effect of grazing was greatly facilitated by the change to the use of ACSL.

The addition of the improvements in the DISCRETE section of ACSL have
meant that the effect of discrete events on continuous processes can
be examined with greater accuracy. The standard example of this - more
and more relevant in many disciplines - is a control computer (usually
a micro-processor) which samples the continuous world periodically,
calculates a control action and returns this to the continuous process
at the next sampling time. Other uses of these features are the
simulation of discontinuities such as limits and stiction or friction.

Coulomb friction with different force levels for static and sliding
friction can be handled by a combination of SCHEDULE statements and a
DISCRETE section. A DISCRETE section can be SCHEDULED for execution
by action from another DISCRETEsection. An example is a mass resting
on a rough surface that is moved by deflecting a spring attached to the
mass in a sinusoidal manner. The mass starts at rest and the motion
only starts when the deflection of the spring applies a force equal to
the Coulomb friction breakout force.(6). At the time of writing this
paper no specific application examples from users have been brought to
the notice of the author as Version 8 has only recently been released
to customers. However, by the time the paper is presented, some of the
improvements might be reported in the discussions. We would anticipate
applications in the automotive and aerospace industries to happen fairly
quickly. Also of interest is that in the U.S. a Modular Modelling
System (MMS) has been developed by the Electric Power Institute (EPRI)
to provide the capability to rapidly simulate fossil fuel and reactor
power plants.(7). A similar use of ACSL has been made by E.C.N. in
Holland in developing Dynamic Simulation of Energy Systems (DYSES).

These are just a few examples of the diversified use of ACSL.

FUTURE DEVELOPMENTS

ACSL's purpose is to improve user performance in a growing programming
aim - namely continuous system modelling on general purpose computers.
The primary object in this has been to remove the dependence on
knowledge of the operating system so that the researcher can concentrate
on his investigation. A consequence of this has been that ACSL is a
machine independent programming system which has allowed models to be
made available to researchers using different computers in, for example,
international working groups working on common projects. ACSL is
implemented for many operating systems on different computers. There
is a trend for the UNIX operating system to be adopted in more and more

computer user installations. It is intended to write an ACSL translator for UNIX when a dominant standard has emerged. This will further spread the use of ACSL to more and more machines as will the use in more and more different disciplines and the development of still higher level specialized application programmes such as the MMS previously mentioned.

ACKNOWLEDGEMENTS

The author wishes to thank Dr.D.E. Mitchell of Mitchell & Gauthier Associates Inc. for his support in the preparation of this article.

REFERENCES

1) "ACSL User Guide Reference Manual" Mitchell & Gauthier Associates, Inc. (1981).

2) "The Right Language for Simulation"   W.A. Havranek, Computer Systems, January 1983.

3) "A Survey of Advanced Continuous Simulation Language (ACSL) Applications" J.C. Gauthier, A/AA/ASME/AHS 24th Structures, Structural Dynamics and Materials Conference, Lake Tahoe, Nevada, May 2-8, 1983.

4) "Simulation in the 80's" W.A. Havranek, proceedings of the 1983 Summer Computer Conference, July 11-13, Vancouver BC Canada, Volume 1 Page 523-528, SCS.

5) "Automatic Microcode Generation System for the VAX11/780 Computer. R.J. Sheraga Proceedings of the Digital Equipment Computer Users" Society, Anaheim, California, December 1982.

6) "Dynamic Modelling using the advanced Continuous Simulation Language (ACSL)". J.S. Gauthier & E.L. Mitchell, Cars Trucks Simulation Symposium, Control Data G.m bH. Munich, May 2-4, 1984.

7) "The Modular Modelling System Code: Review and Qualification" NRC 9th Water Reactor Safety Research Information Meeting October 26-28, 1981.

<u>Zetalisp als Grundlage für Rapid Prototyping auf Symbolics-Rechnern</u>

G. Timmermann
Symbolics GmbH
Frankfurter Str. 63 - 69
D-6236 Eschborn

1. Einleitung

Jeder erfahrene Programmierer weiß, daß bei der Entwicklung von
komplexen Programmen erhebliche Zeit für das Testen und die Behebung von Programmierfehlern aufzuwenden ist. Vom methodologischen
Standpunkt gesehen, hat das Verfahren der schrittweisen Verfeinerung
große Bedeutung gewonnen. Insbesondere bei der Entwicklung von
Expertensystemen ist zu beachten, daß eine schrittweise Entwicklung des Regelsystems üblich und -zumindest aus heutiger Sicht-
unbedingt nötig ist. Aus diesen Gründen ist ein möglichst schneller
Editier-/Test-/Debug-Zyklus wünschenswert. Insbesondere bei Simu-
lationsproblemen bilden die Aufteilung des Bildschirms in einzelne
Fenster, hochauflösende schnelle Graphik sowie maus-gesteuerte
Menütechnik eine wertvolle Erleichterung des Entwicklungsprozesses.

All diese Aspekte sind in den 70er Jahren von der AI-Gruppe des
M.I.T. erkannt worden. Ihre Lösung war eine integrierte Entwicklungsumgebung, basierend auf der Programmiersprache LISP. Für diese
SW wurde dann passende HW entwickelt, da sich herausstellte, daß
die SW-Anforderungen auf konventionellen Maschinen nur unvollständig und mit kaum akzeptabler Laufzeit erfüllt werden konnten. Man
könnte also eine LISP-Maschine als einen SYMBOL-CRUNCHER bezeichnen, in Anlehnung an den in der EDV eingeführten Begriff des NUMBER-
CRUNCHERs.

2. Zetalisp Software

Zetalisp ist ein Dialekt und eine Weiterentwicklung der Programmiersprache LISP.

2.1 LISP

Zu LISP führt Prof. GOOS aus /GOOS 1984/:

"Die meisten Programmsysteme für Aufgaben der künstlichen Intelligenz sind in irgendeinem Dialekt der Programmiersprache LISP geschrieben. Diese ursprünglich auf dem λ-Kalkül aufbauende, rein
applikative Sprache ist in den heute verwendeten Formen durch

Hinzunahme zahlreicher Sprachelemente aus imperativen Sprachen aufgebläht. Zu ihrer Beliebtheit trägt neben oft recht guten Programmierungsumgebungen sicher die besondere Eignung der baumartigen LISP-Listen zur Darstellung der hier anfallenden Datenstrukturen bei, sowie die Möglichkeit durch ein Programm berechnete Listen als Bestandteil eben dieses Programms zu interpretieren; LISP-Programme sind also nicht statisch fix, sondern können sich selbst während der Ausführung erweitern und verändern."

Es sollte noch vermerkt werden, daß LISP schon über 25 Jahre im Einsatz ist, aber aus vielerlei Gründen erst in den letzten Jahren größere Beachtung fand. Zum großen Teil ist die frühere Zurückhaltung auf unvollständige Implementierung zurückzuführen -so hatten viele frühe LISP-Dialekte nur rudimentäre, ineffiziente Numerik-Fähigkeiten-, vor allem aber waren langsame Ausführung und hoher Speicherbedarf wesentliche Barrieren. Die heutige Generation von speziellen LISP-Prozessoren hat diese Hindernisse beseitigt.

2.2 Zetalisp

Zetalisp stellt eine Weiterentwicklung von MACLISP dar, einer verbreiteten M.I.T.-Entwicklung. Wesentliche Kennzeichen von Zetalisp sind Features zur objektorientierter Programmierung wie

- Closures (grob vergleichbar mit own-Variablen in ALGOL),
- Structures and Flavors,
- Ausnahmebehandlung (ähnlich wie Conditions in ADA).

Insbesondere das Flavor-System unterstützt durch seine Möglichkeit der 'multiple inheritance' die modulare Programmierung in besonderer Weise. Da die HW das Flavorkonzept durch Microcode und einen speziellen Cache unterstützt, bieten Symbolics-Rechner damit hervorragende Hilfsmittel zur leichten modularen Programmierung. Die erstellten Programme laufen sehr effizient ab. Dies ist _ein_ Grund, warum die Zetalisp-Tools wesentlich vom Flavorkonzept Gebrauch machen.

Eine weitere Besonderheit der LISP-Maschinen ist das 'data tagging', d. h. hier wird schon auf HW-Ebene eine Typisierung der Daten vorgenommen und ausgewertet (wie es u. a. von der Programmiersprache EULER auf SW-Niveau angestrebt wurde); beispielsweise steht nur eine Multiplikationsoperation für INTEGER und FLONUMs zur Verfügung. Erst

zur Laufzeit wird vom Microprogramm festgestellt, ob die Operatio-
nen ganzzahlig sind und entsprechend verzweigt. Data-tagging ge-
steuerte komprimierte Listendarstellung reduziert nicht nur den
Speicherbedarf enorm, sondern führt auch zu erheblich schnelleren
Ausführungszeiten. Viele andere Befehle wie STACK-Operationen und
ARRAY-Zugriffe sind ebenfalls schon auf Microcode-Ebene realisiert.
Der große virtuelle Speicher wird im Demand-Paging-Verfahren betrieben. Dem Benutzer stehen mehr als 1 GB Adreßraum zur Verfügung.
Auch der Garbage-Collector wird durch spezielle Speicher-HW unterstützt. Ein hoher Grad an Lokalität von Programm und Daten wird
durch Einteilung des Adreßraumes in Packages und Areas erzielt. Es
würde hier zu weit führen, die vielen schon in Zetalisp integrierten Funktionen wie Hash, Sort und Matrixoperationen sowie die zahlreichen mitgelieferten Flavors zum Aufbau von Fenstern und Menüs
für die speziellen Zwecke des einzelnen Programms aufzuzählen.

2.3 Zetalisp-Entwicklungswerkzeuge

Alle Entwicklungstools basieren auf LISP und bilden ein einheitliches Konzept. Sie bedienen sich der Fenstertechnik und machen starken Gebrauch von Menüs, so daß ein elegantes und effizientes Entwickeln möglich ist. So kann ein Teil des Sourcecodes im Editor-
Fenster angezeigt und gleichzeitig in einem LISP-LISTENER-Fenster
die Ausführung überwacht werden. Gegebenenfalls können TRACE- und
DEBUG-Informationen in weiteren Fenstern auf dem Bildschirm dargestellt werden.

Der Editor versteht im sog. LISP-Mode die LISP-Syntax und unterstützt durch automatisches Einrücken, durch Hervorhebung korres-
pondierender Klammerpaare sowie durch viele Syntax-orientierte
Cursor-Kommandos das Editieren von LISP-Programmen. In anderen
Sprachen wie FORTRAN 77, ADA, PASCAL usw. werden die Befehle der
jeweiligen Sprachsyntax entsprechend ausgeführt. Auch die anderen
Werkzeuge wie Debugger, Trace, Inspektor und Flavor Examiner stellen
-bei gleichem Basiskonzept- auf die Details der einzelnen Sprachen
ab.

Mit dem menü- und graphikorientierten FONT-Editor können schnell
vorhandene Fonts modifiziert und neue kreiert werden, wobei man
keineswegs auf Alphabetzeichen wie Umlaute und mathematische Symbole
beschränkt ist, sondern auch andere Graphik-Symbole wie Ikonen selbst
erzeugen kann. So könnten z. B. leicht komplette Zeichensätze er-

stellt werden, wie sie in herkömmlichen Zeichenschablonen für die
verschiedensten Anwendungsbereiche zu finden sind.

Der verblüffend schnelle Editier-/Kompilier-/Testzyklus wird erzielt durch inkrementelles Compilieren, durch Wegfall der Lade-
und Linkphase sowie durch schnelles Umschalten zwischen verschiedenen Fenstern und den assoziierten Prozessen.
Funktionen wie WHO-USES, WHO-CALLS, Edit-Compiler-Warnings und
der sog. Meta-.-Befehl helfen dem Programmierer bei der Analyse
von Programm-Hierarchien und der schnellen Lokalisierung von einzelnen Programmabschnitten und Syntaxfehlern.

Spezielle Funktionstasten für häufig benutzte Befehle und viele
Maus-gesteuerte Operationen und Menüs reduzieren die nötigen Eingaben des Programmierers auf ein Minimum. Die HELP-Taste erlaubt
auch weniger geübten Benutzern ein problemloses Arbeiten, wohingegen erfahrene Programmierer die Möglichkeit haben, leicht eigene
Tastenbelegungen für ihre speziellen Befehlsfolgen zu definieren.

Insgesamt handelt es sich also um einen aus der Praxis für die
Praxis entwickelten Baukasten homogener, effizienter Tools für
fortschrittliches Programmieren.

3. Zwei Beispiele

Als Standardbeispiel der rekursiven Programmierung wird oft die
Fakultätsfunktion herangezogen. Nach Eintippen der Funktionsdefi-
nition für FACT im Editor kann diese Funktion mit der Tastenkombi-
nation c-sh-C (control-shift-C) kompiliert werden, mit select-L
wird ein LISP-Listener aktiviert, Eintippen von z.B. (FACT 5) zeigt
das Ergebnis in kaum merklicher Zeit.

Das zweite Beispiel geht von einem existierenden Programm aus:
einer kleinen Blockswelt, wie sie in der KI-Literatur schon oft
beschrieben wurde. Um einen Fehler im Regelsystem zu beheben, ist
die unvollständige Regel in den Editor zu laden und zu korrigieren.
Kompilation und Zurückschalten in die graphische Repräsentation der
Blockswelt dauern nur wenige Sekunden, so daß die Auswirkung der
Änderung sehr schnell überprüft werden kann. Gleichzeitig demonstriert dieses Beispiel (vgl. Abbildung) die Aufteilung des Bildschirms in einzelne Fenster mit graphischer Darstellung der aktuellen Blockswelt, dem Menü möglicher Operationen mit Maus-sensitiven
Items und den beiden kleinen Fenstern, in denen bei der Ausführung

der Operationen die Zwischenschritte und das angestrebte Ziel ab-
gelesen werden können.

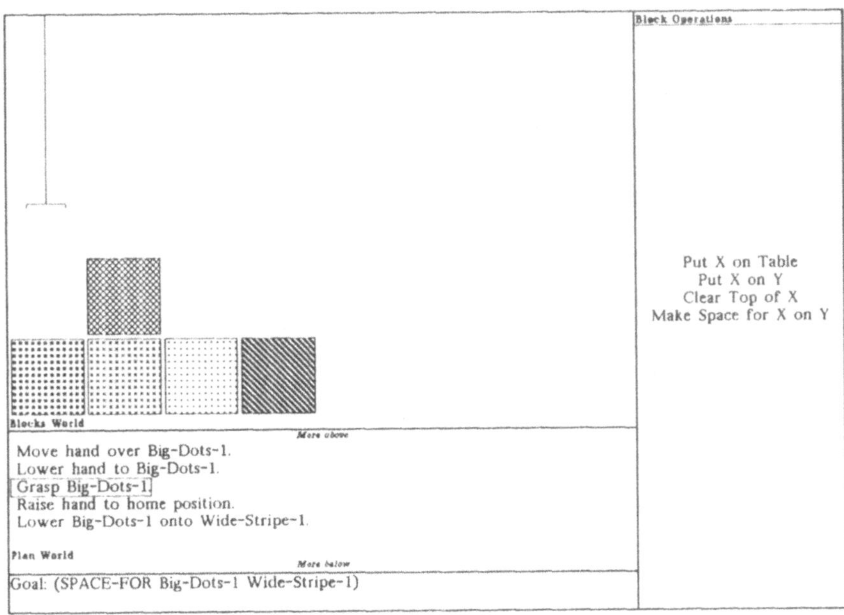

Literatur

/GOOS 1984/ GOOS, G.: Programmiermethoden der Künstlichen Intelli-
genz in der Software-Technik.
In: H. Morgenbrod und W. Sammer (Hrsg.):
Programmierumgebungen und Compiler.
B.G. Teubner Stuttgart

<u>MIDGET - Ein flexibles, simulationstechnisches Entwicklungssystem</u>

Magnus Rimvall, Francois Cellier
Institut für Automatik und Industrielle Elektronik
Eidgenössische Technische Hochschule (ETH)
CH-8092 Zürich, Schweiz
Tel. 01/256 28 42

1. Einleitung

In den letzten zehn Jahren hat eine rasche Entwicklung auf dem Gebiet der Simulationssoftware stattgefunden. Parallel zum Aufschwung von strukturierten allgemeinen Sprachen wie PASCAL und ADA sind flexiblere und besser strukturierte Simulationssprachen auf der Markt gekommen. In vielen dieser Sprachen kann der Benützer interaktiv arbeiten. Er kann, ausgehend von graphischen Resultaten einer Simulation, direkt Parameterwerte ändern und neue Simulationsläufe ausführen lassen. Die Modellbeschreibung kann jedoch normalerweise nicht interaktiv eingegeben oder geändert werden, sondern muss off-line, unter Verwendung eines Texteditors erstellt werden. Ferner müssen meistens andere Vorgänge, wie Kompilieren und Linken, ausgeführt werden, bevor man mit der Simulation beginnen kann. Für den Benützer bedeutet dies, dass er nicht nur die verwendete Simulationssprache beherrschen muss, sondern dass er auch mit dem Betriebsystem ('wie erzeuge ich ein Datenfile?') und der Rechnerkonfiguration ('wo finde ich die Plotbibliothek? wie heisst der Printer an der Satellitenstation?') vertraut sein muss. Aber, da es den meisten Benützern von Simulationssoftware schliesslich egal ist, wie und auf welchem Rechner er zu seinen Resultaten kommt, könnte sehr viel Zeit gespart werden, wenn die Umgebung einfach und transparent wäre. In diesem Vortrag werden eine solche Umgebung, das Entwicklungssystem MIDGET, präsentiert und einige allgemeine Aspekte der Simulationssprachumgebung diskutiert.

2. Merkmale eines Entwicklungssystems für Simulationstechnik

Moderne Simulationssprachen wie etwa ACSL und CSSL-IV bieten dem Benützer während der Ausführung von Simulationen einen sehr hohen interaktiven Komfort. In der Einleitung mussten wir aber feststellen, dass sowohl vor als auch nach der eigentlichen Simulation einige Hürden, die nichts mit Simulationstechnik zu tun haben, zu überwinden sind. Unter Verwendung eines simulationstechnischen Entwicklungssystems könnte man aber diese Hürden vermeiden. Ein solches System sollte die folgenden Anforderungen erfüllen:

- Oft muss ein Benützer das gleiche Simulationspaket auf verschiedenen Rechneranlagen mit unterschiedlichen Peripheriegeräten (Terminals und/oder Plotters) benützen. Um für den Benützer dieses Umsteigen zwischen den verschiedenen Rechnern zu erleichtern, muss das Entwicklungssystem auf allen Rechnern gleich aussehen (gleiche Benützerschnittstelle).

- Die Entwicklungssysteme für verschiedene Simulationssprachen sollen ähnlich gestaltet sein, so dass der Benützer schnell zwischen diesen Sprachen wechseln kann.

- Das Entwicklungssystem muss alle Befehle anbieten, die der Benützer während der Vorbereitung, dem Ausführen und der Analyse der Simulation braucht.

- Um das Erlernen zu erleichtern, soll jedes Entwicklungssystem so einfach wie möglich gestaltet sein; interaktive HELP-Dokumentation soll jederzeit zur Verfügung stehen, und möglichst viele Eingabefehler sollen schon vom Entwicklungssystem abgefangen werden.

Da die beiden letzten Anforderungen zum Teil widersprüchlich sind, muss bei der Herstellung jedes Entwicklungssystems gut überlegt werden, welche Möglichkeiten der Benützer unbedingt braucht. Unsere Erfahrung zeigt aber, dass für unsere simulationstechnischen Entwicklungssysteme (im Unterschied zu allgemeineren Verwaltungssystemen für grössere Softwareprojekte) eine relativ einfache Benützerschnittstelle in Form eines einzigen Menus völlig ausreichend ist. Im nächsten Abschnitt wird ein solches System, MIDGET, präsentiert.

3. MIDGET

MIDGET (Menu-driven Interactive Development-System for Generic Engineering Tasks) ist ein Entwicklungssystem, das besonders für Simulationsanwendungen konzipiert worden ist. MIDGET bietet dem Benützer eine einfache, schnell erlernbare Schnittstelle zu der verwendeten (Simulations-)Software, was besonders für den Anfänger und den Gelegenheitsbenützer von Nutzen ist.

Anhand eines Beispiels wollen wir jetzt MIDGET kurz vorstellen. Nehmen wir an, dass wir unter Verwendung von MIDGET ein Simulationsmodell aufstellen möchten, um einige Simulationen durchzuführen. Um Zugriff zu den MIDGET Entwicklungssystemen zu bekommen, müssen wir dann zuerst den Befehl DEV (DEVelopment Systems) eingeben. MIDGET antwortet mit dem folgenden Menu (die Benützereingaben sind unterstrichen):

```
$ DEV
SELECT DEVELOPMENT SYSTEM : (A)    ACSL
                           (G)    GASP
                           (R)    SDL
                           (S)    SLAM
                           (T)    TEX
                           (X)    SYNTAX
                           (.)    USER DEFINED
                           (EXIT) EXIT
-------------------------------->: A
```

Wir wählen A für ACSL, MIDGET initialisiert das ACSL-Entwicklungssystem, begrüsst uns und listet allfällige Änderungen auf:

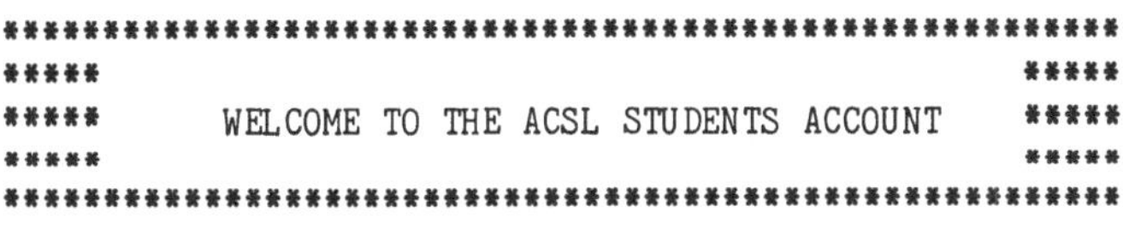

```
*************************************************************
*****                                               *****
*****      WELCOME TO THE ACSL STUDENTS ACCOUNT      *****
*****                                               *****
*************************************************************

Message of the day:              8. Juni 1984
*******************

   1)   Sie arbeiten jetzt mit der Version 8E/8F von ACSL.
   2)   Fehler und weitere Wuensche bitte an uns rapportieren.
                     M. Rimvall      Tel.: 28'42
                     F. Cellier      Tel.: 42'81
```

Jetzt sind wir im eigentlichen Entwicklungssystem und MIDGET meldet sich mit dem ACSL-Hauptmenu (aus typographischen Gründen geringfügig geändert verglichen mit dem interaktiven Menu):

```
PRESENT SYSPICS :
   CURRENT ACSL PROBLEM: ***UNDEFINED
   ACSL LISTING CURRENTLY:  ON
```

```
POSSIBLE ACTION :
 (A) RUN ACSL PROBLEM                (R) READ FILE FROM OTHER PROBLEM
 (D) DELETE ACSL PROBLEM             (S) SELECT ACSL PROBLEM
 (E) EDIT ACSL PROBLEM FILE          (T) DISPLAY STATUS OF QUEUES
 (F) EDIT ACSL DATA FILE             (V) DISPLAY VAX-SPECIFIC INFO.
 (G) DISPLAY GENERAL HELP INFORMATION (W) WRITE FILE TO OTHER PROBLEM
 (I) SWITCH ACSL LISTING GENERATION  (X) EXECUTE OLD PROBLEM ONCE MORE
 (J) EDIT ACSL LISTING FILE          (Z) EDIT THE LINK FILE
 (L) LIST OF EXISTING ACSL PROBLEMS  (SP)  SPAWN NEW PROCESS
 (M) DISPLAY THE MESSAGE OF THE DAY  (MENU) SWITCH MENU ON/OFF
 (N) PRINT NON-ACSL FILE (AFTER ERROR) (DEV) CHANGE DEV. SYSTEM
 (O) MAKE OLD VERSION CURRENT AGAIN  (EXIT) EXIT FROM DEV. SYST.
 (P) PURGE OLD VERSIONS              (HELP) HELP ON THESE COMMANDS
 (Q) SHOW DISK QUOTA
 --------------------------------------->:
```

Ausgehend von diesem Menu können wir jetzt jeden Befehl, den wir bei der Modellfor-
mulierung/Simulation brauchen, ausführen lassen. Nach dem Ausführen des Befehls
kommen wir automatisch zu diesem Menu zurück. Für den erfahrenen Benützer besteht
die Möglichkeit, durch den Befehl MENU das Auflisten des Menus zwischen jeder
Befehlseingabe zu unterdrücken; MIDGET meldet sich dann nur mit:

```
 PRESENT SYSPICS :
  CURRENT ACSL PROBLEM:  ***UNDEFINED
  ACSL LISTING CURRENTLY:  ON


 PRESS <CR> FOR MENU------->:
```

Das Menu kann jederzeit mit dem gleichen Befehl MENU wieder eingeschaltet werden;
für ein einziges Auflisten des Menus reicht aber ein einfacher Tastendruck der
RETURN-Taste.

   Sämtliche MIDGET Entwicklungssysteme arbeiten mit einem oder mehreren sogenannten SYSPIC's, Zeiger zu dem gerade behandelten Problem. Dies bedeutet, dass wir nur
einmal (zu Anfang jeder Session) mit dem S (SELECT) Befehl ein Problem (Programm)
auswählen müssen. Danach übernimmt MIDGET die Verantwortung und garantiert, dass
immer die richtigen Files editiert, übersetzt, ausgeführt oder ausgedruckt werden.
Ferner wird durch MIDGET das Auseinanderhalten von verschiedenen Filetypen gewährleistet. Der Benützer muss nicht mehr im Kopf behalten, ob jetzt das gewünschte
Listing im File REAKTOR.LIS oder REAKTOR.LST zu finden ist.

   In unserem Fall möchten wir mit dem S-Befehl das Simulationsmodell PILOT auswählen (hätten wir die Übersicht über die existierenden Probleme verloren, könnten
wir diese mit dem L Befehl auflisten):

```
 PRESENT SYSPICS :
  CURRENT ACSL PROBLEM:  ***UNDEFINED
  ACSL LISTING CURRENTLY:  ON

 PRESS <CR> FOR MENU------->: S
 Enter name of ACSL problem (without extension) : PILOT


 PRESENT SYSPICS :
  CURRENT ACSL PROBLEM:  PILOT
  ACSL LISTING CURRENTLY:  ON

 PRESS <CR> FOR MENU------->: A
```

MIDGET markiert unsere Wahl von SYSPIC. Wenn dies ein neues Programm wäre, müssten
wir jetzt mit dem E Befehl einen geeigneten Editor aufrufen und unsere ACSL Systembeschreibung eingeben (MIDGET wählt je nach verwendetem Terminaltyp automatisch
einen geeigneten Editor mit dem Terminal angepassten Editparametern aus). Mit dem
Befehl A können wir jetzt den Befehlsablauf, der uns zum interaktiven Modus von

ACSL führt, starten. Im Normalfall beinhaltet dieser Ablauf mehrere, von Simulation zu Simulation verschiedene Kompilationen und Link-Befehle. MIDGET trifft aber immer die richtige Entscheidung darüber, welche Befehle ausgeführt werden müssen.

Nach der Simulation kommen wir wieder zu MIDGET zurück. Hier werden uns zwei Fragen gestellt; die erste Frage erlaubt uns, die Resultate (numerisch und graphisch) ausgedruckt auf Papier zu erhalten, und die zweite gibt uns eine aktive Aufmunterung zum Speicherplatzsparen:

```
END ACSL RUN
Do you wish to receive a hardcopy? (Y/N): N
Do you wish to clean up your files? (Y/N): Y
```

Die weiteren Befehlen des Menus können in vier Gruppen aufgeteilt werden:
1/ Befehle, die uns helfen, Fehler in unseren Programmen zu finden,
2/ Befehle, die uns erlauben, ACSL besser auszunützen (fremde Programme dazuzu-linken u.s.w.)
3/ Befehle, die verschiedene Statusinformationen zurückgeben, und
4/ Systembefehle, die uns erlauben, MIDGET zu verlassen.

Dank der zweiten Gruppe können nicht nur Anfänger, sondern auch erfahrene Simulationsspezialisten bei der Verwendung von MIDGET profitieren. Volles Ausnützen eines grossen Systems wie ACSL setzt normalerweise auch gute Betriebssystemkenntnisse voraus; der Benützer gewinnt aber Zeit, wenn er sich diese Kenntnisse nicht etwa selber zulegen muss, sondern sich auf die Systemkenntnisse des MIDGET-Konstrukteurs verlässt.

Ein weiterer Vorteil von MIDGET ist, dass sich die Entwicklungssysteme der verschiedenen Simulationssprachen sehr ähneln, was das Umsteigen zwischen verschiedenen Simulationspaketen erheblich vereinfacht. Wenn man z.B. die Entwicklungssysteme von ACSL und GASP vergleicht, merkt man, dass 20 von den 25 Befehlen aus der Sicht des Benützers identisch sind.

Bis jetzt stehen MIDGET Entwicklungssysteme für die Simulationssprachen ACSL, GASP und SLAM und für das Simulationsdatenbankpaket SDL zur Verfügung. Ferner wird die Implementation weiterer Entwicklungssysteme dank des Vorhandenseins eines "Entwicklungssystems-Entwicklungssystems" stark vereinfacht. Dieses System stellt ein Rahmenprogramm zur Steuerung des neuen Entwicklungssystems zur Verfügung, hilft dem Benützer bei der Überprüfung der Korrektheit der Befehlsabläufe und bietet Unterstützung bei der Übertragung des Entwicklungssystems auf andere Rechneranlagen.

4. MIDGET auf einem Mehrbenützersystem

Inbesonders an den Hochschulen müssen, meistens aus administrativen Gründen, mehrere Benützer (Studenten) die gleiche Kontonummer verwenden, was zu einer Reduktion der Datensicherheit führt. MIDGET unterstützt eine aktive Datensicherung, indem jedem Benützer eine sogenannte "Subkontonummer" und ein eigener Speicherbereich zugewiesen wird. Er hat nur zu den eigenen Files Zugriff; ausserdem hat er keine Möglichkeit, MIDGET zu verlassen, ohne die Session zu beenden. Das Einrichten neuer Subkontonummern wird unter MIDGET zu einer Trivialität. Durch das Löschen alter Subkontonummern verhindert man ferner den Missbrauch von früheren, nicht mehr berechtigten Benützern.

MIDGET enthält auch andere Hilfsmittel für Mehrbenützeranlagen. Es ist z.B. möglich, die zugänglichen Entwicklungssysteme von Kontonummer zu Kontonummer unterschiedlich zu beschränken und auch innerhalb eines Entwicklungssystems ausgewählte Befehle nur gewissen (priviligierten) Benützer zur Verfügung zu stellen. Priviligierte Benützer haben alle Entwicklungssystemen zur Verfügung und können auch MIDGET verlassen, ohne dass sie vom Rechner "ausgelogt" werden.

5. MIDGET beseitigt Systemabhängigkeiten

Die meisten modernen Simulationssprachen beinhalten graphische Ausgabemöglich-
keiten. Leider gibt es auf Grund der schnellen technischen Entwicklung und einer
fehlenden Koordination eine Vielzahl von verschiedenen graphischen Normen. Aus diesem Grund muss jedes kommerzielle Simulationspaket mehrere graphische Schnittstellen unterstützen. Das Paket muss ferner bei jeder Simulation vom Benützer Information erhalten, welche Plotnorm verwendet werden soll. Ähnlich brauchen die meisten
Editoren, inbesondere die flexibleren full-screen Editoren, Auskunft über den verwendeten Terminaltyp. Da die meisten grösseren Rechenanlagen eine Vielfalt von Ter-
minaltypen besitzen, muss, je nach Terminaltyp, der Benützer verschiedene Editoren
aufrufen, verschiedene Plot-Pakete zum Programm linken u.s.w. MIDGET beseitigt diesen Dschungel von gerätabhängigen Befehlen; der Plottertyp wird bei der MIDGET Installation festgelegt und den Terminaltyp muss man nur einmal (beim Login) angeben.

6. Rechnerportabilität von MIDGET

MIDGET bietet nicht nur dem Benützer von Simulationssystemen und dem Konstruk-
teur neuer Entwicklungssysteme viel Komfort, sondern auch der "System-Manager", der
MIDGET auf einen neuen Rechner installieren muss, bekommt von MIDGET eine aktive
Unterstützung. Im Unterschied zu den meisten grösseren Software-Systemen, die mit
einer dicken Installationsbeschreibung, die bis zum letzten Punkt befolgt werden
muss, geliefert werden, ist die Installationsanleitung von MIDGET sehr dünn. Man
muss MIDGET nur vom Band lesen, eine "Command-procedure" (Betriebsystemsprogramm)
starten und diesem Programm einige Fragen bezüglich der Rechnerkonfiguration beantworten. Danach installiert MIDGET sich selbst, editiert sogar einige eigene Files
selber um, so dass diese auf der Zielrechnerkonfiguration verwendbar sind. Da
MIDGET bei jedem Login initialisiert wird, wird auch das sog. Login-file
automatisch umeditiert (neu kreiert). Wenn die Lizenzbestimmungen dies erlauben,
installiert MIDGET sogar die Zielsysteme der mitgelieferten Entwicklungssysteme.
Zuletzt wird die Installation getestet, indem sich MIDGET selber startet.

7. Einsatz von MIDGET

Ein Vorläufer von MIDGET, ein Entwicklungssystem für das Simulationspaket ACSL,
wurde Ende 1982 an der ETH-Zürich entwickelt. Dieses System war primär für Studenten einer Einführungsvorlesung in Simulationstechnik konzipiert, die auf einer für
sie unbekannten Rechneranlage kleinere Simulationsübungen durchführen mussten.

Der erfolgreiche Einsatz dieses MIDGET-ähnlichen Systems zeigte, wie man uner-
fahrenen Personen einen unmittelbaren Zugriff zu einem Softwarepaket geben kann,
ohne dass diese zuerst während etlicher Stunden Betriebssystem und Rechnerkonfiguration studieren müssen. Aus diesem Grund und weil auch erfahrene Simulationstech-
niker entdeckt hatten, wie komfortabel man mit diesem Entwicklungssystem Zugriff zu
ACSL bekommt, wurde beschlossen, ein generelles Entwicklungssystem (MIDGET) zu entwerfen. Seit Mitte 1983 steht MIDGET zur allgemeinen Verfügung an der ETH, ferner
ist MIDGET an mehr als einem Dutzend externen Rechnern weltweit installiert worden.

MIDGET wurde auf einer VAX-Anlage implementiert. Da MIDGET sehr viele
Systemoperationen ausführen muss (Kompilieren, Linken u.s.w.), ist ein grosser Teil
von MIDGET in DCL (VAX/VMS Betriebssystemsprache) geschrieben, aus Portabilitäts-
und Geschwindigkeitsgründen ist aber möglichst viel in Pascal implementiert. Obwohl
die jetzige Version von MIDGET nur unter VAX/VMS läuft, ist das Paket in jede
flexiblere Operativsystemsprache (z.B. UNIX/C, IBM/JCL) übersetzbar.

8. Referenzen

Cellier, F.E; New Problems in Software Complexity; Simulation, Vol 41 No 3; 1983.

Rimvall, M; MIDGET - A User's Guide; Interne Publikation, ETH-Zürich, 1983.

Konzepte fuer die Beschreibung von Modellen und Experimenten im hybriden Simulationssystem HYBSYS VI

D. Solar, Technische Universitaet Wien

Einleitung

Das Hybride Simulationssystem HYBSYS ist eine intern fuer Hybridrechner ausgelegte interaktive Simulationssprache, die als Teil des Multi Access Hybrid System (MACHYS) eine hardwareunabhaengige, benutzerorientierte Schnittstelle zu den Resourcen des Hybridrechners bildet. Dieses in Eigenentwicklung entstandene Softwaresystem wird staendig weiterentwickelt mit dem Ziel, ein hochwertiges Simulationswerkzeug fuer den Einsatz in Forschung und Lehre zu schaffen, das die analogen und digitalen Moeglichkeiten eines Hybridrechners voll ausschoepft. Neben Mehrbenutzer- und Realtimefaehigkeit sind Benutzerfreundlichkeit und hohe Interaktivitaet bei der Modelldeklaration und Modelluntersuchung besondere Schwerpunkte. Die derzeitige Version HYBSYS V ist mehrbenutzerfaehig (bis zu 8 asynchrone oder 1 Real Time User) und bietet eine blockorientierte Modell-deklaration, eine interaktive, befehlsorientierte Experimentiersprache und auch die Moeglichkeit, benutzereigene digitale Unterprogramme als Overlays in das System zu integrieren. Die vorliegende Arbeit beschreibt das zugrundeliegende Konzept und die fuer die naechste Version HYBSYS VI geplante Implementation einer gleichungsorientierten Modelldeklaration und die Erweiterung der Experimentiersprache um experimentelle Datenstrukturen, die an mathematische Beschreibungsweisen angelehnt sind.

Allgemeines Konzept

Ausgehend von einer strengen Trennung von Modell, Methode und Experiment wurden drei Sprachebenen festgelegt, die sich auf Grund der Anforderungen in eine Modellbe-schreibungssprache als funktionale Sprache, eine Metho-denbeschreibungssprache als prozedurale Sprache und eine Experimentiersprache als Befehlssprache mit prozeduralen Eigenschaften gliedern. Jede Sprachebene hat ueber ihr spezielles Interface Zugang zu einer zentralen Datenbasis, jede Sprachebene besitzt ihr eigenes Macro-, Modul- und Bibliothekskonzept.

Inwieweit sich diese Sprach-ebenen ueberschneiden koennen, sollen oder muessen wird erst die weitere Entwicklung zeigen.

COMMAND
LANGUAGE

EXPERIMENTAL
LIBRARY

EXPERIMENTATION

RUN TIME
DATA BASE

MODEL
DESCRIPTION

METHOD
DESCRIPTION

MODEL
LIBRARY

METHOD
LIBRARY

FUNCTIONAL
LANGUAGE

PROCEDURAL
LANGUAGE

Modellbeschreibung

Die Modelbeschreibungssprache ist methoden- und experimentunabhaengig und in ihrer Form weitgehend an mathematische Formalismen angelehnt. Als funktionale Sprache ist sie dadurch characterisiert, dasz jede Groesze, dargestellt als

Funktion beliebiger Groeszen, nur in einer Gleichung auf der linken Seite
auftreten kann und nicht die Reihenfolge der Gleichungen sondern die funktionale
Abhaengigkeit die Reihenfolge der Execution bestimmt, d.h. eine interne
Sortierung vorgenommen wird. Ein weiteres Merkmal ist die Unterscheidung von
Variablen und Parametern mit den sich daraus ergebenden Rechen- und
Prioritaetsregeln. Ausgehend von einer unabhaengigen, in einem beliebigen
Intervall definierten Groesze gelten alle Variablen als Funktion dieser
kontinuierlichen Unabhaengigen in dem vorgegebenen Intervall, waehrend Parameter
nicht von ihr abhaengen bzw. in diesem Sinn als Konstante gelten. Weiters wird
zwischen kontinuierlichen und diskretisierten Variablen unterschieden, die
entweder direkt oder ueber eine Konversionsvariable ineinander konvertiert
werden koennen. Kontinuierliche Variable werden analogen Komponenten zugeordnet,
wahrend diskretisierte Variable aus einer global definierten Anzahl von
aequidistanten Stuetzwerten bestehen, die entweder durch digitale Berechnung
oder durch Diskretisierung kontinuierlicher Variablen erhalten werden. Fuer die
Verknuepfung dieser Groeszen gelten die Regeln, dasz

- die Verknuepfung von Parametern unter Einbeziehung der Vertauschbarkeit
  bei kommutativen Operatoren hoehere Prioritaet als die Verknuepfung von
  Variablen (so wird PAR*VAR*PAR als (PAR*PAR)*VAR interpretiert) hat und
  das Resultat ein Parameter ist

- das Resultat der Verknuepfung von Variablen eine Variable ist

- und bei der Verknuepfung einer Variablen mit einem Parameter der
  Parameter in eine Variable konvertiert wird.

- Zustandswerte von Variablen koennen ueber feste Werte der Unabhaengigen
  in Parameter konvertiert werden (z.B. PAR=VAR(TK)), wobei VAR(TK) auch
  als Variable definiert ist durch

$$VAR(TK) = \begin{cases} VAR(t) & t \text{ in } (TSTART,TK) \\ VAR(t=TK) & t \text{ in } (TK,TEND) \end{cases} \text{fuer}$$

- Gleichungen, deren linke Seite ein Parameter ist, duerfen rechts
  ebenfalls nur Parameter enthalten. Enthaelt die rechte Seite zumindest
  einen aus einer Variablen konvertierten Parameter, so wird sie in der
  Terminal-Phase exekutiert, andernfalls wird sie in der Initial-Phase
  exekutiert.

- Die Verknuepfung von diskretisierten Variablen hat hoehere Prioritaet
  als die Verknuepfung kontinuierlicher Variablen.

Folgende Bloecke sind fuer die Modelldeklaration vorgesehen:

TYPE   Deklaration von strukturierten Datentypen.

CONSTANTS   Parameter, die waehrend der Kompilation durch ihren Wert ersetzt
            werden und so unnoetige Gleichungsteile eliminieren. Werden sie
            geaendert, so wird beim naechsten Experiment automatisch eine
            Neukompilation durchgefuehrt.

PARAMETERS Parameter, deren Wert beliebig veraendert werden kann ohne eine
            Neukompilation zu bewirken. Die geaenderten Werte gehen sofort in
            das Modell ein.

VARIABLES   Kontinuierliche und diskretisierte Variable als Funktionen der
            unabhaengigen Veraenderlichen.

FUNCTIONS   Beliebige Functionen, die entweder funktional oder durch Angabe
            von Stuetzpunkten definiert werden koennen.

MACRO   Declaration von Modellmacros (aehnlich wie in SYSMOD)

INITIAL   Gleichungen von Parametern und/oder diskretisierten Variablen, die
            vor Beginn eines Simulationslaufes ausgefuehrt werden sollen
            (keine Zuweisungen).

DYNAMIC   Gleichungen, die das Modell beschreiben. Dieser Block kann auch
            bekiebige Parametergleichungen enthalten, die je nach Art ihres
            Aufbaues automatisch entweder dem Initial- oder Terminalblock
            zugeordnet werden.

TERMINAL   Gleichungen von Parametern und/oder diskretisierten Variablen, die
            am Ende des Simulationslaufes ausgefuehrt werden sollen.

Die Simulationslaufzeit wird durch das Intervall (TSTART,TEND) der unabhaengigen
Veraenderlichen T vorgegeben, kann aber durch eine beliebige Abbruchsbedingung,
die im Dynamic Block der logischen Systemvariablen TERMC gleichgesetzt wird,
vorzeitig abgebrochen werden.

Die fuer die Modelldeklaration zur Verfuegung stehenden Datentypen bstehen aus
den ueblichen prozeduralen Datentypen fuer die CONST- und PAR-Bloecke und den
Erweiterungen um funktionale Datentypen fuer die VAR-Bloecke:

    ANALOG Kontinuierliche Variable definiert durch einen Skalierungsfaktor
            und dem skalierten Ausgang des dazugehoerigen analogen
            Rechenelementes.

    HYBRID Diskretisierte Variable definiert durch einen Skalierungsfaktor,
            den skalierten Stuetzwerten und der dazugehoerigen hybriden
            Komponente (zeitsynchrone D/A und A/D Transfer)

    REAL   Diskretisierte Variable definiert durch unskalierte aequidistante
            Stuetzwerte

    BOOLEAN Kontinuierliche logische Variable definiert durch den Ausgang des
            entsprechenden Elementes im parallelen Logikprozessor

    LOGICAL Diskretisierte logische Variable, definiert durch ihren
            Anfangswert und den Zeitpunkten des Zustandwechsels

Neben den elementaren Datentypen werden die strukturierten Datentypen ARRAY,
ROW, VECTOR und MATRIX implementiert, um eine Modelldeklaration in
Vektornotation zu ermoeglichen. Waehrend der Typ ARRAY dem herkoemmlichen Typ
von ein- oder zweidimensionaler Felddeklaration entspricht, sind die anderen
Typen im Sinne von Pascal-Records, jedoch bestehend aus Elementen gleichen Typs,
aufzufassen:

```
die folgende Deklaration                    F1.X    F1.Y
                                            F2.X    F2.Y
F[1:N]:ROW OF X,Y:REAL;            F  =       .       .
                                             .       .
definiert die nebenstehende Matrix.         FN.X    FN.Y
```

Die Modelldaten werden bei der Uebersetzung in eine globale Datenbasis
eingetragen, auf die von allen drei Sprachebenen zugegriffen werden kann, d.h.
dasz alle Groeszen des Modells (Variable und Parameter) globale Variable sind.
Diese globale Datenbasis besteht neben anderem aus zwei Tabellen, deren eine die
Variablen, sortiert nach ihrer funktionalen Abhaengigkeit und aufgeteilt in
Untergruppen, enthaelt und die andere die funktionale Abhaengigkeit in Form von
Argumentlisten beschreibt.

Methodenbeschreibung

Die Methodenbeschreibungssprache ist eine allgemeine, prozedurale Programmiersprache, die ueber Pointer auf Modelldaten zugreifen kann und aufbauend auf
Systemroutinen zur Durchfuehrung von Standardexperimenten die Beschreibung
beliebig komplexer Methoden unabhaengig vom Modell und der Experimentiersprache
ermoeglicht. Jede Methode besteht aus einem experimentiersprachenabhaengigen
Methodenkopf, der die Dekodierung der Befehlsparameter durchfuehrt und die
Pointer zu den benoetigten Modelldaten generiert, und der Methode selbst, die
modellunabhaengig mit den ueblichen prozeduralen Structuren wie Unterprogramme
etc. (auch externe Bibliotheks- unterprogramme) beschrieben wird. Derzeit sind
neben den elementaren Methoden auch ein n-dimensionaler Nullstellenalgorithmus,
mehrere Optimierungsalgorithmen, Algorithmen fuer die 3-dimensionale Darstellung
von Flaechen unter Beruecksichtigung der Sichtbarkeit und fuer die Darstellung
von Isolinien sowie ein digitaler Integrationsalgorithmus implementiert.

Experimentation

Die Experimentiersprache ist eine voll interaktive Befehlssprache mit
prozeduralen Eigenschaften. Sie ist modell- und methodenunabhaengig und kann
sowohl vom System als auch vom Benutzer aus erweitert werden. Die
Experimentiersprache ermoeglicht (als fest implementierte Experimente) die
interactive Deklaration, Aenderung und Dokumentation von Modellen, Deklaration
und Dokumentation von Methoden, Modelluntersuchung sowohl durch
Parametervariation als auch durch Anwendung komplexer Methoden auf das aktuelle
Modell einschlieszlich Dokumentation des Experiments und letzlich die
Deklaration, Dokumentation und Exekution von Experimentiermacros. Der Sprach-
umfang beinhaltet

```
    - elementare Befehle fuer Zuweisungen, Ein- und Ausgabe sowie
      konditionale Befehle

        X,A=1.34E-2;          Zuweisung
        X,A:                  Ausgabe von Name und Wert
        X,A                   Werteingabe
        X<EPS?                Konditionaler Befehl, der bei Eintreffen
                              die Exekution der Zeile beendet

    - allgemeine Befehle zur Invokation von Experimenten

        PLOT Y'(Y) FOR A=1(2.5)10; Invokation der PLOT-Methode zum Zeichnen
                              von Phasenbildern fuer mehrere Parameterwerte

    - Befehlszeilen mit Kontrollstrukturen wie begrenzte oder
      unbegrenzte Schleifen sowie konditionalen Abfragen

        B=0(.1)1!SCALE;PLOT Y(A=1(10)1);      Parameterschleife

    - Befehlsmacros

        COMMAND BPLOT="B=1(.5)9!SCALE;PLOT Y'(Y);    Deklaration
        BPLOT;                                       Exekution

    - und Befehlsprogramme

        PROGRAM PPLOT(A,B,C,D,Y)              Deklaration
        A=B;OPSCAL;SCALE;RESCAL;
        A=B(D)C!SCALE;
        PLOT Y'(Y) FOR A=B(D)C;
        END;
        PPLOT(B,1,9,.5,Y);                    Exekution
```

Die Durchfuehrung von Simulationslaeufen geschieht entweder durch die Invokation
von Methoden oder durch die Verwendung von experimentellen Datenstrukturen, die
implicit Simulationslaeufe durchfuehren, deren Ergebnisse durch Zuweisung auf
statischen Datenstrukturen gespeichert werden und so der weiteren Verwendung
zugaenglich sind. Diese experimentellen Datenstrukturen duerfen nur auf der
rechten Seite von Zuweisungen auftreten.

```
VAR Y:ANALOG;        Z=Y                fuehrt einen Lauf durch und liefert
    Z:REAL;                             die Stuetzwerte der Variablen

VAR Y:ANALOG;        A=Y(T=.5)          Funktionswert der Variablen zum
PAR A:REAL;                             angefuehrten Zeitpunkt

VAR Y':ANALOG;       PH=Y'(Y)           Stuetzpunkte der Phase
    PH:ROW OF X,Y:REAL;

PAR A:REAL;          F=Y(A=1:10)        fuehrt fuer jeden Parameterwert einen Lauf
VAR Y:ANALOG;                           durch und liefert die Stuetzwerte der Flaeche
    F[1:10]:REAL;                       ueber der Zeit und dem Parameterintervall

VAR Y:ANALOG;        G=Y(A=1:10,B=.1(.1)1)   Parameterflaeche des
PAR A,B:REAL;                           Endwertes Y(t=TEND) ueber den
    G[1:10,1:10]:REAL;                  beiden Parameterintervallen
```

<u>Beispiel</u>

    Modelldeklaration

```
MODEL DUFFING;
  PAR  W=2,A=.5,B=2,C=0:REAL;             Gesucht sind periodische
       YO,DYO,E,EY,EDY:REAL;              Loesungen der Duffing'schen
  VAR  Y':ANALOG;                         Differentialgleichung fuer
  DYNAMIC                                 die Parameterwerte A=.1(.1)1
       Y'' = SIN(W*T) - A*Y^3 - C*Y^2;
       Y(TSTART)=YO;Y'(TSTART)=DYO;
       EY=Y(TEND)-YO;
       EDY=Y'(TEND)-DYO;
       E=SQRT(EY^2+EDY^2);
  END;
```

    Modelluntersuchung

```
PLOT E(YO=-1(.1)1,DYO=0(.1)2);         Parameterflaeche des Fehlers (3-dim.)
A=.1;YO=0;DYO=1;SCALE;                 Optimale Skalierung.
ZERO (EY,EDY)(YO,DYO);                 Suche erste Nullstelle
PLOT Y'(Y);                            Zeichne erste periodische Loesung
A=.2(.1)1!SCALE;ZERO;PLOT,S;           Suchen und zeichnen weiterer Loesungen
```

<u>Literatur</u>
Baker N.J.C, Smart P.J.:"The SYSMOD Simulation Language", Proceedings of
        the First European Simulation Congress ESC 1983 Aachen, Informatik-
        Fachberichte 71, Springer Verlag
Breitenecker F.:"The Concept of Supermacros in Today's and Future Simulation
        Languages", Mathematics and Computers in Simulation XXV (1983) 279-289,
        North Holland
Kleinert W., Solar D., Berger F.:"Status Report on TU Vienna's Hybrid
        Time Sharing System", Proceedings of ESC 1983 Aachen
Solar D., Berger F., Blauensteiner A.:"Interaktive Simulationssoftware fuer
        ein Hybrides Mehrbenutzersystem", Proceedings des 1.Symposiums
        Simulationstechnik Erlangen 1982, Informatik-Fachbericht 56, Springer V.

ERHÖHUNG DER BENUTZERFREUNDLICHKEIT VON DISKRETEN
SIMULATIONSSYSTEMEN - EIN VERGLEICH
U. Maschtera
Institut für Informatik
Johannes-Kepler-Universität
Altenbergerstr. 69, A-4040 Linz

Einleitung

Wie bei jeder Disziplin hängt die Anwendung der Simulation nicht zuletzt davon ab, in welchem Ausmaß ein (unerfahrener) Benutzer bei Projektdurchführungen unterstützt wird. Wie aus Abb.1 ersichtlich, nimmt das MODELL als Schnittstelle zwischen Benutzer, Realsystem und EDV ein zentrale Stelle ein. Demgemäß beginnt die Unterstützung des

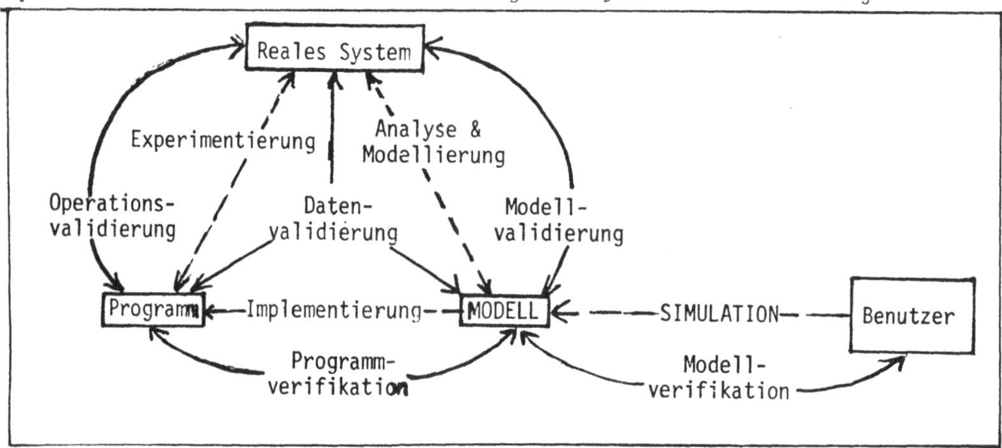

Abb. 1: Der Simulationsprozess (nach R.G.Sargent (/13/))

Simulationsprozesses mit dem MODELL: beginnend mit prozeßorientierten Simulationssprachen wurden Simulationsprogrammgeneratoren (SPG), -spezifikationssprachen (SSL) und -support environments (SSE) entwickelt. Während das Ziel eines SPG eine Implementierungserleichterung ist und er daher eine kürzere, typisierte Modellbeschreibung als Basis annimmt, dient eine SSL in erster Linie zur Beschreibung, Verifikation und Kommunikation von Modellen. Nance (/12/) stellt an eine SSL die Forderungen der (1) Unabhängigkeit von syntaktischer Struktur, (2) Anwendbarkeit für jeden Detailliertheitsgrad, (3) stufenweisen Verfeinerung, (4) Integrität in der Behandlung der Konzepte, (5) Verifikationsunterstützung und (6) einfachen Modifizierbarkeit. Unter einem SSE schließlich versteht man ein integriertes System für die Erstellung von Simulationskomplettlösungen (uU bis hin zur Implementierung der Ergebnisse) (/7/,/1/).
Kriterien für den Vergleich einiger im folgenden vorgestellten Systeme sollen daher neben denen von Nance sein: betreffend (a) Konzepte: Realitätsnähe, Verfügbarkeit, Darstellungsmöglichkeit komplexer Situationen, Implementierbarkeit, Erlernbarkeit; (b) Modellbeschreibung: Lesbarkeit, Kombinierbarkeit, Validierbarkeit; (c) Experimentierunterstützung: Parametrisierung, Auswertungen und Versuchsplanung.

Ereignis, Prozeß

Bei diskreten Simulationsmodellen finden Veränderungen des Systemzustands, EREIGNISSE genannt, zu diskreten Zeitpunkten und zwischen diskreten Zustandsvariablen statt. Die Ereignisse sind also zeitverzugslos und können daher durch general purpose language statements (od. Funktionen) dargestellt werden. Der korrekte zeitliche Ablauf der Ereignisse wird gewährleitet durch einen sg. Scheduler, welcher Ereignisnotizen (Ereignisidentifikation und -zeit) und die interne Simulationszeit verwaltet.

Größere Realitätsnähe wurde zuerst durch die Zusammenfassung logisch zusammengehöriger Ereignisse zu einem Prozeß erreicht. Da zwischen Ereignissen Zeit verstreichen kann, ist ein Prozeß nicht mehr unbedingt zeitverzugslos, was eine Erweiterung um Sequencing-befehle zur Verbindung der Ereignisse eines Prozesses bzw. Synchronisationsanweisungen bedingt. Da pro Ereignis mindestens zwei Elemente beteiligt sind, wird die logische Zu-sammengehörigkeit von Ereignissen über den Durchschnitt der daran beteiligten Elemente definiert. Diese werden zum "aktiven", dh. die Kommunikation durchführenden Teil des Prozesses (MASTER-SLAVE-Prinzip). Sie können entweder zur Gruppe der Transaktionen = Entities oder der Equipments = Blocks gehören. Daher unterscheiden sich prozessorien-tierte Standards in erster Linie durch die Wahl der Gruppe der aktiven Elemente (zB. GPSS - transaktionsorientiert, BORIS - blockorientiert /3/;vgl. auch /9/,/14/). Diese Konzepte heißen zueinander r-dual (/ 9 /), da sie die beiden Möglichkeiten sind, von zwei in Relation stehenden Elementen eines als master zu wählen.
Nachteile dieser Aufteilung sind, daß

- andere Prozessinteraktionskonzepte (wie EQUALS,PIPELINES /2/) nur über Umwege darzu-stellen sind; (beispielsweise kann in GPSS eine Transaktion kein GENERATE auslösen; Umwege sind Schalter bzw. Splits)
- der Benutzer gezwungen wird, sich immer und vollständig in einem der beiden Konzepte auszudrücken, obwohl ihm vielleicht eine Wechselmöglichkeit angenehmer wäre.

Simulationsprogrammgenerator (DRAFT)

In /11/,/10/ werden SPGn der sg. DRAFT-Familie vorgestellt. Basis ist ein entity-cycle Diagramm (ECD), wobei entity hier im Sinne von SYSTEMELEMENT verwendet wird. Das ECD be-schreibt mittels einfacher Symbole (Abb 2) die Lebenszyklen (Scenarios) aller System-elemente, wobei ein Transaktionszyklus über den "Rest der Welt" durch Verbindung von im System ankommenden mit den das System verlassenden Transaktionen hergestellt wird. Das ECD wird im Dialog eingegeben und ein Programm im Zielcode (zB. Fortran, Simscript, Simula) erstellt. Beachtenswert ist, daß bei jeder Aktivität, die mehr als ein entity betrifft, EINES der entities als aktiver Partner ausgezeichnet werden muß (vgl. /10/), sodaß die Übersetzung in jedes der beiden dualen Prozeßkonzepte möglich ist.
Zu den oben erwähnten Nachteilen kommt noch hinzu, daß

- die Darstellung komplexerer Strukturen (wie alternative Handlungen eines entities, Splitting von entities) eine Erweiterung der Symbole notwendig macht;
- modulare, hierarchische Modellierung erschwert wird, weil keine exakten Schnittstellen definiert sind;
- statt der Simulationssprache das ECD erlernt werden muß (zB. muß der Benutzer wissen, daß für ankommende Transaktionen ein Ankunftsprozeß Element des Systems sein muß).

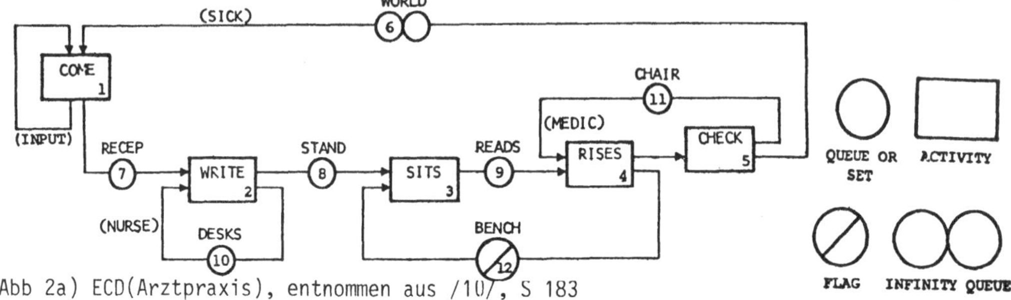

Abb 2a) ECD(Arztpraxis), entnommen aus /10/, S 183

Simulationsspezifikationssprachen

FRANKOWSKI/FRANTA (/5/) wollen mit ihrer prozeßorientierten SSL ein "lesbares, schreibbares, nürzliches Werkzeug für Menschen und nicht Maschinen" (vgl./5/ S.721) vorstellen. Hervorstechendes Merkmal ihrer SSL ist, daß formale Sprachelemente zur Beschreibung der

- Dynamik des Modells (wie ACTS, FUNCTIONS, FOR, AT, WHILE(condition)..END, DURING(condition)..END, WAIT UNTIL(condition).., ;) und der
- Programmabschnitte (TYPE, AXIOMS, GLOBAL OPERATIONS, SCENARIO ..)

von natürlich sprachlichen Texten durchsetzt sind, um die Lesbarkeit und damit den Willen zur Modellkommunikation zu erhöhen. Dies wird auf Kosten der maschinellen Implementierbarkeit zweifellos erreicht. Entsprechend der Intention der SSLs werden jedoch Synchronisationsmechanismen als Implementierungsdetail angesehen. Der Aufbau suggeriert allerdings das master-slave-Prinzip und eine Implementierung ähnlich /8/, wobei der

```
                        server: TYPE active element;
              AXIOMS: (1) busytime = accumulated time over which server acts with one
                              ordinary customer between preemptions.
GLOBAL ATTRIBUTES: preemptionflag: Boolean, initial value false;
                   busytime: real, initial value zero;
                   prioritytime: real, initial value undefined;
          OPERATIONS: take<server>: changes preemptionflag; preemptionflag+true;
                      hold<server> for<time>: changes prioritytime; prioritytime+time;
            SCENARIO: during (system) while NOT(serverq empty )
                      (time)outof serverq;
                      during (preemptionflag=false) act for time; end//during//
                      if (preemtionflag=true)
                      then [(time-busytime)into serverq using
                            priority>highest in serverq;
                             function for prioritytime; preemptionflag+false]
                      end //if//;    end //while//
                      wait until (NOT serverq empty ); end //during,scenario//
```

Abb 3) Beschreibung eines Serviceprozesses, vgl. /5/, S.739

Benutzer die aktiven Elemente wählt (vgl. Abb 3).

Zum Unterschied dazu ist DIMITROVs SSL (/4/) ein vollständig formales Instrument zur Beschreibung ereignisorientierter Systeme. Jede Systemkomponente kann bestehen aus:
- Indikatoren (zur Beschreibung des Status der Komponenten; sie können entweder von hierarchisch übergeordneten (UP) oder untergeordneten (DOWN) Komponenten abgefragt werden)
- Maps (Funktionen zum Zugriff auf lokalen Speicher oder zur Beschreibung v. Operationen)
- Rules (zur Beschreibung der Reaktion auf ein Ereignis, wobei "Reaktion" eine Menge von Aktionen ist, von denen bedingungsabhängig eine ausgewählt wird. Resultat ist eine Indikatoränderung = Ereignis). (vgl. Abb 4)

```
system S
     component A
          indcs MANUAL_CONTROL(DOWN), A_ACT(DOWN), A_INP(DOWN)
          maps A_CONTROL(DOWN), A_MODEL(DOWN), A_IMAGE(DOWN), A_VIEW)
     component EX
          maps EXECUTE, EFFECT(UP), CONTROL
          event A_ACT
               if A_ACT & MANUAL_CONTROL do A_ACT:=false
                    results CONTROL=A_CONTROL(A_MODEL), EFFECT=EXECUTE(CONTROL)
          :
     :  :
end S :
Abb 4: "space rocket control problem", vgl. /4/, S. 70
```

Die auf die Konzepte der RELATIONALEN Datenbanken basierende, prozeßorientierte SSL von GOLDMAN/WILE (/6/) ist wiederum vollständig formal und besitzt den Vorteil, daß die Beziehungen zwischen Objekt(typ)en in Form von Relationen angegeben werden. Das Verhalten des Modells im Prozeßablauf wird durch fortlaufende Veränderungen der Datenbasis, also durch Änderungen der Objekte und der Ausprägungen ihrer Relationen mittels sg. ACTIONS beschrieben. Bedingungsabhängige Ausführung erfolgt über die Definition von PRECONDITIONS; die Integrität der Datenbasis wird über POSTCONDITIONS gewährleistet; DEMONS lösen "Antworten" aus, wenn gewisse Prädikate erfüllt sind (data triggered processing) (vgl. Abb 5)

```
type oiltanker, a kind of ship;          relation portofcall(ship,port);
     message, = string;                           inport(ship,port);
     latitude, = integer in range [-90,90];       contains(ship,cargo,volume)
     port, ⊃ {Seattle, Sta. Barbara} ;                 key is (ship,cargo);
     grain, a kind of cargo = {Corn, Wheat} ;     capacity(ship,volume);
end type                                  end relation

          wherever ∃ ship(inport(ship, Sta. Barbara)
                         ∧ contains(sip, [grain] , [v;volume v≥20 m³] ) )
          do   insert   portofcall (ship,Seattle);

constraint ∃ s:ship( contains(s, [fuel] ) ∧ contains(s, [grain] )
end constraint

          demon stromwarning (ship,shiploc)
               trigger  Weatherstatus (shiploc, Stormy)
                         Approaching (ship,shiploc)
               response Broadcast (message)
          end demon
```

Abb 5: Hafenbeispiel, vgl. /6/

484

Simulation Support Environments

Wie schon eingangs erwähnt, betrifft ein SSE den gesamten in Abb 1 dargestellten Prozeß, also ua. auch eine leicht implementierbare, nicht auf ein Weltbild eingeengte SSL. Wie Abb 6 zeigt, sind die halbformale SSL von Frankowski/Franta und die relationale SSL den übrigen Konzepten überlegen. Was die eine an Lesbarkeit und Modifizierbarkeit bringt, bringt die andere an Kombinierbarkeit und Implementierbarkeit. Allen gemeinsam ist ein Mangel an Versuchsplanungsunterstützung. Für letztere ist eine einfache Identifizierung und Parametrisierung von Faktoren nötig, was wiederum den obigen beiden SSLs den Vorzug gibt.

Kriterien	Nance						(a) Konzepte					(b)Modell			(c)Experim.		
	(1)	(2)	(3)	(4)	(5)	(6)	(1)	(2)	(3)	(4)	(5)	(1)	(2)	(3)	(1)	(2)	(3)
SPG	*	-	-	+	-	+	#	#	#	+	+	+	#	-	#	*	-
SSL /5/	+	+	+	+	-	+	+	+	+	#	+	+	+	#	*	+	*
SSL /4/	-	-	-	-	+	#	-	-	#	*	*	-	*	-	+	*	*
SSL /6/	*	+	+	+	+	*	*	*	+	+	*	*	+	#	+	+	*

Abb 6: Gegenüberstellung der vorgestellten Systeme bzgl. der Kriterien von vorne
+ bedeutet 'sehr gut vorhanden', * bedeutet 'leicht adaptierbar',
- bedeutet 'nicht vorhanden',   # bedeutet 'schwer adaptierbar'.
(bzw. Reihung von +,*,#,-)

References:

/1/ Adelsberger H.H: "Modeling and Simulation in ADA", Proceedings of the 1st European Simulation Congress, Aachen 1983
/2/ Andrews G.R.: "The Distributed Programming Language SR - Mechanisms, Design and Implementation", Software - Practice and Experience, Vol. 12, 719-753 (1982)
/3/ Decker H., Geissler J.: "Modelling and Simulating Nets of Agencies with BORIS", in :/15/, S. 52-65
/4/ Dimitrov I.: "A Systems Specification Language", in /15/, S. 66-77
/5/ Frankoswki E.N./Franta W.R.: "A Process Oriented Simulation Model Specification and Documentation Language", Software - Practice and Experience, Vol 10, 721-742 (1980)
/6/ Goldman N.M./Wile D.S.: "A Relational Data Base Foundation for Process Specifica-tions", in: P.P.Chen (ed): Entity-Relationship Approach to Systems Analysis and Design, Int. Conference (1980), North-Holland
/7/ Hausen H.L./Müllerburg M.: "Software Engineering Environments: State of the Art, Problems and Perspectives", 1982 IEEE, 326-335
/8/ Kaubisch W.H./Perrott T.H./Hoare C.A.R.: "Quasiparallel Programming", Software - Practice and Experience, Vol 6, 341-356 (1976)
/9/ Maschtera U.: "Duality Concepts in Discrete Event Simulation", Conf. on Applied Informatics 1984, Innsbruck, ACTA Press, 1984
/10/ Mathewson S.C.: "Simulation Program Generators", Simulation Dez. 1974, 181-188
/11/ Mathewson S.C.: "User Acceptance: Design Considerations for a Program Generator", Software - Practice and Experience, Vol 13, 101-117 (1983)
/12/ Nance R.E.: "To Be, Or Not To Be -- Is That The Question?", Simuletter 15, 1984,5-7
/13/ Sargent R.G.: "Simulation Model Validation", in: T.Ören/Zeigler B.(ed): Simulation and Model-Based Methodologies: An Integrative View, Springer Verlag (in press)
/14/ Stoustrup B.: "An Experiment with the Interchangeability of Processes and Monitors", Software - Practice and Experiments, Vol 12, 1011-1025 (1982)
/15/ Wedde H. (ed):"Adequate Modeling of Systems, Conf.Model Realism, Bad Honnef 1982

MEDUSA - ein interaktives Analyse- und Auslegungsprogramm

für mechanische Mehrkörpersysteme mit kleinen Relativbewegungen

O. Wallrapp
DFVLR-Oberpfaffenhofen
D-8031 Wessling

Zusammenfassung: Es wird ein Rechenprogramm MEDUSA (= MEhrkörper-Dynamik Und System-Analyse) zur Analyse und Auslegung insbesondere von spurgeführten Fahrzeugen vorgestellt. Dieses Programm ist voll interaktiv zu betreiben und beinhaltet die Dateneingabe zur Systemdefinition, die Generierung der Bewegungsgleichungen und Optionen zur Analyse der Statik und Dynamik der Systeme. Zur Zeit ist das Programm in einer Testversion auf den Rechnern/Betriebssystemen IBM/MVS, SIEMENS/MVS, BS 2000, VAX/VMS und CDC/NOS implementiert. Auf das Konzept von Seiten der Formulierung und der Programmrealisierung wird eingegangen sowie die verwendeten Rechenverfahren angegeben. Den Abschluß bilden Simulationsergebnisse zweier Anwendungsbeispiele aus der Rad/Schiene- und KFZ-Technik.

1. Einleitung

Bei der Entwicklung neuer mechanischer Systeme, wie Schienen und Straßenfahrzeuge, Maschinenanlagen oder einzelner Komponenten, ist es aus Kosten-, Zeit- und versuchstechnischen Gründen unumgänglich, das Lauf-, Fahr- und Schwingungsverhalten durch abgesicherte mathematische Modelle während den Konzeptions- und Auslegungsphasen ständig am Rechner simulieren zu können.
In digitale Rechenprogramme implementiert, lassen sich die mathematischen Modelle- (Bewegungsgleichungen) für den Entwicklungsingenieur am Arbeitsplatz heute sehr handlich und benutzerfreundlich aufstellen, analysieren und lösen sowie letztlich in Form von leicht verständlichen und aussagekräftigen Resultaten ausgeben. Dabei sind Änderungen im Modell und deren Parameter leicht möglich. *MEDUSA (MEehrkörper-Dynamik Und System-Analyse)* ist ein in diesem Sinne konzipiertes interaktives Analyse- und Auslegungsprogramm, welches im Rahmen der vom BMFT geförderten Arbeitsgemeinschaft Zusammenwirken Fahrzeug-Fahrweg primär für Rad/Schiene Fahrzeuge entwickelt wurde, [1], aber auch für andere mechanische Systeme einsetzbar ist; derzeit werden bspw. Erweiterungen für Magnetschwebe- und Kraftfahrzeuge vorgenommen.

2. Programmkonzept

MEDUSA ist soweit als möglich allgemein angelegt und umfaßt neben der

Dateneingabe zur Systemdefinition die Generierung der mathematischen
Gleichungen und eine Anzahl von Optionen zur Analyse des statischen und
dynamischen Verhaltens. Möglichkeiten zur Optimierung des Systems sollen ebenfalls vorgesehen werden.

Zur Beschreibung der mechanischen Komponenten werden die Modelle der
Mehrkörperdynamik und Elastodynamik verwendet, [2]; andere physikalische Bauteile sind bereits in ein mathematisches Modell zu bringen. Bei
der Formulierung der Bewegungsgleichungen eines Mehrkörpersystems, siehe Bild 1, werden nur kleine Relativbewegungen der Körper berücksichtigt, jedoch kann das System eine große kinematisch geführte Referenzbewegung aufweisen. Diese Annahme ist insbesondere für spurgeführte
Fahrzeuge ausreichend und führt zu sehr schnellen Rechenprogrammen bzw.
eröffnet die Möglichkeiten der linearen Systemanalyse.

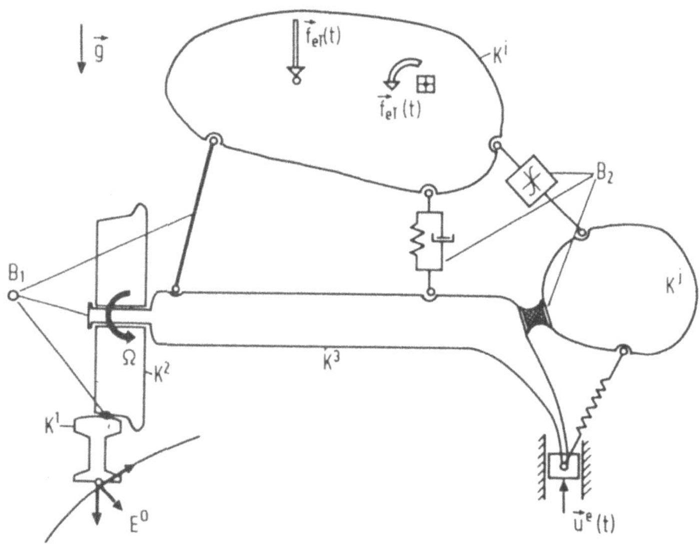

Bild 1: Schema eines Mehrkörpersystems mit Kennzeichnung der Modelle

K^i : starre oder elastische Körper

$B_{1,2}$: Verbindungen mit Zwangskräften oder eingeprägten Kräften

$\Omega,\ \vec{g}$: Winkelgeschwindigkeit von sym. Rotoren, Erdbeschleunigung

$\vec{f}_e,\ \vec{u}_e$: externe Kräfte, externe Weganregungen

E^0 : große geführte Referenzbewegung

Das Programm verfügt über eine *Vielzahl von implementierten Modellen*,
die nur durch wenige Parameter anzusprechen sind, insbesondere die der
Verbindungen mit linearen und nichtlinearen, statischen und dynamischen

Kraftgesetzen, mit und ohne Zwangsbedingungen. Der Mehrkörperformalismus liefert hieraus letztlich numerisch die Matrizen und Vektoren der Gesamtgleichung

$$\underline{\dot{x}} = \underline{A}\,\underline{x} \;+\; \underline{B}\,\underline{u} \;+\; \underline{b}(\underline{x},\,\underline{u},\,t) \tag{1}$$

mit $\underline{x}$ als Vektor aller unabhängigen Koordinaten, die das Programm z. T. selbst generiert, $\underline{u}$ den Vektor der Systemeingänge, t die Zeit, $\underline{A}$ und $\underline{B}$ konstante Systemmatrizen sowie $\underline{b}$ der Vektor aller nichtlinearen und zeitvarianten Beiträge.

Als ein *interaktives und integriertes Programm* kann der Anwender über ein Auswahlmenü alle Optionen, siehe Bild 2, in beliebiger Reihenfolge mit einheitlichem Benutzerinterface ansprechen, [3]. Alle Eingaben erfolgen interaktiv nach kurzen oder ausführlichen nahezu selbsterklärenden Anforderungen und werden anschließend syntaktisch und logisch überprüft, um stets einen sinnvollen Programmablauf zu gewährleisten.
Auf *nur einer Datendatei* werden alle Eingaben, Zwischen- und Endergebnisse für ein Simulationsmodell abgespeichert, was insbesondere die Archivierung dieser vereinfacht. Diese Datendatei kann auch von Fremdprogrammen (Pre- oder Postprocessors) gelesen oder beschrieben werden, wie es z. B. bei der Kopplung zu FEM-, CAD- oder Graphikprogrammen notwendig ist.

MEDUSA				
MEHRKOERPERDYNAMIK und SYSTEMANALYSE				
I. SYSTEM – **DEFINITION**	**II. GLEICHUNGEN** **GENERIEREN**	**III. STATIK –** **ANALYSE**	**IV. DYNAMIK-** **ANALYSE**	**V. SYSTEM –** **OPTIMIERUNG**
> Benennung Simulationsmodell > MKS-Konfiguration > Koerperverbindungen > Bewegung des Referenzsystems > Rotoreffekte > Eingaenge und Anregungen Systemausgaenge > Elastische Fahrwegmodelle	> Konstante Systemmatrizen Konstante Ausgangsmatrizen > Zeitabhaengige und nichtlineare Terme	> Nominale Schnittkraefte in Verbindungen > Neue MKS-Konfiguration infolge Kraefte	> Eigenwerte Eigenvektoren > Frequenzgaenge > Spektrale Leistungsdichte > Lineare Kovarianzanalyse > Numerische Integration im Zeitbereich Auswertung der Zeitloesungen Berechnung von Komfortzahlen	Definition von zu optimierenden Parametern Vorgabe der Zielfunktionen Ablauf der Optimierung

Bild 2: Optionen des Programms MEDUSA, Version 3.0(84)
     (Die mit > bezeichneten Optionen sind lauffähig)

MEDUSA ist in FORTRAN IV (DIN) codiert unter Verwendung nur weniger,
vom Betriebssystem abhängiger Elemente, die gesondert markiert sind.
Letztere sind z. B. zur *dynamischen Anforderung von Speicherplatz* für
die Programmfelder notwendig, so daß nur eine durch das Betriebssystem
begrenzte variable Dimensionierung möglich wird. Dadurch ist das *Programm vorübersetzbar*; nur noch die anwenderspezifischen Routinen für
nichtlineare Modellgesetze sind anzubinden. Durch Segmentierung ergibt
sich folglich eine Lademodulgröße von ca. 1.2 Mbyte.

3. Rechenverfahren

Neben den Rechenverfahren zur Analyse der dynamischen Gleichungen sind
Methoden erforderlich, mit denen die nominalen (statischen) Schnitt-
kräfte bzw. die *statische Gleichgewichtslage* des Mehrkörpersystems ermittelt werden können, vergl. Bild 2. Diese werden als Basis zur Linearisierung benötigt. Letztere erfolgen erst aus einem nichtlinearen
Gleichungssystem, welches nach dem Newton-Verfahren gelöst wird [4].

Zur Analyse des *linearen dynamischen Systems* der Ggl. $\dot{\underline{x}} = \underline{A}\,\underline{x} + \underline{B}\,\underline{u}$
werden angeboten:

- Berechnung der *Eigenwerte* und *Eigenvektoren* von $\underline{A}$ mit HQR-Algorith-
  men.
- Berechnung von *Frequenzgängen* durch Modal- oder Hessenbergtransfor-
  mation, (LAUB-Verfahren) für den Ausgangsvektor $\underline{y} = \underline{C}\,\underline{x} + \underline{D}\,\underline{u}$, ($\underline{K}$,
  $\underline{D}$ konstante Matrizen). Dabei wird $\underline{u}$ aus einem Ausgangssignal $\underline{\xi}$ unter
  Verwendung von Totzeiten gebildet.
- Berechnung von *Ausgangsspektren* mittels der Übertragungsmatrix,
  falls für $\underline{\xi}$ ein Eingangsspektrum vorliegt.
- Ist das zeitlich korrelierte Eingangssignal als stochastischer Prozeß gegeben, wird die *Kovarianzmatrix* durch Lösen gestaffelter
  Ljapunovscher Gleichungen gebildet [5].

Das vollständige Differentialgleichungssystem (1) wird im Zeitbereich
durch *numerische Integration* gelöst. Runge-Kutta-Verfahren mit verschiedener Ordnung, Fehlerabschätzung und Schrittweitensteuerung erweisen
sich für die unterschiedlichen Modelle als besonders leistungsfähig.
Nach Abschluß der numerischen Integration erhält man durch nachträg-
liches Lösen der Ausgangsvektorgleichung die gesuchten *Auswertegrößen*.

4. Anwendungsbeispiele

Zur Unterstreichung der Leistungsmerkmale von MEDUSA, werden Ergebnisse
eines Rad/Schiene-Modells [6], s. Bild 3 und eines Beispiels aus der
Kraftfahrzeugtechnik, s. Bild 4, gezeigt.

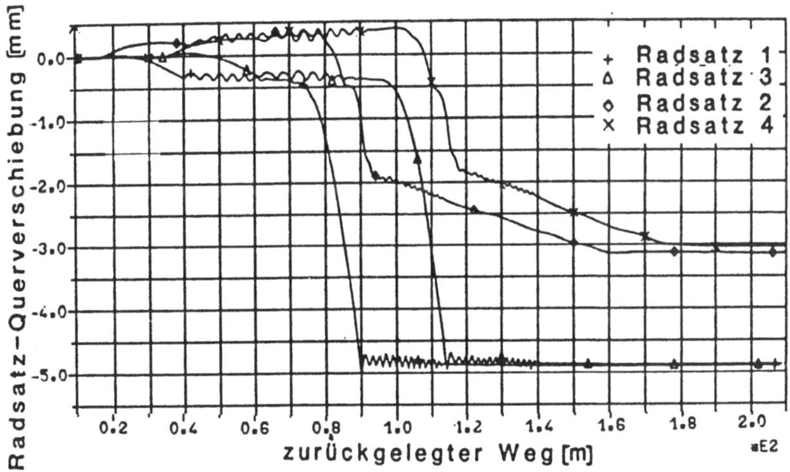

Bild 3: Simulation eines Reisezugwagens mit 2 Drehgestellen und 4 Radsätzen bei Fahrt in eine Kurve (120 km/h Geschwindigkeit)

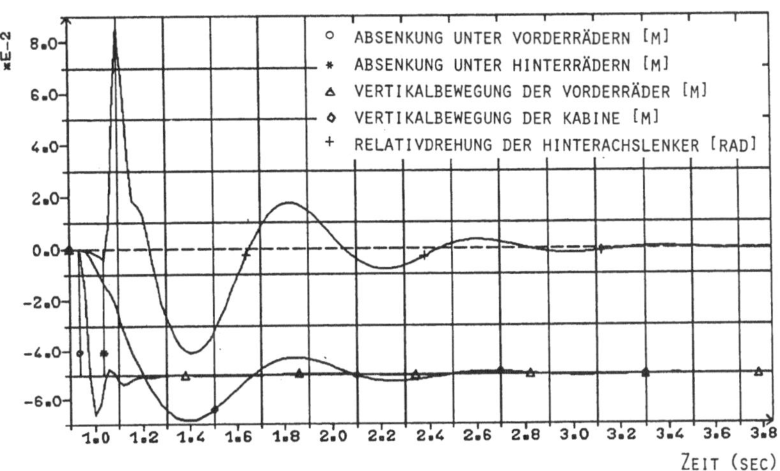

Bild 4: Simulation eines PKW's bei Geradeausfahrt über eine Absenkung mit 5 cm Tiefe (45 km/h Geschwindigkeit)

Literatur

[1] Wallrapp, O.; Kortüm, W.: MEDUSA – ein Mehrkörperprogramm zur Analyse und Auslegung der Dynamik von spurgeführten Fahrzeugen. VDI-Berichte Nr. 510, 1984.
[2] Software for Dynamic Analysis and Design of Mechanical Systems. Carl-Cranz-Lecture Series "Vehicle Technology" V1.08, Oberpfaffenhofen, April 1984. (W. Kortüm ed.).
[3] Schuster, W.; Wallrapp, O.: DV-Konzept eines interaktiven integrierten Programms zur Simulation mechanischer Systeme, 1. Symposium Simulationstechnik, Erlangen, April 1982, Preceedings IFB 56, Springer Verlag, S. 465 – 474.
[4] Kik, W.; Steinborn, H.: Führ- und Störverhalten – Ermittlung statischer und quasistatischer Gleichgewichtslagen, VDI-Berichte Nr. 510, 1984.
[5] Dolan, J.; Führer, C.: Kovarianzanalyse bei zeitlich verschobenen Erregerprozessen mit Anwendung auf mehrachsige Schienenfahrzeuge, DFVLR, Interner Bericht 515-81-8, Oberpfaffenhofen, 1981.
[6] Duffek, W.; Jaschinski, A.: Simulation des dynamischen Bogenlaufs von Rad/Schiene Fahrzeugen mit dem Mehrkörperprogramm MEDUSA, VDI-Berichte Nr. 510, 1984.

NETASIM - Ein interaktives CSSL-System mit On-Line-Graphik und Front-End für die Leistungselektronik

P. Mehring, W. Jud

AEG-TELEFUNKEN, Forschungsinstitut Berlin,
Holländerstr. 31-34, D-1000 Berlin 51

Summary

NETASIM is an interactive CSSL-system with on-line graphics and front-end for power electronics. The on-line graphics gives the user direct control in simulation experiments (man-in-the-loop). The special front-end for power electronics substantially simplifies simulation tasks in power electronics, i. e. converter-fed drives. NETASIM is currently running on VAX.

We report on the user interface and applications of the system and outline some trends which are upcoming with new hardware. Further details are given in /1/.

1. Einleitung

Die CSSL-Systeme (ACSL, ASIM, CSSL IV, DARE, ...) haben inzwischen bezüglich Sprache und Verfahren einen hohen Standard erreicht. Erhebliche Unterschiede gibt es jedoch bezüglich Interaktivität. Bei der besonders wichtigen Run-Time Schnittstelle kann man grob drei Interaktivitäts-Stufen unterscheiden:

(1) Spontane Unterbrechungen der Simulation mit der Möglichkeit nachfolgend die aufgelaufenen Ergebnisse in graphischer oder tabellarischer Form abzurufen, Parameter zu verändern und neue Anweisungen zu geben (ACSL).

(2) Zusätzlich On-Line-Graphik (DARE, NETASIM). Dadurch kann ein Experiment unmittelbar beobachtet und kontrolliert werden (man-in-the-loop).

(3) Zusätzlich on-line Änderungen in der Struktur des Simulationsmodells (DESIRE). Dadurch wird auch noch die Modellierungsphase unterstützt.

Nach unseren Erfahrungen werden mit einer Schnittstelle der Stufe (2) hervorragende Turn-Around-Zeiten bei der Problemlösung erreicht.

Die Anwendungsbreite von CSSL-Systemen kann durch Vorschalten anwendungsspezifischer Front-Ends wesentlich erhöht werden. So haben wir unserem ASIM-System ein Front-End für die Leistungselektronik vorgeschaltet, das zur Beschreibung des Leistungsteils die von Netzwerk-Analysesystemen bekannte netzwerkorientierte Beschreibungsform zuläßt. Das Front-End sorgt für eine automatische Umsetzung des sogenannten Netzwerkteils in ein CSSL-Netzwerkmodell. Ein entsprechendes CSSL-System muß wegen der notwendigen schalterartigen Nachbildung der Ventile über einen Diskontinuitäten-Handler verfügen.

Im folgenden wird über die wichtigsten Benutzerschnittstellen und Anwendungen dieses Systems berichtet. Über den Aufbau und die Verfahren ist schon an anderer Stelle berichtet worden /2, 3/. Abschließend werden einige sich aus der Hardware-Entwicklung abzeichnende Tendenzen dargestellt.

2. Das NETASIM-System

NETASIM ist ein interaktives CSSL-System mit On-Line-Graphik und Front-End für die Leistungselektronik. Es besteht aus dem ASIM-System als CSSL-Prozessor, einem Preprozessor zur Umsetzung von netzwerkorientierten Beschreibungsteilen in die funktionsorientierte CSSL-Form und Postprozessoren zur Weiterverarbeitung von Simulationsergebnissen. Das System läuft auf VAX.

2.1 Die NETASIM-Sprache

Die NETASIM-Sprache besteht aus der ASIM-Sprache und einer Netzwerk-Beschreibungssprache. Die ASIM-Sprache umfaßt alle wesentlichen Sprachelemente des CSSL-Standards und hat einen großen Vorrat an Funktionsblöcken, speziell für Steuerungs- und Regelungsaufgaben, MACROS, PROCEDURALS und bedingte Strukturteile. Sie ist voll FORTRAN-kompatibel, hat einen Mechanismus zur Behandlung von Diskontinuitäten und unterstützt vektorielle Beschreibungen. Ein- und Ausgänge von PROCEDURALS werden automatisch erkannt.

Die Netzwerk-Beschreibungssprache erlaubt die Beschreibung von Schaltungen in der üblichen netzwerkorientierten Form. Der Standardvorrat an Schaltungselementen enthält neben den üblichen Elementen die für die Leistungselektronik typischen Elemente, wie Ventile und komplexe induktive Elemente (Gegeninduktivitäten, Trafos, ...). Die Standard-Macro-Bibliothek umfaßt darüber hinaus alle Standard-Gleich- und Wechselrichter und Modelle für die verschiedenen Drehfeldmaschinen. Alle Parameter der Schaltungselemente sind dynamisch und können jederzeit verändert werden.

Die prinzipielle Struktur eines NETASIM-Programms zeigt Bild 1. Der dynamische Teil ist in einen äußeren prozeduralen Teil eingebettet, dessen Kopf den Vorbereitungsteil und dessen Fuß den Nachbereitungsteil bilden.

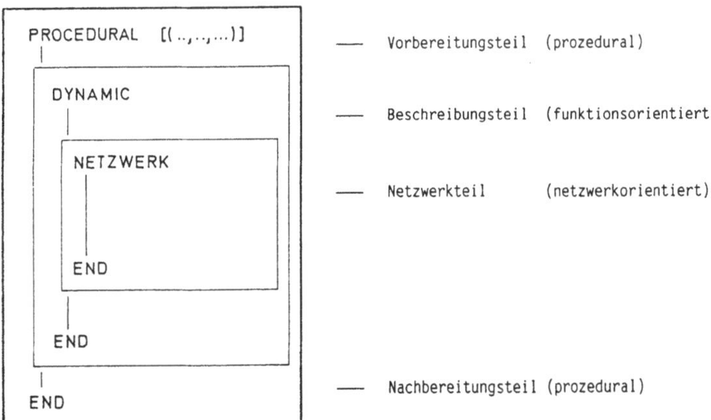

Bild 1:   Struktur eines NETASIM-Programms

Fehlt die optionale Klammer in der äußeren PROCEDURAL-Anweisung, wird das Simulationsprogramm als Hauptprogramm generiert, sonst als Unterprogramm. Damit sind die beiden bekannten Formen für Optimierungsläufe zu realisieren.

2.2 Die Programmierschnittstelle

Zur Erstellung von NETASIM-Quellprogrammen wird der VAX-Bildschirm-Editor in einer
auf die Sprache zugeschnittenen Form verwendet. Dieser spezialisierte Editor verfügt
neben den normalen on-line HELP-Funktionen zusätzlich über entsprechende Funktionen
für die NETASIM-Sprache.

Darüber hinaus stehen auf Knopfdruck ein Programmskelett für NETASIM-Programme und
Aufrufskelette für alle Funktionsblöcke, Schaltungselemente und Macros zur Verfügung,
die nur noch ausgefüllt werden müssen (fill-in-the-blanks).

2.3 Die Run-Time Schnittstelle

Die Run-Time Interaktion mit einem vom NETASIM-System erzeugten Simulator erfolgt
über den sogenannten Run-Time Monitor (Bild 2). Er wird automatisch beim Start und
dann auf Tastendruck und auf besondere Signale aktiviert.

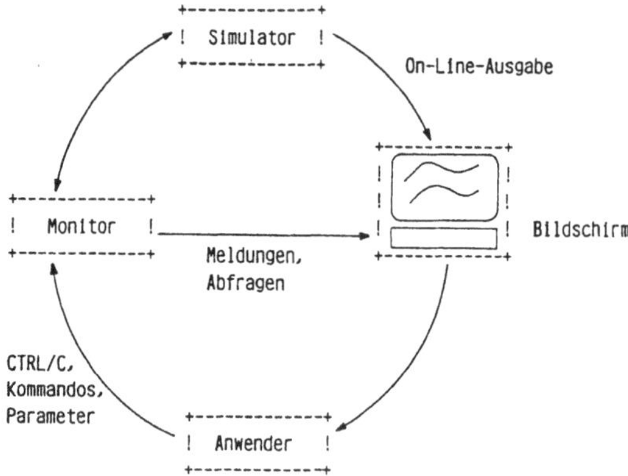

Bild 2:   Interaktionsschema bei Monitor-Betrieb

Der Bildschirm (z.B. VT 100 mit Graphikerweiterung) ist in zwei voneinander unabhängige Fenster geteilt. Das obere Fenster dient zu on-line Anzeigen (Graphik,
Tabellen), das untere zur Abwicklung des Dialogs mit dem Benutzer.

Es gibt einen umfassenden Satz von Monitor-Kommandos, darunter auch ein HELP-
Kommando. Die wichtigsten Kommandos sind:

RTPLOT	zur Definition von Run-Time Plots
RTPRINT	zur Definition von Run-Time Tabellenausgaben
STATES	zur Definition von Zustandsanzeigen, speziell für Ventile
PREPARE	zur Ablage von Ergebnissen auf Hintergrund
INPUT	zur Eingabe von Parametern

Bild 3 zeigt im oberen Fenster des Bildschirms links einen Run-Time Plot mit drei
Teilbildern und rechts im STATUS-Feld die Zustände von Ventilen und die aktuellen
Werte von Parametern. Die Zustandsanzeige überlagert die Legenden- und Maßstabs-
anzeige eines Run-Time Plots. Unten ist der aktuelle Ausschnitt des Monitordialogs
mit einer INPUT-Eingabe erkennbar.

Der Run-Time Plot hat eine Reihe von Varianten, wie z.B. Phasenplots, Bild-Über-
lagerungen und Hardcopy auf einen Plotter. Außerdem ist ein Wechselspiel zwischen
Run-Time Plot und Run-Time Print möglich (Schirm-Multiplexing).

Alle Monitor-Eingaben werden automatisch aufgezeichnet (Kommando-Journaling) und können unmittelbar als Kommandoeingabe für weitere Läufe verwendet werden.

Für den Batch-Betrieb, speziell zur Unterstützung von Multi-Runs, gibt es im übrigen ein entsprechendes Interaktionsschema über eine eigenständige Remote-Kopplung.

2.4 Die Postprozessoren

Zur Aufbereitung und Weiterverarbeitung der Simulationsergebnisse bietet das System eine sehr einfache Datei-Schnittstelle und darauf aufsetzende Postprozessoren.

Zur Zeit verfügbar sind Postprozessoren zur Graphik-Ausgabe, Tabellenausgabe und Fourieranalyse und ein Interface zur Entwicklung eigener Postprozessoren.

Die Standard-Postprozessoren erfordern ausschließlich eine Parametrierung der gewünschten Leistung, d.h. erfordern keinerlei Programmierung. Sie arbeiten interaktiv mit unmittelbarer Prüfung der Eingaben und Previewing.

3. Anwendungen

Das System wird intensiv für vielfältige Aufgaben speziell aus den Gebieten der Steuerungs- und Regelungstechnik, elektrische Maschinen, Antriebstechnik, Leistungselektronik und Netze eingesetzt.

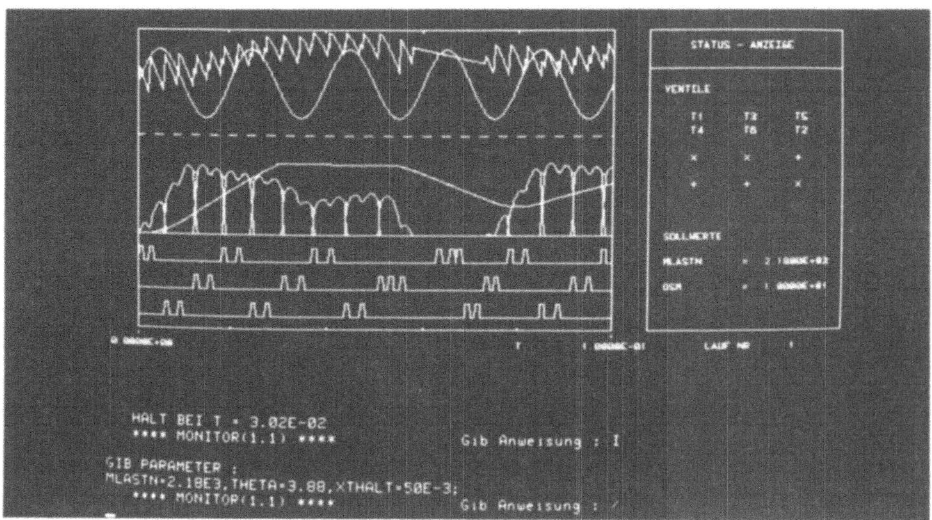

Bild 3: Simulation eines Last- und Drehzahlspiels bei einem Gleichstomantrieb

Als Beispiel zeigt Bild 3 die On-Line-Simulation eines Last- und Drehzahlspiels bei einem geregelten stromrichtergespeisten Gleichstromantrieb /2/. Das obere Teilbild zeigt die Netz- und Brückenausgangsspannung, das mittlere Teilbild die Ströme in den Ventilen einer Brückenhälfte sowie die Drehzahl und das untere Bild die Ventil-Zündsignale. Im STATUS-Feld sind die aktuellen Ventilzustände angezeigt - die Ventile 4 und 6 kommutieren gerade - und die aktuellen Vorgaben für die Last und die Drehzahl.

4. Ausblick

Die meisten der heute bekannten CSSL-Systeme sind durch einen insgesamt geringen Grad an Parallelverarbeitung gekennzeichnet. Künftige Systeme werden einen hohen Grad von Parallelverarbeitung auf allen Ebenen haben, von der Job-Ebene bis zur Statement-Ebene, und dadurch eine wesentliche Verbesserung der Turn-Around-Zeiten und der Ausführungszeiten erreichen. Sie werden auch ein wesentlich verbessertes Benutzer-Interface haben.

Entwicklungen in dieser Richtung sind:

- Die Verteilung der verschiedenen Prozesse eines Simulationsjobs auf spezialisierte Processoren. Hierzu gehört auch der Einsatz von Array-Processoren und die Einbeziehung realer Hardware, speziell realer Steuerungs- und Regelungskomponenten (hardware-in-the-loop).

- Der Einsatz von 'multiple execution processors'.

- Der Einsatz von Bildschirmen mit 'multiple windows' und Farbe.

Die Benutzerunterstützung muß künftig schon im Bereich der Modellierung einsetzen und wird durchgängig graphisch sein.

Literatur

/1/ W. Jentsch, P. Mehring: NETASIM - a digital simulation system for power electronics systems. Simulation of Systems '79, North-Holland, Amsterdam, 1980, S. 321-326

/2/ P. Mehring et al.: NETASIM - ein digitales Simulationssystem für die Leistungselektronik. etz-a 99 (1978) 4, S. 189-191

/3/ M. Zeiner, W. Jud: ASIM3 - ein System zur digitalen Simulation kontinuierlicher Systeme. Wiss. Ber. AEG-TELEFUNKEN 51 (1978) 1, S. 15-24

<u>Test von Steuerungssoftware mit Hilfe der Realzeitsimulation</u>

Gerhard Hauser
Institut für Mathematische Maschinen
und Datenverarbeitung IV
Universität Erlangen

1. Problemstellung

In vielen Bereichen schreitet die Prozeßautomatisierung mit großen Schritten
voran. So finden wir Automatisierungssysteme in der Energietechnik, in der
chemischen Verfahrenstechnik, bei der Automatisierung von Raffinerien oder
bei der Steuerung von Werkzeugmaschinen.

Die Aufgaben eines Prozeßrechners bestehen dabei aus verschiedenen Aktivitäten, z.B.

- Beobachtung des Prozesses
- Betriebsdatenerfassung
- Sicherheitsüberwachung und Bewertung des Prozeßgeschehens
- Steuerung und Regelung des Prozeßablaufes

Mit neuen Anwendungsgebieten werden die Automatisierungssysteme immer umfangreicher und komplexer. Mit der Komplexität und der Tendenz zu dezentralen
Lösungen nimmt die Schwierigkeit zu, das gesamte System als eine Einheit zu
testen und Sicherheit und Zuverlässigkeit des Automatisierungssystems zu
garantieren.

Aus diesen Gründen ist es notwendig, zum Test von Steuerungssystemen neue
Methoden einzusetzen.
Da die reale Anlage im allgemeinen nicht zur Verfügung steht, muß eine Er-
satzkonstruktion, d.h. ein Modell des Originals verwendet werden. Soll nun
mit einem Modell gearbeitet werden, so bieten sich die Methoden der rechnergestützten Simulation an.

Ein besonderes Kriterium von Automatisierungssystemen ist der Betrieb unter
Realzeitbedingungen. Werden Teile des Systems mit einem Simulationsmodell
dargestellt und der Betrieb der Anlage nachgebildet, so müssen auch die
Simulations-Werkzeuge dieser Anwendung angepaßt werden, was mit Hilfe der
Realzeit-Simulation erfüllt werden kann.

2. Der Begriff "Realzeit-Simulation"

Realzeit-Simulation ist ein Hilfsmittel, mit dem die Effektivität und Einsatzfähigkeit industrieller Automatisierungssysteme verbessert werden kann.

Unter dem Begriff der Realzeit-Simulation versteht man den Ablauf eines Simulationsmodells auf einem Rechner, wobei die Simulationszeit synchron zur Systemzeit des zu simulierenden Originals abläuft. Die Übereinstimmung von Simulationszeit und Systemzeit ist immer dann notwendig, wenn das Simulationsmodell nicht abgeschlossen ist. Einige Elemente des Originals sind nicht im Simulationsmodell dargestellt. Bei diesen Elementen handelt es sich allgemein um externe Geräte, weitere Rechner oder Menschen.

Meist stellt das gesamte Modell einen Regelkreis dar, wobei einige reale Systemelemente nicht vereinfachend in das Simulationsmodell übernommen werden. Diese externen Elemente sollen mit der Realzeit-Simulation untersucht und getestet werden. Ein Simulationsmodell der zu steuernden Anlage oder des zu regelnden Prozesses bietet die besten und umfangreichsten Testbedingungen.

3. Einordnung der Realzeit-Simulation

Die Realzeit-Simulation kann folgendermaßen in ein Gesamtkonzept, das aus vier Phasen besteht, eingeordnet werden.
In der ersten Phase wird das Simulationsmodell der Anlage erstellt.

Modell eines Prozeßsystems

Mit den bisherigen Methoden der rechnergestützten Simulation können die Ergebnisse als Hilfsmittel bei Entwurfsentscheidungen verwendet werden.
Mit einem Simulationsmodell muß immer dann experimentiert werden, wenn die Anlage erst geplant wird oder wenn eine bestehende Anlage geändert werden soll. Mit dem Simulationsmodell können auf einfache Weise eine Reihe von Experimenten durchgeführt werden, um somit die optimale Kombination von Anlagenkonfiguration, Anlagenlast und Organisationsform zu erhalten.

In der zweiten Phase wird das Steuerungssystem erstellt.

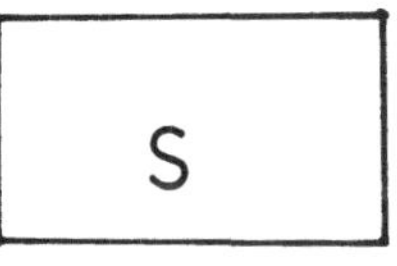

Steuerungssystem

Grundlage für die Entwicklung sind die Ergebnisse aus der ersten Phase. Wichtige Daten für das Steuerungssystem sind z.B. die Anzahl und die Art der Maschinen, die Organisationsform des Materialflusses und des Transportes oder auch die Simulationsergebnisse der zeitkritischen Funktionen. Maximale Reaktionszeiten oder Häufigkeit von Anforderungen können mittels der Simulation bestimmt werden.

Diese beiden Phasen entsprechen der bisherigen Vorgehensweise bei der Entwicklung von Produktionsanlagen.
Bei Automatisierungssystemen wird in der zweiten Phase mit Hilfe eines zusätzlich zu erstellenden Testrahmens die Steuerungssoftware getestet. Dabei werden eine Reihe von Testdaten erzeugt, die vom Steuerungsprogramm bearbeitet werden. Der Testrahmen kontrolliert anschließend die Korrektheit der einzelnen Reaktionen. Komplexere Testanforderungen werden an der realen Anlage getestet.

Dieses Testverfahren wird nun in der dritten Phase durch die Realzeit-Simulation ersetzt.
Das Simulationsmodell, das in der ersten Phase erstellt wurde, bietet den besten und umfangreichsten Testrahmen, so daß keine neuen Testprogramme erstellt werden müssen. Es ist nur notwendig, das vorhandene Simulationsprogramm um eine Schnittstelle zu erweitern, damit der Simulationsrechner mit dem Steuerungssystem gekoppelt werden kann.

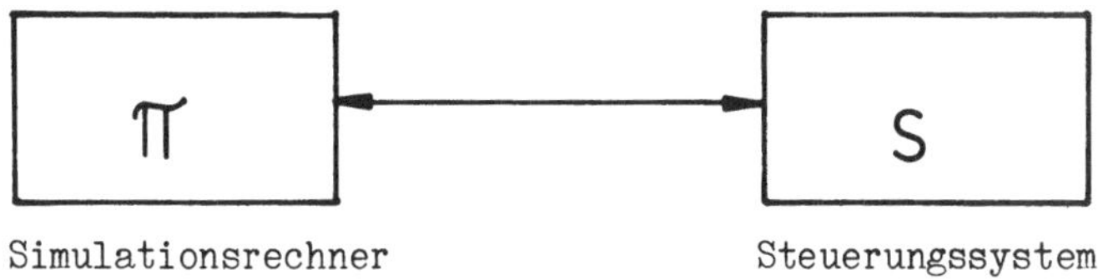

Simulationsrechner   Steuerungssystem

Dabei wird gefordert, daß diese Schnittstelle der realen Schnittstelle technischer Prozess - Steuerungssystem entspricht. Damit kann dem Steuerungssystem am besten die reale Umwelt vorgespielt werden.

Aus diesem Grunde ist auch die Verwendung zweier getrennter Rechnersysteme
notwendig. Beide Systeme, Simulations- und Steuerungssystem, würden sich auf
einem Rechner zu sehr gegenseitig beeinflussen und die Testergebnisse ver-
fälschen. Außerdem wären beide System zu sehr vereinfacht, um realen Verhältnissen zu entsprechen, wenn die notwendigen Elemente der Schnittstelle
bei der Betrachtung vernachlässigt würden.

Mit der Realzeit-Simulation können bei Steuerungssystemen folgende Testanforderungen überprüft werden:

- Sicherheit und Zuverlässigkeit der Funktionen
- Rechtzeitigkeit der Reaktionen
- Gleichzeitigkeit der Operationen
- Leistungsfähigkeit und Leistungsgrenzen der Steuerungs-
  software und -hardware

In der vierten Phase erfolgt nun die Kopplung des Steuerungssystems mit der
realen Anlage. Ohne weitere umfangreiche Testphase kann nun die Anlage den
Betrieb aufnehmen.

Zusammenfassend kann man sagen, daß mit Hilfe der Realzeit-Simulation das
Steuerungssystem bereits in der Testphase realen Bedingungen ausgesetzt werden kann. Da das Simulationsmodell auf einem zweiten Rechner abläuft und
reale Siganle erzeugt sowie die empfangenen Meldungen der Steuerung wirk-
lichkeitgetreu und unter Echtzeitbedingungen interpretiert, kann das Steuerungssystem nicht unterscheiden, mit welcher Umwelt es in Verbindung steht.

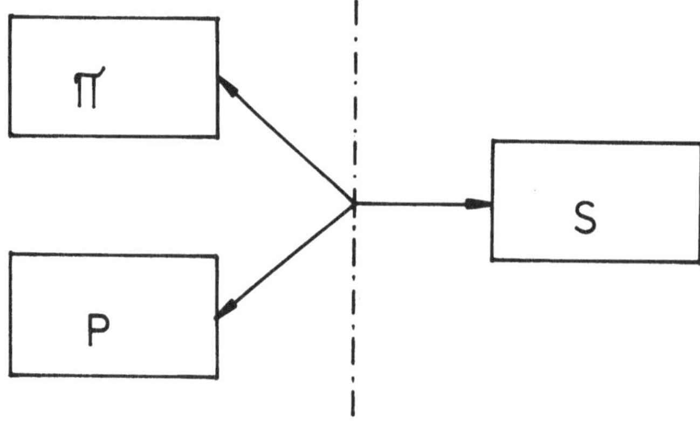

4. Vorteile der Realzeit-Simulation

Es existieren zahlreiche Vorteile der Realzeit-Simulation. Zum Beispiel kann das Steuerungssystem ausgetestet werden, ohne daß die reale Anlage vorhanden sein muß. Dies bedeutet auch, daß bei Steuerungsfehlern keine Beschädigung der Anlage auftritt. Des weiteren können auf einfache Weise beliebige Anforderungen und Belastungen an das Steuerungssystem erzeugt und somit deren Leistungsfähigkeit und -grenzen festgestellt werden. Jeder kritische Abschnitt und jede fehlerhafte Situation kann reproduziert werden. Damit kann man auch die Eleminierung entdeckter Fehler nachweisen.

Ein wichtiger Vorteil ist, daß selbst beim Test einzelner Module das Steuerungssytem immer als eine Einheit betrachtet wird. Isolierte Tests einzelner Module werden nicht verfälscht durch das Fehlen intermodularer Beziehungen und Abhängigkeiten. Insbesondere finden die Tests immer unter realen zeitlichen Bedingungen statt.

5. Realzeit-Simulation mit GPSS-Fortran Version 3

Der Simulator GPSS-Fortran Version 3 ist zur Realzeit-Simulation geeignet. Es wurde ein Simulationsmodell eines einfachen Führerlosen Transportsystems (FTS) erstellt. Das FTS besteht aus einer ringförmigen Gleisanlage, auf der sich die Transportmittel bewegen. Von dieser Hauptstrecke zweigen mittels Weichen Nebenstrecken ab, über die die verschiedenen Stationen erreicht werden können. Als Stationstypen existieren Wareneingang, Warenausgang und Hochregallager.

Zu diesem FTS wurde ein Steuerungsprogramm erstellt und mit Hilfe des Simulationsmodells getestet. Steuer- und Simulationsrechner werden mittels einer V.24 Schnittstelle gekoppelt. Über diese Verbindung empfängt das Simulationsprogramm die Meldungen des Steuerrechners, interpretiert diese und führt die entsprechende Veränderung im Simulationsmodell durch. Ebenso werden die Meldungen des Simulationsprogramms über diese Verbindung zum Steuerprogramm übertragen.

Zum Erzeugen bestimmter Testsituationen, z.B. Defekt eines Transportmittels, kann der Benutzer direkt in den Simulationslauf eingreifen. Damit der Benutzer den Test mitverfolgen kann, wird das Simulationsmodell auf einem Bildschirm graphisch dargestellt. Es werden dabei die Bewegungen der Transportmittel, der Zustand der Stationen und andere Infomationen aufgezeichnet.

GPSS-ÄHNLICHE SPRACHEN AUF MIKROCOMPUTERN

Michael Fastenbauer, Norbert Fuchs
Institut für Praktische Informatik
Technische Universität Wien
A-1040 WIEN Argentinierstraße 8

Zusammenfassung

Simulationssprachen, die auf dem transaktionsorientierten Konzept von GPSS aufbauen, wurden in den letzten Jahren vielfach implementiert. Viele solcher Implementierungen setzen auf dem Niveau einer höheren Programmiersprache an, z.B. GPSS-FORTRAN und GPSS-Pascal. Einige dieser Sprachen bieten den Vorteil der Implementierbarkeit auf Mikrocomputern.

Es wird über Erfahrungen mit der Installation von GPSS-Pascal unter UCSD-Pascal auf einem Apple III berichtet. Weiters wird die Eignung gängiger höherer Programmiersprachen für die Implementierung GPSS-ähnlicher Sprachen untersucht. Einen besonderen Schwerpunkt dieser Betrachtungen bildet das in Modula-2 vorgesehene Koroutinen-Konzept.

Abstract

Many simulation languages basing on the transaction-oriented concept of GPSS have been implemented in the last few years. Many of them use for implementation a high level language e.g. Pascal or FORTRAN. Some of them are apt to implementation on microcomputers.

We report about our experience with the installation of GPSS-Pascal on a Apple III (UCSD-Pascal). The aptitude of usual high level languages for the implementation of GPSS-like languages is investigated. Special emphasis is layed on the concept of coroutines in Modula-2.

1. GPSS-Pascal

GPSS-Pascal /Fas82, Fas84/ ist ein GPSS-ähnliches Simulationspaket, das gegenüber GPSS viele Erweiterungen bietet und - aufgrund seiner transparenten Implementierung in der höheren Programmiersprache Pascal - wesentlich flexibler ist. GPSS-Pascal hat damit, wie auch sein Vorbild GPSS-FORTRAN /Sch78/, größere Anwendungsmöglichkeiten als GPSS.

Dieses Programmpaket wurde nach seiner Entwicklung auf einem Großrechner (CDC CYBER 170/720) auf einen Mikrocomputer (Apple III) übertragen /Fuc83/. So konnte mit recht geringem Aufwand eine auf dem weit verbreiteten UCSD-Pascal basierende Mikrocomputer-Implementierung dieses Simulationspakets geschaffen werden. Die wachsende Bedeutung der Simulation mit Mikrocomputern in der Ausbildung und Programmentwicklung, aber auch in der Durchführung von Simulationsläufen wird durch mehrere Tagungen zu diesem Thema in jüngster Zeit dokumentiert. Die Mikro-Implementierung war aus der Standard-Pascal-Version recht rasch herzustellen. Wir mußten nur eine Unterteilung des Programms für die getrennte Compilierung durchführen, für die Zufallsgeneratoren die geänderte Arithmetik berücksichtigen und bei der Ein-/Ausgabe kleinere Änderungen vornehmen. Alle Simulationsmodelle, die keine maschinenabhängigen Pascal-Elemente verwenden, sind zwischen den beiden Implementierungen voll portabel.

Die größte Schwachstelle der Mikro-Implementierung liegt in den sehr schlechten Laufzeitüberprüfungen des zugrundeliegenden UCSD-Pascal. Die große Sicherheit, die wir von Pascal-Programmen auf Großrechnern gewohnt sind, leidet darunter stark. Die Modifizierung vorgefertigter Modellbausteine ist am Apple genauso möglich wie am Großrechner. Der dafür meist nötige Übersetzungsvorgang für das Gesamtsystem (ca. 6500 Zeilen Pascal geteilt in 12 getrennt compilierbare Einheiten) ist natürlich recht mühsam und langwierig.

Das gesamte Simulationspaket besteht aus ca. 64 K Code, sodaß bei einer Hauptspeichergröße von 256 K praktisch keine Beschränkung der Modellgröße nötig ist. Für Daten stehen allerdings maximal 64 K zur Verfügung (16-bit-Adressierung), was einer Obergrenze von etwa 2000 gleichzeitig im System befindlichen Transaktionen entspricht. Die Laufzeiten der Modelle entsprechen etwa den Wartezeiten auf die gleichen Ergebnisse am Großrechner.

2. Problematik sequentieller Programmiersprachen

Ein wesentlicher Schwachpunkt solcher Simulationspakete ist das lästige
Auftreten von Ablaufsteuerungsdetails an der Benutzeroberfläche. Der
Anwendungsprogrammierer muß Adreßverteiler schreiben, viele Sprung-
marken angeben, die Sprungmarken als Parameter an Prozeduraufrufe
mitgeben und an vielen Stellen die Möglichkeit eines Rücksprungs zur
Ablaufsteuerung schaffen.

In rein sequentiellen Programmiersprachen wie Pascal oder FORTRAN sind
diese syntaktischen Notwendigkeiten nicht zu umgehen, will man sich
nicht auf maschinenabhängige Tricks verlegen oder durch Precompilation
Spracherweiterungen zulassen. Dazu kommen bei der Verwendung von
Schleifen, Prozeduren und anderen Konstrukten moderner Programmier-
sprachen noch einige Schwierigkeiten, die durch die mißbräuchliche
Verwendung sequentieller Sprachen zur Formulierung paralleler Abläufe
entstehen. Dieser Mangel fällt bei intensiver Benutzung solcher
Simulationspakete rasch auf und führt zu großer Unzufriedenheit der
Benutzer.

Die Fehleranfälligkeit solcher Programmierung und - bei Implementierung
als Unterprogramm-Paket - die Schwierigkeit einer automatischen
Überprüfung der syntaktischen Verzierungen sind für Programmiersprachen
der Achtziger Jahre ebenso unwürdig wie das ständige Schielen auf die
zugrundeliegende Implementierung, das ein Verstehen der tatsächlichen
Bedeutung und ein volles Ausnutzen der Sprach-Mächtigkeit erst
ermöglicht. Diese Tatsache hatte schon sehr früh Konsequenzen, die
letztlich zur Entwicklung von SIMULA führten, wo das Problem durch die
Aufnahme von Koroutinen in das Sprachkonzept gelöst wurde.

Mit Hilfe von Koroutinen ist es möglich, eine komfortable Benutzerschnittstelle für GPSS-ähnliche Simulationssprachen zu entwickeln. Es
sind keine Adreßverteiler und Blockierungsverzweigungen mehr
erforderlich, da es ja das Wesen einer Koroutine ist, unterbrechbar zu
sein. Die Unterbrechbarkeit muß nicht mehr auf komplizierte Weise
simuliert werden.

3. Eignung von Programmiersprachen als Implementierungssprachen

SIMULA hat sich, außer in einigen Simulationsanwendungen, nicht durchgesetzt, seine Basissprache ALGOL 60 ist praktisch ausgestorben. Es ist wohl auch für unseren Versuch, Simulation auf Mikrocomputern zu betreiben, zu groß und kompliziert.

An neuen Sprachen ist zunächst natürlich Ada zu nennen, das in seinem task-Konzept ein Ausdrucksmittel für die bei der Simulation auftretenden Aufgaben anbietet, doch ist die Sprache für Mikrocomputer viel zu groß und kompliziert.

Die Sprache C, die im Zusammenhang mit dem Betriebssystem UNIX auch auf kleineren Computern weite Verbreitung findet, hat leider keine Sprachelemente für Koroutinen oder parallele Prozesse.

Als echte Alternative bietet sich nur Modula-2 /Wir83/ an. Es ist eine Pascal-Nachfolgesprache, in der einige bekannte Schwachstellen von Pascal beseitigt sind und einige wesentliche Erweiterungen vorgenommen wurden. Für uns wesentlich sind die Möglichkeit getrennter Übersetzung (separate compilation), die in Pascal nicht vorgesehen und daher nur in maschinenabhängiger Form möglich ist, und das Prozeß-Konzept, das die Formulierung von Koroutinen in benutzerfreundlicher Form erlaubt.

Das Prozeß-Konzept von Modula besteht im wesentlichen aus zwei System-Prozeduren: NEWPROCESS zur Erzeugung einer neuen Koroutine (es geschieht die Zuordnung einer Bearbeitungsvorschrift (Prozedur), die Reservierung des nötigen Speichers und die Herstellung einer Referenz auf die Koroutine) und TRANSFER zur Kontrollübergabe zwischen zwei Koroutinen (in Modula-2 wird leider das Wort Prozeß für Koroutine verwendet). Zusammen mit den Datentypen ADR (Speicheradresse), WORD (einzeln adressierbare Speichereinheit, kompatibel mit allen anderen Datentypen) und der Möglichkeit, Prozeduren als Parameter und in sehr eingeschränktem Maß Variablen vom Typ Prozedur (PROC) zu verwenden, bietet dies die Möglichkeit, Koroutinen in Modula zu formulieren.

Bedauerlicherweise leidet die Möglichkeit der Typüberprüfung zur Übersetzungszeit durch Verwendung solcher niederer Sprachelemente, doch ist dies praktisch kein wesentlicher Rückschritt gegenüber den in Pascal verwendeten Varianten-Verbunden. Teilweise kann die statische Typüberprüfung bei der Implementierung des Simulationspakets durch eine dynamische (zur Laufzeit) ersetzt werden.

Modula ist von der gleichen Einfachheit wie Pascal. Es ist daher auch auf vielen Mikrocomputern verfügbar (Apple, IBM-PC, etc.).

Das größte Problem bei der Verwendung von Modula für unsere Zwecke liegt in der unflexiblen Speicherverwaltung für Koroutinen, die von der Sprachdefinition suggeriert wird. Modula-Koroutinen sind nicht auf die speziellen Bedürfnisse von Simulationssprachen (viele gleichzeitig existierende Koroutinen (Transaktionen)) abgestimmt, bei ihrer Implementierung wird nicht viel Rücksicht auf eine effiziente Speicherbewirtschaftung genommen. Daher wird eine Modula-Implementierung im allgemeinen einen höheren Speicherbedarf zur Laufzeit haben als ein vergleichbares Produkt auf Pascal-Basis.

4. Literatur

/Fas82/ Michael FASTENBAUER: GPSS-PASCAL. In /Gol82/ pp.142-147.

/Fas84/ Michael FASTENBAUER: GPSS-Pascal Benutzerhandbuch. Institutsbericht des Instituts für Praktische Informatik der Technischen Universität Wien, Wien, 1984 (in Vorbereitung).

/Fuc83/ Norbert FUCHS: Installierung von GPSS-Pascal auf einem Mikrocomputer. Diplomarbeit, Technische Universität Wien, 1983.

/Gol82/ Manuel GOLLER (Ed.): Simulationstechnik. Informatik-Fachbericht Nr.56. Springer, Berlin, Heidelberg, New York, 1982.

/Mül84/ Harald MÜLLER: GPSS-Modula. Diplomarbeit, Technische Universität Wien, 1984 (in Vorbereitung).

/Sch78/ Bernd SCHMIDT: GPSS-FORTRAN Version II. Einführung in die Simulation diskreter Systeme mit Hilfe eines FORTRAN-Programmpaketes. Informatik-Fachbericht Nr.6. Springer, Berlin, Heidelberg, New York, 1978.

/Wir83/ Niklaus WIRTH: Programming in Modula-2. 2nd Ed., Springer, Berlin, Heidelberg, New York, 1983.

MOSES - Ein System zur frameorientierten Wissensrepräsentation für zeitorientierte Modelle

Johannes Retti
Institut für Medizinische Kybernetik
der Universität Wien
Freyung 6/2
A - 1010 Wien
Austria

1. Einleitung

Ausgangspunkt der Entwicklung von MOSES (MOdellbildungs- und SimulationsEntwicklungsSystem) war die Suche nach einem Metasystem für vorhandene Simulationssoftware für qualitative Modelle (SPIN, McLEAN) und System-Dynamics-Modelle (SISSY, RETTI), das die Möglichkeit einer flexiblen Typdefinition, einer expliziten Strukturierung eines Modells und einer expliziten Definition modellbezogener Experimente sowie einer Unterstützung bei der Organisation durchzuführender Experimente (Simulationsläufe) bietet. Aufgrund dieser Zielsetzung liegt der Schwerpunkt in der Entwicklung einer möglichst flexiblen Wissensrepräsentation. Da bereits einige Systeme, die auf Methoden der Artificial Intelligence (AI) aufbauen, auf dem Anwendungsgebiet ereignisorientierter Simulation erfolgreich sind (z.B. Rule Oriented Simulation System, McARTHUR et.al; Knowledge Based Simulation, REDDY et.al.) und Wissensrepräsentation an sich ein Teilgebiet der AI darstellt, werden AI-Konzepte in MOSES eingesetzt und spezifisch für den Prozeß der Modellbildung und Simulation weiterentwickelt. Das dynamische Modellverhalten kann als ein formaler Schluß aus der Struktur eines Modells aufgefaßt werden. Der dynamische Inferenzprozeß über der Wissensbasis erfolgt mit dem Simulationssystem SISSY4. Damit erlaubt MOSES gegenwärtig die Simulation von Modellen, deren Dynamik durch Differenzen- und gewöhnliche Differentialgleichungen erster Ordnung bestimmt ist.

2. Wissensrepräsentation

Die Wissensrepräsentation baut auf dem Frame-Konzept von MINSKY auf. Wesentlich sind hier drei Eigenschaften, die in MOSES realisiert wurden:

- **Defaulting:** Für jede vom Benutzer des Systems geforderte Eingabe stehen Defaultwerte zur Verfügung, die entweder explizit framespezifisch definiert sind (im DEFAULT-Slot) oder implizit über Mechanismen der Vererbung gewonnen werden.
- **Vererbung:** Die Vererbung von Werten erfolgt über eine **Objekthierarchie.** Jeder Frame ist vermöge der Slots PART.OF mit seinem Vorgänger(n) und CONS.OF mit seinen Nachfolgern verbunden. Vom Modellwurzelknoten sind alle Elemente eines Modells erreichbar.
- **Aggregation:** Die Aggregation erfolgt über den IS.A-Slot, der auf die Typdefinition eines Objektes verweist.

2.1 Framestruktur

Jeder Frame wird durch seinen Namen identifiziert und besteht grundsätzlich aus beliebig vielen Slotbezeichnungen und den mit ihnen verbundenen Slotwerten. Im folgenden sind wesentliche Slots von MOSES erläutert:

```
NAME        Bezeichnung eines Objektes (Frames, Schemas etc.)
IS.A        Verweis auf die Typdefinition
CONS.OF     Verweis auf den unmittelbaren Vorgänger in der
               Objekthierarchie
PART.OF     Verweis auf die unmittelbaren Nachfolger
DEFAULT     Wert, der anstelle eines VALUE-Slots treten kann
VALUE       Definierter Wert: wird bei einem Experiment
               als Parameter für NAME eingesetzt
SLOTS       Slotnamen der Instantiierung und deren syntaktische
               und semantische Restriktionen
DOCU        Dokumentation
EX_TOOL     Zugeordneter Inferenzmechanismus
```

Neue Slots könnnen einfach durch Erweiterung entsprechender Typdefinition definiert werden.

2.2 Aufbau der Wissensbasis

Um das Ziel einer möglichst großen Systemflexibilität zu erreichen nutzt MOSES multiple Wissensbasen, wobei eine Wissensbasis jeweils aus einer System- und einer bzw. mehreren Modellbasen besteht. Die **Systembasis** beinhaltet das Wissen über Modelltypen, zugeordnete Experimenttypen, Schnittstellendefinitionen und die Befehlsstruktur des Systems. Eine **Modellbasis** stellt modellspezifisches Wissen dar, wobei aber auch mehrere Modellbasen zu einem neuen Modell kombiniert werden können.

2.3 Modellstruktur

Ein Modell stellt eine Instantierung einer Modelltypdefinition dar. Die Typdefinition legt die Basiselemente eines Modells fest. Bild 2.3.1 zeigt dies für ein "Flußmodell":

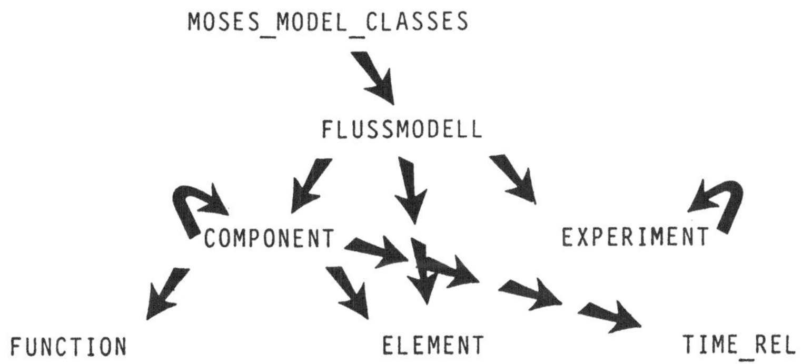

Bild 2.3.1: Objekthierarchie der Typdefinition "Flußmodell"

2.4 Experiment und Modellanalyse

Die Modellanalyse wird mit Hilfe von Experimenten, die wiederum Instantierungen eines Experimenttyps darstellen, durchgeführt. In einem Experimentframe - dazu siehe auch den Begriff "Experimental Frame" bei ZEIGLER - werden
- die angesprochenen Komponenten eines Modells
- assoziierte Anfangswerte
- Laufzeitspezifikation (Zeitinkrement, Zeithorizont etc.)
- Ausgabeformate

definiert. Die einzelnen Experimente lassen sich in einer Objekthierarchie angeordnen, und der Vererbungsmechanismus von MOSES erlaubt dadurch beispielsweise ein schrittweises Testen von Modellkomponenten oder Parameterkonfigurationen.

3. Simulation

Die Funktionen von MOSES werden vom Benutzer über Befehle gesteuert. USE und die Angabe eines Experimentes starten einen Simulationsprozeß. MOSES bereitet für das Subsystem aus seiner Wissensrepräsentation, das heißt, aus dem Wissen über Modellstruktur, Modelltyp und zugeordnete Schnittstellen die Modelldaten, Anfangswerte, Laufzeitspezifikationen und Formatanweisungen für die Ausgabe vor. Die Kontrolle wird an das ausführende Subsystem übergeben, am Ende der Simulation können Ergebnisse als Teil des Experimentes für weitere Vergleiche zwischengespeichert werden.

4. Zusammenfassung

Zwei Modelle wurden bisher mit MOSES ausgearbeitet. Das Differenzengleichungsmodell "Entwicklung des Datenvolumens einer Arztpraxis" bestimmt abhängig von praxisspezifischen Kennwerten die zeitliche Entwicklung des Datenvolumens, das als Kriterium zur Beurteilung der notwendigen Massenspeicherkapazität bei einem EDV-Einsatz in der Arztpraxis dient. Die Dynamik des zweiten Modells wird durch Differentialgleichungen bestimmt. Mit der Hilfe zweier typischer Experimente (Altersdiabetes, juvenile Diabetes) und der Möglichkeit, physiologische Parameter zu setzen, lernt der Student die Funktionsweise des Kohlehydratstoffwechsels (nach STOLWIJK, HARDY).

5. Technische Details

Die Implementierung von MOSES wurde aus Gründen der Kompatibilität in PL1, Subset G, ausgeführt. Für die Durchführung von Analysen und der Simulation werden Modelldaten über Schnittstellen den Subsystemen zur Verfügung gestellt. Das Wissensrepräsentationssystem ist ein echtes Metasystem. Dies bedeutet, daß sowohl MOSES nur zur

Modellstrukturierung als auch die Analysesysteme ohne MOSES benutzt werden können. So wird das Simulationssystem SISSY4 (programmiert in FORTRAN77) an fünf wissenschaftlichen Institutionen eingesetzt.

Weiterentwicklungen des Systems betreffen die Anwendung der Wissensrepräsentationsstruktur auf ereignisorientierte Modelle und die Realisierung einer Erklärungskomponente, die versucht, die Ursachen für das dynamische Verhalten eines Modells mit Hilfe von Strukturanalysen zu eruieren und dem Benutzer als Erklärung anzubieten.

6. Literatur

McLEAN J.M., SHEPHERD P., CURNOW R.C.: Progress in Structural Modelling - A Biased Review, Science Policy Research Unit, University of Sussex; 1976.

MINSKY M.: A Framework for Representing Knowledge, in WINSTON P.H.(ed.), The Psychology of Computer Vision, McGraw-Hill, New York; 1975.

REDDY Y.V., FOX M.S.: KBS - An Artificial Intelligence Approach to Flexible Simulation, CMU-RI-TR-82-1; 1982.

RETTI J.: SISSY - Ein interaktives Simulationssystem, Bericht der Österreichischen Studiengesellschaft für Kybernetik, Nr. 17; 1979.

RETTI J.: MOSES: A Schema-Based Knowledge Representation for Modeling and Simulation of Dynamic Systems, in TRAPPL R.(ed.): Cybernetics and Systems Research 2, Elsevier Science Publishers, Amsterdam; 1984.

RETTI J.: Frameorientierte Wissensrepräsentation für Modellbildung und Simulation Bericht der Österreichischen Studiengesellschaft für Kybernetik, Nr. 33; 1984.

ROBERTS R.B., GOLDSTEIN I.P.: The FRL Manual, AI Memo 409, MIT, Cambridge, Mass.; 1977.

STOLWIJK J.A.J., HARDY J.D.: Simulation and Control in Physiology, in Mountcastle, Medical Physiology,13th edition, C.V.Mosby Co.,1974.

ZEIGLER B.P.: Theory of Modelling and Simulation, J.Wiley, New York; 1976.

MAPLIS - Eine neue Simulationssprache für das Formulieren und Ausführen von Modellen mit einer aus mehrdimensionalen Kreuztabulierungen bestehenden Datenbasis.

Wilfried Tettweiler
Tettweiler GmbH Datenverarbeitung

D-8032 Gräfelfing

Zusammenfassung: Bei herkömmlichen Simulationen (z.B. unter Verwendung von SIMSCRIPT oder DYNAMO) stellt sich das Problem, Koeffizienten von Differenzengleichungen durch die üblichen statistischen Verfahren der Informationsreduzierung (Regressionsanalyse, Faktoranalyse etc.) zu bestimmen. Hierbei nimmt man i.a. einen Informationsverlust in Kauf. Im MAPLIS-Konzept treten an die Stelle der (skalaren) Koeffizienten wahlweise ein- oder mehrdimensionale Matrizen (Tabellen). Auf Informationsreduzierung kann verzichtet werden, weil Ergebnisse von beispielsweise mehrdimensionalen Kreuztabulierungen unmittelbar Verwendung finden. Dabei liegt es ganz im Ermessen des Modelldesigners, wieviele Dimensionen er jeweils für angebracht hält. Ein Vorläufer der hier vorzustellenden Simulationssprache MAPLIS wurde im sog. "Münchener Simulationsmodell" angewendet. Dieses dient dem Autor dazu, die wesentlichen Eigenschaften der Sprache MAPLIS - Modelltyp- und Variablendeklarationsmöglichkeiten, rechnerische Verknüpfungen und Dialogfähigkeit - knapp zu umreissen.

1 Das Münchener Simulationsmodell

In der Großstadt München werden heute die meisten sozialen, ökonomischen, räumlichen und infrastrukturellen Grundsatzplanungen und -programme durch Modellrechnungen mit Datenverarbeitungsanlagen unterstützt. Im Rahmen des dazu entwickelten Informationssystems (KOMPAS = Kommunales Planungsinformations- und Analysesystem) wurde von 1976 bis 1980 eine Simulationstechnik und -methodik entwickelt, die den speziellen Anforderungen der großstädtischen Planungspraxis Rechnung trägt und sich - im Unterschied zu herkömmlichen Simulationsmodellen - durch Dialogfähigkeit auszeichnet.

Problemstellung und -lösung bei der Simulation der kleinräumigen Bevölkerungsentwicklung. Die große Zahl der kleinräumigen Planungsgebiete, die Fülle der jeweils zu berücksichtigenden Belange sowie der kaum zu vernachlässigende gegenseitige Einfluß der einzelnen Planungsaktivitäten und die Abhängigkeit der Stadt von staatlichen und gesamtgesellschaftlichen Einflüssen erzwingen die Absicherung des planerischen Handlungserfolges durch Kalkulation aller berechenbaren Einflußgrößen im Gesamtzusammenhang. Die Modellentwicklung geschieht im Dialog einerseits zwischen Analytiker und (Rechen-)Maschine als auch andererseits zwischen Analytiker und Fachplaner. Diesem Konzept liegt die Einsicht zugrunde, daß Informationen um ihrer selbst willen keinen Bedeutungsgehalt im planungspolitischen Raum besitzen. Erst die Diskussion, und damit der Informationsaustausch, erbringt den Bedeutungsgehalt. Dialogfähigkeit ermöglicht hohe sprachliche, thematische und zeitliche Kongruenz für alle am Planungsprozeß Beteiligten: Fachleute, Politiker sowie Öffentlichkeit.

Einfache Simulationssprache. Die sprachliche Kongruenz wird in diesem (Planungs-)Modellkonzept durch Verwendung einer möglichst einfachen symbolischen Darstellung der Modellgrößen und ihres Zusammenhangs angestrebt. Jede Bestands- und jede Einflußgröße wird als mehrdimensionale Datenmatrix mit Bezeichner (Name) und Dimensionalität (durch eine - auch leere - Menge von Dimensionsangaben) definiert. So ist z.B. der Einwohnerbestand differenziert nach Altersjahrgängen, Geschlechtern und Nationalitäten in sämtlichen Stadtvierteln eine vierdimensionale Matrix. Die einzelnen Dimensionen ihrerseits werden durch Indizes (männlich, weiblich; Deutsche, Ausländer usw.) beschrieben.

Die Matrixform ermöglicht nicht nur eine begriffliche, sondern auch eine rechnerische Vereinfachung. Programmtechnisch aufwendige Einzelberechnungen können umgangen werden, weil es mit Hilfe der Regeln der Matrixalgebra möglich ist, ganze Datenmatrizen mit einer einzigen Rechenoperation zu verknüpfen.

Weitgehend disfunktionale Darstellung von Einflußgrößen. Während bei traditionellen Simulationssprachen (z.B. DYNAMO) das Verrechnen von Variablen mittels Funktionen auf der Basis von Skalaren (nulldimensionale Matrizen) erfolgt, treten bei diesem Modellkonzept an die Stelle von Skalaren mehrdimensionale Matrizen. Die Wertevorräte von Einfluß nehmenden (unabhängigen) Variablen dienen als Indexmengen den Matrixdimensionen. Einflüsse zeigen sich in den jeweiligen Besetzungen der einzelnen Matrixzellen. Sie brauchen nicht durch algebraische Funktionen dargestellt zu werden. Deshalb kann auf die traditionell unumgängliche Reduktion von Geschehensvielfalt verzichtet werden. (Es können aber selbstverständlich auch, falls sachlogisch zutreffend, algebraische Funktionen verwendet werden.)

Bei Anwendung der Münchener Simulationstechnik haben folglich anders als in herkömmlichen Modellen methodisch-technische Determiniertheiten weit geringeren Einfluß auf die Modellbildung als die im Dialog gefundenen Wertstrukturierungen.

Für eine solcherart disfunktionale Darstellungsform von Einflußgrößen muß allerdings vorausgesetzt werden, daß die Einfluß nehmenden (unabhängigen) Variablen diskret oder - falls kontinuierlich - zumindest sinnvoll diskretisierbar sind. Das ist jedoch normalerweise in den Sozialwissenschaften unproblematisch, da die Datenbasis auf den Ergebnissen von Befragungen mit beschränkten Anzahlen von Antwortalternativen fußt.

Modulbauweise und automatische Überprüfung auf formallogische Richtigkeit. Entsprechend den Prinzipien modernen Software Engineerings kann beim Modellieren eine Zerlegung in verschiedene (Unter-)Modelle (Moduln) stattfinden. Jedes Modell enthält eine Folge von Anweisungen, die veranlassen, daß Matrizen verknüpft, Ablaufentscheidungen getroffen und entsprechend andere Modelle aktiviert werden. Jedes einzelne Modell kann eigenständig entwickelt und getestet werden, da die Datenbasis (d.i. die Menge der Ist- und Soll-Bestandsgrößen) für alle Modelle gleichermaßen verfügbar ist.

Schließlich können nach dem Baukastenprinzip beliebige Modellverknüpfungen ohne weiteren Programmieraufwand gebildet werden.

Die Regeln der Matrixalgebra sind ihrerseits logisch eindeutig, sodaß ihre Anwendung auf formale Stimmigkeit hin vom Rechner überprüft werden kann. Damit ist der Analytiker von unnützem Programmier- und Testaufwand befreit.

Einfachheit der Sprache, die Nichtnotwendigkeit von speziellen EDV-Kenntnissen und die Befreiung von unnützem Arbeitsaufwand sind wesentliche Voraussetzungen für den sprachlichen Dialog zwischen Analytiker und Fachplaner.

2   Die Simulationssprache MAPLIS

Das Konzept der Sprache MAPLIS hat mehrere geistige Väter:
- APL (A Programming Language - K.E. Iverson, 1962) lotet die Band-
breite möglicher Matrixoperationen weitgehend aus
- SPSS (Statistical Package for the Social Sciencies - N.H. Nie et
al., 1970) wurde - weil für Sozialwissenschaftler vertraut - zur
Ausformung der Kommandosprache herangezogen
- DATA TEXT (A.S. Couch et al., 1972) steuerte das Design der Tabel-
lenausgabe bei.
MAPLIS kann interaktiv eingesetzt werden. Deshalb wird (ähnlich wie in
BASIC) zwischen Deklarationen, verzögerten (deferred) und unmittelba-
ren (immediate) Operationen unterschieden.

2.1 Deklarationen

Ausgehend vom Matrixkonzept werden in MAPLIS Indexvariable und deren
Wertevorrat mit N OF VALUES deklariert. Variable können - auf diesen
Indexvariablendeklarationen basierend - ähnlich wie in SPSS hinzuge-
fügt werden mit ADD VARIABLES oder VARIABLE LIST oder gelöscht, gehal-
ten und umgeordnet werden mit DELETE VARS, KEEP VARS und REORDER VARS.
Schließlich gibt es auch DOCUMENT, MISSING VALUES, PRINT FORMATS,
VALUE LABELS und VAR LABELS.
   Eine Variable, die eine typische Bestandsgröße bezeichnet, könnte
beispielsweise sein:

```
+--------+
I S      I SCHÜLERANZAHL NACH KLASSENSTUFEN DIFFERENZIERT
+--------+
  -> KL     KLASSENSTUFE
 (1)       (2)        (3)        (4)        ...
+--------+--------+--------+--------+ - - -
I   1082 I   1095 I   1109 I   1145 I ...
+--------+--------+--------+--------+ - - -
```

während die daraus bei 11.000 Schülern hergeleitete Einflußgröße

```
+--------+
I PROZS  I ANTEILE DER KLASSENSTUFEN AN DER GESAMTZAHL
+--------+
  -> KL     KLASSENSTUFE
 (1)       (2)        (3)        (4)        ...
+--------+--------+--------+--------+ - - -
I   .098 I   .100 I   .101 I   .104 I ...
+--------+--------+--------+--------+ - - -
```

zur Bedarfsberechnung für Klassenräume verwendet werden könnte. Die
entsprechenden Deklarationskommandos lauten:

```
N OF VALUES   KL(9)
ADD VARIABLES S(KL), PROZS(KL)
```

Um die Druckausgabe leserlich zu gestalten, wurden Etiketten vergeben:

```
VAR LABELS      KL, KLASSENSTUFE/
                S, SCHÜLERANZAHL NACH KLASSENSTUFEN DIFFERENZIERT/
                PROZS, ANTEILE DER KLASSENSTUFEN AN DER GESAMTZAHL
```

2.2 Verzögerte Operationen

Verzögerte Operationen werden in MAPLIS durch ADD MODEL bzw. REPLACE MODEL und END MODEL umklammert. Folgen von verzögerten Operationen stellen Modelle oder Modellbausteine (Untermodelle) bereit. Im einzelnen kann man folgende Operationen verwenden:
    AGGREGATE: Aggregieren von Variablen
    CALL MODEL: Modellbaustein aufrufen und darin enthaltene Operationenfolge ausführen
    COMPUTE: Verknüpfen von Variablen nach den Regeln der Matrixalgebra
    DISAGGREGATE: Disaggregieren von Variablen, z.B. mit den Methoden der Monte-Carlo-Simulation
    EXIT: vorzeitiges Beenden der Ausführungen der Operationsfolge eines Modellaufes
    IF: Ablaufentscheidung (Steuerung des Kontrollflusses) in Abhängigkeit von der Beschaffenheit der Werte von Variablen
    INTERACTION: Aufruf einer Schnittstelle zum Anwender, der an dieser Stelle unmittelbare Operationen ausführen lassen kann
    RETURN: Beenden der Ausführung der Operationenfolge eines Modellbausteins, ggf. Fortsetzung der Operationenfolge in jenem Modellbaustein, der diesen Baustein aufgerufen hat
    TIME SERIES: Besetzen einer Variablen mit den Werten einer anderen Variablen in ihrem simulationszeitlichen Verlauf
    Darüberhinaus gibt es die von SPSS her gewohnten Wiederholungsklammerungen vermittels DO REPEAT bis END REPEAT.
    Im folgenden Beispiel wird ein sehr einfaches Modell der Entwicklung einer Schülerpopulation deklariert:

```
ADD MODEL       sdfsim Schülerdurchflußmodell
COMMENT         1. Schritt: Teilen des Schülerstroms
DISAGGREGATE    RESULT=sdiv SOURCE=s DISTRIBUTION=perf
COMMENT         2. Schritt: Erfolgreiche und Wiederholer separieren
SUBMATRIX       RESULT=serf, SOURCE=sdiv, VALUE=1
SUBMATRIX       RESULT=swdh, SOURCE=sdiv, VALUE=2
COMMENT         3. Schritt: Erfolgreiche versetzen
COMPUTE         svers = SHIFT(serf,'KL',1)
COMMENT         4. Schritt: Klassen neu zusammenstellen
COMPUTE         s = svers + swdh
END MODEL
```

An zwei kleinen Beispielen soll der Unterschied zu APL demonstriert werden: Die Grade-Up-Funktion wird in APL als Operator Ａ verwendet: ziel←Ａquelle. In MAPLIS lautet die entsprechende Anweisung:

```
COMPUTE         ziel=SORT(quelle)
```

Ähnlich ist es bei der Sum-Reduction-Funktion +/: ziel←+/quelle. In MAPLIS wird die Verschiedenheit der Dimensionalität zwischen Ziel- und Quellvariable deutlich:

```
AGGREGATE       RESULT=ziel,SOURCE=quelle
```


2.3 Unmittelbare Operationen

Ähnlich den Funktionen, die SPSS zur Datenverwaltung anbietet, gibt es in MAPLIS folgende Operationen:
    GET FILE: stellt die in einem Systemfile enthaltenen Deklarationen (Variable und Modellbausteine) bereit

GET DATABASE: stellt die in einem Systemfile enthaltenen Werte für die deklarierten Variablen bereit

READ MODEL: liest von einem externen File eine Modelldeklaration ein

READ DATABASE: liest von einem externen File Werte für alle deklarierten Variablen ein

READ DATA: liest von einem externen File Werte für eine einzelne Variable ein

SAVE FILE: erzeugt ein Systemfile mit Deklarationen (Variable und Modellbausteine)

SAVE DATABASE: erzeugt ein Systemfile mit den aktuellen Werten aller deklarierten Variablen

Darüberhinaus gibt es folgende Operationen:

PRINT: Anzeige von Variablenwerten in Tabellenform

WRITE DATA: Ausgabe von Variablenwerten auf ein externes File

LET: Besetzen einzelner Variablenwerte

RUN MODEL: Aufruf eines Modellbausteins mit Angabe der Bedingung, unter der eine Interaktion eingeleitet werden soll

CONTINUE: Fortsetzung der Ausführung der Operationenfolge in einem Modellbaustein nach Beendigung einer Interaktion mit Angabe der Bedingung, unter welcher wieder eine Interaktion eingeleitet werden soll

STOP: Abbruch der Ausführung der Operationenfolge eines Modellbausteins

FINISH: Beenden des Dialogs

Das folgende Beispiel setzt Systemfiles mit je einer Programm- und einer Datenbasis voraus. Die Programmbasis enthält alle erforderlichen Indexvariablen- und Variablendefinitionen samt ihren Etiketten, insbesondere aber das oben definierte Schülerdurchflußmodell. Der Dialog gibt wieder, wie diese Systemfiles gelesen werden. Anschließend wird das Modell eine Periode (d.i. ein Schuljahr) lang laufen gelassen:

```
GET FILE        sdfsim
*** MESSAGE: FILE ACCEPTED ***
GET DATABASE sdfsim
*** MESSAGE: FILE ACCEPTED, PERIOD 1983 ***
RUN MODEL       sdfsim RETURN
*** MESSAGE: MODEL SDFSIM, PERIOD 1983, INTERRUPT AT RETURN ***
STOP
*** MESSAGE: MODEL SDFSIM, PERIOD 1983, STOP
SAVE DATABASE sdfsim1
*** MESSAGE: DATABASE FILE SAVED
FINISH
```

Das Systemfile SDFSIM1 enthält nun die fortgeschriebenen Werte der Bestandsgröße S.

3 Technische Voraussetzungen

Es existieren bislang nur Vorläufer der Sprache MAPLIS, ein geschlossener Interpreter ist in Vorbereitung und wird bis Herbst 1984 marktreif sein. Die Vorläufer sind auf byteorientierten Rechnern (Hersteller DEC:PDP und VAX, Hersteller IBM und AMDAHL: /370 und /470) und einem wortorientierten Rechner (Hersteller CRAY: Vektorrechner CRAY-1) implementiert, Tests laufen derzeit auf einem Mikrorechner (Hersteller: NOKIA) mit einem 8-Bit-Prozessor INTEL 8085.

IMPLEMENTIERUNGSTECHNIKEN VON

DISKRETEN SIMULATIONSSYSTEMEN

H. Auer,   U. Maschtera
Institut für Informatik
Johannes Kepler Universität Linz

Altenbergerstr. 69, A-4040 Linz

Hauptargumente gegen die Verwendung von Simulationssprachen sind sowohl die Anschaffung neuer Compiler als auch die Einarbeitung in eine neue Sprache, deren Konzepte und Besonderheiten. Gegen die Verwendung herkömmlicher Programmiersprachen sprechen vor allem das Fehlen von Standardhilfsmitteln und die daraus resultierenden Probleme. Aus diesem Grund wurden vermehrt sogenannte Hilfssysteme entwickelt, bei denen die für die Simulation notwendigen Konzepte auf eine gegebene Basissprache "aufgepfropft" werden.

Komponenten einer Simulationssprache

- Beschreibung der strukturellen Eigenschaften des Systems: abstrakte Datenstrukturen/Datentypen zur Deklaration der Simulationseinheiten; dynamische Speicherplatzverwaltung; vordefinierte abstrakte Simulationsdatentypen, wie Warteschlangen und Sets.

- Beschreibung der dynamischen Aspekte des Systemverhaltens zur Änderung des Systemzustandes (Synchronisationsmechanismen, Scheduler, Systemzeitfortschreibung, Ereigniswarteschlange (EWS)); bedingungs- und/oder zeitabhängige Synchronisation. Hierbei sind Ereignisse durch (zeitverzugslose) Zustandsänderungen definiert. Prozesse entstehen durch Zusammenschluß von Ereignissen (was in den Operation Rules bzw. Scenario beschrieben wird) und können daher Simulationszeit verbrauchen. Der Beginn eines Ereignisses heißt Reaktivierungspunkt (kurz RAP) des Prozesses. Jeder Prozeß befindet sich zu jedem Zeitpunkt in einem bestimmten Prozeßzustand:

  aktiv: Er steht an vorderster Stelle in der EWS und führt eine Zustandsänderung durch. Er verbraucht daher CPU-Zeit, aber keine Simulationszeit.

  suspendiert: Er ist in der EWS, aber nicht an vorderster Stelle, mit einer bestimmten Reaktivierungszeit (kurz RAZ) und kann Simulationszeit verbrauchen.

  passiv: Er ist in der EWS nicht eingeplant aber einplanbar. Seine RAZ steht noch nicht fest.

  terminiert: Er ist weder in der EWS noch in dieser einplanbar.

  blockiert: Er wartet als Mitglied einer Liste L auf das Eintreffen einer Bedingung.

- benutzer- und problemorientierte Hilfsmittel: Aufbereitung der Simulationsdaten mit individueller Outputgestaltung; Diagnostiksystem, automatische Fehlersuchhilfen; Zufallszahlen- und Prozeßgeneratoren; bequeme Eingabe der experimental conditions und somit leichte Wiederholbarkeit von Simulationsexperimenten mit geänderten Eingangsparametern; Unterstützung bei der Versuchsplanung.

<u>Implementierung von Hilfssystemen kann erfolgen mittels</u>

- vorgefertigter Prozeduren: (+) Die Software ist portabel; (+) Da der Programmierer mit
    der Sprache bereits vertraut ist, wird er die neuen Prozeduren leicht richtig hand-
    haben können; (+) Es ist kein eigener Compiler notwendig. (+) Das System kann genau
    den individuellen Bedürfnissen angepaßt werden. (+) Das System wird auch auf Klein-
    rechnern implementierbar sein.
- Preprocessing (Makros): (-) Es ist ein Preprozessor notwendig; (-) Fehler in der ex-
    pandierten Form des Programmes sind für den Programmierer schwer zu finden; (-) Die
    Software ist nicht mehr sehr portabel. (+) ansonsten Vorteile wie oben.
- Änderung eines Compilers (Spracherweiterung): (-) Die Software ist überhaupt nicht
    mehr portabel; (+) Das System ist sehr gut den individuellen Bedürfnissen anpassbar.
    (+) Der geänderte Compiler kann Fehler finden, die ansonsten erst bei Testläufen
    oder in der Produktionsphase gefunden worden wären.

Im folgenden werden einige Implementierungen (mit Basissprache) vorgestellt, nämlich SIM
(PL/1), LINDSTROM-SKANSHOLM (C), SIMONE (Pascal) und KRIZ-SANDMAYR (Pascal), die alle
Anspruch auf Prozeßorientierung erheben. Sie werden hinsichtlich Basissprache, Implementierungskonzept, Sprachkonzept (Prozeßbeschreibung, Synchronisationsmittel) und Kon-
ventionen und Einschränkungen, denen sich der Benutzer unterwerfen muß, verglichen.

<u>SIM</u> /5/

Basissprache ist PL/1 ohne Verwendung der dyn. Speicherplatzverwaltung, Zeigervariable
usw., um eine leichte Übertragbarkeit auf andere Sprachen zu gewährleisten.

<u>Sprachkonzept</u>: RYTZ unterscheidet bei der Modellformulierung nicht mehr zwischen akti-
ven (z. B. Maschinen) und passiven (z. B. Werkstücken) Elementen, sondern spricht von
"Elementen" schlechthin, die statische und dynamische Eigenschaften haben können und in
der Datenstruktur des jeweiligen Elementes festgelegt sind.

<u>Implementierung</u>: Die Elemente werden durch die Verwendung eines 2-dimensionalen Feldes
dargestellt. Jede Zeile des Feldes repräsentiert ein Element und jede Spalte ein Attribut. SIM-Prozesse werden durch die computed-goto-Methode realisiert. Der Benutzer muß
<u>selbst</u> die RAPe einstellen, wobei diese bzw. die Ereignisse durchnummeriert sind.

<u>Einschränkungen</u>: Dem verwendeten Konzept ist das Prozeßkonzept zu Grunde gelegt, es muß
aber als Mittelding von Prozeß- und Ereignisorientierung im Sinne der üblichen Definition gesehen werden, weil in SIM der Benutzer die RAPe selbst einstellen muß. Außerdem
dürfen die Prozeßnamen nur Pro_1, ... lauten bzw. müssen die Aufrufe vom Benutzer selbst
in den Steuermodul eingefügt werden. Elementattribute dürfen nur vom Typ integer sein.
Speicherplatz wird in einer für alle Elemente gleichen Höchstzahl allokiert (Speicherplatzverschwendung).

<u>Hilfssystem nach LINDSTROM-SKANSHOLM /4/</u>

Basissprache ist C.

<u>Konzept:</u> ist an SIMULA angelehnt. Jeder Prozeß wird dynamisch erzeugt durch Makro
NEW_PROCESS und besteht aus
- process-procedure-block: existiert im Gegensatz zu SIMULA für gleichartige Prozesse
  nur einmal und enthält die Operation Rules.
- process block: enthält die lokalen Daten eines Prozesses, return address (RAP), register save area.
- event notice: enthält den nächsten Ereigniszeitpunkt für Prozesse, die bereits eingeplant sind.
- parameter "this": ist vom Datentyp pointer und weist auf den jeweiligen process block.

<u>Implementierung:</u> erfolgte durch wenige Makrodefinitionen und vorgefertigte Unterpro-
gramme (teilweise auf Maschinenebene). Die Simulationsprozeduren wie z. B. HOLD realisieren die Coroutinen durch Ändern des activation records stack. Im activation record
vom HOLD waren register save area und return address des HOLD aufrufenden Prozesses gespeichert. Diese Bereiche werden durch register save area und return address des zu
aktivierenden Prozesses ersetzt. Dies verursacht nun den Anschein, als hätte dieser zu
aktivierende Prozeß HOLD aufgerufen und das "RETURN" von Prozedur HOLD nach dem Abarbeiten bewirkt die Fortsetzung des neuen Prozesses an geeigneter Stelle.

<u>Einschränkungen:</u> In einem process-procedure-block dürfen keine lokalen Variablen dekla-
riert sein; dies erfolgt im process block. Prozesse dürfen nicht geschachtelt sein. Von
Prozessen aufgerufene Unterprogramme dürfen die Simulationsroutinen nicht aufrufen, da
ansonsten der activation record Mechanismus nicht mehr funktionieren würde. Alle process
blocks sind von gleicher Speichergröße. (Speicherplatzverschwendung, wenn der Speicherplatzbedarf für die lokalen Daten der einzelnen Prozesse sehr stark differiert.)

<u>SIMONE</u> /2/

ist an SIMULA angelehnt und durch eine Pascal-Compiler-Änderung und vorgefertigte Unterprogramme realisiert.

<u>Konzept:</u> Die Synchronisation erfolgt mit dem Monitorkonzept. Ein Monitor besteht aus den
den Prozessen gemeinsamen Variablen und allen Prozeduren, die diese Variablen verändern.
Da Simulation nur quasiparallel, d. h. auf einem Prozessor realisiert ist, besteht für
die Exekution von Monitorprozeduren (unter der Kontrolle der Prozesse) mutual exclusion.
Innerhalb von Monitoren können Zustandsvariable deklariert werden. Mit jeder Zustandsvariablen wird eine Queue assoziiert, in die sich ein Prozeß zum Warten einreihen kann
(mittels CONDITIONVARIABLE.WAIT), bis er von einem anderen Prozeß wieder aktiviert wird

(mittels CONDITIONVARIABLE.SIGNAL). Prozesse können auch eine Priorität p innerhalb der
Queue erhalten durch CONDITIONVARIABLE.WAIT(p). Obwohl ein Scheduler nur ein Spezialfall eines Monitors ist, wurden für Zeitverzögerungen die bekannten Simulationsopera-
tionen vorgesehen. Jeder bestehende, noch nicht (durch STOP) terminierte Prozeß, kann
daher genau einer der folgenden drei geordneten Mengen angehören: (1) sequencing stack
(RAZ = aktuelle Simulationszeit), (2) time queue (RAZ = aktuelle Simulationszeit),
(3) eine Queue pro Zustandsvariable (sortiert nach Prozeßpriorität).

Einschränkungen: Prozesse dürfen nicht rekursiv sein. Prozeduren und Funktionen dürfen
unter fixer Angabe von RECLIM, der maximalen Schachtelungstiefe, rekursiv sein, was eine
große Einschränkung bedeutet. Bei Schleifen, in denen Prozesse aktiviert werden, muß
MAXINST (maximale Anzahl von Schleifendurchläufen) fix angegeben werden, um dem Compiler
wissen zu lassen, wieviele Prozesse einer Prozeßklasse aktiviert werden können. Prozeduren dürfen nicht aufgerufen werden, bevor sie deklariert wurden, um indirekte Rekur-
sionen zu vermeiden. Da es keine dynamische Speicherplatzverwaltung gibt, wird vom System soviel Speicherplatz allokiert, als notwendig wäre, wenn die maximale Anzahl von
Prozessen simultan existieren würde.

KRIZ-SANDMAYR /3/

zielen darauf ab, Pascal durch vorgefertigte Prozeduren und Datentypen auf ein SIMULA
ähnliches Niveau zu bringen, ohne den Compiler bzw. die Syntax von Pascal ändern zu
müssen.

Konzept: KRIZ und SANDMAYR beziehen sich auf SIMONE und wollen das gleiche Ziel erreichen. Sie verzichten auf das Monitorkonzept und beschränken sich auf die Prozeduren
WAIT und SIGNAL.

Implementierung: Coroutinen werden durch das Ändern der Laufzeitprozeduren NEW und
DISPOSE (Änderung des stacks mit return address) realisiert. Prozesse werden durch
Coroutinen implementiert und sind durch Prozeßdeskriptoren repräsentiert.

Einschränkungen: Bei der Generierung eines Prozesses muß eine bestimmte Statementfolge
eingehalten werden. Der Speicherplatzbedarf für Prozesse muß jeweils explizit angegeben
werden.

MASIM /1/

ist durch vorgefertigte Unterprogramme und den Preprozessor Mortran (in FORTRAN IV) realisiert.

<u>Konzept:</u> Ein Prozeß befindet sich durch bestimmte Anweisungen in einem der folgenden
Zustände: updating durch DOUPDAT(proc,time) (Prozeß führt Systemzustandsänderung
durch), working durch DOWORK(for_time) (Prozeß wird für eine von ihm selbst festzulegende Zeit suspendiert und ist unterbrechbar), reserved durch DOACTION(for_time) (Prozeß
wird für eine von ihm selbst festzulegende Zeit suspendiert und ist nicht unterbrechbar), waiting durch DOWAIT (RAZ steht nicht fest), terminated durch TERMINATE (Prozeß
ist nicht mehr einplanbar). Die unterschiedlichen Sequencinganweisungesnamen wurden gewählt, um einerseits Überschneidungen (Unterschiede) zu bestehenden Konzepten zu vermeiden, und um größere Realitätsnähe andererseits zu erreichen (Hold wird meist für
Zeitverzug infolge Arbeitsausführung verwendet).

<u>Implementierung:</u> Die dynamische Speicherplatzverwaltung wurde realisiert, in dem die
Dimension der betreffenden Variablen um eine erhöht wird, mit einer vom Benutzer anzuge-
benden Höchstzahl von gleichzeitig existierenden Instances per Prozeßklasse. Die
Coroutinen wurden mit Makrounterstützung realisiert.

<u>Einschränkungen:</u> Die Höchstzahl von Instances ist im vorhinein anzugeben. Lange
Übersetzungszeit durch Preprocessing. Variable sollen nur 5stellig sein, um Überschneidungen zu vermeiden. Parameter von Prozessen müssen überall, wo sie verwendet werden, deklariert und in eine Parameterliste eingefügt werden.

<u>Literatur</u>

/1/ AUER H., Eine diskrete prozessorientierte Simulationssprache und ihre Implementierung
    mit Hilfe eines Preprozessors, Diplomarbeit, Linz 1984.
/2/ KAUBITSCH W. H., PERROT R. H., HOARE C. A. R., Quasiparallel Programming and
    Simulation, in: Software Practice and Experience, Vol. 6, S. 341 - 356 (1980).
/3/ KRIZ J., SANDMAYR H., Extension of Pascal by Coroutines and its Application to
    Quasiparallel Programming and Simulation, in: Software Practice and
    Experience, Vol. 10, S. 773 - 789 (1980).
/4/ LINDSTROM H., SKANSHOLM J., How to make your own Simulation System, in: Software
    Practice and Experience, Vol. 11, S. 629 - 637 (1981).
/5/ RYTZ R., SIM - Ein neues Simulationskonzept, Dissertation ETH Zürich, Zürich 1971.

SIMULATION DER KRAFTÜBERTRAGUNG IM VENTILTRIEB EINES VERBRENNUNGSMOTORS
MIT HILFE EINES TISCHRECHNERS

Dr. B. Asselmeyer   Ing.(grad.)M.Ruoff

Abt. K/EEM   Abt. K/EVS

Robert Bosch GmbH., Technisches Zentrum Schwieberdingen

1. Einleitung

Die Zu- und Abführung von Gasen in den Brennraum eines Viertakt- Verbrennungsmotors
erfolgt über Ventile im Zylinderkopf. Diese Ventile werden von Nocken auf der Nocken-
welle, die mit halber Kurbelwellendrehzahl rotiert, gesteuert und betätigt. Zwischen
Ventil und Nocken sind häufig aus konstruktiven Gründen Kraftübertragungselemente
wie Stößel oder Kipphebel vorgesehen. Um einen automatischen Ventilspielausgleich zu
ermöglichen, kann ein sog. hydraulischer Stößel vorgesehen werden, der von einer Ser-
vopumpe durch Öl in der Länge verstellbar ist. Eine solche Anordnung ist schematisch
in Abb. 1 dargestellt.

In der Literatur gibt es eine Reihe von Vorschlägen (z.B. (1) - (3)), wie durch
Veränderung der Ventilsteuerzeiten eine Veränderung der Leistungscharakteristik der
Motoren erzielt werden kann. Damit die Steuerung der Ventilbewegung im Hinblick auf
eine genaue Festlegung des Schließzeitpunktes der Ventile erfolgen kann, soll in der
hier vorgestellten Untersuchung die Bewegung eines Ventiltriebs simuliert werden,
vor allem um die Grenzdrehzahlen, bis zu denen noch eine kraftschlüssige Verbindung
vom Nocken zum Ventil erhalten bleibt, und den Einfluß von Konstruktionsänderungen
auf diese Grenze zu ermitteln.

2. Simulationshilfsmittel

Die Simulation wurde auf einem Tischrechner HP 9845 mit Hilfe eines in BASIC geschrie-
benen Programmes durchgeführt. Dieses hat einen Umfang von ca. 20 K- Byte sodaß der
restliche Speicherplatz (in der benützten Ausbaustufe ca. 150 K- Byte) für Variable
zur Verfügung steht. Das Programm ist zweistufig aufgebaut, die Steuerung des Ablaufs
erfolgt in Menütechnik über jeweils definierte Funktionstasten.

Die erste Stufe dient zur Definition, Veränderung und Speicherung des verwendeten Modells. Dieses muß als eigenes Unterprogramm "Modell" in Form expliziter Differentialgleichungen 1. Ordnung

$$\dot{x}_i = f_i (x_j, u_l, t) \qquad\qquad i, j: 1,..,n; \; l: 1,..,r \qquad\qquad (1)$$

festgelegt werden (n = Ordnung des Modelles, r = Anzahl der freien Eingangsfunktionen, t = unabhängige Variable). Die freien Eingangsfunktionen werden ebenfalls in
einem eigenen Unterprogramm, das vom Unterprogramm "Modell" bei Bedarf aufgerufen
wird, in der Form

$$u_1 = g_1 \, (x_j, t) \tag{2}$$

definiert. In beide Unterprogramme lassen sich noch Parameter einführen, deren Wert
in der zweiten Stufe zugewiesen werden kann. Beide Unterprogramme müssen nach den
gültigen Sprachregeln von BASIC geschrieben sein, ein Beispiel und Editierhilfen sind
im Programm enthalten. Zusätzlich lassen sich noch Verknüpfungen von Zustandsvariablen x_j und Steuerfunktionen u_1 als Ausgangsfunktionen y ebenfalls in einem eigenen
Unterprogramm definieren

$$y = h \, (x_j, \, u_1, \, t) \tag{3}$$

Die zweite Stufe dient zur eigentlichen Simulation. Beim Eintritt werden die Dimensionen der verwendeten Felder festgelegt. Danach können unterschiedliche Integrationsverfahren per Tastendruck gewählt werden. Vor jeder Integration der Differentialgleichungen werden im Dialog die Anfangswerte der Zustandsvariablen und die Parameterwerte abgefragt. Die Werte der Eingangsfunktionen und die Zustandswerte werden an den
Integrationsstützstellen gespeichert. Ausgegeben werden können die Zeitverläufe von
x_j, u_1 und y entweder automatisch oder von Hand skaliert. Als Ausgabemedium dient der
eingebaute Bildschirm (max. 2 Kurven gleichzeitig) oder ein angeschlossener Plotter
(bis zu 4 Kurven in einem Bild).

3. Modellbeschreibung

Beschrieben wird die Bewegung eines Ventiltriebs wie er in Abb. 1 skizziert ist.
Als Eingangsfunktion u_1 dient die Nockengeschwindigkeit. Diese ist für eine Drehzahl
n_o als Tabelle abgelegt, für andere Drehzahlen muß sie mit dem Faktor n_{soll}/n_o multipliziert werden. Die erste Zustandsgröße ist der Nockenhub, der durch Integration von
u_1 errechnet wird.

$$\dot{x}_1 = (n_{soll}/n_o) \, u_1 \tag{4}$$

Die zweite Zustandsgröße ist die Verschiebung des Innenstößels gegenüber dem Außenstößel, der verzögerungsfrei der Nockenbewegung folgt. Ihre Veränderung ist, abgesehen von der Kompression des Öls, durch die Zu- und Abfuhr des Hydrauliköls in den
Stößelinnenraum bedingt. Bei Innendrücken P_{st} größer als der Versorgungsöldruck geht

Öl durch Leckage verloren, es gilt Teil (a) der Gleichung (5); im anderen Fall fließt Öl mit etwa konstanter Geschwindigkeit über das Rückschlagventil in den Innenraum, es gilt Teil (b) der Gleichung (5).

$$\dot{x}_2 = \text{const} \qquad P_{st} < P_o \qquad\qquad (5a)$$

$$\dot{x}_2 = -(P_{st} - P_o) \cdot \frac{\delta^3}{\nu \cdot \rho} \cdot K_1 \quad P_{st} \geq P_o \qquad (5b)$$

Dabei ist δ die mittlere Spaltbreite zwischen Innen- und Außenstößel, ν und ρ sind Viskosität bzw. Dichte des Druckmediums; K_1 ist u.a. durch die Abmessungen des Stößels festgelegt.

Zustandsgrößen x_3 und x_4 sind Lage und Geschwindigkeit des Ventils. Es gilt

$$\dot{x}_3 = x_4 \qquad\qquad (6)$$

mit der Begrenzung $x_3 \geq 0$ (wegen des Anschlages des Ventils im Ventilsitz). Damit läßt sich der noch offene Stößelinnendruck P_{st} aus der Wegdifferenz zwischen Stößelunterkante und Ventillage (der Kipphebel wird hier als starr angenommen) berechnen zu

$$P_{st} = (x_1 - (x_3 \frac{b}{a} - x_2)) \cdot A_{st} \cdot K_T/V \qquad (7)$$

Dabei ist A_{st} die Stößelinnenfläche, V das wirksame Ölvolumen, K_T der Kompressionsmodul des Öls und a und b die Länge der Kipphebelarme vom Lager zu den beiden Auflagepunkten.

Die Gleichung für die Änderung der Ventilgeschwindigkeit ergibt sich aus der Bedingung des Momentengleichgewichts im Kipphebellager.

$$b \cdot F_1 + R_1 - a \cdot F_2 - R_2 - \dot{x}_4 \cdot a \cdot m_3 - M_{KH} = 0 \qquad (8)$$

Dabei ist F_1 die vom Öl im Stößel und der Innenfeder ausgeübte Kraft.

$$F_1 = P_{st} \cdot A_{st} + F_{innen} \qquad (8a)$$

und R_1 das bewegungsrichtungsabhängige Reibmoment zwischen Innen- und Außenstößel (R_H = Haftreibkraft)

$$R_1 = b \cdot \text{sign}(x_4) \cdot (R_H + (u_1 - x_4 \cdot \frac{b}{a}) \cdot K_3 \rho \cdot \nu) \qquad (8b)$$

F_2 ist die Rückstellkraft der Ventilfeder (mit Vorspannung)

$$F_2 = c_3 \cdot x_3 + F_{vorsp} \qquad (8c)$$

R_2 das bewegungsrichtungsabhängige Reibmoment des Ventils

$$R_2 = a \cdot \text{sign}\,(x_4) \cdot (F_R) \qquad (8d)$$

wobei F_R als konstant angenommen wird. m_3 ist die effektive Masse des Ventils, der Ventilfeder und des Kipphebels.

M_{KH} ist das Kipphebelmoment, das sich aus dem Trägheitsmoment und dem Reibmoment im Kipphebellager zusammensetzt

$$M_{KH} = (\dot{x}_4 / a) \cdot J_{KH} + \frac{d_{KH}}{2} \cdot \mu_{KH} \cdot (F_1 + F_2) \qquad (8e)$$

wobei J_{KH} das Massenträgheitsmoment des Kipphebels, d_{KH} der Durchmesser des kugelförmig angenommenen Kipphebellagers und μ_{KH} der Reibbeiwert ist. Gleichung (8) läßt sich nach $\dot{x}_4$ auflösen und liefert die vierte Zustandsgleichung.

4. Ergebnisse

Die Parameter des vorgestellten Modells wurden so gewählt, daß eine gute Übereinstimmung der Simulationsergebnisse mit Messungen an einem realen Ventiltrieb erzielt wurden, als Beispiel sind in Bild 2 die Verläufe des Öldrucks im Stößel aus Simulation und Messung dargestellt. Auch die in der Einleitung angesprochene Drehzahlgrenze wurde in guter Übereinstimmung von Messung und Simulation gefunden.

Danach konnten unterschiedliche geometrische Anordnungen (z.B. Veränderungen des wirksamen Ölvolumens) oder Betriebsarten (Kennwertänderungen des Öls) recht einfach und schnell untersucht werden. Inzwischen wurde das Modell weiter verfeinert und auch mit anderen Simulationsprogrammen behandelt; eine Übertragung in andere Beschreibungsformen fiel dabei wegen der hier gewählten Zustandsraumdarstellung recht leicht.

5. Literatur

(1) Kallin, R.; Tayler, T: The Assessment of Variable
    Valve Timing of Internal Combustion Engines for Fuel Economy Improvements and
    Practicability. National Technical Information Service,
    Report Nr. DOT HS-806-179, 1981

(2) Tuttle, J.: Controlling Engine Load by Means of Early Intake-Valve Closing.
SAE Papier Nr. 820408, 1982

(3) Titolo, A.: Variable Valve Timing for Internal Combustion Engines,
Fiat Forschungsbericht, 1982

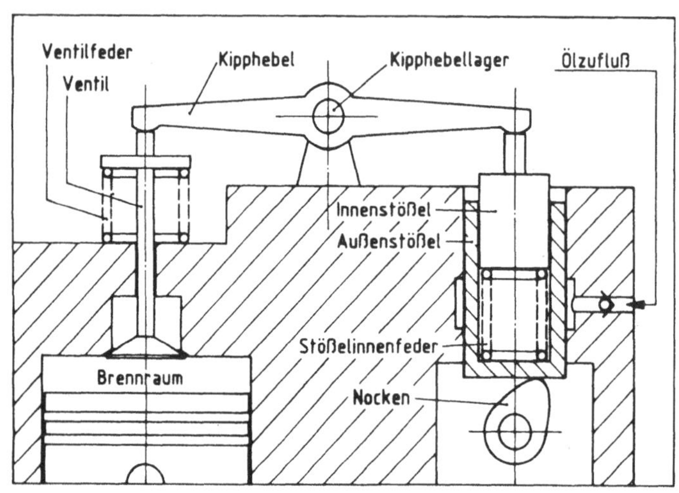

Bild 1:

Prinzipskizze des betrachteten Ventiltriebs

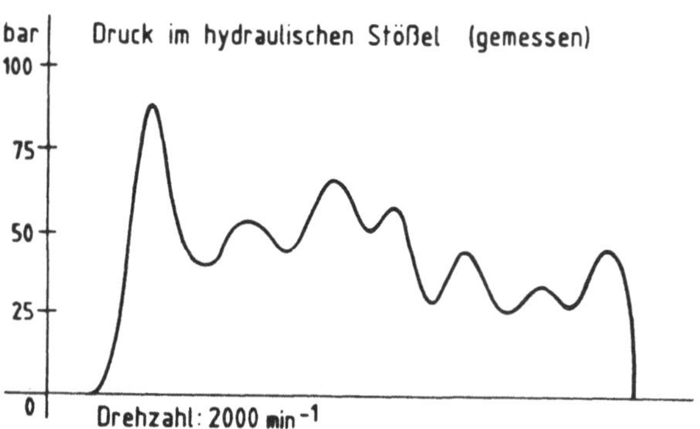

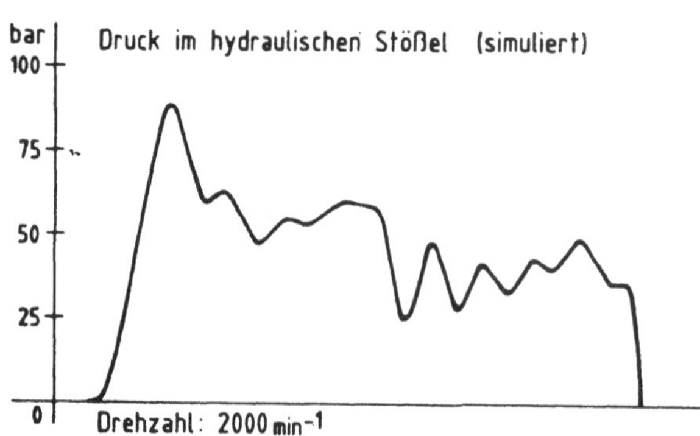

Bild 2:

Vergleich der Simulations- und Meßergebnisse des Stößelinnendrucks

$$\text{SIMULATION VON OTTO-MOTOREN AUF DIGITALRECHNERN}$$

W. Steinhorst - Fachhochschule Wolfenbüttel/Deutschland

1. PROBLEMDARSTELLUNG

Die vorliegende Arbeit hat zum Ziel, Simulationsverfahren für OTTO-Motoren zu
realisieren, an denen Regelalgorithmen und Prozessoren unter labormäßigen Bedingungen entwickelt und erprobt werden können. Da die Möglichkeiten zum Messen
und Stellen an Kolbenmotoren beschränkt sind, werden Einspritzmotoren untersucht,
bei denen mit der Zündwinkel- und Gemisch-Steuerung zumindest 2 Stelleingriffe
möglich sind. Wenn das Simulationsverfahren neben dem Motor als Regelstrecke
auch den Prozessor umfaßt, treten hierbei keine Zeitprobleme auf. Für die Verwendung von Originalprozessoren ist aber in der Regel ein Motorsimulator erforderlich, der in Echtzeit arbeitet. Die der Simulation zugrunde liegenden mathematischen Modelle weisen neben Nichtlinearitäten auch transzendente Funktionen
auf. Dies macht die Verwendung von Digitalrechnern erforderlich. Der Einsatz
von höheren Programmiersprachen kann aber bei der Echtzeitsimulation zeitkri-
tisch werden. Die kaum zu vereinbarenden Forderungen nach möglichst detailge-
treuer Modellierung und Berücksichtigung einer Vielzahl von Parametern einerseits und der Echtzeitbetrieb andererseits erfordern die Entwicklung unterschiedlicher, sehr spezieller Simulatorkonzepte. Hierbei ist außerdem die Leistungsfähigkeit des verfügbaren Rechners zu berücksichtigen. Aus der Literatur
bekannte Motormodelle werden den bestehenden Anforderungen nicht gerecht. Angesichts des beschränkten Raumes können hier nur einige Teilgebiete exemplarisch
behandelt werden. Im wesentlichen konzentriert sich der Bericht auf die Untersuchung spezieller Simulationsfehler.

2. MODULARER AUFBAU DES MOTORSIMULATORS

Alle Versionen des Motorsimulators sind nach einem einheitlichen Prinzip modular aufgebaut (vergl. Abb. 1). Die einzelnen Moduln entsprechen hierbei Bauelementen des Motors. Die Erweiterung dieses Wirkungsablaufs durch die Fahrlast
(abhängig u.a. von der Getriebeübersetzung, der Fahrzeugmasse, dem Luftwiderstand und der Straßensteigung) wird hier nicht behandelt.
Eingangsgrößen sind die Drehzahl (n), der Luftdruck (p_0), die Außentemperatur
(T_0), der freie Drosselklappenquerschnitt (A), der Sollwert für die Luftzahl
(λ_{soll}) und die Kühlwassertemperatur (T_w). Im Modul SAUGROHR werden Saugrohr-
Druck (p_s) und -Temperatur (T_s) sowie der Luftdurchsatz (dm_L/dt) bestimmt. Die
beiden Regler liefern den Kraftstoffverbrauch (dm_K/dt) und den Zündwinkel (γ_i).
Im Block MOTORKERN (Zylinder, Kolben, Schubkurbelgetriebe) wird das Drehmoment
(M) erzeugt. Weitere Ausgabegrößen sind der Verbrennungsdruck (p), die Gastemperatur (T) bzw. die über einen Verbrennungsablauf (2 Kurbelwellenumdrehungen)

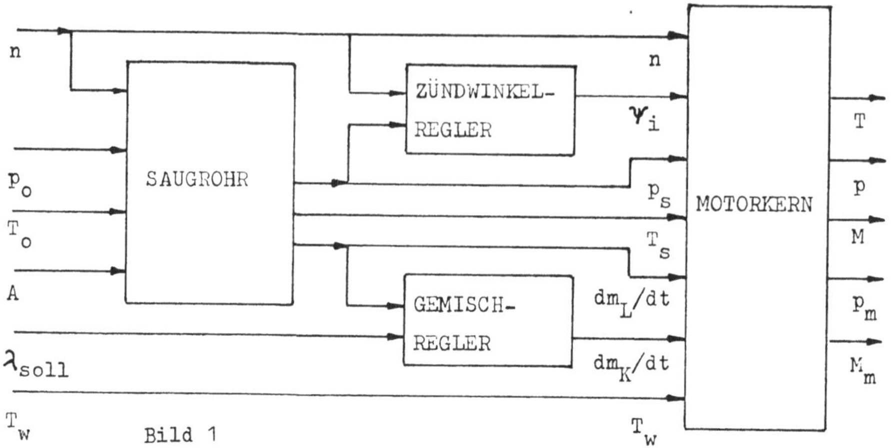

Bild 1

gemittelten Werte (M_m,p_m). Jeder Modul des mathematischen Modells kann im Verlauf der weiteren Entwicklung schrittweise verfeinert werden.

3. ENTWICKLUNG MATHEMATISCHER MODELLE

Zur Entwicklung mathematischer Motormodelle bieten sich 2 Wege an, die in der Regel eng miteinander verknüpft sind:

1. DIREKTE BERECHNUNG PHYSIKALISCHER GESETZE: Als Beispiel ist die Differentialgleichung

$$\frac{dT}{dt} = \frac{1}{c_E} \left(\varphi_L + \varphi_D + \varphi_C + \varphi_P \right) \tag{1}$$

zur Bestimmung der Temperatur T beim Verbrennungsvorgang anzusehen. Sie ist abgeleitet vom 1.Hauptsatz der Wärmelehre und einer modifizierten Zustandsgleichung für Gase. Hierbei entspricht c_E einer spezifischen Wärme. Für die spezifischen Leistungen φ_L (Wärmeleitung), φ_D (Dissoziation), φ_C (Verbrennung), φ_P (Gasdruck) existieren entsprechende mathematische Modelle.

2. ANALYTISCHE NACHBILDUNG MESSTECHNISCH AUFGENOMMENER KURVEN: Bild 2 stellt als Beispiel die bei der Verbrennung frei werdende Leistung ϕ_{com} über dem Kurbelwellenwinkel dar. Die oszillographierte Verbrennungskurve ist analytisch genähert zu

$$\phi_{com} = F(H_u, m_{KE}, \tau_c, b)\,(\varphi - \varphi_i)^2\,\left(1 - e^{-b(1 - \frac{\varphi - \varphi_i}{\omega \tau_c})}\right) \tag{2}$$

Hierbei ist F eine Funktion des Heizwertes von Benzin (H_u), der stöchiometrisch verbrennbaren Treibstoffmasse (m_{KE}), der Verbrennungszeit (τ_c) und einem frei bestimmbaren Parameter b. φ_i bezeichnet den Zündwinkel, ω entspricht der Drehzahl. Die Flächen unter den Kurven sind für jeden Wert b gleich. Die Verwendung von Exponentialfunktionen ist nur möglich, wenn man diese tabelliert oder eine höhere Programmiersprache wie FORTRAN 77 verwendet. Im Assemblerbetrieb, der für schnelle Simulationsabläufe besser geeignet ist, werden daher nach Möglichkeit lineare- oder quadratische analytische Nachbildungen verwendet, trotz des hiermit verbundenen größeren Fehlers.

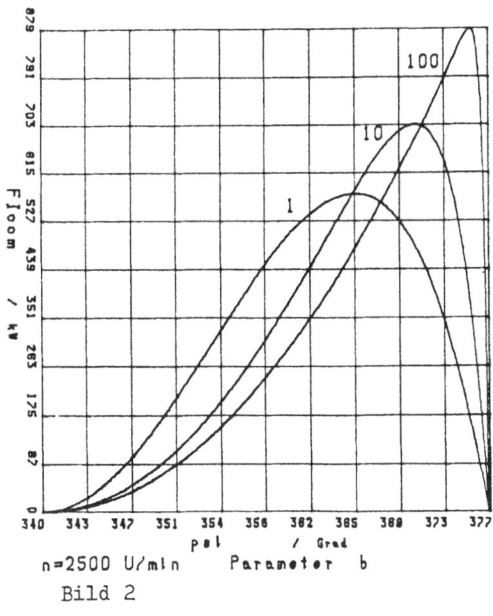

n=2500 U/min   Parameter b

Bild 2

4. SIMULATIONSFEHLER

Bei der Entwicklung von Echtzeitsimulatoren sind 2 Typen von Fehlern zu unterscheiden:

1. FEHLER DURCH UNGENAUE MODELLIERUNG: Sie sind nicht nur auf die begrenzten Möglichkeiten zur mathematischen Beschreibung der Abläufe zurückzuführen. Häufig sind umfangreiche mathematische Berechnungen zu vereinfachen, um die Rechenzeiten den Erfordernissen des Echtzeitbetriebes anzupassen.

2. INKREMENTIERUNGSFEHLER BEIM ITERATIONSPROZESS: Ein Lösungsverfahren von Differentialgleichungen auf Digitalrechnern besteht darin, Differentialquotienten durch Differenzenquotienten zu ersetzen

$$\frac{dx}{dt} = f \approx \frac{\Delta x}{\Delta t} = \frac{x_{(i-1)} - x_i}{h} \tag{3}$$

Das entspricht einer TAYLOR-ENTWICKLUNG, die nach dem Glied 1.Ordnung abgebrochen wird. Je größer das Zeitinkrement h ist, desto ungenauer wird diese Näherung. Kurze Rechenzeiten werden erzielt durch Verringerung der Iterationsschritte entsprechend einer Vergrößerung der Schrittweite h. Da die verwendeten Differentialgleichungen in der Regel analytisch nicht lösbar sind, hat man bei der numerischen Näherungslösung zunächst keinen Anhaltspunkt zur Abschätzung der Rechengenauigkeit und ihrer Abhängigkeit vom Zeitinkrement h. Es besteht somit der Bedarf nach einem geeigneten Verfahren zur Bestimmung des wahrscheinlichen Fehlers, um die Zahl der Iterationszyklen bei einem vorzugebenden zulässigen Fehler so gering wie möglich zu halten.

Auf den ersten Blick erscheint das TAYLOR-VERFAHREN 1.Ordnung aufgrund seines geringen Rechenaufwandes für Echtzeitrechnung vorteilhaft zu sein. Es bietet aber keine geeigneten Ansätze zur Fehlerabschätzung. Besser geeignet ist das RUNGE-KUTTA-VERFAHREN, dessen Rechenaufwand zwar erheblich größer ist, aber andererseits mit weniger Iterationsschritten die gleiche Genauigkeit erzielt.

5. MODIFIZIERTES RUNGE-KUTTA-VERFAHREN ZUR FEHLERABSCHÄTZUNG

Ein dynamisches System N.Ordnung läßt sich fast immer als System von N Differentialgleichungen 1.Ordnung darstellen. Diese Gleichungen sind vom Typ

$$\frac{dx_n}{dt} = f_n(x_1, \ldots x_n, \ldots x_N, u_1, \ldots u_M, t) \tag{4}$$

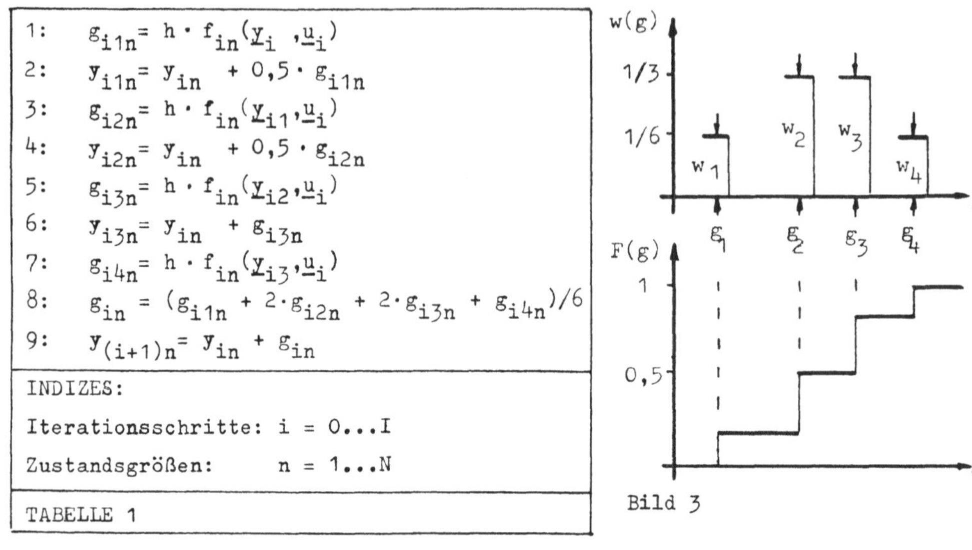

Tabelle 1:

$$1: \quad g_{i1n} = h \cdot f_{in}(\underline{y}_i, \underline{u}_i)$$
$$2: \quad y_{i1n} = y_{in} + 0,5 \cdot g_{i1n}$$
$$3: \quad g_{i2n} = h \cdot f_{in}(\underline{y}_{i1}, \underline{u}_i)$$
$$4: \quad y_{i2n} = y_{in} + 0,5 \cdot g_{i2n}$$
$$5: \quad g_{i3n} = h \cdot f_{in}(\underline{y}_{i2}, \underline{u}_i)$$
$$6: \quad y_{i3n} = y_{in} + g_{i3n}$$
$$7: \quad g_{i4n} = h \cdot f_{in}(\underline{y}_{i3}, \underline{u}_i)$$
$$8: \quad g_{in} = (g_{i1n} + 2 \cdot g_{i2n} + 2 \cdot g_{i3n} + g_{i4n})/6$$
$$9: \quad y_{(i+1)n} = y_{in} + g_{in}$$

INDIZES:

Iterationsschritte: $i = 0 \ldots I$

Zustandsgrößen: $\quad n = 1 \ldots N$

TABELLE 1

Bild 3

mit x_n als Zustandsgrößen und u_m als Steuerungsgrößen. In vektorieller Darstellung haben die Gleichungen die Form

$$\frac{d\underline{x}}{dt} = \underline{f}(\underline{x}, \underline{u}, t) \tag{5}$$

Zur Lösung der Differentialgleichungen mittels Digitalrechnern werden diese als TAYLOR-REIHEN entwickelt, die an geeigneter Stelle abgebrochen werden. Die hierzu erforderliche Konvergenz der Reihe wird durch eine hinreichend kleine Schrittweite h der ITERATION erzielt. Die f_n sind im allgemeinen nichtlineare-, oft auch zeitvariante Funktionen, so daß Lösungsverfahren über Matrizen ungeeignet sind. Hingegen universell verwendbar ist das RUNGE-KUTTA-VERFAHREN. Es entspricht einer TAYLOR-ENTWICKLUNG bis zum Glied 4.Ordnung. Die Rechenvorschrift ist in der allgemein verwendeten Form in Tabelle 1 dargestellt. $\underline{y}_i$ ist der aus der Näherung gewonnene Zustandsvektor zur Zeit t_i ($\underline{x}_i$ wäre der exakte Zustandsvektor). Hieraus wird der Zustand $\underline{y}_{(i+1)}$ zum Zeitpunkt $t_{(i+1)} = t_i + h$ berechnet.

$$\underline{\delta}_i = \underline{x}_i - \underline{y}_i \tag{6}$$

kann als LOKALER FEHLER bezeichnet werden. Da nur der Anfangsvektor $\underline{x}_0$ für $t_0 = 0$ exakt vorgegeben ist, wird bei jedem Iterationsschritt ein solcher lokaler Fehler gemacht. Zu einem Zeitpunkt t_I haben sich diese Fehler aufsummiert zum AKKUMULIERTEN FEHLER $\underline{\varepsilon}_I$. Der aus der Iteration gewonnene Zustandsvektor ist (vergl. Tabelle 1)

$$\underline{y}_I = \underline{y}_{(I-1)} + \underline{g}_{(I-1)} = \underline{x}_0 + \sum_0^{I-1} \underline{g}_i \tag{7}$$

$$\underline{g}_i = (\underline{g}_{i1} + 2\,\underline{g}_{i2} + 2\,\underline{g}_{i3} + \underline{g}_{i4})/6 = \sum_1^4 w_k\,\underline{g}_{ik} \tag{8}$$

mit $\underline{g}_i$ als dem gewichteten Mittel der $\underline{g}_{ik}$. Der hier grob skizzierte Rechenablauf des RUNGE-KUTTA-VERFAHRENS kann nach Kriterien der Wahrscheinlichkeitsrechnung auch wie folgt interpretiert werden:

Die vektoriellen Zuwuchsgrößen $\underline{g}_{ik}$ sind REALISATIONEN von Zufallsgrößen $\underline{G}_i$ einer diskreten Verteilung $w(g_{ikn})$ entsprechend Bild 3. Dementsprechend sind auch die genäherten Zustandsgrößen $\underline{y}_I$ als Zufallsgrößen $\underline{Y}_I$ anzusehen. Die $w_k (k=1..4)$ sind die diskreten Wahrscheinlichkeiten. Als Erwartungswert für den Zustandsvektor erhält man

$$\underline{E}(\underline{G}_i) = \sum_{1}^{4} {}^k w_k\ \underline{g}_{ik} = \underline{g}_i \tag{9}$$

Er entspricht dem gewichteten Mittel (vergl. 8). Entsprechend gilt (vergl. 7)

$$\underline{E}(\underline{Y}_i) = \underline{E}(\underline{x}_0 + \sum_{0}^{I-1} {}^{j.}\ \underline{g}_i) = \underline{x}_0 + \sum_{0}^{I-1} {}^i \underline{E}(\underline{G}_i) \tag{10}$$

Die bei den einzelnen Iterationsschritten gewonnenen Zufallsgrößen $\underline{G}_i$ kann man bei diskreten Verteilungen dieser Art -von speziellen Ausnahmen abgesehen- als unkorreliert ansehen. Folgerichtig kann man auch weitere Erwartungswerte bestimmen wie z.B. die Varianz

$$\underline{\sigma}_i^2 = \underline{E}((\underline{G}_i - \underline{E}(\underline{G}_i))^2) = \sqrt{\sum_{1}^{4} {}^k (\underline{g}_{ik} - \underline{g}_i)^2 \cdot w_k} \tag{11}$$

Es liegt nahe, die Standardabweichung

$$\underline{\delta}_i = \sqrt{\underline{\sigma}_i^2} = \sqrt{\sum_{1}^{4} {}^k (\underline{g}_{ik} - g_i)^2 \cdot w_k} \tag{12}$$

als WAHRSCHEINLICHEN LOKALEN FEHLER beim i.Iterationsschritt anzusehen. Da die einzelnen LOKALEN FEHLER unkorreliert sind, erhält man als Varianz für den Zustandsvektor zur Zeit t_I entsprechend der Additionsregel

$$\underline{\sigma}_I^2 = \sum_{0}^{I-1} {}^i \underline{\sigma}_i^2 \tag{13}$$

Die Größe

$$\underline{\varepsilon}_I = \sqrt{\underline{\sigma}_i^2} = \sqrt{\sum_{0}^{I-1} {}^i \underline{\sigma}_i^2} \tag{14}$$

kann dann als WAHRSCHEINLICHER AKKUMULIERTER FEHLER zur Zeit t_I angesehen werden. Der Ausdruck entspricht dem GAUSS'schen Fehler-Fortpflanzungsgesetz. Rechentechnisch ist die Bestimmung dieser Fehler einfach, da die Zuwuchsgrößen g_{ikn} bei der RUNGE-KUTTA-Rechnung ohnehin anfallen.

<u>LITERATUR</u>

STEINHORST: Entwicklungsbericht 1-4 zur Motorsimulation (Volkswagenwerk AG – Wolfsburg 1982/84

COLLATZ: Numerische Behandlung von Differentialgleichungen (Springer 1955)

HEINHOLD/GAEDE: Zufall und Gesetz (R. Oldenbourg 1974)

DOBNER: A Mathematical Engine Model for Development of Dynamic Engine Control (Congress - Society of Automotive Engineers, Inc. 1980)

MEHRSCHRITTVERFAHREN IN DER ECHTZEITSIMULATION

R. Kodweiß
Dornier GmbH Friedrichshafen

Für die Verwendung von Mehrschrittverfahren in der Echtzeitsimulation
sprechen eine ganze Reihe von Argumenten:

- o Kurze Rechenzeiten (nur eine Auswertung je Integrationsschritt)

- o die Werte beliebig vieler vorhergegangener Schritte sind
  immer verfügbar

- o keine Schwierigkeiten beim Setzen der Anfangswerte, da bei
  manuell gesteuerten Simulationen immer von stationären Bedingungen ausgegangen wird

- o sehr kleine Integrationsschrittweiten sind nötig, da durch
  die Schrittweite eine Totzeit des Simulators entsteht

- o viele Größen sind auf enge Wertebereiche beschränkt.

Trotzdem werden in Simulationen allgemein die rechenaufwendigen Ein-
schrittverfahren (Runge Kutta) eingesetzt. Im folgenden soll gezeigt
werden, daß ein einfaches Mehrschrittverfahren 2. Ordnung für viele Bereiche der Simulation eines leichten Kampfflugzeuges dasselbe leistet
wie ein Runge Kutta Verfahren 4. Ordnung.

Die untersuchten Mehrschrittverfahren gehen für die Berechnung der Differentialgleichung

$$\dot{y} = f(x, y)$$

von dem Ansatz

$$y_{n+1} = \alpha_1 y_n + \alpha_2 y_{n-1} + h(\beta_1 f_n + \beta_2 f_{n-1})$$

mit

$$f_n = f(x_n, y_n)$$

, Schrittweite h aus. Konvergenz- und Stabi-
litätskriterien legen die Koeffizienten in der Formel fest. Eine Para-
meteruntersuchung für den einzigen freien Koeffizienten führt zu dem
Integrationsverfahren

$$\text{FL2:} \quad y_{n+1} = \frac{1}{2} y_n + \frac{1}{2} y_{n-1} + h\left(\frac{7}{4} f_n - \frac{1}{4} f_{n-1}\right)$$

Die Integrationsverfahren wurden vor allem im Frequenzbereich verglichen, da ein Bezug zu den Bewertungskriterien für Flugeigenschaften
hergestellt werden soll. Für diese Kriterien wird der Amplituden- und

Phasenverlauf von Übertragungsfunktionen (Bode-Diagramm) betrachtet.
Nach festen Algorithmen erhält man daraus einen Punkt in der Bewer-
tungsebene, in der verschiedene Bereiche mit den Pilotenbeurteilungen
korreliert sind. Solange die Simulationen nur aus der Sicht des Piloten beurteilt werden, reicht es aus, wenn der Fehler des Integrations-
verfahrens erst außerhalb des Frequenzbandes zum Tragen kommt, das der
Pilot ansteuert. Selbst im Simulator bei geringsten Steuerkräften können durch manuelle Eingaben keine Frequenzen über 6 Hz erreicht werden,
wie das Leistungsdichtespektrum einer solchen Eingabe zeigt:

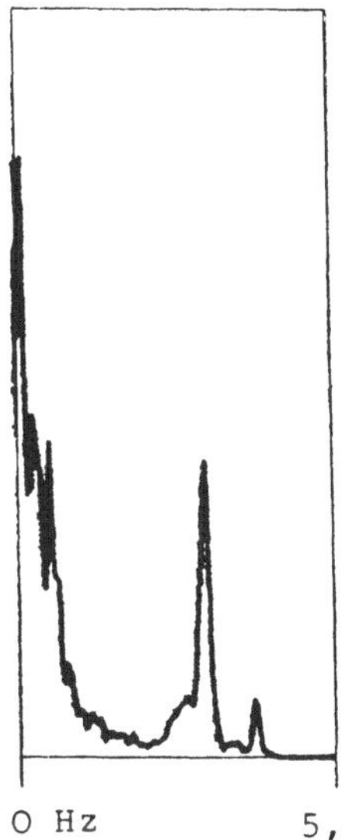

Leistungsdichte bei manueller Eingabe

O Hz   5,8 Hz

Simulationen mit verschiedenen Integrationsverfahren sind für den Piloten nicht zu unterscheiden, solange sie erst bei höheren Frequenzen
voneinander abweichen.

Vergleiche für einfache Beispiele zeigen schon, daß das Mehrschrittverfahren FL2 bei 2o ms Schrittweite erst für Frequenzen oberhalb von
6 Hz vom Sollwert abweicht. Dies ist besser als beim Adams-Verfahren.
Die Integrationsschrittweite geht etwa linear ein, was bedeutet, daß
die Grenzfrequenz durch Halbieren der Schrittweite ungefähr verdoppelt wird.

Die Ergebnisse aus einfacheren Beispielen werden mit dem vollen Simulationsmodell bestätigt. Bewertet man die Flugeigenschaften nach dem
Bandbreitenkriterium, so erhält man keinen wesentlichen Unterschied
zwischen Modellen, in denen mit FL2 oder dem Runge Kutta Verfahren
integriert wird.

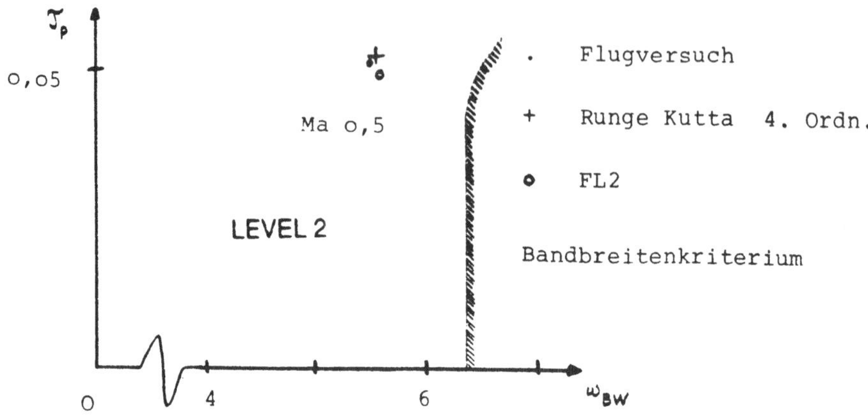

Die Unterschiede sind deutlicher bei der Bewertung nach dem Verstär-
kungs-Phasen-Kriterium, was wohl eine Folge des Amplitudenfehlers für
höhere Frequenzen beim Verfahren FL2 ist.

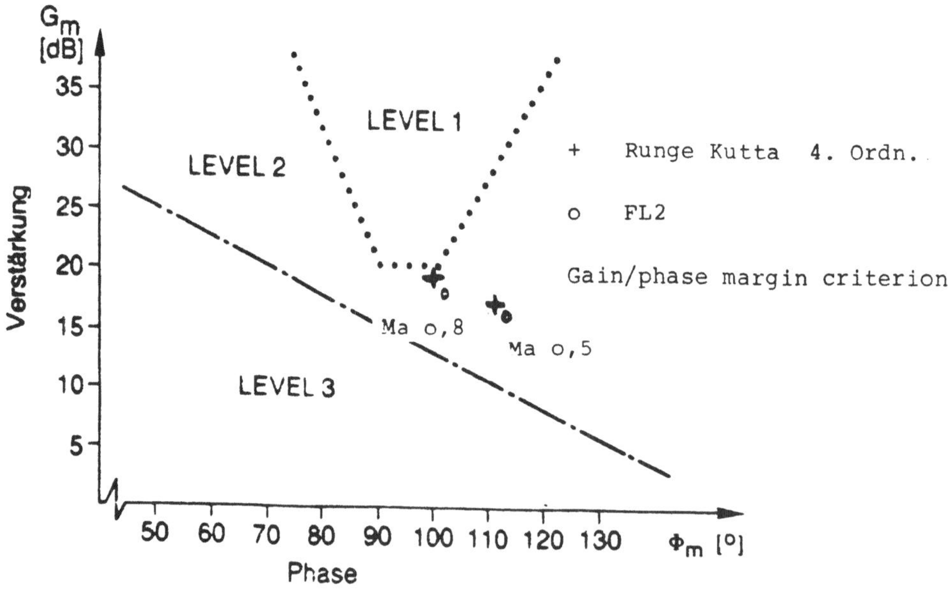

Die äquivalenten Pilotenbewertungen (ermittelt über eine Korrelation
zur Cooper-Harper-Beurteilung) unterscheiden sich hier jedoch auch
nicht. Der Wert für alle im Diagramm eingezeichneten Punkte liegt zwischen 4,3 und 4,4.

Für ein leichtes Kampfflugzeug reicht also das Verfahren FL2 bei 2o ms
Schrittweite aus, um ein für den Piloten nicht unterscheidbares Modell
nachzubilden. Nur dies wird bei Schulung und der Entwicklung von Ein-
satzverfahren benötigt. Halbiert man die Rechenschrittweite (was die
Rechenzeit verdoppelt !), so sind auch flugmechanische und Steuerbar-
keits-Untersuchungen abgedeckt. In diesem Fall ergeben sich etwa die
gleichen Anforderungen an die Geschwindigkeit des Simulationsrechners
wie beim Runge Kutta Verfahren 4. Ordnung mit 2o ms Schrittweite. Bei
der kleineren Schrittweite hat man jedoch zusätzlich die Totzeit des
Simulators reduziert.

Die Eigenschaften des Runge Kutta Verfahrens bringen erst dann einen
deutlichen Vorteil, wenn noch höhere Frequenzen bei dem simulierten System berücksichtigt werden müssen. Dies ist in der Flugzeugsimulation
bei Untersystemen wie Fahrwerk oder Flugregler der Fall.

SIMULATIONSSYSTEME FÜR AUSBILDUNG, TRAINING UND ENTWICKLUNG

H.-J. Munser

Dornier GmbH, Friedrichshafen

1.   Überblick

Die Firma Dornier entwickelt zur Zeit eine neue Generation von Simulationssystemen mit dem Ziel, die enorme Leistungsfähigkeit der heutigen Elektronik für

- Ausbildung
- Umschulung
- Systementwicklung und Erprobung

voll auszuschöpfen und diese effektiver zu gestalten. Konkrete Anwendungsfälle sind

o Pilotenausbildung im Rahmen des zukünftigen
  Euro Nato Trainings (ENT)

o Pilotenumschulung, Maintenancetraining für zivile Flugzeugprogramme

o Entwicklung neuer Waffensysteme und deren Einsatzspektren.

Die Auslegungsphilosophie dieses interaktiven Ausbildungssystems ist eine modulare Struktur in Soft- und Hardware um eine hohe Flexibilität bezüglich der Anpassung an verschiedene Aufgaben zu erreichen.

Das Einsatzspektrum dieser Trainingssysteme reicht so vom

- Flieger Psychologischen Selektionssystem (FPS)
  über den
- Computer unterstützten Unterricht (CAI)
- das Computer unterstützte Procedure Training (CAPT)
- das Computer unterstützte Flug-Training (CAFT)
  bis zum
- Full Mission Training (FMT).

Die Schnittstellen sind alle gleich, so daß entsprechende Untersysteme einschließlich der Softwarepakete austauschbar sind. Durch die enorme Leistungssteigerung der Elektronik in den letzten Jahren wurden die Ausbildungs- und Trainingssysteme wesentlich mehr beeinflußt als die Entwicklungssimulatoren. Deshalb möchte sich auch schwerpunktmäßig auf diese Komponenten unserer Simulationssysteme eingehen.

2. <u>Computer unterstützte Ausbildungssysteme</u>

Schwierig bei der Pilotenausbildung ist einmal eine gesicherte Selektionsphase für die Flugpsychologen und für die Flugschüler bzw. Piloten das Umsetzen der Theorie in die Praxis.

- o Voll ausgerüstete Simulatoren sind nur in wenigen Trainingsphasen sinnvoll

- o Overkill und Negativ-Effekt in vielen Ausbildungsphasen

- o Entwicklung von Part Task Trainern

- o Entwicklung von Computer unterstützten Ausbildungssystemen.

2.1 <u>Flieger Psychologisches Selektionssystem (FPS)</u>

Dieses System soll das Piloten Screening erheblich verbessern. Neben der Grobklassifikation sollen differenzierte Aussagen über die Eignung für bestimmte Verwendungsbereiche (Jet, Prop, Hub, WSO, BNF) gemacht werden. Dazu ist ein simulatorähnliches Testgerät notwendig, das eine Annäherung an die fliegerische Praxis zuläßt im Verbund mit der fliegerischen Eignungsfeststellung.

2.2 <u>Computer Assisted Instruction (CAI)</u>

Mit der CAI-Station wird der theoretische Unterricht anschaulicher, praxisbezogener und benutzerorientierter gestaltet. Die Unterschiede gegenüber bisherigen Lernmaschinen sind

- komplexere Ausbildungsprogramme und Lernziel-Kontrollen

- Darstellungsmedien und Dialogfähigkeit

Dialogführung
- Touchpanel und Keyboard
- Anweisungen, Fragen, Tests, Back up Informationen über Bildschirm, Wiederholen und Überspringen möglich
- o Individuelle Lerngeschwindigkeit
- o Pilotenspezifische Ausbildungseigenheiten
- Zeitabhängige Handlungen, Mehrfachbelastung und Benützen der Hände

Darstellung

- Bewegungsabläufe über Videofilme
- Grafiken, Erklärungen, Dialogführung über hochauflösendes Display
- Übersichten, Einzelheiten und komplexe Darstellungen und Fotos auf Mikrofiche Projektor
- Jede Darstellung ist mit Tonsequenzen unterlegt

2.3 Computer Assisted Procedure Training (CAPT)

o Koppelung derCAI-Station an Simulator-Cockpit und einzelne Untersysteme

o Lektionsspezifische Umweltbedingungen sowie Anzeige- und Bediensysteme

o Dialogführung und Darstellung wie bei CAI, Keyboard ersetzt durch Cockpit-Bediensysteme

2.4 Computer Assisted Flight Training (CAFT)

o Koppelung CAI wie bei CAPT an Simulator jedoch mit allen Untersystemen

o Dialogführung wie CAPT

o Microfiche Projektor ersetzt durch einen Sichtkanal

o Aktive Simulation bestimmter Flugphasen möglich

2.5 Full Mission Training (FMT)

Der Simulator bzw. Komponenten davon wurden für CAPT und CAFT bereits eingesetzt. Dies setzt, auch für unsere Simulatoren, eine modulare Struktur (wie für CAI, CAPT, CAFT) mit kompatiblen Interfaces und Untersystemen voraus. Die Grundversion bestehend aus Cockpit, Rechner/Interface und Instructorkonsole kann beliebig mit umwelt- und flugzeugspezifischen Untersystemen ausgestattet werden. Diese Untersysteme sind mit eigenen Microprozessoren ausgestattet und arbeiten völlig autark. Genauso modular ist die Simulationssoftware aufgebaut (z.B. die Simulationsmodelle, die Untersystemprogramme, die Darstellungs-, Überwachungs- und Trainingsprogramme usw. Durch diese modulare Struktur können problemlos Echtteile inklusive der Originalsoftware (z.B. Regler, Nav/Attack

Systeme usw.) im Simulator integriert werden. Dies weitet das Anwendungsgebiet des Simulators für Systementwicklung, Soft/Hardware Spezifikation, Erprobung unter simulierten Einsatzbedingungen als dynamischen Teststand erheblich aus.

3. Spezielle Einsatzbeispiele

Neben den typischen Ausbildungs/Trainings-Einsätzen der CAI-, CAPT-, CAFT- und FMT-Systeme oder als Entwicklungs-Simulator für Flugeigenschaften, Handling Qualities usw. setzen wir den Simulator immer mehr für System- und Procedurenentwicklung und -spezifikationen ein, die früher unzureichend am "Grünen Tisch" oder langwierig, teuer und oft gefährlich in Flugversuchen entstanden. Z.B.

- Spezifikation HUD-Symbologien
- Soft/Hardware Tests
- Angriffsverfahren, spezielle Flugprofile, Waffeneinweisung und -ablieferung
- Bedrohungssituationen A/A, S/A

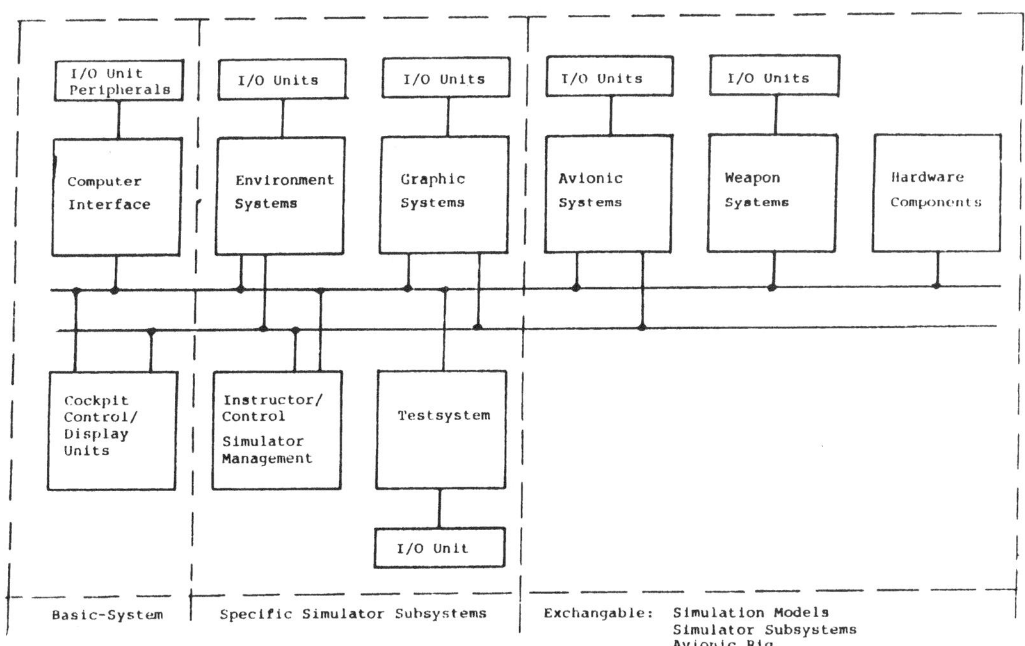

COMPUTER ASSISTED INSTRUCTION (CAI)

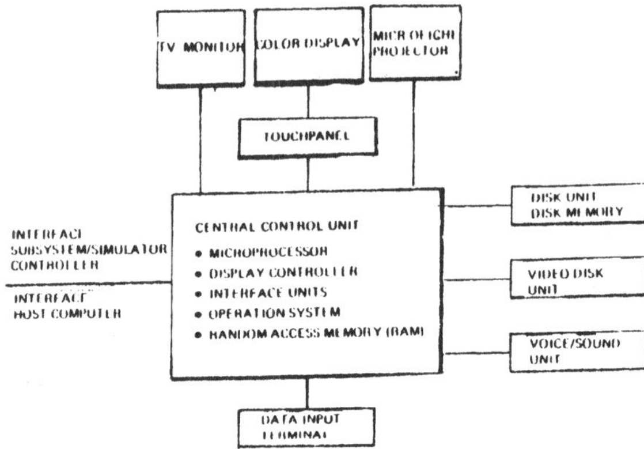

COMPUTER ASSISTED PROCEDURE TRAINING (CAPT)

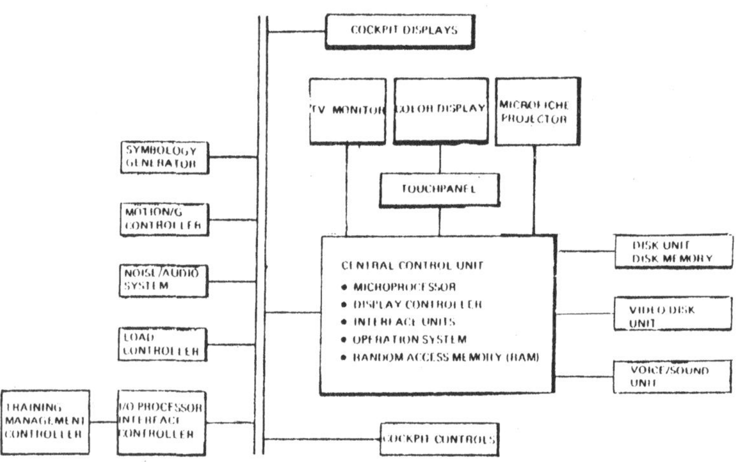

COMPUTER ASSISTED FLIGHT TRAINING (CAFT)

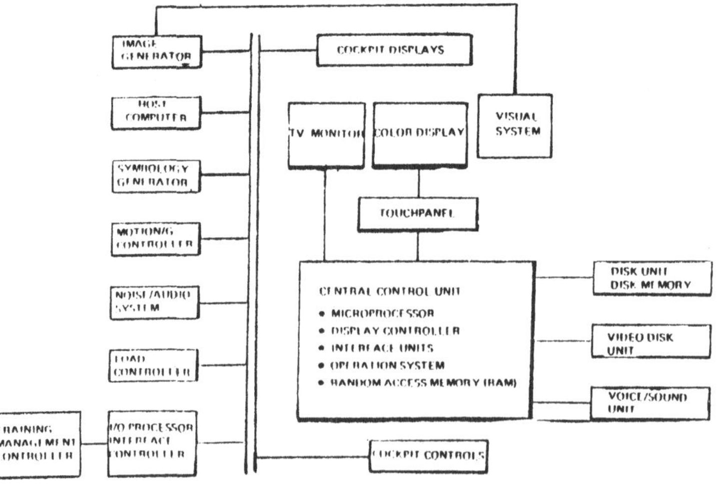

Eine Simulationsstudie zur Analyse des Pilotenverhaltens beim Landeanflug

B. Döring
Forschungsinstitut für Anthropotechnik (FAT)
D-5307 Wachtberg-Werthhoven

1. Einleitung

Ein ergonomischer Gestaltungsschwerpunkt bei modernen Fahrzeugführungssystemen ist die Auslegung der Schnittstelle zwischen Operateur und technischem System, d.h. die Gestaltung des Informationsflusses zwischen Mensch und Maschine. Sie erfordert die Kenntnis der technischen Prozesse, des Operateur-Arbeitsprozesses sowie der Wechselwirkungen zwischen beiden. Die technischen Prozesse sind als Grundlage der technischen Konstruktion beim Entwurf eines Systems immer bekannt. Der Arbeitsprozeß aber läßt sich häufig in den ersten Systementwurfsphasen nur schwer bestimmen, weil die Aufgaben des Operateurs zu diesem frühen Zeitpunkt oft noch nicht klar umrissen werden können.

Eine Möglichkeit, die erforderlichen Angaben in frühen Entwurfsphasen zu gewinnen, besteht im Einsatz der digitalen Rechnersimulation (Obermayer (1964)). Bei dieser Analysemethode werden von allen genannten Prozessen mathematische Modelle entwickelt, mit denen sich die konzipierten Aktivitäten der einzelnen Systemkomponenten durch ein Simulationsprogramm im Rechner nachbilden lassen. Durch wiederholte Simulation der Aktivitäten mit unterschiedlichen Ablaufbedingungen kann dann der Einfluß relevanter Systemeigenschaften auf die Systemprozesse anhand der jeweiligen Rechnerausgabe beobachtet und analysiert werden.

Im folgenden wird eine Simulationsstudie beschrieben, bei der der Informationsfluß an der Schnittstelle Pilot-Cockpit während eines Instrumenten-Landesystem(ILS)-Anflugs mit Hilfe eines Rechners untersucht wurde. Hierzu wurden die Flugprozesse, der Arbeitsprozeß des Piloten und die Interaktionen zwischen beiden modelliert. Die Implementierung des Modells erfolgte mit der Simulationssprache SLAM. Die Analyse der Simulationsergebnisse ergab Angaben über die den Informationsfluß charakterisierenden Größen. Eine Detailbeschreibung der Simulationsstudie ist bei Döring (1983) zu finden.

2. Problemdefinition

Die Problemdefinition am Anfang jeder Simulationsstudie dient der Darstellung des relevanten Problembereichs und der Festlegung der Modellbewertungskriterien (Rouse (1980)). Hier beschreiben die Flugprozesse und der Arbeitsprozeß des Piloten den Problembereich. Das betrachtete Flugzeug war ein zweimotoriger HFB Hansa Jet der Fa. MBB/HFB. Der ILS-Anflug erfolgte auf die Landebahn 25 des Flughafens Köln/Bonn. Die Bewegung des Flugzeugs während des Landeanflugs orientierte sich an Bodenstationen und an der Landebahn. Größen, die die Flugzeugbewegung beschrieben, waren u.a. Heading. Fluggeschwindigkeit und Sinkgeschwindigkeit. Aktuelle Peilungen und Entfernungen zwischen Bodenstationen und Flugzeug konnten aus deren Positionen ermittelt werden.

Der Arbeitsprozeß des Piloten ließ sich durch eine hierarchische Zerlegung des Landeanflug in Phasen, Segmente und Systemfunktionen bestimmen (Döring (1976)), aus denen sich letztlich 38 Aufgaben normativ ableiten ließen, die ein erfahrener Pilot für einen sicheren Anflug durchzuführen hat. Zur Beschreibung jeder Aufgabe diente ein Verhaltensverb und die Größe, auf die die Pilotenaktivität gerichtet war, z.B. Einstellen Heading Marker. Ein weiteres Merkmal war die vom Piloten für die Durchführung benötigte Aufgabendauer, für die Basisdaten von Miller (1976) verwendet wurden. Für Einstell-Aufgaben wurde die Zeit im HFB 320 Flugsimulator des FAT (vgl.Johannsen u.a.(1981)) ermittelt. Der Arbeitsprozeß ließ sich unter Berücksichtigung der anflugabhängigen Vorgänger/ Nachfolger-Beziehungen zwischen den Aufgaben in Form eines Aufgabennetzwerks darstellen. Deshalb wurde das Pilotenverhalten mit einem Netzwerkmodell nachgebildet. Validierungskriterien hierfür sind u.a. die Zeitdauer, die für die Vollendung einer Aufgabenfolge erforderlich ist, und die Wahrscheinlichkeit, alle Aufgaben erfolgreich zu beenden (Pew u.a.(1977)). Hier wurde nur die Zeitdauer betrachtet, da wegen der normativen Aufgabenbestimmung nur erfolgreich abgeschlossene Anflüge berücksichtigt wurden.

3. Problembeschreibung

Die formale Beschreibung des Problems dient der Entwicklung einer mathematischen Repräsentation (Rouse (1980)), die auch als konzeptionelles Modell bezeichnet wird (Schlesinger u.a. (1979)). Hier wurde ein derartiges Modell sowohl für die Flugprozesse als auch für den Arbeitsprozeß des Piloten entwickelt.

Die mathematische Beschreibung der Flugprozesse erfolgte in stark vereinfachter Form durch Differenzengleichungen, wobei im wesentlichen nur die im Cockpit angezeigten Größen berücksichtigt wurden. Als Beispiel seien hier die Gleichungen für die Größen Heading hd, Fluggeschwindigkeit ias und Sinkgeschwindigkeit vs zum Zeitpunkt t_n aufgeführt:

$$hd(t_n) = hd(t_{n-1}) + dt*hdv(t_{n-1}) \quad ,$$
$$ias(t_n) = ias(t_{n-1}) + dt*iasv(t_{n-1}) \quad ,$$
$$vs(t_n) = vs(t_{n-1}) + dt*vsv(t_{n-1}) \quad ,$$

wobei $hd(t_{n-1})$, $ias(t_{n-1})$ und $vs(t_{n-1})$ die Werte der entsprechenden Größen zum vorangegangenen Berechnungszeitpunkt t_{n-1}, dt das Zeitintervall (t_n-t_{n-1}) und $hdv(t_{n-1})$, $iasv(t_{n-1})$ und $vsv(t_{n-1})$ die Veränderungen der Größen hd, ias und vs zum Zeitpunkt t_{n-1} repräsentieren.

Die Pilotenaufgaben wurden mit Produktionssystemen (PS) modelliert, die aus einer Datenbasis (DB), einer Menge von Produktionenregeln (PR) und einem Kontrollsystem (KS) bestehen (Davis u.a. (1977), Nilsson (1980)). Inhalt und Organisation der DB sind abhängig vom jeweiligen Anwendungsfall. Hier enthielt die DB die informatorischen Größen der Schnittstelle Pilot-Cockpit. Die PR, die die DB verändern, bestehen aus einem Bedingungteil und einem Aktionsteil. Der Bedingungsteil spezifiziert die Voraussetzung, die in der DB erfüllt sein muß, damit die im Aktionsteil beschriebene Maßnahme wirksam werden kann. Ist der Bedingungsteil mehrerer PR in der DB erfüllt, so bestimmt das KS mit Hilfe vorzugebender Kriterien die Reihenfolge, in der die Aktionen der PR wirksam werden sollen. Kontrollstrategien sind u.a. von Barr u.a.(1981) und Winston (1977) beschrieben. Hier wurden die Regeln entsprechend ihrer Rangfolge abgearbeitet.

Zur Beschreibung einer Pilotenaufgabe mit PR enthielt deren Bedingungsseite die Werte der vom Piloten bei der Aufgabe wahrzunehmenden Inputgrößen. Die Aktionsseite beschrieb die Maßnahmen des Piloten, speziell die Werte der von ihm abzugebenden Outputgrößen, wobei Input und Output zeitlich durch die Aufgabendauer voneinander getrennt waren. Exemplarisch sei die Aufgabe "Einstellen Heading Marker" beschrieben.

Die Aufgabe "Einstellen Heading Marker" (ENST HDM) diente zur Eingabe der Soll-Heading-Werte 90°, 170° oder 190° in den Flight Director. Zu den einzelnen Aktivierungszeitpunkten t der Aufgabe muß der Ist-Heading hd bestimmte Werte hd(t) annehmen. Diese charakterisieren die situative Bedingung zu den einzelnen Zeitpunkten. Abhängig von der jeweiligen Situation ist außerdem vom Piloten eine Folgeaufgabe (FA) auszuwählen, nämlich "Einstellen Course Digital" (ENST COR), "Umschalten Lateral Mode" (UMSC LM) oder "Einstellen Triebwerkdrehzahl" (ENST TWDZ). Mit der Dauer D(ENST HDM) der Aufgabe ENST HDM ergeben sich folgende Produktionenregeln:

Wenn hd(t) = 263°,
    dann "Einstellen hdm(t + D(ENST HDM)) = 170°" und Durchführen FA "ENST COR".
Wenn 147° < hd(t) < 153°,
    dann "Einstellen hdm(t + D(ENST HDM)) = 190°" und Durchführen FA "UMSC LM".
Wenn 178° < hd(t) < 195°,
    dann "Einstellen hdm(t + D(ENST HDM)) = 90°" und Durchführen FA "ENST TWDZ".

Mit einer Menge derartiger PR konnten für jede Aufgabe die Beziehungen zwischen den vom Piloten bei der Aufgabendurchführung wahrzunehmenden und abzugebenden Größen sowie die von ihm als nächstes durchzuführende Aufgabe beschrieben werden. Die Aufgabendauer, charakterisiert durch Mittelwert und Standardabweichung einer Normalverteilung, kennzeichnete die für die Aufgabendurchführung benötigte Zeit.

4. Modellimplementierung

Die Implementierung transformiert das erstellte konzeptionelle Modell der Systemprozesse in ein rechnerinternes Modell (Schlesinger u.a.(1979)), d.h. in ein Simulationsprogramm. Hierzu wurde die Simulationssprache SLAM (Simulation Language for Alternative Modeling) (Pritsker u.a. (1979)) eingesetzt, da eine derartige Sprache den Programmieraufwand erheblich verringert, die Entwicklung des konzeptionellen Modells unterstützt und zusätzlich Programmbausteine für die Analyse der Simulationsergebnisse bereitstellt (Döring u.a.(1981)). Das resultierende rechnerinterne Modell setzte sich aus einem kontinuierlichen Teil, einem Netzwerkteil und einem ereignisbezogenen Teil zusammen.

Der kontinuierliche Teil bildete die Flugprozesse nach. Für seine Implementierung stellt SLAM das Unterprogramm STATE bereit, in dem die Flugbewegung mit Differenzengleichungen in FORTRAN programmiert werden konnten. STATE wird periodisch in vorzugebenden Zeitschritten aufgerufen. falls nicht zwischenzeitlich ein diskretes Ereignis eintritt. Zum Ende jedes Zeitschrittes werden die Werte der Prozeßvariablen aus den Gleichungen berechnet. Die SLAM-Variable SS(I) dient hierbei zur Darstellung der (I-ten) Prozeßvariablen, deren Wert zum unmittelbar vorangegangenen Zeitpunkt die Variable SSL(I) beschreibt. Mit DTNOW als Zeitintervall und RATE(I) als zugehöriger Änderung der Variablen resultiert folgende Differenzengleichung in allgemeiner Form:

$$SS(I) = SSL(I) + DTNOW * RATE(I)$$

Der Netzwerkteil modellierte den diskreten Arbeitsprozeß, wobei jede Aufgabe als Netzwerk mit folgenden SLAM-Bausteinen dargestellt wurde: Zuweisungsknoten (ASSIGN node), Ereignisknoten (EVENT node), Aufgabenaktivität (task activity), und Verzweigungsaktivitäten (branching activities). Eine sich durch das Netzwerk bewegende Transaktion, hier der Pilot, veränderte den Zustand dieser Bausteine. Die PR jeder Aufgabe IA wurden in einer von SLAM bereitgestellten Funktion USERF(IA) kodiert.

Die ereignisorientierte Modellkomponente bildete die Wechselwirkungen zwischen den kontinuierlichen Flugprozessen und dem diskreten Arbeitsprozeß des Piloten nach. Hierbei traten Zustandsereignisse auf. wenn ausgewählte, kontinuierliche Zustandsgrößen in STATE vorgegebene Schwellenwerte über- oder unterschritten, und Zeitereignisse, wenn Transaktionen Ereignisknoten im Netzwerk erreichten. Die Auswirkungen des jeweiligen Ereignisses IX wurden im SLAM-Unterprogramm EVENT(IX) programmiert.

Nach der Implementierung wird durch die Validierung festgestellt, ob das Verhalten des entwickelten Modells bezogen auf die relevante Problemstellung eine ausreichend gute Nachbildung des Systemverhaltens darstellt. Das entwickelte SLAM-Modell bildete hier das Pilotenverhalten und die relevanten Flugprozesse nach. Für die Validierung wurden 30 mit dem Modell generierte Abläufe mit dem Verlauf von 10 registrierten Landeanflügen verglichen, die ein echter Pilot im HFB 320 Flugsimulator des FAT flog. Das SLAM-Modell wurde so lange verändert, bis das modellierte Pilotenverhalten weitgehend dem des echten Piloten entsprach und die Verläufe der modellierten Zustandsgrößen gut mit den im Simulator meßbaren Größen übereinstimmten.

5. Analyse der Simulationsergebnisse

Als Ergebnis der Simulation wurden mit Hilfe des Digitalrechners durch Veränderung

stochastischer Modellparameter wie z.B. der Aufgabendauer 30 unterschiedliche Zustands-
folgen generiert, die das Verhalten des betrachteten Systems beschrieben. Zur Analyse
wurden u.a. in die Netzwerkkomponente Sammelknoten (COLCT nodes) eingefügt, die SLAM
für die statistische Datenerhebung bereitstellt. Hierdurch konnten von relevanten
Prozeßgrößen wie Flughöhe, Heading, Sinkgeschwindigkeit, usw. die beim Anflug benötigten Wertebereiche, die zeitlichen Benutzungsintervalle, die mittleren Benutzungshäufig-
keiten und die mittleren Benutzungsdauern mit Standardabweichungen ermittelt werden.
Diese Angaben sind Basisdaten für die ergonomische Gestaltung von Anzeigen und Bedien-
elementen sowie für ihre Zu- und Anordnung an der Schnittstelle (Döring (1977)).

6. Literaturverzeichnis

Barr, A.. Feigenbaum, E.A. (Eds.) (1981). The Handbook of Artificial Intelligen-
    ce. Volume I. HeurisTech Press. Stanford, Cal., William Kaufmann, Inc. Los
    Altos, Cal.
Davis, R.. King J. (1977). An Overview of Production Systems. In: Elcock, E.W.,
    Michie, D.(Eds.), Machine Intelligence 8, Halsted Press: J. Wiley & Sons
    Inc.. New York. 300-332.
Döring, B. (1976). Application of System Human Engineering. In: Kraiss, K.F.,
    Moraal, J. (Eds.). Introduction to Human Engineering, Verlag TÜV Rheinland
    GmbH, 384-415.
Döring, B. (1977). Analytische Verfahren zur ergonomischen Gestaltung von
    Mensch-Maschine-Systemen. Ein Beitrag zur Systemergonomie. Forschungsinsti-
    tut für Anthropotechnik, 5307 Wachtberg-Werthhoven, Bericht Nr. 28.
Döring, B. (1983). Analyse des Arbeitsprozesses bei der Fahrzeugführung am
    Beispiel eines Landeanflugs. Eine systemergonomische Simulationsstudie.
    Forschungsinstitut für Anthropotechnik, Wachtberg-Werthhoven, Bericht Nr.59.
Döring, B.. Berheide, W. (1981). A Review of Simulation Languages and their
    Application to Manned Systems Design. In: Moraal, J., Kraiss, K.F. (Eds.),
    Manned Systems Design. Methods, Equipment, and Application. Plenum Press,New
    York. London, 91-120.
Johannsen, G.. Rouse, W.B.. Hillmann, K. (1981). Studies of Planning Behavior of
    Aircraft Pilots in Normal, Abnormal. and Emergency Situations, Forschungsin-
    stitut für Anthropotechnik, 5307 Wachtberg-Werthhoven, Bericht Nr. 53.
Miller, K.H. (1976). Timeline Analysis Program (TLA-1). Boeing Airplane Company,
    Seattle, Wash.. NASA CR-144942.
Nilsson, N.J. (1980). Principles of Artificical Intelligence, Tioga Publishing
    Company, Palo Alto. Calif.
Obermayer, R.W. (1964). Simulation, Model, and Games: Sources of Measurement.
    In: Human Factors. 12, 607-619.
Pew. R.W.. Baron, S.. Feehrer, C.E.. Miller D.C. (1977). Critical Review and
    Analysis of Peformance Models Applicable to Man-Machine Systems. Evaluation.
    Bolt Beranek and Newman Inc., Cambridge, Ma., BBN Report No. 3446.
Pritsker, A.A.B., Pedgen. D.D. (1979). Introduction to Simulation and SLAM. John
    Wiley and Sons, New York.
Rouse, W.B. (1980). Systems Engineering Models of Human-Machine Interaction.
    North Holland, New York.
Sargent, R.C. (1979). Validation of Simulation Models. Proc. 1979 Winter Simula-
    tion Conf., San Diego. Dec. 3-5, 496-503.
Schlesinger, S.. Crosbie, R.E., Gagne, R.E.. Innis, G.S.. Lahvani, C.S., Loch,
    J., Sylvester, R.J., Wright, R.D., Kheir, N. and Bartos, D. (1979). Termino-
    logy for Model Credibility. Simulation, March, 103-104.
Winston, D.H. (1977). Artificial Intelligence, Addison-Wesley Publishing Comp.,
    London.

ÜBER EINE NEUERE METHODE ZUR AUTOMATISCHEN MODELLBILDUNG
VON MEHRKÖRPERSYSTEMEN MIT VERWICKELTEN MECHANISMEN

O.Krettek und M.Ofierzyński
RWTH Aachen
Seffenter Weg 8

Die Auslegung von mechanischen Systemen, z.B. von schienen- oder spurungebundenen Fahrzeugen, verlangt in der Regel umfangreiche Rechnungen, die die Konstruktionsabteilungen mitunter mehrere Wochen oder Monate beschäftigen. Diese rechnerischen Untersuchungen müssen größtenteils manuell durchgeführt werden, was zwangsläufig die Gefahr ungewollter Fehler in sich birgt. Größere Wagenbauanstalten verfügen zwar heute über einige aufgabenspezifische Teilprogramme, doch sind diese in aller Regel schwerfällig in der Handhabung und zudem für die konstruktiven Alltagsprobleme in keiner Weise ausreichend. Geholfen ist dem Ingenieur nur dann, wenn das Programmsystem nicht nur für die dynamische Analyse herangezogen werden kann, sondern auch für die Lösung der im Laufe der Konstruktion anfallenden statischen, geometrischen und kinematischen Aufgabenstellungen, bei völlig automatischer Modellbildung auch verwickelter Mechanismen, geeignet ist, wenn die Struktur und Systemparameter modellgetreu abgebildet werden, das Programmsystem anwenderfreundlich ist und keine schwierigen manuellen Vorarbeiten abverlangt und schließlich, wenn das Programm flexibel und ökonomisch aufgebaut ist. Sämtliche dieser Ziele standen beim Aufbau des hier vorgestellten Systems Pate.

Die konzeptionelle Orientierung des Algorithmus resultiert aus der aufgabenbedingten Notwendigkeit, Bindungsgleichungen und Statische Gleichgewichtsbeziehungen gesondert generieren zu müssen. Damit einhergehend ist zugleich die Loslösung von den bisherigen Algorithmen vorgezeichnet, weil die Bereitstellung beider Gleichungsarten den Weg zur Benutzung der wesentlich eleganteren und in diesem Falle auch weniger aufwendigen Methode der Lagrangeschen Gleichungen eröffnet. Für das Programmsystem folgt daraus der in Bild 1 gezeigte Aufbau. Die Mehrkörpersystem-Kinematik, -Statik und -Dynamik werden, wie gezeigt, in getrennten Pfaden bearbeitet, wobei die Bindungsgleichungen als einzige in alle drei Teilbereiche einfließen. Die Zweigleisigkeit in der Umrechnung in die explizite Form resultiert dabei aus den unterschiedlichen unabhängigen Variablen, die für die kinematische und dynamische Untersuchung erforderlich sind. Wegen der bereits angesprochenen Ökonomie werden sämtliche erforderlichen Prozeduren soweit wie möglich symbolisch durchgezogen und die eigentlichen numerischen Rechnungen erst im letzten Teil der Bearbeitungsfolge durchgeführt. Entsprechend fließen auch erst an dieser Stelle die Störwirkungen, wie innere und äußere Kräfte bzw. innere und äußere kinematische Anfachungen, ein. Als Untersuchungskomponenten sind sämtliche der in Bild 2 dargestellten Elemente aufgenommen. Neben den beliebig koppelbaren Realbauteilen wie Federn, Dämpfern, Gelenken, Führungen und steifen Verbindungen, gehören dazu auch drei Arten von imaginären Elementen, um mit ihnen das Bewegungsverhalten vorgegebener Punkte, etwa zum Zwecke der Lichtraumüberprüfung, erfassen zu können.

Der symbolische Programmteil baut auf der Graphentheorie und Vektoranalysis auf. Der Graphentheorie fällt darin die Aufgabe zu, die zu untersuchenden Systemstrukturen bzw. Mechanismen in konforme, der Analytik zugängliche Abbildungen zu überführen. Den Knoten werden dabei sämtliche verhaltensmaßgeblichen Systempunkte, wie etwa die Schwerpunkte, Anlenkungspunkte von Federn und Dämpfer bzw. anderer Kopplungselemente und, soweit für die Auswertung erforderlich, auch die Konturpunkte des Kastens und der Gestelle zugewiesen. Die Kanten beinhalten die zwischen den Punkten bestehenden strukturellen Verknüpfungen entweder in Form fester Abmessungen oder durch Spezifikation der zwischengeschalteten Kopplungselemente oder auch Spiele. Die diesbezüglichen generierungsrelevanten Zuordnungen werden bei Knoten wie Kanten durch zusätzliche Informationen hergestellt. Die entsprechende Zuordnung erfolgt dabei mittels objektbezogener Knoten- und Kantenfelder. Dem Algorithmus liegt folgender Prozedurablauf zugrunde:

Als erstes wird der eingelesene Grundgraph um zusätzliche Kanten ergänzt. Das Verfahren sieht dabei Kanteneinlegungen in drei Fällen vor:
- zum Zwecke der Erfassung der in den zur Beurteilung herangezogenen Punkten auftretenden Absolutbewegungen bzw. deren Relativbewegungen gegenüber anderen ausgewählten Punkten,
- zur Spezifizierung der in Betracht kommenden Beanspruchungen, Verformungen und Verschiebungen,
- zur Markierung veränderlicher Spiele.

Hiernach sucht das Programm sämtliche im erweiterten Graphen enthaltenen Zyklen auf. Die Kontrolle über ihre Vollständigkeit wird dabei über folgenden Zusammenhang geführt:

$$\mu = e - n - 1 \qquad\qquad (1)$$

mit μ = Anzahl der Zyklen, e = Anzahl der Kanten und n = Anzahl der Knoten
In der weiteren Folge werden sodann die Zyklen auf das reale Modell übertragen und die dadurch entstehenden Vektorpolygone auf die Koordinatenachse des zugrunde liegenden Koordinatensystems projeziert. Das Resultat

sind die gesuchten Bindungsgleichungen in zunächst allerdings noch impliziter Form:

$$F_i(p_i, q_k, s_j) = 0 \qquad (2)$$

mit p_i = überzählige abhängige Variable (Hilfskoordinaten),

q_k = unabhängige Variable (verallgemeinerte Koordinaten) und

s_j = Störungsgrößen.

Diese enthalten zunächst noch verfahrensbedingt überzählige Variable, die als nächstes durch die in der Rechnung allein weitergeführten verallgemeinerten Variablen ausgedrückt werden müssen. Diese Beziehung wird dabei unter Zuhilfenahme des Taylorschen Reihenansatzes hergestellt. Die in impliziter Form aufgestellten Bindungsgleichungen werden zu diesem Zweck je nach Ordnung der zu berücksichtigenden Potenz einmal, zweimal, im allgemeinsten Falle m-mal differenziert. Auf diese Weise entstehen Gleichungen in der Form:

$$\frac{\partial F_i}{\partial q_k} + \frac{\partial F_i}{\partial p_i}\frac{\partial p_i}{\partial q_k} + \ldots\ldots + \frac{\partial F_i}{\partial p_n}\frac{\partial p_n}{\partial q_k} = 0 \qquad (3)$$

Auf ihrer Grundlage werden sodann die Koeffizienten der Taylorschen Reihe ermittelt. Bei Vernachlässigung aller Potenzen größer 2 ergibt sich daraus die folgende allgemeingültige Beziehung:

$$p_i(q_k, s_j) = p_o + \left(\frac{\partial p_i}{\partial q_k}\right)_o q_k + \left(\frac{\partial p_i}{\partial s_j}\right)_o s_j + \ldots + \left[\left(\frac{\partial^2 p_i}{\partial q_k^2}\right)_o q_k + \ldots\right] + \left(\frac{\partial^2 p_i}{\partial q\,\partial s_j}\right)_o q_k s_j + \ldots \qquad (4)$$

Sie bildet die Grundlage sowohl für die dynamische als auch kinematische Rechnung. Die noch ausstehenden statischen Gleichgewichtsbeziehungen generiert der Rechner durch Bilanzierung der an den massebehafteten Körpern angreifenden, in Feldern ausgewiesenen Kräften und Momenten.

Der hier gewählten Algorithmusarchitektur gingen jahrelange analytische und rechnerische Grundsatzuntersuchungen voraus, anhand derer die für den Aufbau erforderlichen methodischen Erfahrungen gesammelt werden konnten, aus denen das konzeptionelle Gerüst entstand.

Obwohl erst in Teilen fertiggestellt, konnte das System bisher mehrfach mit Erfolg angewendet werden. Einer dieser Anwendungsfälle ist die Bewegungsstudie eines Gelenkbusses mit Doppelquerlenkerachsen in Art der Mc Phersonschen Anordnung.

Schließlich bedanken wir uns besonders für die von der Alexander von Humboldt - Stiftung über zwei Jahre gewährte Unterstützung zur Erstellung des hier beschriebenen Programmsystems.

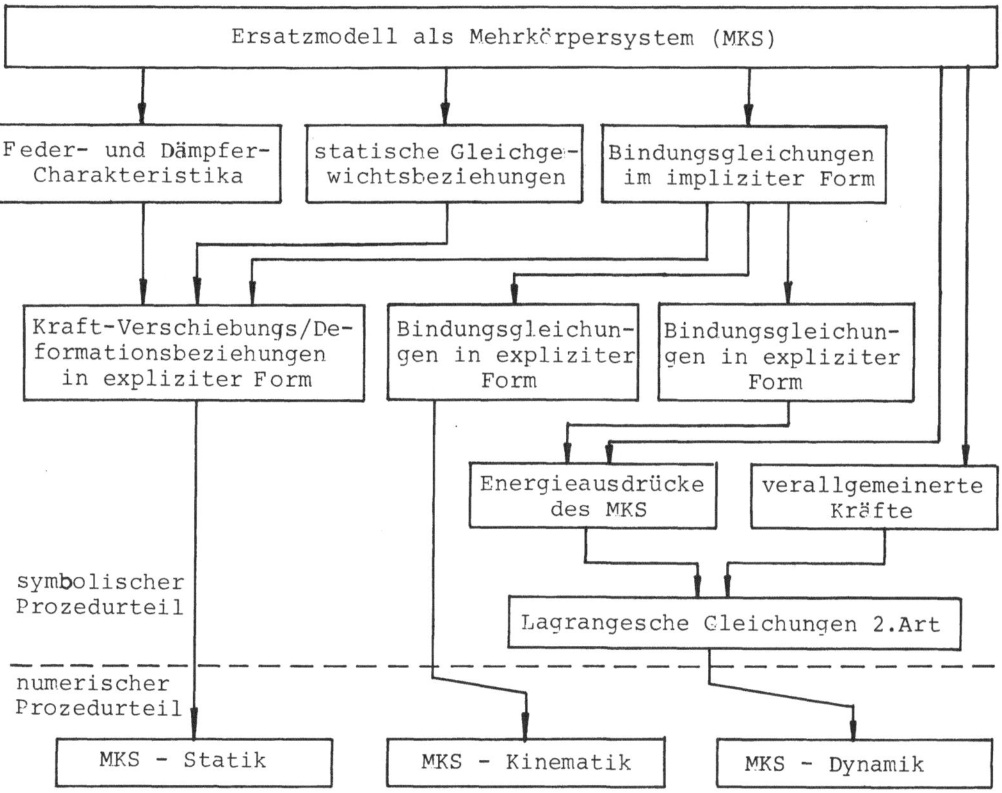

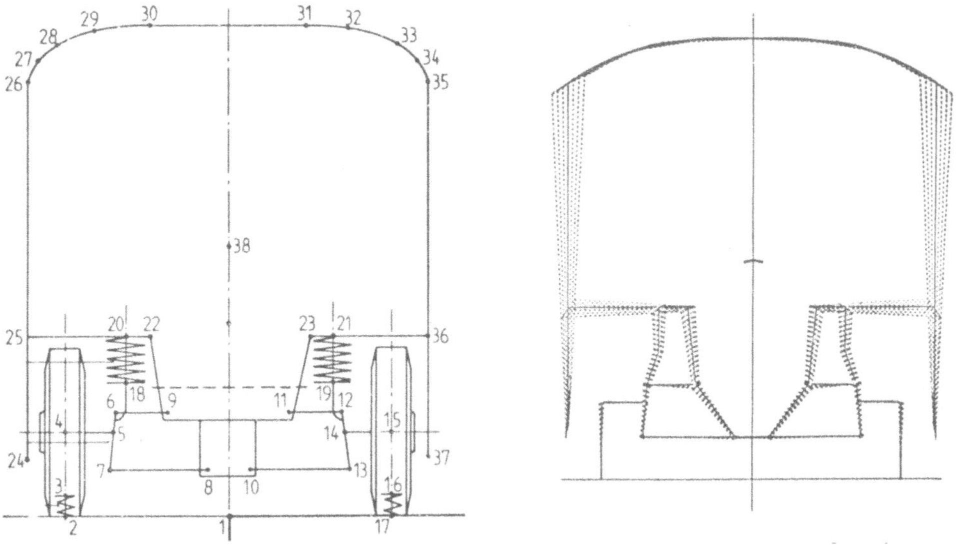

Bild 1: Ablaufschema des Lösungsverfahren der MKS - Statik, - Kinematik und - Dynamik

Bild 3: Abstützungssystem eines Stadtomnibusses (links) und sein durch den Rechner ermittelten Schwingungsbild (rechts)

Element des Modells			schematische Darstellung	zu berücksichtigende Variable
Realelemente	starre Elemente	massenbehaftete Elemente und Pseudomassenelemente	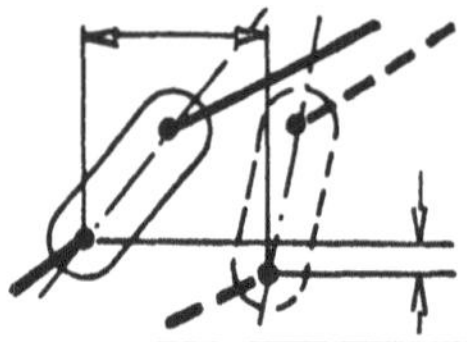	− translatorische und rotatorische Verschiebung − Verbindungskräfte − dynamische Erregung
		masselose Elemente		
	elastische Elemente	Federn	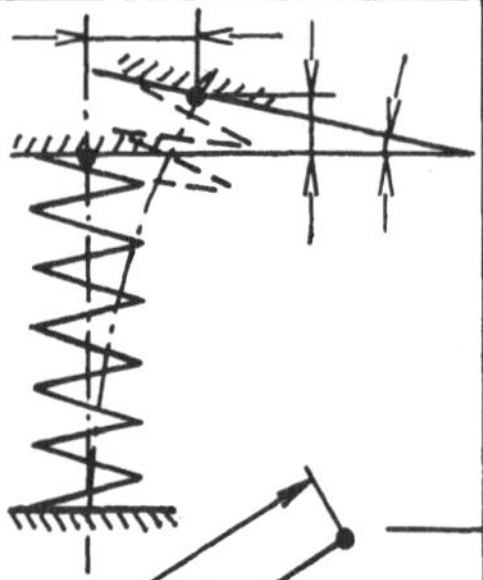	− translatorische Verschiebung der Federteller − relative Federtellerneigung − Quer- und Axialdeformation − Federbiegung − Quer- und Axialkraft − Biegemoment
		Dämpfer / aktive Elemente	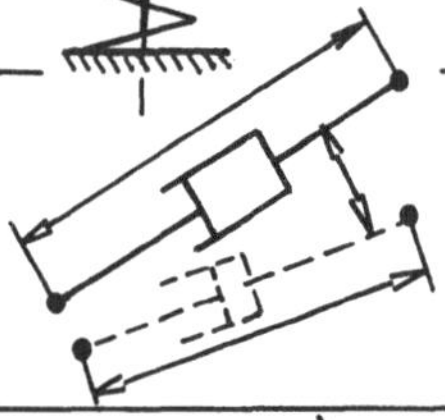	− translatorische und rotatorische Verschiebung − Relativverschiebung Zylinder/Kolben − Widerstandskraft/aktive Kraft
	Koppelelemente	starre Gelenke	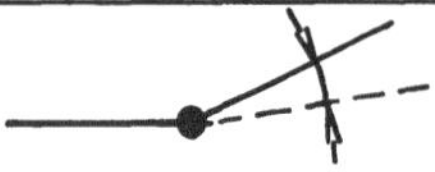	− rotatorische Relativverschiebung − Verbindungskraft
		elastische Gelenke	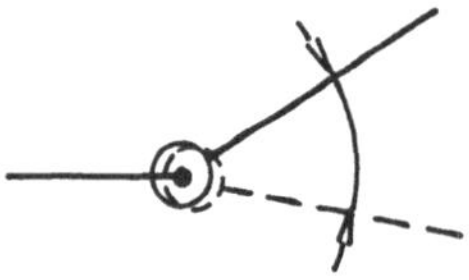	− rotatorische Verschiebung − Radialdeformation der Silentbloceinlagen − Verbindungskraft und -moment
		Führungen	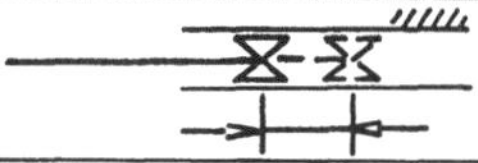	− translatorische Relativverschiebung − Verbindungsmoment
		starre Verbindungen	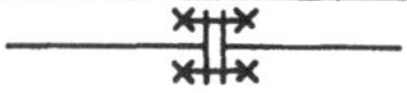	− Verbindungskraft und -moment
		Anschläge	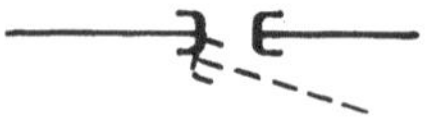	− Relativverschiebung
	imaginäre Elemente	beliebige Punkte verschiedener Körper	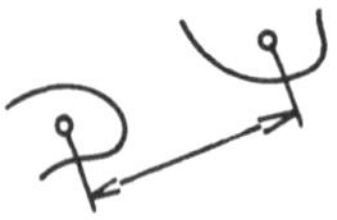	− Abstandsänderungen
		Spiel		
		Konturpunkte bzw. Punkte fiktiver Linien	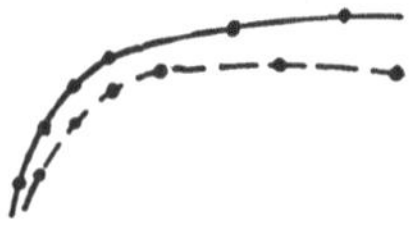	− Lageänderung

Bild 2: Übersicht über die im MKS - Algorithmus berücksichtigten Elemente mit zugehörigen Variablen

VERFAHRENSWEISE UND ERFASSUNG VON RANDBEDINGUNGEN

EINES NICHTLINEAREN RECHENMODELLS ZUR SIMULATION

DES FAHRZEUGLAUFS

O. Krettek und J. Nicolin

RWTH Aachen

Seffenter Weg 8

Der Vorstoß der Bahnen in den Geschwindigkeitsbereich über 160 km/h machte ein Um-
denken in den Modellvorstellungen des Fahrzeuglaufes und dessen Untersuchungsgang
erforderlich. Nachdem man ursprünglich den Radsatzlauf rein geometrisch erzwungen
angesehen hatte, erkannte man später, daß daneben auch die auf den Radsatz wirkenden Kräfte dessen Laufverhalten bestimmen. Das Fahrzeug ist demnach als ein selbst-
erregtes Schwingungssystem anzusehen, daß sich auslegungsabhängig bis zu einer mehr
oder weniger hohen Geschwindigkeit stabil verhält und nach Überschreiten dieser
Grenze in einen instabilen Lauf übergeht. Aber auch die aus dieser Anschauung resultierenden Ergebnisse sind nicht mit allen lauftechnischen Beobachtungen in Einklang zu bringen, weil sie auf linearisierten Modellen beruhen. Tatsächlich wind
jedoch das Laufverhalten eines Schienenfahrzeugs von einer Reihe nichtlinearer Zusammenhänge geprägt, die sich aus der Geometrie von Schiene und Rad, den beim Lauf
auftretenden Gleitbewegungen und der durch sie ausgelösten Reibkräfte ergeben. Will
man von den Vorgängen zwischen Rad und Schiene zum Zwecke einer noch besseren Beherrschung des Wagenlaufs bei hoher Geschwindigkeit ein exaktes Bild gewinnen,
kommt man nicht umhin, auch die Rechnung nichtlinear durchzuführen. Bisher hat man
das Fahrverhalten von Schienenfahrzeugen - von Arbeiten an der RWTH Aachen abgesehen (1) sowie ersten Untersuchungen z. B. von Mölle (2) - ausschließlich linearisiert, meist unter der zusätzlichen Annahme eines ideal verlegten Gleises berechnet. Die nichtlineare Profilform wurde durch eine äquivalente Konizität ersetzt,
was einem Kegelprofil gleichkommt, wodurch sich einige gravierende Vereinfachungen
ergeben. Den Kraftschluß wiederum drückte man in aller Regel durch Kalkerkoeffizien-
ten aus, in dessen Folge nicht nur das nichtlineare Kraftschlußgesetz linearisiert
wurde, sondern zudem auch der Einfluß unterschiedlicher Reibwerte in Quer- und
Längsrichtung, wie sie in der Realität zu beobachten sind, ausgeklammert blieben.

In der vorliegenden Arbeit wird nun ein Modell vorgestellt, in dem sämtliche Nichtlinearitäten Berücksichtigung finden. Untersuchungsobjekt ist dabei der für den
hochwertigen IC-Verkehr seit 1981 im Beschaffungsprogramm der Deutschen Bundesbahn
stehende Reisezugwagen Bpmz 291. Um jegliche Eventualitäten ergebnisverfälschender

Einflüsse auszuklammern, wurde das Fahrzeug von den modalen Freiheitsgraden abgesehen, in allen Einzelheiten modellhaft nachgebildet. Vorhandene Nichtlinearität in Kopplungen sind dabei durch entsprechende Beziehungen erfaßt.

Die gleiche Modelltreue wurde auch beim Gleis gesucht. Es besitzt der Realität entsprechend die Freiheitsgrade der Quer- und lotrechten Bewegung, wobei allerdings das Gleis vereinfachend als Masse-Feder-System Eingang findet. Bis hierhin bietet das Modell - wenn man einmal von der konsequent durchgehaltenen Abbildungstreue absieht - keine Besonderheiten gegenüber den bisher benutzten Ersatzmodellen. Die eigentlichen Unterschiede in der Betrachtungsweise bestehen vielmehr in der Beschreibung und Erfassung der Zusammenhänge und nichtlinearen Gesetzmäßigkeit im Kontaktbereich von Rad und Schiene. Wegen der dominierenden Rolle der Kontaktflächenlage an Rad und Schiene sowohl in Bezug auf den Neigungswinkel als auch den aktuellen Rollkreisradius sowie der bei Gleislagefehlern durch die Kontaktpunktwanderung bewirkten Fahrzeugerregung wird diese in die Rechnung mit einbezogen. Die Berührpunktlagen sowie die sich dort einstellenden Krümmungsradien, Kontaktflächenhalbachsen, Rollkreisradien und Berührflächenneigungen werden dabei abhängig von der relativen Querverschiebung des Rades zur Schiene in einem Verlaufprogramm vermittelt und in Form von Tabellen zur Verfügung gestellt. Mit diesem Vorgehen wird erreicht, daß zum einen beliebige Rad-/Schienen-Profile vorgebbar sind und zum anderen während der Rechnung ein schneller Zugriff auf diese Daten besteht. Profilunterschiede, wie sie in Realität auftreten, wären auf diesem Wege zwar ebenfalls erfaßbar, bleiben jedoch aus Aufwandsgründen unberücksichtigt. Alle anderen Fehlermöglichkeiten finden dagegen, soweit nicht mit idealem Gleis gerechnet wird, in der Untersuchung voll Eingang. Die Störsignalsimulation erfolgt dabei auf Grundlage der Leistungsdichtespektren gemessener Gleislagen mittels Superposition der auf die einzelnen Teilspektren des in Schritten von $2,1 \cdot 10^{-4}$ cm^{-1} zerlegten Spektrums zukommenden Harmonischen. Die Amplituden der einzelnen Harmonischen entsprechen dabei jeweils dem Quadrat des effektivsten des herausgegriffenen Leistungsbandes, die Signalfrequenz der Bandmittenfrequenz. Die dem Spektrum nicht mehr entnehmbare Phasenlage wird gleichverteilt eingespielt. Wie an Gleisen gemessen, ergeben sich dadurch ebenfalls normal verteilte Fehler. In Übereinstimmung mit Untersuchungen der British Railways geht die Rechnung ebenfalls von der Unabhängigkeit der Quer- und Höhenfehler aus. Lagequerabweichungen übertragen sich dabei unmittelbar auf die Berührpunktlage und nehmen damit auf die Schlupfverhältnisse in Quer- und Längsrichtung Einfluß. Bei den Höhenfehlern zeigt sich dagegen die Reaktion allein in Radlastschwankungen. Genauso realitätsbezogen wie die Aufstandspunktlagen und die dort vorliegende Geometrie werden auch die Reibkräfte ermittelt. Ermittlungsbasis ist hierbei jeweils die aktuelle Radlast, gebildet aus dem statischen und dynamischen Anteil und der in Übereinstimmung mit der Kraftschlußtheorie anhand des Gesamtschlupfes ermittelte Längs- und Querkraftschlußbeiwert. Wegen der auch heute

noch bestehenden weitgehenden Ungewißheit über den exakten Verlauf des Kraftschluß-
gesetzes wurde mit fünf verschiedenen Gesetzmäßigkeiten gearbeitet. Der Hauptteil
der Untersuchungen lag dabei allerdings auf einem modifizierten Gesetz von Barwell,
bei dem entsprechend seinen Versuchsergebnissen unterstellt wird, daß der Reibwert
nach Erreichen des Makroschlupfes mit Schlupferhöhung wieder abnimmt (Bild 1). Um
die Rechnung an dieser Stelle nicht unnötig zu verkomplizieren, wurden jedoch Spin
und Kontaktflächenverhältnis a/b nur in Form ihrer Mittelwerte berücksichtigt. Signifikante Ergebnisabweichungen aus dieser Vereinfachung kommen, nach entsprechender
Voruntersuchungen zu urteilen, nicht zustande. Dennoch sollte diesem Gegenstand in
einer weitergehenden Untersuchung nochmals nachgegangen werden.

Die Rechnung geht nun so vor sich, daß in jedem Rechenschritt sämtliche der genannten in Modellansätzen enthaltenen Größen aktualisiert in den Rechnungsgang einge-
schleust werden. Dazu zählen, wie schon angedeutet, der Berührungspunkt von Rad und
Schiene, der Kraftschluß und bei stochastisch gestörter Gleislage die Lageabweichun-
gen. Diese sich ständig ändernden "Eingangssignale" teilen sich über die Radsätze
sowie die Primär- und Sekundär-Federung und -dämpfung allen Fahrzeugteilen als Anregung mit. Die schrittweise Gleichungslösung erfolgt nach dem Runge-Kette-Gill-
Verfahren, ausgeführt auf der Rechenanlage Cyber 175 des Rechenzentrums der RWTH
Aachen.

Rechnerisch und versuchsmäßig gefundene Ergebnisse stehen bei dieser Untersuchung
dank der hohen Modelltreue erstmals in einer bisher nicht gekannten Übereinstimmung. Dies gilt sowohl für die entsprechenden Resultate aus lauftechnischen Strek-
kenuntersuchungen der Deutschen Bundesbahn als auch Untersuchungen mit einem Mo-
dellfahrzeug im Maßstab 1 : 5. Im einzelnen ergaben sich dabei folgende Feststel-
lungen : Bei niedrigen Geschwindigkeiten werden die Bewegungen des Fahrzeugs vornehmlich durch die Gleislage geprägt, was auch in den diesbezüglichen Phasenporträts der Bewegungen des ersten Radsatzes zum Ausdruck kommt (Bild 2). Die stochastische Gleislage h_{Rsyl} und h_{Rsyr} bestimmt dabei in entscheidendem Maße das Querbewegungsverhalten y_{RS} und die Wendebewegung ψ_{RS}. Mit ansteigender Geschwindigkeit weitet sich dann das Phasenporträt aus, wobei immer mehr die Eigenerregung von
Drehgestell und Radsätzen die Amplituden bestimmen. Die Gleislagestörungen zeigen
sich jetzt nur noch in einer Streuung des Phasenporträtganges, der sich auf exakt
verlegtem Gleis ergäbe. Bild 3 veranschaulicht diese Verhältnisse. Es zeigt das
Phasenporträt von Wende- und Querbewegung des ersten Radsatzes bei $V = 90$ m/s auf
ungestörtem und gestörtem Gleis. Wie man deutlich erkennt, entspricht bei höherer
Geschwindigkeit aufgrund der dominierenden Eigenbewegung das Skelet des Phasenporträts dem bei gleicher Geschwindigkeit sich auf exakt verlegtem Gleis einstellenden Porträt. Mit Annäherung der Geschwindigkeit an die Grenze des unruhigen Lau-
fes geht dabei die Form des Phasenporträts von der rein elliptischen Form zuneh-

mend in eine spitz zulaufende Kontur über. Der Grund ist die Verschiebung der Phasenlage in Richtung Gleichphasigkeit von Quer- und Wendebewegung als Ausdruck der systemspezifischen Nichtlinearitäten im Kontaktbereich von Rad und Schiene. Wie abschließend in Bild 4 gezeigt, konnte das hier dargestellte Verhalten wie schon angedeutet, auch am Fahrzeugmodell 1 : 5 ausgemessen werden. Insgesamt ist damit zu folgern, daß realitätsbezogene Ergebnisse nur aus nichtlinearen Rechnungen zustande kommen.

<u>LITERATUR</u>

(1) Nicolin J., Über den Einfluß von torsionselastischen Radsatzwellen auf das Laufverhalten eines Schienenfahrzeugs.
Diss. RWTH Aachen 1983

(2) Moelle D., Der Lauf eines Radsatzes unter vereinfachter Berücksichtigung von Nichtlinearitäten. Abschlußbericht zum Forschungsvorhaben TV 7707.
Institut für Luft- und Raumfahrt, TU Berlin 1981

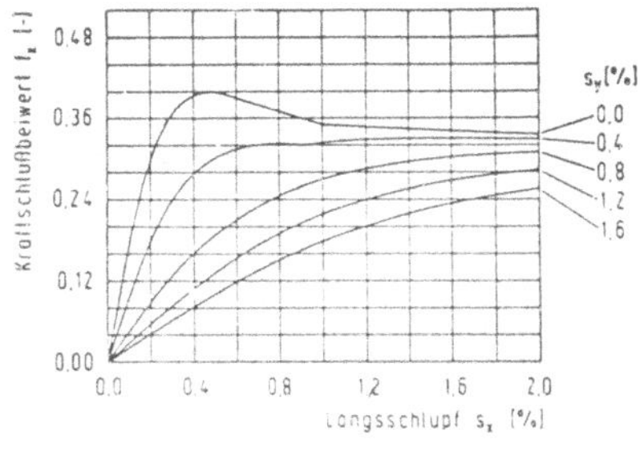

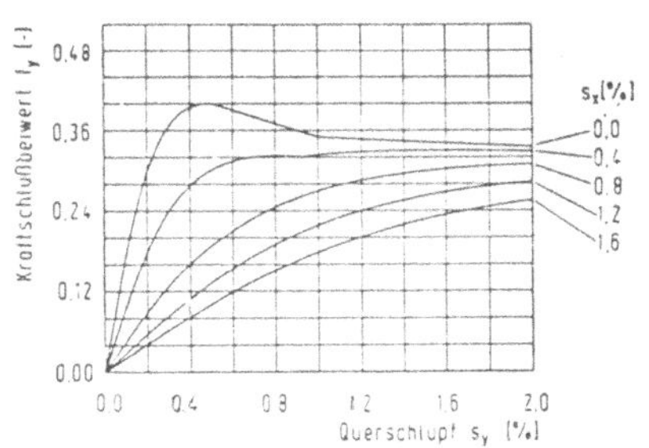

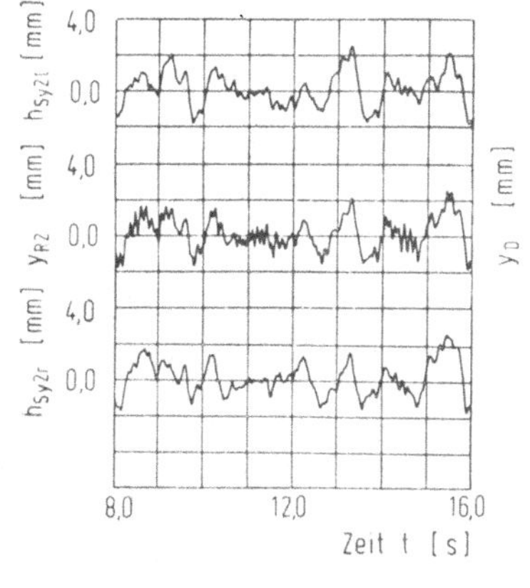

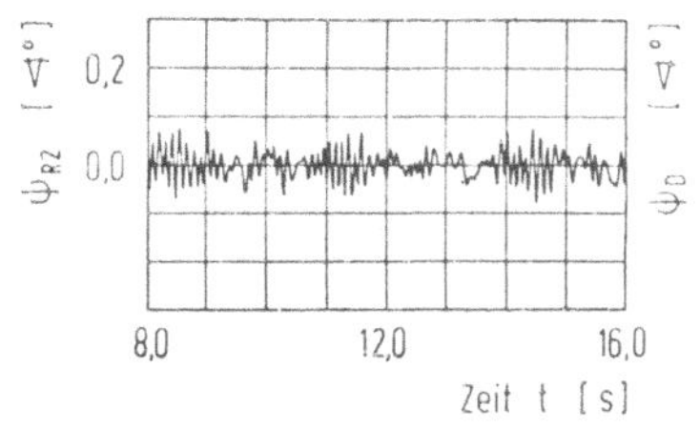

Bild 1 Verlauf der Kraftschlußfunktion nach BARWELL / MENCK

Bild 2 Querbewegungsverhalten des Drehgestells

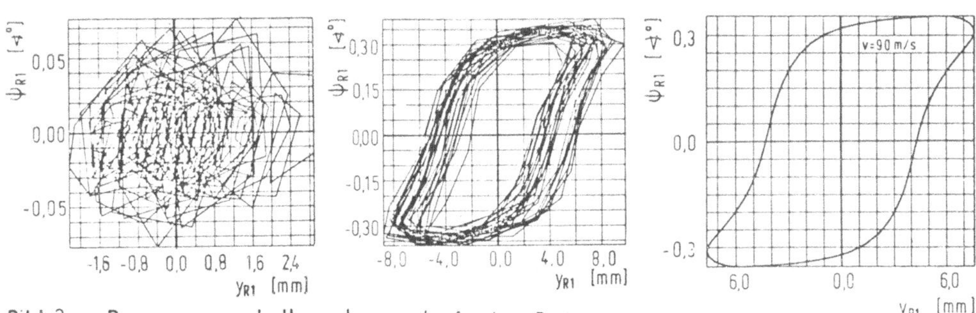

Bild 3 Bewegungsverhalten des vorlaufenden Rad-

satzes auf gestörtem und ungestörtem Gleis

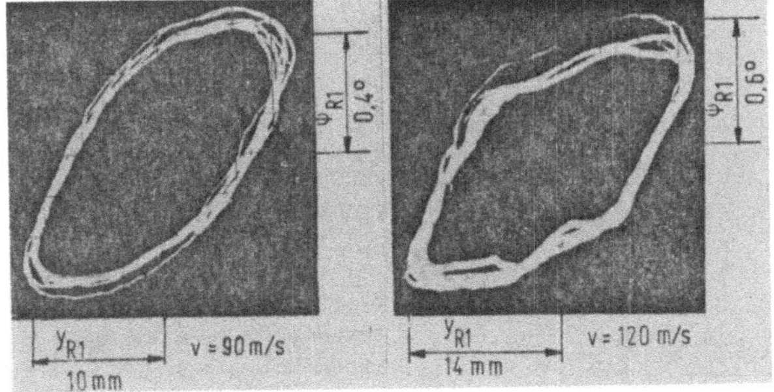

Bild 4 Bewegungsverhalten eines Schienenfahrzeug-
modells auf dem Rollprüfstand M 1:5

Ein Simulationskreis zur Entwicklung einer automatischen
Fahrzeugführung mit bildhaften und inertialen Signalen

Dickmanns, E.D.[*], Zapp, A., Otto, K.D.[◊]

Übersicht: Es wird eine Simulationsanlage beschrieben, die aus einem hochdynamischen
3D-Graphiksystem mit Fernsehprojektionskreis, einem Dreiachsenbewegungssimulator für
die rotatorischen Freiheitsgrade und mehreren gekoppelten Digitalrechnern besteht.
Die Anlage gestattet die Simulation von automatischen Fahrzeugführungssystemen auf
der Basis von Rechnersehen mit den wesentlichen Sensoren als Echtbauteilen im Kreis.

1. Einleitung

Ein Fahrzeug soll in einer dreidimensionalen Umwelt autonom navigieren, wobei mit
Hilfe von Echtzeitbildsensoren jederzeit auf nicht vorhersehbare Ereignisse mit einem
Verhalten aus einem gegebenen Repertoire reagiert werden muß. Der Schwierigkeitsgrad
soll dabei schrittweise erhöht werden.
Da Eigenbewegungen und Bewegungen anderer Objekte gleichzeitig auftreten, sind zur
leichteren Unterscheidung neben dem Bildsensor auch Inertialsensoren vorgesehen, die
die Bildfolgendeutung bzw. eine inertial orientierte Blickrichtungssteuerung erleichtern. Zur Ermöglichung der Blickrichtungssteuerung ist der Bildsensor auf einer Zweiachsenplattform montiert, die in Azimut und Elevation gegenüber dem Fahrzeug dynamisch verstellt werden kann. Als Bildsensoren dienen Halbleiter-Fernsehkameras; Inertialsensoren sind Drehgeschwindigkeits- und Lagekreisel sowie translatorische Be-
schleunigungsmesser, von denen nur die ersteren im Simulationskreis miterprobt werden.

2. Anforderungen an den Simulationskreis aus der Aufgabenstellung

Die Simulationsanlage soll gestatten, die wesentlichen Komponenten im Fahrzeugfüh-
rungs-Regelkreis als Echtbauteile zu erproben. Hierzu gehören: 1. Die Kameras mit der
Blickrichtungssteuerung, 2. die Inertialsensoren, beide mit der zugehörigen Auswerte-
elektronik, und 3. das Softwaresystem zur Datenverarbeitung und Steuerungsberechnung.
Diese Teilsysteme werden im folgenden beschrieben.

[*]Dr.-Ing., Professor für Steuer- und Regelungstechnik, HSBw München, LRT
[◊]Dipl.-Ing., wiss. Mitarbeiter, HSBw München, LRT
Teile des Vorhabens sind vom Bundesminister für Forschung und Technologie gefördert.

<u>Fernsehsystem mit Bildfolgenerzeugung</u>: Es werden zwei Fersehkameras verwendet, von denen eine ein Weitwinkel- oder Normalobjektiv hat, um den Nahbereich in genügender Breite zu erfassen (ca. 30°), und die zweite ein Teleobjektiv, um bei der verwendeten Auflösung des Fernsehbildes von 256 pel/Zeile in größerer Entfernung noch eine hinreichende Auflösung zu liefern. Die Kameras blicken immer mehr oder weniger in Fahrtrichtung, so daß das Bild der Außenwelt im Simulationskreis nur in der Umgebung der Fahrbahn erzeugt werden muß. Da aber auch die mit der Zweiachsenplattform fest verbundenen Inertialsensoren mit dem richtigen Anregungsverlauf beaufschlagt werden müssen, ist der auszuwertende Szenenausschnitt (fahrbahnabhängig) inertial richtig darzustellen. Bei Oberflächenfahrzeugen treten nur im Azimut große Drehwinkel auf. Für die vorgesehenen Aufgaben wurde im Hinblick auf den begrenzten verfügbaren Laborraum ein erforderlicher Azimutbereich von ca. 150° als hinreichend abgeschätzt. Dies bedingt eine zylindrische Projektionsleinwand.

Um in der Dynamik den Bereich des menschlichen Leistungsvermögens zu erreichen, wurde für die Simulation eine Zykluszeit von ca. 80 ms angestrebt, d.h. es wird jedes vierte (2. Halbbild bei 50 Hz) bzw. fünfte (bei 60 Hz) Bild des Normfernsehens ausgewertet. Dieses Bild soll auch bei der Bilderzeugung jeweils neu berechnet werden. Um flickerfreie Darstellung zu erhalten, wird jedes Bild mehrmals gezeichnet.

<u>Inertialsensoren und rotatorische Bewegungssimulation</u>: Kurs- und Horizontalkreisel sind direkt auf dem Fahrzeug montiert. Die Wendekreisel und Beschleunigungsgeber sind zu einem Sensorblock zusammengefaßt, der mit der Basis der Zweiachsenplattform fest verbunden ist. Diese Einheit ist gegenüber dem Fahrzeug in der Längsachse drehbar gelagert und weich abgestützt, um höherfrequente Störanregungen im Rollen mechanisch durch die Eigenträgheit zu unterdrücken. Da die Abstimmung dieser mechanischen Aufhängung auf die Bildverarbeitungsalgorithmen ein wesentlicher Punkt der Untersuchung ist, muß dieses gesamte System in die Bewegungssimulation als Echtbauteil eingebracht werden. Die Anregungsfrequenzen sollen bis etwa 2 Hz reichen.

An die rotatorische Bewegungssimulation werden besondere Glattheitsforderungen gestellt; dies bedingt die Verwendung einer höheren Taktrate und erfordert eine Extrapolation der im Simulationsrechner berechneten Winkelverläufe.

Der Regelkreis zur Blickrichtungssteuerung verarbeitet bildhafte und inertiale Signale. Seine Zykluszeit ist ein Bruchteil der Zykluszeit für den Simulationskreis.

<u>Datenverarbeitung und Steuerungsberechnung</u>: Im Fahrzeug wird später ein eigenes Bordrechnersystem verfügbar sein, das die Inertial- und die vorverarbeiteten Bilddaten aufnimmt und auf der Basis von Hintergrundwissen daraus die Steuerungen berechnet. Da es sich auch hier um in höherer Sprache programmierbare Digitalrechner handelt, reicht es für die Simulationszwecke, diese Software modular von der Simulationssoftware abzusetzen, aber ansonsten im Simulationsrechner direkt mitlaufen zu lassen.

3. Die Realisierung des Simulationskreises

Bild 1 zeigt den aufgebauten Simulationskreis mit einem Beispiel der Landfahrzeugführung. Der schraffierte Bereich umfaßt das zu testende System, wobei die Komponenten rechts unten mit Drehbewegungen beaufschlagt werden, die denen des echten Fahrzeugs entsprechen (Nominalbewegung plus Störungen). Hauptsimulationsrechner ist ein 32-bit-Prozeßrechner Perkin Elmer 3242, der die nichtlinearen Bewegungsgleichungen des Fahrzeugs integriert und Störungen simuliert·und überlagert. Hierdurch sind der Augpunkt der Kamera und die Winkellagen des Fahrzeugs (gleich Basis für die Kamera-tragende Zweiachsenplattform (ZP)) gegeben.

Bilderzeugung und Projektion (Bild 1 oben und rechts): Die Augpunktdaten (Position auf der Fahrbahn, azimutale Blickrichtung) werden über eine schnelle Rechnerkopplung an eine VAX 11/750 übergeben, die als Hostrechner für ein hochdynamisches Graphiksystem (Picture System 2 von Evans & Sutherland) dient. Beide zusammen erzeugen die im Azimut im wesentlichen fahrbahnparallele, ansonsten inertiale (bezüglich Rollen und Nicken) Sicht auf eine synthetische Außenwelt in Form schwarz/weißer Strichzeichnungen mit voller 3D-Perspektive. Dieses Bild wird über einen Fernsehkreis mit drehbar gelagertem Projektor in die inertial korrekte Azimutrichtung auf eine zylindrische Leinwand von $\sim$ 160° am Dreiachsenbewegungssimulator projiziert. Dieser Projektionsregelkreis hat eine kräftige Vorsteuerungskomponente, um Regelfehler klein zu halten und wird mit einer Polygonzugansteuerung zur Erzielung eines glatten Verlaufs betrieben. Die Vorsteuerung ist möglich, da der Fahrbahnverlauf vorab bekannt ist und sich die Fahrzeuggeschwindigkeit während eines Zyklus nur langsam ändert.

Rotatorische Fahrzeugbewegung (Bild 1 unten): Zur Realisierung der berechneten Winkelverläufe steht ein Dreiachsenbewegungssimulator (DBS) der Fa. Carco zur Verfügung mit zwei hydraulisch betriebenen äußeren Rahmen hoher Dynamik und einer elektrisch betriebenen inneren Achse, alle direkt digital angesteuert. Wegen der hohen Dynamik des Gerätes verbietet sich eine Ansteuerung im Simulationstakt von ca. 80 ms. Ein Prozeßrechner EAI Pacer 100 wird dazu benutzt, die im Simulationsrechner ermittelten Winkelverläufe zu extrapolieren und etwa 20-fach feiner unterteilt auszugeben [1]. Mit etwa 25 kg Masse für die ZP mit Kameras, Inertialsensoren und Montagegerüsten ist der DBS nur zu etwa einem Viertel seiner Maximalkapazität belastet.

Das Simulationshauptprogramm: Es ist ein Echtzeitprogrammsystem mit einem Umfang von derzeit etwa 150 K Bytes, welches neben dem zu entwickelnden und zu testenden Softwaremodul zur automatischen Führung des Fahrzeugs (linker Block, Bild 1, schraffiert), des weiteren die Gleichungen zur Simulation der translatorischen und rotatorischen Bewegungsformen des Fahrzeugs enthält. Es koordiniert außerdem den Datenaustausch über alle Schnittstellen zu den peripheren Rechnern und direkten Anschaltungen.

Das Simulationsmodell des Fahrzeugs für die augenblickliche Anwendung ist ein teilweise nichtlineares Differentialgleichungssystem 10. Ordnung eines Personenkraftwagens in Anlehnung an [2]. Angetrieben wird dieses Modell über einen Satz von Steuergrößen, der aufgrund der Deutung des über die verschiedenen Sensorkanäle eingespeisten aktuellen Signalmusters berechnet wird. Aus der Deutung des aktuellen Signalmusters läßt sich auch eine Vorzugsblickrichtung für die Kamera berechnen, die an ein Bildvorverarbeitungssystem (BVV) als Sollwert für einen internen Regelkreis zur Blickrichtungssteuerung ausgegeben wird.

Die Programmstruktur dieses Hauptprogramms ist hierarchisch und modular. Der Deutungsprozeß des anliegenden Signalmusters läuft über verschiedene Verarbeitungsebenen gemischt 'bottom-up' und 'top-down' [3]. Das Programm ist in FORTRAN geschrieben. Mit wachsendem Komplexitätsgrad bei den betrachteten Szenen ist geplant, das Rahmenprogramm zur Steuerung des Deutungsprozesses in den verschiedenen hierarchischen Ebenen als Datenflußprogramm in PASCAL aufzubauen, soweit die Echtzeitanforderungen noch erfüllt werden können. Der Zyklusablauf wird über das BVV von einer Kamera getaktet.

4. Zusammenspiel im Rahmen eines KI-Konzeptes

Der Begriff der künstlichen Intelligenz (KI) beinhaltet im vorliegenden Fall der automatischen Fahrzeugführung ein der vorher unbekannten Situation angepaßtes Verhalten bei der Erfüllung der Führungsaufgabe auf der Basis von Hintergrundwissen. Das Erkennen einer Situation soll durch die Interpretation der dem System über seine Sensoren angebotenen Informationen möglich sein. Die wesentliche Informationsquelle für das System wie auch für den Menschen ist der Gesichtssinn. Die Analyse einer Videobildfolge zur Erfüllung einer bestimmten Führungsaufgabe läßt sich in der Mehrzahl aller Anwendungen auf die Analyse einiger weniger Teilbereiche der Bildfolge beschränken, Teilbereiche, in denen sich die wesentliche Information, d.h. die wesentlichen Szenenmerkmale für die Erfüllung dieser Aufgabe konzentrieren. Dazu ist es allerdings notwendig, die Art der möglicherweise im Blickfeld auftauchenden Merkmale, ihre Bedeutung für den Steuerungsprozeß und ihre mögliche Lage vorab zu kennen und während der Fahrt ständig gezielt nach diesen Merkmalen zu suchen oder, falls im Blickfeld vorhanden, diese zu verfolgen. Die Auswertung solcher kleiner Bildbereiche, auch Bildfenster genannt, und die Verfolgung der sich bewegenden Merkmale im Blickfeld wird von einem Multi-Mikroprozessor-Bildvorverarbeitungssystem (BVV) teilweise autonom, teilweise nach Vorgaben des Hauptrechners geleistet [4]. Im BVV befindet sich auch ein eigener Prozessor, der die Blickrichtung der Kamera durch Steuerung der Zweiachsenplattform bestimmt. Diese Steuerung soll das System befähigen, in ähnlicher Weise die Blickrichtung zu verändern wie der Fahrzeuglenker Mensch, der ständig Augen- und Kopfbewegungen während einer Fahrt ausführt, um seinen Blick kurzzeitig auf ein ihm wesentlich erscheinendes Szenenmerkmal zu fixieren, oder um bei einer eingeleiteten Kurvenfahrt der Gierbewegung des Fahrzeugs mit seiner Blickrichtung etwas vorzuhalten; damit kann er auf mögliche Veränderungen in der Szene möglichst frühzeitig reagieren.

Das Erkennen einer Situation erfordert möglichst viel Hintergrundwissen über die Art der Szene aber auch über das Verhalten des Fahrzeugs selbst. Dabei liefern die Signale der Inertialsensoren einen wesentlichen Beitrag.

Der Deutungsprozeß und die Berechnung der Blickrichtung sind als Produktionen eines Produktionssystems realisiert.

5. Literatur

[1] Engel, B.:
Programm zur Simulation der Datenübergabe MEUVA/DBS.
HSBwM/LRT/WE 13a/IB/83-1

[2] Donges, E.:
Der Fahrsimulator des Forschungsinstituts für Anthropotechnik.
Forschungsgesellschaft für angewandte Naturwissenschaften e.V., Meckenheim,
Bericht Nr. 41, Juli 1978

[3] Zapp, A.:
Automatische Fahrzeugsteuerung durch Sichtrückkopplung.
HSBwM/LRT/WE 13a/IB/84-2

[4] Graefe, V.:
Two Multi-Processor Systems for Low-Level Real-Time Vision.
J.M. Brady, L.A. Gerhardt and H.F. Davidson (Eds): Robotics and Artificial
Intelligence, Springer 1984

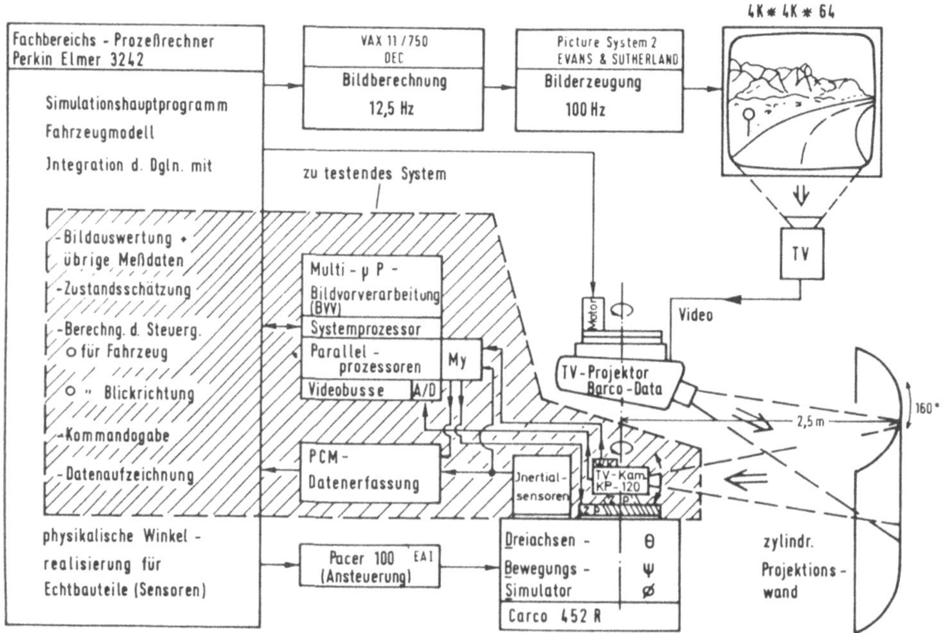

Bild 1: Der Simulationskreis

SIMULATION ENERGIESPARENDER ZUGFAHRT

Jerzy KWAŚNIKOWSKI

Lehrstuhl für Schienenfahrzeuge der TH Poznań
Os. Kraju Rad 9/14, 61-674 Poznań, Polen

1. In dem Bericht werden das Softwaremodell RSEL (Run Simulation of
Electric Lokomotives) sowie ein Programm, das die Auslaufsabschnitte
automatisch bestimmen kann, kurz behandelt. Er erläutert auch die Versuche der Energieeinsparung, die durch die Anwendung des Auslaufsverfah-
rens der Zugfahrten erzielt werden können. Zweckmässig werden   einige
Ergebnisse von den Simulationsexperimente dargestellt.

2. Die Differentialgleichung der Bewegung des Zuges mit der Masse m_r

$$m_r v\frac{dv}{ds} = F(u,v) - R(v,s)$$

beschreibt in impliziter, nichtlinearer Form die funktionale Abhängigkeit zwischen der Zuggeschwindigkeit v , der Fahrwiderstände R , der
Tangentialkraft F am Radumfang, der Steuergrösse u - und der Fahrweg s . Eine analytische Lösung der Gleichung ist nicht vorhanden.
   Im Simulationsmodell RSEL , das die Zugfahrt mit einer Gleichstrom-
lokomotive mit Resistanzregelung simuliert, wird eine diskrete Darstellung der Zugbewegungsgleichung zur numerischen Berechnung genutzt.
Fürs angegebene Fahrwegsinkrement Δs_i auf dem i-Nummer-Rechenschritt
werden der Beschleunigunswert a_i, die Geschwindigkeits- Δv_i und Zeitinkremente Δt_i berechnet. Die Kraft F ist die eigentliche Steuervariable. Sie ist wertmässig dem jeden Fahrzeug arteigene Zugkraft - Gesch-
windigkeitskennlinien F(v)   bzw. Bremskraft - Geschwindigkeitsdia-
gramme B(v) zu entnehmen. Die zu modellierende Lokomotive hat zwei
wesentliche Arbeitszustände während des Antreibens : - mit eingeschal-
teten Anfahrresistoren, in dem Fall wird über eine Resistanzfahrt
und Resistanzzugkraft F(v) gesprochen, - mit ausgeschalteten Resisto-
ren, nun wird von der resistanzfreier Zugfahrt sowie den resistanzfreien Zugkraft F(v) die Rede sein.
Den diskreten Vertreter von der Steuervariable F bildet in RSEL die
Steuergrösse u∈ U. Die Lokomotive
wird als ein endlicher Automat mit
n + 2 Zustände betrachtet (Abb.1),
die linien a, b, c kennzeichen
aufeinanderfolgend: - den Übergang
zu einem um eine Nummer höheren Zustand, - den Übergang zu einem um
eine Nummer niedrigeren Zustand,
- Fehlen der Änderung. Hiernach umfasst die Menge U der zulässigen
Steuerungen von der Elok n+2 Elemente von den Werten: -1,0,1,...,n.
Fürs Intervall u = 1,2,...,n gibt

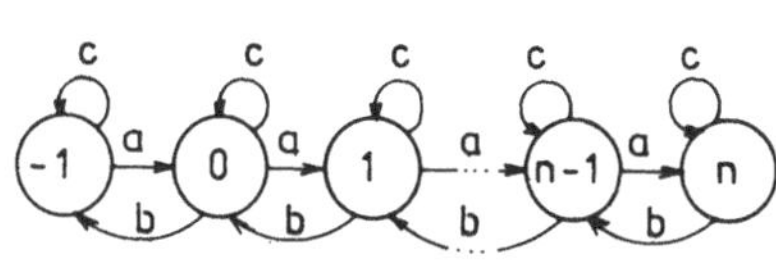

Abb. 1 Schema der Änderung
        vom Steuerwert u

es einen Antrieb, d.h. F>0, und der Wert u ist die Nummer von der
auszunutzenden resistanzfreien Kennlinie F(v). Für u = 0 gibt es
 F = 0, dies bedeutet eine antriebslose Fahrt (Auslauf), dagegen für
u = -1 gilt F<0 , d.h. das Bremsen.
Für das Intervall u = 1,2,...,n ist die obergenannte Zuordnungsregel
für Lokomotiven mit einer geordneten Menge von den F(v) - Charakteristiken geeignet, d.h. dieselelektrische bzw. elektrische Wechsel-

stromlokomotiven. Für die hier zu modellierende Lokomotive gilt die
Regel während der resistanzfreien Fahrt. Über die Fahrweise wird entschlossen, nachdem der Zugkraftwert $F(v)$ bei der Resistanzfahrt und
bei der resistanzfreie Fahrt berechnet worden sind. Zu dem Zweck hat
man die positive, durch
die Achsen F - v bestimmte Felder in die Zonen
der Resistanzfahrt (1R)
und (2R) und die der re-
sistanzfreien Fahrt (1) u. (2)
angeteilt (Abb.2).
Die Resistanzfahrt ist
unmöglich in den Zonen
1 und 2 , in denen es
widerstandsfreie Kennli-
nien gibt, sie ist in der
Zone 2R nur dann möglich,
wenn das Kriterium der
Präferenz resistanzfreier
Fahrt nicht erfüllt wird.
Der Wert der widerstands-
freien Zugkraft $F_u(v)$,

$u = 1,2,\ldots,n$ ist gleich
gross wie der zulässige
Höchtswert von den bei der
Geschwindigkeit v zu-
gänglichen resistanzfreien
Charakteristiken $F(v)$.

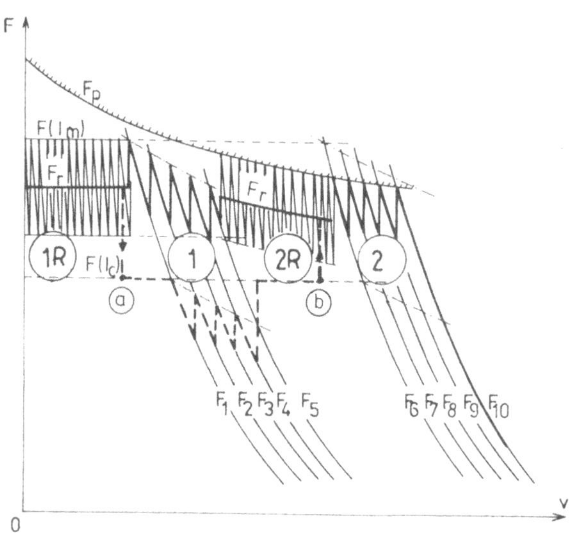

Abb.2 Zonen und simulierte $F(v)$-Verläufe

Den Wert der Resistanz-
kraft $F_r(v)$ bildet der
Mittelwert vom realen,
mit der Amplitude $2\Delta F_r(\Delta I)$ oszillierenden Verlauf $F(v)$, wo ΔI
bekannte Stromoszillation bei den sprungartigen Resistanzänderungen
der Anfahrwiderstände bezeichnet. Da in den Bereichen 1R und 2R
zahlreiche Resistanzcharakteristiken $F(v)$ auftretten, wurde angenommen, dass die Resistanzkräfte in ihnen beliebige, vom Standpunkt der
Traktion unbedingt notwendige Werte annehmen können.
Der beispielweise simulierte Verlauf der Zugkraft $F(v)$ - auf der
Abb.2 fette Linien - zeigt der Übergang der Widerstandszonen 1R und 2R
sowie widerstandsfreier Zonen 1 und 2 . Die Kurven $F_1, F_2, \ldots, F_{10}$
bilden resistanzfreie Kennlinien. Die Variablenwerte $F(v)$ werden
beschränkt durch der Reibungsgrenze $F_p(v)$ und durch den maximalen
Motorstrom I_m , wenn die Motortemperatur ϑ nicht grösser als die
ϑ_{max} ist bzw. durch den Dauerstrom I_c bei $\vartheta > \vartheta_{max}$ (Strichlinie
auf der Abb.2).
Andere Variablen des Bewegungsprozesses werden auch beschränkt, u.a.
die Geschwindigkeit v und die Beschleunigung a.

Zu wichtigeren Eigenschaften des Simulationsmodels RSEL gehören:
- Einsatzmöglichkeit aller Charakteristiken $F(v)$,
- Berücksichtigung verteilter Zugmasse beim Berechnen der Streckenwi-
derstände $R(s)$ und nichtlinearer Laufwiderstände $R(v)$,
- die Möglichkeit, Wärmebeschränkung der Traktionsmotoren und elektro-
dynamisches Bremsen zu berücksichtigen,
- die Vertretung der Steuervariable erleichtert eine Zugführungsan-
weisung für den Lokführer auszuarbeiten,
- es ist möglich drei unterschiedliche Fahrweisen zu simulieren.

3. Mit dem RSEL-Modell können folgende Zugfahrten simuliert werden:
- zeitminimale (angestrengte) Fahrt nach der MT-Prozedur,
- Fahrt in der Vorgabezeit laut der SL-Prozedur, die Zeitregulierung
  erfolgt durch die Verringerung der Höchstgeschwindigkeit,
- Fahrt in der Vorgabezeit nach der FC-Prozedur, die Zeitregulierung
  wird durch die mit dem Auslauf erzwungene Fahrt erzielt.

Die angestrengte Fahrt erfolgt in kürzester Zeit mit grösstem Aufwand
verbrauchten Energie.
Der Fahrplan erzwingt im allgemeinen keine Fahrten in minimaler Zeit,
dennoch ist die Berechnung minimaler Fahrzeiten zur richtigen Ausar-
beitung des Fahrplanes unentbehrlich.
Eine Zugfahrt in längerer als die minimale Zeit kann in zweierlei
Weise durchgeführt werden:
- durch die Verminderung der Höchstgeschwindigkeit v_{max} auf eine
  entsprechendkleinere $v_m < v_{max}$ und durch eine quasiangestrengte
  Fahrt (ohne Auslauf),
- durch eine Fahrt mit dem Auslauf auf angemessenen Streckenabschnitten.
Die erste Weise wird durch die SL-Prozedur realisiert, die zweite -
durch FC-Prozedur. In der SL-Proz. erfolgt die Verminderung der Geschwindigkeit von v_{max} auf v_m selbstätig, nachdem die vereinfachte angestrengte Vorzugfahrt durchgeführt worden ist. Die Auslafsabschnitte
können für die FC-Prozedur entweder "in Hand" vom Leitenden die Berechnungen oder automatisch durch spezielles Programm WYB bestimmt werden.

Das grundlegende, im Programm WYB realisierte Prinzip bildet der Fahr-
erzwingen durch den Auslauf, ehe sich die Geschwindigkeitsverminderung
als notwendig erweist, zB. wegen des Haltens.
Das Programm arbeitet nach folgenden Regeln:
- die Berechnungen werden für angegebene Streckenprofile, Zugsätze,
  Fahrzeiten, zulässige Verspätungs- und Beschleunigungswerte geführt,
- die Fahrtrajektorien $v(s)$ werden vom Zielort aus rückwärts errechnet (backward time trajectory),
- zwischen einzelnen Zeitkontrolle-Punkten wird ein geschlossener
  Rechenzyklus gefertigt,
- der Auslauf wird bei der Geschwindigkeit v (enthalten im Bereich
  $v_d < v < v_g$) bestimmt, wo $v_d > 0$ die Geschwindigkeit ist, unter der
  nur das Anfahren oder das Bremsen erfolgt; und v_g ist die lokal
  zulässige Höchstgeschwindigkeit,
- die Geschwindigkeitskurve über den Fahrweg $v(s)$ wird auf den An-
  fahrabschnitten aufgrund einer Bilanz kinetischer und potentieler
  Zugenergie (mit Berücksichtigung der Streckenprofiländerungen) und
  der für die Überwindung der Fahrwiderstände erforderlichen Energie
  errechnet,
- ist die Fahrzeit zu kurz, so wird der Wert unterer Geschwindigkeit
  v_d erniedrigt, im Gegenfall wird der Wert v_d erhöht bis auf v_g;
  wenn $v_d = v_g$, bleibt der Auslauf aus, dies bedeutet: um der
  Fahrplan zu erhalten, ist die angestrengte Zugfahrt unentbehrlich.

4. Die nach der FC-Prozedur simulierte Zugfahrt der energetischoptima-
len Fahrt genähert, die zum ersten Mal in den Berichten von Inada
und Ichikawa   beschrieben wurde und weiter von Strobel   und
vielen anderen. In allden Arbeiten ist der Auslauf als eine wesentliche Zugfahrtphase behandelt, die den geringsten Energieverbrauch
gewährleistet.

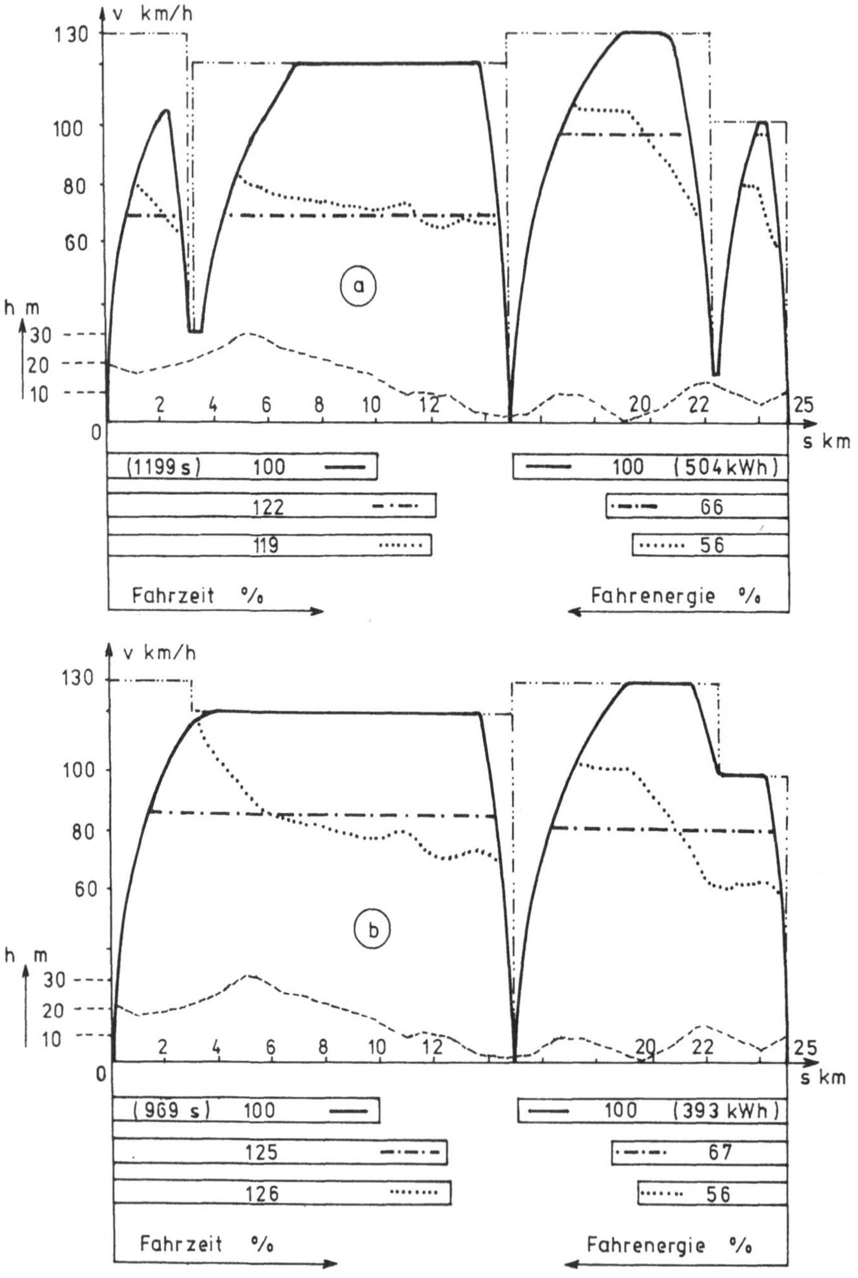

Abb. 3   Simulierte Fahrten von 4-achs. Elok EP08+450 t-Wagensatz

Im vorgelegten Bericht wurden 3 Serienreihe von Simulationsexperimenten dargestellt, in denen auf der zeitminimalen Zugfahrt gründend die Fahrplanfahrten in längerer Zeit gezeigt wurden.

Die Abb.3 zeigt die Zugfahrten auf einem den Auslauf begünstigenden Streckenprofil, wo die Zeitreserve , im Vergleich zu minimaler Zeit, 20% - 25% beträgt. Auf der Abb.3a wurde die Zugfahrt mit starken Geschwindigkeitsbegrenzungen dargestellt, die in der auf der Abb.3b gezeigten Fahrt eliminiert wurden.

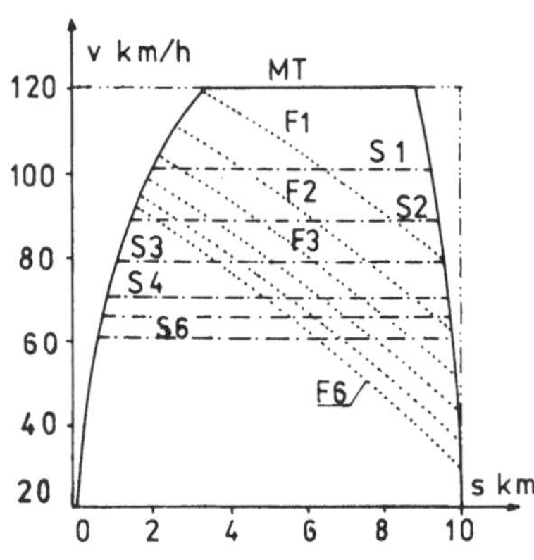

Abb.4   Zugfahrten mit
verschiedenen Zeitreserven

Die Abb.4 und die Tabelle zeigen die Ergebnisse der 3. Versuchsserienreihe, die auf geraden und flachen Streckenprofil durchgeführt worden sind. Der Zugsatz war gleich wie der auf der Abb.3 .
Im Vergleich mit der laut der MT-Prozedur zeitminimalen Zugfahrt sind die Fahrten nach der SL-Prozedur (S_1, S_2, S_3, S_4, S_5 und S_6) und nach der FC-Prozedur (F_1, F_2, ..., F_6) für um 10%, 20%, 30%, 40%, 50% und 60% längeren Fahrzeiten dargestellt.

Ergebnisse der Fahrten nach der Abb.4

Zeitreserve	0%	+10%		+20%		+30%		+40%		+50%		+60%	
Fahrweise	MT	S_1	F_1	S_2	F_2	S_3	F_3	S_4	F_4	S_5	F_5	S_6	F_6
Fahrzeit %	100	109	109	119	120	130	130	141	140	150	150	160	158
Fahrenergie %	100	82	71	80	59	78	51	56	46	54	43	49	41

Vergleich man alle Ergebnisse können nachstehende kurze Volgerungen gezogen werden:
- eine Verlängerung der Fahrzeit verursacht immer eine Verminderung der Fahrenergie,
- bei der quasiangestrengte Fahrt (nach SL) ist die Verminderung der Fahrenergie fast proportional zur Fahrzeitverlängerung,
- für die gleiche angegebene Zeit ist die Fahrt mit Auslauf wesentlich energiesparend (im Durchschn. um ca 15%) als die laut SL-Fahrt.

Es ist zu Betonen, das auf dem die Auslaufsfahrten weniger begünstigenden Streckenprofil die Ergebnisse nicht so eindeutich sein können.

EINE ANALYSE VON WINDRICHTUNGEN UND GESCHWINDIGKEITEN

J.U. Breckling
Institut für Informatik
Chr.- Albr.- Universität
2300 Kiel 1

1. Einleitung

Zugrunde liegt eine Zeitreihe $(\underline{w}_t)$ von Windrichtungen und -geschwindigkeiten, die seit dem 1. Januar 1971 in Perth stündlich aufgezeichnet werden (vergl. Fig. 3). Ziel der vorliegenden Untersuchung ist es, typische
Windkonfigurationen und saisonale Charakteristiken herauszuarbeiten.
Entsprechend der Vielfalt meteorologischer Phänomene wird die Datenreihe $(\underline{w}_t)$ als eine Überlagerung folgender Komponenten aufgefaßt:

    (i)   einer geostrophischen Komponente $(\underline{g}_t)$,

    (ii)   eines Land- und Seebrisenzyklus $(\underline{b}_t)$,

    (iii) kurzzeitiger Ereignisse $(\underline{e}_t)$ wie Stürme oder oszillierende
          Winde

und (iv)   einer Residuen-Komponente $(\underline{r}_t)$.

Im Unterschied zu bisherigen Untersuchungen von Windreihen wird in der
vorliegenden Arbeit der direktionale Aspekt besonders berücksichtigt.
Zum einen kann die Analyse damit in natürlicher Weise auf eine Zeitreihe
von Windgeschwindigkeiten reduziert werden, zum anderen sind die Ergebnisse unmittelbar interpretierbar.

Das Wetter in Perth wird vornehmlich durch einen Hochdruckgürtel bestimmt, der sich während der Wintermonate über ganz Australien erstreckt
und im Sommer so weit nach Süden verlagert, daß seine Achse schließlich
südlich des Kontinents liegt. Folglich bestimmen heiße Ostwinde das Wetter im Sommer, während im Winter Westwinde ebenso wetterbestimmend sind
(vergl. Fig. 2).

2. Dekomposition von $(\underline{w}_t)$

Unter Verwendung robuster Filter wird $(\underline{w}_t)$ in eine globale Komponente
$(\underline{g}_t)$ und eine lokale Komponente $(\underline{d}_t)$ zerlegt. Um den Einfluß des Seebrisenzyklus und anderer kurzzeitiger Störungen vom vorherrschenden
Wind zu trennen, werden robuste Statistiken auf den speziellen Datentyp
zugeschnitten und in einer umfangreichen Monte-Carlo-Studie miteinander
verglichen. Entsprechend dem o.g. Dekompositionsmodell werden stilisierte Komponenten $(\underline{g}_t')$, $(\underline{b}_t')$, $(\underline{e}_t')$ und $(\underline{r}_t')$ künstlich erzeugt, addiert und

mittels der verschiedenen Verfahren wieder in die einzelnen Komponenten
zerlegt. Beurteilt werden die Filter dann nach ihrem Vermögen, die ursprünglichen Komponenten wiederzugewinnen.

Im wesentlichen werden Ordnungsstatistiken und M-Schätzer betrachtet,
die den Einfluß eines bestimmten Datenanteils bzw. der Daten reduzieren,
die einen gewissen Abstand vom 'Mittelpunkt' überschreiten. Für eine
Menge $\{\underline{x}_1,\ldots,\underline{x}_n\} \subseteq \mathbb{R}^p$ ($p > 1$) wird in Analogie zum gewöhnlichen Median
zunächst ein räumlicher Median definiert:

$$\underline{x}_o \text{ ist Median} :<=> \underline{x}_o \text{ minimiert } d_p(\underline{x}) = \sum_{j=1}^{n} \|\underline{x} - \underline{x}_j\| \qquad \underline{x} \in \mathbb{R}^p$$

Entsprechend lassen sich räumliche Ordnungsstatistiken formulieren, wobei der Abstand der einzelnen Daten vom räumlichen Median zugrundegelegt wird. Die Definition der M-Schätzer überträgt sich dahingegen in
natürlicher Weise auf die multivariate Situation.

In der Simulation schneiden jene Filter am besten ab, die bereits in
der Princeton-Studie am erfolgreichsten waren [1]. So wird ein 3-stufi-
ger Filter nach Hampel benutzt, um $(\underline{w}_t)$ in $(\underline{g}_t)$ und $(\underline{d}_t)$ zu zerlegen.

3. Analyse von $(\underline{g}_t)$

In diesem Abschnitt wird $(\underline{g}_t)$ mit dem geostrophischen Wind verglichen,
der mit Hilfe eines einfachen Modells aus der atmosphärischen Druck-
verteilung abgeleitet wird. Mit jedem Hoch- bzw. Tiefdruckgebiet wird
ein Triple $D_j = (p_j, \psi_j, \phi_j)$ mit Zentraldruck p_j, Längengrad ψ_j und Breiten-
grad ϕ_j assoziiert. Um zunächst den atmosphärischen Druck p in Perth
zu ermitteln, wird folgendes Modell definiert:

$$p = \left[\sum_j \frac{c_j}{d_j^2} p_j \right] \bigg/ \left[\sum_j \frac{c_j}{d_j^2} \right]$$

Dabei ist c_j ein Systemparameter und d_j die Entfernung zwischen D_j und
Perth. Der geostrophische Wind ergibt sich dann in bekannter Weise aus
dem geostrophischen Gleichgewicht [3]. Aus Stabilitätsgründen wird $\{D_j\}$
dabei grundsätzlich um ein Drucksystem D_o mit $p_o = 1013.25\text{mb}$ (d.h. Nor-
maldruck) und $c_o/d_o^2 = 1$ erweitert. Das Modell erweist sich als äußerst
robust gegenüber seiner Parameterisierung und erzielt trotz seiner Sim-
plizität eine ausgezeichnete Übereinstimmung mit $(\underline{g}_t)$ (etwa 80% der Varianz von $(\underline{g}_t)$ werden durch den geschätzten geostrophischen Wind erklärt). Dies bestätigt, daß die in der Dekomposition gewonnene Komponente $(\underline{g}_t)$ als globaler Wind interpretiert werden kann.

4. Der Land- und Seebrisenzyklus

Im folgenden wird die lokale Komponente $(\underline{d}_t)$ analysiert·(vergl. Fig. 4).
Während die dynamische Meteorologie die Luftzirkulation durch physika-
lische Modelle zu erklären sucht, geht es hier darum, einen für jede
Jahreszeit typischen Zyklus abzuleiten und quantitativ zu erfassen.

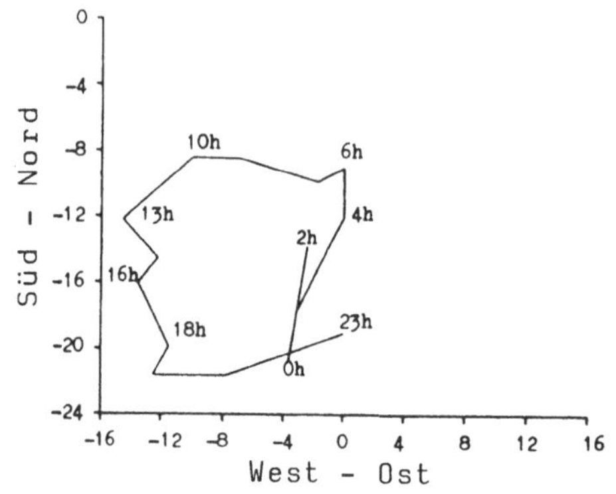

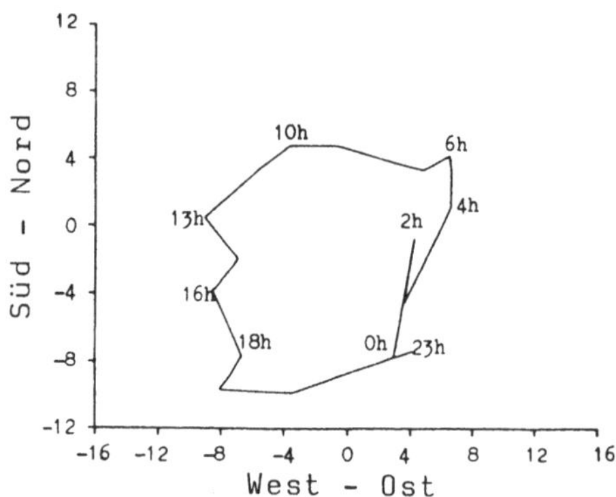

Fig. 1 (a) Nördliche Komponente von   (b) Nördliche Komponente von
      $(\underline{w}_t)$ vs. östliche Komp., $(\underline{d}_t)$ vs. östliche Komp.,
      4. Dezember 1971   4. Dezember 1971

Mit Hilfe robuster Techniken werden sämtliche Tageszyklen gemittelt
(vergl. Fig. 1) und zu einem charakteristischen Zyklus zusammengefaßt.
Am auffälligsten ist sicherlich der vollständige Kreis, den der Wind im
Laufe eines Tages beschreibt. Deutlich zeigen Fig. 5(a) und (b) die
Landbrise am Morgen und die Seebrise am späten Nachmittag,.ein Muster,
das im Laufe der Jahre kaum variiert. Bemerkenswert ist vor allem die
relative Stärke der Land- im Verhältnis zur Seebrise sowie der Nachweis
der Zirkulation im Winter, die zumindest in dieser Ausprägung bislang
nicht vermutet wurde. Winter- und Sommerzyklus unterscheiden sich dabei
nur in der Intensität und weisen ansonsten eine strukturelle Ähnlichkeit auf. Im allgemeinen ist die Zirkulation stärker, wenn die geostrophische Komponente östliche Winde anzeigt. Bei vorherrschenden Westwin-
den ist sie dagegen kaum festzustellen. Dies bedeutet, daß im Winter
zwei grundverschiedene Windkonfigurationen existieren und im Sommer relativ gleichmäßige Verhältnisse das Wetter bestimmen.

Die Analyse der Komponenten $(\underline{e}_t)$ und $(\underline{r}_t)$ ist mathematisch außerordentlich umfangreich und wird daher an anderer Stelle erscheinen.

[1] ANDREWS et al.: Robust Estimates of Location, Princeton Univ., 1972

[2] HAMPEL: The Influence Curve, JASA 69(1974), 383-393

[3] HOLTON: An Introduction to Dynamic Meteorology, Academic Press, 1979

[4] HUBER: Robust Statistics, John Wiley, 1981

[5] RYE: Environm. Appl. of a Num. Sea Breeze Model, AMS 1980, 10-15

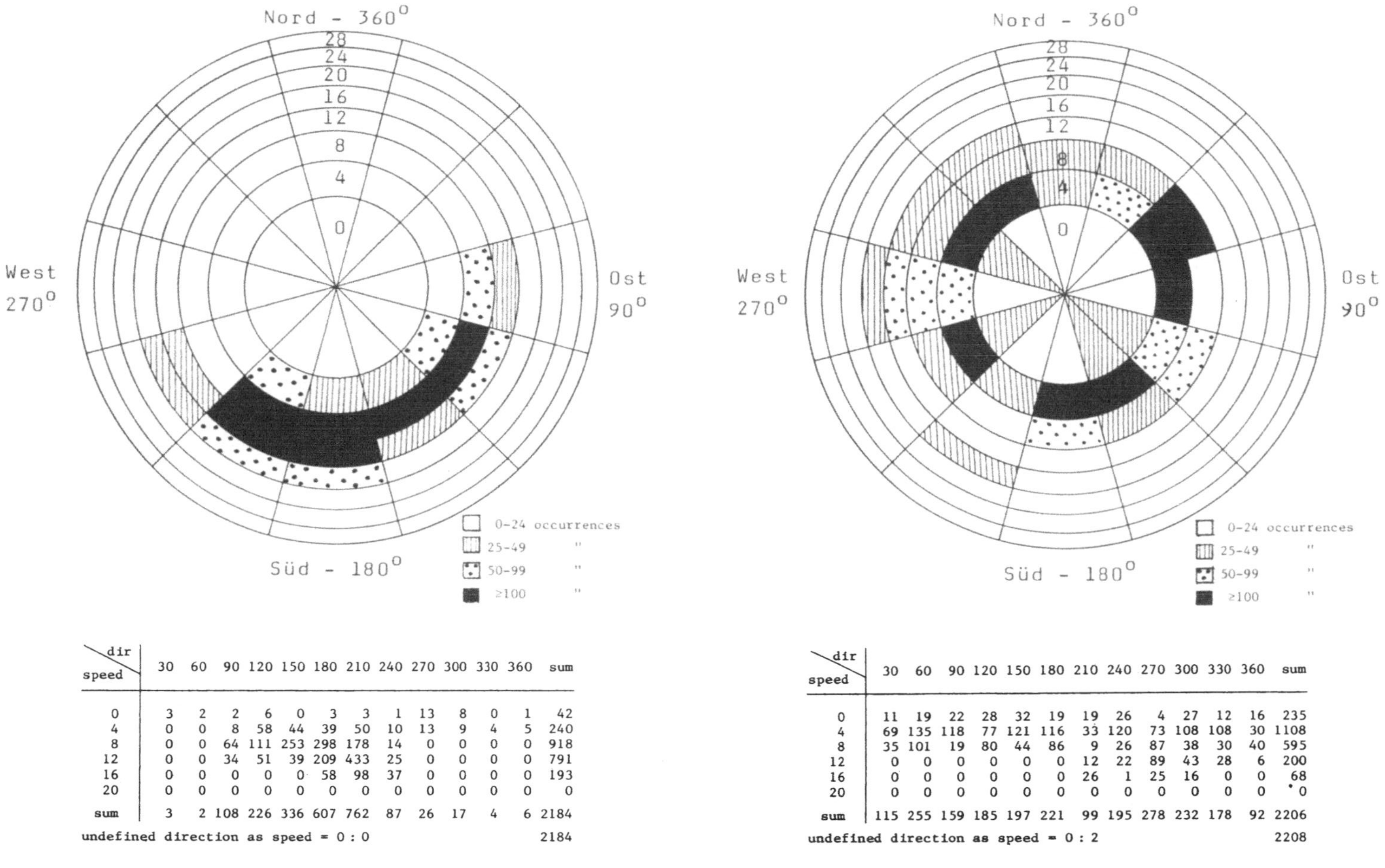

(a) Sommer 1971/72

dir \ speed	30	60	90	120	150	180	210	240	270	300	330	360	sum
0	3	2	2	6	0	3	3	1	13	8	0	1	42
4	0	0	8	58	44	39	50	10	13	9	4	5	240
8	0	0	64	111	253	298	178	14	0	0	0	0	918
12	0	0	34	51	39	209	433	25	0	0	0	0	791
16	0	0	0	0	0	58	98	37	0	0	0	0	193
20	0	0	0	0	0	0	0	0	0	0	0	0	0
sum	3	2	108	226	336	607	762	87	26	17	4	6	2184

undefined direction as speed = 0 : 0   2184

(b) Winter 1971

dir \ speed	30	60	90	120	150	180	210	240	270	300	330	360	sum
0	11	19	22	28	32	19	19	26	4	27	12	16	235
4	69	135	118	77	121	116	33	120	73	108	108	30	1108
8	35	101	19	80	44	86	9	26	87	38	30	40	595
12	0	0	0	0	0	0	12	22	89	43	28	6	200
16	0	0	0	0	0	0	26	1	25	16	0	0	68
20	0	0	0	0	0	0	0	0	0	0	0	0	0
sum	115	255	159	185	197	221	99	195	278	232	178	92	2206

undefined direction as speed = 0 : 2   2208

Fig. 2 Absolute Häufigkeiten von Windrichtung und -geschwindigkeit in der geostrophischen Komponente ($\underline{g}_t$)

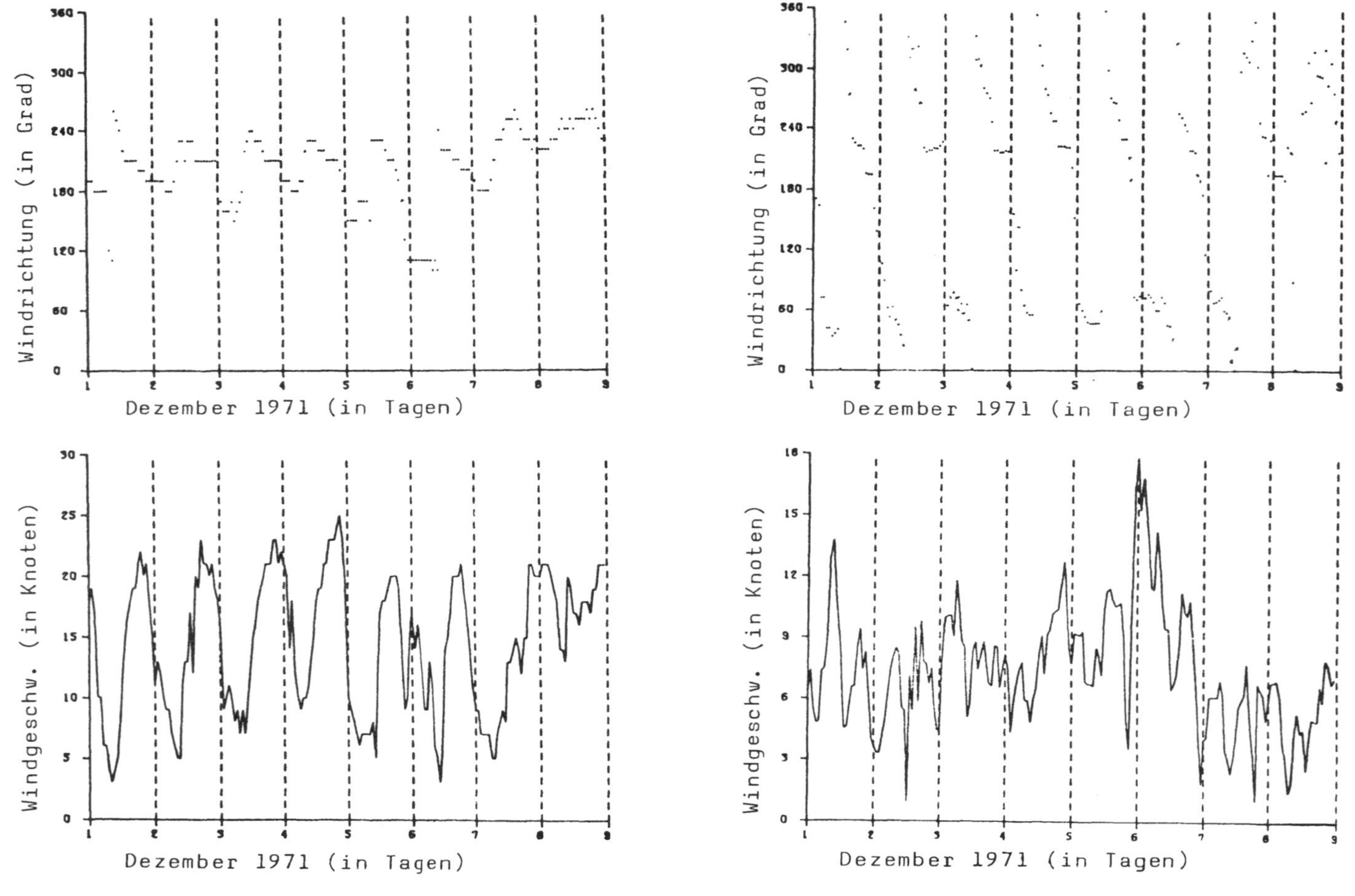

Fig. 3 Windreihe ($\underline{w}_t$) für den Zeitraum vom 1. bis 8. Dezember 1971

Fig. 4 Lokale Komponente ($\underline{d}_t$) für den Zeitraum vom 1. bis 8. Dezember 1971

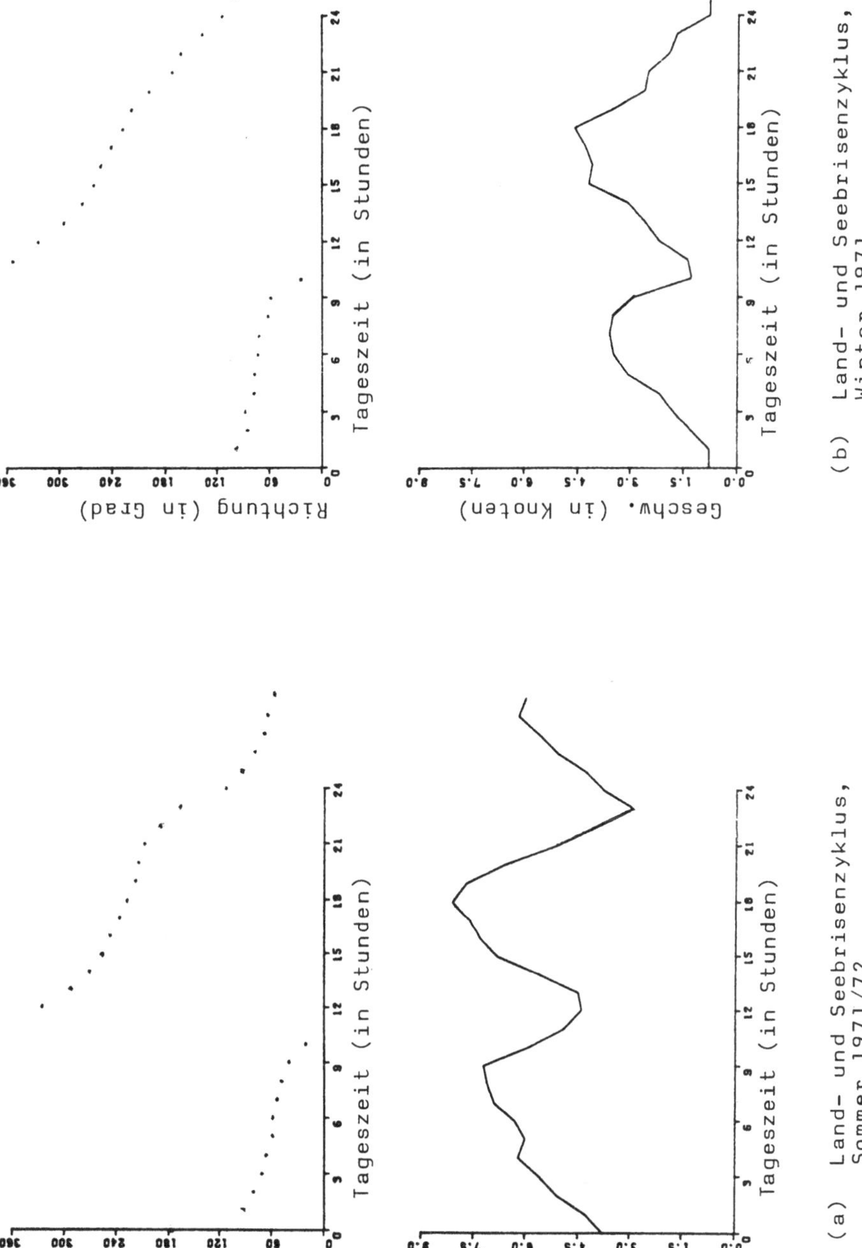

Fig. 5 (a) Land- und Seebrisenzyklus, Sommer 1971/72

(b) Land- und Seebrisenzyklus, Winter 1971

<u>COMPUTERSIMULATION DES BAUMSTERBENS</u>

Hartmut Bossel, Roland Kretschmer, Heiner Schäfer
Forschungsgruppe Umweltsysteme und
Interdisziplinäre Arbeitsgruppe Mathematisierung
Gesamthochschule/Universität, D-3500 Kassel

DAS BAUMSTERBEN: EIN SYSTEM-PHÄNOMEN

'Neuartige' Waldschäden führen in Mitteleuropa zu einem Waldsterben bisher unbekannten Ausmaßes. Als primäre Ursache müssen Schadstoffe in der Luft gelten, wobei es bisher nicht gelungen ist, einen bestimmten Schadstoff als Verursacher zu isolieren. Weiter ist bisher umstritten, ob die Schädigung primär über die Wurzeln oder über die Blattorgane erfolgt (s. z.B. HATZFELDT 1983, RAT/UMWELTFRAGEN 1983, KATALYSE 1983). Die Ähnlichkeit der auf sehr unterschiedlichen Standorten beobachteten Symptome deutet jedoch auf eine fortschreitende, und schließlich tödliche Beeinträchtigung der Funktionsfähigkeit des dynamischen Systems Baum. Sie äußert sich in langjährigen Zuwachsverlusten, vorzeitigem Laubabwurf, hohen Feinwurzelverlusten und schließlich raschem Zusammenbruch.

SYSTEMDARSTELLUNG DES BAUMS

Der Baum kann als ein komplexes System mit Aufnahmeorganen für Nährstoffe und Wasser (Feinwurzeln), mit Assimilationsorganen zur Produktion von Assimilaten aus Kohlendioxid und Sonnenenergie (Blättern), mit Speichern und Leitungsbahnen dargestellt werden. Diese Komponenten sind auf relativ komplexe Weise miteinander verknüpft, so daß sich eine große Zahl von Rückkopplungskreisen ergibt, die die Dynamik des Systems bestimmen. Das System unterliegt außerdem einer jahreszeitlichen Dynamik, die von den Einstrahlungsverhältnissen sowie der Luft- und Bodentemperatur bestimmt wird.

Die Systemkomponenten eines Baums und ihre Verkopplungen wurden unter Verwendung der Daten für Fichte (picea abies) in einem dynamischen Simulationsmodell dargestellt. Das Modell wurde in der blockorientierten ASS-Symbolsprache entworfen (HUDETZ 1977, BOSSEL 1981, 1984) und zunächst mit dem DYNAMO-ähnlichen DYSYS-Verfahren (BOSSEL 1983) auf verschiedenen Mikrocomputern, später auch mit ASS auf einem Großrechner implementiert. (Bei ASS entfällt die Programmierung, da das Simulationsdiagramm (Blöcke und Verbindungen) direkt in den Rechner eingegeben wird.) Das Modell enthält 5 (14) Zustandsgrößen (bzw. Differentialgleichungen), 19 Parameter, 8 (Tabellen)Funktionen und 43 Zwischengrößen.

Die die Dynamik bestimmende Struktur ist in Abb. 1 gezeigt. Man erkennt hier die normalerweise zu weiterem Wachstum führenden positiven Rückkopplungen. Lediglich der dämpfende Effekt der genetisch begrenzten Laubmenge verhindert, daß der Baum 'in den Himmel wächst'. Wird dieses System an einem der möglichen Angriffspunkte geschädigt, so führen ab einer gewissen Beeinträchtigung die Rückkopplungen zu einem beschleunigten Verfall.

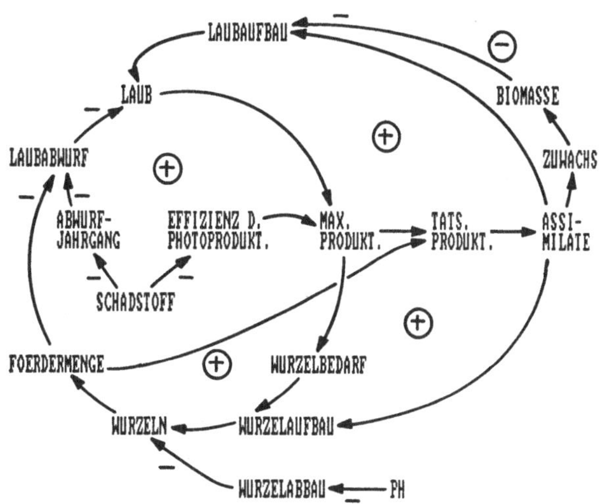

Abb. 1 - Rückkopplungskreise der Wachstumsdynamik des Baums

Die Laubmenge hat Zugänge durch den Neuaustrieb von Blättern und Abgänge durch den normalen Blattabwurf. Ein weiterer Laubabwurf kann auftreten durch Unterversorgung für die Atmung bei Assimilatmangel sowie durch eingeschränkte Wasser- und Nährstoffversorgung, wenn die Förderleistung der Feinwurzeln nicht ausreichen sollte.

Die Photosynthese-Effizienz der Blätter reduziert sich allmählich mit ihrem Alter. Nadeln werden abgeworfen, wenn sie eine gewisse Mindesteffizienz unterschritten haben. Die Verringerung dieser Blatteffizienz ist wesentlich von der Schadstoffbelastung der Luft abhängig. Diese bestimmt die Blattalterung und damit auch die Zahl der Nadeljahrgänge, die noch am Baum verbleiben.

Aus dem Produkt der Laubmenge und der mittleren Blatteffizienz ergibt sich die maximal mögliche Photoproduktion des Laubs. Diese setzt jedoch eine gewisse Förderleistung der Feinwurzeln und damit eine bestimmte Wurzelmenge voraus. Durch Vergleich des Feinwurzelbedarfs mit der vorhandenen Feinwurzelmenge ergibt sich ein relativer Wurzelbedarf. Der Assimilatbedarf für die Feinwurzel-Neubildung richtet sich nach diesem relativen Wurzelbedarf sowie nach der Feinwurzel-Abbaurate, die wiederum durch die Wirkung von Schadstoffen im Boden erhöht sein kann. Die Feinwurzelmenge folgt aus der Feinwurzel-Aufbaurate, aus der Abbaurate und aus eventuellen Feinwurzel-Verlusten durch Unterversorgung an Assimilaten für die Feinwurzel-Atmung.

Der tatsächliche Feinwurzel-Bestand bestimmt die Förderleistung der Feinwurzeln an Wasser und Nährstoffen und damit die tatsächliche Assimilatproduktion. Die sich daraus ergebende Akkumulation von Assimilaten wird verringert um den Atmungsbedarf, um die für die Laub- und Feinwurzelbildung benötigten Assimilate und um den eventuellen Biomassezuwachs. Die Verteilung der Assimilate selbst bestimmt sich aus den Anforderungen von Feinwurzeln, Laubneubildung und Atmung. Etwaige Überschüsse gehen in den Biomassezuwachs.

Der Bestand an holziger Biomasse erhöht sich durch den Biomassezuwachs und vermindert sich durch normale Abfallverluste, durch Verdorren bei Trockenheit und durch Verluste bei Unterversorgung mit Atmungsassimilaten. Die Biomassemenge (indirekt das Alter des Baums) bestimmt die Normalmenge des Blattneuaustriebs und damit die Assimilat-Anforderung für die Laubneubildung.

SIMULATIONSERGEBNISSE

Einen Überblick über die Simulationsergebnisse gibt die Abb. 2. Hier ist das dynamische Verhalten in Abhängigkeit vom Ausmaß der Belastung über den Blattpfad (POLL) und über den Bodenpfad (PH) qualitativ wiedergegeben. Es zeigen sich folgende Verhaltensweisen:

(1) Normales Wachstum, wenn Schadstoffbelastungen der Luft und des Bodens fehlen.

(2) Reduziertes Wachstum ohne Zusammenbruch bei unterkritischer Belastung der Blätter oder der Feinwurzeln.

(3) Unaufhaltsamer Zusammenbruch bei Überschreiten bestimmter Belastungswerte entweder der Blätter allein oder der Wurzeln allein oder einer Kombination beider Schadwirkungen mit jeweils unterkritischen Werten (in bezug auf die alleinige Einwirkung). Dabei ist das Zusammenbruchsverhalten unabhängig davon, ob die Einwirkung primär über die Blätter oder über die Wurzeln erfolgt.

(4) Mögliche Erholung bedrohter Bäume durch rechtzeitige und starke Rücknahme der Belastung (unteres Bild in Abb. 2).

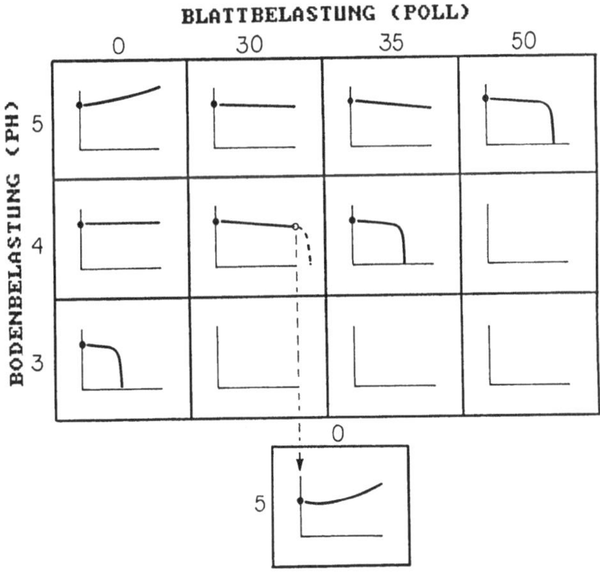

Abb. 2 - Überblick über die Simulationsergebnisse

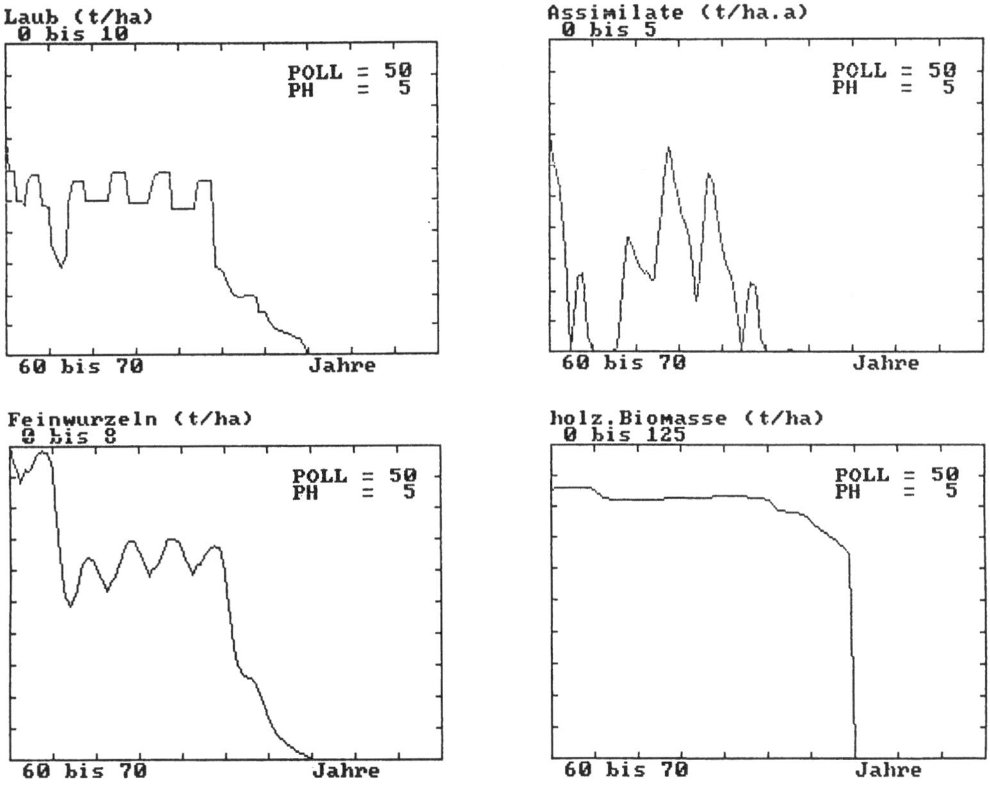

Abb. 3 - Simulationsbeispiel: Zusammenbruch bei starker Belastung

Die Zusammenbruchsdynamik ist für ein Simulationsbeispiel in Abb. 3 wiedergegeben. Hier zeigt sich etwa zwei Jahre nach Beginn einer starken Blattbelastung ein starker Rückgang bei der Assimilatbildung und im Feinwurzelbestand. Der Baum scheint sich aber zunächst noch zu stabilisieren, bevor er dann nach etwa fünf Jahren mit raschem gleichzeitigen Feinwurzel- und Laubverlust zusammenbricht. Auch andere Läufe zeigen oft eine Stabilisierung über mehrere Jahre bei fehlendem Zuwachs und reduzierter Laub- und Feinwurzelmenge, bevor bei weiterem Anhalten oder Anwachsen der Belastung der Baum zusammenbricht.

Die Ergebnisse der Untersuchung decken sich in ihren wesentlichen Aussagen mit den Beobachtungen. Sie zeigen, daß 'unerklärliches' Verhalten auch aus dem Zusammenspiel bekannter Systemkomponenten resultieren kann, und sie verdeutlichen damit den Systemcharakter des Baumsterbens.

Das Modell und seine Ergebnisse sind in einem ausführlichen Bericht dokumentiert worden (BOSSEL/METZLER 1984).

LITERATUR:

H. Hatzfeldt (Hg.): Stirbt der Wald? C.F. Müller, Karlsruhe 1983.

Rat der Sachverständigen für Umweltfragen: Waldschäden und Luftverunreinigungen. Kohlhammer, Stuttgart 1983.

Katalyse Umweltgruppe: Das Waldsterben - Ursachen, Folgen, Gegenmaßnahmen. Verlag Kölner Volksblatt, Köln 1983.

W. Hudetz: Construction of dynamic system models using interactive graphics. In H. Bossel: Concepts and Tools of Computer-Assisted Policy Analysis. Birkhäuser, Basel 1977, S. 266-299.

H. Bossel: Dynamische Simulation mit dem Modellerstellungsprogramm ASS. In L. Albertin, N. Müller: Umfassende Modellierung regionaler Systeme - Probleme, Modelle, Praxisbezug. ISR/TÜV Rheinland 1981, S. 136-144.

H. Bossel: Ökodynamik und Ökosimulation - 30 Simulationsmodelle für Mikrocomputer. Te-Wi Verlag, München 1984 (in Vorb.).

H. Bossel: DYSYS - A BASIC program for the simulation of dynamic systems on small microcomputers. Resource Policy Center, Dartmouth College N.H. USA und Forschungsgruppe Umweltsysteme, Gesamthochschule Kassel 1983.

H. Bossel, W. Metzler (Hg.): Dynamik des Waldsterbens - Systemmodelle und Computersimulation. Interdisziplinäre Arbeitsgruppe Mathematisierung (IAGM), Gesamthochschule Kassel 1984.

ZUM BEDARF AN METHODENVIELFALT
IM BEREICH DER ENTSCHEIDUNGSUNTERSTÜTZENDEN SIMULATION

K.-H. Simon

Forschungsgruppe Umweltsysteme
Interdisziplinäre Arbeitsgruppe Mathematisierung
Gesamthochschule/Universität, 35 Kassel

1. Hintergrund und Thesen

Bereits Anfang der 70er Jahre legten M. Mesarovic et al (1970) den sogenannten Mehrebenensystemansatz vor, eine Konzeption, die insbesondere
von E. Jantsch (1974) für die Planungsmethodik bzw. allgemeine Erklä-
rungsversuche aufgegriffen wurde. In dieser Konzeption wird davon ausgegangen, daß gerade im Umfeld sozio-ökonomischer Systeme - aber nicht
nur dort - die Methodik sich auf einen heterogenen Gegenstandsbereich
einlassen muß, und daß es hierbei nicht angebracht ist, nur physikalis-
tische Erklärungs- und Darstellungsmuster zu berücksichtigen. Die Konzeption sieht vor, daß Systeme durch unterschiedliche Ebenen mit unterschiedlichen Charakteristika modelliert werden, Ebenen, die untereinander in Kommunikations- und Austauschbeziehungen stehen, die ansonsten
aber als weitgehend autark angesehen werden können. Neben einer "physikalischen" werden z.B. eine "Entscheidungsebene" und eine "Normenebene"
berücksichtigt. Während auf der Ebene physikalischer Vorgänge Masse-
und Energietransfers eine Rolle spielen sind die Vorgänge auf den anderen Ebenen symbolgesteuerte bzw. informationsverarbeitende.

Insbesondere Jantsch weist darauf hin, daß auf verschiedenen Ebenen unterschiedliche Darstellungs- und Analysemethoden angewandt werden müssen, und daß verschiedene solcher Hierarchien nebeneinander bestehen
können mit grundlegend unterschiedlichen Charakteristiken.

Es wird nun hier von der These ausgegangen, daß dieser Ansatz - in seiner vollen Intention - bislang in der Simulation nur in ersten rudimen-
tären Ansätzen verwendet wird, ergänzt durch eine zweite These, die besagt, daß verschiedene Schwierigkeiten mit der Modellierung komplexer
Systeme durch ein Aufgreifen dieses Ansatzes überwunden werden könnten.

2. Probleme

Zuerst zu den Schwierigkeiten: Sobald Problembereiche angegangen werden,
die nicht eindeutig einem Gegenstandsbereich zugeordnet werden können
und simulativ bearbeitet werden, dann versagen bzw. werden uneffektiv
Methoden, die zwar in einzelwissenschaftlichen Anwendungen sich bewährt
haben, darüber hinaus aber schwerwiegende Restriktionen mit sich bringen.

Eine weitverbreitete Klasse von Simulationsmodellen sind die kybernetischen Flußmodelle, in denen Material-, Energie- und Informationsflüsse
über Netze aus Knoten und Verbindungen modelliert werden. Diese Modelle
können einen nahezu beliebigen Grad an Komplexität (z.B. in der Anzahl
der Rückkopplungsschleifen) erlangen, weisen aber sehr wenige Elemente
auf, mit deren Hilfe Strukturveränderungen, logische Verknüpfungen und
andere "symbolgesteuerte" Vorgänge einbezogen werden können. Bezogen
auf die Ausgangskonzeption heißt das, daß zwar eine physikalische Ebene
mit den dort angesiedelten Verknüpfungen gut behandelt werden kann, daß
aber andersgeartete Probleme durch diese Methode nicht unterstützt werden. Durch das Repräsentationsmittel "Flußnetz" kommt aber eine wichtige Spezialisierung ins Spiel, nämlich die Kategorie der Zeit bzw. die
Eigenschaft der "Dynamik". In der Regel enthalten solche Modelle eine
"externe Zeitquelle", mit der die im Modell angelegte Dynamik "sichtbar" gemacht wird. Dabei handelt es sich zudem um eine definierende Eigenschaft für Simulation, was aber nicht heißen muß, daß nicht Simulationsmodelle auch aus Teilen mit anderen Eigenschaften bestehen können.

Nun zur anderen Modellklasse, die als informationsverarbeitende bezeichnet wird, ohne daß dies hier begründet werden soll. Die Grundbestandtei-
le dieser Modelle sind nicht notwendig zeitlichen Abläufen zugeordnet,
auch wenn das nicht heißen muß, daß sie nicht sinnvoll in Zeitabläufe
eingebettet werden können. Dem Wesen nach liegen solche Abläufe eher
den Deduktionen der formalen Logik nahe, die - von einigen Kalkülen der
temporären Logik abgesehen - ohne Zeitindizierung auskommen. Im Gegensatz zur anderen Modellklasse lassen sich hier leicht strukturelle Elemente einführen, logische Verzweigungen und formale Schluß- und Produk-
tionsregeln. Praktisch gar nicht, bzw. nur mit erheblichen Aufwand, sind
in solchen Modellen quantitative Relationen zu fassen, wo z.B. gegen-
läufige Tendenzen gegeben sind.

3. Ansätze

Ich greife nun den anderen Punkt, sozusagen die technische Seite des
Problems, auf. Angesichts der geschilderten Probleme gibt es einige
Versuche der Kombination verschiedenartiger Methoden in Simulations-
studien, einer Kombination die - soviel sollte klar sein - noch vor der
Unterscheidung von kontinuierlichen vs. diskreten Modellteilen angesie-
delt ist. Einige Beispiele:

In unserem Zusammenhang ist ein Ansatz von H. Apel (1976) interessant,
in dem sich Unterschiede im Modellierungsmaterial in der Ausweisung von
"harten" und "weichen" Modellteilen niederschlagen, für die unterschiedliche Grade an Sicherheit und Zuverlässigkeit der erfaßten Beziehungen
gelten.

Aus dem Weltmodellprojekt von E. Pestel und M. Mesarovic gingen Ansätze
hervor, in denen versucht wird, die quasiphysikalischen Strukturen durch
solche der Informationsverarbeitung zu ergänzen. Eine als Beispiel ge-
dachte Anwendung ergänzt das WORLD2-Modell durch ein Entscheidungsmo-
dell. Dieses bewertet den Zustand der "Welt" mittels eines Satzes von
Orientierungsdimensionen (sog. "Orientoren") und steuert das Modell
durch Eingriffe nach unterschiedlichen zeitlichen Prioritäten.

In jüngerer Zeit wurde im Umfeld der Arbeiten an MaB6 von W.D. Grossmann eine Methode vorgestellt, wie durch eine Kombination von kybernetischen Modellen mit flächenbezogenen Datenbanken bzw. Optimierungsmo-
dellen das Problem der Verifizierung von Modellen angegangen werden
kann. Die kybernetischen Modelle erlauben ihm, eine Vielzahl von Beziehungen zwischen Daten in ihrem dynamischen Zusammenspiel wiederzugeben, mit der Datenbank kann er aber darüber hinaus größere Mengen von
Bodenparametern und Flächendaten - diese nur mit minimalen Verknüpfungs-
hinweisen versehen - ergänzend einsetzen.

In der Arbeit am Waldmodell der IAGM (1984) ist eine weitere Möglichkeit aufgezeigt worden, heterogene Modellelemente zu verbinden. Dort
ist der größte Teil des Gesamtmodells ebenfalls eines der kybernetischen Modellklasse. Bei der Modellierung der Bodenverh ltnisse werden
jedoch Konzentrationen verschiedener Stoffe über ein iteratives Verfahren ermittelt, welches zu bestimmten Simulationszeitpunkten eingesetzt
wird, selbst aber nicht "zeitlicher Natur" ist.

4. Schluß

Soweit einige Beispiele zu Ansätzen, die sich auf die Heterogenität der
Modellobjekte mit "Methodenvielfalt" einstellen. Es zeigt sich, daß dieser Bedarf nicht nur bei sozio-ökonomischen Modellen auftreten kann,
sondern bereits bei ökologischen Modellen. Allerdings muß darauf geach-
tet werden, daß zwischen der "Modellierungsökonomie" bzw. der aktuellen
Datenlage auf der einen Seite, und dem Zwang, der aus der Sache selbst
resultiert auf der anderen Seite, unterschieden wird. Oftmals ist es
nötig, Modellteile als black-boxes zu formulieren, weil zu wenig Informationen über die tatsächlichen Abläufe vorliegen. Es könnten aber über
die black-boxes auch bereits heterogene Elemente in die Modelle hinein-
getragen werden. In diesem Zusammenhang wäre es interessant zu prüfen,
inwieweit in traditionellen system-dynamics-Modellen nicht viele der
Tabellenfunktionen als black-boxes dieser Art angesehen werden müssen.

Zur oben angedeuteten zweiten These kann zusammenfassend folgendes gesagt werden: Wenn akzeptiert ist, daß ein Teil der Probleme mit der adäquaten Modellierung und Simulation komplexer Systeme von der Heterogenität des Objektes herrührt, dann liegt es nahe, sich mit den Modellie-
rungsmitteln darauf einzustellen. Einige Ansätze dazu gibt es. Nach meiner Meinung   sind diese aber noch nicht ausreichend und es sollte
verstärkt in diese Richtung gearbeitet werden. Es ließe sich ein höherer
Grad an Adäquatheit erreichen und es könnten sich Kommunikationsprobleme
zwischen Fachwissenschaftlern (quasi als Nebeneffekt) lösen lassen. Darüber hinaus aber bestünde die Chance, neue Anwendungsgebiete zu erschließen, in denen bisher das Instrument der Simulation nicht geeignet
erscheint. En avant ...

5. Software

Als Ergänzung noch einige Hinweise zur Softwareseite. Leider ist z.Z.
nach meinem Wissen kein Simulator zu haben, der die skizzierte Heterogenität unterstützen würde. Bei der Kombination verschiedenartiger Pakete (z.B. DYNAMO mit einer Datenbank oder einem Expertensystem) sind
neben technischen Probleme auch die sehr hohen Kosten zu überwinden.
An der GhKassel wird daran gearbeitet, ein Nachfolgesystem für das
bisher eingesetzte "Allgemeine Simulationssystem" (ASS) zu erstellen,
das zumindest die Kombination von kontinuierlichen, kybernetischen Mo-

dellteilen mit solchen, die iterativ Lösungen ermitteln, ermöglichen
soll (DYSS - Dynamische Systemsimulation ...). Zu dem Bereich der orien-
torenbezogenen Steuerung von Systemen gibt es umfangreiche Vorarbeiten
und ein Programmpaket DEDUC zur Verarbeitung von Sachverhaltsbeschrei-
bungen und Werte-(Normen-) eziehungen. Allerdings ist ein weiterer
schritt, nämlich die Kopplung mit kybernetischen Modellen, hier noch
nicht vollzogen.

Literatur

Apel, H. (1976) Simulation sozio-ökonomischer Zusammenhänge - Kritik
        und Modifikation von System Dynamics. Diss. Frankfurt.
Bossel, H.; Strobel, M. (1978) Experiments with an "intelligent"
        world model. In: Futures, June 1978, S. 191-212.
Deutsches Nationalkommitee für das UNESCO Programm MaB (Hrsg.)
        Ökosystemforschung Berchtesgaden. In: MaB-Mitteilungen Nr. 16
        und Nr. 17. Bonn.
IAGM (1984) Projektunterlagen des Ökosimulationsprojektes der Inter-
        disziplinären Arbeitsgruppe Mathematisierung. - unveröffentl. -
Jantsch E. (1974) Technological planning and social futures. London.
Mesarovic, M.; Pestel, E. (1977) Menscheit am Wendepunkt. Reinbeck.
Mesarovic, M. et al (1970) Theory of hierarchical, mulitlevel systems.
        New York.
vgl. auch
Bossel, H. et al (1983) Kognitive Systemanalyse. Projektbericht in
        3 Bänden. ISP Hannover.

<u>Systemsimulation als Entscheidungshilfe im Umweltbereich</u>

Dr.Kurt Fedra
IIASA, A-2361 Laxenburg, Austria

<u>EINLEITUNG</u>

Numerische Simulationsmodelle stellen im Umweltbereich -- im Schnittpunkt zahlreicher Wissenschaftsdisziplinen wie Ökologie, Raum- und Regionalplanung, und den Ingenieurwissenschaften mit dem politischen und sozio-ökonomischem Bereich -- ein attraktives Forschungs- und Planungsinstrument noch kaum auch nur andeutungsweise ausgeschöpfter Möglichkeiten dar. Der praktischen Anwendbarkeit dieses Instrumentariums stehen dabei zwei wesentlichen Gruppen von Problemen gegenüber, die einerseits Formulierung, Angemessenheit und Glaubwürdigkeit, und andererseits Interpretation und Kommunikation formaler Modelle betreffen.

<u>UNGENAUIGKEIT UND DATENMANGEL</u>

Zum Ersten sind Modellbildung, Parametrisierung, und Validierung für einen Anwendungsbereich, der durch besondere Komplexität, Dynamik, das Fehlen ausreichender Beobachtungsdaten, Datenungenauigkeit und vielfach das Fehlen gesicherter theoretischer Grundlagen charakterisiert ist, mit zahlreichen methodischen Problemen behaftet.

Für Systemidentifikation und Kalibrierung von Modellen unter Datenmangel und Datenungenauigkeit eignen sich besonders Monte Carlo Methoden, die die klassischen auf Optimierung basierten Modellidentifizierungs- und Parameter Schätzverfahren durch ein wesentlich flexibleres problemorientiertes Verfahren ersetzen. Dabei wird eine aus Beobachtungsdaten und theoretischen Überlegungen definierte Gruppe von Bedingungen, die ein akkzeptables Modellverhalten beschreiben, aufgestellt; eine vorgegebene Modellstruktur wird nun durch oftmaliges Besammeln eines ebenfalls a priori festgelegten

Parameterraumes -- einer Menge zulässiger Parameterbereiche -- und
nachfolgende Simulation wiederholt getestet. Die Ergebnisse der Simulation im Vergleich mit den vorgegebenen Verhaltenskriterien liefern
eine oder mehrere zulässige (im Gegensatz zu optimalen) Parameterkombinationen. Daneben erlaubt das Verfahren Rückschlüsse auf geeignete
Modellstrukturen -- nämlich jene, für die zulässige Parameterkombinationen gefunden werden können. Damit kann es iterativ zur Systemidentifikation verwendet werden. Dabei reflektiert die Streuung der Ergebnisse -- also die Vielfalt der zulässigen Parameterkombinationen und
möglicherweise Modellstrukturen -- die ursprüngliche Ungenauigkeit in
der Definition des zulässigen Modellverhaltens, also der empirischen
Grundlage von Modellbildung und Kalibrierung. Für Vorhersagen oder
Extrapolationen auf Basis dieser Modell- und Parametervielfalt lässt
sich dabei zeigen, dass die resultierende Streuung mit dem Grad der
Extrapolation und, bei dynamischen Modellen, mit der Zeit zunimmt. Die
Genauigkeit einer Vorhersage bzw. ihre Streuungsbreite kann somit zu
einem wesentlichen Teil der Vorhersage gemacht werden (FEDRA 1982).

KOMMUNIKATION UND IMPLEMENTIERUNG

Die praktische Anwendung solcher Modelle im institutionellen und
realpolitischen Bereich erfordert nun neue Methoden der Kommunikation
und Interpretation. Zur Modellungenauigkeit kommt bei der praktischen
planerischen und umweltpolitischen Anwendung auch die Problematik plu-
ralistischer Wertsysteme und divergierender subjektiver Wahrnehmung,
etwa im Bereich der Umweltqualität, wenn Simulationsmodelle als
Entscheidungsgrundlagen verwendet werden sollen.

Hier können interaktive Verfahren, die dem Modellbenutzer eine unmittelbare und bestimmende Rolle einräumen, die Akkzeptanz von Modellen und Modellergebnissen wesentlich beeinflussen. Dazu ist die
Verwendung einer auf einen heterogenen Benutzerkreis abgestimmten
Mensch-Maschinen Schnittstelle notwendig, die einen einfachen, rasch
zu erlernenden, und weitgehend fehlerkorrigierenden Zugang zu den
verwendeten Modellen erlaubt. Wesentliche Elemente solcher Steuerpro-
gramme sind Dialogverfahren und Menüs, interaktive Graphik, und
linguistische Ausgabeformate -- etwa auf der Basis unscharfer Mengen,
die die Darstellung numerischer Simulationsergebnisse und ihrer Streuung in der anschaulicheren Form verbaler Beschreibung erlauben (FEDRA
und LOUCKS, 1984).

EIN ANWENDUNGSBEISPIEL
____

   Zur Beschreibung der Wechselwirkung zwischen Regionalentwicklung
und Umweltqualität im Gebiet des Neusiedlersees wurde ein System interaktiver Simulationsprogramme entwickelt (FEDRA 1983). Die Programme dienen der Einordnung vorhandener Information in ein formales
Bezugssystem und der numerischen Experimentation. Sie erlauben die
Simulation und vergleichenden Analyse von Szenarien, wie sie sich etwa
aus alternativen Entwicklungen des Fremdenverkehrs, der
Landwirtschaft, oder der Abwasserreinigungsmassnahmen ergeben.

   Das Programmsystem beschreibt die Belastungen des Sees aus 46 um-
liegenden Gemeinden des Einzugsgebietes, und die daraus resultierende
Gewässergüte, ausgedrückt in Algenbiomasse, organischem Detritus, und
gelösten Nährstoffen. Im Programm dargestellt werden diffuse wie
punktförmige Quellen, d.h., wind- und wasserbedingte Erosion des
Bodens, kommunale, gewerbliche, und industrielle Abwässer, deren Erfassung und Reinigung in den vorhandenen Kläranlagen, der Transport
der Nährstoffe zum See, die Wechselwirkung zwischen Schilfgürtel und
offenem See, und die Wechselwirkung zwischen Sedimenten und
Wasserkörper. Neben der Erfassung des Nährstoffes Phosphor und dem
Nährstoffkreislauf des Systems Schilf/See schätzt das Modell auch die
Entwicklung des Fremdenverkehrs sowie Einnahmen aus dem Fremden-
verkehr, die Kosten der Abwasserbeseitigung, und schliesslich Kosten
sowie zu erwartende Effekte einer Schilfbewirtschaftung ab.

   Der Benutzer hat die Möglichkeit, in einem interaktiven Dialogverfahren zahlreiche Kontrollgrössen (wie etwa Art und Flächenanteile der
Landnutzung; Schilfbewirtschaftung, oder im Fremdenverkehrsbereich
Betten- bzw. Besucherkapazitäten) zu verändern, und die Auswirkung
solcher Massnahmen auf das Systemverhalten über mehrere Jahre zu simulieren. Derartige Szenarien aus der Überlagerung des autonomen Systemverhaltens (weitgehend auf einfache Trendextrapolationen aufgebaut)
und vom Benutzer definierten Steuermassnahmen können dann über die vom
Simulationssystem verwaltete Datenbank mit geeigneten statistischen
Verfahren verglichen und weiter ausgewertet werden.

   Neben dem primär alphanumerisch orientierten Dialogverfahren
verwendet das Simulationssystem auch interaktive Graphik (auf einem
optionellen zweiten Bildschirm) zur Darstellung geographisch organi-
isierter Information, sowie eine auf der Basis unscharfer Mengen kon-

struierte qualitative Beschreibung der Gewässergüte.

Dieses Simulationssystem ist modular aufgebaut (Abbildung 1). Ein interaktives Kontroll- und Rahmenprogramm steuert den Gesamtablauf und besorgt die Kommunikation mit dem Benutzer; es ist auf die Verwendung durch den Nicht-Fachmann, ohne Kenntnis einer Programmiersprache zugeschnitten. Durch Menütechniken und die Überprüfung von Einga- bewerten auf ihre Plausibilität sowie entsprechende korrigierende Rückmeldungen an den Benutzer wird ein hohes Mass an Benutzerfreundli- chkeit erreicht. Das Erlernen der mehr oder weniger formalen "Sprache" des Simulationsystems wird damit durch das System selbst unterstützt.

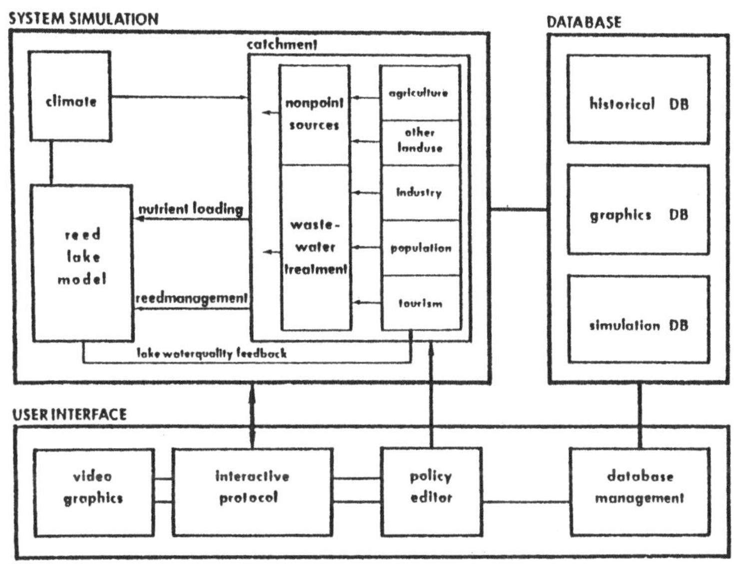

Abbildung 1: Haupbestandteile und Struktur des Simulationssystems.

Alle für die Beschreibung von See und Einzugsgebiet durchgeführten Berechnungen sind höchst einfach, oft lineare Ansätze, wobei bei vielen Prozesses ein "Rauschen" mit Zufallszahlen überlagert wird. In vielen Fällen wird darüberhinaus anstelle der üblichen funktionalen Zusammenhänge eine tabellarisch regelartige Zuordnung, zum Teil im Sinne von ZADEH's (1973) fuzzy algorithms, verwendet. Dabei kann Ex- pertenwissen und Erfahrung auch in semiquantitativer oder qualitativer Form verwertet werden. Derartige Zuordnungen können für beliebig viele (oder wenige) Bereichspaare erfolgen; auch können dabei Qualifika- tionen wie etwa "sehr", "wenig", "mehr oder weniger" usw. verwendet werden, die mit Hilfe der Regeln der fuzzy logic (ZADEH 1973) und vor- gegebenen Definitionen der linguistischen Variablen und Qualifikationen in numerischen Äquivalente übertragen werden können (JOWITT and LUMBERS, 1982; NACHTNEBEL et al., 1982; FEDRA 1983).

Die in den Berechnungen des Modellsystems verwendeten Koeffizienten stammen entweder aus der Literatur, aus der Analyse empirischer Daten -- so lässt sich zum Beispiel aus den vorhandenen Fremdenverkehrstatistiken zeigen, dass ein Zusammenhang zwischen der Zahl der Übernachtungen pro Bett und der Zahl der Betten im nächsten Jahr besteht -- oder sind Schätzwerte und Expertenmeinung.

Die hypothetische Natur vieler im Modell enthaltenen Annahmen unterstreicht eine der Verwendungsmöglichkeiten dieser Art von Simulation: die numerische Überprüfung der Plausibilität solcher Annahmen, die sich sowohl auf die Koeffizienten als auch auf die Struktur des Modells erstreckt. Simulationsmodelle lassen sich damit zum Testen komplizierter Hypothesen über das Verhalten von der Experimentation nicht unmittelbar zugänglichen Systemen verwenden (FEDRA, 1981), und dienen dabei zur spielerischen Überprüfung mentaler Modelle, der Strukturierung und Formalisierung von Problemen, und als Diskussionsgrundlage.

ZITIERTE LITERATUR

Fedra,K. (1981) Pelagic Foodweb Analysis: Hypothesis Testing by Simulation. Kieler Meeresforsch., Sonderh.5, 249-258.

Fedra,K. (1982) Environmental Modeling Under Uncertainty: Monte Carlo Simulation. RR-83-28, 78pp, International Institute for Applied Systems Analysis, IIASA, A-2361 Laxenburg, Austria.

Fedra, K. (1983) Interactive Water Quality Simulation in a Regional Framework: a management oriented approach to lake and watershed modeling. Ecological Modelling 21 (1983/84) 209-232.

Fedra,K. and Loucks,D.P. (1984) Interactive Computer Technology for Policy Modeling. Water Resources Research (in press).

Nachtnebel, H.P., Duckstein,L. and Bogardi,I. 1982 Evaluation of conflicting regional water requirements: an Austrian case study. In: Optimal Allocation of Water Resources (Proceedings of the Exeter Symposium, July 1982) IAHS Publ. 135, 265-274.

Jowitt, P.W. and Lumbers,J.P. 1982 Water quality objectives, discharge standards and fuzzy logic. In: Optimal Allocation of Water Resources (Proceedings of the Exeter Symposium, July 1982) IAHS Publ. 135, 241-250.

Zadeh,L.A. 1973 Outline of a New Approach to the Analysis of Complex Systems and Decision Processes. IEEE Transactions, SMC-3,1, 28-44.

<u>POLYOPTIMIERUNG UND STOCHASTISCHE SIMULATION FUER DIE ANALYSE</u>
<u>REGIONALER WASSERWIRTSCHAFTLICHER STRATEGIEN IN BRAUNKOHLEBERG-</u>
<u>BAUGEBIETEN</u>

S. Kaden
Institute for Applied Systems Analysis
Laxenburg/Austria

<u>EINLEITUNG</u>

Am Internationalen Institut für Angewandte Systemanalyse wird das Projekt "Regionale wasserwirtschaftliche Strategien" bearbeitet. Im Mittelpunkt des Interesses stehen Gebiete, die durch komplexe Wechselbeziehungen zwischen der sozio-ökonomischen Entwicklung und der Entwicklung der Umwelt - insbesondere der Grund- und Oberflächenwasserressourcen - gekennzeichnet sind.

Langfristige wasserwirtschaftliche Strategien in Konfliktgebieten müssen auf gesamtvolkswirtschaftlich effektive Lösungen orientieren und zugleich dazu beitragen, Konflikte zwischen Interessengruppen abzubauen bzw. Kompromißlösungen zu finden. Es sind geeignete computergestützte Methoden zu entwickeln, die wissenschaftlich fundiert und zugleich hinreichend vereinfacht als Entscheidungshilfsmittel eingesetzt werden können.

Eines der prägnantesten Beispiele komplexer sozio-ökonomischer und wasserwirtschaftlicher Wechselbeziehungen sind Braunkohlenabbaugebiete. Die Deutsche Demokratische Republik (DDR) ist mit einem Anteil von etwa 30% der größte Braunkohlenproduzent der Welt. Die jährliche Förderung beträgt gegenwärtig etwa 250 Mill. t. Für die dafür erforderliche Tagebauentwässerung werden 1,5 Mrd. m^3/a Grundwasser gefördert, 1990 wird mit 2,0 Mrd. m^3/a gerechnet. Das entspricht einem Anteil von ca. 20% des stabilen Wasserdargebots der gesamten Republik. Die Folge ist, daß der Braunkohlenbergbau signifikante Umwelt- und Wassernutzungskonflikte auslöst. Betroffene Interessengruppen sind der Bergbau selbst, kommunale und industrielle Wasserversorgung, Landwirtschaft und Umweltschutz. Typische Beispiele für den Braunkohlenbergbaueinfluß sind großräumige Grundwasserabsenkungen mit Nutzungsbeeinträchtigungen für andere Wassernutzer oder zunehmende Infiltrationsverluste aus Vorflutern sowie Güterprobleme aufgrund saurer oder salzhaltiger Tagebauwässer. Für eine ausführliche Problemdarstellung siehe KADEN/LUCKNER, 1984.

Im Rahmen des oben genannten Projekts wird als Fallstudie die Analyse regionaler wasserwirtschaftlicher Strategien in Braunkohlenbergbauge-

bieten für ein Testgebiet in der Deutschen Demokratischen Republik bearbeitet.

BESCHREIBUNG DES TESTGEBIETES

Das Testgebiet befindet sich im Lausitzer Braunkohlenrevier, südöstlich
von Berlin. Es hat eine Fläche von etwa 500 km^2. Bild 1 gibt einen sche-
matischen Überblick.

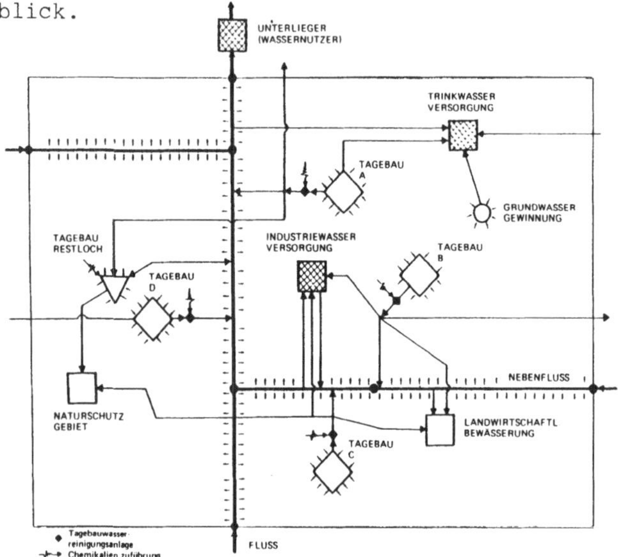

Bild 1. Schematischer Überblick des Testgebietes

Das quartäre Grundwasserleitersystem kann in 3 Grundwasserleiter, getrennt durch Grundwasserstauer (Braunkohle), schematisiert werden. Aus
geohydrochemischer Sicht sind in den oberen Grundwasserleitern Verwit-
terungsprozesse, resultierend in starker Aufsäuerung, von Bedeutung.
Der unterste Grundwasserleiter enthält hoch mineralisiertes Grundwasser.

Das Testgebiet wird von einem Vorfluter mit zwei Nebenflüssen gekreuzt.
Grundwasser- und Oberflächenwasserabfluß sind eng verknüpft (Infiltra-
tion vom Vorfluter oder zum Vorfluter).

Die langfristige regionale Entwicklung im Planungshorizont (50 Jahre)
wird maßgeblich durch 4 Braunkohlentagebaue bestimmt:
- Tagebau A: geht im Planungszeitraum außer Betrieb, das Tagebaurest-
             loch wird als Speicherbecken genützt
- Tagebau B: im gesamten Planungszeitraum in Betrieb, selektive Grund-
             wassergewinnung für Trinkwasser
- Tagebau C: im gesamten Planungszeitraum in Betrieb
- Tagebau D: Inbetriebnahme im Planungszeitraum

Interessengruppen mit signifikantem Wasserbedarf sind ein Industriebe-

trieb, Trinkwasserversorgung und die Landwirtschaft für Bewässerungs-
zwecke. Für Unterlieger (Wassernutzer) ist ein bestimmter Zufluß (und
Wassergüte) zu garantieren. Die folgenden Entscheidungen sind zu berücksichtigen (vgl. Bild 1):
- Wasserverteilung zwischen Tagebauen, Vorflutern, Grundwasser, Tage-
  baurestloch, Wassernutzern und Naturschutzgebiet,
- Chemikalienzufuhr zu den Tagebauwasser-Reinigungsanlagen und zum Tage-
  baurestloch,
- zeitlicher Ablauf der Tagebauentwässerung.

Als Entscheidungskriterien werden berücksichtigt:
- Ökonomie der Tagebauentwässerung und Wasserbereitstellung
- Kosten der Umweltschutzmaßnahmen
- Befriedigung des Wasserbedarfs
- Befriedigung von Umweltkriterien (primär Wassergüte).

METHODISCHES KONZEPT

Die Analyse langfristiger regionaler wasserwirtschaftlicher Strategien
ist ein dynamisches Mehrzielproblem. Bei der Problemformulierung sind
die Unschärfe menschlichen Verhaltens, Unsicherheiten und Ungenauigkei-
ten resultierend aus begrenzter Kenntnis des Systemverhaltens und Mangel an Systemdaten zu berücksichtigen. Die Auswahl effizienter Strategien ist in einen komplizierten Entscheidungsprozeß eingeordnet.

Ziel dieser Fallstudie ist, ein Modellsystem zu entwickeln, das die Realität der Entscheidungsprozesse sowie die Zielstellungen der Interessengruppen reflektiert und die wesentlichen Wechselbeziehungen innerhalb
und zwischen den sozio-ökonomischen und Wasserressourcen-Teilsystemen
erfaßt. Ausgerichtet auf eine Nutzung durch Decisionmaker, sollte die
Modellanwendung unter Nutzung von entscheidungsorientierten Modell-input und -output einschließlich Computergraphik interaktiv gestaltet
werden. Für das vorliegende Problem ist nur ein zeitdiskretes dynamisches
Systemmodell praktikabel. Drei unterschiedliche Zeitschrittweiten werden
unterschieden
- Der Planungshorizont T (etwa 50 Jahre) als Zeitschritt für globale
  Entscheidungskriterien (z.B. Kosten)
- Planungsperioden T_j, j=1....J als Zeitschritt für management/techno-
  logische Entscheidungen
- Managementperioden von einem Monat; monatliche Zeitschritte sind erforderlich für Prozesse mit kurzfristigen Veränderungen wie Oberflä-
  chenwasserabfluß.

Basierend auf diesen Annahmen wird ein heuristisches zwei-ebenen Modellsystem entwickelt:

- <u>Planungsmodell</u> für eine multikriterielle Analyse für alle Planungsperioden im Planungshorizont
- <u>Management Modell</u> für die Simulation des monatlichen Systemverhaltens
  im Planungshorizont.

Bild 2 gibt einen Überblick über die Struktur des Modellsystems.

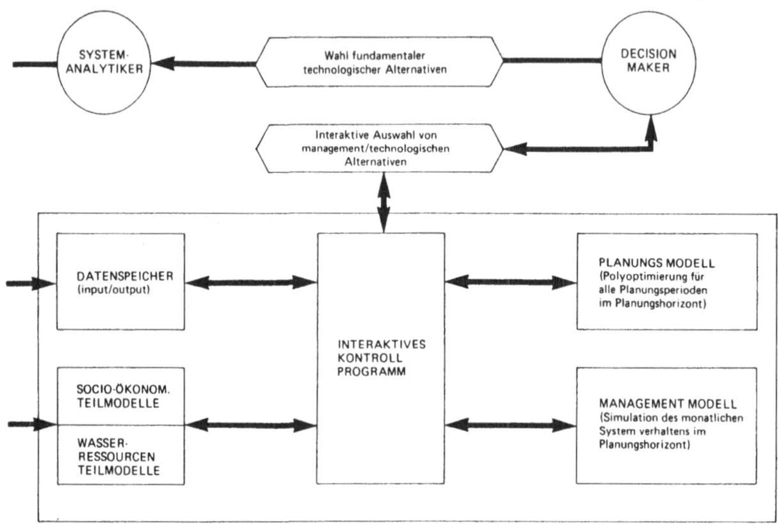

Bild 2. Struktur des Modellsystems

Die Wahl grundsätzlicher technologischer Alternativen (z.B. ja/nein
Entscheidungen über den Bau zusätzlicher Speicher) werden extern durch
die Decisionmaker fixiert, können aber in unterschiedlichen Szenarios
Berücksichtigung finden. Das Modellsystem dient der Analyse kontinuierlicher management/technologischer Entscheidungen in den Planungsperioden.

MATHEMATISCHES MODELL/LÖSUNGSKONZEPT

Eine ausführliche Beschreibung des mathematischen Modells ist bei KADEN,
1984 gegeben.

Für das <u>Planungsmodell</u> wird von einem deterministischen Modell ausgegangen - mit Mittelwerten bzw. Erwartungswerten für alle Modellinputs. Das
<u>Management Modell</u> basiert auf stochastischen Modellinputs und liefert
stochastische Outputs. Grundlage des Planungsmodells ist das Programmpaket DIDASS/N (Grauer und Kaden, 1984), basierend auf dem Referenz-
Punkt-Verfahren (Wierzbicki, 1983).

Ausgehend von "Wunschresultaten" für alle Zielfunktionen der Decisionmaker (Referenzpunkte oder -trajektorien) wird eine effiziente Lösung
(Pareto-Punkt) generiert. Die "beste" Lösung (unter Berücksichtigung
der Referenzen der Decisionmaker) kann interaktiv durch Korrektur der

Referenzpunkte ermittelt werden. Für den Fall einer großen Anzahl von
Zielfunktionen kann diese Prozedur unübersichtlich werden (Problem der
Vergleichbarkeit der Lösungen). Aus diesem Grunde ist vorgesehen, daß
interaktiv eine zu analysierende Teilmenge der Zielfunktionen definiert
wird. Die verbleibenden Zielfunktionen werden als Nebenbedingungen berücksichtigt. Das Planungsmodell wird zuerst angewendet. Ergebnis ist
eine effiziente Lösung für alle Planungsperioden. Die berechneten Entscheidungsvariablen für die Planungsperioden sind dann Grundlage zur
Parameterermittlung deterministischer Bewirtschaftungsregeln für das
Management Modell. Auf dieser Grundlage dient das Management Modell
als ein stochastisches Simulationsmodell für das monatliche Verhalten
des Systems im Planungshorizont. Die Monte-Carlo-Methode wird zur Generierung stochastischer Input-Output-Beziehungen verwendet. Stochastische
Inputs sind unter anderem der Oberflächenwasserzufluß oder der Wasserbedarf. Ergebnis der Simulation sind empirische Verteilungsfunktionen
oder Häufigkeitsverteilungen des monatlichen Systemverhaltens, bzw.
nach Integration, für Planungsperioden. Ein entscheidendes Problem ist
die Konsistenz beider Modelle. Die durch Simulation ermittelten Erwar-
tunswerte der Entscheidungsvariablen müssen den Ergebnissen des Planungsmodells adäquat sein. Voraussetzung dafür ist eine geeignete Konstruktion der Bewirtschaftungsregeln (s. Kaden u.a. (1984)).

LITERATUR

Grauer, M., and Kaden, S. (1984). A nonlinear dynamic interactive decision analysis and support system (DIDASS/N). WP-84-23, International
Institute for Applied Systems Analysis (IIASA), Laxenburg, Austria.

Kaden, S., and Luckner, L. (1984). Groundwater Management in open-pit
lignite mining areas. Int. Symposium on Groundwater Resources Utilization and Contaminant Hydrogeology, Montreal, Canada, May 21-23, 1984,
Proceedings, Vol.I, pp. 69-78.

Kaden, S. u.a. (1984). Water Policies: Regions with Open-Pit Lignite
Mining (Introduction into the IIASA Study). WP-84-nn, International
Institute for Applied Systems Analysis, Laxenburg, Austria.

Wierzbicki, A.P. (1983). A Mathematical Basis for Satisficing Decision
Making. RR-83-7, International Institute for Applied Systems Analysis,
Laxenburg, Austria.

DIE MODELLIERUNG DER WÄRMEÜBERTRAGUNG IM BODENPROFIL AUF EINEM
HYBRIDSYSTEM

Ružena Apalovičová
Elektrotechnische Fakultät der Slowakischen Technischen Hochschule,
812 19 Bratislava, Vazovova 5, Tschechoslowakei

1. Einführung

Die Hybridsysteme stellen einen der Rechentechnikmittel für die Modellierung und Simulation der kontinuierlichen dynamischen Systeme
dar. Ihre Anwendung ist nicht so vielseitig, wie es bei den Digitalrechnern der Fall ist. Es existiert aber eine Reihe von Problemen,
deren Lösung am effektivsten mittels eines Hybridsystems zu finden
ist. Zu solchen Aufgaben gehört auch die Modellierung der Systeme
mit den verteilten Parametern, die durch die Partialdifferentialglei-
chungen des parabolischen, hyperbolischen oder eliptischen Typs beschrieben sind. Hierher gehören z.B. die Probleme der Wasserverun-
reinigung, der Luftverschmutzung, ebensogut wie auch die Simulation
der Herztätigkeit, die Modellierung des Wärmereaktors, die Wasser-
zirkulation in den Flüssen, Seen und Meeren, alle Arten der Wärmeleitung, die Modellierung der aktiven RC – Schaltkreise, die MOS-Struk-
turen der Transistoren usw. In unserem Beitrag wollen wir auf die Anwendung des Hybridsystems bei der Modellierung des Temperaturregimes
der Bodenprofile hinweisen.

2. Formulierung und Lösung der Aufgabe

Für den Wachstum und die Entwicklung der Pflanzen ist es wichtig,
die Wärmeverteilung sowohl im Raum, als auch in der Zeit durchzuführen. Der Botaniker braucht nicht nur die Temperaturverteilung in
verschiedenen Schichten des aktiven Bodenprofils zu kennen, sondern
auch die zeitlichen Veränderungen der Temperatur in den gegebenen
Tiefen, und zwar in den täglichen oder auch jahreszeitlichen Zyklen.
Mit der mathematisch-physikalischen Theorie des Massen- und Energie-
austausches beschäftigen sich entsprechende Forschungsinstitute. In

meiner Arbeit ist die Realisierung der Modellierung von Wärmeübertragung in den Bodenprofilen dargestellt mit dem Ziel, das gegebene Modell zu überprüfen und die Koeffizienten der effektiven Wärmeleitung in den Bodenprofilen zu bestimmen.

Für die erfolgreiche Lösung vieler praktischen Aufgaben /bei bestimmten Vereinfachungsbedingungen/ ist es vorteilhaft das sogenannte Modell der Äquivalenzwärmeleitung des Bodens anzuwenden [1]. Diese Annahme wird uns ermöglichen sich auf die Lösung einer partiallen Differentialgleichung der sogenannten effektiven Wärmeleitung zu beschränken

$$\frac{\partial}{\partial x}\,\lambda(x,t)\,.\,\frac{\partial T(x,t)}{\partial x} = c(x,t)\,.\,\frac{\partial T(x,t)}{\partial t} \tag{1}$$

wobei $T(x,t)$ – Temperatur im Punkt x zum Zeitpunkt t

$\lambda(x,t)$ – Koeffizient der effektiven Wärmeleitung des Bodens

$c(x,t)$ – effektive Volumenbodenwärmekapazität

x – räumliche Koordinate /Tiefe des Bodens/

t – Zeit

Die Funktionen $\lambda(x,t)$ und $c(x,t)$ werden die räumlichen und zeitlichen Bodeneigenschaften bestimmen und sind hauptsächlich durch die Feuchtigkeit und Dichte des Bodenprofiles beeinflusst.

In der ersten Phase der Lösung sind wir aus der Annahme ausgegangen, dass – die Feuchtigkeit gleichmässig mit der Tiefe bei insgesamt kleinem Wert der Veränderung sinkt

– der Koeffizient der effektiven Wärmeleitung ist praktisch konstant.

Die Gleichung (1) wird dann in folgender Form geschrieben

$$\frac{\partial^2 T(x,t)}{\partial x^2} = \frac{\partial T(x,t)}{\partial t} \tag{2}$$

wobei a – der Wärmeleitungskoeffizient ist.

Die Bodentemperatur auf der Oberfläche des aktiven Bodenprofils kann in folgender allgemeinen Form ausgedrückt werden

$$T_0(t) = A_0 + \sum_{n=1}^{k}\left[A_n.\,\cos n\,\omega t + B_n.\,\sin n\,\omega t\right] \tag{3}$$

Die Werte der Koeffizienten A_0, A_n, B_n werden auf Grund der Approximation des gemessenen Temperaturverlaufes eingegeben.

Die Temperaturschwankung mit zunehmender Tiefe sehr stark abnimmt und seit bestimmter Tiefe h wird sich die Temperatur des Bodens nicht mehr verändern, d.h. es gilt

$$T(h,t) = konst. \tag{4}$$

Für die Lösung einer auf diese Weise gegebenen Problemaufgabe wurde
aus den bekannten Lösungsmethoden als geeignetste die klassische Methode der Geraden DSCT /discrete space-continuous time/ [2],[3] ausgewählt.

Nach der Diskretisierung der Raumvariablen in Gleichung (2) bekommen
wir

$$\frac{dT(x_i,t)}{dt} = \frac{a(x_i,t)}{(\Delta X)^2} \cdot \left[T(x_{i+1},t) - 2T(x_i,t + T(x_{i-1},t)\right] \tag{5}$$

für $i = 1,2,\ldots,m$.

Für die Lösung der gesuchten Temperaturverläufe in gewünschten Tiefen
wurde folgende Methodik vorgeschlagen. Im Anbetracht dessen, dass
uns die Temperaturverläufe maximal in die Tiefe 50 Zentimeter unterhalb der Bodenoberfläche interessieren, aber bei ihrer Lösung muss
man aus den gegebenen Randbedingungen auf der Bodenoberfläche (3)
und in der Tiefe h = x_{max} (4) ausgehen /in unseren geographischen
Breiten kann man für ein Jahreszyklus x_{max} = 150 Zentimeter festle-
gen/, ist es nicht vorteilhaft das Gleichungssystem (15) mit dem konstanten Wert Δx zu lösen. Deswegen haben wir für Δx_1 = 50 Zentimeter
die Temperaturverläufe in den Tiefen 50 und 100 Zentimeter aus den
gegebenen Randbedingungen (3) und (4) gelöst. Ebenso wurden die Temperaturverläufe für Δx_2 in den Tiefen von 0 bis 50 Zentimeter aus gegebener Randbedingung auf der Bodenoberfläche (3) und aus dem gelösten Temperaturverlauf in der Tiefe 50 Zentimeter bestimmt. Da alle
Operationseinheiten eines Hybridanalogrechners paralel arbeiten, lösen wir gleichzeitig alle gesuchten Wärmeverläufe. Als offene Frage
bleibt eine geeignete Wahl Δx_1, Δx_2, von deren Grösse die Anzahl der
gelösten Gleichungen des Gleichungssystems (5) und selbstverständlich
auch die Genauigkeit der Lösung abhängt. Man muss im Auge die Wünsche
des Forschers als auch den Fakt behalten, dass durch die wachsende
Anzahl der Gleichungen zwar die Genauigkeit erhöht wird, aber gleichzeitig auch die Anzahl der benutzten Operationseinheiten, die in die
Lösung weitere Fehler hineinbringen, wächst. Deswegen kann man nicht
durch ständige Verkleinerung Δx die Genauigkeit der Lösung unbe-
grenzt erhöhen. Nach der Überprüfung der vorgeschlagenen Methodik
wurden die Jahrestemperaturverläufe für Δx_1 = 50 Zentimeter, Δx_2 =
10 Zentimeter und für verschiedene Werte des Parameters a gelöst.
Nach der Überprüfung des Modells haben wir verschiedene Lösungen
durchgeführt, einerseits mit dem konstanten Wert des Parameters a
während der Gesamtlösung, andererseits für a = a(x), d.h. mit dem
Wärmeleitungskoeffizienten der die Funktion der Tiefe ist, mit dem
Ziel solche Lösungen mit den Werten dieses Koeffizienten zu finden,

die am besten den realgemessenen Temperaturverläufen entsprechen
/siehe Abbildung 1/. Es ist selbstverständlich, dass diese Kombination der Wärmeleitungskoeffizientenwerte nur für den untersuchten Bo-
dentyp gilt. Die Ergebnisse der Lösungen haben aber gezeigt, dass
für den genaueren Ausdruck der Temperaturprozesse im Boden für ein
Jahreszyklus ist es notwendig die Gleichung (1) zu benutzen.
Die Anwendung der Hybridsysteme für die Lösung solcher Temperaturprozesse ist relativ einfach, auf die Zeit nicht anspruchsvoll, physikalisch anschaulich und ermöglicht sehr einfach die Parameteränderungen,
die Rand- und Anfangsbedingungen zu realisieren.
Ökologische Bedeutung der Kenntnise über Wärmeverhältnisse im aktiven
Bodenprofil liegt in der Feststellung der vielseitigen, gegenseitigen
Beziehungen zwischen der Bodentemperatur in verschiedenen Schichten
und ihrer unmittelbaren Einwirkung auf die Pflanzen und im Endeffekt
in der Verallgemeinerung dieser Beziehungen für bestimmtes Klimage-
biet und bestimmte pflanzliche Biozenose.

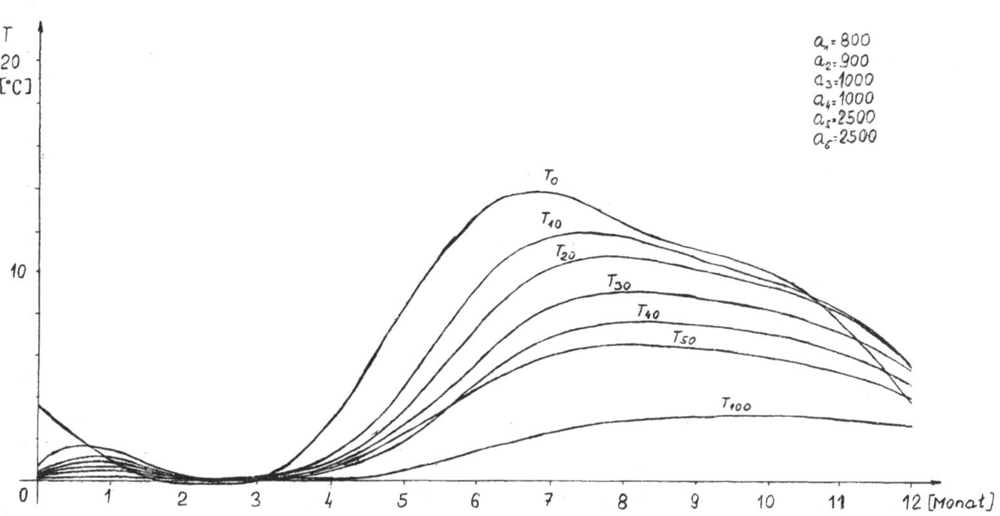

Abb. 1

Literaturverzeichnis

[1] ŠULGIN, A.M.: Klimat počvy i evo regulirovanie. Gidrometeoizdat, Leningrad 1972

[2] APALOVIČOVÁ, R.: Základné hybridné metódy riešenia parciálnych diferenciálnych rovníc. /Die grundlegenden Hybridmethoden der Lösungen der Partialdifferenzialgleichungen/. Zborník seminára "Hybridné prostriedky pre simuláciu systémov", Praha 1978 Tagungsband "Hybridmittel der Systemmodellierung"/

[3] APALOVIČOVÁ, R.: Modelovanie systémov s rozloženými parametrami /Modellierung der Systeme mit den verteilten Parametern/. Elektrotechnický časopis, 1980, 31, Nr.4.

DAS EVOLON- MODELL FÜR WACHSTUM UND STRUKTUR IN ÖKOLOGISCHEN,

SOZIO-ÖKONOMISCHEN UND VERWANDTEN SYSTEMEN

M. PESCHEL, W. MENDE, F. BREITENECKER[2]

Akademie der Wissenschaften der DDR
Rudower Chausse 5, DDR-1199 Berlin

[2]Technische Universität Wien
Gußhausstrasse 27-29, A-1040 Wien

Das EVOLON- Modell beschreibt im Zeitbereich einen s-förmigen stetigen monotonen Übergang zwischen zwei Stufen eines Wachstumsvorganges. Der Beitrag behandelt zunächst mathematische Modelle für das EVOLON- Modell und diskutiert die Eigenschaften der einzelnen mathematischen Modelle. Anschließend werden die Vor- und Nachteile der einzelnen Modelle für Computersimulation betrachtet. Abschließend werden Beispiele angegeben.

The so-called EVOLON describes the s-shaped continuous transient stage between equilibria of a growth process. The paper presents mathematical models for the evolon and discusses properties of the different models. Furthermore advantages and disadvantages of these models for computer simulation are shown. Examples are given.

1. Einleitung

Ökosysteme und verwandte Systeme können durch die Wechselwirkung der Grundbausteine
Kooperation, Konkurrenz und Resourcen charakterisiert werden, was zu einer Beschreibung durch Ketten und (Hyper-) Zyklen ratengekoppelter Systeme führt. Auflösung des
Systems in viele kleine Teilsysteme ergibt mikroskopische Modelle, in denen jedes noch
so kleine Ketten- bzw. Zyklenglied durch Bilanzgleichungen für Raten beschrieben wird;
Vorteil dieser Vorgangsweise ist die Erfassung aller möglichen Phänomene und genaueste
Modellbeschreibung, Nachteil die enorme Anzahl von Parametern, die ein Identifizieren
eines konkreten Systems nahezu unmöglich macht. Vereinfachen und Zusammenfassen ähnlicher Systemteile und gemeinsames Beschreiben führt zu makroskopischen Modellen;
Nachteil ist, daß einzelne (zusammengefaßte) Größen oft keine direkte Bedeutung mehr
haben und unter gewissen Umständen Phänomene verlorengehen, Vorteil ist die Überschaubarkeit und Anwendbarkeit der Modelle (/PESC84/).
Ein mögliches, sehr allgemein verwendbares makroskopisches Modell für Wachstum und
Strukturbildung ist das EVOLON- Modell (Abb.1), das den Übergang eines Wachstumsindikators zwischen Gleichgewichtslagen s-förmig beschreibt. Das Evolon besteht aus einer
extensiven Phase (Wachstumsbeginn), in dem die durch Triebkräfte bereitgestellten Resourcen nicht nur zum Wachstum sondern auch zur Strukturbildung verwendet werden, und
nach einem Punkt maximalen Wachstums aus einer intensiven Phase, der in eine Sättigung
läuft und der seine Resourcen nicht nur direkt aus den Triebkräften, sondern auch aus
gleichzeitiger ablaufender Resourcenfreisetzung durch Strukturrückbildung bezieht
(/PES83/). Wie später noch genauer behandelt, ist die extensive Phase in gewisser
Weise strukturell stabil, während die intensive Phase zur Instabilität tendiert; je
näher sich der Prozess der Sättigung nähert, desto empfindlicher ist er. Die Gleichgewichtslage ist an sich instabil,ein neuer Wachstumsschub mit oder ohne Mutuationen
kann bei geringfügigen Störungen durchbrechen.
Essentielles Element des EVOLON-Modelles ist es, daß eine dynamische Kenngröße des
Systems, ein sogenannter Wachstumsindikator, ausgewählt wird, die ein signifikantes
und interessierendes Wachstum im System (Gesamtbiomasse, Populationssumme,..) beschreibt. Mit dem EVOLON-Modell kann auch mikroskopisches Verhalten des signifikanten
Wachstumsindikators beschrieben werden, indem das Evolon in eine Folge von Evolons
aufgelöst wird (Abb.2, globale Evolons strichliert, durch Störeinflüsse mögliche Bifurkation nach dem ersten "Mikro-" Evolon). Auflösen in parallele verkoppelte Evolons
führt wieder auf die vorher erwähnten ratengekoppelten Systeme.

2. Mathematische Modelle für das Evolon

Behält man die Idee eines Triebkraftansatzes bei (/PESC83/), so folgt, daß die Rate
dx/dt des Wachstumsindikators (Abb.3) proportional ist zu Produkten aus translatier-

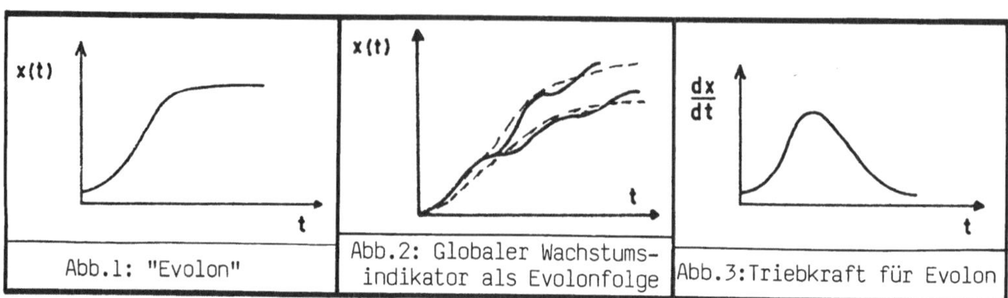

Abb.1: "Evolon"

Abb.2: Globaler Wachstumsindikator als Evolonfolge

Abb.3:Triebkraft für Evolon

ten Wachstumsindikatoren $(x(t)+a)$ ist, was zum bekannten logistischen Wachstum führt. Dieses beinhaltet keinerlei Strukturkomponente und ist als Linearisierung eines strukturbeschreibenden Wachstumsindikators anzusehen.

Das einfachste Modell, das aber hinreichend nichtlinear ist um alle wesentlichen Phänomene zu beschreiben, ist das verallgemeinerte Potenzwachstum

$$dx/dt = k.(x-a)^p.(B-(x-a)^s)^q \tag{1}$$

Der Parameter p charakterisiert das autonome Wachstum in der extensiven Phase und die Komplexität der Strukturbildung, q die autonome Sättigung der intensiven Phase und die Komplexität der begleitenden Strukturrückbildung.

Empirisch wurde in /PESC83/ festgestellt, daß viele Prozesse hochkooperativ sind, was sich in hyperbolischem Wachstum und hyperbolischer Sättigung manifestiert ($p>1$, $q>1$). Das Modell (1) beinhaltet als Sonderfälle Potenzwachstum und Potenzsättigung, allometrische und logistische Sättigung, Bertalanffy- Funktion, Schraubersche und Gompertz-Wachstumsfunktion, etc.

Mit Hilfe des logarithmischen Differentialoperators $F=dln/dt$ kann nun ein in /PESC83/ vorgestelltes Strukturentwurfsprinzip eine interessante Verbindung zu ratengekoppelten Ketten und Zyklen (beschrieben üblicherweise durch schwach besetzte Volterra- Differentialgleichungssystem) hergeleitet werden. Durch wiederholtes Anwenden von F auf dynamische Größen und Hilfsgrößen und geeignetes Substituieren der Hilfsgrößen kann (1) in das äquivalente Volterrasystem $(x(t)=v(t))$

$$Fv = kb^q v_1, \quad Fv_1 = \bar{p}kb^q v_1 - rqkb^{\bar{q}}, \quad Fv_2 = (\bar{p}+s)kb^q v_1 - r\bar{q}kb^{\bar{q}} v_2 \tag{2}$$

umgewandelt werden ($v=x$, $b=B-1$, $\bar{p}=p-1$, $\bar{q}=q-1$). Abbildung 4 beschreibt die Ratenkopplung nach (2), wobei der Kreis im Signalfluß die Anwendung des Operators F bedeutet.

Der das EVOLON- Modell charakterisierende Wachstumsindikator verwendet als Resource also die von einem Räuber-Beute- System über eine Variable zur Verfügung gestellte
Beide Populationen sterben aus (Sättigung des Indikators), nehmen aber ihr Maximum zu verschiedenen Zeitpunkten an. Diese Maxima kennzeichnen jeweils den Höhepunkt der extensiven und der intensiven Phase, nämlich das Maximum

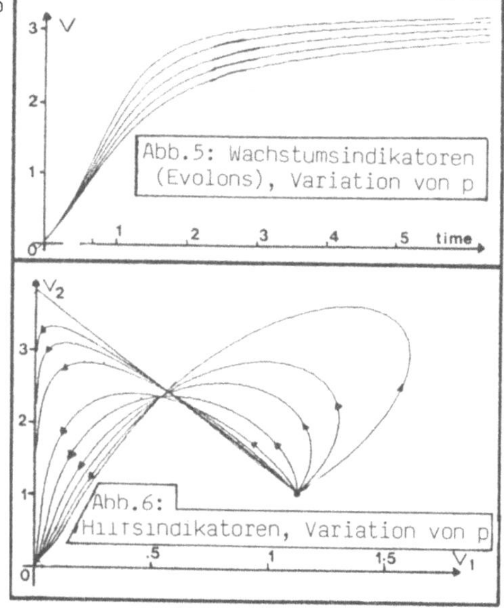

Abb.5: Wachstumsindikatoren (Evolons), Variation von p

Abb.6: Hilfsindikatoren, Variation von p

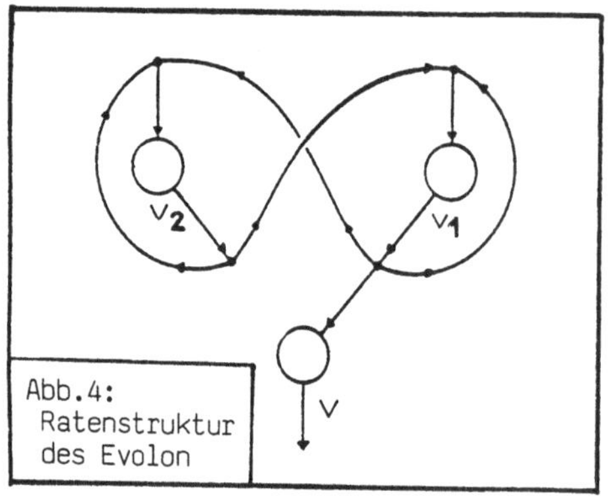

Abb.4:
Ratenstruktur
des Evolon

der Strukturbildung und der Strukturauflösung. Die Abbildungen 5 und 6 zeigen den
Wachstumsindikator v(t) und die beiden "Hilfsindikatoren" des Räuber-Beute- Systems
im Phasendiagramm für verschiedene Werte von p. Für den Fall des logistischen Wachstums degenerieren diese Hilfsindikatoren, indem der eine gleich dem Wachstumsindikator
wird und der andere ein Aussterben ohne vorheriges Anstreben eines strukturbeschreibenden Maximums beschreibt; dieser Fall wird durch die Gerade in Abb.6 charakterisiert.

Das Volterra-System (2) kann nun verschiedenen Transformationen unterworfen werden.
Lineartransformationen der systembeschreibenden Matrix führen zu multinominalen Diffe-
rentialgleichungssystemen mit interessanten Normalformen (/PESC82/). Von besonderem Interesse ist aber auch noch eine zeitabhängige Transformation, die ein Volterra-System
durch "Auskoppeln" der autokatalytischen Anteile mit Hilfe einer Riccati-Differential-
gleichung in ein Potenzproduktdifferentialgleichungssystem überführt (/PESC82/).
Diese Vorgangsweise wandelt das Volterra-System (2) um in das System

$$ dr/dt = r.r_1^{-1/\overline{p}}, \qquad dr_1/dt = -k\overline{p}b^q.r_2^{-q/\overline{q}}, \qquad dr_2/dt = k\overline{p}b^{\overline{q}}.r_1^{-p/\overline{p}} \qquad (3) $$

Dieses sogenannte "Riccati-Modell" für das Evolon ist mit dem Volterra-Modell (2) verbunden durch die Gleichungen

$$ x(t) = v(t) = r_1^{-1/\overline{p}}, \qquad v_1 = r_1^{-1}.r_2^{-q/\overline{q}}, \qquad v_2 = r_2^{-1}.r_1^{-p/\overline{p}} \qquad (4) $$

Um den Wachstumsindikator zu berechnen sind in (3) nur zwei Gleichungen zu intergrie-
ren, der Indikator x(t) wird dann sofort nach (4) berechnet.

Für das EVOLON-Modell, das in gewissem Sinn als Strukturparameter im Sinne der Syner-
getik (/HAKE77/) angesehen werden kann, stehen nunmehr drei mathematische Modelle zur
Verfügung, nämlich das eindimensionale Triebkraftmodell (1), das dreidimensionale Vol-
terramodell (2), das mit den Hilfsindikatoren Kooperation und Konkurrenz von Wachstum
und Strukturbildung berücksichtigt und das eigentlich zweidimensionale Riccatimodell
(3), das im wesentlichen bezüglich der autokatalytischen Komponenten normiert bzw.
entkoppelt ist.
Volterra- und Riccati- Modell erlauben nun eine zusätzliche qualitative (a priori-)
Analyse des Systemverhaltens. Das Riccati-Modell erlaubt diese qualitative Analyse,
indem die Einflüsse der Hilfsindikatoren untereinander wegen der autokatalytischen
Entkoppelung leicht überprüft werden können.(/PESC83/); die Parameter $-q/\overline{q}$ und $q/\overline{q}$
bestimmen durch ihr Vorzeichen und durch die Tatsache, ob sie betragsmäßig größer oder
kleiner 1 sind, das qualitative Verhälten der Rate des einen Hilfsindikators bezüglich
der Größe des anderen Hilfsindikators. Wie erwähnt, tritt häufig Kooperation auf (p>1,
q>1), sodaß die erwähnten Parameter kleiner 1 sind.
Das Volterra-Modell erlaubt qualitative Analyse durch Betrachtung des "Flusses" K(t),
K(t)=dB(t)/dt, wobei B(t) die Gesamtbiomasse des Systems darstellt, im gegenständli-
chen Fall die Summe aus Indikator und Hilfsindikatoren in (2). Das Vorzeichen des
Flusses trennt nun extensive und intensive Phase. Nach /PESC83/ gilt

$$ B(t) > \overline{B}^2 / (\overline{B} - \overline{K}.t) \qquad (5) $$

wobei $\overline{B}$ und $\overline{K}$ die Anfangswerte für Biomasse und Fluß bezeichnen und leicht aus (2)
ermittelt werden können. In der extensiven Phase mit K(t)>0 wächst daher nach (5)
das System quadratisch, d.h. für Vergrößerung der Biomasse ist der Bedarf an Resourcen
unverhältnismäßig größer, was als Resourcenbedarf für Strukturbildung interpretiert
werden kann. In der intensiven Phase mit K(t)<0 nimmt nach (5) die Biomasse langsamer ab als hyperbolisch, d.h. das System versucht den Auslöschungsprozeß (Sättigung)
hinauszuzögern; dies gelingt offensichtlich , indem Resourcen aus einem Strukturabbau
freigesetzt werden.
Untersuchungen bezüglich der Robustheit des Evolons gegenüber stochastischen Störungen (untersucht an stochastistischen Störungen an zu (1) äquivalenten ratengekoppelten (unendlich-dimensionalen) Systemen, /ALBR83/) zeigen, daß die extensive Phase
unempfindlich gegenüber Störungen ist, die intensive Phase hingegen sehr empfindlich
und die Sättigungsgrenze B sich leicht verschiebt. Das Volterra-Modell spiegelt nun
diese Tatsache wieder und gibt näheren Aufschluß: während in (1) die Schranke B als
stationäre Lösung explizit berechenbar ist, taucht sie als Grenzwert in (2) nicht mehr
explizit auf; der Wachstumsindikator v(t) wird in der intensiven Phase nicht von der
Sättigungsgrenze B "geführt", sondern er hängt dynamisch von den Hilfsindikatoren ab,
die gerade in der Nähe der Sättigung, wo sie beide gegen 0 streben, instabil werden.

Diese Tatsache fördert auch das Entstehen von Mutationen, die zum Beginn eines neuen
Evolons führen können, wobei der neue Wachstumsindikator durchaus andere Bedeutung haben kann (/ALLE80/).

3. Simulation des EVOLON- Modelles

Zur Computer- Simulation des Modelles bieten sich nun einerseits drei verschiedene ma-
thematische Modelle an, andererseits verschiedene Simulations-(Integrations) Verfahren.
Diesbezügliche Untersuchungen wurden mit Hilfe der weitverbreiteten Simulationssprache
ACSL (/ACSL81/) und der hybriden Simulationssprache HYBSYS (/SOLA83/) durchgeführt.
HYBSYS ist eine komfortable Sprache, die sich (hauptsächlich) des Analogrechners zur
Integration bedient und mit Autopatch und automatischer Skalierung arbeitet.
Für analoge/hybride Simulation bietet sich vor allem das Volterra-Modell (2) an, da es
bezüglich Rechenkomponenten problemlos ist (keine Potenzierung). Hybride Simulation
zeigt nun sofort, daß das Volterra-Modell (2) in der intensiven Phase instabil wird,
die Hilfsindikatoren, die asymptotisch gegen Null streben sollten, sind instabil und
"explodieren" sogar nach genügend langer Zeit aufgrund der in einem physikalischen Modell immer verhandenen Störungen, die als Strukturstörung betrachtet werden können.
Abhilfe technischer Art wären Stabilisierungsschaltungen für die Analogrechnerschaltung des Volterra-Systems; das käme allerdings bereits einer Modelländerung gleich und
wäre eine Verfälschung der Eigenschaften des Systems: diese Instabilität in der intensiven Phase ist eine strukturelle, generische Eigenschaft nicht nur des mathematischen
Modells, sondern auch des Systems an sich; der Hybridrechner kann diese strukturelle
Instabilität aufgrund seiner physikalischen parallelen Arbeitsweise "erkennen", indem
die Komponenten selbst geringe stochastische Störungen automatisch aufbringen, die
dann im Falle struktureller Instabilität zu chaotischem Verhalten und qualitativen Änderungen führen (/BREI83/; am Digitalrechner ist dieses Phänomen nicht beobachtbar, da
er streng deterministisch arbeitet). Überlagert man einen Hilfsindikator explizit mit
einer dynamischen stochastischen Störung (weisses Rauschen), so stellen sich in der
intensiven Phase sofort Reaktionen ein, während in der extensiven Phase fast keine
Reaktion zu bemerken ist; die Sättigungsgrenze scheint sich zu verschieben, was durch
ein chaotisches Verhalten der Hilfsindikatoren in der Nähe des "Aussterbens" erklärt
werden kann (Abb.7, fünf Simulationsläufe mit stochastischer Störung).

Digitale Simulation wurde mit der digitalen Simulationssprache ACSL durchgeführt, die
neben anderen sehr komfortablen Möglichkeiten auch die Wahl zwischen verschiedenen
Integrationsalgorithmen läßt. Die numerischen Eigenschaften der Modelle (1), (2), (3)
wurden in zweierlei Hinsichten untersucht: Verhalten verschiedener Integrationsalgorithmen bei einzelnen Modellen, Verhalten eines
Algorithmus bei allen Modellen. Aus den Integra-
tionsroutinen wurden als effizient vergleichbare
der Runge-Kutta- Algorithmus 4.Ordnung und der
Adams-Moulton- Algorithmus (variable Schrittweite, variable Ordnung) ausgewählt.
Simulation des Triebkraftmodelles (1) mit Runge-
Kutta und Schrittweiten h um 0.05 brachten den

t	$x - v$	$x - \bar{r}$	$v - \bar{r}$
0.0	0.	0.	0.
0.1	8.975–05	2.705–05	1.845–04
0.5	1.109–04	9.430–06	1.203–04
1.0	1.133–04	7.722–06	1.210–04
1.5	1.142–04	7.385–06	1.216–04
2.0	1.147–04	7.251–06	1.219–04
2.5	1.150–04	7.180–06	1.221–04
3.0	1.152–04	7.136–06	1.223–04

ABWEICHUNGEN IN EVOLON-MODELLEN

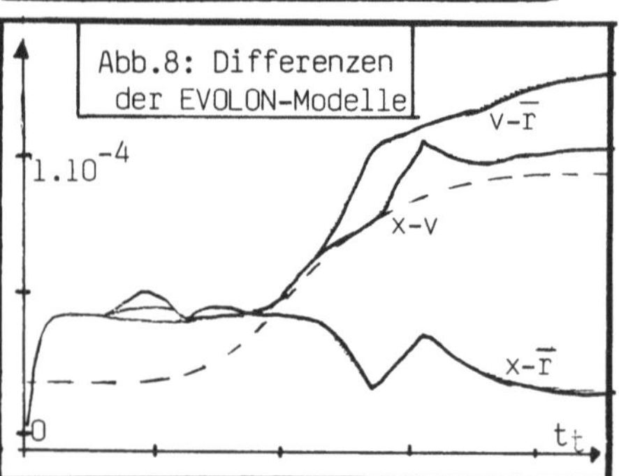

maximalen Integrationsfehler beim Punkt
stärksten Wachstums. Vergrößert man h allerdings über 0.06, so vergrößert sich der Fehler sprunghaft, über h=0.5 ist die rechte
Seite der Gleichung (1) in der intensiven
Phase nicht mehr auswertbar. Die Schrittweite h ist generell relativ zur globalen
Wachstumskonstanten k zu wählen, sodaß keine
allgemeine Regel für ein günstiges h gilt.
Der wesentlich aufwendigere Adams-Moulton-
Algorithmus brachte eine Verbesserung (auf
Kosten enorm vergrößerter Rechenzeit).
Beim Volterra-Modell traten keine Auswert-
probleme auf, allerdings vergrößert sich
der Fehler in der intensiven Phase immer,
was bei zu großem h zu qualitativ falschen
Ergebnissen führt. Auch der aufwendige Algo-

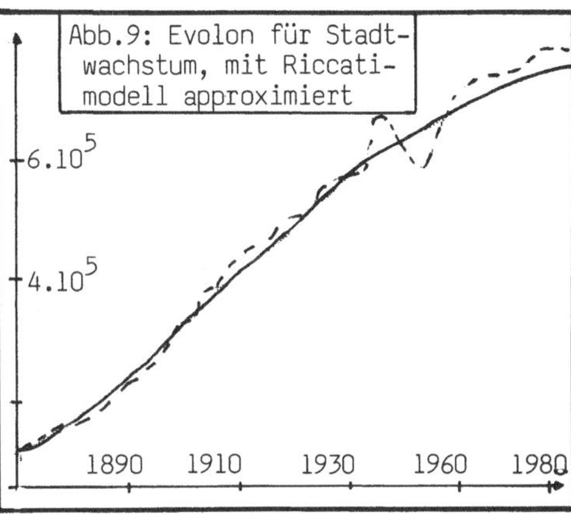

rithmus "überschwingt" in der Sättigung, sodaß seine Anwendung keine wesentliche Verbesserung bringt. Das Riccati-Modell wies generell den kleinsten Fehler auf. Zwar besteht bei zu großem h die Gefahr der Nichtauswertbarkeit der rechten Seite in (3), der
Integrationsfehler bleibt aber auch in der intensiven Phase relativ konstant (keine
Vergrößerung!). Der robuste Runge-Kutta- Algorithmus erzielt bei diesem Modell hinreichend genaue Ergebnisse, ein aufwendigerer Algorithmus lohnt sich nicht.
Sehr interessant ist der Vergleich des Runge-Kutta-Algorithmus mit gleicher Schrittweite h bei allen Modellen. Als Vergleich werden die jeweiligen Differenzen der Evolon-
Darstellungen herangezogen, also $|x-v|$, $|x-\bar{r}|$, $|v-\bar{r}|$, wobei $\bar{r}$ die Lösung des Riccati-
Modells nach (3) und (4) bedeutet. Die Tabelle enthält diese Differenzen für k=1, p=3,
q=2.5, h=0.01; Abbildung 8 zeigt sie für k=0.5, p=4, q=1.2, h=0.05.
Diese Ergebnisse zeigen, daß sich für Computersimulation am besten das Riccati-Modell
eignet; es ist das einzige, das in der intensiven Phase keine Probleme bringt. Qualitative Analyse mittels Computersimulation zeigt die Phänomene am besten beim Volterra-
Modell, vor allem bei hybrider (analoger) Simulation.

4. Beispiele

Das EVOLON-Modell ist prinzipiell auf jede Art von Wachstum und Strukturbildung anwendbar, sodaß es als disziplinenverbindendes Modell angesehen werden kann. Neben Populationsmodellen bewährt es sich für sozio-ökonomische Systeme, wie das Bevölkerungswachstum einer Stadt (/ALBR84/). Geringfügige Adaption des EVOLON-Modelles (zeitvarianter
Faktor $k.\bar{k}(t)$, der Einflüsse der Weltkriege ausgleicht; Vorhersage der Sättigung B als
$B=(2p-1).\bar{x}/p$, $\bar{x}$ maximale Rate; p=q) führen mit dem Riccati-Modell zu denselben Ergebnissen wie in /ALBR84/, wo das Wachstum einer fiktiven deutschen Stadt (Mittel aus mehreren Städten) durch ein Evolon approximiert wird (Abb.9, Datenkurve strichliert). Zu
bemerken ist eine Abhängigkeit von k und p: die Approximationsgüte ist nahezu gleich
für k=1.78, p=1.25 und k=1.6, p= 1.3 (normierte Parameter).
Abschließend sei erwähnt, daß das EVOLON-Modell auch güte Ergebnisse für Modellierung
und Vorhersage von Weltbevölkerung und Welt-Primärenergieverbrauch bringt (/KRIE83/).

/ACSL81/ ACSL User Manual/User Guide.Mitchell & Gauthier, Concordia MA, USA.
/ALBR83/ Albrecht K.F., et al.: Random phenomena in nonlinear systems in connection
         with the Volterra approach. Proc., im Erscheinen.
/ALBR84/ Albrecht K.F., Mende W.: A possible description and interpretation of population growth data in German towns. IIASA Collaborative Paper, im Erscheinen.
/ALLE80/ Allen P.: Population dynamics and evolution. In Jantsch E., Weddington C.H.
         (eds.): Evolution and Consciousness- Human Systems in Transition. Addsison
         Wesley, Reading MA, USA.
/BREI83/ Breitenecker F., Kleinert W.: Does hybrid simulation more than solving the
         system governing differential equations. Proc. Int.Conf. "Simulation of
         Systems '83", Prague, July, 1983.
/HAKE77/ Haken H.: Synergetics-an Introduction. Springer, Berlin.
/KRIE83/ Kriegel U., Mende W., Peschel M.: An evolutionary analysis of world energy
         consumption and polulation. IIASA Collaborative Paper CP-83-84, Laxenburg.
/PESC82/ Peschel M., Mende W.: Volterra-Modelle für nichtlineare und instationäre
         Systeme und deren Äquivalenztransformationen. msr 2, 1982.
/PESC83/ Peschel M., Mende W.: Leben wir in einer Volterra- Welt. Akademieverl.,Berlin.
/PESC84/ Peschel M., Breitenecker F.: Socio-economic consequences of the Volterra-
         approach for nonlinear systems. Proc. 7th Europ.Cybernetic Congress,erscheint.
/SOLA83/ Solar D.: HYBSYS User Manual. Hybridrechenzentrum, TU Wien.

ERSTELLUNG VON MODELLEN FÜR DIE DYNAMIK VON INDUSTRIEROBOTERN MIT HILFE HYBRIDER
SIMULATION

I.Troch - P. Kopacek
Technische Universität Wien

*Es wird über Simulationsstudien berichtet, bei denen versucht wurde für das System
"Roboter-Getriebe-Antrieb" lineare Ersatzmodelle zu entwickeln, die zumindest für einige Robotertypen für den Zweck des Reglerentwurfs hinreichend genau sind. Hiebei erweist
sich ein modularer Programmaufbau - wie er in besonders einfacherWeise auf einem Hybridrechner realisiert werden kann - als besonders zweckmäßig, da hiedurch z.B. ein Vergleich verschiedener Ansätze für die Reibung oder unterschiedlicher Antriebsarten in
einfacher und problemangepaßter Weise möglich wird.*

1. Einführung und Problemstellung

Die derzeit üblichen, relativ steifen Industrieroboter lassen sich als Starrkörper-
systeme betrachten und ihre Bewegungsgleichungen mit Hilfe von Sätzen der Elementar-
mechanik ziemlich genau aufstellen, wenn man von den Schwierigkeiten bei der Modellierung der Reibung absieht. Allerdings sind diese Gleichungen bereits bei einer kleinen
Zahl von Freiheitsgraden aufgrund der durch die Drehbewegungen entstandenen Verkopplungen relativ kompliziert und zwar selbst dann, wenn Antrieb und Getriebe sehr einfach,
d.h. unter starker Näherungsannahme modelliert werden. Steigende Anforderungen an die
Lageregelung lassen die Verwendung von Regelalgorithmen, die von einem dynamischen
Modell für den Roboter ausgehen,wünschenswert erscheinen. Letzteres darf jedoch im
Hinblick auf den anzustrebenden raschen Bewegungsablauf nicht allzu kompliziert sein.
Ziel der im folgenden beschriebenen Simulationsstudien war es daher, zu prüfen, ob
eine einfache Modellierung des Systems "Roboter und Antrieb" mit ausreichender Genauigkeit möglich ist. Die Ergebnisse verifizieren gleichzeitig die in der Literatur /5/
häufig zugrunde gelegten Modelle in Form von Verzögerungsgliedern 1. oder 2. Ordnung
(PT_1- oder PT_2-Gliedern).

Das Simulationsprogramm sollte hiebei,wenn möglich so aufgebaut werden, daß eine
Änderung der Antriebsart (oder des Modells für den Antrieb) sowie das Austesten unterschiedlicher Regelalgorithmen für die Positionsregelung auf einfache Weise möglich ist,
eine derartige Änderung sollte also keinesfalls ein völliges Neuschreiben des Programms
notwendig machen. Dies bedeutet, daß das Programm weitgehend modular aufzubauen ist,
wobei die Elemente "Roboterdynamik", "Antrieb", "Getriebe" und "Lagerregelkreis" sinnvolle Module darstellen.

Den Untersuchungen wurde zunächst ein Roboter der verbreiteten kinematischen Struktur
vom Typ DSS, (Einsatzhäufigkeit derzeit etwa 25%) der in Abb. 1 schematisch dargestellt ist, zugrunde gelegt. Die Abkürzung DSS steht hiebei für eine Drehbewegung (φ)

und zwei Schubbewegungen (z,r). Die Antriebe der einzelnen Achsen können elektrisch, elektro-hydraulisch oder - seltener - elektro-pneumatisch erfolgen. Ihre mathematische Modellierung hängt einerseits von der geplanten Antriebsart ab, kann andererseits aber auch unterschiedlich "genau" erfolgen, für elektrische Antriebe sind Verzögerungsglieder 1. oder 2. Ordnung üblich, elektro-hydraulische Antriebe können in erster Näherung als Integralglied mit einer Verzögerung 1. oder 2.Ordnung modelliert werden, genauere Modelle führen hingegen auf stark nichtlineare Differentialgleichungssysteme 6. Ordnung /6/. Entsprechendes gilt für elektro-pneumatische Antriebe, deren Modelle durch die Kompressibilität der Luft noch etwas komplizierter werden.

Die Beschreibung des Getriebes erfolgt zumeist nur statisch, jedoch hängt sie von der gewählten Antriebsart und der Art (Schub oder Drehung) des betreffenden Robotergliedes ebenso ab,wie von der technischen Ausführung des Getriebes selbst.

Bezüglich der Modellierung der Roboter wäre es natürlich wünschenswert für jede Bewegungsachse, bzw. -art, eigene Programmodule aufzubauen, die dann entsprechend der kinematischen Struktur des Roboters zusammengesetzt werden. Die genaue Betrachtung der kinematischen Beziehungen zeigt jedoch, daß zwischen den einzelnen Bewegungsachsen starke nichtlineare Kopplungen, verursacht durch Zentrifugal- und Korioliskräfte bzw. -momente bestehen, deren Aussehen von der konkreten kinematischen Struktur entscheidend abhängt. Es erscheint daher zweckmäßig, die "Mechanik" des Roboters als eine Einheit anzusehen und zu simulieren, hiebei jedoch allenfalls auftretende Entkopplungen auch im Simulationsprogramm sichtbar zu machen.

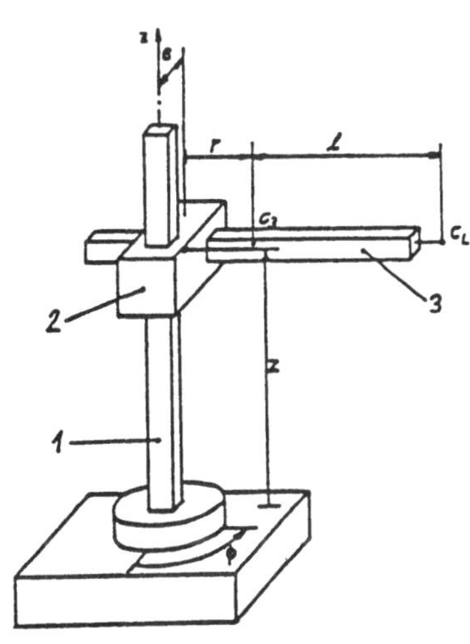

Abb. 1

Die Modelle der Regler für die einzelnen Achsen enthalten schließlich als Eingang roboterspezifische Daten, wie Länge , Winkel,Geschwindigkeit, Beschleunigung oder Kräfte und liefern als Ausgang die Steuerspannung für die einzelnen Antriebe entsprechend dem jeweils zugrunde gelegten Regelalgorithmus.

2. Ein spezielles Modell

Den weiteren Untersuchungen soll - wie bereits erwähnt - ein Rotober vom Typ DSS, Abb. 1,zugrunde gelegt werden, dessen Achsen durch Gleichstrommotore angetrieben werden. Legt man die Bezeichnungen

φ,z,r .... Lagekoordination

m_1,m_2,m_3,m_L .... Massen der Roboterglieder bzw. von Greifer+Last

C_3,C_L .... Schwerpunkt der Masse m_3 bzw. m_L

I_1,I_2 .... Trägheitsmoment der Glieder 1 bzw. 2 um die Drehachse
(z-Achse)

I_3 .... Trägheitsmoment des Gliedes 3 um die Vertikale durch C_3

I_L .... Trägheitsmomemt der Masse m_L um die Vertikale durch C_L

e .... Exzentrizität der Längsschwerachse des Gliedes 3 (mit daraufliegendem Schwerpunkt C_L) von der Drehachse

l .... Abstand von C_3 zu C_L

M_{Dr}, $F_{Dr,r}$, $F_{Dr,z}$ .... Antriebsmoment, Antriebskräfte

$M_{R\varphi}$, $F_{R,r}$, $F_{R,z}$ .... Reibungsmoment, Reibungskräfte

g .... Schwerebeschleunigung

zugrunde, so lauten die Bewegungsgleichungen

$$M_{Dr} = M_{R\varphi} + [I_1 + I_2 + I_3 + I_L + (m_3 + m_L)(r^2 + e^2) + m_L(2r+l)l]\ddot{\varphi} - (m_3 + m_L)e\ddot{r} + 2[(m_3 + m_L)r + m_L l]\dot{r}\dot{\varphi}$$
$$F_{Dr,z} = K_{R,z} + (m_2 + m_3 + m_L)(\ddot{z} + g)$$
$$F_{Dr,r} = K_{R,r} + (m_3 + m_L)(\ddot{r} - e\ddot{\varphi}) - [(m_3 + m_L)r + m_L l]\dot{\varphi}^2 \qquad (2.1)$$

Man erkennt unmittelbar, daß die Bewegung in z-Richtung vollständig von der Bewegung in der (r,φ)-Ebene entkoppelt ist. Für erstere liegt bereits ein lineares dynamisches Modell vor, so daß sich Untersuchungen hinsichtlich möglicher Modellvereinfachungen auf die Bewegungen in der (r,φ) Ebene konzentrieren können (ebener DS-Roboter), was im folgenden auch geschehen soll.

Für eine genauere Simulation ist in den Dreh- und Schubgelenken des Roboters die auftretende Reibung zu berücksichtigen, die Coulombschen Reibkraftanteile hängen von den Beträgen der jeweiligen Zwangskraftkomponenten in den Gelenken ab. In der Regelungstechnik hat sich ein vereinfachter Reibungsansatz durchgesetzt, bei dem die Coulombsche Reibkraft als konstant im Sinn eines Mittelwertes angesehen wird, sodaß die Reibkraft insgesamt durch diesen "konstanten " (Coulombschen Reibkraftanteil) und einen geschwindigkeitsproportionalen Anteil angenähert wird, dies ergibt für die Linearbewegung

$$K_R = fv + F_0 \, \text{sgn}(v) \qquad (2.2a)$$

und für die Drehbewegung

$$M_R = f_M \dot{\varphi} + M_0 \text{sgn}(\dot{\varphi}) \qquad (2.2b)$$

wobei zusätzlich folgende Bezeichnungen zugrunde gelegt wurden:

v .... Geschwindigkeit

f, f_M .... Konstante der geschwindigkeitsproporionalen Anteile der Reibkräfte

F_0, M_0 .... Colombscher Anteil der Reibkraft bzw. des Reibmomentes

$\dot{\varphi}$ .... Winkelgeschwindigkeit

Wählt man für die Antriebe Gleichstrommotore, so kann jeder durch Gleichungen der Form

$$L_A \dot{I}_A + R_A I_A = U_A - c\psi\omega \qquad\qquad I_M \dot{\omega} = M_A - M_L$$
$$T_{ST} \dot{U}_A + U_A = K_{ST} U_S \qquad\qquad M_A = c\psi I_A \qquad (2.3)$$

beschrieben werden. Hierin bezeichnen U_A die Ankerspannung, U_S die Steuerspannung I_A den Ankerstrom, ω die Winkelgeschwindigkeit der Motorwelle, M_A das Antriebs- und M_L das Lastmoment. $L_A, R_A, c\psi, I_M, T_{ST}$ und K_{ST} sind motorspezifische Konstante, die i.a. für jeden der drei Motore verschieden sind.

Mitunter wählt man statt dieses Verzögerungsgliedes 2. Ordnung ein Verzögerungsglied 1. Ordnung zur Modellierung des Zusammenhangs zwischen der Steuerspannung U_S und dem Ankerstrom I_A:

$$L_A \dot{I}_A + R_A I_A = U_S - c\psi\omega$$
$$I_M \dot{\omega} = M_A - M_L \qquad (2.4)$$
$$M_A = c\psi I_A$$

Die Kopplung über das Getriebe führt auf Beziehungen der Form

$$\dot{\varphi} = \omega/k \qquad \qquad \dot{r} = \omega/k_1$$
$$M_L = M_{Dr}/(k\eta) \quad \text{bzw.} \quad M_L = F_{Dr}/(k_1\eta) \qquad (2.5)$$

für ein Dreh- bzw. Schubgelenk. Hierin sind k und k_1 vom Übersetzungsverhältnis bestimmt, während η den Wirkungsgrad ($0 < \eta \leq 1$) angibt.

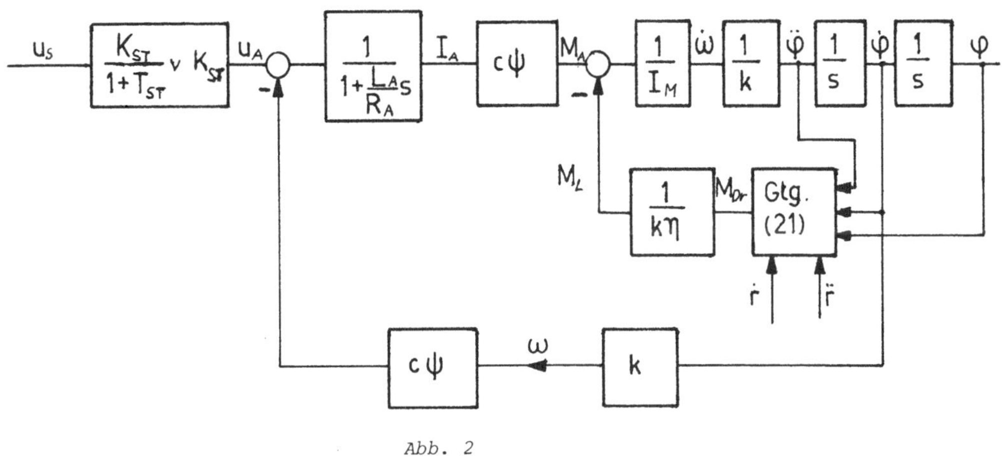

Abb. 2

Die Gleichungen (2.1), (2.2), (2.3) bzw. (2.4) beschreiben die in Abb. 2 für die Drehbewegung angegebene Systemstruktur, die für die Schubbewegung r ist völlig analog.

Die Steuerspannung U_S kann nun entweder extern vorgegeben werden oder aber Ausgang eines Reglers, z.B. PD- oder PID Regler, sein, /4/.

3. Simulation

Durch Zusammenfassen der Beziehungen (2.1-3) kann man zu drei Differentialgleichungen 2. Ordnung für φ, r und z gelangen, von denen die für z von den beiden anderen entkoppelt ist. Bei Verwendung von (2.4) anstelle von (2.3) gelangt man entsprechend zu (2+1) Differentialgleichungen 3. Ordnung. Diese Vorgangsweise hat den Nachteil, daß diese Gleichungen jeder Modelländerung angepaßt, also i.a. jeweils neu aufgestellt werden müssen. Die andere Möglichkeit besteht darin, den modularen Aufbau in das Programm zu übernehmen, was einen einfachen Austausch einzelner Programmteile, z.B. für die Antriebe, sicherstellt. Dieser modulare Programmaufbau ist bei Verwendung eines Hybridrechners sehr einfach zu realisieren, da - im Gegensatz zur Verwendung einer digitalen Simulationssprache kaum Einschränkungen hinsichtlich algebraischer Schleifen u.ä.m. beachtet werden müssen. Die hybride Simulationssprache HYBSYS erleichtert hiebei die Realisierung dieses Konzeptes und die Simulationen zeigten, daß Genauigkeit und Stabilität praktisch unabhängig von der Geschicklichkeit des Programmierenden sind.

Schwieriger ist die Realisierung des modularen Konzeptes in ACSL, da diese Sprache keine derartige implizite Modellierung (von einem sehr einfachen, hier nicht vorliegenden Spazialfall abgesehen) vorsieht. Es muß daher bei jedem Integrationsschritt ein Gleichungssystem über eine vom Benutzer bereitzustellende Routine gelöst werden, was sich naturgemäß sehr ungünstig auf die Rechenzeit auswirkt. Es ist daher in diesem Fall i.a. wohl zweckmäßiger, die Gleichungen händisch aufzulösen und hiebei, soweit möglich, auf eine "änderungsfreundliche" Struktur zu achten.

4. Ergebnisse.

Betrachtet man die sich bei Erregung mit einer Sprungfunktion ergebenden Verläufe von $\dot{\varphi}$ und $\dot{r}$, Abb. 3 , so legen diese eine Modellierung als PT_1-Glied für den Zusammenhang zwischen $U_{S\varphi}$ und $\dot{\varphi}$ (bzw. U_{Sr} und $\dot{r}$) nahe:

$$I_r(\hat{\dot{r}})^\bullet + \hat{\dot{r}} = K_r U_{Sr} \qquad \text{bzw.} \qquad T_\varphi(\hat{\dot{\varphi}})^\bullet + \hat{\dot{\varphi}} = K_\varphi U_{S\varphi}$$

Ist man hingegen nur an einer Modellierung des Zusammenhanges zwischen der Steuerspannung und der Bewegung selbst interessiert, so kann diese in 1. Näherung als Integralglied erfolgen, Abb. 4:

$$I_{1r}\dot{r}_1 = U_{Sr} \qquad \text{bzw.} \qquad R_{1\varphi}\dot{\varphi}_1 = U_{S\varphi}$$

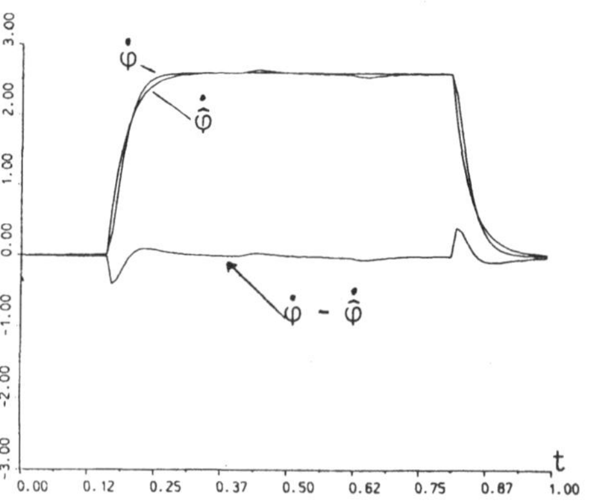

Abb. 3

Die Konstanten K_φ, I_φ, K_r, T_r (bzw. $T_{1\varphi}, T_{1r}$) können experimentell bestimmt werden, wobei die theoretisch ermittelten Werte für $K_\varphi = \dfrac{K_{ST_\varphi}}{c\psi k}$ und $K_r = \dfrac{K_{ST_r}}{c\psi k_1}$ im Rahmen der Rechengenauigkeit mit den experimentiell ermittelten übereinstimmten. Die Abhängigkeit von dem Motormodell, d.h. ob (2.3) oder (2.4) zugrunde gelegt wurde, ist praktisch vernachlässigbar. Ebenso wirken sich Änderungen in der Lastmasse nur dann aus, wenn diese relativ groß sind und außerdem auch r relativ groß ist. Allerdings kann auch dann die Übereinstimmung des Näherungsmodells gemäß Abb. 6a mit dem genauen Modell als sehr gut bezeichnet werden und das Näherungsmodell sollte jedenfalls für den Reglerentwurf ausreichend genau sein. Dieser Regler muß jedenfalls Störungen, die auch im "genauen" Modell (2.1-3) nicht berücksichtigt sind, genauso ausgleichen, wie die Wechselwirkung zwischen den einzelnen Bewegungen, die im Näherungsmodell jedenfalls nicht erfaßt werden, und üblicherweise durch eine Feedforward-Kompensation ausgeglichen werden. Es sei erwähnt, daß derartige Näherungsmodelle derzeit häufig der Bestimmung der Reglerparameter zugrunde gelegt werden, z.B. /5/, eine Vorgangsweise, die durch diese Untersuchungen für den betrachteten Robotertyp voll gerechtfertigt wurde.

Literatur

/1/ K. Desoyer, P. Kopacek, I. Troch, Simulation of the Dynamic Behaviour of Industrial Robots. In: J. Burger, Y. Jarny (eds.), Simulation in Engineering Systems, Elsevier (North-Holland), 1983.

/2/ K. Desoyer, P. Kopacek, I. Troch, Industrieroboter und Handhabungsgeräte, R. Oldenbourg, München, 1984.

/3/ O. Föllinger, Regelungstechnik. Elitera-Verlag, Berlin, 1978

/4/ P. Kopacek, I. Troch, Optimierung der Lageregelung von Industrierobotern mittels hybrider Simulation. ASIM 84, Springer, Wien, 1984.

/5/ J.Y.S.Luh, Conventional Controller Design for Industrial Robots - A Tutorial. IEEE-Trans. SMC-13 (1983), 298-316.

/6/ A. Schulte, Zustandsregelung hydraulischer Schlittenantriebe für Werkzeugmaschinen und Automatische Regleranpassung mit Hilfe adaptiver Systeme. Interner Forschungsbericht 5/81, Meß-, Steuer- und Regelungstechnik, Universität-GH-Duisburg.

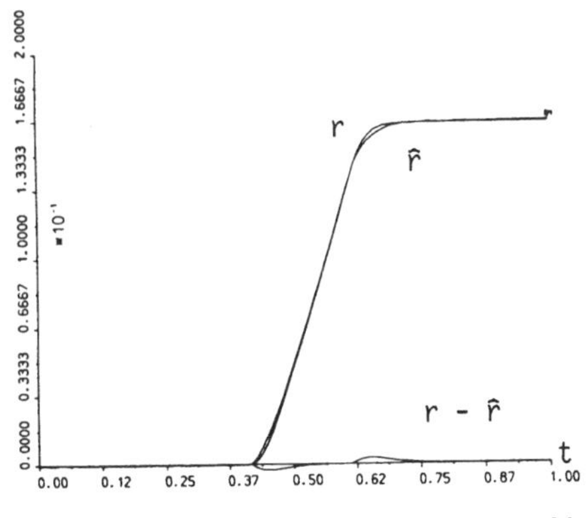

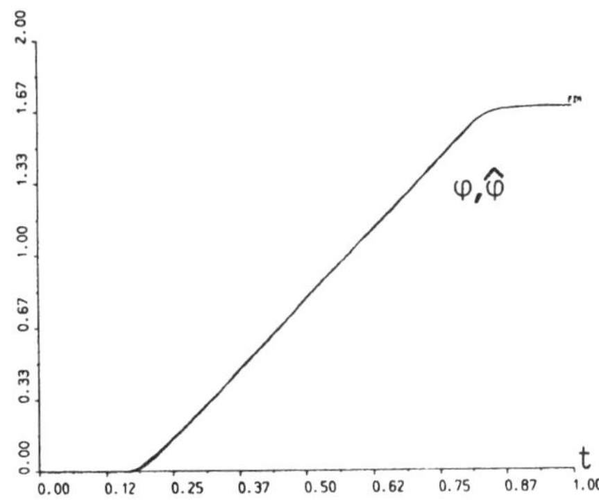

Abb. 4

OPTIMIERUNG DER LAGEREGELUNG VON INDUSTRIEROBOTERN
MITTELS HYBRIDER SIMULATION

P.Kopacek und I.Troch
TU-Wien

Es wird über Simulationsergebnisse betreffend die Lageregelung eines Industrieroboters berichtet. An dem simulierten Modell eines Industrieroboters mit einer Dreh- und zwei Schubbewegungen (DSS) wird die Effizienz einiger angewandter konventioneller Regelalgorithmen untersucht.

Simulation results concerning the position control of an industrial robot are presented. An industrial robot with three degrees of freedom is simulated on a hybrid computer and various control algorithms are tested.

1. Einleitung

Aufgabe eines Industrieroboters ist es ein oder mehrere Punkte in einem Arbeitsraum in bestimmter Richtung möglichst genau anzufahren. Der Greifpunkt (Handpunkt) soll genau definierte Positionen einnehmen. Als Nachbildung der menschlichen Hand weist der Industrieroboter daher meist sechs Freiheitsgrade auf. Diese werden durch das Greiferführungsgetriebe (3 Freiheitsgrade) und den Greifer (3 Freiheitsgrade) realisiert. Diese sechs Dreh- oder Schubgelenke werden durch Antriebe über eine Steuerung betätigt. Der heute übliche Weg zur Positionsregelung besteht darin die Stellungen der einzelnen Dreh- und Schubgelenke zu messen und daraus die Istpositionen des Greifpunktes zurückzurechnen. Diese werden mit den programmierten Sollpositionen verglichen und daraus die Stellgrößen für die Antriebe ermittelt.

Zur Positionsregelung finden derzeit einfache lineare Regler Verwendung. Diese liefern jedoch bei Industrierobotern als nichtlineare stark verkoppelte Mehrgrößensysteme, bezogen auf manche Anwendungsfälle, nicht zufriedenstellende Ergebnisse. Um die Genauigkeit solcher "konventioneller" Regelungen zu untersuchen wurde ein möglichst exaktes Modell eines Industrieroboters bestimmter Kinematik am Hybridrechner simuliert /1/ und an ihm verschiedene Regelalgorithmen untersucht.

2. Modellgleichungen und angewandte Regelalgorithmen

Den kinematischen Aufbau des untersuchten Greiferführungsgetriebes des Typs DSS zeigt Abb.1. Es weist die Freiheitsgrade Drehbewegung (Winkel φ) Schubbewegung (Hub z) und Ausfahrbewegung (Radius r) auf. Die Erstellung der Modellgleichungen ist in /1/ und /2/ ausführlich beschrieben. Sie setzen sich aus den Bewegungsgleichungen der r, φ und z-Koordinate zu-

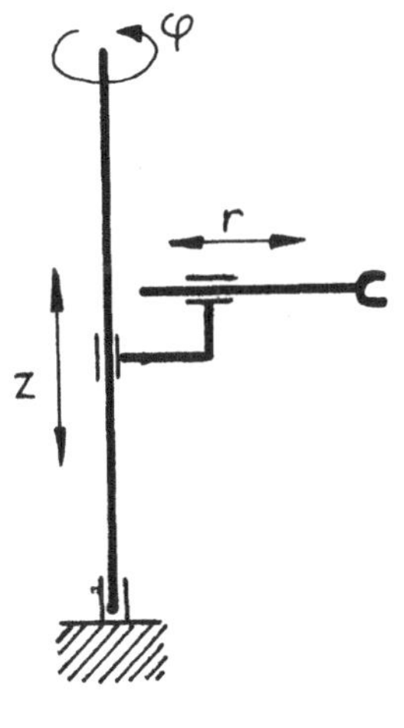

Abb.1

sammen wobei die Gleichungen der z- Koordinate unabhängig von denen der r und φ Koordinate sind. Zwischen r- und φ - Koordinate bestehen jedoch infolge von Coriolis- und Zentrifugalkräften starke nichtlineare Kopplungen. Diese Bewegungsgleichungen wurden, wie in /1/ ausführlich beschrieben auf dem Hybridrechner (EAI PACER 600) der TU-Wien simuliert.

Die nächste Aufgabe bestand darin verschiedene Regelalgorithmen zur Lageregelung am Hybridrechner zu simulieren und mit dem Robotermodell zusammenzuschalten. Da die Bewegung in der z-Richtung unbeeinflußt von denen

denen in der r- und φ Richtung abläuft wurden zwei Punkte A (r_A, φ_A) und B (r_B, φ_B) in der x-y Ebene vorgegeben (Abb.2). Zwischen ihnen soll

der Greiferanlenkpunkt entweder eine möglichst geradlinige Bewegung ausführen oder ausgehend vom Punkt A der Punkt B in möglichst kurzer Zeit ohne Überschwingen angefahren werden (aperiodischer Einlauf). Dies ist in der Praxis unbedingt notwendig um eine Beschädigung von Maschinen, Werkzeugen, Werkstücken oder Robotern zu verhindern.

Ein Blockschaltbild dieser Regelung ist in Abb.3 dargestellt. Regelgrößen sind die Wege bzw. Winkel der Schub- bzw. Drehgelenke. Bei Bahnregelungen kommen noch die Geschwindigkeiten und Beschleunigungen hinzu. Die Istwerte r, φ werden mit den entsprechenden Sollwerten w_r und w_φ verglichen und die Regeldifferenzen x_{dr} und $x_{d\varphi}$ gebildet. Diese gehen als Eingangs-

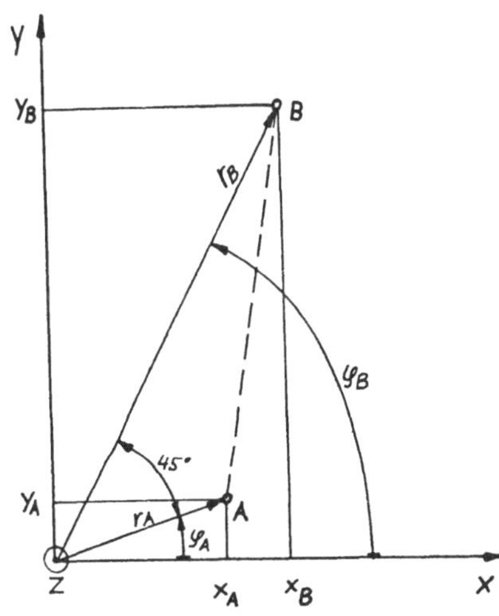

Abb.2

größen in die Regler welche nach den implementierten Regelalgorithmen die Stellgrößen (Motorspannungen) u_r und u_φ bilden. Daraus ergeben sich schließlich die Antriebskräfte K_r oder Antriebsmomente M_φ als Eingangsgrößen in das Robotermodell.

In Übereinstimmung mit der Praxis wurden als Regelalgorithmen ein Proportionalalgorithmus (P-Regler)

$$u = K_p x_d$$

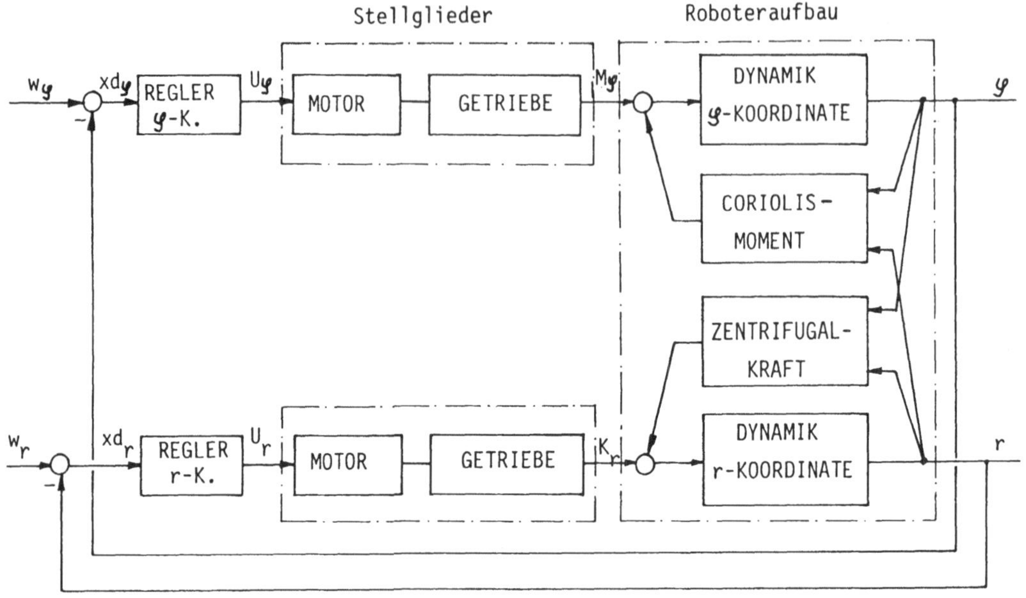

Abb.3

ein Proportional-Differentialalgorithmus (PD-Regler)

$$u = K_p x_d + K_D \dot{x}_d$$

und ein Proportional-Integralalgorithmus (PI-Regler)

$$u = K_p x_d + K_I \int_0^t x_d(\tau)\,d\tau$$

verwendet.

3. Simulationsergebnisse /3/

Die Parameter für das Robotermodell wurden aus den Konstruktionsdaten eines ausgeführten Industrieroboters ermittelt. Der Punkt A hatte die Koordinaten $x_A=0,046m$ und $y_A=0,01913m$; der Punkt B $x_B=0,0956m$ und $y_B=0,23m$ (Abb.4).

In Abb.4 sind die Bahnkurven des Handpunktes bei Verwendung der drei vorerwähnten Regelalgorithmen eingetragen. Dabei wurde für beide Achsen jeweils der gleiche Algorithmus mit verschiedenen Konstanten (Einstell- parameter) verwendet. Diese sind in der entsprechenden Abbildung ange- geben.

Aus den in /3/ enthaltenen Simulationsergebnissen sind in den drei Teilabbildungen für jeden Algorithmus zwei Bahnkurven dargestellt. Bei einer wurde versucht die Reglerparameter so vorzugeben daß der Handpunkt des Roboters zwischen den Punkten A und B annähernd eine Gerade be schreibt. Die zweite Bahnkurve gilt für Reglerparameter die eine mini- male Verfahrzeit gewährleisten.

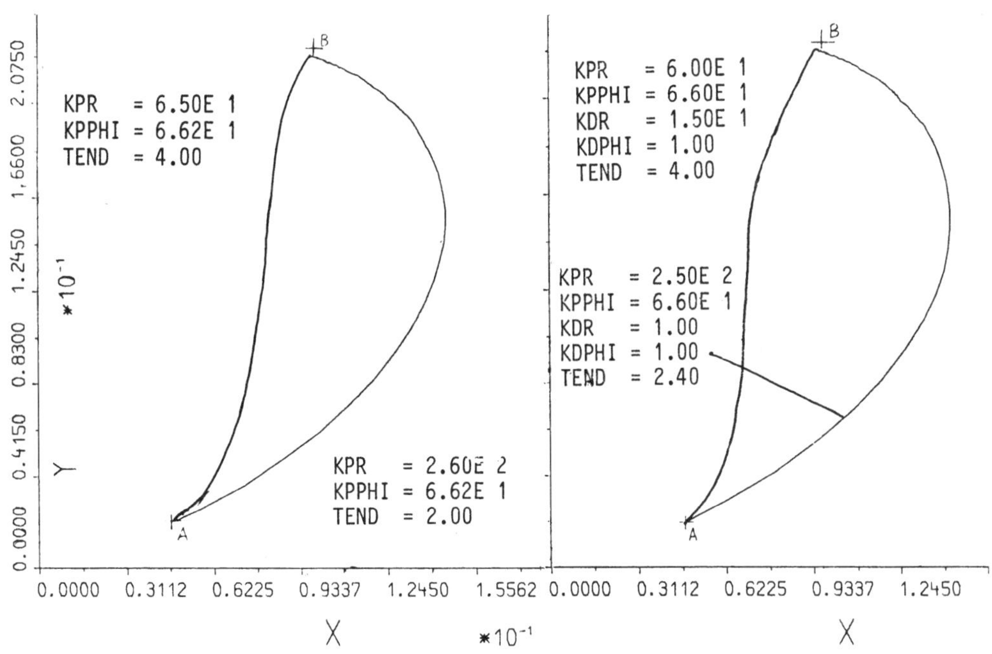

Abb.4a   Abb.4b

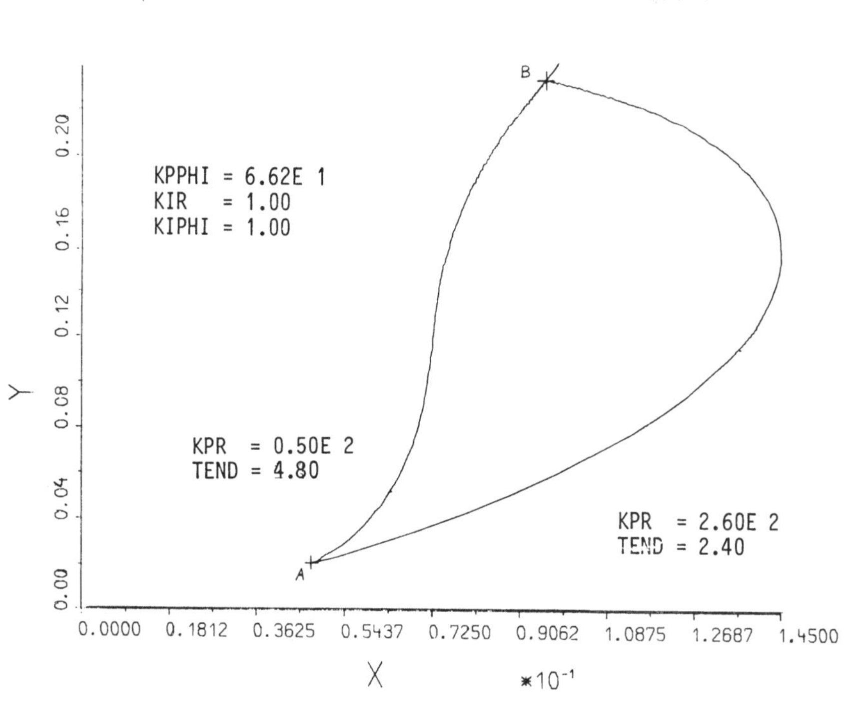

Abb.4c

Abbildung 4a gilt für P-Regler deren Einstellparameter (Verstärkungen) für die r-Achse K_{Pr}(KPR) und die φ-Achse $K_{P\varphi}$(KPPHI) zusammen mit der für die Bewegung erforderlichen Zeit (TEND) bei den beiden Bahnkurven angegeben sind. Für eine annähernd gerade Bahn ergeben sich fast gleiche Reglerverstärkungen (K_{Pr}=65 und $K_{P\varphi}$=66,2) sowie eine Verfahrzeit von 4 sec. Wesentlich schneller wird der Roboter (2 sec.) bei Erhöhen der Verstärkung K_{Pr} auf 260 wodurch sich die zweite Bahnkurve ergibt. Der Wert 260 stellt einen Maximalwert bedingt durch die Leistungen der Antriebsmotore dar. Weitere Simulationen zeigten, daß eine Erhöhung der Verstärkung $K_{P\varphi}$ zu keiner Verkürzung der Verfahrzeit mehr führt. Allerdings bewirkt dies eine Verringerung der "bleibenden Regelabweichung". Infolge dieser sind auch P-Regler nur bei geringen Genauigkeitsanforderungen verwendbar.

Abbildung 4b zeigt die Ergebnisse bei Verwendung zweier PD-Regler wobei auffällt,daß hier ebenfalls eine bleibende Regelabweichung auftritt. Am genauesten aber auch am langsamsten regeln die in Abb.4c verwendeten PI-Regler.

4. Zusammenfassung

An dem Modell des Greiferführungsgetriebes eines Industrieroboters des Typs DSS wurden drei konventionelle Regelalgorithmen untersucht. Sowohl das Robotermodell als auch die Dynamik der Regler wurden auf einem Hybridrechner- EAI Pacer 600 mit Autopatchsystem - simuliert. Für eine Bewegung in der x-y-Ebene wurden Bahnkurven für eine näherungsweise lineare Bewegung sowie für minimale Verfahrzeit aufgezeichnet. Es zeigt sich daß keine gerade Bahn erreichbar ist und daß alle Regler auf einer annähernd geraden Bahn doppelte Verfahrzeit benötigen. Weiters weisen der der P- und PD-Regler bleibende Regelabweichungen auf wodurch sie für eine genaue Positionsregelung ungeeignet sind.

Literatur

/1/ Troch,I und Kopacek,P.:Erstellung von Modellen für die Dynamik von Industrierobotern mit Hilfe hybrider Simulation.ASIM 84,

/2/ Desoyer,K.;Kopacek,P.und Troch,I.:Industrieroboter und Handhabungsgeräte. R.Oldenbourg, München, 1984.

/3/ Hittmair,R.:Hybride Simulation des dynamischen Verhaltens von Industrierobotern. Diplomarbeit, TU-Wien, 1984.

SIMSTAR

APPLICATION AREAS SURVEY

Zoran V. ILIĆ
ELECTRONIC ASSOCIATES INC.
WEST LONG BRANCH, NJ 07764/USA

EXTENDED ABSTRACT

SIMSTAR is a new simulation multiprocessor from ELECTRONIC ASSOCIATES,
INC. The applicability of SIMSTAR's unique features within a variety
of engineering disciplines is considered. The common aspect of interest throughout the mentioned disciplines is the need for high speed
and cost-effective dynamic system simulations to be used as a primary
engineering analysis, design or test tool.

The simulated systems are medium to large, complex and highly nonlinear. The engineers usually describe them via a set of inter-connec-
ted blocks where each block represents a specific subsystem with well-
defined multivariable input/output causal or empirical relationships.
The system is complex in the sense that even with a thorough knowledge of individual subsystems one needs to simulate it in order to generate enough information for the engineering analysis of the whole
system.

Individual subsystems can be independently modelled and tested : then,
later on, integrated with other subsystem models for a total system
simulation. Or, if the SIMSTAR model is connected to one or more real
subsystems, a "hardware-in-the-loop" simulation can be exercised.

The mathematical description of subsystems can take the form of highly
coupled sets of non-linear ordinary differential, algebraic and Boolean
equations. Explicit and implicit equations are allowed, as well as
analytical and empirical function specifications. There are no restrictions on types or order of discontinuities included on the right hand
side of differential equations. Practically, there are no restrictions
on the stiffness ratio (the quotient of the largest to smallest eigen-
value of the linearized system).

The required simulation execution speed is dictated by the engineering
task at hand. Optimizations, parameter sensitivity and Monte Carlo

studies might call for faster-than-real-time execution if they are to
be of practical value. Hardware-in-the-loop simulations call, by definition, for real-time speed. The latter, especially, imposes very specific demands on numeric processors for all digital simulations :

- no use of variable step algorithms,
- no use of high-order integration algorithms,
- special handling of discontinuities to minimize integration errors
  (at least step size reduction),
- deterministic processing times,
- H/W and S/W means for program synchronization with real time,
- H/W and S/W means for solving problem data dependencies,
- need for more real-time oriented computer architecture (vectored
  interrupts, fast interrupt response times, etc...)

The presence of high-frequency solution components aggravates all of
the listed problems. Often, it may totally invalidate a purely numeric
solution. Relaxing the simulation speed requirement (when possible) or
reducing the size of the simulated problem delegated to be solved on a
numeric processor, has the effect of easing the listed problems.

SIMSTAR is an integrated multiprocessor allowing for easy distribution
of simulation tasks. Its major processors are a general purpose 32-bit
supermini designed for real-time applications, coupled with a continuous processor with hundreds of uni- and multifunctional continuous
processing units. A data conversion processor is used for communication
between the numeric and analog worlds both within the SIMSTAR and in
connection with the outside world. The continuous processor, called
the parallel simulation processor (PSP), successfully solves the above
listed problems, thereby off-loading SIMSTAR's numeric processor. PSP
units operate and communicate totally in parallel through the programmable switch matrix. The required topology for PSP programming is automatically deduced from the problem statement equations. A SIMSTAR
also contains a parallel logic unit (PLU) dedicated to solving Boolean
equations. The PLU is used as the heart of the multiprocessor synchronizing process.

An integrated presence of PSP, in a synergistic relationship with other
processors, is SIMSTAR's unique feature. The coexistence of linear
computation technology with a pure digital processing sets SIMSTAR
quite apart from other currently known numeric processors. Whether special or general purpose, their execution speed is highly dependent

upon "proper" amount of scalar and vectorizable processes as well as specific problem data dependencies and inter-communication between problem state variables.

The value of SIMSTAR's multiprocessor-multidomain organization, as well as its adaptability to the external world of real systems (including its human controllers), is presented through specific problems from several engineering disciplines.

SIMSTAR is shown to be a cost-effective "hybrid" combining the best genes of classical hybrid computers with the latest software, hardware and systems technologies.

<u>MODELLBILDUNG UND SIMULATION DES DFVLR-TIEFTEMPERATURWINDKANALS</u>

Kraft D., Schubert H.
Deutsche Forschungs- und Versuchsanstalt für Luft- und Raumfahrt e.V.
Institut für Dynamik der Flugsysteme

D-8031 Oberpfaffenhofen

1. Tieftemperaturtechnik

Bei Messungen in Windkanälen müssen die strömungsmechanischen Ähnlichkeitsgesetze erfüllt sein. Es muß u.a. die Reynolds-Zahl am Modell mit der Reynolds-Zahl am realen Fahrzeug übereinstimmen. Die Reynolds-Zahl ist das Verhältnis der Trägheitskräfte zu den Zähigkeitskräften: $Re = \rho \cdot w \cdot l/\mu$. Für Luft und Stickstoff gilt für konstante Geschwindigkeit w näherungsweise $Re \sim p \cdot l/T^{3/2}$. Ist die Modellabmessung l_M klein gegenüber der Fahrzeugabmessung l_F, so kann z.B. die Reynolds-Zahl im Kanal durch Absenkung der Temperatur T vergrößert werden.

Der DFVLR-Niedergeschwindigkeitskanal wird deshalb durch Einspritzen von flüssigem Stickstoff bis auf 100 K gekühlt. Enge Sicherheits- und Meßtoleranzen für Druck, Temperatur und Windgeschwindigkeit setzen ein hochgenaues Steuer- und Regelsystem voraus, dessen Daten in einem Prozeßrechner verarbeitet werden. Der Entwurf der Steuerung und Regelung erfordert systematische Rechner-Simulationen mit einem hierfür entwickelten nichtlinearen Kanalmodell. Die Bewertung des Gesamtkonzepts schließt den Steuer- und Regelrechner als Hardware mit ein und kann deshalb nur durch hybride Simulation erfolgen, die dazu in Echtzeit abläuft.

2. Modellbildung

2.1 Prozeßmodell

Das physikalisch-mathematische Modell beschreibt den Zustand $x = (w,T,m,p)^T$ des Kanalgases in der Testsektion und die Temperaturen in den verschiedenen Schichten der Kanalwand. Gesteuert und geregelt wird der Zustand durch Einspritzen von flüssigem Stickstoff $\dot{m}_L$, Einblasen und Absaugen von gasförmigem Stickstoff $\dot{m}_G^+$ und $\dot{m}_G^-$ sowie durch Änderung der Gebläsedrehzahl n.

Die Modellgleichungen werden aus Gleichgewichtsbedingungen hergeleitet:

Massenbilanz:

$$\dot{m} = \dot{m}_L - \dot{m}_G^- + \dot{m}_G^+ \tag{1}$$

Impulsbilanz:

$$\dot{w} = \left[g(T) \cdot n^2 - \frac{1}{2} \cdot K \cdot \rho \cdot w^2 \right]/(l \cdot \rho) \tag{2}$$

615

Wärmebilanz:

$$\dot{T} = \{-\dot{m}_L(t-\tau_L)\cdot[c_p\cdot(T-T_S)+h]+\dot{m}_G^+(t-\tau_G)\cdot c_p\cdot(T_U-T)+\frac{1}{2}\cdot K\cdot A_T\cdot w^3/n(w)+\omega\}/(c_p\cdot m) \qquad (3)$$

Gasgleichung:

$$p = m\cdot R\cdot T/\tilde{V} \qquad (4)$$

Wärmekonvektion und Wärmeleitung:

$$\omega = 3.0\cdot\alpha_{Wi}\cdot A_M\cdot(T_M-T) + \alpha_{Wi}\cdot A_W\cdot(T_{Wi}-T) \quad \text{mit} \qquad (5)$$

$$\alpha_{Wi} = K_p\cdot\lambda(T)\cdot\lfloor w\cdot m/\lambda(T)\rfloor^{0.786} \qquad (6)$$

Die Modellgleichungen für die Temperaturänderung $\dot{T}_M$ der Metallteile des Kanals und für die Temperaturänderung $\dot{T}_{Wi}$ in der i-ten Wandschicht ergeben sich ebenfalls aus Wärmebilanzen $\lfloor 1 \rfloor$.

In die Zustandsgleichungen (1) bis (4) werden eingesetzt: Gasdichte $\rho = p/(R\cdot T)$ mit Gaskonstante R, Kanalgesamtwiderstandsbeiwert K als Summe von Kanalwiderstandsbeiwert K_W und anstellwinkelabhängigem Modellwiderstandsbeiwert $K_M(\alpha)$ und die experimentell gewonnenen und im rein digitalen Simulationsprogramm rational approximierten Kennwerte Gebläsefaktor g(T), Gebläsewirkungsgrad $\eta(w)$ und Wärmeleitfähigkeit $\lambda(T)$. Die Transporttotzeiten τ_L und τ_G in den Steuervariablen der Wärmebilanz sind geschwindigkeitsabhängig, $\tau_i = l_i/w$, mit l_i als äquivalenten Totzeitlängen. $\dot{m}_i(t)$ wird in ein Schieberegister als f(j) gespeichert und $\dot{m}_i(t-\tau_i)$ wird aus der Speicherzelle f(j-k), k = INT($l_i/(w\cdot\Delta T)$), ausgelesen. ΔT ist das Abtastintervall.

Das dynamische Volumen $\tilde{V}(w,T,\alpha)$ in der Gasgleichung wird aus der quasistationären Bernoulli-Gleichung, wobei der Kanal in N Sektionen aufgeteilt wird, entwickelt $\lfloor 2 \rfloor$:

$$\tilde{V} = \frac{1}{2}\cdot\sum_{j=1}^{N}V_j\cdot(c_j + c_{j+1}) \quad \text{mit} \qquad (7)$$

$$c_j = \frac{1 + \dfrac{w^2}{2\cdot R\cdot T}\cdot(1 - \sum_{k=1}^{j-1}K_k)}{1 + \dfrac{w^2}{2\cdot R\cdot T}\cdot(A_T/A_j)^2} \quad , \qquad j=1,\ldots,N+1 \qquad (8)$$

und experimentell ermittelten Sektionswiderstandskoeffizienten K_j.

2.2 Betriebsbereich und Betriebsspezifikationen

Der Betriebsbereich des Kanals reicht für die Gastemperatur von 100 - 300 K und für die Windgeschwindigkeit von 0 - 100 m/s. Es können also in diesem Betriebsbereich Reynolds-Zahlen erreicht werden, die gegenüber solchen in herkömmlichen Anlagen um den Faktor sieben höher liegen, wie in Bild 1 gezeigt wird.

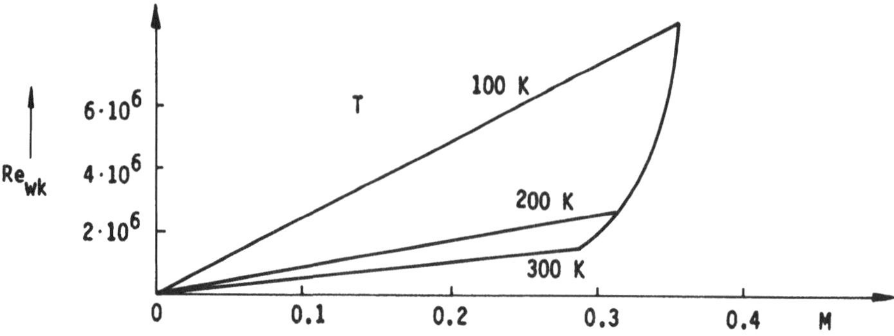

Bild 1: Im Betriebsbereich erzielbare Reynolds-Zahlen

Im Betriebsbereich werden sechs Betriebsphasen unterschieden: Abkühlen, Hochfahren, Messen, Betriebsbereitschaft, Herunterfahren und Aufwärmen.
Die Zustandstoleranzen unterscheiden sich in Meßtoleranzen (Meßphase) und Sicherheitstoleranzen. Je nach Betriebsphase sind als Toleranzen für die Gastemperatur ± 0.5 bis ± 5.0 K, für den Druck ± 0.05 bis ± 2.0 kPa und für die Windgeschwindigkeit ± 0.5 m/s einzuhalten. Zusätzlich wird am Ende des Hochfahrens für die anschließende Meßphase ein stationärer Zustand $\dot{x} = 0$ gefordert.

2.3 Steuer- und Regelkonzept

Der Kanal soll mit minimalem Stickstoffverbrauch und kleinen Phasenzeiten betrieben werden. Deshalb wird die Steuerung und Regelung folgendermaßen ausgelegt: Eine optimale Steuerung u_S (näheres siehe hierzu $\lfloor 2 \rfloor$) erzeugt optimale Führungsgrößen x_S; die Prozeßabweichungen $x_S - x$, hervorgerufen durch Störungen und Modellierungsunsicherheiten, werden durch eine unterlagerte Regelung u_R kompensiert (näheres siehe hierzu [3]). Ziel der Steuerung ist die Minimierung des Stickstoffverbrauchs beim Abkühlen und Anfahren, Ziel der Regelung ist die Korrektur der Abweichungen beim Messen. Die Struktur des Steuer- und Regelkonzepts zeigt Bild 2.

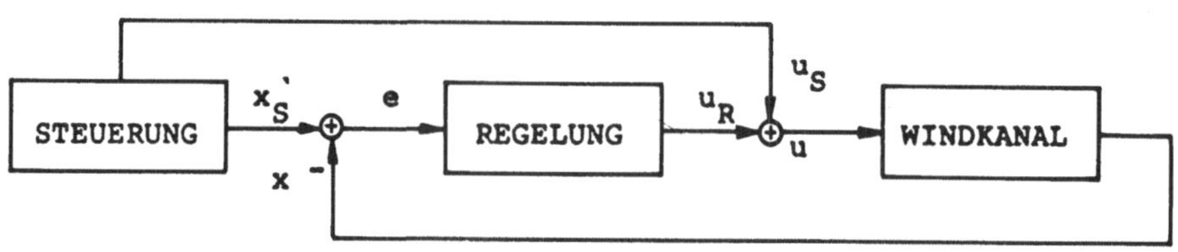

Bild 2: Struktur der Steuerung mit unterlagerter Regelung

3. Simulation

Die den Prozeß beschreibenden Gleichungen (1) bis (8) sowie das Steuer- und Regelkonzept werden auf einem Hybridrechner EAI 3200 (System HYSHARE 700) wie folgt implementiert:

Das <u>Digitalrechen</u>-Programm umfaßt die Steuerung und Regelung, die Erzeugung der totzeitbehafteten Massenflüsse für die Stickstoffsteuerung, die Integration der Temperaturen in den Schichten der Kanalwand, die Integration der Temperatur der im Kanal vorhandenen Metallteile, die Berechnung des Kanalgesamtwiderstandsbeiwertes K und des dynamischen Volumens $\tilde{V}$, sowie die Erzeugung der zeitabhängigen Sollwertvorgaben für w, T und den Modellanstellwinkel α.

Der <u>Analogrechner</u> integriert das schnelle Kanalzustandsmodell. Gleichung (6) wird durch schnelles repetierendes Rechnen ohne Verwendung nichtlinearer Elemente des Analogrechners berechnet. Die Kennwerte $g(T)$, $\eta(w)$ und $\lambda(T)$ werden in digital einstellbaren analogen Funktionsgeneratoren dargestellt. Unter Vorgabe der Anfangswerte für w, T und p werden in einem digitalen Vorprogramm die Massenflüsse und die Gebläsedrehzahl für einen stationären Zustand ermittelt.

Die Modellgleichungen sind in der höheren Programmiersprache ECSSL (<u>E</u>xtended <u>C</u>ontinuous <u>S</u>ystem <u>S</u>imulation <u>L</u>anguage) formuliert, wozu auch Angaben über Maximal- und Minimal-Werte der Variablen und notwendige Anfangswerte gehören. ECSSL erzeugt u.a. eine Liste mit Anweisungen zur Erstellung des analogen Programms (Verschaltung der Rechenelemente) und ein File, welches mit einem HYTRAN-Exekutivprogramm gemischt und ausgeführt werden kann. Dabei werden alle Koeffizientenpotentiometer und analoge Funktionsgeneratoren automatisch eingestellt und ein off- und on-line statischer Test durchgeführt.

Die zeitlich parallen Rechenabläufe von Analog- und Digital-Rechner werden über die Datentransfers analog/digital und digital/anlalog, die mit einem vom Regelkonzept fest vorgegebenen Abtastintervall von $\Delta T = 0{,}4$ s eingeleitet werden, synchronisiert. Interrupts nach den Transfers lösen Programmsprünge zu den zugehörigen Modellunterprogrammen aus. Die Vorbereitung der Datentransfers von und zu den Arrays, die Zuordnung der Interrupts zu den Unterprogrammen sowie die Steuerung des Analogrechners geschieht im Digitalprogramm über FORTRAN-aufrufbare HYSHARE-Unterprogramme. Bei Verfügbarkeit der Prozeßrechner- und Datenwandler-Hardware wird diese direkt an den Analogrechner angeschlossen werden. Damit ist das Gesamtkonzept validierbar. Bisherige Simulationsergebnisse zeigen, daß der entworfene Regler sich in allen Betriebsphasen stabil verhält und die geforderten Toleranzen für T, p und w sicher eingehalten werden, wie beispielhaft in Bild 3 für die Betriebsphasen Hochfahren, Messen, Herunterfahren und Betriebsbereitschaft gezeigt wird.

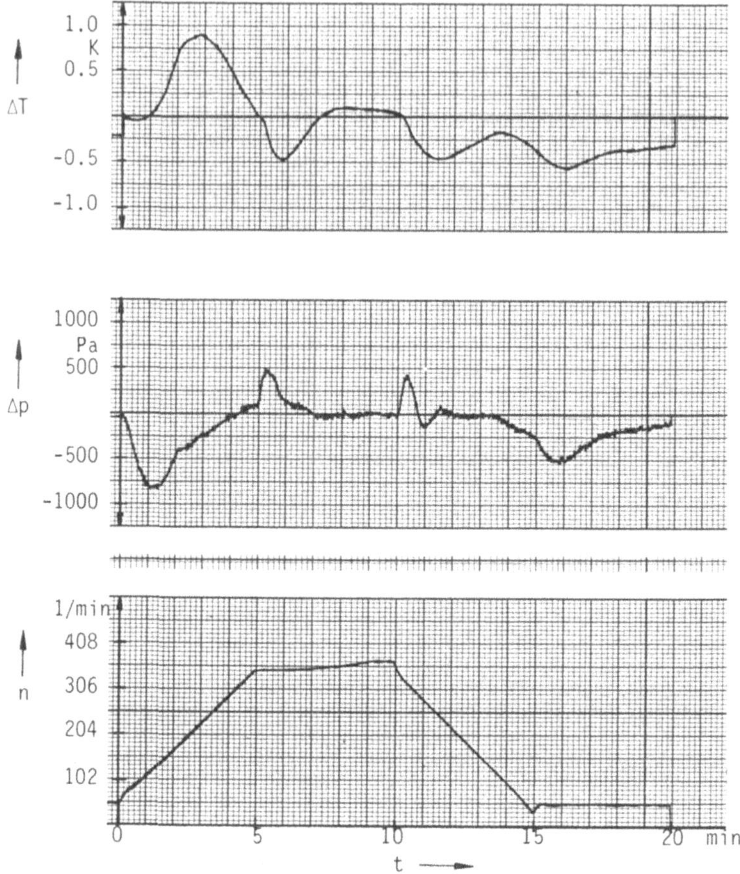

Bild 3: Verlauf der Temperatur- und Druckabweichungen sowie der Gebläsedrehzahl für verschiedene aufeinanderfolgende Betriebsphasen

4. Literatur

[1] Paláncz, B.
    Analysis of the performance of a Nitrogen cooled, closed circuit, cryogenic wind tunnel and its application to the DFVLR 3 m-tunnel in Cologne.
    DFVLR-IB-WKT 9/80, 1980.
[2] Kraft, D.
    Optimale Steuerung eines Tieftemperatur-Windkanals.
    Erscheint als DFVLR-Forschungsbericht.
[3] Steinhauser, R.
    Reglerentwurf für einen Tieftemperatur-Windkanal mittels Gütevektoroptimierung.
    Erscheint als DFVLR-Forschungsbericht.

<u>MODELLBILDUNG UND SIMULATION EINER STROMRICHTERGESPEISTEN GLEICHSTROMMASCHINE</u>

<u>FÜR ZEITDISKRETE ANTRIEBSREGELUNGEN</u>

R. M. Stephan

Lehrstuhl für Elektrische Steuerung und Regelung, Ruhr-Universität Bochum

1. Einführung

Bekannterweise unterscheidet sich das regelungstechnische Modell einer stromrichtergespeisten Gleichstrommaschine für den Fall, daß man nur die Mittelwerte der auftretenden Größen berücksichtigt, bei lückendem Strom in zwei Punkten von dem Modell bei nichtlückendem Strom. Bei lückendem Betrieb wird die Ankerinduktivität vernachlässigt, und die Verstärkung der Regelstrecke, die bei nichtlückendem Betrieb etwa konstant ist, ändert sich beim Übergang in den lückenden Betrieb sehr stark.

Die Modellbildung unter Berücksichtigung der Mittelwerte wurde bisher zumeist heuristisch durchgeführt [1,2]. In dieser Arbeit hingegen wird in Abschnitt 2 eine mathematisch begründete Modellbildung vorgestellt. Mit diesem Modell ist der Entwurf eines Reglers möglich. Die Eigenschaften von Stromrichter und Gleichstrommaschine sind in diesem aber so verkoppelt, daß bei Anwendung des Mittelwertmodells zur Simulation wichtige Charakteristika versteckt bleiben. Deswegen wird im Abschnitt 3 eine hybrid-analoge Simulation vorgeschlagen, die die Arbeitsweise der Thyristoren berücksichtigt. Die Thyristoren werden hierbei durch eine digitale Steuerlogik und elektronische Relais simuliert. Wenn man diese Simulation mit der üblichen Mittelwertsimulation vergleicht, tritt als wesentlicher Vorteil auf, daß man die Stromwelligkeit betrachten kann. Deswegen ist es möglich, den exakten Zeitpunkt des Stromnulldurchgangs festzustellen. Diese Eigenschaft spielt eine wesentliche Rolle für die Anwendung von Adaptivstromreglern, die die Regelstreckenänderung bezüglich des Übergangs zwischen lückendem und nichtlückendem Betrieb berücksichtigen können. Außerdem ist es hierdurch möglich, die Steuerlogik zur Ansteuerung der Thyristoren im Vier-Quadranten-Betrieb zu untersuchen und gegenüber herkömmlichen Antrieben zu verbessern.

Diese Simulation wird durchgeführt, um einen digitalen adaptiven Drehzahlregler für eine vorhandene Gleichstrommaschine zu untersuchen und zu realisieren. Zwischenergebnisse werden im Abschnitt 4 gezeigt.

2. Dynamisches Mittelwertmodell

<u>2.1. Allgemeines:</u> Betrachtet man einen einphasigen Stromrichter-Antrieb (Bild 1) im stationären Betrieb, dann läßt sich der Zusammenhang zwischen Steuerwinkel (α), Strommittelwert (I_d) und Gegenspannung (EMK) bekanntlich gemäß Bild 2 darstellen [1 bis 4]. Die Änderung des Stroms bei einer sprungförmigen Änderung des Steuerwinkels (α) zeigt, daß im lückenden Betrieb der Strom bereits bei der auf den Sprung folgenden Pulsperiode den neuen Endzustand erreicht [2]. Das bedeutet, daß die Ankerzeitkonstante im lükkenden Betrieb unwirksam ist. Bei nichtlückendem Betrieb gibt es eine dynamische Änderung der Mittelwerte.

Mit Hilfe dieser Überlegungen kann man ein Modell entwerfen [1,2]. Im folgenden wird eine bessere Begründung für dieses bekannte Modell gegeben.

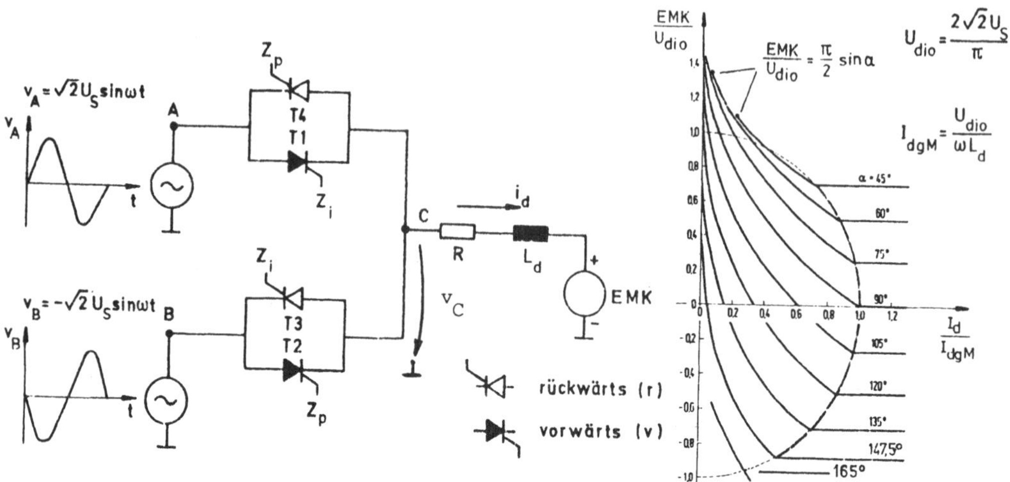

Bild 1. Einphasiger Stromrichter-Antrieb

Bild 2. Statische Strom-Spannungskennlinien

2.2. Modell für den lückenden Betrieb: Um ein Modell für den lückenden Betrieb zu entwerfen, bestimmt man aus Bild 2 die Abhängigkeit $I_d = f(\alpha)$ für eine konstante EMK. Man erhält dann eine Kennlinienschar entsprechend Bild 3 [1,2]. Wird ein anderes Koordinatensystem geschickt gewählt, so ergibt sich eine neue Darstellungsform des Zusammenhangs (Bild 4). Das Blockschaltbild in Bild 5 ergibt sich direkt aus Bild 4. Hieraus ist ersichtlich, daß die Verstärkung im Regelkreis je nach Betriebsbereich erheblichen Änderungen unterliegt.

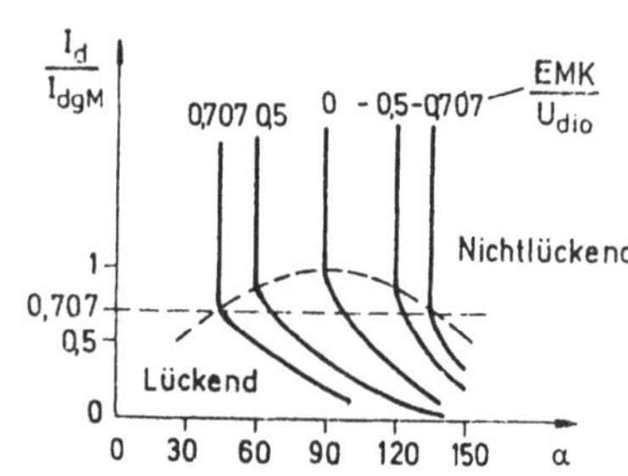

Bild 3. Eine andere Darstellung für Bild 2

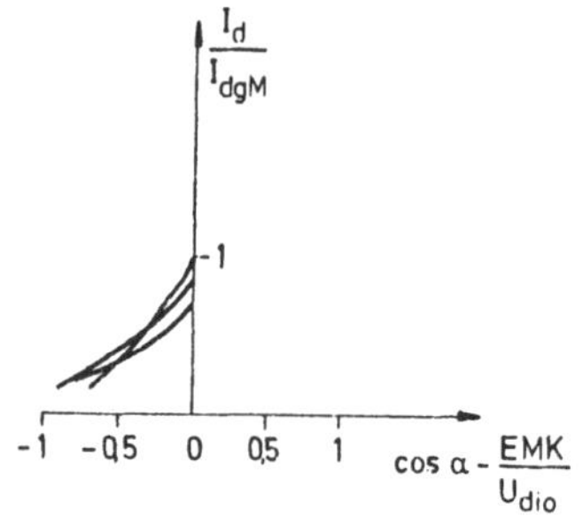

Bild 4. Eine andere Darstellung für Bild 3 im lückenden Betrieb

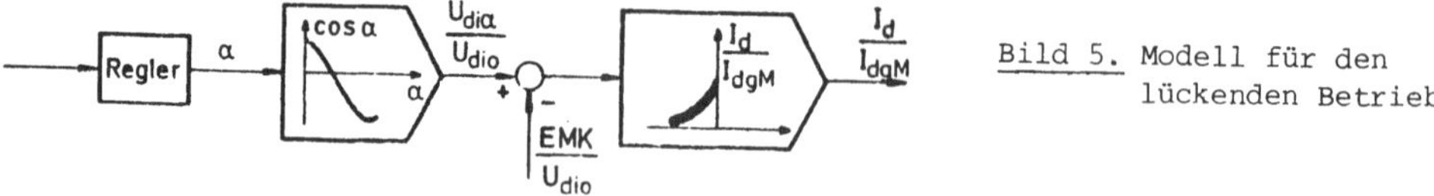

Bild 5. Modell für den lückenden Betrieb

2.3. Modell für den nichtlückenden Betrieb: Um ein repräsentatives Modell der Mittelwerte im nichtlückenden Betrieb zu entwerfen, wird die folgende Mittelwertfunktion definiert:

621

$$\overline{F}(t) \stackrel{\Delta}{=} \frac{\omega}{\pi} \int_{t-\frac{\pi}{2\omega}}^{t+\frac{\pi}{2\omega}} f(t)\, dt. \tag{2.1}$$

Es fällt auf, daß in den statischen Arbeitspunkten die Definition entsprechend Gl. (2.1) mit der üblichen Mittelwertdefinition übereinstimmt. Weiter gilt:

$$\frac{d\overline{F}(t)}{dt} = \frac{\omega}{\pi} \int_{t-\frac{\pi}{2\omega}}^{t+\frac{\pi}{2\omega}} \left(\frac{df}{dt}\right) dt. \tag{2.2}$$

Verwendet man jetzt die Gln.(2.1) und (2.2) in der Schaltung nach Bild 1, so folgt

$$v_{C(t)} - EMK = Ri_{d(t)} + L_d \frac{di_{d(t)}}{dt} \tag{2.3}$$

bzw. durch Integration

$$\frac{\omega}{\pi} \int_{t-\frac{\pi}{2\omega}}^{t+\frac{\pi}{2\omega}} (v_{C(t)} - EMK)\, dt = \frac{\omega}{\pi} \int_{t-\frac{\pi}{2\omega}}^{t+\frac{\pi}{2\omega}} Ri_{d(t)}\, dt + \frac{\omega}{\pi} \int_{t-\frac{\pi}{2\omega}}^{t+\frac{\pi}{2\omega}} L_d \frac{di_{d(t)}}{dt}\, dt. \tag{2.4}$$

Unter der Annahme, daß die Änderung der Drehzahl bzw. der EMK während einer Zeit $T = \frac{\pi}{\omega}$ vernachlässigt werden kann, ergibt sich:

$$\overline{V}_{C(t)} - EMK = R\, \overline{I}_{d(t)} + L_d \frac{d\overline{I}_{d(t)}}{dt} \tag{2.5}$$

mit

$$\overline{V}_{C(t)} = \frac{\omega}{\pi} \int_{t-\frac{\pi}{2\omega}}^{t+\frac{\pi}{2\omega}} v_{C(t)}\, dt = \frac{1}{\pi} \int_{\omega t-\frac{\pi}{2}}^{\omega t+\frac{\pi}{2}} v_{C(\omega t)}\, d(\omega t).$$

Im nichtlückenden Betrieb kann man $\overline{V}_{C(t)}$ durch

$$\overline{V}_{C(t)} = U_{dio} \cos\alpha_{(t)} = U_{di\alpha} \tag{2.6}$$

annähern. Mit den Bezugswerten U_{dio} und I_{dgM} folgt weiter

$$\cos\alpha_{(t)} - \frac{EMK}{U_{dio}} = K_A \left[\frac{\overline{I}_{d(t)}}{I_{dgM}} + T_A \frac{d\overline{I}_d / I_{dgM}}{dt} \right], \tag{2.7}$$

wobei

$$K_A = \frac{I_{dgM} R}{U_{dio}}, \qquad T_A = \frac{L_d}{R} \tag{2.8}$$

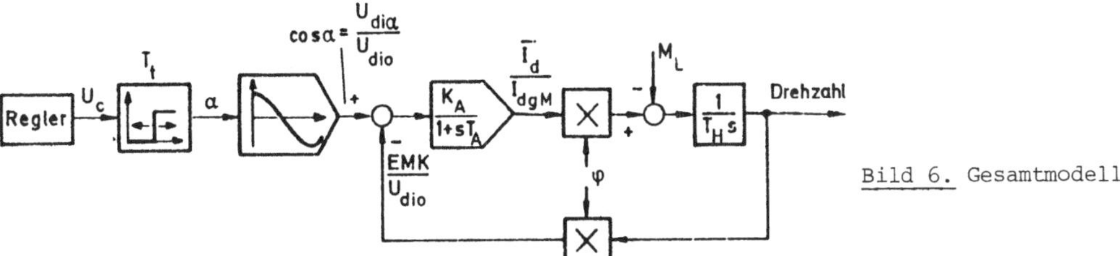

Bild 6. Gesamtmodell

K_A konstant im nichtlückenden Betrieb; $T_A = 0$ im lückenden Betrieb;
K_A ändert sich im lückenden Betrieb, wie in Bild 4 gezeigt.

gilt. Diese Ergebnisse sind in Bild 6 als Blockschaltbild dargestellt. In diesem Bild sind auch der mechanische Teil des Antriebs, das Erregerfeld und eine variable Totzeit (T_t), um den Stromrichter besser zu repräsentieren, berücksichtigt.

3. Simulation

Wie bereits im Abschnitt 1 angedeutet wurde, ist es vorteilhaft, eine Simulation durchzuführen, in der Maschine und Stromrichter getrennt betrachtet werden. Da das dynamische Verhalten der Maschine weitgehend bekannt ist, muß noch zusätzlich eine geeignete Simulation für die Funktion der gesamten Stromrichterschaltung gefunden werden. In [5] und [6] sind systematisierte Lösungen für einzelne Thyristoren vorgeschlagen. In der vorliegenden Arbeit wird eine mit weniger Aufwand realisierte Schaltung dargestellt, die trotzdem die spezifischen Eigenschaften des zu analysierenden Systems berücksichtigt.

Die Thyristoren T1 und T4 bzw. T2 und T3 in Bild 1 werden durch die Relais R1 bzw. R2 entsprechend Bild 7 simuliert. Ein zusätzlicher Schalter R3 ist notwendig, um den Fall $i_d = 0$ richtig simulieren zu können.

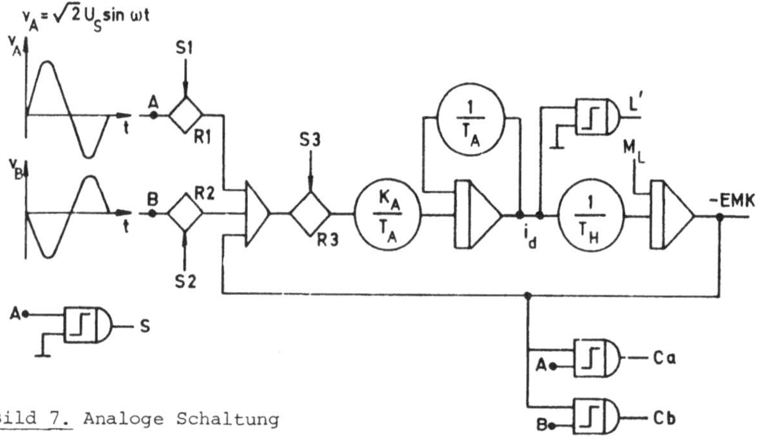

Bild 7. Analoge Schaltung

Die Logik, die diese Relais steuert, muß die folgenden Bedingungen erfüllen (vgl. Bild 1):

(1) $v_A > v_C$ und $Z_i = 1$ und $v = 1 \to$ T1 leitet $\Big\}$ d. h. S1 = 1
(2) $v_C > v_A$ und $Z_p = 1$ und $r = 1 \to$ T4 leitet

(3) $v_B > v_C$ und $Z_p = 1$ und $v = 1 \to$ T2 leitet $\Big\}$ d. h. S2 = 1
(4) $v_C > v_B$ und $Z_i = 1$ und $r = 1 \to$ T3 leitet

(5)   Der Strom i_d wird gleich Null $\to$ Der leitende Thyristor wird sperren, d. h. es gilt S1 = 0 oder S2 = 0.

(6a) Leitet T1 bzw. T2 und soll anschließend die Bedingung (3) bzw. (1) erfüllt sein, so muß dann T1 bzw. T2 sperren und T2 bzw. T1 leiten.

(6b) Leitet T3 bzw. T4 und soll anschließend die Bedingung (2) bzw. (4) erfüllt sein, so muß dann T3 bzw. T4 sperren und T4 bzw. T3 leiten.

(7)   S3 = S1 oder S2

Um diese Logik zu verwirklichen, sind folgende Signale notwendig (vgl. Bild 7):

(a) Ca: Ca = 1 wenn v_A > EMK, sonst Ca = O.

(b) Cb: Cb = 1 wenn v_B > EMK, sonst Cb = O.

(c) L': L' = 1 wenn i_d > O, L' = O wenn i_d < O.

Die Bedingungen (1) und (2) bzw. (3) und (4) werden durch die Signale A^* und B^* zusammengefaßt:

$$A^* = r \cdot Z_P \cdot (\overline{Ca} + S3) + v \cdot Z_i \cdot (Ca + S3)$$
$$B^* = r \cdot Z_i \cdot (\overline{Cb} + S3) + v \cdot Z_P \cdot (Cb + S3). \tag{3.1}$$

Es ist zu beachten, daß S3 = O gilt, wenn kein Strom fließt. In diesem Fall ist v_C = EMK. S3 = 1 simuliert den anderen Fall, daß ein Strom fließt. Dabei ist $v_C = v_A$ (im Fall S1 = 1) oder $v_C = v_B$ (im Fall S2 = 1). Außerdem gilt immer wegen der Erzeugung der Zünd-impulse:

$$v_A > v_B \text{ wenn } Z_i = 1 \text{ und } v_B > v_A \text{ wenn } Z_P = 1.$$

Daher sind die Informationen über den Zusammenhang zwischen v_A, v_B und v_C für die Bedingungen (6a) und (6b) nicht notwendig.

Das Signal L' wird weiter verarbeitet, um den Stromnulldurchgang im Vorwärts- und Rückwärtsbetrieb untersuchen zu können:

$$L = (L' \cdot v) + (\overline{L'} \cdot r).$$

Die Arbeitsweise kann dann anhand des Zustandsdiagramms von Bild 8 beschrieben werden.

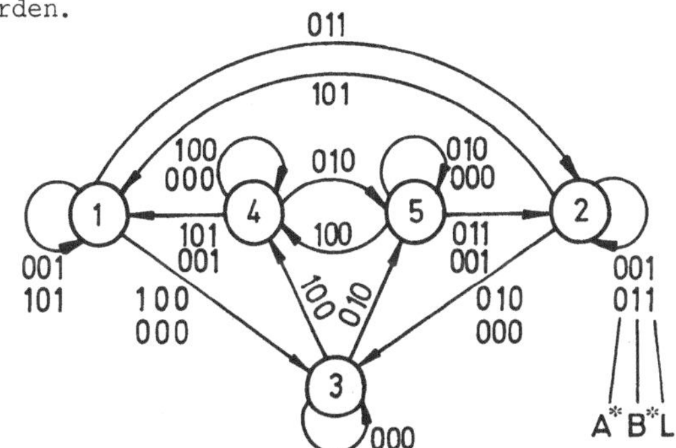

Zustand	$Y_1 Y_2 Y_3$	Beschreibung
①	1 O 1	Vorwärts, $i_d \neq 0$
②	O 1 1	Rückwärts, $i_d \neq 0$
③	O O O	$i_d = O$
④	1 O O	Vorwärts, $i_d = O$
⑤	O 1 O	Rückwärts, $i_d = O$

Bild 8. Zustandsdiagramm

Die Zustände 4 und 5 sind Zwischenzustände, die auf eine Änderung des Stroms warten. Um diese Logik zu verwirklichen, sind drei J-K Flip-Flops notwendig [7]. Die Flip-Flop-Ausgänge werden als Y1, Y2 und Y3 bezeichnet. Es ergibt sich:

$$J_{Y1} = A^* \cdot \overline{L} \cdot \overline{Y3} + A^* \cdot L \cdot Y3 + A^* \cdot \overline{Y1} \cdot \overline{Y2}$$
$$K_{Y1} = B^* \cdot \overline{L} + \overline{L} \cdot \overline{Y3} + B^* \cdot Y3$$
$$J_{Y2} = B^* \cdot \overline{L} \cdot \overline{Y3} + B^* \cdot L \cdot Y3 + B^* \cdot \overline{Y1} \cdot \overline{Y2}$$
$$K_{Y2} = A^* \cdot \overline{L} + \overline{L} \cdot Y3 + A^* \cdot Y3 \tag{3.2}$$
$$J_{Y3} = L \cdot Y2 + L \cdot Y1$$
$$K_{Y3} = \overline{L}$$

Die gesuchten Steuersignale sind:

$$S1 = Y1, \quad S2 = Y2, \quad S3 = S1 + S2.$$

4. Ergebnisse

Das im Abschnitt 2 erwähnte Modell wurde angewandt, um einen digitalen Drehzahlregler mit unterlagertem Stromregelkreis zu entwerfen. Im nichtlückenden Betrieb wurde die Entwurfsmethode nach BOD (Betragsoptimum Diskret) und SOD (Symmetrisches Optimum Diskret) benutzt [8]. Im lückenden Betrieb wurde das gesteuerte adaptive Konzept von Buxbaum [1] angewandt. Der Versuchsaufbau ist im Bild 9 dargestellt.

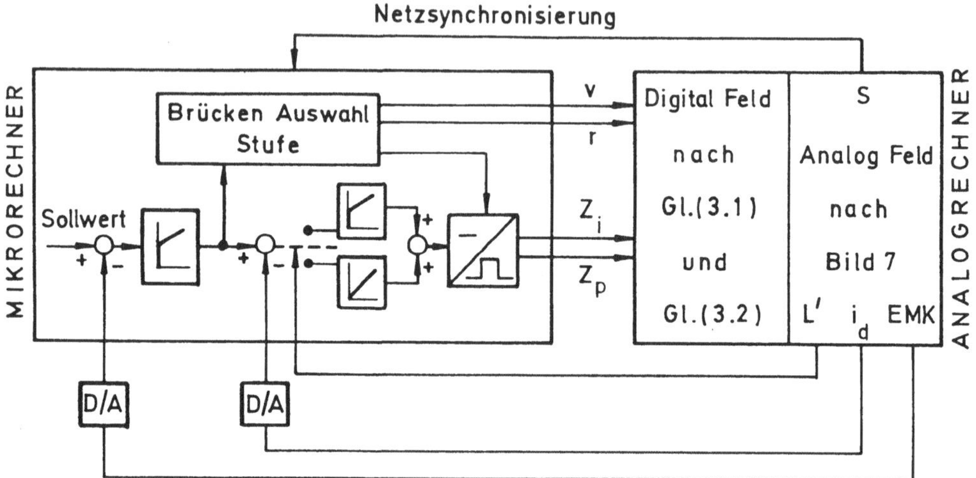

Bild 9. Versuchsaufbau des Drehzahlreglers

Die Bilder 10 und 11 zeigen Simulationsergebnisse. Im Bild 10 wurde eine durch eine Änderung des Drehzahlsollwertes ausgelöste Brückenumschaltung untersucht. Ein durch eine Laständerung verursachter Übergang vom lückenden Betrieb in den nichtlückenden Bereich wurde im Bild 11 betrachtet, wo der gesteuerte adaptive Regler benutzt wurde.

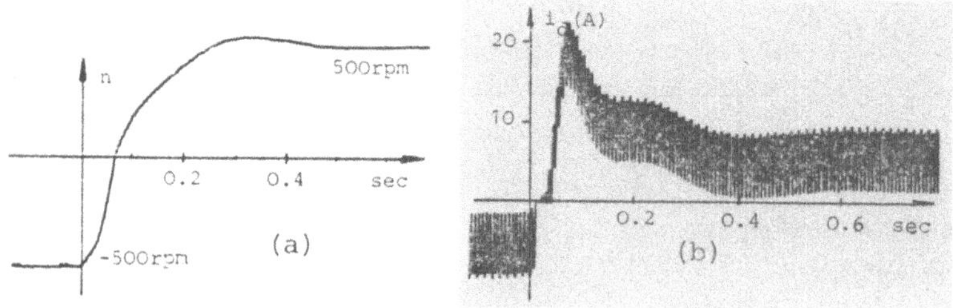

Bild 10. Untersuchung der Brückenumschaltung
(a) Drehzahl   (b) Strom

5. Zusammenfassung

Es wurde eine ausführliche Analyse des gebräuchlichen Modells einer einphasigen stromrichtergespeisten Gleichstrommaschine durchgeführt. Anhand einer analog-hybriden Simulation, die die wellenförmigen Charakteristika von Strom und Spannung berücksich-

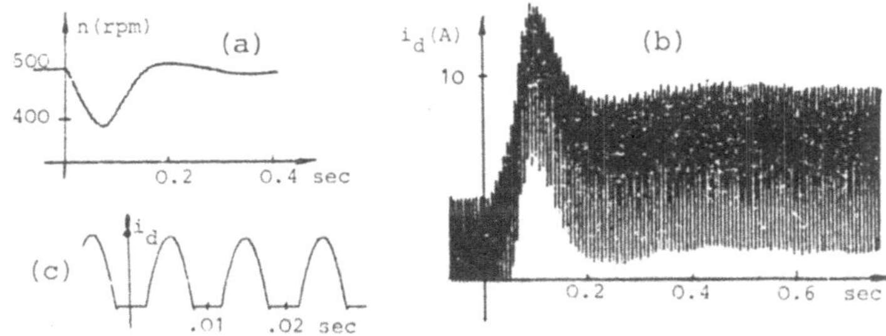

Bild 11. Übergang vom lückenden in den nichtlückenden Betrieb
(a) Drehzahl (b) Strom (c) lückender Strom im größeren Maßstab

tigt, wurden die Verhältnisse eines mit dem beschriebenen Modell entworfenen Reglers

untersucht.

Der Verfasser dieser Arbeit setzt hiermit mit Hilfe eines DAAD-Stipendiums seine Forschungstätigkeit, die in Brasilien begonnen wurde, fort. Er bedankt sich bei Herrn Prof. Dr.-Ing. H. Unbehauen für die wertvolle Anregung zur Durchführung dieser Arbeit und bei Herrn Dr.-Ing. J. Dastych, Herrn Dipl.-Ing. M. Voits und Herrn Dipl.-Ing. K. Jürgens für zahlreiche Diskussionen.

6. Literatur

[1] Buxbaum, A., K. Schierau: Berechnung von Regelkreisen der Antriebstechnik. AEG-Telefunken, Band 16, 1980.

[2] Pfaff, G., C. Meier: Regelung elektrischer Antriebe II. Oldenbourg Verlag, München 1982.

[3] Möltgen, G.: Netzgeführte Stromrichter mit Thyristoren. Siemens, 1974.

[4] Stephan, R.M.: Erstellung eines dynamischen Modells eines stromrichtergespeisten Gleichstrommotors. Interner Bericht ESR-8316, Ruhr-Universität Bochum, 1983.

[5] Kail, H.J.: Ein Beitrag zur Systematisierung der Simulation bekannter Stromrichterschaltungen vorwiegend mittels Analogrechners. Dissertation Ruhr-Universität Bochum, 1974.

[6] Schönfeld, R., E. Habiger: Automatisierte Elektroantriebe. Kap. 7, Hüthig 1981.

[7] Lind, L.F., C.C. Nelson: Analysis and Design of Sequential Digital Systems. Macmillan Press 1979.

[8] Depping, F., M. Voits: Kriterien der Betragsanschmiegung des Führungsfrequenzgangs als Leitlinie zur Optimierung von Abtastregelkreisen. Interner Bericht PRT 6, Ruhr-Universität Bochum, 1982.

D. Drung

Institut für Elektrotechnische Grundlagen der Informatik
Universität Karlsruhe, Hertzstr. 16, D-7500 Karlsruhe 21

1. Einleitung

Interferometer mit Josephson-Kontakten bestehen aus zwei oder mehreren Josephson-Kontakten, die über Induktivitäten miteinander verbunden sind. Da die digitale Simulation
z. B. des Spannungszustands unter Berücksichtigung von Rauschen sehr lange Rechenzeiten
benötigt, wurden analoge Simulatoren entwickelt /1,2/. Kürzlich wurde ein Interferometer
mit zwei Josephson-Kontakten auf einem Hybridrechner simuliert /3/, wobei die Systemgleichungen nur durch analoge Komponenten dargestellt wurden. Dagegen wird in dieser
Arbeit ein Teil der Systemgleichungen durch den Digitalrechner des Hybridrechners gelöst.

2. Simulation eines Punktkontakts

Bild 1 zeigt das elektrische Ersatzschaltbild eines punktförmigen Josephson-Kontakts,
das aus dem spannungsabhängigen Tunnelwiderstand $R(U_j)$, der Kapazität C und der Joseph-
son-Stromquelle $I_0\sin\varphi$ besteht /4/. Die Phase $\varphi = (2\pi/\Phi_0)\cdot\int U_j dt$ kann im Spannungszustand
$(\overline{U}_j \neq 0)$ über alle Grenzen wachsen. Der Josephson-Strom $I_0\sin\varphi$ kann aus der Spannung U_j
ermittelt werden, ohne daß die Phase φ explizit zur Verfügung steht /1-3/. Diese Methode
ist anwendbar bei einzelnen Josephson-Kontakten, die nicht Teil einer supraleitenden
Schleife sind. Dagegen treten Probleme bei Interferometern auf /3/.

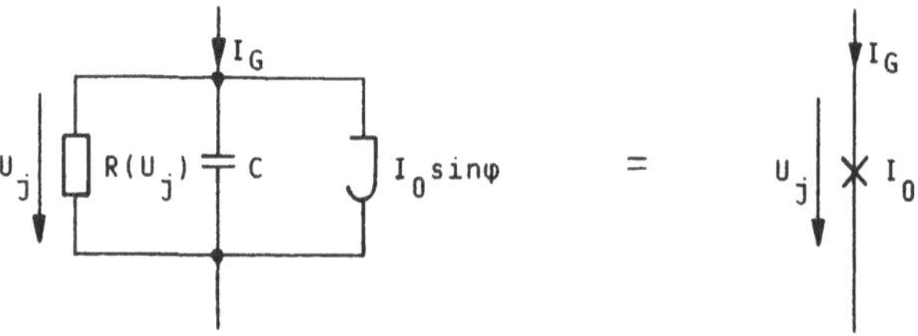

Bild 1: Elektrisches Ersatzschaltbild und Schaltzeichen eines Punktkontakts.

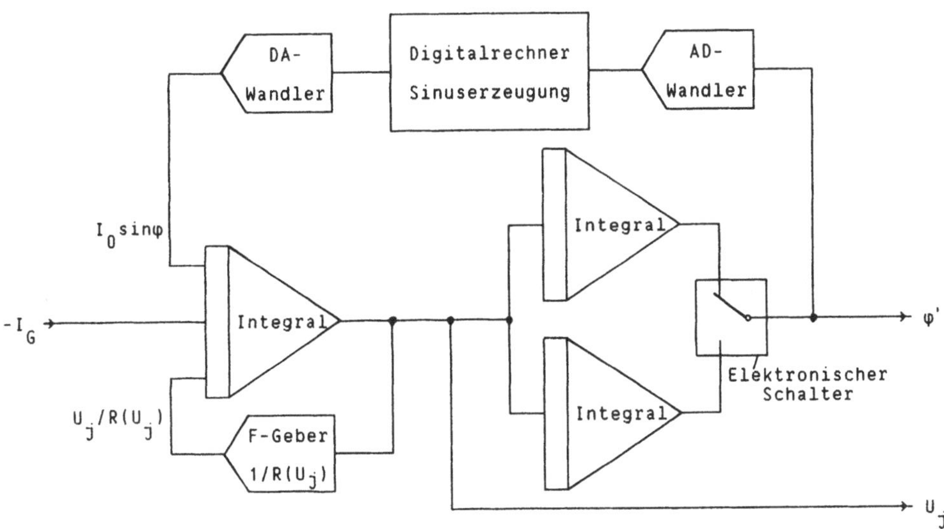

Bild 2: Simulationsmodell eines Punktkontakts für einen Hybridrechner.

Das in dieser Arbeit beschriebene Modell ist für die Simulation von Josephson-Kontakten in Schleifen zugeschnitten. In Bild 2 ist das Simulationsmodell für den Hybridrechner PACER 600 ohne parallele Steuerlogik skizziert. Die Spannung U_j ergibt sich durch Integration der Stromsumme $I_0\sin\varphi - I_G + U_j/R(U_j)$. Der Tunnelstrom $U_j/R(U_j)$ kann durch einen Funktionsgeber oder durch eine Analogrechenschaltung mit begrenzenden Summierern erzeugt werden. Die Phase φ wird durch Integration ermittelt und beim Überschreiten von $\pm 2\pi$ auf Null zurückgesetzt. Da das Rücksetzen eines Integrierers abhängig von seiner Zeitkonstante bis zu $t_R \approx 1$ ms dauert, wird die Phase von zwei parallelen Integrierern berechnet, von denen abwechselnd einer integriert und der andere zurücksetzt. Die Umschaltzeit $t_U \approx 3$ µs ist unabhängig von der Zeitkonstante der Integrierer.

Die zurückgesetzte Phase $\varphi' = \varphi - n\cdot 2\pi$ wird auf $2^k\pi$ normiert und über einen 15-Bit-AD-Wandler dem Digitalrechner übergeben. Da die Wortlänge beim Digitalrechner 16 Bit be-

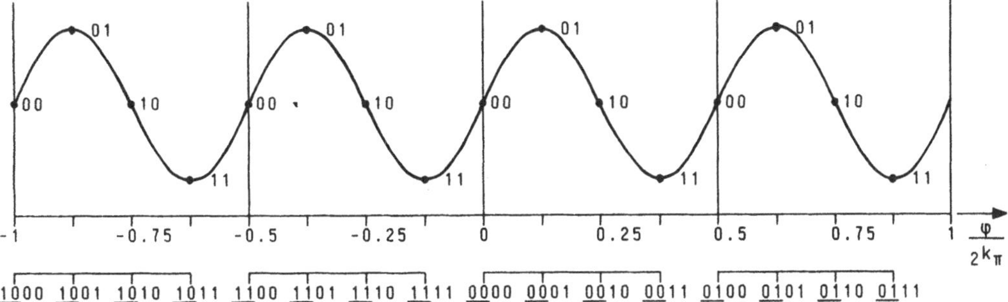

Bild 3: Zusammenhang zwischen dem normierten Winkel $\varphi/(2^k\pi)$ und der binären Darstellung im Digitalrechner für k = 2. Es sind nur die 4 höchstwertigen Bit eingetragen und die k = 2 höchstwertigen Bit unterstrichen.

trägt, ist das niederwertigste Bit des gewandelten Analogwertes stets Null. Der für die Sinuserzeugung zulässige Winkelbereich umfaßt 2^k Sinusperioden. Wie Bild 3 verdeutlicht, ergeben Winkel, die sich in der binären Darstellung nur durch die k höchstwertigen Bit unterscheiden, den gleichen Sinuswert. Daher wird die binär dargestellte normierte Phase $\varphi'/(2^k\pi)$ durch eine UND-Verknüpfung in den k höchstwertigen Bit maskiert (Einschreiben einer Null) und zur Startadresse einer 2^{16-k} Werte umfassenden Tabelle addiert, in der eine Sinusperiode abgespeichert ist. Da das niederwertigste Bit stets Null ist, kann jeder zweite Speicherplatz dieser Tabelle zur Speicherung anderer Daten verwendet werden. Mit Hilfe der so ermittelten Adresse wird der gesuchte Sinuswert der Tabelle entnommen und über einen DA-Wandler dem Analogrechner zugeführt.

Für die Erzeugung des Sinus wurde ein Assemblerprogramm geschrieben, um eine hohe Simulationsgeschwindigkeit zu erzielen. Da jede Sinusperiode 2^{15-k} Werte umfaßt, wird mit kleiner werdendem k die Sinuserzeugung genauer und der Speicherplatzbedarf größer. Für den vorhandenen Speicherplatz ist die maximale Genauigkeit für k = 2 erreicht. Die Zeit t_A des Hybridrechners zur Berechnung und Wandlung der momentanen Sinuswerte von m Punktkontakten beträgt $t_A \approx 17\ \mu s + m \cdot 12\ \mu s$.

3. Simulation eines Interferometers

Interferometer besitzen eine oder mehrere der in Bild 4 dargestellten Schleifen, deren Phasensumme $-\varphi_a + \varphi_b + \varphi_L$ aus physikalischen Gründen stets Null sein muß. Daher werden nur zwei der drei Phasen durch Integration der entsprechenden Spannungen ermittelt. Die dritte Phase ergibt sich durch Addition bzw. Subtraktion der beiden andern. Für große und für kleine Maximalwerte der Phasen $|\varphi_L|_{max}$, die während einer Simulation zu erwarten sind, wurden zwei verschiedene Simulationsverfahren entwickelt.

Bei Interferometern mit großem $|\varphi_L|_{max} > (2^k-2)\pi$ werden beide Punktkontakte nach Bild 2 simuliert und φ_L aus den zurückgesetzten Phasen φ'_a und φ'_b entsprechend Bild 5 gewonnen. Eine Steuerlogik mit Komparatoren registriert jedes Rücksetzen der Phasen φ'_a und φ'_b und steuert einen BCD-Zähler derart, daß sein Zählerstand $n_{Zähler} = |n_b - n_a| = |(\varphi_b - \varphi'_b)/2\pi - (\varphi_a - \varphi'_a)/2\pi|$ beträgt. Dieser Zählerstand wird mit Hilfe elektronischer Schalter vor-

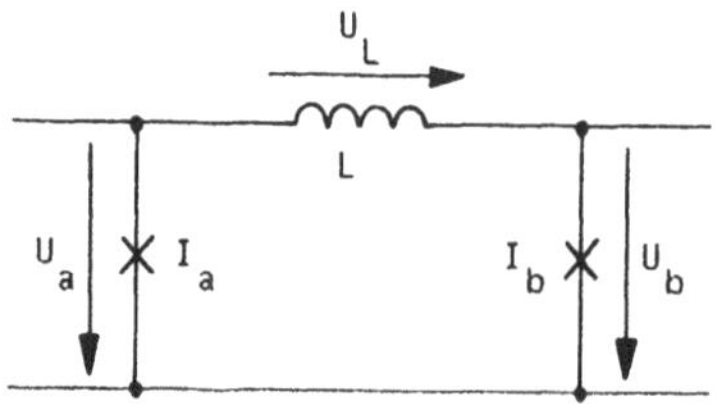

Bild 4: Interferometerschleife.

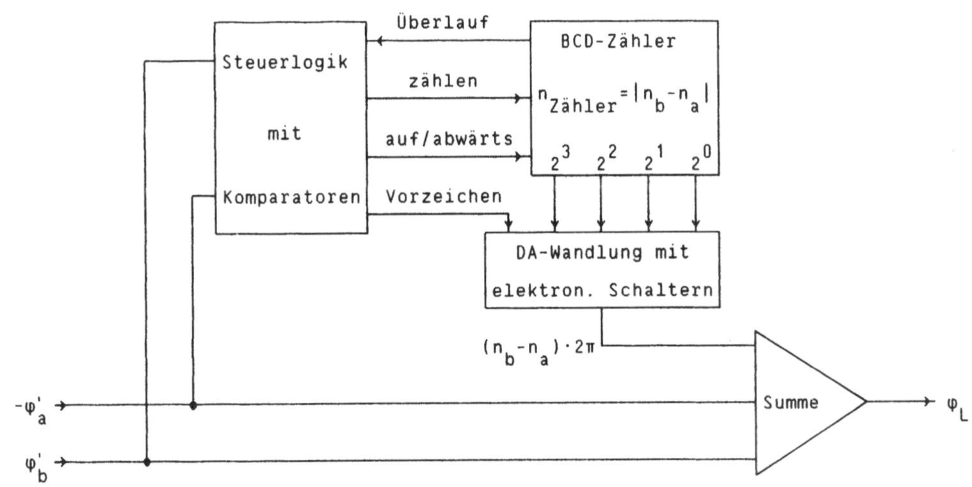

Bild 5: Simulation von φ_L bei Interferometern mit großem $|\varphi_L|_{max}$.

zeichenrichtig in einen Analogwert gewandelt und zu $\varphi_b'-\varphi_a'$ addiert, so daß das ausgegebene φ_L keine Sprünge um $\pm 2\pi$ aufweist. Dieses Verfahren hat den Vorteil, daß sich große Maximalwerte z. B. $|\varphi_L|_{max} = 18\pi$ realisieren lassen. Nachteilig ist der hohe Aufwand an Logik- und Analogkomponenten, der jedoch auf die Rechenzeit keinen Einfluß hat.

Für Interferometer mit kleinem $|\varphi_L|_{max} \leqslant (2^k-2)\pi$ kann ein großer Teil der Logik- und Analogkomponenten eingespart werden, wenn nur ein Kontakt, z. B. Kontakt b in Bild 4 komplett nach Bild 2 aufgebaut wird und φ_L wie in Bild 6 skizziert durch Integration von $U_L = U_a - U_b$ gewonnen wird. φ_a' ergibt sich durch Addition $\varphi_a' = \varphi_b' + \varphi_L$, wodurch bei Kontakt a die Logik- und Analogkomponenten entfallen, die φ_a' aus U_a gewinnen. Da für den Maximalwert der Phase $|\varphi_a'|_{max} = |\varphi_b' + \varphi_L|_{max} \leqslant 2\pi + |\varphi_L|_{max}$ gilt, müssen für die Sinusgenerierung in diesem Fall Winkel zwischen $\pm(2\pi + |\varphi_L|_{max})$ zulässig sein, was auf Kosten der Genauigkeit durch Vergrößern von k möglich ist.

Dieses Verfahren ist sehr vorteilhaft, wenn Josephson-Kontakte endlicher magnetischer Länge durch homogene Interferometer mit vielen Punktkontakten angenähert werden /5/. Es können sämtliche Interferometerschleifen nach Bild 6 simuliert werden, wobei gewährleistet sein muß, daß keine der zurückgesetzten Phasen den für die Sinuserzeugung zulässigen Winkelbereich überschreitet. In den meisten Fällen ist k = 2 hierfür ausreichend.

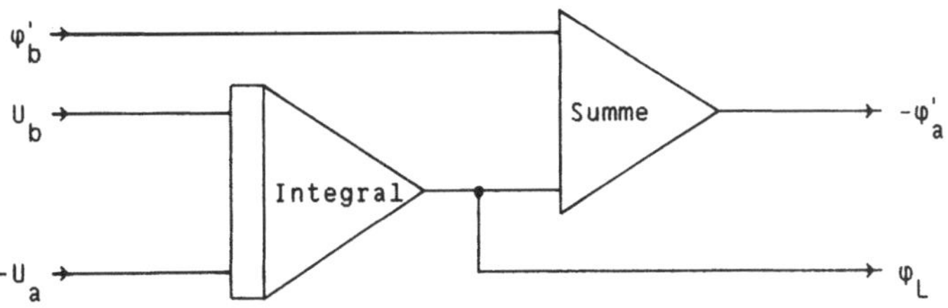

Bild 6: Simulation von φ_L bei Interferometern mit kleinem $|\varphi_L|_{max}$.

4. Zusammenfassung

Mit dem in dieser Arbeit beschriebenen Simulationsmodell wurde auf dem Hybridrechner des Rechenzentrums der Universität Karlsruhe, einem PACER 600 mit 60 Integrierern, ein Interferometer wahlweise mit zwei Punktkontakten oder mit zwei magnetisch endlich langen Josephson-Kontakten realisiert. Jeder lange Josephson-Kontakt wurde durch ein homogenes Interferometer mit 11 Punktkontakten angenähert. Die Simulationsergebnisse auf dem Hybridrechner und auf dem Digitalrechner stimmten gut überein, wobei der Hybridrechner wesentlich kürzere Rechenzeiten benötigte. Um z. B. den Lesezyklus einer Speicherzelle mit zwei Josephson-Kontakten /6/ zu simulieren, benötigte der Hybridrechner $\approx$ 1 s, während das Schaltkreisanalyseprogramm SCEPTRE auf dem Digitalrechner UNIVAC 1108 $\approx$ 20 s CPU-Zeit benötigte.

Gegenüber analogen Simulatoren /1,2/ besteht der Vorteil der höheren Genauigkeit und der größeren maximal zulässigen Phase $|\varphi_L|_{max}$. Die Genauigkeit der Phase $\varphi_L = \varphi_a - \varphi_b$ nimmt nicht wie in /3/ mit zunehmender Simulationsdauer ab. Daher können im Gegensatz zu /3/ beliebig lange Simulationen durchgeführt werden.

Die Arbeit geht auf eine Anregung von Prof. Dr.-Ing. W. Jutzi zurück. Dipl.-Ing. H. Kratz erwarb sich Verdienste beim Entwurf des Simulationsmodells. Dipl.-Ing. R. Strebler war mir eine große Hilfe bei der Benutzung der Hybridrechenanlage. Die Arbeit wurde teilweise gefördert im Rahmen eines Vorhabens des Bundesministers für Forschung und Technologie unter dem Aktenzeichen: 415-7291-NT 2648 0.

5. Literatur

/1/ Tuckerman,D.B.: Analog simulator of a Josephson quantum interference device. Rev. Sci. Instrum. 49, 835-839 (1978).

/2/ Henry,R.W.; Prober,D.E.: Electronic analogs of double-junction and single-junction SQUIDs. Rev. Sci. Instrum. 52, 902-914 (1981).

/3/ de Waal,V.J.: Low noise SQUIDs. Dissertation Technische Hogeschool Delft (1983).

/4/ Beha,H.: Digitale Speicherzellen mit Josephson-Kontakten. VDE-Verlag GmbH Berlin (1981).

/5/ Simons,R.; Jutzi,W.; Beha,H.: Static Interferometer Characteristics with Many Equal Josephson Junctions. IEEE Trans. on Magn. MAG-19, 44-50 (1983).

/6/ Drung,D.; Jutzi,W.: Simulation of a NDRO memory cell with very small excess current Josephson junctions. Cryogenics 24, 179-182 (1984).

DER DREHSTROMSYNCHRONGENERATOR SUSI - EINE ANWENDUNG
VON MODELLGESETZEN IM ELEKTROMASCHINENBAU

H. Köfler
Institut für Elektromagnetische Energieumwandlung
Technische Universität Graz, Kopernikusgasse 24, A-8010 Graz

Zusammenfassung

Die Arbeit beschreibt die Grundlagen für die Anwendung von Modellgesetzen im Elektro-
maschinenbau und wendet diese bei einer Simulationsmaschine für supraleitend erregte
Synchronmaschinen an. Vorteile und Grenzen dieser Modellmaschine werden besprochen.
Einige ausgewählte Ergebnisse der Experimente mit dieser Maschine werden vorgestellt.

Einleitung

Die Entwicklung elektrischer Maschinen, die im Laufe der Jahrzehnte im allgemeinen
vom kleineren zum größeren erfolgte, hat in der näheren Vergangenheit durch die
Einführung verbesserter Kühlverfahren sprunghafte Fortschritte erzielt. Diese Er-
neuerungsschübe waren nur möglich, weil ihre Folgen mit hoher Sicherheit vorherbe-
stimmt werden konnten. Das gelang unter anderem, weil die Kühlung oder besser Ent-
wärmung der elektrischen Maschine ein klassisches Anwendungsgebiet der in der Wärmelehre und Strömungslehre besonders gut ausgebauten Theorie der Ähnlichkeit ist. Es
ist bekannt, daß Strömungsvorgänge in zwei Rohren ähnlich, das heißt aufeinander ab-
bildbar, ablaufen, wenn die dimensionslosen Reynoldszahlen übereinstimmen. Gleiches
gilt von Vorgängen mit Wärmeübertragung, wenn die Nusseltzahlen übereinstimmen. Aus
diesen Tatsachen ergibt sich die Möglichkeit, mit einem verkleinerten Versuchsaufbau
die Vorgänge im Großen abzubilden oder, anders gesagt, zu simulieren. Daß damit geringere Kosten verbunden sind als mit einem Versuch in Originalgröße, ist ein Vorteil.
Zusätzlich werden mit einem Modell im allgemeinen auch Einflüsse erfaßt, die bei der
rein mathematischen Modellbildung zugunsten einer praktikablen rechnerischen Lösung
vernachlässigt werden müssen. Einschränkend muß aber auch gesagt werden, daß in
einem Modell nicht für alle physikalischen Vorgänge in einer technischen Anlage eine
ähnliche Abbildung gelingen muß.
Der Elektromaschinenbau nutzte die Modellbildung und ihre Gesetzmäßigkeit in Teilbereichen schon immer, wie das Beispiel der Kühlung zeigt [1]. Weniger intensiv waren
die Bemühungen, ganze Maschinen nachzubilden [2], weil dies wegen der ferromagne-
tischen Baumaterialien immer zu Problemen führte. Andererseits hat vor allem bei
Synchronmaschinen größerer Leistung die Einführung bezogener Kennwerte gezeigt,
daß z.B. Turbogeneratoren ein aufeinander abbildbares elektrisches Verhalten haben.

Die Entwicklung supraleitend erregter Synchronmaschinen, deren magnetischer Kreis
zum größten Teil ohne magnetisches Eisen aufgebaut ist, führte zur Vermutung, daß
bei dieser eine weitere Verbesserung bei der Anwendung von Modellgesetzen zu erwarten
ist.

Vor einer näheren Behandlung der Modellgesetze für elektrische Maschinen muß festgelegt werden, welche physikalischen Vorgänge in der Modellmaschine experimentell
untersucht werden sollen. Für den elektromagnetischen Energiewandler ist selbstverständlich, daß die von den Maxwellschen Gleichungen beschriebenen Vorgänge abgebildet werden müssen. Die Verbindung der elektromagnetischen Momente in der Maschine
mit der Drehbewegung führt dazu, daß auch eine Nachbildung von mechanisch dynamischen Vorgängen notwendig ist. Ideal wäre es nun, wenn in ein und derselben Modellmaschine z.B. auch Ergebnisse über die Kühlung oder die mechanischen Belastungen
des entsprechenden Originals gewonnen werden könnten.

Hier soll vorrangig der Fall der Synchronmaschine im transienten Betrieb betrachtet
werden. Mit einer Modellmaschine für diesen Anwendungsfall waren folgende stichwortartig zusammengefaßte Forderungen erfüllt werden. Das Modell soll:

- elektrische Ausgleichsvorgänge
- mechanische Ausgleichsvorgänge
- die Kopplung elektrischer und
  mechanischer Ausgleichsvorgänge

erfassen. Von Vorteil wäre, wenn auch technische Lösungswege für die Großmaschine
erprobt und thermische Ausgleichsvorgänge miterfaßt werden könnten. In Teilbereichen
wird auch erwartet, daß der stationäre Betrieb der Maschine mituntersucht werden
kann. Grundsätzlich lassen sich die gesuchten Modellgesetze auf zwei Wegen gewinnen.
Es ist dies die Dimensionsanalyse oder die Behandlung der Differentialgleichung, die
das Problem beschreibt [3].

Die Verwendung der Differentialgleichung erscheint durchsichtiger und einfacher. Für
den betrachteten Problemkreis gelten ganz allgemein die Maxwellschen Gleichungen
unter Einschluß der Materialgleichungen. Für harmonische Vorgänge mit der Kreis-
frequenz ω gilt nach einer zusammenfassenden Umformung:

$$\operatorname{rot}\operatorname{rot} S \quad = \quad -j\varkappa\omega\mu S \qquad\qquad (1)$$

Führt man für die beteiligten physikalischen Größen Maßstabsfaktoren m ein, so erhält
man als Bedingungsgleichung für ein Modell, das elektromagnetische Größen richtig ab-
bildet, die Gleichung

$$m_\varkappa \cdot m_\mu \cdot m_f \quad = \quad \frac{1}{m_l^2} \qquad\qquad (2)$$

Aus den Bestimmungsgleichungen für Leistung, Widerstände, Induktivitäten, magnetische Flußdichte, Momente, usw., ergeben sich die entsprechenden abgeleiteten Maßstäbe.

Bestimmte Maßstabsfaktoren in diesem System sind nun wählbar. So muß sicher der

Maßstab für die Linearabmessungen m_1 frei wählbar sein, damit das Modell kleiner als das Original ist. Weiters sind einige nur beschränkt zu verändernde Größen wie Dichte, Permeabilität und Leitfähigkeit mit ihren Maßstabsfaktoren m_ρ, m_μ, $m_\varkappa$ vorab zu wählen. Ein relativ frei wählbarer Maßstabsfaktor ist jener für die Zeit m_f. Aber auch er wird als Vorgabe angenommen. Es stellt sich nun rasch heraus, daß die Faktoren m_ρ und m_μ äußerst schwer einer Variation unterworfen werden können. Es gibt nun einmal keine deutlich besseren Materialien für Magnetkreise als die üblichen Stähle für den Elektromaschinenbau. Es soll also für die weiteren Umformungen

$$m_\rho = 1 \quad \text{und} \quad m_\mu = 1$$

gesetzt werden.

Will man nun auch den Zeitmaßstab $m_f = 1$ haben, so erzwingt man mit Gleichung (2), daß

$$m_\varkappa = \frac{1}{m_1{}^2} \qquad (3)$$

wird.

Eine Auswahl von zugehörigen abgeleiteten Maßstäben gibt Tabelle 1:

$$m_P = m_1{}^5 \qquad m_B = m_1 \qquad m_\Theta = m_1{}^5$$
$$m_E = m_1{}^3 \qquad m_R = m_1 \qquad m_{T_m} = 1$$
$$m_I = m_1{}^2 \qquad m_L = m_1$$

Die Bedingung (3) kann bei der konventionellen Modellmaschine nicht erfüllt werden, sodaß die verschiedensten Auswege aus dieser Situation gesucht wurden.

So wird in [2] vorgeschlagen, durch überproportionale Vergrößerung des Nutenquerschnittes im Ständer mehr Kupferquerschnitt unterzubringen und dadurch die Forderungen der Modellgesetze nach höherer Leitfähigkeit zu erfüllen. Die Verwendung solcher vom Original abweichenden Konstruktionsprinzipien führt aber letztlich nur zu bescheidenen Ergebnissen.

Eine andere Art der Annäherung wird in [4] beschrieben. Dort wird durch Verwendung hochpermeabler Materialien der Maßstab m_μ und durch Kühlung mit flüssigem Stickstoff der Maßstab $m_\varkappa$ für die Leitfähigkeit beeinflußt. Die Ergebnisse dieser Arbeit berichten aber über Probleme bei der Modellbildung, die sich zwangsläufig dadurch ergeben, daß der Luftspalt einer elektrischen Maschine nicht mit dem Faktor m_μ seine Eigenschaften verändert und damit wieder Eingriffe in die Konstruktion der Modellmaschine notwendig sind. Für den hier vorgestellten Modellgenerator "SUSI" wurde daher nur die Veränderung des Leitfähigkeitsmaßstabes in Betracht bezogen. Das ist besonders wichtig, weil SUSI das Modell einer Maschine mit "Luftspaltwicklung" und mit supraleitender Erregerwicklung ist [5] und daher eine Veränderung von m_μ nicht durchführbar ist. Eine solche Veränderung von m_μ müßte zu dem der Magnetisierungskennlinie und der Verlustkennlinie des Originals folgen. Diese Abbildung ist mit erheblichen technischen Problemen verbunden.

Die Modellmaschine

Der Modellgenerator "SUSI ist ein maßstabsgetreues Abbild einer Großmaschine, das heißt, daß alle auch bei einem zukünftigen Kraftwerksgenerator zu Anwendung kommenden Konstruktionsprinzipien in ihr verwirklicht sind. Die Maschine hat ein ungenutetes Ständerjoch, das zur Einschließung des Magnetfeldes in den eigentlichen Maschinenraum dient. Innerhalb dieses Ständerjoches liegt eine Luftspaltwicklung, die in ein thermisch isolierendes Gehäuse eingebaut ist und bis auf die Temperatur des flüssigen Stickstoffs gekühlt werden kann. Der Rotor ist eine für den Betrieb mit flüssigem Helium geeignete Konstruktion, die - einfach gesagt - wie eine rotierende Thermosflasche aufgebaut ist. Die Erregerwicklung besteht derzeit zum größten Teil aus Kupfer und zu einem geringen Teil aus NbTi-Supraleiter. Die im Rotor liegende Dämpferwicklung ist ebenfalls aus Kupfer und wird indirekt gekühlt. Abb. 1 zeigt einen axiometrischen Schnitt des Rotors von SUSI.

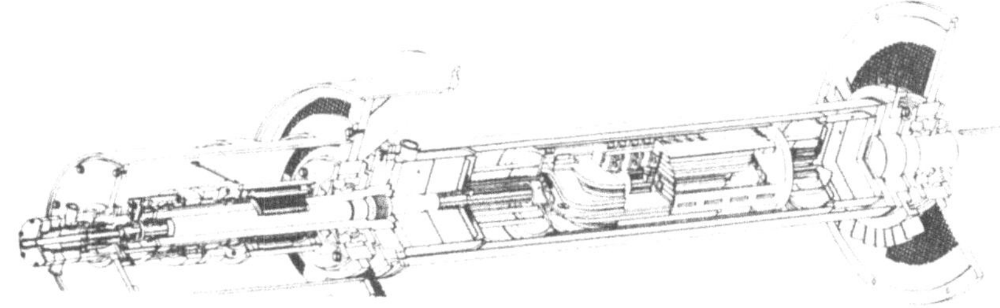

Abb. 1: Schnitt durch den Rotor von SUSI

Praktische Anwendung von SUSI

Als Bestätigung für die Leistungsfähigkeit des Konzepts einer Modellmaschine wurde während der Konstruktion und Fertigung von SUSI ein äußerst vereinfachtes Modell dieser Maschine gebaut, an dem vor allem Untersuchungen über die Wirkung der Dämpferwicklung durchgeführt wurden. Die Ergebnisse, die an diesem kleinen, ruhenden und gekürzten Modell gewonnen wurden, sind in Abb. 2 den an SUSI gemessenen Werten gegenübergestellt. Bedenkt man die Längenabweichungen des Modells, so kann die Übereinstimmung im Inneren des Dämpfers ($z/L_O < 0,6$) als gut bezeichnet werden.

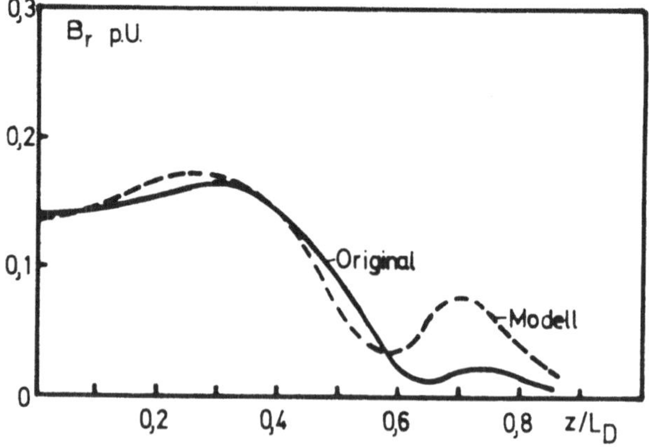

Abb. 2: Vergleich der Radialflußdichte im Dämpfer des Orginals und des Modells

Als weiteres Beispiel soll eine Resynchronisation eines am Netz laufenden Generators betrachtet werden. Beim Kraftwerksgenerator treten bei solchen Schalthandlungen Pendelungen des Maschinensatzes auf, die durch das Trägheitsmoment der Maschine und die rückstellenden Momente der Dämpferwicklung bestimmt werden. Die Pendelungen treten in einem typischen Frequenzbereich von wenigen Hertz auf. Abb. 3 zeigt das Oszillogramm einer Resynchronisation bei SUSI mit dem auf Grund der Abbildungsgesetze zu erwartenden Pendelungen, wie sie bei Großmaschinen auftreten.

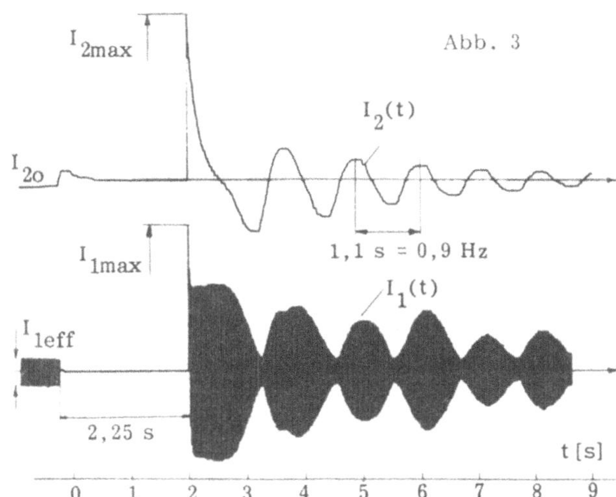

Schluß

Modellmaschinen sind in vielen Fällen geeignet, Entwicklungsprobleme, die der Berechnung kaum zugänglich sind, zu klären. Dabei können durch die Kleinheit der Maschine mit tragbarem Aufwand verschiedene konstruktive Lösungen erprobt werden. Ein wesentlicher Problemkreis elektrischer Maschinen, die Sättigung im Magnetkreis, kann allerdings nur ansatzweise bei Verletzung der Modellgesetze untersucht werden. Die thermischen und mechanischen Probleme können nicht gleichzeitig mit den elektrischen untersucht werden, da ihre physikalischen Gesetze andere Maßstabsfaktoren erfordern. Eine Anpassung an diese Probleme ist aber möglich. Diese Vielseitigkeit in den experimentellen Untersuchungen macht die Modellmaschine zu einem bei Neuentwicklungen besonders leistungsfähigen Instrument.

Literatur

[1] Woods, H.L.; Morris, W.D.: An investigation of laminar flow in the rotor winding of directly-cooled electrical machines; Jorunal of Mechanical Engineering Science 1974, Vol. 16, No. 6, p. 408 ff.

[2] Quittner, G.: Die Grundprobleme der physikalischen Modellnachbildung von Synchronmaschinen; E u. M 1958, H. 3, p. 15 ff.

[3] Kattanek, S.; Grögner, R.; Bode, C.: Ähnlichkeitstheorie; Deutscher Verlag für Grundstoffindustrie 1967.

[4] Jefferies, M.J., et al: New approach to micromachine construction; Proc. IEE, Vol. 117, No. 7, 1980.

[5] Köfler, H.; Zerobin, F.: SUSI - A versatile superconducting synchronous generator; Proc. ICEM 1984, Lausanne.

SIMULATION EINES RADIOTELESKOPS MIT HILFE DER BLOCKORIENTIERTEN

SIMULATIONSSPRACHE ISRSIM

G. Juen, V. Maass und M. Zeitz

Institut für Systemdynamik und Regelungstechnik
Universität Stuttgart
Pfaffenwaldring 9, D-7000 Stuttgart 80

Kurzfassung

Es wird die interaktive blockorientierte Simulationssprache ISRSIM für
zeitkontinuierliche Systeme vorgestellt. Neben den üblichen Standard-
rechenblöcken enthält ISRSIM Rechenblöcke mit frei programmierbaren
Rechengleichungen sowie Rechenblöcke zur Simulation von Haft- und
Gleitreibung in mechanischen Systemen. Als Anwendung wird die ISRSIM-
Simulation der Positionsregelung eines 30m-Radioteleskops betrachtet.

1. Kurzbeschreibung von ISRSIM

Der Entwurf und die Implementierung einer sehr genauen Antriebsregelung
für ein 30m-Radioteleskop, welches von den Firmen KRUPP und MAN für
das Max-Planck-Institut für Radioastronomie in 2900m Höhe in Südspanien
gebaut wird, machen umfangreiche Simulationsstudien erforderlich [1].
Aus dem Wunsch nach einem hierfür geeigneten Simulationsprogramm entstand am Institut für Systemdynamik und Regelungstechnik (ISR) eine
einfache, aber recht leistungsfähige blockorientierte Simulationssprache ISRSIM [2] mit folgenden Eigenschaften:

- Neben den üblichen Standardrechenblöcken stehen Rechenblöcke mit
  frei programmierbaren Rechengleichungen zur Verfügung.

- Es wurden einige für regelungstechnische Anwendungen interessante
  Rechenblöcke, z.B. zur Simulation von Haft- und Gleitreibung,
  Hystereseverhalten oder Meßquantisierung, aufgenommen.

- Im Unterschied zu anderen Simulationssprachen, z.B. SIDAS [3],
  können alle Blocktypen im Rahmen der insgesamt für das Modell zur
  Verfügung stehenden Speicherkapazität beliebig oft in einem
  Simulationsmodell verwendet werden. Eine Zusammenstellung der
  verfügbaren Rechenblöcke zeigt Tabelle 1.

- Als Integrationsverfahren sind das Euler-Verfahren, das .Adams-
  Bashforth-Verfahren 2. Ordnung sowie ein spezielles Runge-Kutta-
  Verfahren 4. Ordnung [4] wählbar.

- ISRSIM ist in FORTRAN 77 geschrieben und stellt eine Weiterentwicklung der Simulationssprache THTSIM [5] dar.

Die für eine ISRSIM-Simulation erforderlichen Schritte werden nachfolgend am Beispiel der Positionsregelung für das bereits erwähnte 3Om-
Radioteleskop illustriert.

__Signalgeneratoren:__

CON	Konstante		NOI	Rauschen
PUL	Puls		SGE	Sinus
TIM	Zeit			

__Nicht-sprungfaehige Rechenbloecke:__

DEL	Totzeit		FIO	Verz.-glied 1.Ordnung
FRI	Integrierer mit Reibung		INT	Integrierer
LIN	Integrierer mit Begrenzung		OSD	Einschritt-Totzeit

__Sprungfaehige Rechenbloecke:__

ABS	Betragsbildung		AND	Logisches UND
ATT	Abschwaecher		COS	Cosinus-Funktion
DIV	Dividierer		DZO	Tote Zone
EXP	e-Funktion		EXT	Frei programmierbarer Block
FUD	Funktionsgeber-Duplikat		FUN	Funktionsgeber
GAI	Verstaerker		HYS	Zweipunkt-Hysterese
LIM	Begrenzer		LOG	Natuerlicher Logarithmus
ORR	Logisches ODER		PID	PID-Regler
POW	Potenzfunktion		QUA	Quantisierung
SAM	Abtast/Halte-Glied		SEL	Umschalter
SIG	Signum-Funktion		SIN	Sinus-Kennlinie
SQR	Wurzelfunktion		SUM	Summierer

Tabelle 1: Liste der vorhandenen ISRSIM-Rechenblöcke

2. ISRSIM-Simulation der Positionsregelung eines 3Om-Radioteleskops

Für die folgende ISRSIM-Simulation wird das in [6] angegebene Elevationsmodell mit zusätzlicher Motorreibung zugrundegelegt. Mögliche Regelungs-
strukturen werden in [1] erläutert. Der Regelalgorithmus, der am realen
Teleskop in einem Mikrorechner implementiert ist, läßt sich zweckmäßigerweise in Form eines frei programmierbaren EXT-Rechenblocks einbringen.
Neben der Programmierung des EXT-Blocks sind für die ISRSIM-Simulation
die in Bild 1 dargestellten Programmierschritte durchzuführen:

- Umsetzung des Elevationsmodells in einen ISRSIM-Rechenplan,

- Eingabe des ISRSIM-Rechenplans (Modell-Struktur und Modell-Parameter),

- Eingabe der Simulationszeit und der Zeitschrittweite (Zeit-Parameter),

- Eingabe der Maximalwerte für eine grafische Ausgabe der Simulationsergebnisse (Zeichen-Parameter),

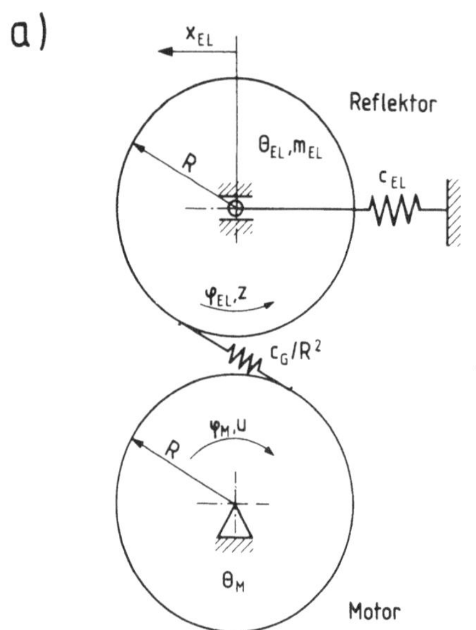

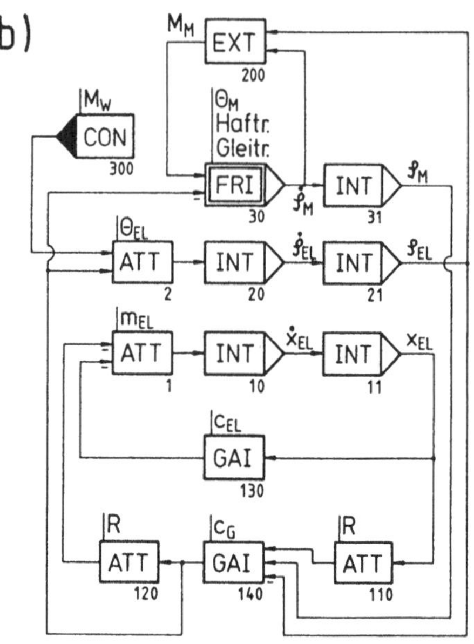

c) ** MODELL-STRUKTUR UND MODELL-PARAMETER **

```
0.59000E+07     1 ATT  -120  -130          MASSE M'EL'
0.34000E+08     2 ATT   300   140          TRAEGHEITSMOMENT TETA'EL'
0.00000        10 INT     1                D/DT(X'EL')
0.00000        11 INT    10                X'EL'
0.00000        20 INT     2                D/DT(PHI'EL')
0.00000        21 INT    20                PHI'EL'
0.46000E+08    30 FRI   200  -140          D/DT(PHI'M'), REIBUNG
0.10000E+06
0.10000E+06
0.00000
0.00000        31 INT    30                PHI'M'
 2.6000       110 ATT    11                RADIUS R
 2.6000       120 ATT   140                RADIUS R
0.52000E+10   130 GAI    11                TURMFEDER C'EL'
0.20000E+11   140 GAI   110   -21   31     GETRIEBEFEDER C'G'
0.00000       200 EXT    21    30          KASKADENREGLER
0.00000
0.00000
0.00000
0.00000
-0.37500E+06  300 CON                      WINDMOMENT
```

```
** ZEIT-PARAMETER **                 ** ZEICHEN-PARAMETER **

  SIMULATIONSZEIT :  10.000         X :   0    0.00000       10.000
  ZEITSCHRITTWEITE:  0.20000E-02    Y :  30   -0.75000E-04  0.75000E-04
```

__Bild 1:__ ISRSIM-Programmierung der Positionsregelung für ein 30m-Radioteleskop: a) vereinfachtes Elevationsmodell, b) ISRSIM-Rechenplan, c) ISRSIM-Modell-Listing
Modellparameter: $c_G = 0{,}20 \cdot 10^{11}$ m²kg/s², $c_{El} = 0{,}52 \cdot 10^{10}$ kg/s², $\Theta_M = 0{,}46 \cdot 10^8$ m²kg, $\Theta_{El} = 0{,}34 \cdot 10^8$ m²kg, $m_{El} = 0{,}59 \cdot 10^7$ kg, R = 2,6 m.

- wahlweise Eingabe von Kommentaren zur besseren Lesbarkeit des Modell-Listings,

- Simulationslauf.

Die Programmsteuerung erfolgt über einen Befehlsinterpreter. Hierdurch können die oben aufgeführten Schritte auch einzeln durchgeführt werden, so daß nachträgliche Modelländerungen interaktiv möglich sind.

Zum besseren Verständnis des IRSIM-Rechenplans in Bild 1 werden nachfolgend einige Bemerkungen zu den Rechenblöcken FRI und EXT gemacht:

a) <u>FRI-Rechenblock</u>

Der FRI-Rechenblock ist ein spezieller Integrierer zur Berechnung der Geschwindigkeit einer Masse in Abhängigkeit von der Summe der angreifenden Kräfte, wobei Haft- und Gleitreibung angenommen werden können.

b) <u>EXT-Rechenblock</u>

Der EXT-Rechenblock ist ein frei programmierbarer Rechenblock. Die Rechengleichungen aller in einem ISRSIM-Modell auftretenden EXT-Blöcke werden in einem separaten Fortran-Hauptprogramm programmiert. Der Kontakt zum ISRSIM-Simulator erfolgt über eine MAILBOX des Betriebssystems. Im Falle des obigen Beispiels enthält der EXT-Block 200 den digitalen Kaskadenregler oder den ebenfalls untersuchten Zustandsregler.

In Bild 2 ist eine Simulation des reibungsbedingten Grenzzyklus für die Positionsregelung des 30m-Radioteleskops dargestellt. Aufgrund der Haftreibung bleibt der Motor immer wieder kurzzeitig stehen; dieser Effekt wird durch die Simulationsergebnisse für die Motorgeschwindigkeit $\dot\varphi_M(t)$ recht gut wiedergegeben. Mit dem modernen Konzept der Zustandsregelung gelingt es, die Amplitude des Reibungsgrenzzyklus im Vergleich zur konventionellen Kaskadenregelung deutlich zu senken. Die geringere Schwingungsamplitude hat eine Reduzierung der Belastung der Antriebe sowie eine verbesserte Pointierungsgenauigkeit von $\varphi_{EL}(t)$ zur Folge.

Für die obige Simulation (5000 Abtastpunkte mit dem Adams-Bashforth-Verfahren 2. Ordnung) wird auf einer PDP11/34 mit FPU unter RSX11M eine Rechenzeit von 320s benötigt. Diese Rechenzeit teilt sich wie folgt auf:

ISRSIM EL-Modell 6. Ordnung mit Haft- und Gleitreibung	42%
Externer PI-Kaskadenregler für Position und Geschwindigkeit	27%
Datentransfer über die RSX11-MAILBOX	31%

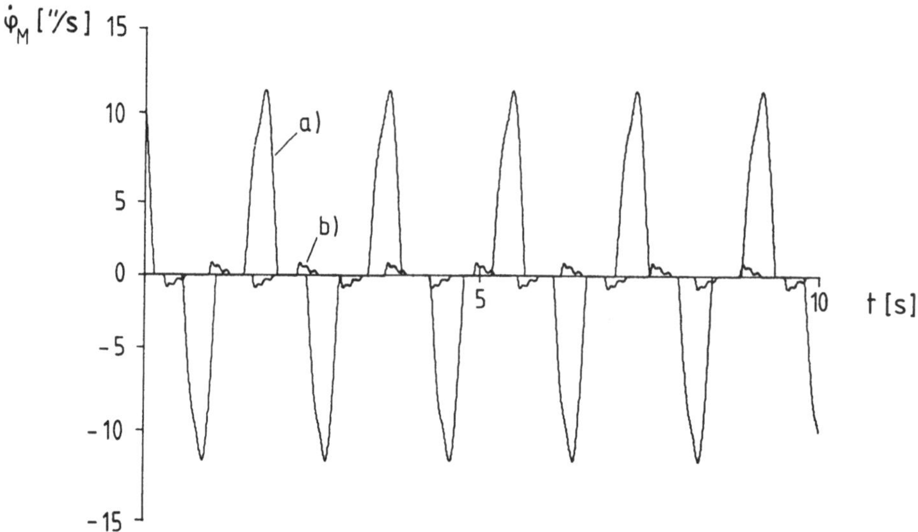

Bild 2: Reibungsgrenzzyklus der Motorgeschwindigkeit $\dot{\varphi}_M$ für das
30m-Radioteleskop: a) Kaskadenregelung, b) Zustandsregelung.

3. Zusammenfassung

Praktische Erfahrungen bei der Inbetriebnahme der Regelung eines 30m-
Radioteleskops zeigen, daß die vorgestellte Simulationssprache ISRSIM
für den Benutzer ein auch vor Ort leicht handhabbares Werkzeug darstellt. In der Ausbildung lassen sich mit ISRSIM sehr leicht moderne
Simulationsmethoden vermitteln. Zukünftig ist auch eine ISRSIM-Version
für Personal-Computer geplant.

4. Literatur

[1] JUEN, G.; ZEITZ, M.: Regelung der Azimutbewegung eines 30m-Radio-
    teleskops. Regelungstechnik 31 (1983), S. 81-87 und 132-137.

[2] JUEN, G.; ZEITZ, M.: ISRSIM, Simulationssystem für dynamische
    Systeme, Bedienungsanleitung. Institut für Systemdynamik und
    Regelungstechnik, Universität Stuttgart 1984.

[3] MOLL, H.; BURKHARDT, H.: SIDAS, ein interaktives Programmsystem
    zur blockorientierten digitalen Simulation dynamischer Systeme.
    Regelungstechnik 26 (1978), S. 50-55 und 87-91.

[4] RALSTON, A.; WILF, H.S. (Hrsg.): Mathematics for digital computers,
    Vol. 1. John Wiley & Sons Inc., New York-London-Sydney (1967),
    S. 110-120.

[5] MEERMAN, J.W.: THTSIM, software for the simulation of continuous
    dynamic systems on small and very small computer systems. Inter-
    national Journal of Modeling and Simulation 1 (1981), S. 52-56.

[6] JUEN, G.; ZEITZ, M.: Zustandsregelung von elastischen Antrieben
    mit Beschleunigungsrückführung. Regelungstechnik 32 (1984).

EIN BEITRAG ZUR SIMULATION VON SCHALT-
LICHTBÖGEN IN WECHSELSTROMKREISEN

M. Sakulin, R. Hirtler
Institut für Elektrische Anlagen
Techn. Univ. Graz, Österreich

Kurzfassung: Es wird ein auf dem Kanalmodellansatz beruhendes dynamisches Bogenmodell
vorgestellt und zur Simulation eines Ausschaltvorganges in einem Wechselstromkreis
unter Berücksichtigung des Schaltlichtbogens angewendet. In einer Modellstudie wird
der Einfluß unterschiedlicher Kühlbedingungen für den Schaltlichtbogen auf die Zeitverläufe der Ströme und Spannungen untersucht.

Einleitung

Prinzipiell werden für die Simulation von Schaltlichtbögen zwei verschiedene Modell-
gruppen verwendet. Die eine Gruppe wird zur Berechnung von Schaltvorgängen in einem
äußeren elektrischen Netzwerk eingesetzt und soll das elektrische Klemmenverhalten
des Leistungsschalters bzw. des Schaltlichtbogens durch eine möglichst einfache mathematische Beziehung nachbilden. Im einfachsten Fall beruhen derartige "Black-Box-
Modelle" auf einer Differentialgleichung 1. Ordnung mit zwei Parametern, die üblicherweise durch Schaltversuche speziell für den zu untersuchenden Leistungsschalter ermittelt werden.

Die zweite Gruppe von Bogenmodellen, die sogenannten physikalisch-mathematischen Modelle, dienen dagegen zur exakten Nachbildung des Schaltlichtbogens im Leistungsschalter, wobei das äußere elektrische Netzwerk möglichst einfach gehalten wird. Um den
Prozeß der Lichtbogenlöschung sowie den diesbezüglichen Einfluß konstruktiver Maßnahmen genügend genau nachbilden zu können, ist eine sehr detaillierte Darstellung der
physikalischen Zusammenhänge durch die elektrischen, thermischen und strömungstechni-
schen Gesetze nötig und im allgemeinen die Lösung eines partiellen Differentialgleichungssystems erforderlich. Die Anwendung dieser physikalischen Schaltermodelle liegt
vor allem in der Schalterentwicklung - mit dem Ziel, den labormäßigen versuchstechnischen Aufwand durch die Simulation einzuschränken. In manchen Fällen können auch die
Parameter des Black-Box-Modells mit Hilfe des komplizierten physikalischen Modells
ermittelt werden, sodaß auf diese Weise der Einfluß der simulierten Maßnahmen auf das
äußere Netzwerk abgeschätzt werden kann.

Eine Zwischenstellung nehmen die sogenannten Kanalmodelle ein, bei denen eine einfache, jedoch noch auf physikalischen Gesetzen beruhende Beschreibung des Lichtbogen-
verhaltens gewählt wird. Damit ist es möglich, daß Bogenmodell auch in ein etwas kom-
plizierteres äußeres Netzwerk einzubeziehen und auf direktem Weg Wechselwirkungen zwischen dem Schaltlichtbogen im Leistungsschalter und dem äußeren Netz zu untersuchen.

<u>Lichtbogenmodell nach dem Prinzip der geringsten Bogenleistung</u>

In der vorliegenden Arbeit wird für die Simulation des Lichtbogens ein zylindrisches Kanalmodell gewählt - siehe Abb. 1. Der Bogen wird durch ein homogenes zylinderförmiges Leitfähigkeitsgebiet ersetzt. Die im Inneren des Kanals durch den Stromfluß erzeugte Joule'sche Wärme wird größtenteils durch die Kühlströmung, d.h. durch Konvektion, und zu einem geringen Teil durch Strahlung und Wärmeleitung an die Umgebung abgegeben. Die Bestimmungsgleichungen, die im Detail in den Arbeiten /1, 2/ angegeben sind, beruhen auf den Gesetzen von der Erhaltung der Energie und der Masse, der thermodynamischen Zustandsgleichung und dem Prinzip der geringsten Bogenleistung.

Die Modellgleichungen für den Bogen sowie die Maschen- und Knotenpunktsbeziehungen für das äußere Netzwerk werden mit Hilfe des digitalen Simulationsprogrammes CSMP gelöst.

<u>Modellstudien</u>

Die Modellstudien beziehen sich auf den in Abb. 2 dargestellten Wechselstromkreis - bestehend aus einem speisenden Netz mit der ideellen treibenden Spannungsquelle $u_L(t)$, der Netzimpedanz R_N, L_N, dem Parallelwiderstand R_p, der Parallelkapazität C_p und dem Verbraucher Z_V, der durch einen Klemmenkurzschluß überbrückt wird. Der variable Widerstand R_b stellt den Lichtbogenwiderstand dar bzw. repräsentiert den Schalter, der den Kurzschlußstrom schalten soll.

Mit Hilfe des vorgestellten Simulationsmodelles können sowohl die elektrischen Größen im Netz als auch die thermischen und geometrischen Lichtbogengrößen in ihrem Zeitverlauf berechnet werden. Die Modellstudien Abb. 3 zeigen die Zeitverläufe der elektrischen Größen für verschiedene Schaltvorgänge, bei denen die Kühlverhältnisse im Schalter schrittweise verändert werden. Im Modell wird dies im vorliegenden Fall durch schrittweises Erhöhen des Konvektionsanteiles realisiert (Bild b - f). Zum Vergleich ist in Bild a der Schaltvorgang bei Annahme eines idealen Schalters dargestellt. Bild b zeigt ein Schaltversagen infolge ungenügender Wärmeabfuhr, der Bogenstrom i_{Rb} weicht nur leicht vom Gesamtstrom i ab, der Bogenwiderstand zeigt eine geringfügige Erhöhung im Bereich des Stromnulldurchgangs. Im Bild c ist der Widerstandsanstieg $R_b(t)$ stärker, die erhöhte Brennspannung $u_b(t)$ bewirkt ein Aufladen der Kapazität, die sich jedoch plötzlich über die Lichtbogenstrecke entlädt und zum Durchzünden beiträgt. Bild d zeigt eine erfolgreiche Stromunterbrechung mit einer Nachstromphase, im Bild e wird durch weitere Erhöhung der Kühlströmung auch der Nachstrom unterdrückt und im Bild f erfolgt durch eine zu starke Kühlströmung ein vorzeitiger Lichtbogenabriß, d.h. bereits vor dem Nulldurchgang des Gesamtstroms i wird dieser von der Kapazität übernommen und der Bogenstrom reißt ab.

Ein Vergleich der einzelnen Schaltvorgänge zeigt, daß die Löschspitze der Bogenspannung vor dem Nulldurchgang und der Spitzenwert der wiederkehrenden Spannung nach dem Nulldurchgang mit zunehmender Kühlung ansteigen. Im Fall des "Current Chopping" -

Bild f - erreicht der Maximalwert der wiederkehrenden Spannung den größten Wert, nämlich $2{,}8 \cdot \hat{U}_L$ gegenüber $1{,}84 \cdot \hat{U}_L$ im Falle des idealen Schalters.

Schluß

Wie die Modellergebnisse zeigen, können mit Hilfe dieses Modells verschiedene in der
Literatur beschriebene /3, 4, 5/ und meßtechnisch beobachtete Schaltphänomene /5, 6,
7/ simuliert werden. Neben den hier gezeigten Ergebnissen bietet das Modell aber auch
einen Einblick in die nichtelektrischen Bogengrößen und gestattet auf diese Weise
ein besseres Verständnis des Lichtbogenlöschvorganges. Weiters können auch Einflüsse
durch die Änderung physikalischer Größen - z.B. Verwendung unterschiedlicher Lösch-
medien, Änderung der geometrischen Abmessungen in der Bogenumgebung oder unterschiedliche Kontakttrennungsgeschwindigkeiten - auf das Bogenverhalten und das elektrische
Netzverhalten untersucht werden.

LITERATUR

/1/   Sakulin, M.: A dynamic electric arc model under consideration of variable
          pressure conditions. AMSE 82-Conference, Paris-Sud (1982)

/2/   Hirtler, R.: Untersuchung über die Eignung des Minimumprinzip-Modells zur Be-
          rechnung von Schaltlichtbögen. Diplomarbeit TU Graz (1982)

/3/   Erk, A.; Schmelzle, M.: Grundlagen der Schaltgerätetechnik. Springer-Verlag
          Berlin-Heidelberg-New York (1974)

/4/   Mayr, D: Beiträge zur Theorie der statischen und des dynamischen Lichtbogens.
          Archiv für Elektrotechnik 37, S 588...608 (1943)

/5/   Hochrainer, A.; Grütz, A.; Schwarz, J.; Thiel, H.G.: Study of arcs in breakers
          with the help of a cybernetic model and under the influence turbu-
          lence. CIGRE Rep. 13-10 (1972)

/6/   Grütz, A.; Hochrainer, A.: Rechnerische Untersuchung von Leistungsschaltern mit
          Hilfe einer verallgemeinerten Lichtbogentheorie. ETZ-A 92, H. 4,
          S 185...191 /1971)

/7/   Rieder, W.: Arc circuit interaction near current zero and circuit breaker
          testing. IEEE Trans. PAS 91, S 705...713 (1972)

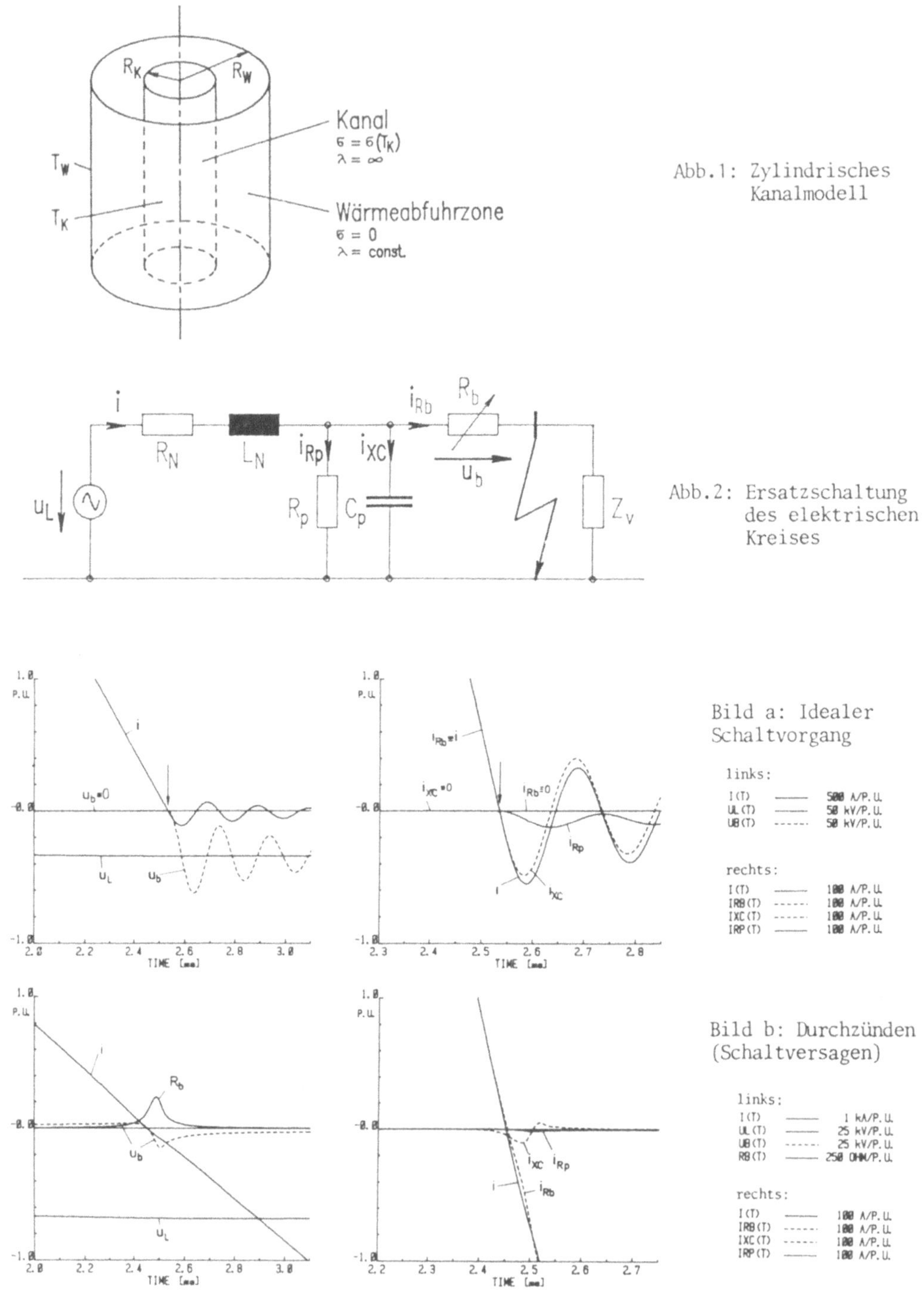

Abb.3a-b: Modellstudien: Zeitverläufe der Ströme, Spannungen und des
Lichtbogenwiderstandes bei unterschiedlicher Bogenkühlung

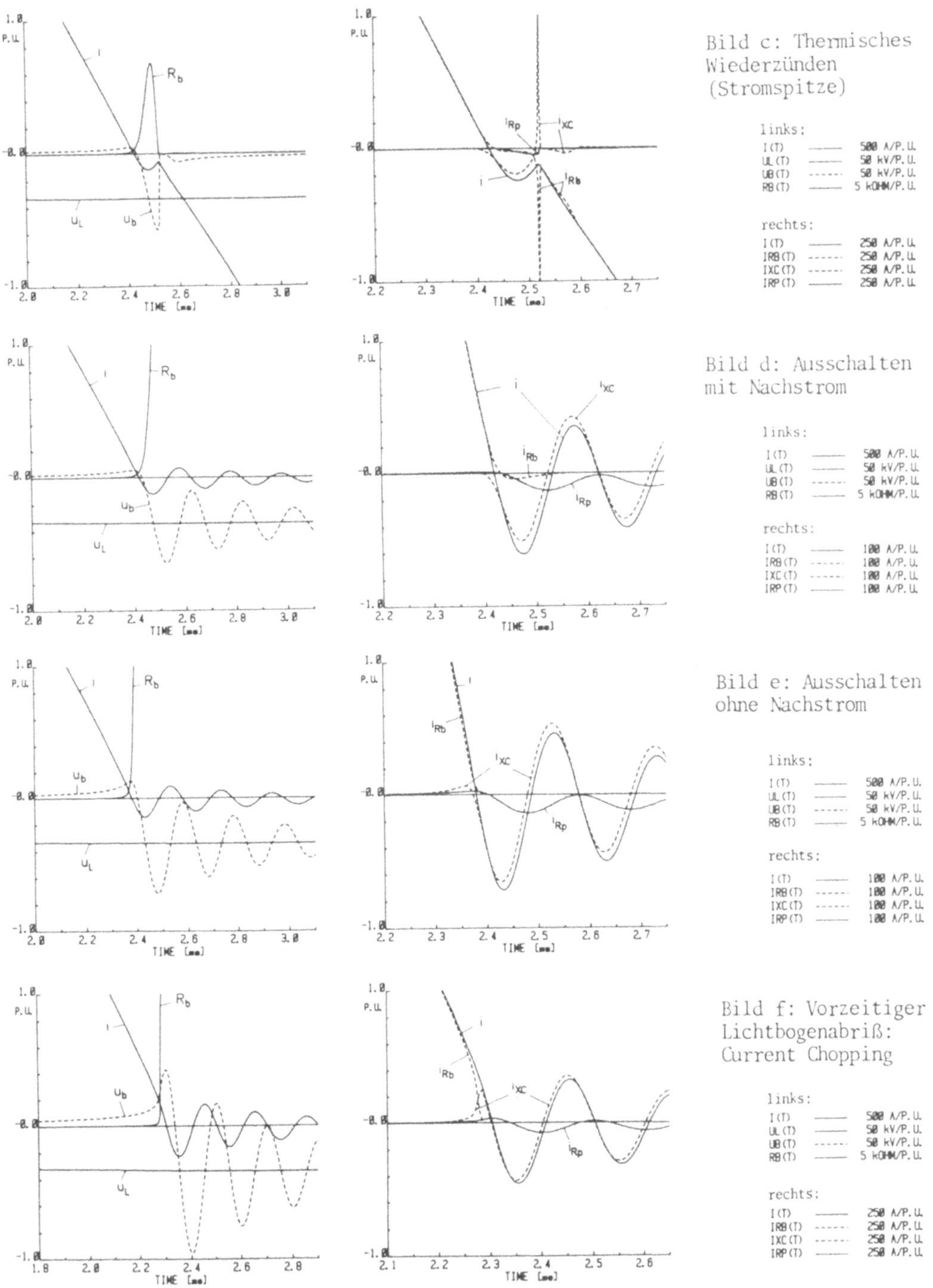

Abb.3c-f: Modellstudien: Zeitverläufe der Ströme, Spannungen und des Lichtbogenwiderstandes bei unterschiedlicher Bogenkühlung

SIMULATION EINES REIBUNGSBEHAFTETEN SCHWINGERS

H. Rake
Institut für Regelungstechnik
RWTH Aachen
5100 Aachen, Bundesrepublik Deutschland

Die hier beschriebene Simulation ist Teil eines Fachlabors für Maschinenbaustudenten der Studienrichtung Konstruktionstechnik im 6. Fachsemester. Diesen Studenten sollte eine Einführung in die Prinzipien der
- Modellbildung,
- analogen Simulation,
- digitalen Simulation

einschließlich der Nutzung dafür geeigneter Rechner an einem überschaubaren Beispiel gegeben werden. Dabei sollten zumindest einige Simulationergebnisse durch Vergleich mit dem zu simulierenden System geprüft werden können. Weiterhin sollte die Erkenntnis vermittelt werden, daß Simulationen auf einfachem Wege Aussagen über die Folgen von Änderungen in Struktur und/oder Parametern eines dynamischen Systems erlauben, Aufgaben, die zum Alltag eines konstruktiv tätigen Ingenieurs gehören.

Wahl des Simulationsobjektes

Die Auswahl eines geeigneten Simulationsobjektes hat einige Mühe bereitet. Es muß z.T. einander widersprechenden Forderungen genügen.
Es sollte
- nicht so einfach sein, daß sich analytische Lösungen anbieten, aber auch
- nicht zu komplex sein, so daß Modellbildung und Simulation in zwei Nachmittagen möglich sind und schließlich
- in Form eines realen Vergleichsobjektes aus dem Erfahrungsbereich der Studenten erstellbar sein.

Der zuerst genannte Gesichtspunkt schließt einfache lineare Systeme aus; der an zweiter Stelle stehende läßt komplexe Systeme - lineare wie nichtlineare - als ungeeignet erscheinen und der dritte Gesichtspunkt gibt mechanischen Systemen eine bevorzugte Stellung. Als Ergebnis der skizzierten Überlegungen wurde die Untersuchung eines reibungsbehafteten Einmassenschwingers nach Bild 1 zum Ziel der Laborübung er-

klärt. Damit war ein einfaches mechanisches System gefunden, das durch
die trockene Reibung eine analytische Behandlung erschwert und mit
mäßigem Aufwand die Vorzüge von Simulationen darzustellen erlaubt.

Das System besteht aus einem Tragrahmen mit einer waagerechten Gleit-
bahn aus Teflon und einem darauf gleitenden Schwingkörper, der zwischen zwei Zugfedern eingespannt ist. Die Masse von 2,3 kg und die
Federkonstanten von je 200 N/m ergeben eine Eigenfrequenz der Anordnung von ca. 2,1 Hz. Eine Zugfeder ist an einem festen Lager eingehängt; das Ende der anderen Zugfeder ist beweglich, um Anregungen in
Form von Wegen aufbringen zu können.

Modellbildung

Als mathematisches Modell des Systems nach Bild 1 erhält man mit den
Annahmen trockener Reibung und bewegter Masse in wenigen Schritten
die Differentialgleichung

$$M\ddot{y} = -(c_1+c_2)\cdot y - \mu\cdot M\cdot g\cdot sgn(\dot{y}) + c_1\cdot u \quad . \tag{1}$$

Analytische Lösung

Für die zur Modellbeschreibung aufgestellte Differentialgleichung (1)
mit dem einfachen Reibkraftansatz kann man z.B. für das Einschwingen
in eine Ruhelage aus einer ausgelenkten Anfangslage eine analytische
Lösung gewinnen. Die Lösung wird aus Teilen zusammengesetzt, die sinusförmige Schwingungen um zwei unterschiedliche Mittelwerte beschreiben,
die, wie Bild 2 zeigt, aneinandergesetzt werden können und die Abklingkurve ergeben.

Analoge Simulation

Grundlage der analogen Simulation ist die Differentialgleichung (1),
aus der ohne Schwierigkeiten das Schaltbild nach Bild 3 abzuleiten
ist. Die unvermeidliche Normierung wurde auf die der Amplituden beschränkt, indem eine Simulation in Echtzeit zur Aufgabe erklärt wurde.

Im Rahmen der 3-stündigen Laborübung sollten folgende Aufgaben gelöst
werden:

1. Schaltung nach Bild 3 auf einem Tischanalogrechner aufbauen.
2. Einstellwerte ermitteln und in die Schaltung übertragen.
3. Abklingkurven für unterschiedliche Anfangsbedingungen aufnehmen
   und mit der analytischen Lösung (Bild 2) und dem Verhalten des zu
   simulierenden Systems vergleichen.
4. Systemantworten auf sinusförmige Anregungen unterschiedlicher Amplitude und Frequenz aufnehmen.
5. Einflüsse von Parameteränderungen, insbesondere von Änderungen
   des Reibbeiwertes untersuchen.

Digitale Simulation

Als Grundlage der digitalen Simulation wurde eine das Schwingungssystem beschreibende Differenzengleichung von der Form

$$y_k = a_1 \cdot y_{k-1} + a_2 \cdot y_{k-2} + b_0 \cdot u_k + c_R \cdot f_{Rk} \tag{2}$$

gewählt, deren Koeffizienten aus der Differentialgleichung (1) mit
zu gewinnen waren. Dabei wurde bewußt ein relativ ungenaues zeitdiskretes Modell in Kauf genommen, um neben der Simulation noch Erfahrungen in der Handhabung von Differenzengleichungen vermitteln zu
können.

Aus der Differenzengleichung (2) wurde in der Laborübung zunächst
ein Programm für einen programmierbaren Taschenrechner (hp 41 c) mit
Drucker entwickelt. In der den Teilnehmern gegebenen Anleitung ist
die Belegung der Speicher vorgeschrieben, um die Programmprüfung zu
erleichtern; ferner ist eine Programmstruktur vorgegeben, die aus
den Teilen
- Reibkraftermittlung
- Lösen der Differenzengleichung
- Umspeichern der Signalwerte
- Ausgabe eines Stützstellenwertes
besteht. Die Koeffizienten konnten ohne weitere Normierung in SI-
Einheiten eingesetzt werden.

Mit diesem Programm wurden dann Antworten des Schwingers für sprungförmige Anregungen unterschiedlicher Höhe (0,1 m bis 1 m) bei einem

Zeitschritt von T = 0,05 s ermittelt. Neben durch die Reibung bedingten typischen Merkmalen zeigten die Simulationsergebnisse Schwingungen um die Ruhelage, die durch das zu einfache Reibkraftmodell hervorgerufen wurden. Damit sollte u.a. gezeigt werden, daß eine Simulation nicht besser sein kann als die ihr zugrunde liegende Modellbildung.

Im zweiten Teil der Laborübung sollte die gleiche Aufgabe mit einem Digitalrechner mit Bildschirmeingabe und Plotterausgabe gelöst werden. Um den Teilnehmern das Handhaben des Mehrbenutzerbetriebssystems abzunehmen, wurde ein spezieller Prozessor geschrieben, der die Simulationsumgebung bildet. Der Prozessor enthält ein Unterprogramm, in dem Deklarationen und die Übergabe von Daten und Parametern bereits vorbereitet sind, so daß die Aufgabe der Laborteilnehmer in der Aufstellung und Eingabe eines Stückes FORTRAN-Programm besteht, das dann übersetzt und eingebunden wird. Die durch den Rechner gebotenen zusätzlichen Möglichkeiten wurden so genutzt, daß innerhalb des Programms auch die Koeffizienten der Differenzengleichung (2) aus den Daten des zu simulierenden Systems und der Größe des Zeitschritts T berechnet werden. Damit sind Parametervariationen sehr leicht möglich.

Mit dem erstellten Programm wurden wiederum Sprungantworten ermittelt und aufgezeichnet. Die Sprunghöhe wurde konstant gehalten und die Zeitschrittweite variiert; als Schrittweiten wurden 10^{-2} s, 10^{-3} und 10^{-4} s vorgegeben. Die Ergebnisse wurden mit einer analytischen Lösung verglichen. Damit sollte u.a. gezeigt werden, daß und wie die gewählte Schrittweite Genauigkeit und Rechenaufwand einer digitalen Simulation beeinflußt. Abschließend wurde eine sinusförmige Anregung des Systems mit seiner Eigenkreisfrequenz simuliert, die die Amplitude des Ausgangssignals zeitproportional über alle Grenzen wachsen läßt.

Die skizzierten Laborübungen sind im SS 1984 erstmals durchgeführt worden. Das erfreuliche Echo bei den Teilnehmern hat gezeigt, daß der gewählte Ansatz richtig sein dürfte.

650

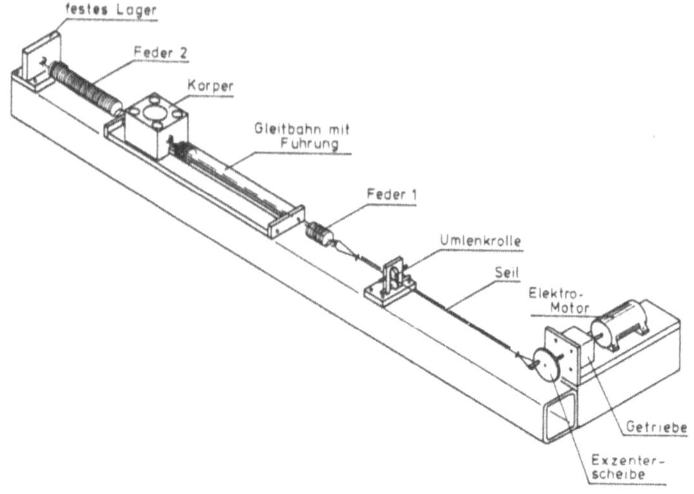

Bild 1: Zu simulierendes Schwingungssystem

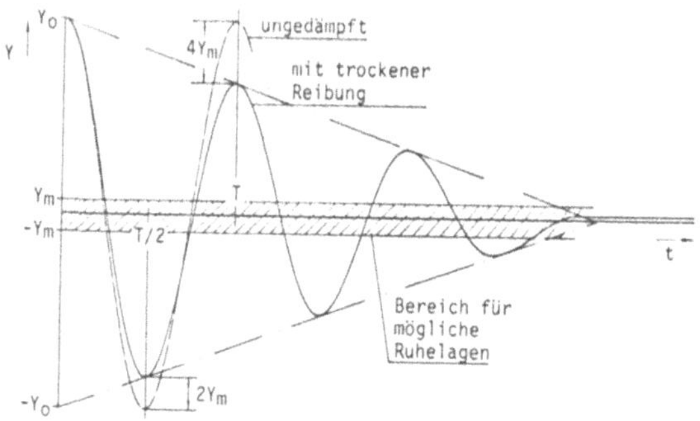

Bild 2: Abklingkurve, analytische Lösung

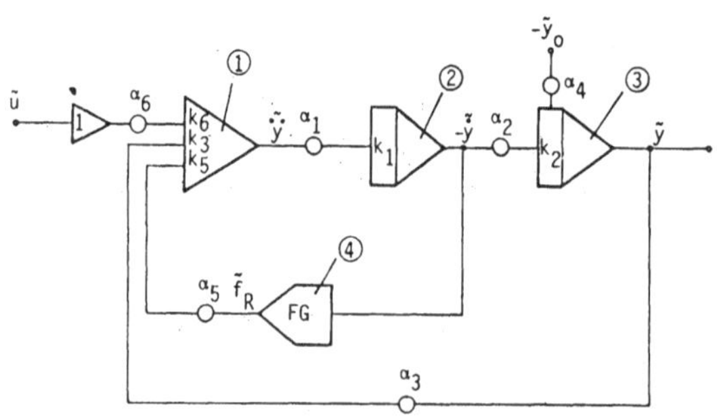

Bild 3: Analogrechnerschaltung

ZUR MODELLBILDUNG DES NASSEN TEILS EINER PAPIERMASCHINE

W.N. Westermeyer

Institut und Lehrstuhl für Regelungstechnik der Universität
Erlangen-Nürnberg (Prof. Dr. H. SCHLITT), Cauerstr.7, D-8520 Erlangen

1. Problemstellung:

Für die aus Kostengründen geforderten engeren Produkttoleranzen und höheren Maschinengeschwindigkeiten reichen die herkömmlichen Regelverfahren an Papiermaschinen
nicht mehr aus. Um moderne Regelungstheorie anwenden zu können, soll zunächst die
Streckenbeschreibung verbessert und auf physikalisch-technoligische Gesetzmäßigkeiten abgestützt werden. Da die flächenbezogene Masse des Papieres auch andere wichtige Qualitätsgrößen (wie z.B. Feuchte, Dicke, Festigkeit) mitbestimmt, wurden die Untersuchungen auf die Masseverteilung beschränkt.

Nach einem Überblick über die Anlage wird die Modellbildung zum "Längsprofil" und
eingehender zum "Querprofil" besprochen.

2. Anlagenübersicht (Bild 1):

Die über die Bahnbreite gemittelte Masseverteilung (Längsprofil) wird über die Stoffzulaufportionierung (Dickstoffventil) gestellt. Gestört wird das Längsprofil durch
die Eigenschaften des zugeführten Stoffes, durch die Reinigungseinheiten, die Retention in der Siebpartie und durch die im Verdünnungswasser enthaltenen Stoffanteile (infolge der Wasserkreislaufschließung).

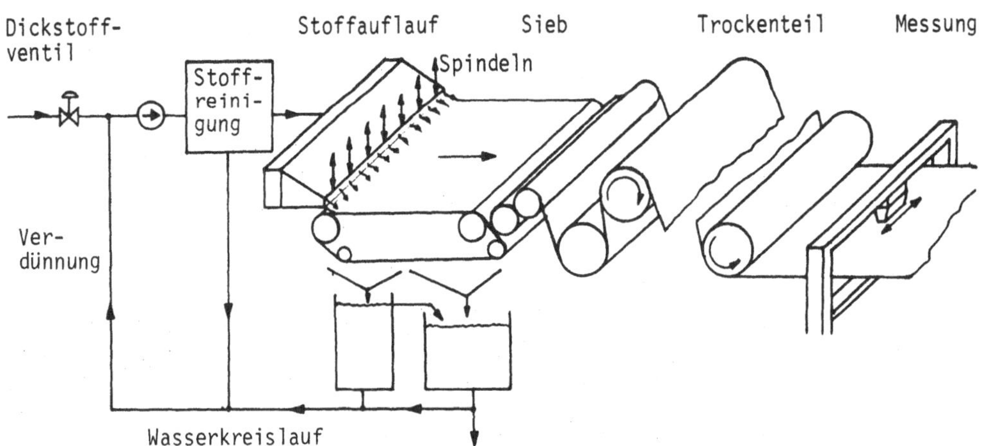

Bild 1: Anlagenübersicht

Die Masseverteilung über der Bahnbreite (Querprofil) kann durch den Stoffauflauf beeinflußt werden, dessen Aufgabe ist, das Faser-Wasser-Gemisch gleichmäßig auf das
Sieb aufzutragen. Als Stelleingriff dient eine große Anzahl von Spindeln, mit denen

die Auslaßdüse des Stoffauflaufes über der Breite unterschiedlich geöffnet werden
kann. Damit ändern sich die Ausflußverhältnisse aus dem Stoffauflauf und somit die
Massebeaufschlagung des Siebes.

Mit dem Ende der Siebpartie liegt die Masseverteilung im wesentlichen fest. Die Naß-
pressen und der Trockenteil vermindern zwar den Feuchtegehalt der Bahn, verzerren
aber die Masseverteilung - bis auf kompensierbare Schrumpfungseinflüsse - nicht. Da
das Meßglied - ein über der Bahn langsam traversierender Sensor - erst nach dem ausgedehnten Trockenteil installiert wird, ergibt sich durch den Bahntransport eine
häufig bedeutende Meßtotzeit.

3. Streckenmodell "Längsprofil":

Die im Nassen Teil interessierenden Fasermassenströme lassen sich jeweils als Produkt aus Gesamtvolumenstrom der Suspension und Faserstoffkonzentration auffassen.
Hierbei kann man die Konzentrationen bei bekannten Gesamtvolumenströmen aus dem
Fließschema und den Projektierungsdaten der Anlage bestimmen /1/. Man erhält daraus
ein umfangreiches Blockschaltbild, das vor allem durch die Transporttotzeiten des
ausgedehnten Rohrleitungsnetzes und durch die Mischeffekte der Pufferbütten geprägt
wird. Da nur wenige Volumenströme gemessen werden, muß man die meisten in Anlehnung
an /2/ und /3/ berechnen, wobei neben dem Strömungswiderstand und den Behälterfüll-
ständen auch die kinetische Energie der Fluidmasse zu berücksichtigen ist.
Die erhaltene Streckenbeschreibung ist jedoch zu aufwendig, um danach einen Regler
zu entwerfen. Linearisiert um einen Betriebspunkt erwies es sich als vorteilhaft,
mit Näherungen anhand der Frequenzkennlinien weiterzuarbeiten.

4. Streckenmodell "Querprofil":

Die Einstellung des Querprofils der Masseverteilung bereitet in der Praxis Probleme,
da die Auswirkungsbreite einer Spindel nicht auf einen engen Bereich begrenzt ist
und das Ergebnis des Stelleingriffes über die Messung stark verzögert und verrauscht
rückgemeldet wird.

Um die Zusammenhänge zwischen Stoffauflauf und Blattbildungsteil des Siebes zu veranschaulichen, ist in Bild 2 gezeigt, wie sich das Querprofil ändert, wenn am Stoffauflauf eine Spindel um 1·mm angehoben wird. Man sieht, daß während der Blattbildung Masseteilchen aus den Randbereichen in den mittleren Teil umverlagert werden
und sich auf diese Weise die ausgeprägten Minima (bei $y = \pm.45\,m$) bilden. Gleichzeitig strebt die Masse in der Mitte nach außen und erzeugt somit selber ein lokales
Minimum (bei $y = 0.m$).

Die Effekte lassen sich erklären, wenn man den Vorgang der Blattbildung näher betrachtet. Die Papiersuspension wird aus der Stoffauflaufdüse in Form eines Strahles
auf das umlaufende Sieb gespritzt. Dort wird anschließend das Blatt gebildet, indem
die Fasern aus der Papiersuspension filtriert werden. Dabei dienen das Sieb und der

wachsende Filterkuchen als Filter /5/. Im Gegensatz zum hydrodynamisch zusammenge-
preßten Filterkuchen können in der darüber befindlichen flüssigen Phase leicht Stoff-
umverteilungen stattfinden. Diese werden einerseits durch verbliebene Quergeschwindigkeiten im Strahl aus dem Stoffauflauf und andererseits durch Oberflächenwellen-
phänomene in der Suspension auf dem Sieb ausgelöst.

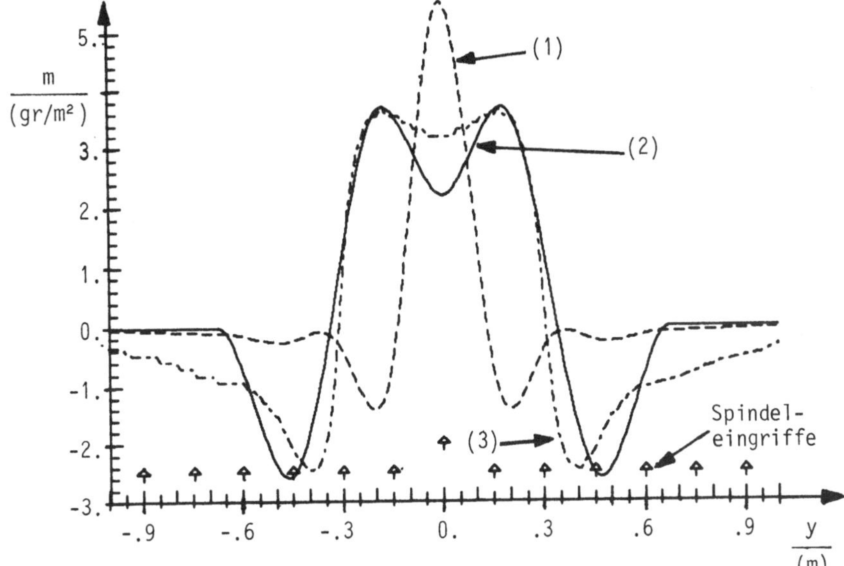

Bild 2: Änderung des Querprofils der flächenbezogenen Masse m(y)
        bei Erhöhung der Spindel am Ort y = 0.m um 1 mm:
        (1): zu erwartendes Profil unmittelbar nach dem Stoffauflauf,
        (2): gemessenes Profil der fertigen Papierbahn nach /4/,
        (3): Profil der fertigen Papierbahn nach eigenen Simulationen.

Um die Strömungsvorgänge im Stoffauflauf detailliert zu erfassen, müßte man die Navier-Stokes-Gleichungen unter Einbeziehung von Turbulenzmodellen /6/ ansetzen. Auf
Grund des dreidimensionalen Problems und den komplizierten Berandungen benötigte
man allerdings für die numerische Lösung einen unangemessen hohen Rechenaufwand. -
Da die Stoffsuspension sehr niederviskos und die Stoffauflaufdüse stromlinienförmig
gestaltet ist, kann man die tatsächlichen Vorgänge durch eine Potentialströmung annähern. Diesbezügliche Simulationen an der Institutsrechenanlage führten jedoch nur
zu qualitativen Ergebnissen, da für die hauptsächlich interessierenden Quergeschwindigkeiten im Strahl (die weniger als ein Hundertstel der Längsgeschwindigkeiten betragen), kein ausreichend feines Berechnungsgitter möglich war.

Eine weitere Vereinfachung erhält man aus Analogiebetrachtungen der Stoffauflaufdüse im Vergleich zu einem Kettenleiter (siehe Bild 3). Dabei berücksichtigen die aus-
gangsseitigen Längswiderstände R_{Bi} den Druckabfall infolge der Strömungsbeschleuni-
gung, während die eingangsseitigen Widerstände R_T die Verluste im Querverteiler und
den vor der Düse installierten Durchmischungseinheiten einbeziehen. Die Querwiderstände R_Q stehen für die Beschleunigungsarbeit, die nötig ist, um die Suspension ge-

mäß dem Querprofil der Düsenöffnung umzuverteilen. Da die Quergeschwindigkeiten in der Düse auch im Strahl teilweise erhalten bleiben, kann man die Querströme $\dot{V}_{Qi,i+1}$ als ein Maß für die interessierenden Strahlquergeschwindigkeiten v_i ansehen. Analog entsprechen den $\dot{V}_{Bi}$ die Strahllängsgeschwindigkeiten u_i. Die vertikale Geschwindigkeitskomponente ist im Modell weggelassen, da sie für die Stoffumverlagerungen auf dem Sieb eine untergeordnete Rolle spielt.

Während die Widerstände R_T und R_{Bi} sowie die Umrechnungsfaktoren k_{ui} bei modernen Stoffaufläufen leicht berechenbar sind, müssen die Querwiderstände R_Q und die Konstante k_v aus gemessenen Masseprofilen rückgerechnet werden.

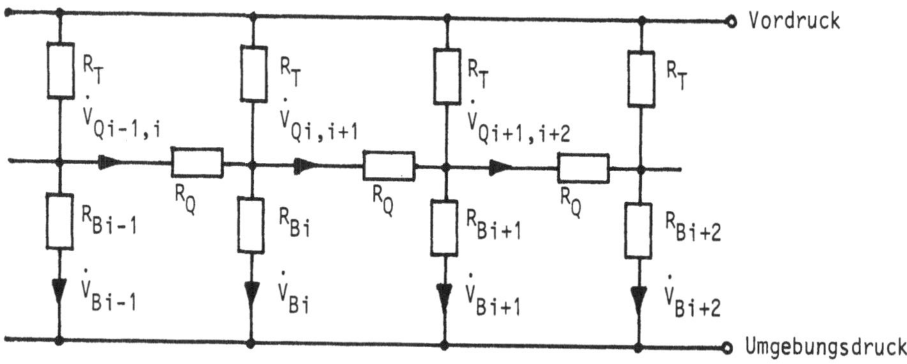

Bild 3: Modell der Stoffauflaufdüse zur Berechnung der Strahlgeschwindigkeiten,

mit R_T: Zulaufwiderstand,

$R_{Bi} = \varrho/2 \cdot h_i^2 / \Delta y^2 / (1-h_i^2/h_K^2)$: Beschleunigungswiderstand der Düse,

R_Q: Querwiderstand, Δy: Rechenschrittweite in Querrichtung,

h_i: Strahldicke (aus der Interpolation der Spindelstellungen über die ideale Biegelinie),

h_K: eingangsseitige Düsenkammerhöhe, ϱ: Suspensionsdichte,

$k_{ui} = u_i / \dot{V}_{Bi} = 1/(\Delta y \cdot h_i)$: Zusammenhang mit den Längsgeschwindigkeiten,

$k_v = v_i / \dot{V}_{Qi,i+1}$: Zusammenhang mit den Quergeschwindigkeiten.

Mit den Strahlgeschwindigkeiten u und v sowie der Strahldicke h sind die Anfangsbedingungen für die Beschreibung der Stoffbewegungen auf dem Sieb festgelegt. Mittelt man die feinturbulenten Strömungsanteile in der Suspensionsphase auf dem Sieb heraus, so kann man die Vorgänge während der Blattbildung über die Navier-Stokes-Gleichungen der Flachwasserwellentheorie /7/ beschreiben. Ergänzt um Reibungsterme und den Filtrationseinfluß erhält man das folgende hyperbolische Differentialgleichungssystem 1. Ordnung:

$$u_t + u \cdot u_x + v \cdot u_y + g \cdot h_x = - C_f \cdot \sqrt{(u-U_{Sieb})^2 + v^2} \cdot (u-U_{Sieb}) / h,$$

$$v_t + u \cdot v_x + v \cdot v_y + g \cdot h_y = - C_f \cdot \sqrt{(u-U_{Sieb})^2 + v^2} \cdot v / h,$$

$$h_t + (u \cdot h)_x + (v \cdot h)_y = v_{Filtrat}(x,y),$$

über dessen Lösung die gesamte auf dem Sieb befindliche flächenbezogene Fasermasse
$m(x,y)$ berechnet werden kann:

$$m(x,y) = 1/U_{Sieb} \cdot \int_0^x v_{Filtrat}(x',y) \cdot (c_{Susp} - c_{Filtrat}) \cdot dx' + h(x,y) \cdot c_{Susp}.$$

Die Bedeutung der Symbole ist folgendermaßen definiert:

x: Ortskoordinate in Sieblaufrichtung,	$u=dx/dt$: Längsgeschwindigkeit,
y: Ortskoordinate in Siebquerrichtung,	$v=dy/dt$: Quergeschwindigkeit,
t: Zeitkoordinate,	U_{Sieb}: Siebgeschwindigkeit,
h: Höhe der Suspensionsschicht über dem Filterkuchen,	C_f: Reibungskoeffizient,
$v_{Filtrat}$: Entwässerungsgeschwindigkeit,	g: Erdbeschleunigung,
c_{Susp}: Faserkonzentration in der Suspension	$c_{Filtrat}$: Faserkonzentration im Filtrat.

Um die Filtrationsgeschwindigkeit $v_{Filtrat}$ zu berechnen, wurden in den Simulationen
sowohl der Strömungswiderstand des Filterkuchens als auch die hydrodynamische Unter-
druckerzeugung durch die Foilleisten über empirische Modelle /8/ beschrieben. Hierbei zeigte sich, daß für die betrachteten Profile das komplexe Detailgeschehen der
Entwässerung unerheblich ist.

Der mit realistischen Daten durchgeführte Simulationslauf zu /4/ ist in Bild 2 mit-
eingetragen. Zur Verbesserung des Modelles werden derzeit eigene Untersuchungen an
Papiermaschinen unternommen.

5. Verwendete Simulationsmittel:

Die Simulationen wurden am Prozeßrechner des Instituts, einem Gould-Systems-Rechner
Typ 3277 mit High-Speed-Floating-Point-Processor, 0.5 M Byte Arbeitsspeicher und
96 M Byte Plattenspeicher durchgeführt.
Während sich das Kettenleitermodell und die hyperbolischen Differentialgleichungen
einfach auswerten lassen, benötigt die Berechnung der Potentialströmung durch die
vielen Plattenzugriffe ca. 12 Stunden.

6. Literaturverzeichnis:

1 Ehlert, G.: Dissertation, Technische Universität Braunschweig (1976).
2 Hartley,F.: Mech.Eng.Trans.Inst.Eng.Australia, V Me1 (1976).
3 Nader, A.D.:Dissertation, Inst.National Poytechnique de Grenoble (1978).
4 Eriksson, L.; Hill, J.; Lundqvist, I.: Das Papier 32, V157-V164 (1978).
5 Bär, W.; Westermeyer, W.: Institutsbericht 82/2, Inst.f.Regelungst.Uni-Erl.(1982).
6 Rodi, W.: Numerische Berechnung turbulenter Strömungen, Uni-Karlsruhe (1982).
7 Wehausen, J.V.; Laitone, E.V.: Handbuch der Physik IX, 446-778 (1960).
8 Fleischer, T.: Wilson; Eames: Pulp and Paper Canada 79, T310-T313 (1978).

OPTIMIERUNG IN KONTINUIERLICHEN SIMULATIONSSPRACHEN:

ASPEKTE BEI MODELLEN TECHNISCHER SYSTEME

F. BREITENECKER

Institut für Technische Mathematik, Technische Universität Wien
Gußhausstrasse 27-29, A-1040 Wien

Der vorliegende Beitrag beschäftigt sich mit den Möglichkeiten zur Optimierung in kontinuierlichen Simulationssprachen, indem zunächst Optimierung in compiler- und interpreter- orientierten Simulationssprachen gegenübergestellt wird. Als weiterer Aspekt werden Rechenzeit und state-event- Handling betrachtet, die zum Vergleich von digitaler und hybrider Simulation führen. Die angeführten Aspekte werden an drei technischen Simulationen untersucht: zeitoptimale Steuerung einer Verladebrücke, Optimierung einer Zugfahrt bezüglich Fahrstrategie und Trassenführung, Optimierung in einem hydroenergetischen System.

The contribution deals with the optimization features in continuous simulation languages. First compiler- and interpreter- oriented languages are compared. Large CPU-times and difficulties in state-event- handling lead to a comparison of digital and hybrid simulation. The outlined aspects are demonstrated in simulating the optimal control of a crane-crab, the calculation of optimal trajectories for a metro network and the optimal strategy in a hydro-energetic system.

1. Einleitung

Zweck der Simulation technischer Systeme ist es, das Verhalten des Systems durch Rechner-Simulation eines mathematischen Modells zu untersuchen. Variation der Systemparameter gibt tiefen Einblick in charakteristische Phenomene des Systems, zeigt aber auch die Grenzen des Modells auf. Nach dem Ermitteln geeigneter Bereiche für Systemparameter taucht sofort die Frage nach optimalen Parameterwerten, die gewisse Gütemaße minimieren, auf.

Simulation technischer Systeme wird durch kontinuierliche Simulationssprachen wesentlich erleichert. (Übergeordnete) Optimierung (Berechnung optimaler Systemparameter, optimaler Steuerungen und Regelungen,..) wird von Simulationssprachen nur teilweise und/oder unzureichend unterstützt, die Optimierungsaufgabe wird gegenüber der Simulation im Zeitbereich (eigentlich die Nebenbedingung der Optimierungsaufgabe) als untergeordnete Aufgabe betrachtet. Andererseits schenkt Optimierungs- Software der speziellen Form der Nebenbedingungen keine Beachtung, insbesondere den Nebenbedingungen in Differentialgleichungsform, sodaß die Verfahren an den dynamischen Nebenbedingungen scheitern. Für die Optimierung von Systemparametern in technischen Systemen ist der Zugang über eine kontinuierliche Simulationssprache zielführender.

Entscheidend für die Wahl einer Simulationssprache für Simulation und Optimierung in einem technischen System sind - neben der Verfügbarkeit - die Kriterien Benutzerschnittstelle, Benutzerfreundlichkeit und Zeitaufwand für Optimierung.

2. Optimierungsmöglichkeiten in Compiler- und Interpreter-orientierten Simulationssprachen

Faßt man die Optimierung von Parametern als (umfangreiches) Experiment auf (Anwendung einer Methode auf ein Modell, /BREI83/, /ZIEG81/), so ergeben sich prinzipiell zwei Möglichkeiten zur Implementierung von Optimierung in Simulationssprachen:

a) Der Runtime- Interpreter erlaubt ein geeignetes Zusammenfassen von Einzelexperimenten zum Experiment "Optimierung" (Simulationsläufe, gezielte Parametervariation, Berechnung von Gütemaßen)

b) In der Modellbeschreibung wird die (Möglichkeit zur) Optimierung (Iteration, wiederholte Simulationsläufe) definiert

Mischformen zwischen beiden Implementierungsarten sind möglich und üblich, z.B. spezielle Makro- Möglichkeiten und Eingriffe in Ablaufprogramme, die dann oft in einer Programmiersprache zu schreiben sind.
Standardmäßig bietet fast keine der gängigen Simulationssprachen Optimierung an, sodaß der Benutzer die Optimierung mit mehr oder weniger Aufwand in der verwendeten Simulationssprache implementieren muß.
Implementierungsmethode a) kommt interpreter-orientierten Sprachen und/oder Sprachen mit hochentwickeltem Runtime- Interpreter entgegen, wogegen Methode b) sich eher für compiler-orientierte Sprachen und/oder Sprachen mit "Standard"- Runtime- Interpretern eignet. Beispielhaft seien nun Optimierungs- Implementation in ACSL (/ACSL81/) und HYBSYS (/SOLA82/) vorgestellt, stellvertretend für eine compiler- und interpreter-orientierte Simulationssprache.
Die sehr weit verbreitete Sprache ACSL wandelt mittels eines Precompilers die Modellbeschreibung in ein FORTRAN- Hauptprogramm, bestehend im wesentlichen aus einem Unterprogramm, das Konstante besetzt (ZZDLOC) und einem (wesentlichen), das das System integriert (ZZSIML), um, das vom Runtime- Interpreter gestartet wird (ZZEXEC). Die Parameterübergabe erfolgt über einen COMMON- Block, der Namen und Werte aller Variablen und Konstanten enthält (Abb.1). Die Modellbeschreibung besteht nach dem CSSL- Standard 1968 (/STRA67/) aus INITIAL, DYNAMIC, DERIVATIVE und TERMINAL SECTION, die der Reihe nach abgearbeitet werden.
Optimierende Parametervariation ist nun implementierbar, indem in der TERMINAL SECTION die zu optimierenden Parameter abhängig von errechneten Werten der Gütemaße geeignet geändert werden und darauf ein Rücksprung in die INITIAL SECTION zur Durchführung eines weiteren Simulationslaufes erfolgt (abhängig von einem geeigneten Abbruchkriterium). In dieser Implementierung nach Methode b) erledigt eine Exekution der Simulation ("START") die Optimierung (Iteration von Parametern, wiederholte Simulationsläufe).
Größter Nachteil dieser Vorgangsweise ist, daß für die Optimierung nicht auf Standard-Optimierungs- Software zurückgegriffen werden kann, da Optimierungsprogrammen Zielfunktionen und Nebenbedingungen in Form von (externen) Unterprogrammen zur Verfügung getellt werden müssen; die optimierende Parametervariation muß daher immer explizit ausprogrammiert werden. Diese Methode ist daher nur bei einem Parameterraum geringer Dimension (<=3) sinnvoll.
Eine wesentlich effizientere und allgemein verwendbare Methode zur (Parameter-) Optimierung in ACSL wird in /BAUS82/ vorgestellt, die sich durch eine sehr klare Benutzerschnittstelle auszeichnet. Die Methode greift in das vom Precompiler erzeugte FORTRAN-Hauptprogramm ein: das Simulationsunterprogramm ZZSIML wird durch den Aufruf eines Unterprogrammes zur Optimierung (aus einer Library) ersetzt, das ZZSIML als (externe) Routine zur Funktionsberechnung verwendet (Abb.1). Einzelne Simulationsläufe und Optimierung können durch Verzweigungen abhängig von (ACSL-) Flags gesteuert werden (Abb.1). Die Benutzerschnittstelle bildet der von ACSL erzeugte COMMON-Block, der durch das Dollarzeichen in der ersten Spalte in jedes FORTRAN-Programm, das mit dem ACSL-Deck übersetzt wird, kopiert werden kann.
Diese zweite Methode ist als Mischform zwischen Eingriff in Modellbeschreibung (Methode b)) und und Eingriff in den Runtime- Interpreter (Methode a)) anzusehen.

HYBSYS - eine hybride Simulationssprache, entwickelt am Hybridrechenzentrum der TU Wien - erlaubt Modellbeschreibung und Modellanalyse in einfacher, effizienter und hardware- unabhängiger Weise. Ein schnelles (hybrides) Timesharing-System (MACHYS, /KLEI82/) unterstützt Simulation in HYBSYS, das auch auf dem neuen Simulationsrechner EAI SIMSTAR implementiert wird (/ILIC84/). Im Falle analoger Integration arbeitet HYBSYS mit Autopatch und automatischer Skalierung. Zudem besitzt HYBSYS wie auch vergleichbare interpreterorientierte Sprachen erweiterte Makro- Möglichkeiten für Experimente: die Sprache kann vom Benutzer um Befehle erweitert werden, die beliebige FORTRAN-Unterprogramme starten, die wiederum Standard- HYBSYS Aktivitäten starten

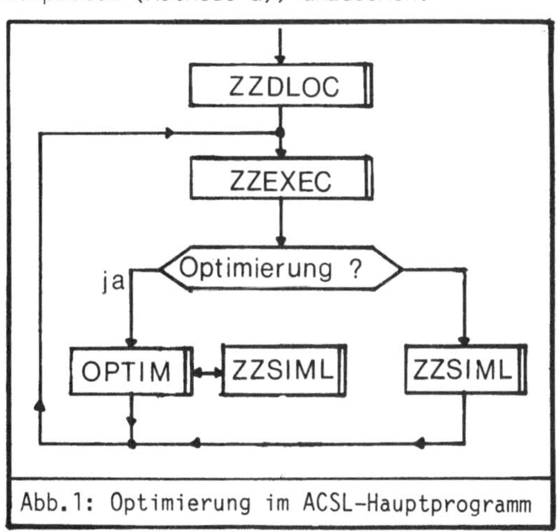

Abb.1: Optimierung im ACSL-Hauptprogramm

können (jeder HYBSYS- Befehl besitzt einen äquivalenten FORTRAN- Unterprogrammaufruf).
Diese rekursive Makro- Möglichkeit, die in HYBSYS Version VII nicht nur Experimente,
sondern auch Modelle und Methoden "verbinden" kann (/SOLA84/), erlaubt nun Optimie-
rungsimplementation auf einfache Weise. Ein Optimierungs- Makro ist im wesentlichen
ein FORTRAN- Unterprogramm, das ein beliebiges Optimierungsunterprogramm aufruft, wobei Parameter der HYBSYS- Modelldatenbasis übertragen werden können und die Exekution eines Simulationslaufes dem Optimierungsprogramm als Routine zur Verfügung gestellt wird; der Makro selbst stellt einen neuen HYBSYS (Runtime-) -Befehl dar, wobei
für die Parameterliste (z.B. Namen der Gütemaße, Namen der zu optimierenden Parameter)
ein eigener Buffer, dessen Programmierung softwaremäßig unterstützt wird, zur Verfügung steht. Zusätzlich zu diesen zwei Benutzerschnittstellen (Zugriff auf Modelldatenbasis, Buffer für Parameterliste) können Benutzer- und System- COMMON- Blöcke verwendet werden.
HYBSYS stellt bereits standardmäßig Optimierungsmöglichkeiten zur Verfügung. Der Makro
(das Experiment) "ZERO f1,f2,..fn by p1,p2,..,pn" berechnet nach der Methode von Newton-Powell eine Nullstelle des Gütevektors f=(f1,..,fn) bezüglich des Parametervektors
p=(p1,..,pn) (der Makro ruft das entsprechende Nullstellenprogramm aus der Library
auf). Der Makro "OPTI,method f1,f2,..,fn by p1,p2,..,pm" steht im Erprobungsstadium;
er berechnet das Optimum des Gütevektors f bezüglich p nach der Methode "method", wobei "method" auswählt zwischen zyklischer Parametervariation, Gradientenmethode, Monte-
Carlo- Methode, Methode mit variabler Metrik und Methode der konjugierten Gradienten.
Im Teststadium steht der Makro "POLY,method f1,f2,..,fn by p1,p2,..,pm", der die effiziente Menge von Parametervektoren p hach dem Vekor-(Poly-)Optimierungsprinzip (Pare-
to-Optimalität, /PESC80/) berechnet (vgl. drittes Beispiel).
Zu bemerken ist, daß die erweiterte Makro- Möglichkeit in HYBSYS VI die Sprache mit
Elementen zu erweitern bzw. zu "überbauen" erlaubt, die zu einem (einfachen) Expertensystem zusammengesetzt werden können: in sogenannter "supermacro- Technik" (rekursives
umfangreiches Experiment) können Module implementiert werden, die Modelle automatisch
generieren, sinnvolle Analysemethoden zur Verfügung stellen (neben Simulationsläufen
z.B. Stabilitäts- und Sensitivitätsanalyse, Optimierung,..) und Teilexperimente (Simulation von Modell A, Optimierung von Modell B,..) initialisieren bzw. exekutieren;
Optimierung ist in diesem "supermacro"- Konzept als Analysemethode anzusehen (/BREI83/).

3. Vergleich digitale - hybride Simulation bei Optimierung

Obwohl 1970 Hybrides Rechnen zum ersten Mal und in der Folgezeit noch öfter totgesagt
wurde, werden Hybridrechner immer noch verwendet und auch neue, leistungsfähigere und
genauere Rechner gebaut (/ILIC84/). Die analoge Simulation der Dynamik ist -bei der
bekannten technischen Genauigkeit - in drei Bereichen der digitalen überlegen, nämlich
bei Systemen mit sehr hohen und/oder sehr unterschiedlichen Frequenzen, beim state-
event- Handling und bei der (Unabhängigkeit der) Rechenzeit; der Grund dafür liegt in
der parallelen Arbeitsweise und in der Integration als Grundrechnungsart.
Bei der Optimierung von Systemparametern kommen die Rechenzeit direkt und das state-
event- Handling indirekt zum Tragen - in digitaler Simulation ist state-event- Handling mühsam und zeitraubend, bei technischen Systemen treten oft zustandsabhängige Unstetigkeiten in der Dynamik auf. Diese Aspekte führen für die Optimierung von Systemparametern wieder zu einem sinnvollen Vergleich zwischen digitaler und hybrider Simulation, der an den folgenden Simulationsbeispielen demonstriert wird und der die hybride Simulation als gleichberechtigte (und teilweise bessere) Alternative zur digitalen ausweist.
Als Vergleichsgrundlage wird Simulation/Optimierung in HYBSYS und ACSL, das über ein
effektives state-event- Handling verfügt, betrachtet.

4. Optimierung und Simulation in technischen Systemen - Beispiele

Als erstes Beispiel wird die zeitoptimale Steuerung einer Verladebrücke betrachtet.
Mit den dynamischen Gleichungen (/HIPP70/,Greiferausschlag w(t), Laufkatzenweg s(t))

$$d^2w/dt^2 = -a.\sin w + b.u \; , \quad d^2s/dt^2 = -c.w + d.u \tag{1}$$

liefert das Pontryaginsche Maximumprinzip eine Bang-Bang- Steuerung u(t) (u <=umax),
die durch maximal drei Umschaltzeitpunkte t1,t2,t3 zwischen Beschleunigen und Bremsen
und der unbekannten Endzeit t4 parametrisiert ist, wenn die Verladebrücke von Punkt A

$(w(0)=\dot{w}(0)=s(0)=\dot{s}(0)=0)$ zum k Meter entfernten Punkt B $(w(t4)=\dot{w}(t4)=\dot{s}(t4)=0,\ s(t4)=k)$ gesteuert werden soll. Die Optimierungsaufgabe besteht nun darin, die Zeitpunkte t1, t2,t3,t4 so zu bestimmen, daß zum Zeitpunkt t4 die Laufkatze im Punkt B steht und der Greifer nicht mehr schwingt (Randwertaufgabe).
Optimierung in HYBSYS mit ZERO (Newton-Powell- Methode) benötigt bei günsigen Startwerten ca. 20 Simulationsläufe, wobei jeder (nach Zeittransformation) 0.8 ms dauert (Ergebnisse Tabelle 1).
Digitale Optimierung in ACSL mit der Methode nach /BAUS82/ benötigt etwa dieselbe Anzahl von Simulationsläufen bei Verwendung eines gleichwertigen Optimierungsprogrammes. Klarerweise hängt die Rechnzeit für einen Simulationslauf stark vom Integrationsalgorithmus und dessen Schrittweite ab; Tab.2 zeigt die normalisierte Rechenzeit für einen Lauf für die verschiedenen Integrationsalgorithmen in ACSL (Schrittweite 0.01 und 0.001 s mit etwa gleichen Genauigkeitserfordernissen für alle Algorithmen). In der Literatur (/HIPP70/) werden statt (1) linearisierte Gleichungen verwendet, was den Rechenzeitbedarf teilweise erheblich senkt (Tab.2). Erweitert man das Modell um (technische) Schranken für $\dot{w}$ und $\dot{s}$, so verdreifachen sich die Rechenzeiten durch das nötige state-event- Handling, Integrationsverfahren mit variabler Schrittweite arbeiten effizienter. Im übrigen zeigt die Simulation, daß die Linearisierung wegen des relativ starken Greiferausschlages $w(t)$ nicht gerechtfertigt werden kann

Das zweite Beispiel, die Simulation der Fahrt eines U-Bahnzuges, beschäftigt sich mit "zweistufiger" Optimierung. Die dynamischen Gleichungen (/HOAN75/)

$$dv/dx = (u - y - \int_{x-L/2}^{x+L/2} (a.\sin w(s) + b.\cos w(s))ds\ ) / v -c.v\ , \quad dE/dx = d.u - e.y$$

beschreiben die Geschwindigkeit $v(x)$ und die verbrauchte Energie $E(x)$ des Zuges, der mit Beschleunigungskraft $u(x)$ und Bremskraft $y(x)$ gefahren wird; das Integral modelliert den Luftwiderstand des Zuges abhängig von Zuglänge L und Neigung der Trasse $w(x)$; unabhängige Veränderliche ist der zurückgelegte Weg x des Zuges, woraus sich für die verbrauchte Zeit $dt/dx=1/v$ ergibt.
Für eine zeitoptimale Steuerung liefert das Pontryaginsche Maximumprinzip wieder eine Bang-Bang- Steuerung: maximal beschleunigt wird bis zum Erreichen der Höchstgeschwindigkeit (t1), die dann gehalten wird bis zum Zeitpunkt t2, ab dem mit maximaler Kraft gebremst wird, um in der nächsten Station stehenzubleiben (v=0). Neben zeitabhängigen Umschaltpunkten sind daher auch nun zustandsabhängige Schaltpunkte für Beschleunigungs- und Bremskraft vorzusehen (zusätzliches Beschleunigen und Bremsen zum Halten der Maximalgeschwindigkeit bei Steigungen bzw. Gefällen). Die erste Stufe der Optimierung besteht somit im Bestimmen der Schaltpunkte t1 und t2, um den Zug in der nächsten Station um Halten zu bringen (Randwertaufgabe).
Während der Projektierung für ein U-Bahnnetz kann auf die Trassenführung teilweise Einfluß genommen werden. Eine zweite Stufe der Optimierung ist daher die Berechnung einer "energieminimalen" Trasse (Ausnützen von Gefällen für Beschleunigung,..). Die Trasse wird als Polygonzug parametrisiert, woraus Neigung $w(x)$ und die Integralanteile tabellarisch berechnet werden können. Diese relativ aufwendige übergeordnete Optimierungsaufgabe wurde mit adaptierter dynamischer Programmierung (adaptiver Suchschlauch, /BERG79/) gelöst.
Die erste Optimierungsstufe (Randwertaufgabe) benötigt in HYBSYS und ACSL etwa zehn Simulationsläufe. Schwierigkeiten mit der Singularität in x=0 müssen in beiden Fällen trickreich überwunden werden. Bei digitaler Simu-

```
ZEITOPTIMALE STEUERUNG EINER VERLADEBRÜCKE.

Kenngrößen:
Katzenmasse:     20.    Greifermasse:     10.
Greiferlänge:     3.    Max.Motorkraft: 45.

Optimierung:
Zielpunkt: 5
Umschaltzeitpunkte/Start:  1.,2.,3.,4.
Anzahl der Simulationsläufe:  23
Opt.Umschaltzeitpunkte:  1.37,1.89,2.5,3.8
Fehler:   w=0.02, ẇ=0.03, ṡ=-0.1, s=5.005
```

Tab.1: Ergebnisse Optimierung (MKS-System)

	linear		nichtlinear	
Schrittweite	0.01	0.001	0.01	0.001
EULER	0.19	1.80	0.25	2.18
RK 2.ORDNUNG	0.21	1.79	0.48	4.57
RK 4.ORDNUNG	0.65	6.19	0.66	8.06
ADAMS'S MOULTON	0.80	2.03	0.85	2.14
GEARS STIFF	1.29	3.26	1.33	3.41

Tab.2: Abhängigkeit Schrittweite-Algorithmus-Linearität, Beispiel 1

Schrittweite	Energie.10^7	Rechenzeit
1 m	4.3458788	1.295
0.5 m	4.3457845	2.177
0.1 m	4.3457687	4.503
0.05 m	4.3457678	18.978

Tab.3: Abhängigkeit Rechenzeit-Schrittweite im kritischen Bereich, Beispiel 2

lation führt nur ein Verfahren mit variabler Schrittweite, das in Bereichen mit Nachbeschleunigung und Bremsen hinreichend fein diskretisiert, zu einem akzeptablen Integrationsfehler. Diese zustandsabhängigen Unstetigkeiten in u,y erhöhen auch die Rechenzeit bei notwendiger feiner Diskretisierung und event- Handling stark (Tab.3).

Das letzte Beispiel stellt ein hydroenergetisches System bestehend aus drei Speichern mit Kraftwerken und einem Benutzer vor, das durch die Bilanzgleichungen (/BREI84/)

$$ds_1/dt = y_1 - u_1, \quad ds_2/dt = y_2 - u_2 - e, \quad ds_3/dt = u_1 + u_2 + r.e(t - t_v) - u_3$$

für die Speicherinhalte s(t) beschrieben wird. Tabellarisch vorgegeben sind die Zuflüsse y(t) und der Bedarf e(t) des Benutzers. Gesucht sind nun Strategien für die Abflüsse u(t) (als Polygone oder periodische Funktionen parametrisiert), die das System "optimal" bewirtschaften. Dabei treten als Gütemaße nicht vergleichbare und kontradiktorische Größen wie Energieerzeugung (nichtlineare Funktion von s(t)), Hochwasserschutz (leere Speicher) und Fremdenverkehrsnutzung (volle Speicher) auf, die herkömmlicher Optimierung erhebliche Schwierigkeiten bereiten.
Geeigneter ist Vektor-(Poly-) Optimierung, die als Lösung eine ("effiziente") Menge gleichwertiger Parametervektoren (Pareto-Prinzip,/PESC80/) liefert.
Simulation und Optimierung wurden in HYBSYS als interaktives Entscheidungsunterstützungsprogramm ("supermacro"-Technik,/BREI83/) implementiert, wobei ein Makro die Vektoroptimierung durchführt; dazu wird der Parameterraum stochastisch abgetastet, was bei drei Gütemaßen zu etwa 3000 Simulationsläufen führt (Abb.2, effiziente Gütepunkte).
Digitale Simulation und (Vektor-) Optimierung in ACSL führt durch das effektive event-Handling für die Speicherbeschränkungen zu kurzen Rechenzeiten. Von Bedeutung ist allerdings die Anzahl von Läufen: jeder Speicher verdoppelt z.B. die Rechenzeit.

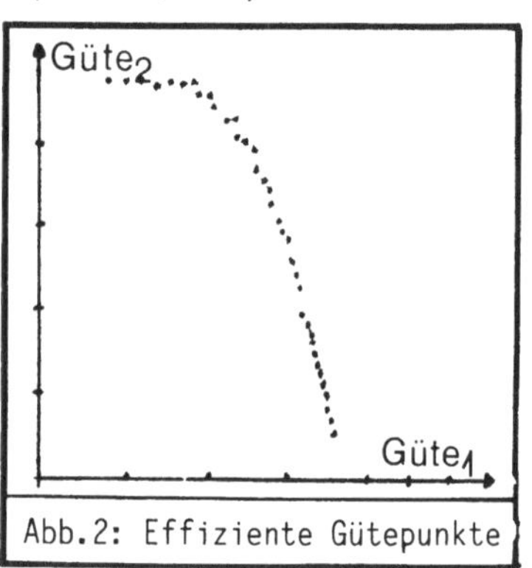

Abb.2: Effiziente Gütepunkte

/ACSL81/ ACSL User Guide/Reference Manual. Mitchell § Gauthier Ass., Concordia, MA.
/BAUS82/ Bausch-Gall I.: Parameteroptimierung bei technischen Modellen mittels einer kontiniuierlichen Simulationssprache. Informatik-Fachbericht 56,Springer.
/BERG79/ Berger F.: Optimal trajectories for a metro network. Presented at the Scandinavian Simulation Society's Annual Meeting1979, May 28-30.
/BREI83/ Breitenecker F.: The concept of supermacros in today's and future simulation languages. Mathematics and Computers in Simulation XXV, pp 279.
/BREI83/ Breitenecker F., Schmid A.: Decision support by simulation and optimization for a multipurpose hyro-energetic system using standard simulation software. Proc.Int.Workshop "Interactive Decision Analysis", IIASA, Laxenburg, Austria.
/BREI84/ Breitenecker F., Schmid A., Peschel M.: Simulation and optimization of a multiprpose hydro-energetic system using standard simulation software. Proc.Int. Workshop "Hyroenergy-Optimization", Linz, Juni 1984.
/HIPP70/ Hippe H.: Zeitoptimale Steuerung eines Erzentladers. RT 18, H.8, pp 346.
/HOAN75/ Hoang H.H., Polis M.P., Haurie A.: Reducing energy consumption through trajectory optimization for a metro network. IEEE Trans.Autom.Con. AC20, Nr.5.
/ILIC84/ Ilic Z.: SIMSTAR applications area survey. Proc. "2.Symposium Simulationstechnik", Informatik-Fachbericht, Springer.
/KLEI82/ Kleinert w., et al.: The hybrid time-sharing system MACHYS at the Technical University Vienna. Informatik-Fachbericht 56, Springer, pp234.
/PESC80/ Peschel M.: Ingenieurtechnische Entscheidungen – Modellbildung und Steuerung mit Hilfe der Polyoptimierung. VEB Verlag Technik, Berlin.
/SOLA82/ Solar D., Berger F., Blauensteiner A.: HYBSYS – Interactive simulation Software for a hybrid multiple-user system. Informatik-Fachbericht 56,Springer,pp 257.
/SOLA84/ Solar D.: Konzepte für die Beschreibung von Modellen und Experimenten im hybriden Simulationssystem HYBSYS VI. Proc."2.Symp.Simulationstechnik", Springer.
/STRA67/ Strauss J.C., et al.: The SCI Continuous System Simulation Language CSSL. Simulation 9, pp 281.
/ZEIG81/ Zeigler B.P.: A methodology for simulation programs. TC3 IMACS Simulation Committee Newsletter no.10.

SIMULATION DES DYNAMISCHEN VERHALTENS EINES

WALZGERUESTANTRIEBS MIT DER SIMULATIONSSPRACHE SCALE/F

P. Stamerjohanns
Institut für Hüttenmaschinen und Maschinelle Anlagentechnik
der TU Clausthal
D-3392 Clausthal-Zellerfeld

1. Einleitung

Maschinelle Anlagen stellen schwingungsfähige Systeme dar. Sie bestehen zumeist aus mechanischem und elektrischem Teilsystem und sind als Gesamtsystem zu betrachten. Die Beanspruchungen, denen eine maschinelle Anlage unterliegt, sind abhängig von der von außen einwirkenden Belastung und dem dynamischen Antwortverhalten der Anlage. Aussagen über die zu erwartenden Beanspruchungen der Anlagenteile lassen sich durch die Simulation des Verhaltens der Gesamtanlage gewinnen. Zur digitalen Simulation sind besonders variable Programme geeignet, mit denen das Verhalten unterschiedlichster Anlagentypen ermittelt werden kann. Insbesondere müssen sie in der Lage sein, Nichtlinearitäten eines Systems wie

- Spiel,
- periodische Zahnsteifigkeiten und
- nichtlineare Kennlinien

mit in die Berechnung einzubeziehen.

Am Institut für Hüttenmaschinen und Maschinelle Anlagentechnik der TU Clausthal (IfH) wird das Programmsystem SCALE/F eingesetzt, welches in Zusammenarbeit mit dem Rechenzentrum der TU Braunschweig entwickelt worden ist.

2. Die Simulationssprache SCALE/F

Die Simulationssprache SCALE/F ist eine blockorientierte Sprache, die eine einfache Programmierung eines Systems anhand seines Blockschaltbildes erlaubt. Sie ist universell einsetzbar, weil auch eine Programmierung von Differentialgleichungen möglich ist. Weiterhin gestattet sie dem Anwender vielfältige Problembeschreibungen durch die Einbaumöglichkeit beliebiger FORTRAN-Programmteile. SCALE/F gliedert sich gemäß dem CSSL-Standard in eine INITIAL-, DYNAMIC- und TERMINAL-Region. Den Aufbau zeit <u>Bild 1</u>. Die Problembeschreibung erfolgt in einer speziellen, BASIC-ähnlichen Sprache. Ein Programmteil CHECK prüft auf Syntaxfehler, bevor der Programmteil TRANS das eingegebene Programm in FORTRAN übersetzt und in ein Rahmenprogramm einsetzt. Der Programmieraufwand wird damit gering gehalten.

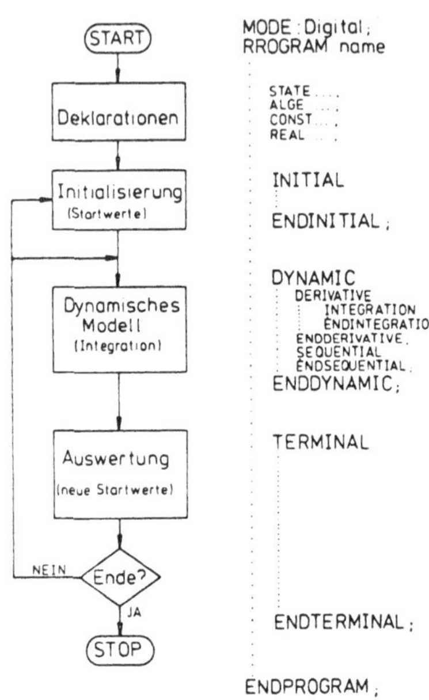

Bild 1: Allgemeiner Aufbau der Simulationssprache SCALE/F.

Eine umfangreiche Unterprogrammbibliothek unterstützt die einfache, kompakte Programmierung eines Systems. So können viele Glieder der Regelungstechnik direkt programmiert werden. Als Simulationsoperatoren stehen aber auch nichtlineare Kennlinien, spielbehaftete Elemente und andere zur Verfügung.

3. Vorstellung der untersuchten Anlage

Die simulierte Anlage wird von einem Synchronmotor angetrieben. Das nachgeschaltete Reduziergetriebe ist zweistufig ausgelegt. Bild 2 zeigt eine Skizze der Anlage. Der Drehmomentenfluß erfolgt über die außen angeordneten Räder der ersten Stufe auf die innenliegenden Räder der zweiten Stufe.

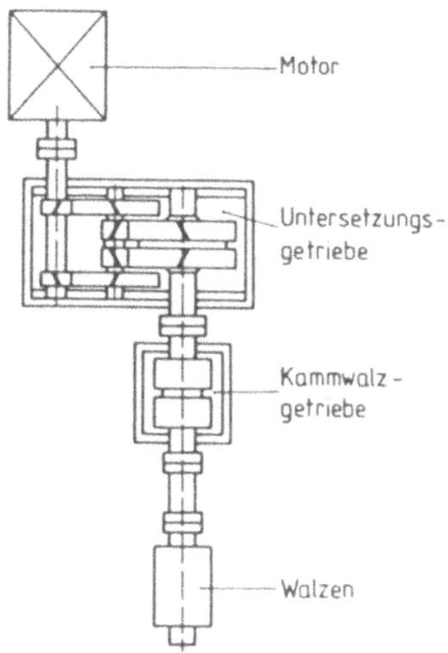

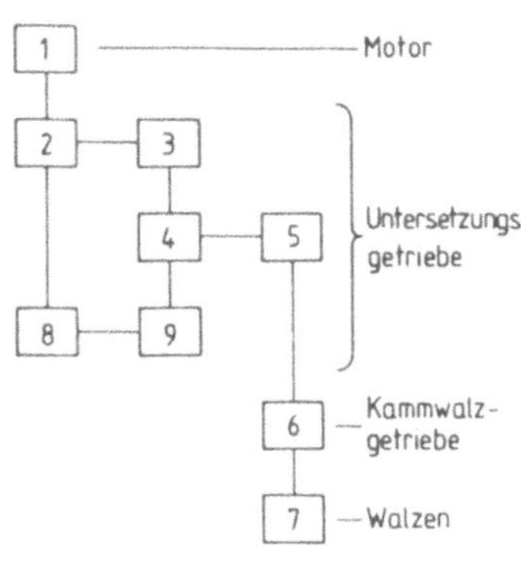

Bild 2: Prinzipskizze der Anlage   Bild 3: Struktur des mechanischen
Teilsystems

Die Simulation des dynamischen Verhaltens erfordert eine sorgfältig,
aber auch vereinfachte, auf die Problemstellung abgestimmte Modellbildung. Besondere Sorgfalt wird auf die Nachbildung des Getriebes
gelegt. Bild 3 zeigt die Struktur des mechanischen Teilsystems nach
der Reduzierung auf neun Massen. Für die Nachbildung des Getriebes
werden unterschiedliche Spielwerte in den Gleitlagern zugelassen
und nichtlineare Federkennlinien zur Berücksichtigung der radialen
Verschiebung der Getriebewellen angesetzt. Es kann damit eine
gleichmäßige Aufteilung des Antriebsmoments auf beide Räder einer
Getriebestufe erreicht werden, die dem gemessenen Verhalten entspricht. Für die Verzahnungen kann eine periodische Zahnsteifigkeit
angesetzt werden, die den Gegebenheiten des Zahneingriffs Rechnung
trägt.

Zur Nachbildung des Synchronmotors wird vereinfachend angesetzt,
daß es sich um eine Vollpolmaschine handelt und ein konstanter Er-
regerstrom fließt. Eisen- und Wicklungsverluste werden vernachlässigt.

Das Systemmodell wird in der Form eines Blockschaltbildes dargestellt. Die Beschreibung der Systemelemente erfolgt durch Über-
tragungsglieder, die durch eine Übertragungsfunktion oder eine Differentialgleichung beschrieben werden können. Das Übertragungsverhalten einer Masse wird durch ein integrierendes Glied, das einer

bedämpften Feder durch ein proportional-integral wirkendes Glied beschrieben. Diese Form der Darstellung erlaubt die problemlose Kopplung von mechanischem und elektrischem Teilsystem samt Regelung zu dem Gesamtsystem.

4. Ergebnisse der Simulation

In einer Betriebsmessung des IfH wurde das Drehmoment an mehreren Stellen der Anlage gemessen. Bild 4 zeigt beispielhaft die gemessenen Drehmoment-Zeitfunktionen in der Getriebeeingangswelle und Ritzelwelle bei einem Anstich im Walzgerüst. Im Ritzelwellenmoment ist das Durchlaufen des Spiels erkennbar.

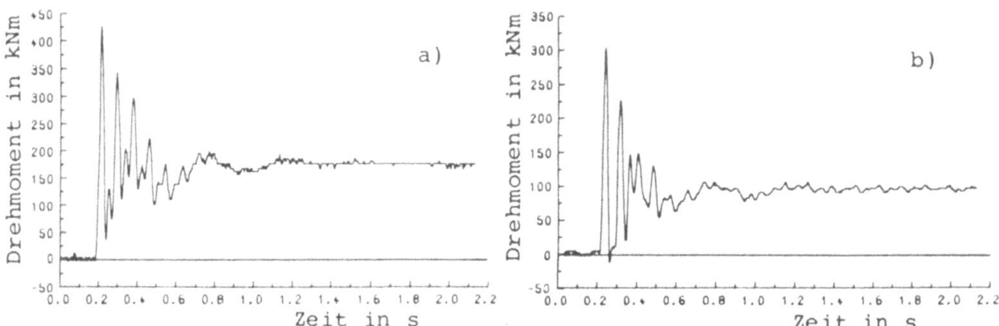

Bild 4: Gemessene Drehmoment-Zeitfunktionen
a) in der Getriebeeingangswelle
b) in der Ritzelwelle.

Bild 5 zeigt einige durch die Simulation des Anlagenmodells ermittelte Drehmoment- und Drehzahlzeitfunktionen bei Beaufschlagung des Modells mit der Lasteingangsfunktion nach Bild 5a. Die Lasteingangsfunktion stellt den Walzanstich und den Sonderfall des kurzzeitigen Verschwindens der Last dar, wie dies z. B. beim aufeinanderfolgenden Walzen von zwei Brammen vorliegen kann. Nach der Anstichphase wird dem konstanten Lastmoment eine Schwingung überlagert zur Erhöhung der Dämpfung. Die simulierten Antwortfunktionen zeigen das Durchlaufen des Spiels der Anlage deutlich an. Der Vergleich von gemessenen und simulierten Funktionen weist eine gute Übereinstimmung in allen Systemfrequenzen aus. Die Simulation des Anlagenverhaltens zeigt durch hohe Drehmomentspitzen besonders gefährdete Bauteile auf und erlaubt die kostengünstige Untersuchung von Systemvarianten zur Optimierung der Anlage.

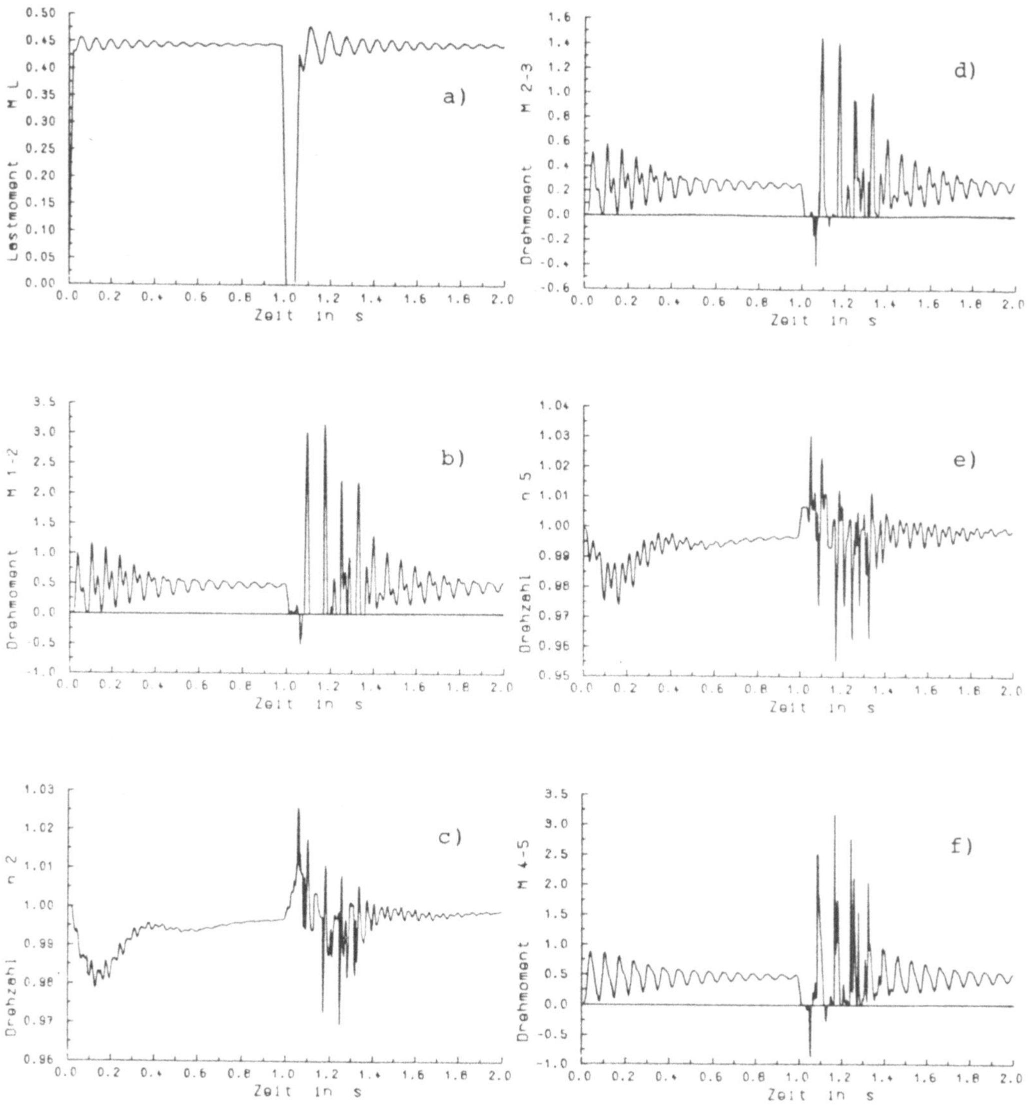

Bild 5: Simulierte Zeitfunktionen (normiert)

a) Lasteingangsfunktion   d) Ritzelwellenmoment

b) Getriebeeingangsmoment   e) Drehzahl Masse 5

c) Drehzahl Masse 2   f) Getriebeausgangsmoment

Zur Vermeidung von Spillover
bei der Regelung schwingungfähiger Systeme

H. Gülich

Institut für Mechanik und Regelungstechnik
Universität Siegen, Paul-Bonatz-Str. 9-11, D-5900 Siegen

1. Einleitung und Kurzfassung

Der Reglerentwurf für örtlich verteilte elastomechanische Systeme oder schwingungsfähige Systeme sehr hoher Ordnung wird oft anhand reduzierter Modelle durchgeführt, welche nur die wichtigsten Zustandsgrößen berücksichtigen /1,2/. Ein so berechneter Regler soll trotzdem das ungedämpfte Gesamtsystem hoher Ordnung in gewünschter Weise stabilisieren. Die im reduzierten Modell nicht berücksichtigten Eigenbewegungen können jedoch im geschlossenen Regelkreis Instabilität verursachen, wenn im Meßsignal Anteile dieser Eigenbewegungen enthalten sind und das Stellsignal diese anregt. In der angelsächsischen Literatur wird dieser Effekt als Spillover bezeichnet /3,4/.
In der vorliegenden Arbeit wird gezeigt, wie bei einer Ausgangsrückführung durch die Wahl der Meß- und Eingriffsorte und bei einer Zustandsrückführung durch die Wahl der Beobachterdynamik der Spillover-Effekt vermieden werden kann. Die Entwurfsmethoden werden am Beispiel des beidseitig gelagerten elastischen Balkens erläutert. Dabei dient die Simulation als wichtiges Hilfsmittel zur Beurteilung der Regelkreisdynamik und zur Demonstration des Spillover-Effektes.

2. Mathematische Beschreibung der Regelstrecke

Als typische Regelstrecke wird ein verteiltes elastomechanisches System mit örtlich diskret wirkenden Meß- und Stellgliedern betrachtet, z.B. der in Bild 1 gezeigte beidseitig drehbar gelagerte Balken der Länge L=1 .

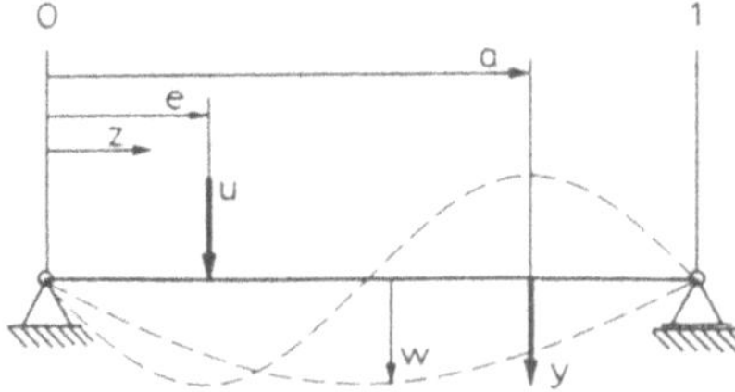

Bild 1: Elastischer Balken mit dem Eingriffsort z=e und dem Meßort z=a

$$u(t,z) = u(t) \cdot \delta(z-e)$$
$$y(t) = w_t(t,a) = \int_0^L w_t(t,z)\delta(z-a)dz$$

Die transversale Auslenkung (Durchbiegung) $w(t,z)$ genügt der
partiellen Differentialgleichung

$$\mu w_{tt}(t,z) + \alpha w_{zzzz}(t,z) = u(t,z) \qquad t \geq 0; \quad z \in [0,1] \qquad (1)$$

mit den zugehörigen Anfangs- und Randbedingungen und wird näherungsweise durch den N-dimensionalen Ansatz

$$w(t,z) \approx \sum_{i=1}^{N} w_i(t)\varphi_i(z) = \underline{w}^T(t)\cdot\underline{\varphi}(z) \qquad (2)$$

mit den ortsabhängigen Eigenfunktionen $\varphi_i(z)$ beschrieben. Wird
am Ort $z=a$ die Geschwindigkeit $y(t)$ gemessen und bei $z=e$ die
Stellkraft $u(t)$ aufgebracht, so lauten die Zustandsgleichungen
des modal approximierten Systems nach Einführung des Zustandsvektors $\underline{x}^T = [\underline{w}^T \ \underline{\dot{w}}^T]$

$$\underline{\dot{x}}(t) = \begin{bmatrix} 0_N & I_N \\ \Lambda_N & 0_N \end{bmatrix} \underline{x}(t) + \begin{bmatrix} \underline{0}_N \\ \underline{\varphi}_N(e) \end{bmatrix} u(t) = A_N\underline{x}(t) + \underline{b}_N u(t)$$

$$y(t) = \begin{bmatrix} \underline{0}_N^T & \underline{\varphi}_N^T(a) \end{bmatrix} \underline{x}(t) = \underline{c}_N^T \underline{x}(t) \quad , \quad \underline{x}(0) = \underline{x}_o \qquad (3)$$

mit den (N,N)- Untermatrizen :

$\qquad 0_N \ = \ $ Nullmatrix $\quad$ bzw. $\quad \underline{0}_N \ = \ $ Nullvektor

$\qquad I_N \ = \ $ Einheitsmatrix

$\qquad \Lambda_N \ = \ [\text{diag } \lambda_i] \ = \ $ Diagonalmatrix der Eigenwerte

Für den normierten Balken ($\mu = \alpha = 1$) aus Bild 1 erhält man z.B.
folgende Eigenfunktionen und Eigenwerte :

$$\varphi_i(z) = \sqrt{2} \sin(i\pi z) \quad \text{und} \quad \lambda_i = (i\pi)^4 \quad i = 1,2,\ldots N \qquad (4)$$

Die Stell- und Meßorte e und a sind so zu wählen, daß modale
Steuerbarkeit und Beobachtbarkeit gewährleistet ist, d.h.
$\varphi_i(e) \neq 0$ und $\varphi_i(a) \neq 0$.

3. Aufgabenstellung

Für die Simulation und für Stabilitätsanalysen soll das unend-
lich dimensionale System (1) durch N Eigenschwingungsformen approximiert werden. Gleichung (3) hat dann die Ordnung 2N. Aus
Realisierungsgründen wird angenommen, daß zur Reglersynthese
nur $n<N$ Eigenbewegungen bzw. $2n<2N$ Zustandsgrößen berücksichtigt werden.

Der Regler kann entweder in Form einer Ausgangsrückführung

$$u(t) = - k \ y(t) \qquad (5)$$

oder als Zustandsrückführung

$$u(t) = - [\underline{k}_1^T \ , \ \underline{k}_2^T] \ \underline{x}(t) \qquad (6)$$

realisiert werden, wobei im letzteren Fall ein Zustandsbeobach-
ter (7) der Ordnung 2n eingesetzt werden muß, um die nicht meß-

baren Zustandsgrößen zu schätzen.

$$\dot{\underline{\hat{x}}}(t) = A_n \underline{\hat{x}}(t) + \underline{b}_n u(t) + \underline{g}_n [y(t) - \hat{y}(t)]$$
$$\hat{y}(t) = \underline{c}_n^T \underline{\hat{x}}(t) \qquad ; \qquad \underline{\hat{x}}(0) = \underline{\hat{x}}_O \tag{7}$$

Beide Regler sollen die beim Entwurf berücksichtigten n Eigenschwingungen des Systems (1) dämpfen sowie die nicht berücksichtigten Eigenschwingungen ebenfalls dämpfen oder wenig-
stens nicht destabilisierend beeinflussen, d.h. Spillover soll
vermieden werden.

Alle wesentlichen Effekte lassen sich bereits für Systeme der
Ordnungen n=1 und N=2 am Beispiel des elastischen Balkens demonstrieren. Deshalb wird im weiteren Verlauf beim Reglerentwurf nur die 1. Eigenfunktion des Balkens berücksichtigt (Modell 1), während für Simulationsstudien und zur Stabilitätsana-
lyse die ersten beiden Eigenfunktionen berücksichtigt werden
(Modell 2). Der Stellort ist in allen Untersuchungen e=1/4. Der
Meßort kann noch frei gewählt werden. Erschwerend wird jedoch
angenommen, daß aus konstruktiven Gründen der Stelleingriff und
die Messung nicht an gleicher Stelle erfolgen können (e≠a).
Diese Forderung wird oft bei großen elastomechanischen Raum-
fahrtstrukturen gestellt /3,4/ und ist auch bei schwingungsfä-
higen Systemen mit konzentrierten Parametern wie Radiotelesko-
pen und Antennen gegeben /5/.

4. Ausgangsrückführung und Analyse des Systemverhaltens
4.1 Wahl des Meßortes

Der Regler wird aufgrund des reduzierten Streckenmodells 1 ent-
worfen. Durch Polvorgabe $s_{1,2}=\sigma_1\pm j\omega_1$ mit dem Realteil $\sigma_1 = -2$ erhält man den Reglerparameter k. In Abhängigkeit vom Meßort e
zeigt die Simulation dieses Reglers zusammen mit dem Modell 2
jedoch instabiles Systemverhalten, verursacht durch Spillover
(Bild 2a).

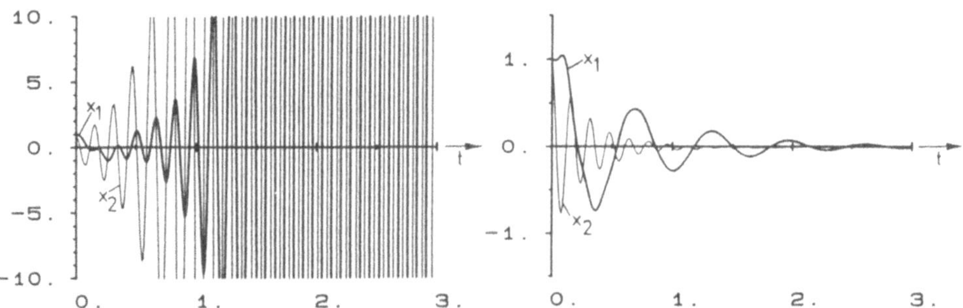

Bild 2a: Meßort a=3/4   Bild 2b: Meßort a=1/6

Zur Analyse des instabilen Verhaltens wird die Zustandsdarstellung des geregelten Modelles 2 herangezogen.

$$\begin{bmatrix} \dot{x}_1 \\ \dot{x}_2 \\ \dot{x}_3 \\ \dot{x}_4 \end{bmatrix} = \begin{bmatrix} 0 & 0 & 1 & 0 \\ 0 & 0 & 0 & 1 \\ -\pi^4 & 0 & -k\varphi_1(e)\varphi_1(a) & -k\varphi_1(e)\varphi_2(a) \\ 0 & -(2\pi)^4 & -k\varphi_2(e)\varphi_1(a) & -k\varphi_2(e)\varphi_2(a) \end{bmatrix} \begin{bmatrix} x_1 \\ x_2 \\ x_3 \\ x_4 \end{bmatrix} \qquad (8)$$

Das Gleichungssystem (8) ist asymptotisch stabil für

$$k\varphi_i(e) \cdot \varphi_i(a) > 0 \qquad i = 1,2,\ldots N \qquad (9)$$

Bei der Auswertung dieser Stabilitätsbedingung für den Stellort e=1/4 erkennt man, daß a<1/2 sein muß. Bei obiger Wahl des Meßortes a=3/4 ist dies nicht erfüllt. Weiter fällt auf, daß für Kollokation von Stell- und Meßort (e=a) die Stabilitätsbedingung (9) für positive k stets erfüllt ist. Wählt man aufgrund dieser Überlegungen den Meßort a=1/6, so wird auch das Modell 2 in gewünschter Weise gedämpft (Bild 2b).

4.2 Einführung einer weiteren Meßstelle

Es wird zusätzlich zur 1. Meßstelle a_1 = 3/4, die konstruktiv vorgegeben und zur Überwachung des Systems notwendig sei, eine zweite Messung a_2 eingeführt. Erweitert man entsprechend die Ausgangsgleichung in (3) und überprüft die Stabilität des auf diese Weise geregelten Modells 2 entsprechend Gl.(8), so erhält man die erweiterte Stabilitätsbedingung

$$k_1\varphi_i(e) \cdot \varphi_i(a_1) + k_2\varphi_i(e) \cdot \varphi_i(a_2) > 0 \qquad i = 1,2,\ldots N \qquad (10)$$

Sie läßt sich z.B. für a_2 = 1/6 und k_2 = $2k_1$ erfüllen.
Der noch freie Reglerparameter k_1 wird wie oben durch Polvorgabe bestimmt. Bild 3 zeigt das dynamische Verhalten des so realisierten Reglers zusammen mit dem Modell 2. Die so entworfene Regelung besitzt den Vorteil, bei Ausfall der 1. Meßstelle a_1 =3/4 weiterhin die Stabilitätsbedingung (9) zu erfüllen.

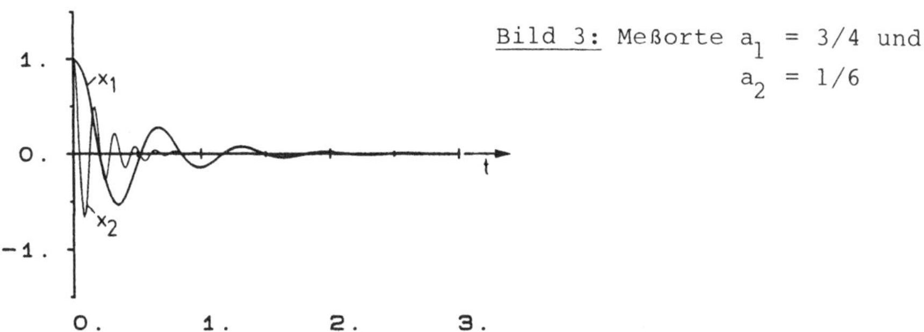

Bild 3: Meßorte a_1 = 3/4 und a_2 = 1/6

5. Zustandsregler mit Beobachter

Setzt man wiederum voraus, daß die Meßstelle a=3/4 fest vorgegeben ist und keine weitere Meßstelle eingeführt werden soll,
so bietet sich zur Überwindung des Spillover-Effektes der Einsatz eines Zustandsbeobachters an. Regler und Beobachter werden
in diesem Falle für das reduzierte Modell 1 entworfen (n=1) und
am erweiterten Modell 2 (N=2) erprobt. Die zur Regelung gemäß
Gl.(6) benötigten Zustandsgrößen werden von einem Zustandsbe-
obachter der Form (7) aus der Geschwindigkeitsmessung im Punkt
a=3/4 geschätzt. Die größeren Freiheiten im Reglerentwurf werden dazu genutzt, nicht nur wie bisher den Realteil σ_1=-2 vorzugeben, sondern zusätzlich die 1. Eigenfrequenz $\omega_1 = \pi^2$ zu erhalten. Die daraus folgenden Reglerparameter sollen bei den
weiteren Überlegungen nicht verändert werden.

Ziel des Beobachterentwurfes ist es, die Beobachterverstärkung-
en g_1 und g_2 so zu wählen, daß der ohne Beobachter instabile
Regelkreis (siehe Bild 2a) durch den Beobachter stabilisiert
wird. Wählt man zunächst die sinnvoll erscheinenden Beobachterpole $\hat{s}_{1,2}$= -10 ± j10 bzw. g_1 = -1,053 und g_2 = 20, so zeigt die
Simulation, daß mit diesem Entwurf das Modell 2 nicht stabilisiert werden kann (Bild 4).

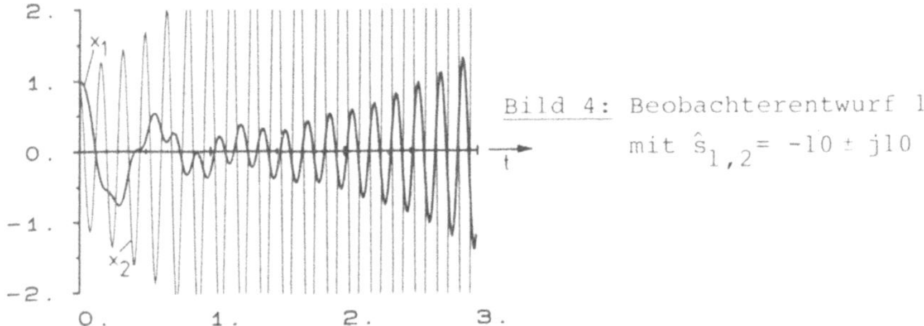

Bild 4: Beobachterentwurf 1
mit $\hat{s}_{1,2}$= -10 ± j10

Zur Auffindung geeigneter stabilisierender Beobachterparameter
g_1,g_2 wird daher eine Stabilitätskarte erstellt (Bild 5). Im
geschlossenen Regelkreis ergeben sich mit diesen Parametern die
in Bild 6 dargestellten Pole von Regelstrecke und Beobachter.
Die Pollage der im Entwurf berücksichtigten 1. Eigenbewegung
wird durch die unterschiedliche Wahl der Beobachterpole nur unwesentlich beeinflußt. Die Pollage der im Entwurf vernachläs-
sigten 2. Eigenbewegung hängt jedoch in starkem Maße von der
Wahl der Beobachterpole ab. Wählt man aus der Stabilitätskarte

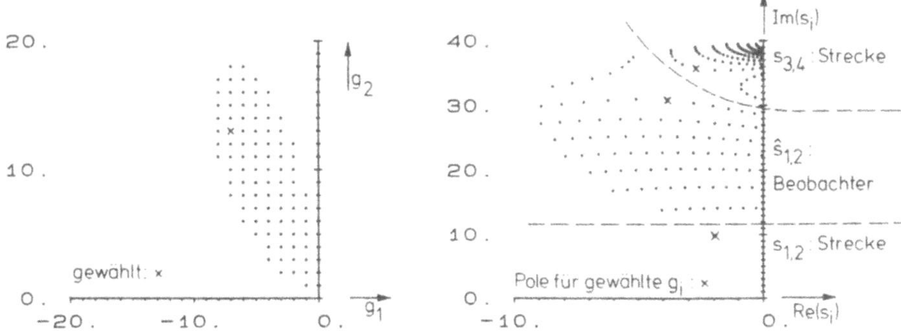

Bild 5: Stabilitätskarte für Beobachterparameter g_1, g_2

Bild 6: Eigenwerte für Beobachterparameter gemäß Bild 5

mit $g_1 = -7$ und $g_2 = 13$ Parameter, für die sowohl die Pole der geregelten Strecke mit $s_{1,2} = -1,96 \pm j9,76$; $s_{3,4} = -2,71 \pm j35,76$ als auch die des Beobachters mit $\hat{s}_{1,2} = -3,82 \pm j30,83$ einen hinreichend großen negativen Realteil haben, so ergibt sich das im Bild 7 gezeigte stabile Zeitverhalten von Modell 2, wobei $e_1 = x_1 - \hat{x}_1$ den Schätzfehler des Beobachters bezeichnet. Weil der Beobachter ständig durch die nicht in seinem Streckenmodell enthaltene 2. Eigenbewegung angeregt wird, ist die Schätzung der Zustandsgrößen von Modell 1 schlecht. Er ist daher vielmehr gemeinsam mit dem Zustandsregler als ein dynamischer Regler anzusehen, mit dessen Hilfe das ohne Beobachter instabile Modell 2 stabilisiert wird.

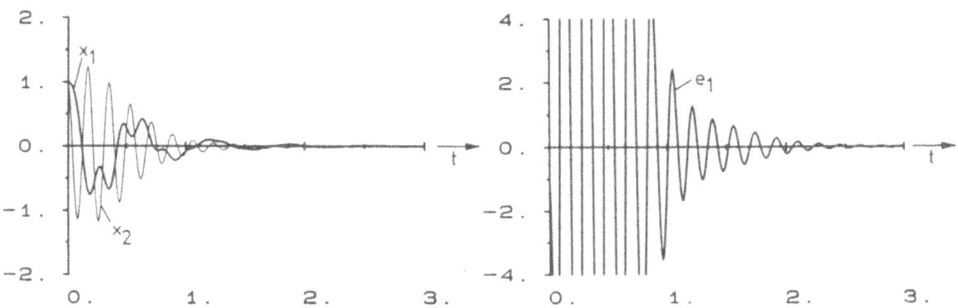

Bild 7: Beobachterentwurf 2 mit $\hat{s}_{1,2} = -3,82 \pm j30,83$

6. Zusammenfassung

In der vorliegenden Arbeit wurde instabiles Systemverhalten
aufgrund von Spillover untersucht und an einem Beispiel demonstriert. Die am Modell niedriger Ordnung gewonnenen prinzipiellen Erkenntnisse können auch auf schwingungsfähige Systeme höherer Ordnung übertragen werden. Es wurde gezeigt, daß durch
geeignete Wahl von Meßorten, Stellorten und Reglerparametern
diese Form der Instabilität vermieden werden kann. Durch den
Einsatz von Zustandsreglern mit Zustandsbeobachtern können Systeme auch bei ungünstig vorgegebenen Meß- und Stellorten stabilisiert werden; allerdings muß dann die Beobachterdynamik
sehr sorgfältig gewählt werden, wie anhand eines Simulations-
beispiels gezeigt worden ist. Weitere Möglichkeiten zur System-
stabilisierung bestehen in der Wahl zusätzlicher Meß- und
Stellorte, wobei die örtlich verteilte Redundanz dazu genutzt
werden kann, auch bei Sensorausfall noch befriedigendes Dämp-
fungsverhalten zu garantieren. Die Untersuchungen sollen in
dieser Richtung fortgesetzt werden, um für örtlich verteilte
Systeme Regler auf der Basis reduzierter Modelle zu entwickeln,
die robust gegenüber Sensorausfall sind.

7. Literatur

/1/ Köhne,M.: The Control of Vibrating Elastic Systems
     Kapitel in "Identification, Estimation and Control of
     Distributed Parameter Systems" (Ed.: Ray, W.H.;
     Lainiotis, D.G.) Verlag Marcel Dekker, New York, 1978

/2/ Litz,L.: Reduktion der Ordnung linearer Zustandsraum-
     modelle mittels modaler Verfahren
     Hochschul-Verlag, Freiburg, 1979

/3/ Balas,M.J.: Active Control of Flexible Systems
     JOTA, Vol.25, No.3, 1978

/4/ Meirovitch,L. , Baruh,H. : On The Problem of Observation
     Spillover in Self-Adjoint Distributed-Parameter Systems
     JOTA, Vol.39, No.2, 1983

/5/ Hasenjäger,E.: Digitale Zustandsregelung von Parabol-
     antennen unter Berücksichtigung von Nichtlinearitäten
     (erscheint demnächst)

AUTOREN/VORTRAGENDE

Akyildiz Ian Fuat, Dipl.Inf., Univ.Erlangen, IMMD IV,
     Martensstr.3, D - 8520 Erlangen
Ameling W., Prof.Dr., Rogowski-Institut, RWTH Aachen,
     Schinkelstr.2, D - 5100 Aachen
Apalovicova Ruzena, Dipl.Ing., Elektrotechn.Fak., Slowakische Techn.Hochschule,
     Vazovova 5, CS -812 19 Bratislava
Asselmeyer Bernhard, Dr.Ing., R. Bosch GmbH,
     Postfach 300240, D - 7000 Stuttgart
Auer Hans, Dipl.Ing., Inst.f.Informatik, Univ.,
     Altenbergerstr.69, A - 4040 Linz
Bauer Peter, Doz.Dr., Inst.f.Medizinische Statistik, Univ. Wien,
     Schwarzspanierstr.17, A - 1090 Wien
Bausch-Gall Ingrid, Dr., Wohlfartstr. 20, D - 8000 München 45
Behrens Michael, Dipl.Ing., Rogowski-Inst., RWTH Aachen,
     Schinkelstr.2, D - 5100 Aachen
Bell Robert, Marloffsteinerstr. 14c, D - 8525 Uttenreuth
Bolst Klaus, Dr.Ing., Inst.f.Thermo- und Fluiddynamik, Ruhr-Univ.Bochum,
     Postfach 10 21 48, D - 4630 Bochum 1
Bossel Hartmut, Prof.Dr., GHS Kassel,
     Mönchebergstr.19, D - 3500 Kassel
Breckling Jens, Inst.f.Informatik,
     Chr.- Albr.-Universität, D - 2300 Kiel 1
Breitenecker Felix, Doz.Dipl.Ing.Dr., Inst.f.Techn. Mathematik, TU Wien,
     Gußhausstr.27-29, A - 1040 Wien
Bub Werner, Dipl.Ing., MBB, Abt. AE13,
     Postfach 801149, D - 8000 München 80
Ceric Vlatko, Ing., SRCE, Universitätsrechenzentrum,
     Engelsova BB, YU - 41000 Zagreb
Dastych Johannes, Dr.Ing., Inst.f.Elektr.Steuer. u.Regel.,
     Ruhr-Universität, D - 4630 Bochum 1
Demel Johannes, Dipl.Ing., Inst.f.Allg. Elektronik, TU Wien,
     Gußhausstr.27-29, A - 1040 Wien
Diekmann Klaus, Dr.Ing., Ruhr-Univ.Bochum, Geb.IC3/151,
     Postf.102148, D - 4630 Bochum
Döring B., Dr.Ing., Forschungsinstitut für Anthropotechnik,
     Königstr.2, D - 5307 Wachtbergh-Werthhoven
Drung Dietmar, Dipl.Ing., Univ. Karlsruhe,
     Hertzstr.16, D - 7500 Karlsruhe 21
Duchscherer Jürgen, Dipl.Ing., SYMBOLICS GmbH,
     Frankfurterstr.63-69, D - 6236 Eschborn/Ts.
Embley Ronald W., Electronic Associates Inc.,
     185 Monmouth Parkway, USA-West Long BranJ   N.J.07764
Engelmann Hans-Dietrich, Doz.Dr., Abt.Chemietechnik, Univ.Dortmund,
     Postfach 500 500, D - 4600 Dortmund 50
Eschenbacher Peter, Dipl.Ing., IMMD IV, Univ. Erlangen-Nürnberg,
     Martensstr.3, D - 8520 Erlangen
Ettl Wolfgang, Dr., Inst.f.Versicherungsmath., TU Wien,
     Gußhausstraße 27-29, A - 1040 Wien
Fasol K.H., Prof.Dr., Lehrstuhl f.Meß-und Regeltechnik, Ruhr-Univ. Bochum,
     Postfach 102148, D - 4630 Bochum
Fastenbauer Michael, Dipl.Ing., Inst.f.Prakt. Informatik, TU Wien,
     Argentinierstr.8, A - 1040 Wien
Fedra Kurt, Dr., IIASA, Schloßplatz 1, A - 2361 Laxenburg
Fehsenfeld Bernd, Dr., Krupp Forschungsinstitut,
     Münchenerstr.100, D - 4300 Essen 1
Fenyi Stanislaus, Dr., Inst.f.Datenverarbeitung, Universität,
     Postfach 3640, D - 7500 Karlsruhe
Ferstl Martin, Mag.Dipl.Ing.Dr., Inst.f.Schiffbau, TU Wien,
     Getreidemarkt 9, A - 1060 Wien

Fuss Hans, Dr., GMD, Schloß Birlinghofen,
     Postfach 1240, D - 5205 St.Augustin
Gall Hans, Dipl.Ing., Wohlfartstr. 20, D - 8000 München
Gintzel Jochen, Dipl.Inf., Fraunhofer-Institut f. Transporttechnik
     Emil-Figgestr.75, D - 4600 Dortmund
Gottwald Björn, Prof.Dr., Univ., Fak.f.Biologie,
     Schänzlestr.1, D - 7800 Freiburg im Breisgau
Grötzbach Manfred, Dr.-Ing., HSBW München, FB Elektrotechnik,
     Werner-Heisenbergweg 39, D - 8014 Neubiberg
Gruber Hieronymus, Dr., Univ.Linz,
     Altenbergerstr.5, A - 4040 Linz
Gülich Horst, Dipl.Ing., GHS Siegen, Inst.f. Mechanik,
     Paul-Bonatzstr.9-11, D - 5900 Siegen 2
Hacisalihzade Selim, Dipl.Ing., ETH Zürich,
     Physikstr.3, CH - 8092 Zürich
Halin Jürgen, Doz.Dr., ETH Zürich,
     Clausiusstr.33, CH - 8092 Zürich
Hampel Werner, Prof.Dr., Inst.f.Biochemische Technologie   und Mikrobiologie
     Getreidemarkt 9, A - 1060 Wien
Harhammer Peter G., Dipl.Ing.Dr., IBM Oesterreich,
     Obere Donaustr.95, A - 1220 Wien
Hauser Gerhard, Dipl.Inf., IMMD IV, Univ. Erlangen,
     Martensstr.3, D - 8520 Erlangen
Havranek William, Rapid Data Ltd, Crescent House,
     Crescent Road,   GB -Worthing West Sussex BN11 5RW
Heller Moshe R., Control Data GmbH, District Süd,
     Berg am Laimstr.47, D - 8000 München 80
Hellmold Kurt U., Dr., IMMD IV, Univ.Erlangen,
     Martensstr.3, D - 8520 Erlangen
Hoffmann Hans-Peter, Dr., Bahnhofstr. 3a, D - 8011 Zorneding
Hoffmann Oskar, Dr., Neurochirurgische Univ.- Klinik,
     Klinikstr.29, D - 6300 Gießen
Ilic Zoran, Mr., EAI SARL, 25 Rue Ginoux, F - 75737 Paris-Cedex 15
Javor Andras, Dr., Ung. Akademie der Wissenschaften,
     P.O.Box 49, H - 1525 Budapest
Jobmann Manfred, Dipl.Inf., FB Informatik, Univ. Hamburg,
     Rothenbaumerchaussee 67, D - 2000 Hamburg 13
Johannsen Wolfgang, Dipl.Inf., Univ. Hamburg,
     Rothenbaumchaussee 67/69, D - 2000 Hamburg 13
John Karl-Heinz, Dipl.Inf., Fa.INFOSOFT, Informatik u.Software GmbH,
     Föhrenweg 10, D - 8526 Bubenreuth
Juen Gerhard, Dipl.Ing, Inst.f.Systemdynamik, Univ. Stuttgart,
     Pfaffenwaldring 9, D - 7000 Stuttgart 80
Kaden Stefan, Dr., IIASA, Schloßplatz 1, A - 2361 Laxenburg
Kadzinski Adam, Dipl.Ing., TH Poznan,
     Ul. Palacza 1B B M.111, PL -60 241 Poznan *Polen*
Karba Rihard, Dr., Faculty Of Electrical Engineering,
     Trzaska 25, YU - 6100 Ljubljana
Klar Rainer, Dr, IMMD VII, Univ. Erlangen,
     Martensstr.3, D - 8520 Erlangen
Kleinert Wolfgang, Dipl.Ing.Dr., Hybridrechenzentrum, TU Wien,
     Gußhausstr.27-29, A - 1040 Wien
Knolmayer Gerhard, Prof.Dr., Inst.f.Bwl, Univ.Kiel,
     Olshausenstr.40-60, D - 2300 Kiel
Kodweiß Reinhard, Dipl.Math., Dornier GmbH, Abt.BM30 Flugsimulation,
     Postfach 1420, D - 7990 Friedrichshafen
Köfler Hansjörg, Doz.Dr., TU Graz, Inst.f.Elektromagn.Energieumwandlung,
     Kopernikusg.24, A - 8010 Graz
Köhne M., Prof.Dr.Ing., Inst.f.Mechanik, GHS Siegen,
     Postfach 101240, D - 5900 Siegen
Kopacek Peter, Doz.Dr., Techn.Univ.Wien,
     Karlsplatz 13, A - 1040 Wien

Kortüm W., Dr., Inst.f.Dynamik der Flugsysteme,
    DFVLR Oberpfaffenhofen, D - 8031 Wessling
Kramer H., ZT ZTI SOF 322, Siemens AG,
    Otto Hahn Ring 6, D - 8000 München 83
Kraus Karl F., Dipl.Ing, Märkerwaldstr. 71, D - 6140 Bensheim 5
Krettek Otmar, Prof.Dr.-Ing., Fahrzeug-u.Transporttechnik, RWTH Aachen,
    Seffenterweg 8, D - 5100 Aachen
Krösl Peter, Dipl.Ing.Dr., Ludwig Boltzmann-Inst. f. exp. Traumatologie
    Donaueschingenstr.13, A - 1200 Wien
Kwasnikowski Jerzy, Dr.Ing., Techn.Hochschule Poznan,
    Os.Kraju Rad 9 M.14, PL -61 674 Poznan *Polen*
Letters Fritz, Dipl.Ing., Zollernweg 1, D - 7022 Leinfelden-Echterdingen
Maschtera Ulrike, Dipl.Ing.Dr., Inst.f.Informatik, Univ.Linz,
    Altenbergerstr.69, A - 4040 Linz
Matko Drago, Prof.Dr., Faculty Of Electrical Engineering,
    Trzaska 25, YU - 6100 Ljubljana
Mehring P., AEG-Telefunken, Anlagentechnik- Forschung und Entw.,
    Holländerstr.31-34, D - 1000 Berlin 51
Möller Dietmar, Dr.-Ing., Physiolog.Inst., Univ. Mainz,
    Saarstr.21, D - 6500 Mainz
Mündemann Friedhelm, Dipl.Inf., HSBW,
    Werner Heisenbergweg 39, D - 8014 Neubiberg
Munser Hans-Joachim, Dipl.Ing., Dornier GmbH, Abt.BM30 Flugsimulation,
    Postfach 1420, D - 7990 Friedrichshafen
Neuschl Stefan, Doz.Dipl.Ing., Elektrotechn.Fak., Slowakische Techn.Hochschule
    Vazovova 5, CS -812 19 Bratislava
Nicolin Johannes, Dr.-Ing., Waggonfabrik-Talbot,
    Bogenstr.37, D - 5100 Aachen
Pabst Günther, Dipl.Math., Abt.f.Klinische Physiologie und Arbeitsmedizin
    Oberer Eselsberg, D - 7900 Ulm
Page Bernd, Dr.Ing., FB Informatik, Univ.Hamburg,
    Schlüterstr.70, D - 2000 Hamburg 13
Peschel Manfred, Prof.Dr., Akademie der Wissenschaften der DDR - FB Mathematik
    Rudower Chaussée 5 -DDR- 1199 Berlin-Adlershof
Pillmann Werner, Dipl.Ing.Dr., österr.Bundesinstitut f.Gesundheitswesen,
    Stubenring 6, A - 1010 Wien
Porenta Gerold, Dipl.Ing., Univ.Wien, Inst.f. med.Kybernetik,
    Freyung 6, A - 1010 Wien
Rabensteiner Günther, Dipl.Ing.Dr., TU Graz, Inffeldg. 18, A - 8010 Graz
Rake Heinrich, Prof.Dr.Ing., Inst.f.Regelungstechnik, RWTH Aachen,
    Steinbachstr.54, D - 5100 Aachen
Rattay Frank, Dipl.Ing.Dr., Inst.f.Techn.Mathematik, TU Wien,
    Gußhausstr.27-29, A - 1040 Wien
Regen Franz, Dipl.Inf., Rogowski-Inst., RWTH Aachen,
    Schinkelstr.2, D - 5100 Aachen
Reike Martin, Dipl.Ing., LS. f.Meß-und Regelungstechnik, Ruhr-Univ.Bochum,
    Postfach 102148, D - 4630 Bochum 1
Reinhardt Adolf, Prof.Dipl.Ing, Fachgebiet Produktionssysteme, GH Kassel,
    Mönchebergstr.7, D - 3500 Kassel
Renn Walter, Dr., Med.Universitätsklinik, Abt. IV, D - 7400 Tübingen
Retti Johannes, Dipl.Ing.Dr., Inst.f.Medizinische Kybernetik, Univ.Wien,
    Freyung 6, A - 1010 Wien
Rimvall Magnus, Dipl.Ing., Inst.f.Automatik, ETH Zürich,
    ETH Zentrum, CH - 8092 Zürich
Rockenschaub Heimo, Mag., Inst.f.Statistik, Wirtschaftsuniv. Wien,
    Augasse 2-6, A - 1090 Wien
Rosenbohm Wilhelm, Dipl.Ing., AEG Telefunken, Forschungsinstitut Ulm,
    Sedanstr.10, D - 7900 Ulm
Ruckmann Peter, Dipl.Inf., TU Braunschweig,
    Gausstr.12, D - 3300 Braunschweig

Sakulin Manfred, Doz.Dr., Inst.f.Elektrische Anlagen, TU Graz,
    Inffeldg.18, A - 8010 Graz
Schade Günter, Dipl.Ing., ZT ZTI TSE, Siemens AG,
    Otto-Hahn-Ring 6, D - 8000 München 83
Scheifele Manfred, Dipl.Math., Fraunhofer Institut für Arbeitswirschaft.
    Silberburgstr.119a, D - 7000 Stuttgart 1
Schmid Franz Josef, Dipl.Math., Siemens AG,
    Otto ahn- Ring 6, D - 8000 München 80
Schmidt Bernd, Prof.Dr., Univ.Erlangen,
    Martensstr.3, D - 8520 Erlangen
Schneider Berthold, Prof.Dr., Inst.f.Biometrie, Med.Hochschule,
    Konstanty-Gutschowstr.8, D - 3000 Hannover 61
Schneider Werner, Dipl.Ing., Schneider Management, Software,
    Lessingstr.26, D - 8036 Herrsching
Schubert Hans, Dipl.Ing., Inst.f.Dynamik d.Flugsysteme,
    DFVLR, D - 8031 Wessling/Oberpfaffen fen n
Sdouz Gerd, Dr., öst.Forschungszentrum, Seibersdorf GmbH,
    Lenaug.10, A - 1082 Wien
Selberherr Siegfried, Dipl.Ing.Dr., Inst.f. allg. Elektrotechnik, TU Wien,
    Gußhausstr.27-29, A - 1040 Wien
Simon Karl-Heinz, Gesamthochschule, FB17,
    Mönckebergstr.21, D - 3500 Kassel
Sliwa Horst, Dr.Ing., HTBLVA Innsbruck,
    Anichstr.26-28, A - 6020 Innsbruck
Solar Dietmar, Dipl.Ing., Hybridrechenzentrum, TU Wien,
    Gußhausstr.27-29, A - 1040 Wien
Spiro Hans, Dipl.Ing., IBM, Entwicklung und Forschung,
    Schönaicherstr.220, D - 7030 Böblingen
Stamerjohanns Peter, Dr.Ing., Institut für Hüttenmaschinen, TU Clausthal,
    Leibnizstr.32, D - 3392 Clausthal-Zellerfeld
Steinhorst Wolfgang, Prof.Dr.Ing., FH Wolfenbüttel,
    Insel 7, D - 3346 Remlingen
Stephan Richard, Dr., Inst.Esr, Ruhr-Univ.,
    Postf.102148, D - 4630 Bochum 1
Stürmer A., Dipl.Phys., AEG-Kommunikationstechnik, Forschungsinstitut Ulm,
    Postfach 1730, D - 7900 Ulm
Sturm Karl-Heinz, Dr.Ing., Versuchsanstalt für Datenverarbeitung,
    Seestraße 13, D - 1000 Berlin 65
Tesnjak Seid, Dipl.Ing., Fak.f.Elektrotechnik, Universität,
    Unska 3, YU -Zagreb
Tettweiler Wilfried, Tettweiler GmbH, Datenverarbeitung,
    Regerstr.19, D - 8032 Gräfelfing
Timmermann Gerd, Dipl.Inf., SYMBOLICS GmbH,
    Frankfurterstr.63-69, D - 6236 Eschborn/Ts.
Trattnig Werner, Prof.DDr., Computer Systems Laboratory,
    Stanford University, USA-Stanford CA 94305
Troch Inge, Prof.Dr., Inst.f.Techn.Mathematik, TU Wien,
    Gußhausstr.27-29, A - 1040 Wien
Van Dixhoorn Johannes, Prof.Dr., Tech.Universität Twente,
    Postfach 217, NL - 7500 AE Enschede
Wallrapp Oskar, Dipl.Ing.,
    DFVLR Oberpfaffenhofen, D - 8031 Wessling
Westermeyer Wilhelm, Dipl.Ing., Univ.Erlangen, Inst.f.Regelungstechnik,
    Cauerstr.7, D - 8520 Erlangen
Woloch F., Dr., Inst.f.Reaktorsicherheit, öst. Forschungszentrum,
    Seibersdorf GmbH, A - 2444 Seibersdorf
Worthmann Günther, Dipl.Ing., SCS,
    öhleckerring 40, D - 2000 Hamburg 62
Zapp Alfred, Dipl.Ing., Hochschule der BW München,
    W.Heisenbergweg 39, D - 8014 Neubiberg
Ziegler Hans-Jörg, Dipl.Math.,
    Möckmühlerstr.12, D - 7000 Stuttgart

Band 44: Organisation informationstechnik-gestützter öffentlicher Verwaltungen. Fachtagung, Speyer, Oktober 1980. Herausgegeben von H. Reinermann, H. Fiedler, K. Grimmer und K. Lenk. 1981.

Band 45: R. Marty, PISA – A Programming System for Interactive Production of Application Software. VII, 297 Seiten. 1981.

Band 46: F. Wolf, Organisation und Betrieb von Rechenzentren. Fachgespräch der GI, Erlangen, März 1981. VII, 244 Seiten. 1981.

Band 47: GWAI – 81 German Workshop on Artificial Intelligence. Bad Honnef, January 1981. Herausgegeben von J. H. Siekmann. XII, 317 Seiten. 1981.

Band 48: W. Wahlster, Natürlichsprachliche Argumentation in Dialogsystemen. KI-Verfahren zur Rekonstruktion und Erklärung approximativer Inferenzprozesse. XI, 194 Seiten. 1981.

Band 49: Modelle und Strukturen. DAG 11 Symposium, Hamburg, Oktober 1981. Herausgegeben von B. Radig. XII, 404 Seiten. 1981.

Band 50: GI – 11. Jahrestagung. Herausgegeben von W. Brauer. XIV, 617 Seiten. 1981.

Band 51: G. Pfeiffer, Erzeugung interaktiver Bildverarbeitungssysteme im Dialog. X, 154 Seiten. 1982.

Band 52: Application and Theory of Petri Nets. Proceedings, Strasbourg 1980, Bad Honnef 1981. Edited by C. Girault and W. Reisig. X, 337 pages. 1982.

Band 53: Programmiersprachen und Programmentwicklung. Fachtagung der GI, München, März 1982. Herausgegeben von H. Wössner. VIII, 237 Seiten. 1982.

Band 54: Fehlertolerierende Rechnersysteme. GI-Fachtagung, München, März 1982. Herausgegeben von E. Nett und H. Schwärtzel. VII, 322 Seiten. 1982.

Band 55: W. Kowalk, Verkehrsanalyse in endlichen Zeiträumen. VI, 181 Seiten. 1982.

Band 56: Simulationstechnik. Proceedings, 1982. Herausgegeben von M. Goller. VIII, 544 Seiten. 1982.

Band 57: GI – 12. Jahrestagung. Proceedings, 1982. Herausgegeben von J. Nehmer. IX, 732 Seiten. 1982.

Band 58: GWAI-82. 6th German Workshop on Artificial Intelligence. Bad Honnef, September 1982. Edited by W. Wahlster. VI, 246 pages. 1982.

Band 59: Künstliche Intelligenz. Frühjahrsschule Teisendorf, März 1982. Herausgegeben von W. Bibel und J. H. Siekmann. XIII, 383 Seiten. 1982.

Band 60: Kommunikation in Verteilten Systemen. Anwendungen und Betrieb. Proceedings, 1983. Herausgegeben von Sigram Schindler und Otto Spaniol. IX, 738 Seiten. 1983.

Band 61: Messung, Modellierung und Bewertung von Rechensystemen. 2. GI/NTG-Fachtagung, Stuttgart, Februar 1983. Herausgegeben von P. J. Kühn und K. M. Schulz. VII, 421 Seiten. 1983.

Band 62: Ein inhaltsadressierbares Speichersystem zur Unterstützung zeitkritischer Prozesse der Informationswiedergewinnung in Datenbanksystemen. Michael Malms. XII, 228 Seiten. 1983.

Band 63: H. Bender, Korrekte Zugriffe zu Verteilten Daten. VIII, 203 Seiten. 1983.

Band 64: F. Hoßfeld, Parallele Algorithmen. VIII, 232 Seiten. 1983.

Band 65: Geometrisches Modellieren. Proceedings, 1982. Herausgegeben von H. Nowacki und R. Gnatz. VII, 399 Seiten. 1983.

Band 66: Applications and Theory of Petri Nets. Proceedings, 1982. Edited by G. Rozenberg. VI, 315 pages. 1983.

Band 67: Data Networks with Satellites. GI/NTG Working Conference, Cologne, September 1982. Edited by J. Majus and O. Spaniol. VI, 251 pages. 1983.

Band 68: B. Kutzler, F. Lichtenberger, Bibliography on Abstract Data Types. V, 194 Seiten. 1983.

Band 69: Betrieb von DN-Systemen in der Zukunft. GI-Fachgespräch, Tübingen, März 1983. Herausgegeben von M. A. Graef. VIII, 343 Seiten. 1983.

Band 70: W. E. Fischer, Datenbanksystem für CAD-Arbeitsplätze. VII, 222 Seiten. 1983.

Band 71: First European Simulation Congress ESC 83. Proceedings, 1983. Edited by W. Ameling. XII, 653 pages. 1983.

Band 72: Sprachen für Datenbanken. GI-Jahrestagung, Hamburg, Oktober 1983. Herausgegeben von J. W. Schmidt. VII, 237 Seiten. 1983.

Band 73: GI - 13. Jahrestagung. Hamburg, Oktober 1983. Proceedings. Herausgegeben von J. Kupka. VIII, 502 Seiten. 1983.

Band 74: Requirements Engineering. Arbeitstagung der GI, 1983. Herausgegeben von G. Hommel und D. Krönig. VIII, 247 Seiten. 1983.

Band 75: K. R. Dittrich, Ein universelles Konzept zum flexiblen Informationsschutz in und mit Rechensystemen. VIII, 246 pages. 1983.

Band 76: GWAI-83. German Workshop on Artificial Intelligence. September 1983. Herausgegeben von B. Neumann. VI, 240 Seiten. 1983.

Band 77: Programmiersprachen und Programmentwicklung. 8. Fachtagung der GI, Zürich, März 1984. Herausgegeben von U. Ammann. VIII, 239 Seiten. 1984.

Band 78: Architektur und Betrieb von Rechensystemen. 8. GI-NTG-Fachtagung, Karlsruhe, März 1984. Herausgegeben von H. Wettstein. IX, 391 Seiten. 1984.

Band 79: Programmierumgebungen: Entwicklungswerkzeuge und Programmiersprachen. Herausgegeben von W. Sammer und W. Remmele. VIII, 236 Seiten. 1984.

Band 80: Neue Informationstechnologien und Verwaltung. Proceedings 1983. Herausgegeben von R. Traunmüller, H. Fiedler, K. Grimmer und H. Reinermann. XI, 402 Seiten. 1984.

Band 81: Koordination von Informationen. Proceedings, 1983. Herausgegeben von R. Kuhlen. VI, 366 Seiten. 1984.

Band 82: A. Bode, Mikroarchitekturen und Mikroprogrammierung: Formale Beschreibung und Optimierung. 6,1-227 Seiten. 1984.

Band 83: Software-Fehlertoleranz und -Zuverlässigkeit. Herausgegeben von F. Belli, S. Pfleger, und M. Seifert. VII, 297 Seiten. 1984.

Band 84: Fehlertolerierende Rechensysteme. 2. GI/NTG/GMR-Fachtagung, Bonn 1984. Herausgegeben von K.-E. Großpietsch und M. Dal Cin. X, 433 Seiten. 1984.

Band 85: Simulationstechnik. Proceedings, 1984. Herausgegeben von F. Breitenecker und W. Kleinert. XII, 676 Seiten. 1984.